Annual Report of Overseas Humanities and Social Sciences, 2019

海外人文社会科学发展年度报告 2019

武汉大学中国高校哲学社会科学发展与评价研究中心　组编

韩　进　主编

WUHAN UNIVERSITY PRESS
武汉大学出版社

图书在版编目(CIP)数据

海外人文社会科学发展年度报告.2019/武汉大学中国高校哲学社会科学发展与评价研究中心组编;韩进主编.—武汉:武汉大学出版社,2019.12

ISBN 978-7-307-21329-6

Ⅰ.海… Ⅱ.①武… ②韩… Ⅲ.社会科学—研究报告—世界—2019 Ⅳ.C11

中国版本图书馆 CIP 数据核字(2019)第 273779 号

责任编辑:黄金涛　　责任校对:汪欣怡　　版式设计:马　佳

出版发行:**武汉大学出版社**　(430072　武昌　珞珈山)

(电子邮箱:cbs22@whu.edu.cn　网址:www.wdp.com.cn)

印刷:广东虎彩云印刷有限公司

开本:720×1000　1/16　印张:64.25　字数:924 千字　插页:2

版次:2019 年 12 月第 1 版　2019 年 12 月第 1 次印刷

ISBN 978-7-307-21329-6　定价:198.00 元

前　言

世界经济、社会、科技等发展的日新月异，给人文社会科学的发展提出新的命题，带来新的挑战。全球化时代，在思考和解决人类发展面临的共同问题过程中，人文社会科学发展迫切需要以良好的国际视野，加强沟通、交流与协作，准确把握发展的前沿和问题，以此为基础，努力产生引领性思想、推出原创性理论。

习近平总书记在哲学社会科学工作座谈会上曾指出："要按照立足中国、借鉴国外，挖掘历史、把握当代，关怀人类、面向未来的思路，着力构建中国特色哲学社会科学""国外哲学社会科学的资源，包括世界所有国家哲学社会科学取得的积极成果，这可以成为中国特色哲学社会科学的有益滋养"。这为我们以更加开放的视野、更加包容的心态推进构建中国特色哲学社会科学指明了方向。

武汉大学哲学社会科学拥有良好的学术传统和深厚的学术积淀，在推进中华优秀文化传承与创新，助力经济社会发展等方面发挥了重要作用。近年来，学校哲学社会科学秉持"高端、聚合、对话、原创、服务"的发展理念，高度重视中外学术对话交流，努力构建开放性与国际化的哲学社会科学发展体系。2006 年，学校启动实施"海外人文社会科学研究动态追踪计划"，追踪海外人文社会科学的发展动态和基本趋势，分析海外人文社会科学的思潮和流派，吸纳海外人文社会科学发展的优秀成果和成就，为保持我校人文社会科学研究的前沿性和国际化水平。计划实施中，我们组织了相关学科优秀学者按年度撰写海外人文社科学术发展动态研究报告，重点介绍和评析海外年内的人文社会科学发展的研究前沿和最新发展态势，至今已连续出版《海外人文社会科学发展年度报告》13 部。

2019 年，学校继续实施“海外人文社会科学研究动态追踪计划”，共向 18 位专家学者约稿，涵盖文学、历史、新闻传播学、法学、经济学、社会学、图书情报学、公共管理等多个人文社会科学学科，学者们从各自学科的某一研究方向出发，向读者朋友们展现了该方向的最新发展动向，并阐述了对我国学者更好地开展前沿研究的启示和建议。同时，相关专家基于 2019 年 ESI 研究前沿数据，遴选出了 79 个社科研究前沿，并进行了计量分析及重点热点主题的多维度解读，从宏观层面更好地向读者展示了社科研究前沿情况。

当前，武汉大学正全力推进“双一流”建设，人文社会科学的不断创新和更加国际化，必将为学校加快创建中国特色、世界一流大学添砖加瓦。

衷心感谢各位专家为本书的出版所付出的努力。由于时间较紧，书中难免有纰漏之处，敬请读者批评指正。

编委会

2019 年 12 月

目　录

海外养老保险的最新研究进展

薛惠元　舒　怡*

武汉大学社会保障研究中心　华中农业大学社会工作系

篇首语：本报告采用文献研究法，归纳了近20年(1998—2018)海外各国在多支柱养老保险体系、提高个人养老责任、削减公共养老金待遇、养老保险管理服务精细化和全面化、积极老龄化等方面的改革进程，总结了养老保险收入再分配效应、制度可持续性、基金精算平衡、养老金替代率、延迟退休、医养结合等海外养老保险研究的热点问题。发现近年来国外学术界不仅关注更广泛的养老保障议题，而且更加注重养老保险规范研究与实证研究相结合、宏观分析与微观调查相结合。

引　言

1889年德国《老年、病残社会保险法》颁布以来，养老保险制度已遍布全球多数国家和地区。自20世纪五十年代以来，许多国家出现婴儿潮，如今婴儿潮时期出生的大量人口正在陆续步入老年期。20世纪八十年代，由于经济滞胀和政府财政压力，世界各国

* 薛惠元，1982年4月生，男，武汉大学社会保障研究中心，副教授、硕士生导师，研究方向：养老保险、社会救助。舒怡，1996年9月生，女，华中农业大学社会工作系硕士研究生，研究方向：社会保障理论与政策。

逐渐对养老保险制度进行“开源节流”式改革。2018 年是全球金融危机爆发 10 周年，困扰全世界的一个重要问题是全球性的老龄化日益加深。对老龄化趋势的认识引发了关于确保老龄人口退休后生存条件衡量标准的广泛而深远的争论。这个主题催生了世界各国在实践中以健康、参与和保障为核心理念的“积极老龄化”的战略来不断调整社会保障收入的再分配、养老金的赤字与平衡、精算来增强其可持续性、延迟退休、削减公共养老金待遇、发展独立的第三支柱养老保险计划、引入名义账户对养老保险制度进行优化、加强对养老保险基金管理与投资运营的监管等。

中国已经是世界经济和老年人口增长贡献最大的国家，为了应对人口老龄化问题，过去几十年中，我国已经开展了许多改革，包括改革和调整养老金的体系、加快发展老年服务业、扩展社会保障覆盖面、建立国家社会保障储备金、延迟退休年龄、机关事业单位和企业双轨制改革、建立城乡统一的居民养老保险制度等，但在实践中发现这些政策并不是应对人口老龄化的完美方案，难以在保障性和可持续性之间寻找平衡点。2016 年中共中央政治局第三十二次集体学习时，习近平总书记也提出要着力发挥老年人积极作用，全社会需要转变观念，不能消极地把老年人看成“社会的包袱”，应当看到老年人在国家治理体系和治理能力现代化中的积极作用，重视老年人人力资源的开发和使用，引导老年人通过家庭参与社会参与发挥正能量，做出新贡献，实现积极老龄化，让老年成为有作为、有进步、有快乐的重要人生阶段。

鉴于国外养老保险制度不仅建立的早，而且比较完善，特别是在当下人口老龄化、经济危机和政府财政入不敷出等多重困难下，海外养老保险的变革与发展的理论研究和实证研究可为国内学者研究打开视野，提供参考，因此对这一问题的海外研究综述兼具理论和实践意义。

本文中的外文文献，一部分来源于 2016—2017 年作者在美国访学时从佐治亚大学图书馆下载的著作和论文，另一部分来源于各图书馆收藏的著作、Web of Science/Springer/Wiley 数据库中的论文，以及百度学术、Google 学术和知网上的论文。

一、海外养老保险的变革与发展

社会养老保险制度在社会保障制度中占据着核心地位，同时它也受到了许多社会学家和经济学家的重点关注，在人口老龄化问题日益严重以及养老金制度危机加剧的背景下，西方发达国家对本国养老保险领域的研究相对成熟，养老金改革问题迫在眉睫。2018年海外养老保险改革仍然具有紧缩的特征。对养老保险的改革呈现出立体交叉格局，改革的共性问题涉及：构建多支柱的养老保险体系；明确责任，提高个人在养老保险制度中的责任；削减公共养老保险待遇；调整养老保险的制度参数，增加缴费，控制支出；养老保险的管理服务更加精细化和全面化；将现收现付制改成完全积累制或混合制；调整政策实行积极老龄化等问题。

（一）构建多支柱的养老保险体系

随着人口老龄化、经济增长乏力、金融市场波动、财政赤字攀升等问题加剧，人们的养老需求也日益多元化，引发了学者们关于构建多支柱养老保险体系的讨论。除了对第一、第二支柱养老保险继续巩固和完善外，各国通过激励政策纷纷建立第三支柱商业养老保险计划，引入名义账户对养老保险制度进行优化和完善。由于历史文化、价值观念、福利制度和经济社会制度差别较大，欧美国家第三支柱商业养老保险制度也存在较大差异。以美国、英国和加拿大为代表的盎格鲁—撒克逊国家的第三支柱养老保险计划建立时间早、税收优惠力度大、制度设计灵活多样、资产规模大、投资收益高，因此这些国家第三支柱养老保险制度非常发达。与之形成鲜明对照的是，以法国、德国、意大利为代表的欧洲大陆国家，第三支柱养老保险发展相对滞后，无论是资产规模、受益人口，还是在老年人退休收入所占比重来看，第三支柱的作用相对较小。但是，欧洲大陆国家普遍开始认识到发展第三支柱商业养老保险的重要性，纷纷建立了各具特色的个人养老金制度，其中尤以俾斯麦养老金制度的国家最为典型。

M. A. Schoyen 和 F. Stamati（2013）提出名义账户模型（Notional

Defined Contribution，NDC)的基本逻辑证明是有说服力的，大部分的工会和退休人员组织已经认可了它的核心原则——最重要的是终生收入原则和平均预期寿命增长的调整。文章通过梳理瑞典和意大利的案例，指出目前的争论主要围绕着参数和层次，而不是原则。[1]众所周知，美国于 20 世纪 70 年代建立个人退休金计划，其核心是建立个人退休账户(Individual Retirement Accounts，IRA)，美国的 IRA 按照开户机构不同主要分为四大类：基金版 IRA、银行版 IRA、保险版 IRA、经纪人公司 IRA，美国四大类 IRA 托管资产规模最大是公募基金，它占全部 IRA 资产的 50%，保险公司仅占 5%，另外银行和经纪人公司占比例合起来大约占 40%多。在美国关于养老金改革的讨论集中于参数化改革战略和私有化。

自 20 世纪三十年代以来，参数化改革战略一直是社会保障改革的主要工具。I. Vukorepa(2015)提出，在高财政预算和养老金制度出现赤字、抚养比不利、长期自然增长率为负、就业率低和失业率高的国家，养老保险财务可持续性和充足性的情况更为糟糕。[2] F. Serrano，Begoña EGUÍA 和 Jesús FERREIRO(2011)指出人口老龄化给许多发达国家的养老金制度带来财政可持续性问题。移民往往是解决这一问题的一个可能办法，通过以西班牙为例，分析移民流动对现收现付制养老保险制度财政可持续性的影响，研究表明，尽管这些资金规模庞大，但它们并不能解决西班牙养老金体系的可持续性问题，因此需要进行参数化改革。[3] H. Min 和 J. Seo(2012)指出，参数化改革战略将需要重复调整养老金给付率和工资税率。由于过渡费用和政治接受度低，私有化的可行性并不高。因此，呼吁按照国际劳工组织的标准，征收 11.8%的工资税，NDC 模型极有可能是实现养老金制度长期可持续性的新选择。[4]

同时，发展中国家的人口老龄化速度正在加快，东亚的老龄化趋势尤其明显。老年抚养比率的急剧上升，对现行公共退休金计划的可持续性有重大影响。这些趋势正在推动这些国家的养老金政策专家寻找新的养老金模式，以更适应未来几十年他们将面临的日益增大的人口压力。在这方面，我们也注意到国外学者对中国名义账户制度的研究，关注中国在国际社会保障制度改革中的作用和未来动向。J. B. Williamson，M. Price 和 C. Shen(2012)通过 NDC 模型分析中国、韩国和新加坡的养老金制度，指出 NDC 模式对中国养老金制度的贡献最大，对新加坡养老金制度的贡献最小。[5] 此外，F. M. Bertranou(2006)分析了拉丁美洲养老金制度的改革，认为在社会保障的具体领域，性别分析是有限的，在许多情况下，在政府、学术和国际组织领域内进行的政策辩论中没有性别分析，这些辩论的隐含假设是，这些改革对男女的影响是中性的，他突出了性别平等问题。[6]

总体来看，从目前世界各国的养老保险制度来看，虽然有国家主导型、市场主导型、政府与市场分担型等类型，但从稳定性和可持续性看，由政府和市场适当分工、共同发挥作用的“三支柱”养老保险体系最具有生命力。许多国家养老保险体系的改革趋势都是增加市场因素，提高混合程度，扩大第二和三支柱的比重。实际上，第三支柱商业养老保险计划不只是纯粹的养老金积累，它还带有很强的家庭理财、财富保值增值的功能。只谈养老准备是不够的，国内学者也应从家庭理财，以及家庭财富保值增值的层面去教育、去宣传。从前述代表研究成果可见，欧美国家学者对名义账户制度普遍持积极态度，由此可见引入名义账户对现行的养老保险制度是一种优化和完善。

(二)提高个人在养老保险制度中的责任

自 1994 年以来，世界银行一直支持对世界各地不公平和浪费的现收现付(Pay-As-You-Go，PAYG)制度进行根本改革。它发起了一项系统性改革，涉及从集体责任到个人责任、从国家供给到私人供给的双重范式转变。

欧盟及其成员国实施了一些养老金改革，试图减少国家责任，增加个人责任。I. Guardiancich(2011)通过研究中欧、东欧和东南欧仿效拉丁美洲的养老金改革，发现其公共养老金计划的财政前景显著改善，代价却是代内和代际再分配。无法保护老年人免受贫困以及在政治上非常脆弱，即拥有标准就业关系的享有特权的少数群体和为数众多的贫困老年下层阶级，又引发了养老金方法、理论和政治方面的又一次转变。[7] K. Earles(2013)认为欧盟当前的养老金改革浪潮中看似中性的改革对大多数妇女的影响是消极的，因为这些改革有利于男子的工作模式，不利于妇女的工作模式，包括非全时和临时工作，以及从劳动力市场抽出的照顾和其他家庭责任的时间，因此产生的性别后果对大多数女性尤其不利。[8] C. Nosi，A. D'Agostino 和 M. Pagliuca 等(2017)采用包含情感反应的计划行为理论，通过考察年轻人购买长寿年金保险，来了解影响年轻人参加私人养老金计划的因素。作者选取了 7480 名 25~35 岁的意大利人参加了这项调查，采用有序 Logistic 回归模型进行分析，旨在提高养老金的长期持续性，特别是增加年轻人对积累退休财富的个人责任。[9]

此外，Y. Wang 和 C. X. Mao(2015)利用 1993—2013 年的股东提案样本，以及公共养老基金政治变量的手工收集数据集，研究得出公共养老基金董事会中政治家的数量也与社会责任有关，公共养老基金董事会中政治家的数量与投资组合公司成为目标的频率显著正相关。此外，由于公共养老基金有更多的董事会成员竞选公职，公共养老基金提出社会责任建议的频率大大增加。[10]

政府在养老保险中承担包括财政补贴在内的主导责任是肯定的，财政补贴除了保证制度运行外，还必须与经济、人口及社会等环境相适应。如果补贴过高将制约经济发展，从而使制度丧失经济支撑；而如果补贴过低将弱化制度再分配功能和实际保障效果，从而使制度得不到普遍认同。政府责任的重点将由原来的公共养老金建设转向适度的基本养老金和积累较高的私人养老金建设。这种结构的形成和稳定，一方面能逐步扭转政府财政赤字持续攀升的状况，另一方面能促进金融业发展和弹性劳动力市场的建立。

自 19 世纪末 20 世纪初，欧洲国家纷纷效仿德国建立起养老保险制度，从此政府作为责任主体，参与养老保险制度，成为世界各国的主要模式，这样典型的“人人皆养老”制度使得政府在其中的责任日益突出。纵观国外的学者研究，无论是家庭保障，还是社会保障，个人责任都是不可或缺的。近年来，海外养老金制度改革的目标就是优化筹资主体责任分担结构。一方面对养老保险中的部分参数作技术性提高或降低，以紧缩财政支出；另一方面发展积累制养老金计划，以分散和转移政府在养老保险中的责任。在提高个人责任方面，主要是通过发展积累制养老金计划、增加缴费年限、提高税(费)率、延迟退休年龄、降低给付率等形式。

(三)削减公共养老保险待遇

自20世纪90年代开始，发达国家一直在反思他们的高福利政策，1998年布莱尔出版的《第三条道路》一书引起了欧美国家的强烈共鸣，因此这方面的研究也蔚为大观。

第三条道路的社会保障理念，强调要实现社会保障的供给与需求、市场经济的公平与效率、社会成员权利与义务的平衡。它否定了传统的“从摇篮到坟墓”的社会福利政策，主张实行“不承担责任就没有权利”的积极的福利政策，主张福利既是每个人的权利，也要求每个人尽义务，以此鼓励形成自立而不是依赖性的福利政策氛围。从世界范围看，将养老保险从高水平的福利变为以消除贫困为目标的保障，是一种趋势性的变化。迫于人口老龄化、经济衰退和庞大的财政赤字，欧洲国家近十年来一直在变革其福利制度，而美国则从一开始就将公共养老保险定位于消除贫困。美国公共养老金的替代率只有不到40%，而欧洲大陆国家在60%以上，希腊的实际替代率更是高达97%。从财务风险看，美国的情况远好于欧洲大陆国家，公共养老金一直是处于收支盈余状态。削减公共养老保险待遇的主要措施是延长退休年龄或提高养老金领取条件，欧洲国家和新兴国家最近十年逐步延长退休年龄，包括德国、法国、意大利、捷克等。对于更高的养老需求，则要靠具有更多选择的职业年金与企业年金制度。

A. M. Jaime-Castillo(2013)运用多层次统计分析模型，对提高缴费、提高退休年龄、允许在公共和私人养老金计划之间自由选择三种养老保险政策改革的偏好，选择欧盟15国的样本进行实证分析，结果发现对某一项改革的支持取决于对不同团结原则的坚持。坚持普遍主义或保守原则的个人更倾向于提高缴费以维持养老金水平，而反对推迟退休年龄。坚持自由主义或家庭主义原则的人则反对增加捐款，宁愿提高退休年龄。他还引入了一个新的概念“制度假说”，即更慷慨的养老金制度会增加人们对提高养老金缴款的支持，减少人们对提高退休年龄的支持。最后，公众舆论抵制某一项政策的可能性不仅取决于福利制度，而且取决于人民动员起来的部分对每一项团结原则的承诺。[11] K. Sudheer Raj 和 N. Saikia（2015）研究了当前印度国家养老金计划的现状及存在的问题，借鉴智利成功的既定供款模式的跨国经验，以及在不影响印度目前财政状况的情况下，政策制定者从既定给付养老金计划转向既定供款计划并引入国家养老金计划是明智之举。国家养老金计划是一种纯粹与市场挂钩的产品，它既不保证投资回报的下限，也不承诺在市场暴跌时提供任何最低保证养老金。此外，在现行所得税制度下，对到期金额不提供任何税收优惠，加之国家养老金计划还处于早期阶段，根据仍在使用的数据进行预测是不公平的，这些缺陷使得国家养老金计划不那么受欢迎。[12] Q. Wang 和 J. Peng（2016）通过对 2001—2009 年美国国家和地方公共养老金计划资金比率变化的实证分析，得出所有的公共养老金计划都遭受了损失，资金比率下降。考察 84 个大型公共养老金计划资金比率的变化，发现差异主要归因于年化投资回报的变化和投资回报假设的变化，并且在较小程度上归因于雇主的缴款，雇员的缴费率和生活费调整规定。研究结果表明，寻求提高资金比率的养老金计划可能需要修改投资策略，提高供款比例，要求员工为养老金福利支付更多，并限制使用自动或与消费者价格指数挂钩的生活成本调整。[13] 此外，关于政党在实施紧缩的公共养老保险政策中发挥的作用，F. Wolf，R. Zohlnhöfer 和 G. Wenzelburger（2014）给出了 18 个发达民主国家公共养老金替代率变化的回归结果，调查结果显示，与失业或疾病福利相比，养老金的削减幅度要小得多，而且各部门在党派效应方面存在着显著差异。[14]

对于大多数老年人来说，公共养老金是他们唯一的收入来源，老年人能否安度晚年，取决公共养老金水平的高低，因此，关于公共养老保险待遇水平的研究一直受到学者的重视。海外的研究既有理论的突破也有实证的分析，但终究是实证的，削减公共养老保险待遇需要大量的实证分析才能保证总的养老金支出占国民收入的比例相对稳定，实现公共养老保险制度的长期可持续。而我国养老保险的研究欠缺的就是实证分析和精算研究。另外，海外学者的研究虽然因各国经济发展水平、制度模式、社会政策等方面的不同，改革措施不尽相同，但研究结论也有助于我国在公共养老金制度的深化改革方面求同存异，寻找共性。

(四)养老保险管理服务更加精细化和全面化

自20世纪七十年代以来，为了更好地应对经济全球化和经济一体化所带来的挑战，西方各国纷纷开展了深刻的政府机构变革，其中以服务型政府为目标的转型发展是变革的一个重要方向。服务型政府的建设对社会保障及其公共服务体系提出了更高的要求，从而对社会保险经办机构管理服务的研究也日益流行起来。

社会保险经办工作的重点在于建立起高效有序的社会保险公共服务体系。社会保险经办机构管理模式可以划分为以下三类：第一，国家或中央统筹管理的“统一式”社会保险经办管理模式，以美国、英国、加拿大、日本、韩国为代表；第二，以民营或私营为主要运营方式的“自治型”社会保险经办管理模式，以德、法、荷兰为代表；第三，以公司作为主要运营形式和组成方式的“公司制”社会保险经办管理模式，以智利等拉美国家为代表。

在养老保险经办机构建设研究上，尽管不少西方发达国家的社会保险经办机构发展已相对成熟，在机构性质、法律地位等方面也已明确，相关的法律法规体系也比较完善，经办能力建设也比较成体系且水平相对较高，但随着各自社会发展程度、需求的变化，也面临着提升经办管理服务能力的现实需要。S. Singh(2010)结合印度社保经办机构的运行实际，运用定量方法总结归纳出了社保经办机构应具备的五种能力，即政策设计能力、服务派送能力、扩展覆盖面能力、使用信息技术能力和变通适应能力。[15] N. Takayama (2011)通过比较西方十国(德国、巴西、加拿大、韩国、丹麦、美国、日本、荷兰、英国、瑞典)的养老保险制度，认为保险政策的不断变化和保险体系的多层次性给社会保险经办机构提出了新的挑战。[16]

在养老保险经办管理服务内容的研究上，由于寿命的延长，养老金结构的改变，以及个人退休储蓄责任的转移，政府向工人提供有关他们公共养老金的信息变得非常重要。B. E. Kritzer 和 B. A. Smith(2016)比较了加拿大、瑞典和美国的公共养老金报表，加拿大和美国还要提供一份收入的记录，以便收款人公共养老金报表可以验证他们的收入记录是准确的。在这三个国家的调查表明，公众认为这些声明是有用的而且容易理解。[17]同时，H. Sapiri，A. A. Kamil 和 R. M. Tahar(2015)以马来西亚员工公共养老金计划为研究对象，分析了工资风险和人口风险对养老金支出的影响。将风险管理与系统动力学方法相结合，确定了所涉及的风险因素，构建了因果关系图，并建立了风险管理与系统动力学模型，研究表明，风险管理和动态模拟方法在分析养老金支出时，可以有效地评估政策变化和决策对风险的影响。[18]

海外学者对养老保险经办管理服务的重视，以及经办管理服务方面呈现出的更加精细化和全面化的趋势，对于我国社保经办机构的完善具有一定的借鉴意义。随着我国城乡基本养老保险的全覆盖，参保人数呈“井喷式”快速增长，城乡居民基本养老保险经办管理的发展却滞后。经办设置不合理，经办能力不强等问题突出，直接影响了参保人的切身利益和幸福感的提高。完善城乡居民的社会养老保险经办服务体系，尤其是提升经办机构的服务效能，是保障民众享受优质养老服务和提高人民生活水平的重要途径，是有效应对人口老龄化，提高老年生活水平的迫切要求。因此，国内学术界应结合中国实际，高度重视社会保险经办管理服务体系建设方面的研究，学习国外学者的研究方法和研究经验，切勿生搬硬套，过分迷信国外学者的研究结论，毕竟中外的国情不同。

(五)调整政策实行积极老龄化

2002 年，世界卫生组织针对当时世界各国人均预期寿命不断延长、老年人身体机能和身体素质不断改善的情况，在第二次老龄问题世界大会上正式提出“积极老龄化”理念。“积极老龄化”作为“健康老龄化”的升级版，其基本含义是“提高老年人的生活质量，创造健康、参与、保障(安全)的最佳机遇”。

梳理文献发现，为了应对人口老龄化的挑战，美、英、日、韩四国纷纷进行了积极老龄化政策的探索和实践。早在 20 世纪四十年代，美国就已开始进入老龄化社会。在随后的发展过程中，美国政府针对自身老龄化所具有的一些特点，如大多数接近传统退休年龄的人实际上并不想退休，[19]不断地出台一些相关的老龄化政策，逐步形成了一套覆盖健康、生产和安全的“三支柱”积极老龄化政策体系框架。美国从最初的健康老龄化、生产老龄化发展到包含“健康”、“参与”、“保障”三大核心理念的“积极老龄化”。英国完善了医疗保障制度和社会照顾养老体系，建立医养结合模式，服务于英国健康老龄化的建设，其中社会照顾养老体系从生活照料、物质供给、心理治疗与保健等方面为老年人提供多元化的养老服务，助力于打造健康的养老环境等。《经合组织养老金概览 2017》显示，在退休年龄方面，男性实际退休年龄大多低于法定退休年龄，但日本和韩国却表现出了显著的不同，实际退休年龄高于法定退休年龄，老年劳动参与率维持在极高的水平，远远超过同期的 OECD 国家，其原因便在于日本和韩国实行的积极老龄化政策（OECD，2017）。[20]日本主要采取保障老年劳动力就业、推进老年资源再开发与再利用、保障老年人的学习和社会参与、延迟退休以及鼓励生育等政策，为老年人社会参与提供各项保障。韩国目前已形成了政府给予政策支持、建立发达的老龄人员雇佣促进机构、制定老龄就业相关的法律法规等积极老龄化政策，这些政策对提高韩国老年劳动参与率起着至关重要的作用。通过各国调整政策，可以看出积极老龄化实际上是对消极应对人口老龄化的一种反思。下面分别从健康老龄化、生产老龄化、安全老龄化三个方面来对国外积极老龄化的相关研究进行综述。

在健康老龄化上，根据世界卫生组织（WHO，2002）关于积极老龄化的定义，健康是指使环境和行为两个危险因素对于慢性病和功能衰退的影响保持在低水平上，而保护因素的影响较大时，人们将会享有数量和质量上都好的长寿。他们在步入老龄时，既能保持健康又能生活自理，极少有人需要高开支的医疗和照料服务，那些现在需要照料的人，他们在步入老龄时必然需要得到全方位的医疗和照料服务。这就需要我们完善卫生医疗系统，发展养老护理服务，促进对老年人健康的全过程预防管理。[21]“健康”是实现积极老龄化的基础，只有保持身心的健康，老年人才有可能参与社会文化等各个领域的价值创造，才有可能为社会发展做出贡献。S. Tanaka(2016)研究表明，如果一名受益人处于某种必需的照料状态，他或她的必需照料利益将需要升级，个人费用负担将增加，私营部门的年金产品需要出台类似相关的“终身照顾养老金”来确保老年人身心健康。[22] 此外，V. Yong，Y. Minagawa 和 Y. Saito (2015)讨论了医疗保健、就业、积极老龄化和就地老龄化四个相关领域的政策，结合日本实施的住房和交通政策，老年人能够居家安享晚年。[23] E. H. K. Yung 和 S. Conejos(2016)还提出努力构建舒适的养老社区环境来保障老年人心理健康，提高其社会融入感。[24]

在生产老龄化上，“参与”是在劳动力市场、就业、教育、健康和社会政策，以及计划都支持他们在充分参与社会经济、文化精神生活的条件下，年老时就能按照基本人权、能力、需要和爱好，继续以有偿或无偿两种方式为社会贡献。这就需要我们加强老年人参与能力，增加老年人参与的机会，为老年人参与提供环境与支持设施。[21] J. Cook(2011)认为，关于老年人，普遍存在的错误观念态度和主观臆断是阻碍老年人社会参与的主要障碍，陈旧观念将老年人视为脆弱、疏离、累赘和依赖他人者。[25] R. Serrat 和 F. Villar (2015)运用一系列多变量分析模型，分析了与该成员相关的因素，包括社会经济资源和参与其他类型的积极老龄化活动(参与休闲，学习和生产活动)，并考察了机构养老对老年人生活质量影响的作用机制。[26] B. Barrett 和 M. Sargeant(2015)针对英国废除了默认的退休年龄，特别是它将考虑对个人求职或继续工作的影响，以及对需要管理年长员工的组织的影响，提出并论证假设：随着强制退休年龄的取消，越来越多的人可以在 65 岁以后工作，企业需要制定政策，应对越来越多的 60 多岁、70 多岁及以上的员工。特别是它着重于老年工人及其工作人员所面临的职业健康和安全问题去帮助老年人以多元的方式参与社会。[27] D. Y. Yeung 和 H. C. Y. Ho (2015)等研究表明，老年劳动者可以通过资源再分配和监管行为适应身体和认知的改变，通过并推行限制年龄歧视的法令，实行“家庭友好政策”，落实以就业为导向的老龄化政策。[28] J. Canduela，M. Dutton 和 S. Johnson(2012)等认为政府应该为老年人参与社会劳动提供公平的环境和政策的支持。[29] S. K. Jun 和 K. Evans(2014)提出包括政府办学和自主自治办学来增强社会生产能力，许多大学都已经启动设计针对老年群体需要的大学项目。[30] R. Fernández-Ballesteros，M. Ángeles Molina 和 R. Schettini(2012)等认为应优化第三年龄大学制度，提升老年人精神文化水平，开发老年人人力资源，提高其市场竞争力。[31] E. A. Panitsides 和 Papastamatis(2013)认为，终身学习对于促进积极老龄化的实现，延迟或缩小老年人对公共养老金的依赖方面起着非常重要的作用。[32]不过也有学者对此持不同态度，D. Hofäcker(2015)指出激励较年长工人继续工作至退休年龄甚至超过退休年龄的挑战仍然存在。[33]

在安全老龄化上，“保障”是在政策设计上承认社会、财政、人身安全和老年人权利的条件下，老年人一旦生活不能自理和不能保护自己时，他们的保护需要、尊严和照顾需求得到保障，家庭和社区将尽力为其老年人提供支持。这种保障既包括生活、医疗和住房保障，也包括权利的保障，这就需要我们完善养老保障、医疗保障和住房保障体系，消除年龄和性别歧视以及针对老年人的虐待问题，保护老年人的利益。[21] H. J. Swift，D. Abrams 和 R. A. Lamont 等(2017)通过阐述年龄歧视模型的风险，以展示年龄歧视和对年龄的态度如何通过三个途径影响积极老龄化的自主权、独立性和生活质量等三个方面。[34] A. Cai(2014)提出多元化的养老金将会促进多样性的目标实现，如商业、平等和政治。[35] J. H. Choi 和 J. H. T. Kim(2016)研究表明，带有税收优惠的个人年金和住宅年金满足了老年人差异性的养老需求。[36]

纵观海外积极老龄化政策的研究，日本长期老年护理保险制度具有鲜明的特色，英国的积极老龄化政策中最有特色是它的老年教育，韩国在生产老龄化方面采用了多种手段促使企业雇用老年人。这些措施在我国尚未得到充分的重视、应用和实践，也蕴藏着巨大的政策潜力，为我们从宏观和微观两个层面了解积极老龄化政策提供了大量的理论参考和实证经验，非常值得我们深思和借鉴。但任何一项政策都不会是一劳永逸的，还应结合我国的实际状况做出及时的调整，关注人口结构和社会的发展变化，统筹规划各类养老服务制度，适时适度调整政策，优化福利结构，提高政策效率，使老年人的参与全面化和高效化。

二、海外养老保险研究的热点问题

我们选取了六个当前海外养老保险的热点问题。第一个热点问题是关于社会保障①收入再分配的讨论，发达国家和发展中国家社会保障的收入再分配效应存在着显著差异。第二个热点问题是关于养老保险可持续性的讨论，现收现付养老保险制度的可持续性是大多数欧洲国家关注的重要问题，公平和效率的兼顾仍然是一直追求的目标。第三个热点问题涉及养老保险精算平衡的讨论，助力养老保险行稳致远。第四个热点问题是养老金替代率的讨论，寻找适度的养老金替代率，使养老保险制度在保障水平与财政承受能力之间寻求平衡。第五个热点问题涉及延迟退休的讨论，全面认识这一政策，反思延迟退休是否能成为缓解老龄化压力的良药。当然也需要对国家背景进行分析，国家背景不同，与之相应的政策观点也不尽相同，各种政策观点的效力关键取决于这些政策所依赖的分析背景。第六个热点问题是医养结合养老模式的讨论，发动社会各界力量，确保“医”、“养”的互动。

(一)社会保障收入再分配的研究

在制度设计中，M. Feldstein(2005)认为再分配功能是否应该优先考虑仍然是有争论的。[37] 从海外的研究成果来看，欧洲国家，特别是北欧和西欧国家，养老保险和社会福利制度已具有百年历

---

① 部分国家社会保障概念的外延与中国不同，比如美国的“社会保障”(Social Security)指的是老年、遗属和残障保险(Old-Age, Survivors and Disability Insurance，简称 OASDI)，包含了养老保险、遗属保险和残障保险。

史，形成了一套比较完整的政策体系。J. H. M. Nelissen(1998)提出社会保障水平与收入分配差距呈负相关，即社会保障水平越高，对收入再分配的调节效应就越好，收入差距越小。社会保障制度对于减少不平等，缓解贫困，稳定社会具有积极的作用。[38] E. Platanakis 和 C. Sutcliffe(2017)研究了 2011 年 10 月后美国大学退休金计划的重新设计以及成员与发起人之间的财富再分配问题，研究表明该计划在长期内可能可行，但面临中期问题。2011 年 10 月之后，成员在未来失去了 65%的养老金财富，相当于减少约 11%的总薪酬，而年龄超过 57 岁的职工几乎没有损失。未来成员养老金财富的风险性增加了 1/3，而发起人未来贡献的现值风险性减少了 10%。最后，赞助商的财富增加了 325 亿欧元，相当于减少 26%的养老金成本。[39]国外发达国家在不断改革养老保险和社会福利制度，J. Y. Hocquet(2016)认为其仍具有很强的收入再分配的功能，对缩小收入差距，实现收入分配的公平，发挥着积极的作用。[40] R. E. Rosenberg(1975)以菲律宾为例研究发现，发展中国家社会保障的收入再分配具有广阔的空间。[41] S. Bagchi(2017)研究了取消税收上限是否能够解决社会保障未来的预算问题。结论发现，当税收上限被取消时，福利需要下降到 4%才能保持社会保障的偿付能力，这会减少劳动力供应、资本存量和产出，还会逆转社会保障收入最初的部分扩张。取消这一上限改变了社会保障隐含的再分配模式，并对劳动力供应和储蓄造成了更大的扭曲，从而降低了整体福利。[42]

社会保障制度存在的原因之一是，它作为一种收入再分配机制发挥作用。然而，对于社会保障的这一功能在学界却没有达成共识。R. L. De Moura，J. De Jesus Filho 和 P. S. B. Tafner 等(2013)以巴西的反事实分析，发现 1996—2006 年期间的巴西社会保障对收入分配的影响是中立的。[43]

然而，过高的养老保险和社会福利水平也会产生负面作用，严重损害社会的公平和效率。A. Foulon 和 G. Hatchuel(1979)通过对 1965 年和 1970 年法国公共基金税收、转移和集体服务的再分配过程的分析，发现税收的作用并不大，由此可见，再分配的结果不仅取决于制度网络、人口结构的演变以及各类收入的增长率，而且还取决于这三类因素的演变之间缺乏适应性。在最后的分析中，再分配似乎没有产生更深远影响的原因是，社会政策合并机制往往是孤立的，而任何减少不平等必须建立在对意识相互依赖的有意识知觉的基础之上，这创造和培养了这些相同的不平等。[44] P. E. Moncarz (2015) 利用家计调查，模拟了阿根廷养老金方案的代际内重新分配劳动收入、缴费和退休福利的终生流动。计算实行社会保障前后劳动收入的预期现值。结果表明，现收现付确定的福利制度似乎是倒退的，特别是对私营部门的妇女来说。并提出如果把非正式工作的收入考虑在内，这个制度就会稍微进步一些。而且，在不存在非正规劳动力的反事实情况下，该体系几乎变得中立，甚至显示出较小程度的累进。[45]

此外，A. L. Gustman 和 T. L. Steinmeier (2001) 利用美国社会保障管理局的收入历史，对现行社会保障福利公式下的再分配进行了调查，发现如果将配偶和遗属福利考虑在内，并以家庭为单位进行再分配，那么再分配大约会减半。当夫妻双方都从事工作期间，家庭按收入总额排列时，从高收入家庭向低收入家庭的再分配很少。[46] J. H. M. Nelissen (1995) 研究发现，社会保险和社会援助计划具有收入均衡效应。相反，职业养老金增加了收入不平等。[47]

综上所述，中国当前面临的社会和经济挑战包括过大的收入差距、大量的贫困人口、大量外来务工人员流入城镇、不断下降的消费倾向、日益严重的老龄化。与其他国家相比，我国社会保障在调节收入分配上的作用相当有限，社会保障和社会福利制度在调节收入分配方面发挥的作用还有待提高，国外发达国家公共服务的均等化程度很高，在这一方面，我国需要实现制度的全覆盖，也要减少同一种保障制度中不同人群的差异性。具体来看，在社会保障的缴费上，要提高缴费的累进性，即缴费要与其收入水平挂钩；增加福利项目；现行的低保制度需要提高瞄准性，依据物价水平不断提高保障水平。

（二）养老保险可持续性的研究（养老金赤字与平衡的研究）

养老保险体系的目的是优化个人资源在退休前后的跨期配置。

它关系到每个公民的切身福祉，是社会稳定的基石，也是影响资本市场发展的重要因素。养老金体系的稳定性与经济增长波动、人口结构变化之间相互影响，关系微妙。尤其是在近年，由于人口老龄化趋势日益显著、经济增长波动增加，养老金体系的稳定性和可持续性日益受到学界和整个社会的密切关注，养老金的可持续问题也成为学者关注的焦点。特别是在中国，人口老龄化和经济增长问题更加严峻，因而对海外各国养老金的赤字与平衡问题的研究具有重要的现实意义。

结合近几年的代表性研究成果，现收现付养老金制度的可持续性是大多数欧洲国家关注的重要问题，人口老龄化使得进入退休及领取养老金年龄的人数快速增加，而在职缴费人数及缴费数额并没有相应增加。随着物价、工资水平的提高，养老金的待遇水平也在持续高速上涨。短期来看，还有结余，长期我们应该积极应对，防止可能出现的财务危机。现收现付公共养老金制度面临三大挑战。首先，养老保险制度需要在给付环节为养老金领取者提供足够的收入。M. Verbič 和 R. Spruk(2014)针对高收入国家人口迅速老龄化对公共养老金支出的可持续性造成的额外压力，提出了内生人力资本下公共养老金支出的理论模型，证实总和生育率和有效退休年龄的提高将大大减少与年龄有关的支出。[48]第二，参加者希望就所缴付的供款享有公平的权益。J. Alonso-García 和 P. Devolder(2016)研究的是一种混合制度，在这种制度下个人的部分供款产生给付的权利，而另一部分产生现收现付的权利。研究表明在存在流动性限制的情况下实现多样化收益，可以确保缴纳的收入足以应对养老金支出。当经济在事前具有动态效率时，多元化有利于个人，当现收现付制和基金制与事后情况正相关时，多样化是没有吸引力的。[49]在许多国家，尽管现代养老金理论倾向于用公共养老金来取代个人养老金，但个人养老金的间接成本通常要高得多。J. Vostatek(2014)分析了公共养老金和私人养老金的税收待遇，税收理论对个人养老金的征税方式并不统一，在实践中存在着激励大量的退休储蓄、忽视与之相关的财政成本的倾向。欧盟税收政策拒绝对个人养老金和其他金融服务征收增值税。[50]最后也是最重要的是，从长远来看，养老金体系需要在财务上是可持续的。J. Alonso-García, M. D. C. Boado-Penas 和 P. Devolder(2018)共同分析了既定给付和既定供款计划的充分性、公平性和可持续性，研究表明既定供款计划在可持续性和公平性方面表现得更好，在充分性方面与既定给付计划具有可比性。在研究风险分担机制对系统充分性和公平性的影响的同时，通过改变系统的关键变量(如养老保险缴费率)来恢复财务的可持续性，并提出使用不同的机制组合，包括其他不同的变量，如退休年龄或替代率，这些机制可以保证代内和代际之间的公平。[51]

同时，J. Alonso-García 和 B. Rosado-Cebrián(2016)使用综合会计方法分析了金融危机后失业动态对西班牙养老金体系财务健康的影响，研究发现经济风险是短期内养老金不可持续性的主要驱动力，从长远来看，支出的主要压力在于人口结构的老龄化，并提出未来的养老金改革应增加劳动力市场的参与。[52]此外，R. Sievänen，H. Rita 和 B. Scholtens(2017)在对 15 个欧洲国家的 250 多家养老基金进行调查的基础上，进行多元 Losistic 回归分析，研究发现，在投资上将可持续发展纳入其战略的欧洲养老基金，才能够在财务和责任之间取得平衡。[53]也有学者关注养老金缴费缺口(养老保险缴费收入低于养老金支出)，收支现状及潜在的影响。J. Moizer，S. Farrar 和 M. Hyde 等(2018)研究了英国 2016 年后修订的和当前的国家养老金延迟激励措施，养老金提高率从 10.4%改为 5.8%，将对国家养老金的可持续性产生重大影响，同时仍然鼓励推迟领取养老金。[54]同样的，E. Koutronas 和 S. Y. Yew(2017)也认为，应该注意考虑养老金改革过程中可持续性和分配公正性的关系。[55]在多元化的投资方式与管理上，A. Brigden，A. Clare 和 S. Dhar(2008)经研究表明，多元化的投资方式能在很大程度上改善减少既定给付养老金赤字的前景，多管齐下可实现养老保险可持续发展。[56] D. Blake 和 L. Mayhew(2006)从人口老龄化和生育率下降来分析英国国民养老保险制度的可持续性，提出了养老保险制度可持续发展的新思路，即他们认为有效的移民政策能帮助解决国内生育率低的问题，增加就业人口，促进经济增长，为解决老龄化带来的养老金支付危机提供物质基础。[57]

总体来看，国外学者对养老金赤字与平衡的研究不仅开始的早，而且研究深入。伴随着对典型国家案例的剖析，国外学者能够深入挖掘现行养老金制度可持续发展过程中存在的问题，并提出相应的改进措施。中国目前依然是人口大国，经济发展和人口老龄化问题突出，国内的研究者应跟踪和关注国外养老金赤字与平衡研究者的最近进展，吸取其中有益的改进措施，设计一个既考虑公平又兼顾效率的可持续的改革方案，以使中国的养老保险制度改革更加符合我国实际情况又与国际接轨，从而更好地服务中国的经济发展。

(三)养老保险精算的研究

精算是保障社会养老保险制度合理运行的重要手段，近年来，海外学者利用精算模型对养老金财政收支状况进行全面的预测，模拟测算改革方案措施实施后的效果，助力养老保险稳定运行。C. Metzger(2018)通过估计瑞士老年退休金计划的精算资产负债表，将养老金负债与养老金计划的显性和隐性资产进行比较。结果显示，瑞士养老保险制度目前的融资是不可持续的，大约30%的负债没有相应的资产作为支持。为了填补这一资金缺口，建议要将缴款率从8.4%提高到12%。[58]同时，S. Asthana(1999)研究了企业财务和养老金状况对其融资策略和精算选择的影响，进而可以更有效地监管既定给付养老金计划，帮助计划受益人更有效地管理他们的退休投资组合。[59] C. Vidal-Meliá 和 M. del Carmen Boado-Penas (2013)通过编制现收现付养老金制度的精算结余，建立“供款资产”及“隐性资产”之间的联系，为现收现付制养老金制度提供了一个可靠的偿付能力指标。[60] A. N. Maloletko，O. V. Kaurova 和 S. G. Erokhin 等(2016)认为日本政府为了应对日益严峻的少子化、老龄化问题，提出在实践中应从社会保险方式向全面税收方式转变，雇员养老金适用范围扩大，老年人工作年限延长和养老金给付延迟。[61]

精算方法在国外养老金保险制度财务评估中的应用及作用，对我国学者完善社会养老保险精算报告制度具有重要启示。2013 年

11 月，中共十八届三中全会确定了社会保险制度改革的一系列重大理论，提出了要坚持“精算平衡原则”。在中国《社会保险法》以及社会保障基金管理中缺乏精算平衡的理念，具体的方法和途径、精算机构和人员设置都严重的滞后。不过，也有国外学者认为，保险精算并不是养老金制度改革的最佳方案，精算的价值理念表现出经济理性过甚，而人文关怀欠缺的倾向。

（四）养老金替代率的研究

养老金替代率是指劳动者退休后所领取的养老金与退休前工资收入之比，是衡量退休劳动者生活水平的基本指标之一。近年来，国外学者通过测算养老金替代率来分析养老金的充足性。包括强制性公共养老金替代率的测算、强制性私人养老金替代率的测算、自愿参加的私人养老金替代率的测算、延迟退休年龄测算等。R. Holzmann，E. Palmer 和 D. Robalino（2012）对名义账户制国家进行测算分析，探究这些国家在改革前后养老金替代率的变动情况。[62]

T. Kantarci，I. A. J. Smeets 和 A. Van Soest（2013）利用职业年金基金、国家养老金和税收制度的实际规则，测算出 60～70 岁退休的全部和部分养老金替代率，发现员工推迟退休至 65 岁以后的养老金替代率更高。[63]

然而，F. Chybalski 和 E. Marcinkiewicz（2016）则表示担忧，他们从养老金福利水平和老年人免于贫困的保护，金融流动性两个基本标准的角度评估养老金制度的充足率和财务可持续性。研究表明，替代率指标并不足以衡量跨国研究中广泛了解的养老金充足程度。因此，提出了替代（或可能是互补的）措施，称为综合养老金充足指标。[64]

同时，更加关注退休期间适足的生活水平。这就使得私人养老金成为重要的补充。私人养老金已然成为公共养老金的重要组成部分，且显著提高了养老金的总替代率。部分国家的私人养老金替代率远远超过了公共养老金，但在强制性的私人养老金和自愿参与的私人养老金之间，所有国家都是任选其一的，并没有任何一个国家并存两种私人养老金的情况。J. Binswanger 和 D. Schunk（2012）通过对荷兰和美国的研究，发现退休支出水平超过了工作生活支出的

80%，1/5 的美国人最低可接受的收入替代率为 95%～45%，1/5 的荷兰人最低可接受的收入替代率为 75%～60%，荷兰较小的替代率范围，可能部分反映了其更加紧缩的收入分配。[65]另外，公共养老金向低收入群体倾斜。F. Gonand 和 F. Legros（2009）通过利用世代交叠的动态一般均衡模型，评估法国可能进行的一些养老金改革对经济增长的影响及代际再分配效应，结果表明，改革将有效平均退休年龄每十年提高了 1.25 年，并且到 2020 年将平均替代率降低了约 6 个百分点，这可以稳定年轻人的社会缴款，但会逐渐提高养老金领取者的贫困率。[66]

综上所述，学者们分别从多个角度研究养老金替代率的适度水平，虽然学者们的研究分析比较详尽，但也存在着统计口径选取上的不一致性、分析影响因素时参数变量设定存在很大的随意性，从而导致了测算结果的片面性和不完整性。国内对适度的养老金替代率水平的讨论，很多都是从影响养老金替代率水平的参数出发，如缴费率、缴费年限、退休年龄、基金增值率，但是，当前世界经济普遍低迷之时，重新审视养老金目标替代率，并借鉴国际经验，从供给侧的角度考虑个人、社会和政府能负担的养老金水平、个人收入和社会平均收入水平，创新养老保险体系，以上关于海外国家尤其是欧盟国家的养老金替代率的研究文献给我们提供了替代率研究的不同思路和视角。

（五）延迟退休的研究

目前海外涉及延迟退休的文献层出不穷，大多数文献集中在分析延迟退休的可行性、探讨适合各国延迟退休的方案设计、延迟退休对在职者和退休者就业意愿的影响等方面。

近年来，许多国家纷纷出台调整退休年龄的政策，以缓解养老保险基金面临的支付压力，将养老保险缴费率或税率控制在合理的区间内，以保持经济的活力。在是否要延迟退休年龄这一问题上，纵观海外学者的研究，可以看出，不同的国家表现出不同的态度。一方面，主张延迟退休的国家，如英国、新西兰、荷兰。在过去几十年中，退休年龄改革始终建立在人口老龄化的理论基础上，认为退休行为主要受到身体状况和养老金可持续性等因素的影响，人口老龄化将影响养老保险基金的收支平衡，因此政府必须要推迟退休年龄。2017 年，英国政府宣布提高领取国家养老金的年龄门槛，从 2037—2039 年分阶段上升至 68 岁。英国还提出了 32%的原则，即领取养老金的年限占成年人总年限的比重不超过 32%。新西兰是实行社会福利型养老金的国家，其养老金的领取条件不以缴纳社会保险费为前提，也不以家计调查为前提条件，只要达到年龄和居住限制的条件就可以领取。然而，在 2017 年，新西兰政府宣布拟从 2037 年 7 月 1 日至 2040 年 7 月 1 日，把养老金的年限从 65 岁调整到 67 岁。2017 年，荷兰再次宣布提高法定退休年龄，从 2022 年开始，荷兰的法定退休年龄就将达到 67 岁零 3 个月。另一方面，主张提前退休的国家，如波兰政府。在 2016 年 12 月，波兰政府通过降低退休年龄的方案，规定自 2017 年 10 月 1 日起，波兰人的退休年龄由现行的 67 岁降至女性 60 岁，男性 65 岁。波兰政府反而选择了降低退休年龄这一政策，改革释放出了许多新的信号，然而现实生活中有学者也提出了劳动力需求对退休行为的影响，如果老年人在就业市场上缺乏竞争力，则延迟退休改革可能是不适当的，可能会出现利益集团分配不公，不利于社会公平，不利于普通劳动者，尤其是低收入群体，加剧社会就业压力等问题。W. M. B. Bchir，H. Hogan 和 K. Lock(2010)等认为，延迟退休的好处不太可能是普遍的，允许老年人自由进入就业市场可能会带来重要的健康益处，并提出了需要弹性灵活的退休策略，以确保任何提高法定退休年龄的国家政策都不会损害老年人的健康和增加社会不平等。[67] N. Bernal 和 F. Vermeulen(2014)通过实证分析荷兰法定退休年龄的提高对有效退休年龄的影响，得出结论，法定退休年龄增长对有效退休年龄的影响主要取决于他们的性别和健康状况。[68]

在制定适合各国延迟退休年龄方案问题上，海外学者普遍认为应该推行弹性灵活的退休机制并给予适当的延迟退休激励。A. L. Curl 和 K. Havig(2014)通过对密苏里州对国家雇员延期退休激励的个案研究，Logistic 回归分析发现，享受全额退休金的年龄越大，推迟退休的可能性就越大。[69] D. S. Docking，R. Fortin 和 S.

Michelson(2012)等针对美国养老金制度对个人的提前退休和延迟退休问题进行了大量的研究，结果显示，男性和女性都有两个最佳退休年龄：64岁和67岁。退休决定受到各种因素的影响，但如果想提前退休，应该等到64岁。如果一个人没有在64岁退休，那么他应该不迟于67岁退休。[70]

关于延迟退休对在职者和退休者就业意愿的影响。D. Hofäcker(2015)利用欧洲社会调查第五波(2010/11)的最新预期退休年龄数据，实证研究了当前政策改革在多大程度上符合45岁及以上高龄劳动者的退休年龄偏好。结果显示，接近退休年龄的老年工人仍然打算在政治上设想的65岁之前退休，在许多情况下也打算在国家规定的标准退休年龄之前退休。[33] T. Soidre(2005)认为影响退休的各种推动和拉动因素的力量是按性别而定的，对妇女来说，一项艰难的工作往往会把她们赶出劳动力市场，而对男性来说，一份有社会回报的工作往往会让他们留在劳动力市场。男性主要为经济原因工作的次数越多，他们越希望早点退休。认为自己在工作中得不到赏识的男性更喜欢提前退休，在某些情况下，“推动”因素与年龄歧视有关。随着人们接近退休年龄，许多人似乎对工作以外的生活有了更积极的看法。[71]同时，H. Moritz(2017)经研究发现，未来的养老金领取者确实提高了他们的首选退休年龄，并适应了延迟退休的新信条。然而，这种增长的力量在不同的群体和年长员工之间存在差异：受教育程度较高的员工比受教育程度较低的员工更强。[72]此外，P. Esõ，A. Simonovits和J. Tóth等(2011)认为，在当前雇员薪酬与工龄挂钩的工资制度下，延迟退休会导致资历较老的职工人数的增加，引起用工成本的增加，进而影响企业的市场竞争力。[73]

我国在实行了多年的计划生育后，人口老龄化问题日益严重，与世界上许多国家一样，延迟退休年龄是大势所趋。延迟退休可以降低人口预期寿命提高引起的养老金支付压力、应对人口结构转变、促进人力资本的积累和充分利用、增强经济竞争力。延迟退休是应对老龄化的积极措施，有鉴于此，国内学者更应该探索出适合本土的延迟退休政策。我国对延迟退休应该保有谨慎地态度，更宜采取的做法是推行弹性灵活地退休机制并给予适当的延迟退休激励。

(六)医养结合养老模式的研究

国内对医养结合的研究起步较晚，国外的研究多将医养结合称为“长期照护”(long term care)或“整合照料”(integrated care)，实现医疗资源和养老资源的整合。整合照料(integrated care)又称整合健康服务、合作式照料，是在多样化医疗卫生和养老服务需求情况下，对传统碎片式医疗卫生与社会服务供给方式的改革。整合照料的核心是“整合”，即通过资金、管理、组织运行、服务供给以及临床服务水平等一系列方法，在医疗和照料之间创建连接与合作。长期照护(long-term care)，简称 LTC，按照世界卫生组织(WHO)的定义，是指由非正规护理者(家庭、朋友或邻居)和专业人员(卫生和社会服务)进行的护理照料活动体系，以保证那些不具备完全自我照料能力的人能继续得到其个人喜欢的以及较高的生活质量，获得最大可能的独立程度、自主、参与、个人满足及人格尊严。

国外研究医养结合起步比较早。目前，海外学术界关于医养结合养老服务模式的研究主要是在付费机制上。N. Barr(2010)认为社会保险对长期照护制度作用重大，他认为长期照护的费用分担方式主要分为：纳税人资金、事前社会保险(工作期间的社会保险)以及事后社会保险(商业保险的特别援助)，这 3 种模式涵盖了大部分西方国家，且是现行管理体制下最合理的选择。[74] A. Comas-Herrera，R. Wittenberg 和 L. Pickard(2010)以英国作为欧洲长期照护费用分担问题的研究典型，英国已经基本形成了一套成熟的照护体制和机制。筹资通常来自于国家和地方的税收，以及使用者的自付费用，但是政策规定只有少数群体可以获得享受公共资源的资格。资格的审查条件非常严格，一般是以需求作为基础。[75] 目前我国养老健康服务项目投资渠道不畅，老年人医疗保障制度碎片化、缺乏统一结算机制，都会影响医养结合的发展。医养结合养老模式学习借鉴国外成熟的经验对完善我国养老健康服务有重要的意义。

三、小　结

综上所述，国外学者能够深入挖掘近年来世界养老保险中存在的主要难题，并提出相应的改进措施，其中不乏医养结合、延迟退休、积极老龄化等新理念。发达国家在实践上已经比较成熟，其实践和研究成果都有一定的参考价值。如发达国家社会养老服务体系改革中的重点是养老和医疗的服务整合，以减少不必要的机构养老，使养老尽可能的回归社区和家庭；延迟退休能够使养老金计划在长期稳定可持续；政府对于公共管理环节的有效执行和对私人管理环节的有效监督；多元责任主体阶段将部分保障责任实行市场化；缓解政府的财政压力而采取的保障方式改革，从“输血式”保障向“造血式”保障的转化等等。中国社会科学院发布的《中国养老金精算报告(2018—2022)》指出，2017年我国老年人口占比为16.7%，2030年会升至25%；与此相对应，现在我国养老保险赡养比为2.8∶1，到2030年将降至2∶1，我国的赡养比持续下降。为解决未富先老的老龄化、快速城镇化、人民健康水平的快速提高以及对健康保护的进一步要求、产业升级与转型、就业形式多样化、经济全球化的挑战和收入分配差距不断加大等现实，我国有必要借鉴发达国家的经验。虽然各国养老保险改革的目标大都是改善养老保险的财务状况，实现可持续发展，但不同的国家会根据国家本身现有的养老金系统以及经济、政治情况采取不同的改革策略。这也是为什么养老金计划不能在国家之间简单地复制，即使两个国家采取了同样的方法，也有可能会产生不一样的结果。他山之石，可以攻玉。在新时代背景下，很有必要进一步了解各国养老保险制度改革与发展的近况，深入了解各国养老保险制度的内涵，汲取他国经验与教训，为我国养老保险改革提供有效的经验借鉴。

参考文献

[1]Schoyen M A, Stamati F. The Political Sustainability of the NDC

Pension Model: The Cases of Sweden and Italy [J]. European Journal of Social Security, 2013, 15(1): 79-101.

[2] Vukorepa I. Lost between Sustainability and Adequacy: Critical Analysis of the Croatian Pension System's Parametric Reform [J]. Revija Za Socijalnu Politiku, 2015, 22(3): 279-308.

[3] Serrano F, Begoña EGUÍA, Jesús FERREIRO. Public pensions' sustainability and population ageing: Is immigration the solution? [J]. International Labour Review, 2011, 150(1-2): 63-79.

[4] Min H, Seo J. Applicability of the Notional Defined Contribution (NDC) Model in United States Social Security: Comparing the NDC Model and the Defined Benefit Model [J]. International Review of Public Administration, 2012, 17(1): 33-53.

[5] Williamson J B, Price M, Shen C. Pension policy in China, Singapore, and South Korea: An assessment of the potential value of the notional defined contribution model [J]. Journal of Aging Studies, 2012, 26(1): 79-89.

[6] Bertranou F M. Pensions and gender in Latin America: Where do we stand in the Southern Cone? [J]. Gender Issues, 2006, 23(1): 6-31.

[7] Guardiancich I. The Survival and Return of Institutions: Examples from Pension Reforms in Central, Eastern and South-eastern Europe [J]. West European Politics, 2011, 34(5): 976-996.

[8] Earles K. Reprint of: The gendered consequences of the European Union's pensions policy [J]. Women's Studies International Forum, 2013, 39: 22-29.

[9] Nosi C, D'Agostino A, Pagliuca M, et al. Securing Retirement at a Young Age. Exploring the Intention to Buy Longevity Annuities through an Extended Version of the Theory of Planned Behavior [J]. Sustainability, 2017, 9(6): 1069.

[10] Wang Y, Mao C X. Shareholder activism of public pension funds: The political facet [J]. Journal of Banking & Finance, 2015, 60:

138-152.

[11] Jaime-Castillo A M. Public opinion and the reform of the pension systems in Europe: The influence of solidarity principles[J]. Journal of European Social Policy, 2013, 23(4): 390-405.

[12] Sudheer Raj K, Saikia N. India's National Pension Scheme: An Actuarial Overview[J]. The Journal of Insurance Institute of India, 2015, 2(3): 73-85.

[13] Wang Q, Peng J. An Empirical Analysis of State and Local Public Pension Plan Funded Ratio Change, 2001-2009[J]. American Review of Public Administration, 2016, 46(1): 75-91.

[14] Wolf F, Zohlnhöfer R, Wenzelburger G. The Politics of Public and Private Pension Generosity in Advanced Democracies[J]. Social Policy & Administration, 2014, 48(1): 86-106.

[15] Singh S. Organizational effectiveness of select Indian social security organizations-A diagnostic study[C]. 6th International Policy and Research Conference on Social Security, Luxembourg, 2010.

[16] Takayama N. Priority challenges in pension administration[M]. Tokyo Maruzen, 2011.

[17] Kritzer B E, Smith B A. Public Pension Statements in Selected Countries: A Comparison[J]. Social Security Bulletin, 2016, 76(1): 27-56.

[18] Sapiri H, Kamil A A, Tahar R M. System dynamics approach as a risk management tool in analyzing pension expenditure: the case of Malaysian employees public pension plan[J]. The Singapore Economic Review, 2015, 59(5): 1450046.

[19] SunAmerica Financial Group. The SunAmerica Retirement Re-Set Study: Redefining Retirement Post Recession[J]. 401K Advisor, 2011, 18(8): 11.

[20] OECD. Pensions at a Glance 2017: OECD and G20 Indicators[R], OECD Publishing, Paris, 2017.

[21] Organization W H. Active Ageing: A Policy Framework[J]. The

Aging Male, 2002, 5(1): 37.

[22]Tanaka S. A Proposal for Redesigning Social Security: Long-Term Care Pension[J]. The Geneva Papers on Risk and Insurance-Issues and Practice, 2016, 41(1): 98-117.

[23]Yong V, Minagawa Y, Saito Y. Policy and program measures for successful aging in Japan[A]. in Cheng S, Chi I, Fung H H, et al. Successful Aging: Asian perspectives[M]. Dordrecht: Springer, 2015: 81-97.

[24]Yung E H K, Conejos S, Chan E H W. Social needs of the elderly and active aging in public open spaces in urban renewal[J]. Cities, 2016, 52: 114-122.

[25]Cook J. The socio-economic contribution of older people in the UK [J]. Working with Older People: Community Care Policy & Practice, 2011, 15(4): 141-146.

[26]Serrat R, Villar F, Montserrat Celdrán. Factors associated with Spanish older people's membership in political organizations: the role of active aging activities[J]. European Journal of Ageing, 2015, 12(3): 239-247.

[27]Barrett B, Sargeant M. Working in the UK without a Default Retirement Age: Health, Safety, and the Oldest Workers[J]. Industrial Law Journal, 2015, 44(1): 75-100.

[28]Yeung D Y, Ho H C Y. Psychological Adaptation of Older Workers: Findings from the Western and Eastern Countries[A]. in Cheng S, Chi I, Fung H H, et al. Successful Aging: Asian perspectives[M]. Dordrecht: Springer, 2015: 301-319.

[29]Canduela J, Dutton M, Johnson S, et al. Ageing, skills and participation in work-related training in Britain: assessing the position of older workers[J]. Work, Employment & Society, 2012, 26(1): 42-60.

[30]Jun S K, Evans K. Learning Organisations for Older People: comparing models of learning in the University of Third Age (U3A) in

the UK and the Senior University (SU) in Korea[J]. Journal of Nutrition, 2014, 15(2): 392-393.

[31] Fernández-Ballesteros R, Ángeles Molina M, Schettini R, et al. Promoting Active Aging Through University Programs for Older Adults[J]. Geropsych the Journal of Gerontopsychology & Geriatric Psychiatry, 2012, 25(3): 145.

[32] Panitsides E A, Papastamatis. Promoting Active Aging through Lifelong Learning: Evolving Trends and Practices[J]. International Journal of Adult Community & Professional Learning, 2013, 19(2): 59-66.

[33] Hofäcker D. In line or at odds with active ageing policies? Exploring patterns of retirement preferences in Europe[J]. Ageing and Society, 2015, 35(7): 1529-1556.

[34] Swift H J, Abrams D, Lamont R A, et al. The Risks of Ageism Model: How Ageism and Negative Attitudes toward Age Can Be a Barrier to Active Aging[J]. Social Issues and Policy Review, 2017, 11(1): 195-231.

[35] Cai A. U. S. Public Pension Fund Diversity Initiatives: Practices, Rationales, and Constitutionality[J]. Depaul Business & Commercial Law Journal, 2014, 13(1): 107-182.

[36] Choi J H, Kim J H T. Designing an Alternative Public Pension Scheme: A Korean Case Study[J]. Global Economic Review, 2016, 45(4): 380-404.

[37] Feldstein M. Rethinking Social Insurance[J]. The American Economic Review, 2005, 95(1): 1-24.

[38] Nelissen J H M. Annual versus lifetime income redistribution by social security[J]. Journal of Public Economics, 1998, 68(2): 223-249.

[39] Platanakis E, Sutcliffe C. Asset-liability modelling and pension schemes: the application of robust optimization to USS[J]. European Journal of Finance, 2017, 23(4): 324-352.

[40] Hocquet J Y, Relations between Employment and Social Security Policies in Europe: Social Protection and Employment "Partnership or Rivalry"[R], Report of EU-China Social Protection Reform Project, 2016.

[41] Rosenberg R E. Social Security and Income Redistribution in Developing Countries: The Philippine Case[J]. Review of Social Economy, 1975, 33(1): 43-61.

[42] Bagchi S. Can removing the tax cap save Social Security? [J]. The B. E. Journal of Macroeconomics, 2017, 17(2).

[43] De Moura R L, De Jesus Filho J, Tafner P S B, et al. Social security effects on income distribution: a counterfactual analysis for Brazil[J]. Applied Economics Letters, 2013, 20(7): 631-637.

[44] Foulon A, Hatchuel G. The Redistribution of Public Funds in France in 1965 and 1970[J]. Review of Income and Wealth, 1979, 25(3): 277-307.

[45] Moncarz P E. Implicit redistribution within Argentina's social security system: a micro-simulation exercise[J]. Latin American Economic Review, 2015, 24(1): 2.

[46] Gustman A L, Steinmeier T L. How Effective is Redistribution Under the Social Security Benefit Formula? [J]. Journal of Public Economics, 2001, 82(1): 1-28.

[47] Nelissen J H M. Lifetime Income Redistribution by Social Security [J]. Journal of Population Economics, 1995, 8(1): 89-105.

[48] Verbič M, Spruk R. Aging Population and Public Pensions: Theory and Macroeconometric Evidence[J]. Panoeconomicus, 2014, 61(3): 289-316.

[49] Alonso-García J, Devolder P. Optimal mix between pay-as-you-go and funding for DC pension schemes in an overlapping generations model[J]. Insurance: Mathematics and Economics, 2016, 70: 224-236.

[50] Vostatek J. Tax Treatment of Public and Private Pensions[J].

Economic Studies & Analyses, 2014, 8(1): 7-27.

[51] Alonso-García J, Boado-Penas M D C, Devolder P. Adequacy, fairness and sustainability of pay-as-you-go-pension-systems: defined benefit versus defined contribution[J]. The European Journal of Finance, 2018, 24(13): 1100-1122.

[52] Alonso-García J, Rosado-Cebrián B. Financial crisis and pension reform in Spain: an assessment of a multi-state model of employment dynamics[R]. ARC Centre of Excellence in Population Ageing Research Working Paper, No. 2016/21.

[53] Sievänen R, Rita H, Scholtens B. European Pension Funds and Sustainable Development: Trade-Offs between Finance and Responsibility[J]. Business Strategy and the Environment, 2017, 26(7): 912-926.

[54] Moizer J, Farrar S, Hyde M, et al. UK state pension deferral incentives and sustainability[J]. Applied Economics, 2018, 50(21): 2356-2368.

[55] Koutronas E, Yew S Y. Considerations in Pension Reforms: A Review of the Challenges to Sustainability and Distributive Impartiality[J]. Social Science Electronic Publishing, 2017, 54(1): 159-177.

[56] Brigden A, Clare A, Dhar S. By how much can a diversified approach to investing improve the prospects of reducing a DB pension deficit? [J]. Pensions: An International Journal, 2008, 13(3): 136-150.

[57] Blake D, Mayhew L. On the Sustainability of the UK State Pension System in the Light of Population Ageing and Declining Fertility[J]. The Economic Journal, 2006, 116(512): F286-F305.

[58] Metzger C. An Actuarial Balance Sheet of the Swiss Old-Age Pension Scheme[J]. Social Science Electronic Publishing, 2018, 71(1): 25-49.

[59] Asthana S. Determinants of Funding Strategies and Actuarial

Choices for Defined-Benefit Pension Plans[J]. Contemporary Accounting Research, 1999, 16(1): 39-74.

[60] Vidal-Meliá C, del Carmen Boado-Penas M. Compiling the actuarial balance for pay-as-you-go pension systems. Is it better to use the hidden asset or the contribution asset? [J]. Applied Economics, 2013, 45(10): 1303-1320.

[61] Maloletko A N, Kaurova O V, Erokhin S G, et al. Comparative Analysis of Approaches to Providing Information Regarding Actuarial Activities of Pension Funds in Various Countries. International Journal of Economic Perspectives, 2016, 10(2): 241-251.

[62] Holzmann R, Palmer E, Robalino D (eds), Nonfinancial Defined Contribution Pension Schemes in a Changing Pension World[M]. Washington DC: The World Bank, 2012.

[63] Kantarci T, Smeets I A J, Van Soest A. Implications of Full and Partial Retirement for Replacement Rates in a Defined Benefit System[J]. The Geneva Papers on Risk and Insurance-Issues and Practice, 2013, 38(4): 824-856.

[64] Chybalski F, Marcinkiewicz E. The Replacement Rate: An Imperfect Indicator of Pension Adequacy in Cross-Country Analyses [J]. Social Indicators Research, 2016, 126(1): 99-117.

[65] Binswanger J, Schunk D. What is an adequate standard of living during Retirement? [J]. Journal of Pension Economics and Finance, 2012, 11(2): 203-222.

[66] Gonand F, Legros F. Pension Reforms In France: Impact On Growth And Inter-Generational Redistributive Effects[J]. The Geneva Papers on Risk and Insurance-Issues and Practice, 2009, 34 (4): 639-659.

[67] Bchir W M B, Hogan H, Lock K. The Impact of Working Beyond Traditional Retirement Ages on Mental Health: Implications for Public Health and Welfare Policy[J]. Public Health Reviews, 2010, 32(2): 532-548.

[68] Bernal N, Vermeulen F. The Impact of an Increase in the Legal Retirement Age on the Effective Retirement Age[J]. De Economist, 2014, 162(2): 115-145.

[69] Curl A L, Havig K. A Case Study of Missouri's Deferred Retirement Incentive for State Employees [J]. Journal of Aging & Social Policy, 2014, 26(3): 249-265.

[70] Docking D S, Fortin R, Michelson S. The Influence of Gender and Race on the Social Security Early Retirement Decision for Single Individuals[J]. Journal of Economics and Economic Education Research, 2012, 13(1): 87-103.

[71] Soidre T. Retirement-age preferences of women and men aged 55-64 years in Sweden [J]. Ageing and Society, 2005, 25(6): 943-964.

[72] Moritz H. Rising Preferred Retirement Age in Europe: Are Europe's Future Pensioners Adapting to Pension System Reforms? [J]. Journal of Aging & Social Policy, 2017, 29(3): 245-261.

[73] Esõ P, Simonovits A, Tóth, J. Designing benefit rules for flexible retirement: Welfare vs. redistribution [J]. Acta Oeconomica, 2011, 61(1): 3-32.

[74] Barr N. Long-Term Care: A Suitable Case for Social Insurance [J]. Social Policy & Administration, 2010, 44(4): 359-374.

[75] Comas-Herrera A, Wittenberg R, Pickard L. The Long Road to Universalism? Recent Developments in the Financing of Long-term Care in England[J]. Social Policy & Administration, 2010, 44(4): 375-391.

日本比较新闻学研究发展述评

单　波　林　川*
武汉大学媒体发展研究中心

篇首语：本文通过文献梳理阐释日本比较新闻学的产生和发展之过程，聚焦于20世纪90年代以来的重要变化。本文发现，跨学科交互促进的新发展是日本比较新闻学近年来发展的趋势，并呈现出以下特点：在文本研究上，多学科研究方法的引入拓展新闻比较研究的深度；在体系研究上，着眼于媒介功能在场景中的转变、报道视角与政治的关联；在记者研究上，关注记者视点对建构他者形象的影响、记者职业认知的多样化；在媒介环境研究上，媒介与刻板印象的关联、跨文化报道的误区、媒介教育路径选择受到较多关注。

一、日本比较新闻的主要发展过程

1868年，日本开启“明治维新运动”，率先在国家之“肌体”上引进西学。1885年，福泽谕吉在他的短文《脱亚论》中将中国和朝鲜视为“亚细亚之恶友”，提倡脱亚入欧之论，象征着民族思想的向西转向并意味着日本由内到外的“全盘西化”。以此为基点，日

* 单波，武汉大学媒体发展研究中心主任，新闻与传播学院教授、博士生导师。林川，武汉大学新闻与传播学院博士生。

本的比较学研究带有以西方为方法的特点，试图寻找最合适的“西方模板”加以本土化改造。

依据现有资料可见，日本最早的模仿对象即是英美新闻业。在1874年，村田文夫在西洋游历时注意到了英国新闻界注重报道的公正性和披露政府消息的义务，同时政府一旦试图以泄露机密为由封禁报纸时，通常会迫于群情激愤而作罢。① 类似的关注被其他游历者进一步延续，他们注意到记者与政治家之间在英国会有泾渭分明的身份界限，但记者在法意美等国通常也是精通文学或法律的政治家，而且这些政治家记者与报纸形成了紧密的联系。② 此后，一批具有英美教育背景的学者最先倡议学习西方新闻，其中以松本君平为代表，热衷于介绍英美新闻业的先进性。尽管他在1899年的著作是以《新闻学：欧美新闻事业》为题，标榜自己取材于西方发达国家，但主要内容仍是介绍英美新闻业的优势及其新闻生产方式以及记者培养，并未重视法、德、俄三国的新闻发展。松本君平在文中指出“英国新闻是世界各国新闻最为理想的学习范本”，③ “美国之新闻，皆有力之新闻也”，④ 对于法国的评价以“新闻者，非营业，乃政治之机关”⑤最为典型，德俄两国则被认为是新闻发展状况不佳。相对于日本更是指出“因言论之自由，遂大加放纵，以骂人为取快”、⑥ “纸质既粗恶，而图画复欠鲜明”。⑦ 同样深受英美新闻影响的杉村楚人冠在1915年的《最近新闻学》中关注到了英美报纸从“意见发表”向“事实记录”的模式转变，称赞其为“打破旧传

---

① 西洋聞見録(村田文夫纂述)[M]. 廣島：井筒屋勝次郎[ほか]，1874-1876.

② 西澥生，著，吉田熹六，記，上田石腸，編. 西洋風俗記[M]. 駸々堂，1887：170-171.

③ 松本君平. 新聞學：歐美新聞事業[M]. 博文館，1899.12：233.

④ 松本君平. 新闻文存[M]. 北京：中国新闻出版社，1987：124.

⑤ 松本君平. 新闻文存[M]. 北京：中国新闻出版社，1987：135.

⑥ 松本君平. 新闻文存[M]. 北京：中国新闻出版社，1987：97.

⑦ 松本君平. 新闻文存[M]. 北京：中国新闻出版社，1987：114.

统，开创新面貌”①并强调著书之目的在于普及英美新闻的创新，此后他还在新闻研究会的纪要中专门介绍了美国新闻的发展状况。② 由此可见，松本君平等人代表的是日本新闻初期向西方“顶礼膜拜”的一种学习姿态，试图以西方新闻模式完全替代本国新闻业，以达到日本新闻实现“跟上世界潮流”的目的。虽然总体来看，这些研究止步于介绍，仅仅是“照搬他人”式的单向模仿，尚未实现本土化的比较性思考。但值得注意的是，松本君平注意到“美国新闻记者之访问主义，渐侵入欧洲之保守世界，此亦自然之大势”。③ 如今，哈林和曼奇尼（Hallin & Mancini）关于欧洲新闻的“美国化”趋势的观点与此遥相呼应，似乎显示了这种所谓“美国化”的趋势在近代新闻业形成之后，一直在蔓延。

进入 20 世纪 30 年代后，德国的迅猛发展吸引日本的学习目光，一批留德学者掀起了重视新闻理论研究的风潮。其中，小山荣三将研究深度由现象拓展至体制及思想，使得日本比较新闻学的雏形开始形成。1931 年，他在介绍德国新闻学理论的过程中，注意到德国学者凯勒纳将新闻史、比较新闻学、近代报刊组织和新闻政策作为新闻学教学讲义，其中比较新闻学主要关注于欧洲各国的报纸发展的历史与现状，以及德意与欧洲国家间的关系。④ 但由于这是以德国视角展开的比较，所以在当时仅是作为新闻学习中的一门课程。通过 1935 年的《新闻学》可以发现，小山荣三在对新闻学的探索中逐渐形成了九项研究特点：(1)确立新闻现象的基本规律及其理论基础；(2)解读新闻问题；(3)分析新闻的社会功能；(4)收集关于新闻的实证研究资料；(5)总结新闻学理论；(6)以德意俄为主的新闻政策比较；(7)媒介技术与企业构造；(8)分析新闻史

---

① 楚人冠杉村広太郎．最近新聞紙学[M]．慶応義塾出版局，1915：6.

② 小野秀雄．日本新聞発達史[M]．大阪：大阪毎日新聞社，1922：495.

③ 松本君平．新闻文存[M]．北京：中国新闻出版社，1987：63.

④ 小山栄三．世界に於ける新聞学研究機関/綜合ヂャーナリズム講座[M]．東京：内外社，1931：238.

中的文化史意义；(9)各国报纸现状和政治关系。① 其中，在介绍新闻体制与国际新闻业方面，小山荣三已在尝试引入“比较”视野，但此时的比较视角仍在学习德国学派，将比较限定于新闻历史、制度现状以及政治关系等方面，只是将比较的主体变更为了日本，实际上仍然停留在原有框架之中，尚未形成日本的比较新闻思想。而在1951年出版的《比较新闻学》一书中，小山荣三围绕比较新闻学明确回答了“什么是比较”、“如何展开比较”、“为什么要比较”等问题，将民族国家的发展历史融入比较的背景之中，使比较的深度由现象延伸至思想、文化、社会等结构性差异。中井骏二对其评价称：“关注新闻内在的‘生命力’是扩展比较新闻学边界的一种大胆尝试”,② 他认为这是从新闻的五大功能(报道、指导、娱乐、广告、收益)着手，加入文化人类学的研究方法，将新闻发展的交通性先决条件、原始新闻的主观性、原始的公示形态、原始的通信方式等方面加以详细分析，再结合新闻发展的历史，“捕捉”变化的表现而形成某种发展定式。

总体来说，小山荣三在日本比较新闻学中具有开创性的作用。这一点在大井真二的《比较新闻学序说》③一文得到印证：《比较新闻学》是以考察比较研究思想及其分析框架为出发点的早期重要著作，其强调把握历史背景的重要性，关注于“分化过程”的概念运用，对新闻的特点描述为“由于教育程度、经济生产、人口密度、国家形态等因素而形成差异，并会在精神与政治性倾向的影响下，产生各不相同的新闻类型”。虽然新闻会随着时代与社会的变化而变化，但仅仅是不同社会与时代的比较并不能称为比较新闻学。大井真二将小山荣三的比较新闻思想解释为：从社会史的观点来对比异质社会中种种新闻现象间的关系，从历史视角探究国际间新闻现

① 加田哲二．小山栄三著 新聞学[J]．三田学会雑誌，1936，30.1：151-153.

② 中井駿二．小山榮三著，比較新聞學（昭和二十六年・有斐閣）[J]．新聞学評論，1952，1：159-160.

③ 大井眞二．比較ジャーナリズム学の視座——序論[J]．ジャーナリズム&メディア，2009，2：33-54.

象的异同产生的原因，把握由时间、空间、社会的差异所引起的新闻现象的变化过程，再进一步将新闻的本质、发展及社会意义归纳、总结、形成理论。而比较的内容可分为：形态、组织、现状、内容、世界观、(报纸)发行目的等方面，并从中提炼、检验共性与异性。由于小山荣三对新闻的本质定义为由内在的"精神、政治性力量"与外在的"经济、技术性力量"所构成，因此他主张"从这种二元性来观察世界新闻并归纳与确立类型"。但大井真二认为，比较新闻学要求渊博的知识与犀利的洞察力，且需要在全世界范围广泛收集材料，这实际上超越了个人独立开展的能力范围，所以小山荣三虽然确立了比较研究的理论框架，但其所指的"类型定立"(确立新闻体系的类别)一直未能达成。

从日本国内的学术表现来看，20 世纪五六十年代也正是日本比较新闻学理论建构的活跃时期。在林伸郎的《比较新闻学方法论序说》①中可以发现，各个学者以任职大学为据点，从不同角度来论述比较新闻学的核心：同属于立教大学的平井隆太郎、辻村明和林伸郎不约而同地将重点放在"以认识新闻本质为目的"之上，但平井隆太郎偏向于发达与发展中国家间的新闻比较，辻村明偏向于资本主义与社会主义间的大众传播比较，林伸郎偏向于比较新闻发展过程中隐含的社会、政治、经济背景来发掘新闻形态的生成过程，并涉及对报纸与其他媒介间的复杂关系的研究。庆应义塾大学的长谷川进一认为应将日本与英美德法及发展中国家的新闻机构进行比较，强调基于实证研究来考察现代国际舆论的形成与动向。国际基督教大学的布朗着眼于概括新闻的发展历史以及展开对英语国家以及日本的现代新闻的批判研究，提出对新闻责任与编辑技术的关注。日本新闻学会的小野秀雄则是将比较新闻学分为三个方面，第一是从国家间的新闻现象寻找其中的异同之处，第二是从政治、经济、文化等因素寻找差异的原因所在并发现通过国际交流产生的相互影响，第三是探究新闻产生、发展并实现现代化的过程，从政

① 林伸郎．比較新聞学方法論序説［J］．関西大学新聞学研究，1967，17：105-124.

治、经济、文化以及国际等因素阐述现象产生的本质。① 东京大学的日高六郎将大众传播类型区分为五种类型：绝对主义型、近代型、现代型、法西斯型和社会主义型，② 内川芳美在此基础上进一步归纳为三种类型：绝对主义型、自由主义型（包含近代型、现代型）和社会主义型，而“法西斯主义”是现代型的特殊化形式。③ 从这些观点中，可以看出了当时的三种普遍特征：第一，比较新闻学主要是针对国际性比较；第二，通过比较形成适用范围广的类型特征；第三，一般是以报纸为研究对象。但随着新媒介如电视的产生，比较新闻的视点或应向包括电视、广播等电波类媒体逐渐扩大。林伸郎综合普遍观点将比较新闻学的核心定义为通过历史、国际以及媒体间比较，解释报纸或是范围更广的大众传播媒介的本质。同时，也基本确立比较新闻学作为新闻学研究领域分支的存在，并将其划分出比较媒介、国际大众传播论（国际大众传播比较与包含制度类型、制度形成原因的大众传播制度论）、比较媒介史等三个方面。

与西方比较新闻学对比来看，日本在比较新闻研究上几乎与西方同步发展，尽管早期的日美比较新闻学者出身于不同学科，但都不约而同地试图将社会学的研究范式带入新闻学之中，试图通过制度结构、媒介表现等方面来实现社会学理论中所强调的类型划分与确立。不过“四种理论”并未被认为是“开创”了西方比较新闻研究，其原因或许在于：第一，虽然以四种理论为名，但实际上只有一种“理论”（自由主义理论），其他的应被视为“类型”；第二，该研究是基于一种“理论”对另外三个“类型”展开的考察。这使得该模式虽被广泛运用，但面对新闻的现实活动却无法被导入，因此只是具有规范性的理论框架而非适用于媒介分析的实践方法。④ 即便在当

① 小野秀雄．比較新聞学［J］．新聞研究，1961，11（124）：44-45.

② 日高六郎．マス・コミュニケーション講座第1巻［M］．河出書房．1955：17-25.

③ 千葉雄次郎．新聞［M］．有斐閣．1955．3-46.

④ 大井眞二．比較ジャーナリズム学の視座——序論［J］．ジャーナリズム&メディア，2009，2：36-37.

时也受到了日本学者内川芳美批评：将法西斯主义与共产主义理论归纳至同一类属难道不是明显的问题吗？①

另一种典型的"美国与其他"范式主导下展开的比较研究——由杰克·麦克劳德等人开展的实证性比较研究被西方新闻学研究领域普遍视为"开创了(新闻学的)比较研究"。② 在1964年，麦克劳德发明了一个24项量表来测量记者的专业化程度，最初用于美国两家地方报社的115名记者，5年后也将同样的量表应用于南美洲国家的46名记者身上，并在美国与南美记者的比较之中，发现了双方记者虽然相似性大于差异，但职业认知与工作理念却有着显著差别。③ 就此可见，日本与西方虽然有着相似的研究起点，但在以美国为代表的西方研究重视实证研究更胜于理论建构，因而在方法论的使用上就可以发现，双方在未来发展中的不同走向实际上早已埋下伏笔。

进入20世纪70年代后，在电视普及和大众社会论背景之下，比较研究的视点由报纸体系拓展至电视体系。野崎茂在1973年《比较媒介》④一文中，将媒介分为间接面对型和直接面对型两类。依据野崎茂的解释是：间接面对型的媒介C可视为受者A与传者B的传播介质(如图1)，即A与B双方无法见面，是在独立空间之中形成传播链，例如电视。但当进入到公共场域后，A与B已无明确的传受身份，并共同通过媒介C的展开传播活动(如图2)，此时的媒介C也就是直接面对型媒介，例如法院、剧院。在此基础上，笔者认为可将其进一步解释为"人与物"的工具媒介(间接面对型)和"人与人"的仪式媒介(直接面对型)。

---

① 内川芳美．Fredrick S. Siebert, Theodore Peterson and Wilbur Schramm; Four Theories of the Press, University of Illinois Press, 1956, pp. 153, $3. 50[J]．新聞学評論，1957，8：95-100.

② 沃尔·乔根森．当代新闻学核心[M]．北京：清华大学出版社，2014：438.

③ 沃尔·乔根森．当代新闻学核心[M]．北京：清华大学出版社，2014：440.

④ 野崎茂．比較メディア[J]．新聞学評論．1973，22：76-84.

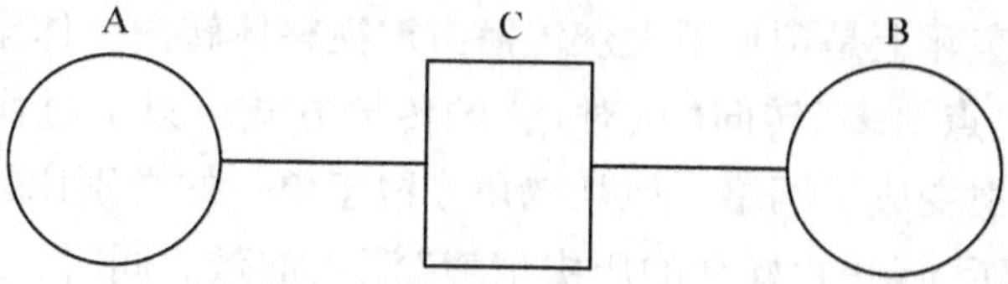

图 1　间接面对型

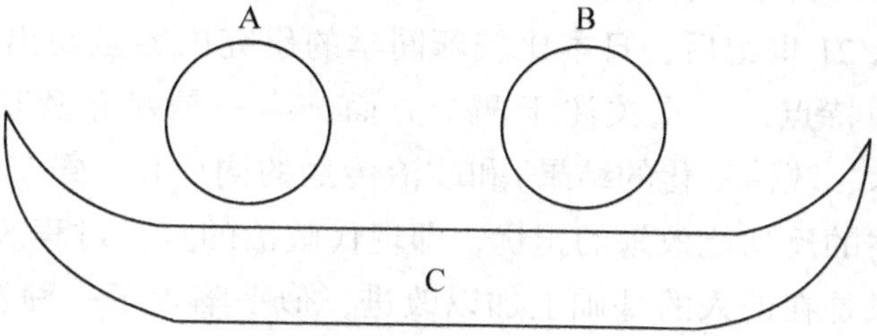

图 2　直接面对型

对于两种媒介的未来发展，野崎茂认为尽管间接面对型媒介更符合生活需求而容易将直接面对型媒介取代，但两者之间也存在相互影响的情况，例如把面向观众的真人表演看作是直接面对型媒介，把电视播放的表演节目看作是间接面对型媒介。由于真人表演的票价昂贵，所以廉价的电影或是唱片逐渐成为了大众娱乐的辅助产品并进一步自立门户，而当观众厌倦了电影和唱片时，又会重新使真人表演得到关注。同时，他进一步将媒介比较分为三种展开方式，分别是侧重于信息的发送形式——电线类(如电视)、电波类(如收音机)、包装类(如杂志、报纸)，信息的表现形式——软性(影像、声音)、硬性(文字)，信息的主导形式——受众主导类、传者主导类，信息的接触方式——在外接触类、在家接触类。

从现实来看，野崎的部分观点得到了时代的佐证："间接面对型"一词中蕴含的私密性与个性化已经突破了原本的意义框架，不仅仅是个体的需求，更成为大众努力捍卫的“个人财产”。就此而言，野崎实际上是预见了大众传播由重视整体转向个体至上的传播倾向，由“点对多”转向“点对点”的传播方式，只不过作为载体的媒介由电视变成了网络。但其视角停留于单一的类别比较，缺少对小山荣三所强调的“媒介的历史情境”深入推敲。同时，虽然“直接面对型”与当下“万物皆媒”的想法相似，蕴含了学术思想的预见性，但在当时环境下却过于超前，导致没有得到关注与延续，仅被视作理论的构想而保留在学术历史中。

进入 21 世纪后，日本比较新闻学的研究内容呈现出泛化与扩大化两种特点，着重关注于两个方面：第一是媒介及其内容（社会、技术、政治变化的结果）和政治传播的同质化；第二是媒介对现代民主的反功能效果的担忧，即现代政治的宣传过程。① 但就本质来看只是在前人的基础上加以改进，似乎陷入了一种发展困境，更偏向于学习而非创造。大井真二关注到了哈林和曼奇尼关于第一主题的研究具有独特性与重要性，即探讨美国的新闻范式向世界中的其他媒介系统扩散的现象。② 虽然他们对北美与欧洲媒介体系的比较研究与布鲁姆和古雷维奇（Blumler & Gurevitch）的研究框架有相似之处，但他们主要着眼于四种层次的变量：（1）媒介市场的发展；（2）政治平行现象；（3）新闻专业主义的发展；（4）国家对新闻体系的介入程度与模式。第一点探讨的是在大众报纸强盛或是脆弱的情况下，面向精英的小众报纸成为指导性报纸的可能性。第二点探讨的是媒体与政党的关系模式及关联程度或可被称为报纸的政治意识分布与政坛的政治光谱之间的联系，即政治平行性，从广义来看则是本国社会中的媒介体系体现出的政治倾向。第三点涉及了记者自律性的程度、不同国家间专业主义的规范与基准的约束性程

① 大井眞二．比較ジャーナリズム学の視座——序論[J]．ジャーナリズム & メディア，2009，2：42.

② Hallin, D. C., & Mancini, P. (2004). Comparing media systems: Three models of media and politics. Cambridge university press.

度、服务公共利益的可见程度等指标的考量。第四点既是随国别差异而变化，也是受到了历史发展的显著影响。但有学者认为该研究忽视了政治系统、媒介的组织及责任、政治家等影响因素，① 因而需要注意到的是“美国化”过程中的核心是一种融合了社会、文化实践且更为复杂的“全球化”路径。② 此外，研究关注到了政治家们根据国情而制定的新闻政策也与新闻体系呈现出的同质化和全球化特征有关，这体现的是关于政治传播的决定性视点从外在的影响考察转变为探究国内的内生性原因，进而将政治主导者、媒介以及公众变化作为政治传播的测量坐标。

以日本学者的视角来看，哈林和曼奇尼的研究框架虽然并非适用于所有国家，但突破了传统的类别式归纳，丰富了“报刊的四种理论”中所不具备的“实证性”和“经验性”，使媒介系统与政治史、政治结构以及政治文化之间形成了有机的比较分析，为构建比较新闻学的新理论框架与研究范式提供了更多的可能性。此外，比较研究的作用应被视作是对新闻概念进行“双向检查”，划清适用界限，使得概念无论是在何种条件、环境下，发生何种变化抑或是没有变化，都可以被及时发现，亦是提炼出关于媒介与新闻的普遍规律之方法。③ 在这一点上，可以看出大井真二对于日本传统比较新闻的传承和对西方比较新闻学的摄入，即兼具“考虑时空差异之下的基础性变化”和“围绕新闻概念的厘清展开国别间的比较”两种特点，强调比较研究既要追求可普及化的传播模式与结论，也要在从政治

---

① Pfetsch, Barbara, & Frank Esser. (2004). Comparing political communication: Reorientations in a changing world/Comparing political communication: Theories, cases, and challenges. Cambridge University Press, 3.

② Hallin, D. C., & Mancini, P. (2004). Americanization, globalization, and secularization: understanding the convergence of media systems and political communication. Comparing political communication: Theories, cases, and challenges, 40.

③ 大井眞二. 比較ジャーナリズム学の視座——序論[J]. ジャーナリズム & メディア, 2009, 2: 33-34.

乃至传播中提炼出民族特性与模式成立的条件。尽管这与比较新闻学的普遍共识即反对将他者理论直接搬运至另一文化土壤中加以使用有着共通之处，但没有关注与其他文化对话的可能，这表明在比较研究的理论架构中，仍然对跨文化的包容与理解存在某种缺失，即“自我主位”的比较视野潜藏于其中。

综合以上，我们可以发现一种隐现的特征差异：日本比较新闻学注重媒介问题，始终以媒介的发展形态为研究导向，比较对象也随之保持动态变化，基本呈现了由印刷媒介向大众媒介（报纸→电视→大众传播媒介）延伸的发展特征，是一种纵向型的研究脉络。但过于注重深度使其日本比较新闻学强调理论深度的建构而忽视了实证研究的必要性，以至于理论发展难以获得根本性创新，表现出“换汤不换药”的内卷化现象。西方比较新闻学则始终专注于传统型的新闻比较，即国际性的报道或是记者比较，呈现出从区域到全球范围的平面化扩展趋势，是一种横向型的研究脉络。但需要反思的是，西方的研究方法伴随着量表在不同制度或意识形态的国家中使用，也在不知不觉中将某些西方偏见升格为比较研究的“标准格式”，即仍未脱离《报刊的四种理论》中以美国范式分析全球新闻的桎梏，而且十年如一日的同类型调查是否同样在表达一种内卷化趋向？因此，在互联网时代如何利用网络媒介冲破原有的研究框架使得比较新闻学焕发新生，不仅是日本与西方学者需要共同面对的新挑战，也是需要思考的重要问题。

为了解日本比较新闻研究的变化与发展，发现日本学者在网络时代中的新探索。本文尝试通过日本国立情报学研究所（NII）旗下的 Cinii 与 J-stage 学术平台以及日本国立国会图书馆展开检索，以“新聞+比較”、“メディア+比較”、“ジャーナリズム+比較”、“ジャーナリスト+比較”为关键词，筛选 1990 年至今的比较新闻学文献，共计 90 篇论文。针对这些论文，笔者采取软件 KH Coder 分析（如图 3）与文献阅读相结合的方式展开研究并发现，日本比较新闻研究主要集中于四个方面：新闻风格比较，新闻体制比较，新闻记者比较，媒介的文化语境比较。

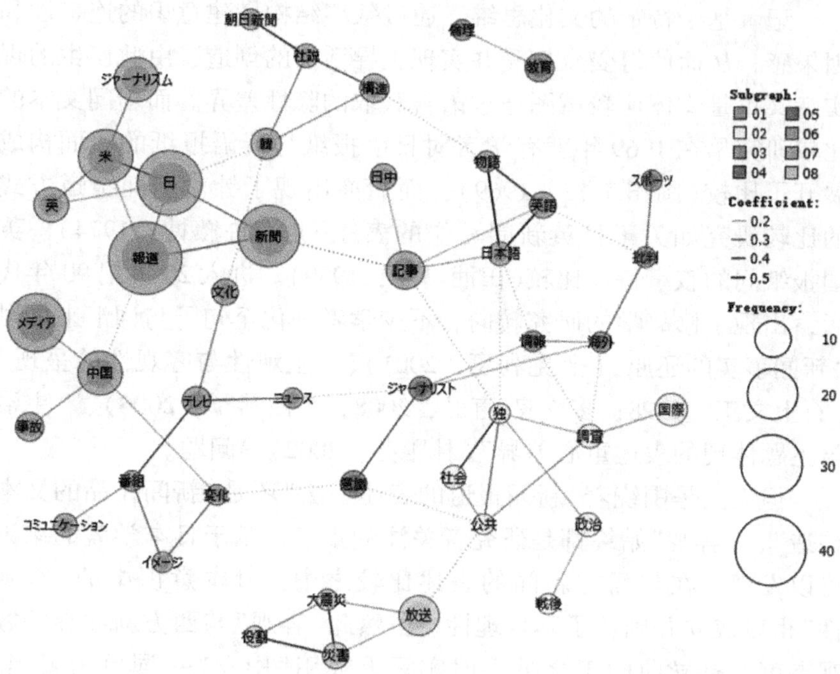

图 3　主题词共现网络图

二、日本比较新闻的研究变迁与现状

跨学科交互促进的新发展是日本比较新闻学近年来发展的趋势，并呈现出以下特点：在文本研究上，正在由浅层的叙事学向深层的修辞学转向，非新闻传播学研究者的参与拓宽了学科融合的深度；在体系研究上，着眼于媒介的功能性表达在场景中转变，报道视角与政治的关联以及新闻政策影响的体系形态差异；在记者研究上，关注了记者视点对他者形象的建构差异、记者职业认知的多样化以及女性主义研究路径的导入；在媒介环境研究上，“记者”或“学者”的媒介教育道路选择，媒介交流与国民刻板印象的关联，历史传统形成的媒体报道惯性成为研究的高频话题。

1. 不同语言环境下的风格比较

记者基于特定的文化思维，通过叙事结构搭建意识的连贯性和因果感，从而使得受众接受并实现主导话语的创造，由此产生的现实意义正是文体比较试图通过语言获取的隐性差异。而新闻文本的比较研究早在1969年就有学者对日语报纸与英语报纸的版面构成展开了比较(岡田美枝，1969)，而后亦出现了针对新闻报道方式的比较研究如关于日英新闻写作的表述手法(佐藤博，1974)、英国报纸间的叙事特征比较(田浦昌子，1989)。进入20世纪90年代后，出现了修辞学的研究转向，不少学者细化至句子与词汇来探讨“新闻事实的还原”(上見利恵，2001)、“主观性与客观性的呈现”(石上文正，1998；多々良 直弘，2008；今西恭子，2006)、“主语与主题体现的表述重心差异”(林雅芬，2002)等问题。

但无论是围绕着“新闻报道的表述手法”还是“新闻作品的文本构造”，“客观”始终都是研究者关注的重点。基于日本学者的结论可以发现，在与西方新闻的表述比较之中，日本意识中的“客观性”得以成立并确认了其合理性。虽然此“客观”与西方新闻界的客观态度似有异曲同工之处，但实际上或用“中立”一词更为妥当。得益于美式研究范式的引入，与单纯的新闻意识比较不同之处在于，该类研究将结论建立在客观数据如特定词语出现的频次等方面之上，验证了日本新闻中“客观性”的真实存在，甚至在一些研究中产生了看似科学的结论，即日本新闻在表达上比西方更具客观性。但在结构比较之中，却呈现出日语新闻更倾向于主观性的行文思路，而西方新闻更强调客观性的中立表达。这其中的矛盾与日本学者在选取比较对象时，模糊化了西方新闻中存在的各种差异，将西方亦或是英语新闻视为一个整体，从而在比较时映射出了不同的日本新闻之面貌。同时，正如多多良直弘指出的，日语和英语的言语表达方式即分别注重对事物的“主观性把握”与“客观性把握”的模式，同样也被带入新闻写作的文本思路之中。① 这也是文化差异

① 多々良直弘．談話レベルに見る〈有界性〉と〈無界性〉：物語と新聞報道にみる英語と日本語の特徴[J]．英文学研究 支部統合号，2009，02：417.

在新闻文体中的重要体现。

(1)新闻表述手法。

对于表述手法的自我与他者或他者与他者间的对比，是日本比较新闻中较早展开的研究课题。在20世纪七十年代，佐藤博利用美国的实证主义方法，以日美英三国报纸为比较对象，发现日语与英语新闻在内容提要上，信息传递量上是一致的。① 但在版面上，报道量则是美国最大。② 在1989年，田浦昌子展开了一项对英国各报纸表述手法的比较研究。③ 她选取了英国四家精英报纸：《泰晤士报》(*the times*)、《卫报》(*the guardian*)、《独立报》(*the independent*)、《每日电讯报》(*the daily telegraph*)和两家大众报纸：《太阳报》(*the sun*)、《每日邮报》(*daily mail*)，对比了写作风格包括新闻主题、报道目的、文本脉络及其对应的句法与技巧等方面。她发现各个报纸的写作特征源于对特定读者群体的关照，也正因此产生的多样性使得报纸不受困于权力因素，形成了新闻业的良性发展。但反观日本新闻业则可以发现，作者试图提出一种警示，即日本媒体虽然以中立自居，但由于受到权力的影响，并未达到西方所建构的“客观”状态。

进入20世纪后，围绕着“新闻记者如何对客观事实进行文本化”的问题，日本学者通过日本与东西方国家之间的比较来确认自身的优点与不足。在日美比较研究中，上见利恵通过词语的使用来探究不同言语背景下的叙述差异。④ 作者引用了吉川千鶴子在《日英比较动词的文法》中提出的分类法：第一、英语是强调动作(スル)的言语，日语是强调结果(ナル)的言语；第二，英語以原因为

---

① 佐藤博．日・英語の新聞表現の比較-2[J]．東京経済大学人文自然科学論集 1977 (45)：57-96.

② 佐藤博．日・英語の新聞表現の比較-1[J]．東京経済大学人文自然科学論集．1974，09 (37)：21-43.

③ 田浦昌子．記述スタイルの比較にみる英国新聞の様相[J]．時事英語学研究 1989(28)：61-71.

④ 上見利恵，野中慶子．新聞の表現法からみる日米比較[J]．JACET 全国大会要綱 2001 (40)：139-140.

中心、日语以结果为中心；第三、英语是他动表现，日语是自动表现；第四，英语多用状态动词，日语较多表述变化；第五、英语强调名词中心(モノ指向)、日语强调动词中心(コト指向)；第六、英语注重过程、日语注重存在(表现为词语“アル=有或存在”的使用)，并在此基础上通过对日本的朝日新闻、读卖新闻和美国的今日美国、华盛顿邮报的新闻文本提取高频词分析，提出了关于新闻表述的日美之差：日本具有以状况为关注中心，强调结果(ナル)的言语、动词中心(コト指向)、客观性陈述、事态的结果、非判定性的传达以及注重整体说明和变化，美国则具有以人为关注中心，强调动作(スル)的言语、名词中心(モノ指向)、主观性陈述、事态的起因与过程、判定性的传达以及注重部分变化和人的状态。借助读卖新闻与今日美国的具体文本展开比较，进一步发现日语新闻中较少表达记者个人的判断，而是较多使用传达动词以整体的视角来表述。美国的英语新闻中不仅存在记者的个人判断，也存在较多以记者立场来表述的内容。从中可以看出，这是重视集体主义的日本强调事件整体，重视个人主义的美国允许记者观点的出现，但这也从侧面表现出日美新闻对“客观”意义的理解差异，即日本认为“客观”是“中立=不偏袒任何一方”，美国则认为“客观”是“平衡=多角度报道事件或是引用各方观点”。而对于作者来说，中立或是更为纯粹的“客观”。

在日德比较研究中，熊谷徹于《日德新闻考》①一文中认为，日德新闻之间最大的不同之处就是报纸内容，这也象征着日德之间在报道表述上存在本质性的差异。日本报道原则是准确且快速地传达事实，即日本的报道对客观性和中立性最为重视，因而报道篇幅倾向于简短。德国的报纸则完全相反，记者们更注重的是事件背景的说明以及关于事件的解释性评论或分析，因而德国报纸比日本报纸的主观色彩更强，报道篇幅也倾向于长文。因此在熊谷看来，日本

① 熊谷徹．(2007)日独新聞考．ドイツニュースダイジェスト独断時評(672)．URL(Consulted March 2019)：http：//www.newsdigest.de/newsde/column/dokudan/413-672.html)．

报纸在内容上呈现的是客观、中立的形象，但德国报纸由于加入了解释性内容，呈现出主观的形象。

新闻报道通常是根据“5W+1h”的框架来描述事实（When、Where、Who、Why、What、How）。西嶋义宪在此基础上，提出假设以检验熊谷的观点：日本的新闻报道一般会以该框架来叙述事实，而德国的新闻报道采用的文章结构则是为了更详细说明其背景和经过。他选取了德国的《莱因内卡报》、《自由报》，日本的《京都新闻》、《北海道新聞》、《神戸新闻 NEXT》作为比较对象，运用文本分析的方法展开研究。通过对“5W+1h”框架下的各项目之间，信息量和信息内容存在的差异进行比较之后，西嶋验证了假设，并进一步细化差异：日本报道并不仅仅是在描述事实，而是关注于特定的个人，通过提及职业和地址等个人信息从而提高人物的真实性。德国报道不重视个别人物的具体属性，更重视记者对事件的经过或发生原因充分说明。① 因此可见，在两位日本学者的接力研究中，揭示了一种基于实证研究之下，日本新闻比德国更为注重客观的论调。

在东方国家的比较研究中，中国与韩国是惯常的比较对象。首先，从中日比较研究来看，普遍以语法层面的微观视角来寻找差异。有学者从语言学的视角分析中日新闻在描述事物上所存在的语言差异和共通之处，考察中日新闻文本中的主题与主语之间的使用上体现的功能性差异。② 研究方法借鉴了中英间言语方式的主语/主题显著性之差异③和韩礼德在概念功能（Ideational Function）的框架中提的六种言语化类型，并进一步提炼出参与要素与状况要素的概念划定，从而把述语的种类、动作状态的主体与客体、动作状态的状况要素，以及韩礼德没有考量到的感情因素（即言语中是否包

① 西嶋義憲．日独新聞記事の文体比較のために：日本語らしい報道とドイツ語らしい報道[J]．言語文化論叢，2017（21）：83-98.

② 林雅芬．報道記事の描写における日中の相違：主語及び話題的主題の意味役割を中心に[J]．現代社会文化研究 2002，03(23)：219-236.

③ LI，Charles N. Subject and topic：A new typology of language. Subject and topic，1976：457-489.

含了人情味)①作为新闻文本的言语评价标准。文本来源为日本的《朝日新闻》《读卖新闻》和中国台湾的《中国时报》和《联合报》。通过研究发现，双方言语都包含了人情味表述，但差异在于日本重视描述作为客体的“对象”，注重表述行为主体间的关系属性与展示发生场所；中国重视描述行为主体的在场，注重引用他人话语和表明时间。此后，亦有学者进一步解释这种言语差异，他指出了中文属于主题显著型，英语属于主语显著型，但日语属于主题与主语显著型，恰好处在中文与英语之间。② 这体现了在多元影响之下形成的一种独有风格，而由风格引申出的正是思想的“独特性”，这也是日本学者在研究中不断寻找“不同”的重要目的。

其次从日韩比较研究来看，以“客观”为尺度的专业与非专业之分更为明显。有学者选取日本的《朝日新闻》《每日新闻》和韩国的《东亚日报》《朝鲜日报》作为对象，对比其社论后发现：在内容上，日本倾向于先以客观态度表述事实，再陈述个人观点的行文模式；韩国通常呈现出观点与事实夹杂，整体倾向于主观方式表述。在语气上，日本在文末较少出现“断定”意味的词句，韩国的出现频次更高，体现了韩国新闻有更明显的立场主张。日本前半部分介绍事实本身，后半部分则逐步说明作者观点；韩国前半部分阐述作者观点，后半部分则是反复解释这个观点。③ 在 2005 年的同类型研究中，确证了上述观点并进一步认为韩语通常是在陈述事实的同时也在表达意见，所以在前、中、后部分都存在作者观点。④ 两位作者在研究中由浅入深地论证了一种观点：日本新闻相对于韩国更具有客观性。

但如果从内部视角来看日本新闻业时，不同的日本媒体却会在

① 作者在此写为“有情名词”和“无情名词”.

② 彭広陸．新聞記事における主語のあり方と視点との関わり：中日両語の比較を中心として[J]. 対照言語学研究，2013(23)：64-65.

③ 李貞旼．文章構造の日韓対照研究：新聞の社説における書き出しを対象として[J]. 言語文化と日本語教育，2001 (21)：96-109.

④ 李貞旼．異文化間の文章構造及び文章展開に関する対照研究：日韓の新聞社説の文章を対象に[J]. 言語文化と日本語教育，2005 (30)：60-63.

观点与事实的表述方法以及文章的写作技巧上表现出高度的一致性。① 这一点与日本报纸注重以大众视角来报道新闻以获得更高的市场销量有着密切关系，不过在这种环境中诞生的“客观”是否与西方的“客观”相去甚远？同时，又是否在塑造一种划一式的、固态的受众？

2. 新闻文本结构

兼具英语文学研究背景的学者们普遍以结构主义的视角，导入叙事学的分析方法针对段落或句子中蕴含的差异展开比较研究。20世纪六十年代，岡田美枝率先展开文本的结构性比较。② 此后，较多研究关注于语法功能和文本结构的比较。其中，今西恭子从语法功能的视角切入，将文本语气与作者态度相勾连，试图从文本结构中探寻验证感情的可能性。③ 她选取了 2004 年一场发生特殊事件的马拉松比赛：日本选手大胜，英国选手中途弃权，并由此对比日澳两家媒体分别是《悉尼先锋晨报》(the Sydney Morning Herald)和《每日读卖新闻》(the Daily Yomiyuri)，新闻样本的筛选时间限定为比赛当日即8月24日，并使用由韩礼德(MA. K Halliday)提出的功能语法中的人际功能作为理论框架，分析文本语气的叙述式、疑问式、命令式以及评论的附加词，再通过使用由功能语法学者制作的新语法系统 APPRAISAL(Jim Martin&David Rose，2003；④ Peter White，2001⑤)作为工具来拓展文本分析的深度，以此来检证作者

① 黄千卉．新聞社論的文末表現特徵——日語句構造中事實與意見的判別及其中主張的表達方法[D]．淡江大學，2013：347.

② 岡田美枝．日英新聞の紙面構成の比較[J]．Otsuma review．1969，03(1)：62-65.

③ 今西恭子．スポーツ記事にあらわれる主観性——日豪の新聞記事の比較を通して[J]．時事英語学研究 2006，09 (45)：15-28.

④ Martin，J. R.，& Rose，D. (2003)．Working with discourse：Meaning beyond the clause. Bloomsbury Publishing.

⑤ White，P. an introductory overview of appraisal theory. URL (Consulted March 2019)：http：//www. grammatics. com/appraisal/appraisaloutline/unframed/appraisaloutline. htm.

是以何种态度传达马拉松比赛结果给读者。

作者想要研究的态度(Attitude)包含人的三种主要感情：影响(由情感评估)、判断(由性格评估)和鉴别(由价值评估)。影响可视作话语中呈现的情感表现，可分为正面情绪和负面情绪两种。判断是对人格或行为的附加评价，包括了(1)Normality(特殊性)；(2)Capacity(能力性)；(3)Tenacity(坚韧性)；(4)Veracity(诚实性)；(5)Propriety(伦理性)等五项评判指标。在鉴别方面，是鉴别写作者对现实事件持有赞赏或是批评的看法。级差(Amplification)，亦有相似表述为"Graduation"(Teresa, 2017)是对前述的态度的强弱起到调节作用，例如能够表达写作者强弱态度却又是表达同一内容的词语(dislike/hate/detest)。来源(Source)未被作者使用故不作说明。通过研究发现，在体育报道中，《每日读卖新闻》在文本统一使用叙述式，《悉尼先锋晨报》则也会使用命令式与疑问式。对于判断因素的使用，悉尼先锋晨报会使用包含"善恶"色彩的形容词如 remorseless；对于评价因素的使用，两者的报道中都没有出现；对于影响因素的使用，读卖每日会在引用他人话语时表露出情绪倾向，但是悉尼先锋晨报则是将写作者的看法和文本巧妙地交织在一起，给予读者小说一般的阅读印象。因此可见，《每日读卖新闻》呈现出一种硬新闻的写作风格，《悉尼先锋晨报》则偏好通过一些特定转折如"forget for a moment"、"spare a thought"进而发表写作者的观点，形成偏向于软新闻的写作风格。

在文本结构层面，多多良直弘基于贝尔(Bell)在"英语新闻与口语表达的言语结构比较研究"①中的特征分析，围绕日本新闻的日英版中体育新闻报道的差异，展开了一项日英新闻文本结构的比较研究，其对象是日语版的《读卖新闻》《朝日新闻》和英语版的《读卖新闻》《日本时报》。② 通过研究发现，尽管贝尔认为导语

① BELL, Allan. The language of news media. Oxford: Blackwell, 1991.

② 多々良直弘, et al. 物語としての新聞記事の日英比較：日本語と英語の物語構造と好まれる言い回し[J]. 桜美林英語英米文学研究, 2008 (48): 105-117.

(Abstract)在英语新闻中是需要考量的关键因素，而结果(Resolution)和结语句(Coda)则不是必要的，但却在日语新闻中需要被共同纳入考量范围。依据研究结果可见，在局部写作上，英语新闻的标题及导语倾向于说明比赛的要点与概况，并努力解释原因与结果的逻辑关系；日语新闻是聚焦于个人表现，较少关注因果关系。在整体写作上，英语新闻是围绕比赛中的结果与记录为中心，描绘主体对外部的客观感知，体现的是一种"结果导向"的表达思路；日语新闻不仅是描写比赛的客观结果，而会在记者与运动员之间切换报道视角来展现赛场情况，形成一种身临其境式的体验式描写，展示了一种"过程导向"的表述结构。此外，对于结尾部分的分析则显出：英语新闻存在明显的故事"界限"，通常以比赛结束的记述为故事终点，是以"有限性"为特点的收尾方式；日语新闻缺少明显故事的"界限"，记者在现场产生的感想、推测会以"自言自语"的方式在结尾提出，以此表现出对未来的"期待感"和文本内容的"延续性"，从而体现出文章涵义不断向外延伸的"无限性"。此外，多多良直弘还将体育新闻的写作视角划分为记者角度和读者角度两种，记者角度是通过惯常的修辞手法生产新闻文本，提供解释性框架以及背景知识，从而主导事件状况如何被读者获知；读者角度是提供读者可以理解的表述内容，遵从合适的解释框架，吸引读者阅读并且能够理解内容。① 这也显示出了日语新闻惯以记者视角写作，英语新闻常用读者视角来写作的特点。

同类型的研究中，池上嘉彦认为日英语描述事物的特点可归纳为"偏主观性"和"偏客观性"。③ 本多启进一步认为，日本记者往往是以"置身其中"的视角，模拟当事人的状态来体验与把握事态，

---

① 多々良直弘．スポーツ報道のレトリック：スポーツはいかにして報道されているか[J]．桜美林英語英米文学研究，2007（47）：71-91.

② 原文写为"上帝视角"与"主观视角"，笔者在此认为可按"客观视角"与"主观视角"来区分。

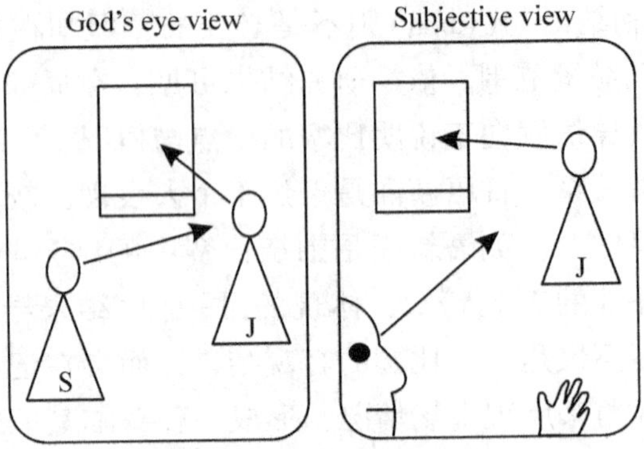

图 4　客观视角与主观视角①

因而也就容易产生具有个人色彩与体验感强的报道。② 与此相对的是，英语报道是置身其外的视角，即以“上帝视角”(如图 4)来观察现场。③ Hinds 同样指出日语体现的“读者责任”(强调对受众阅读体验的满足)和英语体现的“记者责任”(强调记者个人的专业执行)，④ 是促使记者采取不同的观察视角的原因之一。而石上文正通过对比引用话语数量、推测话语数量、导语的详细程度、导语中的主题等内容分析法进一步验证了该差异。⑤ 他发现，日本偏向于详述型的长导语，较多以主题的形式提及过往报道或是一般性知识；美国偏向于简洁型的短导语，仅提及最新的消息。同时，美国较日本来说，更少推测性表达，直接引用较多，更倾向于证明报道

① 池上嘉彦．英語の感覚・日本語の感覚——<ことばの意味>のしくみ[M]．NHKブックス．2006.

② 本多啓．アフォーダンスの認知意味論[M]．东京：東京大学出版会，2005：154-1555.

③ Uehara，S.（1998）. Pronoun drop and perspective in Japanese. Japanese/Korean linguistics，7，275-289.

④ Hinds，J.（2001）. Reader versus writer responsibility：A new typology. Landmark essays on ESL writing，17，63.

⑤ 石上文正．日・英語の新聞記事の一比較考察[J]．時事英語学研究，1998（37）：23-35.

客观性。

观察今西恭子、多多良直弘等日本学者的研究可以发现，对比日美时，美国是更为客观且值得学习的对象；对比其他国家时，则批评意味大于借鉴。同时，日本的英文报纸实际上一直在模仿欧美的文本结构方式，即试图以欧美新闻的面貌出现，形成客观、谨慎的文本形象，而日语版报纸则是保持传统的日式写作方式，强调读者体验感的生成和记者个人视角的介入。

二、不同国族中的新闻体制比较

根据笔者查阅资料发现，关于报纸的国际比较文献最早可参见由手岛俊作 1950 年在《新闻研究》上发表的《日中两国初期新闻比较》。① 此后的四十年里，以日本为比较主体，以中美英苏以及西德为比较对象的研究大量出现，如对于日本与美国②及其他国家③的电视比较，日美新闻中对同一事件的不同建构方式，④ 此外亦有电视的娱乐功能在日美间的差异性认识(磯村英一，1977)，或是电视商业广告的地域比较。进入 20 世纪九十年代之后，不少学者着眼于电视媒介在地震灾害等不同时空场景中如何转变表达方式与角色定位(渡边实，1996；洪国财，2005)，也有学者通过不同地域的报纸在新闻报道显露的政治态度与本国利益的偏向，阐释报纸与政治的关联性以及二者共同塑造的报道视角(竹中のぞみ，2003；小寺敦之，2007；川瀬綾子，2014)。同时，反思新闻政策

① 手島俊作．日華両国における初期新聞の比較[J]．新聞研究，1950(12)：23.

② 影山昇．米国の放送事情瞥見：わが国放送界の比較[J]．文化と教育，1957，8(3)：77-81.

③ 影山昇．共産圏諸国の放送事情：わが国放送界との比較[J]．文化と教育，1957，8(1)：77-81.

④ 米日文化研究所．歪められた国際報道——日米新聞比較[J]．知識，1985，12 (48)：70-83.

影响下形成的体系形态差异在 2000 年之后呈现增加的趋势，其中以电视制度的国内外对比思考与报纸的报道框架居多。

从这些研究中可见的是，研究者们延续着 20 世纪六十年代的传统研究路径，从现象发掘本质，由浅入深地分析与反思制度框架之下的思想暗流。但总体来看，较多研究是以“日本本位”的视角，从日本与其他国家间的不同现象出发，试图以内容分析的方法找到本质性差异，却困于表层差异而难以真正达成小山理想中的“类型确立”。同时，亦有学者以文本分析解剖不同新闻报道内容中暗藏的政治驱动力，越过“日本视角”来实现主体间性的贯通，从而呈现出新闻媒介与政治或明或暗，却又是无差别的勾连，意图打破“客观性”概念的原有解读。

1. 广播电视的功能性角色

在电视媒介的比较研究中，日本学者不断尝试完善与拓展电视广播的功能定义。在 1977 年，磯村英一通过对比日美来表达完善电视运营的意见。① 同样在防灾减灾上，不少日本学者认为在面对地震、海啸等自然灾害时，借助电视的广泛性、即时性、浸透性，可以及时发出警告或防范的信号，电视体系的功能性比较研究亦受到关注。但有学者通过比较日本和中国台湾媒体在地震灾害时期的电视新闻报道，对“电视在地震中是有效的传播工具”一说提出反对。② 他认为虽然在制度设计上，两地媒体都受到完备的条例或是法律加以管理；在系统运营上，日本在每个地区都设立有地方级电视台，中国台湾也具备较为成熟的电视行业，两者都可以完成电视在受灾期间的播放紧急新闻，但这却是一种被理想化的功能性表象。以日本为例可发现，在面临意料之外的“阪神大地震”时，电视台由于受损难以播报信息，进而导致救援行动的延迟。此外，由于地方电视台面临震灾时无力调派人手，只能依赖全国性大电视台

① 磯村英一．レジャ-における放送の役割——日米比較研究[J]．東洋大学社会学研究所年報，1977（10）：79-91.

② 洪國財．災害における放送メディアの役割：阪神大震災と台湾 921 大地震の比較[J]．年報人間科学 2005，03(26)：37-51.

的报道，无法为当地群众提供及时消息。以中国台湾为例可发现，电视台由于集中于台北，虽然在遭受“921 大地震”后做到了快速报道，但却局限于台北地区的受灾情况，而对于受灾最为严重的南投、台中等地区却甚少报道。此外，日本和中国台湾都存在新闻工作者忙于救灾工作而无法开展报道等现实问题。因此，电视的功能在遭遇地震时并未如想象之中的美好。虽然电视的浸透性对个人提供更好的影响效果，但报纸等印刷制品的实用性会远胜于电视，在这一方面的对比之下，媒介面对不同场景时也会产生不同的优缺点。

与此类似的是，渡边实围绕日美两国广播媒体在地震发生时期的报道比较，探究了广播的功能角色在特殊时期的转换问题，指出日本在灾害广播中的不足。① 在过程研究中，作者选取了地震的类型相同、发生时间相同、媒体环境相似的两起灾害事件：日本的“阪神地震”、美国的“北岭地震”并对灾后一小时内发出的播送内容展开比较，研究对象选择了日本的 NHK 广播、神户 AM，以及美国的 KFWB(美国广播电台)。研究问题是“传达内容”、“防灾信息的阐释”、“受灾信息的播报”。研究发现，美国广播在灾后不再是定位于报道机构，而是履行防灾机构的种种义务如播报求救信号或是利于防止受害情况加重的消息，在传达内容上，强调灾后的注意事项和行动指南；在防灾信息的阐释上，会结合现场报道中提及的注意事项并以日常化的表述方式向受众传达，还会邀请防灾专家介绍防灾知识；在受灾信息的播报上，实现了无线通信工具的常备化，并为记者配有相关行动指南加以培训。日本则在传达内容上，强调地震海啸与当地受灾情况；在防灾信息的阐释上，以广播员念防灾手册上的原文为主，并会请地震专家讲解地震情况；在受灾信息的播报上，依赖于记者和听众的电话消息，且地方媒体对地震期间的报道预案未作充分准备。作者在文中指出，新闻广播机构履行防灾功能是广播媒体对自身应有的定位认知，建议日本媒体认真向

① 渡辺実．日米災害報道の比較研究：阪神淡路大震災とノースリッジ地震における災害放送[J]．地域安全学会論文報告集．1996（6）：319-326.

美国学习。

2. 报纸的报道视角问题

阿特休尔将理想的报道状态描述为："新闻媒介摆脱外界干涉……客观公正地报道事实"，① 这里体现了"自由、客观、公正"三个关键词。而它们作为西方新闻专业主义所标榜的根本理念，也是其基本的专业伦理原则。② 但就"客观"一词而言，国族、地域、社会、文化的不同却呈现出多种复杂的表现方式，即便是西方媒体之间，也莫衷一是。因此，一旦脱离了原本的西方框架，重新接入本土文化的认知模式之后，"客观是什么"的问题又在日本研究者的比较之中再次引起我们的反思。

(1)东西方国家间的比较。

日本作为坚定的西方学习者，看似与美国"相近"，实则是"相远"。富森睿子指出，日美两国的报纸在政治报道上的关注点截然不同。美国关注的是选举过程和政治家去向，日本却关注权力结构的变化，产生了"看客民主主义"的现象，即媒体作为国家的监督者，却不积极参与国家政治，仿佛看秀的看客，保持不参与、不批评的状态。而在日本政治新闻的生产过程中，记者与政治家的关系较西方更为密切，优点是方便获得最新消息，缺点是弱化素材分析在新闻生产中的作用，使得记者变成了政治家的传声筒，甚至连访谈都偏向形式化。③ 因此，当日本政论新闻的历史传统，全国性报纸和地方性报纸的竞争激烈，自民党对政坛的长期把控等负面因素得到改善之后，日本政治新闻才有转向欧美政治新闻的可能性。

日本媒体对自我有着大众舆论引导和政策制定的职责定位，这使得记者在报道不仅有保障公众知情权的责任感，更有了充当社会

---

① J·赫伯特·阿特休尔．黄煜，裘志康译．权力的媒介[M]．北京：华夏出版社，1988：133.

② 王学成．"现实"与"理念"下的分裂——重思西方新闻专业主义[J]．新闻与传播研究，2007(01)：11-16+21+93.

③ リード・トム、冨森叡児、原田三朗．日本の政治報道を比較ジャーナリズムの視点から考える[J]．マス・コミュニケーション研究．1994，(44)：144-145.

各界沟通之"桥梁"的使命感。正因如此，有研究者认为日美媒体间存在的"温度差"(感知人间冷暖的人情味体现)是不可忽视的问题。① 渡边阳介对此表示了赞同：面对地震、暴动等重大事故的报道时，日本媒体第一是不会使用死者影像，第二是怀有"拒绝煽动恐慌与不安"的职业使命感，第三是慎重使用新闻用语以及严格检查消息源。② 尽管在东日本大地震灾难中，海外媒体认为日本媒体过于慎重，未能及时报道向读者传达信息，但渡边阳介认为海外媒体在缺乏事实联系的情况下，不顾一切地传播错误的信息同样是错误之举。然而，休斯等人对此有不同的观点，即报道视角的形成亦有着现实因素的影响③：他们以1994年成立、1997年解散的"新进党"作为研究案例，选取了日本的《朝日新闻》《读卖新闻》《日本经济新闻》，美国的《纽约时报》《国际先驱论坛报》，英国的《金融时报》《经济学人》，澳大利亚的《澳大利亚人报》，中国香港的《华尔街日报(亚洲版)》作为研究对象。通过研究发现，日本媒体的报道呈现出一致性和注重微观视角的倾向，秉持反对传统政治势力的态度；国外媒体的报道则普遍呈现出多样性和注重宏观视角的倾向，强调政治的变化。差异原因在于：(1)在新闻组织结构上，海外报纸仅靠特派员，而日本报纸有本土优势；(2)在取材方法上，日本记者可以通过记者俱乐部获得一手消息，并从中相互启发与合作，但海外记者则往往依靠二手消息；(3)在报道方式上，日本有传达事实与表述意见的两类新闻，前者由记者俱乐部的派驻记者撰写，后者由报社的相关负责人来主笔。外国媒体则由于取材局限而注重信息整合与分析政治事件的含义，偏向于综合性报道。(4)在编辑方针上，由于外国媒体是以"国际新闻"的视角来报道，所以记者对自身业绩提升的重视度高于对事件本身，为了获得更高的采用

---

① 西沢信正．日米マスメディアの比較試論：ペルシャ湾岸危機を中心として[J]．名古屋造形芸術短期大学研究紀要 1991(14)：38-39.

② 渡辺陽介．「称賛」と「批判」から考える——海外メディアはどう報じたか[J]．新聞研究，2011 (721)：34-37.

③ Hughes，Llewelyn. 国内新聞と海外新聞の比較論[J]．海外事情，1999 (47)：18-33.

率，有时即使在日本媒体看来不是“变化”，也被外国媒体认为是“变化”。

如果报道对象换成非本国的重大事件时，东西方间的种种区隔最终却回归于本国政治诉求的实用性表达。竹中のぞみ在《伊拉克战争中关于美国的报道：以美、澳、加、法、沙特为例》①中分析了在伊拉克战争期间，英国的《卫报》(The Guardian)，澳大利亚的《澳大利亚人报》(The Australian)，加拿大的《多伦多星报》(The Toronto Star)，法国的《世界报》(Le Monde)，沙特的《阿拉伯新闻报》(Arab News)之间对美国形象的建构。研究发现，在英国《卫报》的报道中，可以看到：第一，批判布什政权，尤其存在与美国的自私自利的单独行动主义以及批判帝国主义；第二，相对于其他西方媒体，更多地提供了阿拉伯世界的观点；第三，强调了欧洲对抗美国的这一态势。其中批判布什政权和强调欧洲这一框架最为清晰明白。从报道中可见，《卫报》的报道意图首先是在把握现状，即虽然由于英美关系的重要性而不得不追随美国，但盲目追随美国已经使得英国感到焦躁。其次是在指明新举措，即英国正在摸索与欧洲建立更加密切的联系这。因此，最终呈现结果是，着眼点被放置在美国的一国主义和包括阿拉伯世界等各国的反美舆论上，凸显美国和欧洲共同体的对立态势。在《澳大利亚人报》的报道中，可从四个方面看到“赞成战争、支持美国”的立场：第一是关于澳大利亚支持战争的报道；第二是美国总统在其牧场招待澳总理等报道；第三，关于战后复兴的报道；第四是先于美国发表《胜利宣言》。尽管选择这种立场的理由是复杂的，但鉴于当时的国际局势，或可认为澳大利亚的支持态度是为维持太平洋大国的形象而做出的无奈选择。《多伦多星报》始终是支持本国政府的不参战方针，并强烈谴责了美国的单独军事行动，更涉及了加拿大的主权尊严问题的探讨。但是报道中也提到同美加关系的重要性，从中可以窥视

---

① 竹中のぞみ，et al. イラク戦争時の米国報道：米・豪・加・仏・サウジアラビア新聞比較[J]. 大学院国際広報メディア研究科言語文化部紀要，2003(45)：279-319.

到加拿大对邻国美国的不满情绪。《世界报》中的美国报道中有四种清晰的特征：第一是从人道主义视角对美国展开严厉批评；第二是批判美国的伊斯兰政策；第三是指责美国行为与其政策存在矛盾；第四是凸显出支持多边主义，强烈反对单边主义的立场。由此可以看出，《世界报》在拥护本国理念、同法国政府保持统一立场的同时，不断向美国表达了抗议。《阿拉伯新闻报》的报道特征可分成以下两点：第一是对美国试图支配伊拉克的行动表现出反感；第二点是看似是代表本国展开批判，但由于两国在军事关系上不断紧密化，倒不如说是在代表阿拉伯世界以及伊斯兰国家批判美国，其用词蕴含了一种微妙立场。总体来看，各国媒体的报道特征既体现了来自于国家历史和政治诉求的影响，也表现出围绕美国与"本国"的利害关系所进行的反复权衡，而由此建构出的"真相"只是单方面的"客观"，并非应有的"真实"。

此外，也有学者指出日本媒体与美国媒体在历史记忆上，也呈现出不同的建构路径：日本媒体始终保有核爆受害者的认识，对太平洋战争的回忆也较多关注于广岛核爆事件本身；美国媒体在强调"日本是核爆受害者"的同时，却没有批评"核抑制论"(使用核弹是为了尽早结束战争，保护大多数日本人)，并进一步将投核弹与自我设定的维护世界之责相联系，回避对"核弹的危害"以及自身责任的反思。① 这其中需要思考的是，日本在淡化"施暴者"记忆的同时，美国同样也是在淡化自己的"施暴者"记忆，这是否意味着新闻媒体终究逃不出国家利益的报道框架？如果当研究对象换作美国报纸的日本版后，结果就会呈现出了另一种有趣景象。川濑绫子选取美国媒体《赫芬顿邮报》的日美版对日本"解禁集体自卫权"事件的报道进行比较，发现美国版较多登载的是认可解禁集体自卫权的报道，日本版则是较多使用呈现反对派观点的文章。② 她认为其中

---

① 柳田真一．日英二言語の報道における歴史認識の考察[J]．日本英語コミュニケーション学会紀要，2009，18（1）：79-91.

② 川瀬綾子．新聞に関する基礎知識：朝日新聞、ハフィントン・ポストの記事の比較[J]．情報学 2014，11(2)：52-64.

原因可能在于，美国版的报道受到了美国政治导向的影响，日本版则是侧重于关注民众的声音来提高点击率。

因此，无论是在自我标榜"客观"的西方媒体，还是在被认为是"不够客观"的东方媒体，影响媒体如何报道的主要因素都是本国的政治态度及需求。在这种情况下，新闻反倒是一种各取所需的叙事框架，这不禁让人产生一个问题："客观到底是什么？"在纷繁复杂的解释之外，记者出身的学者给出一份日本的答案：即通过纠正自我的不足与借鉴英美的优点来寻找符合自我需求的"客观"路径。但学术出身的学者则走得更远，他们不仅在 20 世纪 50 年代开始猛烈抨击来自美国的"客观主义"，也试图从日本与西方国家的新闻比较中找到"我们"与"他们"的缺陷并重新思考如何确立日本的"客观"。综合两种观点来看，他们都是以日本为视角来摆脱西方概念的束缚而形成日本的特殊性。

(2)东亚国家间比较。

在东亚国家的新闻系统中，文化的接近性形成体育报道角度的相似性。朴恩贞等人通过对汉城奥运会时期的报道比较后发现，虽然奥运会强调的是"个人或团体间的竞技，而非国家间的竞争"，但两国媒体由本国的选手或参赛队伍引申至国家主体，通过"获胜"、"拿到金牌"等用语表现出对"成功"的媒介定义以及强烈关注。① 在中日媒体关于本土足球队比赛报道的比较研究中，作者选取了两家地方媒体：日本的《河北新报》与中国的《河南日报》作为研究对象，发现中国媒体通常是以整体视角报道，且同样存在高度关注胜利的表现。② 这表明了中日韩在新闻报道中蕴含着高度相似的民族文化色彩，它将看似互不相干的报道联系到同一框架之下，显示出"东亚"的文化意识在三国媒体之间的流动性。

但对于历史问题，小寺敦之等人关注到《战后 60 周年》节目在

---

① 朴恩貞，神原直幸，北村薫．バンクーバー冬季オリンピック新聞報道の日韓比較研究[J]．順天堂スポーツ健康科学研究 2015，06(2)：96-105.

② 馬暁強．サッカー報道における中日地方新聞の記事表現比較に関する研究—河北新報と河南日報を対象に[D]．仙台大学大学院，2018：59-65.

东亚各国媒体中，被以不同面貌的形象展示。① 该研究选取了日本的《读卖新闻》《朝日新闻》和《每日新闻》、中国的《人民日报》和《联合报》(中国台湾)、韩国的《中央日报》和《东亚日报》，共计7家报纸，采用内容分析的方式，将分析条目分为主题与种类两项展开分析，主题：(1)关于战争(政治或军事上的抗争)、以史实为中心的报道；(2)关于市民生活的报道；(3)关于战后社会的报道；(4)关于至今有争论或是有关战争发端的问题。种类：(1)调查(评价或检讨)；(2)通讯；(3)访谈；(4)资料；(5)意见或主张；(6)书籍、节目等项目的介绍；(7)传记。再通过与在报纸版面中文本占用面积的测定相结合，得出各分类条目的总体占比，并结合话语分析形成最终结果。

研究发现，日本媒体的报道以“战争”和“战后社会”的文本主题为主，在“战争”方面关注到了东京审判、战争遗址、核爆历史等内容，在“战后社会”则关注了市民的日常生活与娱乐、核爆受害者、靖国神社的问题和美军返还冲绳群岛。在这三家媒体报道中，仅有读卖新闻尝试通过东京审判来反思此前的战争，检讨日本的战争责任。韩国媒体的报道同样以“战争”和“战后社会”的文本主题为主，但在“战争”方面关注的是清算战时协助日本侵略的人，论述日本承认战争责任却一味述说广岛核爆受害呈现出对自我反省的回避表现，形成了受害者报道路径。在“战后社会”方面则采用的完全不同的报道路径，强调迈进发达国家行列的展望以及取得的成就与需要面对的挑战。同时，慰安妇问题、独岛(竹岛)问题和南北朝鲜统一问题也纳入报道之中。

总体而言，中日韩三国的媒体们没有完全围绕战争历史展开报道，而是借此讨论当下的社会问题——用历史的观点来评判现代，历史反倒是掺杂于新闻中的附属品，这种“一个历史，各自言说”的奇怪景象，不仅反映了中日韩三国在历史认知上的偏差，也体现

① 小寺敦之，金山勉，姜恩貞，竹村朋子，白承爀，朱沿華，陳紀.「戦後60周年」はどのように報道されたか——東アジア主要新聞の量的比較分析[J].コミュニケーション研究. 2007 (37)：81-100.

了报道视角没有随着时间变化而改变，仍受限于过去的思想定式之中，未能真正尝试去理解他者。尤其对于日本来说，缺少对战争行为的整体性反思就意味着无法真正实现“近代的超克”，因而只能困于由西方国家建立的近代国际秩序观念之中打转，难以体悟亚洲国家的共同命运。尽管野村浩一悲观地认为，在第二次世界大战以前的日本——其实在第二次世界大战以后的日本依然——不管什么样的思想也好，意识也好，从右翼到左翼，在真正意义上能突破这一近代国际秩序观念束缚的人，事实上一个也没有。① 但依据笔者来看，沟口雄三、竹内好等学者基于近代观念的反思，正是为知识界展示了一种以重新“发现亚洲/中国”为路径的转向机会，并使学者们获得了深层次清理近代思想的契机。

3. 新闻政策的差异

英美与日本由于在历史传统与管理惯性上存在差异，从而导致某些政策具有根本性的不同，例如美国和英国的电视台都并非由政府直接管理，但日本则是由总务省来管理，甚至曾出现过总务省长官高市早苗放言：“如果报道存在偏向，可以立即切断信号”等此类政治家对新闻业施压的话语。② 相较于美国，日本的电视从业者的表达自由没有得到充分保障，其原因在于政府的监督导致政府介入新闻生产的过程更加容易。同时，大型媒体获得了政府默许下的特权使得原有的报道事实与监督权力之责任在某种程度上被淡化。③

但同为第二次世界大战后被极大改变的、与日本社会环境相似的德国却也出现了不同的新闻管理系统。石川明在《公共电视与社

① 韩东育．东亚的病理[J]．读书，2005(09)：108.

② 小林恭子、澤康臣、倉沢章夫．パブリックに知らせれば知らせるほどいい：英米と日本のジャーナリズム比較：対談[J]．メディア展望．2016，04(652)：34.

③ 鶴田達成．放送事業規制の日米比較と日本の問題点[J]．共立女子短期大学文科紀要，2018（61）：9-10.

会：一种日德比较的视角》①中展开对日德两国的电视新闻系统的比较：在德国，商业电视拥有优厚的广告收入，但播送的内容受到局限。理由是需要照顾低收入群体的收视需求，因而综合且全面的内容播送就由公共电视承担，即“基本性供给”。其中，节目内容以关注“德国的民主主义秩序和文化生活”为基本，并确保公共电视的存在合理性以及向受众收费的正当性得到认同。在日本，民间电视受到的限制少于德国，原因在于日本二元体制认为维护大众所需要的多样性，并允许由民间电视与公共电视来共同满足大众的收视需求，使电视对大众的效用达到最大限度。作者指出，日本和德国在“二元体制下如何确定公共广播电视的位置及其与社会的关系”这一问题存在着截然不同的做法，实际上是与二者对新闻报道“自由”的理解差异有关。日本认为公共的与民间的电视台应该在市场中共同竞争，因为“自由”是作为全体电视从业者行动的根本保障，所以竞争的不受限制即代表了“自由”的实现，即行为上的自由。德国认为电视的功能性作用应当受到重视，电视在市场竞争中体现的“自由”，实际上与宪法中受到保障的“自由”并不一致。也就是说，电视去引导大众舆论不应受市场因素影响，而应遵守法律规定的、具备普遍合理性的行动基准。正因如此，当面对机构改革时，日本 NHK 电视台试图保证选任者能够充分反映受众的意向，并且积极公开经营委员会的活动，德国公共电视台则关注监督委员会的人员构成，努力确保多元性的存在。尽管两者都是在向民众展示诚意，但却呈现出不同的景象。同时，也有学者通过比较日美英三国在推动本国影像媒介向海外发展的过程中提供的种种政策支持，归纳出共同特点：基于“国际化”可以成为国家发展动力的共同认识，故而以消除出口障碍和改善出口环境为名提供各种支持政策。② 但作者指出，媒介实力最强的美国政策是专注于消除国家间

---

① 石川明．公共放送と社会——日独比較の視点から[J]．関西学院大学社会学部紀要．2003（94）：5-16.

② 沈成恩．映像メディアの国際化——日米英の政策比較を中心にして[J]．NHK 放送文化研究所年報，2007（51）：105-154.

的贸易壁垒，英国政策是专注于通过资金援助与产业规制来稳固体制基盘，而日本应立足于本土情况去解决实际问题，不可盲目参考其他国家的政策。这些研究并未表现出对日本的全盘否定，暗示了一种思考倾向：不甘于做西方观点的践行者，而是试图摆脱“学习者”身份，在比较中确证自我的特殊性并由此寻找实现自我主体性的发展路径。

三、不同社会内的新闻记者比较

眼睛无法触及的现实通常是在记者的个人意识与专业理念之间的冲突中完成建构，而意识是对于自身体验的“凝视方向”，舒茨认为即便同一个体验也可能经历‘意义’的不同样态，就看凝视方向是从哪一个当下的状态发射出来。① 尽管社会世界中的每个意义解释都是对于个人或集体的“实用取向”，但方式不同也就导致意识结果的差异。这种差异在记者研究上得到了关切，从报道视点对他者形象的建构差异（渡边浩平，2015）、记者职业认知的多样化（大井真二，1996；石川明，2003；山本贤二，2011），再到女性主义研究路径的导入（金山勉，1999）可以看出，日本学者将记者比较研究的着重于报道视点、职业认知与性别比较三个方面。但从研究历史变化来看，关于集体层面的国际报道视点问题②早在 1958 年就已被提出，但关于个人层面的记者报道视点问题则是 1995 年后才出现于研究之中。

对于记者如何做新闻，学界与业界的矛盾点主要集中于记者个人是否在践行西方的“客观性”以及记者如何把握与政治的距离。由于日本新闻既在制度设计上有记者俱乐部的存在，也在文化思想中保持集团主义意识，这使得记者、新闻机构与政治之间形成了一种暧昧的关联。从马克思主义范式再到社会心理学研究路径，对其

① 舒茨．社会世界的意义构成[M]．北京：商务印书馆，2012：98-99.

② IPI 事務局．中国からのニュース——六カ国の新聞通信社における中国報道の比較[J]．新聞研究，1958. 02（79）：32-35.

的批判始终在学术脉络之中有所体现。不少学者以记者比较的方式分析日本记者与代表现代的西方记者之间的差距，并尝试学习西方理念来重构记者角色的定义来扭转日本新闻中出现的以“中立”之名行“发声筒”之事的发展倾向。

1. 报道视点及问题

日本新闻学在“二战”后受到“报刊的四种理论”等美国研究范式的深远影响并取得进一步的发展，但正如欧洲从美国引入“客观性”概念后出现了本土化的表现差异，客观性由于国别差异而显示出不同的理解与实践方式。① 在日英记者的比较中，泽康臣通过观察日本记者与英国记者的言谈行为发现，英国记者喜好围绕政治高谈阔论，日本记者则对言语表达极为克制。② 他认为，日本记者以不发表任何意见的方式来说明自身的中立态度，即视此为客观性的表现，因而不同于英美记者热衷于挑战权力的报道特点，日本记者往往是与政治保持距离却又甚少提出批评，具有一种政治暧昧性。

日本记者在国内报道中恪守着“中立=沉默”态度，那么在国际报道中又呈现出了什么样的“中立”形象呢？1964 年，中华人民共和国成立后的首批日本记者进入中国，渡边浩平以其中的松野谷夫(《朝日新闻》)和西村忠郎(《读卖新闻》)为研究对象，发现在“建国 15 周年的国庆节活动”、“第一次核试验”、“人民公社”这三个主题的报道中，松野谷夫与西村忠郎在文章中都表达了对新中国发展的肯定以及对中国“自力更生”的同情与支持。③ 高井洁司则以 2014 年中国领导人在德国访问期间发生的报道事件为例，指出日本记者报道中国领导人在德国发表演讲、批评日本，但对比当日的

---

① 鶴木真（編集）. マスコミュニケーションとジャーナリズム[M]. コミュニケーションの政治学. 慶應義塾大学出版会. 2003：125.

② 小林恭子、澤康臣、倉沢章夫. パブリックに知らせれば知らせるほどいい：英米と日本のジャーナリズム比較：対談[J]. メディア展望. 2016，4(652)：36.

③ 渡邊浩平. 報告・50 年の日本メディアの中国報道/歴史を通して考える日中メディアの課題——日中記者交換協定 50 年シンポから[J]. 放送研究と調査 2015，01，65(1)：61-62.

《人民日报》却发现该演讲仅是阐述了“中国坚持和平发展道路”的思想，未涉及中日关系，也不以批判日本为目的。正因如此，当代日本媒体正在形成传播负面消息的“重要环节”，使自己被视为导致关系恶化的“煽动者”形象。① 而山本贤二在此基础上，通过首批驻华记者与当代日本记者的比较，道出了日本媒体在 50 年前后的中国报道中的“不变”：无论是首批日本记者由于某种愧疚心理而产生了“热情表扬”的主观评价，还是当代日本记者怀着“厌恶”、“反感”等有失偏颇的态度来报道中国，在本质上都说明了对华报道欠缺视角上的客观性。②

如果反观当代日本社会来看，第二次世界大战后日本国民整体的目光下移，与日常生活的实景更为接近，也因此使得媒体的新闻生产方向随之变化。这种被称为“视线下移”③的报道视角被日本记者广泛应用的同时，却用“视线上移”的视角来做中国报道，因而产生了或是宣传“中国威胁论”，或是宣传“中国崩溃论”的两种极端景象。就这一点来看，日本媒体似乎是心甘情愿地陷入了自我封闭的怪圈之中。

2. 职业理念与伦理

西方记者的专业性在日本受到推崇，但并不意味着日本记者的“全盘西化”，而是依据对“客观”的不同理解实施日本式的专业主义，这或许可以理解为全球化之下的本土化趋势，但如果用的新闻文化来看，日本新闻在第二次世界大战后既恢复了第二次世界大战前的新闻组织，也大量保留了原有的新闻人员，使得新闻职业教育实际上是在延续旧新闻人的行事作风，而在这样的认知土壤中“嫁接”西方新闻思想是否就能够开出西方专业主义之“花”？

---

① 高井洁司．報告・日本の対中報道フレーム転換/歴史を通して考える日中メディアの課題——日中記者交換協定 50 年シンポから[J]．放送研究と調査 2015，01，65(1)：69-70.

② 山本贤二．歴史を通して考える日中メディアの課題——日中記者交換協定 50 年シンポから[J]．放送研究と調査 2015，01，65(1)：69-70.

③ 中馬清福．「可能性への期待」を捨てるな——新聞人の目線を下げることから始めよう（700 号特集 新聞の明日）．新聞研究，2009，700：8.

(1)职业认知与能力。

西方记者以客观性、专业性等职业理念制定了新闻专业主义的基本框架，那么在日本存在何种接受情况？大井真二在《新闻意识的研究：美国记者研究的影响》①综合Kim等人对日本记者的职业调查(Kim，1981)②以及Johnstone等人对全美记者的大规模调查(Johnstone，1976)③中发现，在美国记者的职业意识中重视"解释型报道"，其次是尽可能快速向受众提供信息，极少记者认为与政府或企业保持对立是重要的；在日本记者的职业意识中则是重视"事实与解释混合型报道"，认为要"站在政府的对立面"来做新闻。对于职业目标的问题，日本记者较多回答为"国民的启蒙"、"国民的指导"、"政府政策与大众舆论的反映"、"政府与国民间的管道"；对于报道方法的问题，则较多回答为"正确地"、"客观地"、"公平(公正)地"。尽管日本记者对于新闻的报道方法似乎延续了西方理念，但"正确"一词的使用体现了记者在现实中无法保持中立立场的尴尬情况。同时，"站在政府的对立面"与"政府与国民间的管道"之间的回答看似矛盾，实则是政治暧昧性的表现。其次通过分析韦伯等人对购买秘密消息、恐吓信源等七种不正当行为的正当化倾向的调查(Weaver，1986)，④ 大井认为与美德新闻记者相比，英国记者对于这些报道习惯的接纳程度更高，而德国更低。其中的原因之一在于，英国政府将保密国家机密的条例"D-Notice"作为限制记者活动的武器，但在德国的基本法第五条以及其他新闻法

① 大井眞二．ジャーナリズム意識の研究：米ジャーナリスト研究のインプリケーション[J]．マス・コミュニケーション研究．1996，48(0)：68-85，285.

② Kim，Y. C. Japanese journalists and their world. University of Virginia Press. 1981.

③ Johnstone，J. W. The news people：A sociological portrait of American journalists and their work. 1976.

④ David H. Weaver，G. Clevel，Wihoit The American Journalist：A Portrait of U.S. News People and Their Work，American Journalism，Bloomington Indiana University Press. 1988.

律都给记者接触官方消息提供了保障，同样在美国有关于信息自由的法律帮助记者获取官方信息。同时，新闻教育背景、报社背景（包含了企业形态、雇佣形式）和新闻记者的社会地位也同样是影响因素。就此来看，美国与西德、日本与英国反倒在记者管理上存在相似之处。

此外，有不少学者围绕“创新理念与对新媒介的适应能力”展开对日本记者与西方记者的比较。山本贤二认为，相对于欧美记者擅长于从推特大 V、受市场主导的中国传统媒体及新媒体等渠道收集新闻素材，日本记者过于关注网络论坛、党报（政府系）媒体以及其旗下的市场化媒体，而忽视推特大 V、市场化的中国新媒体以及其旗下的博客，导致新闻报道的偏向性。① 而在小林恭子看来，对于新媒介 Twitter 的使用，欧美记者已经将其作为日常信息交换、获取新闻线索的重要渠道，但除了朝日新闻之外，大多数日本报社的记者并不善于使用推特，即便有使用者，也往往是保持匿名状态。② 这或与仓田治夫注意到的日美新闻从业者间在人员流动与归属意识有关：在人员流动上，美国记者崇尚个人主义，有追求向上晋升的职业追求，日本记者有终身雇佣制度保障；在归属意识上，日本记者强调集体主义的行动方式，美国记者习惯于个人身份开展报道。③ 同时，宫尾尊弘进一步指出了日本记者所处的企业环境具有两种特点：一是重视本土市场，却也不得不关注全球市场与海外读者；二是传统媒体既担忧自身的利益受损，又迫于形势而推动网络化发展。④ 这种消极态度体现了日本传统媒体据守高额销量的阵

---

① 山本贤二．中国ブロガーが見た日中メディアの課題——ツイッター・ブログ時代の情報交流のあり方[J]．放送研究と調査．2011，03，61(3)：48-55.

② 小林恭子、澤康臣、倉沢章夫．パブリックに知らせれば知らせるほどいい：英米と日本のジャーナリズム比較：対談[J]．メディア展望．2016，4(652)：38.

③ 倉田治夫．放送ジャーナリズムの思想：メディア特性の分析と日米比較の試み．比較思想研究，1998，24：39-42.

④ 宮尾尊弘．「オンラインジャーナリズム」の未来——ネットのニュース配信．エコノミスト，2002，80.24：48-49.

地，保持传统经营思路、惧于改革的时代特点。

正是由于集体主义下的记者以传统思路维持运营秩序的良性延续，而缺少逾越的动力与勇气，使得日本新闻机构在全球媒介变革的浪潮中却仍然试图展开一种“防守态势”。记者本身同样也受到这种经营环境的影响，从而在不自觉中抵制新媒介的渗透，并以循规蹈矩的方式延续日本新闻业的闭合性，例如日本记者群体中存在的“言语锁国”情况：与芬兰相对比，虽然同样使用少数语种，但芬兰记者重视英语学习而容易理解并借鉴英语新闻中所蕴涵的报道风格和报道理念，而日本记者仅仅满足于使用日语，使得难以学习他国的报道风格和报道理念而陷入闭塞状态。① 同时，通过观察日本学者们的“口诛笔伐”可以发现，学习欧美记者做新闻是该类研究的问题导向，从松本君平引入西方记者做新闻的流程，到如今做新闻的理念，日本似乎一直在学习或是追赶西方的路上。对于日本来说，自己应成为东亚文明发展的楷模。因而其文化路线呈现出双轨的道路，一方面要深刻地、历史性地阐述自身的“自立性”，另一方面是要突出自身与西方的“零距离”，以此作为自身的合理性的依据。② 但从现实来看，所谓的“零距离”似是自我营造的幻象。

(2)职业伦理。

伦理问题是比较研究在不同国别、制度背景下的共同关注点。日本学者在媒介伦理的比较研究方面，更多是凸显出向美国学习的态度。日本尽管在1985年就出现了一种倡导社会责任观点：“如果想要将法律的‘干预’排除于新闻活动之外，则需要加强自身的媒介伦理建设”，③ 但现实中“日本媒介伦理研究较多局限于法律研

---

① 小林恭子、澤康臣、倉沢章夫．パブリックに知らせれば知らせるほどいい：英米と日本のジャーナリズム比較：対談[J]．メディア展望．2016，4(652)：35.

② 吴光辉．他者之眼与文化交涉：现代日本知识分子眼中的中国形象[M]．厦门：厦门大学出版社，2013：48.

③ 清水英夫．情報の倫理学[M]．筑摩書房．1985：14-15.

究”①而始终止步不前。相比之下，美国媒介伦理研究将基础建立于法理却又进一步向哲学思考延伸。塚本晴二朗对此明确提出要引入美国的描述伦理学来拓展本国研究深度。② 而石川明的观点显得更为慎重，他在《电视伦理的结构与特质：一种国际比较的视角》③中指出，英语圈认为如果要使市民的知情权得到保障，就需要尽可能地保证真实性，提供丰富细节，还原事实本貌，并且将此行为视作是媒体的使命。但日语媒体则是强调“被报道对象也有自己的权力”一说，被称为“隐私伦理”。这使得日本记者常常陷入左右为难的忧虑之中，尤其是在面对事故报道时，哪些内容应该被报道，哪些则应该隐藏，斟酌到最后实是导致了报道内容的部分性“消失”。这一点在东日本大地震事件时得到了体现，日本记者出于“顾虑”而没有把应该报道的内容报道出来，这种模糊感遭到了各种不满的指责。而与此相对的是，在巴黎空袭事件中，英语圈记者将恐怖场景完整地传递给受众，使人体会了强大的紧迫感和恐惧感。亦有学者对记者过于注重隐私表示担忧，认为在日本犯罪报道中的匿名情况同样存在语意上的偏离，产生“犯人”的潜在理解倾向。④ 作者在此试图以不同的伦理出发点来缩小在日英两语之间的已有认知差异，既不完全否定日本，也不完全接纳西方，而是在两者之间寻求一种具有批判性的平衡点来确证日本报道伦理的合理性。

小黑纯同样指出日本新闻的两个职业伦理问题：首先，日本新闻存在一种“向读者(受众)请教事实”的报道倾向，而英美新闻则

---

① Tsukamoto, Seijiro. Social responsibility theory and the study of journalism ethics in Japan. Journal of mass media ethics, 2006, 21.1: 66.

② 塚本晴二朗. アメリカ・ジャーナリズム倫理研究の潮流：日本が学ぶべきこと[J]. マス・コミュニケーション研究 2007, 70(0): 92.

③ 石川明；山田健太；本橋春紀. 第 25 期第 13 回研究会（放送研究部会企画）放送倫理の構造と特質：国際比較から見えるもの[J]. マス・コミュニケーション研究，1997(51)：227-228.

④ 倉田治夫. 放送ジャーナリズムの思想：メディア特性の分析と日米比較の試み[J]. 比較思想研究，1998(24)：41.

是力图追求"一个事件的不同观点"的平衡报道。其次是关于"泄密报道"的不同态度，日本新闻体系过于依赖日本官方机构的消息，且"泄密"(リーク)一词本身在也被附加了负面形象的定义，这导致面对从市民群体中流出的"泄密信息"是否应被重视时，日本记者与新闻研究者之间是出现了矛盾的态度。在美国，"泄密"(leak)没有过多的负面意义，并作为报道的正常渠道甚至需要保护泄密的消息源。正由于对泄密报道的认知不同，日本媒体中不重视来自市民的"小道消息"，也视市民为"被书写的人、被报道的人"，过于轻视公民的个人素养，阻碍了公民通过媒体来表达的自身态度，但西方媒体较多认为市民观点具有超越官方"正史"的可能性，因而记录市民"言语历史"的意义受到重视。① 源于民众话语的"世论"一词在近代代表了感性的、容易被误导的大众形象，但其含义在"二战"后仍被由美国主导的驻日盟军总司令部(GHQ)继续延续，并利用世论调查影响民众观点。② 在美军占领时期，该措施产生了明显效果，但由此形成的伦理认识实际上是在默许轻视民众声音的合理性，并促使记者主动追随正确的官方话语，导致始终在搬运西方理念的日本最终却开了不同颜色的理念之"花"。

3. 女性记者比较

基于女性主义研究的视角之下，大众传媒业同样成为性别政治的阐述者。在小玉美意子的研究中，以1974年、1984年和1994年为三个时间节点，选取了每年11至12月连续三周的电视新闻来对比日本电视台与美国电视台的女性记者出境率。③ 她通过研究发现，在20世纪八十年代之前，日美电视台中的男性数量拥有绝对

① 小黒純．ともにガラパゴス化する"日本型ジャーナリズム"と"日本型ジャーナリズム論"：米英との比較を手がかりに[J]．マス・コミュニケーション研究，2015(87)：219-220.

② 佐藤卓己．「世論の輿論化」に向けて：戦後「世論」の成立史から[J]．日本世論調査協会報「よろん」，2008(101)：34-37.

③ Miiko Kodama, "Japanese Women in the Media"(Paper Presentation at the Association for Education in Journalism and Mass Communication, Washingtong D. C., 1995).

优势。日本在 20 世纪八十年代初开始出现男女主播组合，八十年代中期逐渐普遍化，九十年代后有了男女搭档的新闻节目，雇佣情况则是民间电视台比公共电视台的女性主播更多且增长更快，同时，女性主持人多年轻美丽的形象出场且表现出经验不足的倾向；而美国的情况是在 1990 年已达到 33.7%的女性占比，并从整体来看，女性居电视台中层管理位置的占了 41%。与此类似的是，Miller① 则在 1992 年针对电视新闻的调查中发现，在现场报道方面，NHK 全部都为男性，民间电视台是 94.7%，美国三大电视台则是 86%，可见美国比日本有更多女记者登场。

而金山勉在研究中试图解决三个问题，即“户外主持中的男女比例”、“女性担任主持的新闻类型”、“报道中的女性职责变化”。② 作者通过 1993 年至 1996 年的新闻内容分析，得出了与霍夫斯塔德《1968—1972 年开展的从业人员价值观的跨文化研究》③中关于“男性化”在不同地区有不同层次的差别相一致的结论，即在“男性化”程度强的日本，男性担任新闻主播数量远远高于女性。同时，在其他种类的新闻报道中，女性报道员倾向于文化、节目庆典、季节变化等娱乐内容的播报，而围绕事件、事故、科学、政治、战争等方面的报道则难以看到女性的身影，例如在 1993 年和 1996 年针对日本电视台的调查中，关于“樱花”和“雪祭”的新闻都由女性播报。而在 1999 年后，日本的重大新闻中较多出现女性身影，但作者认为这个女性记者的活动现象仅仅是表面的“繁华景象”，对于在现场采访的女性记者来说是否存在“男权主义”的歧视还尚存疑问。在“男权主义”程度中等的美国，国内政治和国际时事都有较多机会担任新闻主持，例如 CNN 树立起了女性作为战争

① Jay. K. Miller, “Broadcast News in Japan: NHK and NTV”. Keio Communication Review 16: 1994, 89.

② 金山勉．日米の女性ジャーナリスト比較：文化の鏡としてテレビ・ニュースを考える[J]．ソフィア：西洋文化ならびに東西文化交流の研究．1999，48(4)：81-103.

③ Hofstede, Geert. Culture's consequences: International differences in work-related values. Vol. 5. sage, 1984: 176.

报道记者的稳定位置，并大量招募女性海外特派员。即便是到了今天，美国的女性记者仍是属于高占比率，达到了整体人数的30%，日本的则属于低占比率，达到了整体人数的5%。两位学者得出的结论印证文化对职业性别的影响，即"男性化"文化对电视新闻从业者的性别数量差异有着显著影响。

四、媒介比较的文化语境

从日本学者基于不同文化语境的媒介比较研究中可以看出，民族历史与文化既影响着国际关系的比较，也主导了媒介文化的呈现。在东西方的比较中，关于日德之间的媒介文化差异在20世纪九十年代后首先得到关注(伊藤公雄，1993)。而文化在潜移默化中塑造了思考框架，但当该框架应用于新闻报道时，其中蕴含的种种刻板印象制造了带有偏见的媒介效果并阻碍国族交流的深入。尤其是在2000年后，关于东亚国家间的交流困境与历史钳制的反思频频出现，如探讨日本媒介制造的本土性拟态环境与国家形象及国民印象之间存在的关联性(高井洁司，2013)，历史传统对媒体报道框架(高井洁司，2012)，或是报道偏向性(石川旺，2004)的形成产生影响，媒体间跨文化交流的可能性(坂井政美，2012；崔银姬，2013)，这些都是指向了跨文化交流的理解困境与现实阻碍。此外，教育也是受到关注的话题之一，特别是关于"记者"或"学者"的媒介教育道路选择(大井眞二，2001)，承接了国际普遍存在的教育方向之困惑。

1. 媒介文化比较

为了获取本土的市场与受众，新闻媒体需要保持原生的民族色彩与文化传统。即便是战后经历相似的国家，亦会形成自有的特色，这在日本与意大利媒体的对比中尤为明显。日本媒体将报道根植于社会大众之中，获得了庞大且稳定的受众与销量，但当全球化的风潮席卷各地时，重视本土受众的媒介文化反而使其在对外交流的尝试上显示出保守态度，并任由官方声音或大众兴趣替代了记者的理性思考，导致缺少深入他者的实践性理解。

(1)东西方比较。

日意德媒体从战前的极权主义体制中解脱出来后，纷纷提出对媒介制度与战争宣传的反思。与日本相似的是，战后意大利同样保持了原有的新闻机构体系，但却在未来的发展中形成了与日本媒体截然不容的面貌。伊藤公雄比较日本与意大利媒体的差异时，提到了来自个人主义与集体主义的影响。① 首先，从宏观角度来看，日本报纸在办报风格上既不偏向文化阶层，也不过分渲染燃情风格，保持走精英路线与大众路线之间的"中间路线"，意大利报纸延续了欧洲传统报纸的办报风格，追求专业性与高质量的精英路线；日本在政治接近性上，报纸强调中立的经济、政治立场，意大利报纸则有明确的政治立场，并接受特定的经济支持。从微观角度来看，意大利报纸会有记者署名，但日本报纸以中立客观为由，较少个人署名，即代表该文章是由报社所发；意大利记者在社会地位上，与医生、律师、会计在法律上同样具有较高地位，日本记者归属于媒体组织之中，一旦脱离即为"普通人"，因而使其"组织人"意识甚至高于记者意识。此外，意大利通过国家承认、记者协会实行的记者考核制度以及专门的新闻学校来保证记者的专业性与政治权力的距离，而日本没有专业的新闻教育组织也缺少强力的自治机构。伊藤认为，在对天皇的一系列报道中可以看出，日本媒体服从于政府与企业的间接介入，并实行自我管理与自我检查，但却在危害国民的知情权、记者的表达自由、媒体的自立基础，最终影响到报纸的可信度。

如果追溯差异形成的根本原因，就可看到国民价值观念形成的导向作用，即日本人将社会秩序、经济发展、个人生活的稳定视为头等大事，而自由等源自西欧的理念则被"退居其次"，这不仅是在国民当中，也是在媒体中得到贯彻。这体现在意大利人普遍拥有个人的政治信仰，但日本人则表现出对政治的"不关心"。不同的价值观念再进一步促成政治环境的差异性并呈现出：日本的自民党

① 伊藤公雄．戦後日本とイタリアにおける政治文化とメディア[J]．日伊文化研究，1993(31)：48-66.

“一家独大”，意大利形成“多党逐鹿”的景象。而这也正是日本的左翼媒体在20世纪六十年代兴起的反主流文化运动之后逐渐式微，而意大利的却能保持正常发展的原因所在。

(2)本土文化的反思。

记者依据主观立场或是官方立场确立自身的行动坐标来判断新闻价值，并进一步用新闻制造舆论的社会土壤，这一点在甘璐的《作为表象的朝鲜——新闻报道中的中日比较为例》一文尤为明显。从报道类别来看，日本报纸主要以韩国和美国的行动为报道中心，但《朝日新闻》比《读卖新闻》对中国的关注度更高。从报道文本来看，日本媒体有一种强调“日本=受害国，朝鲜=加害国”印象的阐释模式，这与日本媒体向来存在“娱乐性”的报道特点有关。

对于这种特点，中国学者金赢解释为，日本媒体基于推测对于朝鲜的报道往往容易情绪化报道，即形成媒体的“私刑”。① 日本学者武市英雄对这种报道倾向有着类似解释，即“两国无论发生了何种纠纷，都被渲染会向‘出事’的方向发展。同时，当大众媒体和受众都认为本国的行为的正当性，判断他国的主张和态度为错误时，就会全面报道他者主张的失当就在所难免。”②也就是说，媒体一方面是在追随大众强调本国或本民族的价值标准和思维方式的完全合理性，另一方面又不加思考地、强烈谴责他者的价值标准、社会制度和习惯等方面，将其等于一种被娱乐的异类对象。

关于日本的朝鲜报道从三个方面形成了拟态环境的建构机制：(1)看不到反对本国官方解释的报道，而是基于官方解释来形成报道；(2)虽然会引用他国报道，但只会选取与本国立场相符的内容。尽管朝鲜政府有自己的新闻报道，却也是摘取只言片语来组成文章内容。(3)新闻价值的标准受到记者主观性的干扰，记者的价值观是影响的重要因素。总之，新闻媒体并非完全按照事实本身来报道，而是在价值判断和信息选择的过程中，报道了一种由国家政

① 金赢.“报道”朝鲜：日本媒体的罪与罚[J]. 世界知识，2008(22)：61.

② 武市英雄·原寿雄. グローバル社会とメディア[M]. ミネルヴァ書房，2003：203.

治与个体价值观所促成的、拟态特性明显的环境。

日本媒体中重视“娱乐性”的倾向较强，凸显的是以自我为本位的报道视角。永井浩与此有着类似的观点，“日本媒体缺少从亚洲出发的视点”。①他通过分析日本媒体在东南亚报道中存在的“物语化”现象，批评日本媒体的自我本位式报道角度。日本在以亚洲为报道对象的时候，没有尝试过通过深入了解对方的内在的看法，从而掌握整个亚洲的情况，而是透过日本政府或外务省这些折射镜来分析亚洲。所以日本媒体在报道亚洲问题时，并不是为了别的，或只是为了宣扬日本才利用亚洲而已。还有一点即日本的国际认识，包括对亚洲的认识，其实也是透过美国这个折射镜的折射而产生的，这在极大程度上妨碍了我们日本人对亚洲的正确理解。

这或许可追溯至“二战”后对日本媒介体制的重塑，与西德相反的是，日本的统治阶层在战前和战后之间有着明显的连续性。②石川旺在《“主动接受”招致的危机——媒介培养的舆论》③中分析了日本与德国在第二次世界大战后不同之处根本在于占领形态的差异，即德国由多国直接管辖，其政治机构完全改变，形成分权化的行政模式，进而对全体主义（法西斯思想渊源）的反思由政府延伸至媒体，大量媒体被整顿或是停刊，对媒体制度实行全面改革。而日本由美国实行间接性管辖，保有原本的官僚机构和议会组织，并较为宽松地允许其按原本模式继续运行。

在麦克阿瑟的由上至下的改革中，以民主化的名义“纠正”大媒体在战前的过失以及释放相关媒体人，保留了原有的朝日、每日、读卖等大新闻社。这些媒体虽然被赋予了“新生”，但其活动则受到美国的严厉管制，例如对占领军和占领政策的批判是被禁止的。而当时的日本媒体也就成为了美国占领军的宣传阵地的一部

---

① 卓南生．日本的亚洲报道与亚洲外交[M]．世界知识出版社，2008：240.

② 油井大三郎．未完の占领改革：アメリカ知識人と捨てられた日本民主化構想[M]．東京大学出版会，2016：268.

③ 石川旺．パロティングが招く危機——メディア培養する世論[M]．東京，リベルタ出版：2004.

分，需要唯唯诺诺地接受美军“检阅”。对于新闻人来说，反思战前活动或是拒绝为美国工作的记者可谓是少数，大多数人不过是更换了“职场”而已，这是由于在美军制定的规则之下继续从事自己的活动与战前有着共通之处。媒体将战前的特质保留了下来：第一是对规则的顺应性，第二是对体制的接近性。

日本媒体虽然在战后经历改革，但记者既较少对自身行为检讨与追责，媒体组织也没有反思政治宣传之过，所以其仍保留战前的风格并影响至今，新井直之在《新闻战后史——新闻业的回顾》①一书中更是严厉批评称，日本民众在重塑媒体的维护大众利益功能的问题上是失败的。同时，他指出不管是战前还是战后，新闻社一直是在积极地协助体制，而不是保持与体制对立的位置。尤其是在对麦克阿瑟的战前与战后报道中有着明显反差，在战前有媒体在文章中称，要让麦克阿瑟和尼米兹跌落地狱，却在第二次世界大战后则是称赞麦克阿瑟是赋予日本人公民权利和推进民主化的万能司令官，并在报纸版面中刊登大量对占领政策的肯定性报道，以及开辟报道“麦元帅”动向的专栏。在这种舆论环境下，以至于有报道称：麦克阿瑟的祖先中有日本人，所以他身上也有日本人的血统。

2. 媒介交流环境

对于日本而言，存在的理想状态恰如子安宣邦所说，“不希望一个排外孤立的日本，而期待一个与亚洲邻国共生的日本”，② 但现实中却面对尴尬的时代处境——孤立。这与日本存在的内在问题无法解决有关：即亚非拉后发展国家的“国家利益”，服从于民族国家的自我中心逻辑，它无法从伦理意义上推导政治决策，而只能是相反，从政治的角度制造伦理标准。③ 也就是说，由国家利益牵引而生的民族情绪和政治诉求弥漫在社会环境之中，主导着包括媒

① 新井直之．新聞戦後史——ジャーナリズムのつくりかえ［M］．栗田出版会，1972.

② 读书杂志．亚洲的病理［M］．北京：生活·读书·新知三联出版社，2007：180.

③ 孫歌．東亞視角的認識論意義［J］．台灣社會研究季刊，2008，70：233.

介规则在内的种种行为标准。因此，新闻媒体不像是“第四权力”，反倒像是被牵着鼻子走的、任劳任怨的老黄牛。

(1)国家形象互构。

在全球化、信息化时代，虽然大众舆论影响力在不断扩大，但影响大众舆论也在变得更加容易。高井洁司指出，在过去 8 次中日大众舆论调查的结果可发现，两国大众对彼此国家形象的形成主要依赖于新闻媒体提供的间接信息。其中，95%的日本人通过新闻媒体获取有关中国的信息，主要渠道是电视的占了 79.7%。① 这意味着新闻报道成为国民印象形成的第一推动力。因此，新闻信源成为了影响印象的关键因素。

李普曼曾以某报纸六次报导“列宁死了”为例，指出报纸不鉴别信源可靠性的危险。高井洁司认为，李普曼指出的这一点是在中国报道应被重视的问题，即应被检验真伪的重要消息却被记者采用评论、解说等缺少核实的、过度主观的报道方式，并因此陷入报道真实性的困境之中。日本媒体由于竞争激烈经常使用网上未经确认的消息或是转载臆测消息，究其真实度来看是不足以发布的新闻，这也就是说，当媒体凭空臆断他者时，反而是在制造自我期望的幻象。

高井洁司认为，和中国媒体不同的是，日本媒体自负于所拥有的报道自由，但这样的自由却给日本媒体的中国报道带来了一种危险性。首先，日本媒体做的是没有完整传递“中国”的中国报道。例如，每日新闻前中国总局长成泽健一这样写道：在抗日游行和大气污染等引人瞩目的主题事件中，媒体会详细报道具有冲击性的场面和严重事件的内容。但是，中国不会报道那些一针见血的新闻，所以让别人了解中国人的机会非常有限。而共同通信的塩沢英一就钓鱼岛争端认为，日本媒体仅仅是站在政府的立场，而忽视去寻找解决问题的办法。不局限于政府的立场，以更多样的历史视角和战略眼光来扩展解决之道或是日本媒体更应完成的。总之，作为中国形象的重要信息源，日本媒体的报道实际上是不充分的。与其说是

① 高井洁司．メディアが作る相手国イメージ——日中対立の一側面[J]．CRCC 研究会講演録，2013：63.

报道方式的问题，倒不如说是结构性的报道问题。

其次，日本媒体还存在受“政府诱导”的特点。日本媒体对中国的报道依赖于日本政府的通报，借助记者俱乐部制度，政府成为了中国报道的代办方，尤其是政治部出身的非“中国通”记者做出的报道往往给人一种照搬外交部通报的印象。有学者指出，日本记者俱乐部制度使记者与政府官员形成一种“粘着”状态，存在一种倾向：失去了取材原则，仅报道单方面(政府或企业)的消息，变成了“发表新闻”(照搬发言稿式的新闻)。① 桂敬一在《现代的新闻》②中认为，记者俱乐部拒绝对非成员提供的消息，具有强烈的排他性与封闭性，实际上是形成了一种“独占消息源”的制度。例如，日本高官出访外国时呼吁警惕中国以及多次参拜靖国神社，但又说着“对中韩态度端正、诚意满满，始终保持对话大门的开放”这类缺乏诚意的话语，日本媒体却没有对此展开批评。同时，不断向俄罗斯、欧盟、印度等国宣传中国威胁论，却不报道他们在中国政府首脑访问时产生了何种讨论。可见媒体只是传达政府所期望的一种观测，这种在日本的“常识”之事是世界的“非常识”之事。

对于中国媒体，高井洁司认为商业价值是歪曲日本形象的主要动力。例如某报通常由居住于日本的中国人翻译日本媒体而得的信息，再由北京总社进行编辑，这是将新闻建立于二手消息之上。正因如此，该报的论调才会如此激进，而且也只是被一部分人接受。通过网络的转载与传播，这样的报道具备了大众影响力之后，就不可避免地再被日本媒体经常引用，尤其是在中日关系方面。而中国媒体常引用的新闻论调来自《产经新闻》(论调倾向于右翼的日本媒体)，这必然难以改善两国媒体的交流环境。也许中国媒体想要依靠煽动对立的报道来吸引读者，但如果中国想要在国际社会获得指导性地位，那就不仅需要保证国内大众舆论的正常，也要让有关国

---

① 伊藤公雄．戦後日本とイタリアにおける政治文化とメディア[J]．日伊文化研究，1993(31)：51.

② 桂敬一．現代の新聞[M]．岩波書店，1990.

际社会和其他国家的信息得到自由充分的流通。此外，现代年轻人更信赖通过网络获取的新闻资讯，但中日的新闻网站都没有采访权限，信息的来源仍是传统媒体。网站为了获取更高的广告收入、更多的点击率，往往会选取、置顶强调对立局面的新闻报道。故而情绪化的评论经常被置于比事实更显眼位置，而且随着它不断普及，民间舆论的对立情绪也在不断积累。

如果说报纸无法传达整体形象，那么网络传达的就更是读者自己想阅读的东西。民间舆论本可以引导，但两国政府与媒体不去平息反而去利用与煽动，加剧关系紧张是两国媒体共同的责任。同时，中日媒体似乎都是在报道事实，但是其报道内容实是各有偏重，并不切合整体面貌。从现实来看，日本媒体中存在的刻板印象实际上是为了迎合民众的刻板印象而形成的策略性报道方针，因而容易形成单一的、或对或错的报道形式。

(2)报道框架的变化与问题。

回顾日本报道框架的变化可以发现，第二次世界大战后初期，日本的第一批中国特派员普遍以促进中日两国关系为初衷，希望双方增进理解、推动关系正常化，形成良好的双边合作。尽管当时中国正遭遇特殊时期，但日本记者仍以中国积极向上的一面为关注焦点加以报道，因而该时期呈现了“友好型”报道框架。进入 20 世纪 90 年代后，日本媒体的报道框架发生巨大变化，转变以中国存在的各种矛盾为焦点，批评中国的政治体制。这标志着进入 21 世纪之后，报道框架由“友好型”转向“普世价值观型”，日本媒体以中国的政治问题作为攻击点展开广泛批评。① 而在此后的钓鱼岛争端中，由普世框架向国利优先框架转变。在 2014 年时，基于国利优先框架的、具有煽动性的负面报道在各大媒体上出现，存在“负面连锁反应”的煽动者形象之嫌。但日本媒体批评中国的报道受到了中国大众媒体与民间舆论的强烈反弹，中日间一旦出现双边事件就导致两国媒体与民间舆论的摩擦与对立，已经成为了常态现象。从

① 高井洁司．変わる報道フレーム、変わらない報道規制——国交正常化40周年、中国報道の現状と課題[J]．新聞研究 2012，08(733)：8-11.

2005年的“反日游行”、2008年的“毒饺子事件”到2010年的“钓鱼岛渔船冲突事件”，中方的公开不及时，日方的过度报道、不实报道，是对立情绪形成的原因之一。

类似的问题同样可以在关于“钓鱼岛”事件的研究中发现，中日媒体(中国的《人民日报》《南方日报》《南方都市报》，日本的《读卖新闻》《朝日新闻》《产经新闻》)的报道文本中呈现的相同点有：(1)两国媒体的报道都存在受到政治影响左右的情况；(2)两国媒体在报道中体现了对中日关系的担忧和解决事件的想法，但这实际上由于过度的特写报道和民族主义情绪而无法被有效传达；(3)两国媒体在新闻用语的使用上缺少慎重态度。而相异点在于中国媒体以“释放船长”为重点报道问题，较少关注冲突原因和经过，在事件终结后则报道逐渐消失。日本媒体以“冲突事件”为重点，但在事件终结后，将关注重心转移至中方的恐吓以及对中国政府的批评。因此，高井认为媒体充分保持自觉性是必要的，但促进读者提高自身媒介素养的重要性更强。

(3)跨文化交流与合作的可能性。

东亚是一个地域，也是一个由儒家思想串联起的文化共同体，有着相似的文化背景与脉络却一直被种种问题所阻隔。崔银姬①围绕这个问题展开了一项关于东亚媒介交流意愿的调查，通过分析中日韩三国的电视节目制作人对“是否想引入他国(指除本国外的两个国家)电视节目”、“保持何种报道的角度”、“开通东亚共同电视频道存在什么壁垒?”等问题的回答及透露的态度。她发现，日本和韩国的制作人对“了解他国的节目水平”和“与他国制作人交流”有兴趣，却对引进他国电视节目没有意向，这一点恰恰与中国相反。同时，尽管三国都对交流表达了高度一致的兴趣，但三国制作人基本上都是秉持“以本国为中心的报道视角”，其中韩国最高达到了93%，日本居次。对于壁垒问题，日本列举了“流行内容的变

① 崔銀姫．東アジアにおける新たな放送文化の創出の可能性と課題：「日韓中テレビ制作者フォーラム」の事例から[J]．社会学部論集，2013(57)：19-39.

化”、“国际政治”、“表现的压力”，韩国列举了“国际政治”、“对历史的反省”、“语言的障碍”，中国则列举了“国际政治”、“对历史的反省”、“制作费用”。“国际政治”和“对历史的认知差异”是其共同关注的问题。此外，媒体人对他国媒介产品及合作壁垒的观点代表了本国媒体的特点。日韩愿意了解却不接纳他国的文化内容，存在着本国中心主义的倾向，其中以韩国最为明显。而中日韩对合作壁垒的观点共同包含了对“国际政治”问题的强调，中韩则“对历史的反省”的观点更为重视。这反映了政治与历史是东亚跨文化交流与合作难以逾越又必须面对的一道障碍。

从崔银姬的研究可以看出，中国媒体在东亚三国之间有着较为积极的跨文化交流倾向。同时，亦有研究者通过观察媒体的自我反思间接验证了中国媒体在对外交流的合作态度，他们关注到了来自国家级媒体的新闻人反思：中国媒体对日本的报道不如日本媒体对中国的报道客观、细致。中国更多的是一种情绪性的，多围绕一些历史问题，而对日本变化的细节很少关注。究其原因既是为迎合读者情绪，也是缺乏超越情绪的勇气。此外，中国人观察事物过于极端，倾向于非黑即白，缺乏看问题的立体视角。而中国媒体人对报道偏向的反省也是表现出了一种自我改进的姿态：超越情感，回归客观理性。① 类似的反思同样亦存在于首批中国驻日记者之中，他们指出自己曾经存在以主观思维去做偏向性报道的问题。② 此外，中国媒体在经历体制改革之后，受众需求不断得到重视，这也在要求媒体贴近日本现实，而非遵循传统的刻板印象。

日本新闻界的反思表现在“回归对市民生活的关心”，来自地方媒体的坂井政美认为：当中日关系受到政治波动影响时，一旦遇到突发事件就容易加深对立，而媒体又不假思索地追求眼球效果、

① 楊霜；橋元良明．中国におけるメディアの多元化と日本人イメージの変化：その変化に内在する「人間本位」意識のあり方を中心に[J]．情報学研究：学環：東京大学大学院情報学環紀要，2010(79)：47-63.

② 西茹．報告・50年の中国メディアの日本報道/歴史を通して考える日中メディアの課題——日中記者交換協定50年シンポから[J]．放送研究と調査2015，01，65(1)：63.

过度报道，会直接导致双方的国民情感不断恶化。而加强地方交流的重要性在于帮助两国民众以更加直观与真实的体验去了解对方，使中日民间关系稳定与维护。因此中日关系友好的关键在于，扩大'地方与地方'、'人与人'的交往。① 在坂井看来，以地方层面或是市民层面的视点来报道本地交流是两国地方报纸应尽之责。知识界的反思则表现在"寻求更为有益的报道"，丸川知雄以日本媒体对共享单车的报道为例指出，具有延后性以及悲观情绪的报道最终是在影响日本企业的发展。② 他希望记者能够关注中国大变革下的社会题材，多到现场挖掘事实，而不是浮于表面式地关注中国政治变动。

然而对于三国间的媒体关系，千野境子用"熟悉的陌生人"③来形容，意在说明一种矛盾的交流心态。同时，亦有研究者将中国描述为"自信又傲慢的邻居" ④或是"以自我为中心的大国"，⑤ 阐述了一种保持警惕的对中态度，这体现了传统刻板印象仍然根深蒂固的现实。宇治敏彦对此持乐观态度，认为这样的历史问题并不仅限于中日之间，也并非是一个无法跨越的问题。⑥ 但如果回到这些研究的观察中，我们就会发现一个新的问题：大多数研究指出了政治对中日媒体报道有明显的影响效果，那么不清理历史问题亦无法解决政治矛盾，但如前文所述，判断历史的伦理标准源于民族利益的诉求，而日本政治正是想努力摆脱近代历史的困束来实现日本在思

① 坂井政美．地域の視点からアジア情報発信：西日本新聞の中国報道[J]．新聞研究，2012（733）：24-27.

② 丸川知雄．巨大化する中国経済：変化の方向を見誤った日本の中国報道[J]．新聞研究，2018（798）：64-67.

③ 千野境子．災害報道めぐり活発な意見交換：3 か国報道人セミナーの継続でさらなる理解促進を[J]．新聞研究，2012(732)：59.

④ 鹿森秀輝．「強国」の実像伝えられたか：変わる隣国，変わらない対中認識[J]．新聞研究，2018(798)：56-59.

⑤ 遠藤誉．自らを世界の中心と位置づけた中国——真相を見る目をゆがめずに[J]．新聞研究 2018(798)：60-63.

⑥ 宇治敏彦．中国メディアへの要望と注文相次ぐ——第 2 回日中韓 3 か国報道人セミナーを振り返って[J]．新聞研究，2010(708)：52-54.

想上的现代化，这种考量正是源于日本民族的主体性选择，因此相互缠绕之下的纠葛似乎难以真正跨越。

3. 媒介教育思考

在面对媒介环境日新月异的快速变化下，重视技能训练还是着力思维培养成为新闻学科教育的一大痛点。在 2001 年，大井真二围绕该问题展开了日美新闻与传播学教学间的对比分析。① 通过研究日本的 209 名和美国的 446 名大学教员的调查反馈发现，大学的新闻专业是否应该培养出媒体可以立即派入工作岗位的专业型人才(即作者所称的“即战力培养”)，在日美的新闻教育界中出现了不同的理解。日本的教员对于传统新闻行业(如报纸、电视台等)的“即战力培养”普遍持不重视态度，但对于媒介产业的“即战力培养”普遍是支持态度，且有从业经历者比无从业经历者的支持态度更显著，同时在“是否认为现有课程对‘即战力培养’有帮助”这一问题上，持“有效”态度和“无效”态度的比例是接近的。美国则有 66%的人认为现有课程对‘即战力培养’(记者的培养)有帮助，并提出改进的要点在于，新闻写作培训、报道关注度的提高、批评性思考能力、知识结构的深度和重视教员的媒介经验。此外，教育人员的背景亦是不同影响的产生因素之一。其中，在教员性别上，日本男性教员的比例占到 95. 2%，美国男性教员的比例占到 74%；在媒体从业经历上，日本有媒体从业经历的比例占到 71. 3%，，美国有媒体从业经历的比例占到 93%；在教员学历上，日本取得本科学位的比例占到了 60. 8%，美国取得博士学历的男性比例占到 70%，女性比例占到 61%；在教员年龄上，日本是 55 ~ 65 岁年龄段的教员占到了 60. 8%，美国是 45 ~ 59 岁年龄段的教员占到了 53%。基于个体背景下的深入研究或是剖析两国教育体系不同的另一个切入点。

与此关系密切的是受教者依赖的媒介圈，犬塚先在 2002 年比

---

① 大井眞二. ジャーナリズム・マス・コミュニケーション教育の現在：日米の教育調査から[J]. マス・コミュニケーション研究 2001，59(0)：81-106.

较了不同国家的大学生所依赖的媒介环境，其中提及了中国湖南大学与日本千叶大学之间的差异。① 研究发现，日本学生主要使用漫画与电视等媒介，以个人生活为关注中心，不关心社会问题，交际圈局限于周边朋友，对个人未来存在迷茫感。这反映出的是喜好娱乐内容和依赖电视获知外界消息，对政治或社会信息了解不足，过于关注时尚信息等潜在含义。而中国大学生经常接触书籍等纸质媒介，对大学生活感到充实，而互联网的作用也在显现。而日韩年轻一代之间的文化关系更为密切，指出，在通过“音乐”、“朋友”、“电视”等媒介展开的文化交流活动中，韩国年轻人正在产生一种日本化的倾向，即与日本青年相似的时代感，而且日韩之间相似的媒介使用习惯也在形成双方青年间的共通感。② 这既为了跨文化交流的开展提供了便利，也暗含了文化收编的风险。

三、研究反思

日本比较新闻研究在理论思想上具有超前性，但在实践上却始终未能真正涉足国际性比较。从研究对象来看，英、美、德、意等西方国家是侧重于自我进步的比较对象，即既要重视西方新闻的优势来为我所用，也要发现其中的不足来验证日本的优势；而中、韩等亚洲国家是侧重于自我反思的比较对象，即在我方报道中是否以主观印象判断他者？在他者报道中是否建构了客观的日本形象？在双方报道中是否保证跨文化交流的可能性？这些研究的关注点似乎更多的是指向以日本为主体的实用性比较，而非延续小山荣三在指导思想上的挖掘。从研究方法来看，实证主义范式仍是指导新闻研究的主流方法，但民族志等质性研究方法的缺位使得深入记者群或

① 犬塚先．大学生の日常行動とメディア環境：4 カ国の比較[J]．千葉大学人文研究：人文学部紀要，2002，31：91-114.

② 藤原功達．2000 年時点における若者のメディア・コミュニケーションに関する日韓比較[J]．中京大学社会学部紀要，2003，02(18)：181-200.

编辑部的研究稀少，这导致研究问题浮于纸面信息，而未能真正达成由“现象到本质”的研究路径。从整体研究来看，比较方法的使用未受到重视，其中以学术期刊《大众传播研究》(マス・コミュニケーション研究)在2000—2015年的新闻研究动向为例，比较方法的使用在整体中仅占一小部分。①

同时，观察西方比较新闻学的发展趋势可以发现：一方面是被民族志的转向所吸引，强调语境化的解释、内部描述以及批判性或社会性的理论建构。另一方面是在研究兴趣或资金支持的驱动下，展开大规模的标准化数据收集类型的国际性比较。② 但相比之下，日本却似乎展现出一种与世界脱节的情况，日本学者将这种“世界的国际化程度加深与日本的孤立化程度提高之间的矛盾现象”称为“加拉帕斯群岛化现象”，③ 即日本仿佛孤独的群岛一般逐渐被置于世界之外。这种身如浮萍般的飘渺感虽然体现于比较新闻学当中，但更本质的是与跨越近代思想之后的真空状态有关，有学者直言：“在整个现代时期里，日本人的意识中始终都充满着一种孤立自处的感觉。”④

在一项关于1990年至2006年的网络新闻分析研究部分印证了上述观点：多数研究局限于本土新闻业的内容分析，对于海外新闻机构的情况了解不足，较少展开日本与他国的比较研究。⑤ 这或说明了社会思想的变化是比较研究视野的窄化倾向以及“自我本位”

---

① 小黒純．日本マス・コミュニケーション学会における ジャーナリズム研究の動向(2000年~2015年)[J]．マス・コミュニケーション研究，2017(90)：68.

② Livingstone, S. (2003). On the challenges of cross-national comparative media research. European journal of communication, 18(4), 494.

③ 林良輔．コンテンツ展開の国際化戦略——ウォール・ストリート・ジャーナル日本版の狙い[J]．新聞研究，2010(709)：62-65.

④ 斯卡拉皮诺．亚洲及其前途：向各主要强国提出的问题[M]．北京：新华出版社，1983：53.

⑤ 呉明燕．日本におけるオンライン・ニュース研究の現状[J]．メディアと文化，2008，4：11-32.

心态蔓延的深层诱因。在民族志方法的使用方面，终身雇佣制、记者俱乐部、新闻专业教育在大学的忽视等因素下形成的媒介集团主义使得研究者难以获得与记者、新闻机构的合作，或是需要以不发表结果作为开展研究的条件。① 这阻拒了新闻业与学者之间的双向沟通，而让针对新闻记者或组织的田野调查研究在日本显得较为稀少，并间接性地在拉远日本与世界的距离。

此外，沃思与科尔布(Wirth & Kolb)指出的“等价性”②问题同样需要在比较研究中得到重视，即比较对象是否对等是应多加考量的。首先，“西方”概念的模糊化与泛化是较多的日本比较研究需要厘清的问题，过于关注某一个国家或者某一类价值观会导致研究方向陷入片面论断的困局，而非真正探索全球化浪潮之下的变与不变。其次，日本媒体由于自我保护意识，迫使研究者“只可远观”或是通过离职者的讲述来建构新闻业的形象，如此形成的批评意见是祛除了多大程度上的主观性是应该思考的问题。相反西方新闻业由于对研究者保持开放的合作态度，使得“亲眼所见之物”往往可由学者转换成“亲笔所写之文”，在保证基本客观的同时，形成了学界与业界的良性互动，那么在此基础之上的比较研究是否仅仅是西方优势与日本不足进行比较，或者说在研究视野上是否达到对等性?

① 大井眞二．ジャーナリズム意識の研究：米ジャーナリスト研究のインプリケーション[J]．マス・コミュニケーション研究．1996，48(0)：82-83.

② Wirth，W．，& Kolb，S．（2004）．Designs and methods of comparative political communication research. Comparing political communication：Theories，cases，and challenges，87-107.

2017—2018年海外文化政策研究动态综述

陈 波 林馨雨 曾 理
武汉大学国家文化发展研究院

篇首语：文化政策不仅与社会、政治背景相关，还与文化产业、创意产业有交叉影响。近年来，文化政策与社会热点越来越多趋于相互融合，始终保持高活跃度和时效性。文化政策的研究价值巨大，研究空间广阔，将文化政策置于不同学科背景，探索其全方位的影响和价值可能带来研究上的突破。因此，本综述以"文化政策"为关键词，采用同心圆模式收集了2017年至2018年海外相关研究，从政治、经济、科技和重点议题等角度进行逐一回顾和整理，进而展示国际文化政策研究的最新进展。结果显示，全球化趋势成为各国文化政策研究的重要背景，文化权利、文化参与、文化多样性、文化空间等议题为近年学界研究热点。

在2017年至2018年，文化政策研究领域，文化政策与社会热点越来越多趋于相互融合，始终保持议题的高活跃度和时效性。相对于学术专著而言，学术期刊所载的论文能够更敏感地捕捉到社会与政治的瞬息万变，与时代发展高度贴合。因此，本综述选取国外期刊论文为分析资料，汲取多家观点，以展示国际文化政策研究的最新进展。

本综述选取的文献为2017年与2018年两年间海外文化政策研究论文。首先，文化政策研究涉及的话题诸多，范围广泛，相关研究体系庞杂，故笔者紧扣核心关键词“文化政策”，以同心圆模式收集了以此为核心的文献，从政治、经济、科技和重点议题等角度，对涉及的主要国际期刊发表于2017年至2018年的文化政策研究进行逐一回顾和整理。

同时，由于国际期刊从投稿至刊登往往历时较长，2017—2018年的海外政策研究问题，主要还是反映了2015年以来国际政治、经济、社会等领域对文化政策的影响。为了更好地反映2017—2018年的研究成果，本综述纳入了少数投稿于2018年但发表于2019年的重要文章进行分析。相对于学术专著，期刊论文的写作至刊登周期较短，一定程度上能更及时地捕捉社会与政治的变化，因此主要选取期刊论文作为参考，以期能更好地反映文化政策与研究的时代性。文献主要来源为*International Journal of Cultural Policy*(《文化政策国际杂志》)，*The Journal of Arts Management，Law，and Society*(《艺术管理、法律与社会杂志》)以及*Culture Trends*(《文化趋势》)等专业学术期刊，因*International Journal of Cultural Policy*为文化政策领域最具代表性的期刊，其收录的最具专一性，故将其作为本文最主要的文献来源。最后，由于国际期刊主要发表和交流的语种为英文，故本综述以英文文献为分析资料。针对未能找到部分外文词汇对应的中文翻译，少量词汇为笔者自译并附上了原文。

此外，2015年Bell和Oakley出版了学术专著*Cultural Policy：Comparative Perspectives*(《文化政策：比较的视角》)(Bell & Oakley，2015)，他们从理论分析的角度为文化政策做了界定，有助于我们理解本文文献研究中相关议题的立场，以及对这些立场的比较和简单分类，厘清文化政策的国际基本观点，因此，我们收录了这一重要的参考资料，并在综述第一大类的开头段落进行阐述，但不作为研究动态趋势的分析资料。

一、文化政策与政治研究

在 Cultural Policy：Comparative Perspectives（Bell & Oakley，2015）①一书中回答了文化政策研究的几个基本问题，即文化政策是什么？文化政策是如何运作与实现的？以及文化的作用是什么？第一个问题涉及文化政策研究的偏向性，Bell 和 Oakley 认为文化政策研究虽然是跨学科的研究，但可以被归为政治学或社会学的分支。在本书中作者表示其文化政策研究更偏向于政治学，指出不同的文化政策是由不同的政治背景决定的。在文化政策研究中，从地域和空间的特殊性入手是十分重要的。然而近年来文化政策渐渐有了向由经济主导这一模式靠近的趋势。因此，该书也从产业经济的角度为文化政策定义，认为文化政策也是关于文化生产和文化消费的政策。由此可见，文化政策不仅与社会、政治背景相关，还与文化产业、创意产业有交叉影响。

同样将文化政策放在政治学中讨论的还有 Almeida（2017）；Žilič-Fišer、Erjavec（2017）；Georgia Spanous、Enverga、Tangco（2018）；Eggeling（2017）；Isar（2017）。

（一）文化政策设计与决策

Marx（2018）②讨论了文化政策的决策权在相关负责机构、公共部门、官员以及 cultural actor 中的比重。在瑞士行政区（canton）和文化相关机构的情况中寻找文化政策在不同方面的转变。Marx 认为相对于文化政策，文化法律大多由指定负责机构进行实施。

Chantepie（2017）、Dâmaso（2018）③立足于文化认同和对主权

---

① David Bell & Kate Oakley（2015）*Cultural Policy*. Oxon：Routledge.

② Richard Maxwell & Toby Miller（2017）Greening cultural policy, *International Journal of Cultural Policy*，23：2，174-185.

③ Mafalda Dâmaso（2018）From the cultural and foreign policies of western European far-right parties to the European Union's 2015-2018 Work Plan for Culture-identifying and opposing nativism, *International Journal of Cultural Policy*，24：6，811-825.

的假定，比较研究了西欧极端保守党派的文化、外交政策以及欧盟 2015 至 2018 年的文化工作计划。作者认为从政策趋势和文化管理的内容来说，欧盟强调文化多样性和跨文化对话，而极端保守党派与之相反。Dâmaso 的立场表明欧盟文化政策更有利于文化的长期发展。Almeida(2017)①指出，在玛丽勒庞领导下的法国极右翼党派推出的文化政策本质为本土文化保护主义，抵制先锋派和一切非传统文化。

Morató、Zarlenga(2018)②认为文化主导的城市更新(urban regeneration)在各地的实践须遵循“分情况讨论”的原则，即根据区域特点制定合适的政策才可能有效避免城市的绅士化(gentrification)。后工业时代的欧洲和北美在转型初期通过自下而上的变革实现城市更新，但伊比利亚美洲(Ibero-America)从一开始则由政府通过一系列政策进行自上而下的改革，这使社会的转型更加迅速和彻底。具体政策包括重建老城区及修复历史建筑物、支持文化产业、吸引游客和新中产阶级等。伊比利亚半岛的成功模式和结果被复制到了南美洲国家。然而这些成功案例并不能作为全球各地城市更新的缩影，因为各地背景复杂，有时同一座城市中就有超过两种截然不同的环境。因此这一问题还有待更广泛、深入的研究。

Fleischmann、Welters(2018)③在对澳大利亚近 100 年的政策进行梳理后，呼吁澳大利亚在于艺术、文化和创意产业方面制定相关政策并贯彻落实。

---

① Dimitri Almeida (2017): Cultural retaliation: the cultural policies of the ‘new’ Front National, *International Journal of Cultural Policy*.

② Arturo Rodríguez Morató & Matías I. Zarlenga (2018) Culture-led urban regeneration policies in the Ibero-American space, *International Journal of Cultural Policy*, 24: 5, 628-646.

③ Ryan Daniel, Katja Fleischmann & Riccardo Welters (2018) Creativity in the ‘Torrid’ zone: policy, creative industries and the vision for Northern Australia, *International Journal of Cultural Policy*, 24: 4, 451-465.

Mangset(2018)①提出了西方国家的公共文化政策或因与社会转型不相适应而面临终结。文章主要提出了当今公共文化政策面临的七大挑战——文化难以民主化、政府仍支持可能已过时的文化机构、专业艺术家缺乏足够的公共文化政策支持、公共文化政策没有考虑全球化趋势、新时代下文化事务的管理机构确定、部分公共文化部门的官僚主义作风限制文化发展、公共文化政策无法在公共财政萧条时期发挥作用。

Jancovich (2017)②认为更多人参与文化政策制定将有助于提高文化政策的适用性，能有效降低文化政策实践的失败几率。

Belfiore(2018)③提出，在过去十年中，围绕"文化价值"的争论已成为艺术和创意产业政策辩论的核心，争论主要集中在"经济价值"的表现和衡量上，而牺牲了其他形式的价值——文化、社会学、美学。本文旨在消除这种普遍存在的过度简化现象，尤其关注特定社会环境下的特定群体被分配或剥夺文化形式的现象。作者认为不同的社会群体享有不同的权力，并应有权使他们的审美和文化习俗合法化。因此，本文呼吁政策制定委员会，解决文化政策中存在于权力和误解的盲点，以及麦吉根(2006：138)所说的"公共利益的批评"。

文化政策的比较研究通常强调国家对待艺术自主权的方式，且研究通常发现自由主义国家重视自主权，而社会民主国家则强调外部的、工具性价值，如团结、普世和平等。Kleppe(2018)④认为文化政策的制定上实际与此相反。根据对英国、挪威和荷兰戏剧政

① Mangset, Per. 2018. "The End of Cultural Policy? 1." International Journal of Cultural Policy 0(0)：1-14.

② Leila Jancovich (2017) The participation myth, *International Journal of Cultural Policy*, 23：1, 107-121.

③ Belfiore, E. (2018). Whose cultural value? Representation, power and creative industries. *International Journal of Cultural Policy*, 0(0), 1-15.

④ Kleppe, B. (2018). The autonomous world reversed：comparing liberal policy and autonomy in the performing arts. *International Journal of Cultural Policy*, 24(3), 387-405.

策比较，作者发现比起挪威，英国更缺乏艺术自主权，英国的剧院更加注重为公民和社区服务的义务。随着近期的发展，荷兰的政策总体走向了自由主义的方向，艺术自主权实际上将面临更多的挑战。

Beukelaer(2017)①提出文化政策应建立在世界主义的框架下，而不是基于国家或城市而将政策差异化。然而从方法论上说，国际文化政策并不能完全取代或破坏国家的框架，它应将国家情况纳入国际文化政策中，从而适应全球化下的文化和宗教多样性。

Frenette(2017)②将"创意空间建设"(creative placemaking)政策的出现定位为长期协调的艺术实践延续，也是对美国艺术资助不足的反馈。与创意阶级政策不同，创意空间建设能产出的结果更为宽泛，并从中直接解决不同问题，同时扩大艺术家在社会中的影响。然而，这些特征也给利益相关者带来了不同的挑战，例如难以为多样的项目设计绩效评价体系、无意中造成了不公平现象、行业内的激烈竞争造成了规模扩张的机会有限。

Lemasson (2017)③探究了文化政策的合理性。因魁北克在文化上的特殊属性，即一个以法语为官方语言且位于加拿大的省级行政区，在国家统一的文化政策实施上可能更为困难，因此作者将魁北克作为本文案例进行分析。Lemasson 从经济价值角度分析了三个由魁北克府颁布的政策。作者对"compromise"这一概念进一步研究，以期探索出文化政策实施的阻碍。在结尾，作者提出了合理的政策实施建议。

---

① Beukelaer, C. D. (2017). Ordinary culture in a world of strangers: toward cosmopolitan cultural policy. *International Journal of Cultural Policy*, 0(0), 1-14.

② Frenette, A. (2017). The Rise of Creative Placemaking: Cross-Sector Collaboration as Cultural Policy in the United States. *The Journal of Arts Management, Law, and Society*, 47(5), 333-345.

③ Gaëlle Lemasson (2017) On the legitimacy of cultural policies: analysing Québec's cultural policy with the Economies of Worth, International Journal of Cultural Policy.

Goldberg-Miller(2018)①以旧金山、西雅图、温哥华的文化政策为例，讨论多伦多该如何实施市政文化计划。通过采访 51 个多部门利益相关者，以及研究历史和政策文件，作者提出，建设创意城市是一项对市中心建筑保护、景观创造、文化企业、文化机构的挑战任务。

Daniel Silver(2018)研究了世界各国 27 个城市的公共艺术政策，尤其是经费预算部分。在统计了 182 份政策文件后，Silver 发现城市公共艺术经费预算通常占整体的 1%，他将这这一机制称为"百分之一公共艺术"。这些资金通常由艺术和文化部门管理，但也可以用于城市的其他项目。研究表明，雕塑一直以来都是最常见的公共艺术形式，但随着时间的推移，公共文化定义原来越广泛且具有实验性。通过电脑分析政策文本，研究发现公共艺术政策的一些共性，例如主要考虑因素为文化身份、社会经济秩序、公共环境。文化身份的发展趋势为从地方到全球，从遗产到社会主义；社会经济秩序的发展趋势为早期崛起到休眠期再到后期复苏；空间环境的发展趋势是与其他元素相互补充而非竞争。除此之外，各国的文化政策主要关注点为遗产、使用权、行人；主要全球关注点为世界主义、创意产业、场景。

(二)殖民主义文化政策

Lascassagne(2017)②认为尽管近 30 年来法国的海外殖民地区拥有了更高的政治自主权，但文化政策中仍然包含着强烈的殖民主义逻辑。这类带有后殖民主义特征的文化政策不仅是在殖民地延续文化侵略，更是在压制反抗和抵制殖民地解放。

① Shoshanah B. D. Goldberg-Miller (2018) Keeping Creativity Downtown: Policy Learning from San Francisco, Seattle, and Vancouver for Municipal Cultural Planning in Toronto, *The Journal of Arts Management, Law, and Society*.

② Aurélie Lacassagne (2017) Cultural policy in France's overseas: permanence of colonial logics and the potential for creole resistance, *International Journal of Cultural Policy*, 23: 3, 254-268.

Bayardo、Bordat-Chauvin(2018)①解析了 21 世纪初阿根廷文化政策中的制度变化和意识形态变化。并分析了阿根廷不同阶段的政权时期文化的表现形式。

Zamorano、Bonet (2018)②探究了伊比利亚美洲的文化政策在 21 世纪转变的原因。认为最重要的原因是 21 世纪随着西班牙殖民主义遗留的影响减少，拉丁美洲受到来自西班牙的文化操纵现象也下降了。

与殖民主义遗留问题相关的还有文化身份认同，Mulcahy (2017)③以墨西哥、魁北克、加泰罗尼亚、乌克兰为例，探究了这些至今仍有殖民主义遗留问题的国家的文化政策与的文化身份认同的关系。揭示了曾经被殖民的国家或地区至今存在的政治立场与文化身份间的冲突，指出当地文化政策可对矛盾起到良好的缓冲作用。

Hernández-Acosta(2017)④研究了殖民者在殖民地制定的后殖民主义文化政策。西班牙与美国战争结束后，波多黎各于 1898 年沦为了美国的殖民地。1952 年，这个岛拥有了美联邦的地位。过去 60 年波多黎各联邦的状态是永久的还是暂时的问题一直被激烈地讨论，这影响着方方面面，文化政策也不例外。由于当地文化与美国文化的不同，从文化的理论概念到文化政策和艺术管理，所有水平层面上都造成了冲突。在经济危机中，波多黎各政府提出综合

---

① Rubens Bayardo & Elodie Bordat-Chauvin (2018) Changing philosophies of action? Argentine's cultural policies in the 21st century, *International Journal of Cultural Policy*, 24: 5, 594-610.

② Mariano Martín Zamorano & Lluis Bonet (2018) The reshaping of Ibero-American cultural diplomacy in the beginning of the XXI century: the declining of the Spanish historical hegemony?, *International Journal of Cultural Policy*, 24: 5, 664-680.

③ Kevin V. Mulcahy (2017) Combating coloniality: the cultural policy of post-colonialism, International Journal of Cultural Policy, 23: 3, 237-253.

④ Javier J. Hernández-Acosta (2017) Designing cultural policy in a postcolonial colony: the case of Puerto Rico, *International Journal of Cultural Policy*, 23: 3, 285-299.

文化政策的发展。作者通过波多黎各在文化政策制定和实施上的经历阐释了政治与文化政策的紧密联系和相互影响。

Vargas、Sarmento、Oliveira（2017）①分析了巴西在结束葡萄牙的殖民主义牵制后与葡萄牙的文化关系，将这种关系定义为后殖民主义，即文化上的殖民。巴西至今仍存在大量葡萄牙裔人口，在殖民时期遗留下的文化和语言的共同作用下，与葡萄牙仍保持文化层面上的互相认同。这种文化认同感和葡语国家在国际上共同的利益促使两国关系日益密切。因此，作者认为巴西应当加快建立与葡萄牙的文化外交政策，以期在全球背景下增强软实力。基于葡巴共同的文化取向，作者提出历史纪录片可能成为巩固关系的文化交流机制。

此外，Engelstad（2017）；Hetherington（2017）；Stevenson、Balling、Kann-Rasmussen(2017)；Connors(2018)；Mulcahy(2017)；Zamorano、Bonet(2018)等学者都将殖民主义作为历史背景，对后殖民主义文化政策展开讨论。

（三）文化外交政策

如今国家间的文化交流合作已成为继贸易合作后备受关注和推崇的一种外交形式。文化外交政策在2017年至2018年的文化政策研究占据了一席之地。

Eggeling（2017）②剖析了卡塔尔政府文化外交政策，指出其本质是在境内外宣传自身富有凝聚力的精英身份和在正当参与国际事务的良好形象。并且作者认为，即便是在经济萧条的今天，这一目标仍未改变。

① Carlos Vargas, Cristina Sarmento & Patricia Oliveira（2017）Cultural networks between Portugal and Brazil: a postcolonial review, *International Journal of Cultural Policy*, 23: 3, 300-311.

② Kristin A. Eggeling（2017）Cultural diplomacy in Qatar: between 'virtual enlargement', national identity construction and elite legitimation, *International Journal of Cultural Policy*, 23: 6, 717-731.

在文化外交政策上，Isar（2017a）①展示了印度这一与其他国家和地区截然不同的案例。印度在文化外交政策上更注重国际文化关系，经济发展与合作为首，文化软实力则退居第二。同时指出这一模式的特殊之处还在于政策受众不仅局限于印度境外，还包含了海外印度裔。

Pavlovsky（2018）②探究了在欧洲一体化的背景下，奥地利外交文化政策的实施效果。这种外交文化政策是奥地利当选为欧盟理事会主席国后，为建立一个积极推行欧洲价值观的国家形象，将奥地利国家利益推向更大的国际市场而制定的。分析数据表明，欧洲一体化对奥地利外交文化政策的效果是积极的。

Enverga III、Tangco（2018）③探究了 Cine Europa 这一欧盟自 1997 年开始履行的文化外交政策的实践程度与效果。认为这一政策虽然有效地在影视艺术领域加强了欧洲的影响力，但主办方内部成员国之间的默契与和谐程度仍待提高。

Noort（2018）④认为“金砖四国”在文化上的叙事身份难以统一，难以真正相互认同。

（四）国家与区域文化政策

Lewandowska（2018）⑤基于对 Isaiah Berlin 重审文化政策的概念的理解，分析了 1989 年后波兰文化政策的实施情况，指出：波兰文化政策受到了保护主义影响。这与 Isaiah Berlin 的积极自由主

① Yudhishthir Raj Isar（2017a）Cultural diplomacy：India does it differently，*International Journal of Cultural Policy*，23：6，705-716.

② Boris Pavlovsky（2018）：Austrian foreign cultural policy：Europeanization through the prism of national interests，International Journal of Cultural Policy.

③ Manuel R. Enverga III & Maria Ysabel A. Tangco（2018）Cine Europa：behind the scenes of a collaborative cultural diplomacy initiative in the Philippines，*International Journal of Cultural Policy*，24：6，826-839.

④ Carolijn van Noort（2018）Brics issue-narrative on culture：strategic or trivial?，*International Journal of Cultural Policy*，24：6，786-797.

⑤ Kamila Lewandowska（2018）Using Isaiah Berlin's two concepts of liberty to rethink cultural policy：a case of Poland，*International Journal of Cultural Policy*，24：2，145-163.

义概念一致，即文化政策并非是中立的，它的倾向性取决于国家认可和支持的文化。作者认为波兰文化政策并不能简单地被定性为消极自由主义。

Mangset(2018)①通过分析挪威文化政策，揭示出西方民主国家当前的文化政策无法较好地适应当前社会的转变。文化政策的弊端具体表现为：文化民主化进程滞后、权威机构无法及时采用更新的文化政策、在受到大众支持的情况下职业艺术家的经济来源无法得到保障、部分公共文化可能受限于官僚主义、在公共经济停滞时期的公共文化政策变得无意义。然而在详尽解析了当前挪威文化政策的弊端后，Mangset 并未针对这一问题给出可能的解决方案和指导性意见。

Cucco(2018)②指出，欧洲电影的制作和发行受到众多公共政策的约束，而这些公共政策又往往由众多机构制定。在这些机构中，欧盟是最关键的角色。因为欧盟资助实力较弱的成员国，同时用条约的形式约束所有国家遵守统一标准，以维护欧盟各国在电影产业中的统一步调。2014 年瑞士退出 MEDIA 项目后，瑞士政府的电影政策拥有与欧盟条约同样的约束力。这证实了在欧洲一体化影响下，即使从脱离情境的角度观察成员国自身的内部发展，欧盟国家在电影产业中的发展也是基本统一的。

Žilič-Fišer、Erjavec(2017)③分析了“欧洲文化之都”(European Capital of Culture)对举办城市的政治影响。2012 年马里博尔举办了 ECoC，公民交流方式和当地政治活动受到影响，ECoC 间接推动了 2012 年底马里博尔的政治体制变化。通过相关文献研究与 ECoC 参

---

① Per Mangset (2018): The end of cultural policy? 1, International Journal of Cultural Policy.

② Marco Cucco (2018) Learning from Switzerland in the Brexit era. The MEDIAprogramme case study, Studies in European Cinema, *International Journal of Cultural Policy*.

③ Suzana Žilič-Fišer & Karmen Erjavec (2017) The political impact of the European Capital of Culture: ‘Maribor 2012 gave us the power to change the regime’, *International Journal of Cultural Policy*, 23: 5, 581-596.

与者访谈，作者发现在马里博尔的政治体制变革的背后是新自由主义和市民对旧体制的反抗。

Fage-Butler(2018)①也针对欧盟提出的为“推进欧洲化，加强欧盟居民身份认同感”的活动——欧洲文化之都而进行了一系列实践探究。作者在丹麦奥尔胡斯 2017 年举办的活动中以拦截采访的方式收集数据。然而这项研究的结论与 Žilič-Fišer、Erjavec 的结论相反，Fage-Butler 认为欧盟这一政策的实施效果并不令人乐观。

Mattocks(2018)②探讨了 2011—2014 年欧盟工作计划的实施情况。通过访谈该项计划运行机制的重要人物和采访文化活动参与者，结果显示该项计划对于成员国国内的政策影响较小。与此同时，作者认为在欧盟一体政策下，欧盟成员国间的相互制约是不可忽视的问题。

Arostegui 和 Rius-Ulldemolins(2018)③对金融危机后的欧洲南部国家的文化政策进行研究，并提出了在欧洲一体化的框架下是否存在独特的南部模式？在 21 世纪，葡萄牙、西班牙、意大利和希腊等欧洲南部国家十分重视以历史文化遗产为代表的文化资源，并在 20 年内不断完善和扩充文化政策，甚至一定程度上与其他欧洲国家趋于一致。然而，根据定性和定量分析，作者发现这些南部国家仍存在独特的文化政策模式，尤其在 2008 年全球经济危机之后，公共文化政策的同质化趋势逐渐停止。

---

① Antoinette Fage-Butler (2018): Audience perspectives on the European dimension in Aarhus 2017 events: impacts of EU cultural policy, *International Journal of Cultural Policy*.

② Kate Mattocks (2018) ‘A few sparks of inspiration’?: analysing the outcomes of European Union cultural policy coordination, *European Politics and Society*, 19: 1, 20-34.

③ Arostegui, J. A. R., & Rius-Ulldemolins, J. (2018). Cultural policies in the South of Europe after the global economic crisis: is there a Southern model within the framework of European convergence? *International Journal of Cultural Policy*, 0(0), 1-15.

Natalia(2017)①对俄罗斯联邦和地区的文化政策进行了内容分析，并表示有必要修订现有的监管法律。他认为修订后的文化政策和法律应明确专业术语，并且赋予政府执行文化政策的职能，以此支持地方文化政策的执行。

Meyrick、Barnett(2017)②认为，自 2013 年澳大利亚联合政府上台，澳大利亚的文化政策开始追求数量上提高却忽略了文化政策的根本作用。作者将发生在 2013 年至 2015 的这一现象称作“澳大利亚的愚昧时代”(Age of Stupid)。幸运的是，澳大利亚文化大臣意识到了这一问题并试图改变。作者对此表示支持，并呼吁联合政府将焦点放在文化政策的适用性上，不要再继续无谓地追究数据上的虚假繁荣。

Gillman(2018)③发现即使在民主国家，众多公民也会因为分配不均而产生意见。因此他分析了巴西政府如何通过特定的文化政策建立新的社会关系机制。政府通过并资助了扶持欠发达社区的艺术政策，以此来拓宽民众参与政治的渠道。作者通过对巴西的三个州进行深入的实地调研，发现艺术在缓和人民与政府的关系中扮演了变革性的角色，一方面它揭示了政府中的官僚作风，另一方面也提供了文化政策推动政治转变的新见解。

Lee(2019)④通过研究韩国的文化、国家和市场三者关系的历史转变，探讨了韩国当代文化政策的概念框架。本文认为韩国已成

---

① Koptseva, Natalia P., Vladimir S. Luzan, Veronica A. Razumovskaya, and Vladimir I. Kirko. 2017. “The Content Analysis of the Russian Federal and Regional Basic Legislation on the Cultural Policy.” International Journal for the Semiotics of Law-Revue Internationale de Sémiotique Juridique 30 (1): 23-50.

② Julian Meyrick & Tully Barnett (2017) Culture without “world”: Australian cultural policy in the age of stupid, *Cultural Trends*, 26: 2, 107-124.

③ Gillman, A. (2018). Bridging Art and Bureaucracy: Marginalization, State-Society Relations, and Cultural Policy in Brazil. *Politics & Society*, 46(1), 29-51.

④ Lee, H.-K. (2019). The new patron state in South Korea: cultural policy, democracy and the market economy. *International Journal of Cultural Policy*, 25(1), 48-62.

为“一种新的保护国”，它模仿现行的西方保护国框架，并将推动政府主导的文化产业作为新的国家职责。韩国新型保护国的形成主要是基于民主和市场经济的双重作用，自 20 世纪九十年代以来，保护国的形式也奠定了韩国的政治和社会经济轨迹。民主在文化政策中被阐明为文化自由、文化权利和公平原则。国家的“动态推进”(dynamic push)也促进了文化市场经济。此外 Lee 也指出了新保护国文化政策所带来的紧张局势、含混不清和矛盾。

Chung(2019)①研究了金大中和卢武铉政府(1998—2008 年)的文化政策变化。这种变化与世界各国的文化政策创造性转变不谋而合，该趋势的发起人是英国新工党政府(1998—2010 年)。尽管韩国和英国在政治驱动和政策方针上有相似之处，但因两国工业化的速度和轨迹不尽相同，文化政策也有很大的区别。作者以东亚发展型国家的概念为切入点，深入探讨了韩国在 1997—1998 年亚洲金融危机后对文化产业政策的修改，并考察了新政策带来的变化和发展及其原因。

Hong(2019)②借鉴了文化政治与文化政策交融的历史案例，尝试丰富文化政策的内涵。15 世纪的韩国深深扎根于儒家政治思想，并表现出政教合一的显著特征。在这一历史时期，以音乐为代表的艺术手段成为了实现国家政治理想的主要工具。这一史实体现出国家如何在文化政治中发挥核心作用，并通过建立行政制度来稳固政权。文章主要讨论了古代儒家文化的仪式和音乐，因为执政者将音乐看作一种重要的的传播媒介，借此建立古代官僚制度并实现儒家政治理想。

---

① Chung, J.-E. (2019). The neo-developmental cultural industries policy of Korea: rationales and implications of an eclectic policy. *International Journal of Cultural Policy*.

② Hong, K.-W. (2019). A historical trajectory of cultural policy in Korea: transforming cultural politics into cultural policy. *International Journal of Cultural Policy*, 25(1), 5-19.

(五) 文化管理部门与机构

Robinson(2018)①探讨了澳大利亚地方政府的文化政策，主张制定直接满足中小型博物馆运营需求的政策。过去的 30 年来，澳大利亚国家和州政府开展了“社区”文化项目，该项目虽然由地方当局提供了主要的财政支持，但参与率仍有所下降。作者将这一过程称为“文化自治化”(municipalisation of culture)。文化理事会既要提供充满活力的文化设施，另一方面还需表现出对税收的谨慎态度，这对地方博物馆是一个巨大的挑战。本文以新南威尔士州为例，探讨了不断变化的文化政策、日益普及的文化项目，如何改变地方博物馆的目的和生存环境。作者认为在有限的资助条件下，来源于公共利益的压力将威胁到地方博物馆的长期生存。

Henningsen、Håkonsen、Knut Løyland (2017)②在研究中提出了“从机构到事件”(from institutions to events)是挪威上世纪末文化政策剧变的内在规律。1990 年始，挪威当地文化部门经历了结构性的变化，随着公共资源被分配给传统文化机构，越来越多例如文化节的文化活动也获得了公共资源 Henningsen、Håkonsen、Knut Løyland 将这一现象总结为“从机构到事件”，意图表明为机构内部的变化带动文化政策，文化政策带动文化活动是一系列连锁反应。

Eltham、Verhoeven(2018)③对澳大利亚各种规模的表演艺术组织的创作成果进行了定量分析，其中主要侧重于新作品的制作，即

---

① Robinson, H. (2018). Cultural policy, local government and museums: an Australian perspective. *Local Government Studies*, 44(5), 719-738.

② Erik Henningsen, Lars Håkonsen & Knut Løyland (2017) From institutions to events-structural change in Norwegian local cultural policy, *International Journal of Cultural Policy*, 23: 3, 352-371.

③ Eltham, B., & Verhoeven, D. (2018). A ‘natural experiment’ in Australian cultural policy: Australian Government funding cuts disproportionately affect companies that produce more new work and have larger audiences. *International Journal of Cultural Policy*, 0(0), 1-14.

于近期编排和表演的原创文化内容。结果表明，大部分的新作品都是由中小型组织创作的，小型组织比大型组织更有可能产出新的作品。总而言之，中小型艺术组织的受众人数超过了大型组织，这对澳大利亚未来在的文化补贴政策具有重大意义。

Conners(2018)①从社会秩序保护主义的角度，对泰国文化监察署的工作进行了解读。他认为，文化检察署对文化争端的草率干预导致一方面会加剧社会秩序的混乱、影响公民的道德选择；另一方面它将文化政策解释为隐性社会契约，也就是文化政策的制定者看似为大众服务，但无形中遵照了检察署的授意。当前的文化政策既被看做保守派提供了对抗民粹主义的美学武器，也被认为是公民民主权利和身份的缺失。

Shin、Kim(2018)②谈论了国家对艺术干预的合法性，并通过相关的文献和访谈对案例进行分析。一个国家的文化政策源于其政治和管理历史，以及其过往的管理方式。考虑到韩国文化政策的谱系特征，作者研究了公共主导的艺术孵化器的贡献和风险。韩国艺术委员会曾被爆出干预艺术孵化器公共资金的丑闻，因此公众对目前的文化政策官僚制度提出了异议。

二、文化政策与经济研究

(一)财政支持文化发展政策

Gilfillan、Morrow (2018)③分析了公共资金在艺术实践方面的

① Connors, M. K. (2018). Cultural policy as general will and social-order protectionism: Thailand's conservative double movement. *International Journal of Cultural Policy*, 24(3), 315-330.

② Shin, H., & Kim, I. (2019). Are Public-Led Arts Incubating Programs a Double-Edged Sword? A Case Study of the Arts Council Korea's Performing Arts Grant Program. *The Journal of Arts Management, Law, and Society*, 49(1), 89-103.

③ Emily Gilfillan & Guy Morrow (2018) Sustaining artistic practices post George Brandis's controversial Australia Council arts funding changes: cultural policy and visual artists' careers in Australia, *International Journal of Cultural Policy*, 24: 2, 186-204.

运行机理，得出澳大利亚国会的艺术投资促进了艺术实践的结论。

Rushton(2018)①探讨了财政文化政策中的捐赠与税收问题。在美国、英国、加拿大等国家，无论慈善机构的捐献者向无家可归者收容所捐款，还是捐赠给歌剧院，他们都能通过税收制度获得相同的补贴。虽然具体慈善捐赠的补贴方式因政策制度而异，但不同的慈善组织通常都给予捐赠者同等的对待。然而不同慈善机构的受益人则不尽相同，如何判断对通用的税收补贴办法是合理的呢？一种方法是根据平等主义的理论，但要考虑艺术机构补贴主要惠及富人的情况下是否适用；另一种方法是侧重于所得税的政治性和使用性。本文考虑了两种方法，并认为后者更适用于慈善补贴问题，同时向受益群体不同的慈善机构捐款应受到平等对待。

Redaelli(2018)②采用多层次治理理论来研究美国针对艺术和人文的文化政策。1965 年美国颁布了国家艺术与人文基金会法案，法案阐明了人文和艺术对美国人民的价值，为在州和联邦层面设立官僚机构奠定了基础。由此产生的多层次管理模式突出了联邦和州一级的公共机构之间的相互作用、与非营利性组织的联系、适用于不同公民的组织机构，以及多渠道资金来源。研究结果表明，美国通过既碎片化又协调的官僚机构来制定文化政策，从而支持多元化社会。

Harris(2018)③提出，在数字化时代背景下，越来越多的专家学者希望对澳大利亚影院的分布情况给予足够重视。作者从直接法律干预手段如政府津贴、征税、进口限制等，和间接干预手段如地方补助、民众参与支持等两个方面，调查了其他国家政府在该领域的作为与成果。最后分析几种多元化的政治格局框架，同时提出了

① Rushton, M. (2018). Why do we subsidize donations to the opera? *Cultural Trends*, 27(3), 160-172.

② Redaelli, E. (2018). Understanding American cultural policy: the multi-level governance of the arts and humanities. *Policy Studies*, 0(0), 1-18.

③ Lauren Carroll Harris (2018) Film distribution as policy: current standards and alternatives, *International Journal of Cultural Policy*, 24: 2, 236-255.

可以作为澳大利亚应对未来数字化巨大挑战的备选方案。

Wiśniewska、Czajkowski(2017)①研究了华沙市政剧院之间分配稀缺公共资源的社会偏好方式。本研究关注于当地更宽泛的政策制定问题。在当今，社会公众已经逐渐认可了文化经济和文化政策带来的经济利益。研究发现，华沙的居民对可达性高的剧院有更高的评价，同时在折扣力度大的情况下，他们愿意为公众利益的付出超过了政策的成本。此外，成本效益的关系也因剧院、剧目等区别而有所不同。本文的结果从另一个层面上对实验剧场、戏剧院、儿童剧院和娱乐剧院提供了社会支持。

(二)文化贸易

Miguel、Petz(2018)②分析指出，要完成贸易与文化的对接，世界贸易组织与联合国教科文组织之间还缺少大量数据和统计，期待双方之间能尽早颁布指导性政策以敦促实行数据交换。

Poort、Eijk (2017)③从法律、经济、文化三个方面研究了电子书价格，展示出欧盟的文化政策、法律和大众需求的冲突。作者研究发现欧盟在法律上不允许电子书价格继续下跌，但数据显示，电子书的价格越低越受大众欢迎。

Leiva(2017)④以加拿大——欧盟全面经济贸易协定(Canada-EU Comprehensive Economic and Trade Agreement)为案例，分析了文

---

① Wiśniewska, A., & Czajkowski, M. (2017). Designing a socially efficient cultural policy: the case of municipal theaters in Warsaw. *International Journal of Cultural Policy*, 0(0), 1-13.

② P. Zapatero Miguel & M. Petz (2018) Building synergies between WTO and UNESCO: the case for data-driven policy coordination, *International Journal of Cultural Policy*, 24: 3, 406-429.

③ Joost Poort & Nico van Eijk (2017) Digital fixation: the law and economics of a fixed e-book price, *International Journal of Cultural Policy*.

④ Marı́a Trinidad Garcı́a Leiva (2017) Cultural diversity and free trade: the case of the EU-Canada agreement, *International Journal of Cultural Policy*, 23: 6, 765-781.

化在文化产业和文化多样性中扮演的角色。作者从政治经济学的角度审视了该协定，并认为虽然协定较之前的所有加欧贸易协定更具深度和广度，但其中仍然缺少文化保护的一般例外条款。联合国教科文组织公约《保护和促进文化表现形式多样性公约》是各国文化权利意识觉醒的标志，Leiva 认为这项条款并未给加拿大和欧盟带来更多数字产品、文化产品的自由贸易机会。

Kinahan（2017）①认为，文化机构的工业和产品设计收藏品的展出可以被列入到文化导向型经济发展计划中，但具体的运转有待相关政策的确立。

Yúdice（2018）②着眼于拉丁美洲文化政策的两大趋势。一是经济效益，主要来源于艺术、文化遗产、文化和创意产业。二是文化权利，包括包容性、可得性、赋权和公民的整体福祉。作者认为这两种发展趋势因不同的思维逻辑和管理方法，因此难以融入一种广义的文化政策。且在新自由主义的鼎盛时期，即使经济危机导致了预算削减，这两种趋势仍然能获得文化资助。本文通过分析过去20多年来拉丁美洲的文化政策，研究能弥补资金短缺的创新策略，如师徒弥合两种趋势的措施等。

Pyykkönen、Stavrum（2018）③在过去的几十年中，艺术和文化经历了经济的重新评估。伴随着创意经济的兴起，它的政治和科学形式都凸显出文化与艺术的经济价值，鼓励创业成为许多国家文化政策主要的内容之一。本文比较了挪威和芬兰两国的文化政策中对创业的定义，并通过分析政策内容而探讨出在创业框架中适合的文

---

① Kelly L. Kinahan（2017）Collections of industrial and product design：a pathway for improved economic development connections among cultural institutions，*International Journal of Cultural Policy*，23：3，372-389.

② Yúdice，G.（2018）. Innovations in cultural policy and development in Latin America. *International Journal of Cultural Policy*，24(5)，647-663.

③ Pyykkönen，M.，& Stavrum，H.（2018）. Enterprising Culture：Discourses on Entrepreneurship in Nordic Cultural Policy. *The Journal of Arts Management*，*Law*，*and Society*，48(2)，108-121.

化艺术活动和主体。

（三）文化与创意产业

Forkert 和 Goffey（2018）①分析指出，在马来西亚开展创意产业相关学位的私立大学的数量趋于上升，更多的高学历劳动者流入马来西亚创意产业，有望增强当地创意产业的活力和提高从业群体的能力。

Nijzink、Hoogen、Gielen（2017）②通过政策的决策者、艺术组织、创意组织的角度，分析了荷兰部分城市的创意产业政策。作者通过互联网收集数据和调研的方式，结合与 12 个来自不同创意产业组织的教授的深度采访，了解创意产业的需求。基于理论分析了政策文件和调研、采访的统计结果比较了政府和创意产业组织在创意产业上的观念与实践的异同，试图探究政府和民间组织在创意产业领域的关系，是冲突还是合作。

Street、Laing、Schroff（2018）③也以文化机构或创意产业机构为主体进行了研究，试图探究中介机构在促进创造性和文化多样性中的角色，以及文化政策对这些中介机构的影响。将“公共产权管理组织”（Collective Management Organisations，CMO）作为中介机构的例子，分析了 CMO 在不同国家的运营机制。并指出近期欧盟的政策和行动暗涵改变 CMO 对音乐市场影响的倾向。

---

① Lynne Pettinger，Kirsten Forkert & Andrew Goffey（2018）The promises of creative industry higher education：an analysis of university prospectuses in Malaysia，*International Journal of Cultural Policy*，24：4，466-484.

② Douwe Nijzink，Quirijn Lennert van den Hoogen & Pascal Gielen（2017）The creative industries：conflict or collaboration? An analysis of the perspectives from which policymakers，art organizations and creative organizations in the creative industries are acting，*International Journal of Cultural Policy*，23：5，597-617.

③ John Street，Dave Laing & Simone Schroff（2018）Regulating for creativity and cultural diversity：the case of collective management organisations and the music industry，*International Journal of Cultural Policy*，24：3，368-386.

Kim（2017）①说明了创意城市政策在东亚地区是如何作为一种新的城市政策出现的。以首尔和横滨为例，分析了创意文化政策在机构和经济中的实践，以及创意城市政策的影响。本文主要关注了政策的运行机理，具体为城市和区域设施的重新规划和安排。文章批判性的重新审视了创意经济并考虑了国家、城市、市民之间的联系和成本。

Oyekunle、Sirayi（2018）②介绍了南非创意产业的国际商业参与情况，并希望通过证明创意产业的发展能够带动经济增长，从而缓解农村地区的贫困并提高生活质量。本文主要探讨围绕投资创意产业如何影响南非的经济可持续发展。作者通过文献阅读和实证研究，深入探讨了创意产业的行业价值、发展的影响和方式、政策环境、行业面临的挑战。结果发现，创意产业是创造就业机会的主要来源，包括许多对可持续生计和人民福祉至关重要的传统职业。创意产业不仅经济发展中起到了积极的作用，甚至能影响到国家的经济可持续发展。

Nwankwo（2018）③批判性地评价了尼日利亚的创意产业，并认为虽然该国参与了全球范围内的文化创意占有一席之地，但仍未完全开发出其全部的潜力。因此作者认为文化政策应有保持制定和执行的一致性，从而提高国家创意产业的生存能力。随着尼日利亚逐步重视经济多样性并降低对石油收入的依赖性，创意产业成为了新的经济增长点，为国家提供就业、经济收入并推动社会

① Changwook Kim（2017）Locating creative city policy in East Asia: neoliberalism, developmental state and assemblage of East Asian cities, *International Journal of Cultural Policy*.

② Oyekunle, O. A. , & Sirayi, M.（2018）. The role of creative industries as a driver for a sustainable economy: a case of South Africa. *Creative Industries Journal*, 11(3), 225-244.

③ Nwankwo, A. O.（2018）. Harnessing the Potential of Nigeria's Creative Industries: Issues, Prospects and Policy Implications. *Africa Journal of Management*, 4(4), 469-487.

发展。

Spence(2019)①研究了全球化下创意产业政策论述的另一个分歧——后殖民分裂。尽管雷鬼在全球极具知名度，牙买加政府也不断提升对创意产业的重视，但音乐产业仍然缺乏足够的政策支持。作者认为即使认可关于创意产业的论述，仅靠经济价值并不足以让创意产业获得政策支持。社会本身的文化历史和创意产业同样重要。本文通过强调社会和文化在创意产业的地位，对创意产业发展而带来的社会参与度提升提出质疑。

Pollock(2017)②通过研究印度尼西亚一种新型制服的出现，讨论了国家政策、地方精英、艺术家和从业者对新兴文化艺术形式的贡献。作者认为虽然人们逐渐意识到国家对地方文化表现形式的教化能力，但这个例子也说明了政府的管理可能会将文化表达推向意想不到的方向。

Haans、Witteloostuijn(2018)③探讨了文化产业中的就业问题。在文化产业的同心圆模型和生产系统的基础上，作者认为行业中许多年轻人和小型组织缺乏成为文化产业工作者的机会、能力和动力。处于文化产业"核心"部门与"非核心"部门的企业家之间存在明显分歧，后者对职业的期望与文化产业外的企业家相似。此外，文化产业核心部门工作人员希望维持工作岗位的数量，而不是增长。这些研究结果对关于促进文化产业就业的文化政策有重大意义。

---

① Spence, K.-M. (2019). When Money is not Enough: Reggae, Dancehall, and Policy in Jamaica. *The Journal of Arts Management, Law, and Society*, 49(1), 45-60.

② Pollock, I. (2017). Adat in the Office: The Creative Afterlife of a New Order Cultural Policy. *The Asia Pacific Journal of Anthropology*, 18(2), 101-118.

③ Haans, R. F. J., & Witteloostuijn, A. van. (2018). Expected job creation across the cultural industries: a sectoral division and its implications for cultural policy. *International Journal of Cultural Policy*, 24(1), 45-67.

Jesus、Kamlot（2017）①探究了巴西文化政策对于创意产业发展的相关性，以及目前形成和实施文化政策的困难。虽然文化政策可能通过鼓励创意产业，间接提高国民文化认同感和维护文化的多样性，甚至为更加民主的文化服务带来机会。但是作者指出，巴西文化政策缺少创意产业政策的连贯性，同时创意产业也面临经济制约和技术人员缺乏的严峻考验。

Fleischmann、Welters（2018）②通过研究得知，澳大利亚政府近期颁布的一项名为 Creative Australia 的国家文化政策并未落实。同时，政府在关注北部热带地区的经济与人口发展时也未将创意文化产业纳入规划。

Spirou(2018)③重点研究了旅游业如何带动城市的经济发展。在 20 世纪 60 年代和 70 年代，许多制造业城市中心因经济下滑和社会环境恶化而发生了郊区化和去工业化，这一定程度上推动了娱乐和旅游业等新兴经济形态的发展。为了扭转这一趋势，近三十年来美国各大城市开始利用文化重新塑造城市，并以此作为经济增长点。体育、娱乐和旅游业是这一政策的核心。此外，博物馆、节日庆典、改造后的公共空间、旅游中心、体育场馆、剧院区、少数民族区、会议中心甚至城市美化项目等都能推进这一新战略。

Betty Farrel(2018)主要探讨了美国的国家文化政策。美国主要的文化资助和政策的目标是推进地方文化计划和增加资源。她提出了美国文化政策面临的挑战：一是高度分散的系统能提供多样且易获取的渠道，但在资源有限的情况下难以支持文化创意方案，同时难以抉择是支持现有的文化机构和项目，还是投资新兴的机构和项

---

① Diego Santos Vieira de Jesus & Daniel Kamlot（2017）Stuck in the middle of nowhere：cultural policy，development and creative industries in Brazil，*Creative Industries Journal*，10：2，139-154.

② Ryan Daniel，Katja Fleischmann & Riccardo Welters（2018）Creativity in the 'Torrid' zone：policy，creative industries and the vision for Northern Australia，*International Journal of Cultural Policy*，24：4，451-465.

③ Spirou，C.（2018）. Social forces and the evolution of tourism：A historical framework of urban change. *Loisir et Société / Society and Leisure*，41(1)，68-80.

目；二是艺术和文化资助或政策受到政治趋势的影响，因此政策制定仍需要注重资源的分配，以及接触渠道的广泛。Daniel Silver (2018)提出了文化定位指数，从而试图解决文化产业规划选址的问题。由于单一的数据无法提供准确的文化信息，因此该指数主要从文化、经济和场所的三个方面交叉测量，即文化工作者的居住地点、文化工作者的工作地点、文化设施的分布地点。文化定位指数将三个方面整合成一个数字，并对所有区域按照统一标准进行排名，最终定位核心文化生产的地点。但是，文化定位指数主要聚焦于文化经济，没有将文化对社区的价值纳入考虑，因此也有可能出现某个社区的文化生活十分丰富，但指数评分较低。因此，文化定位指数虽然不能完全替代社区层面的文化资源测量，但可以帮助政府定位到文化产业发展欠缺的地区，并以文化政策来引导和推进这些地区的发展。

(四)电影产业

Enverga、Tangco(2018)①解读了 Cine Europa 这一举办于菲律宾的欧洲电影展的活动意图与政策本质，认为欧洲电影展的本质是欧洲在其他国家推行欧洲化的一项具体措施。并分析出参展成员国在这一外交活动中的贡献由三个影响因素构成。在文末，作者还隐晦地提出成员国可能会在参展电影的选定等方面产生分歧。

Parc (2017) ②的论文分析了韩国的本土电影保护主义政策对韩国电影产业的影响。20世纪90年代之前，韩国颁布了限制进口电影的政策，导致韩国本土电影质量严重下降。除了限制进口电影，该政策对于韩国本土电影产业的补助不足。与之相反，当保护政策逐渐放松，韩国电影工业反而开始回春，尤其是一些大型公司进入韩国电影产业后，韩国本土电影的质量和收益都有了极大的提

① Manuel R. Enverga III & Maria Ysabel A. Tangco (2018) Cine Europa: behind the scenes of a collaborative cultural diplomacy initiative in the Philippines, *International Journal of Cultural Policy*, 24: 6, 826-839.

② Jimmyn Parc (2017) The effects of protection in cultural industries: the case of the Korean film policies, *International Journal of Cultural Policy*, 23: 5, 618-633.

升，由此可得，韩国电影保护主义政策在电影产业的实践是失败，而真正能达到支持本土电影产业的方式是允许和引导合法的商业动态竞争。

Mingant，N.，与 C. Tirtaine① 合编的专著．Reconceptualising Film Policies. 中归纳了全球化背景下世界各国的电影政策。

Cox、Thompson(2017)②认为当前澳大利亚的电影产业政策在实施方面存在多种问题，其中最大的阻碍来自于市场供需关系的不平衡，具体表现为优秀的视觉团队过多而优秀的影片过少。作者提出，视觉特效团队和游戏团队应寻找新的应用市场而不应局限于电影产业。

McKenzie、Rossiter、Shin（2018）③则研究了澳大利亚国产电影在两大政体不同投资战略下的产出业绩。作者从以下三个维度对比了两个阵营的不同点：(1)每年投资电影的数量；(2)平均每部电影的投资额度；(3)专家评论意见对于电影投资决策的影响程度。对于投资电影的业绩，主要从票房回报率、电影节的入围率、电影奖项的提名与获奖情况、互联网上对电影的评分、专业影评，以及是否在英国和美国上映等方面进行评估。

(五)音乐产业

Green(2019)④采用民族志的视角，探讨过去五年墨西哥南部旅游城市圣克里斯托瓦尔的街头音乐家的文化监管政策。该文化政

① Mingant，N.，and C. Tirtaine，eds.（2017）. *Reconceptualising film policies*. New York：Routledge.

② Rachel Parker，Stephen Cox & Paul Thompson（2017）The dynamics of global visual effects and games development industries：lessons for Australia's creative industries development policy，*International Journal of Cultural Policy*，23：4，395-414.

③ Jordi McKenzie，Craig Rossiter & Sunny Y. Shin（2018）For love or money? Assessing outcomes from direct public investment in film，*International Journal of Cultural Policy*.

④ Green，Andrew（2019）Street Music，Governance，and Cultural Policy in San Cristóbal de Las Casas. International Journal of Cultural Policy，0(0)：1-16.

策通过给街头音乐家发放许可证，来控制他们表演的时间和空间，但该政策没有给予音乐家实质性的权利。因此作者引入人类学中的“无政府主义转向”，它表明该政策大大降低了音乐家与公众之间的非货币形式交换，反而使餐馆和酒吧享受商业利益的特权。在此政策下，一些街头音乐家虽然有更多的表演机会，却得到更少的经济回报，以至于在 2016 年夏天的社会动荡之后，该市旅游业急剧下滑并遭遇了经济危机，市政府最终承认了街头音乐家的经济价值。

Hylland(2019)①选取挪威国家音乐厅的案例，分析了文化艺术机构如何在文化政策制度的引导下发生变化和扩张。挪威国家音乐厅在近五十年来为全国各年龄段的听众举办音乐会。该机构的目标是尽量确确保所有挪威公民都能获得优质音乐。本文描述了挪威通过拓宽文化政策的覆盖面，从而支持文化艺术机构，并借此保留各流派的音乐。

(六)文化与可持续发展

Oakley、Ward(2018)②提出，文化政策中的创意经济已经逐渐被各种原因吞噬，如狭隘的经济增长愿景、试图改变城市结构的房地产开发商、被剥削和不公平对待的文化劳动力。本文分析了文化鼓励“美好生活”的愿景和潜力，作者认为它能激发一种“可持续繁荣”，这里并非指物质消费，而是带动人们加入文化与创意实践和社群的能力。作者选取了英国的三个城市进行实证研究。三地有不同的自然景观和社会经济背景，居民对美好生活的期许不尽相同，因此以文化活动带动可持续繁荣的可能性和限制性也有一定区别。

Isar (2017b)③在文化与可持续发展问题上与 Duxbury、Kangas、

① Hylland, O. M. (2019). Omnivorous Cultural Policy: The Case of Concerts Norway. *The Journal of Arts Management, Law, and Society*, 49(1): 61-73.

② Oakley, K., & Ward, J. (2018). The art of the good life: culture and sustainable prosperity. *Cultural Trends*, 27(1): 4-17.

③ Yudhishthir Raj Isar (2017) ‘Culture’, ‘sustainable development’ and cultural policy: a contrarian view, *International Journal of Cultural Policy*.

Beukelaer（2017），Portolés、Šešić（2017）持相反意见。Isar 认为可持续发展这一概念已被拓展到与它最本真的含义相去甚远的地步。首先，Isar 指出，可持续发展这一概念已被多方面过度扩展甚至“创作”，他呼吁人们应该更多关注这一概念的原始含义。在可持续发展中，人们应当把焦点放在诸如气候变化的问题上。其次，Isar 分析了“文化工作日程 21”项目，这是一个致力于使文化作用于生态可持续发展的项目。然而 Isar 认为文化政策应聚焦于公民日常文化活动，让文化政策和可持续发展政策各司其职。

三、文化政策与社会发展

（一）公共文化参与

文化参与率是文化政策永恒的关注点之一，2013 年欧盟委员会发布了欧盟民意调查结果，其中居民文化参与率呈下降趋势。然而 Stevenson、Balling、Kann-Rasmussen（2017）①却质疑了这一结果。通过比较研究欧洲居民文化参与率最高的苏格兰和丹麦得出结论：文化参与率下降的结果是由欧盟民意调查的统计方式漏洞误造成的。本文的研究方法基于福柯 1970 年代著作《知识考古学》中的知识考古研究方法，结合比较研究和文献研究对苏格兰和丹麦两国的文化参与政策文本进行研究，认为文化参与政策未能保障参与率是因为错误地聚焦于增加国家出资的艺术机构，而非致力于解决居民在参与文化活动中可能面临的问题。

Soltero（2018）②比较了文化政策的两大内涵和目标：主观幸福感和乐观情绪。根据近期的调查，墨西哥的主观幸福感高于平均水平，同时作者发现文化与艺术对各国的主观幸福感都有正面作用。

① David Stevenson，Gitte Balling & Nanna Kann-Rasmussen（2017）Cultural participation in Europe：shared problem or shared problematisation?，*International Journal of Cultural Policy*，23：1，89-106.

② Soltero，G.（2019）. Cultural Policy and Subjective Well-Being in Mexico. *The Journal of Arts Management*，*Law*，*and Society*，49(1)：74-88.

因此，本文提出墨西哥政府应将艺术管理和文化政策纳入提案，从而提高居民的幸福感和生活满意度。

Vasstrøm 和 Mikaela（2019）①讨论了地方政府可利用的多种方式和政策来引导农村居民参与文化社会生活，同时调动多方资源以实现预期的社会经济成果。文章主要围绕地方政府如何因地制宜地建设农村社区、政府管理如何带动社会经济这两大问题。根据对三个农村社区的文化发展项目研究，作者发现即使在相似的社区地方治理政策仍然各不相同，这也代表了政府在社会经济成果方面一定程度的妥协。因此，在制定乡村文化政策时，地方政府应充分利用地区网络，深入了解各地不同的背景、历史、习俗、文化和权利关系。

Cate Fox（2018）谈到了艺术参与的三大趋势和关注点：艺术是社交过程、艺术扩大声誉、艺术能带动社区和群体转型。

（二）文化参与主体

作为文化产业和创意产业的主体之一的艺术家也备受关注，Hetherington（2017）②指出，基于无个人利益投资原则的艺术投资的本质是自由主义。以英国为例，探究了这一投资模式下国家机构与艺术家个体的联系，提出，这一艺术投资模式尚未被系统化、理论化。

关于艺术家的收入问题，Mangset、Heian、Kleppe、Løyland（2018）③尝试回答了造成2006年至2013年间，在挪威经济发展势头良好的情况下挪威艺术家收入减少这一问题。研究发现艺术家人数的增加和公共艺术资金的减少并不是原因。这一现象的主要因素

---

① Vasstrøm, M., & Normann, R.（2019）. The role of local government in rural communities: culture-based development strategies. *Local Government Studies*, 0（0）, 1-21.

② Stephen Hetherington（2017）Arm's-length funding of the arts as an expression of laissez-faire, *International Journal of Cultural Policy*, 23: 4, 482-494.

③ Per Mangset, Mari Torvik Heian, Bård Kleppe & Knut Løyland（2018）Why are artists getting poorer? About the reproduction of low income among artists, *International Journal of Cultural Policy*, 24: 4, 539-558.

是艺术家将精力投入到了过多的与本职工作不相关的事业以及挪威人艺术消费的减少。

Lindstrom（2017）①回顾了“Be creative：making a living in the new culture industries”一书中 Angela McRobbie（2016）的观点，认为当前英国院校中文化类学科的教学在某种程度上已经成为了培养接受新企业文化劳动力的机器。这种新的企业文化能够以劳动者在文化产业中的创造力弥补福特主义下企业文化的不足。

Karen（2018）②提出文化政策应提供给大众更多接触文化创意技能的机会，从而让想提升审美素养的人能有机会参与学习。本文特别关注了在人人都能参与、发布文化艺术创作的社交媒体中，文化生产者如何展现自己的专业素养，从而获得工作机会。作者采访了一些英国的文化工作者，了解他们作为从业者如何在网上展现自身的专业素养和审美专长。结果表明，这些文化生产者会在社交平台发布能体现文化创意的技能和方法——如幕后制作过程，来增加与观众的互动。

（三）文化权利

Rubim、Rocha（2018）③的研究表明，Luiz Inácio Lula da Silva 与 Dilma Vana Rousseff 就任巴西总统期间，政府在推进文化公民权的问题上并未有所突破。

Portolés、Šešić（2017）④表明，近年来文化权利和可持续发展在文化政策中多有提及，但二者在文化政策中的真实含义与运行机

① Sofia Lindstrom（2017）Be creative：making a living in the new culture industries，*International Journal of Cultural Policy*.

② Patel，Karen. 2018. “The Politics of Expertise in Cultural Labour.” Ph. D.，Birmingham City University.

③ Antonio Albino Canelas Rubim & Sophia Cardoso Rocha（2018）Brazilian cultural policies during the workers' party governments：challenges for the development of cultural citizenship，*International Journal of Cultural Policy*，24：5，611-627.

④ Jordi Baltà Portolés & Milena Dragićevic Šešić（2017）Cultural rights and their contribution to sustainable development：implications for cultural policy，*International Journal of Cultural Policy*.

制几乎一片空白。虽在“弗里堡文化权利宣言”(2007)(Fribourg Declaration on Cultural Rights)中已强调文化权利的重要性，但文化权利政策仍然难以落实。因此作者提出了五种落实文化权利与文化可持续发展相关政策的方式：保证文化参与率、公众参与文化政策制定、扫清参与文化活动的障碍、为少数群体提供文化服务、保护文化资源。另外，作者还强调了保护文化多样性在维持文化生态可持续性上的重要作用。

Primorac、Koržinek、Uzelac (2017) ①提出，克罗地亚当前的文化政策中，缺少在宪法层面对公民文化权的清晰定义。这一问题直接导致了克罗地亚缺乏官方层面的社会文化活动管理，致使有特殊需求或小众团体的文化参与率有待提高。

自 20 世纪中期至 2015 年联合国提出可持续发展目标，鲜有人在可持续发展相关讨论中看到文化的力量。Duxbury、Kangas、Beukelaer (2017)②提出了文化在可持续发展中的四个影响：稳固文化实践和权力、“净化”(‘green’)文化产业和机构、帮助落实可持续发展观、促成“生态公民权”(‘ecologic citizenship’)。

Marx(2018)③提出了一种新的文化政策和变迁的研究视角，即在公共主体、私人机构和各级政府之间如何分配决策权，以及公共行政部门、民选官员和公共主体的具体作用。事实上，文化法律主要在于规范政策执行者的行为，而非直接确定文化政策。因此，作者从文化参与者的视角出发，对瑞士各行政区展开了实证研究。结果表明，文化政策在多方面发生了转型，在一般由政府主导的实施方案中，文化领域与者或多或少获得了更多的权力。

---

① Jaka Primorac, Nina Obuljen Koržinek & Aleksandra Uzelac (2017) Access to culture in Croatian cultural policy: moving towards explicit policies, *International Journal of Cultural Policy*, 23: 5, 562-580.

② Nancy Duxbury, Anita Kangas & Christiaan De Beukelaer (2017) Cultural policies for sustainable development: four strategic paths, *International Journal of Cultural Policy*, 23: 2, 214-230.

③ Marx, L. (2018). Who governs culture? Actors, federalism and expertise in Swiss regional cultural policy. *International Journal of Cultural Policy*, 0(0), 1-18.

Escafré-Dublet(2019)①通过研究法国文化政策，以探讨白人边界如何成为文化生活的“常规结构”。本文以实施国家文化政策为例，了解多数人的特权如何运作。与官方主张不同，法国人对公民身份和平等的定义并不包括可见的身份，他们认为移民的文化问题界定与其他方面的政策没有什么区别。多年来，在设计和实施文化政策的过程中，政府官员始终将文化定义为艺术的、普遍的和世俗的。然而在此情况下，特权也成为了艺术定义的一部分，移民的少数群体不得不为他们的艺术权利发声。

Mandiola(2018)②研究了智利全国文化艺术委员会的政策制定。该委员会创立与 2003 年，主要负责智利文化政策的实施，旨在提升智利的民主性，并鼓励公众参与文化活动。本文通过调研智利公众文化参与的范围和限制，对全国文化艺术委员会的模式化政策制定提出质疑。这些模式范例涵盖了政治参与、符号创造、文化表现认同、反馈渠道和象征性拨款。

Jeannotte(2017)③探究了加拿大土著民族社区对具有西方价值观的文化可持续发展政策的适应性。认为当地文化政策应尊重文化多样性，而不是坚持单一文化的价值观。

(四)其他领域

Kirschner(2018)④发现文化政策十分重要，因为文化限制会通过多种途径加剧暴力。虽然文化歧视经常被认为是引发政治暴力的

---

① Escafré-Dublet, A. (2019). The whiteness of cultural boundaries in France. *Identities*, 0(0), 1-16.

② Mandiola, S. P. (2018). Paradigms of participation in the National Council for Culture and Arts: challenges on representation, recognition, access to creation and reception in post-dictatorship Chilean public cultural policy. *International Journal of Cultural Policy*, 24(2), 164-185.

③ M. Sharon Jeannotte (2017) Caretakers of the Earth: integrating Canadian Aboriginal perspectives on culture and sustainability into local plans, *International Journal of Cultural Policy*, 23: 2, 199-213.

④ Kirschner, S. A. (2018). Uncultured: Civil War and Cultural Policy. *Civil Wars*, 20(1), 45-65.

潜在因素，但这种关系没有得到充分的理论支撑，缺乏足够的检验。作者通过分析文化政策对社会经济和心理的影响，发现对文化的不满会助长暴力，同时增加冲突的可能性和严重性、延长冲突时间。

在文学和文化品位方面，Ahearne（2017）①提出，文学作品可以作为棱镜帮助我们去理解文化政策，虽然文学无法时刻真实地反映现实，但它包含了社会的缩影。

Ingraham（2018）②研究了 1912 年至 1948 年间的七次包含艺术竞赛的奥运会，追踪其发展到最终被彻底取消的历史。作者将这一事件视作对文化政策中修辞元素的忽略而引发的后果，并提出艺术展示与体育竞技无法兼容的观点。

四、文化政策前沿研究领域

（一）文化空间与场景理论

多伦多大学社会学副教授 Silver 和芝加哥大学社会学教授 Clark（2019）③介绍了场景理论，这是国际上首个分析城市的文化风格和美学特征对城市发展作用的理论工具的。从经济增长到居住地选择，再到选举和新社会运动，场景理论涵盖了社会生活的方方面面。场景理论从消费角度来解释后工业城市发展的经济社会现象，区别于以生产为导向的工业理论。场景理论不仅把消费当作消费活动本身去研究，而且还着重研究消费的社会组织形态。场景理论的学术价值在于从消费角度来解释后工业城市发展的经济社会现象，这一点区别于以生产为导向的工业理论。场景理论不仅把消费当作消费活动本身去研究，而且还着重研究消费的社会组织形态，

① Jeremy Ahearne（2017）Cultural policy through the prism of fiction（Michel Houellebecq），*International Journal of Cultural Policy*，23：1，1-16.

② Chris Ingraham（2018）Competition or exhibition? The Olympic arts and cultural policy rhetoric，*International Journal of Cultural Policy*，24：2，256-271.

③ ［加］丹尼尔·亚伦·西尔，&［美］特里·尼科尔斯·克拉克.（2019）. 场景（祁述裕 & 吴军，trans.）.

用场景来把消费组织成有意义的社会形式。

当代公共资源(commons)的形式内容日渐丰富，从仅包含自然资源发展为包含无形的资源，例如知识。Borchi(2018)①尝试用 Ostrom 的公共资源管理可行性研究来检验艺术作为公共资源的可行性。作者通过分析分别位于罗马和那不勒斯的两个文化空间，得出结论：将来艺术有可能进入公共空间成为一种共享资源，但资源管理由官方运行会更为稳妥。作者详细分析了两个案例，虽然证据显示两个案例结果相反，并不能直接下结论，但在文末，作者又另外提到了几个成功的案例以表明自身对艺术进入公共文化空间的期待。并呼吁尽早制定管理公共艺术资源的相关政策。由此可见，Borchi 的核心观点是政府应当制定管理公共艺术资源和空间的文化政策并积极实践。

Mulcahy、Naquin、Harper(2018)②评估了美国路易斯安那州阿卡迪亚区的独特的法国文化特征。随着强大的外部文化同质化冲击，当地独特的文化和生活方式是否能保持？作者认为需要从三方面考虑：一是同质化对当地少数族群的影响；二是阿卡迪亚家园的生态环境；三是文化独特性的区分形式与保留方式。美国以民族精神为主导，而阿卡迪亚区形成了一个独特的文化空间。除此之外，康沃尔、布列塔尼和巴伐利亚等其他文化空间也面临相似的生存挑战。

Jochumsen、Skot-Hansen、Rasmussen(2017)③的研究与政治的关联性较低。作者从政策角度分析了公共图书馆的表现空间(performative space)的发展，指出表现空间与文化政策和文化机构

---

① Alice Borchi (2018) Culture as commons: theoretical challenges and empirical evidence from occupied cultural spaces in Italy, *Cultural Trends*.

② Mulcahy, K. V., Naquin, T. C., & Harper, J. N. (2019). Cajun Louisiana: Culture as a Way of Life. *The Journal of Arts Management, Law, and Society*, 49(1), 14-29.

③ Henrik Jochumsen, Dorte Skot-Hansen & Casper Hvenegaard Rasmussen (2017) Towards Culture 3.0-performative space in the public library, *International Journal of Cultural Policy*, 23: 4, 512-524.

一样具有合理性、合法性。

（二）文化与科技

Wright(2017)①提出与人文和社会科学的其他学科一样，文化政策研究也必须考量计算技术的影响。研究人员探索了文化组织管理、创意产业模式以及文化艺术的新形式所带来的变化。作者认为，政府可能忽略了计算技术在基础方向对文化政策的重要影响，因此本文选取计算机技术的文化价值及其对当前政府执政模式的影响为研究对象。科技主导下的计算和分类对日常生活管理越来越重要。通过计算技术重新思考文化品味和参与是如何重新塑造的，本文认为这些基础设施是通过特定环境下人群的愿景来了解的，长期以来文化政策研究的重点在于——国家如何关注其公民的文化形成——在与科技相关的战略抱负和必要条件中得到了充分体现。

King (2018)②发现越来越多戏剧、歌剧公司将它们的现场舞台表演通过流媒体的形式传播至电影院、家庭等外部空间，使观众在电影院里无论从视觉和听觉上都有了全新的体验。实时直播当前主要由业内的头部公司提供，随着流媒体形式演出的普及，这项服务的吸引力和影响力会逐渐降低。在影院观看舞台表演的观众具有一定的社会人口统计学特征，比起电影观众，他们在文化体验上更接近于剧院观众。虽然社会上对流媒体传播有一定担忧，但目前在英国没有证据表明表演艺术公司的观众量因此下滑。因此，作者认为应推广流媒体，因为该技术扩大了能从艺术补贴中收益的消费者人数。

Chantepie(2017)③研究了文化公共政策的新方向：信息技术在

---

① Wright, D. (2018). Towards a computational cultural policy studies: examining infrastructures of taste and participation. *International Journal of Cultural Policy*, 0(0), 1-15.

② King, T. (2018). Streaming from stage to screen: its place in the cultural marketplace and the implication for UK arts policy. *International Journal of Cultural Policy*, 24(2), 220-235.

③ Chantepie, P. (2017). The Shaping of France's Digital Cultural Policy. *The Journal of Arts Management, Law, and Society*, 47(5), 313-321.

文化和媒体的历史领域的出现。研究表明，公共政策主要是基于早期学术研究。尽管美国在政策的意识形态和内容上占有主导权，但仍能通过法国的文化政策捕捉到政治影响下的研究和发展。

Valtysson(2017)①阐述了在丹麦文化政策中的影响下，文化遗产的数字化形成过程。经过与相关领域的专家访谈，作者提出尽管官方文化政策文件提及了参与和参与者，但主要说明的是政府和公司如何增加生产力、创新力、竞争力。作者认为现今丹麦的文化政策仅关注数字化进程，并不关注公众的获取和政策的实践。总而言之，Valtysson 认为丹麦的文化政策对于数字化的理解仅仅停留在其方法，以及政府和公司如何通过文化遗产数字化获取利益上，而忽略了大众在数字化文化遗产相关活动的合理参与方式，即大众如何与数字文化遗产互动。

(三)文化教育政策研究

Cho、Liu、Ho(2018)②回顾了过去十五年的文化创意产业研究，结果表明，英国在 1998 年确定文化创意产业的 13 个部分之后，相关的学术讨论和研究得到了迅速的发展，公众也逐日认可了文化创意产业对经济增长的重大意义。本文采用系统化和定量的方式进行文献分析，结果发现商业、经济和地理是三大研究领域，且作者不同的文化背景也会带来不同的研究倾向。此外，研究发现文化产业研究最集中的五个主题为信息技术、全球合作、微观和碎片化创意活动、偏远地区、国家/地区特征。这些主题研究有助于文化创意的研究人员、产业工作者和政策指定者评估未来政策制定、经济社会发展等方向。

Shaw(2018)③提出以政策制定框架的角度来评价文化教育政

---

① Bjarki Valtysson (2017) From policy to platform: the digitization of Danish Cultural Heritage, *International Journal of Cultural Policy*.

② Rico L. T. Cho, John S. Liu & Mei Hsiu-Ching Ho (2018) What are the concerns? Looking back on 15 years of research in cultural and creative industries, *International Journal of Cultural Policy*, 24: 1, 25-44.

③ Shaw, R. D. (2018). Examining arts education policy development through policy frameworks. *Arts Education Policy Review*, 0(0), 1-13.

策。本文探讨了过去政策的起源，如主要参与者、主题框架化和问题化、具体解决方案设计、已执行政策评价等。本文回顾了三个重要的政策框架：Kingdon 的“多源流框架”，Sabatier 和 Jenkins-Smith 的“倡导联盟框架”，以及 Baumgartner 和 Jones 的“均衡框架”。在三个政策框架的基础上，作者提出了三个问题，一是这如何预测艺术教育政策的发展；二是如何解释影响艺术教育领域政策的决策者和联盟；三是如何阐明政策发展过程中的突发事件。

Bernard(2019)①探讨了在大型的艺术教育系统中，从政策指定者到基层教育工作者的教育资金使用和政策执行。如教师、行政人员的基层教育工作者基于工作性质，能够从城市管理到儿童个体的视角实践教育规定。为了研究纽约市的音乐教育政策及它们对公里学校带来的影响，作者采访了艺术总监、高中教师、教育艺术家，深入了解教育政策执行中的特权、挑战和机遇，从而为各学校和全市的文化教育政策提出建议。

James、Winter(2017)②从两个方面研究了文化遗产，一是文化遗产实施领域的专业知识；二是国际遗产机构的运行过程。通过分析世界遗产委员会的会议内容发现，最近几年，国际遗产政策引导下的论坛变化巨大。具体表现为专家开始参与过去纯粹由机构当权者决策的政策制定，以及专业知识被官僚机构精心设计后加以利用。

Flew(2019)③强调创意产业课程设置应从文化政策角度出发。本文对英国和澳大利亚的创意产业课程进行了分析，评述了课程内容、教师、专业设置等。作者发现课程主要有五个特点：一是对创

---

① Bernard, C. F. (2019). Lived experiences: Arts policy at the street level in the New York City Department of Education. *Arts Education Policy Review*, 0(0), 1-12.

② Luke James & Tim Winter (2017) Expertise and the making of World Heritage policy, *International Journal of Cultural Policy*.

③ Flew, T. (2019). From policy to curriculum: drivers of the growth in creative industries courses in the UK and Australia. *Creative Industries Journal*, 0(0), 1-18.

意产业的定义十分宽泛；二是强调数字技术与创意实践之间的联系；三是在硕士研究生项目有一定可能取代文化研究；四是注重国际学生的需求；五是其固有的跨学科性质。因此作者提出，虽然兼收并蓄和跨学科研究室创意产业课程早期发展的必要特征，但这也对这一领域的课程设置和教材编撰提出了更高的要求。这需要业界和政府的共同参与，为课程设计和发展提供必要的指导。

Khan(2017)①关注文化政策研究的价值，尤其是对非科研机构有借鉴意义的研究结果。本文选取了澳大利亚研究理事会资助的艺术文化多样性项目作为研究案例，结果表明工具性的文化政策研究是有价值的。但在研究过程中，要更加关注文化政策的实操性，以及政策制定过程的多样性。这一方面会增加政策研究的有效性，另一方面可能会产生意料之外的结果。

五、海外文化政策对中国学者展开前沿研究的启示

(一)合理借鉴海外文化政策，把握国际学术研究动态

从国家文化建设角度来说，人民的美好生活离不开文化对精神的浸润，合理参考和借鉴海外文化政策能进一步保障人民的基本文化权益和基本文化需求；从我国学者研究角度来说，把握海外文化政策研究动态，展开如文化空间、文化科技、文化权利等国际前沿主题研究，一方面能鼓励我国学者拓宽研究领域，从时代发展的角度探索文化政策，另一方面，伴随着全球化的发展，我国的文化政策相关研究也能让海外学者听到来自中国的声音，从而由文化政策角度展开对中国文化、政治、经济、社会等领域的相关研究。

值得注意的是，过度拓展文化政策的本质意义也容易造成本末倒置的后果。将文化政策与某些领域的间接联系过度放大，可能让人认为是牵强附会，有为创新而创新的嫌疑。一定程度上文化政策研究可以被理解为“解决问题”的研究，但这不能说明文化政策是

① Khan, R. (2017). Researchers, bureaucrats and the lifeworlds of cultural policy. *International Journal of Cultural Policy*, 0(0), 1-13.

万能的，也不代表文化政策研究可以结合所有学科。在过度拓展文化政策研究的意义上，甚至有学者可能会缺少理论依据地创作出新的概念，最终研究偏向，背离初衷。研究的结论可能也对文化政策的实际应用毫无意义，只是单纯在学术研究层面找寻出新方向，却不顾方向的合理性。因此我国学者在文化政策研究中，可尝试新的方向，多角度地探究文化政策的应用和影响。但过度挖掘研究角度可能扭曲文化政策在大多数学者认同中的基本概念，导致文化政策的归属和界定模糊不清，让研究失去原本的方向和意义。

（二）文化政策与政治研究

文化与政治研究向来密不可分，政治领域的文化政策研究近年来一直是学界的研究热点。虽然各个国家的政治体制、政策制定、机构设置等背景不尽相同，但对海外政治领域的文化政策研究仍有重大意义。

针对文化政策设计与决策议题，全球化趋势下的国家和区域文化政策指定是 2017—2018 年海外文化政策研究的前沿问题。随着全球化的推进，各国经济、公共事务、环境、法律等向全球化方向逐步发展，将全球化趋势纳入文化政策的考量范围也开始被学界所关注。文化政策的设计与决策研究一方面要考虑本国的政治、经济、社会等背景，另一方面也要从国际化角度考量政策制定的合理性、保护文化的多样性。从而制定出既符合本国国情、满足人民需求、又顺应时代发展潮流的文化政策。

针对文化部门与机构议题，文化管理部门和公民文化权利的平衡成为热点。部分学者认为文化部门应独立于政府，从而保证公民的文化艺术选择权，而非被利用为党派之争的政治武器。基于我国国情，2018 年在第十三届全国人民代表大会第一次会议批准了《国务院机构改革方案》，方案规定："将文化部、国家旅游局的职责整合，组建文化和旅游部。"该方案从机构设置角度推动了文化和旅游融合。我国学者可以参考海外关于文化部门与机构设置的议题，从该角度研究我国文化和旅游部组建的内涵、意义及未来发展方向等。

此外，在政治领域的海外文化政策研究中，数位学者都提到了文化和艺术机构的官僚主义作风，这造成了民众与政府间信任的缺失，进一步造成了文化市场混乱和政治局势紧张的后果。因此，我国学者在文化政策研究时也可以将机构的监察机制和绩效评定方法纳入考量范围。

(三)文化政策与经济研究

文化政策研究由于跨学科的特点，在应用上可以十分广泛，与不同学科结合产生大量的衍生物。尤其在全球化发展的背景下，各国早已认识到文化在经济领域的巨大潜力。

针对财政支持文化发展政策，2017—2018 年海外研究的主要议题是公共资金的分配。资金的分配包括政府部门资金、居民文化消费补贴、慈善捐赠和税收、各级文化组织补贴等。学者能够通过相关文献、访谈、问卷调查等方式对具体财政文化政策的绩效进行评定，从而合理规划公共文化艺术资金的分配。此外，关于文化财政议题的海外研究，亦对我国正在进行的全国文化消费试点城市等项目具有启示。

针对文化创意产业政策，学界立足于产业实践，关注文化创意产业政策对地区或城市的影响。海外部分学者发现，文化创意产业能够推动娱乐和旅游业等新兴经济形态的发展，在成为经济的新增长点的同时更好地塑造城市公共文化空间，提升居民的文化参与率和就业率，进而可能影响到国家的经济可持续发展。在研究文化创意产业政策时，文化创意产业对城市的空间塑造和居民的精神和身体影响都需要中国学者进行进一步的研究。

(四)文化政策与社会发展研究

文化政策并不只是政府文件上的管理条规，它还是区域间文化交流的纽带；是公民文化身份认同感、国家凝聚力的保障。

针对文化参与政策，公共文化参与的参与率仍然是 2017—2018 年海外学者关注的重点。部分学者提出在制定文化政策的过程中，政府应把重心放在提高公民文化参与率上，甚至认为提高文化参与率是文化政策的终极目标。因此在研究时不妨将文化参与率作为主体。于学者，文化参与率对文化政策和社区情况的反映；于国家，文化参与率是文化活动、文化政策的反馈。从居民文化参与率中能够分析出多方面的影响因素，这些因素反映了不同地区的经济、文化、自然等背景，通过复杂的组合能够为学者勾勒出立体生动的形象，让研究变得富有层次和维度，也为挖掘新的研究方向带来机会。

针对文化权利，海外学者强调了文化政策的背景，认为文化政策必须被放置在合适、对应的背景中研究。文化政策中公民的文化权利应考虑到区域的政治环境、经济环境、文化环境和历史背景。在国内文化政策研究中，我国学者也应考虑到我国特殊的国情。我国作为世界领先的经济体和人口数量庞大的大国，拥有庞杂的区域文化体系。这样复杂的民族文化结构在文化权利政策的制定和实施上可能造成一定的困难。民族间由于不同的地方语言、习俗、迁移历史、精神崇拜、生产方式等，对文化的需求可能大相径庭。在研究文化权利和需求时最好将区域背景作为出发点，加强研究的针对性和深度。

此外，尊重文化多样性也成为海外文政策的社会学研究中一项新的热点之一。我国人口众多、民族文化结构复杂，这为文化多样性研究提供了大量样本。文化身份与认同感之间的相互作用不仅为区域文明带来丰富的内容，还可能为文化政策的决策环节提供多种建议，探究区域文化多样性对文化政策的制定有至关重要的作用。文化政策研究学者可以成为文化政策和公民文化生活之间的桥梁。政策的制定不仅需要相关负责人，还需要学者的努力作为学术支持，这也与部分海外学者提倡的让更多人参与文化决策和咨询专家的制度一致。

（五）文化政策前沿研究领域

文化政策的研究价值巨大，研究空间十分广阔，将文化政策置于不同学科背景，探索其全方位的影响和价值可能带来研究上的突破。

场景理论和文化空间是近年来海外学者研究文化政策的主要议题之一。介绍场景理论的《场景——空间品质如何塑造社会生活》中文版于 2019 年正式出版，武汉大学国家文化发展研究院的陈波教授团队参与了部分研究与翻译工作。场景理论认为城市中生活娱乐设施的组合不仅蕴含了其自身的功能，也传递着文化和价值观，这些价值观和信息又传递给不同的人群。场景理论尝试用三个主维度(真实性、合法性、戏剧性)和十五个次维度划分文化价值观场景。此外，公共文化空间也是海外学者研究文化政策时青睐的对象，除了研究现有的公共文化空间，新形式、新模式的公共文化空间也有较高的研究价值，文化活动的多样性为公共文化空间的多样性带来可能，也为研究的维度带来突破。场景理论和文化空间概念对于当前我国政策指导构建文化场景、物理文化空间、精神文化空间等具有巨大理论指导与实践示范作用。

针对文化与科技议题，海外学者提出了在关注技术层面问题之外，最重要的是多样的大众接触并参与文化科技活动。随着科技对文化的反作用力逐日凸显，越来越多国家将科技作为文化发展的一个新突破口，如将文化遗产、文化演出、文化管理等，但却一定程度上导致文化科技的形式大于内容，大众没有真正从文化科技的相关活动中收益。中国如何将科学技术与文化融合，通过政策惠及大众，使文化参与快捷便利化，依然继续国内学者贡献研究智慧。

针对文化教育政策研究，教育系统中文化创意产业的专业定位和课程设置成为 2017—2018 年海外学者的研究问题之一。文化和创意产业专业和课程开设的历史较短，在课程内容、专业设置、教师要求等方面各个学校都有不同的规范，因此仍需政府和业界共同参与，为该专业的发展提供必要的专业指导。我国院校当前也面临相似的问题，如何从文化教育政策角度协助专业搭建和发展同样是国内学者可以加强研究的领域。

参考文献

[1] David Bell & Kate Oakley（2015）*Cultural Policy*. Oxon：Routledge.

[2] Richard Maxwell & Toby Miller（2017）Greening cultural policy, *International Journal of Cultural Policy*，23：2，174-185.

[3] Mafalda Dâmaso (2018) From the cultural and foreign policies of western European far-right parties to the European Union's 2015-2018 Work Plan for Culture-identifying and opposing nativism, *International Journal of Cultural Policy*, 24: 6, 811-825.

[4] Dimitri Almeida (2017): Cultural retaliation: the cultural policies of the 'new' Front National, *International Journal of Cultural Policy.*

[5] Arturo Rodríguez Morató & Matías I. Zarlenga (2018) Culture-led urban regeneration policies in the Ibero-American space, *International Journal of Cultural Policy*, 24: 5, 628-646.

[6] Ryan Daniel, Katja Fleischmann & Riccardo Welters (2018) Creativity in the 'Torrid' zone: policy, creative industries and the vision for Northern Australia, *International Journal of Cultural Policy*, 24: 4, 451-465.

[7] Mangset, Per. 2018. "The End of Cultural Policy? 1." International Journal of Cultural Policy, 0(0): 1-14.

[8] Leila Jancovich (2017) The participation myth, *International Journal of Cultural Policy*, 23: 1, 107-121.

[9] Belfiore, E. (2018) Whose cultural value? Representation, power and creative industries. *International Journal of Cultural Policy*, 0 (0), 1-15.

[10] Kleppe, B. (2018) The autonomous world reversed: comparing liberal policy and autonomy in the performing arts. *International Journal of Cultural Policy*, 24(3), 387-405.

[11] Beukelaer, C. D. (2017). Ordinary culture in a world of strangers: toward cosmopolitan cultural policy. *International Journal of Cultural Policy*, 0(0), 1-14.

[12] Frenette, A. (2017) The Rise of Creative Placemaking: Cross-Sector Collaboration as Cultural Policy in the United States. *The Journal of Arts Management, Law, and Society*, 47(5), 333-345.

[13] Gaëlle Lemasson (2017) On the legitimacy of cultural policies: analysing Québec's cultural policy with the Economies of Worth,

International Journal of Cultural Policy.

[14] Shoshanah B. D. Goldberg-Miller (2018) Keeping Creativity Downtown: Policy Learning from San Francisco, Seattle, and Vancouver for Municipal Cultural Planning in Toronto, *The Journal of Arts Management, Law, and Society.*

[15] Aurélie Lacassagne (2017) Cultural policy in France's overseas: permanence of colonial logics and the potential for creole resistance, *International Journal of Cultural Policy*, 23: 3, 254-268.

[16] Rubens Bayardo & Elodie Bordat-Chauvin (2018) Changing philosophies of action? Argentine's cultural policies in the 21st century, *International Journal of Cultural Policy*, 24: 5, 594-610.

[17] Mariano Martín Zamorano & Lluis Bonet (2018) The reshaping of Ibero-American cultural diplomacy in the beginning of the XXI century: the declining of the Spanish historical hegemony?, *International Journal of Cultural Policy*, 24: 5, 664-680.

[18] Kevin V. Mulcahy (2017) Combating coloniality: the cultural policy of post-colonialism, International Journal of Cultural Policy, 23: 3, 237-253 .

[19] Javier J. Hernández-Acosta (2017) Designing cultural policy in a postcolonial colony: the case of Puerto Rico, *International Journal of Cultural Policy*, 23: 3, 285-299.

[20] Carlos Vargas, Cristina Sarmento & Patricia Oliveira (2017) Cultural networks between Portugal and Brazil: a postcolonial review, *International Journal of Cultural Policy*, 23: 3, 300-311.

[21] Kristin A. Eggeling (2017) Cultural diplomacy in Qatar: between 'virtual enlargement', national identity construction and elite legitimation, *International Journal of Cultural Policy*, 23: 6, 717-731.

[22] Yudhishthir Raj Isar (2017a) Cultural diplomacy: India does it differently, *International Journal of Cultural Policy*, 23: 6, 705-716.

[23] Boris Pavlovsky (2018): Austrian foreign cultural policy: Europeanization through the prism of national interests, International

Journal of Cultural Policy.

[24] Manuel R. Enverga III & Maria Ysabel A. Tangco (2018) Cine Europa: behind the scenes of a collaborative cultural diplomacy initiative in the Philippines, *International Journal of Cultural Policy*, 24: 6, 826-839.

[25] Carolijn van Noort (2018) Brics issue-narrative on culture: strategic or trivial?, *International Journal of Cultural Policy*, 24: 6, 786-797.

[26] Kamila Lewandowska (2018) Using Isaiah Berlin's two concepts of liberty to rethink cultural policy: a case of Poland, *International Journal of Cultural Policy*, 24: 2, 145-163.

[27] Per Mangset (2018): The end of cultural policy? 1, International Journal of Cultural Policy.

[28] Marco Cucco (2018) Learning from Switzerland in the Brexit era. The MEDIAprogramme case study, Studies in European Cinema, *International Journal of Cultural Policy.*

[29] Suzana Žilič-Fišer & Karmen Erjavec (2017) The political impact of the European Capital of Culture: ' Maribor 2012 gave us the power to change the regime', *International Journal of Cultural Policy*, 23: 5, 581-596.

[30] Antoinette Fage-Butler (2018): Audience perspectives on the European dimension in Aarhus 2017 events: impacts of EU cultural policy, *International Journal of Cultural Policy.*

[31] Kate Mattocks (2018) ' A few sparks of inspiration'?: analysing the outcomes of European Union cultural policy coordination, *European Politics and Society*, 19: 1, 20-34.

[32] Arostegui, J. A. R., & Rius-Ulldemolins, J. (2018). Cultural policies in the South of Europe after the global economic crisis: is there a Southern model within the framework of European convergence? *International Journal of Cultural Policy*, 0(0), 1-15.

[33] Koptseva, Natalia P., Vladimir S. Luzan, Veronica A. Razumovskaya, and Vladimir I. Kirko. 2017. "The Content Analysis of

the Russian Federal and Regional Basic Legislation on the Cultural Policy." International Journal for the Semiotics of Law-Revue Internationale de Sémiotique Juridique 30 (1): 23-50.

[34] Julian Meyrick & Tully Barnett (2017) Culture without "world": Australian cultural policy in the age of stupid, *Cultural Trends*, 26: 2, 107-124.

[35] Gillman, A. (2018). Bridging Art and Bureaucracy: Marginalization, State-Society Relations, and Cultural Policy in Brazil. *Politics & Society*, 46(1), 29-51.

[36] Lee, H.-K. (2019). The new patron state in South Korea: cultural policy, democracy and the market economy. *International Journal of Cultural Policy*, 25(1), 48-62.

[37] Chung, J.-E. (2019). The neo-developmental cultural industries policy of Korea: rationales and implications of an eclectic policy. *International Journal of Cultural Policy*.

[38] Hong, K.-W. (2019). A historical trajectory of cultural policy in Korea: transforming cultural politics into cultural policy. *International Journal of Cultural Policy*, 25(1), 5-19.

[39] Robinson, H. (2018). Cultural policy, local government and museums: an Australian perspective. *Local Government Studies*, 44 (5), 719-738.

[40] Erik Henningsen, Lars Håkonsen & Knut Løyland (2017) From institutions to events-structural change in Norwegian local cultural policy, *International Journal of Cultural Policy*, 23: 3, 352-371.

[41] Eltham, B., & Verhoeven, D. (2018). A 'natural experiment' in Australian cultural policy: Australian Government funding cuts disproportionately affect companies that produce more new work and have larger audiences. *International Journal of Cultural Policy*, 0 (0), 1-14.

[42] Connors, M. K. (2018). Cultural policy as general will and social-order protectionism: Thailand's conservative doublemovement.

International Journal of Cultural Policy, 24(3), 315-330.

[43] Shin, H., & Kim, I. (2019). Are Public-Led Arts Incubating Programs a Double-Edged Sword? A Case Study of the Arts Council Korea's Performing Arts Grant Program. *The Journal of Arts Management, Law, and Society*, 49(1), 89-103.

[44] Emily Gilfillan & Guy Morrow (2018) Sustaining artistic practices post George Brandis's controversial Australia Council arts funding changes: cultural policy and visual artists' careers in Australia, *International Journal of Cultural Policy*, 24: 2, 186-204.

[45] Rushton, M. (2018). Why do we subsidize donations to the opera? *Cultural Trends*, 27(3), 160-172.

[46] Redaelli, E. (2018). Understanding American cultural policy: the multi-level governance of the arts and humanities. *Policy Studies*, 0(0), 1-18.

[47] Lauren Carroll Harris (2018) Film distribution as policy: current standards and alternatives, *International Journal of Cultural Policy*, 24: 2, 236-255.

[48] Wiśniewska, A., & Czajkowski, M. (2017). Designing a socially efficient cultural policy: the case of municipal theaters in Warsaw. *International Journal of Cultural Policy*, 0(0), 1-13.

[49] P. Zapatero Miguel & M. Petz (2018) Building synergies between WTO and UNESCO: the case for data-driven policy coordination, *International Journal of Cultural Policy*, 24: 3, 406-429.

[50] Joost Poort & Nico van Eijk (2017) Digital fixation: the law and economics of a fixed e-book price, *International Journal of Cultural Policy*.

[51] María Trinidad García Leiva (2017) Cultural diversity and free trade: the case of the EU-Canada agreement, *International Journal of Cultural Policy*, 23: 6, 765-781.

[52] Kelly L. Kinahan (2017) Collections of industrial and product design: a pathway for improved economic development connections

among cultural institutions, *International Journal of Cultural Policy*, 23: 3, 372-389.

[53] Yúdice, G. (2018). Innovations in cultural policy and development in Latin America. *International Journal of Cultural Policy*, 24 (5), 647-663.

[54] Pyykkönen, M., & Stavrum, H. (2018). Enterprising Culture: Discourses on Entrepreneurship in Nordic Cultural Policy. *The Journal of Arts Management, Law, and Society*, 48(2), 108-121.

[55] Lynne Pettinger, Kirsten Forkert & Andrew Goffey (2018) The promises of creative industry higher education: an analysis of university prospectuses in Malaysia, *International Journal of Cultural Policy*, 24: 4, 466-484.

[56] Douwe Nijzink, Quirijn Lennert van den Hoogen & Pascal Gielen (2017) The creative industries: conflict or collaboration? An analysis of the perspectives from which policymakers, art organizations and creative organizations in the creative industries are acting, *International Journal of Cultural Policy*, 23: 5, 597-617.

[57] John Street, Dave Laing & Simone Schroff (2018) Regulating for creativity and cultural diversity: the case of collective management organisations and the music industry, *International Journal of Cultural Policy*, 24: 3, 368-386.

[58] Changwook Kim (2017) Locating creative city policy in East Asia: neoliberalism, developmental state and assemblage of East Asian cities, *International Journal of Cultural Policy*.

[59] Oyekunle, O. A. A., & Sirayi, M. (2018). The role of creative industries as a driver for a sustainable economy: a case of South Africa. *Creative Industries Journal*, 11(3), 225-244.

[60] Nwankwo, A. O. (2018). Harnessing the Potential of Nigeria's Creative Industries: Issues, Prospects and Policy Implications. *Africa Journal of Management*, 4(4), 469-487.

[61] Spence, K.-M. (2019). When Money is notEnough: Reggae,

Dancehall, and Policy in Jamaica. *The Journal of Arts Management, Law, and Society*, 49(1), 45-60.

[62] Pollock, I. (2017). Adat in the Office: The Creative Afterlife of a New Order Cultural Policy. *The Asia Pacific Journal of Anthropology*, 18(2), 101-118.

[63] Haans, R. F. J., & Witteloostuijn, A. van. (2018). Expected job creation across the cultural industries: a sectoral division and its implications for cultural policy. *International Journal of Cultural Policy*, 24(1), 45-67.

[64] Diego Santos Vieira de Jesus & DanielKamlot (2017) Stuck in the middle of nowhere: cultural policy, development and creative industries in Brazil, *Creative Industries Journal*, 10: 2, 139-154.

[65] Ryan Daniel, Katja Fleischmann & Riccardo Welters (2018) Creativity in the 'Torrid' zone: policy, creative industries and the vision for Northern Australia, *International Journal of Cultural Policy*, 24: 4, 451-465.

[66] Spirou, C. (2018). Social forces and the evolution of tourism: A historical framework of urban change. *Loisir et Société / Society and Leisure*, 41(1), 68-80.

[67] Manuel R. Enverga III & Maria Ysabel A. Tangco (2018) Cine Europa: behind the scenes of a collaborative cultural diplomacy initiative in the Philippines, *International Journal of Cultural Policy*, 24: 6, 826-839.

[68] Jimmyn Parc (2017) The effects of protection in cultural industries: the case of the Korean film policies, *International Journal of Cultural Policy*, 23: 5, 618-633.

[69] Mingant, N., and C. Tirtaine, eds. (2017). *Reconceptualising film policies*. New York: Routledge.

[70] Rachel Parker, Stephen Cox & Paul Thompson (2017) The dynamics of global visual effects and games development industries: lessons for Australia's creative industries development policy, *In-*

ternational Journal of Cultural Policy, 23: 4, 395-414.

[71] Jordi McKenzie, Craig Rossiter & Sunny Y. Shin (2018) For love or money? Assessing outcomes from direct public investment in film, *International Journal of Cultural Policy*.

[72] Green, Andrew (2019) Street Music, Governance, and Cultural Policy in SanCristóbal de Las Casas. International Journal of Cultural Policy 0(0): 1-16..

[73] Hylland, O. M. (2019). Omnivorous Cultural Policy: The Case of Concerts Norway. *The Journal of Arts Management, Law, and Society*, 49(1), 61-73..

[74] Oakley, K., & Ward, J. (2018). The art of the good life: culture and sustainable prosperity. *Cultural Trends*, 27(1), 4-17.

[75] Yudhishthir Raj Isar (2017) 'Culture', 'sustainable development' and cultural policy: a contrarian view, *International Journal of Cultural Policy*.

[76] David Stevenson, Gitte Balling & Nanna Kann-Rasmussen (2017) Cultural participation in Europe: shared problem or shared problematisation?, *International Journal of Cultural Policy*, 23: 1, 89-106.

[77] Soltero, G. (2019). Cultural Policy and Subjective Well-Being in Mexico. *The Journal of Arts Management, Law, and Society*, 49(1), 74-88.

[78] Vasstrøm, M., & Normann, R. (2019). The role of local government in rural communities: culture-based development strategies. *Local Government Studies*, 0(0), 1-21.

[79] Stephen Hetherington (2017) Arm's-length funding of the arts as an expression of laissez-faire, *International Journal of Cultural Policy*, 23: 4, 482-494.

[80] Per Mangset, Mari Torvik Heian, Bård Kleppe & Knut Løyland (2018) Why are artists getting poorer? About the reproduction of low income among artists, *International Journal of Cultural Policy*,

24: 4, 539-558.

[81] Sofia Lindström (2017) Be creative: making a living in the new culture industries, *International Journal of Cultural Policy.*

[82] Patel, Karen. 2018. "The Politics of Expertise in CulturalLabour." Ph. D., Birmingham City University.

[83] Antonio Albino Canelas Rubim & Sophia Cardoso Rocha (2018) Brazilian cultural policies during the workers' party governments: challenges for the development of cultural citizenship, *International Journal of Cultural Policy*, 24: 5, 611-627.

[84] Jordi Baltà Portolés & Milena Dragićevic Šešić (2017) Cultural rights and their contribution to sustainable development: implications for cultural policy, *International Journal of Cultural Policy.*

[85] Jaka Primorac, Nina Obuljen Koržinek & Aleksandra Uzelac (2017) Access to culture in Croatian cultural policy: moving towards explicit policies, *International Journal of Cultural Policy*, 23: 5, 562-580.

[86] Nancy Duxbury, AnitaKangas & Christiaan De Beukelaer (2017) Cultural policies for sustainable development: four strategic paths, *International Journal of Cultural Policy*, 23: 2, 214-230.

[87] Marx, L. (2018). Who governs culture? Actors, federalism andexpertise in Swiss regional cultural policy. *International Journal of Cultural Policy*, 0(0), 1-18.

[88] Escafré-Dublet, A. (2019). The whiteness of cultural boundaries in France. *Identities*, 0(0), 1-16.

[89] Mandiola, S. P. (2018). Paradigms of participation in the National Council for Culture and Arts: challenges on representation, recognition, access to creation and reception in post-dictatorship Chilean public cultural policy. *International Journal of Cultural Policy*, 24(2), 164-185.

[90] M. Sharon Jeannotte (2017) Caretakers of the Earth: integrating Canadian Aboriginal perspectives on culture and sustainability into

local plans, *International Journal of Cultural Policy*, 23: 2, 199-213.

[91] Mehregan, A. (2017). Secular cultural policy in Islamic countries: desirability and feasibility. *International Journal of Cultural Policy*, 23(1), 17-35.

[92] Kirschner, S. A. (2018). Uncultured: Civil War and Cultural Policy. *Civil Wars*, 20(1), 45-65.

[93] Jeremy Ahearne (2017) Cultural policy through the prism of fiction (Michel Houellebecq), *International Journal of Cultural Policy*, 23: 1, 1-16.

[94] Chris Ingraham (2018) Competition or exhibition? The Olympic arts and cultural policy rhetoric, *International Journal of Cultural Policy*, 24: 2, 256-271.

[95] [加]丹尼尔·亚伦·西尔, & [美]特里·尼科尔斯·克拉克. (2019). 场景(祁述裕 & 吴军, trans.).

[96] Alice Borchi (2018) Culture as commons: theoretical challenges and empirical evidence from occupied cultural spaces in Italy, *Cultural Trends*.

[97] Mulcahy, K. V., Naquin, T. C., & Harper, J. N. (2019). Cajun Louisiana: Culture as a Way of Life. *The Journal of Arts Management, Law, and Society*, 49(1), 14-29.

[98] Henrik Jochumsen, Dorte Skot-Hansen & Casper Hvenegaard Rasmussen (2017) Towards Culture 3.0-performative space in the public library, *International Journal of Cultural Policy*, 23: 4, 512-524.

[99] Wright, D. (2018). Towards a computational cultural policy studies: examining infrastructures of taste and participation. *International Journal of Cultural Policy*, 0(0), 1-15.

[100] King, T. (2018). Streaming from stage to screen: its place in the cultural marketplace and the implication for UK arts policy. *International Journal of Cultural Policy*, 24(2), 220-235.

[101] Chantepie, P. (2017). The Shaping of France's Digital Cultural Policy. *The Journal of Arts Management, Law, and Society*, 47 (5), 313-321.

[102] Bjarki Valtysson (2017) From policy to platform: the digitization of Danish Cultural Heritage, *International Journal of Cultural Policy*.

[103] Rico L. T. Cho, John S. Liu & MeiHsiu-Ching Ho (2018) What are the concerns? Looking back on 15 years of research in cultural and creative industries, *International Journal of Cultural Policy*, 24: 1, 25-44.

[104] Shaw, R. D. (2018). Examining arts education policy development through policy frameworks. *Arts Education Policy Review*, 0 (0), 1-13.

[105] Bernard, C. F. (2019). Lived experiences: Arts policy at the street level in the New York City Department of Education. *Arts Education Policy Review*, 0(0), 1-12.

[106] Luke James & Tim Winter (2017) Expertise and the making of World Heritage policy, *International Journal of Cultural Policy*.

[107] Flew, T. (2019). From policy to curriculum: drivers of the growth in creative industries courses in the UK and Australia. *Creative Industries Journal*, 0(0), 1-18.

[108] Khan, R. (2017). Researchers, bureaucrats and the lifeworlds of cultural policy. *International Journal of Cultural Policy*, 0 (0), 1-13.

近 3 年海外数字出版研究进展

方　卿　徐丽芳　严玲艳　赵雨婷*
武汉大学信息管理学院

篇首语： 数字技术的发展给出版产业乃至整个内容产业带来了颠覆性影响，数字出版的理论与实践已成为业界和学界普遍关注的话题。本文利用 Citespace 软件深入探析 2016—2018 年间欧美地区及印度、伊朗等发展中国家数字出版研究动态。学者普遍关注欠发达国家和地区的 OA 出版现状，并就日益产业链化的掠夺性期刊出版给出评论和建议。数字教材和开放教材在高校的试点和应用效果也备受重视，电子书方案优化及分销策略优劣则是传统研究话题的延续。此外，学者们基于用户数字阅读与学术社交行为分析，积极探索数字时代的用户服务模式，并对数字出版新技术的应用效果和发展前景展开讨论。同时，新的版权保护技术与法律层面的实践和研究也与时俱进。

* 方卿(1965-10)，男，武汉大学信息管理学院，信息管理学院院长，教授，出版营销和科学交流。徐丽芳(1972-03)，女，武汉大学信息管理学院，出版科学系主任，教授，数字出版和国外出版业研究。严玲艳(1993-09)，女，武汉大学信息管理学院，博士生，数字出版。赵雨婷(1992-09)，女，武汉大学信息管理学院，博士生，数字出版。

1 引　言

随着互联网技术的深入发展和用户数字阅读习惯的日益形成，数字出版已进入迅速发展阶段。与此同时，相关研究也呈现蓬勃之势。2016—2018年在数字学术出版领域，开放存取出版依旧是学者关注的重点。其中，焦点主要集中在发展中国家和地区的开放存取现状、开放存取引用优势、掠夺性期刊出版等研究主题。在教育出版领域，数字教材和开放教材在高校的试点及其效果也成为研究人员关心的热点问题。此外，在电子书、用户行为、数字出版技术、版权技术与法律保护等领域，研究工作也不断地随实践发展而深入。

2 开放存取出版研究

自1987年迈克尔·艾林豪斯(Michael Ehringhaus)创办免费的同行评议电子期刊《成人教育新视野》(*New Horizons in Adult Education*)以来，开放存取(Open Access，OA)已走过30多年历程，当前仍然是学术出版领域最为活跃的研究领域之一。

2.1 欠发达国家和地区OA出版

在网络传播环境中诞生的开放存取，自问世以来就以促进全球范围内的学术交流和科学研究为宗旨。近3年来，开放存取领域英、美以外国家和地区作者的相关成果增多，并且获得了国际学术界的广泛关注和接纳。其中，发展中国家特别是非洲国家的开放存取问题成为新的研究热点。

开放存取近些年在发展中国家受到重视，发展迅速，相应研究也呈现繁荣之貌。Ghane(2016)①调查了2000—2014年孟加拉国、埃及、印度尼西亚、伊朗、马来西亚、尼日利亚、巴基斯坦和土耳

① Ghane M R，Niazmand M R. Current status of open access journals published in D8 countries and registered in the Directory of Open Access Journals (pre-2000 to 2014)[J]. The Electronic Library，2016，34(5)：740-756.

其等8个发展中国家被“开放存取期刊名录”(Directory of Open Access Journals，DOAJ)和“期刊引证报告”(Journal Citation Reports，JCR)编入索引的1407种开放存取期刊(Open Access Journal，OAJ)的影响因子(Journal Impact Factor，JIF)、SCImago 期刊排名(SCImago Journal Rank，SJR)①和篇均来源期刊标准影响(Source Normalized Impact per Paper，SNIP)②情况。研究结果表明，在此期间内这些国家的OAJ占DOAJ期刊总量的13.8%。但是，其中仅有4.3%的OAJ被收入JCR，平均JIF是0.476；仅有25.2%被收入Scopus，平均SJR是0.197，平均SNIP是0.418。这表明DOAJ尤其JCR收录的发展中国家OAJ较少。究其原因，可能与发展中国家OA文章及OAJ数量和质量有关。对南非OAJ发展的研究也得出类似结果，OAJ从2011年到2015年仅增加4.3%，其中1.7%由订阅期刊(Closed Journal)转化而来，2.7%由混合期刊(Hybrid Journal)转化而来(Raju et al.，2017)③，而且没有新的OAJ问世。OAJ在这些国家发展较缓，一方面固然可能是学界和业界对OA持谨慎态度，但更大的可能性是其包括图书馆员、科研工作者在内的利益相关者尚未充分、正确地认识OA这一新事物及其作用。

① Scimago 期刊排名是西班牙 Scimago Group 团队 Félix de Moya 教授等提出的一种衡量学术期刊科学影响力的指标。该指标既包括期刊被引用的数量，也包括被引用期刊的重要性或声誉。与IF相比，其突破在于对期刊间的引用给予不同的权重，即被声望高的期刊所引用，对声望的提升较被一般期刊引用显著。

② 篇均来源期刊标准影响(Source Normalized Impact per Paper，SNIP)是2010年荷兰科学家 Moed 等人提出的期刊评价新指标。计算方法是 SNIP = RIP/RDCP。其中，RIP(Raw Impact per Paper)指粗计量篇均影响，为期刊在统计年前3年间发表论文在统计年的篇均被印频次；RDCP(Relative Database Citation Potential)是数据库相对引用潜力，具体指 Scopus 数据库的学科引用潜力。

③ Raju R，Classeen J，Moll E，et al. Researchers adapting to open access journal publishing：the case of the University of Cape Town[J]. South African Journal of Libraries and Information Science，2017，82(2)：34-45.

Chilimo(2017)①针对肯尼亚57个机构中335名学术图书馆员(Academic Librarians)对OAJ出版行为和态度的调查表明，90.1%的受访者表示知道金色OA，92.8%的受访者知道绿色OA，但98.8%不知道钻石OA②，且仅有46%受访者在OAJ上发表过文章。Bosah(2017)③等的研究也得出了相似结论。数据显示，90.8%的图书馆员表示知道金色OA，80.6%的图书馆员知道绿色OA，74.6%的图书馆员不知道钻石OA，且49%的图书馆员没有在OAJ上发表过文章或仅发表过1篇文章，3.9%的图书馆员在OAJ上发表过8篇或9篇文章。总体来看，非洲国家研究人员对绿色OA和金色OA的认知度较高，对钻石OA的认知度较低，在OAJ上发文并未成为多数科研人员的选择。这种较低的OA发展水平是多种力量综合作用的结果，如作者收费、互联网连接不稳定、期刊影响因子较低、版权控制等。

除本土学者外，英美学者也对发展中国家的OAJ出版及其与发达国家的对比研究展现出浓厚兴趣。Ellers等人(2017)④对2011—2015年大型期刊(Mega-Journals)上发展中国家作者的付费情况进行研究，发现越来越多OA文章来自发展中国家，如2015年中国在《公共科学图书馆·综合》(*PLoS ONE*)中的发文量占该刊全年总发文量的19%，《科学报告》(*Scientific Reports*)期刊也有近40%的文章源自中国学者。这表明近10年来中国和英美等国家的学术

---

① Chilimo W, Adem A, Otieno A N, et al. Adoption of Open Access Publishing by Academic Researchers in Kenya[J]. Journal of Scholarly Publishing, 2017, 49(1): 103-122.

② 文章中钻石OA被解释为文章被免费阅读、作者免费出版的同行评议期刊。

③ Bosah G, Okeji C C, Baro E E, Perceptions, preferences of scholarly publishing in Open Access journals: A survey of academic librarians in Africa[J]. Digital Library Perspectives, Vol. 33 Issue: 4, pp. 378-394, https://doi.org/10.1108/DLP-03-2017-0011.

④ Ellers J, Crowther T W, Harvey J A, et al. Gold Open Access Publishing in Mega-Journals: Developing Countries Pay the Price of Western Premium Academic Output. Journal of Scholarly Publishing[J], 2017, 49(1): 89-102.

生产力的差距无疑正在逐步缩小。然而，与在大型期刊中所占比例越来越高相反，中国并没有在精品期刊(Premium Journals)上取得主导地位。在诸如 PLoS 等精品期刊中，欧洲和北美的优势地位依然存在。而因为巨大的发文量，发展中国家机构和研究人员承担越来越多的 OAJ 论文处理费(Article Processing Charges, APC)。考虑到这些论文较少刊发在精品期刊上。从这个层面上讲金色 OA 出版正在加剧两个世界间的不平等，违背了 OA 追求的平等原则。

2.2 引用优势

自 2001 年 OA 一词首次出现在学术文献中以来，关于 OA 文章是否具有引用优势(Citation Advantage)的争论一直困扰着出版商和研究者。到目前为止，这个问题依旧没有明确答案(Lewis, 2018),①而与此相关的研究也一直没有中断。

就近 3 年关于开放存取引用优势(Open Access Citation Advantage, OACA)的研究来看，大部分学者承认 OACA 在不同学科不同程度地存在。Tang(2017)②在剔除订阅期刊和金色 OAJ 后，在影响因子排名前 60 的生态学期刊中选取了 46 种混合期刊为样本，并随机对 1 篇 OA 文章和 1 篇非 OA 文章进行分析。研究发现，在生态学领域 OA 文章的被引量要明显高于非 OA 文章，平均每年每篇文章被引次数约为 1 次，且文章发表后被引次数随时间推移呈递增趋势。Sullo(2016)③分析了施普林格和爱思唯尔上作者支付 APC 的 18654 篇 OA 文章和付费期刊(Toll Access, TA)上的文章。结果显示在学科分布上，除生命科学外其他学科都普遍存在 OACA。如在健康科学领域，引用率最高的 OA 文章，引用频次是 1501，是引用率最高

① Lewis C L. The Open Access Citation Advantage: Does It Exist and What Does It Mean for Libraries? [J]. Information Technology and Libraries, 2018, 37(3): 50-65.

② Tang M, Bever J D, Yu F, et al. Open access increases citations of papers in ecology[J]. Ecosphere, 2017, 8(7).

③ Sullo E. Open Access Papers Have a Greater Citation Advantage in the Author-Pays Model Compared to Toll Access Papers in Springer and Elsevier Open Access Journals[J]. Evidence Based Library and Information Practice, 2016, 11(1): 60-62.

的付费期刊上文章的1.2倍；自然科学领域引用频次（1736次）最高的OA文章是引用频次最高的TA文章的2.52倍。和上述观点类似，Sotudeh（2018）①认为在健康科学和生命科学领域，OA文章和TA文章的被引增长比（Percent of Citation growth，PCG）②存在显著差异，其中OA文章PCG高于TA文章，且引用差距随着时间推移增加。

除了从学科角度验证OACA存在外，还有学者从期刊甚至性别角度进行验证性研究。Clements（2017）③分析了影响因子相近的3种海洋生态领域的混合期刊，发现在《海洋科学杂志》（*ICES Journal of Marine Science*，*ICES JMS*）、《海洋生态学进展丛刊》（*Marine Ecology Progress Series*，*MEPS*）和《海洋生物学》（*Marine Biology*，*MB*）中，OA文章相对于非OA文章增加了56.7%、37.5%和24.4%的引用率。这说明在同一时期，以OA方式发表的文章在混合海洋生态学期刊上被引次数多于非OA方式发表的文章。从性别层面来看，通常在政治学等领域由男性学者享有的性别引用效应（Gender Citation Effect，GCE）在OA文章引用方面并不显著（Amy，2017）。④

也有部分学者对OACA持相反看法。Wray（2016）⑤对2015年Sotudeh发表在《科学计量学》（*Scientometrics*）上一篇声称在施普林

① Sotudeh H, Estakhr Z. Sustainability of open access citation advantage: the case of Elsevier's author-pays hybrid open access journals[J]. Scientometrics, 2018, 115(1): 563-576.

② 被引增长比 PGC=[(CIT2016-CIT2013)/CIT2013]＊100。CIT2016是指给定文章自出版以来直到2016年的引文数，CIT2013是同一篇文章自出版以来到2013年的引文量。

③ Clements, J. C. Open access articles receive more citations in hybrid marine ecology journals[J]. FACETS, 2017, 2(1): 1-14.

④ Atchison, Amy L. Negating the Gender Citation Advantage in Political Science[J]. PS: Political Science & Politics, 2017, 50(02): 448-455.

⑤ Wray K B. No new evidence for a citation benefit for Author-Pay Open Access Publications in the social sciences and humanities[J]. Scientometrics, 2016, 106(3): 1031-1035.

格和爱思唯尔金色 OAJ 上发表的文章具有 OACA 的论文的研究结果进行了反驳。其认为尽管 Sotudeh 在生命科学、健康科学和自然科学的研究结果很有说服力，但如果删掉社会科学与人文领域引用次数最多的 1 篇文章，社会科学与人文领域 OA 文章平均被引次数就会低于非 OA 文章。因此，社会科学与人文领域 OACA 的存在有待于进一步验证。Dortagonzalez(2017)①以 2019 和 2014 年科学网(Web of Science，WoS)核心合集(Core Collection)收录的所有期刊和文章为样本，以 2009 年 WoS 划分的 249 个科学学科为学科分类依据，对金色 OA 是否具有普遍 OACA 进行了分析。研究发现，在生殖生物学、宗教学等大部分学科类别中 OA 和非 OA 的平均引用比都小于 1，同时也存在 OA 文章数量占比较高但 JIF 较低，或者 OA 数量文章占比较低但 JIF 较高的期刊，因此也认为无论是在文章水平还是期刊水平上，都不存在普遍的金色开放存取期刊引用优势。

2.3 质量控制

2017 年 4 月，施普林格旗下 OA 期刊《肿瘤生物学》(*Tumor Biology*)撤销 107 篇中国医学论文。同年 7 月，因论文同行评议流程问题，《肿瘤生物学》被美国“科学引文索引”(Science Citation Index，SCI)除名。② OA 期刊质量控制引发热议。

“掠夺性出版商”(Predatory Publishers)这一术语由揭露欺诈性 OA 出版的专家 Jeffrey Beall 提出，用以描述倾向或意图伤害或剥削他人从而谋取个人利益或利润的出版商(Betz，2016)。③ 掠夺性期刊的创建旨在迎合日益增长的论文发表需求，其中初级研究人员的

---

① Dortagonzalez P，Gonzalezbetancor S M，Dortagonzalez M I，et al. Reconsidering the gold open access citation advantage postulate in a multidisciplinary context：an analysis of the subject categories in the Web of Science database 2009—2014[J]. Scientometrics，2017，112(2)：877-901.

② Why is Tumor Biology removed from the SCI[EB/OL][2019-01-10]. https：//www.biobool.com/news/103.html.

③ Betz，Cecily L. Authors Beware：Open Access Predatory Journals[J]. Journal of Pediatric Nursing，2016，31(3)：233-234.

出版压力在发展中国家表现尤为明显而又缺乏对该类期刊的了解和正确判断(Roberts, 2016)。① Gopalakrishnan 等(2016)②研究了480名印度研究人员对掠夺性期刊的认知，发现57%的受访者不知道何为掠夺性期刊。Erfanmanesh 等(2017)③对伊朗研究人员在掠夺性OA期刊上发表文章的情况进行分析。研究调查了2014年Jeffrey Beall公布的掠夺性期刊列表中265家期刊上发表的21817篇文章，结果显示伊朗研究人员共发表了1449篇论文。这使伊朗成为仅次于印度的第二大贡献国。同时Erfanmanesh还列出了潜在掠夺性期刊的18个常见特征，供发展中国家研究人员投稿时参考：用具有攻击性的垃圾邮件“轰炸”目标研究人员群体；在没有同行评审或质量控制的情况下接受稿件；在不提供任何出版服务和编辑的情况下收取APC费用；声称在西方国家开展业务；利用虚假期刊影响因子和误导性指标作为价值指示；在没有得到允许的情况下将知名学者列为编委会成员；声称期刊文章被爱思唯尔Scopus等索引；模仿知名期刊的名字、标识、设计或特征；使用国际、美国、欧洲等为期刊名称；出版文章所涉学科广泛以吸引更多人；承诺出版周期短；期刊网站上有很多拼写和语法错误；校对质量较差；提供不准确或不完整的联系方式并隐藏期刊的所有者和地址；试图吸引更多文章提交以获得利润；通过电子邮件接收稿件而不通过诸如Scholar One等稿件提交系统；声称是世界医学编辑协会(World Association of Medical Editors, WAME)、出版伦理委员会(Committee on Publication Ethics, COPE)等的成员；在没有任何通知的情况下突然消失或撤回网址等。

不仅发展中国家学者深受掠夺性出版之害，发达国家研究人员

① Roberts J. Predatory Journals: Illegitimate Publishing and Its Threat to All Readers and Authors[J]. The Journal of Sexual Medicine, 2016, 13(12): 1830-1833.

② Gopalakrishnan Saroja S, Santhosh Kumar JU, Hareesha AS. India's scientific publication in predatory journals: need for regulating quality of Indian science and education[J]. Curr Sci. 2016; 111(11): 1759-1764.

③ Erfanmanesh M, Pourhossein R. Publishing in Predatory Open Access Journals: A Case of Iran[J]. Publishing Research Quarterly, 2017, 33(4): 433-444.

现在也受到其困扰。有调查称，在 2000 篇掠夺性期刊文章样本中超过半数(57%)来自高收入国家，美国(15%)在掠夺性期刊上发表的文章数量仅次于印度(27%)。① 掠夺性出版现象可以被视为一种传染病，从没有意识到掠夺性出版问题的研究者到虽然意识到存在问题，但被其声称的能快速出版等条件诱惑而选择出版的研究者都受到了这种传染病的影响。② 掠夺性期刊问题现已成为全球问题，全世界许多研究者深受其害并越来越意识到问题的严重性。为解决上述问题，学者们给出了建议：(1)高校可在本科生和研究生课程中包含检查期刊真实性、指标可信性以及期刊是否被 MEDLINE、PubMed 或 WoS 等知名数据库编入索引(Mihiretu et al.，2017)等教学内容；③ (2)期刊编辑和审稿人有责任对源自掠夺性期刊的引用保持警惕(Betz et al.，2016)；④ (3)学者可集体努力，让同事和学生获得避免在掠夺性期刊上发表文章所需的信息(Betz，et al.，2016)，⑤ 如列举掠夺性 OA 出版商和期刊名单等(Storebo，2017)；(4)作者可从编辑委员会的质量、审查程序、征稿实践和出版收费等因素判断期刊是否为掠夺性的(Maddy et al.，2017)。⑥

总的来说，要想解决掠夺性期刊的出版问题，需要以提高科学共同体问题意识、制定和传播识别掠夺性期刊的策略、开展出版伦

① Predatory journals: Not just a problem in developing world countries, says new Nature paper[EB/OL][2019-02-18]. https://retractionwatch.com/2017/09/06/predatory-journals-not-just-developing-world-countries-says-new-nature-paper/.

② Manca A, Cugusi L, Dragone D, et al. Predatory journals: Prevention better than cure? [J]. Journal of the Neurological Sciences, 2016, 370: 161.

③ Mihiretu K, Schmaus-Klughammer A E, Tesfaye T B. Manuscript Submission Invitations from 'Predatory Journals': What Should Authors Do? [J]. Journal of Korean Medical Science, 2017, 32(5): 709-712.

④ Betz, Cecily L. Authors Beware: Open Access Predatory Journals [J]. Journal of Pediatric Nursing, 2016, 31(3): 233-234.

⑤ Betz, Cecily L. Authors Beware: Open Access Predatory Journals [J]. Journal of Pediatric Nursing, 2016, 31(3): 233-234.

⑥ Maddy A J, Tosti A. Predatory Journals in Dermatology[J]. British Journal of Dermatology, 2017, 177(1): 307-309.

理和文化教育运动为基础，制定涉及所有利益相关者的战略和行动纲领。

3 数字教育出版研究

正如开放存取思潮和实践在学术出版领域产生了广泛影响一样，数字教材、开放教材等新理念、新产品和新实践也在相当程度上影响着教育出版的走向，围绕相关问题的研究已经蓬勃展开。

3.1 数字教材研究

目前国外数字教材的开发和使用仍处于起步阶段，但随着信息技术的深入发展和信息化环境的不断完善，数字教材的开发与应用前景可期，而且已经成为当前相关学界和业界研究人员关注的热点。

教材出版商、供应商和技术提供商，数字教材使用群体，政府、学校等公共权威部门以及社会群体是数字教材社会技术体系中常见的4类行动者(Pata et al.，2016)。① 而新技术和用户需求的不断变化使得教材出版的利益相关者及其关系正发生着变化。过去由于价格高昂和新版本频繁发行，一些高校图书馆弱化了在教材出版和供应中的角色(Hendrix et al.，2016)。② 但近年来，图书馆与高校出版社频繁展开教材领域的合作，联合起来与营利性教材出版商角力。图书馆在教材出版中的角色逐渐凸显。高校图书馆进入高教教材市场有着天然优势，因为其中的大部分有管理从印刷版图书到电子版图书的经验，有丰富的与学术出版商合作的经历，且日常提供数以千计的非教材电子书借阅服务。图书馆经常将现有的电子书集合作为潜在的课程材料提供给学生，或者从诸如 MERLOT

---

① Pata K，Valjataga T. A Framework for Mapping e-Textbooks as a Socio-Technical Regime[C]. international conference on web-based learning，2016：215-224.

② Hendrix D，Lyons C，Aronoff N. The library as textbook provider：Administering and assessing a student-based e-textbook pilot [J]. College & Undergraduate Libraries. 2016，23(3)：265-294.

(Multimedia Educational Resource for Learning and Online Teaching)等开放教育资源平台以及与高校的开放教材图书馆等网站挖掘和推广教育资源。

数字教材已经在英美等发达国家和地区频繁展开试点工作，但其是否发挥了效果却值得进一步探究。2013 年春夏，美国布法罗大学图书馆实施了一个学生使用数字教材的试点项目，目标是评估人们对高校电子教科书不断变化的态度，并探索可持续的数字教材实施模式。Dean(2016)①选择使用了这些教科书的课程的 314 名学生为样本，并借助 CourseSmart 分析工具获取其所访问电子教科书的国际标准书号(International Standard Book Number，ISBN)、书名、学生访问次数和长度、浏览页面数量、笔记、高亮部分和书签数量等信息。经过分析，发现 303 人(96%)在试点期间至少阅读了 1 本电子教科书，学生平均在平台上停留近 19 小时。82%的学生表示电子教科书有价值，74%的学生将书推荐给其他学生，对数字教材的使用普遍持积极态度。为了评估将这一计划从试点项目开始进行推广的可行性，研究人员询问参与者是否愿意支付费用以便在未来参与类似项目。近一半参与者(45%)表示不会支付费用，而 50%的参与者表示只要费用低于 200 美元就会支付。显然，尽管学生对数字教材普遍持积极态度，但书价依旧是影响学生数字教材购买决策的最重要因素之一。2014 年 4 月，英国联合信息系统委员会(Joint Information Systems Committee，JISC)资助来自利物浦大学、诺丁汉、伦敦大学学院、苏格兰等地的 4 个小组制作了 8 本电子教科书。各小组按照各自选定的学科和主题，使用不同的制作方法、商业和许可模式、分销和销售渠道，各自委托、编写和出版 2 本教科书。两年后，JISC 项目经理 WARD(2016)②试图对效果进行评

① Hendrix D, Lyons C, Aronoff N. The library as textbook provider: Administering and assessing a student-based e-textbook pilot [J]. College & Undergraduate Libraries. 2016, 23(3): 265-294.

② Ward V. Research in progress: the institution as e-textbook publisher project [J]. Insights The UKSG Journal. 2016, 29(3): 273-279.

估，但是因为将课程材料转化为结构合理、流畅的教学材料并辅以正确的教学标识，所需的时间比预期的要长，项目进度被打乱，故而短暂的发行时间使得用销售数量和销售额来判断教材效果失去说服力。

3.2 开放教材

对于数字教材的冲击，英美等国教育出版商一直保持乐观态度。这源于大型教育出版商很早就进入了数字出版领域，而且他们在教育出版领域的垄断地位似乎是无可替代的。但是，传统营利性教育出版的"危机"或者"机遇"却以他们意想不到的形式——开放教材甚至开放教育资源(Open Educational Resources，OER)进入了出版领域。目前多所高校开展了开放教材的试点工作，如美国明尼苏达大学开放文本图书馆(Open Text Library)、英国莱斯大学非营利教育技术项目 OpenStax、中国香港公开大学官方开放教材发展项目等。

开放教材在高校的试点是否取得了效果，直接关系到开放教材能否在世界各国推广和利用。作为开放教材实施者的教师和作为开放教材接受者的学生对开放教材的评价成为当前该领域相关学者研究的重点。Lane Fischer(2017)①邀请了来自美国和加拿大的教师，借助5级李克特量表对明尼苏达大学开放文本图书馆的210本开放教材从全面性(Comprehensiveness)、准确性(Accuracy)、相关性或长度(Relevance/Longevity)、清晰性(Clarity)、一致性(Consistency)、模块性(Modularity)、组织(Organization)、交互(Interface)、语法(Grammar)和文化相关性(Cultural Relevance)等方面进行评估。结果显示，教师使用后整体评价良好，中位数评级为4.5。但这些评级仅反应了教师对于这些开放教材的评价，而教材质量并不仅仅由教师判定，其主要使用者学生的学习成绩也是判断教材质量好坏的

① Fischer L，Ernst D，Mason S. Rating the Quality of Open Textbooks：How Reviewer and Text Characteristics Predict Ratings[J]. International Review of Research in Open and Distributed Learning. 2017，18(4)：142-154.

主要标准之一。而Ozdemir(2017)①的研究恰好在这个维度上做了补充。其研究发现，39%左右的教师通过查看考试、作业或课程成绩等发现学生学习成绩有所提高，28%的教师表示退课率保持不变或有所降低。

在北美采用开放教材近10年后，2012年香港公开大学的Cheung(2016)②及其课题小组在香港赛马会慈善信托基金(Hong Kong Jockey Club Charities Trust)的资助下自主研发了"香港开放教材发展项目"(Project for Developing Open Textbooks in Hong Kong)。香港第一个官方开放教材平台上线，涵盖小学、中学、专上(Post-secondary)以及大学等教育层次。该在线平台允许用户根据具体的学习需求定制合适的教材内容，且用户可以下载、修改、混合和上传已修改或混合的内容，同时也可以在线向印刷厂提出印刷要求。香港开放教材发展项目同样涉及质量控制问题。为保证质量，对于小学及中学开放教材，项目谨遵特区政府制定的课程指引(Curriculum Guide)类文件；对于专上及大学程度的开放教材，则由相关学科或领域的专家担任同行评议的评审员，同时允许公开和公众评论。除此之外，项目组也会定期进行开放教材学习效果和用户体验的评估研究。香港开放教材目前仍处于孵化阶段(Incubation Stage)，亟待发展。

总体来看，开放教材项目大多以个别大学和教育机构为主导来制作OER，大学图书馆在开放教材出版领域扮演着重要角色。另外，除发达国家外，开放教材在发展中国家也获得了较多关注和支持。随着实践的深入，关于开放教材的研究深度和广度有待于进一步提高。除聚焦于开放教材质量和试点效果外，开放教材与实践的结合、与教育创新的关系等同样应该受到广泛关注。

---

① Ozdemir O, Hendricks C. Instructor and student experiences with open textbooks, from the California open online library for education (Cool4Ed)[J]. Journal of Computing in Higher Education, 2017, 29(1): 98-113.

② Simon K.S. Cheung. The Open Textbooks for Hong Kong: From Conceptualization to Implementation [J]. Blended Learning: Aligning Theory with Practices. 2016, 11: 150-160.

4 电子书研究

近年来电子书作为新兴阅读产品愈来愈受到学者关注，其中关于电子书制作、终端、定价与分销等成为主要的研究议题。

4.1 电子书制作

随着电子信息技术的发展，个人制作电子书或提出电子书优化方案成为现实。近些年，学者们不断尝试个人制作电子书并增添新的功能。

电子书制作涉及电子书制作平台的选择、电子书内容材料的选取、格式的选定、制作过程、文献著录等问题，不一而足。哪些教材适合电子书出版？哪类出版商擅长出版哪一类型电子书？电子书用户主要是哪些群体？诸如此类问题也是电子书制作者动手之前需要考虑的问题。Cheung L(2018)①领导的研究小组以电子书形式出版了为内科住院医生创建的学习材料。为了寻找适合出版的教育材料，研究小组对诊治肺部旋转(Pulmonary Rotation)的内科住院医生进行调查，以使电子书包含诊断和治疗肺部疾病等临床杂症的资料；为选择合适的在线出版商，小组就编辑和写作、出版格式、发行渠道、图书定价和作者版税、广告和促销服务、出版成本等比较了Lulu publishing、iUniverse、FastPencil、Outskirts Press、Smashwords和CreateSpace等自助出版商；为满足国际读者的阅读需求，小组尽量不提当地医院的名称，并将药品的行业通用名称替换成商标名称；同时，为了让电子书适应智能手机、平板电脑以及个人电脑等屏幕，小组成员和出版商提供的插画师再次修改了包括图、表和图像在内的其他材料，确保即使被缩小或放大，电子书内容都可以清晰显示。

随着制作工具的普及，即使对普通人来说电子书制作也已然成为简单的事。如何增加电子书的趣味性、实用性和个性化成为现在

---

① Cheung L. Advancing scholarship by publishing curriculum as an e-book[J]. Education and Health, 2018, 31(2).

学者和行业内人士更为关心的话题。为此，Chen(2018)①提出在电子书界面上增加思维导图和问答机制的设想，Yoo(2016)②提出可增加电子书的社会标签功能并给出了具体步骤。除作者、插画师和多媒体应用程序设计师等关键的利益相关者可以制作电子书外，Long 等(2018)③开发了一个儿童电子书设计和出版的 Q-Tales 教学框架，允许儿童登录系统创建自己的电子书。同时，为禁止未成年人访问有害内容，Lee(2018)④建议使用标志通讯各方身份信息的 X. 509 证书的数字签名来确定用户年龄。

4.2　电子书终端与格式

目前电子书市场上电脑、平板、手机、电子书阅读器等各种终端设备既互补又竞争，对出版物的生产和使用两端都发生了深刻影响。

利用电子书阅读终端进行的阅读行为成为当前实践者和研究者关注的热点问题。为了探究电子书格式和阅读设备对用户阅读体验的影响，Zeng 等人(2016)⑤对一组研究生的阅读速度和理解能力进行考察。参与者被要求在 4 种常见的电子书阅读终端——笔记本电脑、平板电脑、专用电子阅读器和智能手机阅读设备上阅读同一

① Chen G D，Chang C K，Wang C Y，et al. Development and evaluation of a novel e-book interface for scaffolding thinking context to learn from writing examples[J]. Interactive Learning Environments，2018，26(7)：970-988.

② Yoo H S，Kim S W. ESOTAG：E-book evolution using collaborative social tagging by readers[J]. Multimedia Tools and Applications，2016，75(20)：12795-12813.

③ Long B T，Hall T，Hogan M，et al. Enhancing children's literacy skills：designing the Q-Tales ecosystem for children's e-book design and publication[J]. Literacy，2018，52(3)：171-179.

④ Lee J，Jeon I，Kwon H，et al. Real-time adult authentication scheme for digital contents using X. 509 certificate in ubiquitous Web environment[J]. Journal of Real-Time Image Processing，2018，14(1)：237-244.

⑤ Zeng Y，Bai X，Xu J，et al. The Influence of E-book Format and Reading Device on Users' Reading Experience：A Case Study of Graduate Students[J]. Publishing Research Quarterly，2016，32(4)：319-330.

篇专著两种格式的相同章节，即固定布局格式文件(PDF)和流式文件(EPUB)，并同时记录和比较他们的阅读过程、速度和理解能力。研究结果显示，一般而言人们阅读EPUB文件的速度要快于PDF文件。如86.7%的参与者使用iPhone和Kindle阅读EPUB文档的速度快于PDF文档；60%的参与者使用iPad阅读EPUB文档的速度快于阅读PDF文档。而参与者在智能手机、专用电子阅读器和平板电脑上阅读EPUB文件时，比在笔记本电脑上阅读时答题正确率更高。也就是说，移动电子书终端更有利于用户理解电子书内容。至于上述结论是否适用于专业性学习，Sharma等人(2017)①调查了印度北方邦中央大学学生在日常生活中使用移动设备的情况，以及他们对移动设备在学术用途上的实用性和有效性的看法。研究显示，大多数受访者通过移动设备访问图书馆网站，但只有1.96%的受访者通过移动设备访问电子书。网络覆盖率低、数据计划收费高、加载时间长等是使用移动设备学习的主要障碍。此外，长时间在电子书终端上阅读可能会引起过度刺激和眼睛疲劳，但目前诱发因素和成因仍不清楚，潜在补救措施也不确定(Maducdoc et al.，2017)。②

随着用户对电子书可读性和可访问性愈发重视，文件格式的兼容性被提上议程。EPUB格式具有内容可共享和重用，呈现基于Web技术的多媒体、交互式教学内容，调整布局以适应小屏幕设备，离线使用所有资源，兼容性强等优势；但是，也存在支持的媒体类型有限等劣势(Chang et al.，2018)。③ 如今市场上电子书阅读

① Sharma R，Madhusudhan M. Use of mobile devices by library and information science students in central universities of uttar Pradesh[J]. DESIDOC Journal of Library & Information Technology，2017，37(4)：293-302.

② Maducdoc M M，Haider A，Nalbandian A，et al. Visual consequences of electronic reader use：a pilot study[J]. International ophthalmology，2017，37(2)：433-439.

③ Chang H P，Hung J C. Comparison of the Features of EPUB E-Book and SCORM E-Learning Content Model[J]. International Journal of Distance Education Technologies (IJDET)，2018，16(2)：1-17.

器和阅读软件在格式上的不统一已然导致资源重复开发严重、读者阅读障碍增加等问题，实现电子书各种格式的相互转换和互操作性成为业界和学界关注的焦点。为减少电子书内容制作上的困难和成本，Chang(2018)①比较了可共享内容对象参考模型(Shareable Content Object Reference Model，SCORM)②和 EPUB 的内容呈现、元数据和内容包，并在此基础上设计了一套将 SCORM 内容包转换为 EPUB 数字出版物的系统。SCORM 转换为 EPUB 的流程包括：(1)上传并解压符合 SCORM 标准的文件；(2)将 SCORM 的内容页面(HTML)转为 EPUB 的内容文档(XHTML)，生成后缀为 .opf 的强制性程序包文档文件(Mandatory Package Document File)；(3)将 SCORM 的课程导航结构转码到 EPUB 目录中并生成 TOC. xml 强制文件；(4)将 SCORM 元数据转换为 EPUB 元数据；(5)复制所有学习资源并将 EPUB 包压缩为 .zip 文件；(6)将文件扩展名 .zip 更改为 .EPUB。

不同企业出于保护自身商业利益的考虑而为其开发的电子阅读器硬件与软件中配置了不同格式的电子书。目前，国内外电子书格式有数十种之多。除了推行电子书标准以外，上述这种借助某一系统将一种格式转化为另一种格式的方式，不失为一种解决格式不兼容性和互操作性的备选方法。

4.3 电子书定价与发行

目前海外电子书主要采用批发制定价模式和代理制定价模式，并形成了以采用批发制定价模式的亚马逊和采用代理制定价模式的苹果为中心的双寡头垄断格局。近 3 年，电子书定价领域的研究重点也主要集中于对这两种模式的探讨。

---

① Chang H P. An Implementation of Digital Content Model Conversion System-From SCORM to EPUB[J]. 淡江理工学刊，2018，21(2)：271-278.

② 可共享内容对象参考模型(Shareable Content Object Reference Model，SCORM)由美国国防部高级分布式学习(Advanced Distributed Learning，ADL)组织所制定的标准，是基于网络的电子学习的标准和规范的集合。该标准不仅明确了电子学习模型的特点，还解释了如何构建其运行时的环境，设置了学生学习顺序。

在批发模式下，出版商以批发价格批量向零售商销售电子书，零售商设定零售价格向消费者销售电子书(Santos et al.，2017)。①而在代理模式下，出版商直接设定零售价格，零售商仅仅是出版商的代理人，零售商每卖出一本电子书就会得到一笔佣金(Santos et al.，2017)。② 也就是说，代理模式下的电子书出版商才是整个电子书产业链的主导者，而电子书零售商仅仅是销售商，和出版商依据签订的协议分成。对于出版商而言，在批发模式下能获得的利润高于代理模式。Zhu(2018)③从价格、利润和盈余3个方面比较了电子图书行业的批发模式和代理模式。结果表明，对于消费者而言，当电子书非常相似或完全同质时，消费者在批发模式下会获得更大剩余；当电子书非常或完全不同时，消费者在代理模式下会获得更大剩余。当批发价格较低时，批发模式下的消费者剩余普遍高于代理模式下的消费者剩余；而批发价格低、可替代性差或者批发价格高、可替代性相对高时批发模式下社会福利较好。

电子书对纸质书(P-Book)的影响在近3年同样受到了学者们的关注。Lu(2018)④构建了一个由作者、出版商、实体书店(P-Bookstore)和电子书店(E-Bookstore)组成的供应链模型，并运用博弈论(Game Theory)方法比较了批发制定价模式和代理制定价模式2种电子书定价模式，分散渠道(实体书店和电子书店是独立的)和水平集中渠道(书店同时销售纸质书和电子书)2种常见的销售渠道。研究发现，在分散渠道中始终存在一个帕累托区域，在该区域，出版商设定较低的电子书零售价格，导致供应链中图书总

① Santos B D, Wildenbeest M R. E-Book Pricing and Vertical Restraints[J]. Qme-quantitative Marketing and Economics, 2017, 15(2): 85-122.

② Santos B D, Wildenbeest M R. E-Book Pricing and Vertical Restraints[J]. Qme-quantitative Marketing and Economics, 2017, 15(2): 85-122.

③ Zhu C, Yao Z. Comparison between the agency and wholesale model under the e-book duopoly market[J]. Electronic Commerce Research, 2018, 18(2): 313-337.

④ Lu Q, Shi V, Huang J, et al. Who benefit from agency model: A strategic analysis of pricing models in distribution channels of physical books and e-books[J]. European Journal of Operational Research, 2018, 264(3): 1074-1091.

需求和电子书销量增加。也就是说，在帕累托区域竞争产品的价格弹性不大或纸质书的单位批发价格不低时，出版商和实体书店可以协商分成，以寻求利润的最大化。研究还表明，在代理模式下电子书销售的收益大于纸质书销售的损失。在分散渠道中，当代理费超过一个临界点时，出版商就会把消费者推向对前者来说更有利可图的纸质书，而零售商可能最终在电子书市场上损失惨重，总体利润下降(Kim et al.，2018)。① 作为互相替代性产品，电子书价格总是会波及纸质书价格，并最终影响市场主体对定价模式的选择。

鉴于电子书销售对纸质书销量的影响，出版商正在寻找合适的方式来降低电子书和纸质书同时争夺市场而造成的利润流失，以达到出版商利润的最大化。目前出版商常用的 3 种发行策略主要是延迟电子书的发行、延迟实体书的发行以及同步发行，但电子书和实体书之间的强替代效应使得发行更偏向于延迟策略。而且，由于电子书的边际成本低于实体书，因此推迟实体书发行的策略更受欢迎(Li et al.，2019)。② 当只有 1 家零售商提供电子书借阅服务时，当品牌认知度和网络效应存在巨大差异时，纸质书的需求就会被蚕食；当 2 家零售商都提供电子书借阅服务时，就会引发电子书和纸质书的相互蚕食效应(Cannibalization Effect)；当 1 个垄断零售商同时发行纸质书和电子书，并推出电子书借阅计划时，部分纸质书的销售将会被蚕食，因此对电子书收取更高价格将是一种可行和可预测的策略。电子书和纸质书的发行顺序决定了蚕食效应的高低，零售商先发行纸质书的蚕食效应较低，先发行电子书的蚕食效应较强

① Kim A. Doubly-Bound Relationship Between Publisher and Retailer: The Curious Mix of Wholesale and Agency Models[J]. Journal of Management Information Systems, 2018, 35(3): 840-865.

② Li F, Li S, Gu J, et al. Whether to Delay the Release of eBooks or Not? An Analysis of Optimal Publishing Strategies for Book Publishers[J]. Journal of Theoretical and Applied Electronic Commerce Research, 2019, 14(2): 0-0.

（Chen et al.，2017）。①

4.4 自出版图书

自出版图书结合了自出版快速、低成本和低门槛的优势与数字出版几乎没有印刷、库存和退货成本的优势，驱使越来越多作者绕开传统出版商，选择在自出版平台上独立完成作品出版的全过程或分包部分服务。2016—2018年，自出版市场发展突飞猛进。2018年4月有报道指出：2017年超过1000名独立作家通过"Kindle直接出版"（Kindle Direct Publishing，KDP）获得超过10万美元的版税。超级独立小说家马克·道森（Mark Dawson）曾表示，2018年他仅凭KDP作家版税就赚取了100余万美元。但与市场表现相反，国外自出版研究成果数量较少且呈下降趋势。② 其中，图书馆学和信息科学是研究自出版的主要学科（Almudena，2016）。

在大众出版领域，自出版打破了传统出版商的垄断地位，实现了写作的民主化和社会化，出现了一大批"平民作家"。而网络社交平台的出现使出版变得更加透明化、合作化，具有更强的可塑造性和针对性。③ 特别是借助Wattpad这样的社交阅读和写作平台，"平民作家"不仅能够自主创作和发表，还能够与目标读者进行交流和共同创作。自出版模式主要分为3种：一是独立自助出版，即作者负责图书制作和销售的各个方面，其余部分外包给第三方；二是与公司合作的自出版，作者付费，由公司负责出版的全过程；第三种是按需印刷（POD，Print On Demand）。3种模式并不相排斥，

① Chen L，King R C. To Lend is to Own：A Game Theoretic Analysis of the E-Book Lending Market[J]. International Journal of Electronic Commerce，2017，21(3)：334-362.

② Mangas-Vega Almudena，Gomez-Diaz Raquel，Antonio Cordon-Garcia Jose. Approach to self-publishing with a combination of bibliometric study and social network analysis techniques[J]. ELECTRONIC LIBRARY，2016，34(6)：902-914.

③ Bold R，M. The return of the social author：Negotiating authority and influence on Wattpad[J]. Convergence：The International Journal of Research into New Media Technologies，2018，24(2)：117-136.

可根据作者及其作品的特性加以选择(Heather, 2018)。①

自出版市场的发展对传统出版产业链产生冲击，致使出版商和发行商也开始重视自出版，并尝试为作者推出自出版服务。Amazon利用自出版模式解决长尾图书问题。而以 Smashwords、Lulu 为代表的平台帮助“平民作家”编辑、排版、营销和销售自出版图书。这样，既可以绕过传统出版机制；与承担所有编辑出版工作相比，又可减轻作家的经济负担。Johnson(2017)②指出，“平民作家”的崛起本质上是出版产业权力的转移：作者获得了出版活动的掌控权，且随着在线社交平台的发展，“平民作家”群体将会扩大。当然，出版商也并非处于被动地位。相比第三方自出版平台，传统出版商拥有更稳定和声誉更高的作家队伍和读者资源。他们可以利用自身优势来开发新市场。

在教育出版领域，自出版电子教材的灵活性和教学适用性为高价教材问题提供了新的解决方案。教师可以通过自出版来提升教材和教学实践活动的质量。而且，自出版教材的价格往往低于传统教材，可以在极大地减轻学生的购买压力，因而这类受众针对性极高的教材销售率达到 70%(Leah, 2017)。③

对学术出版来说，自出版模式满足了数字化背景下的个性化出版需求，同时解决了短版书出版的困扰。例如，德国按需图书公司(Books on Demand, BoD)为学者和学术机构建立了自助出版平台 PubliQation，使得个人自出版的作品可在全球范围内立即获取，实现了小众出版物的流通(Heiko, 2017)。④

自出版模式也为图书馆带来了新动力。在数字阅读时代，图

---

① Heather Moulaison Sandy, Janice Bially Mattern: Academic Library-Based Publishing: A State of the Evolving Art[J]. Library Trends, 2018. 67(2). 337-357.

② Miriam J. Johnson. The Rise of the Citizen Author: Writing Within Social Media[J]. Publishing Research Quarterly, 2017, 33(2): 131-146.

③ Schultz, Leah. Navigating the Minefield of Self-Publishing E-Textbooks[J]. Information Systems Education Journal, 2017. 15(5). 15-21.

④ Hartmann, Heiko. Academic Publishing in the Humanities: Current trends in Germany[J]. Logos, 2017, 28(2): 11-26.

书馆对电子书的采购需求不断增强。电子书自出版有利于图书馆打破传统采购渠道，直接从作者处低价采购低版权限制的电子书，以最大程度地满足用户需求。而作者也可以借助图书馆的电子借阅服务，在广大用户中推广作品，以获取经济利益和提高知名度。公共图书馆最先开始接受自出版图书，且大部分为虚构类图书。随后部分图书馆创建了“自出版作品基地”，例如加州洛斯加托斯(Los Gatos)公共图书馆与电子书出版发行平台 Smashwords 合作创建“本地独立出版(Local Indie)”系列自出版作品，其中包括当地电影制作人提供的本地音乐 CD 和 DVD。随着自出版数量和质量的提升，学术图书馆也开始接受自出版作品。为解决自出版图书缺乏馆藏检索系统所需书目数据和同行评审等问题，有的图书馆自发组建评审团队或作者考核机制来评测自出版图书质量(AlexisLinoski，2017)。①

5 用户行为研究

伴随移动互联网的不断发展和社会化媒介技术的更新迭代，传统纸质阅读方式不断受到数字阅读的冲击，而阅读习惯的改变也影响着用户信息交流与传播的方式。业界和学界越来越重视对用户数字阅读行为和基于网络的学术交流行为的跟踪和与分析，探讨用户在社会化媒体时代信息资源获取、互动、分享和社交等行为模式。

5.1 数字阅读行为

数字阅读已成为一种重要的阅读方式融入用户的阅读生活。学者们持续关注用户的纸电阅读偏好，并着重从年龄维度加以剖析，尤其是儿童与青少年群体的阅读效果。由于电子书文本形式的丰富

① AlexisLinoski. Self-publishing and collection development: Opportunities and challenges for libraries[J]. Journal of Academic Librarianship, 2017. 43(1). 1.

性与动态性（Kaman，Ertem，2018；① Strouse，Ganea，2017），② 儿童阅读电子书时的注意力比阅读纸质书时更集中，阅读态度与效果也更积极。此类研究结果有助于降低家长对电子书的不信任感，增加电子书在儿童阅读中的比重。研究还发现，幼儿时期的识字活动与青少年时期的信息性在线阅读之间存在正相关关系；并且这种联系在各个国家都相当稳定地得到验证。Notten 和 Becher（2017）③从文化与社会再生产理论、数字鸿沟的视角对这些发现进行了探讨。但是，青少年群体在可以自主选择阅读载体的情况下，并没有显示出明确的倾向性，④ 载体形式对学生的理解能力和阅读效果也未产生明显影响。⑤

也有研究发现读者的阅读行为与心理偏好并不相匹配：虽然读者更偏爱纸质阅读，但实际阅读时间却更多用在数字读物上（Kurata，2017）。⑥ 对大学图书馆借阅情况的分析也表明，图书馆实地访问和借阅量呈下降趋势，而数字访问和借阅量呈上升趋势。值得注意的是，虽然大学生对电子书的需求明显增加，但图书馆的

① Kaman S，Ertem I S. The Effect of Digital Texts on Primary Students' Comprehension，Fluency，and Attitude[J]. Eurasian Journal of Educational Research，2018，76：147-164.

② Strouse G A，Ganea P A. Parent-toddler behavior and language differ when reading electronic and print picture books[J]. Frontiers in psychology，2017，8：677.

③ Notten N，Becker B. Early home literacy and adolescents' online reading behavior in comparative perspective[J]. International Journal of Comparative Sociology，2017，58(6)：475-493.

④ Erickson，Patricia Ann. An Examination on the Use of the Survey of Adolescent Reading Attitude (SARA) as a Predictor of Students' Time Spent Reading e-Books and Print for Self-Selected Reading[D]. United States：Holy Family University，2016：1810-1950.

⑤ Gibbs，Jennifer K. Electronic Readers in the Classroom[D]. United States：Eastern Oregon University，2016：1801-1862.

⑥ Kurata K，Ishita E，Miyata Y，et al. Print or digital? Reading behavior and preferences in Japan[J]. Journal of the Association for Information Science and Technology，2017，68(4)：884-894.

电子资源利用率仍然非常低(Rao，2018)。① 学者们对用户数字阅读行为的影响因素进行探讨，发现功能服务(Functional Service)、移动性(Mobility)、便利性(Convenience)和搜索任务(Searching Task)等都会影响用户阅读电子书的意愿和效果(Huang et al.，2017)。② 其中，电子书携带和使用的便利性有助于学生随处学习(Kocak et al.，2016)；③ 清晰的图形说明能有效提高学生的阅读速度和学习效率，辅助课程学习；但是，在电脑或互联网上阅读困难以及电子书阅读器的成本仍是电子书阅读的阻碍因素(Adeyinka et al.，2018)。④ 另外，平板电脑上电子书的可发现性(Discoverability)和获取流程对其购买意愿有正向影响，阅读体验的复杂性对其购买意愿有负向影响，故而设计师和出版公司一般生产静态电子书以增加销量(Hsiuli，2016)。⑤ 相较于印刷文本的线性阅读方式，电子书的非线性表达方式对读者的认知能力和认知资源提出了很高要求，并进而影响最终的文本理解与阅读效果；而且，读者自身的记忆更新能力与认知加工能力在阅读数字文本时会发挥更大作用

---

① Kondamudi N R，Kumar S，Tripathi M. Users' Perceptions of E-books at Jawaharlal Nehru University，New Delhi：A Case Study[J]. Journal of Library & Information Technology，2018，38(4)：231-237.

② Huang L，Shiau W，Lin Y，et al. What factors satisfy e-book store customers? Development of a model to evaluate e-book user behavior and satisfaction[J]. Internet Research，2017，27(3)：563-585.

③ Kocak O，Yildirim O，Kursun E，et al. Investigating the Status of Tablet Computers and E-Books Use of Open Education Faculty Students：A Case Study[J]. International Journal of Distance Education Technologies，2016，14(2)：49-63.

④ Tella A，Dare O O，Adebisi O S，et al. Perception and Usage Pattern of e-books among Library and Information Science Students in Selected Universities in Nigeria[J]. Journal of Library & Information Technology，2018，38(2)：132-140.

⑤ Hsiuli L. The Effect of Presentation Types and Flow on E-Book Purchase Intention[J]. Eurasia journal of mathematics，science and technology education，2016，12(3)：669-686.

(Hahnel, 2017)。① 对于互动性触摸屏的阅读情况而言，触摸屏互动水平对阅读理解程度无显著影响，但在高度互动的触摸屏条件下，读者投入更积极的情绪(Ross et al., 2016)。② 对于诸如手机等移动设备电子书的阅读行为，研究则表明其更多地表现为一种休闲式的碎片阅读，具有明显的潮汐特征，即：主要发生在早晨和夜晚，满足一般幂次法则(Power Law)和长尾效应(Long Tail Effect)，呈现出一种注意力高度集中的认知特征。因此，在设计移动阅读APP时，应当为用户提供更多控制力及灵活性，允许用户根据自己喜好或阅读内容自主选择并组合阅读环境和阅读功能，同时应当最大程度地减少认知负荷，方便用户获得阅读的沉浸效果(Wang et al., 2018)。③

伴随科技进步，电子书产业在内容、形式和传播渠道上都展现出强劲优势。不仅如此，Amasawa 等人(2018)④在美国为期 3 个月的社会实验表明，在整体阅读量保持不变的情况下，阅读等量电子书比仅仅阅读纸质书籍更能降低全球升温潜能值(Global Warming Potential, GWP)。但纸质书具有的触觉体验、收藏价值和物质上拥有的仪式感等优势则是电子书无法替代的，因而读者们对电子书的态度仍然有所保留；并且对于专深的学术内容，读者认为纸质书

① Hahnel C, Goldhammer F, Kröhne U, et al. Reading digital text involves working memory updating based on task characteristics and reader behavior[J]. Learning and Individual Differences, 2017, 59: 149-157.

② Ross K M, Pye R E, Randell J. Reading touch screen storybooks with mothers negatively affects 7-year-old readers' comprehension but enriches emotional engagement[J]. Frontiers in psychology, 2016, 7: 1728.

③ Wang X, Cheng H, Liu J, et al. How Do People Read eBooks on Mobile Devices?: Implication for Digital Reading Environment Design[C]//Proceedings of the 18th ACM/IEEE on Joint Conference on Digital Libraries. ACM, 2018: 393-394.

④ Amasawa E, Ihara T, Hanaki K. Role of e-reader adoption in life cycle greenhouse gas emissions of book reading activities[J]. The International Journal of Life Cycle Assessment, 2018, 23(9): 1874-1887.

的可信度更高。① Rabaud(2018)的研究表明，读者的阅读态度和阅读选择主要受6方面影响，即娱乐性与重要性(Entertaining and Important)、兴趣(Lack of Interest)、数字阅读的便利性(Convenience of Digital Reading)、功利性(Utilitarian Purposes)、阅读文本获取的难度(Difficult Access to Reading Materials)和强制性阅读(Compulsory Aspect)等。② 从皮尤研究中心、美国出版商协会等机构的近期报告，以及《纽约时报》等媒体对“电子书衰落”这一图书市场热点问题的关注中可以发现，图书媒介形式与读者阅读体验的博弈是近几年电子书销量增长放缓的重要原因。纸质书的回归、有声读物的飞速增长，说明在电子文化快速传播的现代社会，读者的阅读体验仍是数字出版业发展的关键因素。多项调查显示纸电阅读的相互补充更加受到读者欢迎。因此，出版单位与图书馆等数字阅读内容的创造者与推广者需要提升用户阅读电子书的时间和机会，这样才有可能养培养其数字阅读习惯，从而进一步打开数字出版和阅读市场(Chou，2016)。③

从整体来看，纸电共存发展、互相促进的效应日渐明显。在未来相当长的时期内，传统与新兴阅读方式可以在新的文化环境中以共轭方式提供新的知识获取途径。而数字出版主体需要以媒介体验作为媒介形式的核心问题，找出促使用户媒介选择变化的原因，才能找到适合现代人的阅读体验和方式。

5.2 基于网络的学术社交行为

科学交流是深刻影响人类现代文明进程的社会活动。自1665年英国《皇家哲学汇刊》创刊以来，学术期刊逐渐成为最重要的科

① Zhang T, Niu X, Promann M. Assessing the user experience of e-books in academic libraries[J]. College & Research Libraries, 2017, 78(5): 578.

② Rabaud C, Mamode Khan N, Rampat S. Independent and digital reading among undergraduates: the case of the University of Mauritius[J]. Journal of Applied Research in Higher Education, 2018, 10(3): 296-310.

③ Chou I C. Reading for the purpose of responding to literature: EFL students' perceptions of e-books[J]. Computer Assisted Language Learning, 2016, 29(1): 1-20.

学交流渠道。300 多年来，学术期刊、学术著作、学术数据库等不同信息传播方式为科学交流、学术传播与传承作出了巨大贡献。随着现代信息技术发展，“开放科学”(Open Science)的概念迅速兴起，E-mail、博客、开放存取仓储、在线学术社交等非正式交流方式风起云涌，对传统科学交流模式产生巨大冲击。早在 2000 年，国外学术界就尝试建立专门针对研究人员的专业社交网络，如 SciLinks、Scientist Solutions、Nature Network 等都为研究人员的在线交流提供基本服务。随着面向大众的社交网络不断发展，Facebook、Twitter 等知名社交网站也开始尝试为研究人员搭建学术交流平台，但其学术服务的专业性受到一些学者的质疑。2008 年，国外出现了以 ResearchGate、Mendeley 为代表的学术社交网站(Academic Social Network Sites，ASNS)。它们融入了开放获取与社交网络的理念，不仅可以帮助研究人员发现同一领域的学者并为他们提供在线服务，还能为研究人员提供获取大量有价值知识资源的渠道。

作为研究人员聚集的专业性网络社区，学术社交网络的基本功能、用户行为、服务模式都具有特殊属性。学者们对此展开了广泛研究，探索其在促进非正式学术交流与学术创新中发挥的作用。Manca 等学者(2017)①②试图通过复杂的技术文化系统来重新定义数字学术，并在概念基础上制定适用于学术社交平台的用户行为框架，即用户使用平台的目的与方式，而后又从社会技术的角度将学术社交网络划分为 3 个层次，各个层面与元素紧密相关：(1)社会经济层面，包括所有权(商业性和非营利性)、管理模式(协议和规则)、商业模式(订阅)；(2)技术层面，包括技术相关组件、用户使用和内容；(3)网络学者层面，包括网络协作、知识共享和身份建立。在用户的使用动机及影响因素方面，学术社交网站方便易

① Manca S. An analysis of ResearchGate and Academia. edu as socio-technical systems for scholars \ u2019 networked learning: a multilevel framework proposal[J]. Italian Journal of Educational Technology, 2018, 25(3): 20-34.

② Manca S, Raffaghelli J E. Towards a multilevel framework for analysing academic social network sites: A networked socio-Technical perspective [C]// Proceedings of the 4th European Conference on Social Media-ECSM. 2017: 193-201.

用、即时获取、海量数据、免费公开的特点极易形成用户黏度，使学术研究过程和学术信息交流过程深度融合，同时增加科研成果的曝光率，扩大研究成果的传播范围,① 提高科研机构的知名度，方便研究者识别潜在合作者(Baro et al.，2018;② Stvilia et al.，2018;③ Djonov，Van Leeuwen，2018④)。不同学科背景和科研习惯的学者对学术社交网站的接受度各不相同，甚至存在显著差异。例如在Academia. edu上，博士后群体对建立关系网络、关注热点文章和参与问题讨论表现出积极兴趣；教师群体则更注重个人履历的完善和更新；一般研究人员则对新兴课题发现、前沿理论探索、最新成果展示更感兴趣；也有用户担心个人资料公开会产生负面影响，并损害他们职业生涯的发展(Greifeneder et al.，2018)。⑤

学术科研人员将线下人际网络迁移至线上，通过发帖、留言、评论、关注、转发等行为讨论学术话题、传递科学文献和数据，从根本上改变着传统的学术传播思维甚至学术研究思维。这引起了图

① Sugiyama K，Kan M Y. A comprehensive evaluation of scholarly paper recommendation using potential citation papers[J]. International Journal on Digital Libraries，2015，16(2)：91-109.

② Baro E E，Tralagba E C，Ebiagbe E J. Knowledge and use of self-archiving options among academic librarians working in universities in Africa[J]. Information and Learning Science，2018，119(3/4)：145-160.

③ Stvilia B，Wu S，Lee D J. Researchers' uses of and disincentives for sharing their research identity information in research information management systems[J]. Journal of the Association for Information Science and Technology，2018，69(8)：1035-1045.

④ Djonov E，Van Leeuwen T. Social media as semiotic technology and social practice：the case of ResearchGate's design and its potential to transform social practice[J]. Social Semiotics，2018，28(5)：641-664.

⑤ Greifeneder E，Pontis S，Blandford A，et al. Researchers' attitudes towards the use of social networking sites[J]. Journal of documentation，2018，74(1)：119-136.

书馆学①②和信息科学领域③的极大关注，其中 ResearchGate、④ Mendeley、⑤ Academia. edu⑥ 常常被学者做为代表性案例加以研究。研究人员重点关注其学者声誉提升机制、替代计量系统和科研成果传播能力等。其中，专注于 ResearchGate 的研究数量是 Academia. edu 的 2 倍多。⑦ 对 ResearchGate 平台的作者评价指标 RG 指数（RG Score）进行调查，发现作者在社交网络中的活跃度对 RG 得分有很大影响，并且可以战略性和有选择地影响评分结果（Meier，Tunger，2018）。⑧ 对 Google Scholar Citations、ResearcherID、ResearchGate、Mendeley 和 Twitter 的替代计量指标进行比较，发现 Google Scholar Citations 提供的引文相关数据来源最全面，而 Twitter 在与链接相关

---

① Kjellberg S，Haider J，Sundin O. Researchers' use of social network sites：A scoping review[J]. Library & Information Science Research，2016，38(3)：224-234.

② Ribeiro R A，Oliveira L，Furtado C. A rede social acadêmica researchgate como mecanismo de visibilidade e internacionalização da produção científica brasileira e portuguesa na área de Biblioteconomia e Ciência da Informação[J]. Perspectivas em Ciência da Informação，2017，22(4)：177-207.

③ Williams A E，Woodacre M A. The possibilities and perils of academic social networking sites[J]. Online Information Review，2016，40(2)：282-294.

④ Copiello S，Bonifaci P. A few remarks on ResearchGate score and academic reputation[J]. Scientometrics，2017.

⑤ Zahedi Z，van Eck N J. Exploring topics of interest of Mendeley users[J]. Journal of Altmetrics，2018，1(1).

⑥ Pusvita V. SisNasLitbang Academic Social Network Features Recomendation with User Centric Approach[J]. Pekommas，2018，3(2).

⑦ Manca S. ResearchGate and Academia. edu as Networked Socio-Technical Systems for Scholarly Communication：A Literature Review[J]. Research in Learning Technology，2018，26.

⑧ Meier A，Tunger D. Investigating the transparency and influenceability of altmetrics using the example of the RG score and the ResearchGate platform[J]. Information Services & Use，2018，1：1-11.

的指标中脱颖而出(Martín et al., 2018)。① 基于Mendeley的h指数——h men，与Scopus和Web of Science(WoS)的h指数显著相关(Askeridis, 2018)。② 种种研究表明，基于学术社交网络的替代计量指标能在一定程度上建立并维护学者的声誉和知名度，但是有效的数字学术档案管理需耗费学者大量的时间、精力，因此甚至有学者在个人主页展示错误或虚假的成果数据，造成学术诚信危机(da Silva, 2018)。③

学术社交网站与学术期刊作为学术信息交流的两种渠道各有所长。学术社交网站能够帮助科研人员加强彼此的沟通联系，分享最新的研究论文，将研究成果惠及更多人。学术期刊出版能对研究成果进行权威认证，更有利于研究成果的管理、回溯、长期保存和多次利用。经同行评审由正规学术出版机构出版的论文，通过学术社交网站的传播，能够扩大影响范围，引起更多同行关注，弥补传统学术出版传播周期长、出版难度大这两大缺陷。事实证明，只要认清并不断发展各自的核心竞争力，学术社交网站与学术出版能够相互补充、和谐共存、共同发展，为科学事业的前进助力。

6 数字出版技术研究

以大数据、云计算、虚拟现实、语义出版、区块链等技术为代表的新一代信息技术在数字出版领域得到广泛应用，相应研究成果集中在技术应用的框架设计和产品使用效果层面，并为提升产品的用户体验建言献策。

---

① Martín-Martín A, Orduna-Malea E, López-Cózar E D. Author-level metrics in the new academic profile platforms: The online behaviour of the Bibliometrics community [J]. Journal of informetrics, 2018, 12(2): 494-509.

② Askeridis J M. An h index for Mendeley: comparison of citation-based h indices and a readership-based h men index for 29 authors[J]. Scientometrics, 2018, 117(1): 615-624.

③ da Silva J A T. The Google Scholar h-index: useful but burdensome metric [J]. Scientometrics, 2018, 117(1): 631-635.

6.1 AR/VR 技术应用研究

虚拟现实技术(Virtual Reality, VR)是指利用计算机模拟生成逼真的三维虚拟世界，提供使用者关于视觉、听觉、触觉等感官的模拟，让用户自然地对虚拟世界进行体验和交互，从而使之产生临场感。① 增强现实（Augmented Reality，AR)技术是一种借助计算机图形技术和可视化技术产生物理世界中不存在的虚拟对象，并将其准确放置在物理世界中的现代技术。近些年来，VR/AR 技术被广泛地运用在游戏、医学、影视、教育教学等众多领域，数字出版机构也进行了有益尝试。学者们对 VR/AR 技术在出版领域的应用进行理论研究，为出版业的技术应用提供思路和经验。其中，AR 出版物的研发主要集中在儿童读物和教材出版领域；VR 则以互动小说、叙事游戏为主。出版社除了利用 AR/VR 作为图书的有益补充，还结合各自资源特色开发数字出版产品，其中尤以提高用户沉浸感的互动游戏以及虚拟现实教学系统居多。

6.1.1 AR/VR 技术在出版中的应用

AR 技术主要应用于儿童出版中的科普类和教材类图书，如科技出版②和地图出版，③④ 或者将儿童阅读与增强现实故事库相连。⑤ 通过基于视觉的 AR/VR 技术，童书上单调的文字内容可以更加形象生动地展示出来。如此可以激发儿童的学习动机和想象力，极大地提升儿童阅读的趣味性。同时，AR/VR 技术允许与纸

---

① Lanier J. Virtual reality: The promise of the future[J]. Interactive Learning International, 1992, 8(4): 275-279.

② Wolle P, Mu□ller M P, Rauh D. Augmented Reality in Scientific Publications—Taking the Visualization of 3D Structures to the Next Level[J]. 2018.

③ Lin P H, Huang Y M, Chen C C. Exploring Imaginative Capability and Learning Motivation Difference Through Picture E-Book[J]. IEEE Access, 2018, 6: 63416-63425.

④ Ye H, Shi R, Li S. Status and Tendency of Augmented Expression for Paper Map[M]//Applied Sciences in Graphic Communication and Packaging. Springer, Singapore, 2018: 221-231.

⑤ ChanLin L J. Bridging Children's Reading with an Augmented Reality Story Library[J]. Libri, 2018, 68(3): 219-229.

质书籍相关联的内容不断更新，扩大和延长了纸质书籍的内容表达空间及服务周期。其他实证调查也发现，相对于传统普通出版物，儿童更喜欢AR读物。① 通过增强现实技术在儿童三维互动书籍中的应用研究，发现AR技术在儿童读物中的应用不仅可以实现寓教于乐的目的，它们也有助于提高学龄前儿童的认知和听力技能；②同时，还能促进出版产业的转型升级(Dong，Si，2017)。③ 早在2015年，迪士尼便将AR技术和色彩图书项目相结合，当孩子在空白书上对图像颜色进行摄像头捕捉时，智能设备会根据颜色和形状创建相应的3D模型，孩子们可以通过智能设备实时观察该模型。然而，学者Xujin-E(2017)④认为在实际的AR出版设计过程中仍面临诸多问题，如：当前AR图书只是简单的图像识别，未实现真正的AR功能，导致读者兴趣不高，阻碍AR童书的市场推广；内容同质化明显；AR内容与图书内容分离，交互能力有限；(4)线上与线下营销困难。对此，作者建议出版社应：建立专业的研发团队来完善内容；掌握优质内容，结合畅销书籍进行IP孵化；改善AR和书籍内容之间的分离与组合；构建统一的AR内容标准体系。

将AR/VR技术融入教材与其他教学辅助工具是另一种重要的应用方向。这些出版物构建教学环境中的AR/VR叙事框架，让学生在虚拟环境中与教学内容互动，解决传统课堂中互动性、情境

---

① Hung Y H, Chen C H, Huang S W. Applying augmented reality to enhance learning: a study of different teaching materials[J]. Journal of Computer Assisted Learning, 2017, 33(3): 252-266.

② Yilmaz R M, Kucuk S, Goktas Y. Are augmented reality picture books magic or real for preschool children aged five to six?[J]. British Journal of Educational Technology, 2017, 48(3): 824-841.

③ Dong C, Si Z. The Research and Application of Augmented Reality in 3D Interactive Books for Children[M]//Applied Sciences in Graphic Communication and Packaging. Springer, Singapore, 2018: 293-299.

④ Chen M. Application of AR Technology in children's publishing Optimization Strategy[J]. Probe-Media and Communication Studies, 2018, 1(1).

性、沉浸性不强等问题。① 在正式课堂教学环境中，Parong 等学者(2018)②比较沉浸式 VR 与桌面幻灯片作为科学知识教学媒体的教学效果，并检验在 VR 课程中添加生成式学习策略的效果，结果证明在沉浸式虚拟现实环境中生成学习策略的价值更高。也有研究提出 AR 比 VR 更适用于在线学习领域(Abre，Almeida，2018)。③ 幼儿教师群体认为，AR 技术在支持学生使用的同时，也将学生的注意力吸引到课堂上；此外，也可以帮助幼儿教师讲授对象的不同特征(Ozdamli，Karagozlu，2018)。④ 一项在西班牙小学课堂展开的实验也表明，AR 作为一种辅助教学工具能够有效提高学生成绩，并且有助于实现激励式的教学氛围。⑤ 关于家长对 AR 学习的态度，Cheng(2017)⑥发现持有内聚概念的家长，如通过 AR 深入理解、强化学习的家长，倾向于将生活经历与书中的内容联系起来进行深入阅读。作者在此基础上提出了一种适用于亲子共享阅读的交互式 AR 图书系统框架。墨西哥的国家教科书出版计划将 AR 技术纳入教科书中，通过增强现实为图书内容提供有趣的数字学习体验。实验结果显示，AR 技术在提高学生读写与认知能力方面有很

① Habgood J，Moore D，Alapont S，et al. The REVEAL educational environmental narrative framework for PlayStation VR[C]//ECGBL 2018 12th European Conference on Game-Based Learning. Academic Conferences and publishing limited, 2018：175.

② Parong J，Mayer R E. Learning science in immersive virtual reality[J]. 2018.

③ Abreu R，Almeida F. E-learning in mixed reality landscape：emerging issues and key trends in scientific research[C]//12th International Technology，Education and Development Conference. IATED，2018：6181-6187.

④ Ozdamli F，Karagozlu D. Preschool Teachers' Opinions on the Use of Augmented Reality Application in Preschool Science Education[J]. Croatian Journal of Education：Hrvatski Časopis za odgoj i obrazovanje，2018，20(1)：43-74.

⑤ Toledo-Morales P，Sanchez-Garcia J M. Use of Augmented Reality in Social Sciences as Educational Research[J]. Turkish Online Journal of Distance Education，2018，19(3)：38-52.

⑥ Cheng K H. Exploring parents' conceptions of augmented reality learning and approaches to learning by augmented reality with their children [J]. Journal of Educational Computing Research，2017，55(6)：820-843.

大潜力，并对整体学习效率产生积极影响。① Nguyen(2017)②设计了一种在教科书中插入隐藏条形码形成单一立体图像的方法，以提高学生的学习体验：学生可以通过手持增强现实设备进行观察，页面中会显示 3D 虚拟模型。Lytridis 等(2018)③开发了 ARTutor 平台，使教育工作者能够方便地为现有教材创建 AR 内容。

除此之外，AR 技术在学术出版中的应用也受到关注。在学术出版物中添加 3D 模型，可以使读者更好地理解作者的思想。Wolle 等人(2018)④基于这种理念概述了通过 AR 技术将 3D 模型融入科学出版物、书籍、海报等的方法。

6.1.2　VR 出版物的互动叙事研究

互动叙事是 VR 产品的重要功能。该领域的研究主题可以分为理论框架与产品设计两大方向。关于互动叙事理论，大部分学者热衷于提出和分析基于叙事理论和游戏学的模型与框架。⑤⑥⑦⑧近年

---

① Garcia-Sanchez J C. Augmenting reality in books：a tool for enhancing reading skills in Mexico[J]. Publishing Research Quarterly，2017，33(1)：19-27.

② Le H，Nguyen M. Enhancing Textbook Study Experiences with Pictorial Bar-Codes and Augmented Reality[C]//International Conference on Computer Analysis of Images and Patterns. Springer，Cham，2017：139-150.

③ Lytridis C，Tsinakos A，Kazanidis I. ARTutor—An Augmented Reality Platform for Interactive Distance Learning[J]. Education Sciences，2018，8(1)：6.

④ Wolle P，Mu□ller M P，Rauh D. Augmented reality in scientific publications—taking the visualization of 3D structures to the next level[J]. 2018.

⑤ Wood H. Dynamic Syuzhets：Writing and Design Methods for Playable Stories [C]//International Conference on Interactive Digital Storytelling. Springer，Cham，2017：24-37.

⑥ Cychosz M，Gordon A S，Odimegwu O，et al. Effective scenario designs for free-text interactive fiction [C]//International Conference on Interactive Digital Storytelling. Springer，Cham，2017：12-23.

⑦ Carstensdottir E，Kleinman E，El-Nasr M S. Towards an Interaction Model for Interactive Narratives [C]//International Conference on Interactive Digital Storytelling. Springer，Cham，2017：274-277.

⑧ Koenitz H，Roth C，Dubbelman T，et al. What is a Convention in Interactive Narrative Design? [C]//International Conference on Interactive Digital Storytelling. Springer，Cham，2017：295-298.

来，许多学者开始关注用户对互动性的感知，即用户在互动叙事过程中的心理和行为，如用户在操纵虚拟世界时出现的情感与行为之间的悖论。①② 其中，Mosselaer(2018)提出:③ 电子游戏不同于传统虚拟媒体，它允许玩家以虚拟代理的形式进入虚拟世界，并赋予玩家在这个世界中的代理权。作为互动小说，电子游戏揭示了小说、情感和行为之间关系的新元素，而这些元素之前由于对文学、戏剧和电影等非互动文本的关注而被忽视。研究表明，虚构的对象及情感不仅可以引起行为，而且可以是这些行为的意向对象(Intentional Objects)。也有学者关注读者/玩家的反应对叙事发展的影响，包括认同、移情和反感等,④⑤⑥ 并对用户的动机和决策进行探讨,⑦ 以分析用户如何感知互动以及其行为如何对叙事产生

① Allington D. Linguistic capital and development capital in a network of cultural producers: Mutually valuing peer groups in the 'Interactive fiction' retrogaming scene [J]. Cultural Sociology, 2016, 10(2): 267-286.

② Robson J, Meskin A. Video games as self-involving interactive fictions[J]. The Journal of Aesthetics and Art Criticism, 2016, 74(2): 165-177.

③ Van de Mosselaer N. How Can We Be Moved to Shoot Zombies? A Paradox of Fictional Emotions and Actions in Interactive Fiction[J]. Journal of Literary Theory, 2018, 12(2): 279-299.

④ Clark L. That's not How It Should End: The Effect of Reader/Player Response on the Development of Narrative[C]//International Conference on Interactive Digital Storytelling. Springer, Cham, 2017: 355-358.

⑤ Jakobsen M, Christensen D S, Bruni L E. How Knowledge of the Player Character's Alignment Affect Decision Making in an Interactive Narrative [C]// International Conference on Interactive Digital Storytelling. Springer, Cham, 2017: 193-205.

⑥ Wake P. Life and Death in the Second Person: Identification, Empathy, and Antipathy in the Adventure Gamebook[J]. Narrative, 2016, 24(2): 190-210.

⑦ Tavinor G. What's My Motivation? Video Games and Interpretative Performance[J]. The Journal of Aesthetics and Art Criticism, 2017, 75(1): 23-33.

影响。还有学者探讨虚拟现实技术应用于视觉小说的可能性,① VR/AR 叙事效果和叙事设计的影响因素如使用经验、沉浸感等。②③

还有一个领域是对互动叙事实践中的产品形态、潜在价值进行研究。互动小说和超文本因其潜在的叙事能力在 20 世纪末吸引了人们注意，但也因其叙事能力薄弱而受到批评。VR 技术和应用程序的出现，为儿童书籍、游戏、电视、流媒体内容、超级漫画和视觉小说等领域提供了新的发展机会。市场上出现了 Twine (https://twinery.org/)、Ren'Py(www.renpy.org)等免费软件辅助程序员、作家、艺术家和开发人员开发现代互动小说(Interactive Fiction, IF)，如基于文本和图像的动漫小说《天使与半人神》。互动小说的设计、潜在的应用领域与应用效果等问题成为学术研究热点。Crawford 与 Chen(2017)④认为"开发者要想开发 VR 视觉小说，其表现形式需要更加灵活，不应该依赖于动画和静态背景极其有限的 2D 画面，而应该更开放地面向 3D 世界和动画角色，就像数字漫画从纸质版转向网络漫画或漫画应用一样，如果他们做不到这一点，就像 IF 和超文本一样，将被其他成功适应技术进步的游戏所取代"。值得一提的是，互动小说被认为具有应用于教学和职业培

① Nakevska M, van der Sanden A, Funk M, et al. Interactive storytelling in a mixed reality environment: the effects of interactivity on user experiences [J]. Entertainment computing, 2017, 21: 97-104.

② Marsh T, Galbraith D, Jensen N. Experimental Serious Games: Short Form Narrative in Augmented Reality Dioramas[C]//Joint International Conference on Serious Games. Springer, Cham, 2017: 235-244.

③ Rouse R, Barba E. Design for Emerging Media: How MR Designers Think About Storytelling, Process, and Defining the Field[C]//International Conference on Interactive Digital Storytelling. Springer, Cham, 2017: 245-258.

④ Crawford R, Chen Y. From hypertext to hyperdimension Neptunia: The future of VR visual novels: The potentials of new technologies for branching-path narrative games [C]//Virtual System & Multimedia (VSMM), 2017 23rd International Conference on. IEEE, 2017: 1-7.

训的可能性。如针对宗教学教学设计的互动小说;① 利用互动小说教授实习儿科医生有关儿童虐待的知识;② 评估文字游戏作为鼓励年轻一代改善阅读行为习惯的可能性,③④ 等等。叙事游戏则往往与严肃游戏结合起来,同样被认为可以作为教学辅助材料,如Troyer 等人(2017)⑤探讨如何将严肃游戏的互动叙事与教学设计结合起来。

6.2 语义出版技术的应用

数字网络环境下,作为数字出版、复合出版的高级形态,语义网在内容资源从数字化向语义化和智能化转型升级的过程中发挥着重要作用。尤其在科学、技术和医学等领域进行一系列试验并逐步推出正式服务后,语义出版成为学术期刊的最新出版形式,其研究成果也日益丰富。

语义出版是一个新兴的跨学科研究领域。学者们对语义出版的技术和理论探讨有助于促进语义网和信息组织的发展,同时也能在实践层面评估语义平台的功能性。2016—2018 年间,语义出版的研究热点集中于"本体(Ontology)""关联数据(Linked Data)"和"语义网(Semantic Web)"等。其中,学术出版是主要的研究和应用领域。2015 年,施普林格(Springer)赞助并发起了"语义出版挑战项目"(Semantic Publishing Challenge,SemPub)。SemPub 项目发展至

---

① Lester G B. What IF? Building interactive fiction for teaching and learning religious studies[J]. Teaching Theology & Religion,2018,21(4):260-273.

② Christman G P,Schrager S M,Callahan K. Using Interactive Fiction to Teach Pediatricians-in-Training About Child Abuse[C]//International Conference on Interactive Digital Storytelling. Springer,Cham,2017:278-281.

③ Manuaba I B K. Text-Based Games as Potential Media for Improving Reading Behaviour in Indonesia[J]. Procedia Computer Science,2017,116:214-221.

④ Maine F. The bothersome crow people and the silent princess:exploring the orientations of children as they play a digital narrative game[J]. Literacy,2017,51(3):138-146.

⑤ De Troyer O,Van Broeckhoven F,Vlieghe J. Linking serious game narratives with pedagogical theories and pedagogical design strategies[J]. Journal of Computing in Higher Education,2017,29(3):549-573.

今，大部分研究集中在根据不同标准研发和比较语义出版工具。例如，Alexandru 等人(2016)①提出了一种文档组件本体(DoCO)。它提供文档元素的通用结构化词汇表，能够用于描述 RDF 中的结构和修辞文档组件。Bahar 等(2016)②介绍了一种支持语义出版研究和实验的开源工作流程，能够将自然语言文件转换为符合关联数据库(LOD)要求的知识库。Maria(2017)③提出了利用语义技术评价开放存取期刊的方法。Jung④ 设计了面向科学论文的语义标注框架，并利用有监督学习技术，对科学论文内容语义识别进行了初步探索。

利用深度学习方法实现对科学文献内容的语义分割与识别也逐渐受到学者关注。Waard 等人(2017)⑤针对语句层次的科学文献内容组件及其组成结构，使用循环神经网络(Recurrent Neural Network，RNN)和长短期记忆网络(Long Short Term Memory，LSTM)构建用以识别科学实验各个过程的模型。语义出版的研究目标之一以最小成本建立科学数据价值链，以此来为一些科研服务赋能，比如根据新的指标来评估科学产出质量。其关键思想在于鼓励人们从异构资源中提取数据，将处理好的关联数据集发表在学术出

---

① Constantin Alexandru，Peroni Silvio，Pettifer Steve，Et Al. The Document Components Ontology (doco)[J]. Semantic Web，2016，7(2)：167-181.

② Sateli B，Witte R. From papers to triples：An open source workflow for semantic publishing experiments[C]//International Workshop on Semantic，Analytics，Visualization. Springer，Cham，2016：39-44.

③ Hallo M，Luján-Mora S，Maté A. Evaluating open access journals using Semantic Web technologies and scorecards[J]. Journal of Information Science，2017，43(1)：3-16.

④ Jung Y. A semantic annotation framework for scientific publications [J]. Quality& Quantity，2017，51：1-17.

⑤ Dasigi P，Burns G A P C，Hovy E，et al. Experiment segmentation in scientific discourse as clause-level structured prediction using recurrent neural networks [J]. arXiv preprint arXiv：1702. 05398，2017.

版物上，而这些关联数据集本身就可以为科学社区所使用(Sahar，2016)。① 关联数据在实践中可以作为技术和组织集成层，影响现有工作流程，并推出新产品和业务模式。如出版商可以利用关联数据技术进行数据协作管理以及跨部门合作，将内部资源扩展到新市场，还能改善现有资源生产和分配的成本结构(Pellegrini et al.，2017)。②

语义出版技术在出版业中的应用越来越广泛。研究人员开发了一定数量的开放数据集、语义出版物模型、知识库与应用系统、纳米出版物，并形成了一定影响力。也有学术出版机构开始利用本体、关联数据、知识图谱等语义技术构建更加新颖的科学知识图谱。Santarem 等人(2017)③在 VIVO 平台上对科学出版物进行测试和分析，结果表明期刊出版非常依赖语义网技术来组织系统和用户之间的交互，并在结构化数据检索语言的协助下创建新的语义关系；同时也发现语义网可以在学术、科研环境的多个层面，特别是科学合作、度量研究和信息组织领域，推动进步。

其中，纳米出版物模型已经在多个领域的科研项目中得到应用。在生命科学领域，Euretos④ 利用纳米出版物对科研数据及相关引文、贡献信息等进行了重新表示与存储，实现了单一科研数据的可操作性问题。BEL2nanopub⑤ 使用已有的主题词表及本体规范统一资源标识符(Uniform Resource Identifier，URI)，提供了将生物

---

① Vahdati S，Dimou A，Lange C，et al. Semantic publishing challenge：bootstrapping a value chain for scientific data[C]//International Workshop on Semantic，Analytics，Visualization. Springer，Cham，2016：73-89.

② Pellegrini T. Semantic metadata in the publishing industry-technological achievements and economic implications[J]. Electronic Markets，2017，27(1)：9-20.

③ Segundo J E S，Coneglian C S，Lucas E R O. Concepts And Technologies Of The Semantic Web For Academic-scientific Cooperation：A Study Within The Vivo Platform[J]. Transinformação，2017，29(3)：297-309.

④ Euretos [EB/OL] [2019-02-19]. http：//www. phortosconsultants. com/index. php/euretos.

⑤ Bel2nanopub[EB/OL][2019-02-19]. https：//github. com/tkuhn/bel2nanopub.

表达语言(Biological Expression Language，BEL)文档转化为纳米出版物的机制。在人文社会科学领域，早期现代思想在线(Early Modern Thought Online，EMTO)①利用纳米出版物模型对近现代历史、哲学事实进行表示；增强型音乐符号定位(Enhancing Music Notation Addressability，EMA)②使用音乐领域的结构化标准(Music Encoding Initiative，MEI)，利用纳米出版物对音频文件、文本等多模态知识资源进行细粒度语义组织，构建了适用于音乐领域语义检索与知识发现的知识库。目前，这些项目均取得了一定成果，积累了丰富的结构化数据，可以用来支撑生物医学、数字人文等领域的知识发现与知识服务。

科学知识图谱是科学领域智慧数据的表现形式之一，更是新型知识服务的数据基础，因此受到斯普林格、微软等知名出版集团和互联网公司的重视。SciGraph、③ Microsoft Acdaemic Graph(MAG)、④ Aminer⑤ 等新型知识图谱项目在 2017 年陆续得以开展。斯普林格·自然集团的科学知识图谱 SciGraph 关联集成了科学论文内容信息、作者信息、题录信息、会议信息等，能够满足科研工作者对科学知识语义检索、查询结果可视化等的需求。MAG 由微软公司研发，关联集成了包括科学论文、作者、机构、会议及相关领域的数据，向科研用户提供精确的文献检索服务。⑥

6.3 区块链技术的应用

数字权利管理(Digital Rights Management，DRM)技术一直受到

---

① Emto Nanopub [EB/OL] [2019-02-19]. http://emto-nanopub.referata.com/wiki/EMTO_Nanopub.

② Enhancing Music Notation Addressability [EB/OL] [2019-02-19]. http://mith.umd.edu/research/enhancingmusic-notation-addressability/.

③ SciGraph [EB/OL] [2019-02-19]. http://www.springernature.com/cn/researchers/scigraph.

④ Microsoft Academic Graph [EB/OL] [2019-02-19]. https://www.microsoft.com/en-us/research/project/microsoft-academic-graph/.

⑤ Aminer [EB/OL] [2019-02-19]. https://www.aminer.cn.

⑥ 王晓光，宋宁远．延续与突破：2017 年语义出版研究与实践回顾[J]. 科技与出版，2018(02)：33-38.

出版商的密切关注，以区块链为代表的新型技术为数字权利管理带来了新的突破口。区块链技术首先在学术出版领域引起广泛讨论，其在智能合同、微支付、版权管理与许可授权等方面的可能性为数字权利管理领域注入了新活力。

区块链技术可用于内容加密和支付认证。例如利用无密钥签名基础设施(Keyless Signature Infrastructure，KSI)为用户提供一种每秒为文档加时间戳以防止盗版的服务(Jamthagen，Christopher，2016)。① 也有学者提出了一种为学术出版提供加密货币的区块链模型，通过建立一种分布式总账模式，完善语义网期刊的同行评审工作流程(Janowicz et al.，2018)。② 此外，区块链技术还可以有效实现版权交易与即时微支付。O'Dair(2017)③认为，区块链可以提高版权数据的准确性和可用性，促进版权使用费的即时小额支付，显著提高出版价值链的透明度。

基于此，不少学者开始着手研究区块链技术在出版领域的具体应用框架。如 Xu 等人(2017)④针对传统数字权利管理技术无法有效解决的版权保护、营利模式等问题，设计了一种基于区块链的网络媒体数字权利管理方案。但在实际应用中，区块链在出版产业的设计开发中也存在很大不足，需要引入一些特殊条款提高用户对软

---

① Jämthagen C，Hell M. Blockchain-based publishing layer for the Keyless Signing Infrastructure[C]//2016 Intl IEEE Conferences on Ubiquitous Intelligence & Computing，Advanced and Trusted Computing，Scalable Computing and Communications，Cloud and Big Data Computing，Internet of People，and Smart World Congress (UIC/ATC/ScalCom/CBDCom/IoP/SmartWorld). IEEE，2016：374-381.

② Janowicz Krzysztof，Regalia Blake，Hitzler Pascal，et al. On the prospects of blockchain and distributed ledger technologies for open science and academic publishing[J]. Semantic Web，2018，9(5)：545-555.

③ O'Dair M，Beaven Z. The networked record industry：How blockchain technology could transform the record industry[J]. Strategic Change，2017，26(5)：471-480.

④ Xu R，Zhang L，Zhao H，et al. Design of network media's digital rights management scheme based on blockchain technology[C]//2017 IEEE 13th International Symposium on Autonomous Decentralized System (ISADS). IEEE，2017：128-133.

件提供商授权的信任，并明确受保护作品的使用权，此外必须将加密货币交易和智能合约合法化。Alexander(2018)①认为数字出版主体需要仔细考虑区块链版权管理系统的经济性，以确保它们具有必要的网络效应。

6.4 其他技术研究

流媒体、大数据、云计算、机器学习、人工智能等新技术对出版业的影响同样值得关注。部分学者开始使用这些新技术设计、开发程序与平台，为其在出版行业的应用做出尝试。如 Liu 等人(2016)②基于机器学习、数据挖掘技术开发了一种智能微信公众平台文章推荐算法，通过对作者和文章本身潜力的分析，对发表文章进行排序、筛选和过滤信息，以节省用户时间、提升用户体验。Guan 和 Li(2016)③认为协同理论、大数据、云计算、移动互联网等先进的管理理念和技术有助于传统出版业转型升级，因此可利用移动互联网技术、面向服务的云计算架构、大数据分析技术，构建智能云出版平台。

但新技术的应用并非一帆风顺，在其广泛推行之前尚有许多问题亟待解决。Ye 等(2016)④综述了近年来关于大数据安全与隐私的研究，认为这种技术将对信息安全和隐私产生重大影响，并研究了对大数据安全性的各种看法以及未来数据的应用问题，指出在大数据技术大规模应用之前，安全和隐私问题应作为原则性问

---

① Savelyev Alexander. Copyright in the blockchain era: Promises and challenges [J]. Computer Law & Security Review, 2018, 34(3): 550-561.

② Liu T, Liu Z. A Prediction Recommendation Algorithm Research Toward to the Latest Published Article[C]//2nd International Conference on Electronics, Network and Computer Engineering (ICENCE 2016). Atlantis Press, 2016.

③ Guan X, Li M. Modelling of intelligent publishing cloud platform based on internet+ [C]//2016 International Conference on Logistics, Informatics and Service Sciences (LISS). IEEE, 2016: 1-5.

④ Ye H, Cheng X, Yuan M, et al. A survey of security and privacy in big data [C]//2016 16th international symposium on communications and information technologies (iscit). IEEE, 2016: 268-272.

题得到充分讨论和研究。Andrini(2018)①指出，人工智能技术的应用会给现有版权法框架带来许多挑战，核心问题之一是人工智能可以独立创作出符合著作权法要求的作品如歌曲、音乐、绘画等，而学者们对于是否应该被赋予人工智能创作作品以版权持有不同看法。

7 版权保护技术与法律

在数字出版方兴未艾的大背景下，传统的版权保护手段已经滞后于现代技术的发展。数字出版在技术和法律两个层面对版权保护提出了新要求，以便在保障用户访问、使用数字内容的自由与版权所有者的合法利益间找到新的平衡点。

7.1 新技术为版权保护带来新突破

随着互联网特别是移动互联网的普及，多媒体内容的网络共享面临更加严峻的版权管理问题。传统数字权利管理技术已经无法适应现状，因此研究重点在于 DRM 技术的完善，探究移动互联网环境下数字文本、音频、视频等产品的版权保护措施。传统 DRM 系统通常根据数字水印(Digital Watermarking)来确认内容创建者、购买者、传送隐秘信息或者判断载体是否被篡改，但是在解密过程中需要临时公开原始数字内容，而在用户系统内没有水印信息。因此，用户可以在未经内容提供商许可的情况下，将泄露的原始内容复制到系统内并通过网络非法重新分发。除前述基于区块链技术的权利管理方案，Ta Minh Thanh 等人(2016)②提出了一种新的 DRM

① Andrini L. Redesigning Indonesia Copyright Act to Accommodate Autonomous Intelligent System: Status Quo and Room for Improvement[J]. Asian Journal of Law and Economics, 2018, 9(3).

② Ta Minh Thanh, Iwakiri Munetoshi. Fragile watermarking with permutation code for content-leakage in digital rights management system[J]. Multimedia Systems, 2016, 22(5): 603-615.

系统方案，即采用脆弱水印和置换代码进行网络图像分发。Rajpal 等(2018)①使用双向极限学习机(B-ELM)开发了一种用于 MPEG-4 AVC(高级视频编码)编码视频的新颖水印方案。它通过基于阈值的操作实现新开发的模糊算法，来识别要加水印的相关帧，再利用转置密码加密的二进制水印，用于确保安全性的增强。数字出版中版权保护面临的另一个问题是内容认证。Mao 等学者(2016)②提出了一种基于场景帧指纹识别视频真实性的创新方法，在实际应用中能够有效地实时监测视频的真实性。

虽然现有 DRM 系统能在一定程度上保障内容提供商的利益，但过度严密的保护措施不利于消费者对产品和服务的获取和需求的满足。而且数字权利保护技术仅从“术”的方面解决侵权问题，其过度应用在终端层面限制了人们使用和消费数字内容的自由。因此，未来开发 DRM 的趋势是要平衡用户友好性和提供商收入保证之间的关系(Chen，2018)。③ Ma(2017)④则持更加激进的看法，认为数字内容消费的未来发展趋势是不用 DRM 模式，而是依靠法律、自由和道德意志来保护版权。

7.2 完善版权法，扩大数字内容保护范围

随着技术的创新，数字内容呈现多样化和爆发式增长，数字音乐、视频、网络广告、游戏等形式的数字内容产品超越了传统版权保护范围。互联网环境一方面促进了数字内容的传播，另一方面也

---

① Rajpal Ankit，Mishra Anurag，Bala Rajni. A Novel fuzzy frame selection based watermarking scheme for Mpeg-4 videos using Bi-directional extreme learning machine[J]. Applied Soft Computing，2018，74：603-620.

② Mao Jiafa，Xiao Gang，Sheng，Weigou，et al. A method for video authenticity based on the fingerprint of scene frame[J]. Neurocomputing，2016，173：2022-2032.

③ Hsing-Bai Chen，Wei-Bin Lee，Tzung-Her ChenEmail author. A novel DRM scheme for accommodating expectations of personal use[J]. Multimedia Tools and Applications，2018. 77(18). 23099-23114.

④ Ma Zhaofeng. Digital Rights Management：Model，Technology and Application[J]. China Communications，2017，14(6)：156-167.

加大了数字内容侵权现象的隐患，对传统版权保护法律体系造成冲击。

在此背景下，不少国家都对现有版权保护法律法规进行了修改。例如中国完善了版权法中“作品”的概念，增加了新的类型如视听作品，计算机程序和应用艺术作品(Zhang，2017)。① 在西班牙，通过互联网获取和消费智力作品变得更容易和更广泛，版权和相关权利持有者与其他社会行为者之间的紧张关系加剧。为解决这些冲突，西班牙实施法律改革以加强版权保护。② 2016 年，英国也对版权法进行了修正，主要涉及版权侵权背景下“实质性部分”的定义、公平交易条款与《欧盟信息社会版权指令》之间的相互作用，版权执法与竞争法之间的关系，国家版权损害赔偿立法与执法指令之间的相互作用，以及法律条款的选择对其他司法管辖区版权法所赋予法定权利的影响。③

此外，人工智能在新闻、音乐、美术等领域的应用日渐广泛，在为人类提供更便捷生活的同时，其创作作品的版权归属问题亦逐渐呈现，给现有法律框架带来了多挑战。国家在完善版权法时开始考虑人工智能作品对现行版权制度的挑战以及如何进行制度回应，包括在版权归属上如何进行权利配置。在著作权法领域，最根本问题在于人工智能能够独立创作出具有著作权的作品，如歌曲、音乐、绘画甚至是烹饪书。Andrini(2018)④对于自主智能系统 AIS 是

---

① Zhang Chenguo. What are works? Copyright law subject matter in the transition to the digital era: perspectives on the Third Amendment to the Chinese Copyright Act [J]. Queen Mary Journal Of Intellectual Property, 2017, 7(4): 468-484.

② Garcia Alvarez Ercilia, Sanchez Bergara Sheila, Lopez Sintas Jordi. Regulating copyright in the digital age in Spain: the Sinde law[J]. Queen Mary Journal Of Intellectual Property, 2016, 6(2): 236-247.

③ Lee, Yin Harn. United Kingdom Copyright Decisions and Legislative Developments 2016 [J]. Iic-international Review Of Intellectual Property And Competition Law, 2017, 48(2): 184-194.

④ Andrini L. Redesigning Indonesia Copyright Act to Accommodate Autonomous Intelligent System: Status Quo and Room for Improvement[J]. Asian Journal of Law and Economics, 2018.

否应该被赋予版权进行了发人深省的讨论，认为印度尼西亚版权法的重新设计需要考虑以下问题：AIS作品的著作权性；赋予AIS的道德权利和经济权利；如认可AIS是版权拥有人，其作品版权受保护的期限。

但也有学者持不同意见，Robert（2017）①指出：现有研究忽略了一个基本问题，即将著作权保护延伸到非人类作者创作的作品中，究竟是遵循还是违背了版权法的初衷。版权法的不灵活造成了“贡献/权利”悖论。AIS作品的人类参与者获得的经济激励很少，因此从社会政策角度来看，将保护扩展到完全独立的计算机生成作品是不合适的。

综上所述，2016—2018年数字出版领域的研究热点主要集中在开放存取、数字教材、电子书、用户行为和新技术应用等方面。学者们普遍关注欠发达国家和地区的OA出版，并就日益产业链化的掠夺性期刊出版给出评论和建议。数字教材和开放教材在高校的试点和应用效果问题是目前教育出版领域较受关注的话题，电子书方案优化及分销策略优劣则是传统关注话题的延续。除此之外，学者们关注数字时代用户数字阅读行为与基于网络的学术社交行为，探索适合现代人数字阅读的服务模式，并对数字出版新技术的应用方案、使用效果和发展前景展开讨论。新的版权保护技术与法律层面的实践和研究与时俱进，在各个国家获得广泛关注和深入探讨。显然，关注国际数字出版研究动态，借鉴国际数字出版先进理念和实践经验，有助于推动我国数字出版业的发展，提升我国数字出版研究的水平与国际影响力。

参考文献

[1]Ghane M R，Niazmand M R. Current status of open access journals

① Yu，Robert. The Machine Author：What Level Of Copyright Protection Is Appropriate For Fully Independent Computer-generated Works [J]. University of Pennsylvania Law Review，2017. 165(5). 1245.

published in D8 countries and registered in the Directory of Open Access Journals (pre-2000 to2014) [J]. The Electronic Library, 2016, 34(5): 740-756.

Raju R, Classeen J, Moll E, et al. Researchers adapting to open access journal publishing: the case of the University of Cape Town [J]. South African Journal of Libraries and Information Science, 2017, 82(2): 34-45.

[2] Chilimo W, Adem A, Otieno A N, et al. Adoption of Open Access Publishing by Academic Researchers in Kenya [J]. Journal of Scholarly Publishing, 2017, 49(1): 103-122.

[3] Bosah G, Okeji C C, Baro E E, Perceptions, preferences of scholarly publishing in Open Access journals: A survey of academic librarians in Africa[J]. Digital Library Perspectives, Vol. 33 Issue: 4, pp. 378-394, https://doi.org/10.1108/DLP-03-2017-0011.

[4] Ellers J, Crowther T W, Harvey J A, et al. Gold Open Access Publishing in Mega-Journals: Developing Countries Pay the Price of Western Premium Academic Output. Journal of Scholarly Publishing [J], 2017, 49(1): 89-102.

[5] Lewis C L. The Open Access Citation Advantage: Does It Exist and What Does It Mean for Libraries? [J]. Information Technology and Libraries, 2018, 37(3): 50-65.

[6] Tang M, Bever J D, Yu F, et al. Open access increases citations of papers in ecology[J]. Ecosphere, 2017, 8(7).

[7] Sullo E. Open Access Papers Have a Greater Citation Advantage in the Author-Pays Model Compared to Toll Access Papers in Springer and Elsevier Open Access Journals[J]. Evidence Based Library and Information Practice, 2016, 11(1): 60-62.

[8] Sotudeh H, Estakhr Z. Sustainability of open access citation advantage: the case of Elsevier's author-pays hybrid open access journals [J]. Scientometrics, 2018, 115(1): 563-576.

[9] Clements, J. C. Open access articles receive more citations in

hybrid marine ecology journals[J]. FACETS, 2017, 2(1): 1-14.
[10] Atchison, AmyL. Negating the Gender Citation Advantage in Political Science[J].
[11] Wray K B. No new evidence for a citation benefit for Author-Pay Open Access Publications in the social sciences and humanities [J]. Scientometrics, 2016, 106(3): 1031-1035.
[12] Dortagonzalez P, Gonzalezbetancor S M, Dortagonzalez M I, et al. Reconsidering the gold open access citation advantage postulate in a multidisciplinary context: an analysis of the subject categories in the Web of Science database 2009—2014[J]. Scientometrics, 2017, 112(2): 877-901.
[13] Why is Tumor Biology removed from the SCI[EB/OL][2019-01-10]. https://www.biobool.com/news/103.html.
[14] Betz, Cecily L. Authors Beware: Open Access Predatory Journals [J]. Journal of Pediatric Nursing, 2016, 31(3): 233-234.
[15] Roberts J. Predatory Journals: Illegitimate Publishing and Its Threat to All Readers and Authors[J]. The Journal of Sexual Medicine, 2016, 13(12): 1830-1833.
[16] Gopalakrishnan Saroja S, Santhosh Kumar JU, Hareesha AS. India's scientific publication in predatory journals: need for regulating quality of Indian science and education[J]. Curr Sci. 2016; 111(11): 1759-1764.
[17] Erfanmanesh M, Pourhossein R. Publishing in Predatory Open Access Journals: A Case of Iran[J]. Publishing Research Quarterly, 2017, 33(4): 433-444.
[18] Predatory journals: Not just a problem in developing world countries, says new Nature paper[EB/OL][2019-02-18]. https://retractionwatch.com/2017/09/06/predatory-journals-not-just-developing-world-countries-says-new-nature-paper/.
[19] Manca A, Cugusi L, Dragone D, et al. Predatory journals: Prevention better than cure? [J]. Journal of the Neurological

Sciences, 2016, 370: 161.
[20] Mihiretu K, Schmaus-Klughammer A E, Tesfaye T B. Manuscript Submission Invitations from 'Predatory Journals': What Should Authors Do? [J]. Journal of Korean Medical Science, 2017, 32 (5): 709-712.
[21] Betz, Cecily L. Authors Beware: Open Access Predatory Journals [J]. Journal of Pediatric Nursing, 2016, 31(3): 233-234.
[22] Maddy A J, Tosti A. Predatory Journals in Dermatology [J]. British Journal of Dermatology, 2017, 177(1): 307-309.
[23] Pata K, Valjataga T. A Framework for Mapping e-Textbooks as a Socio-Technical Regime [C]. international conference on web-based learning, 2016: 215-224.
[24] Hendrix D, Lyons C, Aronoff N. The library as textbook provider: Administering and assessing a student-based e-textbook pilot [J]. College & Undergraduate Libraries. 2016, 23 (3): 265-294.
[25] Hendrix D, Lyons C, Aronoff N. The library as textbook provider: Administering and assessing a student-based e-textbook pilot [J] College & Undergraduate Libraries. 2016, 23(3): 265-294.
[26] Ward V. Research in progress: the institution as e-textbook publisher project [J]. Insights The UKSG Journal. 2016, 29 (3): 273-279.
[27] Fischer L, Ernst D, Mason S. Rating the Quality of Open Textbooks: How Reviewer and Text Characteristics Predict Ratings [J]. International Review of Research in Open and Distributed Learning. 2017, 18(4): 142-154.
[28] Ozdemir O, Hendricks C. Instructor and student experiences with open textbooks, from the California open online library for education (Cool4Ed) [J]. Journal of Computing in Higher Education, 2017, 29(1): 98-113.
[29] Simon K. S. Cheung. The Open Textbooks for Hong Kong: From

Conceptualization to Implementation[J]. Blended Learning: Aligning Theory with Practices. 2016, 11: 150-16.
[30]Cheung L. Advancing scholarship by publishing curriculum as an e-book[J]. Education and Health, 2018, 31(2).
[31]Chen G D, Chang C K, Wang C Y, et al. Development and evaluation of a novel e-book interface for scaffolding thinking context to learn from writing examples[J]. Interactive Learning Environments, 2018, 26(7): 970-988.
[32]Yoo H S, Kim S W. ESOTAG: E-book evolution using collaborative social tagging by readers[J]. Multimedia Tools and Applications, 2016, 75(20): 12795-12813.
[33]Long B T, Hall T, Hogan M, et al. Enhancing children's literacy skills: designing the Q-Tales ecosystem for children's e-book design and publication[J]. Literacy, 2018, 52(3): 171-179.
[34]Lee J, Jeon I, Kwon H, et al. Real-time adult authentication scheme for digital contents using X. 509 certificate in ubiquitous Web environment [J]. Journal of Real-Time Image Processing, 2018, 14(1): 237-244.
[35]Zeng Y, Bai X, Xu J, et al. The Influence of E-book Format and Reading Device on Users' Reading Experience: A Case Study of Graduate Students[J]. Publishing Research Quarterly, 2016, 32(4): 319-330.
[36]Sharma R, Madhusudhan M. Use of mobile devices by library and information science students in central universities of uttar Pradesh [J]. DESIDOC Journal of Library & Information Technology, 2017, 37(4): 293-302.
[37]Maducdoc M M, Haider A, Nalbandian A, et al. Visual consequences of electronic reader use: a pilot study[J]. International ophthalmology, 2017, 37(2): 433-439.
[38]Chang H P, Hung J C. Comparison of the Features of EPUB E-Book and SCORM E-Learning Content Model [J]. International

Journal of Distance Education Technologies (IJDET), 2018, 16 (2): 1-17.

[39] Chang H P. An Implementation of Digital Content Model Conversion System-From SCORM to EPUB[J]. 淡江理工学刊, 2018, 21 (2): 271-278.

[40] Santos B D, Wildenbeest M R. E-Book Pricing and Vertical Restraints[J]. Qme-quantitative Marketing and Economics, 2017, 15(2): 85-122.

[41] Santos B D, Wildenbeest M R. E-Book Pricing and Vertical Restraints[J]. Qme-quantitative Marketing and Economics, 2017, 15(2): 85-122.

[42] Zhu C, Yao Z. Comparison between the agency and wholesale model under the e-book duopoly market[J]. Electronic Commerce Research, 2018, 18(2): 313-337.

[43] Lu Q, Shi V, Huang J, et al. Who benefit from agency model: A strategic analysis of pricing models in distribution channels of physical books and e-books[J]. European Journal of Operational Research, 2018, 264(3): 1074-1091.

[44] Kim A. Doubly-Bound Relationship Between Publisher and Retailer: The Curious Mix of Wholesale and Agency Models[J]. Journal of Management Information Systems, 2018, 35(3): 840-865.

[45] Li F, Li S, Gu J, et al. Whether to Delay the Release of eBooks or Not? An Analysis of Optimal Publishing Strategies for Book Publishers[J]. Journal of Theoretical and Applied Electronic Commerce Research, 2019, 14(2): 0-0.

[46] Chen L, King R C. To Lend is to Own: A Game Theoretic Analysis of the E-Book Lending Market[J]. International Journal of Electronic Commerce, 2017, 21(3): 334-362.

[47] Mangas-Vega Almudena, Gomez-Diaz Raquel, Antonio Cordon-Garcia Jose. Approach to self-publishing with a combination of bibliometric study and social network analysis techniques[J]. ELEC-

TRONIC LIBRARY, 2016, 34(6): 902-914.
[48] Bold R, M. The return of the social author: Negotiating authority and influence on Wattpad[J]. Convergence: The International Journal of Research into New Media Technologies, 2018, 24(2): 117-136.
[49] Heather Moulaison Sandy, Janice Bially Mattern: Academic Library-Based Publishing: A State of the Evolving Art[J]. Library Trends, 2018. 67(2). 337-357.
[50] Miriam J. Johnson. The Rise of the Citizen Author: Writing Within Social Media[J]. Publishing Research Quarterly, 2017, 33(2): 131-146.
[51] Schultz, Leah. Navigating the Minefield of Self-Publishing E-Textbooks[J]. Information Systems Education Journal, 2017. 15(5). 15-21.
[52] Hartmann, Heiko. Academic Publishing in the Humanities: Current trends in Germany[J]. Logos, 2017, 28(2): 11-26.
[53] AlexisLinoski. Self-publishing and collection development: Opportunities and challenges for libraries[J]. Journal of Academic Librarianship, 2017. 43(1). 1
[54] Kaman S, Ertem I S. The Effect of Digital Texts on Primary Students' Comprehension, Fluency, and Attitude[J]. Eurasian Journal of Educational Research, 2018, 76: 147-164.
[55] Strouse G A, Ganea P A. Parent-toddler behavior and language differ when reading electronic and print picture books[J]. Frontiers in psychology, 2017, 8: 677.
[56] Notten N, Becker B. Early home literacy and adolescents' online reading behavior in comparative perspective[J]. International Journal of Comparative Sociology, 2017, 58(6): 475-493.
[57] Erickson, Patricia Ann. An Examination on the Use of the Survey of Adolescent Reading Attitude (SARA) as a Predictor of Students' Time Spent Reading e-Books and Print for Self-Selected Reading

[D]. United States: Holy Family University, 2016: 1810-1950.
[58] Gibbs, Jennifer K. Electronic Readers in the Classroom [D]. United States: Eastern Oregon University, 2016: 1801-1862.
[59] Kurata K, Ishita E, Miyata Y, et al. Print or digital? Reading behavior and preferences in Japan [J]. Journal of the Association for Information Science and Technology, 2017, 68(4): 884-894.
[60] Kondamudi N R, Kumar S, Tripathi M. Users' Perceptions of E-books at Jawaharlal Nehru University, New Delhi: A Case Study [J]. Journal of Library & Information Technology, 2018, 38(4): 231-237.
[61] Huang L, Shiau W, Lin Y, et al. What factors satisfy e-book store customers? Development of a model to evaluate e-book user behavior and satisfaction [J]. Internet Research, 2017, 27(3): 563-585.
[62] Kocak O, Yildirim O, Kursun E, et al. Investigating the Status of Tablet Computers and E-Books Use of Open Education Faculty Students: A Case Study [J]. International Journal of Distance Education Technologies, 2016, 14(2): 49-63.
[63] Tella A, Dare O O, Adebisi O S, et al. Perception and Usage Pattern of e-books among Library and Information Science Students in Selected Universities in Nigeria [J]. Journal of Library & Information Technology, 2018, 38(2): 132-140.
[64] Hsiuli L. The Effect of Presentation Types and Flow on E-Book Purchase Intention [J]. Eurasia journal of mathematics, science and technology education, 2016, 12(3): 669-686.
[65] Hahnel C, Goldhammer F, Kröhne U, et al. Reading digital text involves working memory updating based on task characteristics and reader behavior [J]. Learning and Individual Differences, 2017, 59: 149-157.
[66] Ross K M, Pye R E, Randell J. Reading touch screen storybooks with mothers negatively affects 7-year-old readers' comprehension

but enriches emotional engagement[J]. Frontiers in psychology, 2016, 7: 1728.

[67] Wang X, Cheng H, Liu J, et al. How Do People Read eBooks on Mobile Devices?: Implication for Digital Reading Environment Design[C]//Proceedings of the 18th ACM/IEEE on Joint Conference on Digital Libraries. ACM, 2018: 393-394.

[68] Amasawa E, Ihara T, Hanaki K. Role of e-reader adoption in life cycle greenhouse gas emissions of book reading activities[J]. The International Journal of Life Cycle Assessment, 2018, 23(9): 1874-1887.

[69] Zhang T, Niu X, Promann M. Assessing the user experience of e-books in academic libraries[J]. College & Research Libraries, 2017, 78(5): 578.

[70] Rabaud C, Mamode Khan N, Rampat S. Independent and digital reading among undergraduates: the case of the University of Mauritius[J]. Journal of Applied Research in Higher Education, 2018, 10(3): 296-310.

[71] Chou I C. Reading for the purpose of responding to literature: EFL students' perceptions of e-books[J]. Computer Assisted Language Learning, 2016, 29(1): 1-20.

[72] Manca S. An analysis of ResearchGate and Academia. edu as socio-technical systems for scholars \ u2019 networked learning: a multilevel framework proposal[J]. Italian Journal of Educational Technology, 2018, 25(3): 20-34.

[73] Manca S, Raffaghelli J E. Towards a multilevel framework for analysing academic social network sites: A networked socio-Technical perspective[C]//Proceedings of the 4th European Conference on Social Media-ECSM. 2017: 193-201.

[74] Sugiyama K, Kan M Y. A comprehensive evaluation of scholarly paper recommendation using potential citation papers[J]. International Journal on Digital Libraries, 2015, 16(2): 91-109.

[75] Baro E E, Tralagba E C, Ebiagbe E J. Knowledge and use of self-archiving options among academic librarians working in universities in Africa[J]. Information and Learning Science, 2018, 119(3/4): 145-160.

[76] Stvilia B, Wu S, Lee D J. Researchers' uses of and disincentives for sharing their research identity information in research information management systems[J]. Journal of the Association for Information Science and Technology, 2018, 69(8): 1035-1045.

[77] Djonov E, Van Leeuwen T. Social media as semiotic technology and social practice: the case of ResearchGate's design and its potential to transform social practice[J]. Social Semiotics, 2018, 28(5): 641-664.

[78] Greifeneder E, Pontis S, Blandford A, et al. Researchers' attitudes towards the use of social networking sites[J]. Journal of documentation, 2018, 74(1): 119-136.

[79] Kjellberg S, Haider J, Sundin O. Researchers' use of social network sites: A scoping review[J]. Library & Information Science Research, 2016, 38(3): 224-234.

[80] Ribeiro R A, Oliveira L, Furtado C. A rede social acadêmica researchgate como mecanismo de visibilidade e internacionalização da produção científica brasileira e portuguesa na área de Biblioteconomia e Ciência da Informação [J]. Perspectivas em Ciência da Informação, 2017, 22(4): 177-207.

[81] Williams A E, Woodacre M A. The possibilities and perils of academic social networking sites [J]. Online Information Review, 2016, 40(2): 282-294.

[82] Copiello S, Bonifaci P. A few remarks on ResearchGate score and academic reputation[J]. Scientometrics, 2017.

[83] Zahedi Z, van Eck N J. Exploring topics of interest of Mendeley users[J]. Journal of Altmetrics, 2018, 1(1).

[84] Pusvita V. SisNasLitbang Academic Social Network Features Recomen-

dation with User Centric Approach[J]. Pekommas, 2018, 3(2).
[85] Manca S. ResearchGate and Academia. edu as Networked Socio-Technical Systems for Scholarly Communication: A Literature Review[J]. Research in Learning Technology, 2018, 26.
[86] Meier A, Tunger D. Investigating the transparency and influenceability of altmetrics using the example of the RG score and the ResearchGate platform[J]. Information Services & Use, 2018, 1: 1-11.
[87] Martín-Martín A, Orduna-Malea E, López-Cózar E D. Author-level metrics in the new academic profile platforms: The online behaviour of the Bibliometrics community[J]. Journal of informetrics, 2018, 12(2): 494-509.
[88] Askeridis J M. An h index for Mendeley: comparison of citation-based h indices and a readership-based h men index for 29 authors [J]. Scientometrics, 2018, 117(1): 615-624.
[89] da Silva J A T. The Google Scholar h-index: useful but burdensome metric[J]. Scientometrics, 2018, 117(1): 631-635.
[90] Lanier J. Virtual reality: The promise of the future[J]. Interactive Learning International, 1992, 8(4): 275-79.
[91] Wolle P, Mu□ller M P, Rauh D. Augmented Reality in Scientific Publications—Taking the Visualization of 3D Structures to the Next Level[J]. 2018.
[92] Lin P H, Huang Y M, Chen C C. Exploring Imaginative Capability and Learning Motivation Difference Through Picture E-Book[J]. IEEE Access, 2018, 6: 63416-63425.
[93] Ye H, Shi R, Li S. Status and Tendency of Augmented Expression for Paper Map[M]//Applied Sciences in Graphic Communication and Packaging. Springer, Singapore, 2018: 221-231.
[94] Chan Lin L J. Bridging Children's Reading with an Augmented Reality Story Library[J]. Libri, 2018, 68(3): 219-229.
[95] Hung Y H, Chen C H, Huang S W. Applying augmented reality

to enhance learning: a study of different teaching materials[J]. Journal of Computer Assisted Learning, 2017, 33(3): 252-266.

[96] Yilmaz R M, Kucuk S, Goktas Y. Are augmented reality picture books magic or real for preschool children aged five to six? [J]. British Journal of Educational Technology, 2017, 48(3): 824-841.

[97] Dong C, Si Z. The Research and Application of Augmented Reality in 3D Interactive Books for Children[M]//Applied Sciences in Graphic Communication and Packaging. Springer, Singapore, 2018: 293-299.

[98] Chen M. Application of AR Technology in children's publishing Optimization Strategy[J]. Probe-Media and Communication Studies, 2018, 1(1).

[99] Habgood J, Moore D, Alapont S, et al. The REVEAL educational environmental narrative framework for Play Station VR[C]// ECGBL 2018 12th European Conference on Game-Based Learning. Academic Conferences and publishing limited, 2018: 175.

[100] Parong J, Mayer R E. Learning science in immersive virtual reality[J]. 2018.

[101] Abreu R, Almeida F. E-learning in mixed reality landscape: emerging issues and key trends in scientific research[C]//12th International Technology, Education and Development Conference. IATED, 2018: 6181-6187.

[102] Ozdamli F, Karagozlu D. Preschool Teachers' Opinions on the Use of Augmented Reality Application in Preschool Science Education[J]. Croatian Journal of Education: Hrvatski Časopis za odgoj i obrazovanje, 2018, 20(1): 43-74.

[103] Toledo-Morales P, Sanchez-Garcia J M. Use of Augmented Reality in Social Sciences as Educational Research[J]. Turkish Online Journal of Distance Education, 2018, 19(3): 38-52.

[104] Cheng K H. Exploring parents' conceptions of augmented reality learning and approaches to learning by augmented reality with

their children[J]. Journal of Educational Computing Research, 2017, 55(6): 820-843.

[105] Garcia-Sanchez J C. Augmenting reality in books: a tool for enhancing reading skills in Mexico[J]. Publishing Research Quarterly, 2017, 33(1): 19-27.

[106] Le H, Nguyen M. Enhancing Textbook Study Experiences with Pictorial Bar-Codes and Augmented Reality [C]//International Conference on Computer Analysis of Images and Patterns. Springer, Cham, 2017: 139-150.

[107] Lytridis C, Tsinakos A, Kazanidis I. ARTutor—An Augmented Reality Platform for Interactive Distance Learning[J]. Education Sciences, 2018, 8(1): 6.

[108] Wolle P, Mu□ller M P, Rauh D. Augmented reality in scientific publications—taking the visualization of 3D structures to the next level[J]. 2018.

[109] Wood H. Dynamic Syuzhets: Writing and Design Methods for Playable Stories[C]//International Conference on Interactive Digital Storytelling. Springer, Cham, 2017: 24-37.

[110] Cychosz M, Gordon A S, Odimegwu O, et al. Effective scenario designs for free-text interactive fiction[C]//International Conference on Interactive Digital Storytelling. Springer, Cham, 2017: 12-23.

[111] Carstensdottir E, Kleinman E, El-Nasr M S. Towards an Interaction Model for Interactive Narratives[C]//International Conference on Interactive Digital Storytelling. Springer, Cham, 2017: 274-277.

[112] Koenitz H, Roth C, Dubbelman T, et al. What is a Convention in Interactive Narrative Design? [C]//International Conference on Interactive Digital Storytelling. Springer, Cham, 2017: 295-298.

[113] Allington D. Linguistic capital and development capital in a network of cultural producers: Mutually valuing peer groups in the

'Interactive fiction' retrogaming scene[J]. Cultural Sociology, 2016, 10(2): 267-286.

[114] Robson J, Meskin A. Video games as self-involving interactive fictions[J]. The Journal of Aesthetics and Art Criticism, 2016, 74(2): 165-177.

[115] Van de Mosselaer N. How Can We Be Moved to Shoot Zombies? A Paradox of Fictional Emotions and Actions in Interactive Fiction [J]. Journal of Literary Theory, 2018, 12(2): 279-299.

[116] Clark L. That's not How It Should End: The Effect of Reader/Player Response on the Development of Narrative[C]//International Conference on Interactive Digital Storytelling. Springer, Cham, 2017: 355-358.

[117] Jakobsen M, Christensen D S, Bruni L E. How Knowledge of the Player Character's Alignment Affect Decision Making in an Interactive Narrative[C]//International Conference on Interactive Digital Storytelling. Springer, Cham, 2017: 193-205.

[118] Wake P. Life and Death in the Second Person: Identification, Empathy, and Antipathy in the Adventure Gamebook[J]. Narrative, 2016, 24(2): 190-210.

[119] Tavinor G. What's My Motivation? Video Games and Interpretative Performance[J]. The Journal of Aesthetics and Art Criticism, 2017, 75(1): 23-33.

[120] Nakevska M, van der Sanden A, Funk M, et al. Interactive storytelling in a mixed reality environment: the effects of interactivity on user experiences [J]. Entertainment computing, 2017, 21: 97-104.

[121] Marsh T, Galbraith D, Jensen N. Experimental Serious Games: Short Form Narrative in Augmented Reality Dioramas[C]//Joint International Conference on Serious Games. Springer, Cham, 2017: 235-244.

[122] Rouse R, Barba E. Design for Emerging Media: How MR De-

signers Think About Storytelling, Process, and Defining the Field[C]//International Conference on Interactive Digital Storytelling. Springer, Cham, 2017: 245-258.

[123] Crawford R, Chen Y. From hypertext to hyperdimension Neptunia: The future of VR visual novels: The potentials of new technologies for branching-path narrative games[C]//Virtual System & Multimedia (VSMM), 2017 23rd International Conference on. IEEE, 2017: 1-7.

[124] Lester G B. What IF? Building interactive fiction for teaching and learning religious studies[J]. Teaching Theology & Religion, 2018, 21(4): 260-273.

[125] Christman G P, Schrager S M, Callahan K. Using Interactive Fiction to Teach Pediatricians-in-Training About Child Abuse [C]//International Conference on Interactive Digital Storytelling. Springer, Cham, 2017: 278-281.

[126] Manuaba I B K. Text-Based Games as Potential Media for Improving Reading Behaviour in Indonesia[J]. Procedia Computer Science, 2017, 116: 214-221.

[127] Maine F. The bothersome crow people and the silent princess: exploring the orientations of children as they play a digital narrative game[J]. Literacy, 2017, 51(3): 138-146.

[128] De Troyer O, Van Broeckhoven F, Vlieghe J. Linking serious game narratives with pedagogical theories and pedagogical design strategies[J]. Journal of Computing in Higher Education, 2017, 29(3): 549-573.

[129] Constantin Alexandru, Peroni Silvio, Pettifer Steve, Et Al. The Document Components Ontology (doco)[J]. Semantic Web, 2016, 7(2): 167-181.

[130] Sateli B, Witte R. From papers to triples: An open source workflow for semantic publishing experiments[C]//International Workshop on Semantic, Analytics, Visualization. Springer, Cham,

2016: 39-44.

[131] Hallo M, Luján-Mora S, Maté A. Evaluating open access journals using Semantic Web technologies and scorecards[J]. Journal of Information Science, 2017, 43(1): 3-16.

[132] Jung Y. A semantic annotation framework for scientific publications [J]. Quality& Quantity, 2017, 51: 1-17.

[133] Dasigi P, Burns G A P C, Hovy E, et al. Experiment segmentation in scientific discourse as clause-level structured prediction using recurrent neural networks [J]. arXiv preprint arXiv: 1702.05398, 2017.

[134] Vahdati S, Dimou A, Lange C, et al. Semantic publishing challenge: bootstrapping a value chain for scientific data[C]//International Workshop on Semantic, Analytics, Visualization. Springer, Cham, 2016: 73-89.

[135] Pellegrini T. Semantic metadata in the publishing industry-technological achievements and economic implications [J]. Electronic Markets, 2017, 27(1): 9-20.

[136] Segundo J E S, Coneglian C S, Lucas E R O. Concepts And Technologies Of The Semantic Web For Academic-scientific Cooperation: A Study Within The Vivo Platform[J]. Transinformação, 2017, 29(3): 297-309.

[137] Euretos [EB/OL] [2019-02-19]. http: //www.phortosconsultants.com/index.php/euretos.

[138] Bel2nanopub [EB/OL] [2019-02-19]. https: //github.com/tkuhn/bel2nanopub.

[139] Emto Nanopub[EB/OL][2019-02-19]. http: //emto-nanopub.referata.com/wiki/EMTO_Nanopub.

[140] Enhancing Music Notation Addressability [EB/OL] [2019-02-19]. http: //mith.umd.edu/research/enhancingmusic-notation-addressability/.

[141] SciGraph[EB/OL][2019-02-19]. http: //www.springernature.

com/cn/researchers/scigraph.
[142] Microsoft Academic Graph[EB/OL][2019-02-19]. https://www.microsoft.com/en-us/research/project/microsoft-academic-graph/.
[143] Aminer[EB/OL][2019-02-19]. https://www.aminer.cn.
[144] 王晓光，宋宁远．延续与突破：2017年语义出版研究与实践回顾[J]．科技与出版，2018(02)：33-38.
[145] Jämthagen C, Hell M. Blockchain-based publishing layer for the Keyless Signing Infrastructure[C]//2016 Intl IEEE Conferences on Ubiquitous Intelligence & Computing, Advanced and Trusted Computing, Scalable Computing and Communications, Cloud and Big Data Computing, Internet of People, and Smart World Congress (UIC/ATC/ScalCom/CBDCom/IoP/SmartWorld). IEEE, 2016: 374-381.
[146] Janowicz Krzysztof, Regalia Blake, Hitzler Pascal, et al. On the prospects of blockchain and distributed ledger technologies for open science and academic publishing[J]. Semantic Web, 2018, 9(5): 545-555.
[147] O'Dair M, Beaven Z. The networked record industry: How blockchain technology could transform the record industry[J]. Strategic Change, 2017, 26(5): 471-480.
[148] Xu R, Zhang L, Zhao H, et al. Design of network media's digital rights management scheme based on blockchain technology[C]//2017 IEEE 13th International Symposium on Autonomous Decentralized System (ISADS). IEEE, 2017: 128-133.
[149] Savelyev Alexander. Copyright in the blockchain era: Promises and challenges[J]. Computer Law & Security Review, 2018, 34(3): 550-561.
[150] Liu T, Liu Z. A Prediction Recommendation Algorithm Research Toward to the Latest Published Article[C]//2nd International Conference on Electronics, Network and Computer Engineering

(ICENCE 2016). Atlantis Press, 2016.

[151] Guan X, Li M. Modelling of intelligent publishing cloud platform based on internet+[C]//2016 International Conference on Logistics, Informatics and Service Sciences (LISS). IEEE, 2016: 1-5.

[152] Ye H, Cheng X, Yuan M, et al. A survey of security and privacy in big data[C]//2016 16th international symposium on communications and information technologies (iscit). IEEE, 2016: 268-272.

[153] Andrini L. Redesigning Indonesia Copyright Act to Accommodate Autonomous Intelligent System: Status Quo and Room for Improvement[J]. Asian Journal of Law and Economics, 2018, 9 (3).

[154] Ta Minh Thanh, Iwakiri Munetoshi. Fragile watermarking with permutation code for content-leakage in digital rights management system[J]. Multimedia Systems, 2016, 22(5): 603-615.

[155] Rajpal Ankit, Mishra Anurag, Bala Rajni. A Novel fuzzy frame selection based watermarking scheme for Mpeg-4 videos using Bi-directional extreme learning machine [J]. Applied Soft Computing, 2018, 74: 603-620.

[156] Mao Jiafa, Xiao Gang, Sheng, Weigou, et al. A method for video authenticity based on the fingerprint of scene frame [J]. Neurocomputing, 2016, 173: 2022-2032.

[157] Hsing-Bai Chen, Wei-Bin Lee, Tzung-Her ChenEmail author. A novel DRM scheme for accommodating expectations of personal use [J]. Multimedia Tools and Applications, 2018. 77 (18). 23099-23114.

[158] Ma Zhaofeng. Digital Rights Management: Model, Technology and Application [J]. China Communications, 2017, 14 (6): 156-167.

[159] Zhang Chenguo. What are works? Copyright law subject matter in

the transition to the digital era: perspectives on the Third Amendment to the Chinese Copyright Act[J]. Queen Mary Journal Of Intellectual Property, 2017, 7(4): 468-484.

[160] Garcia Alvarez Ercilia, Sanchez Bergara Sheila, Lopez Sintas Jordi. Regulating copyright in the digital age in Spain: the Sinde law[J]. Queen Mary Journal Of Intellectual Property, 2016, 6(2): 236-247.

[161] Lee, Yin Harn. United Kingdom Copyright Decisions and Legislative Developments 2016[J]. Iic-international Review Of Intellectual Property And Competition Law, 2017, 48(2): 184-194.

[162] Andrini L. Redesigning Indonesia Copyright Act to Accommodate Autonomous Intelligent System: Status Quo and Room for Improvement[J]. Asian Journal of Law and Economics, 2018.

[163] Yu, Robert. The Machine Author: What Level Of Copyright Protection Is Appropriate For Fully Independent Computer-generated Works[J]. University of Pennsylvania Law Review, 2017, 165(5): 1245.

美国并购融资法研究的近期动态

冯　果　张　梁

武汉大学法学院

篇首语：本研究重点关注近10年来美国融资并购法律问题理论研究的发展动态，对部分子问题研究时间节点提前至2008年金融危机前后。同时，以文献梳理为基本方法对该问题理论研究的态势进行了分析。本研究发现，美国资本市场在并购融资领域出现了杠杆贷款和企业债券融合这样的金融创新趋势，同时私人信贷供应商也开始积极参与私募股权并购，成为该市场的新兴力量。其次，美国政府对融资并购干预尤为审慎：一方面，以"可撤销条款"为依托，关注并购融资后端的风险化解；另一方面，注重前端系统性风险的防控，即监管并不直接介入并购融资个案之中限定杠杆率，而是通过类似"宏观调控"的操作限制整体资金流向，从而把握金融机构的杠杆率。

引　　言

并购融资是企业一种为特殊目的进行的融资活动，一般是指并购方企业为了并购或控股收购被目标企业而进行的融资活动，其特点是融资额大，对并购后存续企业资本结构和公司治理结构有很大影响。① 2015 年以来，宝能集团意图通过融资并购控股万科地产的“宝万之争”引起了各方注意和思考，其中问题涉及证券、金融与公司治理多个领域，对我国现有金融市场规范体系和公司治理模式提出了挑战。尽管如此，企业并购作为健全企业控制权市场的重要工具，对于提升公司治理水平，促进企业做大做强具有重大意义。并购融资是企业并购的关键环节，尽管现阶段诸如“宝万之争”的一些列并购事件暴露出企业并购融资中资管计划层层嵌套逃避监管导致实际融资杠杆过高、风险突出等问题，但不能因噎废食，如何在防范风险的同时合理利用并购融资及促进企业发展，是理论与实践迫切需要回应的问题。

企业并购在美国有着长达一百多年的历史，经历了 1897—1904 年、1916—1929 年、1965—1969 年、1984—1989 年四个周期性并购浪潮，② 形成了跨越公司法、证券法、税法、反垄断法、破产法、商业银行法等法律的较为完善的企业并购法律体系，并通过判例法在实践中的探索完善了具体并购规则。基于美国发达的金融市场，融资并购几乎成为了企业并购最主要的方式，拥有一系列规则与实践标准。

最近一个时期，美国并购融资在实践中出现了一些新问题，引导理论研究呈现出一些新动态。第一，在经过金融危机的几年沉寂之后，美国杠杆并购逐渐复苏，杠杆收购导致的目标公司债务危机日益显现。同时，近期美国国会在《破产法典》中加入了针对金融机构“安全港”规则，使得本就存在适用争议的禁止欺诈性资产转移规则和《破产法典》中的相关条款在法律适用上的问题愈发凸显，成为了理论界最近几年研究的重点之一。第二，随着并购市场整体

① 张泽来、胡玄能、宋林峰：《并购融资》，中国财政经济出版社 2004 年版，第 19 页。

② 参见[美]斯蒂芬·贝恩布里：《美国并购法》(第三版)，李晓新译，法律出版社 2018 年版，第 2 页。

走向活跃，在并购融资的路径上，银团贷款成为了并购融资的重要手段。在银行债务资产多元化的监管要求下，银团贷款在投资者群体、产品结构、贷款流动性等因素上日益与债券趋同，作为并购融资重要手段的银团贷款和高收益债券也整体表现出相互接近的趋势，成为了理论界近期的主要关注点之一。第三，私募股权公司在经历了金融危机前一时期的爆炸性发展后，成为了融资并购市场的主要力量，尽管其势头在金融危机后的几年里有所回落，但是随着美国经济的复苏，私募股权已经由 20 世纪八九十年代时并购市场的陪跑者一月成功为了领跑力量，其强劲的发展势头与迅猛的扩张趋势也引起了理论界的担忧。

随着改革开放逐渐推进，我国企业和资本市场的国际化程度也将进一步提升，美国的并购融资市场无疑给我们提供了可供借鉴的样本，其发展动态很大程度上反映了国际融资并购市场的发展趋势。无论是基于当下企业并购融资风险控制的燃眉之急，还是放眼未来构建并购融资规范体系的未雨绸缪，密切关注美国并购融资法律问题的理论动向，对我国资本市场的国际化，提升我国企业的竞争力有着重要意义。

一、并购融资事后规制理论研究的近期动态

最典型的并购融资呈现收购方（Acquirer）、贷款机构（Lender）和目标公司（Target）的三角形结构。收购方以目标公司的资产作为担保从贷款机构获得贷款来购买目标公司。① 随后，利用从贷方获得的融资来从目标公司股东处购买股票，从而获得目标公司的所有权（ownership）。通过这种方式，“投资者将公司的大部分股权转化

① See David Gray Carlson，Leveraged Buyouts in Bankruptcy，20 Ga. L. Rev. 73，74（1985）；Emily L. Sherwin，Creditors' Rights Against Participants in a Leveraged Buyout，72 Minn. L. Rev. 449，449（1988）.

为债务，以高价从原股东处购买股票，获得目标公司的控制权并显著提高了目标公司的负债比。"①杠杆收购在美国十分受欢迎，因为它对收购方的自有资金要求很低，其中大部分收购资金是通过以目标公司资产未抵押融资获得的。因此，当融资成本较低并且经济形势向好时，高杠杆收购是非公众公司收购目标公司的最佳手段。然而，和所有高资产负债比的公司一样，经济形势和市场环境的细微变化也可能给目标公司带来巨大的破产风险。正因如此，"杠杆收购下高资产负债比的公司没有足够能力承受哪怕短暂的金融震荡，因为在公司负债结构上，债务的刚性远高于股权。"②事实上，在美国杠杆收购已经导致许多公司申请破产，在这种情况下，为了保护目标公司前期债权人的合法权益，美国《破产法》允许其委托人在满足条件的情况下撤销杠杆收购，这些允许委托人撤销杠杆交易的条款(下称"可撤销条款")这成为了一种并购融资的事后规制。

随着后金融危机后全球经济的逐渐复苏，融资并购日渐活跃，尤其是在杠杆收购领域，由于并购融资债务危机而导致的破产事件日益增多，随着《破产法典》中引入"安全港"规则作为可撤销条款的适用除外，禁止欺诈性资产转移法、破产法对并购融资的事后限制在司法裁判中暴露出许多问题，成为了理论界研究与关注的重点。

(一)理论研究的基础：可撤销条款及禁止欺诈性转移资产法

因为巨额债务负担导致目标公司面临高风险，所以杠杆收购往

① Raymond J. Blackwood, Note, Applying Fraudulent Conveyance Law to Leveraged Buyouts, 42 Duke L. J. 340, 342 (1992).

② See John H. Ginsberg et al., Befuddlement Betwixt Two Fulcrums: Calibrating the Scales of Justice to Ascertain Fraudulent Transfers in Leveraged Buyouts, 19 Am. Bankr. Inst. L. Rev. 71, 75 (2011).

往容易导致破产。根据破产资产分配的优先次序，贷款人的担保债权几乎覆盖了所有破产资产，无担保债权人几乎没有实现债权的可能性，此时就需要欺诈性转让法介入这些公司破产案件。“禁止欺诈性转移法的目的是防止债务人以不合理低价转移掉有价值的资产，导致没有足够的资产来补偿善意的债权人。”①因此，如果目标公司“在买被收购后财务状况不佳而后来失败，则未获清偿债权人可以对参与买断的当事人主张索赔”，② 援引禁止欺诈性转移资产的相关法律是其诉求获得支持的最有效途径。如果杠杆收购中的交易符合禁止欺诈性资产转移法的规定，则交易可以被撤销，并且可以将破产人的财产重新入库分配。

1.《破产法典》第 548 条、第 544(b)条与 UFCA、UFTA

美国《破产法典》为以欺诈性资产转让为由撤销杠杆收购的交易行为提供了法律依据，主要是通过适用第 548 条或第 544(b)条。这两个条款允许受托人援引禁止欺诈性资产转移的相关法律来撤销交易行为，在少数州需要援引 Uniform Fraudulent Conveyance Act (“UFCA”)，在绝大多数州则是援引 Uniform Fraudulent Transfer Act (UFTA)。③ 美国《破产法典》第 548 条允许受托人在破产申请提交之日起两年内撤销实质性欺诈转移(actually fraudulent transfer)和推定性欺诈转移(constructively fraudulent transfer)。根据第 548(a)(1)(A)条，受托人需要通过证实转让人存在事实上的欺诈转移行为或者具有欺诈性转让的意图，就可以撤销该交易。“然而，鉴于

① In re Bay Plastics, Inc., 187 B. R. 315, 322 (Bankr. C. D. Cal. 1995).

② Emily L. Sherwin, Creditors' Rights Against Participants in a Leveraged Buyout, 72 Minn. L. Rev. 449, 449 (1988), at 452.

③ UFCA 是 UFTA 的前身，UFTA 相较于 UFCA 的主要不同是扩大了所界定的“转让”的范围，UFTA 所指的转让几乎包括了所指的“转让”几乎包括了所有财产、权益和利益的各种形式的让渡，最大限度的填补了法律的漏洞。

收购方在进行杠杆收购时交易过程十分复杂，证明转让人主观上具有欺诈的故意十分困难。不过，第548(a)(1)(B)条为受托人代表无担保债权人提供了另一个机会，其允许受托人证实转让人存在推定欺诈性资产转移来撤销交易。如果债务人"这种转移或者债务承担获得的对价低于合理等值的价值"，或者"在产生此类交易或承担此债务之日已实际陷于破产，或者"由于此交易或债务而无力偿债"。①

此外，受托人可以根据《破产法典》第544(b)(1)条援引禁止欺诈性资产转让的相关法律，该条允许受托人"在有关法律允许的

---

① U. S. Code § 548-Fraudulent transfers and obligations (a)

(1) The trustee may avoid any transfer (including any transfer to or for the benefit of an insider under an employment contract) of an interest of the debtor in property, or any obligation (including any obligation to or for the benefit of an insider under an employment contract) incurred by the debtor, that was made or incurred on or within 2 years before the date of the filing of the petition, if the debtor voluntarily or involuntarily—

(A) made such transfer or incurred such obligation with actual intent to hinder, delay, or defraud any entity to which the debtor was or became, on or after the date that such transfer was made or such obligation was incurred, indebted; or

(B)(i) received less than a reasonably equivalent value in exchange for such transfer or obligation; and

(ii) (I) was insolvent on the date that such transfer was made or such obligation was incurred, or became insolvent as a result of such transfer or obligation; (II) was engaged in business or a transaction, or was about to engage in business or a transaction, for which any property remaining with the debtor was an unreasonably small capital; (III) intended to incur, or believed that the debtor would incur, debts that would be beyond the debtor's ability to pay as such debts matured; or (IV) made such transfer to or for the benefit of an insider, or incurred such obligation to or for the benefit of an insider, under an employment contract and not in the ordinary course of business. 详见，https://www.law.cornell.edu/uscode/text/11/548.

情况下，撤销债务人的任何通过财产转移或者承担债务的利益转移行为”。① 与该法第 548(a)(1)(A)条的情况一样，根据法律的实际欺诈证据要求证明主观上的欺诈意图。但是，出于与上述相同的原因，实际意图极难证明。同时，对于如何认定推定性欺需要双管齐下进行分析。第一，受托人必须证明转让不具有公平性基础(fair consideration，UFCA)，或者不是基于“合理等价”(equivalent value，UFTA)。如果第一个条件得到满足，法院必须确定债务人是否在交易时破产或因为交易破产或剩余财产显著不足。如果两个条件都已满足，则可以撤销交易，并将资产重新入库分配。

2. 可撤销条款的适用除外——《破产法典》第 546(e)条

美国国会在 2005 年和 2006 年集中修改了《破产法典》第 546(e)条改变了欺诈性转让法的在杠杆收购中的适用范围，成为了杠杆收购中对抗债权人撤销权的一般性工具。第 546(e)条通过阻止受托人援引该法第 548 条或者通过第 544(b)条适用 UFCA、UFTA 中的相关规定来撤销杠杆收购中的交易行为，从而将财产纳入债务人的一般财产从而受偿。第 546(e)条规定，尽管该法第 544 条、第 545 条、第 547 条以及第 548(a)(1)(B)条有所规定，但在下列情形中受托人不得撤销相关资产转移行为：第一，当该行为为第 101 或 741 条所界定的保证金支付时；第二，当该行为本法第 101 条或 741 条规定的一方为商品经纪人、远期合约商人、股票经纪人、金融机构、财务公司或证券结算机构的结算支付时；第三，当该资产转移行为的一方为商品经纪人、远期合约商人、股票经纪

① 11 U.S. Code § 544-Trustee as lien creditor and as successor to certain creditors and purchasers (b)

(1) Except as provided in paragraph (2), the trustee may avoid any transfer of an interest of the debtor in property or any obligation incurred by the debtor that is voidable under applicable law by a creditor holding an unsecured claim that is allowable under section 502 of this title or that is not allowable only under section 502(e) of this title. 详见，https://www.law.cornell.edu/uscode/text/11/544.

人、金融机构、财务公司或证券结算机构，并且该行为涉及本法第741(7)条规定的证券合同，或者第761(4)条规定的商品合同，或者在本案开始前签订的远期合同(本法第548(a)(1)(A)条规定的远期合同除外。)①但是该条款在法律适用上存在很多问题，一项以14个联邦上诉法院判决和27个州破产法院判决为样本的类案分析显示，在联邦法院作出的14个判决中有12个援引了《破产法典》第546(e)条，在州破产法院作出的27个判决中仅有10个判决援引了该条款，联邦法院与破产法院就地546(e)条的适用上存在较大分歧。②

(二)可撤销条款及其适用除外的近期理论研究

1. 导致司法裁判中法律适用争议的原因

Aclyn Weissgerber (2014)认为“在颁布和修订破产法第546(e)条时，国会多次声明其目的是保护金融市场免受破产所造成的系统

① 11 U. S. Code § 546-Limitations on avoiding powers (e)

Notwithstanding sections 544, 545, 547, 548(a)(1)(B), and 548(b) of this title, the trustee may not avoid a transfer that is a margin payment, as defined in section 101, 741, or 761 of this title, or settlement payment, as defined in section 101 or 741 of this title, made by or to (or for the benefit of) a commodity broker, forward contract merchant, stockbroker, financial institution, financial participant, or securities clearing agency, or that is a transfer made by or to (or for the benefit of) a commodity broker, forward contract merchant, stockbroker, financial institution, financial participant, or securities clearing agency, in connection with a securities contract, as defined in section 741(7), commodity contract, as defined in section 761(4), or forward contract, that is made before the commencement of the case, except under section 548(a)(1)(A) of this title.

② Aclyn Weissgerber, Is It Law or Something Else? A Divided Judiciary in the Application of Fraudulent Transfer Law under § 546(e) of the Bankruptcy Code, 34 Pace L. Rev. 1268.

性风险。受托人主张撤销索赔，撤销交易的主张可能会影响市场稳定。”①然而，事实上破产法官和联邦上诉法官在第 546(e) 条是否仅限于涉及金融市场的交易行为上具有根本性的不同认识。尽管破产法法官通常会狭隘地解释第 546(e) 条，以期防止在善意的债权人受偿之前优化向股东支付导致的明显不公，但审查联邦上诉法官一致倾向于更宽泛地解释第 546(e) 条的适用，从而使得所有形式的股票交易免于撤销。尽管两个法院都通过规范的法律推理得出其所主张的结论，但是这种解释分歧的存在客观上反应了除却立法语言上的存在的模糊性、破产法院专业性、其作为衡平法院的认识基础以及不同司法体制下不同法院在价值选择上的不同倾向性才是导致这一问题的更为根本的原因。相反，法律形式主义并不能为这种既存的法解释差异提供令人信服的说法。②

2. 事后审查的弊病及事前审查机制的构建

Angelo Guisado(2013) 认为禁止欺诈性资产转移法的过度适用会遏制杠杆收购市场。③ 原始贷款人的担保优先权在破产程序中被无视很可能导致贷方和卖方将成为风险交易的担保人。这一现象导致的结果是即使优质的杠杆收购计划也会因为风险过大而难以进行。考虑到担保可能被法院认为无效，贷方可以在无担保交易中执行杠杆收购。但是，如果公司的资产基础很小而且不能用作抵押，那么交易将是无担保的，这就导致无抵押贷款人需要次级债务和股权来进行缓冲。股权缓冲可能影响管理层的利益和控制权，而股

---

① 11 U. S. C. § 548(a)(1)(B) (2012); see also Daniel J. Merrett & John H. Chase, Safe Harbor Supernova: Is Section 546(e)'s Stellar Protection of Private LBO Transactions About to Burn Out? 21 J. Bankr. L. & Prac. 3 Art. 1, n. 161 (2012).

② Aclyn Weissgerber, Is It Law or Something Else? A Divided Judiciary in the Application of Fraudulent Transfer Law under § 546(e) of the Bankruptcy Code, 34 Pace L. Rev. 1268.

③ Angelo Guisado, REVISITING THE LEVERAGED BUYOUT: IS CONSTRUCTIVE FRAUD GOING TOO FAR?, 46 J. Marshall L. Rev. 429.

权投资者对短期快速收益的渴望可能会导致对公司长期潜力产生不利影响的政策出台。因此，该法很可能使得资金难以流入杠杆收购中，最终这将降低资本市场额资金使用效率，因为杠杆收购可以促使稀缺资源流向更具有价值的领域，同时刺激企业管理效率增加。

Laura Femino(2014)认为目前的推定性欺诈性转移诉讼制度存在事后偏见和补救措施不足的问题，为潜在交易增加了很大的不确定性，并对收购产生了不良的监督激励，提出建立一种事前的审查制度替代事后审查。① 这种事前审查制度相较于撤销交易的事后审查制度而言，可以在事前区分不同类型的杠杆收购并且区别对待。在事前审查阶段审查通过的杠杆收购不能再作为推定性欺诈转移的对象诉讼撤销。但是，实际的欺诈交易不会受到事前审查的保护，并且事后审查机制仍然会对其约束。杠杆收购的事前审查使得可能通过或善意的杠杆收购对相关各方更安全，同时使可能失败或恶意的杠杆收购在起步阶段就更难继续。通过这样的事前审查，任何针对杠杆收购的事后诉讼都不会对交易进行二次干预，而是更关于目标披露其财务状况的完整性和真实性。

3. 从实质公平的角度限定546(e)条的适用范围

Samir D. Parikh(2012)认为杠杆收购中安全港规则所产生的司法裁判冲突最终仍然需要通过立法机关协调解决。② 虽然杠杆收购在过去十年中广受欢迎，但其往往会给目标公司带来沉重的债务负担。如果现金流出现问题，杠杆收购目标公司可能无法偿还债务，从而申请破产。一旦处于破产状态，债权人的收益率就会下降，因为目标公司债务远远超过其资产价值。这种情况下，债权人可能通过援引欺诈性资产转移法来否定杠杆收购的效力。通过说服破产法

① Laura Femino, Ex Ante Review of Leveraged Buyouts, 123 Yale L. J. 1830.

② Samir D. Parikh, Saving Fraudulent Transfer Law, 86 Am. Bankr. L. J. 305.

院撤销杠杆收购，债权人可以收回转移给原目标公司股东的资金。破产法院试图限制严格《破产法典》第 546(e)条的适用从而消除个案中存在的不公平现象，但其观点与地区法院和巡回法院并不一致。实际上，司法系统内部无法解决这个问题，答案在于该条款本身。第《破产法典》546(e)条的政策基础是保护证券清算体系，立法机关应当通过法律的修订来解决这个问题。国会必须修改第 546(e)条，以部分情况下对该条款的滥用导致对债权人实质上的不公。

Peter v. Marchetti(2018)认为应当对美国《破产法典》第 546(e)条进行明确。① 在过去三十年中，美国国会修订了《破产法典》，目的是保护金融市场免受系统性风险冲击。为实现这一目标，国会颁布并扩展了《破产法典》第 546(e)条("安全港规则")的适用范围，以便将各类金融交易与《破产法典》中的可撤销条款隔离开来。国会的第 546(e)节安全港的意图是防止作为中介的金融机构和清算机构在交易撤销后产生"连锁反应"。但是，第 546(e)条"安全港规则"的规定并不十分明确，这一规则的适用范围比国会预期的更为广泛。最高法院应当明确第 546(e)条"安全港规则"不能仅仅因为债务人在向证券持有人购买证券的过程中金融机构发挥的中介作用就将这一类资产转让排除在推定性欺诈转移或不合理转让之外。尽管在最高法院作出这种目的性限缩后，国会也应在理发层面上限定第 546(e)条的适用范围，主要包括：(1)排除该条在庞氏骗局中对欺诈人的保护；(2)在金融机构自身直接从事交易而不是纯粹作为商品或证券清算机制中介的情况下，不能将金融机构排除在推定性欺诈转移责任之外；(3)该条适用范围仅包括：第一，善意从事

① Peter v. Marchetti, A NOTE TO CONGRESS: AMEND SECTION 546(e) OF THE BANKRUPTCY CODE TO HARMONIZE THE UNDERLYING POLICIES OF FRAUDULENT CONVEYANCE LAW AND PROTECTION OF THE FINANCIAL MARKETS, 26 Am. Bankr. Inst. L. Rev. 1.

的公开证券的非内幕投资者；第二，仅作为商品和证券清算和结算系统中介的实体；第三，回购参与者(repo participants)；第四，互换型交易参与者(swap participants)。

二、并购融资的新趋势：杠杆贷款和企业债券的融合

杠杆贷款(leveraged loans)是并购融资的一种常见方式，和垃圾债券(junk bonds)一样，接收贷款的实体往往资产负债比较高。在美国《证券法》引入强制性信息披露制度后，几十年来银行贷款和企业债券始终可谓是泾渭分明，各行其是。但是在最近的十几年间，随着因为银行贷款市场发生的巨大变化，这种明显的界限开始被打破。这种转变主要表现为从传统的借贷关系型银行业务转向可交易的银团贷款(syndicated loans)。随着这种转变，商业银行业务开始在形式上向投资银行业务趋近，贷款市场开始变得类似于不受美国证监会监管的债券市场。针对这一现象，近期理论研究围绕杠杆贷款与企业债券融合的原因,① 两者融合的表现②以及如何定义新趋势下的银团贷款展开。③

(一)杠杆贷款与企业债券界限日益模糊的原因探究

1. 企业贷款市场环境的变化

企业的融资需求和资金供给的变化从两方面共同推动了企业贷款市场的变革。Ulf Axelson(2010)认为在需求方面，20世纪八十年代初杠杆收购的出现和迅速普及显着提升了公司承担债务的意愿。

① See Charles K. Whitehead, The Evolution of Debt: Covenants, the Credit Market, and Corporate Governance, 34 J. Corp. L. at 651-652.

② Arthur E. Wilmarth, The Transformation of the U.S. Financial Services Industry, 1975-2000: Competition, Consolidation, and Increased Risks, 2002 U. Ill. L. Rev. at 381-382.

③ Elisabeth de Fontenay, Do the Securities Laws Matter? The Rise of the Leveraged Loan Market, 39 Iowa J. Corp. L. 725.

这也促使公司对债务在其资本结构中作用的理解发生了根本性转变。长期以来，人们对企业债务的认识是应当极力避免举债。然而，随着杠杆收购的出现，公司开始因股东对并购的意愿而非运营原因而承担债务。① Robert P. Bartlett III(2010)指出尤其是私募股权投资公司而言，举债已经成为一种必要的手段：利用更高的杠杆率，私募股权公司可以收购规模庞大的公司，并以此扩大投资者的回报率。② 因此，杠杆收购的出现于兴起推动了对企业贷款需求的大幅增长。

Katerina Simons(1993)认为在此期间，并购融资的资金供给侧也出现了巨大的变革，这场变革带来的最终结果是企业贷款结构的重大的变化，银行向企业的借贷模式由“贷出并持有”向“贷出后转让”的模式转变。③ 这一转变的最初缘起于商行业的放松管制，特别是商业银行业务(吸收存款、发放商业贷款)与投资银行业务(承销和交易证券)的融合。在大萧条之后，“格拉斯-斯蒂格尔法案”(即 The Glass-Steagall Act or The Banking Act of 1933)旨在通过禁止储蓄银行从事投资银行等风险活动，保护个人的存款。虽然这一法案的目标是让银行不受其他金融机构风险的影响，但客观上保护了银行业务免受其他金融机构的竞争。但随着“格拉斯-斯蒂格尔法案”的式微削，并最终废除，商业银行和投资银行业之间隔离墙彻底倒塌，两类银行互相向彼此的业务领域浸入。

Elisabeth de Fontenay(2014)认为现阶段，面临来自保险公司、投资银行和共同基金的竞争，银行被迫进入新的业务领域以维持利

① See Ulf Axelson et al., Why Are Buyouts Levered? The Financial Structure of Private Equity Funds, 64 J. Fin. 1549, 1556.

② See Robert P. Bartlett III, Taking Finance Seriously: How Debt Financing Distorts Bidding Outcomes in Corporate Takeovers, 76 Fordham L. Rev. 1975, 1980.

③ Katerina Simons, Why Do Banks Syndicate Loans?, New Eng. Econ. Rev. 45, 45-46 (Jan. 1993), available at http://www.bostonfed.org/economic/neer/neer1993/neer193c.pdf.

润。同时，随着货币基金等可安全的替代性投资选择出现，银行的境遇也变得更加窘迫，作为其传统资金来源的储蓄业务日益萎缩，许多银行倒闭，整个行业重新整合。在贷款方面，投资银行开始与商业银行竞争，为公司提供短期商业票据等新的债务融资选择。①

Robert F. Hugi(2008)认为传统贷款融资模式变革的导火索是美国对银行资本要求的转变，尤其是巴塞尔协议(the Revised Basel Capital Accord II)的修订。② 随着巴塞尔协议 II 的发布，银行监管机构开始以现代投资组合理论为原则，并修订了银行资本要求，以激励银行实现资产多元化。在这种情况下，银行因为在资产负债表上持有少量大额贷款而受到处罚，持有少量贷款银行则可以获得奖励。当有关资产是证券时，多元化对银行来说并不难以实现。但是当相关资产是贷款时，一个棘手的问题就出现了：银行如何能够持有多元化的贷款组合而这些贷款又不都是自己放出的呢？此外，一家银行如何转让其发起的大笔贷款呢？因此迫切需要一种机制，通过这种机制，可以将部分公司贷款从原始银行转移到其他银行，最终转移到其他类型的机构。以此为契机，银团贷款和二级交易迅速展开，并成为世界上最大的企业融资来源。③ 贷款银团中，由一家主要银行作为牵头人与借款公司协商贷款的关键条款，然后组织一个贷款集团为其提供资金。④ 如果贷款规模足够大，它就可以被交

① Elisabeth de Fontenay, Do the Securities Laws Matter? The Rise of the Leveraged Loan Market, 39 Iowa J. Corp. L. 725.

② See generally Robert F. Hugi et al., U. S. Adoption of Basel II and the Basel II Securitization Framework, 12 N. C. Banking Inst. 45, 48 (2008).

③ Arthur E. Wilmarth, Jr., The Dark Side of Universal Banking: Financial Conglomerates and the Origins of the Subprime Financial Crisis, 41 Conn. L. Rev. 963, 982.

④ See Allison A. Taylor & Ruth Yang, Evolution of the Primary and Secondary Leveraged Loan Markets, in The Handbook of Loan Syndications and Trading 21, 23-24.

易给二级市场上的其他投资者。即使是牵头的主要银行也可能最终只通过这个过程持有一小部分贷款，或者完全卖掉其持有的部分贷款。因此，银团的联合和二级交易为贷款市场带来了前所未有的几种类似债券的特征：以非银行机构为主的多元化的资金提供方，轻度监管和贷款的流动性。银行的角色已经从资金，监管和持有贷款转变为寻找贷款和管理信贷关系中的其他投资者。虽然银行现在持有的公司贷款份额越来越小，但非银行机构投资者热情地进入市场并迅速超过银行所占的市场份额。贷款市场的其他机构投资者包括养老基金，共同基金，对冲基金，保险公司，金融公司和外国机构。

2. 债券市场的变化

虽然债券市场在此期间的发展速度低于贷款市场，但仍然有两个关键的因素促成了它与贷款市场的融合。首先，20 世纪八十年代早期见证了高风险市场，高收益债券(junk bonds)市场的发展。已经退出市场的投资银行 Drexel Burnham 和 Lambert 向公众推出了一种新的债券产品，这种债券承诺收益率非常高，并且曾经为收购和其他杠杆资本重组提供融资，这再次引起了市场对大额债务融资进行杠杆收购的兴趣。①

James D. Cox(2013)认为散户投资者逐渐开始退出债券市场也是导致两个市场趋同的原因之一。② 散户投资者在所有公共市场上都有不同程度的退缩，主要是因为他们更倾向于通过共同基金和养老基金等中介机构参与其中。然而，这种现象在公司债券市场更为明显，直接零售投资者现在几乎消失了。对于为什么会出现这种情况，有几种合理的解释。首先，与股票市场不同，公司债券现在几乎完全通过交易商进行交易，而不是交易所的交易，这使得直接散

① See Glenn Yago, Junk Bonds: How High Yield Securities Restructured Corporate America 20-26.

② See James D. Cox et al., Securities Regulation: Cases and Materials 560 (7th ed. 2013).

户投资者难以进入。其次，对固定收益产品的机构需求非常巨大，以至于市场没有动力去为散户提供合适的产品。一个明显的例子是购买债券的最低面额明显大于股票。尽管公司贷款市场和债券市场发生了巨大的变化，但是这种变化并不是因为证券法等法律层面的影响。① 在证券法的监管力度不变的情况下，贷款市场从一个流动性差的银行驱动型市场转变为一个成熟的、非中介的资本市场。

（二）贷款和债券融合路径研究

上述贷款和债券市场的变化导致其以惊人的速度融合，特别是在并购融资这种风险相当高的领域内。投资者和发行人现在都将这种为杠杆并购提供融资的高风险贷款作为高收益债券的替代品。② 这种融合在投资者，定价，流动性，契约结构和信用特征中表现最为明显。

1. 投资者群体的趋同

James D. Cox(2013)银团贷款和二级市场交易导致公司贷款的债权人数量和类型发生了巨大变化。银团贷款由大量分散的债权人持有，主要包括与借款公司没有关系的非银行机构投资者。随着直接散户投资者的逐渐消失，债券市场现在也由机构投资者主导。虽然银团贷款和债券在最开始投资者结构不尽相同，但现在，特别是在高收益领域，两者投资者结构呈现出高度同质化。③

2. 市场定价中的一致性变化

Hugh Thomas & Zhiqiang Wang(2004)的实证研究发现贷款和债券市场的资本定价也在很短的时间表现出趋同。20 世纪八十年代

---

① 美国《证券法》第 144A 条的颁布确实对贷款市场产生了间接影响，该条允许如 CLO 等证券化工具作为一类新的债权人进入市场。但是，证券法对贷款的监管并没有变化。

② Hendrik Bessembinder & William Maxwell, Markets: Transparency and the Corporate Bond Market, 22 J. Econ. Persp. at 230.

③ See James D. Cox et al., Securities Regulation: Cases and Materials 560 (7th ed. 2013).

末和九十年代初杠杆贷款定价尚未与高收益债券定价相趋同,① 近期数据则显示杠杆贷款和高收益债券市场的定价非常明显地呈现出一致性变化。②

3. 契约结构的同质化

Michael Bradley & Michael R. Roberts(2004)认为随着简约式贷款契约的出现，杠杆贷款契约与高收益债券在契约结构上也表现出同质化倾向。③ 长期以来，贷款契约的权利义务约束十分紧密，债权人对资金流向的监控也十分紧密，但随着银团联合贷款和二级市场交易的出现，这些也已成为过去式。虽然银行贷款通常以高度限制性契约为特征，但这种特征难以与债权人的分散性契合。通常必须在贷款过程中修改银行贷款契约，这在贷款是在单一银行和借款人之间时很容易，只要银行批准拟议的修正案就可以实现。然而，在债权人分散时，债权人之间的集体行动和坚持问题使其变得困难。如果成本过高，公司则可能放弃潜在的并购交易甚至面临破产的风险。为了避免该问题，契约必须限制较少，因此事后无需过多的修改。这就解释了为什么债券契约传统上比银行贷款契约更宽松，以及为什么银团贷款和二级市场交易开展以来，债券契约的限制为何会大幅放松。④

Cem Demiroglu & Christopher M. James(2010)对简约式贷款契

① Lazarus A. Angbazo et al., Credit Spreads in the Market for Highly Leveraged Transaction Loans, 22 J. Banking & Fin. 1249.

② Hugh Thomas & Zhiqiang Wang, The Integration of Bank Syndicated Loan and Junk Bond Markets, 28 J. Banking & Fin. 229, 306.

③ Michael Bradley & Michael R. Roberts, The Structure and Pricing of Corporate Debt Covenants 13 (May 13, 2004) (unpublished manuscript), available at http://ssrn.com/abstract=466240.

④ See Charles K. Whitehead, The Evolution of Debt: Covenants, the Credit Market, and Corporate Governance, 34 J. Corp. L. at 643-645.

约的采用和普及表示了担忧。① 其认为这种简约式贷款契约并不对贷款人的杠杆率进行明确的限制，无论是通过承其他的债务还是仅仅因为运营不当。传统的杠杆贷款契约需要对借款人的资产负债比进行限制，因为这种限制相当于一个警戒线，为贷方提供借款人潜在财务困境的预警信号。如果借款人违反契约中杠杆率的规定，银行可以及早干预借款人的运营以避免破产，或者银行可以在情况恶化之前决定贷款加速到期。但是，与公共债券一样，通过简约式契约贷款，贷款人完全放弃对借款人的控制权。

契约贷款首次出现在 2005 年左右，并在杠杆贷款市场迅速普及。在签订贷款契约时附加对借款人财务情况进行监控的条款一直以来是银行贷款的一个重要特征，因此在金融危机前的时期，简约式贷款契约被视为一种发放超额贷款的工具，社会普遍认为随着理性回归，这种贷款契约很快就会被抛弃。② 尽管如此，简约式契约贷款市场份额在金融危机后持续飙升，截至 2013 年，其占所有未偿还杠杆贷款的 35%。③ 随着贷款契约限制的放宽，特别是简约式契约贷款的普及，现阶段的杠杆贷款通常被视为具有债券属性的契约。④

(三)理论争议的核心：银团贷款是证券吗?

尽管与债券的功能趋近相同，但是根据美国法律，银团联合发放的可交易公司贷款依旧不被视为证券，从而使得银团贷款免受强

---

① See Cem Demiroglu & Christopher M. James, The Role of Private Equity Group Reputation in LBO Financing, 96 J. Fin. Econ. 306, 306-09.

② You Only Give Me Your Funny Paper: Debt Markets Turn Grouchy as Creditors Ask for More, The Economist (June 28, 2007), available at http://www.economist.com/node/9413745.

③ Bram Smith et al., Loan Terms & Ways to Invest in Loans, Loan Syndications & Trading Ass'n, available at http://www.lsta.org/workarea/DownloadAsset.aspx?id=16747.

④ See Standard & Poor's, A Guide to the Loan Market, at18, available at https://www.lcdcomps.com/d/pdf/LoanMarketguide.pdf.

制信息披露制度的约束。在公开债券市场，强制披露在实践中意味着在首次发行债券时必须向公众披露详细的信息。在融资后，即便是私人公司，也要进行持续性披露，只要该债券持有人超过 300 人。① 最后，发行受到证券法的各种反欺诈条款的约束，包括最重

① 15 U. S. Code § □78o. Registration and regulation of brokers and dealers

(d) Supplementary and periodic information

(1) In general Each issuer which has filed a registration statement containing an undertaking which is or becomes operative under this subsection as in effect prior to August 20, 1964, and each issuer which shall after such date file a registration statement which has become effective pursuant to the Securities Act of 1933, as amended [15 U. S. C. 77a et seq.], shall file with the Commission, in accordance with such rules and regulations as the Commission may prescribe as necessary or appropriate in the public interest or for the protection of investors, such supplementary and periodic information, documents, and reports as may be required pursuant to section 78m of this title in respect of a security registered pursuant to section 78l of this title. The duty to file under this subsection shall be automatically suspended if and so long as any issue of securities of such issuer is registered pursuant to section 78l of this title. The duty to file under this subsection shall also be automatically suspended as to any fiscal year, other than the fiscal year within which such registration statement became effective, if, at the beginning of such fiscal year, the securities of each class, other than any class of asset-backed securities, to which the registration statement relates are held of record by less than 300 persons, or, in the case of a bank, a savings and loan holding company (as defined in section 1467a of title 12), or a bank holding company, as such term is defined in section 1841 of title 12, 1,200 persons persons. 1 For the purposes of this subsection, the term "class" shall be construed to include all securities of an issuer which are of substantially similar character and the holders of which enjoy substantially similar rights and privileges. The Commission may, for the purpose of this subsection, define by rules and regulations the term "held of record" as it deems necessary or appropriate in the public interest or for the protection of investors in order to prevent circumvention of the provisions of this subsection. Nothing in this subsection shall apply to securities issued by a foreign government or political subdivision thereof.

详见，https://www.law.cornell.edu/uscode/text/15/78o.

要的 10b-5 规则。① 贷款市场则完全不受这些规则的监管。相反，杠杆贷款通过一种包含信用额度（credit facility）和管理预期（management projection）的短期表的“存折”（bank book）来向投资者兜售。② 对于借款人而言，其需唯一需要特别披露的是贷款合同，也就是贷款人和借款人在银团借款中协商达成的信贷协议。③ 但是考虑到银团贷款和贷款二级交易的迅速增加，一个理论研究不能逃避的问题是：企业债券与银团贷款之间的监管区别是否还具有法律上的正当性？

---

① 17 CFR 240. 10b-5 § 240. 10b-5 Employment of manipulative and deceptive devices.

It shall be unlawful for any person, directly or indirectly, by the use of any means or instrumentality of interstate commerce, or of the mails or of any facility of any national securities exchange,

(a) To employ any device, scheme, or artifice to defraud,

(b) To make any untrue statement of a material fact or to omit to state a material fact necessary in order to make the statements made, in the light of the circumstances under which they were made, not misleading, or

(c) To engage in any act, practice, or course of business which operates or would operate as a fraud or deceit upon any person, in connection with the purchase or sale of any security.

② See Standard & Poor's, A Guide to the Loan Market 15 (2011), at 9 available at https://www.lcdcomps.com/d/pdf/LoanMarketguide.pdf.

③ 在美国法上，债权人和股东不同，除非公司破产，否则公司高管和公司董事并不对债权人负有信义义务。参见 N. Am. Catholic Educ. Programming Found. Inc. v. Gheewalla, 930 A. 2d 92, 101-03 (Del. 2007);; Geyer v. Ingersoll Publ'ns, 621 A. 2d 784, 787-88 (Del. Ch. 1992).

1. 理论分析的工具：Reves 案确立的“同类相似性”规则

美国《证券法》对“证券”界定非常广泛，① 但是“证券法”并未将所有期票和债务工具都视为证券。但是《证券法》中的这种广泛的界定也收到了受到广泛的质疑，“除文义另有所指外”的表述，② 将确定“证券”概念外延的任务留给了美国法院。现阶段美国法院对于特定债务工具是否为证券的判定已经有了一套较为完善的体系。在 Reves v. Ernst&Young 案中，美国最高法院采纳了第二巡回法院的“同类相似性”测试（“family resemblance” test）。③ 基于证券法对证券的宽泛定义，该测试首先假定每种票据都是证券。但是，如果这种票据与之前被法院认定为非证券金融工具的某一类票据非常类似，则这一推定可能会被驳回，这种相似性判断主要涵盖以下四个因素（标准）：（1）促进市场主体理性的因素是否类似；（2）该金融工具的发行计划是否类似；（3）投资受众的理性预期程度是否类似；（4）是否存在其他监管规则，可以显著降低这一类金融工具

---

① 15 U.S. Code §□77b. Definitions; promotion of efficiency, competition, and capital formation

(a) DefinitionsWhen used in this subchapter, unless the context otherwise requires—

(1) The term “security” means any note, stock, treasury stock, security future, security-based swap, bond, debenture, evidence of indebtedness, certificate of interest or participation in any profit-sharing agreement, collateral-trust certificate, preorganization certificate or subscription, transferable share, investment contract, voting-trust certificate, certificate of deposit for a security, fractional undivided interest in oil, gas, or other mineral rights, any put, call, straddle, option, or privilege on any security, certificate of deposit, or group or index of securities (including any interest therein or based on the value thereof), or any put, call, straddle, option, or privilege entered into on a national securities exchange relating to foreign currency, or, in general, any interest or instrument commonly known as a “security”, or any certificate of interest or participation in, temporary or interim certificate for, receipt for, guarantee of, or warrant or right to subscribe to or purchase, any of the foregoing.

② 是指 15 U.S. Code §□77b(a)和 15 U.S. Code §□78c(a)中的规定的“unless the context otherwise requires”.

③ Reves v. Ernst & Young, 494 U.S. 56, 63 (1990).

的风险，从而无需适用“证券法”进行监管。①

如果性质待定的票据不与任何一类非证券金融工具具有高度相似性，那么法院必须决定是否需要根据这四项标准创设一类新的非证券金融工具。如果这种票据既不与任何一类既存非证券金融工具相似，法院又不将其是认定为一类新的非证券金融工具，那么这种票据就将被视为证券。除了确立了“同类相似性”规则外，该案法院还重申长期以来的观点，即传统的银行贷款不应受到证券监管，并指出商业银行为当前业务提供贷款的票据(合同、凭证)属于非证券。

2. 前车之鉴：Banco Espanol 案——贷款参与并非证券

目前，美国法院尚未遇到相关案件需要判定银团贷款是否属于证券。因此这一问题上，Banco Espanol de Credito v. Security Pacific National Bank 案被认为是具有权威性的相似案例，因为此案涉及贷款参与(loan participation)的问题。② 银团贷款通过以转让的方式在二级市场上交易，原债权人将的所有权利和义务转移给新的贷方。与贷款转让不同，贷款参与仅仅是现有贷方承诺将其贷款的本金和利息支付的全部或者一部分给第三方，贷款参与人并不与借款人存在合同关系。本案中的争议点在一个贷款参与计划，Security Pacific 邀请各种投资者购买 Integrated Resource 公司发起的无抵押短期贷款。后 Integrated Resource 公司开始违约贷款，贷款参与的购买者对借款人没有追索权，故而起诉 Security Pacific 没有按照《证券法》第 12(2) 条的要求披露有关综合财务状况的重要事实。这一主张最终获得法院支持的关键在于贷款参与实质上是一种

---

① (1) The motivations that would prompt a reasonable seller and buyer to enter into the transaction; (2) The plan of distribution of the instrument; (3) The reasonable expectations of the investing public; (4) Whether some factor such as the existence of another regulatory scheme significantly reduces the risk of the instrument, thereby rendering application of the Securities Acts unnecessary. See, Reves v. Ernst & Young, 494 U.S. 56, 63 (1990), at 66-67.

② Banco Espanol de Credito v. Sec. Pac. Nat'l Bank, 973 F.2d 51 (2d Cir. 1992), cert. denied, 509 U.S. 903 (1993).

证券。

巡回法院在处理本案时第一个需要解决的问题就是如何在证券法立法目的的指引下，处理贷款参与贷款本身的关系。地区法院认为“在某些情况下参与某种金融工具的份额证明可以被视为证券，即使该这种金融工具本身不是证券”，这一观点得到了巡回法院的认同。① 但在该案中，地区法院认为贷款参与“没有与基础贷款相分离”。地区法院的结论令人费解，因为贷款协议是借款人 Integrated 和原始贷款人 Security Pacific 之间的合同，而贷款参与仅仅是 Security Pacific 和购买者之间的合同，并且两个合同之间条款差异明显。具体而言，购买者没有原贷款协议下的贷方权利，特别是没有其他贷方所能获悉的借款人信息。

第二巡回法院的主流意见肯定了地方法院的判决，即贷款参与不是证券法中的证券，因为贷款参与与商业银行向其客户贷款具有“同类相似性”。而商业银行与客户之间的贷款契约是类公认的非证券金融工具。② 巡回法院认同地区法院根据“同类相似性”测试得出的结论：首先，当事人的主要动机是商业性的；第二，发行计划与证券不同，因为其只对只机构投资者和公司发售，并且未经 Security Pacific 同意，禁止转售；第三，投资者合理地认为这些是参与贷款而不是投资；第四，美国货币监理署(Office of Comptroller of Currency，下称 OCC)已发布出售贷款参与的政策指引。作为反对意见，巡回法院首席法官同意美国证券交易委员会的参考意见，即贷款参与是证券，因为它们至少在四个关键方面与传统的贷款参与不同：(1)购买者的性质和数量；(2)购买者的目的；(3)贷款参与的营销方式；(4)向购买者提供的信息。首先，虽然一些银行购买了贷款参与，但也有许多“非金融实体”以此投资。其次，Security Pacific 的交易部门(而不是商业贷款部门)的销售台负责管理贷款参与计划。第三，宣传材料将贷款参与描述为与商业票据

① Banco Espanol, 973 F. 2d at 54 (citing Banco Espanol de Credito v. Sec. Pac. Nat'l Bank, 763 F. Supp. 36, 41 (S. D. N. Y. 1991)).

② Banco Espanol, 973 F. 2d at 55-56.

(商业票据无疑是证券)竞争的金融工具，将购买者称为“投资者”，并强调贷款参与的流通性。最后，购买者没有收到有关借款人的任何非公开信息，从而将他们与商业贷方明显地区分开来，并使他们处于比原始贷款人 Security Pacific 更不利的地位。①

尽管如此，法院依然依照多数意见肯定了地方法院的判决，认为贷款参与不属于证券。虽然随后的案例对 Banco Espanol 案进行了狭义解释，但并没有被推翻其确立的规则，并且这一规则被广泛认为适用于贷款参与和银团贷款转让。然而，该案裁判之时，当时银团贷款市场正处于快速扩张的风口浪尖，并未完全展现出其所具有的流动性。考虑到当时的裁判面临着很大的反对意见，加之贷款市场的迅速变化，银团贷款是否属于证券存疑。尤其是，在“同类相似性”规则下，现在的银团贷款如何认定?

3. 用“同类相似性”规则分析银团贷款

“同类相似性”规则的第一个因素考察当事人的动机是投资还是商业交易或者用于消费。Banco Espanol 多数意见认为 Security Pacific 主要从事商业贷款业务，这种贷款参与符合其商业动机。但仅一年后，法院应当首先关注贷款参与购买者的动机。Standard & Poor's(2011)认为，买方的投资动机胜过卖方的商业动机。杠杆贷款市场的购买者经常将自己描述为投资者，而不是贷款人。② 除了牵头机构之外，该银团的成员通常与借款人没有关联，他们也不认为其的努力或投入会影响借款人公司的成功运营。在杠杆贷款领域，他们的期望是能够在二级市场上交易他们的贷款。所有这些都是投资，而不是商业目标。对于借款人，在杠杆贷款交易中，借款公司很少为当下的运营寻求资金。杠杆贷款通常用于股东的特殊目的(向股东发放股息)或进行新的投资(收购)。Victoria Ivashina & Anna Kovner(2010)同样认为，尽管大型银行继续担任牵头人，但他们在银团贷款中发挥的作用并不是为公司的运营提供资金，而是

① Banco Espanol, 973 F. 2d at 56 (Oakes, C. J., dissenting), at 58.

② See Standard & Poor's, A Guide to the Loan Market 15 (2011), at 10. available at https: //www. lcdcomps. com/d/pdf/LoanMarketguide. pdf.

保证借款人能够获得有效融资并从中收取费用，因此不应被视为贷方。①

"同类相似性"规则的第二个因素是发行计划，主要分析债务工具的营销方式以及向谁销售。Arthur E. Wilmarth，Jr.（2002）认为传统的银行贷款是单个公司与银行之间的私人的、双边的长期协议，而银团贷款的发行方式与证券非常相似。首先，无论是在最初的银团之中还是在随后二级市场交易中，银团贷款中的债权人人数都较多。其次，它们由主要牵头机构的银团服务部门进行营销，而不是商业贷款服务部门。② 因此，贷款的发起因此与贷款的发行脱节。杠杆贷款的购买者主要非银行机构，也就是说，这些机构无法密切监督借款人，并且这些机构持有银团贷款的目的也各自不同。这些都有力地支持了银团贷款属于证券的观点。但是，银团贷款的发行中有两个特征与传统的证券公开发行不同。首先，虽然银团贷款市场的交易量很大，但其仍然需要借款人的同意才能进行转让。但是，杠杆贷款的信贷协议通常规定借款人不得不合理拒绝同意转让，如果借款人未能在指定期限内对作出回应，则视为默许。③ 其次，银团贷款仅向机构投资者推销，不面向个人投资者。④ 然而，Reves 案中法院认为，涵盖多种群体的发行相当于公开发行。⑤ 事实上，个人投资者也直接参与高收益债券市场，但是高收益债券无疑受到证券监管。

"同类相似性"规则的第三个因素主要考察公众对该金融工具的认识，如果公众合理地认为这种金融工具具有投资属性，则不论

① Victoria Ivashina & Anna Kovner，The Private Equity Advantage：Leveraged Buyout Firms and Relationship Banking，24 Rev. Fin. Stud. 2462，2464（2010）.

② Arthur E. Wilmarth，Jr.，The Transformation of the U. S. Financial Services Industry，1975-2000：Competition，Consolidation，and Increased Risks，2002 U. Ill. L. Rev. 379（2002）.

③ See Richard Wight et al.，The LTSA's Complete Credit Agreement Guide 507，507-08（2009）.

④ See Fox v. Dream Trust，743 F. Supp. 2d 389，398（2010）.

⑤ Reves v. Ernst & Young，494 U. S. 56，68（1990）.

其基础资产是否为证券，均可以将其定性为证券。① Elisabeth de Fontenay(2014)认为由于银团贷款明确地作为投资进行销售，这些贷款的购买者也将自己描述为投资者，并且在一定给期限内他们承担着本金损失的风险，基于此很难不将银团贷款定义为证券。矛盾的是，购买银团贷款的机构投资者应该也能清楚地认识到银团贷款目前并不作为证券进行监管。② 这里反映出“同类相似性”规则会受困于解释的循环。如果投资者意识到杠杆贷款被视为非证券，这是否意味着其永远不会被视为证券？

“同类相似性”规则的第四个因素主要考察债务工具是否已经存在风险防控的机制。一般而言，风险较高的金融工具更需要证券法监管，因此是否存在降低风险的机制是该规则中一个非常重要的考量因素。Banco Espanol 案中法院指出 OCC 对国家银行的监督降低了贷款参与的风险，满足“同类相似性”规则的第四条，从而认定其并非证券。法院对这个的结论令人费解，因为许多贷款参与的购买者都不是银行。Richard Y. Roberts & Randall W. Quinn(1995)认为，就第四个因素而言，仅指出另一种监管机制的存在是不够的，还必须证明这种监管机制能够实际降低购买者的风险。③ 实际上，部分银团贷款由借款公司的资产担保，这种担保机制相较于 OCC 的监管在降低风险上更有实际意义。尽管银团贷款存在担保机制，但绝大部分同样存在担保机制的债券依旧属于证券。相反，还有许多银团贷款是没有抵押物或是第二顺位留置权，而迄今为止，法院和证券交易委员会都没有将此类工具视为证券。

利用“同类相似性”规则分析银团贷款时，四个标准都倾向于将其定义为证券，尤其是在银团贷款就银团贷款现阶段表现出的特

① Banco Espanol de Credito v. Sec. Pac. Nat'l Bank, 973 F. 2d 51, 55 (2d Cir. 1992).

② Elisabeth de Fontenay, Do the Securities Laws Matter? The Rise of the Leveraged Loan Market, 39 Iowa J. Corp. L. 725.

③ See Richard Y. Roberts & Randall W. Quinn, Leveling the Playing Field: The Need for Investor Protection for Bank Sales of Loan Participations, 63 Fordham L. Rev. 2115, 2117 (1995).

点而言。“同类相似性”规则分析表明，银团贷款这类流动性与风险较高的金融工具，商业贷款的结构特征并不不契合，而正是这种商业贷款的结构性特征是其作为非证券工具的和理性基础。① 进一步而言，同类相似性”规则在处理银团贷款是否属于证券时，暴露出了其自身的一个重大缺陷：当作为类比基础的基类非证券本身不断发展变化时，我们很难再以其作为类比基础进而判断某一种债务工具是否属于非证券。实际上，Banco Espanol 案中法院在试图确定系争的贷款参与是否类似于商业贷款时，忽视了商业贷款本身作为类比基础也在不断变化。

4. 为什么监管机构会熟视无睹？

如果杠杆贷款和高收益债券现在几乎没有区别，那么应该如何处理杠杆贷款和高收益债券的监管区别？现阶段，美国法上杠杆贷款和高收益债券之间监管区分的持续存在的情况下，为什么主要的监管和市场参与者在这个问题上都保持沉默？

Amar Gande & Anthony Saunders（2012）认为一个可能的原因是相较于银团贷款而言，有其他市场更值得美国证监会关注。在 Banco Espanol 案后，美国证监会对银团贷款采取观望态度。与此同时，证券市场连续受到大规模突发性事件冲击，例如安然公司倒闭，互联网泡沫破灭，麦道夫庞氏骗局以及抵押贷款支持证券（mortgage-backed securities）和信用违约互换（credit default swap）风险的集中爆发。相比之下，杠杆贷款市场相对平稳。② 尽管发行量和交易在过去十年中飙升，但是杠杆贷款市场尚未经历主要大规模动荡。杠杆贷款市场一度成为美国最具活力和最隐秘的资本市场，这正是其参与者喜欢它的原因。③

当然，金融危机同样也给银团贷款市场带来了不小的冲击。美

---

① See Roberta Romano, The Political Dynamics of Derivative Securities Regulation, 14 Yale J. on Reg. 279 (1997).

② See Amar Gande & Anthony Saunders, Are Banks Still Special When There Is a Secondary Market for Loans?, 67 J. Fin. 1649, 1650 (2012).

③ See Amar Gande & Anthony Saunders, Are Banks Still Special When There Is a Secondary Market for Loans?, 67 J. Fin. 1649, 1650 (2012).

国几家大型银行承诺在信贷危机开始之前为杠杆贷款提供数十亿美元的资金，后来无法履行承诺，从而在资产负债表上出现大规模的负债。① See Ernst & Young(2012)认为杠杆贷款市场的信贷紧缩未能引发公众关注有两个原因。首先，抵押贷款支持证券和信用违约互换的巨大损失使其成为反对团体更明确的攻击对象。其次，次级抵押贷款波及范围极广，从大型金融机构到普通消费者，与之相比杠杆贷款危机并未明显扩散，主要波及购买杠杆贷款的金融参与者。②

John C. Coffee, Jr. (2004)认为，尽管金融观察家们十分关切担心杠杆贷款市场过度放贷的问题，但其倾向于将责任归咎于投资者的愚蠢行为，而非发行人的欺诈行为。③ 没有人指控真杠杆发行人虚报了他们的财务状况或以其他方式误导了债权人或披露的信息不充分，公众更倾向于认为是这些不明智的投资者做了一个糟糕的赌注。因此，对杠杆贷款发行人附加新的信息披露要求看起来十分奇怪。④ 最重要的是，尽管杠杆贷款市场遭受损失，高收益债券市场遭受的损失更大。⑤ 当两个高度相似的市场中接受监管市场遇到同样的问题时，很难指出证券监管是杠杆贷款市场问题的症结所在。

Zachary J. Gubler(2013)认为另外一个可能的原因是美国证券交易委员会鼓励私人资本市场市场的发展(例如公司贷款市场)，

---

① Arthur E. Wilmarth, Jr., The Dark Side of Universal Banking: Financial Conglomerates and the Origins of the Subprime Financial Crisis, 41 Conn. L. Rev. 971 (2009).

② See Ernst & Young, Private Equity Buys Time with Major Refinancings, Knowledge@ Wharton at 4 (Apr. 24, 2012).

③ See John C. Coffee, Jr., Gatekeeper Failure and Reform: The Challenge of Fashioning Relevant Reforms, 84 B. U. L. Rev. 301, 329 (2004).

④ See John C. Coffee, Jr., Gatekeeper Failure and Reform: The Challenge of Fashioning Relevant Reforms, 84 B. U. L. Rev. 301, 329 (2004).

⑤ Alicia Sansone et al., Investing in Loans Through the Cycles, Loan Syndications & Trading Ass'n, 4 (2013), available at http://www.lsta.org/WorkArea/showcontent.aspx?id=16749.

对其采取不干涉的政策，同时把重心放在严格监管已经存在的公共市场上。有学者认为，尽管私人资本市场急剧扩张而公开市场(特别是 IPO 市场)活力相对不足，美国证监会仍然有强烈的动机不去监管私人资本市场，因其受制于美国证监会的人员与工作能力，不可能无止尽的扩张其监管范围。① 相反，美国证监会的雇员可能会倾向于允许大量不受管制的私人市场发展，以保持特殊利益集团的利益并最大限度地确保他们未来的就业机会。无疑，对已经公开的市场实施严格的监管才能更好地向公众体现他们正在严格履职。

Allison Taylor & Alicia Sansone(2007)认为银团贷款与高收益债券在监管上区别对待还与实践中的反馈密切相关。相关行为人都认识到，在实践中证监会的监管，尤其是信息披露制度并没有起到太大的作用。归根到底，目前这种监管上的差异仅仅取决于借款人和投资者选择将该种金融工具称为“贷款”还是“债券”。实际上，贷款市场参与者通过故意将目光置于这种二分法的荒谬之中，从而促使银团贷款不受监管的现状成为一种他们期望的现实。②

三、私募股权并购基金的近期研究动态

在美国资本市场中，私募股权并购基金以类似私人合伙企业的模式运营，作为并购基金(buyout funds)的私募股权基金不仅参与非上市公司的风险投资，还参与上市公司的“私有化”。在 2008 年金融危机前的一两年内大肆组织收购和“私有化”上市公司。2006 年，由私募股权基金主导的上市公司私有化收购(“public-to-private” buyouts)涉及金额飙升至创纪录的 1200 亿美元，约占美国

① See generally Zachary J. Gubler, Public Choice Theory and the Private Securities Market, 91 N. C. L. Rev. 745 (2013).

② Allison Taylor & Alicia Sansone, Preface to The Handbook of Loan Syndications and Trading xv, xvi (Allison Taylor & Alicia Sansone eds., 2007).

国内生产总值的1.5%。①在最近十几年间，私募股权基金从并购市场中的一般参与者成为了并购市场的主导力量。金融危机后，美国私募股权基金并购在实践中呈现出一些新特征，② 理论界对私募股权基金收购热潮及其发展走势进行了研究。③

（一）私募股权并购融资的近期特征：私人信贷的增长

近三年，并购融资中最重大的变化之一就是私人信贷提供者的角色越来越重要。根据2016年Preqin发布的全球私人债务报告，直接贷款基金作为私人信贷市场的主要参与者，其管理资产的迅速增长，从2006年的101亿美元增加到2015年的1150亿美元。近期私人信贷在私募股权收购中的扩张与美联储，美国货币监理署（Office of Comptroller of Currency，下称OCC）和联邦存款保险公司（Federal Deposit Insurance Corporation，下称FDIC）于2013年3月发布的杠杆贷款新指引有关，该指引限制了其监管下的金融机构承销或组织发行某些高杠杆贷款的能力，特别是那些债务与EBITDA（Earnings Before Interest，Taxes，Depreciation and Amortization）比率超过6倍的人。因此，寻求从事高杠杆收购的金融赞助商已转向私人信贷市场寻求并购融资，因为这些资金供应商不受杠杆贷款指导的约束。

1. 私人信贷供应商成为日益重要的资金供应方

Alex Lee（2014）指出私人信贷供应商越来越成为私募股权并购中的重要力量，其包括一大批非银行债务投资者，如商业发展公司（BDCs），私人债务基金和养老基金。在次并购融资中，私人信贷供应商通常直接向并购金融赞助商和借款人提供债务融资，而不是

---

① OECD Steering Group on Corporate Governance，The Role of Private Pools of Capital in Corporate Governance：Summary and Main Findings 2（May 2007），http：//www.oecd.org/dataoecd/47/27/38672168.pdf.

② Alex Lee，M&A terms：improved acquisition financing markets may pave the way for increased M&A activity，Westlaw Mergers and Acquisitions Daily Briefing，2014 MERACDBRF 0066.

③ Brian Cheffins & John Armour，THE ECLIPSE OF PRIVATE EQUITY，33 Del. J. Corp. L. 1.

在购买银团贷款中的债务。这些资金供应商通常计划长期"买入并持有"债务，而不像传统的牵头人银行那样希望尽快将这些债务分销到银团内部。因此，私营信贷提供者通常不太关注资金供应的服务费，而更关注收益率。虽然私人信贷供应商一直存在，但资产规模明显较小，参与者也较少。例如，一些最重要的供应商在过去两年才进入市场。私人信贷提供者历史上曾参与二级市场交易或提供夹层融资。资产规模的增长和杠杆贷款指导的共同导致私人信贷供应商成为并购融资中的重要部分。①

2. 私人信贷供应商开始直接参与并购融资流程

Blaut and Joyce Y. Kwok（2017）研究发现，私人信贷供应商开始直接参与并购融资的流程。② 鉴于最近私人信贷供应商资产规模的增长及其在高杠杆收购中提供债务融资的能力，金融赞助商同时向传统金融机构和私人信贷供应商寻求资金支持的情况越来越普遍。尤其是在收购融资承诺书达成阶段，银行和私人信贷供应商竞争最为激烈。相较于五年前，这是一个重大的变化，当时私人信贷提供商很少参与该流程，特别是在大型金融赞助商主导收购的背景下。之前，私人信贷供应商通常以两种方式参与收购融资过程：第一，为银行提供全额债务融资的替代方案；第二，通过与银行一起承销部分债务融资，例如银行承销具有第一顺位留置权的债务，而私人信贷供应商承销第二顺位留置权以及夹层债务。此外，当金融赞助商必须迅速完成并购所需融资时，在其与银行签署的执行承诺文件时越来越倾向于将私人信贷供应商纳入选择范围。2016 年，私募信贷提供商是许多金融赞助商主导的并购融资中债务融资的主要提供者。最值得注意的是，私人信贷提供者提供的债务融资规模规显著增加。例如，2016 年，Ares Capital 为 Thoma Bravo 收购 Qlik

① Alex Lee，M&A terms：Improved acquisition financing markets may pave the way for increased M&A activity，Westlaw Mergers and Acquisitions Daily Briefing，2014 MERACDBRF 0066.

② Ari B. Blaut and Joyce Y. Kwok，Recent Trends in Private Equity Acquisition Financing：Growth of Private Credit，The M & A Lawyer，May 2017，21 No. 5 GLMALAW-NL 3.

提供了 10.75 亿美元的统包债务融资(unitranche credit facility),一群私人信贷提供商为 KKR 收购 Mills Fleet Farm 提供了 7.15 亿美元的第一顺位留置权和第二顺位留置权债务融资。

(二)私募股权并购热潮的理论关切:是否会重蹈企业集团并购的覆辙?

对于最近十年来私募股股权并购的迅猛发展,许多学者都对其潜在风险表示了担忧,① 近期其中一些学者基于历史的比较分析,对私募股权未来的发展态势进行了预判。② 如果正如他们所推测的那样,私募股权并购是企业集团并购浪潮在今天的重演,那么私募股权投资未来就不容乐观,因为经济学界普遍认为企业集团并购在十几年间从一个巨大的商业热潮变为"一个巨大的商业错误",并且"几乎可以肯定是美国企业有史以来最大的集体错误"。③在上世纪 60 年代的集团并购浪潮后,1968 年至 1970 年间,32 个代表性企业集团的股价下跌了 81%。④ 许多企业集团在上世纪的兼并浪潮后面临巨大压力,纷纷剥离旗下公司,现阶段的商业实践同样证明了企业集团并购并非成功的商业案例,通过比对企业集团并购和私募股权并购的相同与差异,可以发现现阶段私募股权并购是否在重蹈当年集团并购的覆辙。

1. 企业集团并购与私募股权并购在运作上的相似性

20 世纪六十年代的企业集团与今天的私募股权公司在很多方面都相似。George Baker & Cynthia Montgomery(2004)认为并购活动

---

① William Magnuson, The Public Cost of Private Equity, 102 Minn. L. Rev. 1847, 2018; Nathan R. Brown, SECURITIES LAW CONSIDERATIONS WHEN PLANNING FOR PRIVATE EQUITY AND HEDGE FUND MANAGERS: DETERMINING ACCREDITED INVESTOR AND QUALIFIED PURCHASER STATUS OF IRREVOCABLE TRUSTS, 30 Probate & Property 60.

② Brian Cheffins & John Armour: THE ECLIPSE OF PRIVATE EQUITY, 33 Del. J. Corp. L. 1.

③ Ebb Tide, Economist, Apr. 27, 1991, at 44.

④ See Samuel R. Reid, A Reply to the Weston/ Mansinghka Criticisms Dealing with Conglomerate Mergers, 26 J. Fin. 937, 945 n. 14 (1971).

的性质相似是其中之一。① 鼎盛时期的企业集团收购了数十家公司，现在领跑的私募股权公司也在做同样的事情。黑石集团(Blackstone)在2000年至2006年期间进行了158次收购。② 此外，与今天的私募股权并购基金一样，企业集团通常收购目标公司100%的股份，也就是完全购买了上市公司，从而把目标公司股市上撤下来，实现私有化。③

Henny Sender(2007)认为企业集团并购与私募股权并购另一个相似之处是目标公司群关联度很低。④ 私募股权公司，尤其是大型私募股权公司，经常在各种不相关的行业中收购公司。1960年代的企业集团并购也是如此。1969年一项研究测试了27个共同基金和企业集团的内部企业离散程度，离散程度最高的10个对象中有4个是企业集团。⑤

David Skeel(2006)认为总部不干预旗下企业管理是企业集团和今天的私募股权公司另一个共同特征。私募股权公司的普通合伙人将投资组合公司的运营管理交给各个公司的高管，其只专注于提供建议和技术支持。同样，企业集团收购者通常会保持购买企业的基本结构不变，保留现任管理团队，并将运营决策留给负责运营特定部门的高管。⑥

Francesco Guerrera & James Polti(2007)指出企业集团和私募股权公司经常来回销售业务部门这一事实进一步说明了这两种形式的

---

① George Baker & Cynthia Montgomery，Conglomerates and LBO Associations：A Comparison of Organizational Forms，9，15-16（Nov. 4，2004）.

② Francesco Guerrera & James Politi，Another Title for the Collector，Fin. Times（London），Mar. 15，2007,.

③ George Baker & Cynthia Montgomery，Conglomerates and LBO Associations：A Comparison of Organizational Forms，15.

④ Henny Sender，Blackstone Plan Could Reshape Private Equity，Wall St. J.，Mar. 19，2007，at A1.

⑤ Keith V. Smith & John C. Schreiner，A Portfolio Analysis of Conglomerate Diversifi-cation，24 J. Fin. 413，413，423（1969）.

⑥ David Skeel，The Ghost of a Crisis in Equity Funds Hides the Real Benefits，Fin. Times（London），Sept. 5，2006，at 19.

商业组织之间的重叠。① 私募股权公司所依赖的退出渠道之一是就是卖出商业部门，企业集团形式的公众公司是其主要的潜在买家。另一方面，多元化的工业集团也欢迎私募股权买家成为非核心或表现不佳的部门的潜在购买者，因为向私募股权公司出售这些部门可以避免其他工业集团收购后的竞争压力。② 公开上市的加拿大公司 Onex Corporation 的历史从另一层面证明了企业集团与私募股权公司之间的相似之处。从 20 世纪八十年代中期开始，Onex 作为一家综合性多元化企业，专门从事不同行业公司的接管和重组。③ 2004 年，该公司改变了经营模式，选择通过其创建的私募股权并购基金收购公司，而不是直接购买公司。

William Cohan(2007)认为投资者的热情是企业集团和私募股权之间另一种相似性。④ 私募股权公司过去几年一直在筹集数十亿美元的巨额收购基金，以满足投资者对"另类资产"的强劲需求。投资者同样是 20 世纪 60 年代企业集团运动的热情支持者。2001 年的一项研究比较了 36 家热衷于收购的企业集团与其他类似的单一性企业的市场估值，发现 1966 年至 1968 年间企业集团市值溢价明显，随后在 1972 年至 1974，则低于公允价值，这种变化反映了投资者情绪在的反向变化。⑤ 在政策层面面临的巨大争议构成了使得私募股权公司与企业集团的相似性进一步提升。私募股权公司最近的崛起引起了政界人士的极大关注，而企业集团同样在当时同样存

---

① Francesco Guerrera & James Polti, Private Equity Cash Proving Popular with Conglomerates, Fin. Times (London), Jan. 11, 2007, at 22.

② Francesco Guerrera & James Polti, Private Equity Cash Proving Popular with Conglomerates, Fin. Times (London), Jan. 11, 2007, at 22.

③ Keith Damsell, The Slow Evolution of Onex Continues, Globe & Mail, Aug. 13, 2006, available at http: //www.theglobeandmail.com/servlet/story/RGAM.20060814.webfun dwatch/14.

④ William Cohan, Exeunt Private Equity's Prima Donnas, Fin. Times (London), Aug. 28, 2007, at 129.

⑤ Peter G. Klein, Were the Acquisitive Conglomerates Inefficient?, 32 Rand J. Econ. 745, 747 (2001).

在争议。彼时对企业集团的批评十分尖锐，主要是因为“经济权力的集中正在发生而没有任何联邦法规来禁止它”。①

2. 企业集团并购与私募股权并购在潜在风险上的相似性

如前所述，近一段时期私募股权并购与 20 世纪六十年代企业集团并购在特征上呈现出高度的相似性。这也直接影响了私募股权并购与彼时企业集团并购面临着相似的潜在危机。

(1)股票价格波动

Andrei Shleifer & Robert W. Vishny(2003)认为股票价格波动是私募股权并购与企业集团共同面临的不利因素。② 这是一个被充分证实的现实规律——收购活动随着股票市场的价格水平的变化而变化，收购热潮与股票价格上涨同步发生。③ 当前的私募股权收购浪潮与股票价格上涨相契合，过去的经验表明持续的熊市会降低私募股权收购的活跃程度。企业集团并购的发展浪潮印证了这一点。20 世纪六十年代后期，企业集团的股价大幅上涨，企业集团并购浪潮也随之经达到顶峰。随后，在 1969 年和 1970 年情况急转直下，股票价格大幅下跌，企业集团的并购活动也大幅下降。20 世纪六十年代的企业集团并购浪潮是一种典型的对估价较低的公司对股票进行收购的行为，其基本逻辑是作为公开上市的公司，企业集团利用其股票作为收购对价，因为这些企业集团的股票在牛市时处在溢价阶段，可以很容易地开出对目标公司股东有吸引力的价格。当市场行情不景气时，企业集团股票失去了溢价，因此也失去了成功竞标的能力。

(2)合适的目标公司群体减少

Francesco Guerrera & James Politi(2007)认为私募股权公司将会

---

① Charles R. Geisst, Wall Street: A History 284, 289 (1997).

② Andrei Shleifer & Robert W. Vishny, Stock Market Driven Acquisitions, 70 J. Fin. Econ. 306 (2003).

③ Werner F. M. De Bondt & Howard E. Thompson, Is Economic Efficiency the Driving Force Behind Mergers?, 13 Managerial & Decision Econ. 31, 32 (1992); Andrei Shleifer & Robert W. Vishny, Stock Market Driven Acquisitions, 70 J. Fin. Econ. 295, 307 (2003).

面临目标公司群体减少的问题，而这一问题引发的并购竞争是20世纪六十年代企业集团并购浪潮衰退的原因之一。① 对于私募股权公司而言，他们收购目标公司的价格并不只与证券市场的股票价格相关。私募股权公司能够在逐笔交易的基础上进行谈判，因为以低成本定价的收购下才能有足够的空间通过改善公司运营创造利润。现有证据表明，随着近期的收购浪潮的展开，私募股权公司确实能够以合理的价格购买公司。

Economist(2007)的评论文章认为私募股权公司未来可能不会如此一帆风顺，竞标战是潜在风险之一。② 由于私募股权公司一直在建立规模越来越大的收购基金，为了避免资金空置，因此几家并购基金争夺收购同一家目标公司的可能性越来越大。此外，如果股票价格上涨，企业买家可以使用其股票作为收购对价展开强有力的竞标。当竞争日趋激烈，私募股权公司最终可能会支付比预期更多的费用。例如，随着黑石集团(Blackstone Group)对Equity Office Properties的390亿美元收购(包括债务)，上市公司Vornado Realty的参与竞争直接将收购价格抬高了数十亿美元。即使在没有竞争对手的情况下，股票市场趋势以及董事和股东的阻碍也会推高价格。近期私募股权公司收购活动激增，促使一些投资者试图通过预测哪些公司可能成为潜在收购对象并购买潜在收购对象的股票以预期获利。这提升了潜在收购对象的股价，从而抬高了收购的成本。③

集企业集团的历史证明了并购成本的提升会给私募股权公司带来不利后果。20世纪五十年代末和六十年代初期，企业集团收购公司的收购战略相当保守，他们选择以低廉的价格购买规模较小的公司。此时适合的目标公司很多，因为有许多私营公司，企业主正在寻求比股票市场更有效的退出通道，以及一些老牌上市公司，这些

---

① Francesco Guerrera & James Politi, Investors "Short-Changed" by Buy-Out Groups, Fin. Times (London), Feb. 5, 2007, at 19.

② Let the Bidder Beware, Economist. com, Feb. 6, 2007, http://www.economist. com/daily/colums/businessview/dispaystory. cfm? story id=865644.

③ John Authers, The Short View, Fin. Times (London), Apr. 4, 2007, at 17.

公司股票价格低但资产价值高。① 随着集团合并浪潮在 20 世纪六十年代中后期进入高速发展阶段，随着合适的潜在目标公司越来越少，并购对象的特征开始转变。企业集团开始寻找更大的猎物，大型企业集团的平均收购规模从 1960 年至 1965 年的 960 万美元提升到 1968 年的 8450 万美元。此外，并购重点在于表现不佳的公司，集团公司可以通过重组提高公司效率，高于其行业平均水平的超额利润。即使表现不佳的公司，这些企业集团在收购的价格协商中也处于不利地位，因为他们不得不接受苛刻的收购要约来获取控制权。②

(3)债务市场的萎缩

Andrew Ross Sorkin & Michael J. de la Merced(2007)认为债务市场的萎缩是影响并购市场的一个重要的共同性原因。债务是私募股权收购的一个组成部分，是一种重要的融资手段。在最近十年的大部分时间里，债务融资成本日趋降低，为私募股权公司创造了一个理想的环境。但是，在 2007 年债务融资市场环境发生了重大变化。风险较高的“次级”住房抵押贷款违约引发了对债务融资成本过低、偿还条款过于宽松的担忧。这种担忧迅速影响了私募股权并购基金，私募股权的贷款人要求提高贷款的利率，同时贷款合同的约束也变得更加严格，大型私募股权收购的交易几乎陷入停滞。③

John Plender(2006)在其研究中指出，在目标公司已经完成并购的情况下，是私募股权公司调控风险的余地将大大减少。持续收紧信贷市场可能意味着前期公司的资产负债表上的有效负债安排可能变成高风险的金融杠杆。④ 事实证明，这种情况下，如果私募股

---

① Geoffrey Owen, How the Conglomerate Concept Went Out of Fashion, Fin. Times (London), Jan. 18, 1985, at 16.

② Jonathan Barron Baskin & Paul J. Miranti, Jr., A History of Corporate Finance 275 (1997).

③ Andrew Ross Sorkin & Michael J. de la Merced, Buyout Boom is Cooling, Investors Hint, N. Y. Times, June 26, 2007, at C1.

④ John Plender, The Privileged Existence of Private Equity Funds, Fin. Times (London), Apr. 24, 2006, at 22.

权供公司没有进行壮士断腕的裁撤，将难以全身而退，其下的许多公司可能因为无法应对沉重债务负担而破产。私募股权基金向投资者提供回报的下降将反作用于其本身，投资回报的降低向投资者发出了消极的信号，随后投资者信心可能需要数年时间才能恢复，反过来为并购基金的融资带来了障碍。私募股权“黄金时代”的高回报是良好信贷条件的产物，而不是私募股权业务模式的固有优势。① 这种并购浪潮的衰退在有历史上有迹可寻。在20世纪六十年代的企业集团并购中，目标上市公司股东通常对股权置换的风险十分敏感，因此企业集团通常不得不依靠债务融资直接用现金买断股权来完成收购。这种融资策略意味着企业集团比其他企业具有更高的杠杆率，并且随着20世纪六十年代的并购浪潮，其发杠杆率不断提升。当美国在20世纪六十年代后期通胀加速时，投资者担心不断变化的市场条件会提升企业债务风险影响，对集团企业造成不利影响。1968年底至1970年中期，企业集团发行的债券价值下跌45.6%，而同期道琼斯工业债券平均价格仅下跌7.8%。② 因此，发行新债的条款越来越苛刻，这使得意在持续扩张的企业集团难以为继。股价下跌加剧了这种影响，因为随着可转换债券的出现，购买股票很大成程度上失去了吸引力。

(4)监管环境变化

Philip Purcell(2007)认为宽松的监管环境对私募股权并购的热潮起到了推波助澜的作用，但是随着监管环境的变化，私募股权并购将面临巨大挑战。③ 即便是那些认为私募股权并购的兴起是因为其自身利用了上市公司自身弱点而并非得利于宽松的监管环境得的

① Francesco Guerrera & James Politi, Not Dancing Anymore: How the Music Stopped for Buy-out Buccaneers, Fin. Times (London), Aug. 14, 2007, at 9 rs, Fin. Times (London), Aug. 14, 2007, at 9.

② Vance, supra note 89, at 4-6. See also Samuel R. Reid, A Reply to the Weston/ Mansinghka Criticisms Dealing with Conglomerate Mergers, 26 J. Fin. 945 n. 14 (1971).

③ Philip Purcell, Private Equity's Halcyon Days Are Not Yet Threatened, Fin. Times (London), Mar. 8, 2007, at 17.

人，也意识到了监管机构这种过于宽松的监管并不太明智。历史表明这些问题是有根据的。与今天的私募股权一样，20 世纪六十年代美国的企业集团合并浪潮和 20 世纪八十年代的杠杆收购热潮在政治层面存在很大争议，这两个时期监管变化旨在制约收购活动。但是，并不能全然断定新监管的引入和并购活动的减少之间有着必然的联系，因为在这两个时期，市场环境也在同期恶化。然而，如果没有发生市场环境的恶化，那么很可能对这两次并购浪潮的监管改革力度将更大，并最终产生相同的结果。① 这意味着，即使 2007 年夏季开始的债务市场动荡十分短暂，但是法律依旧会引入旨在限制私募股权过热的机制，从而可能会在长期限制私募股权收购活动。20 世纪六十年代的企业集团和 20 世纪八十年代的杠杆收购热潮提供了很好的前车之鉴。

Dennis K. Berman(2007)认为私募股权并购目前已经引起了政治层面的关注，私募股权也可能成为公司法和证券法改革的目标。② 当私募股权公司安排公私合并收购交易时，主要的现任管理人员经常受雇继续经营公司。对其而言，通常这种并购后私有化带来的利益远远超过公司上市时。私有化带来的巨大利益以及逃避与经营上市公司相关的监管压力使得上市公司的高管可能很想私下接触私募股权投资者，并且可能在这一过程中主动地积极地泄露公司内部的机密。一旦私募股权公司和现任经理人同意在收购中共同合作，利益冲突的可能性就会更大。在这种情况下，公司高管不会努力股东寻求最佳的交易条件，而是希望价格尽可能低，以便在未来获得最大回报。③ 私下与潜在收购方联系并且利用其掌握的公司机密寻求自身利益的公司高管可能会违反其对公司的信义义务。如果建议的收购交易是由独立董事委员会和目标公司股东根据完整信息

① Allen Kaufman & Ernest J. Englander, Kohlberg Kravis Roberts & Co. and the Restructuring of American Capitalism, 67 Bus. Hist. Rev. 89 (1993).

② Dennis K. Berman, Fine Line of Selling, Selling Out the Firm, Wall St. J., Jan. 30, 2007, at C1.

③ John Gapper, Sleepwalking into a New Insider Scandal, Fin. Times (London), Feb. 5, 2007, at 17.

理性行事而批准的，那么这种收购很难被法律否定。特拉华州衡平法院2007年的判决认为，独立董事委员会在并购的协商中必须做出实质性的努力，并且必须告知股东相关的财务预测以及任何关于最高管理层留任的协议。① 在20世纪八十年代的杠杆收购浪潮中，提出了各种建议来解决公私交易中的利益冲突问题，例如由管理层提出收购计划应当采取竞标的形式，甚至禁止直接管理层参与这类并购。如果管理层对收购的参与受到限制，这将会扼杀许多私有化交易，因为对现任高管而言，竞标很大程度上意味着其将面临被解雇的境地，而私募股权公司通常会避开敌意收购。即使是强制性拍卖规则也可能阻碍私有化交易，因为参与竞标无疑增加了私募股权公司的收购成本。②

3. 私募股权并购将回归到一个理性水平

Brian Cheffins & John Armour(2008)认为虽然私募股权并购可能比企业集团并购浪潮更加强劲，但最后仍会回归到一个合理的水平。③ 1989年，就像Jensen预测公共公司的衰落(Eclipse of the Public Corporation)一样，债务市场环境的恶化，合适的目标公司的减少和监管的转变将使得私募股权并购进入低谷。在过去几年中，私募股权收购的环境已接近最优。私募股权公司已经能够在没有参与昂贵的竞标竞争的情况下通过协议收购，并且监管几乎没有阻止直接的私有化交易，股票市场一直很活跃，债务融资成本很低。然而，这只是一种暂时性的完美状态。金融市场的动荡已经困扰影响了债务市场，股东门的阻碍可能抬高收购目标的价格，政治层面的关切可能会导致私募股并购面临更加严格的监管环境。这些因素结合起来很容易使私募股权并购市场边缘化，就像20世纪八十年代杠杆收购市场那样。同时，私募股权自身也在面临着转变。传统的

---

① In re Lear Corp. S'holder Litig., 926 A. 2d 94, 98 (Del. Ch. 2007).

② Louis Lowenstein, Management Buyouts, 85 Colum. L. Rev. 780-781 (1985).

③ Brian Cheffins & John Armour: THE ECLIPSE OF PRIVATE EQUITY, 33 Del. J. Corp. L. 1.

私募股权业务主要采取合伙企业的模式，并且专注于上市公司私有化协议收购，掌管这些私募股权公司的合伙人往往对公共市场不感兴趣。然而，情况依然在不断变化，Blackstone 在 2007 年进行首次公开募股，随后 KKR 也进行了首次公开募股。如果私募股权并购市场的领军企业进入股市，这种转变可以为他们继续通过收购实现多元化提供一个新的平台。

四、结　　语

企业并购是资本市场法治研究领域重要的理论阵地，而并购融资——尤其是针对上市公司的并购融资——跨越了公司法与证券法两个维度，具有重大的理论研究价值。尽管美国资本市场与我国在发展程度上、发展方式上都存在着较大差异，但是我们在认识到差异的同时，也应当学习其先进经验，并与我国资本市场实际情况相结合。

通过这次对美国并购融资法律问题理论研究近期动态的梳理，不难发现，尽管在 2008 年金融危机以后，全世界对于美国资本市场的监管存在着广泛的质疑，① 但并不能因此否认美国资本市场作为全球领先的资本市场的客观事实。首先，美国的资本市场的市场化程度高。正是在这样的市场中才更有利于出现了杠杆贷款和企业债券融合这样的金融创新趋势，才能更好的给予私募股权并购，尤其私人信贷供应商参与私募股权并购以市场与制度上的发展空间。其次，美国资本市场的政府干预较为审慎。一方面，注重并购融资后端的风险化解，事后风防处置规则的构建和美国理论研究对其的重视都体现出立法和理论界对市场干预的审慎态度；另一方面，注重前端系统性风险的防控，监管并不直接介入具体的并购融资案例之中，直接限定收购人的融资杠杆比率，而是通过类似“宏观调控”的操作限制整体资金流向，从而把握金融机构的杠杆率。

① 胡云祥．当代世界为何频发金融危机：美国次贷危机探源：look into the U. S. subprime mortgage crisis[M]．北京：社会科学文献出版社，2011.

随着近些年私募股权与资管计划在资本市场上掀起了一层层波澜，融资并购的实践问题才逐渐被理论界所重视。无论是美国经验还是理性逻辑都告诉我们，并购融资——一个成熟的资本市场是并购融资发展的关键，而对于融资并购而言，成熟市场的最大要求在于风险防控。杠杆风险是并购融资风险的核心，如何在实现市场防控的同时避免过度干预市场？不妨借鉴美国经验，发挥中国优势，利用我国宏观调控政策在经济运行中的成功经验，在前端防范系统性风险，同时未雨绸缪，构筑以破产法为基础的后端风险化解机制。

2018年海外国际法研究前沿追踪

李沣桦 *

武汉大学国际法研究所

篇首语：本文主要采用比较分析研究方法，对2018年海外国际法研究前沿进行追踪。行文分为国际公法、国际私法、国际经济法和海外国际法研究对中国的启示等四大部分，探究了人类命运共同体、特朗普政府的国际法方法、网络规制、国际商事法庭、中美贸易战等诸多热点议题。2018年海外国际法研究前沿，对中国在研究人类命运共同体在国际法上的内涵与外延、美国的国际法方法及其对中国的影响、应对中美贸易战、中国在WTO改革中的角色与作用，以及“一带一路”法治保障等重大问题上具有重要启示意义。

引　　言

2018年全球治理、国际秩序与世界秩序①持续变动，民粹主义

---

* 李沣桦，1985年4月生，男，武汉大学国际法研究所德恒国际法访问学者、对外经济贸易大学法学院助理教授；研究方向主要是国际经济法。

① 对全球治理、国际秩序与世界秩序的界定参见 Arie M. Kacowicz, ‘Global Governance, International Order, and World Order’, in David Levi-Faur (ed), *The Oxford Handbook of Governance* (Oxford University Press, 2012), 686.

和逆全球化思潮甚嚣尘上，世界经济亦在“黑天鹅”与“灰犀牛”等阴影的映衬下显现出疲软的迹象。在这一大背景下，国际法律秩序亦不能免受民粹主义崛起以及世界上诸多强国之间日益紧张的关系的影响，国际法不断地被挑战、被重塑。从积极的视角来看，我们得以正在目睹一个全球重新调整的时期。但从消极的视角来看，在第一次世界大战停战一百年后，通过《哈瓦那宪章》《关税与贸易总协定》演进而来的多边贸易体制、通过布雷顿森林体系确立起来的国际货币金融体系等形成的国际法律秩序结构正在面临着风险。2018 年的一个关键主题反映了当前的政治僵局，即在缺乏政治或外交解决方案的情况下，各国和私人团体向国际法院、国际法庭或仲裁庭寻求救济，试图解决争议。在某些情况下，例如跨国环境诉讼，当事人可能获得成功。① 但在其他领域中，国际诉讼将不太可能带来持久的解决方案。甚至在极端的案例中，旨在解决争议的机制也面临着正当性危机②或存续危机。③

① Eg. , in February, the International Court of Justice awarded compensation for environmental damage for the first time in *Costa Rica v. Nicaragua* and the Inter-American Court of Human Rights issued an important advisory opinion on the right to a healthy environment, in the context of protecting the Greater Caribbean region.

② 例如解决外国投资者与投资东道国之间争议的仲裁。欧盟发起了国际投资法庭项目，旨在通过建立一个永久的国际投资法庭来解决外国投资者与投资东道国之间的争议。国际投资法庭建立在程序透明和独立选拔法官的基础上。与传统投资者-国家仲裁不同，国际投资法庭允许对法庭作出的裁决进行上诉。目前，欧盟与加拿大、越南等国家签署的贸易或投资协定中已规定了国际投资法庭条款。目前，联合国国际贸易法委员会第三工作组正在对投资者-国家仲裁机制的改革进行研究。

③ 例如因美国阻碍，世界贸易组织上诉机构可能将停止工作。按照 WTO 规定，上诉机构所处理的每个案件至少需要 3 名法官。然而，即使上诉机构存在 4 或 5 名法官，考虑到法官的不同法律背景，面临着来自不同的法律传统和体系的争议，亦有可能造成上诉机构的合法性问题。

本文是对 2018 年海外国际法研究前沿所进行的追踪。首先，考虑到国际法不断拓展的疆域以及国际法体系愈发繁杂的发展，本文无法对所有国际法领域在 2018 年的变化、发展和演进进行综述，而是选取了包括美国等强国回归对主权的重视(The Return of the "S" Word)、①各国为海洋、极地与外空等资源以及网络数据存储监管话语权等而相互角力等议题进行展示，特别是与中国国际法实践相关的议题，例如人类命运共同体与国际法、中美贸易战、中国在应对 WTO 上诉机构危机上的角色与作用等国外学者亦十分有兴趣的议题。其次，考虑到作者的研究方向偏重国际经济法(贸易、投资)和国际公法(条约法)，本文侧重对国际经济法领域的海外前沿研究进行追踪，辅以国际公法、国际私法相关领域的海外研究进展。再次，考虑到国际法学者背景的多元化，本文无法穷尽国际法所有语言完成的文献追踪，而是以英文文献为主；主要以牛津大学出版社、剑桥大学出版社等主流国际法出版社出版的著作和以美国国际法杂志、欧洲国际法杂志、哈佛国际法杂志和耶鲁国际法杂志等业界权威杂志为主，辅以部分获奖成果。最后，尽管本文追踪的文献为 2018 年海外国际法学者发表的著作和论文，但由于发表周期问题，部分成果在 2018 年已通过网络途径先行发表，而正式的出版物则在 2019 年出版。

一、国际公法

(一)人类命运共同体与国际法、中国的国际法路径

佛罗里达州中部大学教授、前世界贸易组织上诉机构法官

① 第 27 届法律学者学会和英国国际法和比较法研究所理论与国际法年度工作坊的主题即主权的回归，探究了当代国际法上的主权。See 27th Annual SLS/BIICL Workshop on Theory & International Law: The Return of the "S" Word: Sovereignty in Contemporary International Law, 16th May 2018.

James Bacchus 探寻了塑造和分享可持续的全球繁荣。在这个时代，现在比以往任何时候都需要正确的全球解决方案。气候变化正在发生，并且正在加剧。对经济全球化的担忧使许多人担心变革。虽然这些担心已经变成了不情愿，但世界意愿正为国际和其他合作解决方案而努力工作。James Bacchus 解释了为什么我们需要的大多数解决方案必须在本地和区域合作伙伴关系的意愿中找到，这些意愿可以在全球范围内扩展和联系。只有在通过国际法治维护的全球和其他国际规则的新的、强化的扶持框架内，才能实现这一目标。要取得成功，这些规则和框架必须首次将经济和环境视为一体。作者解释了我们如何最好地建立正确的法律结构，以实现我们的全球目标，并召集并激发所需的意愿。①

英国格拉斯哥大学法学院 Christian J. Tams 教授从普遍存在的国际社会(International Community)作为法律概念的角度，分析了该概念的国际法律方法，强调国际社会与国际法之间的关系，并追溯社区概念对国际法中集体安全、国家责任等领域发展的影响。②

英国伦敦大学玛丽女王大学法学院 Matthieu Burnay 博士以对法治的理解为“基本上有争议的概念”为基础，研究中国在国家和国际层面对法治看法的历史、政治和法律基础。尤其值得注意的是，本书重点关注中国对全球贸易和安全治理的影响。这些案例研究可以得出有关中国对国际法治这一概念的更一般观点的结论。本书也对中欧关系进行了全面分析，强调了有关法治

① James Bacchus, *The Willing World: Shaping and Sharing a Sustainable Global Prosperity* (Cambridge University Press, 2018).

② Christian J. Tams, “International Community” as a Legal Concept' in Jean d'Aspremont & Sahib Singh (ed), *Concepts for International Law: Contributions to Disciplinary Thought* (Edward Elgar Publishing, 2018).

和国际法治的有意义对话的前景和挑战。同时，本书说明了法治作为一种概念的优点，即在无数的法律和政治制度中进行有意义的对话。①

(二)特朗普政府的国际法方法：国际法的政治话语、条约退出

国际法院 James Crawford 法官分析了当前与国际法有关的政治话语，认为当前世界各国领导人在涉及国际法主题的最新陈述中，国际法是以一种愈发敌对的方式被引用。在更多时候，国际法则被明显地忽视。Crawford 法官以英国退欧、南非退出罗马规约以及美国宣布退出《巴黎协定》三个事件为例，探析这些现象对国际法的影响。②

美国耶鲁大学法学院 Harold Hongju Koh 教授探索了特朗普政府和国际法问题。作者首先提出的问题是，唐纳德·特朗普会胜过国际法吗？自特朗普政府上台以来，这个问题几乎困扰着国际法的每个问题领域。美国顶级国际律师之一、美国国务院前法律顾问、负责人权事务的助理国务卿和耶鲁大学法学院院长认为，特朗普总统迄今为止所取得的成功比许多人认为的要少，因为他不拥有管理这些问题领域的普遍"跨国法律程序"。Harold Hongju Koh 的著作展示了那些反对特朗普在其执政头两年内的政策如何成功地引发一个特殊的过程，这个过程作为集体对抗性策略的一部分，类似于穆罕默德·阿里的"绳索—麻醉剂"。作者首先预设的确存在这样一种对抗性策略(counter-strategy)，即"跨国法律进程"；第二，在特

① Matthieu Burnay, *Chinese Perspectives on the International Rule of Law: Law and Politics in the One-Party State* (Edward Elgar Publishing, 2018).

② James Crawford, 'The Current Political Discourse Concerning International Law' 81(1) Modern Law Review 1-22 (2018).

朗普执政的一年半时间里，作者跟踪了美国社会各界为对冲特朗普政府在国际法方面的负面影响；最后，作者就未来世界格局、特朗普时代应对策略等提出了建议。①

《特朗普政府和国际法》一书调查了移民和难民法、人权、气候变化、无核化、贸易外交、与朝鲜、俄罗斯和乌克兰的关系以及叙利亚正在发生的悲剧。Harold Hongju Koh 展示了跨国法律进程中的参与者用来削弱特朗普早期计划的许多技巧。这场斗争的高风险及其对全球治理未来的广泛影响——现在受到民粹主义威权主义者崛起的挑战——使这种令人筋疲力尽的对抗性策略既有价值又必要。②

奥地利维也纳大学 Ralph R. A. Janik 从欧洲的视角，分析了特朗普时代的美国主权。作者认为，无论是世界贸易组织、禁止酷刑还是《巴黎协定》，特朗普政府对国际法提出了许多挑战。无数评论家们对多边主义和所谓的“自由世界秩序”的衰落感到遗憾。我们可能确实见证了 19 世纪关于主权和恢复权力政治的思想的回归。也许主权和恢复权力政治的思想从来没有消失过。③

美国杜克大学法学院 Laurence R. Helfer 教授论述了单方面退出条约所引发的两个重要但却尚未解决的问题。第一个问题是当国家退出条约后，条约义务是否在国际法和国内法层面终止。退出条约通常会在国际法和国内法两种法律体系中产生相同的效果，但一些条约的退出终止了国内法上的义务，而国家的国际法义务却仍然

① Harold Hongju Koh, *The Trump Administration and International Law* (Oxford University Press, 2018).

② Ibid.

③ Ralph R. A. Janik, ‘US Sovereignty in the Age of Trump-A European Perspective’, posted: 8 Dec 2018, available on https://papers.ssrn.com/sol3/papers.cfm?abstract_id=3297668.

存在，反之亦然。第二个问题涉及不同政府部门发起的条约退出。退出条约的决定通常由行政部门单方面发起，但鲜为人知的是，在一些例子中条约退出的动力源于立法者或法官。条约退出的这两方面冲突来自于共同的渊源，即规制国家缔结条约与退出条约不同国内和国际规则，以及规则背后的不同政策。Helfer 教授采用一种新的分类对这些冲突进行梳理，这一分类借鉴了数个国家实际的条约退出案例，以及使得退出成为可能的行政、立法和司法机构的行为。①

（三）国际法庭

美国西北大学政治学和法学教授 Karen J. Alter、美国杜克大学法学院教授 Laurence R. Helfer 和丹麦哥本哈根大学国际法庭卓越中心教授 Mikael Rask Madsen 主编的《国际法庭权威》对国际法庭的实际现实进行了具有创新性、跨学科和深远的审查，挑战了国际法庭何时、为何以及如何成为国家、区域和国际政治中的重要和权威主体的基本偏见。一群杰出的学者调查了国际法庭在将国家赋予的正式法律权力转变为实际权威时所面临的挑战，这些权威在事实上受到潜在诉讼当事人、国家主体、法律界和公众的尊重。Alter、Helfer 和 Madsen 为国际法庭权威的概念化提供了一个新的框架，侧重于这些关键受众的反应和实践。来自法律、政治学和社会学学科的 18 位学者运用这一框架来研究在非洲、拉丁美洲和欧洲以及全球范围内运作的 13 个国际法庭。作者们共同记录并探讨了与世界各地国际法庭互动的受众是否接受或拒绝这些司法机构的裁决的

① Laurence R. Helfer, ‘Treaty Exit and Intra-Branch Conflict at the Interface of International and Domestic Law’ in Curtis Bradley (ed), *The Oxford Handbook of Comparative Foreign Relations Law* (Oxford University Press, 2018), chapter 20.

重要、有趣的变化。①

Alter、Helfer 和 Madsen 的权威框架承认国际法官可以而且经常做他们应该做的一切，以确保他们的裁决具有国家法庭所享有的庄严和地位。然而，即使充满了这些特征，争议各方、潜在的未来诉讼当事人以及监督和回应法院活动的更广泛的主体也可能无法承

---

① Karen J. Alter, Laurence R. Helfer, and Mikael Rask Madsen (eds), *International Court Authority* (Oxford University Press, 2018). Contents include:

Karen J. Alter, Laurence R. Helfer & Mikael Rask Madsen, International Court Authority in a Complex World

Karen J. Alter, Laurence R. Helfer and Mikael Rask Madsen, How Context Shapes the Authority of International Courts,

James Thuo Gathii, The East African Court of Justice: Human Rights and Business Actors Compared

Solomon Ebobrah, The ECOWAS Community Court of Justice: A Dual Mandate with Skewed Authority

Claire Moore Dickerson, The OHADA Common Court of Justice and Arbitration: Its authority in the Formal and Informal Economy

Tendayi Achiume, The SADC Tribunal: Socio-Political Dissonance and the Authority of International Courts

Salvatore Caserta & Mikael Rask Madsen, The Caribbean Court of Justice: A Regional Integration and Post-Colonial Court

Karen J. Alter & Laurence R. Helfer, The Andean Tribunal of Justice: From Washington Consensus to Regional Crisis

Alexandra Huneeus, The Inter-American Court of Human Rights: Constitutionalism and Constitutional Lawyers across Countries

R. Daniel Kelemen, The Court of Justice of the European Community: Changing Authority in the Twenty-First Century

Mikael Rask Madsen, The European Court of Human Rights: From the Cold War to the Brighton Declaration and Backlash

Emilia Justyna Powell, The International Court of Justice and Islamic Law States: Territory and Diplomacy

Gregory Shaffer, Manfred Elsig, & Sergio Puig, The World Trade Organization's Dispute Settlement Body: Its Extensive but Fragile Authority

Leslie Vinjamuri, The International Criminal Court: The Paradox of Its Authority

Ron Levi, John Hagan, & Sara Dezalay, International Criminal Tribunals: Prosecutorial Strategies in Atypical Political Environments

Karen J. Alter, Laurence R. Helfer & Mikael Rask Madsen, International Court Authority in Question: Introduction to Part III

Andrei Marmor, Authority of International Courts: Scope, Power and Legitimacy

Michael Zürn, International Courts: Command v. Reflexive Authority

Ingo Venzke, International Court's De Facto Authority and its Justification

Jessica Greenberg, Jurisdiction, politics and truth-making: International Courts and the formation of translocal legal cultures

Andreas Follesdal, The Lords and Lady doth Protest too Much, Methinks: On Authority, Legitimacy and Power, on Motives and Beliefs

Ian Hurd, Authority and International Courts: A Comment on 'Content Independent' Social Science

Karen J. Alter, Laurence R. Helfer and Mikael Rask Madsen, Conclusion: Context, Authority, Power.

认裁决具有约束力或采取有意义的措施来修改其行为以作出回应。对于具体的司法机构，以及更一般地说，本书记录并解释了为什么大多数国际法庭事实上拥有的权威是部分的、可变的和高度依赖于一系列不同受众和背景的的权，因此这一权威也是非常脆弱的。本书的引言介绍了该书在全球制度权威理论争论中将国际法庭权威概念化的独特方法。本书还包括了来自法律理论家、国际关系学者、哲学家和人类学家对权威框架的批判性思考。该书的结论质疑了一些广泛传播的关于社会和政治背景如何促进或破坏国际法庭发展事实上的权威和政治权力的假设。①

（四）网络规制、网络安全

美国网络司令部 Gary P. Corn 研究了在武装敌对行动之外进行的网络行动所涉及的复杂法律问题。Corn 认为，在快速进化的环境中，管理国家在国内和国际网络空间行为的法律和政策参数的发展未能跟上网络发展所致威胁的步伐。Corn 辨析并考量了在战争与和平之间的灰色地带开展网络行为所引起的国内和国际法律问题，并阐析了美国国内和国际法对进行灰色地带网络行动的挑战。②

以色列耶路撒冷希伯来大学 Dan Efrony 教授和 Yuval Shany 教授对塔林手册 2.0 关于网络运营和后续国家实践进行了分析。作者认为，塔林手册代表了知名国际律师为促进国际法对网络运营的监管而做出的显著尝试。在论文中，作者试图评估国际法，特别是反映于塔林手册中的国际法，在多大程度上正在、或者在不久将来影响国家的行。该评估基于学术和专业法律论述中对塔林规则的主要

---

① Ibid.

② Gary P. Corn, 'Cyber National Security: Navigating Gray Zone Challenges in and through Cyberspace', in Winston S. Williams and Christopher M. Ford (eds), *Complex Battlespaces: The Law of Armed Conflict and the Dynamics of Modern Warfare* (Oxford University Press, 2019), chapter 12.

反映，并且重要的是，该评估是通过调查第一本塔林手册出版后发生的 11 起重大事件来进行的。这 11 起重大事件涉及了对国际法律和战争法规中的战时法与平时法（Jus ad Bellum and Jus in Bello）的适用。作者的主要调查结果是，对于塔林手册中的某些关键规则，实际的国家实践和法律确念似乎只有有限的支持。更重要的是，目前大量从事网络行动的国家似乎对促进网络空间监管的法律确定性缺乏足够的兴趣。①

荷兰乌得勒支大学法学院 Machiko Kanetake 发表了《欧盟网络监控技术出口管制：人权方法》。文章指出，网络技术的出口可以成为不仅可以为贸易伙伴带来商机、也可以带来人权风险的一种工具。在"阿拉伯之春"之后，围绕欧盟出口的网络监控技术出现了政治争议，该技术涉嫌帮助专制国监督和逮捕持不同政见者。为回应欧洲议会的号召，欧盟委员会于 2016 年 9 月提出将人权尽职调查纳入出口管制的过程。其中，该提议特别强调保护隐私权、言论自由和结社自由。然而，欧盟委员会的提议引起了工业界和成员国的强烈抗议。为了减轻军事风险，当前已基本上开发了两用出口管制。因此，将人权风险纳入出口管制的尝试引起了利益攸关方的反对。截至 2018 年 7 月 20 日，该提案正在欧盟理事会面前进行一读。无论欧盟的立法结果如何，委员会的倡议都引发了很大的阻力，这本身就很有吸引力。针对该提案的竞争揭示了欧盟在实现其以权利为基础的国际贸易中遇到的一些实际障碍。②

① Dan Efrony & Yuval Shany, 'A Rule Book on the Shelf? Tallinn Manual 2.0 on Cyber Operations and Subsequent State Practice', American Journal of International Law, 112(4), 583-657 (2018).

② Machiko Kanetake, 'The EU's Export Control of Cyber Surveillance Technology: Human Rights Approaches', Business and Human Rights Journal, 1-8; Published online on 09 October 2018, available on https://www.cambridge.org/core/journals/business-and-human-rights-journal/article/eus-export-control-of-cyber-surveillance-technology-human-rights-approaches/511F6A505411E6BEBD4137C67CC68F7D.

(五)海洋、极地、外空和气候变化法律

国际海洋法法庭前法官 P. Chandrasekhara Rao 和国际海洋法法庭登记官 Philippe Gautier 出版了《国际海洋法法庭：法律，实践和程序》一书。这份国际海洋法法庭的权威指南及时评估了过去二十年来国际海洋法法庭开展的活动。这本综合性书籍对法庭的管辖权、管辖案件的程序规则及其对海洋法发展的贡献进行了详尽而广泛的分析。通过彻底审查法庭的司法惯例，并参考诸如条约和法规等主要来源，作者认为法庭履行了《联合国海洋法公约》赋予它的职责。基于以实践为导向的方法，本书采用的方法分析表明法庭在处理案件方面已经成功地发展出自身的工作方法，同时将法庭建立为能够有效和具有成本效益地履行其职能的司法机构。最重要的是，法庭的判例有助于发展对海洋法的连贯而渐进的解释。①

意大利米兰大学 Irini Papanicolopulu 教授从国际法角度分析了海上人员的保护。在过去十年中，媒体对海上人员命运的兴趣日益增强。索马里海盗的袭击和劫持人质以及地中海移民和寻求庇护者的待遇问题对当前的国际法提出了紧迫问题，而在“泰坦尼克号”沉没一百年后，“柯斯达康柯达号”游艇在意大利吉廖岛触礁倾覆这一事件亦提醒全世界，现代导航系统和技术并不能保证航运失误的发生。在国际上，海上人员的保护这一议题仍存在诸多问题，例如海盗是否拥有人权？海上移民是否可以返回他们航行的国家？如何保护船员不受不人道和有辱人格的工作和生活条件的影响？根据国际人权条约，国家是否有责任在公海上逮捕贩毒者？本书是第一部全面比较不同海上人民合法权利的著作。在这本书中，Irini Papanicolopulu 认为，国家具有一项保护海上人民的首要责任，应

① P. Chandrasekhara Rao & Philippe Gautier, *The International Tribunal for the Law of the Sea: Law, Practice and Procedure* (Edward Elgar Publishing, 2018).

采取一切必要行动，以确保海上人民享有自己的权利。①

《中国国际法论刊》2018 年第 17 卷第 2 期以专刊形式，发表了中国国际法学会组织撰写的《南海仲裁案裁决：一个批判性研究》。作者以包括《联合国海洋法公约》在内的国际法和国际实践为依据，对仲裁庭所作裁决进行了全面、深入的分析研究。作者探究了南海仲裁案的背景、历程与中国政府立场。在管辖权问题上，作者认为，仲裁庭对反映中菲领土和海洋划界争议的菲律宾诉求没有管辖权；仲裁庭错误认定菲律宾诉求与中菲在南海的领土和海洋划界争端无关，越权管辖；仲裁庭错误认定菲律宾诉求反映中菲两国有关《公约》解释或适用的争端；仲裁庭错误认定中菲就争端解决方式作出的选择及其效力；仲裁庭错误认定菲律宾已履行《公约》第 283 条规定的交换意见的义务；仲裁庭违背“不诉不理”原则及《公约》附件七第 10 条的规定。在可受理问题上，作者认为，仲裁庭未尽责考察诉求变更引发的可受理性问题；仲裁庭错误认定菲律宾第 11 项、第 12(b)项和第 14 项诉求的变更部分具有可受理性。在涉及第 1 项和第 2 项诉求的历史性权利事项上，作者认为，仲裁庭脱离中菲领土和海洋划界争议，错误处理中国在南海的历史性权利；仲裁庭错误处理历史性权利与《公约》的关系；仲裁庭错误否定中国在南海享有的历史性权利。在涉及第 3 项至第 7 项诉求的中国南沙群岛和中沙群岛的法律地位问题上，作者认为，仲裁庭无视中国南沙群岛和中沙群岛的整体性以及中菲领土和海洋划界争端的存在，错误分割处置有关岛礁的法律地位；中国南沙群岛作为大陆国家远海群岛具有充分的国际法依据；仲裁庭错误分割处置南沙群岛有关“低潮高地”及其对领土和海洋划界的影响；仲裁庭错误解释和适用《公约》第 121 条“岛屿制度”。在涉及第 8 项至第 14 项诉求的中国在南海活动的合法性问题上，作者认为，仲裁庭错误定性、

① Irini Papanicolopulu, *International Law and the Protection of People at Sea* (Oxford University Press, 2018).

裁判中国在南海的维权、资源管理和开发活动；仲裁庭妄断菲律宾渔民在黄岩岛享有“传统捕鱼权”；仲裁庭错误裁定中国纵容、保护本国渔民从事有害捕捞活动，以及中国岛礁建设活动违反海洋环境保护和保全义务；仲裁庭将中国在美济礁上的建设活动错误认定为在菲律宾管辖海域进行人工岛屿设施和结构的建设；仲裁庭将中国在黄岩岛海域的执法活动，错误认定为一般航行行为，进而错误适用《公约》第 94 条和《国际避碰规则》；仲裁庭错误认定中国在南沙群岛有关岛礁的建设活动扩大和加剧了争端。在正当程序和证据问题上，作者认为，仲裁庭未遵循正当程序；仲裁庭未尽到《公约》附件七第 9 条要求的查明事实的责任。最后，作者认为，仲裁庭错误百出，裁决缺乏基本的事实和法律依据，是无效的，这一裁决将冲击国际法治。①

新加坡国立大学国际法中心 S. Jayakumar 教授、Tommy Koh 教授、Robert Beckman 副教授、Tara Davenport 全球研究员和 Hao Duy Phan 高级研究员主编了《中国南海仲裁：法律维度》一书。本书汇集了海洋法仲裁领域的知名专家，详细分析了菲律宾与中国南海仲裁案件中的重要方面、调查结果和法律推理。具体而言，本书全面概述和分析了仲裁中讨论的主要问题，包括管辖权、程序、海事权利和海洋环境保护。这些章节还探讨了该案件对 1982 年《联合国海洋法公约》下南海争端和可能的争端解决的影响。每章的强有力的讨论将对正在进行的关于南海仲裁的辩论作出宝贵的贡献。这本具有信息性和引人注目的书将成为国际公法、海洋法、国际争端解决和国际关系学者和学生的必读书，本书亦对负责海洋法和国际争端解决的政策制定者和政府官员，以及国际法院和法庭、国际组织和

---

① Chinese Society of International Law, ‘The South China Sea Arbitration Awards: A Critical Study’, Chinese Journal of International Law, vol. 17, no. 2 (2018).

非政府组织的成员有益。①

在《北冰洋航运：北美极地的航海、安全和主权》一书中，澳大利亚国立大学法学院 Donald R. Rothwell 评估了北美极地地区的当代航行、安全和主权问题。由于气候变化和中国等非北极国家的兴趣增加，北冰洋航运正成为一个重要的法律、地缘政治和安全问题。海洋法为管理北冰洋航运提供了关键的法律框架，加拿大和美国一直依赖该法律框架来制定西北航道和白令海峡的法律制度。作

① S. Jayakumar, Tommy Koh, Robert Beckman, Tara Davenport & Hao Duy Phan (eds), The South China Sea Arbitration: The Legal Dimension (Edward Elgar Publishing, 2018). Contents include:

S Jayakumar, Tommy Koh, Robert Beckman, Tara Davenport & Hao Duy Phan, The South China Sea Arbitration: Laying the Groundwork

Robert Beckman, Jurisdictional Issues in the South China Sea Arbitration

Stuart Kaye, Jurisdiction in the South China Sea Arbitration: Application of the Monetary Gold Principle

Tara Davenport, Procedural Issues Arising from China's Non-Participation in the South China Sea Arbitration

Clive R Symmons, Historic Rights in the Light of the Award in the South China Sea Arbitration: What Remains of the Doctrine Now?

Youna Lyons, Luu Quang Hung & Pavel Tkalich, Determining High-tide Features (or Islands) in the South China Sea under Article 121 (1): A Legal and Oceanography Perspective

Erik Franckx, The Arbitral Tribunal's Interpretation of Paragraph 3 in Article 121: A First But Important Step Forward

Myron H Nordquist, UNCLOS Article 121 and Itu Aba in the South China Sea Final Award: A Correct Interpretation?

J Ashley Roach, Artificial Islands in the South China Sea: The Legal Regime and Implications of the Award

Nilüfer Oral, The South China Sea Arbitral Award, Part XII of UNCLOS, and the Protection and Preservation of the Marine Environment

J Ashley Roach, Rocks Versus Islands: Implications for Protection of the Marine Environment

S Jayakumar, Tommy Koh, Robert Beckman, Tara Davenport & Hao Duy Phan, Conclusion.

为气候变化的结果，专属经济区和北极公海内的航行也变得更具战略意义。由此，与海事安全和现有法律制度的充分性相关的诸多问题已浮出水面，这些问题包括加拿大和美国将如何回应亚洲国家对北极航运的兴趣。①

在《外层空间条约》签署 50 周年之际，欧洲空间政策研究所 Annette Froehlich 主编的《关于外层空间条约的新观点》一书首次深入探讨下一代如何考虑进一步改进《外层空间条约》的空间，以应对即将出现的新方面，例如为新兴商业、经济提供解决方案以及环境和社会问题。在 1967 年通过《外层空间条约》时，该条约的目的是避免在太空中发生冲突的军事局势。然而，在 50 年后，《外层空间条约》需要满足不断增加的空间活动和不同的参与者，例如私营部门参与者的崛起。②

(六)国际刑法、战争法

美国国际法协会将 2019 年度的图书大奖(ASIL Book Awards)授予了三本图书，其中获得原创学术卓越贡献奖的是加拿大渥太华大学法学院 Craig Forcese 撰写的《摧毁卡罗琳：重塑战争权的边疆袭击》。③ 1837 年 12 月 29 日深夜，一名皇家海军军官指挥的加拿大民兵越过尼亚加拉河前往美国并击沉了卡罗琳。卡罗琳是一艘汽

---

① Donald R. Rothwell, *Arctic Ocean Shipping: Navigation, Security and Sovereignty in the North American Arctic* (Brill, 2018).

② Annette Froehlich (ed), *A Fresh View on the Outer Space Treaty* (Springer, 2018).

③ 获得美国国际法协会将 2019 年度图书大奖的另外两本书籍是：Certificate of Merit for high technical craftsmanship and utility to practicing lawyers and scholars: Rosalyn Higgins, Philippa Webb, Dapo Akande, Sandesh Sivakumaran, and James Sloan, *Oppenheim's International Law: United Nations Volumes I and II* (Oxford University Press, 2018); Certificate of Merit in a specialized area of international law: Maureen F. Tehan, Lee C. Godden, Margaret A. Young, and Kirsty A. Gover, *The Impact of Climate Change Mitigation on Indigenous and Forest Communities* (Cambridge University Press, 2018).

船，被叛乱分子用于1837年加拿大叛乱。这一事件以及解决这一问题的外交谅解，已成为国际法中对于国家在遥远的地方和不同种类的战争中行使的“固有的自卫权”的简写。当无人机杀死了恐怖分子、国家领导人正在考虑通过军事行动威胁对手时，这是卡罗琳在今天被人们记住的方式。但对卡罗琳的记忆是偶然记忆而不是设计的，这往往是不完美的。这本书讲述了卡罗琳事件的故事以及与它相关的各色人物。在此过程中，本书突出了卡罗琳和自卫的主张如何被用来——并被滥用——以应对国际关系中的现代挑战。在一个不守规矩的边界上被遗忘的冲突重新定义了战争权的历史。①

二、国际私法

（一）国际私法理论

加拿大渥太华西方法学院 Roxana Banu 助理教授探究了19世纪视角的国际私法。作者认为，私法国际法经常因未能在跨国领域遏制私人权力而受到批评。该领域在解决全球经济和社会不平等方面显得毫无兴趣或无能为力。学者们经常将这种失败归咎于19世纪末国际私法和国际公法的分离，以及国际私法与私法的日益一致。通过背景历史分析，Roxana Banu 质疑这些前提。通过回顾来自六个司法管辖区（美国、法国、德国、英国、意大利和荷兰）的广泛学术观点，Roxana Banu 表明，虽然并未为社会正义注入动力，国际私法和国际公法之间的融合带来了国际私法的大部分形式化和中立性。Roxana Banu 还揭示了19世纪的各种私法理论，这些理论描绘了跨国代理人的社会、关系构成的形象，从而在规范跨境人际关系上挑战了个人主义和以国家为中心的前提。总体而言，这项研

① Craig Forcese, Destroying the Caroline: The Frontier Raid That Reshaped the Right to War (Irwin Law Inc, 2018).

究认为，当代国际私法的遗传缺陷更多地源于 19 世纪主权和国家权利理论的融合，而非私法理论前提。反过来，通过重新考虑本书中讨论的 19 世纪私法观点的关系前提，Roxana Banu 认为，国际私法可以通过在跨国领域促进个人代理和社会责任来增加社会和经济平等。①

法国巴黎政治学院法学院教授 Horatia Muir Watt、英国伦敦国际律师事务所培训生 Lucia Bíziková、巴西圣埃斯皮里图（UFES）客座讲师 Agatha Brandão de Oliveira 和法国巴黎政治学院法学院教授 Diego P. Fernandez Arroyo 共同主编的《全球国际私法：没有边界的裁决》是一本开创性的案例手册。本书结合了 60 多位国际和跨学科贡献者的专业知识，作者分析了关键的法律诉讼程序，以便全面研究全球化对法律的影响。本书提供了独特且结构清晰的工具，是一本提供了精心挑选的全球案例研究的权威著作。其中一些论文因其国际相关主题而被认为是全球性的，而另一些则表明了在加速跨境流动时代，传统法律类别的模糊。本书对案例的政治、文化，社会和经济背景进行研究，揭示了当代法律的转变。这一转变是通过案例与规范性的冲突形式和增加的潜在法庭的相遇来揭示的。②

英国伦敦国际仲裁员法律顾问 Gustavo Moser 博士出版了《跨境销售法律选择的重新思考》一书。作者认为，适用的合同法规定并规范合同的有效期。尽管其具有重要性，当前对法律选择决策过程却知之甚少。作者提出的问题是，法律选择决策过程是否涉及合理性或非合理性？我们如何确定这一点，以及我们如何才能改善这些判断？《跨境销售法律选择的重新思考》是一项创新的、多学科的、

① Roxana Banu, *Nineteenth Century Perspectives on Private International Law* (Oxford University Press, 2018).

② Horatia Muir Watt, Lucia Bíziková, Agatha Brandão de Oliveira and Diego P. Fernandez Arroyo (eds), *Global Private International Law: Adjudication without Frontiers* (Edward Elgar Publishing, 2018).

以实践为导向的举措，旨在研究哪些因素决定了缔约方选择法律来规范其协议的方式。本书提供了谈判者如何处理这一主题的证据，包括其决策的主要动力和触发因素。本书还邀请读者探索和理解缔约方思想的特殊世界、一种涉及瑕疵、认知限制和情绪的复杂装置。本书提出了解决、控制或最小化认知错误对判断的影响的替代方案和机制。作者旨在为外行和法律职业者提供适当的工具，以促进更有效的结果。①

（二）国际私法与国际公法的互动

当涉及各自对实现全球价值观的贡献时，国际私法和国际公法是否与其基本目标相吻合？他们如何共同努力实现国际法律秩序的一致性和效率？英国爱丁堡大学法学院 Veronica Ruiz Abou-Nigm 高级讲师、Kasey McCall-Smith 讲师和英国林肯大学法学院 Duncan French 教授主编的《关于国际私法和国际公法的联系与界限》一书提出了一个愿景：为现代社会服务，国际法律秩序不能被定义为公共的或私人的。《关于国际私法和国际公法的联系与界限》侧重于国际私法和国际公法之间的交界面，以及用于解决典型问题的公共方法的协同。这些典型问题包括企业社会责任和环境法，以及国际管辖权、国家主权和政党自治等基本概念。本书展示了国际私法和国际公法两个学科之间的动态互动，旨在促进对话，虽然对话仍然只是在充分发挥其潜力的早期阶段。本书探讨了加深这两个截然不同但相互关联的学科之间对话的方法，目的是促进它们向需要采取国际方法的法律问题采取更加综合和整体的方法。本书汇集了来自欧洲、北美和南美各个学科和来自两个学科的知名

① Gustavo Moser, *Rethinking Choice of Law in Cross-Border Sales* (Eleven International Publishing, 2018).

专家和新声音。①

（三）国际商事法庭实践

英国牛津大学 Matthew S. Erie 副教授从“一带一路”争端解决的前景的角度，研究了中国国际商事法庭。作者认为，尽管中国最高人民法院已经研究了其他国际商事法庭，包括迪拜国际金融中心法庭（DIFC），但中国国际商事法庭不是 DIFC 模式的“国际商事法庭”，更多的是在现有的中国法院层级内建立的有限管辖法庭。然而，关于中国国际商事法庭如何在实践中发挥作用，仍

---

① Veronica Ruiz Abou-Nigm, Kasey McCall-Smith & Duncan French（eds），*Linkages and Boundaries in Private and Public International Law*（Hart Publishing, 2018）. Contents include：

Verónica Ruiz Abou-Nigm, Kasey McCall-Smith & Duncan French, Introduction: Systemic Dialogue: Identifying Commonalities and Exploring Linkages in Private and Public International Law;

Alex Mills, Connecting Public and Private International Law;

Jean d'Aspremont & Francesco Giglio, Windows in International Law;

Kirsty J Hood, 'International' Rules in an Internal Setting;

Duncan French & Verónica Ruiz Abou-Nigm, Jurisdiction: Betwixt Unilateralism and Global Coordination;

Richard Collins & María Mercedes Albornoz, On the Dwindling Divide between the Public and Private: The Role of Soft Law Instruments in Global Governance;

María Blanca Noodt Taquela & Ana María Daza-Clark, The Role of Global Values in the Evaluation of Public Policy in International Investment and Commercial Arbitration;

Kasey McCall-Smith & Andreas Rühmkorf, Reconciling Human Rights and Supply Chain Management through Corporate Social Responsibility;

Elisa Morgera & Lorna Gillies, Realising the Objectives of Public International Environmental Law through Private Contracts: The Need for a Dialogue with Private International Law Scholars;

Sharon E Foster, International Investment Arbitration and the Arduous Route to Transparency;

Dimitrios Kagiaros & Amanda Wyper, Protecting Whistleblowers: The Roles of Public and Private International Law.

有许多未解的问题。中国政策在国内经常通过中国官员所称的“愿景、指导、示范”展开，其中“愿景”指的是一个广泛的概念，“指导”指的是规则和规则，“示范”意味着通常通过试点项目实施。“一带一路”倡议和中国国际商事法庭似乎也在遵循相同的进展。《最高人民法院关于设立国际商事法庭若干问题的规定》为创建国际商事法庭提供了指导，但作者预测随后的最高人民法院的相关规定或商事法庭的程序规则形式的其他规则很可能会在不久的将来发布。①

新加坡国立大学法学院 Gary F. Bell 教授以新加坡国际商事法庭为例，分析商事法庭是否与仲裁存在竞争关系。作者认为，我们近年来已经看到许多在国家层面的国际商事法庭的创建(或计划创建)，例如迪拜、阿姆斯特丹、巴黎、法兰克福、布鲁塞尔、中国和新加坡的国际商事法庭。这背后的理由，一部分是由于希望与伦敦商事法庭竞争，特别是在英国脱欧迫在眉睫的时刻；另一部分原因则是旨在将商事法庭作为仲裁的替代方案。作者介绍这些商事法庭及其提供的服务，并以新加坡国际商事法庭为例，更为详细地审查管辖权、外国法官、外国律师出庭、可能使用不同的证据规则等。最后，作者探究了商事法庭可能对仲裁产生的影响，因为当当事人选择商事法庭而非进行仲裁时，仲裁与仲裁直接竞争。作者通过比较新加坡国际商事法庭与国际商事法庭和仲裁，权衡选择商事法庭的利与弊。②

---

① Matthew S. Erie, ‘The China International Commercial Court: Prospects for Dispute Resolution for the “Belt and Road Initiative”’, ASIL Insights, vol. 22, issue 11, August 31, 2018.

② Gary F. Bell, ‘The New International Commercial Courts—Competing with Arbitration? The Example of the Singapore International Commercial Court’, Contemporary Asia Arbitration Journal, Vol. 11, No. 2, 193-216 (2018).

三、国际经济法

(一)中美贸易战

荷兰阿姆斯特丹大学法学院 Geraldo Vidigal 对 2018 年的贸易战及其对 WTO 体制进行了研究。作者认为，自 1995 年成立以来就一直管理着世界上最大经济体之间贸易关系的世界贸易组织现在受到威胁。虽然世贸组织成员以可疑的法律依据采取贸易限制措施并不新鲜，但两项发展使得当前的危机独特。首先，成员们对 WTO 不符行为作出反应的依据是他们自己的评估，而这些依据是缺乏正当性。其次，基于对上诉机构长期存在的积极主义的不满，美国阻止了对该机构新成员的所有任命。在目前情况下，当任何专家组发布有关这些争议的报告时，上诉机构将无法运作。这些发展破坏了世贸组织体制背后的核心交易：基于威斯特伐利亚国际秩序，主权实体承诺将关于允许和不允许的行为的决定委托给权威决策，并且只有在机构授权的情况下才能对其他成员的行为做出反应，但他们仍保留了单方面反应的能力。在回顾了多边贸易体制的发展之后，Geraldo Vidigal 探讨了 2018 年的贸易战如何代表这一核心承诺的崩溃，并可能导致 WTO 机制的分裂。寻求维护当前体制的成员面临着这样一个悖论：通过未经同意的程序克服美国的阻碍将破坏另一项承诺：以协商一致方式作出决策。如果没有上诉机构或重建权威机构的替代安排，世贸组织制度可能会转变为威斯特伐利亚的一种非制度化的争议解决方案。①

澳大利亚新南威尔士大学法学院 Heng Wang 副教授从报复的、包容的和管制的回应角度，来分析中国可能会如何回应美国的贸易

① Geraldo Vidigal, ‘Westphalia Strikes Back: The 2018 Trade Wars and the Threat to the WTO Regime’, Amsterdam Law School Research Paper No. 2018-31, Posted on 1 Nov 2018, available on https: //papers. ssrn. com/sol3/papers. cfm? abstract_id = 3259127.

方法。作者致力于为中国应对美国贸易政策进行概念化和提供分析框架。文章分析了以下问题：美国新的贸易方法是什么？中国如何回应美国的贸易方式？中国应对美国贸易方式的趋势和影响是什么？文章首先认为，对于大多数美国式的管制纪律而言，美国的贸易方式没有改变。但是，它已转向管理贸易、单边主义和贸易执法。其次，中国可能采取三轨方法：包括报复的、包容的和管制的反应。第三，这些反应存在于政治-法律范围内，从更加政治的报复反应到包容反应，或更合法化的方法（监管反应）。对于其他两个回应，中国可能首先采取包容回应，而中国的回应会产生深远的影响。①

美国塔夫茨大学弗莱彻法律与外交学院 Joel P. Trachtman 教授发表了《功能主义、碎片化和国际（贸易）法的未来》。作者主要提出了三个观点：首先，为了实现有效的国际合作水平和类型，有必要在国际立法和国际裁决中克服碎片化。第二，世贸组织争端解决避免了有效克服碎片化的跨部门权衡，部分原因是它通常避免评估管制合理性，同时也部分是由于其授权不允许在涵盖的协议之外适用国际法。第三，即使我们克服了立法和裁决中的碎片化问题，我们仍然需要走向多数投票才能达到国际立法的有效水平。②

美国乔治亚大学法学院 Harlan Grant Cohen 发表了《什么是国际贸易法？》的文章。文章认为，过去几年发生的事件，包括英国退欧公投、跨太平洋伙伴关系的消亡以及唐纳德·特朗普当选美国总统，都重新引发了关于全球贸易体制的辩论。特别是，许多人开始质疑贸易制度是否已经为那些全球化背后的人做了足够的事情。虽

① Heng Wang, 'How May China Respond to the U. S. Trade Approach? Retaliatory, Inclusive and Regulatory Responses', Columbia Journal of Asian Law, Vol. 31, No. 2 (2018).

② Joel P. Trachtman, 'Functionalism, Fragmentation, and the Future of International (Trade) Law', available on https://sites.tufts.edu/cilg/2018/09/24/functionalism-fragmentation-and-the-future-of-international-trade-law/.

然有些人坚持认为贸易收益的重新分配主要是国内政策问题，但其他人则建议对国际贸易协定进行调整，旨在更好地传播财富。但如果问题不是政策，而是原则呢？过去几十年来，主要的国际经济机构都基于“增长饼”和“提升所有船只”的规范性原则。大多数已经提出的政策调整都假设了这种新自由主义原则，即使在试图软化它变得更坚硬的边缘时也是如此。但目前尚不清楚那些投票反对贸易协定的人是否同意。本文重新考虑了国际经济法的规范基础，寻找可以重新开放和重振贸易政治的新叙事，同时为未来的政权辩护和指导。通过调查过去提出的各种规范性叙述，本书询问了在复杂的跨国供应链时代，嵌入式自由主义可能会是什么样子。本书表明，围绕国家为其人民提供福利的义务而建立的国际经济秩序可能需要重新调整其他政策问题，例如税收和法规，在国际谈判中将贸易从司机转移到乘客。①

（二）WTO 危机与改革及中国在应对危机中的角色

美国加利福尼亚大学欧文分校 Gregory Shaffer 教授探讨了法律的衰落与国际贸易关系中权力的回归。作者评估了美国对世界贸易组织上诉机构的挑战以及世界贸易组织具有约束力的争端解决机制。论文第一部分考察了国际贸易关系中法律的衰落和权力的回归。第二部分解释了美国在国内政治以及对 WTO 政治和司法程序之间根本不平衡的担忧方面对世贸组织司法机构提出疑问的理由。第三部分分析了世贸组织争端解决的潜在和最有可能的未来，即或者用成员间具有约束力的争端解决协议取代上诉机构，这一方法只是在互惠的基础上进行临时上诉，因此可能排除美国；或恢复前关贸总协定制度，各方可以有效否决通过专家组报告。二十多年来，上诉机构作为一个权威的、准宪法的国际法庭运作，以解决冲突和发展法律体系。回想起来，这是一次非凡的国际关系实验。作者认

① Harlan Grant Cohen, ‘What is International Trade Law for?’, American Journal of International Law, Vol. 113 (April 2019).

为，美国和世界可能很快就会后悔世界贸易组织的灭亡。①

瑞士国际发展高等研究院 Joost Pauwelyn 教授和 Weiwei Zhang 博士发表了 WTO 待审案例量的数据驱动评估与预测。传统观点认为，近年来，世界贸易组织争端解决的合法化机制“比以往任何时候都更加忙碌”，“成为自身成功的牺牲品”。本文使用硬数据来评估世贸组织目前的案例量，并研究自 1995 年世贸组织成立以来它是如何演变的。作者还使用不同的情景，预测了十年后的专家组和上诉机构(AB)案件量。事实上，世贸组织争端解决专家组和上诉机构的待审案件总数达到了顶峰(截至 2018 年 4 月 30 日分别为 18 件和 8 件)。然而，这并不是由于新案件的增加(新的咨询请求显着减少，从 1997 年的高达 50 个减少到 2017 年的“仅”17 个)，而是因为未决案件需要更长时间才能得出结论，因为这些案件已更为复杂，并且由于缺乏人力资源而经常被推迟。此外，提交的案件越来越少(从 WTO 的前五年的 20%到 2014 年后几乎为零)，上诉率

---

① Gregory Shaffer, ‘A Tragedy in the Making?: The Decline of Law and the Return of Power in International Trade Relations’, Yale Journal of International Law, vol. 44 (2019).

The Yale Journal of International Law Online has begun to post a symposium on “International Trade in the Trump Era.” Contents include:

Kathleen Claussen & David Singh Grewal, Introduction

Rachel Brewster, The Trump Administration and the Future of the WTO

Timothy Meyer, Trade, Redistribution, and the Imperial Presidency

Joel P. Trachtman, A World Trade Organization for Workers?

Gregory Shaffer, A Tragedy in the Making? The Decline of Law and the Return of Power in International Trade Relations

Andrew Lang, Protectionism's Many Faces

David Singh Grewal, A Research Agenda for Trade Policy in the Trump Era

Padideh Ala'I, The Trump Administration vs. the WTO Appellate Body: How the Appellate Body Can Help Maintain Global Economic Relations and Peace

Chantal Thomas, Trade and Development in an Era of Multipolarity and Reterritorialization

Kathleen Claussen, Old Wine in New Bottles? The Trade Rule of Law

Harold Hongju Koh, Epilogue.

仍然非常高(平均为 68%),以及后续纠纷在合规方面的比例(DSU 第 21.5 条)显着增加,所有这三个因素导致更多(未决)案件数量,而实际上没有提交更多(新)案件,或发布更多专家组或上诉机构报告(每年产生的报告数量实际上已经下降,下降从最高的 26 个专家组报告和 2000 年的 13 个上诉机构报告,到 2017 年"仅"13 个专家组报告和 6 个上诉机构报告)。WTO 争端解决也主要用于(i)某些类型的争议(例如 2012-2016 年间提交的案件中有 45%是贸易救济纠纷,而 1995-1999 年间这些案件的比例仅为 23%)和(ii)一小部分 WTO 成员国之间的争议(20 名 WTO 成员代表了 85%DSU 参与者)。①

展望未来,作者预测目前世界贸易组织案件数量过剩将不会持续。更具体地说,在 2019 年暂时下降后,作者预测 2020—2022 年将出现破纪录的飙升,之后世贸组织的案件数量将会回落并稳定在我们之前看到的数字上。作者提出的三种情景("一切照旧"、"恢复正常"和"更多解决方案,减少上诉")均不会构成出现恐慌的理由(例如,大规模雇用额外的、长期的 WTO 秘书处工作人员;临时雇用来解决 2020—2022 年飙升的案件就足够了)。此外,相对较小的改进——专家组和上诉机构更新符合 DSU 中规定的时间表;该系统改善了其"明显优先"的解决方案,当涉及专家组报告的上诉时,争议方采取克制措施(我们所假设的"更多解决方案,减少上诉情景")——将使 WTO 案件数量降至令人惊讶的低水平(2021 年后:6~7 个并发的专家组案件、1~2 个并发的上诉机构程序)。但也有一个"最糟糕的情况":如果世贸组织成员继续未能填补上诉机构的空缺,世贸组织争端解决将在 2019 年 12 月停止,届时只剩下 1 个成员留在上诉机构,则上诉机构不可能发挥作用。②

Shearman & Sterling 律师事务所组约办公室 Anna G Tevini 博士

① Joost Pauwelyn & Weiwei Zhang, 'Busier than Ever? A Data-Driven Assessment and Forecast of WTO Caseload', Journal of International Economic Law, Volume 21, Issue 3, 461-487(2018).

② Ibid.

从不断发展的法律框架角度，分析了东亚区域经济一体化与争端解决。2001 年中国加入世界贸易组织，在事实上和法律上都对全球经济产生了重大影响。在区域层面，中国加入世贸组织是东亚地区贸易协定(RTAs)建立的重要催化剂。这是该地区的一项新发展，因为东亚国家此前曾采用的是非正式的、以市场为导向的区域经济一体化方法。相比之下，涉及东亚国家的以规则为基础的经济一体化传统上仅限于 GATT / WTO 框架下的多边一体化。本书系统地分析和解释了东亚基于规则的区域经济一体化的发展、性质和挑战，特别关注该地区的前四个区域贸易协定。在讨论影响东亚区域贸易协定发展的社会经济、历史和政治因素的同时，本书侧重于东南亚国家联盟(东盟)以及东盟—中国经济一体化的法律制度、全面经济合作协议(ACFTA)、日本—新加坡新时代经济合作协议(JSEPA)。该书对商品和服务贸易、投资自由化和保护、劳工运动等领域和和争端解决在这四个区域贸易协定下实现的基于规则的经济一体化的范围，深度和(硬法与软法)质量进行了系统的比较说明。①

卢森堡马克斯普朗克国际、欧洲和管制程序法研究所 Joshua Paine 研究员探究了世贸组织争端解决机构(DSB)履行的职能，即由所有 WTO 成员代表组成的外交机构，负责管理争端解决机制，这些管理活动包括设立专家组、通过专家组和上诉机构报告、监督裁决的执行情况，并授权暂停特权。当然，由于反向同意规则适用于这些决定，其结果在实践中是可预测的。但是，由于这个原因将 DSB 视为一种形式而不值得进一步研究是不对的。相反，作者认为，DSB 可以在 WTO 更广泛的法律和政治过程中发挥一些重要作用。具体而言，作者重点介绍 DSB 执行的三项功能。首先，作者分析了 DSB 作为一种关键的“声音”机制的作用，该机制为 WTO 成员提供了一个集中论坛，用于表达对裁决者绩效的满意度。这一部分的分析借鉴了最初由 Hirschman 开发的“退出、声音和忠诚”框

① Anna G Tevini, *Regional Economic Integration and Dispute Settlement in East Asia: The Evolving Legal Framework* (Hart Publishing, 2018).

架，将之作为一种概念化成员对组织绩效不满的方式。这一部分探寻了 DSB 作为世界贸易组织历史上一个声音机制运作的两个最引人注目的事件：成员对一代人以前的法庭之友简报的强烈反对，以及美国从 2016 年到现在阻止上诉机构（重新）任命。其次，作者考虑了 DSB 的合规监控功能。从表面上看，这是世贸组织争端解决方案与许多国际法院和法庭不同的关键方面，因为这一方案往往没有集中监督判决后遵守情况的机制。第三，作者分析了 DSB 作为一种机制，将成员社会化入 WTO 争端解决的复杂领域，以及其他学习途径，例如第三方参与争议。①

澳大利亚墨尔本大学法学院 Tania Voon 探究了 WTO 专家小组报告支持澳大利亚的烟草平原包装。世界贸易组织针对澳大利亚烟草无装饰包装计划的四项争议中的两项现已得到解决，争端解决机构通过了专家组报告，支持澳大利亚针对古巴和印度尼西亚的烟草无装饰包装计划。乌克兰提出的第五次争端此前已被放弃。专家组的冗长决定值得仔细研究，特别是关于 WTO 成员的合法政策目标（如促进公共卫生）与对（i）贸易的限制（根据"技术性贸易壁垒协定"第 2.2 条），或（ii）商标的限制（根据"与贸易有关的知识产权协定"第 20 条）之间的平衡。专家组处理贸易限制性（关于贸易技术壁垒）和不合理（关于抵制商标）的基本概念的方法不符合澳大利亚或申诉人提出的立场。这些领域是洪都拉斯和多米尼加共和国对专家组报告正在进行的上诉的核心方面。虽然澳大利亚没有对任何专家组报告提出上诉，但澳大利亚提交给专家组论点为专家组的做法提供了进一步的见解。美国继续阻止对世贸组织上诉机构的任命，加剧了专家组报告的重要性，这可能导致这两项上诉的重大

① Joshua Paine, 'The Functions of the WTO's Dispute Settlement Body: A Distinctive Voice Mechanism', Society of International Economic Law (SIEL), Sixth Biennial Global Conference, Posted on 6 Jul 2018, available on https://papers.ssrn.com/sol3/papers.cfm?abstract_id=3208984.

延误。①

(三)国际经济秩序问题

新加坡管理大学 Pasha L. Hsieh 从新亚洲地区主义和国际经济法中的全球南方大国的角度，反对了民粹主义孤立主义。作者提供了对区域全面经济伙伴关系(RCEP)的最新审查，该伙伴关系有望成为世界上最大的自由贸易协定(FTA)。作者认为，16国的大型自由贸易协定将激发亚洲区域主义的范式转变，并为国际经济法中的全球南方建立规范基础。本文基于相互交织的理论和实质主张，揭示了发展中国家在新的区域经济秩序中的坚定法律主义。文章进一步表明了在破坏全球贸易自由化新自由主义基础的特朗普时代，新兴经济体是反对民粹主义孤立主义的关键力量。通过分析东南亚国家联盟(东盟)、中国和印度的趋同政策，文章首先论证了 RCEP 在亚洲大国当代自由贸易协定实践中的地位。鉴于东盟经济共同体、新成立的11个跨太平洋伙伴关系以及与新加坡和越南的欧盟自由贸易协定，应当谨慎使用关税优惠、服务自由化和投资者—国家争议解决机制。最后，本文评估了 RCEP 对贸易和投资协议下管辖权冲突导致的法律分割的系统性影响。合并不同的贸易规则和支持发展的运作机制将巩固 RCEP 作为通往亚太自由贸易区的途径，并重振多边贸易体系。②

澳大利亚新南威尔士大学法学院高级访问学者 Gillian Moon 和 Lisa Toohey 澳大利亚纽卡斯尔大学法学院教授 Lisa Toohey 出版了《国际经济一体化的未来：重访嵌入式自由主义妥协》一书。作者认为，作为1947年关税与贸易总协定(GATT)的一部分，对国内社会经济问题达成的妥协被称为“嵌入式自由主义”。本书探讨了嵌入式自由主义妥协的多个维度，了解其对国际贸易法的范围和适用

① Tania Voon, ‘Third Strike: The WTO Panel Reports Upholding Australia's Tobacco Plain Packaging Scheme’, Journal of World Investment and Trade, Volume 20, Issue 1, 146-184 (2019).

② Hsieh, Pasha L, ‘Against Populist Isolationism: New Asian Regionalism and Global South Powers in International Economic Law’, Cornell International Law Journal: Vol. 51: No. 3, Article 4 (2018).

的当代影响，以及平行的国内社会经济政策空间的内容和特征。顶尖的国际经济法学者撰写的章节涉及该主题的四个主要方面。本书阐述了嵌入式自由主义妥协的历史和特点，探讨了妥协与 WTO 法律之间的关系，探讨了援引妥协原则的当代紧张局势，例如人权、文化多样性和环境保护，并研究了妥协可能对新的贸易和投资协议产生的未来影响。①

① Gillian Moon & Lisa Toohey, *The Future of International Economic Integration: The Embedded Liberalism Compromise Revisited* (Cambridge University Press, 2018). Contents include:

Andrew Lang, Foreword

Gillian Moon & Lisa Toohey, Introduction to the embedded liberalism compromise

Meredith Kolsky Lewis, The embedded liberalism compromise in the making of the GATT and Uruguay Round Agreements

Lisa Toohey, The embedded liberalism compromise as touchstone in times of political turmoil

Gillian Moon, Universal human rights in the embedded liberalism compromise

Chios Carmody, Recalibrating the embedded liberalism compromise: 'legitimate expectations' and international economic law

Fiona Smith, From agriculture to food security: embedded liberalism and stories of regulatory failure

Hsu-Hua Chou & Weihuan Zhou, Embedded liberalism and national treatment: the case of Taiwan's Mijiu taxation

Catharine Titi, Embedded liberalism and international investment agreements: the future of the right to regulate, with reflections on WTO law

Andrew D. Mitchell & Elizabeth Sheargold, Regulatory coherence in future free trade agreements and the idea of the embedded liberalism compromise

Rachel Harris, Embedded liberalism as a framework for description, critique and advocacy: the case of human rights measures under the GATT

Justine Nolan & Gillian Moon, Embedded liberalism and global business: domestic stability versus corporate autonomy?

Franziska Sucker, The embedded liberalism compromise and cultural policy measures. Maintaining cultural diversity alongside WTO law

Emily Reid, The WTO's purpose, regulatory autonomy and the future of the embedded liberalism compromise.

(四)"一带一路"倡议法律问题

香港中文大学法学院 Julien Chaisse 教授和日本东京大学 Mitsuo Matsushita 荣休教授从探究世界贸易规范性和策略性意义的角度，分析了中国的"一带一路"倡议。尽管对国际贸易和投资产生了重大影响，但"一带一路"并不属于现今的国际条约和条约类别。中国现代历史上第一次试图出口其发展模式，即中国依靠对国内外基础设施、道路、港口和铁路的大规模投资，加速整个地区的工业发展。在经济全球化正在向东方倾斜平衡的时候，一带一路将重新分配贸易和投资地图。①

香港大学法学院 Yun Zhao 教授主编的《"一带一路"下的国际治理与中国法治》从整体的角度审视中国在"一带一路"倡议下的国际治理和法治领域的作用。本书寻求替代的分析框架，不仅考虑法律意识形态和法律理想，还考虑当地需求、社会政治环境，解释和理解中国与沿途国家的法律互动，以便在预测和分析中国以及其他新兴亚洲国家的法律未来中产生更多有用的见解。来自德国、韩国、新加坡、中国(包括大陆、台湾和香港)的作者参与了学术对话，并在"一带一路"下的国际治理与中国法治的主题中进行知识交流。②

---

① Julien Chaisse, Mitsuo Matsushita, 'China's 'Belt And Road' Initiative: Mapping the World Trade Normative and Strategic Implications' 52 Journal of World Trade, Issue 1, pp. 163-185 (2018).

② Yun Zhao, *International Governance and the Rule of Law in China under the Belt and Road Initiative* (Cambridge University Press, 2018). Contents include:

Jingxia Shi, The Belt and Road Initiative and international law: an international public goods perspective

Samuli Seppanen, Performative uses of sovereignty in the Belt and Road Initiative

Jaemin Lee, The Belt and Road Initiative under existing trade agreements: some food for thought on a new regional integration scheme

Sarah Wersborg, Anti-monopoly law in China: administrative and private enforcement and the Belt and Road Initiative from an anti-monopoly law perspective

Kelvin Hiu Fai Kwok, The Belt and Road Initiative: cooperation in trade liberalization and antitrust enforcement(转下页)

澳大利亚新南威尔士大学法学院 Heng Wang 副教授探析了中国对"一带一路"倡议的方法。"一带一路"倡议是中国加入世界贸易组织后与其合作伙伴接触的最重要的战略举措。作为区域多边主义的一种新形式，BRI 是以中国为中心的枢纽网络。本文从法律角度分析了中国对 BRI 的方法，重点分析了两个问题：第一，中国在"一带一路"倡议背景下是否采用了可识别的方法；第二，这个项目的基本要素是什么？作者认为，中国对"一带一路"倡议的态度有三个主要特征：(i)较少以制度为重点；(ii)不以条约为基础；(iii)积极而不是被动的。然而，不应夸大这些特征在不同背景下的稳定性，因为中国在推动"一带一路"时主要采用"中间道路"战略。灵活性可以说是中国方法的本质，反映了政府的适应态度。这种道路不仅偏离了中国参与世界贸易组织的方式，而且可能构成发达经济体追求的深层贸易协定的中国反模式。①

(五)国际投资法：投资争议解决机制的改革

澳大利亚国立大学管制与全球治理学院 Anthea Roberts 教授发

(接上页) Wei Shen, The Belt and Road Initiative, expropriation, and investor protection under BITs

Christopher Chen, ASEAN financial integration and the Belt and Road Initiative: legal challenges and opportunities for China in Southeast Asia

Yue Peng, Prognostic view of the applicable law for AIIB loan agreements

Yongmin Bian, The role of environmental impact assessment in the governance of Nu-Salween River: a comparative study of the Chinese and Myanmar approaches

Yun Zhao, Role of regional space cooperation in procuring space security in the Asia-Pacific region: prospects for the future

Yuhong Chai, Regional dispute resolution: an international civil dispute resolution model for East Asia

Weixia Gu, Enforcement of arbitral awards in Asia under the Belt and Road Initiative: implications for international governance and the Chinese rule of law

Shengli Jiang, Establishment of an international trade dispute settlement mechanism under the 'Belt and Road Initiative'.

① Heng Wang, 'China's Approach to the Belt and Road Initiative', Journal of International Economic Law, online published on 04 January 2019.

表了投资者—国家仲裁的增量、系统和范式改革。虽然投资者—国家仲裁的合法性受到了抨击，但各国尚未在如何进行改革上达成共识。简而言之，迄今已出现三个主要阵营：(1)增量主义者认为，现行制度的批评过于夸张，并认为投资者—国家仲裁仍然是最佳选择。因此，他们赞成保留现有的争议解决制度，但会采取适度的改革措施，以解决具体问题。(2)系统性改革者认为，保留投资者直接在国际层面提出索赔的能力是有益的，但将投资者—国家仲裁视为处理此类索赔的严重缺陷系统。他们支持更重要的系统性改革，例如用多边投资法院和上诉机构取代投资者与国家之间的仲裁。(3)范式转移者认为，现有系统存在不可逆转的缺陷，需要整体更换。他们拒绝投资者对国家提出国际诉讼这一机制，无论这一机制指向的是仲裁庭还是国际法院。范式转移者提供的可替代性方法包括国内法院，监察员和国家与国家之间的仲裁。在此背景下，联合国国际贸易法委员会(贸易法委员会)授予其工作组一个三阶段任务，以调查投资者与国家之间争端解决的可能改革。首先，要求工作组确定并考虑关于投资者与国家争端解决(ISDS)的各种关注。第二，根据任何已确定的问题考虑改革是否可取。第三，如果需要进行改革，可以制定相关的解决方案，以便向委员会提出建议。①

Anthea Roberts 的论文从两个方面展开。第一，概括了迄今为止提倡的三种主要改革方法，并确定了不同改革倡导者可能采取的策略和面临的风险。第二，分析贸易法委员会在这些改革中的作用，既是一个场所，也是一个协调与其他主要利益攸关方复杂关系的主体。就未来而言，作者确定了在解决投资争端的不同制度过程中持续多元化的可能性，并勾勒出不同主体如何在不同的改革方案之间和之内发展灵活性。②

美国纽约 Curtis，Mallet-Prevost，Colt & Mosle 律师事务所

① Anthea Roberts，'Incremental，Systemic，and Paradigmatic Reform of Investor-State Arbitration'，American Journal of International Law，vol. 112(3)，410-432 (2018).

② Ibid.

Simon Batifort 律师和美国国务院律师顾问 J. Benton Heath 从制止多变化的角度，提出了关于解释投资条约中最惠国待遇条款的新争论。作者质疑传统观点，即投资条约中的最惠国条款总是可以用来“导入”实质性的待遇标准(例如公平公正待遇)。作者认为，大多数允许使用最惠国条款的法庭都依赖于推定，并忽略了条款之间有意义的变化。作者还指出，当前各国越来越质疑传统观点，例如新近的一个仲裁裁决已表明了仲裁庭坚决否定通过使用最惠国条款来引进实质性标准的企图。①

挪威奥斯陆大学 PluriCourts 研究中心 Taylor St John 出版了《投资者—国家仲裁的崛起：政治，法律和非预期后果》一书。作者认为，当前投资者与国家间的仲裁体现了那些担心全球化流失的人们最担心的问题，这与投资者-国家仲裁机制创制者的意图相去甚远。为什么政府会建立一个特殊的法律体系，在这个体系中外国投资者可以直接针对国家提起诉讼？本书引导读者完成创建投资者—国家仲裁的关键决策，借鉴数个政府的内部文件和广泛的访谈，以说明这一新法律体系背后的政治问题。目前主导投资者—国家仲裁的公司和律师事务所并未出现在这一机制创立时。事实上，投资者几乎没有游说，强国没有强烈的偏好，也没有证据表明这一机制有利于促进投资。建设和平与发展的国际官员的目标是推动投资者与国家之间仲裁的崛起。本书提出了一种新的历史制度主义解释，阐明了这些官员的行为如何开启了逐步制度化发展的过程。虽然这些官员预计会有许多发展，包括来自投资条约的大量案件，但随着时间的推移，他们创建的这一制度框架已被不同的参与者用于新的目的。这些制度并未确定它们的用途，作者的分析则说明了出现了意想不到的后果以及制度为何如此坚持。②

① Simon Batifort and J. Benton Heath, ‘The New Debate on the Interpretation of MFN Clauses in Investment Treaties: Putting the Brakes on Multilateralization’, 111 (4) American Journal of International Law, 873-913 (2017).

② Taylor St John, *The Rise of Investor-State Arbitration: Politics, Law, and Unintended Consequences* (Oxford University Press, 2018).

英国兰卡斯特大学 法学院 Valentina Vadi 博士发表了《国际投资法和仲裁中的比例性、合理性与审查标准》。作为认为，作为国际法中最具活力的领域之一，国际投资法由于未能在私人和公共利益之间取得公平的平衡而受到批评。Valentina Vadi 审视了仲裁庭利用比例性和合理性这两个概念的优点和缺陷，以审查国家管制行为与国际投资法规定的义务的兼容性。迄今为止，投资法学者对比例性概念的重视超过了对合理性的重视。在这本著作中，作者反对了这一当前实践做法，认为不应提倡一个概念的重要性超过另外一个，而是让读者做出明智的选择。作者还通过探讨审查的强度这一主要工具，校准投资者—国家仲裁中的不同利益。①

美国缅因大学法学院 Richard Chen 探究了投资条约仲裁中的先例与对话问题。自世纪之交以来，投资条约仲裁庭开始越来越频繁地引用过去的裁决。但是，当前国际投资条约仲裁领域没并未存在任何正式的先例原则，也确是在这种背景下使用先例存在结构性障碍的理论。该领域的文献侧重于解释这一事实上的引用先例原则的兴起，并评估该实践的优点。很少有学者提出更多关于先例如何在这个独特领域运作的实际问题，但即使简略地检查投资条约仲裁裁决也会发现，如果仲裁庭援引先例的实践持续，就需要一些秩序和方法来规制。本文首次提供全面框架，来指导投资条约仲裁庭援引先例的实践。文章是从解释先例(在多大程度上遵从先例)和创作先例(在多广泛或狭义的程度上创作先例)的双重观点出发的。该框架旨在帮助每个阶段的仲裁庭平衡任何先例系统预期服务的三个关键价值，即可预测性、准确性和合法性。该框架同时显示了这一平衡应当如何进行，即应当使具有独特制度特征的投资条约仲裁区别于普通法系统的遵从先例。从较高的层面来看，本文的提议旨在用稳健和有争议的对话模式取代稳定、渐进式决策的普通法方法。这意味着仲裁庭应该持怀疑态度地看待过去的决定，并且在撰写自己的裁决时，不仅要解决眼前的争议，而且要推进更广泛的对话，

---

① Valentina Vadi, *Proportionality, Reasonableness and Standards of Review in International Investment Law and Arbitration* (Edward Elgar Publishing, 2018).

从而使得每个案例都构成更广泛对话中的一个组成部分。①

美国亚利桑那大学法学院 Sergio Puig 教授和美国加利福尼亚大学欧文分校 Gregory Shaffer 探究了机构选择和投资法改革。文章应用比较机构分析理论，来评估与可替代机构过程相关的权衡，以解决投资争议的相对偏差。作者根据法治下的问责原则来评估权衡，这是支持投资法的其他目标的基础。作者提出了两项建议：第一，改革应解决国内和国际机构之间的互补问题；第二，机构选择应根据各国面临的不同背景而有所不同。②

加拿大麦吉尔大学法学院 Jean-Michel Marcoux 博士出版的《国际投资法和全球化：外国投资、责任和政府间组织》一书提出，在新自由主义全球化的背景下，政府间组织制定和实施外国投资者责任的过程是否达到了合法性范畴？本书使用分析框架和将国际法与国际关系相结合的方法，为这个问题提供了双重答案。首先，本书表明外国投资者在国际投资法中责任的规范整合是分散的，符合最强大的主体的利益。第二，在利用国际法互动理论评估政府间组织制定和实施的若干国际文件的规范性质时，本书突出了每项文件产生的义务感。分析表明，这种编纂过程以权力关系为标志，并产生了若干社会规范，但产生的法律规范则相对较少。③

美国布鲁克林法学院 Julian Arato 副教授从私法的角度批判了国际投资法。作者指出，国际投资法在规范国家内部政策空间方面比通常所理解的更进一步。作者认为，投资条约巧妙地限制了各国如何组织和平衡其内部私法体系——包括财产法、合同法、公司法和知识产权法。问题是，他们是在一个通用的模型上这样做，而不

---

① Richard Chen, 'Precedent and Dialogue in Investment Treaty Arbitration', Harvard International Law Journal, Vol. 60, number 1, 47-94 (2019).

② Sergio Puig & Gregory Shaffer, 'Imperfect Alternatives: Institutional Choice and the Reform of Investment Law', American Journal of International Law, 112(3), 361-409 (2018).

③ Jean-Michel Marcoux, *International Investment Law and Globalization: Foreign Investment, Responsibilities and Intergovernmental Organizations* (Routledge, 2018).

考虑这些离散的法律制度的价值观的广泛变化。此外，ISDS 判例法加剧了这些限制因素，无理歪曲了国家私法安排。系统的这一隐藏方面导致了无效率、不公平和分配不公等明显问题。①

美国国际环境法研究中心主席 Daniel Magraw 和美国亚利桑那大学法学院 Sergio Puig 提供了绿化投资者-国家争端解决的方案。作者认为，气候变化对人类社会构成严重威胁。气候变化已经影响到我们的环境，从而影响了人类和经济活动的许多方面。在未来的挑战中，鉴于该领域的存在诸如《巴黎协定》等项下的国际义务，政府将需要更积极地采取管制政策，并促进绿色私人投资，以此作为实现可持续增长的手段。作者提出的问题是，国际投资法如何进行调整和现代化，以应对这些挑战？在论文中，作者总结了一系列可以纳入国际投资协议的全面创新，以解决有关气候变化的国际义务。以绿色条约模式为基础，作者首先强调平衡债务对投资者和东道国的作用，然后侧重于争端解决机制。最后，作者解释了在联合国国际贸易法委员会主持下目前的改革进程如何能够用于更加雄心勃勃的国际投资转型。在转型中，投资条约可以作为绿色外国直接投资的催化剂，以扭转已经建立在大气层中的气候变化的势头。②

美国斯坦福大学法学院 Alan Sykes 探究了国际投资协议的经济结构及其对条约解释和设计的意义。作者研究了国际投资协定的经济理论，用它来解释现代投资条约的核心特征，并用它来解决国际投资诉讼中的一些突出问题。该论文认为，投资协议具有双重功能，即克服国际外部性，这类似于与国际贸易中的保护主义相关的“贸易条件”外部性，并使资本输入国能够更有效地承诺消除对外国投资者的不经济的的低效风险提高和进口资本成本。典型投资协议的核心特征在某种程度上发挥了这两种功能，对其相对重要性的理解有助于解释为什么投资协议的主要方法是双边或小边而非多

① Julian Arato, ‘The Private Law Critique of International Investment Law’, American Journal of International Law, 113(1), 1-53 (2019).

② Daniel Magraw & Sergio Puig, ‘Greening Investor-State Dispute Settlements’, Boston College Law Review, vol. 59, issue 8, 2717-2734 (2018).

边。经济分析还揭示了投资者-国家争端解决中的一些争议，包括与“投资者”和“投资”的定义有关的管辖权问题、国民待遇和最惠国义务的范围和解释、“公平公正待遇”义务的演变、“征收”的含义，以及当前国际投资法与国内监管之间关系的争议。本文还提供了关于条约规定最新趋势的解释，这些规定在于回应一些存在争议的仲裁决定。①

(六)国际知识产权保护

Rospatt Osten Pross 的 Simon Klopschinski 分析了与知识产权相关的国际投资仲裁的公共政策。在 Philip Morris v. Uruguay 投资仲裁案中，仲裁庭驳回了菲利普莫里斯关于乌拉圭反吸烟立法征收其烟草公司商标的诉求。在其推理中，仲裁庭在很大程度上遵从了乌拉圭的政策决定，即为了加强公共卫生而限制烟草公司的商业运作。菲利普莫里斯诉乌拉圭提出的问题是，除了公共卫生之外，还有其他公共政策考虑因素需要仲裁庭更加重视，例如促进外国投资和保护知识产权(IP)。作者探讨了“公共政策”的概念，以及知识产权法、WTO 法以及国际投资法(即与知识产权有关的投资仲裁法律制度)如何处理公共政策考量。作者还回顾了 *Philip Morris v. Uruguay*、*Eli Lilly v. Canada* 和 *Bridgestone v. Panama* 等与知识产权相关投资仲裁案件中的公共政策考量。②

(七)国际金融法：亚投行

亚洲基础设施投资银行首位法律总监 Natalie Lichtenstein 在牛津大学出版社出版了《亚洲基础设施投资银行的比较法指南》。亚洲基础设施投资银行于 2016 年首次开业，是一家价值 1000 亿美元

① Alan Sykes, ‘The Economic Structure of International Investment Agreements with Implications for Treaty Interpretation and Design’, Stanford Law and Economics Olin Working Paper No. 529, Posted on 16 Nov 2018, available on https://papers. ssrn. com/sol3/papers. cfm? abstract_id=3275683.

② Simon Klopschinski, ‘Public Policy Considerations in Intellectual Property-Related International Investment Arbitration’ in Christophe Geiger (ed.), *Research Handbook on Intellectual Property and Investment Law* (Edward Elgar Publishing, 2019).

的多边开发银行，旨在支持提高区域经济生产力的基础设施项目。亚洲基础设施投资银行的投资目标广泛：在最初的两年，亚投行就资助了运输系统，如巴基斯坦的国家高速公路、阿曼的铁路和印度的乡村公路；能源项目包括阿塞拜疆的天然气管道和塔吉克斯坦的水电站；以及印度尼西亚贫困地区的重建。亚投行由中国发起，其成员是全球性的，拥有从韩国到沙特阿拉伯等区域性大国，以及来自欧洲、非洲和拉丁美洲的主要参与者。在这本吸引普通读者和法律专家的书籍中，Natalie Lichtenstein 研究了亚洲基础设施投资银行的授权、投资运营、财务、治理和机构设置，并详细分析了亚投行与其他开发银行的相似之处和不同之处。由此，作者描绘了亚投行迄今为止的故事，并预测亚投行的未来。①

四、海外国际法研究对中国学者开展前沿研究的启示

（一）人类命运共同体在国际法上内涵与外延

“构建人类命运共同体”是习近平总书记于 2015 年 9 月在纽约联合国总部出席第七十届联合国大会一般性辩论时发表重要讲话中提出的治国理政方针理论，人类命运共同体旨在追求本国利益时兼顾他国合理关切，在谋求本国发展中促进各国共同发展。我国学者已对迈向人类命运共同体的国际法律共同体建设等议题进行了深入研究。②“构建人类命运共同体”并非是对现有的国际秩序进行推倒或者重建，而是在《联合国宪章》为核心的既有国际法律秩序的基础上进行。因此，对人类命运共同体的国际法阐释，需要结合当前国际法的发展与变化。2018 年英国格拉斯哥大学法学院 Christian J. Tams 教授对国际社会（International Community）作为法律概念的阐释，可为探究“人类命运共同体”的内涵提供参考。同时，前世

① Natalie Lichtenstein, *A Comparative Guide to the Asian Infrastructure Investment Bank* (Oxford University Press, 2018).

② 例如肖永平：《论迈向人类命运共同体的国际法律共同体建设》，载《武汉大学学报（哲学社会科学版）》2019 年第 1 期。

界贸易组织上诉机构法官 James Bacchus 探寻塑造和分享可持续的全球繁荣，可以为“构建人类命运共同体”提供一个新的思考视角。

(二)当前美国的国际法方法及其对中国的影响

美国耶鲁大学法学院 Harold Hongju Koh 教授认为，唐纳德·特朗普执政美国后，美国对于国际法的认可和遵从，更类似于“工具主义”思想(或可称之为“内部策略”)，即产生一种国际法“为我所用”的观点，具体步骤为“参与-贯通-利用”。依据 Harold Hongju Koh 教授，在移民和难民法上，特朗普政府移民管控和难民政策极为苛刻，特别是签署的《旅行禁令》，这些政策显然与国际法的相关规则是背道而驰的。在人权方面，特朗普在执政之前曾表示，美国将适用与人道主义大相径庭的酷刑。在气候变化上，特朗普政府退出《巴黎协定》受到了多方的负面评价。在与朝鲜、俄罗斯和乌克兰的关系上，特朗普政府对伊朗核协议的不屑一顾的立场、特朗普关于轰炸北朝鲜等言论为朝鲜半岛本已十分紧张的局势推波助澜、美国对俄罗斯黑客干预美国大选的回应等事件，都显示特朗普政府奇特的国际法方法。在乌克兰、基地组织和伊斯兰国以及叙利亚问题上，作者建议美国应当积极参与国际法，与其他大国展开广泛合作。

“工具主义”或“内部策略”的国际法方法，与“美国优先”的政策是一脉相承的。对中国而言，特朗普政府最显著的变化体现在美国对华贸易政策上。2018 年特朗普政府不顾中方劝阻，执意单方面发动贸易战。在知识产权问题上，美国发布的《特别 301 报告》对中国的知识产权保护状况进行评判与指责，将中国列入疑是知识产权保护不力重点观察国家名单。尽管中国早已制定《国家知识产权战略纲要》，将保护知识产权提升为国家战略，并在立法上尽可能健全知识产权保护体系、在行政执法与司法上建立一系列制度，但作为发展中国家的中国在知识产权保护力度上显然尚无法达到欧美发达国家的水平。最新的进展是，2019 年刚出台的《外商投资法》已经明确规定了政府不得以行政手段要求外商投资企业转让技术等知识产权。

总体而言，中美贸易战是一场“国际法之战”，涉及诸多世纪贸易组织规则以及国际法上的基本原则。① 无论是 Harold Hongju Koh 教授对特朗普政府的国际法方法进行梳理，抑或是 Ralph R. A. Janik 从欧洲的视角分析特朗普时代的美国主权，都为我国学者研究特朗普政府的国际法方法提供了有益借鉴。

（三）中国在应对 WTO 危机中的角色与作用

自 2017 年以来，美国一直阻挠启动世贸组织上诉机构遴选程序。目前，随着上诉机构两位成员任期届满日期迫近，上诉机构年底瘫痪的风险逐步上升。上诉机构停摆后，争端解决机制将难以正常运转。为维护多边贸易体制，上诉程序改革势在必行。Gregory Shaffer 教授认为，可以用成员间具有约束力的争端解决协议取代上诉机构，这一方法只是在互惠的基础上进行临时上诉，因此可能排除美国；或者恢复前关贸总协定制度，各方可以有效否决通过专家组报告。在改革 WTO 机制上，Marcia Don Harpaz 教授察觉到中国逐渐变得更加积极主动。对于崛起大国而言，合理应用国际法，可在一定程度上减弱或消除国家上升过程中所遇之阻碍，更好地提升国家国际形象，进而维护崛起大国的国家利益。

事实上，我国作为 WTO 多边贸易体制的积极维护者，发挥在 WTO 改革和应对上诉机构危机中应有的角色和作用自是应有之意。当前，中国与四十多个世贸组织成员共同提交了关于争端解决上诉程序改革的两份联合提案，在各方共同努力下，世贸组织总理事会也启动了非正式磋商程序。总体而言，我国对世贸组织改革的立场是可归纳为三个基本原则与五点主张。三个基本原则是：一是世贸组织的改革应该维护多边贸易体制的核心价值，非歧视和开放是多边贸易体制最重要的核心价值，也是世贸组织成员在多边规则框架下处理与其他成员经贸关系的一个根本的遵循，改革应加强多边贸易体制的核心价值，推动世贸组织在全球经济治理中发挥更大的作用。二是世贸组织改革应该保障发展中成员的发展利益，发展是世贸组织工作的一个核心，改革应该解决发展中成员在融入经济全球化方面的困难，赋予发展中成员实现其经济发展所需要的灵活性和

① 杨国华：《中美贸易战与国际法》，载《武大国际法评论》2018 年第 3 期。

政策空间，帮助实现联合国 2030 年可持续发展的目标，缩小南北差距。三是世贸组织改革应该遵循协商一致的决策机制。我国对 WTO 改革的五点主张为：一是应维护多边贸易体制的主渠道地位。二是我们主张应该优先处理危及世贸组织生存的关键问题。三是应解决规则的公平问题，并且回应时代的需要。四是应保证发展中成员的特殊与差别待遇。五是世贸组织改革应该尊重成员各自的发展模式。①

此外，鉴于上诉机构濒临瘫痪，我国学者的研究，应更加侧重具体、切实可行的世贸组织上诉机构遴选危机应对，分析上诉机构遴选危机的解决方法，设计具有可行性的上诉机构“临时替代”方案。

(四)“一带一路”建设的法治保障

2013 年国家主席习近平提出建设“新丝绸之路经济带”和“21 世纪海上丝绸之路”的合作倡议，旨在共同打造开放、包容、均衡、普惠的区域经济合作架构。“一带一路”倡议主要基于基础设施投资项目来推进，倡议推行五载至今，既有成功案例，例如 2016 年 10 月开通的非洲第一条电气化铁路——亚吉铁路以及 2017 年 5 月开通的蒙内铁路成为中国在非洲大陆承建的两大极具影响力的世纪工程；同时，倡议的推行亦遇到困境。在法律上，“一带一路”的推行不仅要考虑沿线国家隶属法系不同、国家法治状况和国民道德水平不同，还需要考量当地投资需求、社会政治环境，解释和理解中国与沿线国家的法律互动。因市场准入、知识产权保护、国际金融交易、劳工问题、环保问题等产生的风险，都是需要学者们研究的对象。从海外研究来看，“一带一路”建设重大基础理论与实践问题的研究阐释、“一带一路”倡议对沿线国家建设的影响以及对中国企业走出去等重要问题，都亟待进一步的研究；特别是针对“一带一路”沿线典型国家展开系列化、有针对性、有深度的国别研究，更是具有重大的意义。

① 参加商务部《中国关于世贸组织改革的立场文件》，载于商务部网站：http：//www.mofcom.gov.cn/article/i/jyjl/k/201812/20181202818736.shtml.

参考文献

[1] Arie M. Kacowicz, 'Global Governance, International Order, and World Order', in David Levi-Faur (ed), *The Oxford Handbook of Governance* (Oxford University Press, 2012), 686.

[2] 27th Annual SLS/BIICL Workshop on Theory & International Law: The Return of the "S" Word: Sovereignty in Contemporary International Law, 16th May 2018.

[3] James Bacchus, *The Willing World: Shaping and Sharing a Sustainable Global Prosperity* (Cambridge University Press, 2018).

[4] Christian J. Tams, 'International Community' as a Legal Concept' in Jean d'Aspremont & Sahib Singh (ed), *Concepts for International Law: Contributions to Disciplinary Thought* (Edward Elgar Publishing, 2018).

[5] Matthieu Burnay, *Chinese Perspectives on the International Rule of Law: Law and Politics in the One-Party State* (Edward Elgar Publishing, 2018).

[6] James Crawford, 'The Current Political Discourse Concerning International Law' 81(1) Modern Law Review 1-22 (2018).

[7] Harold Hongju Koh, *The Trump Administration and International Law* (Oxford University Press, 2018).

[8] Ralph R. A. Janik, 'US Sovereignty in the Age of Trump-A European Perspective', posted: 8 Dec 2018, available on https://papers.ssrn.com/sol3/papers.cfm?abstract_id=3297668.

[9] Laurence R. Helfer, 'Treaty Exit and Intra-Branch Conflict at the Interface of International and Domestic Law' in Curtis Bradley (ed), *The Oxford Handbook of Comparative Foreign Relations Law* (Oxford University Press, 2018), chapter 20.

[10] Karen J. Alter, Laurence R. Helfer, and Mikael Rask Madsen (eds), *International Court Authority* (Oxford University Press,

2018). Contents include:

- Karen J. Alter, Laurence R. Helfer & Mikael Rask Madsen, International Court Authority in a Complex World
- Karen J. Alter, Laurence R. Helfer and Mikael Rask Madsen, How Context Shapes the Authority of International Courts,
- James Thuo Gathii, The East African Court of Justice: Human Rights and Business Actors Compared
- Solomon Ebobrah, The ECOWAS Community Court of Justice: A Dual Mandate with Skewed Authority
- Claire Moore Dickerson, The OHADA Common Court of Justice and Arbitration: Its authority in the Formal and Informal Economy
- Tendayi Achiume, The SADC Tribunal: Socio-Political Dissonance and the Authority of International Courts
- Salvatore Caserta & Mikael Rask Madsen, The Caribbean Court of Justice: A Regional Integration and Post-Colonial Court
- Karen J. Alter & Laurence R. Helfer, The Andean Tribunal of Justice: From Washington Consensus to Regional Crisis
- Alexandra Huneeus, The Inter-American Court of Human Rights: Constitutionalism and Constitutional Lawyers across Countries
- R. Daniel Kelemen, The Court of Justice of the European Community: Changing Authority in the Twenty-First Century
- Mikael Rask Madsen, The European Court of Human Rights: From the Cold War to the Brighton Declaration and Backlash
- Emilia Justyna Powell, The International Court of Justice and Islamic Law States: Territory and Diplomacy
- Gregory Shaffer, Manfred Elsig, & Sergio Puig, The World Trade Organization's Dispute Settlement Body: Its Extensive but Fragile Authority
- Leslie Vinjamuri, The International Criminal Court: The Paradox of Its Authority
- Ron Levi, John Hagan, & Sara Dezalay, International Criminal

Tribunals: Prosecutorial Strategies in Atypical Political Environments

· Karen J. Alter, Laurence R. Helfer & Mikael Rask Madsen, International Court Authority in Question: Introduction to Part III

· Andrei Marmor, Authority of International Courts: Scope, Power and Legitimacy

· Michael Zürn, International Courts: Command v. Reflexive Authority

· Ingo Venzke, International Court's De Facto Authority and its Justification

· Jessica Greenberg, Jurisdiction, politics and truth-making: International Courts and the formation of translocal legal cultures

· Andreas Follesdal, The Lords and Lady doth Protest too Much, Methinks: On Authority, Legitimacy and Power, on Motives and Beliefs

· I an Hurd, Authority and International Courts: A Comment on 'Content Independent' Social Science

· Karen J. Alter, Laurence R. Helfer and Mikael Rask Madsen, Conclusion: Context, Authority, Power

[11] Gary P. Corn, 'Cyber National Security: Navigating Gray Zone Challenges in and through Cyberspace', in Winston S. Williams and Christopher M. Ford (eds), *Complex Battlespaces: The Law of Armed Conflict and the Dynamics of Modern Warfare* (Oxford University Press, 2019), chapter 12.

[12] Dan Efrony & Yuval Shany, 'A Rule Book on the Shelf? Tallinn Manual 2.0 on Cyber Operations and Subsequent State Practice', American Journal of International Law, 112 (4), 583-657 (2018).

[13] Machiko Kanetake, 'The EU's Export Control of Cyber Surveillance Technology: Human Rights Approaches', Business and Human Rights Journal, 1-8; Published online on 09 October 2018, avail-

able on https: //www. cambridge. org/core/journals/business-and-human-rights-journal/article/eus-export-control-of-cyber-surveillance-technology-human-rights-approaches/511F6A505411E6BEBD4137C67CC68F7D.

[14] P. Chandrasekhara Rao & Philippe Gautier, *The International Tribunal for the Law of the Sea: Law, Practice and Procedure* (Edward Elgar Publishing, 2018).

[15] Irini Papanicolopulu, *International Law and the Protection of People at Sea* (Oxford University Press, 2018).

[16] Chinese Society of International Law, 'The South China Sea Arbitration Awards: A Critical Study', Chinese Journal of International Law, Vol. 17, no. 2 (2018).

[17] S. Jayakumar, Tommy Koh, Robert Beckman, Tara Davenport & Hao Duy Phan (eds), The South China Sea Arbitration: The Legal Dimension (Edward Elgar Publishing, 2018). Contents include:

- S Jayakumar, Tommy Koh, Robert Beckman, Tara Davenport & Hao Duy Phan, The South China Sea Arbitration: Laying the Groundwork
- Robert Beckman, Jurisdictional Issues in the South China Sea Arbitration
- Stuart Kaye, Jurisdiction in the South China Sea Arbitration: Application of the Monetary Gold Principle
- Tara Davenport, Procedural Issues Arising from China's Non-Participation in the South China Sea Arbitration
- Clive R Symmons, Historic Rights in the Light of the Award in the South China Sea Arbitration: What Remains of the Doctrine Now?
- Youna Lyons, Luu Quang Hung & Pavel Tkalich, Determining High-tide Features (or Islands) in the South China Sea under Article 121(1): A Legal and Oceanography Perspective
- Erik Franckx, The Arbitral Tribunal's Interpretation of Paragraph 3

in Article 121: A First But Important Step Forward
- Myron H Nordquist, UNCLOS Article 121 and Itu Aba in the South China Sea Final Award: A Correct Interpretation?
- J Ashley Roach, Artificial Islands in the South China Sea: The Legal Regime and Implications of the Award
- Nilüfer Oral, The South China Sea Arbitral Award, Part XII of UNCLOS, and the Protection and Preservation of the Marine Environment
- J Ashley Roach, Rocks Versus Islands: Implications for Protection of the Marine Environment
- S Jayakumar, Tommy Koh, Robert Beckman, Tara Davenport & Hao Duy Phan, Conclusion

[18] Donald R. Rothwell, *Arctic Ocean Shipping: Navigation, Security and Sovereignty in the North American Arctic* (Brill, 2018).

[19] Annette Froehlich (ed), *A Fresh View on the Outer Space Treaty* (Springer, 2018).

[20] Rosalyn Higgins, Philippa Webb, Dapo Akande, Sandesh Sivakumaran, and James Sloan, *Oppenheim's International Law: United Nations Volumes I and II* (Oxford University Press, 2018);

[21] Maureen F. Tehan, Lee C. Godden, Margaret A. Young, and Kirsty A. Gover, *The Impact of Climate Change Mitigation on Indigenous and Forest Communities* (Cambridge University Press, 2018).

[22] Craig Forcese, Destroying the Caroline: The Frontier Raid That Reshaped the Right to War (Irwin Law Inc, 2018).

[23] Roxana Banu, *Nineteenth Century Perspectives on Private International Law* (Oxford University Press, 2018).

[24] Horatia Muir Watt, Lucia Bíziková, Agatha Brandão de Oliveira and Diego P. Fernandez Arroyo (eds), *Global Private International Law: Adjudication without Frontiers* (Edward Elgar Publishing, 2018).

[25] Gustavo Moser, *Rethinking Choice of Law in Cross-Border Sales* (Eleven International Publishing, 2018).

[26] Veronica Ruiz Abou-Nigm, Kasey McCall-Smith & Duncan French (eds), *Linkages and Boundaries in Private and Public International Law* (Hart Publishing, 2018). Contents include:

· Verónica Ruiz Abou-Nigm, Kasey McCall-Smith & Duncan French, Introduction: Systemic Dialogue: Identifying Commonalities and Exploring Linkages in Private and Public International Law;

· Alex Mills, Connecting Public and Private International Law;

· Jean d'Aspremont & Francesco Giglio, Windows in International Law;

· Kirsty J Hood, 'International' Rules in an Internal Setting;

· Duncan French & Verónica Ruiz Abou-Nigm, Jurisdiction: Betwixt Unilateralism and Global Coordination;

· Richard Collins & María Mercedes Albornoz, On the Dwindling Divide between the Public and Private: The Role of Soft Law Instruments in Global Governance;

· María Blanca Noodt Taquela & Ana María Daza-Clark, The Role of Global Values in the Evaluation of Public Policy in International Investment and Commercial Arbitration;

· Kasey McCall-Smith & Andreas Rühmkorf, Reconciling Human Rights and Supply Chain Management through Corporate Social Responsibility;

· Elisa Morgera & Lorna Gillies, Realising the Objectives of Public International Environmental Law through Private Contracts: The Need for a Dialogue with Private International Law Scholars;

· Sharon E Foster, International Investment Arbitration and the Arduous Route to Transparency;

· Dimitrios Kagiaros & Amanda Wyper, Protecting Whistleblowers: The Roles of Public and Private International Law.

[27] Matthew S. Erie, 'The China International Commercial Court:

Prospects for Dispute Resolution for the "Belt and Road Initiative"', ASIL Insights, Vol. 22, issue 11, August 31, 2018.

[28] Gary F. Bell, 'The New International Commercial Courts—Competing with Arbitration? The Example of the Singapore International Commercial Court', Contemporary Asia Arbitration Journal, Vol. 11, No. 2, 193-216 (2018).

[29] Geraldo Vidigal, 'Westphalia Strikes Back: The 2018 Trade Wars and the Threat to the WTO Regime', Amsterdam Law School Research Paper No. 2018-31, Posted on 1 Nov 2018, available on https://papers.ssrn.com/sol3/papers.cfm?abstract_id=3259127.

[30] Heng Wang, 'How May China Respond to the U.S. Trade Approach? Retaliatory, Inclusive and Regulatory Responses', Columbia Journal of Asian Law, Vol. 31, No. 2 (2018).

[31] Joel P. Trachtman, 'Functionalism, Fragmentation, and the Future of International (Trade) Law', available on https://sites.tufts.edu/cilg/2018/09/24/functionalism-fragmentation-and-the-future-of-international-trade-law/.

[32] Harlan Grant Cohen, 'What is International Trade Law for?', American Journal of International Law, Vol. 113 (April 2019).

[33] Gregory Shaffer, 'A Tragedy in the Making?: The Decline of Law and the Return of Power in International Trade Relations', Yale Journal of International Law, vol. 44 (2019).

The Yale Journal of International Law Online has begun to post a symposium on "International Trade in the Trump Era." Contents include:

- Kathleen Claussen & David Singh Grewal, Introduction
- Rachel Brewster, The Trump Administration and the Future of the WTO
- Timothy Meyer, Trade, Redistribution, and the Imperial Presidency
- Joel P. Trachtman, A World Trade Organization for Workers?
- Gregory Shaffer, A Tragedy in the Making? The Decline of Law and

the Return of Power in International Trade Relations

· Andrew Lang, Protectionism's Many Faces

· David Singh Grewal, A Research Agenda for Trade Policy in the Trump Era

· Padideh Ala'I, The Trump Administration vs. the WTO Appellate Body: How the Appellate Body Can Help Maintain Global Economic Relations and Peace

· Chantal Thomas, Trade and Development in an Era of Multipolarity and Reterritorialization

· Kathleen Claussen, Old Wine in New Bottles? The Trade Rule of Law

· Harold Hongju Koh, Epilogue

[34] Joost Pauwelyn & Weiwei Zhang, 'Busier than Ever? A Data-Driven Assessment and Forecast of WTO Caseload', Journal of International Economic Law, Volume 21, Issue 3, 461-487 (2018).

[35] Marcia Don Harpaz, 'China and the WTO: On a Path to Leadership?' inKa Zeng (ed), *Handbook of the International Political Economy of China* (Edward Elgar Publishing, 2019), chapter 15.

[36] Anna G Tevini, *Regional Economic Integration and Dispute Settlement in East Asia: The Evolving Legal Framework* (Hart Publishing, 2018).

[37] Joshua Paine, 'The Functions of the WTO's Dispute Settlement Body: A Distinctive Voice Mechanism', Society of International Economic Law (SIEL), Sixth Biennial Global Conference, Posted on 6 Jul 2018, available onhttps://papers.ssrn.com/sol3/papers.cfm?abstract_id=3208984.

[38] Tania Voon, 'Third Strike: The WTO Panel Reports Upholding Australia's Tobacco Plain Packaging Scheme', Journal of World Investment and Trade, Volume 20, Issue 1, 146-184 (2019).

[39] Hsieh, Pasha L, 'Against Populist Isolationism: New Asian Re-

gionalism and Global South Powers in International Economic Law', Cornell International Law Journal: Vol. 51: No. 3, Article 4 (2018).

[40] Gillian Moon & Lisa Toohey, *The Future of International Economic Integration: The Embedded Liberalism Compromise Revisited* (Cambridge University Press, 2018). Contents include:

- Andrew Lang, Foreword
- Gillian Moon & Lisa Toohey, Introduction to the embedded liberalism compromise
- Meredith Kolsky Lewis, The embedded liberalism compromise in the making of the GATT and Uruguay Round Agreements
- Lisa Toohey, The embedded liberalism compromise as touchstone in times of political turmoil
- Gillian Moon, Universal human rights in the embedded liberalism compromise
- Chios Carmody, Recalibrating the embedded liberalism compromise: 'legitimate expectations' and international economic law
- Fiona Smith, From agriculture to food security: embedded liberalism and stories of regulatory failure
- Hsu-Hua Chou & Weihuan Zhou, Embedded liberalism and national treatment: the case of Taiwan's Mijiu taxation
- Catharine Titi, Embedded liberalism and international investment agreements: the future of the right to regulate, with reflections on WTO law
- Andrew D. Mitchell & Elizabeth Sheargold, Regulatory coherence in future free trade agreements and the idea of the embedded liberalism compromise
- Rachel Harris, Embedded liberalism as a framework for description, critique and advocacy: the case of human rights measures under the GATT
- Justine Nolan & Gillian Moon, Embedded liberalism and global

business: domestic stability versus corporate autonomy?

· Franziska Sucker, The embedded liberalism compromise and cultural policy measures. Maintaining cultural diversity alongside WTO law

· Emily Reid, The WTO's purpose, regulatory autonomy and the future of the embedded liberalism compromise

[41] Julien Chaisse, Mitsuo Matsushita, 'China's 'Belt And Road' Initiative: Mapping the World Trade Normative and Strategic Implications' 52 Journal of World Trade, Issue 1, pp. 163-185 (2018).

[42] Yun Zhao, *International Governance and the Rule of Law in China under the Belt and Road Initiative* (Cambridge University Press, 2018). Contents include:

· Jingxia Shi, The Belt and Road Initiative and international law: an international public goods perspective

· Samuli Seppanen, Performative uses of sovereignty in the Belt and Road Initiative

· Jaemin Lee, The Belt and Road Initiative under existing trade agreements: some food for thought on a new regional integration scheme

· Sarah Wersborg, Anti-monopoly law in China: administrative and private enforcement and the Belt and Road Initiative from an anti-monopoly law perspective

· Kelvin Hiu Fai Kwok, The Belt and Road Initiative: cooperation in trade liberalization and antitrust enforcement

· Wei Shen, The Belt and Road Initiative, expropriation, and investor protection under BITs

· Christopher Chen, ASEAN financial integration and the Belt and Road Initiative: legal challenges and opportunities for China in Southeast Asia

· Yue Peng, Prognostic view of the applicable law for AIIB loan agreements

· Yongmin Bian, The role of environmental impact assessment in the governance of Nu-Salween River: a comparative study of the Chinese and Myanmar approaches

· Yun Zhao, Role of regional space cooperation in procuring space security in the Asia-Pacific region: prospects for the future

· Yuhong Chai, Regional dispute resolution: an international civil dispute resolution model for East Asia

· Weixia Gu, Enforcement of arbitral awards in Asia under the Belt and Road Initiative: implications for international governance and the Chinese rule of law

· Shengli Jiang, Establishment of an international trade dispute settlement mechanism under the 'Belt and Road Initiative'

[43] Heng Wang, 'China's Approach to the Belt and Road Initiative', Journal of International Economic Law, online published on 04 January 2019.

[44] Anthea Roberts, 'Incremental, Systemic, and Paradigmatic Reform of Investor-State Arbitration', American Journal of International Law, Vol. 112(3), 410-432 (2018).

[45] Simon Batifort and J. Benton Heath, 'The New Debate on the Interpretation of MFN Clauses in Investment Treaties: Putting the Brakes on Multilateralization', 111(4) American Journal of International Law, 873-913 (2017).

[46] Taylor St John, *The Rise of Investor-State Arbitration: Politics, Law, and Unintended Consequences* (Oxford University Press, 2018).

[47] Valentina Vadi, *Proportionality, Reasonableness and Standards of Review in International Investment Law and Arbitration* (Edward Elgar Publishing, 2018).

[48] Richard Chen, 'Precedent and Dialogue in Investment Treaty Arbitration', Harvard International Law Journal, Vol. 60, number 1, 47-94 (2019).

[49] Sergio Puig & Gregory Shaffer, 'Imperfect Alternatives: Institutional Choice and the Reform of Investment Law', American Journal of International Law, 112(3), 361-409 (2018).

[50] Jean-Michel Marcoux, *International Investment Law and Globalization: Foreign Investment, Responsibilities and Intergovernmental Organizations* (Routledge, 2018).

[51] Julian Arato, 'The Private Law Critique of International Investment Law', American Journal of International Law, 113 (1): 1-53 (2019).

[52] Daniel Magraw & Sergio Puig, 'Greening Investor-State Dispute Settlements', Boston College Law Review, Vol. 59, issue 8, 2717-2734 (2018).

[53] Alan Sykes, 'The Economic Structure of International Investment Agreements with Implications for Treaty Interpretation and Design', Stanford Law and Economics Olin Working Paper No. 529, Posted on 16 Nov 2018, available on https://papers.ssrn.com/sol3/papers.cfm?abstract_id=3275683.

[54] Simon Klopschinski, 'Public Policy Considerations in Intellectual Property-Related International Investment Arbitration' in Christophe Geiger (ed.), *Research Handbook on Intellectual Property and Investment Law* (Edward Elgar Publishing, 2019).

[55] Natalie Lichtenstein, *A Comparative Guide to the Asian Infrastructure Investment Bank* (Oxford University Press, 2018).

[56] 肖永平：《论迈向人类命运共同体的国际法律共同体建设》，载《武汉大学学报(哲学社会科学版)》2019 年第 1 期。

[57] 杨国华：《中美贸易战与国际法》，载《武大国际法评论》2018 年第 3 期。

[58] 商务部《中国关于世贸组织改革的立场文件》，载于商务部网站：http://www.mofcom.gov.cn/article/i/jyjl/k/201812/20181202818736.shtml

移动互联网时代
社交媒体用户自我呈现研究前沿

段文杰　何　晨
武汉大学社会学院

篇首语：Web 2.0 时代来临后，社交媒体成为人们互联网社区自我呈现的主要平台，其中呈现策略是社交媒体自我呈现的研究重点。本文采用文献分析法，主要对 2017—2019 的社交媒体自我呈现策略相关研究进行系统梳理，广泛涵盖于美国、意大利、英国、土耳其、意大利、俄罗斯、韩国、中国香港、中国台湾等国家及地区展开的实证研究。本文将自我呈现策略划分为三种，分别是虚假理想自我表达、部分真实自我表达和全面真实自我表达；总结了不同呈现策略的内在机制，及其后续心理影响；设计了可供参考的互联网社区自我呈现相关干预设计方案。

一、引　言

随着互联网+时代的到来，网络社交媒体已经成为人们社交活动的重要场域。① 第 42 次《中国互联网络发展状况统计报告》指出

① Strano M M, Wattai Queen J. Covering your face on facebook suppression as identity management. [J]. Journal of Media Psychology Theories Methods & Applications, 2012, 24(4): 166-180.

截至 2018 年 6 月，我国网民规模达到 8.02 亿，其中手机网民规模达 7.88 亿，我国互联网普及率达到 57.7%，使用手机上网的比例达到 98.3%。此外，《报告》指出最受网民欢迎的应用软件为社交类应用。据统计，即时通信用户规模达到 7.56 亿，占网民总体的 94.3%，其中手机即时通信用户 7.50 亿，占手机网民总体的 95.2%。① 即时通信应用是基于手机移动终端应运而生的社交媒体，社交媒体以互联网用户关系为基础，人们在其中进行内容生产与交换，从而将现实生活中的人际关系网络迁移到线上网络环境当中，进行交流、交换信息、分享个人生活。以手机社交类应用中下载量稳居第一的“微信”为例，腾讯发布的《2018 微信数据报告》显示：截至 2018 年 9 月，每个月有 10.825 亿位用户保持活跃；2017 年度的《2017 微信数据报告》特别指出微信朋友圈日发表视频次数为 6800 万次，微信公众号月活跃粉丝为 7.97 亿人。由此可见，手机社交媒体已经成为人们人际交往的重要途径。人们可以通过微信朋友圈、微博、QQ 空间等社交媒体平台更新状态，进行上传照片、编辑文字、分享歌曲等各种行为活动，也可以相互间进行点赞、评论等互动行为。②③

人们在社会交往过程中，在不同情况下可能采取有别于其最真实反映的经过个人修饰的行为表现，且可能在不同社会交往对象面前采取不同的修饰方法，从而给不同的社会交往对象留下所预期的相应形象。④ 自我呈现作为影响他人对自己印象的行为，是人际互

---

① 第 42 次中国互联网发展状况统计报告[EB/OL]. http://www.cac.gov.cn/2018-08/20/c_1123296882.htm.

② Fullwood C, Attrill-Smith A. Special Issue on “Constructing the Self Online”[J]. Cyberpsychology Behavior Social Networking, 2018, 21(1): 3.

③ Emily L C, Rachel G. Thumbs up: A thematic analysis of image-based posting and liking behaviour on social media[J]. Telematics Informatics, 2018.

④ Devito M A, Birnholtz J, Hancock J T. Platforms, People, and Perception: Using Affordances to Understand Self-Presentation on Social Media[C]. the 2017 ACM Conference on Computer Supported Cooperative Work and Social Computing, 2017: 740-754.

动中非常普遍的现象，会对个体的心理和行为产生影响，因此自我呈现一直是社会心理学界的研究热点。社交媒体为自我呈现提供了理想的平台，人们在社交媒体上可以通过各种行为方式进行自我呈现，以展示个人特定特质，给他人留下期望的印象。① 由于社交媒体中自我呈现行为具有时代性与普遍性，该领域近年来也逐渐成为热门研究对象。人们为何、如何在社交媒体中进行自我呈现，其自我呈现又对其本身产生了怎样的影响，这些影响是积极的还是消极的，如果产生了消极影响又需要如何进行干预，上述问题应该得到系统性的深入探讨。目前，社交媒体自我呈现的相关研究在海外较为丰富，但国内依然缺乏对其的系统梳理，且目前研究大多停留在个人特质对自我呈现策略的影响上，而较少探讨不同自我呈现偏好下对社交媒体功能的运用和平台状态更新内容等具体行为表现及其后续影响。因此，本文拟对积极包装或真实展现社交媒体自我呈现的个体偏好、心理作用机制、积极或消极影响与相关干预研究进行热点追踪，以期反映社交媒体自我呈现的最新进展与未来趋势。

二、移动互联网时代：自我呈现概念的新取向

（一）自我呈现

自我呈现（self-presentation），又称印象管理（image management）是由戈夫曼最先提出的概念，他使用戏剧表演的隐喻将自我呈现解释为：人们为了给他人留下自己所希望的特定印象，而开展的一系列展示自我的行为，包括突出或者隐藏与自身相关的内容，而选择性的给观众呈现特定自我形象，且该种表演在不同的情境下会有所不同。② 在此基础上，Baumeister③ 首先对自我呈现进行了精准的概

① Sorokowska A, Oleszkiewicz A, Frackowiak T, et al. Selfies and personality: Who posts self-portrait photographs? [J]. Personality Individual Differences, 2016, 90: 119-123.

② Goffman E. The presentation of self in everyday life[M]. Doubleday, 1959: 655.

③ Baumeister R F. A self-presentational view of social phenomena [J]. Psychological Bulletin, 1982, 91(1): 3-26.

念界定，即个体在与他人沟通和交流与人们自身形象相关的信息内容的过程中采取的一系列行为，且这些行为的目的在于建立、维系或提升他们在他人心目中的形象。Schlenker and Wowra① 指出在社会交往过程中，个体小心的展示、检查并管理自我，观察自己的行为以及他人的反应，并将自己的反应和特点与其他人作比较，这个过程中人们就已经进入到了各式各样的自我呈现中。Brown② 进一步对自我呈现的定义进行了概括，即为了创造、调整或保持在他人面前个体所期望呈现出的自我形象而采取的一系列行为。上述定义中均将自我呈现定义为管理自身形象的系列行为，而我国学者则在这一概念的基础上进行了适当拓展，刘娟娟③首先总结道"自我呈现是个体在与他人互动的情景中，计划、采纳和执行的传达自我形象的过程和方式"。具体而言，自我呈现的一系列行为包含明示的自我呈现（explicit self-presentation）与潜在的自我呈现（potential self-presentation）。明示的自我呈现指的是传统感知交流，包括使用语言交流、通过表情传达情绪与隐意等；而潜在的自我表现是指非个体主动进行的、可供他人观察并进行判断的无意识交流，包括人们在特定的情绪下无意识地做出的小动作等非语言交流。④ 根据对已有自我呈现定义发展历程的系统化梳理，可见认为自我呈现这一概念在 2007 年已经趋于成熟，此后的研究均沿用以往研究中对自我呈现的解释而并无更新，研究的重点逐渐向自我呈现的具体内容与新兴的互联网社区背景下自我呈现迁移。

---

① Schlenker B R，Wowra S A. Carryover effects of feeling socially transparent or impenetrable on strategic self-presentation[J]. Journal of Personality Social Psychology，2003，85(5)：871-880.

② Brown C T. Self-management for men with uncomplicated lower urinary tract symptoms：evaluation of a complex intervention[J]. University of London，2007.

③ 刘娟娟．印象管理及其相关研究述评[J]．心理科学进展，2006，14(2)：309-314.

④ Gibbs J L，Ellison N B，Heino R D. Self-Presentation in Online Personals：The Role of Anticipated Future Interaction，Self-Disclosure，and Perceived Success in Internet Dating[J]. Communication Research，2006，33(2)：152-177.

表 1 自我呈现的概念发展

学者	定义	焦点	类型
Goffman	人们为了给他人留下自己所希望的特定印象，而开展的一系列展示自我的行为，包括突出或者隐藏与自身相关的内容，而选择性的给观众呈现特定自我形象，且该种表演在不同的情境下会有所不同	留下特定自我形象	系列行为
Baumeister	个体在与他人沟通和交流与人们自身形象相关的信息内容的过程中采取的一系列行为，且上述行为目的在于建立、维系或提升他们在他人心目中的形象	建立、维系或提升个人形象	系列行为
Schlenker and Wowra	在社会交往过程中，个体小心的展示、检查并管理自我，观察自己的行为以及他人的反应，并将自己的反应和特点与其他人作比较，这个过程中人们就已经进入到了各式各样的自我呈现中	管理自我、观察比较	过程
Brown	为了创造、调整或保持在他人面前个体所期望呈现出的自我形象而采取的一系列行为	创造、调整或保持期望形象	系列行为
刘娟娟	自我呈现是个体在与他人互动的情景中，计划、采纳和执行的传达自我形象的过程和方式	传达自我形象	过程和行为方式

(二)社交媒体

人们从线下迁移到线上进行自我呈现的场所是社交网站(social

networking sites，SNSs），或称社交媒体（social media）。Boyd and Ellison① 首先对社交网站这一新兴现象进行了综合考察，并提出了全面而明确的定义。他们将社交网站定义为人们提供以下功能的网页：(1)建立在网站系统内公开或半公开的个人简历；(2)将具有共同关系的人们关联起来；(3)在网站系统内查看并贯通人们和他人的联系列表。此外，Ellison et al. ② 通过后续研究进一步指出，社交网站的基本功能包括个人主页及信息简介，而科学技术进步会不断为社交网站带来内容与功能更新，从而提升用户在线上网络环境中构建与维系广泛的社会关系网络的能力。随着移动互联网时代进一步发展，上述定义中社交网络的功能已经延伸到了移动客户端的应用程序中，即时通讯工具中的公共平台已经逐渐取代网络页面形式的社交网站而成为人们进行线上自我呈现的主要平台。因此，社交网站这一概念同样得到了发展与更新。

社交媒体这一名词首先出现在传播学领域，传播学学者 Kaplan and Haenlein③ 将社交媒体定义为一类可供用户自由创造内容并相互间进行交流分享的建立在 Web 2.0 的主流思想与技术基础之上的互联网应用程序，突出了社交媒体的信息传播功能。此后，Kaplan④ 进一步将其对社交媒体的定义概括为允许多人在线创建个人信息内容并进行交换的移动应用程序。从社交媒体促进人际关系

---

① Boyd D M，Ellison N B. Social network sites：definition，history，and scholarship[J]. Journal of Computer-Mediated Communication，2007，13(1)：210-230.

② Ellison N B，Steinfield C，Lampe C. Connection strategies：Social capital implications of Facebook-enabled communication practices[J]. New Media & Society，2011，13(6)：873-892.

③ Kaplan A M，Haenlein M. Users of the world，unite! The challenges and opportunities of social media[J]. Business Horizons，2010，53(1)：59-68.

④ Kaplan A M：Social Media，Definition and History，ncyclopedia of Social Network Analysis and Mining，New York：Springer，2016.

的交互功能出发，公共关系学者 Kent① 将社交媒体定义为具有双向互动及反馈功能的实时交互通讯通道。技术层面上，以社交媒体的数字信息功能为重点，信息科学学者 Howard and Parks② 进一步丰富了社交媒体的内涵，认为社交媒体是用于创造和散布信息内容的数字工具，也是用户个人信息、思想、社会新闻和文化的数字文档。最近，社会学学者 Carr and Hayes③ 综合以往多学科领域内社交媒体概念定义，结合社交媒体满足人们人际互动需求与情感交流的社会学功能与选择性表达特性，对社交媒体进行如下定义：社交媒体应该是一种线上交流工具，用户可以通过这种工具不受地理和时间限制地进行实时或非实时交流，并自由选择对象、内容及方式，进行有意义的沟通与互动。

(三)基于社交媒体的自我呈现

互联网出现以后，尤其是移动互联网的迅速发展与普及，人们人际互动的平台得到了拓展，人们现实生活中所进行的自我呈现部分迁移到了社交媒体这一线上的新“舞台(arena)”中，而线上环境就像一个社会实验室，人们可以自由在其中进行不同方式、不同内容的自我呈现。④ 最近一项关于社交媒体自我呈现及其影响因素的综述研究指出，以往研究并未对社交媒体中的自我呈现进行单独定义，广泛使用自我呈现理论将自我呈现引入社交媒体情境中，认可社交媒体中的自我呈现应与自我呈现的经典定义相符，是社交媒体中的一系列表现自我的行为，学者们通过解释人们在该新兴舞台上

---

① Kent M L：Directions in social media for professionals and scholars，Heath R L，editor，Handbook of public relations，Thousand Oaks，CA：Sage，2010.

② Howard P N，Parks M R. Social media and political change：Capacity，constraint，and consequence[J]. Journal of Communication，2012，62(2)：359-362.

③ Carr C T，Hayes R A. Social media：Defining，developing，and divining [J]. Atlantic Journal of Communication，2015，23(1)：46-65.

④ Fullwood C，James B M，Chenwilson C H J. Self-concept clarity and online self-presentation in adolescents [J]. Cyberpsychology，Behavior，and Social Networking，，2016，19(12)：716-720.

如何进行自我呈现对这一概念进行阐释并丰富其内涵。① 人们可以在线上社交网络中通过包括但不限于照片、自我信息介绍等内容的个人主页(individual profiles)来展示个人形象，编辑文字或上传图片等形式更新社交媒体平台状态(status)，显示好友列表等方式进行自我呈现。人们选取不同类型的图片作为个人头像同样拥有自我呈现功能，如使用电影角色的相片作为头像传达个人喜好。② 此外，在社交媒体上，人们能够为他人所更新的社交媒体平台状态进行点赞以表达对他人的兴趣或展示自己所喜欢的主题内容，并进行评论来进一步表达个人的喜爱与感想，这样一些存在于社交媒体中的互动行为同样也属于自我呈现。

这些交流模式都具有非即时性与可编辑性。具体而言，人们能够对自己的点赞和评论进行撤销，也能够对自己所分享的图像和文字进行删除或再编辑，且个人所分享的照片和文字也并不一定是即时上传的，能够在一段时间后经过个人修改再进行上传，这样的特性使得人们在社交媒体中能够相对容易地进行选择性自我呈现，人们能够谨慎编辑并选择性传送信息来向他人展示自己。③④ 社交媒体中，用户还能够对他人给予自己的反馈进行监测与管理，比如"微博"这一社交媒体提供删除自己所发表的微博下他人的评论这一功能，大多社交媒体还提供管理好友权限的功能，如在"微信"这一社交媒体中用户能够设置自己所分享内容的可见群体与可见

---

① Twomey C，O'reilly G. Associations of Self-Presentation on Facebook with Mental Health and Personality Variables：A Systematic Review[J]. Cyberpsychology Behavior & Social Networking，2017，20(10)：587-595.

② Wiederhold B K. When Second Life becomes real life：the evolution of self-presentation[J]. Cyberpsychology Behavior Social Networking，2018，21(1)：1.

③ Wiederhold B K. When Second Life becomes real life：the evolution of self-presentation[J]. Cyberpsychology Behavior Social Networking，2018，21(1)：1.

④ Wright E J，White K M，Obst P L. Facebook False Self-Presentation Behaviors and Negative Mental Health[J]. Cyberpsychology Behavior & Social Networking，2017，21(1)：40-49.

时间，以上社交媒体中的监管行为同样属于互联网社区中自我呈现的有关行为。④ 鉴于社交媒体为人们提供了广阔的传播平台及诸多进行线上自我呈现的功能，社交媒体用户能够在社交媒体中进行多元化的自我呈现，社交媒体已经成为人们进行自我呈现的主要途径。

三、社交媒体自我呈现测量的新方式

（一）自我呈现行为的测量

如前所述，社交媒体中的自我呈现首先应当是在社交媒体情境中进行的管理个人在他人心目中形象的一系列自我呈现行为。因此对互联网自我呈现的首要表现应该是具体行为。

Banczyk et al. ⑤ 首先使用内容分析法，对 MySpace⑥ 这一互联网社区中自我呈现过程中人们可能做出的具体行为进行了总结，将互联网中的自我呈现这一含义丰富的概念具象为具体的行为测量指标，广泛涵盖人们在该互联网社区中的行为方式。互联网用户对该问卷(表 2)的回答能够展现出个体线上自我呈现的基本图式。

---

④ Devito M A, Birnholtz J, Hancock J T, et al. How People Form Folk Theories of Social Media Feeds and What it Means for How We Study Self-Presentation [C]. the Association for Computing Machinery's annual Conference on Human Factors in Computing Systems, 2018.

⑤ Banczyk B, Krãmer N C, Senokozlieva M. "The wurst" meets "fatless" in MySpace: The relationship between self-esteem, personaloity, and self-presentation in an online community [C]. the annual meeting of the International Communication Association, 2008.

⑥ MySpace 是一个提供了集交友、个人信息分享、即时通讯等多种功能于一体的网络互动平台，是该研究当年全球第二大社交网站。在该生活方式门户网站，用户可以创建私人社区，看到自己好友的好友列表及其相识方式，进而发展更多共同好友，并相互分享照片、日志和爱好。

表 2　　　　互联网社区自我呈现行为

1. 个人主页昵称类型		
A. 真实姓名	B. 中性虚构姓名	C. 积极虚构姓名
2. 头像类型		
A. 无照片	B. 自拍	C. 合照(人像清晰)
D. 艺术照(人像清晰)	E. 艺术照(人像模糊)	F. 出游照片(仅个人)
G. 出游照片(合照)	H. 图标	I. 物体
3. 头像照片视角		
A. 五官特写	B. 大头照	C. 半身照
D. 全身照(以人为重点)	E. 全身照(以背景为重)	F. 非人像照片
4. 是否使用默认主页背景		
A. 是	B. 不是	
5. 主页相册内个人照片数量(填空题)		
6. 主页相册内个人动画视频数量(填空题)		
7. 主页相册内公众人物的照片/视频数量(填空题)		
8. 其他照片数量(填空题)		
9. 平台好友数量(填空题)		
10. 个人简介字数(填空题)		
11. 各类网络测试结果		
A. 呈现	B. 不呈现	
12. 恋爱状况		
A. 呈现	B. 不呈现	
13. 注册该社交网站的原因		
A. 呈现	B. 不呈现	

续表

14. 使用该社交网站的目的	
A. 呈现	B. 不呈现
15. 家乡	
A. 呈现	B. 不呈现
16. 体态	
A. 呈现	B. 不呈现
17. 种族	
A. 呈现	B. 不呈现
18. 宗教信仰	
A. 呈现	B. 不呈现
19. 星座	
A. 呈现	B. 不呈现
20. 烟酒爱好/行为	
A. 呈现	B. 不呈现
21. 有无子女	
A. 呈现	B. 不呈现
22. 学历水平	
A. 呈现	B. 不呈现
23. 职业	
A. 呈现	B. 不呈现
24. 收入状况	
A. 呈现	B. 不呈现
25. 就读/曾就读学校	
A. 呈现	B. 不呈现

同样使用内容分析法，Mehdizadeh① 对 Facebook② 上自我呈现中提升个人形象的行为方式进行了总结。该研究指出，互联网社区自我呈现中的主要功能是进行自我提升（self-promotion），包涵使得他人相信自己拥有其所展现的积极品质的任何描述性或视觉信息，并将其概括为五大部分，括个人简介、主要照片、照片展示、相关信息及状态更新。具体而言，个人简介部分包括个体是否使用积极的形容词（如善良、性感、有趣等）对自己进行描述，以及是否采用格言名句以直接描述或隐喻自己拥有某类积极特质（如“我富有魅力，光芒四射”或“一个女人应该永远优雅而精彩——可可·香奈儿［香奈儿品牌创始人］”）进行自我介绍；主要照片部分指个人照片，尤其是其中的面部表情、姿势构图等细节；照片阅览部分包括图片美化，如使用照片编辑软件进行编辑美化；相关信息部分包括转载的各类能够提升个人形象的在线测试结果，如“测试我最长得最像哪个明星”测试结果及其附加的对个人外貌的褒义描述（如，你非常神秘而性感）；状态更新部分则主要包含用户在发布状态时进行自我营销的信息内容。在以上基础上，要求受访者提供其日均查看社交媒体的次数及每次使用的时长，研究者通过观察受访者相应类目的自我呈现的自我营销倾向使用5点里克特量表进行评估。

（二）自我呈现内容的评估

Pfeil et al.③ 则缩小了其研究范围，聚焦于互联网社区自我呈

---

① Mehdizadeh S. Self-Presentation 2.0：Narcissism and Self-Esteem on Facebook［J］. Cyberpsychology Behavior & Social Networking，2010，13(4)：357-364.

② Facebook 是目前最热门、覆盖最广泛的社交网络服务网站，同样提供交友、个人信息分享、即时通讯等多种功能，并首先推出点赞功能对他人分享内容表示兴趣。

③ Pfeil U，Arjan R，Zaphiris P. Age differences in online social networking-A study of user profiles and the social capital divide among teenagers and older users in MySpace［J］. Computers in Human Behavior，2009，25(3)：643-654.

现中最基本的文字简介部分。他们采用非结构化语言文本分析技术，开发专门软件对6000个MySpace个人主页中自我简介的文字内容进行语义编码，探究不同年龄群体是否在社交网站自我呈现中对积极与消极情绪表达和自我信息展示程度上有不同倾向。随着大数据与计算社会科学的兴起，类似的方法在最近的研究中使用愈加频繁，Salehi et al. ①使用POS Tagger这一软件，利用社交媒体平台广泛提供的内置功能"#(加入话题讨论)"和"@(提醒其他用户查看)"，对社交媒体状态更新中的文字内容进行语义标记，以提取社交媒体用户所表达内容的关键词。研究结果表明验证了该类关键词标记与语义提取方法在社交媒体文本内容的分析上切实有效。

(三)自我呈现策略的测量

为了摆脱用户行为的情境性，Jones and Pittman②提出了自我呈现策略这一概念，将其作为用以衡量个体自我呈现取向的整体性指标。他们根据自我呈现的方式归纳出了五种风格的自我呈现策略，分别是：(1)逢迎讨好(ingratiation)型自我呈现策略，旨在被他人所喜欢，主要通过谦虚、亲切及幽默的语言方式谈论他人的积极相关话题及自身的消极相关话题达成目标；(2)能力展示/自我营销(competence/self-promotion)型自我呈现策略，旨在给他人留下高能力的印象，主要通过频繁谈及个人能力、工作成就、行为表现与考试通过等相关话题达成目标；(3)威逼恐吓(intimidation)型自我呈现策略，旨在拥有人际关系中的权力，主要通过以带有谴责意味、愤怒情绪或隐含不悦的语言对他人产生威胁感以达成目标；(4)恳求示弱(supplication)型自我呈现策略，旨在得到他人的保护与帮助，主要通过自嘲、自怜表现出自己的可怜无助来达成目标；

① Salehi A, Ozer M, Davulcu H. Sentiment-driven Community Profiling and Detection on Social Media[C]. the 29th on Hypertext and Social Media, 2018: 229-237.

② Jones E E, Pittman T S: Toward a general theory of strategic self-presentation, Suls J, editor, Psychological perspectives on the self, Hillsale, NJ: Eribaum, 1982: 231-261.

(5)以身作则(exemplification)型自我呈现策略，旨在给他人留下道德高尚的模范印象，主要通过自我牺牲或为自身原则而予以承诺或进行抗争来达成目标。在此基础上，Dominick① 对自我呈现策略进一步扩展与延伸。该研究首次将自我呈现策略引入互联网社区个人主页的情境当中，为互联网时代自我呈现的概念化研究与测量打下了基础。Dominick 使用上述五种自我呈现策略对个人主页进行了分类，发现自我呈现策略这一概念化指标能够良好适应于互联网社区新兴社交环境，并发现讨好型自我呈现策略与胜任型自我呈现策略在互联网社区中得到了更多的应用，人们希望在社交媒体中得到他人的喜爱与认可。

Lee et al. ② 在上述自我呈现策略的基础上进行了丰富、扩展并编制了自我呈现策略量表(Self-Presentation Tactics Scale，SPTS)共计 64 道题目，其中第 16 题为无需进行回答的控制题目，实际包括 63 道题目。采用里克特量表九点计分(从"1"到"9"，分别表示"非常少"到"经常")，受访者需要判断自己进行题项描述内容的频率并作答。该量表包含两个维度的自我呈现策略，分别是防御性自我呈现策略和主动性自我呈现策略。其中防御性自我呈现策略维度包含五个因子：(1)借口托词，通过语言辩说逃避个人在负性事件中的责任，如"我为自己的不足表现寻找借口"；(2)合理辩证，通过一些压倒性的理由论证其消极行为的正当性，如"我会为自己的行为找到良好理由，即使它们十分不好"；(3)免责声明，在负性事件可能发生之前进行解释铺垫；如"当我认为我无法表现良好时，我会提前找好借口"；(4)自寻困难，主动为成功寻求困难与障碍，以避免他人看到自己失败而怀疑自身能力，如"我因为参与太多社

① Dominick J R. Who Do You Think You Are? Personal Home Pages and Self-Presentation on the World Wide Web[J]. Journalism Mass Communication Quarterly, 1999, 76(4): 646-658.

② Lee S J, Quigley B M, Nesler M S, et al. Development of a self-presentation tactics scale[J]. Personality Individual Differences, 1999, 26(4): 701-722.

交活动从而无法充分准备考试”；(5)道歉谢罪，承认其对负性事件的责任并表达忏悔与内疚的感情，如“如果我伤害到了他人，我会道歉并承诺绝不再犯”。主动性自我呈现策略包括7个因子：(1)逢迎讨好，为受到他人喜爱而采取特定行为，如“我会表达与他人相同的态度使得他们接受我”；(2)威逼恐吓，刻意给他人留下危险而强大的印象，如“我做出让人害怕的事情让他们顺从我的想法进行行动”；(3)恳求示弱，主动表现出弱小无助以寻求帮助与，如“我会告诉他人他们比我更强大使得他人帮我做事”；(4)获取权力，强调自己的过往成就与负担责任，如“当我成功完成一项任务时，我会向别人强调这项任务有多重要”；(5)着重放大，强调自己的积极行为与长处，如“我会指出他人没有注意到的我所做的正面事件”；(6)批评贬低，对他人或集体指出批评意见与负面评价，“如我会对具有对立关系的团体中的人做出负面评价”；(7)以身作则，表现个人道德高尚的形象并旨在成为他人的榜样，如“我用我认为他人应该行动的方式进行行动”。开发至今该量表得到了广泛应用。最近，Hart et al. ①对该量表进行了检验，防御性自我呈现策略分量表与主动性自我呈现策略分量表的内部一致性分别为0.94和0.93，信度良好。然而该自我呈现策略量表尚未在社交媒体情境中使用，未来研究或可以此为基础进行改编，使其适用于社交媒自我呈现策略的测量。

另一种得到广泛应用的社交媒体自我呈现策略分类是根据个人在社交媒体中所展现的内容进行的二维分类，Kim and Lee②首次将社交媒体自我呈现策略划分为“积极自我呈现(positive self-presentation)”和“诚实自我呈现(honest self-presentation)”。积极自

① Hart W, Adams J, Burton K A, et al. Narcissism and self-presentation: Profiling grandiose and vulnerable Narcissists' self-presentation tactic use[J]. Personality Individual Differences, 2017, 104: 48-57.

② Kim J, Lee J R. The Facebook paths to happiness: Effects of the number of Facebook friends and self-presentation on subjective well-being[J]. Cyberpsychology Behavior & Social Networking, 2011, 14(6): 359-364.

我呈现是指部分社交媒体用户可能更加倾向于选择性地展示自己，着重展示自己良好的、适宜的形象，而诚实自我呈现则是指另外一部分的社交媒体用户可能更加倾向于以真实的方式展示自己，进行深层次的自我表露。该研究以这两种自我呈现策略为基础，开发了如表 3 所示的社交媒体自我呈现策略量表（Positive Self-Presentation & Honest Self-Presentation Scales，PSP&HSPs）。该量表共计十道题目，分为积极自我呈现分量表与诚实自我呈现分量表，分别测量个体进行积极与真实维度的社交媒体自我呈现策略的程度。积极自我呈现分量表包含六道题目，用以评估个体通过社交媒体在多大程度上选择性展现自己的积极方面，例如"在更新社交媒体平台状态时，我只上传表现我快乐一面的照片"和"在更新社交媒体平台状态时，我会避免提及我所发生的负面事件"。诚实自我呈现分量表包含四道题目，用以评估个体通过社交媒体再多大程度上诚实地分享他们的思想、感受和生活事件，例如"在更新社交媒体平台状态时，我会上传展示我真实一面的照片"和"在更新社交媒体平台状态时，我会自由展现我所感受到的负面情绪，如悲伤、焦虑与愤怒"。该量表适用人群主要为大学生，采用里克特量表七点计分（从"1"到"7"，分别表示"完全不符合"到"完全符合"），受访者需要判断题项描述内容与自身情况的相符程度进行作答。该研究中，积极自我呈现与诚实自我呈现分量表的内部一致性系数分别为 0.72 和 0.86，信度较好，符合心理测量学基本标准。最近一项研究在 832 名中国青少年样本中使用了诚实自我呈现分量表以测量其真实自我呈现水平，诚实自我呈现分量表在该研究中表现出良好的信度，内部一致性系数为 0.80。①

① Wang P，Xie X，Wang X，et al. The need to belong and adolescent authentic self-presentation on SNSs：A moderated mediation model involving FoMO and perceived social support[J]. Personality and Individual Differences，2018，128：133-138.

表 3　　　　**自我呈现策略量表**

自我呈现策略量表

请仔细阅读以下十个句子，选择适当的数字以代表你认为其与自身情况的相符程度。

在更新社交媒体平台状态时

		完全不符	不符合	不太符合	不确定	比较符合	符合	完全符合
1	我只上传表现我快乐一面的照片	1	2	3	4	5	6	7
2	我选择性地上传我玩得很开心时的照片	1	2	3	4	5	6	7
3	无论真实情绪如何，我只编辑显示我很快乐的文字	1	2	3	4	5	6	7
4	无论真实情绪如何，我只会在文字中使用表现积极情绪的表情(如微笑：■)	1	2	3	4	5	6	7
5	我会避免写到消极的事情	1	2	3	4	5	6	7
6	当我更新状态时，我只展现我的积极情绪	1	2	3	4	5	6	7
7	我会上传展示我真实一面的照片	1	2	3	4	5	6	7
8	我不介意写到我所发生的不好的事情	1	2	3	4	5	6	7
9	我会随心情自由使用表现我真实情绪的负面表情(如生气、伤心的表情)	1	2	3	4	5	6	7
10	我不介意上传我看起来不开心的照片	1	2	3	4	5	6	7

最近，Metzler and Scheithauer① 在上述二维策略分类基础上，设计了专门测量积极自我呈现这一策略的积极自我呈现量表(Positive Self-Presentation Scale)，该量表共计五道题目，用以评估参与者通过社交媒体内的照片资料选择性地展示自己积极方面的程度，例如“你通过照片展现你和你的爱人的频率是”和“你通过照片

① Metzler A，Scheithauer H. The Long-Term Benefits of Positive Self-Presentation via Profile Pictures，Number of Friends and the Initiation of Relationships on Facebook for Adolescents' Self-Esteem and the Initiation of Offline Relationships[J]. Frontiers in Psychology，2017，8：1981.

展现你参与某项兴趣爱好相关活动的频率是”。该量表使用五级评分(从“1”到“5”，分别表示“从不”到“很经常”)，受访者需要判断自己进行题项所描述的内容的频率并作答，该研究显示这一量表形成了一维结构并具有较好的内部一致性(系数为 0.68)。

表 4　　积极自我呈现量表

积极自我呈现量表						
请仔细阅读以下五个句子，选择适当的数字以代表你认为其与自身情况的相符程度		很少	较少	一般	较多	经常
你更新以下内容相关图片的频率是						
1	表现我在做趣味模仿或开心的姿势的照片	1	2	3	4	5
2	我和朋友们一起的照片	1	2	3	4	5
3	我的凹造型摆拍照片	1	2	3	4	5
4	我和恋人一起的照片	1	2	3	4	5
5	我在参加兴趣活动的照片	1	2	3	4	5

(四)自我呈现的综合评估

Yang and Brown① 结合社交媒体自我呈现的内容、策略与意识，将社交媒体中自我呈现的评估分为五个维度，分别是：广度(breadth)，社交媒体平台中个体信息呈现的数量；深度(depth)，社交媒体平台中个体信息呈现的程度；积极性(positivity)，社交媒体平台中个体信息的效价；真实性(authenticity)，社交媒体平台中个体信息准确反映其自身的程度；意向性(intentionality)，社交媒体平台中个体有意识地地对个人信息进行披露的程度。该研究以此为基础开发了社交媒体自我呈现量表(Social Media Self-Presentation Scale，SMSPS)。该量表共计 31 道题目，按照上述五个维度分为广

① Yang C C，Brown B B J J O Y. Online Self-Presentation on Facebook and Self Development During the College Transition[J]. Journal of Youth Adolescence，2016，45(2)：402-416.

度分量表(4 道题目，如“我在社交媒体中十分全面的展现了我自己”)、深度分量表(9 道题目，如“我会在社交媒体中公开表达我的情绪”)、积极性分量表(6 道题目，如“我通常会在社交媒体中表达我的积极情感”)、真实性分量表(7 道题目，如“我总是坦诚地在社交媒体中表达我的情感”)和意向性分量表(5 道题目，如“当我在社交媒体中发布状态时，我很少考虑其后果”)。采用里克特量表七点计分(从“1”到“7”，分别表示“非常不符合”到“非常符合”)，受访者需要判断题项描述内容与自身情况的相符程度进行作答。结构与因子不变性分析(configural and factorial invariance tests)表明该量表具有良好的结构与因子不变性，且其信度均能通过心理测量学检验(广度分量表、深度分量表、积极性分量表、真实性分量表和意向性分量表在两次测量中的内部一致性系数分别为 0. 73 和 0. 75、0. 73 和 0. 70、0. 75 和 0. 80、0. 84 和 0. 81、0. 67 和 0. 63)。

量表开发者在其后续研究中进一步对该量表进行了简化，进一步精简了各维度的题目，并删除了测量社交媒体自我呈现意识的意向性分量表，将该量表聚焦于对社交媒体自我呈现内容的评估①。简版社交媒体自我呈现量表共计 17 道题目，分为广度分量表(4 道题目，如“我会在社交媒体中展现自己的多个方面”)、深度分量表(5 道题目，如“我会在社交媒体中公开表达我的情绪”)、积极性分量表(3 道题目，如“我会在社交媒体上透露自己的负面情绪，这对我来说十分平常[反向计分]”)和真实性分量表(5 道题目，如“我在社交媒体中的自我介绍准确地反映了我是什么样的人”)。采用里克特量表五点计分(从“1”到“5”，分别表示“非常不符合”到“非常符合”)，受访者需要判断题项描述内容与自身情况的相符程度进行作答。简版社交媒体自我呈现量表在该研究中表现出了良好的信度，广度分量表、深度分量表、积极性分量表和真实性分量表的内部一致性系数分别为 0. 80、0. 78、0. 72 和 0. 74。

① Yang C C, Holden S M, Carter M D K. Emerging adults' social media self-presentation and identity development at college transition: Mindfulness as a moderator [J]. Journal of Applied Developmental Psychology, 2017, 52: 212-221.

表 5　　简版社交媒体自我呈现量表

简版社交媒体自我呈现量表						
请仔细阅读以下十七个句子，选择适当的数字以代表你认为其与自身情况的相符程度		很不符合	比较不符	不确定	比较符合	非常符合
广度分量表						
1	我会在社交媒体中展示能够表现我多种形象的照片	1	2	3	4	5
2	人们可以通过浏览我的社交媒体个人主页知道我的许多不同方面	1	2	3	4	5
3	我在社交媒体中上传的内容是对我自己相当全面的呈现	1	2	3	4	5
4	我会在社交媒体中展现自己的多个方面	1	2	3	4	5
深度分量表						
5	我会在社交媒体中公开表达我的情绪	1	2	3	4	5
6	在社交媒体中，我会分享一些可能导致对我的负面评价的内容	1	2	3	4	5
7	我会在社交媒体中公开表达我的观点	1	2	3	4	5
8	我会在社交媒体中公开表达我的不足	1	2	3	4	5
9	使用社交媒体时，我会深入表露我自己	1	2	3	4	5
积极性分量表						
10	我会在社交媒体上透露自己的负面情绪，这对我来说十分平常(反向计分)	1	2	3	4	5
11	在社交媒体中，比起对大众而言较为良性的个人信息，我会更频繁地表露关于我的不良事件与信息(反向计分)	1	2	3	4	5
12	我会经常在社交媒体中揭露我自己的消极事件(反向计分)	1	2	3	4	5

续表

真实性分量表						
13	我十分真挚地在社交媒体中表达我的个人感受	1	2	3	4	5
14	我在社交媒体中的自我介绍准确地反映了我是什么样的人	1	2	3	4	5
15	我在社交媒体进行自我呈现时，并不是全然诚实的(反向计分)	1	2	3	4	5
16	我在社交媒体中更新状态时所表达的个人感受是诚实的	1	2	3	4	5
17	我在社交媒体中更新状态时所讲述的个人经历是准确的	1	2	3	4	5

四、社交媒体自我呈现的新内涵：理想与真实自我的表达

自我呈现是指将自己的信息准确或不准确地传达给他人的行为，而社交媒体的各项功能使得人们更能够自定义其自我呈现的内容，并控制其自我呈现的方式，人们能够轻而易举隐藏个人的部分信息，甚至提供虚假信息。Johnson and Ranzini① 总结道，社交媒体中自我呈现的形象主要分为对“真正的自我(actual self)”与“理想的自我(ideal self)”的呈现，前者主要包括关于自我信息的展现，而后者则代表了呈现者希望他人以何种印象看待他们，也表达了他

① Johnson B K, Ranzini G. Click here to look clever: Self-presentation via selective sharing of music and film on social media[J]. Computers in Human Behavior, 2018, 82: 148-158.

们认为自己在理想中应该拥有的品质与形象，这两种自我也可以看作是社交媒体中自我呈现的结果，即用户在社交媒体中最终所呈现的个人形象。人们呈现的自我可能是真实的，也可能是不真实的，但其所表达的不真实的自我方面是人们所希望能够真实存在的，人们希望他人能够接受其呈现的自我并认为那就是真正的他们。值得注意的是，最近研究表明，当人们在社交媒体中持续进行对特定自我形象的呈现时(包含持续上传风格一致的照片，使用特定个人风格的文字等)，与其无现实交集的社交媒体他人容易相信这种特定自我形象就是其真实自我形象。①

Winnicott② 首先提出了“真实的自我(true self)”与“虚假的自我(false self)”这一相对立的概念，真实的自我也就是基于自身真实品质、经验及感受的自我，而虚假的自我则是在他人面前展示的经过个人深思熟虑与精心修饰的形象，虚假的自我是在他人面前个人形象的一种防御机制。值得注意的是，可以认为“虚假的自我”是“理想的自我”中的一种呈现维度，即通过传达不准确的信息进行包装和修饰一种积极的个人形象，本文将其概括为虚假理想自我表达。另一种呈现维度的“理想的自我”表达是对“真实的自我”进行选择性的部分表达，即只向他人呈现自身积极的品质、事迹与感受，而隐藏个人消极部分的信息，从而利用自身真实拥有的积极品质塑造“理想的自我”，本文将其概括为部分真实自我表达。积极包装的社交媒体自我呈现另一个相关概念是完美主义自我呈现(perfectionistic self-presentation)，完美主义自我呈现在社交媒体中表现为尽量将自己完美地呈现给他人，展现出一个完美形象，可能

① Djafarova E，Trofimenko O. ‘Instafamous’-credibility and self-presentation of micro-celebrities on social media[J]. Information，Communication Society，2018：1-15.

② Winnicott D W. The Maturational Processes and the Facilitating Environment：Studies in the Theory of Emotional Development[J]. Journal of the American Academy of Child Psychiatry，1965，6(2)：371-374.

通过部分展示自己的积极面貌或虚假提升达到这一目的①。最后则是全面地、不加挑选修饰地展现个人所真实拥有的全部品质和性格特征、真实发生的生活事件与个人或积极或消极的情绪感受，本文将这一类自我呈现概括为全面真实的自我表达。

（一）虚假理想自我表达

在2015年，Gil-Or et al.②发现社交媒体中虚假的自我展现现象日益增长，以Winnicott的“虚假的自我”为基础，将其引入社交媒体这一新兴领域，首次将Facebook中个人所呈现的“虚假的自我”称为“Facebook自我（Facebook-self）”，将各类不真实的自我表达现象概念化为“虚假自我呈现（false self-presentation）”。他们指出当社交媒体用户对现实生活及自己的真实形象有多不满并感到自卑时，就会利用社交媒体进行虚假自我呈现，在社交媒体中创造出不一样的、较为完美的形象，即“Facebook自我”来弥补他们在现实生活中的缺陷。一般而言，人们通过虚假自我呈现创造的“Facebook自我”更能被社会及他人所认可并更容易受到他人的欢迎和喜爱。随着社交媒体功能的多元化发展与网络社区、互联网使用社群的壮大，虚假自我呈现现象进一步扩增，其覆盖率与程度都在不断提升，逐渐受到学界的重视。鉴于此最近一项研究详细探讨了个体如何在社交媒体中建构虚假自我呈现，对人们的社交媒体虚假自我呈现行为进行了梳理与罗列。研究指出社交媒体中的虚假自我呈现行为具体包括：谎报情感状况、谎报年龄、谎报性别、谎报性向、谎报成绩、谎报居住地、谎报工作、谎报宗教信仰，更新平台状态时表达夸张的个人感受，更新关于自己实际上并未参与的事情的平台状态，精心修饰照片以呈现出良好外貌，对自己不曾涉及的事业表现得喜欢，对自己不理解的事物表现得喜欢，对自己不喜

① Shannon A, Goldberg J O, Flett G L, et al. The relationship between perfectionism and mental illness stigma[J]. Personality Individual Differences, 2018, 126: 66-70.

② Gil-Or O, Levi-Belz Y, Turel O. The "Facebook-self": characteristics and psychological predictors of false self-presentation on Facebook[J]. Frontiers in Psychology, 2015, 6(99): 99.

欢的音乐家表现得喜欢，对自己不喜欢的球队表现得喜欢，对自己不曾购买过的品牌表现得喜欢，转载自己其实并不感兴趣的帖子，和自己不喜欢的人交朋友，为自己并不太赞同的朋友所更新的状态点赞。总而言之，人们主要基于提升自我形象、呈现理想自我的目的，在社交媒体中对个人基本信息、兴趣爱好、生活事件等进行不同程度的隐瞒与谎报，以上虚假理想自我表达被广泛概括为虚假自我呈现。

(二)部分真实自我表达

根据 Kim and Lee 提出的对社交媒体自我呈现策略的划分，积极自我呈现就是社交媒体用户挑选能够表现自己积极形象的信息进行非全面的网络社交自我呈现，其具体行为包括仅上传表现自己开心的或有趣经历的照片、只上传表现积极的情绪体验的文字信息而隐藏愤怒等消极情绪、只分享生活中有趣的或积极的生活事件而避而不谈负面及消极的事件等。鉴于积极自我呈现的定义为选择性展示自己真实拥有的品质与真实发生的事件，可以认为社交媒体中的积极自我呈现就是在进行部分真实自我表达。最近，Metzler and Scheithauer 指出人们为了在社交媒体中更受到欢迎，会在更新社交媒体平台状态时表达高度的积极情绪，更频繁的编辑个人的社交媒体平台资料仅仅展现自己积极的印象，该研究尤其指出图片资料是积极自我呈现中的重要内容，人们通过发布积极的图像资料吸引他人对自己的正面评价从而提升个人形象。Jang et al. ① 将积极自我呈现又称为选择性自我呈现(selective self-presentation)或策略性自我呈现(strategic self-presentation)，其定义沿用积极自我呈现这一概念的解释，认为该种自我呈现的核心就是选择性展示自身的部分积极特质而隐瞒其他可能降低自身形象的特征与消极体验。

(三)全面真实自我表达

Kim and Lee 提出的二维度社交媒体自我呈现策略中诚实自我

---

① Jang W, Bucy E, Cho J. Self-Esteem Moderates the Influence of Self-Presentation Style on Facebook Users' Sense of Subjective Wellbing[J]. Computers in Human Behavior, 2018, 85: S0747563218301493.

表 6　　社交媒体中的三类自我呈现

	表达内容	呈现自我	呈现导向	学界概念	具体意义
虚假理想自我表达	虚假的自我	理想的自我	积极包装	虚假自我呈现(false self-presentation)	当社交媒体用户对现实生活及自己的真实形象有多不满并感到自卑时，就会利用社交媒体进行虚假自我呈现，在社交媒体中创造出不一样的、较为完美的形象来弥补他们在现实生活中的缺陷，且人们通过虚假自我呈现创造的个人形象通常来说是更能被社会及他人所认可并更容易受到他人欢迎和喜爱的自我形象
部分真实自我表达	真实的自我	理想的自我	积极包装	积极自我呈现(positive self-presentation)；选择性自我呈现(selectively self-presentation)；策略性自我呈现(strategic self-presentation)	社交媒体用户挑选能够表现自己积极形象的信息进行非全面的网络社交自我呈现，其具体行为包括仅上传表现自己开心的或有趣经历的照片、只上传表现积极的情绪体验的文字信息而隐藏愤怒等消极情绪、只分享生活中有趣的或积极的生活事件而避而不谈负面及消极的事件等

续表

	表达内容	呈现自我	呈现导向	学界概念	具体意义
全面真实自我表达	真实的自我	真正的自我	真实展现	诚实自我呈现（honest self-presentation）；真实自我呈现（authentic self-presentation）；真正自我呈现（true self-presentation）	社交媒体用户倾向于以真实的方式展示自己，并不刻意加以选择地表现某特定方面的信息，而是较为全面而不加遮掩地在社交媒体中展示自己的全部信息，且不对自己的真实情感体验和思想感悟加以隐瞒，可能进行较深层次的自我表露

呈现是指社交媒体用户倾向于以真实的方式展示自己，并不刻意加以选择地表现某特定方面的信息，而是较为全面且不加遮掩地在社交媒体中展示自己的全部信息，不对自己的真实情感体验和思想感悟加以隐瞒，可能进行较深层次的自我表露。Jang et al. 指出诚实的自我呈现就是人们诚实的展现真正的自我，因此可以使用诚实自我呈现这一概念来概括本文所划分的全面真实自我表达这一类目。以往研究结果表明，人们在社交媒体中通过发布反应其现实中真实的身份与内在价值(包括性格特征、品质、思想等)的文字信息和图片资料来表达真实的自我，其核心特征就是全面而诚实的在社交媒体中表达自我，不带塑造性的呈现个人形象。最近，诚实自我呈现又被称为真实自我呈现(authentic self-presentation)，和真正自我呈现(true self-presentation)，其概念内涵不变。

五、照片、事件与品位："朋友圈"中的自我呈现的新方式

社交媒体自我呈现的具体方式包括上传照片、编辑文字信息分享个人信息或生活事件、公开分享音乐及电影等公众传媒作品或对其表示喜欢以向他人传达个人的品位、对他人更新内容进行评论与点赞、对所更新地内容地进行编辑或删除、对他人给予自己的评价反馈进行监测与管理、管理自己所更新内容的可视人群范围等。其中，上传照片、讲述个人生活中发生的事件以更新社交媒体平台状态是自我呈现的最主要方式。Johnson and Ranzini 指出，人们对于个人爱好与品位的呈现主要通过分享不同音乐家的音乐作品及不同的电影作品等文艺作品分享来完成。而对于所更新内容的可视范围管理更多收到观众效应的影响，也即无论是积极包装导向还是真实展现导向以进行自我呈现的个体，都可能会考虑到不同观众群体而编辑分组及可视内容，评论与点赞行为比起自我呈现目的更多的是对他人的互动反馈与交流。① 综上，本文从三个社交媒体中自我呈

① Carr C T, Wohn D Y, Hayes R A. as social support: Relational closeness, automaticity, and interpreting social support from paralinguistic digital affordances in social media[J]. Computers in Human Behavior, 2016, 62: 385-393.

现的具体行为方面，总结积极包装与真实展现这两种社交媒体自我呈现偏好下，个体的自我呈现在互联网社区中的具体表现差异，并概括如表 7。

（一）照片呈现

Sorokowska et al. 指出照片是社交媒体自我呈现中非常重要、占比例较大的一个部分，其中自拍与在社交媒体中进行发布的频率与社交表现欲呈现正相关，拥有更强社交表现欲或者说更想要在社交网站中表现出更大吸引力的个体在社交媒体中进行自我呈现的策略是对自身进行积极包装从而提升其社交吸引力，因此可以认为在社交媒体中对自己进行积极包装的个体会更频繁地发布自拍。而最初提出积极自我呈现这一概念的 Kim and Lee 就指出，积极自我呈现中的典型行为包括在社交媒体中发布照片时，只展现自己处于开心心情的、参与娱乐或丰富社交活动的照片。进一步地，一些人希望在社交媒体中建立个人良好形象，从而增加自身的人气、获得他人的更多关注和认可，从而人们会展示自己更好面貌的相片，对个人照片进行修饰，而当个人真实形象与理想中的美好样貌差别较大时，这种修饰的程度可能较为失真而成为具有欺骗性的虚假自我呈现，即在社交媒体平台所上传的个人照片与真实的本人样貌相差较大。①。此外，对个人相貌的编辑这一积极包装行为还可能出现在个人希望在同伴中表现出相貌上的优势或者不在相貌姣好的同伴中显得劣势的情况下。②

综上所述，在社交媒体中上传照片时，希望对自己的形象进行积极包装的人会更频繁地上传自拍和记录自己丰富生活与开心一面的照片，且会对所上传照片中自己的样貌进行按照个人理想样貌的

① Dumas T M, Maxwell-Smith M, Davis J P, et al. Lying or longing for likes? Narcissism, peer belonging, loneliness and normative versus deceptive like-seeking on Instagram in emerging adulthood[J]. Computers in Human Behavior, 2017, 71: 1-10.

② Chua T H H, Chang L. Follow me and like my beautiful selfies: Singapore teenage girls' engagement in self-presentation and peer comparison on social media[J]. Computers in Human Behavior, 2016, 55: 190-197.

样子进行美颜编辑；而对自己进行真实展现的人们则不一定会对已有照片进行特定的选取而加以上传，且不会对自己的外貌进行过分修饰。值得注意的是，编辑个人外貌的行为最近才开始在海外学界得到广泛关注与研究，而该种行为在国内十分盛行，如美图秀秀、无他相机等软件得到了广泛应用、本人与照片差距较大的情况在现实生活中层出不穷。

（二）生活事件讲述

对于社交媒体平台中分享个人生活故事这一表现，根据积极自我呈现与诚实自我呈现的概念界定：当人们通过积极自我呈现对自己进行积极包装时，会仅选取自己娱乐开心的、参加有意义活动的生活事件进行讲述与分享；当人们通过诚实自我呈现对自己进行真实展现时，会不加挑选地描述个人生活中的事件并进行其真实情感的表露，并不介意分享也不会隐瞒自己身上发生的不太好的事情和由此产生的愤怒、悲伤、焦虑等负面情绪。Jang et al. 对社交媒体中积极自我呈现与真实自我呈现的生活事件分享分别介绍如下：社交媒体用户分享生活事件以从整体上给他人留下积极的印象，积极的一面反映了个体想成为什么样的人，以及希望他人如何看待自己，从而在其他社交媒体用户心目中创造一个理想的社会形象——即使这些表现与特质与真实的自己不同；社交媒体用户分享生活事件以表达他们真实的自我，真实的自我反映了个体在日常生活中认为自己是什么样的人，也代表了个体最诚实的自我特征。

当人们对自己通过虚假自我呈现进行积极包装时，可能会在社交媒体中讲述自己生活事件时通过夸张的方式表达自己在其中的一些个人感受，并且可能会描述一些自己其实并没有真实做过或参与过的活动与事件，其目的是向他人突出自己的一些特征并让自己显得生活丰富、人员良好、社交广泛。

（三）文艺作品分享

最近，一项研究专门对不同自我呈现偏好下文艺作品分享情况进行了研究，将对个人形象积极包装进一步细分为迎合他人理想与迎合自我理想的积极自我呈现，其目的分别是“对某一特定群体表

表 7　　**社交媒体中三类自我呈现的具体表现**

	照片呈现	生活事件讲述	文艺作品分享
虚假理想自我表达	1. 更频繁地发布自拍 2. 只展现自己处于开心心情的、参与娱乐或丰富社交活动的照片 3. 使用美颜软件对个人五官及整体外貌进行修饰美化	1. 通过夸张的方式表达自己在其中的一些个人感受 2. 描述一些自己其实并没有真实做过或参与过的活动与事件	为自己其实不了解、不感兴趣或不喜欢的音乐家点赞
部分真实自我表达	1. 更频繁地发布自拍 2. 只展现自己处于开心心情的、参与娱乐或丰富社交活动的照片	仅选取自己娱乐开心的、参加有意义活动的生活事件进行讲述与分享	迎合他人理想的积极自我呈现的个体会倾向于分享广泛流行的大众音乐与电影，迎合自我理想的积极自我呈现的个体会倾向于分享评价高的享有盛誉的音乐和电影
全面真实自我表达	1. 不一定会对已有照片进行特定的选取而加以上传 2. 不会对自己的外貌进行过分修饰	不加挑选地描述个人生活中的事件并进行其真实情感的表露，并不介意分享也不会隐瞒自己身上发生的不太好的事情和由此产生的愤怒、悲伤、焦虑等负面情绪	分享给自己带来快乐的音乐和电影

现出自己属于这个特定群体”及“让自己尽可能看起来不错并给周围的人留下好的印象”，结果表明进行迎合他人理想的积极自我呈现的个体会倾向于分享广泛流行的大众音乐与电影，迎合自我理想的积极自我呈现的个体会倾向于分享评价高的享有盛誉的音乐和电影，希望展现真实自我的个体会倾向于分享给自己带来快乐的音乐和电影。此外，已有研究指出当人们进行虚假自我呈现以积极包装个人形象时，会为自己其实不了解、不感兴趣或不喜欢的音乐家点赞，此外在球队、品牌等同样能够展现个人品位的方面也会为了迎合他人或塑造高品位的形象而违心地表示喜欢。

六、自我呈现的内在机制

（一）社会情绪选择理论

社会情绪选择理论（Socioemotional Selectivity Theory）是由心理学家Carstensen①所提出的关于个人整体人生发展的理论。该理论将人们的社会目标分为与追求自我提升相关的目标和与调节自我情绪相关的目标，一般而言这两种目标分别指向不同的个体行动方式，人们最终所呈现的行为方式由行为当时个人所重视的社会目标所决定，而年龄增长在人们如何在两种社会目标之间进行抉择具有重要的影响。基于该理论，不同年龄群体以及同一个体在其生命过程中的不同阶段会偏好于不同的行为方式并造成不同的行为结果，而该种特定行为方式偏好所产生的行为结果可能通常就是个人所希望得到的结果。而社交媒体自我呈现作为一系列行为，其策略偏好可以并应当使用该理论模型进行解释。

Chang et al.②首先使用传播学视角将社会情绪选择理论引入

---

① Carstensen L L. Motivation for social contact across the life span：a theory of socioemotional selectivity[J]. Nebraska Symposium on Motivation，1993，40(4)：209-254.

② Chang P F，Choi Y H，Bazarova N N，et al. Age Differences in Online Social Networking：Extending Socioemotional Selectivity Theory to Social Network Sites[J]. Journal of Broadcasting Electronic Media，2015，59(2)：221-239.

了社交媒体中的社会交往行为，并指出：以面向未来的提升为行为指向的年轻人更加希望拓宽自己的交际圈，因此会更加频繁的在社交媒体中进行自我呈现并希望得到他人的喜爱，可能愿意为了拓宽交际圈而对真实情感体验做出牺牲；而年长者则更加看重社交媒体中真实的情感回报，不以更大规模的社交媒体人际网络为主要目标，而重视真实关系带来的积极情绪体验。综上，可以认为在社会情绪选择理论中，年轻人可能更倾向于得到他人的喜爱，因此可能更愿意在社交媒体自我呈现中对个人形象进行积极包装，而年长者则为了得到真实情感回馈和加固真实人际关系，因此更愿意在社交媒体自我呈现中对个人形象进行真实展现。近期，诸多研究为此提供了证据，Yau and Reich① 通过焦点小组讨论发现 12~18 岁的青少年重视同伴的认可，因而会有目的的分享特地内容将自己表现地有趣、受人喜爱和具有吸引力，并且会按照这样的标准投入大量精力来管理自己的社交媒体自我呈现，会考虑他人会感兴趣的内容来决定其社交媒体自我呈现内容。Fullwood et al. 指出青少年更喜欢在网上展现出理想化的自我，对自己的形象进行积极包装，而年龄更大的人在社交媒体中进行自我呈现所展示的个体形象与现实生活中的自我更为一致，也就是说年龄更大的人更倾向于在社交媒体中诚实地展现自己，Fullwood and Attrill-Smith 在其后来的研究中再次验证了这一现象。此外，Wright et al. 同样发现年龄与虚假自我呈现具有显著的负相关关系，证明随着年龄的增长，人们越来越不会在社交媒体中通过虚假自我呈现对自己进行包装。

(二)人格特质理论

个体差异会导致不同的人会有不同的社交媒体使用行为，其中人格特质尤能产生显著影响。大五人格理论(the Big Five Personality)

① Yau J C, Reich S M J J O R O a T O J O T S F R O A. "It's Just a Lot of Work": Adolescents' Self-Presentation Norms and Practices on Facebook and Instagram [J], 2018, (1).

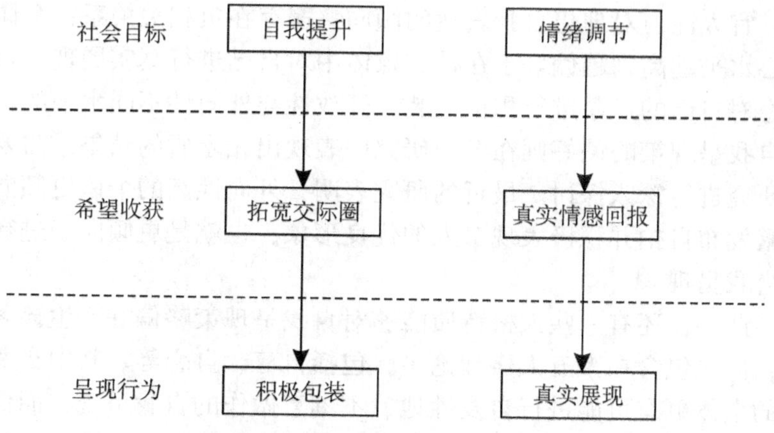

图 1　社会情绪选择理论概念图

是应用最为广泛并受到广泛认可的人格特质理论①。大五人格理论是 Mccrae and John② 提出的模型，用于描述人们普遍具有的人格特性的五个维度，分别是：宜人性(agreeableness)，描述个体可靠、慷慨和有礼貌；责任心(conscientiousness)，描述个体勤奋、有规划性、守时和值得信任；外向性(extraversion)，描述个体健谈、善于交际、活跃和热情；神经质(neuroticism)，描述个体脾气暴躁、爱发牢骚和情绪不稳定；开放性(openness to experience)，描述个体富有好奇心、想象力丰富、创造力高、个性独特和爱好广泛。最近有学者就人格特质对自我呈现策略偏好的研究进行了系统梳理与荟萃分析，结果表明：神经质水平与诚实自我呈现普遍呈现负相关性，神经质水平高的人更不愿意在社交媒体中呈现自己的不良情绪和其他一些真实特质，而更加频繁地呈现理想的自我，隐藏低落情

① Kircaburun K, Alhabash S, Tosuntaş Ş B, et al. Uses and Gratifications of Problematic Social Media Use Among University Students: a Simultaneous Examination of the Big Five of Personality Traits, Social Media Platforms, and Social Media Use Motives[J]. International Journal of Mental Health Addiction, 2018.

② Mccrae R R, John O P. An introduction to the five-factor model and its applications[J]. Journal of Personality, 1992, 60(2): 175-215.

绪等个人信息对自己进行积极包装，希望拓宽社交媒体人际关系网络；宜人性与对理想自我表达的倾向普遍存在负相关关系；个体责任心水平越高则越偏好于在社交媒体中对自己进行真实展现，且不刻意对自己的形象进行积极包装；开放性与外向性不同水平的个体其自我呈现策略偏好则在各项研究中表现出相矛盾的结果，需要未来研究进行深入探讨。最近的研究表明，外向性高的个体更倾向于频繁发布自拍并积极表现个人的优良形象，也就是更倾向于进行积极自我呈现。①

此外，还有一些人格特质能够对自我呈现策略偏好产生显著影响，但未包含在大五人格理论中，包括自尊、自恋等。其中自尊心强的个体更有可能进行自发性地、不刻意做作的自我呈现，而低自尊的个体则更倾向于进行不真实的虚假自我呈现从而获取他人的积极反馈以提升自己的心理安全感。自恋程度较高的个体更容易受到社交媒体自我呈现中肤浅的自我营销与不需要过多真实情感进行维系的表面关系所吸引，也就是说自恋程度高的个体更倾向于进行虚假自我呈现以积极地包装个人形象，也乐于与社交媒体中其他用户保持不那么深入又不需要太多真实情感的人际关系。此后其他一些研究也对上述文献综述中所总结道的现象进行了佐证，例如，Fullwood and Attrill-Smith 同样发现自尊水平低的个体更愿意对个人形象进行积极包装，而高自尊则与更偏好于进行真实呈现相关。Krämer et al. ② 在其研究中也发现高自恋的人们会更积极地对个人形象进行积极管理，Dumas et al. 则更明确地指出自恋程度高的个体更有可能通过撒谎及使用软件改变自己的外表等社交媒体虚假自我呈现行为寻求更多他人对自己发布的平台状态的点赞。最近，Arpaci et al. 研究发现外向性更高的个体会更频繁地通过自拍、发

① Arpaci I, Baloğlu M, Kesici Ş. The relationship among individual differences in individualism-collectivism, extraversion, and self-presentation [J]. Personality Individual Differences, 2018, 121: 89-92.

② Krämer N C, Feurstein M, Kluck J P, et al. Beware of Selfies: The Impact of Photo Type on Impression Formation Based on Social Networking Profiles [J]. Frontiers in Psychology, 2017, 8: 188.

帖等途径在社交媒体中积极地进行自我呈现。

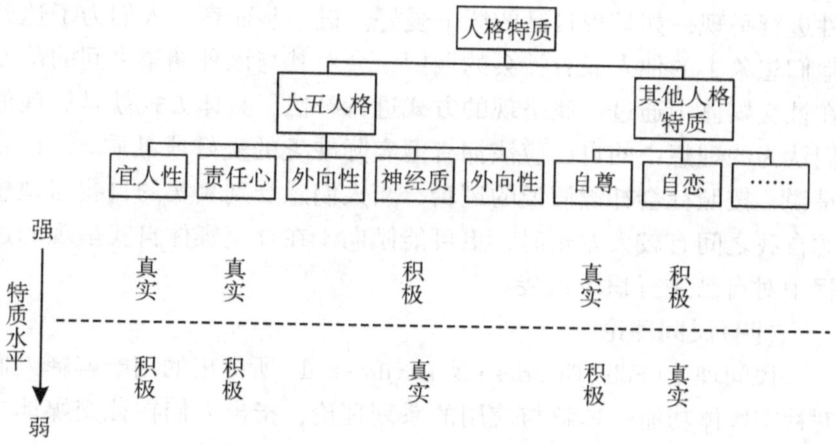

图2　人格特质理论概念图

（三）社会补偿假说

社会补偿假说（Social Compensation Hypothesis）是 Anderson-Butcher et al. ① 提出的。该理论认为互联网的使用对具有现实社会交往障碍的人群更具有帮助性，鉴于互联网以文本为基础、具有较少视觉信息及其可编辑性与匿名性，使得该类人群更容易进行自我呈现从而增进其社交媒体中的人际交往并与其他社交媒体用户建立起亲密人际关系。Metzler and Scheithauer 利用社会补偿假说对积极自我呈现进行了阐释，认为该理论主要着眼于网络社交与个人内在之间的关系，认为当人们在面对面交流的现实环境中出现困难时，通过社交媒体或许更加能够满足其自身社会需求，因此选择通过在社交媒体中对自我进行更为积极的呈现与表达寻求来自社交媒体用户的积极反馈，并由此得到心理收益。此外，Johnson and Ranzini

① Anderson-Butcher D, Lasseigne A, Ball A, et al. Adolescent Weblog Use: Risky or Protective? [J]. Child Adolescent Social Work Journal, 2010, 27(1): 63-77.

指出当人们对自己社交媒体中进行的自我呈现感到不足时，可能会为了补偿这种不满足感而对一些与真实的自己不太相符的爱好或事件进行呈现，如呈现自己的读书爱好。进一步而言，人们为了达到他们想象中的他人或者社会的期望，会对其与该种期望之间的落差在社交媒体中通过自我呈现的方式进行补偿，具体方式就是展现他们认为的理想中的自己应该拥有但实际缺乏的爱好或品质。① 也就是说，按照社会补偿假说的逻辑，当人们感受到真实的自我与理想的自我之间有较大差距时，更可能倾向于在社交媒体自我呈现的过程中对自己进行积极包装。

(四)民间理论

民间理论(Folk Theories)是 Devito et al. 所提出的用于解释人们对社交媒体功能的理解与使用的系列理论，指出人们在社交媒体中进行自我呈现时主要有四类目标导向，分别是：真实性(authenticity)，不加技巧或表演地、诚实地以能够准确反映自身如何看待自己的方式展示自己，反映出个人希望他人了解自己是谁的愿望，该目标下的自我呈现与本文中全面真实自我表达相符；修饰呈现(polished presentation)，描绘一个满足他人喜好的投射出个人理想的社会形象，并在此过程中会掩盖自身的不完美，该类自我呈现与本文中虚假理想自我表达与部分真实自我表达的积极包装目的相一致；维持和平(peacekeeping)，主要以避免纷争为动机，保持一个较为理想、尽可能不冒犯他人的形象，该类目标导向的个体并不完全隐藏个人的消极面，只是对引起纷争的真实方面进行部分隐藏，属于部分真实自我表达；目标中立的自我表现(goal-neutral self-presentation)，指对个人呈现目标还不甚明确或者并不持续进行某一目标指向的自我呈现。与以往单向影响理论不同的是，该理论认为以上自我呈现的目标会导致个人采取不同策略的自我呈现，从而在社交媒体中进行不同的信息搜集与功能运用，而其对社交媒体的不同使用又会反

① Fu P W, Wu C C, Cho Y J. What makes users share content on facebook? Compatibility among psychological incentive, social capital focus, and content type[J]. Computers in Human Behavior, 2017, 67: 23-32.

过来影响其自我呈现策略，更善于使用社交媒体平台功能的人可能通过社交编排与观众监管实现更有指向性的自我呈现，比如对部分人群进行符合该人群期望的积极包装性自我呈现。目前，民间理论刚被提出，尚不成熟阶段，未来仍需更多研究为其提供证据与模型补充。

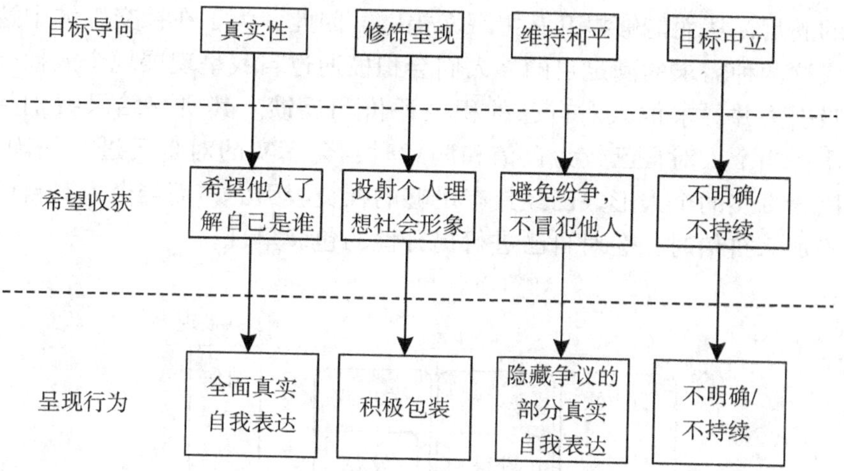

图 3　民间理论概念图

（五）自我决定理论

自我决定理论（Self-Determination Theory）是 Deci and Ryan① 提出的用于描述人类行为动机的心理学理论。该理论认为人们均具有自我整合、自我完善和不断学习的积极倾向，这种积极倾向的发生受到各种社会因素的支持与培养及外部环境的影响，其核心在于个体与社会环境因素之间的关联与互动并由此对个体行为与心理发展进行预测。自我决定理论指出人类普遍具有三种基本的心理需求，分别是自主性（autonomy）、能力感（competence）和关联感

① Deci E L, Ryan R M. The "What" and "Why" of Goal Pursuits: Human Needs and the Self-Determination of Behavior［J］. Psychological Inquiry, 2000, 11 (4): 227-268.

(relatedness)，人们的各项行为以满足以上三项心理需求为导向，当社会环境无法满足其需求时，个体心理将会受到损伤与功能障碍。Jang et al. 使用自我决定理论对个体在社交媒体中进行自我呈现的策略偏好及其对个体主观幸福感的影响进行解释。他们指出，当人们在社交媒体中的自我呈现能够得到更亲密的社会关系和他人对自己的积极评价时，其关联感及能力感需求分别得到了一定程度的满足，从而能够提升其主观幸福感。因此，为了在社交媒体中达成这两种需求的满足目的，人们会积极通过自我呈现展现个人社交吸引力并寻求他人对自己的积极评价和反馈。其研究结果特别指出，当个人对自己较为自信和满意时，会真实的对自己进行呈现，因为真实的个人形象已经具有足够的社交吸引力，而当个人对自己不那么自信时，会对自己进行提升性的包装呈现。

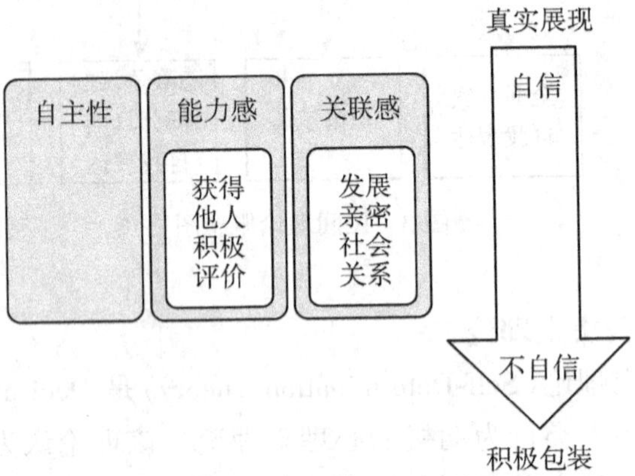

图 4　自我决定理论概念图

(六) 拟剧论

Goffman 的拟剧论(Dramaturgy)描绘了社会交往中人们对自身形象进行自我呈现的完整图式，指出不同的社会交往情境中存在着不同的行为标准，而人们在不同的观众群体(customized group)中会迎合该群体中共存的价值规范与行为准则，进行良好契合于该群体理想要求的关于个人形象的行为表演。该理论的核心内容就是观众效应会影响个体自我呈现行为。社交媒体平台中同样存在各种类型的好友，不仅包括线下人际关系的延伸，还有网络中出于各种途径结识的尚未有过线下交流的社交媒体平台好友，因此人们需要根据不同的观众群体对呈现内容进行内容管理。此外，Marder et al.①指出社交媒体中存在亲人、工作领导、合作伙伴、亲密朋友等多种角色群体，人们在社交媒体中的自我呈现不仅受到上述群体的不同标准的约束，还受到上述群体的价值的影响，他们将个人赋予较高价值的群体称为强大观众（the strongest audience），而将群体标准严格的群体称为严格观众（the strictest audience）。具体而言，当人们面对强大观众和严格观众时，都会进行更加严格标准下的自我呈现，即更加谨慎地对个人形象进行积极的包装，也会更加频繁地对自己在社交媒体平台中已经发布的内容进行审查与管理，包括二次编辑和清理。该研究发现人们往往认为工作领导这一群体是强大观众，家长是严格观众。人们在面向亲密朋友和熟人群体时，会较少的对已发布的内容进行重整，其社交媒体中地自我呈现也与真实个人更为相符。

七、自我呈现的心理与生理后效

最近的研究一致表明人们在社交媒体中通过上传个人照片、分享生活故事等由获得更多点赞这一目的所驱动，而"赞"对于人们具有多重含义，表示他人对自己及自己所分享事件和照片等的认可，也表示他人对自己及自己生活的关注，因而具有线上社会支持与积极反馈的作用。② 当人们分别在社交媒体中通过更新平台状态而对自己进行积极包装或真实展现时，其所获得的点赞意义可能是

① Marder B, Joinson A, Shankar A, et al. Strength matters: Self-presentation to the strongest audience rather than lowest common denominator when faced with multiple audiences in social network sites[J]. Computers in Human Behavior, 2016, 61: 56-62.

② Reich S, Schneider F M, Heling L. Zero Likes-Symbolic interactions and need satisfaction online[J]. Computers in Human Behavior, 2017, 80: 97-102.

不同的①。人们在社交媒体中进行不同偏好的自我呈现主要通过他人在社交媒体中对其自我呈现进行的反馈(包括积极或消极的评价反馈、社会支持等)对个体心理产生或积极或消极的影响。

(一)积极影响

点赞作为他人对自己社交媒体平台内容的积极反馈，更多的点赞能够代表着个体更加受到他人的关注并被他人所认可。需要说明的是，在社交媒体中的人们并不关注与收到的赞本身，而是追求其背后所隐藏的的含义——积极反馈。点赞通常被认为是一种积极且有益的欣赏回馈。人们在社交媒体中会通过他人所上传的图片内容及其类型判断该用户的性格与个性，从而产生对于该用户的印象，并通过点赞与评论对他人表达自己对其所形成印象的态度，其中点赞表示赞赏与鼓励。② 此外，社交媒体用户也会通过对他人所更新的积极状态进行评论，以文字形式直接表达自己的欣赏与肯定。③人们通过在社交媒体中对自身形象进行积极包装，呈现出经过提升的积极形象，获取他人的上述积极反馈以满足自身关联感及能力感需求，感知到更多的同伴支持并吸引更多社交关系，感觉到他人对自己能力、形象等的肯定，提升自己的心理幸福感。以上结论得到了生物神经证据的部分支持，Sherman et al. ④ 发现当青少年看到其在社交媒体平台中更新的状态得到了更多点赞时，其与奖赏处理相关的神经区域会表现出更加活跃的生理活动积极反馈。

当人们在社交媒体中进行诚实自我呈现以真实展现自我时，会

---

① Zhang R. The stress-buffering effect of self-disclosure on Facebook: An examination of stressful life events, social support, and mental health among college students[J]. Computers in Human Behavior, 2017, 75: 527-537.

② Ouytsel J V, Gool E V, Walrave M, et al. Exploring the role of social networking sites within adolescent romantic relationships and dating experiences[J]. Computers in Human Behavior, 2016, 55(PA): 76-86.

③ Kim C, Yang S U. Like, comment, and share on Facebook: How each behavior differs from the other[J]. Public Relations Review, 2017, 43: 441-449.

④ Sherman L E, Payton A A, Hernandez L M, et al. The Power of the Like in Adolescence[J]. Psychological Science, 2016.

在社交媒体上充分展示自己，包括自己的真实感受、个性、爱好等，这可能会缓冲负面情绪，促进正面情绪，据前文概括道自我表露是诚实自我呈现的重要部分，而自我表露是加深人际关系、获得人际信任的关键因素，从而诚实自我呈现可以帮助他人更全面地了解自己，从而有助于获得更多来自他人的社会支持。此外，最近的研究研究进一步指出通过社交媒体中的自我呈现及后续互动，他人能够感受到个体的求助，人们对于自身的需求的表达与帮助寻求中所透露的个人弱势可以认为就是诚实自我呈现的行为表现，因此人们通过在社交媒体中的诚实自我呈现，能够主动向他人寻求帮助或让他人感受到其需要而主动给予帮助，从而得到社会支持。① 已有研究广泛证明了人们通过诚实自我呈现能够获得社会支持，并能够因而体会到更多的心理幸福感。已有研究广泛证明了当个体感应到更多社会支持时，压力事件与负性生活质量对其心理的消极影响会显著减少，社会支持能够缓和个体在遭遇不利事件时的消极情绪反馈（如抑郁等），② 缓冲其面临消极事件的消极反应（如面对歧视时的心理压力感），③ 对个体客观生活质量起到保护作用。④ 因此，诚实的自我表现能够提升个体感知到的社会支持，由此提高个体主观幸福感并在负面情境中起到心理保护作用。

（二）消极影响

Metzler and Scheithauer 的研究虽然证明了点赞、积极评论等方

---

① Jian R R, Li S. Seeking Help from Weak Ties through Mediated Channels: Integrating Self-Presentation and Norm Violation to Compliance[J]. Computers in Human Behavior, 2018, 87.

② Singh P, Ghosh S, Nandi S. Subjective Burden and Depression in Mothers of Children with Autism Spectrum Disorder in India: Moderating Effect of Social Support[J]. Journal of Autism Developmental Disorders, 2017, 47(10): 3097-3111.

③ Odafe M O, Salami T K, Walker R L J C D E M P. Race-Related Stress and Hopelessness in Community-Based African American Adults: Moderating Role of Social Support[J]. Cultural Diversity and Ethnic Minority Psychology, 2017.

④ Senneseth M, Hauken M A, Matthiesen S B, et al. Facing Spousal Cancer During Child-Rearing Years[J]. Cancer Nursing, 2017.

式的积极反馈确实能给个体带来满足感并获得幸福感，然而可能这只对部分重视点赞这一类肯定评价的群体游有用。而一些具有其他人格特性的人可能并不在意社交媒体中的点赞，也无法通过点赞感受到积极反馈和同伴支持，有时对个人积极包装得到的点赞可能还会有消极的影响。该研究格外指出，对于心理较为脆弱(自尊水平较低和具有较高水平社交焦虑)的个体而言，依赖他人的鼓励让自己感觉良好可能是一种有限自尊的结果，这样一种积极反馈所带来的积极结果可能不是长久的，随着时间的推移，这种有限自尊可能会反而对其幸福感产生消极影响。此外，Yang et al. 指出，当对自己外貌进行积极包装后上传照片的个体在社交媒体中没有得到理想的积极反馈时，可能会产生"如果连经过修饰的个人照片都没有被他人接受和认可，那我还有什么价值呢?"的想法，进而降低个人的自我认同感、身份概念认知及自尊水平，还可能对其他心理因素造成负面印象。Shannon et al. 同样发现了该种想法对心理的负面影响，进行完美主义自我呈现的个体在发现自己的不足时，会有更强烈的自我羞耻感(self-stigma)，不愿意向他人寻求帮助，从而会导致心理负面反应(包括抑郁、焦虑等消极情绪)或恶化其原有的负面情绪与状态。

另外，积极包装的自我呈现由于并未全面展现自己的真实一面且隐藏了个人的负面感情，不利于他人对其进行全面深入的了解，因此不利于发展深度的亲密关系和获得社会支持，从而对个人幸福感产生消极影响。①

"虚假的自我"概念提出者 Winnicott 指出较低程度对个人形象的虚假呈现是自然的，还可能是无害的，然而当这种虚假呈现的程度增高时，也就是当"真实的自我"与"虚假的自我"之间存在持续的较大的差距，可能导致一些心理功能的不稳定，并进而导致心理疾病。而首次将虚假自我表达引申到社交网络环境中的 Gil-Or et

① Niu G, Bao N, Fan C, et al. The Effect of Self-presentation in Online Social Network Sites on Self-seteem: The Mediating Role of Social Support[J]. Journal of Psychological Science, 2015, 38(4): 939-945.

al. 同样发现，在网络中进行虚假自我呈现时个人会有一种自我偏离感(self-alienation)，也就是对社交媒体中的虚假自我形象与真实自我形象的偏离程度地感觉，随着自我偏离感的增高，人们的心理将会受到诸多负面影响，其中最为常见的就是对社交媒体虚假形象及其环境的过度迷恋所导致的社交媒体成瘾。而社交媒体成瘾又会导致个体心理健康的恶化，例如增加个体焦虑、抑郁等负面心理因素水平。① Jackson and Luchner② 的研究结果表明，通过虚假自我呈现对个人形象进行积极包装，这种欺骗意图的社交媒体使用会导致个人对负面的社会情境与生活事件进行过度自我批评和更为消极的情感反应。此外，最近 D'agata and Holden③ 探索了自杀意图相关的风险因素，发现具有进行完美主义自我呈现特征的个体更会隐蔽个人的消极意念与负面情绪，从而具有更高的自杀倾向。

需要注意的是，诚实自我呈现也可能造成一些负面影响，在社交媒体中自由地公开表达观点可能会导致他人对自己产生负面印象，④ 在社交媒体中自由表达个人地消极情绪也可能使得他人对其产生易怒、情绪化等负面性格印象，⑤ 进而对发展与扩张人际关系产生一定阻碍。

---

① Pontes H M. Investigating the differential effects of social networking site addiction and Internet gaming disorder on psychological health[J]. Journal of Behavioral Addictions, 2017, 6(4): 601-610.

② Jackson C A, Luchner A F. Self-presentation mediates the relationship between Self-criticism and emotional response to Instagram feedback[J]. Personality Individual Differences, 2017.

③ D'agata M T, Holden R R. Self-concealment and perfectionistic self-presentation in concealment of psychache and suicide ideation[J]. Personality Individual Differences, 2018, 125: 56-61.

④ Yu L, Jian R R, Xi C. Are People Willing to Share Their Political Opinions on Facebook? Exploring Roles of Self-Presentational Concern in Spiral of Silence[J]. Computers in Human Behavior, 2017, 76.

⑤ Rui J, Stefanone M. Strategic self-presentation online: A cross-cultural study [J]. Computers in Human Behavior, 2013, 29: 110-118.

表 8　社交媒体中三类自我呈现的影响

	积极影响	消极影响
虚假理想自我表达	1. 获取他人的积极反馈以满足自身关联感及能力感需求 2. 感知到更多的同伴支持 3. 吸引更多社交关系 4. 感觉到他人对自己能力、形象等的肯定	1. 可能产生自我偏离感，进而对社交媒体虚假形象及其环境的过度迷恋 2. 可能增加个体焦虑、抑郁等负面心理因素水平 3. 欺骗意图的社交媒体使用会导致个人对负面的社会情境与生活事件进行过度自我批评和更为消极的情感反应
部分真实自我表达		1. 不利于他人对其进行全面深入的了解，因此不利于发展深度的亲密关系和获得社会支持 2. 可能降低个人的自我认同感、身份概念认知及自尊水平 3. 可能会有更强烈的自我羞耻感(self-stigma)，引发心理负面反应(包括抑郁、焦虑等消极情绪)或恶化其原有的负面情绪与状态
全面真实自我表达	1. 加深人际关系、获得人际信任 2. 帮助他人更全面地了解自己 3. 获得更多来自他人的社会支持缓冲压力事件与负性生活质量对心理的消极影响 4. 缓和个体在遭遇不利事件时的消极情绪，促进积极情绪 5. 缓冲其面临消极事件的消极反应(如压力感)	1. 公开表达观点可能会导致他人对自己产生负面印象 2. 自由表达个人地消极情绪可能使得他人对其产生易怒、情绪化等负面性格印象

八、社交媒体自我呈现相关干预及未来研究方向

（一）海外社交媒体自我呈现相关干预

令人可惜的是，目前并未出现成型的社交媒体自我呈现相关干预措施，但最近一项海外社交媒体自我呈现的综述研究试图总结出互联网社区自我呈现干预的核心与可能的路径。该文章指出，社交媒体自我呈现干预主要应该解决的是真实的自我与理想地自我的不一致性，大多问题性社交媒体自我呈现及其后续消极心理影响从根源上讲均产生于真实自我与理想自我之间的较大差异，此外应该通过团体辅导的方式教会干预对象如何在社交媒体中以更良性的方式呈现个人形象与表达个人情感，认知行为疗法（Cognitive-Behavioral Therapy，CBT）和正念疗法（Mindfulness-Based Therapy，MBT）中的辨证行为疗法（Dialectical Behavior Therapy，DBT）或许能够被嵌入社交媒体自我呈现的干预方案中。

认知行为疗法的核心理念是让干预对象学会甄别其导致不良行为与消极后果的不良信念，学习控制技巧以将所甄别的不良信念向积极的方向进行转化，并使用更有效的合理方式解决现实问题，以积极信念与方式替换不良信念与消极应对。① 其具体步骤如下：第一阶段为行为矫正（Behavior Modification），要求干预对象设定一个具体而现实的目标，通过与干预对象的会谈共同制作问题清单，厘清其现实生活中存在并需要解决的相关问题，而后要求干预对象通过每日日记记录其行为（记录的是旨在改善的行为，如社交媒体自我呈现的相关认知行为治疗中应该记录的是其社交媒体自我呈现具体行为），该阶段旨在将其问题及问题行为结构化并让干预对象学会自我控制；第二阶段为认知重构（Cognitive Restructuring），要求干预对象认识其不良行为，明白他们通过该种不良行为希望满足的

---

① Kazantzis N, Luong H K, Usatoff A S, et al. The Processes of Cognitive Behavioral Therapy: A Review of Meta-Analyses [J]. Cognitive Therapy Research, 2018, 42(4): 349-357.

具体需求，并消除其只有通过该种不良行为才能满足需求的不良认知；第三阶段为降低伤害治疗（Harm Reduction Therapy），帮助干预对象利用前两个阶段所学习到的内容处理现实生活中导致他们沉迷不良行为的问题，并学习有益的解决问题、满足需求的行为，其具体方法是情境暴露法，将干预对象暴露在问题情境中。近两年，不少学者使用增强型认知行为疗法（Enhanced Cognitive-Behavioral Therapy，CBT-E）对较为不自信、重视他人评价且回避现实社交的社交媒体用户，通过重塑个人照片、重复视频反馈和增加社交曝光训练的方式来改善个人的消极自我形象认知。①② 因此本文认为对于积极包装呈现策略的个体，认知行为疗法应该能够成为一种良好干预措施。研究者能够通过认知行为疗法帮助干预对象认识到，通过过度虚假自我呈现及对真实自我的完全隐瞒来弥补真实自我与理想自我之间的差距是不合适的，进一步使用增强型认知行为疗法提升其自我形象认知，从而从认知层面上双管齐下，一面消除理想与真实自我间的认知差距，另一面帮助个体使用更良性的方式进行社交媒体自我呈现。

正念疗法已经被广泛证明能够有效增强个体自我调节能力，并减轻焦虑、抑郁和压力感等消极心理，旨在通过正念训练培养个体面对困难问题时持有一种开放而接受的态度。③ 辩证行为疗法是正念疗法中的一种，主要被应用于治疗边缘性人格障碍（通常表现出

---

① Reiss N，Warnecke I，Tibubos A N，et al. Effects of cognitive-behavioral therapy with relaxation vs. imagery rescripting on psychophysiological stress responses of students with test anxiety in a randomized controlled trial[J]. Psychotherapy Research，2018，(1)：1-12.

② Mcevoy P M，Erceg-Hurn D M，Barber K C，et al. Transportability of imagery-enhanced CBT for social anxiety disorder[J]. Behaviour Research Therapy，2018：S0005796718300755.

③ Alsubaie M，Abbott R，Dunn B，et al. Mechanisms of action in mindfulness-based cognitive therapy（MBCT）and mindfulness-based stress reduction（MBSR）in people with physical and/or psychological conditions：A systematic review[J]. Clinical Psychology Review，2017，55：74-91.

不稳定的情绪、人际关系、自我形象、冲动行为)，该疗法的核心在于增强个体对生活压力的容忍能力，并学会自我接受，进而消除其应对压力事件时的极端行为①。正念干预的主要方式是正念冥想(mindfulness meditation)方法训练，包括进行注意力集中冥想和开放检测冥想(指进入脑海中任何发生了的思想、感觉或情绪，将意识扩展到该精神链接中并逐渐明晰这一链接)，正念冥想能够激活左侧前额叶脑区的生理活动，并通过以上生理神经机制调节消极情绪，培养开放态度②。最近的研究指出正念水平能够预测自尊水平，正念水平越高，人们对自己的身份与形象认可程度更高且更善于监管自己在社交媒体中的自我呈现行为，这为正念疗法能够应用于社交媒体自我呈现提供了部分证据。本文认为，通过辩证行为疗法，个体能够学会自我接受，这能够有效消除个体对真实自我的不满，进而减少其进行虚假自我呈现及完全隐瞒真实自我的社交媒体自我呈现倾向。

此外，Seligman③ 提出了积极心理学(Positive Psychology)，在其后来研究中，他继而指出积极心理学能够帮助人们理解如何有效提升个人幸福感，并促进人们达成心理丰盈感(Flourishing)，也就是让人们能够通过自身努力让自己始终保持在积极而幸福的生活环境中，且能够抵御困难与威胁并从中获得积极成长。④ 基于积极心理学所发展出的积极心理干预(Positive Psychological Intervention,

① Oliveira P N, Rizvi S L J C B T. Phone coaching in Dialectical Behavior Therapy: frequency and relationship to client variables [J]. Cognitive Behaviour Therapy, 2018: 1.

② Chiesa A, Serretti A. P02-335-A systematic review of neurobiological and clinical features of mindfulness meditations[J]. Psychological Medicine, 2010, 40(8): 1239-1252.

③ Seligman M E P. Authentic happiness: Using the new positive psychology to realize your potential for lasting fulfillment (Ed)[M]. New York: Free Press, 2002.

④ Seligman M E P, Csikszentmihalyi M: Positive Psychology: An Introduction, Flow and the foundations of positive psychology, Dordrecht: Springer Netherlands, 2014: 5-14.

PPI)经以往研究证明，或许在提升个体幸福感方面优于认知行为疗法。① 一项研究对过往积极心理干预相关研究进行了系统回顾，将积极心理干预项目分为积极心理、正念相关、培养感恩、提升性格优势和发展积极关系这五大类，并指出通过积极心理干预，干预对象普遍能够良好掌握不同干预项目所教授的技能，其幸福感亦普遍得到提升。② Peterson and Seligman③ 还指出积极人格特质是积极心理学的重要研究主题，并提出了 24 种积极特质，即性格优势(Character Strengths)，包括创造力(Creativity)、好奇心(Curiosity)、批判性(Judgement)、好学(Love of leaning)、洞察力(Perspective)、勇敢(Bravery)、诚实(Honesty)、热情(Zest)、审慎(Prudence)、爱与被爱的能力(Love)、善良(Kindness)、社交能力(Social intelligence)、宽恕(Forgiveness)、谦逊(Humility)、自我调节(Self-regulation)、对美和卓越的欣赏(Appreciation of Beauty)、感激(Gratitude)、希望(Hope)、幽默(Humor)、灵性(Spirituality)、合作(Teamwork)、公平(Fairness)、领导力(Leadership)和毅力(Perseverance)。目前，基于性格优势的干预(Character Strengths-based Intervention)是应用最为广泛的一种积极心理干预范式。而性格优势属于人格特质的范畴，鉴于前文已经探讨过人格特质对于社交媒体自我呈现的机制作用，本文认为基于性格优势的积极心理干预应该能够应用于设计社交媒体自我呈现的治疗方案。

---

① Asgharipoor N，Asgharnejad Farid A，Arshadi H，et al. A comparative study on the effectiveness of positive psychotherapy and group cognitive-behavioral therapy for the patients suffering from major depressive disorder[J]. Iranian Journal of Psychiatry and Behavioral Sciences，2012，6(2)：33-41.

② Shankland R，Rosset E. Review of Brief School-Based Positive Psychological Interventions：a Taster for Teachers and Educators[J]. Educational Psychology Review，2017，29(2)：363-392.

③ Peterson C，Seligman M E P. Character strengths and virtues：A handbook and classification[M]. New York，NY，US：Oxford University Press，2004：xiv，800-xiv，800.

Duan and Bu① 结合传统认知行为疗法与单一干预模型设计了治疗大学新生不适应心理的基于性格优势的积极心理干预项目，旨在帮助干预对象更好的试用其性格优势处理生活问题，产生积极心理结果。具体而言，该基于性格优势的积极心理干预通过课程指导的方式进行，课程指导总共六周，每周一次，教授干预对象性格优势的意义及提升策略，以及在社交媒体中如何使用这些优势进行线上日常行为，每节课后，两个组别的干预对象需要完成一篇短文，其写作指导如下。优势训练组：在课堂训练之后，我们相信你在过去的一周中已经成功地运用了你的优势。现在，请告诉我们，你用的是哪个/些优势？在使用你的优势之后，你感觉如何？如果你习惯于以同样的方式表现相似的行为或活动，直到这门课之前你没有正式意识到将它/它们作为你的优势，你现在感觉如何？生活体验组：在过去的一周里，你想必做了很多事情，请以一种有条理的方式描述并列出你所做的十件事。这种方法可以提高你的组织和写作技巧。基于前文所述社会补偿假说的作用机制，本文认为可以借鉴上述干预方法，帮助个体认识、提升并运用其性格优势，从两方面实现治疗。一方面帮助其利用性格优势提升现实生活品质从而降低其逃避现实生活的补偿性社交媒体自我呈现；另一方面帮助个体识别性格优势，从被提升其对于真实自我的认可，降低真实自我与理想自我的差距，减少弥补这一差距的虚假自我呈现，

目前社交媒体自我呈现相关干预几乎处于空白领域，缺乏成型干预方案。本文认为未来研究可以基于积极认知疗法、正念疗法及积极心理干预开发两类社交媒体自我呈现的干预方案：第一类是对于已经存在问题的并对个体心理产生消极影响的社交媒体自我呈现行为及其消极心理状态进行干预，帮助个体改善其社交媒体自我呈现的策略与方式进而改善其心理健康水平；第二类是利用某一社交媒体自我呈现策略的积极影响，通过控制个体社交媒体自我呈现策

① Duan W, Bu H. Randomized trial investigating of a single-session character-strength-based cognitive intervention on freshman's adaptability[J]. Research on Social Work Practice, 2017: 1-11.

略与方式提升个体心理健康、产生积极心理结果。

(二)未来研究方向

社交媒体自我呈现是当代人们在互联网社区中进行社会交往的主要途径，人们可以通过自我呈现向他人展示自己的性格特质、兴趣爱好、生活方式，并且通过他人自我呈现的内容对其进行判断并生成印象，基于双方形象进行点赞、评论等方式的线上沟通与交往，发展人际关系，满足心理需要。本文对社交媒体自我呈现的概念发展与已有研究工具进行了系统梳理，结合近年来对社交媒体自我呈现策略与具体行为的研究的回顾，将人们社交媒体自我呈现分为积极包装与真实展现的呈现偏好，并进一步将积极包装的自我呈现细分为虚假理想自我表达与真实自我表达，将真实展现的自我呈现阐释为全面真实自我表达，根据上述三类自我呈现偏好，总结归纳了人们选取不同社交媒体自我呈现策略的心理机制、不同社交媒体自我呈现策略在互联网社区中的具体表现及其对个体的心理生理影响以及社交媒体自我呈现相关干预路径。总结而言，近年来海外社交媒体自我呈现的研究发展迅速，内容覆盖广泛，并且取得了丰富成果，但仍然存在一些局限。

目前大多社交媒体自我呈现研究均基于 Kim and Lee 提出的积极自我呈现与诚实自我呈现这一二维策略分类进行研究，近年来虚假自我呈现逐渐成为一种普遍现象，进而进入学界研究范围。总体上，这三类自我呈现策略基本囊括了已有社交媒体自我呈现研究的策略分类，社交媒体自我呈现相关的理论概述也大多仅探讨到个体对这三类呈现策略的选取机制，社交媒体自我呈现行为给个体带来的消极与积极影响更是分为以上三类分别探讨。然而实际上依然存在更多自我呈现策略，并不一定每一个个体都希望对自身进行积极包装或者真实展现，还可能存在其他个性化的或消极的自我呈现策略。例如，White et al.① 指出了一种风险自我呈现策略(risky self-

① White C M, Cutello C A, Gummerum M, et al. A Cross-Cultural Study of Risky Online Self-Presentation[J]. Cyberpsychology, Behavior and Social Networking, 2017, 21(1): cyber. 2016. 0660.

presentation)，该研究发现部分个体会在已知其消极与负面性的前提下频繁发布某类在大众认知中较为负面的主题图像与生活事件，包括与酗酒、吸毒相关的状态更新与文字评论和攻击性言论。Renner and Manthey① 指出了一种表演型自我呈现策略(histrionic self-presentation)，这种自我呈现策略的特征是在自常互动中较多地进行自我讽刺、自嘲等非积极行为，其目的在于表现的更为幽默和获得快乐。未来的研究应当考虑到非积极的一些自我呈现倾向，研究其呈现动机与后果，并纳入自我呈现策略分类体系，形成完整分类系统。

① Renner K H, Manthey L. Relations of Dispositions toward Ridicule and Histrionic Self-Presentation with Quantitative and Qualitative Humor Creation Abilities [J]. Frontiers in Psychology, 2018, 9: 78.

世界民俗学研究动态报告：以理论探讨为中心

李向振　覃仕双　胡　煌*

武汉大学社会学院

篇首语：本文主要以世界范围内民俗学理论研究为中心，综合梳理了英、美、德、日、北欧等国家和地区及中国民俗学近百年的发展简史，并着重对其近些年来的学术前沿及理论探讨进行了介绍与归纳。经过梳理，我们发现，直至目前，民俗学仍处于被边缘化的过程之中，尽管各国学者都在不断探索，但总体形势并未改善，而且学科的边缘化趋势正在加速，民俗学学科在人文社会科学体系里的位置越发尴尬，其所生产的专业知识，越来越难以在学科之外形成对话，即便是学科内部也越来越难以形成共识。与此同时，国内民俗学者在理论建树方面，则取得了较为显著的成就，尤其是实践民俗学理论的提出与拓展，现在已经成为国内民俗学理论研究的关键概念与热门话题。

今天我们讨论民俗学研究动态与研究前沿以及理论讨论和理论建设等问题，实际上是在传统学术脉络和知识谱系中，生产契合时代需求的知识。这里的契合时代需求，主要表现在两个方面：一是契合当前民俗学学科发展的需求；二是契合当前社会文化建设与实

* 李向振，博士，武汉大学社会学系民俗学专业 讲师。覃仕双，武汉大学社会学系 2017 级博士研究生。胡煌，武汉大学社会学系 2017 级本科生。

践的现实需求。无论如何，以民众的文化与生活实践为研究内容的民俗学，一定要将其研究成果回馈到社会中去，接受社会和时代考验。在全球化、现代化以及互联网带来的世界范围内社会文化转型背景下，民俗学如何对话当今世界深刻的文化、资本、身体劳力的转型？因此，重新梳理和认识以关照世界范围内民众日常生活与民间文化实践为主要研究领域的民俗学的学术脉络及研究动态，具有重要的现实和时代意义。

一、从民族主义到遗留物：民俗学学科及研究范式的确立

民俗是现代的创造，在前现代时期，民俗是自然而然的文化现象，并没有呈现出可能消亡的迹象，因此也没有人特别关照这些东西。18 世纪中后期欧陆社会理性启蒙运动之后，随着现代民族国家意识的觉醒，民族主义成为重要社会思潮。如何为民族主义寻找文化载体，成为 18 世纪末德国不少语言学家、历史学家和文学家的重要任务，在赫尔德、格林兄弟等人的领导和实践下，民间文化，尤其是民间故事、口头传统等成为重要选择。这些后来被称为民俗的东西也逐渐成为一门专门的学问。到 19 世纪四十年代，第一次工业革命在欧洲地区已经基本完成，那些携带和承载着民族精神的民间文化，在现代性浪潮中迅速消亡，这引起了英国博物学者、稽古学者们的注意，其中汤姆斯将这些东西统一命名为“民俗”(Folklore)并将以此为研究对象的学问称之为民俗学。尽管民俗学在创始之初，就以反工业化和反现代性为旗帜，努力展开对农耕文明及其“遗俗”的研究，但时至今日，将近二百年过去了，民俗学学科仍不能为深入批判现代性及工业化提供有力的理论和学术工具。

另外，民俗学在相当长的一段时间里，自觉地或不自觉地将自身定位为研究农民文化地学科。社会转型时期农民地身份正在发生变化，农民文化本身也在经历着传统色彩去“光晕化”过程，在这种情况下，以农民文化为研究对象地民俗学将面临着失去研究对象

地尴尬局面。“在这个后冷战、后现代、碎片化且快速变迁的世界，现代性的实常倒塌了之后，又被重新建立”。① 无论是源自民族主义的欧陆民俗学还是源自遗留物情结的英美民俗学，在产生之初，都被打上收集和研究各种不同历史文明时期民间生活事象的烙印。正如意大利民俗学家朱塞佩·科基亚拉所言，“民间传统研究者的任务就是考察它们是如何形成和为何保存，以及是什么促成了它们不仅被保存了下来，而且还在不断地延续和进行自然重构：在不断的消解中获得永生”。②

(一)民族主义与民俗学

民族主义，在雷蒙·威廉斯看来，“在被征服与宰制的情境里，民族主义(nationalist)运动通常发生在一个现存的、从属的政治群体，以及具有特殊语言的群体，或想象的种族共同体之群体中”。③ 如前所述，事实上以德国为主体的欧陆民俗学的起源与民族主义息息相关，也正因为如此，德国民俗学、芬兰民俗学，甚至后来深受这两国民俗学影响的日本民俗学，在发展之初，都是面临着在外来势力统治或外部文明压力情况下，重塑本土民族经验，重新在自身文化传统中寻找能够维系和重建民族或国族认同的文化资源，寻求民族国家独立与振兴的力量源泉。正如刘晓春所言：“无论是民族主义塑造的民族认同，还是民族主义进行的社会政治实践，都需要借助、征用本土的传统文化资源，根据不同时代社会语境的需要，通过发掘、梳理历史谱系，重新阐释民族传统的神话、英雄人物、象征物、历史记忆，复兴民族传统的生活方式，同时将这些经过重新阐释与复兴的传统塑造成为民族本真的文化形象，通过实施民族的教育和制度，以培育本民族区别于他民族的独特个

① [美]李·哈林：《民俗学的宏大理论》，程鹏等译，上海社会科学院出版社，2018年，第170页。

② [意]朱塞佩·科基亚拉：《〈欧洲民俗学史〉序言》，蒋名智译，《民俗研究》1993年第2期。

③ [英]威廉·雷蒙斯：《关键词：文化与社会的词汇》，刘建基译，三联书店，2018年，第363页。

性，建构本民族的认同”。①

浪漫主义与民族主义之所以成为近代德国民俗学乃至世界民俗学的理论源头，一个关键的社会背景是17—18世纪以法国为中心的理性启蒙运动深刻地影响到了当时已经被法国占领的德意志国家，当时德国境内不少有识之士，以歌德、赫尔德等为代表，发起旨在反对理性主义的“狂飙突进”运动，其理论武器之一，就是民族主义，认为法国为中心的理性启蒙运动实际上是法国的文化霸权，而德国要想摆脱法国的统治，必须在国民内部重塑国民精神和民族情感。在这个背景影响下，以民族主义为理论源头，以赫尔德、格林兄弟等为代表人物，开始从德国本土的民间文化传统中，寻找重建民族精神的文化资源，而现代民俗学就是在这种浪潮中产生，并逐渐形成独立学科。

关于民族主义与民俗学的关系研究，当前国内学者除刘晓春外，周全明在论文中讨论了中国近代民族主义的兴起与中国民俗学的起源问题。② 王霄冰讨论了民俗学的浪漫主义传统传统在德国之所以受到彻底否定与批判的原因，认为个中原因政治因素大于学术因素。③ 户晓辉在研究中指出，“民俗学的浪漫主义传统是由作为历史事实的浪漫的民族主义以及作为理性目的的自由的民族主义共同构成的，也就是说，自由的民族主义主张的自由、平等、博爱和人权是浪漫的民族主义的理性目的和逻辑条件。”④从哲学层面，检讨了脱胎于民族主义的民俗学在其后的研究中，忽略了民族主义这一理性目的和逻辑条件，成为当前民俗学研究遭遇困境的重要理论渊源。总体而言，国内学者对民族主义与民俗学的关系及学科知识

① 刘晓春：《民俗与民族主义——基于民俗学的考察》，《学术研究》2014年第8期。

② 周全明：《中国近代民族主义的兴起与现代民俗学的发生》，《民间文化论坛》2010年第2期。

③ 王霄冰：《浪漫主义与德国民俗学》，《广西民族大学学报(哲学社会科学版)》2015年第5期。

④ 户晓辉：《重拾民俗学的浪漫主义传统——答刘宗迪和王杰文两位教授》，《民族艺术》2016年第5期。

脉络研究尚有极大空间。

就国外学者来说，桑德拉·艾米诺较早地讨论了现代中国民俗学与民族主义的关系问题。① 威尔森讨论了民俗研究与民族主义的斗争的结合是如何 chuxiand 额，并描述了它们产生的结果。“民俗学在一开始就和新兴的浪漫民族主义运动紧密联系在一起，热情的爱国主义学者搜集民间文学记录不仅仅是为了看过去的人们是怎样生活的——古文物研究者的主要兴趣所在，而在于发现历史模式来重塑现在、建设将来”。② 美国民俗学者保罗·柯戴尔(Paul Cowdell)分析了 19 世纪欧洲民俗学与民族主义运动之间的内在关联。③ 约翰·罗伯特指出难以建构民俗学研究的宏大理论的基本事实是它是一门有着多元叙事起源的学科，深受民族主义影响。他指出正是因为民族主义是民俗学的理论源头之一，才使得民俗学宏大理论建构成为不可能的神话，尽管美国民俗学界一般不大提及民族主义，但民族主义对美国民俗学的影响是不言而喻的，而且忽视了民族主义这一维度，将不利于理解美国民俗学的发展脉络及当前民俗学面临困境的内在原因。④ 卡梅伦·沃森通过对巴斯克民族主义运动的讨论，论证了民间传说与民族主义之间的关系，指出民间文学艺术活动在巴斯克民族主义运动中被用作政治叙事。⑤

尽管以上对民族主义与现代民俗学起源的问题讨论，已经相当深入，但从学科知识生产角度而言，还有极大的拓展空间，比如当代民族主义运动与民俗学现实困境之间存在着何种联系？民族主

---

① Sandra Eminov. 1975. Folklore and Nationalism in Modern China. *Journal of the Folklore Institute*, Vol. 12, No. 2/3. pp. 257-277.

② [英]威尔森：《赫尔德：民俗学与浪漫民族主义》，冯文开译，《民族文学研究》2008 年第 3 期。

③ Paul Cowdell. 2013. Folklore and Nationalism in Europe during the Long Nineteenth Century, *Social History*, (38)4: 526-528.

④ Roberts, John W. 2008. Grand Theory, Nationalism, and American Folklore. *Journal of Folklore Research*, vol. 45, No. 1, pp. 45-54.

⑤ Cameron Watson. 2004. Folklore and Basque Nationalism: Language, Myth, Reality. *Nations and Nationalism*, 2(1): 17-34.

义、理性启蒙以及现代民族国家构建等多重因素如何统一于中国现代民俗学的起源？或者说，民族主义与中国民俗学到底呈现各种关系？当前"非遗"运动与民族主义有何关系？等等。

（二）现代性、遗留物与民俗学

何谓现代性？在伯曼看来，"所谓现代性，就是发现我们自己身处一种环境之中，这种环境允许我们去历险，去获得权力、快乐和成长，去改变我们自己和世界，但与此同时它又威胁要摧毁我们拥有的一切，摧毁我们所知的一切，摧毁我们表现出来的一切。"①同民族主义一样，现代性是民俗学难以绕开的理论源头。

某种意义上说，英美民俗学起源就深受现代性的影响，从19世纪中叶起，尽管民俗学已经以一种独立学科的姿态面世，但从学术实践来看，基本都是被视作学者的业余活动来对待，这一点也深刻地影响了20世纪初中国民俗学的起源。在英美早期民俗学者那里，民俗学的研究对象就是奇异的风俗习惯、礼议和口头传统，他们研究的对象主要是遗留物，相应地其研究重点就是残留在农民身上的原初行为和信仰，以求通过对遗留物的研究来重建历史或追溯现代民俗知识的原初形式。

正如美国民俗学家布鲁范德所言："民俗包含民众的未被记载的传统：它包括此传统的内容和形式以及互相传播的方式、技巧。民俗学研究就是试图分析这些传统（包括它的内容及进程）以揭示人类文化遗产中正式记载之外的人类普通生活"。② 这里所说的"遗留物"和"传统"实际上正是知识精英有感于现代工业生产对农耕文明的过度侵蚀，以及现代性带来的风险社会对过去保守的稳定的乡村社会的破坏，才得以发明出来以应对和批判现代性和工业化大生产。或者说，传统、遗留物，本身都是现代性的发明。在现代社会之前，这些东西都是自然而然地存在或者变异或者消亡，它们的存

① ［美］伯曼：《一切坚固的东西都烟消云散了：现代性体验》，徐大建、张辑译，商务印书馆，2013年，第15页。

② ［美］扬·哈罗德·布鲁范德：《新编美国民俗学概论》，李扬译，上海文艺出版社，2011年，第3页。

在对人们的生活而言是一种秩序的基础，而不特为人所注意。然而工业化带来的社会变革，直接摧毁了建立在农耕文明基础上的社会秩序构建基础，这些被称为传统和遗留物的东西，开始迅速新生的文化事象代替，而新生的文化事象在构建新的社会秩序方面，经常面临困境。因此，所谓“礼失求诸野”，面对这种巨大的社会转型，不少知识分子开始从民间文化入手，寻求建构秩序的文化资源。彭牧指出“遗留物是过去留下的破碎残片，其价值在于构建过去的历史。它们作为现在和过去相关联的物化呈现，展示出一种特殊的时间性，也即它们是过去与现在时间的混合与中介”。① 美国民俗学家多萝西·诺伊斯认为传统是西方现代性的关键词，在对此概念进行学术史梳理之后，将“传统”区分为三类：作为交流的传统；作为时间观念的传统和作为公共财富的传统三类，并指出民俗学者应该对传统进行深层次理解和解读，去发现传统背后的社会意义。②

尽管民俗学以传统和遗留物为主要研究对象和研究领域的倾向已经遭到了不少学者批评，但从学术实践来看，当代民俗学的研究重心仍然是带有“传统”色彩或“遗留物”色彩的文化实践，比如近十多年来一直饱受社会关注的“非遗”保护运动，就是这种研究理念的实践表现。“当然，也有些学者不愿忽视‘现代性’这个关键议题，在学术实践中他们不再‘悬置’现代性，而是从社会生活和社会事实出发，从根本上评判这个隐喻某种生活状态的现代术语。”③ 在学术话语中，“过去”常常被固化为“传统”。当然这里的“固化”并不仅是物体化，而是某种实质化或客观事实化，恰如马克思意义上的“物化”。民俗学似乎对“传统”格外热衷，无论是研究传统本身，还是研究与之相关的民俗事象——即使是正在呼吁的“日常生

① 彭牧：《非物质文化遗产的当下性：时间与民俗传统的遗产化》，《民族文学研究》2018 年第 4 期。

② Noyes D. 2009. Tradition：Three Traditions. *Journal of Folklore Research*，46 (3)：233-268.

③ 李向振：《“通过民俗”：从生活文化到行动意义的摆渡》，《云南师范大学学报(哲学社会科学版)》2018 年第 1 期。

活”研究路径本身，也隐喻着某种“传统”。① 当研究者以占据这块地盘而沾沾自喜时，却忽视了一个实质性问题，即“传统”是从哪里来的？历史学家霍布斯鲍姆认为“传统是被发明的”。② 但“传统”被发明的最初动力是什么？传统的本质是什么？传统的意义是什么？传统与惯习的界限又在哪里？都是值得进一步追问的问题。③

二、边缘学科的挣扎：欧美日等国民俗学研究现状

如前所述，现代民俗学学科在世界范围内的确立，基本遵循了两条颇有差异的发展路径：一是以德国为代表的欧陆民俗学，二是以英美为代表的“遗留物”研究。在欧陆民俗学诞生近百年后，日本早期人类学家和文化学家开始将民俗学引入日本国内，到 20 世纪二十年代中国民俗学正式形成之时，世界范围内民俗学学科已经形成欧、英美、日三足鼎立局势。这三种各有偏重的民俗学研究路径对国内初创时期的民俗学产生了重大影响，而且，这种影响随着中国民俗学发展，呈现出明显的阶段特征。接下来本部分将简要介绍德国、美国、日本及北欧等国家和地区民俗学学发展脉络及研究现状。

（一）从赫尔德到鲍辛格：德国民俗学研究动态

对于外在事物的顾虑，应该只是像件披在圣徒肩上的“随时可以卸下的薄斗篷”。然而命运却使得这斗篷变成了钢铁般的牢笼。禁欲已着手改造世界，并在这世界踏实地发挥作用，结果是，这世间的物资财货，如今已史无前例赢得了君临人类之巨大且终究无以从其中逃脱的力量。如今，禁欲的精神已溜出这牢笼——是否永

① 高丙中：《日常生活的未来民俗学论纲》，《民俗研究》2017 年第 1 期。

② ［英］霍布斯鲍姆、［英］兰格：《传统的发明》，顾杭、庞冠群译，译林出版社，2004 年。

③ 李向振：《“通过民俗”：从生活文化到行动意义的摆渡》，《云南师范大学学报（哲学社会科学版）》2018 年第 1 期。

远，只有天晓得？总之，获胜的资本主义，既已盘根在机械文明的基础上，便也不再需要这样的支柱。其开朗的继承者(启蒙运动)，似乎已永远地褪尽了她玫瑰般的红颜。①

民俗学起源于德国，随后发展扩散至周边其他国家。德国民俗学从前是“从民众中来，到民众中去”，重视挖掘德国“先民”的文化。然而在非物质文化遗产越来越受到重视、民俗学学科逐渐成为国际性热门学科的当下，德国民俗学却从传统出走，学术重心从“民间传统”、“口头传承”这些传统领域转向研究“日常生活”(Alltags)，发生这种转变的原因值得我们去思考。

民族主义思想为德国民俗学的诞生和早期发展提供了动力，然而它却在历史发展的进程中如同韦伯的铁笼(Stalhartes Gehause)隐喻一样，在德国民俗学后来的发展过程中成为了一件无法“随身卸下的轻斗篷”，一度使得德国民俗学走入绝境，最后转向对它的批判和远离。本部分试图通过对德国民俗学产生和发展过程中的历史条件进行梳理，尝试给出德国民俗学研究方向转向的回答，并对当下德国民俗学研究的前沿领域进行简单介绍，以期拓展国内民俗学研究的国际视野，更好地理解中国当下民俗学面临的危机与转机，达到安顿身心，砥砺前行的目的。

按照学界的传统分法，德国民俗学的发展大致可划分为四个阶段：前学科时期的民俗研究、民俗学的创立及第二次世界大战前的民俗学发展和当代民俗学的现状。本文试图结合笔者自身对于德国民俗学发展阶段的理解，围绕德国民俗学历史发展中的关键节点重点论述，用“发现德意志”的线索串联起整个德国民俗学发展的脉络。

1. 发现“野蛮人”

16 世纪的航海大发现，欧洲人在新大陆发现了众多与欧洲白人不一样的“他者”，迫使西方学者们开始思考与风俗、民族文化方面的一些问题，并将在新大陆发现的风俗、民族文化与欧洲进行

① [德]韦伯：《新教伦理与资本主义精神》，康乐、简惠美译，广西师大出版社，2007 年，第 187 页。

比较，随之产生了现代的民族志与民俗学。① 随着美洲的发现，欧洲学者在欧洲文化史的基础上对神话进行再创作，知识界将那些新发现的野蛮人视为“高贵的野蛮人”，是真正的“自然人”，他们身上体现了生机、活力与真实，以及高贵的自然品质。与此同时，17世纪的德国民众普遍崇拜法国贵族生活，将下等民众视为不懂文字、没有文化、粗俗不堪的“群氓”。

18世纪是科学革命的世纪，意大利学者维柯(Giovanni Battista Vico，1668—1744)的著作《关于民族共同性的新科学原理》(Prinzipien einer neuen Wissenschaft über die allgemine Natur der Völker，1725)提出一个全新的论点。维柯认为，历史不是天才或政治家的杰作，而是在不同的民族个性中表现出的集体的人类精神的建构。神和英雄的时代已经远去，凡人的时代已到来。“民族精神”(Volksgeist)作为凡人精神的集体表达，存在语言、神话和艺术等多种表达形式。“民族个性”(Volksindividualität)和“民族精神”应当被给予足够的重视。这一关于古代民众的论述以及这些论述形成的文化相对主义的观念，在撼动启蒙理性的同时，也对德国的思想家赫尔德产生重大影响。

2. 发现“人民”(Volk)

赫尔德是18世纪德国古典哲学家、启蒙运动思想家，与歌德、席勒一起领导“狂飙突进运动”(Sturm und Drang)。赫尔德首先关注到的是“人民”，在赫尔德的词典里，Volk不仅是“民”，而且首先是“人”，在他的“民”背后矗立的永远是“人”。因而Volk应该译为“人民”，意思是：作为民的人，或者作为人的民。它不同于我们通常所说的“人民”，即“以劳动群众为主体的社会基本成员”。赫尔德悲叹于德国人贫穷、饥饿、为他人鄙视的事实，讲日耳曼语的人四处流浪，流亡到英国、美国、俄罗斯及斯拉夫地区，富有天才的艺术家和发明家被迫离开故乡，尽管如此，他依然认为向外扩

① Cocchiara Giuseppe. 1981. *The History of Folklore in Europe*. Translated from Italian by John N. McDaniel. Philadelphia: Institute for the Study of Human Issues, 1981.

张不是解决问题的答案。他梦想恢复德意志统一，梦想德意志人民与其他民族生活在和平友谊之中。

由于法国启蒙运动思潮的巨大影响力，德国文化深受其理性化理念的影响，造成了德意志的进一步衰败与分裂，赫尔德认为，要想复兴德意志，就必须将腐朽的法国影响清除出德意志，寻找健康而古老的民族传统来重塑民族精神。这就是反对启蒙运动理性主义的富有浪漫主义色彩的"狂飙突进运动"的历史背景。在赫尔德看来，18 世纪中叶的德语文学都是对法国新古典主义的拙劣模仿，而真正的德意志民族传统只存在于未受文人加工的民间文学中。赫尔德关注民歌(Volkslied)，对民歌的历史价值及民族文化价值进行过深入的探讨和挖掘。1778 年到 1779 年，赫尔德整理出版了《民歌集》，用以支持他的上述理念。随后他从民歌中引申出"自然诗"(Naturpoesie)的理论，他通过搜集自然诗(Naturpoesie)，重建关于自然诗的记忆，是民族自我更新的基础。记忆过去，不仅意味着忧郁的怀乡情结，也是一个民族从自我的生活资源中积聚力量，是充满活力的新行为的开始。①

赫尔德的理论与实践，打破了德意志近百年来"以文化世界主义达成政治民族主义"②的格局。在他的影响下，年轻的浪漫主义者们迅速将民族主义从政治扩展到了文化上，追寻文化，民族主义成了浪漫主义运动最强烈的诉求。他毕生搜集整理民歌、探讨民族精神、建构历史哲学等，对德国民俗学的形成具有关键意义，使得德国民俗学发展出一条不同于英美民俗学的学术路径。德国学者雷吉娜·本迪克斯指出，赫尔德即使不是第一个也是最有影响的表现性文化(Expressive Culture)的倡导者。③

---

① Christa Kamenetsky. 1973. The German Folklore Revival in the Eighteenth Century: Herder's Theory of Naturpoesie. *Journal of Popular Culture*, pp. 76-77.

② 卢文婷:《周作人与顾颉刚:"五四"民俗学的双重变奏——〈歌谣周刊〉中的德国浪漫主义影响》,《江苏社会科学》2014 年第 3 期。

③ Regina Bendix. 1997. *In Search of Authenticity: The Formation of Folklore Studies*. Madison: The University of Wisconsin Press, pp. 34-35.

3. 发现“童话”

“狂飙突进运动”掀起的浪漫主义风潮席卷德国，农民和乡下人的“质朴”和“真实”引起了很多知识分子的重视。在德国兴起了对本土文化研究的热潮。在这其中，最具代表性的是格林兄弟(Gebrüder Grimm)对于德国童话的收集与整理，也是开了欧洲有关童话的系统收集、研究的先河。《儿童与家庭童话集》第一版在1812年问世以后，为欧洲各国学者效仿，带动了收集童话或民间文学的文化热潮，格林兄弟为童话写的说明性文字，也成为民间文学研究的基础。格林兄弟通过对从成年人那里收集来的故事进行加工和润色，使它们更像“童话”(Märchen)，更容易让儿童接受。在他们的心目中，童话“风格”的标准就是赫尔德意义上的“自然诗”(Naturpoesie)，它是民众的集体创作，也是民众精神的体现，因而不同于个人创作的“艺术诗”(Kunstpoesie)或“人造诗”。

格林兄弟的影响波及了除民俗学以外的其他各个学科，也就是说，在格林兄弟的影响下，民间童话得到了一系列学科的关注。其影响集中体现在两个方面：首先是他们从赫尔德那里继承下来的浪漫主义情怀为欧洲19世纪的童话研究奠定了基调，这意味着童话更多地被看作其他东西的体现而不是童话本身，因而不同学科学者研究童话的角度可以不同，但他们的共同之处在于：往往把目光聚焦在童话之外而非童话自身；其次，格林兄弟在《儿童与家庭童话集》的各版中反复强调了一个观点，即童话是失落的、变形的或碎裂的神话，童话的真正起源是神话。这种观点对欧洲的童话研究产生了深远影响，并催生出相反的观点，即认为童话早于神话和传说，是“最早的叙事形式”。① 尽管格林兄弟在研究德国古代文学和习俗方面做出了重要的发现，但是也有学者提出质疑，认为其既不是德国民俗学研究的创立者，也不是第一个开始收集和出版民间故事的人。而且他们并没有到乡下去真正拜访农民而收集故事，而是将讲故事的人请到家中，让他们大声讲述，他们记下来，而这些讲述着多是出身于中产阶级或贵族里受过教育的年轻妇女，他们真

① Max Lüthi, *Märchen*. Metzlersche Verlagsbuchhandlung Stuttgart, 1971.

的可谓是"摇椅上的民俗学家"。① 他们的目的不过是揭示把德意志民族联结起来并且表现在他们的法律和习俗中的词源学的和语言学的"事实"。②

格林兄弟引发的全国性搜集和出版民间传承的热潮方兴未艾，他们的拥趸持续增加，为后期日耳曼民俗学的出现作了铺垫。

4. 发现现代民俗学(Volkskunde)

里尔(Wilhelm Heinrich Riehl，1823—1897)是德国民俗学学科的创始人。1858 年，里尔在一个学术报告中提出创立民俗学这个新学科的设想，认为这是一个实现科学努力的"具有活力的中心"，是诸多邻近学科的"精神的故乡"，并主张民俗学要注重研究民族思想，他认为民俗学的目的在于揭示"德意志民族的心理特征"。③ 他在论著《德意志的工作》(Die deutsche Arbeit，1861)中发现了通往现代民俗学的道路。提出了著名的民俗学研究的四个"S"，即"部族"(Stamm)、"语言"(Sprache)、"风俗"(Sitte)和"居住"(Siedlung)。在《市民社会》这本书中，他致力于重建那个时代的德国社会。他认为"德意志民族中存在着不可战胜的保守力量，这个坚实的核心是农民"，"农民是民族的未来"，他们推进和更新民族生活。④ 他试图将"民众的科学(Wissenschaft vom Volk)"纳入"市民社会的学说"，将浪漫主义时期的"民众之学"(Volks-Kunde)与现代学科社会学结合起来。但在他生前没有产生太大影响，第二次世界大战之后，他本人及其作品才被重视起来，并且对于民俗学的发展产生了深远影响。

同一时期德国的民俗学活动还有：1890 年日耳曼文学教授卡

---

① Jacob Grimm. 1999. *Circular Concerning the Collecting of Folk Poetry*. in International Folkloristics: Classic Contributions by the Founders of Folklore, Edited by Alan Dundes, Rowman&Littlefield Publishers, Inc., pp. 5-6.

② 户晓辉：《现代性与民间文学》，社会科学文献出版社，2004 年，第 91 页。

③ Wilhelm Heinrich Riehl. 1859. *Die Volkskunde als Wissenschaft*. In: Culturstudien aus drei Jahrhundern, S. 205-229.

④ Wilhelm Heinrich Riehl. 1851. *Die Bürgerliche Gesellschaft*. 1851.

尔·万侯德(Schlesier Karl Weinhold，1823-1901)创立“柏林民俗学会”(Berliner Verein für Volkskunde)；1891年《民族心理学和语言学》(Zeitschrift für Völkerpsychologie und Sprachwissenschaft)杂志更名为《民俗学杂志》(Zeitschrift für Volkskunde)；1904年德国成立了全国性民俗学组织“德国民俗学协会联合会”(Verband Deutscher Verreine für Volkskunde)。但是直到1933年，德国民俗学才在大学里获得第一位教授讲席，正式成为大学里的一个专业。在形成了一系列学科应有的大学专业、专业协会、专业刊物的基础上，德国民俗学才正式成为了被接纳，可以进入现代学科的体系之中。

20世纪初直至1930年代，德国民俗学界曾展开一场关于“德国民俗学的本质、道路和目的”的讨论，试图从理论上探讨民俗学的意义和性质。这次的讨论直接导致汉斯·诺曼(Hans Haumann，1886—1951)“沉降文化物理论”的诞生。他在《德国民俗学基础》一书中将“民间物”(Volksgut)依照自己的标准进行分类，主张将“原始的整体物”(Primitives Gemeinschaftsgut)与“沉降的文化物”(Gesunkenes Kulturgut)区分开来，前者是天然的生长，后者是历史的演变和有意识的生成和改造。诺曼的层次文化学说有倾向于纳粹当局的政治观点，但是他的论点还是遭到了来自纳粹民俗学的激烈批判。

1920年，劳佛尔(Otto Lauffer，1874—1949)提出了民俗学的学术原则，认为民俗学应是民众生活的一面镜子，它应描述民众生活的具体模样，应确定从什么时候起形成这个模样，并试图解释为什么会这样。①

施维特林(Julius Schwietering，1884—1962)受社会学的影响，尤其是受到马克斯·韦伯的影响，提出民俗学应成为具有历史学和社会学取向的学科；卢蒙普夫(Max Rumpf，1878-1953)的“德意志民众社会学”把民俗学分为历史民俗学和当代民俗学前者来源于沉降的农民的集体人群，后者是当代城市的人群类型。② 斯巴

① Otto Lauffer. 1923. *Niederdeutsche Volkskunde*. S. 9.

② Max Rumpf，*Volkssoziologie im Rahmen einer sozialen Lebenslehre*. 1931.

莫于 1934 年出版的《德国民俗学》中对不同领域存在的内在精神作了充分论证；1927 年，德国民俗学学会组织编制《德国民俗学地图》(Atlas der deutsche Volkskunde)，这标志着文化区研究的蓬勃发展。

在纳粹德国时期，Volk 一词被纳粹种族分子滥用，服务于他们的种族隔离政策，由于民俗学的学科特性，被卷入纳粹的种族主义政策当中，在历史上留下了极为不光彩的一页，以至于一度在德国大学中取消了民俗学这个学科，严重影响了德国民俗学的发展。

5. 发现“日常生活”

作为对于“二战”反省得最为深刻的德国，德国学界在战后也积极投身到对于学科自身的反思当中。战后德国的民俗学是在瑞士和瑞典民俗学的影响下重新发展起来的。自 1955 年德国民俗学大会之后，关于确定一个新的、能与国际学术界接轨的专业名称的呼声日趋高涨。直到 1970 年德国民俗学会才决定，更改专业名称，由此之后出现了“文化人类学”(Kulturanthropologie)、“文化学”(Kulturologie)、“欧洲民族学”(Europäische Ethnologie)、经验文化学(Empirische Kulturwissenschaft)等新名称，这标志着德国民俗学又进入了一个蓬勃发展的阶段。

这一时期德国的民俗学呈现出百花齐放的盛况。形成了几个各具特色的“新民俗学”重镇：慕尼黑民俗学研究为基地，由汉斯·莫泽(Hans Moser)和柯拉莫(Karl Sigismund Kramer)开辟的对民间戏剧的研究和对民间生活的报道进行的系统的档案整理的道路，形成了独具特色的“慕尼黑学派”；以图宾根大学路德维希·乌兰德经验文化学研究所为阵地，鲍辛格(Hermann Bausinger)牵头的关注当代民俗和日常生活的学术进路，形成了盛极一时的“图宾根学派”。

开启德国民俗学研究转向的标志性事件是，1961 年赫尔曼·鲍辛格的一本名为《技术世界中的民间文化》的书的出版。鲍辛格在书中使用的“生活世界”这个词，由此开启了德国民俗学界将民俗学重新定位为“日常文化和生活世界”(Alltagskultur und Lebenswelt)研究的广泛讨论。① 当德国民俗学者把“生活世界”这个概念引入自己的研究领域时，他们首先或主要在“日常”的意义上把“生活世界”理解为我们周围直接的、“客观存在着的”生活世界。图宾根学派从现象学的角度切入研究对象，看重田野采风的研究方法，着重关注事物间的历史性关联。通过对于社会、文化、历史的考察，把握“具体的人”。鲍辛格带领的图宾根学派在过去半个多世纪的研究，概括来讲就是试图去把握在技术世界飞速发展的环境下，每个人的日常生活在发生着什么样的变化。由此决定了他们的学科定位，即发现那些永远处于“变化中的恒久”(Dauer in Wechsel，歌德语)的东西，担当启蒙日常生活中的角色(Aufklärer des Alltags)。②

自1970年以后，德国的民俗学获得了长足发展，从学科名称与研究方向两方面都发生了重大转变。从名称上看，图宾根民俗学研究所改名为经验文化学研究所(Empirische Kulturwissenschaft)；马堡大学的“中欧民间研究所”(Mitteleuropäische Volksforschung)改名为“欧洲民族学研究所”(Europäische Ethnologie)，也是欧洲第一个称为“欧洲民族学”的研究所；法兰克福大学1974年建立了“文化人类学和欧洲民族学研究所”(Kulturanthropologie und Europäische Ethnologie)，等等。德国各个民俗学研究所没有统一的名称，这说明学术上仍处转型期，而诸多大学的研究所均采用“欧洲民族学”这一名称，反映了欧洲一体化进程的加快以及德国民俗学界对于历史上由于民族主义思潮泛滥造成的灾难性后果的警惕。

在当下的德国民俗学界，更是出现了民俗学学科与技术世界结合的良好发展趋势，由在德国民俗学具有先导地位的洪堡大学欧洲民族学研究所构想策划、搭建了一个促进德语区民俗学交流的“欧洲民族学、民俗学专业虚拟信息库”(www. evifa. de)。目前在德国大学里民俗学呈现出多元发展的态势，既有图宾根大学、慕尼黑大学、洪堡大学等学校的学术研究取向，也有如斯图加特

① 户晓辉：《德国民俗学者访谈录》，《民间文化论坛》，2006年第5期。

② [德]赫尔曼·鲍辛格：《日常生活的启蒙者》，吴秀杰译，广西师范大学出版社，2014年。

造型艺术学院的古代的作品人类学的作品和手工艺作品的保养与修复专业、多特蒙德应用技术大学开设的纺织品的文化人类学专业(Kulturanthropologie des Textilen)等偏向单一实用领域的专业。

从学科分属的领域来看，之前的民俗学研究所多从属于日耳曼文学系，例如，在马堡大学和弗莱堡大学，民俗学都归在日耳曼文学系下面，而新的趋势是不少学校已经将欧洲民族学研究所置于社会科学相关的学部之下，例如在图宾根大学的经验文化学就从日耳曼文学系转到了社会科学与行为科学系，在学科关系上跟社会科学里的社会学、人类学走得更近。

从研究对象上看，学科重点已经从农民转向市民，从农村转向城市，从传统社会转向现代社会，从口头文学转向社会行为和社会生活。“文化”逐渐取代了“民族”，成为民俗学研究的核心理论点，此外，日常文化成为民俗学和欧洲民族学研究的重点。今天的德国民俗学家认为，日常生活对于我们的社会来说具有最高的意义。

从研究议题上看，呈现出愈发广阔的大格局走向。有的学者关注来自拉美、非洲或巴伐利亚等地区的民俗传统，有的学者探讨德国北部沿海地区的渔业文化，还有学者仍然关注典型的传统民俗学议题——园艺问题，等等。除此之外，还有一些学术机构和民间组织，从事的是地域性的博物馆式的保护，并倡导和组织有关“遗产”和“历史书写”的工作。但是大部分的学者的工作，还是集中在城市生活与现代生活方式的研究方面，他们关注的问题包括：后殖民时代的社会文化、民族归属与认同、肤色与人种、多样化的语言、科层化的制度、民族国家或国际的形象，等等。也就是说，大多数的研究，主要考察的是人们今天正在经历的生活，而不是昨天已经经过的历程。①

当前德国的民俗学发展的状况概括起来就是：传统民俗学议题仍在持续产生新知，随着时代变化而出现的新议题也不断为德国民

① [德]沃尔夫冈·卡舒巴、安德明：《从“民俗学”到“欧洲民族学”：研究对象与理论视角的转换——德国民俗学家沃尔夫冈·卡舒巴教授访谈》，《民间文化论坛》2015 年第 4 期。

俗学者们所关注。从德国民俗学的发展历程中不难看出，为德国民俗学“二战”后的学术转向发挥重要作用的是德国本土的民俗学者们，他们能够从狭隘民族主义的阴霾下走出来，借用日常生活研究这面棱镜，致力于成为德国时代变迁中普通民众日常生活的启蒙者，发现被日常生活掩藏起来的真正的德意志，原来真正的德意志不在德意志人的日常生活之外，而蕴藏在日常生活之中，这也是民俗学学科在社会转型期所扮演的特殊的担纲者角色，对于我国民俗学的发展也指明了一条可借鉴的方向道路。

（二）从遗留物到语境论：美国民俗学研究动态

相对于欧洲民俗学来说，美国民俗学出现的比较晚近。现在一般认为，最早在美国提倡民俗学的学者是威廉·纽厄尔。① 早年毕业于哈佛大学的纽厄尔，在1868年到1870年之间，对孩童街头游戏产生了强烈兴趣并进行征集整理，其后还以此为基本研究资料，出版了名著《美国儿童游戏与歌谣》（*Games and Songs of American Children*）。1887年，纽厄尔发起成立美国民俗学会的倡议，得到了包括哈佛大学英语教授詹姆斯·柴尔德（Francis James Child）、人类学家博厄斯（Franz Boas）以及对民俗研究有兴趣的著名作家马克·吐温等人的支持。美国民俗学会于1888年正式成立，这也标志着民俗学学科在美国的建立。② 早期参加民俗学会的学者也成为其后美国民俗学研究的重要力量，同时也由于早期参与者学科背景各异，学术理念及对待民俗的态度不同，美国民俗学在其后的发展中逐渐形成两类研究倾向，即学术研究和应用研究。前者又形成两大分支，即秉持文学传统的研究和秉持人类学传统的研究。

在美国民俗学会成立的前五十年里，学会负责人分别由文学出身的民俗学学者和人类学出身的民俗学学者轮流担任，直到20世纪四十年代以后，美国人类学出现范式转向，受马林诺夫斯基影

---

① 蔡文娇：《纽厄尔与美国民俗学会、会刊初创期的民俗学》，《民俗研究》2013年第6期。

② ［美］提摩西·罗仪德：《美国民俗学会和民俗学的历史与现状》，乌尔西娅译，《中央民族大学学报（哲学社会科学版）》2017年第1期。

响，美国人类学者纷纷选择到海外进行田野作业，从而基本退出对本土民俗事象的研究，进而受此影响，文学出身的民俗学学者长期成为美国民俗学研究的主力并持续至今。

1. 美国民俗学的学科化

美国民俗学的学科建设在 20 世纪五六十年代出现了高潮，美国大学相继设立民俗学专业和民俗学系。与此同时，民俗学会成立之初即已出现分野的学术研究和应用研究之间呈现出越来越大的张力。前者被称为学院派民俗学，后者被称为公共民俗学。本杰明·博特金是公共民俗学代表，他提出民俗学来自民众，民俗学学者有责任以著述、广播电视以及其他形式将民俗还之于民；理查德·多尔逊则是当时学院派代表。① 两派主张截然不同，基本分歧主要表现在两个方面：一是学者宇民众、民俗关系的立场问题，学院派将民俗资料的搜集和应用严格限制在学术研究范畴，反对处于商业目的或政治目的或其他目的利用民俗，为此，多尔逊还将后者称之为"Faklore"（伪民俗）；② 与之相对应，博特金等人则强调民俗学者有责任将民俗以合适的方式返还给民众，极力反对主张"民俗似乎只属于少数研究它的人而不是那些创造和使用它的人"③的观点。第二个不同之处在于如何定义民俗、如何搜集民俗的问题。与学院派民俗学者将关注点局限在传统农业生活方式或山地民众的民俗文化，他把民俗看作是一个动态的生产过程，他在名为《南方民俗宝藏》一书中特别关注了民众对影响他们生活的工业化进程的反应，"博特金要记录的不是正在消逝的文化遗留物，而是不同文化传统碰撞、斗争、融合共存的改变和适应过程"。④

① 程浩芯：《还俗于民：本杰明·博特金与美国民俗学的公共性实践》，《民间文化论坛》2018 年第 3 期。

② 崔若男：《多尔逊与美国民俗学学科的发展》，《民间文化论坛》2015 年第 3 期。

③ B. A. Botkin. 1944. *A Treasury of American Floklore*, New York: Crown publishers, pp. xxi-xxii.

④ 程浩芯：《还俗于民：本杰明·博特金与美国民俗学的公共性实践》，《民间文化论坛》2018 年第 3 期。

如前所述，以多尔逊为代表的学院派民俗学学者一方面对应用民俗学和公共民俗学给予批评，另一方面也在积极探索民俗学理论构建问题。对于一门学科而言，理论上的共识是极为重要的，理论的本质就是一个学术性学科达成的一套共识性知识体系。20世纪六十年代之后，和世界其他国家民俗学一样，美国民俗学逐渐呈现式微趋势，主要表现为研究机构及研究领域和从业人员减少。在邓迪斯看来，民俗学学科陷入困境，主要原因是美国民俗学学科衰落是宏大理论创新的持续缺乏。他指出至少两个因素造成民俗学在学界中地位不高：一是对学科传统的知识丧失，及学术史梳理不够；二是田野研究者深受信息提供者影响，对田野材料的解读难以深入。无疑，第一个看法是正确的，不止美国民俗学界，就目前研究来看，中国民俗学界对本学科的学术史梳理也远远不够，更遑论在学术史系统梳理基础上进行理论创新。不过，对于他的第二个看法则有待商榷，他认为“把文章和书籍的草稿给线人检查，并给他们否决权或者至少审查的权力，我认为是不可接受的”。① 他注意到研究者阐释不足的问题，却没考虑研究者有意或无意的过度阐释问题。某种意义上说，阐释过度比阐释不足对本学科的危害更大，这些作品返回到社会时，会更加加剧民众对本学科的不信任感。

2. 关于民俗学宏大理论的讨论

当然，在学院派民俗学内部，依然存在着理论分析与否的分歧，“我们必须小心谨慎，因为与理论相反的具体化理解包括‘当地的’‘生活的世界’或‘本土的’，都和‘理论’一样是现代化的产物，不加批评地接受这些概念就会导致对理论的定见和偏爱”。② 民俗学主要关注的是本土日常生活及社会文化实践研究，因此，其在探索学术话语及理论范式本土化过程中具有得天独厚的优势。但我们又必须明白，研究对象的本土化与研究理论的本土化之间并没

---

① ［美］阿兰·邓迪斯：《21世纪的民俗学》，载［美］李·哈林：《民俗学的宏大理论》，程鹏等译，上海社会科学院出版社，2018年，第36页。

② ［美］查尔斯·布里格斯：《规范民俗学科》，载［美］李·哈林：《民俗学的宏大理论》，程鹏等译，上海社会科学院出版社，2018年，第177页。

有直接联系。在二者之间建立某种联系，必须借助想象力，即米尔斯意义上的社会学的想象力。

时至今日，美国民俗学学科式微态势并未减弱。不过，仍有不少学者在努力维系民俗学学科独立性，并在探索民俗学理论及知识更新方面，做出了不少成绩。就民俗学理论探索而言，当前美国民俗学界基本遵循三条路径：第一，认为民俗学学科衰落主要原因是缺乏宏大理论，以邓迪斯①为代表；第二，认为宏大理论的尝试是徒劳的，民俗学理论建构应面向一般理论，以理查德·鲍曼②为代表；第三，倾向于民俗学低微理论构建，以多萝西·诺伊斯③和戴安·戈登斯坦因④等为代表。

美国民俗学界不少学者对邓迪斯宏大理论构建设想进行了批判。一般来说，“宏大理论”(Grand Theory)一词最早由赖特·米尔斯使用，他是用这个概念来批评以宏观理论构建为学术追求的帕森斯的“一般行动理论”的。⑤ 米尔斯并不反对理论建构，但他更强调质疑通过一组概念推敲案例细节从而系统化社会制度的企图。米尔斯的警告对民俗学来说，意义很大，即尽管理论建构非常重要，也不能排斥经验主义和本土文化。民俗学者罗伯特甚至直接指出，“致力于发展‘普遍性范式’，或者宏大理论都是导致民俗学在大学中地位削弱的原因”，“在追求科学严肃性以及试图在大学中建立正统学科的疯狂尝试中，我们把自己过度地投入到一个无关政治，无关线性时间史的项目中，而这只是为了尽我们所能建构关于本土

---

① Dundes A, Bronner S J. 2007. *The meaning of folklore: the analytical essays of Alan Dundes*. Utah State University Press。

② [美]理查德·鲍曼:《作为表演的口头艺术》，杨利慧、安德明译，广西师范大学出版社，2008年。

③ Dorothy Noyes. 2008. Humble Theory. Journal of Folklore Research.

④ Goldstein, Diane E, Grider, Sylvia Ann, Thomas, Jeannie B. 2007. *Haunting Experiences: Ghosts in Contemporary Folklore*. Marvels & Tales.

⑤ [美]C. 赖特·米尔斯:《社会学的想象力》，李康译，北京师范大学出版社，2017年。

文化创造力的宏大理论”。①

尽管如此，自20世纪七十年代起，美国民俗学者还是坚持在理论研究方面进行了积极探索，正如王杰文总结的那样，“美国年轻的民俗学家们努力从反思民俗学固有的理论话语着手，经过严肃的学术争论与跨学科性质的理论对话，最终更新了民俗学学术概念、研究方法与理论范式，生产了具有国际影响力的新型话语体系”。② 这其中，最为重要的理论体系无疑莫过于表演理论。

3. 表演理论及其反思

20世纪六七十年代后，美国民俗学领域出现从语言分析到社会情境分析的学术转向，与此同时，致力于参与实践的“公共民俗学”以及阐释新民俗现象的“民俗主义”等理论观点也逐渐引起关注和讨论。尽管如此，缺乏自觉地理论传统，使得民俗学难以在新的社会情境中，获得自身地立足之地。由于民俗学在学科地位边缘化过程中，研究空间不断被压缩，研究对象也在各个其他学科地挤压下退守至底层社会，并逐渐将其视为研究地全部。

长久以来，国家、市场、权力关系、社会精英及其知识等事物都被排斥在民俗学视域之外，这极大的限制了民俗学从更广阔地视野分析社会文化及日常生活实践。过去几十年里，许多民俗学者在学科本土化实践与理论构建方面的努力，很大程度上推进了民族志/民俗志研究方法的创新和更新。20世纪七十年代，海默斯、③威廉·拉博夫等人开始将民俗研究转为描述民族志，即从关注语言文本分析转向社会情境的关注，海默斯将民俗定义为通过审美表达或语体维度来研究交际行为的学科。这个概念对其后民俗学研究产

---

① [美]约翰·罗伯特：《宏大理论、民族主义与美国民俗学》，载[美]李·哈林：《民俗学的宏大理论》，程鹏等译，上海社会科学院出版社，2018年，第110页。

② 王杰文：《“表演理论”的思想起源》，载萧放、朱霞：《民俗学前沿研究》，商务印书馆，2018年，第205页。

③ Hymes, Dell. 1975. Folklore's Nature and the Sun's Myth. *Journal of American Folklore*, 88(350), p. 346.

生了极为深远的影响。① 从该定义出发，人们开始关注表演，在鲍曼等人的推动下，进一步形成至今影响深远的“表演理论”。表演理论及语境理论，某种程度上对当时深陷学科困境的民俗学来说非常及时，它让难以为继的民俗学得以继续苟延残喘。

不过，到 20 世纪八十年代末，已经有越来越多的学者意识到表演理论及语境理论有其内在的不足。② 就此，一部份学者致力于弥补这些不足，继续完善表演理论；而另一部分学者则将拯救民俗学学科的希望寄托在当时方兴未艾的“实践”理论上。表演理论提醒我们一个理论可以系统地解释当地的现象而不是描述性地解释。对于民俗学而言，系统性解释比描述性解释更具研究价值。系统性解释是从事实出发到理论阐释再回到事实；描述性解释是从事实出发到事实，中间缺少理论环节，在列维-斯特劳斯看来，从事实到事实地解释，容易陷入循环论证地困境。Gray Alan Fine 指出，理论避免了知识场的彼此孤立，并形成了一个研究项目网络。③ “阐释并不仅仅是对情境化的表达方式进行破译，即内容阐释还包括对其产生过程的理论化：包括所有被观察到的或者假设中的行为、过程，以及适用于表达方式(表演的民族志)产生过程中的规则”。④ 有意思的是，以表演理论著称于世的理查德·鲍曼，明确反对民俗学宏大理论的尝试，他指出“在我看来，任何声称或要建构一个民俗学的宏大理论的努力都是被误导的事业”。⑤

---

① Hymes D. 1964. Introduction: Toward Ethnographies of Communication. *American Anthropologist*, 66: 1-34.

② 毛晓帅:《中国民俗学转型发展与表演理论的对话关系》,《民俗研究》2018 年第 4 期。

③ Fine G A. 1994. The Social Construction of Style: Thorstein Veblen's The Theory of the Leisure Class as Contested Text. *Sociological Quarterly*, 35(3): 16.

④ [美]玛格丽特·米尔斯:《什么是理论?》,载[美]李·哈林:《民俗学的宏大理论》,程鹏等译,上海社会科学院出版社,2018 年,第 72 页。

⑤ [美]玛格丽特·米尔斯:《什么是理论?》,载[美]李·哈林:《民俗学的宏大理论》,程鹏等译,上海社会科学院出版社,2018 年,第 78 页。

另一方面，表演理论在理论意义上也遭遇了失败，① 因为鲍曼本人都未能对表演理论的核心概念“语境”作一个规范而清晰的界定，他所做的也不过是对“语境”构成谣俗的经验式列举，后来国内学者巴莫曲布嫫结合彝族民间叙事史诗将“语境”的构成要素概括为“五个在场”产生了很大影响。② 尽管如此，我们还是不能确定语境的构成要素是否已经穷举完毕，或者是否还有其他的列举方式，因为只要是通过列举构成要素来划清概念的边界，就会面临边界模糊的风险。对于概念来说，表述和指称边界具有模糊性并非好事，反而限制了此概念的理论对话价值，因为理论的一个重要目标就是概念的明晰化。有了具体所指，概念才有了对话的可能，范畴内的自然可以直接用来表述，范畴之外的东西，则有必要讨论，这些东西与概念之间的关联及其中的因果关系，比如“结构”作为社会学领域最重要的概念之一，就具备边界清晰的特征，它指的是事物之间或事物内部各要素之间形成整体的搭配或安排。

“表演”、“语境”甚至“日常生活”“实践”等词汇，都是民俗学者强加于民众自由自在生活状态的理论枷锁，学者以这些枷锁为工具，在绑架民众生活以获得独家阐释权力基础上，对其进行解剖和分析，并生产出学术知识。

4. 公共民俗学

近些年来，与学院派民俗学举步维艰形成对比的是美国公共民俗学发展日益兴盛。正如罗伯特·巴龙所言，“公共民俗学为跨文化边界展示传统提供了技术和概念工具，使得社区成员可以保护他们自己的传统。文化展示将事实上的道德和伦理结合起来，公共民俗学家将词视作其作为干预传统文化的文化经纪人的核心角色。公众民俗学通过对传统文化和研究方法论、展示和保护非物质文化遗产知识的传达，丰富了美国民俗学领域，加深了他们与其研究的社

① 吕微：《“表演的责任”与民俗学的“实践研究”——鲍曼〈表演的否认〉的实践民俗学目的-方法论》，《民间文化论坛》2015 年第 1 期。

② 巴莫曲布嫫：《叙事语境与演述场域——以诺苏彝族的口头论辩和史诗传统为例》，《文学评论》2004 年第 1 期。

区之间的关系，使民俗学家的工作获得了更大的可见度”。① 丹·本-阿莫斯也指出，“如果应用民俗学将研究与社会需要结合起来，对民俗研究历史的探寻也就重新建起了民俗学科与关于人类的主要观点之间的联系”。② 尽管在较长一段时间内，美国民俗学中学院派与公众派之间争执不下，但总体而言，二者之间不应该是截然对立的。时至今日，面对日益加深的学科困境，不少学者也开始注意到公众民俗学对民俗学学科的贡献，杰西卡·安德森·特纳即明确指出：“公众民俗学和理论民俗学是相互融合的，前者需要后者的理论支持，后者也需要前者的介入和调查”③。

(三)从柳田国男到菅丰：日本民俗学研究动态

1. 日本民俗学的发展

柳田国男是日本民俗学的创立者和奠基人。日本明治维新以后，随着西方科学的引入，民俗学作为一门独立的学科逐渐发展起来。柳田国男提出了“重出立证法”、“方言周圈论”的民俗研究方法，对民间传承现象进行研究。这一时期柳田国男、和歌森太郎、关敬吾、堀一郎、桥浦泰雄等一批民俗学家为日本民俗学奠定了基础。20 世纪六十年代，随着大学、民俗博物馆等民间机构开始民俗学的研究，逐渐形成了“学院派”的民俗学，并成立了日本民俗学会，这一时期的民俗研究主要继承柳田国男时期民俗学研究的理论和方法。20 世纪七十年代开始，以福田亚细男、宫田登为代表的民俗学者开始对柳田国男时期的民俗研究方法进行反思，提出了重视个别区域研究、传承母体研究的的“个别分析法”和“传承母体论”，开展了大量区域民俗学研究。随着日本城市化的进程，都市民俗学业随之兴起和发展。21 世纪以后，日本民俗学进入构建“新民俗学领域”阶段，都市民俗学得以进一步发展，民俗主义

---

① ［美］罗伯特·巴龙：《美国公众民俗学：历史、问题和挑战》，黄龙光译，《文化遗产》2010 年第 1 期。

② ［美］丹·本-阿默思：《民俗研究的历史：我们为什么需要它?》，贾琛译，《民间文化论坛》2018 年第 3 期。

③ ［美］杰西卡·安德森·特纳：《以社区为驱动的美国民俗学研究》，张立群译，《社会科学报》2018/11-29/第 005 版。

(folklorism)的兴起，以菅丰为代表的新一代民俗学家提出了“新在野之学”的理论。

2. 日本民俗学研究趋势

2011年，日本发生了东日本大地震。这次地震引发的海啸以及核电厂核泄漏给灾区及日本民众的生活产生、价值信仰产生了巨大的影响。民俗学作为“在野之学”，有“经世济民”、“学问救世”的历史使命，这一时期大量的民俗学者开展灾区民俗文化调查、从灾害记忆、信仰等不同的角度关注地震引发的民俗生活变化。灾区所在地方的民俗学会组织了“震灾的记忆与故事——民俗的再生”学术讨论会，开展震灾记忆的传承、灾后复兴为目的的实践性活动。日本自然灾害多发的特点，逐渐形成了“灾害文化”这一独特的民俗研究事象。

在这个大的背景下，近十年日本民俗学的研究可以从研究对象、研究立场、研究方法、研究内容等维度进行整理和归纳，以管窥其发展变化的趋势及研究前沿课题。

民俗学研究对象及民俗学本省的反思。民俗研究从研究“民俗”转向研究创造民俗的人及人的生活方式。门田岳久·室井康成在《面向人的民俗学》①一书中深刻批判了只将“民俗”作为研究对象，不把“人”作为研究对象的研究观点，论述了民俗研究应从研究“民俗”到研究“人”的转向。

作为“当事者”的研究者立场。21世纪初期开始，民俗研究者的立场主要围绕“在野的学问”与“学术的学问”展开讨论。这个问题的实质就是民俗研究者以怎样的立场通过实践来理解地域社会以及对维系地方的民俗发挥怎样的作用？岩本通弥、菅丰、中村淳编著《开拓民俗学的可能性》②中借鉴美国民俗学理论、提出了研究者参与民俗之中的公共民俗学概念。菅丰作为推动公共民俗学发展的民俗学家，以自己的个案调查研究内容为基础出版了《通往新在野

① 门田岳久、室井康成：《面向人的民俗学》，森话社，2014年。

② 岩本通弥、菅丰、中村淳编：《开拓民俗学的可能性》，青弓社，2012年。

之学的时代——以连接社会实践与知识生产为目的》①一书，作者本人参与式深入调研日本新泻小谷市的传统斗牛活动，探讨民俗活动对当地受灾居民重建家园的作用，提出"学问公共性"问题并阐释了新的在野之学的可能性。关于研究者的立场，野口宪一提出了"当事者"的概念，但"当事者"是谁?"当事者"的绝对化与相对化问题也随之而来。② 从这个意义上看，关注从事民俗生活的人与关注生产活动本身是截然不同的两种观点。

民族志、民俗地图以及交叉学科研究方法的拓展。兴起于德国的民俗主义对日本现在的民俗研究产生了强烈的影响，并形成了研究潮流，其中最具代表性的是《朝拜观光的民族志——被消费的宗教经验》③和《老铺的传统与近代——家族经营的民族志》④等两部著作。柳田国男时代，民俗地图作为比较研究的重要研究方法开始使用，但此次之后基本没有发展，仓石忠彦以 132 幅民俗地图为基础，通过空间上的变化研究民俗文化与地域的关系以及变迁。⑤ 民俗学研究不再仅仅是一个独立开展研究的学科，其与地理学、环境学、文化人类学、教育学、历史学、考古学、社会学、经济学等学科开展共同研究正成为研究的趋势。2010—2011 年，国立历史民俗博物馆开展了两项民俗学与地理学的合作研究。一是以青木隆浩为代表的"人文·自然景观的开发、保护与文化资源化研究"，关注世界遗产、重要文化景观、灾害景观等的资源化、商品化问题。二是，以安室知为代表的"日本历史上水田环境存在意义的综合研究"，从生态学、考古学等学科领域的研究视角开展研究。

研究内容的历史性与现实性问题。日本民俗学的研究包括民间

---

① 菅丰:《通往新在野之学的时代——以连接社会实践与知识生产为目的》，岩波书店，2013 年。

② 野口宪一:《日本民俗学》第 267 号；2011，pp. 68-83.

③ 门田岳久:《朝拜观光的民族志——被消费的宗教经验》；森话社；2013 年。

④ 塚原伸治:《老铺的传统与近代——家族经营的民族志》；吉川弘文馆；2014 年。

⑤ 仓石忠彦:《民俗地图方法论》；岩田书院；2015.

生活、民间信仰、口承文学、民俗技艺等宏观层面，也包含生命的人生民俗。近几年各个领域研究一方面注重其历史性的考察，如花部英雄《传说的研究史——以桃太郎为中心》,① 以长谷部八朗为代表的几位民俗学者对已研究的课题开展再次研究。2013—2016 年，长谷部八朗出版了三部《"讲"②研究的可能性》,③ 西海贤二编《山岳信仰与村落社会》④一书中用历史与田野相结合的方法，分析信仰与信仰组织、社会组织的关系以及在村落社会中的地位等问题。

另一方面，灾害文化研究、民俗与旅游研究的学者希望通过民俗学的理论与方法解决现实的困境。林勳、桥本裕之编著的《灾害文化的继承与创造》⑤提出灾害文化的价值问题，中井治郎《故乡文化遗产化与观光资源化》⑥一文就资源化后给民俗文化带来的新的问题进行了论述。再者，小池淳一的《通过处理文字文化如何扩大民俗研究的视野——文字传承与书籍民俗》⑦提出现代社会发展产生的网络文字、聊天软件里的即时信息等"文字文化"与口承文艺一样应成为民俗学研究对象。

民俗研究国际交流的发展。伴随着国际化的不断发展，日本民俗学界与世界主要国家的民俗学界交流更加密切，日本民俗学会与中国民俗学会、美国民俗学会、德国民俗学会、韩国民俗学会等国家的民俗学会进一步加强交流，并设立了国际民俗学会联盟。菅丰曾指出"日本民俗学不应只封闭于国内，应该站在'未来日本民俗学发展"的高度，扩大对其他各国发展起来的民俗和民俗学的认识"。日本民俗学会刊《日本民俗学》刊登了《海外的现代民俗

① 花部英雄、松本孝三编：《叙说的讲座——传说入门》；三弥井书店；2009 年。

② "讲"是日本民俗宗教重要研究对象，指各类宗教的末端组织。

③ 长谷部八朗编：《"讲"研究的可能性》《"讲"研究的可能性 2》《"讲"研究的可能性 3》；庆友社；2013、2014、2016 年。

④ 西海贤二编：《山岳信仰与村落社会》；岩田书院；2012 年。

⑤ 林勳、桥本裕之编：《灾害文化的继承与创造》；临川书店；2016 年。

⑥ 中井治郎：《龙谷大学社会学部纪要》第 44 号；2014 年；p. 114-p. 126.

⑦ 小池淳一：《日本民俗学》第 275 号；2013 年；p. 1-p. 13.

学——东亚篇》《海外的现代民俗学——欧美篇》等介绍他国民俗学研究的文章同时也将本国的学术著作译介到国外。

3. 日本民俗学研究前沿

生业①研究。20 世界七十年代，日本生业研究主要从文化类型的角度研究抽象的生业文化，如稻作文化、旱作文化、渔民文化等。2000 年前后，以安室知、河岡武春为代表的民俗学家提出了“复合生业论”，从关注生活技能转向关注于从事相关职业的人及人与自然、人与社会的关系。生业研究采取的主要方法是民俗志的方法。和田健所著《协同作业与社会的民俗学——协同劳动的现代民俗志的研究》②是以农村生产和物流的劳动为对象的民俗学视角下协同劳动习惯民俗志。《日本民俗生业论》③一书中将“复合生业论”理解为生存层面的民俗志，再次探究劳动·家庭·家族·村落·传统习俗·信仰·人生礼仪·口承文学等所与民俗文化相关的内容。近年来，日本民俗学界也开始关注产业民俗。宇田雄哲通过“民俗学视域下产业研究的沿革与重要性——产业民俗序论说”④探讨资本主义产业形成生产制作对当地经济生活、传统技术、社会习惯、礼仪生活、精神文化的影响。未来，研究以机器生产、人工智能等现代生产技术与地域社会及人类关系的研究将成为生业研究的重点课题。

人生民俗研究。日本《民俗学事典》⑤中将人生的民俗分为两个大的部分，一是“成长与诞生”，二是“老与死”。谷口贡《日本人的一生——人生礼仪的民俗学》⑥中除了研究人一生从生到死的人生礼仪之外，还将生殖、出生、看护、死与现代医疗的关系，以及少

---

① 生业只赖以生存的职业，如农业、渔业、畜牧业等。

② 和田健：《协同作业与社会的民俗学——协同劳动的现代民俗志的研究》，学术出版会，2012 年。

③ 安室知：《日本民俗生业论》，庆友社；2012 年。

④ 宇田雄哲：《日本民俗学》，第 278 期；2014 年，P69-84.

⑤ 民俗学事典编辑委员会：《民俗学事典》，丸善出版社；2012;.

⑥ 谷口贡、板桥春夫编：《日本人的一生——人生礼仪的民俗学》，八千代出版社，2014 年。

子化社会中葬礼、墓制等纳入民俗研究的范畴进行研究。围绕出生、月子看护、育儿等出生文化的研究成为重要研究内容。安井真奈美《出生环境的民俗学——面向第三次出生革命》①论述了孕妇对婴儿出生充满不安的时代，从民俗学的角度如何完改善出生环境和完善产后照料的问题。

民间信仰研究。民间信仰研究由民俗学的研究转向历史民俗学、宗教民俗学研究，从个别的研究转向更大主题的研究，从结构主义的视角探讨民间信仰史。近几年在既有的山岳信仰、朝圣信仰、人神信仰、妖怪信仰的研究基础上，宫家准《修验道的存在与传播》②，松崎宪三《人神信仰的历史民俗学研究》、③ 常光彻《妖怪的通道——俗信的想象力》④进行了进一步的阐释。随着时代的变迁，有些一些民俗学者开始关注现代文化与民间信仰。现代民间信仰的重要特征是与媒体的紧密相连，因为媒体能使流行文化神化，成为信仰。

口承文学研究。口承文学的研究自柳田国男发表《远藤物语》以来已经历100余年，直至今日以口承进行传承的力量逐渐减弱。纵观近几年日本的研究，依然有不少的成果。立石宪利《真庭市的民间故事》，⑤ 二本松康宏《水洼的民间故事》⑥以及琉球的民歌调查。针对口承文学研究的困境，日本口承文艺学会举办了“口承文艺研究的再创造”专题研究，加原奈穗子提出通过口承文学推动历史古迹的观光活动观点，德丸亚木就把握口承传承的动态进行了分析。聊斋、妖怪、都市传说通过网络的传承引起了伊藤龙平的关注。伊藤龙平在《都市传说——网络时代“故事”的传承》⑦中指出

① 安井真奈美：《出生环境的民俗学——面向第三次出生革命》，昭和堂，2013年。

② 宫家准：《修验道的存在与传播》，法藏社，2012年。

③ 松崎宪三编：《人神信仰的历史民俗学研究》，岩田书院，2014年。

④ 常光彻：《妖怪的通道——俗信的想象力》，弘文馆，2013年。

⑤ 立石宪利：《真庭市的民间故事》，真庭市教育委员会，2011年。

⑥ 二本松康宏：《水洼的民间故事》，三弥井书店，2015年。

⑦ 伊藤龙平：《都市传说——网络时代“故事”的传承》，青弓社，2016年。

网络传播比传统的纸质文字的速度快，其传播效率类似于传统意义上的声音传播，称之为“疑似声音”，将来的口承文学研究将扩大至包括“疑似声音”在内的“声音和语言”的研究。另外在城市里为了观光旅游的新口承文艺叙述者由传统的通过地缘、血缘习得的民间故事不同，新叙述者通过文字习得，受众也不在是村民而是学校、旅游景点等不确定的听众。

非物质文化遗产研究。这一时期、主要探讨非物质文化遗产研究方法论、非物质文化遗产的保存与传承、重构非物质文化遗产网络等方面的问题。吉川祐子《西浦田乐的民俗文化论》①研究主要采用深入的田野调查，关注传承者以及受众的变化，采用“深入现场”的方法探究这一地区人们的信仰从而得出其“本质”。另一方面，佐治缘尝试采用以文献为重点，通过历史的研究与田野调查相结合的方法研究“庄内藩的艺能表演与法乐”。随着人口老龄化和少子化的加剧，非物质文化的传承成为一个重要的问题。星野纮《村落传统艺能的危机》②指出，日本有 7800 多个村庄中有超过一半是 65 岁以上的老人，面对这种情况只有采取村落外的人协助传承的方式，这不仅可以使得非物质文化遗产得以传承，也可以使村落得以延续。通过这种方式重构超越地缘、血缘的一个新的传承空间。

2011 年以后，文化遗产的记录、保存以及应用变得更为重要。东京文化遗产研究所开展了灾区民俗文化调查并形成了研究报告对记录保存非物质文化的意义以及如何记录等问题进行了阐释。日本各地通过文字、图片、音频、视频等多种方式记录非物质文化遗产并共享这些信息。2011 年的大地震以后，非物质文化遗产的信息共享、记录与保存、传承与发展成为亟待解决的问题，跨越地域的局限，重构更大的传承空间、丰富传承形态是目前尝试的方法。高仓浩树等学者就灾后非物质文化遗产在重建家园、恢复生产生活中发挥的作用进行了分析。

灾害文化研究。20 世纪九十年代以后，灾害文化作为人文社

---

① 吉川祐子：《西浦田乐的民俗文化论》，岩田书院，2012 年。

② 星野纮：《村落传统艺能的危机》；岩田书院，2009 年。

会科学的研究对象开展研究，这种研究可以分为两类，一类是“直接的研究”，另一类是“间接的研究”。林勳《灾害文化的继承与创造》①将灾害文化定义为“从经验中产生的能够传承并对防灾、减灾有重要意义的文化”。这种文化可以从两个方面理解，一是记录灾害情况的记叙性的内容，另一类是基于经验、继承和发展的在灾区重建过程中，创造新的具有价值的文化。2011 年地震发生以后，高仓浩树等对灾区的民俗进行了调研，并形成了《非物质文化遗产受灾情况》的调研报告，震区的行政机构与开展了相关民俗文化遗产的调研活动。

在灾后重建的过程中，民俗学也发挥着重要的作用。一方面从民俗学的角度对灾后恢复重建、复苏灾区活力提出建议。如桥本裕之《震灾与艺能——地域再生的原动力》,② 赤坂宪雄《震灾考》,③ 小岛美子《传统文化的力量如何运用到震灾重建》④等著作从传统文化、民俗技艺对灾后重建的作用等方面进行了思考。另一方面，为了更好地面对未来的灾害；植田今日子、吉田优贵呼吁重建家园时，对灾害文化的继承是非常重要的。

民俗旅游。森田⑤年指出民俗旅游主要有四个方面。一是从文化史的角度，旅游是近代文化的一种拓展，感受交通工具的变迁，住宿、娱乐等的变化。二是民俗对于开发地方经济，社会变革的影响。三是利用民俗开开展旅游和地方复兴。四是民俗、传统文化与当地社会的关系等四个维度。川森博司⑥提出旅游研究中民俗学的独特视角。民俗与旅游主要内容包括旅行的民俗、民俗艺能与旅游、文化遗产与旅游、农村与旅游、灾后复兴与旅游等内容。旅游观光政策作为重要的国家政策，民俗文化作为重要的旅游资源，如

---

① 林勳、桥本裕之编：《灾害文化的继承与创造》，临川书店，2016 年。

② 桥本裕之：《震灾与艺能——地域再生的原动力》，追守门学院大学出版界，2016 年。

③ 赤坂宪雄：《震灾考》，藤原书店，2014 年。

④ 小岛美子：《传统文化的力量如何运用到震灾重建》，弘文堂，2014 年。

⑤ 森田真也：《日本民俗学》第 236 期；2003；p. 92-102.

⑥ 川森博司：《民俗学的视角》，ナカニシヤ出版社，2014 年。

何开发发展，同时又发作用与民俗。阿南透《"东北三大祭"的形成与观光化》，① 对民俗观光化的问题进行了分析。岩本通弥《世界遗产时代民俗学》②对以观光之名进行的遗产保护提出了质疑。中井治郎在《故乡文化遗产化与观光资源化》一文中指出了对文化资源的旅游开发导致失去原汁原味的文化而导致其旅游资源枯竭的问题。

三、从事象到日常生活：中国民俗学范式转换与理论探索

当前中国社会正在经历剧烈社会转型，无论在城市还是农村，现代生活方式已经基本占据主流，社会变迁带来的生活革命，对于中国民俗学来说，既是挑战又是机遇，说其是挑战，是作为传统民俗学研究对象的民俗事象正在日益式微，而面对新出现的文化实践，传统研究范式力不从心；说其是机遇，是因为当前正是民俗学实现转型从而建立本土话语体系和理论建设的好时机。当下国情，既不同于百年前的中国，也不同于当前的西方世界，因此，民俗学话语体系的主体性和本土性建构成为时代赋予的学术议题。正如吕微所说，从现实层面来说，民俗学转型或重建，成为必须直面的双重"破-立"，即从西方破从本土立，从过去破从当下立。③

(一) 中国民俗学发端：多元主义的理论视角

根据一般的看法，中国现代民俗学起源于 1918 年北大歌谣运动。这一时期民俗学的形成与发展深受民族主义、启蒙主义和现代性影响，它让当时的学者以到民间去为口号，广泛搜集民间歌谣、民间文化以及发现民族精神；现代性对民俗学学科影响更为明显，直到目前，大部分民俗学者仍宣称自己研究的是于传统相关的东

① 阿南透：《观光研究》，2011 年。

② 岩本通弥：《世界遗产时代的民俗》，风响社，2013 年。

③ 吕微：《两种自由意志的实践民俗学—民俗学的知识谱系与概念间逻辑》，《民俗研究》2018 年第 6 期。

西，而传统本身是现代性的创造物。① 从学科起源来看，中国民俗学一开始就具有理论多源特点，在后续发展过程中，不同理论研究旨趣和研究对象不甚相同，最终很少形成对话，也未能在理论整合于更新方面有更大突破。最初中国民俗学根据参与者学科背景及研究对象，主要分为四种路径：(1)史学的民俗研究，以顾颉刚、董作宾为代表；(2)文学的民俗研究，又分为三种旨趣：①理论研究的民间文艺学，以周作人、钟敬文为代表；②文学创作的民间文学，以歌谣学运动参与者为代表；③俗文学研究，以郑振铎等人的宝卷研究为代表；(3)社会学-人类学的民俗研究，以杨堃为代表的燕京大学社会学系师生为主；(4)比较宗教学的民俗研究，以江绍原、许地山为代表。

从歌谣学运动算起，中国民俗学创立之初便是立足于社会进化论思潮，却又对现代化和西方化的文化社会进程的反抗的过程，即民俗学关注的对象是现代性的“弃儿”，如民间故事、民间信仰、神话、传说、民间艺术等等，这些与现代社会格格不入的“遗留物”，被早期社会思想启蒙者赋予“民族精神”，名为“到民间去”的社会运动为搜集、整理、研究这些遗留物提供了契机。然而，正如“到民间去”发起人李大钊等人所想的那样，他们到民间去的目的是为了寻找革命力量和民族精神，② 而不是研究民俗文化本身，由此，早期民俗学呈现出重搜集整理而少学理探究的倾向。这一点和日本柳田国南创立的民俗学旨趣不同，后者强调的是通过研究民俗，寻找经世济民的良方。

如前所述，民俗学遭遇时代危机，不惟中国如此，欧美日等国家和地区的民俗学重镇，在过去数十年里，也遭遇了学科危机，直至目前，民俗学仍然处于被边缘化的过程之中，尽管各国学者都在

① 李向振：《“通过民俗”：从生活文化到行动意义的摆渡——兼论当代民俗学研究的日常生活转向》，《云南师范大学学报（哲学社会科学版）》2018 年第 1 期。

② ［美］洪长泰：《当民间去：中国知识分子与民间文学，1918—1937》，董晓萍译，中国人民大学出版社，2015 年。

不断探索，但总体形势并未改善，而且学科的边缘化趋势正在加速，民俗学学科在人文社会科学体系里的位置越发尴尬，其所生产的专业知识，越来越难以在学科之外形成对话，即便是学科内部也越来越难以形成共识。正如日本学者山折哲雄在《落日中的日本民俗学》中所指出的那样，民俗学缺乏个性研究，也没有独到的理论体系，甚至难以对生活世界及民众文化实践做出深度的阐释，在学术体系中，只能依附于文学评论(主要是民间文学研究)、人类学、社会学、历史学、宗教学等学科苟延残喘。尽管山折的论述有些悲观，但其对民俗学处境的基本判断并非没有道理。

民俗学遭遇的危机，至少受到两个因素影响：(1)时代巨变社会转型，世界范围内的民众正在经历着深刻的生活革命，而中国尤其明显，就像民俗学刚刚诞生时一样，整个学科正在经历着生活革命带来的研究对象的重新确定问题，如何重新确定研究对象，重新划定研究领域，重新规范研究边界，等等，都是当下民俗学面临的巨大挑战，而应对这些挑战，或者出现这些挑战的重要原因就是在过去三四十年里，民俗学理论体系未能及时更新，学科知识也未得到系统化梳理和反思；(2)民俗学学科自身的不足，从民俗学在德国和英国诞生之初时，就过度强调了民俗学的应用特性及实践属性，而对理论建设较为轻视，无论是德国浪漫主义者以民俗学作为找寻民族精神的途径，还是英国稽古学家以民俗学作为保留和记述农业文明遗留物以对抗工业文明带来的现代性的路径，都无可避免地带有出世之学的印记；与之相对比，倒是在芬兰等国家，民俗学一开始就被当作学术实践来对待，学者们在搜集、整理民俗资料的同时，积极探索民俗学理论，并卓有成效的形成了芬兰地理学派，影响深远。

在中国，民俗学学科的先天不足、后天发育迟缓的特征就更为明显，中国民俗学原本就是 20 世纪初社会启蒙思潮的时代产物，它一开始就被赋予寻找民族精神和民族启蒙以及民族救亡的重任，参与建设民俗学的学者分别来自于文学、史学、社会学、比较宗教学等，可以说民俗学早期的建设队伍就是由这些不同专业的学者组成的“杂牌军”，更重要的是，这些杂牌军在一开始就未能形成关于民俗学学科的共识，而是各行其是，将各自专业里的相关理论直接或间接应用于民俗学研究，彼此之间，鲜有深度对话，受此影响，民俗学学科的多元理论源头，非但没有引导民俗学形成自己的理论体系，反而在其后的研究中，学科内部分裂倾向日益明显，到20世纪三十年代时已经形成较为明显的“史学的民俗学”“文学的民俗学”“人类学的民俗学”等不同分析路径的分野。这极大的削弱了民俗学建立学术共同体，形成学术共识，构建学科理论体系与概念体系的可能性。这是中国民俗学的先天不足。

虽然先天不足，由于学术市场需求较大，中国民俗学在20世纪上半叶，还是取得了不少成绩，这些成绩主要表现在三个方面：一是在学者推动下，民俗学作为人文学科被纳入高等教育体系，并出版了不少概论性质的教材，为其后民俗学的发展，培育了部分后备力量；二是民俗学研究对象日益明晰化，最终定位在民间文学研究与民俗生活文化研究两方面；三是民俗学个案研究成果显著，不少著作已经运用了当时世界民俗学最前沿的理论，研究视野也基本涵盖了民俗文化的方方面面。20世纪五十年代后，受多种因素影响，民俗学被全面取缔，部分研究在少数民族文学研究中得以以微弱的气息维持了生命力，直到1970年，民俗学作为学科才再次被纳入高等教育课程体系，到20世纪八十年代初，民俗学才真正意义上实现了学科的恢复。

20世纪八十年代，中国民俗学学科恢复之初，尽管与西方尤其是日本学界对话与交流不少，并部分借鉴了当时世界民俗学相关学术理论，但总体而言，其学术脉络仍然基本沿袭了1950年代之前的学术传统，研究方法与研究范式也没有在与西方学界交流的同时得到更新。可以说，中国民俗学学术恢复并重新起步，实际上仍然是建立在本国民俗学学术传统的基础上，这样的好处在于，学术脉络并未中断，学术传统的延续，为其后形成相对稳固的学术共同体，提供了精神和组织基础，但其不利之处也是难以回避的，即由于太过固守学术传统，从而错过了当时西方世界方兴未艾的实践理论转向的讨论，比如表演理论、叙事学理论、实践理论、公共民俗学理论等，尽管这些理论在其后几十年里不断受到批判与反思，但在世界范围内民俗学理论建设中发挥了极大的作用。

这些理论直到 20 世纪八十年代末九十年代初，才开始不断被引入国内，并持续形成广泛影响，而此时，西方学界对以上理论已经开展了较为深入的批判，而且理论框架与知识体系也不断地更新。中国民俗学引入以上理论同时，也引入了相关的批判性观点，这在很大程度上，影响了这些理论在与本土经验相结合方面的个案研究和理论拓展成就，而逐渐形成两种研究思路：一种是从传统学术脉络出发或借鉴人类学、社会学或宗教学相关研究范式，立足本土民俗文化事象或立足本土历史文献，形成的个案研究；另一种是对西方民俗学界的理论进行讨论与反思，比如高丙中在借鉴胡塞尔生活世界的基础上，结合萨姆纳相关研究，较早的系统提出了民俗学生活文化转向的命题，成为其后二十年民俗学日常生活乃至生活实践转向奠定了研究基础。这种个案研究与理论研究两层皮的现象，自 1990 年代形成以来，至今虽有改善，比如表演理论在个案研究中就呈现出不少优秀的研究成果，但二者之间的张力仍然不可忽视。

总体而言，当前民俗学界仍然存在这样两种研究旨趣的分野，即个案研究和理论研究，而且二者似乎也不太强调对话与交流，个案研究仍然主要以邻近学科理论为主，理论研究也鲜少以本土个案研究为依据，更有甚者，一些主要从事个案研究的学者批评理论研究的学者不关心事实经验而专注于形而上的哲学思辨，对民俗学学科而言并无助益；而部分理论研究或反思为主的学者则批评一些个案研究没有理论追求，对民俗事象蕴含的意义世界阐释力度和深度明显不够，未能对民俗学学科自身的命运做出应有的贡献，而沦落为资料与个案的堆砌行为。至少到目前为止，个案研究与理论研究之间的分野仍未有弥合痕迹，反而是越来越有扩大化的倾向。在这种情况下，为民俗学未来计，在个案研究与理论研究之间寻找某种平衡点，使其由外在的分野，逐渐变成内在的融合，则是学科本身赋予每一个民俗学者的时代使命。

综观个案研究与理论研究的分歧，主要在于个案研究认为理论研究的成果基本处于呼吁阶段，鲜有能真正用于解读和阐释田野资料或历史文献资料的概念或理论体系，而理论研究认为个案研究过多强调民俗事象的介绍性讨论，对民俗学本学科既有理论关注不够，过多借鉴了相邻学科研究成果等等。这些分歧，实际上是当前中国民俗学缺乏立足于本土经验的学术实践，同时也缺乏可以用来阐释民俗世界的中层理论及基本概念体系。实践民俗学，则主要强调三个方面：一是面向本土生活实践；二是尝试以本土话语为基础，尝试建构概念体系；三是梳理国内外民俗学知识谱系，尝试建立本土民俗学理论框架。实践民俗学，以实践理论为基础，以探寻生活世界的意义为目标，以探讨“日常生活之后”的未来民俗学为基本议题，以当下生活实践为研究内容，以民俗事象、民俗事件、民俗行为等为路径，综合构建既可以在理论拓展方面继续深入，又可以直接用于个案研究的可能的理论框架与学术范式。

（二）从日常生活到实践民俗学：中国民俗学的新探索

经过前三十年的断档，民俗学学科恢复之初，研究力量较为薄弱，研究理论和分析范式也较为匮乏，在这种情况下，与其说是民俗学学科恢复，不如说，此时的民俗学实际上是重整旗鼓另开张，是民俗学的第二次创业。而此时世界范围内的民俗学正在遭遇着学科危机，即民俗学作为独立学科正在遭受质疑，许多欧美高校民俗学专业或研究机构被取缔，民俗学者则为重构民俗学理论体系东奔西走，形成了关于学科前途讨论的小高潮，也正是在此前后，影响深远的表演理论、实践理论、民族志史学等走入民俗学者的视野。正在进行第二次创业的中国民俗学，并没有及时跟进这些讨论，直到20世纪九十年代中后期，这些理论才被引入国内，并引起广泛影响，而此时这些理论在学术实践中已经受到不同程度的质疑和反思。这是中国民俗学后天发育迟缓的表现。

尽管如此，自20世纪七十年代末以来，中国民俗学学科内部仍然进行了理论建设，尤其是到20世纪九十年代中期，高丙中借鉴胡塞尔和萨姆纳的研究成果，提出民俗学研究对象是日常生活世界与民俗文化，其后，刘铁梁又进一步提出村落作为民俗文化传承空间的重要意义等，从形式上扩展了民俗学的研究对象。而且讨论“民”“俗”“民俗”等问题，一定程度上对于繁荣民俗学学术作品有贡献，但这些讨论的根本议题实际上仍然是民俗学学科边界的划定问题，划定边界，某种意义上，正是画地为牢的实践。毫无疑问，在学科分工与合作日益强化的当下，民俗学既要积极的画地为牢，又要在其他方面寻求突破口。实际上我们很少看到社会学、人类学、文艺学等学科，投入如此多的学术精力去分析学科名词本身的概念界定问题。不是我们没弄清什么是民什么是俗，而是我们始终都在社会科学和人文学科的边缘地带尝试为自己划分一小块领域，然而事与愿违的是，我们的努力最终仍然未能阻止传统民俗学领地日益缩小，其中一个重要原因就是画地为牢式的学术讨论，阻断了与其他学科进行学术话语对话的通道，而最终变成了自娱自乐的学术消遣。在这种情况下，要想重建民俗学，就有必要打破学科边界，不要纠结于研究领地的专属性问题，而以开放的心态，更好的与邻近学科进行对话，并在对话基础上，提炼和总结本学科的话语体系及学术-社会网络。也就是说，努力推动民本学科话语体系与研究范式在最大限度上实现学术共同体的共识。

世纪之交，随着表演理论和语境理论的引入，国内越来越多的学者开始关注民俗学理论建设问题，其中以孟慧英、巴莫曲布嫫、杨利慧、刘晓春、王杰文等语境理论和表演理论的深入探讨与反思，① 和以吕微、户晓辉、高丙中、周星、李向振等人的日常生活转向研究，② 尤为引人注目。约在 2015 年前后，这些反思性研究

① 孟慧英：《语境中的民俗》，《民间文化论坛》2004 年第 6 期；巴莫曲布嫫：《叙事语境与演述场域——以诺苏彝族的口头论辩和史诗传统为例》，《文学评论》2004 年第 1 期；杨利慧：《语境、过程、表演者与朝向当下的民俗学——表演理论与中国民俗学的当代转型》，《民俗研究》2011 年第 2 期；刘晓春：《从"民俗"到"语境中的民俗"——中国民俗学研究的范式转换》，《民俗研究》2009 年第 2 期；王杰文：《"语境主义者"重返"文本"》，《青海社会科学》2013 年第 3 期，等等。

② 吕微：《民俗学：一门伟大的学科》，中国社会科学出版社，2015 年；户晓辉：《民俗与生活世界》，《文化遗产》2008 年第 1 期；高丙中：《日常生活的未来民俗学论纲》，《民俗研究》2017 年第 1 期；周星：《"生活革命"与中国民俗学的方向》，《民俗研究》2017 年第 1 期；李向振：《迈向日常生活的村落研究——当代民俗学贴近现实社会的一种路径》，《民俗研究》2017 年第 2 期，等等。

最终形成了某种程度的共识，即实践民俗学。实践民俗学的首倡者是吕微和户晓辉，他们从康德哲学和胡塞尔哲学出发，通过系列研究著作，论证实践民俗学作为研究自由意志的学科的合法性；① 王杰文、王霄冰等继续在表演理论框架内反思和建构实践民俗学理论，② 并与吕、户二人形成理论对话；高丙中、周星、等则继续立足日常生活，讨论实践民俗学与生活世界的对话问题，还有一些学者如彭牧从福柯出发，讨论民俗学中的身体实践问题；刘铁梁则从个体叙事与集体叙事的关系、对话与交流的民俗志等方面对实践民俗学展开讨论与反思；③ 万建中、李向振从书写与权力出发，讨论实践民俗学的方法论及研究伦理问题，④ 萧放、张士闪等则讨论了实践民俗学如何贴近现实社会的问题，⑤ 等等。总体而言，目前国内民俗学界围绕实践民俗学，大体形成三种路径：一是从实践哲学出发，为实践民俗学及其研究对象提供学理层面的论证；二是从具体研究对象出发，讨论实践民俗学中"实践"的具体所指以及如何研究这些具体实践；三是讨论实践民俗学的方法论及作品呈现等问题。

---

① 吕微：《实践民俗学的提倡》，《民间文化论坛》2016 年第 1 期；吕微：《与陌生人打交道的心意与学问——在乡愁与大都市梦想之"前"的实践民俗学》，《民俗研究》2016 年第 4 期；户晓辉：《人是目的：实践民俗学的伦理原则》，《民族文学研究》2017 年第 3 期，等等。

② 王杰文：《"实践民俗学"的"实践论"批评》，《民俗研究》2018 年第 3 期；王霄冰：《民俗关系：定义民俗与民俗学的新路径》，《民间文化论坛》2018 年第 6 期。

③ 刘铁梁：《个人叙事与交流式民俗志：关于实践民俗学的一些思考》，《民俗研究》2019 年第 1 期。

④ 万建中：《民俗书写的权力与权力实践》，《思想战线》2018 年第 5 期；万建中：《民俗田野作业：让当地人说话》，《民族艺术》2018 年第 5 期；李向振：《重回叙事传统：当代民俗研究的生活实践转向》，《民俗研究》2019 年第 1 期，等等。

⑤ 萧放、鞠熙：《实践民俗学：从理论到乡村研究》，《民俗研究》2019 年第 1 期；张士闪：《当代村落民俗志书写中学者与民众的视域融合》，《民俗研究》2019 年第 1 期。

某种意义上说，实践民俗学将从传统民俗研究的藩篱中突破出来，它不再只关心语言、文本及身体性的个体行动，甚至还要关注权力、制度、社会结构等较具宏观阐释力的变量，惟其如此，作为文化实践的民俗事象、民俗事件等才有可能被真正的理解。岩本通弥提出，研究民俗就是民俗学吗？① 这个问题本身即包含了传统民俗学的学术困境，即研究过分依赖研究对象而没有形成独特的研究理论和研究方法。他进一步指出通过民俗进行研究，这就将研究对象变成了研究路径，极大的扩展了民俗学的视野，即民俗学并不一定止于研究民俗，而是可以通过民俗去研究更为普遍的日常生活及意义世界。门田岳九提出了田野中的交流问题，反思了传统民俗学田野作业中过分强调问题导向式访谈带来的信息缺失或信息失准的问题。② 比如在民俗学关注的领域，民间信仰及其仪式问题上，不同神灵、不同区域间的人们在具体的仪式及其规则上，具有极为不同的表现，但我们仍然会找出其中具有共性的习惯与共有实践。或者说，正是这些不同的具体文化实践中，蕴含着某种共同的东西，是我们进行研究和对话的基础。实践民俗学所要解决的核心问题就是试图挖掘出日常生活中的意义世界。

对于民俗学而言，无论是理论研究，还是经验研究，还是个案研究，最终的目的无非两个：或者是为本学科知识谱系添砖加瓦，或者是通过研究成果服务于现实社会建设或影响相关政策制定或制度安排(也就是所谓的政策之学)。如果一篇研究作品，既不能为增加学科知识做出贡献，又没有直接影响政策制定或文化实践，这无论如何也算不上有价值的好的研究。陈连山对游戏的研究，③ 西村真志叶对“拉家”及日常话语体系的研究，④ 都属于民俗学的实践

① ［日］岩本通弥：《以“民俗”为研究对象即为民俗学吗——为什么民俗学疏离了“近代”》，宫岛美琴译，《文化遗产》2008 年第 2 期。

② ［日］门田岳久：《叙述自我：关于民俗学的“自反性”》，中村贵、程亮译，《文化遗产》2017 年第 5 期。

③ 陈连山：《游戏》，中央民族大学出版社，2000 年。

④ ［日］西村真志叶：《日常叙事的体裁研究》，中国社会科学出版社，2011 年。

研究。他们都是从日常生活实践中发现民俗学的研究议题或反思民俗学既有研究范式的不足。高丙中从“公民社会”的范畴，即“时间化”的立场出发的民俗实践研究。可以说，高丙中在近些年对于公民社会的呼吁，以及民俗学应有的立场方面的研究，对传统民俗学中政治无涉的研究倾向是一种补充和拓展。① 传统民俗学研究，往往是政治无涉的、国家、权力等离场的片断研究，致使相关研究很难在宏观领域有所建树。民俗学长期以来的学术传统，给社会科学界留下的形象是地方性的、面向传统的、强调过去的学科，研究对象是现代社会的对立物，学科定位也成为“过去之学”，对于现代生活的理解缺少主体地位。

吕微、高丙中、户晓辉、王杰文、彭牧等人曾就民俗学日常生活转向问题展开过一次笔谈。在主持人语中，吕微和高丙中指出，“自上世纪九十年代，民俗学在应对现代化所带来的学科合法性危机时，‘生活世界’这一哲学概念的引入推动了中国民俗学学科研究对象的重新定位，呈现出以日常生活为对象的整体性研究范式的转型，给中国民俗学注入了一股活力”。② 户晓辉亦指出，“知识要真正形成谱系，就必须有逻辑上的关联和里路上的连接，因而不同于一般所谓的脉络”“真正的学术史及其知识谱系恰恰是不同时代、不同学者不断理解和建构的意义结构，甚至可能就是这个不断理解和建构的过程本身”。③

不过，需要提及的是，实践民俗学是传统民俗学应对社会生活革命的当代学术策略，而不是对传统民俗学的彻底背叛，同时实践民俗学也是未来民俗学的可行性路径。实现美好生活既是未来社会的美好愿景，也是国家与民众孜孜以求的文化实践。实践民俗学需

---

① 高丙中：《民间、人民、公民：民俗学与现代中国的关键范畴》，《西北民族研究》2015 年第 2 期。

② 吕微、高丙中等：《定位于现代社会日常生活的民俗学——“国际比较视野下的民俗学前景”笔谈》，《民俗研究》2013 年第 3 期。

③ 户晓辉：《返回民间文学的实践理性起点》，《民族文学研究》2015 年第 1 期。

要对此提出自己的研究方略，既要应对民俗学学科困境问题，又要对社会文化政策制定提供可资借鉴的方案。这就决定了实践民俗学绝不应仅仅止步于纯粹理性讨论，而必须立足经验事实，将实践还原到日常生活之中，将日常生活还原到具体生活形态之中，通过民俗来重新解读和阐释民众生活实践的逻辑和意义。当然，实践民俗学作为当下民俗学新范式及理论框架的试验田，还存在关键概念、知识谱系、话语体系、问题意识等方面的模糊性，无论是宏观理论、中层理论还是“低微理论”都在讨论与建设之中。

四、结　　语

社会转型带来的生活革命，赋予当代民俗学新的时代使命，一方面需要民俗学对新生活实践与文化实践做出更有深度的学理阐释；另一方面民俗学也应该进一步探索民众生活文化的发展与变迁机制，为国家的文化治理、传统文化复兴、乡村振兴战略尤其是乡风文明建设等顶层设计，提供落地的实施路径。简言之，当代民俗学研究应该转向生活实践研究，同时又应该将研究成果回馈到生活实践中，接受生活实践检验的同时，为改善生活质量实现美好生活的转型提供学理支持。对此，刘铁梁的观点颇具概括性，“一是要研究者关注民众的生活实践，二是研究成果要对民众生活实践有所助益”。①

民俗学理论的讨论与建构式源于这样两个根本性问题：第一，民俗学需要把自己奠基在一种民俗概念的基础上吗？也就是说，如果没有了民俗，民俗学还能存在吗？第二，将民俗作为研究对象就一定是民俗学吗？这两个根本问题随着社会转型带来的生活革命，并由此消解的传统民俗事象而浮出水面，民俗学面对新的社会语境和生活实践，竟显得力不从心，甚至无所适从。更进一步，由于找不到民俗学研究的意义，民俗学存在的根基受到了挑战。对

① 刘铁梁：《个人叙事与交流式民俗志：关于实践民俗学的一些思考》，《民俗研究》2019 年第 1 期。

日常语言的概念化过程的考察，无疑也是民俗学理论反思的重要组成部分，诸如神话、传说、民间文学、民俗文化等词语的概念化。

不像社会学、人类学等学科，它们的学科知识体系已经较为完善，至少已经不需要通过对“社会”“人类”等概念的阐释来寻求学科的合法性地位。反观民俗学，目前还没有走出这一困境，民俗学知识也远未积累到可以摆脱对“民俗”概念悬置而进行学术研究的地步。简言之，民俗学的学术困境，正是通过对“民俗”概念的持久性讨论而显现出来的，这表明，民俗学仍然意图通过概念的不断反思或重新界定来划定研究对象，从而为民俗学学科争取一个合法的研究领域。

在充分借鉴西方民俗学领域相关理论时，中国民俗学不能仅仅变成欧美或日本民俗学全球扩张的一部分，钟敬文先生在晚年也曾多次提到中国民俗学不能是外国民俗学理论的派出所，① 同样也不能成为社会学、人类学或文学批评等学科的附庸，它需要有自己的领域和学科边界，这个边界，用维特根斯坦的话来说，是为了更好的与其他学科和其他国家的民俗学对话与交流。“边界工作是民俗学学科建构(或学科保护)策略的必要条件”。②

民俗学的理论并非高深莫测，也不是凭空出现，它的学科边界要求有一套独到的观察生活世界的法则和范式，这个法则和范式，我们可以称之为理论。而民俗学的理论也绝非意味着民俗学一定要推陈出新或另辟蹊径，它完全可以在借鉴包括文学评论、社会学、人类学等相近学科的相关理论基础上进行拓展和更新。我们强调民俗学的理论建设，实际上正是打算在相关学科既有理论的基础上有所拓展与更新。

① 钟敬文：《建立中国民俗学学派论纲》，《广西民族学院学报(哲学社会科学版)》2000 年第 1 期。

② [美]查尔斯·布里格斯：《规范民俗学科》，载[美]李·哈林：《民俗学的宏大理论》，程鹏等译，上海社会科学院出版社，2018 年，第 169 页。

参考文献

(一)中文文献

[1][德]赫尔曼·鲍辛格:《日常生活的启蒙者》,吴秀杰译,广西师范大学出版社,2014年。
[2][德]韦伯:《新教伦理与资本主义精神》,康乐、简惠美译,广西师大出版社,2007年。
[3][德]沃尔夫冈·卡舒巴、安德明:《从"民俗学"到"欧洲民族学":研究对象与理论视角的转换——德国民俗学家沃尔夫冈·卡舒巴教授访谈》,《民间文化论坛》2015年第4期。
[4][美]C赖特·米尔斯:《社会学的想象力》,李康译,北京师范大学出版社,2017年。
[5][美]伯曼:《一切坚固的东西都烟消云散了:现代性体验》,徐大建、张辑译,商务印书馆,2013年。
[6][美]丹·本-阿默思:《民俗研究的历史:我们为什么需要它?》,贾琛译,《民间文化论坛》2018年第3期。
[7][美]洪长泰:《当民间去:中国知识分子与民间文学,1918—1937》,董晓萍译,中国人民大学出版社,2015年。
[8][美]杰西卡·安德森·特纳:《以社区为驱动的美国民俗学研究》,张立群译,《社会科学报》2018/11-29/第005版。
[9][美]李·哈林:《民俗学的宏大理论》,程鹏等译,上海社会科学院出版社,2018年,第36页。
[10][美]理查德·鲍曼:《作为表演的口头艺术》,杨利慧、安德明译,广西师范大学出版社,2008年。
[11][美]罗伯特·巴龙:《美国公众民俗学:历史、问题和挑战》,黄龙光译,《文化遗产》2010年第1期。
[12][美]提摩西·罗仪德:《美国民俗学会和民俗学的历史与现状》,乌尔茜娅译,《中央民族大学学报(哲学社会科学版)》2017年第1期。
[13][美]扬·哈罗德·布鲁范德:《新编美国民俗学概论》,李扬

译，上海文艺出版社，2011 年。
[14][日]门田岳久：《叙述自我：关于民俗学的“自反性”》，中村贵、程亮译，《文化遗产》2017 年第 5 期。
[15][日]西村真志叶：《日常叙事的体裁研究》，中国社会科学出版社，2011 年。
[16][日]岩本通弥：《以“民俗”为研究对象即为民俗学吗——为什么民俗学疏离了“近代”》，宫岛美琴译，《文化遗产》2008 年第 2 期。
[17][意]朱塞佩·科基亚拉：《〈欧洲民俗学史〉序言》，蒋名智译，《民俗研究》1993 年第 2 期。
[18][英]霍布斯鲍姆、[英]兰格：《传统的发明》，顾杭、庞冠群译，译林出版社，2004 年。
[19][英]威尔森：《赫尔德：民俗学与浪漫民族主义》，冯文开译，《民族文学研究》2008 年第 3 期。
[20][英]威廉·雷蒙斯：《关键词：文化与社会的词汇》，刘建基译，三联书店，2018 年。
[21]巴莫曲布嫫：《叙事语境与演述场域——以诺苏彝族的口头论辩和史诗传统为例》，《文学评论》2004 年第 1 期。
[22]巴莫曲布嫫：《叙事语境与演述场域——以诺苏彝族的口头论辩和史诗传统为例》，《文学评论》2004 年第 1 期；
[23]蔡文娇：《纽厄尔与美国民俗学会、会刊初创期的民俗学》，《民俗研究》2013 年第 6 期。
[24]陈连山：《游戏》，中央民族大学出版社，2000 年。
[25]程浩芯：《还俗于民：本杰明·博特金与美国民俗学的公共性实践》，《民间文化论坛》2018 年第 3 期。
[26]崔若男：《多尔逊与美国民俗学学科的发展》，《民间文化论坛》2015 年第 3 期。
[27]高丙中：《民间、人民、公民：民俗学与现代中国的关键范畴》，《西北民族研究》2015 年第 2 期。
[28]高丙中：《日常生活的未来民俗学论纲》，《民俗研究》2017 年第 1 期。

[29]户晓辉：《德国民俗学者访谈录》，《民间文化论坛》，2006 年第 5 期。
[30]户晓辉：《返回民间文学的实践理性起点》，《民族文学研究》2015 年第 1 期。
[31]户晓辉：《民俗与生活世界》，《文化遗产》2008 年第 1 期；
[32]户晓辉：《人是目的：实践民俗学的伦理原则》，《民族文学研究》2017 年第 3 期，等等。
[33]户晓辉：《现代性与民间文学》，社会科学文献出版社，2004 年，第 91 页。
[34]户晓辉：《重拾民俗学的浪漫主义传统——答刘宗迪和王杰文两位教授》，《民族艺术》2016 年第 5 期。
[35]李海云：《边界视角：新时期中国民俗学发展脉络考察》，《民俗研究》2018 年第 6 期。
[36]李向振：《“通过民俗”：从生活文化到行动意义的摆渡》，《云南师范大学学报(哲学社会科学版)》2018 年第 1 期。
[37]李向振：《迈向日常生活的村落研究——当代民俗学贴近现实社会的一种路径》，《民俗研究》2017 年第 2 期，等等。
[38]李向振：《重回叙事传统：当代民俗研究的生活实践转向》，《民俗研究》2019 年第 1 期，等等。
[39]刘铁梁：《感受生活的民俗学》，《民俗研究》2011 年第 2 期。
[40]刘铁梁：《个人叙事与交流式民俗志：关于实践民俗学的一些思考》，《民俗研究》2019 年第 1 期。
[41]刘晓春：《从“民俗”到“语境中的民俗”——中国民俗学研究的范式转换》，《民俗研究》2009 年第 2 期；
[42]刘晓春：《民俗与民族主义——基于民俗学的考察》，《学术研究》2014 年第 8 期。
[43]卢文婷：《周作人与顾颉刚：“五四”民俗学的双重变奏——〈歌谣周刊〉中的德国浪漫主义影响》，《江苏社会科学》2014 年第 3 期。
[44]吕微、高丙中等：《定位于现代社会日常生活的民俗学——“国际比较视野下的民俗学前景”笔谈》，《民俗研究》2013 年

第 3 期。
[45] 吕微：《"表演的责任"与民俗学的"实践研究"——鲍曼〈表演的否认〉的实践民俗学目的-方法论》，《民间文化论坛》2015 年第 1 期。
[46] 吕微：《两种自由意志的实践民俗学—民俗学的知识谱系与概念间逻辑》，《民俗研究》2018 年第 6 期。
[47] 吕微：《民俗学：一门伟大的学科》，中国社会科学出版社，2015 年
[48] 吕微：《实践民俗学的提倡》，《民间文化论坛》2016 年第 1 期。
[49] 吕微：《与陌生人打交道的心意与学问——在乡愁与大都市梦想之"前"的实践民俗学》，《民俗研究》2016 年第 4 期；
[50] 毛晓帅：《中国民俗学转型发展与表演理论的对话关系》，《民俗研究》2018 年第 4 期。
[51] 孟慧英：《语境中的民俗》，《民间文化论坛》2004 年第 6 期；
[52] 彭牧：《非物质文化遗产的当下性：时间与民俗传统的遗产化》，《民族文学研究》2018 年第 4 期。
[53] 施爱东、巴莫曲布嫫：《走向新范式的中国民俗学》，中国社会科学出版社，2015 年。
[54] 施爱东：《作为实验的田野研究——中国现代民俗学的"科玄论战"》，中国社会科学出版社，2016 年。
[55] 万建中：《民俗书写的权力与权力实践》，《思想战线》2018 年第 5 期；
[56] 万建中：《民俗田野作业：让当地人说话》，《民族艺术》2018 年第 5 期；
[57] 王杰文：《"表演理论"的思想起源》，载萧放、朱霞：《民俗学前沿研究》，商务印书馆，2018 年。
[58] 王杰文：《"实践民俗学"的"实践论"批评》，《民俗研究》2018 年第 3 期；
[59] 王杰文：《"语境主义者"重返"文本"》，《青海社会科学》2013 年第 3 期，等等。

[60]王霄冰：《浪漫主义与德国民俗学》，《广西民族大学学报(哲学社会科学版)》2015 年第 5 期。

[61]王霄冰：《民俗关系：定义民俗与民俗学的新路径》，《民间文化论坛》2018 年第 6 期。

[62]吴校群：《民俗学：学科属性与学术范式》，河南大学出版社，2015 年。

[63]萧放、鞠熙：《实践民俗学：从理论到乡村研究》，《民俗研究》2019 年第 1 期；

[64]萧放、朱霞：《民俗学前沿研究》，商务印书馆，2018 年。

[65]杨利慧：《语境、过程、表演者与朝向当下的民俗学——表演理论与中国民俗学的当代转型》，《民俗研究》2011 年第 2 期；

[66]张士闪：《当代村落民俗志书写中学者与民众的视域融合》，《民俗研究》2019 年第 1 期。

[67]钟敬文：《建立中国民俗学学派论纲》，《广西民族学院学报(哲学社会科学版)》2000 年第 1 期。

[68]周全明：《中国近代民族主义的兴起与现代民俗学的发生》，《民间文化论坛》2010 年第 2 期。

[69]周星、王霄冰：《现代民俗学的视野与方向：民俗主义·本真性·公共民俗学·日常生活》，商务印书馆，2018 年。

[70]周星：《"生活革命"与中国民俗学的方向》，《民俗研究》2017 年第 1 期。

[71]周星：《民俗学的历史、理论与方法》，商务印书馆，2006 年。

(二)外文文献

[1] B A Botkin. 1944. *A Treasury of American Floklore* New York: Crown publishers

[2] Cameron Watson. 2004. Folklore and Basque Nationalism: Language, Myth, Reality *Nations and Nationalism*. 2(1).

[3] Kamenetsky C. 2010. The German Folklore Revival in the Eighteenth Century: Herder's Theory of Naturpoesie. *Journal of Popular Culture*, 6(4).

[4] Cocchiara Giuseppe. 1981. *The History of Folklore in Europe*. Trans-

lated from Italian by John N McDaniel. Philadelphia: Institute for the Study of Human Issues

[5] Dorothy Noyes. 2008. Humble Theory. *Journal of Folklore Research*, 45(1).

[6] Dundes A, Bronner S J. 2007. *The meaning of folklore: the analytical essays of Alan Dundes*. Utah State University Press.

[7] Fine G A. 1994. The Social Construction of Style: Thorstein Veblen's The Theory of the Leisure Class as Contested Text. *Sociological Quarterly*, 35(3).

[8] Goldstein, Diane E, Grider, Sylvia Ann, Thomas, Jeannie B. 2007. *Haunting Experiences: Ghosts in Contemporary Folklore*. Marvels & Tales

[9] Hymes D. 1964. Introduction: Toward Ethnographies of Communication *American Anthropologist*, 66.

[10] Hymes D. 1975. Folklore's Nature and the Sun's Myth *Journal of American Folklore*, 88(350).

[11] Jacob Grimm. 1999. *Circular Concerning the Collecting of Folk Poetry in International Folkloristics: Classic Contributions by the Founders of Folklore*, Edited by Alan Dundes, Rowman & Littlefield Publishers, Inc.

[12] Max Lüthi, Märchen Metzlersche Verlagsbuchhandlung Stuttgart, 1971.

[13] Max Rumpf, Volkssoziologie im Rahmen einer sozialen Lebenslehre 1931.

[14] Noyes D2009 Tradition: Three Traditions. *Journal of Folklore Research*, 46(3).

[15] Otto Lauffer. 1923. Niederdeutsche Volkskunde. S9.

[16] Paul Cowdell. 2013. Folklore and Nationalism in Europe during the Long Nineteenth Century, *Social History*, (38)4.

[17] Regina Bendix. 1997. *In Search of Authenticity: The Formation of Folklore Studies* Madison: The University of Wisconsin Press.

[18] Roberts, John W. 2008. Grand Theory, Nationalism, and American Folklore. *Journal of Folklore Research*, 45(1).
[19] Sandra. Eminov 1975. Folklore and Nationalism in Modern China Journal of the Folklore Institute 12(2/3).
[20] Wilhelm Heinrich Riehl. 1851. Die Bürgerliche Gesellschaft.
[21] Wilhelm Heinrich Riehl. 1859. DieVolkskunde als Wissenschaft In: Culturstudien aus drei Jahrhundern.
[22] 阿南透：《观光研究》，2011 年。
[23] 安井真奈美：《出生环境的民俗学——面向第三次出生革命》，昭和堂，2013 年。
[24] 安室知：《日本民俗生业论》，庆友社，2012 年。
[25] 仓石忠彦：《民俗地图方法论》，岩田书院，2015 年。
[26] 常光彻：《妖怪的通道——俗信的想象力》，弘文馆，2013 年。
[27] 赤坂宪雄：《震灾考》，藤原书店，2014 年。
[28] 川森博司：《民俗学的视角》，ナカニシヤ出版社，2014 年。
[29] 二本松康宏：《水洼的民间故事》，三弥井书店，2015 年。
[30] 宫家准：《修验道的存在与传播》，法藏社，2012 年。
[31] 谷口贡、板桥春夫编：《日本人的一生——人生礼仪的民俗学》，八千代出版社，2014 年。
[32] 和田健：《协同作业与社会的民俗学——协同劳动的现代民俗志的研究》，学术出版会，2012 年。
[33] 花部英雄、松本孝三编：《叙说的讲座——传说入门》，三弥井书店，2009 年。
[34] 吉川祐子：《西浦田乐的民俗文化论》，岩田书院，2012 年。
[35] 菅丰：《通往新在野之学的时代——以连接社会实践与知识生产为目的》，岩波书店，2013 年。
[36] 立石宪利：《真庭市的民间故事》，真庭市教育委员会，2011 年。
[37] 林勳、桥本裕之编：《灾害文化的继承与创造》，临川书店，2016 年。
[38] 门田岳久、室井康成：《面向人的民俗学》，森话社，2014 年。
[39] 门田岳久：《朝拜观光的民族志——被消费的宗教经验》，森

话社，2013年。
[40]民俗学事典编辑委员会：《民俗学事典》，丸善出版社，2012年。
[41]桥本裕之：《震灾与艺能——地域再生的原动力》，追守门学院大学出版界，2016年。
[42]森田真也：《日本民俗学》2003年第236期。
[43]松崎宪三编：《人神信仰的历史民俗学研究》，岩田书院，2014年。
[44]西海贤二编：《山岳信仰与村落社会》，岩田书院，2012年。
[45]小池淳一：《日本民俗学》2013年第275号。
[46]小岛美子：《传统文化的力量如何运用到震灾重建》，弘文堂，2014年。
[47]星野纮：《村落传统艺能的危机》，岩田书院，2009年。
[48]岩本通弥、菅丰、中村淳编：《开拓民俗学的可能性》，青弓社，2012年。
[49]岩本通弥：《世界遗产时代的民俗》，风响社，2013年。
[50]野口宪一：《日本民俗学》2011年第267号。
[51]伊藤龙平：《都市传说——网络时代"故事"的传承》，青弓社，2016年。
[52]宇田雄哲：《日本民俗学》2014年第278期。
[53]长谷部八朗编：《"讲"研究的可能性1》，庆友社，2013年。
[54]长谷部八朗编：《"讲"研究的可能性2》，庆友社，2014年。
[55]长谷部八朗编：《"讲"研究的可能性3》，庆友社，2016年。
[56]中井治郎：《龙谷大学社会学部纪要》2014年第44号。
[57]塚原伸治：《老铺的传统与近代——家族经营的民族志》，吉川弘文馆，2014年。

2018年以来美国智库对当代中国研究的新发展*

刘　杉　王　利**

武汉大学政治与公共管理学院

篇首语：2018年到2019年，美国对中国的战略进行了一些调整，对这一国际战略格局根本性重构的原因考察是国际关系学界和政策学界研究的热点。本文分析了中美关系巨变阶段美国主要智库对当代中国的研究，对美国有关中国政治经济发展基本看法和观点的变化进行了分析，力图系统把握当前美国智库对华认知的"变"与"常"，以及对政策发展的影响。在研究过程中，本文主要运用文献研究方法，聚焦主流智库的综合性报告、国会证词等相关内容，梳理了美国智库对华认知的新研究成果，对产生变化的原因进行了分析并提出了对策建议。

* 本文为国家社科基金课题"西方智库反思对华误判和重构对华认知的跟踪研究"(15BKS082)的阶段性成果。

** 刘杉：1964年出生，武汉大学政治与公共管理学院副教授，研究方向为海外当代中国研究和公共管理政策分析。王利：1992年出生，武汉大学政治与公共管理学院研究生毕业，现工作单位为国务院办公厅。

一、引　言

2008年，美国“房地产次级贷款”危机导致全球经济危机。本次全球经济危机首先发生在成熟的市场经济体制国家，并向全球其他新兴市场经济国家和地区扩散。这标志着西方经济学界对“西方现代自由市场经济体制”盲目乐观的破产，西方尊崇的所谓自由市场经济秩序失范①。身陷经济危机的西方世界难以摆脱经济衰退的泥沼，而“金砖四国”②等新兴市场经济国家成为全球经济走出低谷的重要引擎，尤其是中国经济一枝独秀、逆流直上，引发全球学界热议。因此，缘起于2004年雷默(Joshua Cooper Ramo)在英国伦敦外交政策中心提出的《北京共识》③，再次受到全球学界的热议，中国模式(或者说中国道路)全面登上国际舞台，受到西方世界的

---

① 何自力．超越西方市场经济体制的局限性[J]．红旗文稿，2014(13)：17-20.

西方市场经济体制是以私有制和雇佣劳动为基础的，受其基本经济制度、政治法律制度以及文化传统的制约和影响，西方市场经济形成了重市场轻政府的特点，存在着难以避免的弊端，特别是2008年国际金融危机以来，西方经济发展滞缓、实体经济萎缩、两极分化不断加剧、国家竞争力衰落。

② 2001年，美国高盛公司首席经济师吉姆·奥尼尔首次提出“金砖四国”这一概念，特指世界新兴市场。金砖国家(BRICS)，因其引用了巴西(Brazil)、俄罗斯(Russia)、印度(India)、中国(China)、和南非(South Africa)的英文首字母。由于该词与英语单词的砖(Brick)类似，因此被称为“金砖国家”。

③ “北京共识”与“华盛顿共识”：《北京共识》是美国《时代》周刊高级编辑、美国著名投资银行高盛公司资深顾问乔舒亚·库珀在英国伦敦外交政策中心发表了一篇调查论文，指出中国通过艰苦努力、主动创新和大胆实践，摸索出一个适合本国国情的发展模式。他把这一模式称之为“北京共识”；20世纪90年代，“华盛顿共识”这种基于西方视角的教条式规定，经过国际货币基金组织和世界银行以巨额投资、援助等为交换条件，得以在拉美及东南亚 一些国家推行开来，走的是一条向资本流动开放、私有化、自由化和透明化的经 济发展道路。环球时报．“北京共识”为发展中国家提供新发展模式．2009年09月23日．http：//news. ifeng. com/history/special/zhongguojingyan/200909/0923_8129_1361590_1. shtml.

重新审视。

“2008 年经济危机”是中美关系乃至中西方关系的重要转折点(郑永年，2016)。中西方发展态势的强烈反差，导致以美国为首的西方世界普遍出现心理失衡和战略焦虑(刘杉，2012)。2008 年后，以中国为重要组成的亚洲地区取代美元区和欧元区成为全球经济增长的重要引擎，根据世界银行的估算，2017 年中国对世界经济增长的贡献率高达 34%，对全球经济增长贡献率和全球经济稳定性作用超过美国、欧元区和日本经济。① 随着中国日益融入世界经贸体系和不断崛起，西方世界的“心理失衡”和“战略焦虑”不断弥漫和扩散，西方世界却偏执于崇拜所谓的“民主政治经济体制”，转而将西方的失范问题归因于中国的和平崛起，质疑中国加入 WTO 等对华政策，甚至动摇长期以来的对华基本战略定位。

其次，2008 年经济危机严重冲击了西方世界的社会基本架构和社会秩序，危机爆发后，政府的救市政策和经济变革方案，仍停留在“头疼医头，脚疼医脚”的层面上，并未触及根本问题，致使社会矛盾日益尖锐。普通大众和政治精英日益分裂，民粹主义在西方乃至全球愈演愈烈，其标志性事件是 2016 年 11 月唐纳德·特朗普(Donald Trump)当选美国第 45 任总统和 2016 年 6 月的“英国脱欧公投”。传统政治精英所制定的“政治正确”路线方针及其对外政策饱受质疑，对华政策出现重大转向，以 2015 年美国国内对华政策大辩论为标志性事件。②

最后，2017 年 10 月，中国十九大确立了习近平总书记的领导核心地位，对中国梦、中国道路、人类命运共同体等核心命题做出系统而全面的阐述，并对致力于构建新型大国关系，推动国际秩序的发展和完善作出重要战略规划，这也标志着中国独立自主地探索

---

① 2017 年中国经济对世界经济增长的贡献率 34% 左右 . 人民日报，2018 年 4 月 13 日 . http：//finance. people. com. cn/n1/2018/0413/c1004-29923340. html.

② 乔纳森·波拉克 . 美国正掀起对华政策大辩论 转变对华战略的时候? [N]. 环球时报，2015 年 08 月 26 日 . http：//news. 163. com/15/0826/07/B1U6KJ6S00014JB6_all. html.

现代化道路和实现民族复兴迈出重要一步。中国的全球治理方案受到西方世界的严重误读和曲解，西方世界的战略焦虑甚至大有演化成战略恐惧和战略敌视的态势，意识形态的沉渣再次泛起，由此以中美关系为核心的中西方世界关系发生重大转折。

1. 国内学界的相关研究

(1)国内学界对美国智库的研究缘起

从研究缘起来看，国内学界对美国智库的研究，有别于纯学理研究(Pure research)，具有极强的政治现实性和实践操作目的。2003年中国现代国际关系研究所的袁鹏，傅梦孜等人主编《美国思想库及其对华倾向》,① 成为中国学界早期窥测美国智库研究的重要尝试，也是对美国智库研究百科全书式工具书，该书主要系统阐述了美国智库的资本运作、政治立场等问题，并着力介绍了美国智库如何对美国政府政策产生影响。

随着中外交流、中西对话的增多，国内学者对美国智库研究不断深入和发展，研究机构和研究体系不断健全和完备，可谓百花齐放、百家争鸣。目前国内已经形成了政府主导型智库和高校智库两大主要研究阵地：政府主导型智库包括：中央编译局、中央对外传播局、中国外文局对外传播研究中心、隶属于中共中央对外联络部的当代世界研究中心、隶属于国家发展和改革委员会的中国国际经济交流中心、隶属于外交部的中国国际问题研究院、隶属于商务部的国际经济贸易合作研究院、中国社会科学院、中国现代国际关系研究院等多家研究单位；高校智库对美研究主要包括：北京大学国际关系学院、清华大学国家战略研究院、中国人民大学国际关系学院、复旦大学国际问题研究院、复旦大学当代中国研究中心、香港中文大学中国研究服务中心等研究单位。

经过数十年的研究，国内对美国智库研究取得了丰硕成果，既有横向对比性研究，也有纵向回顾性研究，既有面向具体实践问题的研究，也有综述性研究。其中，《国外社会科学》《美国研究》《国际关系研究》《世界知识》《对外传播》《现代国际关系》《国际经济评

① 袁鹏，傅梦孜. 美国思想库及其对华倾向[M]. 时事出版社，2003.

论》《当代世界》《世界经济与政治》等都是研究成果的集中展示。丰富的研究成果凸显当前中美关系的重要性，以美国智库为窗口，及时动态跟进美国智库对华研究，见微知著，理解美国对华政策具有重大现实意义，这种研究立论和研究纹理构成了中国学界对美国智库研究的主要学理逻辑。

(2)国内学界对美国智库的类型界定

美国智库的类型问题上，国内学界形成了较为一致性共识。以同济大学仇华飞教授的《美国智库对当代中国外交战略和中美关系的研究》①为典型，将美国智库按照其基本政治立场的进步性(progressive)、保守性(conservative)、中间性(centrist)做一个初步划分。自由派智库的代表包括布鲁金斯学会(Brookings)、美国经济政策研究中心(Center For Economic Policy)、美国智库亨利·史汀生中心(The Henry Stimson Center)等；保守派智库代表包括：美国战略与国际研究中心(Center for Strategic and International Studies)、卡托基金会(Cato Institute)、彼得森国际经济研究所(Peterson Institute for International Economics)、美国企业公共政策研究所(American Enterprise Institute for Public Policy Research)、胡佛研究所(Hoover Institution)；中间派智库包括：大西洋理事会(Atlantic Council)、卡内基国际和平研究院(Carnegie Endowment for International Peace)、外交关系协会(Council on Foreign Relations)等。

按照上述基本逻辑，学界进一步将美国智库的中国问题学者分为“红队”、“蓝队”和“紫队”。所谓“红队”是指“亲华友华派”，包括：亨利·基辛格(Henry Kissinger)、李侃如(Ken Lieberthal)、戴维·兰普顿(David M. Lampton)、傅立民(Charles Freeman)，傅高义(Ezra Vogel)等；所谓“蓝队”，就是坚定的反华派，如章家敦、白邦瑞(Michael Pillsbury)、罗伯特·卡根(Robert Kagan)、黎安友(Andrew Nathan)等；所谓“紫队”，则是对华态度相对中立或游

① 仇华飞．美国智库对当代中国外交战略和中美关系的研究[J]．国外社会科学，2013(4)：85-94.

离于红蓝之间的学者；学者进一步指出美国的中国问题专家、“中国通”大多属于“紫队”。

(3)国内学界对美国智库影响政策过程的研究

学界以中国社会科学院美国研究所前副所长、中美关系史研究会会长陶文钊教授的《美国思想库与冷战后美国对华政策》①为成果典型，该书引用旋转门机制、博弈论等大量理论和《美国智库与对华永久性正常贸易关系立法》的出台、中国加入WTO谈判等经典案例，研究美国智库参与下多种力量相互博弈、相互妥协的美国对华政策形成。

①以智库为研究对象，研究美国智库如何影响美国对华政策：(1)对智库核心成员的研究：外交学院“美国知华派”课题组②对美国“知华派”的旗手戴维·兰普顿等知华派学者的政策、社会影响力、研究成果及政策立场等问题进行系统探讨；学者李梁③的相似研究成果；(2)智库参与政策过程的研究：学者王莉丽通过分析大众传媒、利益集团、公众舆论多方参与和互动基础上美国智库舆论影响力和政策影响力的形成机制，④ 并在《旋转门：美国思想库研究》一书中做出系统阐述；⑤ 学者杨力、王璐⑥则将美国智库及其对外政策生成过程归纳为：美国智库对华贸易研究→研究成果的舆论通报→参与听证经贸决策相关国会→政策目标预测与方案拟定→决策预案推荐、听证与提交→辅助政府行政贸易政策评估→政策出

① 陶文钊．美国思想库与冷战后美国对华政策[M]．中国社会科学出版社，2014.

② 外交学院“美国知华派”课题组．美国十位“知华派”专家评点[J]．决策与信息，2015(7)：55-61.

③ 李梁．美国“知华派”学者兰普顿及其早期中国问题研究[J]．国际论坛，2018，v.20；No.117(03)：39-43+81.

④ 王莉丽．论美国智库舆论影响力的形成机制[J]．理论参考，2015(1)：37-38.

⑤ 王莉丽．旋转门，美国思想库研究[M]．国家行政学院出版社，2010.

⑥ 杨力，王璐．关于美国智库中美贸易关系研究的分析[J]．社会科学文摘，2018(7).

台。(3)智库的发展演变：学者韦磊回溯美国高校与智库的渊源关系及其流变，揭示作为第三方独立机构的美国智库逐渐取代传统高校智库的地位，已成为当代中国研究的主阵地，但两者研究具有高度互补性和深度关联性。①

②以具体某届政府政策为研究对象研究美国智库如何影响美国华政策：学者宋静则②以奥巴马政府的对外政策为观测点，分析智库影响下奥巴马政府"重返亚太"战略等外交政策过程。同济大学长仇华飞教授③一文中重点关注有政府背景的重量级学者，以此研究美国智库对华政策的重要作用等。④

鉴于中美两国主流智库与政府的密切互动关系，智库研究成果转化为公共政策的路径颇有不同，但其成果最终将对两国政治实践产生重大而直接影响。因此两国主流智库具有极强的政策导向性和研究预设的政治倾向性，这是国内学界对美国智库进行及时跟踪研究的现实缘由，也是国内学界以此研判相关政策走向，做出预测性分析重要立论基础。

本文试图以十九大(甚至 2018 年贸易战全面打响前后)为时间节点，对国内智库和美国智库对华认知问题的相关预测性研究成果作初步对比分析，以此形成借鉴和总结。十九大以来(甚至 2018 年贸易战全面打响前后)，中国主流智库在研究美国智库对华认知

---

① 韦磊．新世纪以来美国当代中国研究的新态势[J]．当代中国史研究，2016(2)：104-113.

② 宋静．奥巴马政府对外决策与中美关系中的智库因素[J]．智库理论与实践，2017(1).

③ 仇华飞．美国智库与当前中国问题研究[J]．国外社会科学，2012(4)：108-115.

④ 文章重点研究布鲁金斯学会东北亚研究中心主任卜睿哲(Richard C. Bush)、世界知名的中国军事与安全问题专家、国际和平研究所所长季北慈(Bates Gill)、美国战略与国际问题研究中心中国问题专家葛来仪(Bonnie S. Glaser)和世界知名学者、牛津大学"罗德学者"江文汉(Gerrit W. Gong)，美国贸易代表办公室前顾问，中国贸易问题专家巴菲尔德(Claude Barfield)美国重量级中国问题专家、美国前国防部台湾科科长、美国企业研究所资深研究员卜大年(Dan Blumenthal).

及政策发展态势上出现了严重误判，在以 2017 年为分水岭，短短两年内形成前后自相矛盾的预测性研究成果。

在 2017 年，国内重要智库及其代表性学者基于美国智库对华研判，较为一致地认可中美关系总体会趋于平稳，合作大于竞争，甚至有可能将会被拉回到“建制派”的轨道，由此断言特朗普上台之初给中美关系带来的阴霾，已暂时消散。持这一观点的代表性学者包括：中国国际经济交流中心（中心由国家发展和改革委员会主管）梅冠群①，北京大学国际战略研究院院长王缉思教授②，清华大学国家战略研究院执行院长、中国社会科学院美国研究所研究员周琪 等人③，复旦大学国际问题研究院院长、美国研究中心主任吴心伯④，中国现代国际关系研究院、美国研究所所长达巍⑤。

然而自 2017 年 8 月 18 日，美国正式宣布对华发动“301 调查”，标志着美国对华贸易战全面打响并持续升级，这也预示着国内主流研究界对美国智库及其对华政策预判上出现严重失误。目前国内研究成果有转向唱衰中美关系，预测中美对抗，甚至全面冲突，再现冷战对抗格局，持这一观点的代表性学者包括：清华大学国家战略研究院执行院长、中国社会科学院美国研究所研究员周琪⑥，复旦大学国际问题研究院院长、美国研究中心主任吴心伯⑦，

① 梅冠群．中美关系进入新赛段[J]．中国经济报告，2017(12)：105-107.

② 王缉思．特朗普的对外政策与中美关系[J]．当代美国评论，2017(01)：7-17+128.

③ 周琪，赵海．特朗普上任之初内外政策推行受挫及其原因[J]．国际经济评论，2017(03)：7-8+60-79.

④ 吴心伯．特朗普执政与中美关系走向[J]．国际问题研究，2017(2).

⑤ 达巍．中美关系：减少短期脆弱 塑造长期稳定[J]．当代世界，2017(12)：27-31.

⑥ 周琪．特朗普政府的贸易政策及其实施[J]．当代世界，2018，No. 438(05)：23-26.

⑦ 吴心伯．特朗普执政与美国对华政策的新阶段[J]．国际问题研究，2018，No. 185(03)：84-97+129.

中国国际问题研究院副院长、学术委员会主任徐坚①，中国社会科学院中国特色社会主义理论体系研究中心副主任龚云②。

2. 当前国内研究与国家对学术界的要求尚有差距

十九大前后的重大政治实践和中美外交政策发展也是对学界相关研究成果具有里程碑意义的检验。而国内学界对美国智库对华政策跟踪预判上的严重失误，一方面突出反映了在对美国智库及其对华认知跟踪研究领域(甚至说西方的当代中国研究领域)，不是一个以理论范式研究见长的领域，而是以观察和分析、具象化研究为主，以理论构建为辅的研究，其核心要求就是必须准确、及时掌握第一手材料，跟踪并研判最新研究动向，而不是埋首故纸；另一方面，全球化和民粹主义并行的大背景下，以中美关系为主题曲的国际规范体系和中美两国的政治实践是整个人类史上前所未有的。这就根本性决定在美国智库跟踪研究问题上难以在历史中寻求到高度吻合且行之有效的解决办法，以惯性思维和固化思维来审视这一问题，都会严重脱离实际，经不起实践的检验。最后，反思当下国内研究现状，总体而言，现有的研究成果仍存在以下几点有待精进之处：

(1)研究基本立论上，预设不合理，固步自封，未能及时准确的把握美国乃至西方世界对华政策基本论调和逻辑起点的重要变化。国内大部分研究成果仍 然停留在美国“对华接触政策”和建制派的基本逻辑起点，而忽视了作为民 粹主义的代表人物，特朗普的外交政策与建制派有本质区别。同时十九大之后，“对华接触政策”破产，西方世界出现根本性战略调整，这种基本立论的错误导致 2018 年前国内研究结论与现实走向大相径庭。

(2)研究视野相对狭隘，缺乏系统性研究思维。当前对中美贸易战乃至中 美关系的研判上，仍然缺乏系统整合的研究思维。从现有的研究成果来看，在经贸领域、国际关系领域、国防安全领

① 徐坚．美国对华政策调整与中美关系的三大风险[J]．国际问题研究，2018，No. 186(04)：5-22+131.

② 龚云．美国遏制中国的战略图谋．人民论坛，2018 年 08 月.

域、文化传播领域等相关领域的研究，仍处 在各自为政的局面，当前这一领域的研究碎片化问题突出，严重缺乏系统性整合研究，自细视大者不尽，难以提供有效的智力支撑。

(3)研究对象的选择和简化处理不科学和不合理。目前中国国内学界一致性出现美国智库及其对华政策研判的严重失误，其直接原因是跟踪研究对象的选择不合理，研究对象的处理片面简化。从研究对象的选择来看，国内智库大多聚焦于美国体制内的智库和长期从事中美关系研究的学者，而忽视了被美国主流学界边缘化，但却主导当前政策走向的班农、纳诺瓦、白邦瑞等人(刘杉，2017)；从研究对象的处理来看，国内学界在研究分析美国智库时大都将美国以政治立场的差异性为主要依据做简单划分，对重量级智库学者又采用以智库背景和从属机构做简单归类，而忽视了当前美国智库对华认知的共识性，重量级学者的基本立场和研究结论的游离和突变。

(4)研究成果的时效性和科学预测性严重不足，难以对国家政策提供有效智力支撑。中国国内对美国政策态势的跟踪研究相对滞后，对美国乃至西方的社会现实变化反映相对迟缓，不能及时、准确把握海外政策最新动向。同时中国现有智库中有出现两个极端，“拍马屁的人太多了，骂政府的人太多了”(郑永年，2018年)，这种情况严重影响智库的研究成果的科学性和预测性，无法满足现实需要。这些不足最终导致国内智库在重大国际问题研判上频频出现失误，出现“有库无智”的尴尬局面。

3. 本文的具体框架和研究思路

本文主要以美国宾夕法尼亚大学智库项目(TTCSP)主任詹姆斯·麦甘(James，G.，Mc Gann)等人每年发布的全球智库报告为基本评价参考，选取对美国社会尤其是对美国外交政策产生重要影响的的美国智库为研究主要对象，重点关注相关智库的年度研究报告和重量级研究学者研究成果。通过系统的梳理其最新的研究动态和研究成果，试图对其主要观点和理论支撑点形成系统把握，进而及时有效地跟踪对现行主流观点具有修正或颠覆意义的新研究，新观察或相关新材料的运用。在此基础上，本文试图进一步提出关于美国主流对华认知新态势的内在逻辑，进而整合性把握美国对华政策动态，形成政策建议，提供智力支撑。

本文以美国智库为观察的主要对象。重点观察的是数量最多、影响最大的近 30 家美国智库，具体包括：偏向民主党的智库，如最具代表性的布鲁金斯学会；偏向共和党的智库，包括传统基金会、美国企业公共政策研究所和胡佛研究所，以及在中国研究方面有丰硕研究成果和广泛政策影响力的众多智库：卡内基和平基金会、兰德公司、哈德逊研究所、战略与国际研究中(CSIS)、美国民主基金会、新美国安全中心、以数据统计分析闻名的皮尤研究中心，伍德罗·威尔逊国际学者中心，美国外交关系协会、人类进步安全中心、彼德森研究所、基辛格中美关系研究中心、战略评估中心、卡托基金会、哈佛大学贝尔弗尔科学与国际事务研究中心、加州大学全球冲突与合作研究中心，斯坦福大学 FSI 国际研究中心、美国中美贸易委员会、美国中国总商会等。

鉴于美国智库对华研究是属于区域性研究，智库观察中国的视角和研究方法不受社会学科的学科边界和严格的学科纪律的约束，相关内容的研究涉及政治学、经济学、社会学等多个学科。因此本文是以美国智库及其重量级学者为研究对象，以当代中国研究为研究视角的跨学科研究，以美国智库对华认知的最新动态的跟踪研究为研究标的，试图对当前美国智库对华认知形成系统性整合研究。

本文试图在对西方各种主流观点的梳理和整合，即通过分析最新的成果，并分析其与已有成果之间的联系，通过横向与纵向对比分析，形成当前美国智库对华认知的最新研究成果。

十九大以来，美国智库对华认知出现重大转变，中国道路的新发展使以美国为代表的西方国家掀起新一轮的“中国威胁论”，对华“遏制政策”取代“接触政策”成为美国的国家战略(刘杉，2018)。这一重要变化在当前基本态势是：美国智库对华认知和政界的倾向均由分歧到一致性，且呈现明显负面甚至敌视态势，这种负面认知在当前呈现出三个突出表现且在具体政策实践中均有明显的反映：

(1)经济上，美国智库不同层面上，建言贸易战，试图通过各种方式迫使中国改变当前经济政策。特朗普政府对华贸易战愈演愈烈。

(2)政治上，美国智库否定中国长期坚持的和平崛起战略和独立自主的发展道路，给中国肆意贴上“中华帝国主义”、“修正主义国家”和“威权主义国家”等标签，美国对华政策的敌视和对抗性倾向明显。

(3)对外关系上，美国智库鼓噪“锐实力”，渲染中国试图操控和影响美国等民主国家，美国对内开启全面审查和做出过激反应。

当前美国智库对中国的负面认知和对抗性政策态势具有深厚的现实背景。各国政界和学界尽其所能，已经制造了一大堆的新名字，“锐实力”、“债权帝国主义”、“新帝国主义列强”、“修正主义者”等等。其实质远远超出了以往的防范心理和战略焦虑，是美国甚至是西方世界在对中国进行“民主化改造”的幻想破灭后，对华采取全面冷战思维，在社会政治、经济贸易，文化交流等领域，全面对抗，企图遏制和孤立中国的“新冷战”(郑永年，2018)。其具体成因：

(1)特朗普政府反思对华政策，寻找美国战略失误替罪羊，主流智库处于政治失势和疲于自辩，导致美国战略界恐慌和态度转变；

(2)美国对“锐实力”的讨论范畴不断扩大，战略界“友华派”面临政治清算的风险，噤若寒蝉，智库纷纷转向反华。

(3)西方自由世界的失守，全球民主处于严重衰退期，西方世界普遍心理失衡和战略焦虑，中国成为“假想敌”；

(4)中国的不断崛起，导致西方对华产生战略疑虑，对中国的民族主义和对中国“天下秩序”的过分解读。

需要警惕的是，这一波“中国威胁论”并不是此前“中国威胁论”的翻版，而是美国智库对华认知的根本性调整，是美国对华政策的基本立场的重新调整，是美国对华的话语逻辑和竞争战略的根本性调整，其核心战略是鼓噪中国崛起代替美国的全球主导地位，渲染中国对国际秩序的根本颠覆和捏造“锐实力”、“修正主义”等话语逻辑来制造中西方的根本对立，妄图将中国推到整个西方民主国家的敌对面，大肆兜售民主国家与威权主义国家的冲突，甚至文明制度的冲突，并以此全面遏制和对抗中国。研究的未来动向预判：

(1)在中美双边关系的研判上，围绕南海、亚太地区主导权争夺，对华全面竞争态势不断加剧和恶性对抗趋势明显；

(2)在国际秩序主导权转移的研判上，重提“修昔底德”陷阱，鼓动“新冷战”甚至文明冲突。

最后，美国智库是本文研究观察的重要工具和窗口，通过对相关政策报告和主要研究成果的梳理，本文试图对美国智库对华基本认知和政策态势形成系统认知，对其政策发展态势形成准确研判，本文最终落脚点是在此基础上，形成一定政策建议：

(1)加强新时代的智库建设，系统跟踪研究，密切关注“锐实力”和新版“中国威胁论”等战略话语逻辑的态势，关注美国对华政策态势和战略选择，及时、准确地研判国内、国际的形势，形成前瞻性战略谋划和智力支撑；

(2)立足中国的特殊国情，进一步加强西方当代中国研究，构建积极对话性而非对抗性的话语体系；

(3)理性看待国际噪音，基于国际规则和规范开展多元自主外交，开展平等互惠的对外传播和经贸活动，主动消除误解，助力战略释疑；

(4)坚持独立自主和和平崛起，发展是硬道理，进一步在共识性领域发挥建设性作用，实践出真知。

二、十九大以来美国智库对华看法由多元性转变为负面性共识

20世纪40年代美国智库在“冷战”中大放异彩以来，美国智库一跃成为美国政府公共政策制定和重大对外战略规划的重要“外脑”和“智囊团”(Think Tanks)。1955年，哈佛大学终身教授、“头号中国通”费正清在哈佛大学和福特基金会的共同赞助下创办了哈佛大学东亚研究中心，成为美国智库对华研究的正式启动，此后在1969年中美建交之际，1989年中国改革开放之初，美国智库对华研究都分别为美国政府相关对华政策制定形成了强有力的智力支持。因此，美国智库是我们跟踪其中国问题的最新研究成果，进而

把握其对华认知变化和美国对华政策态势的重要窗口和核心工具。2017 年底以前，美国智库对中国的看法是多元的，负面和正面的看法都有，还没有形成共识性的看法。十九大之后，特别是 2018 年 3 月中国修改《中华人民共和国宪法》后，美国智库对华看法的多元性的争议转变为负面性的共识。

（一）美国智库对华认知由多元到负面性共识的转变

1. 多元特征明显的美国智库对华认知问题上理应呈现差异性

西方智库研究尤其是美国智库一直以多元特征著称，著名公共政策专家 Christopher James Rastrick 在 2017 年出版了专著详细介绍了美国智库与欧洲智库的区别即美国智库强调个人性和对抗性，而欧洲智库强调集体性和自愿性①。从智库理论源流上包括多元主义、精英主义、新葛兰西主义、制度主义等理论流派，其中多元主义深深根植于美国的多元主义政治传统之中(胡潇文，2017)②；从社会功能具体实践上来看，既有政策更新、公共服务功能，也有知识掮客，政治辩护功能(戴安娜·斯通，2014)③；从其影响因素来看，既受学术性和学科纪律的约束，也受利益集团和政治因素的影响。这些因素共同造就了美国智库的多元化特征。因此，这也就不难理解此前美国智库在对华认知问题上的不一致和反复性，甚至一度出现中国威胁论与中国崩溃论同时并行不悖的局面。

2. 美国智库对华趋向共识性的负面认知

从 2015 年美国对华政策大辩论，尤其是 2017 年中国共产党十九大以来，美国智库对华研究的基本认知由分歧和多元性到认知趋于高度一致性，由合作吸纳到竞争对抗的转变。通过对 2017 年以来近 30 家智库的近 200 份研究报告和主要研究文章进行初步综合分析，我们可以看出美国智库在对华认知问题上趋于一致性，对华

① Christopher J. Rastrick. Think Tanks in the US and EU: The Role of Policy Institutes in Washington and Brussels. Routledge, 2017.

② 胡潇文．西方智库理论研究现状评析，学术论坛，2017 年第 2 期.

③ 戴安娜·斯通．政策分析机构的三大神话：回收箱、垃圾桶还是智库?［J］. 公 共管理(PUBLIC ADMINISTRATION)，2007 年第 85 卷第 2 期第 259-278 页.

认知的基本论调以否定消极为主。

当前美国智库和美国战略界对华的消极认知普遍趋同，在社会政治领域表现明显。根据 2017 年美国皮尤研究中心调查研究数据显示(图 1)：2005 年至 2016 年美国两党对华负面认知不断攀升，并在 2016 年总体达到历史新高①。2018 年美国皮尤研究中心进一步调查研究数据表明(图 2)：2017 年以来，美国民主党和共和党对华基本论调，一改此前的不休争论和明显分歧，在许多关键领域形成认知差距缩小，并在 2018 年前后，两党对华关键问题认知上达到前所未有的一致性。两党将美国失业问题、美国对华贸易逆差归因于中国问题、在中国持有美国巨额国债问题、中国对美国的网络攻击和网络间谍等议题上，两党的态度趋于前所未有的最小分歧，而且总体的正面立场不断弱化②。

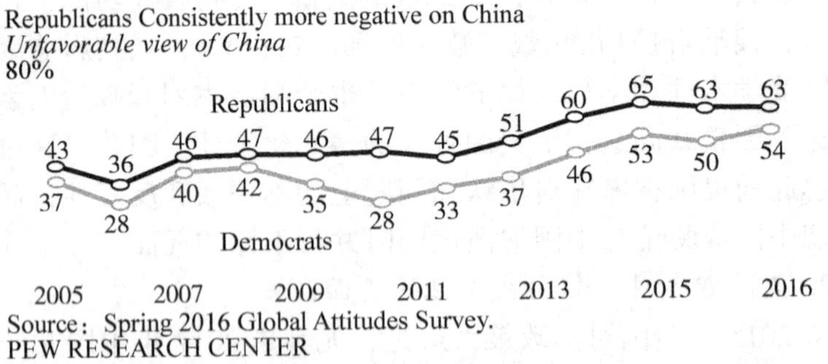

来源：Spring 2016 Global Attitudes Survey. PEW RESEARCH CENTE.

图 1

---

① Pew Research Center. Americans have grown more negative toward China over the past decade. 2017. http://www.pewresearch.org/fact-tank/2017/02/10/americans-have-grown-more-negative-toward-china-over-past-decade/.

② Pew Research Center. As Trade Tensions Rise, Fewer Americans See China Favorably. August, 2018. http://assets.pewresearch.org/wp-content/uploads/sites/2/2018/08/28101349/Pew-Research-Center _ U. S. -Views-of-China _ Report _ 2018-08-28. pdf.

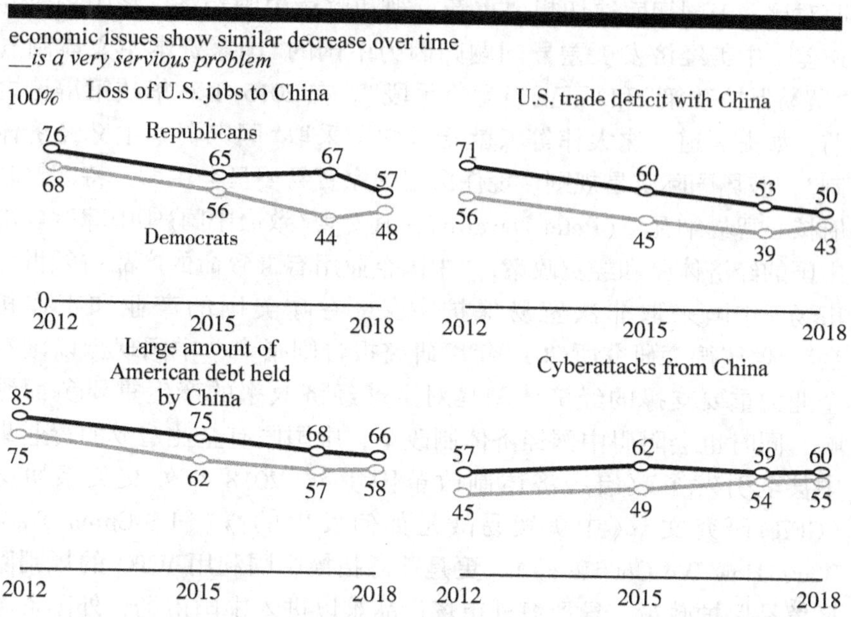

来源：Spring 2018 Global Attitudes Survey. PEW RESEARCH CENTER.

图 2

(二)美国智库对华负面认知的具体表现

1. 经济上，指责中国经济体制和经贸政策，鼓噪贸易战

美国智库当前对中国经济问题的研究主要集中讨论中国的对外经贸政策和经济体制与对外开放两大问题。事实上美国学界长期以来并不充分认可中国的市场经济体制地位。围绕着对中国模式或者中国经济发展道路的研究，美国智库不满意于高校智库提出的所谓“中国经济之谜”，抛弃了以西方一直奉为圭臬的标准市场经济体制和经济进化轨迹来研判中国经济。反而，以西方的发展规律和经济体制为参考，美国智库对中国经济体制任意解读，对中国经贸政策肆意指责，污蔑中国的科学技术进步是“窃取”美国等发达国家等。

(1)对中国经济体制的“有色解读”

在西方经济低迷时期，中西方经济发展态势形成强烈反差和鲜

明对比，美国智库迫切想要重新审视和解读中国经济，将中美贸易逆差、中美经济发展差异问题归因为中国的“国家资本主义体制”、“贸易保护政策”和“不正当竞争手段”。在 2015 年对华政策辩论之前，如史剑道、沈大伟等人就指责中国采取“国家资本主义经济体制”，破坏国际贸易规则。现任白宫国家贸易委员会主席、特朗普政府核心智囊纳瓦罗(Peter Navarro)在其专著《致命中国》①中肆意攻击中国的经济体制和经贸政策，“中国企业用有毒致命的产品占领世界市场，中国采取非法贸易保护主义，吞噬美国的产业和工作机会”。② 彼德森研究所 2017 年度研究报告则指责，中国现行以国有企业为重要支撑的经济体制是对全球经济效率的产生重要负面影响，同时也会阻碍中国经济体制改革，中国国有企业造成的行业集中甚至引发了政治经济体制改革困境③。2018 年外交关系协会(CFR)研究文章《中美贸易战是如何发生的?》(《US-China Trade War：How We Got Here》)，更是肆意指控中国利用 WTO 的规则隐形贸易保护政策，导致海外市场产品难以进入中国市场，外国资本也难以进入中国国内投资生产，认为中国政府经济政策造成西方国家的企业受不公正待遇④。2018 年 5 月 2 日，罗伯特·莱特希泽(Robert Lighthizer)发表演讲，更是将中国描述成“国家资本主义经济模式”，是对美国自由市场经济体制的直接挑战，美国必须妥善应对它，不能让美国成为其受害者。⑤

---

① 该书一出受到特朗普的青睐，是特朗普向中国发动贸易战的重要推手，作者纳瓦罗由此进入特朗普的视野，并成为特朗普政府对华经贸问题的主要智囊。

② Peter Navarro. Death by China：Confronting the Dragon-A Global Call to Action. Pearson FT Press，2011.

③ Caroline Freund，Dario Sidhu. Global Competition and the Rise of China. Peterson Institute for International Economics，February，2017. https：//piie. com/system/files/documents/wp17-3. pdf.

④ Brad W. Setser. U. S. -China Trade War：How We Got Here. July 9，2018. https：//www. cfr. org/blog/us-china-trade-war-how-we-got-here.

⑤ [英]肖恩·唐南. 特朗普的贸易代表团能与中国谈成什么？金融时报，2018 年 5 月 2 日华盛顿报道.

(2)将中国科技竞争力扭曲为不公平竞争和"技术剽窃"

当前中美在经济发展尤其是相关科技技术竞争日益激烈，美国企业研究所（American Enterprise Institute）研究报告宣称当前世界上两个最大和最重要的经济体中国和美国正在争夺全球技术霸权。① 美国智库对中国技术的竞争态势出现严重心理不适应，将中国技术进步归结为对美国的"技术剽窃"和不正当竞争。2018 年美国国防部长办公室政策研究室和哈德逊研究所高级顾问白邦瑞（Michael Pillsbury）更是在美国众议院情报研究委员会（U. S. House Intelligence Committee）上，指责中国经济增长的关键策略是通过间谍、壁垒等非法手段获取外国科技，认为所谓中国模式就是通过非关税壁垒障碍，以保护其工业免受外国竞争并不断非法获得西方先进技术，实现"低成本"发展②。在这一逻辑主导下，美国对中兴、华为发动了制裁和围剿。2018 年美国国际战略研究所（CSIS）提交的《ZTE, the Telecom Wars and Cyber Spies》研究报告中更是直言当前中国的科技和经济实力迅速增强，已经成为美国的全球主要竞争对手。报告将美国科技竞争的优势丧失归因为如中兴等公司对美国的技术窃取和间谍活动③，建议美国需要控制中国网络间谍活动的风险，削弱中国对美国的技术竞争。

(3)对"中国制造 2025"的妄加指责

围绕着争夺高新技术制造业主导权，各国政府都积极引导和发展高新技术制造业和传统核心制造业，如德国政府之前也曾发布过

---

① James Pethokoukis. Will the US-China digital cold war hit Apple? American Enterprise Institute, April 17, 2018. http://www.aei.org/publication/will-the-us-china-digital-cold-war-hit-apple.

② Michael Pillsbury. Michael Pillsbury Testifies before U. S House Intelligence Committee. Hudson Institute, July 19th, 2018. https://www.hudson.org/research/14460-michael-pillsbury-testifies-before-u-s-house-intelligence-committee.

③ Center for Strategic and International Studies. ZTE, the Telecom Wars, and Cyber Spies. AUGUST 2018. https://csis-prod.s3.amazonaws.com/s3fpublic/publication/180802_Chinese_Cybersecurity.pdf? EqyEvuhZiedaLDFDQ. 7pG4W1IGb8bUGF.

“德国制造 2.0”等类似规划纲要，这一举措本无可非议。2015 年，中国发布了中国版工业 4.0 规划《中国制造业发展纲要（2015—2025）》，其基本目标是：为了应对西方国家对华技术封锁，实现中国制造做大做强，促进中国制造向中国创造转变。但中国的规划纲要却被美国智库解读为中国对外封闭，歧视性政策待遇导致不公平竞争和贸易失衡。2018 年外交关系协会发布专项研究报告《“中国制造 2025”会危及全球贸易吗?》(《Is “Made in China 2025” a threat to Global Trade?》)，报告将“中国制造 2025”解读为：通过提供直接经济补贴，限制对外投资和收购，调动国有企业资源推动促进公私合作，采取强制转让技术协议等手段，促进中国高新技术制造业进步，包括电动等新能源汽车、下一代通信技术（IT）、智能的机器人技术和人工智能等行业。其研究结论认为是中国政策补贴和贸易政策扭曲了全球经济贸易体系，限制性市场准入和缺乏知识产权保护导致全球贸易不平衡①。

综合而言，虽然在对华贸易战的合理性、中国经济体制的改革路径等具体问题上，美国智库仍存有异议。但是，美国智库在力图迫使中国转变经济贸易政策和经济体制问题上都是高度一致的，而这种一致性源于对中国社会主义市场体制和改革开放以来经贸政策的强烈不满和重新审视。如 2018 年彼德森高级研究员，哈佛大学资深教授 Robert Z. Lawrence 发布政策研究简报《How the United States Should Confront China Without Threatening the Global Trading System》，强烈批评当前特朗普政府的对华贸易战。但其基本逻辑却是美国政府发动贸易战难以实现最重要和最合理的目标：迫使中国改革其有问题的经济制度和消除外国公司在中国高科技市场领域

① the Council on Foreign Relations. Is “Made in China 2025” a threat to Global Trade? August 2, 2018https://www.cfr.org/backgrounder/made-china-2025-threat-global-trade.

中受到的歧视①。

(4)美国智库对中国经济的误读与政府对华政策的共振

尽管在如何促使中国改革现有经济体制问题上颇有异议，当前的研究成果表明美国智库对中国经济体制和经贸政策上看法的具有相对一致性，大都支持采取对话和贸易战制裁等手段，促使中国经济体制改革，全面对西方世界开放。而在这一逻辑指引下，特朗普政府对华发动规模空前的贸易战。2018年3月23日，美国启动“301调查”。同时，美国总统特朗普在白宫签署总统备忘录对从中国进口的约600亿美元商品加征关税。2018年5月10日，在美国联邦参议院共和党籍参议员鲁比奥(Sen. Marco Rubio，R- FL)的推动下美国正式发布名为《与中国公平贸易执法法》②(Fair Trade with China Enforcement Act)，公平贸易法案主要涉及与中国贸易的执法行动：禁止向中国出售涉及国家安全敏感技术和知识产权；对跨国公司在中国取得的收入增税，弥补IP和技术泄露损失；更新二十世纪八十年代签署的所得税条约，并对中国在美国的投资征税，包括其持有的国债；限制中国投资者对“中国制造2025计划”涉及相关领域的美国公司的持股上限；禁止联邦政府或子公司承包商、购买华为和中兴通讯的电信设备或服务。2018年8月13日，特朗普总统签署“外国投资风险评估现代化法案”(FIRRMA)，国防授权法案授权美国外国投资委员会(CFIUS)在更大范围内监控入境投资，确保这些投资不会危及关键基础设施或国家安全，其实质就是限制中国对美直接投资和企业自由竞争和并购。根据美国中国总商会的

① Robert Z. Lawrence. How the United States Should Confront China Without Threatening the Global Trading System. Peterson Institute for International Economics, August, 2018. https：//piie. com/publications/policy-briefs/how-united-states-should-confront-china-without-threatening-global.

② FAIR TRADE WITH CHINA ENFORCEMENT ACT. MAY, 2018. https：//patentlyo. com/patent/2018/08/trade-china-enforcement. html. https：//www. rubio. se nate. gov/public/_ cache/files/ef9a4b4e-d8f1-42c1-9518-f19dd655e2e2/CC3DCF9CF36386C313DDEF0F2BCDFDCA. one-pager-rubio-fair-trade-with-china-enforcement-act. pdf.

研究报告《双行道：2018 更新中美双边直接投资趋势》(《Two-Way Street：2018Update US-China Direct Investment Trends》)显示中国对美投资也受到美国外国投资委员会(CFIUS)审查的影响非常明显，2017 年以来美国对华直接投资额稳步上升，而中国对美直接投资额呈断崖式下降，总量上锐减近三成①。

图ES-1：1990—2017年中美双边直接投资年度交易额

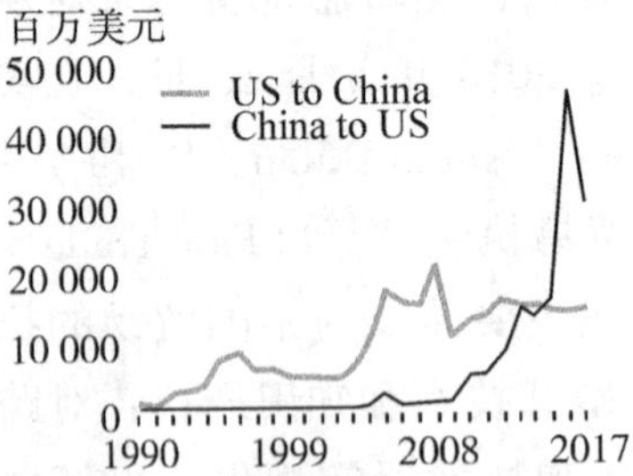

数据来源：荣鼎咨询

图ES-2：1990—2017年中美双边直接投资累计交易额

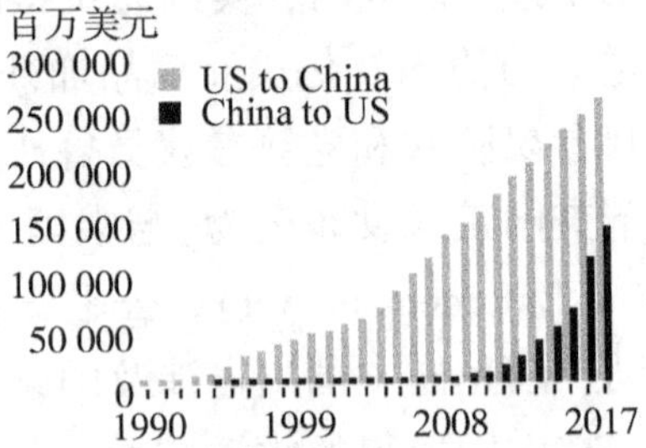

数据来源：荣鼎咨询

来源于：美中关系全国委员会(NCUSCR)《双行道：2018 更新中美双边直接投资趋势》，2018。

图 3

2. 政治上，敌视和否定中国政治改革和和平发展道路

(1)西方对中国政治体制改革的历史臆想

20 世纪末，中美建交之际和中国对外开放之初，西方世界一度对社会主义国家的中国持有疑虑，并形成了对华政策的第一次大讨论。随着苏东剧变、苏联解体后，西方世界曾坚信西方的民主政治道路将会是人类文明发展的必然结果，以福山的《历史的终结与

① National Committee on United States-China Relations. Two-Way Street：2018Update US-China Direct Investment Trends. APRIL，2018. https：//www. ncuscr. org/sites/default/files/page_attachments/Two-Way-Street-2018_Full-Report. pdf.

最后的人》(《The End of History and the Last Man》)为标志①。此后，以中国的现代化发展道路为代表，世界民族国家的民族独立和现代化道路远远超出了西方世界的预估。但西方仍然偏执的认为随着中国的改革开放政策的实施，中国难以摆脱"历史终结"的宿命。其基本逻辑是：依据西方自身的社会发展经验，中国的改革和现代化经济体制建设会促进中国社会中场阶级的发育和壮大，并将形成对中国政治经济体制改革的强大压力，中国最终会变成西方所认可的"自由民主政治制度国家"。如沈大伟(David Shambaugh)的《中国共产党：收缩与调适》②大谈中国共产党的党内民主政治模式，贝淡宁(Daniel Bell)在《为什么尚贤制比选举民主制更适合中国》(《The China Model：Political Meritocracy and the Limits of Democracy》)高度赞扬中国政治模式是"贤能政治"，是对西方民主模式治理的有益补充和综合应用③。

(2)十九大以来，西方对中国政治实践的认知错位

西方主流智库对中国"十九大"的跟踪研究成果，使西方世界普遍认为中国将摆脱西方的发展模式的预言，走上完全不同的现代化道路。中国的独立自主的发展步伐让美国乃至西方战略界产生了严重认知错位。2017 年中国"十九大"顺利召开，对独立自主走中国特色社会主义现代化道路做了明确阐述，立足于中国国情，对"中国梦"，推动国家治理体系和治理能力现代化等核心命题做出了科学论断。以党的"十九大"为契机，西方学界开始重新回顾和审视中国的政治体制和发展模式，也以此来检验此前的研究成果。

① Francis Fukuyama. The End of History and the Last Man. New York：Free Press，1992.

② [美]沈大伟(David Shambaugh)(著)，吕增奎等(译). 中国共产党：收缩与调适[M]. 中央编译出版社，2011.

③ Bell D A. The China Model：Political Meritocracy and the Limits of Democracy[M]. 2016.

中国问题专家，美国加州克莱蒙特·麦肯纳学院政府学教授裴敏欣（Minxin Pei）的《China's Upcoming Party Congress: What to Watch》①、Alice Miller 的《How to Read Xi Jinping's 19th Party Congress Political Report》②，美中贸易全国委员会（US-CHINA BUSINESS COUNCIL）的研究报告《China's 2017 Communist Party Leadership Structure & Transition》③，Matthias Stepan 的《Hardening the party line-The 19th CCP Congress will boost strongman politics and narrow China's developmental options》④等都是其中的典型成果。研究成果共识性认为西方曾试图采取类似"和平演变"战略将中国改造为与西方意识形态一致的"民主国家"，但自冷战结束以来，中国的经济政治政策并没有进行西方所预期的改革和转变。

因此美国智库和战略界给中国肆意贴上"中华帝国主义"、"修正主义国家"和"威权主义国家"等标签，体现出长期以来对中国发展积累的战略焦虑。2017 年年末，美国民主基金会的年度研究报告中明确将中国与俄罗斯一并列为"威权主义国家"，报告完全将中国与所谓的"民主政治国家"完全对立起来，将中国的发展诋毁

---

① Minxin Pei. China's Upcoming Party Congress: What to Watch. CHINA US Focus, Jul, 2017. https://www.chinausfocus.com/political-social-development/chinas-upcoming-party-congress-what-to-watch.

② Alice Miller. How to Read Xi Jinping's 19th Party Congress Political Report. China Leadership Monitor, NO. 53, 2018.

③ US-CHINA BUSINESS COUNCIL. China's 2017 Communist Party Leadership Structure & Transition. JUNE 2017. https://www.uschina.org/reports/chinas-2017-communist-party-leadership-structure-transition.

④ Stepan, Matthia. Hardening the party line-The 19th CCP Congress will boost strongman politics and narrow China's developmental options. MERICS China Monitor, 2017. https://www.researchgate.net/publication/319143303_Hardening_the_party_line_The_19th_CCP_Congress_will_boost_strongman_politics_and_narrow_China's_developmental_options.

成民主制度的最大威胁①。2017 年美国之声(VOA)专访美国佐治亚大学教授王飞凌(《China's order》一书的作者)中，王飞凌公开指责所谓中国天下观或者说政治制度观，就是一个世界大同和统一，中华世界秩序核心思想就是中华帝国主义，构建以中国为核心的类似帝国主义政治外交形态②。

(3)美国智库对中国政治上认知错位与政府对华强硬政策共振

在西方上述研究成果的鼓噪下，美国政府对华政策态势出现明显变化：2017 年美国政府国家安全战略报告(National Defense Strategy of The United States of America，2017)出现重大调整，报告指出恐怖主义不再是美国当前的国家战略的首要任务，而是将中俄两国的竞争视为最大威胁，其中中国的优先级甚至高于俄罗斯③。在2018 年美国政府发布国家安全战略报告(National Defense Strategy of The United States of America，2018)中更是明确将中国列为"修正主义国家"，宣称对美国核心利益安全的挑战是修正主义国家的长期战略竞争的重新出现。而中国和俄罗斯则是"修正主义国家"的典型。该报告污蔑中国当前正在继续利用其经济和军事优势，通过长期战略扩张和推行一项军事现代化计划，寻求太平洋地

① Christopher Walker & Jessica Ludwig. From "Soft Power" to "Sharp Power": Rising Authoritarian Influence in the Democratic World," Sharp Power: Rising Authoritarian Influence, National Endowment for Democracy, December 2017, pp. 8-25. http://www.pressreleasepoint.com/sharp-power-rising-authoritarian-influence-new-forum-report.

② 王飞凌．对话王飞凌：中国的崛起给世界带来一个重大的选择．美国之声(VOA)，2017. https://www.voachinese.com/a/interview-with-wang-feiling-20171018/4076639.html.

③ THE WHITE HOUSE. National Security Strategy of the United States of America, 2017. http://bill-of-rights.angelfire.com/index-concordance/trump/national-security-strategy-2017.html.

区对美国霸权的挑战①。

3. 双边关系上，鼓噪“锐实力”，制造中西对立，对华进行自我设限

(1)从开放到自我封闭，美国智库想象中的“锐实力”

自中美建交后，美国智库对华研究怀有极大兴趣，作为一个历史悠久且文明保留相对完整的大陆国家，西方世界迫切想要知道中国文化和社情民意，以此理解中国的稳定性极强的政治架构和外交关系传统。卜正民②(Wilkinson)，黄仁宇③(Ray Huang)，费正清(John King Fairbank)④孔飞力⑤(Philip A. Kuhn)，李侃如(Kenneth Licbcrthal)⑥等著述都是这一领域的集大成者。在 2001 年中国加入 WTO 之际，包括美国智库在内的美国学界都对中国怀有极大地热情和开放的态度，甚至出现大量美国重量级学者和智库专家游说当时的克林顿政府给予中国永久性最惠国待遇，终止美国对中国的年度审查程序。

2016 年以美国总统大选中候选人特朗普深陷“通俄门”事件为重要节点，美国社会广泛恐慌和质疑美国长期以来的对外开放和多元政策。2017 年 4 月美国全国学者协会发布研究报告《Outsourced to China：Confucius Institutes and Soft Power in American Higher

① THE WHITE HOUSE. National Security Strategy of the United States of America：Sharpening the American Military's Competitive Edge，2018. https：//dod. defense. gov/Portals/1/Documents/pubs/2018-National-Defense-Strategy-Summary. pdf.

② Wilkinson. the history of imperial china，Harvard University Press，1975.

③ Ray Huang. 1587，A Year of No Significance：The Ming Dynasty in Decline. Yale University Press，1982.

④ John K. Fairbank. The Cambridge History of China. Cambridge University Press，1983.

⑤ Philip A. Kuhn. Soul Stealers：The Chinese Sorcery Scare of 1768. Harvard University Press，1990.

⑥ Lieberthal K. Governing China：from revolution through reform. W. W. Norton & Company，1995.

Education》成为美国对华封闭、排斥的导火索，研究报告质疑中国的孔子学院的对外传播意图，认为中国的孔子学院其根本目的在于在美国国内构建“敌后战场”①。

无独有偶，2017 年 8 月，英国剑桥出版社旗下的著名研究中国问题期刊《中国季刊》(China Quarterly)，刊登涉及中国国内敏感问题的 315 篇论文被迫下架的事件。“撤稿风波”事件让西方学界大为警惕，认为中国政府试图将国内政治审查范围扩展到西方民主国家，并产生了具有实质性的影响，甚至影响到西方最尊崇的原则“学术自由”。华尔街日报②、经济学人(The Economist)、伍德罗·威尔逊研究中心(The Woodrow Wilson International Center for Scholars)③等智库都在不同层面上回应、反思这些事件。加之同年“通俄门”事件也持续发酵，美国乃至西方世界大为警惕具有“地下工作历史传统”的中俄两国到底是否存在对西方进行所谓的渗透。

(2)“锐实力”话语逻辑下，特朗普政府全面开启政治审查和自我设限

在美国智库竭力鼓噪下，美国政府重新审视对中国的文化开放战略和应对所谓的中国“锐实力”的挑战。2018 年 2 月佛罗里达州共和党参议员马可·鲁比奥(Marco Rubio) 致信佛罗里达 4 所大

---

① RACHELLE PETERSON NATIONAL ASSOCIATION OF SCHOLARS. Outsourced To China Confucius Institutes and Soft Power in American Higher Education. APRIL, 2017. https：//www. nas. org/articles/outsourced_to_china_confucius_institutes_and_soft_power_in_american_higher.

② Simon Denyer. In reversal, Cambridge University Press restores articles after China censorship row. The Wall Street Journal. Aug, 2017.(文章后转载于伍德罗威尔逊国际研究中心) https：//www. washingtonpost. com/news/worldviews/wp/2017/08/21/cambridge-university-press-faces-backlash-after-bowing-to-china-censorship-pressure/? utm_term=. 671781a67c20.

③ The Woodrow Wilson International Center for Scholars. The Month in U. S. -China Relations. October, 2017. https：//www. wilsoncenter. org/article/the-month-us-china-relations-zhong-mei-guan-xi-yi-ge-yue-october-2017.

学，敦促他们结束与中国合办的孔子学院等项目。此后西佛罗里达大学（University of West Florida）、德州农工大学（Texas A&M University）、北佛罗里达大学（University of North Florida）先后宣布停办孔子学院。2018 年 8 月特朗普正式签署《2019 年度国防授权法案》（《National Defense Authorization Act for Fiscal Year 2019》）：明确将中国列为威胁国家，要求国防部向国会提交报告，关注中国如何影响美国媒体、文化机构、商业、学术和政治团体，干扰美国公共舆论服务于中国安全军事战略目标①。

至此，美国智库和政策界捏造的“锐实力”（Sharp Power）术语，成功地由幕后推至台前。通过“锐实力”这一话语逻辑，将中国对外文化传播和文化走出去战略别有用心的歪曲成对美国乃至西方民主国家进行渗透，将中国致力于发展文化软实力和对外构建中国话语权，“软实力”与“巧实力”（“Soft Power”）的竞争抹黑成中国对西方敌视和试图扰乱他国秩序。这也就预示着两国长期坚持和构建的“第二外交轨道”，即民间外交的基本停摆。长期以对外开放和崇尚多元的美国社会以所谓的“锐实力”为由，在双边关系上重新拾取“冷战”思维和意识形态的沉渣，开启主动自我封闭、自我设限，并敌视、丑化中国一直以来的外交努力。

三、美国智库对华认知变化的成因探析

2008 年经济危机以来，美国智库和战略界当前对华经济、政治、双边关系上的认知都极为负面，且这种共识性负面情绪绝非特朗普上台这一偶发因素造成的，其背后是酝酿已久的美国战略界对美国国内社会民意的具体把握，对美国对华战略的重新评估，对中国未来道路的初步预估。

① National Defense Authorization Act for Fiscal Year 2019. Aug, 2018. https：//www. congress. gov/bill/115th-congress/house-bill/5515/text.

以中国十九大和特朗普当选美国总统等两国重大政治事件为契机，美国战略界对自我进行重新定位和对中国认知进行颠覆性的调整，对双边关系进行重新审视。从具体“来路”上把握当前的基本态势，深究其因，对于理解这一根本性变化具有重大现实意义。

（一）特朗普反思对华政策导致美国战略界恐慌和立场转变

在中西方发展和政治现实的强烈反差和对比下，尤其是十九大以来中国的现实发展和未来走向，大大超出了西方世界的预期。美国智库此前鼓噪的“中国崩溃论”、“中国会西式民主化改造”等等一系列幻想纷纷破灭。因此，美国战略界倾向于认为美国对华政策犯了历史性战略失误，开启全面反思对华政策，寻找战略失败的替罪羊，导致美国“知华派”、“友华派”噤若寒蝉，美国战略界集体恐慌和立场明显转变。

1. 对中国政治经济道路的预判失误构成反思对华政策的成因

20 世纪 80 年代，西方曾坚信随着中国的改革开放政策的实施，中国会演变成西方那样的自由民主制度国家（郑永年，2018）①。在 2016 年美国民主基金会甚至开展专题研讨会，邀请中国问题专家授裴敏欣（Minxin Pei，Claremont McKenna College）、美国汉学研究者沈大伟（David Shambaugh）等人讨论中国在未来能否走上西方预设的民主道路上②。

2017 年中国的十九大的胜利召开，对以中国特色社会主义市场经济体制为基础的中国道路做了系统阐释，对中国和平崛起的

① 郑永年．美国为什么要和中国进行“新冷战”．昆仑策研究院，2018. https：//mp. weixin. qq. com/s？src = 11&timestamp = 1553333026&ver = 1502&signature = 56E * EnVtHoFgLM4HcXFM1ivUSfttzTESnINGtMVAbLuZv83ITvamEaLkqOBtXvYCqgBJLXyF03vgNNsmvhfIUtBZfLfCeXszUgbRHOALkBg2mILejWF-dYKIWAVWLTiI&new = 1.

② Minxin Pei，David Shambaugh. Democratizing China：Insights from Theory and History. National Endowment for Democracy，April 28，2016https：//www. ned. org/events/democratizing-china-insights-from-theory-and-history/.

民族复兴之路做了战略性规划。这让美国乃至西方世界共识性的认为中国在“学会了”作为经济发 展工具的西方市场经济之后，并没有演变成为西方那样的“自由资本主义”，而是成为了西方眼中的“国家资本主义”(郑永年，2018)①。这也就事实上宣告美国长期坚持的“对华接触政策”，企图对中国进行“民主化”改造甚至和平演变战略完全破产，可以说是西方对华“积极认知”幻想基础的最后破灭。这一系列重大事件直接导致美国乃至整个西方世界对华认知出现根本性的转变，重新反思和调整对华政策成为主题曲。

2. 特朗普政府全面反思对华政策，根本否定“对华接触政策”

特朗普根本性反思对华政策其核心问题就是否定了长期坚持的“共识性对华政策”，认为所谓“对华接触政策”就是助长中国的崛起。现任美国国防部中国事务顾问、特朗普政府对华政策的核心智囊白邦瑞(Michael Pillsbury)放言：中国国内的“鹰派”一直密谋在2049年中国取代美国成为全球霸主，美国过去40年一直被中国的政策和舆论“烟雾弹”所欺骗，纵容并助长了中国崛起②。2016年，东西方研究中心系统整理、发布研究报告指出特朗普与希拉里政治辩论中特朗普就提出了要反思美国对华政策③。

---

① 郑永年．美国拿什么对中国发动冷战？．凤凰网国际智库，2018. https：//mp. weixin. qq. com/s？ src=11&timestamp=1553332923&ver=1502& signature=W3gCILMeVhX5g7ux4-FcnF6A6xsRO-WL1TYk8gRufbgsyHv12Pr * O-xSNebz NIERk * HTaKWXi3xiRvjDus * dCOntZCYbMMO2OFRER9vuPNZpCRmfaR4XbBGQ0F4NafkE&new=1.

② Michael Pillsbury. The Hundred-Year Marathon：China's Secret Strategy to Replace America as the Global Superpower. Henry Holt and Co，2015.

③ Sutter，Robert，Limaye，Satu P. America's 2016 Election Debate on Asia Policy and Asian Reactions. East-West Center，2016. https：//www. eastwestcenter. org/system/tdf/private/ewcwasiareacts-lowres_0. pdf？ file=1&type=node&id=35809.

布鲁斯金学会2017年集结最大规模研究团队①，与同年10月发布研究报告指出“经过20年的变革性增长，中国经济发展迅猛……中国在经济和政治的自信已经达到了前所未有的高度，因此中国不太可能像改革开放之初那样向西方寻求建议，反之越来越有信心在国内和国际事务上构建和坚持自己的道路，在与亚洲邻国的关系上越来越有主见。”②

《经济学人》杂志将美国对华政策反思推到高潮，在2018年刊登了《西方如何错误认识了中国》(How the West got China Wrong)，直言在苏联解体之后，西方欢迎中国融入全球经济秩序，寄希望于通过经济一体化鼓励中国演变成市场经济，进而实现“西式民主化”，并坦言这种战略选择从根本上是错误的。③美国《外交》杂志2018年第2期发表了库尔特·坎贝尔(Kurt Campbell)和伊利·拉特纳(Ely Ratner)的重量级文章《深刻反思美国对华政策》(The China Reckoning)。文章认为，美国正在对过去20多年其政府对华政策进行全面反思。这一反思是似乎是美国历史上第一次对华政策

① 团队成员包括：以奥巴马中国顾问团成员、布鲁金斯学会约翰·桑顿中国中心主任、资深研究员著名学者李侃如(Kenneth G. Lieberthal)、被美国誉为“新保守主义外交政策理论家”的布鲁金斯学会高级研究员罗伯特·卡根(Robert Kagan)美国布鲁金斯学会约翰·桑顿中国中心高级研究员、前美国财政部驻华经济与金融特使杜大伟(David Dollar)，前国家安全委员会(NationalSecurity Council)中国、台湾及蒙古地区主任，目前是美国智库布鲁金斯学会外交政策项目研究员哈斯(Ryan Hass)，美国布鲁金斯学会约翰·桑顿中国中心主任、高级研究员李成(Cheng Li)，南中国海问题专家拉普-胡珀(Mira Rapp-Hooper)，美国布鲁金斯学会副会长、外交政策项目主任布鲁斯·琼斯（Bruce Jones）and Tarun Chhabra美国布鲁金斯学会约翰·桑顿中国中心高级研究员周思哲(Jonathan Stromseth)等人.

② Kenneth G. Lieberthal, Robert Kagan, David Dollar, Ryan Hass, Cheng Li, Mira Rapp-Hooper, Bruce Jones, Jonathan Stromseth. Avoiding war: Containment, competition, and cooperation in U.S.-China relations. Brookings, November 2017. https://www.brookings.edu/wp-content/uploads/2017/11/fp_20171121_china_interview.pdf.

③ the Economics. How the West got China wrong. Mar, 2018. https://www.economist.com/leaders/2018/03/01/how-the-west-got-china-wrong.

的根本反思，对美国对华政策产生不可估量的影响①。

3. 特朗普反思对华政策导致主流智库的政治失势和集体失语

中国国内政治实践的变化和美国对华政策的反思，美国主流智库处于政治失势和集体失语，美国战略界集体恐慌和立场明显转变。事实上，中美关系研究中心和加州大学圣地亚哥分校在2017年联合向特朗普新政府提供政策建议，试图让特朗普保持美国坚持长期以来的“两党一致的既定政策”②。但是，特朗普完全推翻精英们的“两党一致的既定政策”和“共识”，转向启用长期被主流战略界排斥的白邦瑞(Michael Pillsbury)、纳瓦罗(Peter Navarro)，班农(Steve Bannon)等人，以此组成核心智囊团全面启动反思对华政策。政策导向的智库的发展命运与其政治影响力密切相关，特朗普的反思和调整致使诸多主流智库均处于政策影响力不断衰退的尴尬境地。因此，主流智库被迫进行自辩和重新调整对华论调，迎合特朗普政府的政策需要。

此外，特朗普在反思对华政策时，明确指出：这不是中国的错，言语之间所流露的是对包括学界和政策界中国问题专家的一股腾腾的杀气。③（刘杉，2018）以往持积极态度的“知华派”、“友华派”，面临着特朗普对美国长期执行的对华政策“根本战略性失误”的反攻倒算，使其处于集体失语和政策辩护被动的地位。美中关系全国委员会主席斯蒂芬·欧伦斯(Stephen Orlins)直言，“在过去几年，美国国内支持中国战略界朋友都处于集体沉默的状态，因为他

① Ely Ratner. The China Reckoning. Foreign Affairs，2018. https：//www. foreignaffairs. com/articles/united-states/2018-02-13/china-reckoning.

② Orville Schell，Susan L. Shirk. US POLICY TOWARD CHINA：RECOMMENDATIONS FOR A NEW ADMINISTRATION. The Center on US-China Relations，February 2017. https：//asiasociety. org/center-us-china-relations/us-policy-toward-china-recommendations-new-administration.

③ 刘杉．2017年以来西方当代中国研究面临的新困境．国外社会科学，2018第4期.

们需要重建对中国的信心"①。就连主张"共同演化"战略的基辛格本人也自辩为：美国曾经的战略是试图让中国和俄罗斯作为重要支柱加入美国为首的自由国际秩序，然而现下传统的大国竞争模式正在回归，迫切需要一个新的战略概念来平衡当前国际权力关系②。被中国外交关系学院《美国知华派评估报告》称为美国知华派首席专家的戴维·兰普顿（David M. Lampton）则自 2016 年至今少有发声。

（二）"锐实力"范畴扩大迫使美国战略界全面转向

美国关于"锐实力"的讨论，将中国的对外宣传和与美国战略界的友好交流已经被西方人臆造为对西方的全面渗透和根本性破坏。当前"锐实力"波及范围不断扩大，智库、媒体、高校、学者、甚至在美国的中国学生、华人、华侨都成为美国怀疑的对象，都面临政治审查和清算的风险。在这一逻辑下，美国战略界被迫全面转向，放弃学术中立价值立场，全面鼓噪反华，以此撇清和中国的任何瓜葛和联系。2017 年美国民主基金会发布年度研究报告，充满想象的描述中俄两国如何运用"锐实力"，在新闻媒体、主要学者、高校智库、政界等多个领域对西方民主国家进行"渗透"，干扰和误导西方政策走向③。

关于"锐实力"的涉及范围不断扩大，2018 年美国伍德罗·威尔逊国际学者中心甚至发布年度专题研究报告宣称学术界和公众的

---

① ［美］欧伦斯．美中关系全国委员会会长欧伦斯：美支持中国的群体进入沉默，中美需要重建信任．2018 中国发展高层论坛研讨会，转载于中国经济时报，2018. https：//baijiahao. baidu. com/s? id = 1611826989550227719&wfr = spider&for = pc.

② HENRY A. KISSINGER. Opening Statement before The Senate Armed Services Committee. January 25，2018. https：//www. henryakissinger. com/speeches/opening-statement-by-dr-henry-a-kissinger-before-the-senate-armed-services-committee/.

③ National Endowment for Democracy. "SHARP POWER：RISING AUTHORITARIAN INFLUENCE"：NEW FORUM REPORT. Dec，2017. https：//link. jianshu. com/? t = https% 3A% 2F% 2Fwww. ned. org% 2Fsharp-power-rising-authoritarian-influence-forum-report%2F.

讨论在很大程度上忽视了中国外交官和 PRC 社会组织对美国大学学生的在校活动可能产生的挑战①。美国智库史汀生中心于 2018 年 5 月开展研讨会，美国战略与国际研究中心中国项目负责人、特朗普的重要智囊团之一，葛莱仪(Bonnie Glaser)宣称中国为在美国输出自己的模式做舆论准备。著名中国问题专家、乔治·华盛顿大学教授沈大伟(David Shambaugh)也随声附和，妄称中国试图控制国际社会对中国的舆论和看法，美国媒体、智库、大学和学者、州和地方政界人士，在美国的中国学生、学者、华人、华侨都是中国“渗透”或 是“影响”的目标。

在美国社会不断扩大锐实力的讨论范畴，使得与中国的关系密切的大学和智库都面临政府信任度降低的问题，而且出于自辩的目的甚至急于撇清关系，被迫转变基本论调，甚至否定了一代人对华研究成果和转向助力全面反华(刘杉，2018)。此前，对华持相对积极肯定态度的、软实力理论的提出者约瑟夫·奈(Joseph S. Nye，Jr)立场有所转向，转而讨论“中国锐实力”的问题，2018 年 8 月与卡拉提尔(Shanthi Kalathil)等人在太平洋理事会(the Pacific Council)开展专题研讨会，讨论“Democracies Should Fight Sharp Power with Soft Power”。②

(三)民粹主义盛行，对华负面情绪影响政策走向

1. 民粹主义思潮盛行，美国社会精英与社会大众日益分裂

在 2016 年大选之初，美国社会的经济、政治、媒体领域的各界精英都曾公开反对特朗普当选美国总统，如以诺贝尔经济学奖得主、哈佛大学经济学教授奥利弗·哈特(Oliver Hart)等 370 名经济学家为代表的学界，以推特(Twitter)创始人埃文·威廉姆斯(Even

① Woodrow Wilson International Center for Scholars. A Preliminary Study of PRC Political Influence and Interference Activities in American Higher Education. Sep 6, 2018. https：//www. wilsoncenter. org/publication/preliminary-study-prc-political-influence-and-interference-activities-american-higher.

② Joseph S. Nye，Jr，Shanthi Kalathil. DEMOCRACIES SHOULD FIGHT SHARP POWER WITH SOFT POWER. Pacific Council，2018. https：//www. pacificcouncil. org/activites/summer-teleconference-series.

Williams），高通创始人欧文·雅各布（Irwin Jacob）等为代表的美国企业界，以《华尔街日报》（The Wall Street Journal）、《大西洋月刊》（The Atlantic）等为代表的新闻媒体界。美国政界甚至破除了以往的党派政治惯例，共和党的上层精英几乎一致地反对共和党候选人特朗普。然而，以党内"愤青"和反对"政治正确"自居的特朗普2016年最终成功当选美国总统，宣示着民粹主义和保守主义在美国政治界的最终胜利，也意味着美国社会上层精英们面临对整个社会失去主导话语权和控制力的危机。哈佛大学校长德鲁·福斯特（Catharine Drew Gilpin Faust）甚至向哈佛大学致公开信表示"一次史无前例的最分裂……暴力、仇恨和分裂使我们的社会面临巨大风险"①。在政治失控的背景下，美国智库和战略界重新选择性迎合大众，重新调整对外政策，尤其是对华政策。

2. 美国社会对华负面情绪影响对华政策走向

当前美国对华的负面认知是美国社会大众全面否定历届政治精英操控下美国政府的"政治正确"和"共识性"对华政策的缩影。2008年经济危机以来，西方国家政治精英主导下的各国政府进退失据、举措失当，社会治理的碎片化。民粹主义、保守主义等思想思潮充斥整个社会，种族主义、经济问题政治化等各种极端思想沉渣再次泛起②。根据皮尤研究中心（Pew Research Center）2018年研究报告《随着贸易关系紧张，美国对华积极认知不断减少》（《As Trade Tensions Rise，Fewer Americans See China Favorably》）表明（图4）：美国社会大众对华负面认知较高且自2012年负面认知成为多数看法。除2016年左右（中国"十九大"前）对华正面认知小幅上升以外，自2011年至今积极认知呈较明显下降态势，正面认知由

---

① ［美］德鲁·福斯特，孙沛东（译）. 美国总统大选结束一周，哈佛大学校长发表了一封公开信．澎湃新，2016年11月16日．https：//www. thepaper. cn/newsDetail_forward_1562026.

② Edwin Feulner. President Donald Trump and the New International Order. The Heritage Foundation，2018. https：//www. heritage. org/asia/report/president-donald-trump-and-the-new-international-order.

2017 年的 44%降到 2018 年的 38%①。

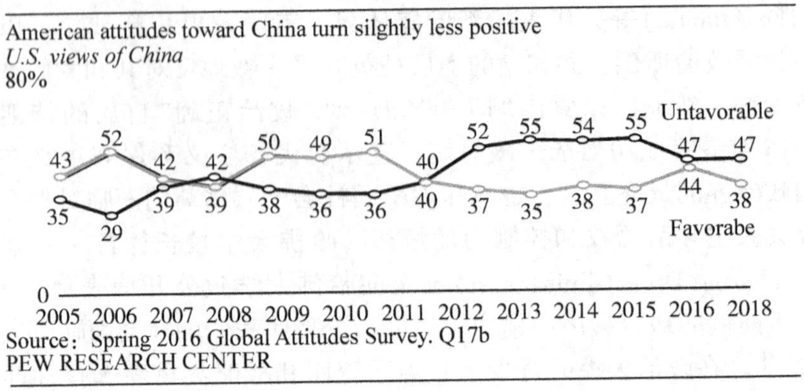

图 4

来源于：Spring 2018 Global Attitudes Survey. PEW RESEARCH CENTER

社会民意和国家政治趋于保守和排外，情绪化因素严重干扰当前美国国家政策走向。根据 2018 年皮尤研究中心的民调数据显示（图 5），当前美国社会大众中美关系上最为关心具体问题包括：中国持有美国巨额国债问题、中国对美的网络间谍攻击问题、中国对美国社会失业的负面影响问题，中美贸易逆差问题等②。而这些问题都是美国对华发动贸易战的主要理由，在美国正式发布名为《与中国公平贸易执法法》（Fair Trade with China Enforcement Act）中均有具体而直接的体现。

对此，美国国家安全委员会、卡内基和平基金会研究员，傅立民大使（Charles W. Freeman）在 2018 年公开演讲中直言不讳，认为仇外情绪主导着当前的美国政治。由于害怕失去国际地位和政权控

① Richard Wike，Kat Devlin. As Trade Tensions Rise，Fewer Americans See China Favorably. Pew Research Center，AUGUST 28，2018. https：//www.pewglobal.org/2018/08/28/as-trade-tensions-rise-fewer-americans-see-china-favorably/.

② Richard Wike，Kat Devlin. As Trade Tensions Rise，Fewer Americans See China Favorably. Pew Research Center，AUGUST 28，2018. https：//www.pewglobal.org/2018/08/28/as-trade-tensions-rise-fewer-americans-see-china-favorably/.

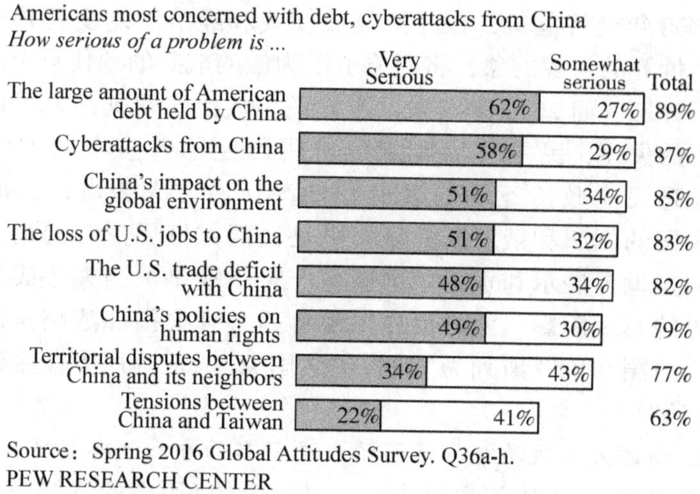

图 5

来源于：Spring 2018 Global Attitudes Survey. PEW RESEARCH CENTER

制，仇外情绪日益高涨，这一情绪进而演变为惧华情绪①。2018 年布鲁斯金资深研究员李成(Cheng Li)则撰文指出民粹主义严重影响目前的对华政策，且由于历史原因，美国智库和战略界在当前政策制定话语权上极为被动，这使得这种非理性更进一步恶化。两国的民族主义情绪正在上升，加之两国领导人受到国内利益集团的影响，这可能会劫持国家外交政策。作者倡导美国外交政策是应该由政策战略大师来制定，如乔治·凯南(George F. Kennan)、布热津斯基(Zbigniew Brzezinski)、亨利·基辛格(Henry Kissinger)等，批评当前特朗普政府制定对外政策的智囊团中没有可以被描述为“战略大师”的人②。

① Charles W. Freeman. On the Souring of Sino-American Relations. 2018. https://chasfreeman. net/on-the-souring-of-sino-american-relations/.

② Cheng Li. The U. S. -China relationship: Trading blows. Brookings, May, 2018. https://www. brookings. edu/on-the-record/the-u-s-china-relationship-trading-blows/.

(四)全球范围西方民主政治危机，中国成为其“假想敌”

2008年经济危机，在经济发展模式和经济制度变迁领域，打破西方世界的自我幻象，将西方引以为傲的成熟的现代自由经济体制拉下神坛。而2016年以来，西方民主政治实践则凸显了西方自由世界的失序，民主政治体制危机阴影笼罩着整个西方民主世界。全球民主政治运动的衰退和低潮让西方大为震惊，值此之际，中国的崛起和俄罗斯的复兴更是让西方世界大为警惕。中国积极向全世界展示和贡献中国智慧，对华战略预测失败成为西方战略界的心理阴影。西方世界出现普遍心理失衡和战略焦虑，并由此将中国和俄罗斯列为“威权主义国家”，成为西方民主政治的“假想敌”。

1. 西方民主政治全球范围的衰退引起西方的战略恐慌

20世纪90年代苏联解体后，以福山的《历史的终结与最后的人》(《The End of History and the Last Man》)为标志①，西方世界对自我民主政治的认同达到前所未有的自负状态。后来向非洲、中东等新兴国家输出民主政治模式时出现重大挫折，但在研判全球发展道路上，西方世界仍然难以摆脱“民主政治终结论”的桎梏，以亨庭顿的《变革社会中的政治秩序》(《Political Order in Changing Societies》)②，福山的《国家构建：21世纪的国家治理与世界秩序》③等为典型代表。

然而，2008年经济危机映射出了资本主义模式的固有顽疾，西方社会发展的不平衡、分配的不公正等一系列根本问题再次凸显出来，民众对西式民主政治出现动摇和消极情绪，全球民主政治发展处于前所未有的低潮。美国皮尤研究中心2017年民意调查报告《The Public, the Political System and American Democracy》显示(图6)，

---

① Francis Fukuyama. The End of History and the Last Man. New York: Free Press, 1992.

② Samuel P. Huntington. Political Order in Changing Societies. Yale University Press, 2006.

③ Francis Fukuyama. State-Building: Governance and World Order in the 21st Century. Cornell University Press, 2004.

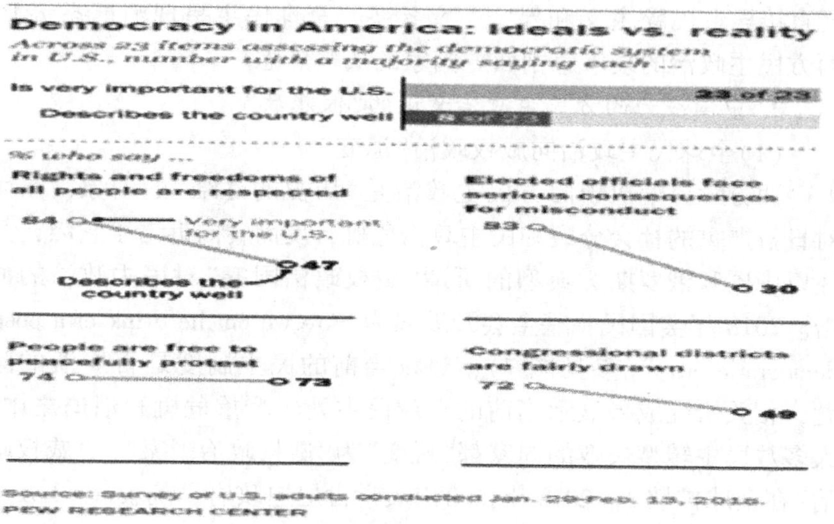

图 6

来源：Surveys of U. S. adults conducted Jan. 2018，PEW RESEARCH CENTER.

2018 年只有不到 47%对美国现行民主制度感到满意，53%持否定态度。美国大众深切关注激烈的党派之争，认为缺乏两党合作，金钱对政治腐蚀，外部干预、渗透美国大选，大众媒体偏见，和较低的公民参与等一系列问题困扰着当前的美国民主政治①。对此，鼎鼎大名的政治学学者福山（Francis Fukuyama）在《外交事务》期刊上撰文《Against Identity Politics：The New Tribalism and the Crisis of Democracy》详细阐述了当前民主制度衰落的现状和成因，从 20 世纪 70 年代初到本世纪的第一个十年，选举民主制国家从大约 35 个增加到超过 110 个。而在 2008 的全球金融危机和欧元危机（始于 2009 年）中，精英们一直坚持的政治经济政策导致了巨大的经济衰退、失业率飙升。这也使得自由民主的主要原型的美国和欧盟受到

① Carroll Doherty，Jocelyn Kiley，Bridget Johnson. The Public，the Political System and American Democracy：Pew Research Center，April，2018. https：//blog. awesomescreenshot. com/2017/11/29/four-new-annotation-types-as-premium-features/.

重创，这些危机使得作为整体的民主政治体制的声誉大为受损，也就直接导致民粹主义和保守主义抬头，全球民主呈现消退态势①。西方民主政治的衰落急剧西方国家的战略焦虑。

2. 中国成为西方民主政治衰退的“假想敌”

(1)全球民主政治向威权政治“退变”

西方学界偏执于西方民主政治是“历史的终结”的幻象，在面对日益严重的社会分裂和民主政治危机，反而转向诉诸于它因，关注以中国和俄罗斯为典型的所谓“威权政治国家”对民主政治的冲击。2018 年美国民主基金会开展名为“Are we on the brink of a post-democratic era?”(参见图 7)，热议当前的民主制度是否崩溃的问题，相关研究成果显示当前的全球民主处于严重危机和消退之中，大多数民主转型失败的国家都“蜕变”为“威权政治国家”，“威权政治”在全球扩散②。2018 年，哈佛大学肯尼迪政府学院 James Loxton 教授在其专著《Life after Dictatorship：Authoritarian Successor Parties Worldwide》(Cambridge University Press，2018)，着重讨论了西方学界普遍认为摆脱专制政治体制后的国家会积极向民主制度过渡的问题。本书作者研究发现目前全球民主的独特之处在于亚洲、拉丁美洲、非洲诸多建立民主制度的国家中威权政治势力抬头，并重新掌握国家政权。③

皮尤研究中心 2018 年相关数据研究显示：全球范围内民调显示，相较于美国、法国等“完全民主国家”(“full democracy”)，“部分民主国家”(flawed democracies)和“威权政治国家”(“authoritarian regimes”)，如墨西哥等，更有可能认为中国和俄斯更尊重个人自

---

① Francis Fukuyama. Against Identity Politics：The New Tribalism and the Crisis of Democracy. Foreign Affairs，September/October，2018. https：//www. foreignaffairs. com/articles/americas/2018-08-14/against-identity-politics？cid=int-fls&pgtype=hpg.

② Dem Digest. Are we on the brink of a post-democratic era？NATIONAL ENDOWMENT FOR DEMOCRACY，August，2018. https：//www. demdigest. org/on-the-brink-of-a-post-democratic-era-is-democracy-crashing-and-burning/.

③ James Loxton. Life after Dictatorship：Authoritarian Successor Parties Worldwide. Cambridge University Press，2018.

由，即这些国家在政治认同上偏向于中国和俄罗斯①。

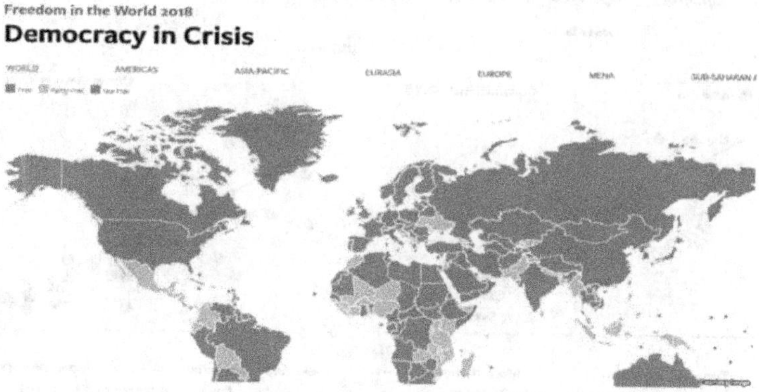

图 7

来源：2018 年美国民主基金会研讨文章《Are we on the brink of a post-democratic era?》

(2)中国成为西方民主政治的“假想敌”

中国作为西方眼中发展态势极为强劲的“威权国家”，且在政治经济体制与西方世界有着根本性差异，由此成为西方世界的“眼中钉”。在西方学界大力鼓噪下，中国模式和中国的政治经济现代化道路被描述成民主政治体制的重大威胁。著名中国问题专家、哥伦比亚大学政治学教授黎安友(Andrew J. Nathan) 早在 2015 年就在《民主期刊》上撰文，指责中国道路带来的成就为世界民主化进程也带来了“负面影响”，中国政府有给威权国家树立榜样、间接推

① DOROTHY MANEVICH. People in less democratic countries are more likely to say China and Russia respect personal freedoms. MARCH, 2018. https：//www. pewresearch. org/fact-tank/2018/03/12/people-in-less-democratic-countries-are-more-likely-to-say-china-and-russia-respect-personal-freedoms/其中对国家民主类型的划分参考：the The Economist Intelligence Unit’s Democracy Index。

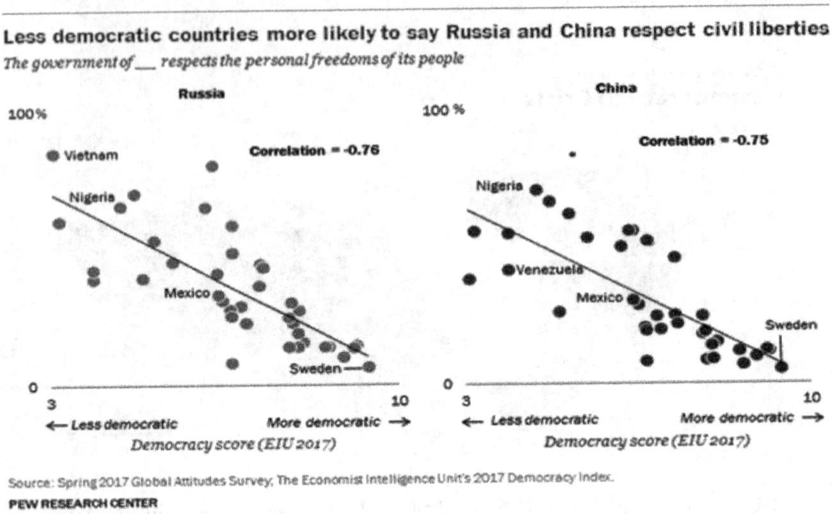

图 8

来源：Spring 2017 Global Attitude Survey，PEW RESEARCH CENTER，2018.

广威权主义价值观等消极影响①。2017 年美国民主基金会甚至力邀谢淑丽(Susan L. Shirk)，裴敏欣(Minxin Pei)等人开展专题研讨会，妄议中国十九大后的国内国际政治态势和中国的“威权主义政治”是如何影响周边和全球政治。②

此后，美国民主基金会副主席沃尔克(Christopher Walker)更是将中俄列为“威权主义国家”，强调“威权主义国家”用“锐实力”致命的攻击民主国家，号召民主国家一致应对这种挑战，捍卫民主价

① Nathan，Andrew J. Authoritarian Resurgence：China's challenge. Journal of Democracy，Volume 26，Number 1，January 2015. http：//dspace. jgu. edu. in：8080/jspui/bitstream/10739/187/1/NPHR8%20Nathan%20JOD2. pdf.

② Susan L. Shirk，Minxin Pei，Michael J，Abramowitz，Sarah Repucci. Journal of Democracy April 2018 Issue：China in Xi's New Era. National Endowment for Democracy，June，2018. https：//www. ned. org/journal-of-democracy-april-2018-issue-china-in-xis-new-era/.

值观。同时墨卡托中国研究所也开展专题研讨会，议题为：How To Fight China's Sharp Power(如何对抗中国的“锐实力”)，并将这种“锐实力”渲染成中西方制度的竞争，民主国家与威权主义国家根本体制的竞争①。黎安友(Andrew J. Nathan)则积极发援德国全球公共政策研究所对中国(所谓“威权主义国家”)的“锐实力”的宣战②。

(五)中国的“天下秩序”成为美国主导国际秩序的威胁

2008年以来，面对国际世界格局发生重大变化，中国国内社会总体发展达到新高度的新形势下，中国高瞻远瞩的提出了“中国梦”和“人类命运共同体”等核心理念，为全球治理积极贡献中国方案③。中国著名哲学家赵汀阳等人基于中国传统儒家思想的“讨伐观”、“天下观”和天下秩序观，提出了以中国的“天下秩序”来弥补当前国际秩序的不足。该核心思想是借鉴中国对外的兼容并蓄的文化传统和价值核心，探索和构建新型国际关系范式，克服当前霸权主义、极端种族主义横行，全球治理失范等问题，化解二战后国际秩序面临失序和重塑的危机。

然而中西方力量的强烈反差和剧变，西方世界对华认知上出现严重战略焦虑和“红眼病”。加之美国为首的西方世界深受盎格鲁-撒克逊(Anglo-Saxon)传统影响，在全球治理和国际秩序问题上难以摆脱霍布斯主义的影响，推己及人，以西方的话语逻辑来错误解读中国“天下秩序”观。

2016年德国国际事务研究所(SWP)就曾发布研究报告，以《历

① Thorsten Benner，Kristin Shi-Kupfer. How To Fight China's Sharp Power. China file，August 20，2018. http：//www. chinafile. com/conversation/how-fight-chinas-sharp-power.

② Nathan，Andrew J. Authoritarian Advance：Responding to China's Growing Political Influence in Europe. Foreign Affairs，2018. https：//www. questia. com/magazine/1P4-2035227110/authoritarian-advance-responding-to-china-s-growing.

③ Cheng Li，John L. Thornton. China's new top government leaders. Brookings，March 18，2018. https：//www. brookings. edu/wp-content/uploads/2018/03/china_20180318_new_top_government_leaders_profiles. pdf.

史没有终结：中国是国际秩序的替代者?》(《No End of History：A Chinese Alternative Concept of International Order?》)为题：完全否定福山的“历史终结”，中国的崛起将会成为美国乃至西方秩序的威胁，赵汀阳的“天下观”等中国秩序构想是现行欧洲中心的国际秩序的反模式，挑战了西方主导观念的国际体系，并能有效地改变当前国际秩序的现有结构。① 2017 年美国乔治亚理工大学教授王飞凌(Fei-Ling Wang)发布专著《中华秩序》(《The China Order：Centralia，World Empire，and the Nature of Chinese Power》)回应赵汀阳时指出，中国的全球治理观依旧停留于明朝、清朝时代的“天下观”，而中国走向世界中心意味着要重塑以清朝为范本的中华世界秩序，即一种朝贡贸易体系，而这种秩序与威斯特伐利亚体系有着本质区别，需要国际社会警惕②。

2016 年胡佛研究所发表研究文章指出基于中国的“中华中心主义”(Sino-Centrism)的历史文化，中国一直致力于重建国际道德责任规范与以中国为核心的天下秩序③。2018 年美国著名智库兰德公司发布年度研究报告④《China and the International Order》，报告指出，尽管中国迄今为止的政治实践行为表明目前中国并不是战后世界秩序的坚定反对者，而是积极参与并塑造现有国际秩序和规范。但是当前中国对国际秩序的态度确实存在从持续支持到更具挑战性

① Stiftung Wissenschaft und Politik. No End of History：A Chinese Alternative Concept of International Order? January，2016. https：//www. ssoar. info/ssoar/handle/document/46113#.

② Fei-Ling Wang. The China Order：Centralia，World Empire，and the Nature of Chinese Power. State University of New York Press，2017.

③ Miles Maochun Yu. Understanding China's Strategic Culture Through Its South China Sea Gambit. May 9，2016. https：//www. hoover. org/research/understanding-chinas-strategic-culture-through-its-south-china-sea-gambit.

④ 研究团队包括：资深政治学者迈克尔·马扎尔(Michael J. Mazarr)、防务问题高级研究员蒂莫西·希思(Timothy R. Heath)、史图·塞瓦洛斯 (Astrid Stuth Cevallos) 等人.

冲击的可能性①。

对此，2018年布鲁金斯学会约翰·桑顿中国中心主任李成(Cheng Li，2018)则坦言："中国的崛起，而美国相对衰落(特别是软实力的衰落)，使得美国精英和公众担心中国将取代美国成为世界的领导者。"②兰德公司的国际防务问题专家Timothy R. Heath更进一步宣扬，现有研究成果表明，中国应对战后世界秩序的策略正在发根本性变化，"现在的北京正自豪地认为自己是一个修正主义和革命性力量。"③

四、从美国智库对华认知角度看中美关系未来走势

(一)中美双边关系上，争夺亚太地区主导权，全面竞争和对抗加剧

1. 从"战略伙伴关系"到"战略竞争对手"的转变

美国智库在中美关系的预判上基本持否定态度，正如杜大伟所言"当前双边关系是自1979年建交以来的最低点，双方相互指责对方，将问题归因为是对方对关系造成了前所未有的恶化"④。贸易战更是严重削弱了双边关系的"压舱石"(双方的经济相互依赖性)，

---

① Michael J. Mazarr，Timothy R. Heath，Astrid Stuth Cevallos. China and the International Order. Rand，2018. https：//www.rand.org/pubs/research_reports/RR2423.html.

② Cheng Li. The U.S.-China relationship：Trading blows. Brookings，May，2018. https：//www.brookings.edu/on-the-record/the-u-s-china-relationship-trading-blows/.

③ Timothy R. Heath. Without Reform and Cooperation with China，the International System Cannot Hold. Rand，June，2018. https：//www.rand.org/blog/2018/06/without-reform-and-cooperation-with-china-the-international.htm.

④ David Dollar. PRINCIPLES FOR MANAGING U.S.-CHINA COMPETITION. Brookings，April，2018. https：//www.cfr.org/report/managing-global-disorder-prospects-us-china-cooperation.

当前的双边关系日益恶化，战略竞争态势不断抬头。① Ryan Hass 坦言“过去18个月的记录表明双边关系并不乐观，如果两国领导人不慎重选择，双边将相互猜忌并继续恶化，冲突难以避免”②。

中美全方位战略竞争加剧在美国对华战略认知的动态调整中表现极为明显，克林顿时期对话基本论调是“战略伙伴关系”，小布什和奥巴马时期对华基本论调是“建设性关系”，特朗普政府对华基本论调是“战略竞争对手”。在最新的美国《国家安全战略》中更是措辞极为严厉，将应对中国的冲击和挑战提升到前所未有的战略高度。布鲁金斯学会约翰·桑顿中国中心及东亚政策研究中心资深研究员乔纳森·波拉克直言，特朗普政府对外政策根本性调整和重新战略部署为两国良性关系建设造成了巨大冲击。③ 目前贸易战已经全面打响并且持续升级，围绕着南海问题和亚太地区主导权争夺，将会成为美国全面遏制和阻碍中国的重要发力点。

作为特朗普政府最为核心的智囊史蒂夫·班农(Steve Bannon)，曾任极右派媒体布赖特巴特新闻网(Breitbart News)执行主席，是公认的极右翼分子和鼓噪“中国威胁论”的急先锋④。在 2018 年，他接受悉尼晨报采访时宣称“如果我们坚持下去，我们就会控制所

---

① Ali Wyne. The Greater Danger of U. S. -China Trade Tensions. Rand, May 9, 2018. https://www.rand.org/blog/2018/05/the-greater-danger-of-us-china-trade-tensions.html.

② Ryan Hass. Principles for managing U. S. -China competition. Brookings, August, 2018. https://www.brookings.edu/research/principles-for-managing-u-s-china-competition/?utm_source=feedblitz&utm_medium=FeedBlitzRss&utm_campaign=FeedBlitzRss&utm_content=Principles+for+managing+U. S. -China+competition.

③ 菲利普·陆克，乔纳森·波拉克. 美国与欧盟应对中国崛起中的不同利益与政策协调[J]. 国际关系研究，2017(3)：115.

④ Heather Long. Think what you want about Steve Bannon, but he's got a good point on China. Washingtonpost, August 17, 2017. https://www.washingtonpost.com/news/wonk/wp/2017/08/17/think-what-you-want-about-steve-bannon-but-hes-got-a-good-point-on-china/? utm_term=.56c44efd922f.

有的东南亚各国……南海将成为全球紧张危机的焦点”①。即使被国家安全委员会除名后，史蒂夫·班农(Steve Bannon)在接受采访时，依然劣性难驯，自诩为“街头霸王”，在朝核危机等一切问题上敌对中国②，并宣称将远赴欧洲发动右翼政治势力，组成全球反华联盟，全面对抗中国③。

2. 争夺亚太地区主导权，对华全面竞争态势和对抗趋势明显

在中美双边关系的研判上，美国智库重点围绕南海、亚太地区主导权争夺展开，对华全面竞争态势不断加剧和恶性对抗趋势明显。2018 年外交关系协会开展专题研讨会《The U. S. -Southeast Asia Relationship：Responding to China's Rise》，讨论美国在南海领域应对中国崛起战略时，明确指出美国此前的南海战略有严重失误，中国正在南海周边地区的区域安全和经济合作问题上越来越占主导地位。该地区内美国战略和经济地位正在日益下降，速度比美国官员几年预估要快很多，且预计 2030 年可能会进一步大幅降低④。

中国目前在南海的一系列捍卫领土和加强自我防御的防卫计划也让美国大为恼火和高度紧张。2018 年外交关系协会针对中国南海防卫计划展开专题研究，发布报告指出：中国正对南海大部分海域实行行政控制。这一趋势加剧了区域对美国可靠性的担忧，并增强了中国对周边国家经济和军事性影响力。中国在南海

① Bernard Lagan. Steve Bannon tells Sydney Morning Herald of Chinese domination danger. the Times，July 10 2018. https：//www. thetimes. co. uk/article/steve-bannon-tells-sydney-morning-herald-of-chinese-domination-danger-9vmlzb8nr.

② Benjamin Haas. Steve Bannon compares China to 1930s Germany and says US must confront Beijing. the Guardian，2018.

③ Brian Schwartz. Former Trump advisor Steve Bannon：“We are at war with China”. CNBC，18 July 2018. https：//www. cnbc. com/2018/07/18/former-trump-advisor-steve-bannon-were-at-war-with-china. html.

④ CFR Workshop. The U. S. -Southeast Asia Relationship：Responding to China`s Rise. Council on Foreign Relations，April 18，2018. https：//www. cfr. org/report/managing-global-disorder-prospects-us-china-cooperation.

影响力的累积效应将使美国在东南亚维护其利益变得越来越困难：美国的安全伙伴关系将会减弱，美军的访问受限和关系协议减少，区域国际机构和国际法都不会对中国的行为有实质性的限制。为了防止这些结果，美国必须执行一整套包括军事、经济和外交等全面政策，如阻碍中国扩大和巩固其对航道及领空的控制能力等①。著名杂志《The ECONOMIST》甚至发表专文《China has a vastly ambitious plan to connect the world》，文章指出，美国与中国之间冲突的最大危险是美国海军在亚洲的存在和两国之间的紧张关系，加之美国对盟国的安全承诺与中国努力在东南和南海扩大影响之间矛盾重重②。

在南海和亚太地区主导权问题解决方案上，2018 年 4 月，美军太平洋司令部司令 Philip S. Davidson 向参议院军事委员会报告，宣称中国的军事力量发展极为迅猛，当前已经能支撑中国南海的领土主张，需要通过"武装冲突"来"阻止中国的诉求"③。

随着特朗普政府将奥巴马政府的"重返亚太"扩大为"印太战略"，当前美国试图在亚太地区甚至整个亚洲地区重新构建类似"第二岛链"，全面围堵中国，并且遏制中国影响力对外辐射和发展。2017 年布鲁斯金学会集结全明星阵容④形成了中美关系系统

---

① Ely Ratner. Exposing China's Actions in the South China Sea. Council on Foreign Relations，April，2018. https：//www. cfr. org/report/exposing-chinas-actions-south-china-sea.

② The ECONOMIST. China has a vastly ambitious plan to connect the world. 2018. https：//www. economist. com/briefing/2018/07/26/china-has-a-vastly-ambitious-plan-to-connect-the-world? fsrc=scn/tw/te/rfd/pe.

③ Tom O'Connor. "Only 'War' Could Stop China From Controlling South China Sea，U. S. Military Commander Says". News Week，April，2018. https：//www. newsweek. com/us-military-commander-only-war-could-stop-china-controlling-south-sea-895666.

④ 团队包括：李侃如（Kenneth G. Lieberthal）、罗伯特·卡根（Robert Kagan），杜大伟(David Dollar)，哈斯(Ryan Hass)，李成(Cheng Li)，拉普-胡珀（Mira Rapp-Hooper），布鲁斯·琼斯（Bruce Jones），周思哲(Jonathan Stromseth）等人.

研究报告。讨论美国应以何种代价防止中国在亚太地区建立地区军事霸权的问题上，各方虽都在寻求避免美国和中国之间的直接冲突，但在如何实现这一目标，以及军事对抗的限度问题上发生争论。然而，报告显示越来越多的人支持美国对中国的南海行为做出更强硬的回应，保证美国对盟友和伙伴的安全承诺的可信度①。基辛格中美关系研究所所长戴博(Robert Daly)、芮效俭(J. Stapleton Roy)布雷迪(Anne-Marie Brady)等人开展专题研讨会《A Decade of U. S. -China Relations: From Engagement to Rivalry》，形成基本结论是：经过近40年的互利互动，双边关系越来越趋向于对立。在北京和华盛顿，曾经既有竞争与合作并存的关系，现在被视为具有根本性的完全竞争关系。没有任何先例可以指导当前中美两个超级大国之间的地缘性战略竞争。②

（二）在国际秩序主导权上，热议"修昔底德"陷阱，战略杂音明显

1. 预判国际主导权将向中国转移

2008年以来中美发展态势的强烈对比，经济数据评估显示中国经济持续强劲且预计2050年超过美国③，让整个西方世界意识到中国不断崛起而且美国处于相对衰落的地位，由此引发对中国取代美国主导战后国际秩序的预测和担忧。2017年，巴塞罗那国际事务研究所(CIDOB)研究文章直言，特朗普总统所呼吁的"让美国

---

① Kenneth G. Lieberthal, Robert Kagan, David Dollar, Ryan Hass, Cheng Li, Mira Rapp-Hooper, Bruce Jones, Jonathan Stromseth. Avoiding war: Containment, competition, and cooperation in U. S. -China relations. Brookings, November 2017. https://www.brookings.edu/wp-content/uploads/2017/11/fp_20171121_china_interview.pdf.

② Robert Daly, J. Stapleton Roy, Anne-Marie Brady. A Decade of U. S. -China Relations: From Engagement to Rivalry. Woodrow Wilson International Center for Scholars, 2018. https://www.wilsoncenter.org/event/decade-us-china-relations-engagement-to-rivalry.

③ CEPII. The Great Shift: Macroeconomic projections for the world economy at the 2050 horizon. 2012, February. http://www.cepii.fr/CEPII/fr/bdd_modele/presentation.asp? id=11.

再次伟大”，事实上再次承认美国已不再伟大，反映了对美国衰落的大国怀旧情绪。中国十九大提出的重要政治任务就是在世界事务中“发挥核心作用”。政治报告明确表达中国致力于构建“有别于”西方新自由主义模式和新兴的世界秩序。①。2018 年美国外交关系委员会(CFR)甚至开展“治理全球失序：美中合作前景“研讨会，与会者倾向于认为中国崛起造成了权力失衡，当前国际自由秩序受到相当大的压力②。英国皇家国际事务研究所(Chatham House)研究报告更是直言“二十一世纪初，国际主导权力交接正在发生：美国的权力相对下降，中国迅速崛起。自由世界秩序不能幸免于美国霸权势力的侵蚀。正是这种结构变化，而不是美国总统唐纳德·特朗普，目前正在威胁着二战后的国际秩序，中国似乎不太可能将继续屈从美式和平(Pax Americana)。③ 皮尤研究中心 2017 年关于国家形象的调研数据显示(图 9)，中国在全球的正面形象不断加强，美国在许多国家的形象日渐衰弱。这意味着美苏争霸后，美国的世界地位一去不复返，当前美国和中国竞争更受青睐的世界强国④。美国国际战略研究中心葛来仪(Bonnie S. Glaser)预测“中国在 2049 年达到发达国家水平的同时会成为在综合国力和国际影响力方面的

① Sean Golden. A “China Model” for the “New Era”. Barcelona Centre for International Affairs, 10/2017 No503. https：//www. cidob. org/en/publications/publication_series/opinion/asia/a_china_model_for_the_new_era.

② CFR Workshop. Managing Global Disorder：Prospects for U. S. -China Cooperation. May 23, 2018. https：//www. cfr. org/report/us-southeast-asia-relationship-responding-chinas-rise.

③ Christopher Layne. The US-Chinese power shift and the end of the Pax Americana. International Affairs, 5 January 2018, Volume 94, Number 1, Chatham House. https：//www. chathamhouse. org/publication/ia/us-chinese-power-shift-and-end-pax-americana.

④ MARGARET VICE. In global popularity contest, U. S. and China-not Russia-vie for first. Pew Research, AUGUST 23, 2017. https：//www. pewresearch. org/fact-tank/2017/08/23/in-global-popularity-contest-u-s-and-china-not-russia-vie-for-first/.

全球领导者。”①胡佛研究所内部刊物主编 Tunku Varadarajan② 和托马斯·亨里克森(Thomas H. Henriksen)都强调美国需要密切关注当前的国际权力转移问题③，甚至提出了“后美国国际秩序”(post-American world order)、“后西方世界秩序”(post-West world)等说法④。

2. 美国战略界热议“修昔底德”陷阱，战略杂音明显

在中美关系为主题的国际关系和世界秩序重塑问题上，尽管基辛格曾经提出了“共同演化”(“co-evolution”)的战略，但目前主流智库更倾向于唱衰双边关系，热议“修昔底德”陷阱。2017年“修昔底德陷阱”理论的提出者，哈佛大学著名学者格雷厄姆·阿利森(Graham Allison)发布专著《Destined for War：Can America and China Escape Thucydides's Trap?》，探讨中美能否避开“修昔底德”陷阱，文章持克制而消极的态度一方面，认为中美之间的“修昔底德陷阱”不是无法避免的，中美的战争后果是双方乃至全世界都无法接受的，另一方面，当前贸易战可能激化成军事战争，种种迹象表明中国和美国似乎正在走向一场不需要的战争⑤。

2017年，全球顶尖的世界经济史学家尼尔·弗格森(Niall

① Bonnie S. Glaser，Matthew P. Funaiole. Xi Jinping's 19th Party Congress Speech Heralds Greater Assertiveness in Chinese Foreign Policy，October 26，2017. https：//www. csis. org/analysis/xi-jinpings-19th-party-congress-speech-heralds-greater-assertiveness-chinese-foreign-policy.

② Tunku Varadarajan. Will China Impose A New World Order? Hoover，via Wall Street Journal，Friday，February 9，2018. https：//www. hoover. org/research/will-china-impose-new-world-order，https：//www. wsj. com/articles/will-china-impose-a-new-world-order-1518219178.

③ Thomas H. Henriksen. Rogue-Patron Linkages in an Emerging World Order. Hoover，Monday，April 30，2001. https：//www. hoover. org/research/rogue-patron-linkages-emerging-world-order.

④ Thomas H. Henriksen. Post-American World Order. Hoover，March 23，2017. https：//www. hoover. org/research/post-american-world-order.

⑤ Graham Allison. Destined for War：Can America and China Escape Thucydides's Trap? Houghton Mifflin Harcourt，May 30，2017.

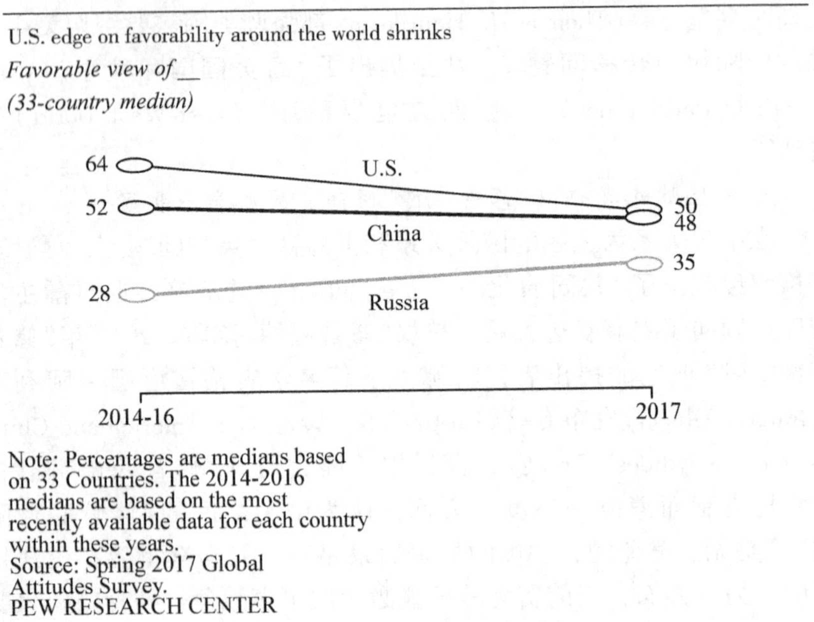

图 9

来源：Spring 2017 Global Attitude Survey，PEW RESEARCH CENTER，2017.

Ferguson）在斯坦福大学国际关系学院专访格雷厄姆·阿利森（Graham Allison），探讨中美面临的"修昔底德"陷阱①，并于 2018 年发表研究文章《An ancient trap awaits China and US》，提出中美在处理当前国际关系问题上目前有两种选择路径，一是美国和中国一起陷入"修昔底德陷阱"；另一种选择是基辛格在其著作《中国》（On China）中所谓的"共同进化"（或者"共同演化"）②。但比较遗憾的是，随着贸易战不断升级，第二条路线并不容易，目前最可能

① Niall Ferguson，Graham Allison. Destined for War：Can America and China Escape Thucydides's Trap? The Freeman Spogli Institute for International Studies of Stanford University，June 7，2017. https：//fsi. stanford. edu/events/destined-war-can-america-and-china-escape-thucydides-trap.

② Henry Kissinger. On China. Penguin Press，2011.

重复 20 世纪英德的历史，被迫走向战争冲突①。格雷厄姆·阿利森(Graham Allison)的新书还引起美国学界和战略界热议：华尔街日报、纽约时报、经济学人②、时代周刊、金融时报、彭博社等 14 家重量级期刊报纸纷纷刊载诸多学者文章热议，胡佛研究所、卡内基基金会、斯坦福大学国际关系学院等众多智库和重量级学者纷纷发表相似意见③。

围绕着国际主导权的和平转移问题，目前美国战略界较为共识性地认为发生正面冲突似乎难以避免，战略杂音明显增多，“新冷战”、战争、文明冲突等说法不绝于耳。2018 年美国前防卫战略主任沙奇(Kori Schake)发表个人著作《Safe Passage：The Transition from British to American Hegemony》(Harvard University Press，November 2017)，书籍断言当前中美对主导权的争夺完全有别于二战后英国对美国国际主导权的转移。由于中美两国的巨大利益差异和意识形态差异，实现国际主导权和平转移的可能性很低④。文章一出引发战略界的热议，华尔街日报、外交政策杂志纷纷撰文声援，胡佛研究所、基辛格国际事务研究中心、兰德公司⑤、美国中央情报局的高级中国分析师 Christopher K. Johnson 等智库和学者纷纷发表个人看法，大都一致认可和支持沙奇(Kori Schake)的基本说法和预测。2018 年卡托基金会开辟专栏，格雷厄姆·阿利森

① Niall Ferguson. An ancient trap awaits China and US. Boston Globe，May 07，2018. https：//www. bostonglobe. com/opinion/2018/05/07/ancient-trap-awaits-china-and/wvuYixfXZFKoy00QdggxeJ/story. html.

② the Economics. The Thucydides Trap：Will America and China go to war？Jul 6th，2017. https：//www. economist. com/books-and-arts/2017/07/06/will-america-and-china-go-to-war.

③ Judith Shapiro. America's Collision Course With China. the New York Times，June 15，2017.

④ Kori Schake. Safe Passage：The Transition from British to American Hegemony. Harvard University Press，November 2017.

⑤ Ali Wyne. Book Review：Safe Passage：The Transition from British to American Hegemony. Rand，March，2018. https：//www. rand. org/blog/2018/03/book-review-safe-passage-the-transition-from-british. html.

(Graham T. Allison,)、裘德·布兰切特(Jude Blanchette,)、梅惠琳(Oriana Skylar Mastro)、沙奇(Kori Schake)等人热议中美大国关系及未来世界主导权能否和平转移的问题，尤其是关于平衡美国核心利益诉求与应对中国崛起和中国核心利益诉求两者关系，基本都持消极看法，甚至认为冲突难以避免①。

在此基础上，美国战略界甚至出现极端战争噪音，鼓动美国对华发动所谓的"新冷战"甚至引用"文明冲突论"，先发制人，全力遏制中国的崛起对美国的挑战和应对未来可能的国际秩序变革。2018 年梅惠琳(Oriana Skylar Mastro)出席美国参议院外交关系委员会，在个人陈词中详细说明了当前的美国对华政策上五大错误预设：第一错误假设是一直以来美国有种误解就是部分领域的合作能缓解紧张关系，因而主张合作；第二个错误假设是当中美可以选择合作时，合作的好处多于缺点；第三个有问题的假设是只有积极合作才能改善美中关系；第四个最令人头疼的假设是美国通常可以通过国际法律或规范来衡量中国的行为，并让中国承担相应责任；第五个错误假设是美国曾经认为中国只关注印度洋-太平洋地区的战略角色，但实际上中国是一个越来越全球化的国家。因此指责美国战略界可能会认识到权力上升带来的挑战，但往往低估了中国崛起的能力和战略的有效性。预测美国将会面对前所未有的"霸权"挑战，建议美国采取全新的方法、全新机构和全新的政策程序，全面确保中国的崛起不会以牺牲美国为代价②。

2018 年新美国安全中心国家技术与安全项目研究员卡尼娅(Elsa B. Kania)指出北京长期以来一直呼吁美国放弃所谓的"冷战思维"，但华盛顿必须清醒地认识到中国的雄心壮志被描述为"民

---

① Graham T. Allison, Jude Blanchette, Oriana Skylar Mastro, Kori Schake. China and the West: Is Conflict Ahead? Cato, March 2018. https://www.cato-unbound.org/print-issue/2331.

② Oriana Skylar Mastro. Testimony: Cooperation and competition with China: The need for new approaches. American Enterprise Institute, September 5, 2018. http://www.aei.org/wp-content/uploads/2018/09/Mastro_090518-testimony-REVISED.pdf.

族复兴”所构成的挑战，并提出了所谓的“新冷战”①。美国布什政府的海军副部长助理，哈德逊研究所资深究员塞思·克罗波西（Seth Cropsey）等人更是引用亨廷顿《The Clash of Civilizations and the Remaking of World Order》（《文明的冲突与世界秩序的重建》），自冷战结束以来，对西方领导层的威胁成倍增加，其原因是修正主义的挑战，将中国崛起对国际秩序的冲击描述成文明之间竞争，叫嚣“文明冲突论”②。

五、美国智库对华认知变化的对策思考

毫无疑问，自2016年美国战略界持续不断的争论和政策讨论，2017年特朗普当选美国总统正式执行全面反思对华政策，美国战略界对华认知发生重大转变，美国战略界对华政策已经发生战略性调整，且美国当前对华政策的基调相对较为尖锐和负面。目前贸易战正在持续升级，虽然中国领导人和智囊团正在努力缓和当前持续紧张的经贸关系，但两国能否达成一致性共识，达成什么样共识以及这种共识能有多大程度的约束力都尚且存疑。同时经贸政策只是中美关系的一个领域，中美之间围绕南海问题、亚太影响力问题、台湾问题、国际秩序和全球治理问题，还会浮现各种摩擦和交锋。因此慎终追远，中国需要积极做好战略性规划，不能刻舟求剑，固守之前的外交策略和论调；需要调动国内智库和智囊的资源，提高新时代的智库的科学性和准确性，科学预判其政策态势和战略走势，避免战略陷阱和误导；需要进一步构建既立足中国的特殊国情又能有效对外沟通的话语体系，发挥桥梁性作用，争取战略释疑

① Elsa B. Kania. Beyond Cold War: Paradigms for U.S.-China Strategic Competition. The Center for a New American Security, MAY 22, 2018. https://www.cnas.org/publications/commentary/beyond-cold-war-paradigms-for-u-s-china-strategic-competition.

② Seth Cropsey, Harry Halem. Clash of Civilizations—or Clash Within Civilizations? Hudson Institute, August 31st, 2018. https://www.hudson.org/research/14534-clash-of-civilizations-or-clash-within-civilizations.

等。具体政策建议包括：

1. 加强新时代的智库建设，系统跟踪研究，密切关注“锐实力”和新版“中国威胁论”等战略话语逻辑的态势，关注美国对华政策态势和战略选择，及时、准确地研判国内、国际的形势，形成前瞻性战略谋划和智力支撑

2017年以来对，中美贸易战和美国智库对华研究态势、美国战略界对华政策的预判等问题上，国内战略界集体性出现战略研究失误和失语。这也从侧面映射出国内智库在西方当代中国研究领域仍然存在不足，当前研究的成果过于碎片化甚至陈旧，难以形成智力支撑，反而出现战略噪音和误导。因此需要加强新形势和新时代下的智库建设，尤其是要加强相关问题的政策性智库建设，及时、准确的把握当前最新的研究动态，美国甚至西方世界对华战略的重大调整和路径选择，及时对国内、国际形势形成系统、准确的认识。

当下尤其需要国内战略界和学界，密切关注“锐实力”“威权主义”“修正主义”“中国威胁论”“新冷战”等战略话语及其演变态势。当前美国战略界的战略话语逻辑，大有以“锐实力”联合欧洲、日本等其他国家，制造全面围堵中国，甚至制造“新冷战”遏制中国崛起的冲动。因此，国内密切关注美国战略界话语逻辑的新提法、新态势，对把握美国战略政策动向，未雨绸缪，及时做好战略谋划应对至关重要。

当前美国全面遏制战略初步成形，欧洲大有跟进之势，西方世界对华的态度转变初见端倪，中国如何做到以斗争求团结，有礼、有节地进行战略反击和自我防御，考验着中国战略界和政策界的政治智慧，如何做到应对的游刃有余，巧妙破局，防止西方世界的全面对抗，中美避开“修昔底德”陷阱，中西方防止美苏冷战的重演，关系着中国和平崛起和民族复兴的大局，刻不容缓。

2. 进一步加强西方当代中国研究，立足中国的特殊国情，构建积极对话性而非对抗性的话语体系

中西方之间的政治经济体制巨大差异，文化传统的根本性差异是显而易见的。以“锐实力”，“中华秩序”为例，从侧面反映出中

国需要进一步加强西方当代中国研究。中国学界需要进一步基于中国国情，立足于中国的历史实际，吸收借鉴海外中国学研究、海外汉学研究的精华，扬弃西方对华研究的研究方法和理论基础，巩固对中国历史和传统文化的自我解释权，正本清源。尤其是涉及国家基本形象、重大国际关系处理、文化价值内核等关键问题上，要致力于构建体系完整、逻辑严密的解释话语的主动权、主导权。要求既能将不必要的文化误解消弭于无形，又能对别有用心的文化曲解形成强力反击，以正视听。

中国构建的中国对外传播话语体系，需要区别于对内的宣传和对外传播，适当兼顾西方社会的文化差异，做到既要能不走形、不变样，又要能言之有物，微言大义，让西方世界能够普遍理解和充分吸收。在关注和理解西方的“二元对立”“非此即彼”逻辑困境时，也要积极自省，致力于构建以交流和对话为目的的话语逻辑体系。避免自己对外交流和双方对话中，因话语逻辑差异和立场差异，陷入“二元对立”的逻辑误区，甚至出现话语体系对抗、自说自话的无效沟通。只有充分而有效的对话和交流，才能真正在世界舞台上讲好中国故事。

3. 理性看待国际噪音，基于国际规则和规范开展多元自主外交，开展平等互惠的对外传播和经贸活动，主动消除误解，助力战略释疑

面对中国崛起，传统大国(美国和西方发达国家)还未做好心理准备和战略适应，中国的崛起必然会造成西方尤其是美国战略界的心理失衡和大量战略性噪音，我们需要理性处理，才能润物细无声。事实上，中国改革开放才走过 40 年，短短几十年中国异军突起，完全超出西方人的想象，一次次打破西方所谓“中国崩溃论”的幻想。在独立自主的发展道路上，中国既没有沦为西方所预测的“盗贼国家统治”，也没有按照西方所预想的那样，走上改旗易帜的歪路邪路。中国模式的成功让西方学界大为惊异，已经超出了西方经济、政治学界的解释逻辑范畴，造成了西方学界对“中国之谜”的学理性解释困境。同时中国的崛起完全摆脱美国战略界曾经对中国进行“和平演变”的战略预想，不断崛起的中国以更加自信

的步伐走向世界，参与国际事务治理，参与国际规则的完善。中国的迅速崛起和超出西方战略界的发展道路必然造成美国和整个西方的战略疑虑，甚至产生“红眼病”。

越是西方陷入战略性焦虑，越是需要中国基于国际规则和规范开展多元自主外交，开展平等互惠的对外传播和经贸活动，主动消除误解，助力战略释疑。尽管当前对外交流传播和经贸关系问题上都出现不同层次的受挫，但以民间外交辅助官方外交，以“第二轨道外交”弥补正式外交的不足。让西方社会大众深入了解并接受一个坚持“求同存异”，主张多元文化和平共存的中国，是中国真正走向国际舞台，扮演日益重要大国角色的重要一步。道虽迩，不行不至。从长远来看，开展平等互惠的对外交流传播和经贸活动，仍然是中国大国崛起之路上，实现中西方战略互信、战略释疑的重要一环。

以正取信，以利共存。尽管当前双边经贸关系紧张，但应该看到中美作为世界上最重要的两个大国，双边经济关系和以经济关系为基础，为“压舱石”形成良好的大国关系，对中国的和平发展道路同样具有重要意义。当前双边经贸关系也从侧面映射出两国长期缺乏有效的交流和互动机制，双方历史遗留问题和矛盾不断累积。因此如何基于国际经贸规则和国际规范，形成一种长效的互利共赢和良性竞争的经贸关系，依然是两国关系的长期主题之一，贸易战只是双边关系调整的初步尝试和试探。

4. 坚持独立自主和和平崛起，发展是硬道理，进一步在共识性领域发挥建设性作用，实践出真知

德不孤，必有邻。从中国自身发展的道路来看，在美国根本性调整对华政策，“印太战略”逐步推进，中国可能会被迫承受前所未有的经济、国家安全、外交孤立压力。需要我们坚定不移的保持战略定力，坚持和平发展道路不动摇。发展是硬道理，只有中国不断发展和巩固自己，才能不断证明中国和平发展道路是具有前所未有的可持续性，无与伦比的优越性，让“中国崩溃论”的妄言不攻自破。只有经受住美国单边主义的冲击，顶住美国霸权主义的压力，中国的和平崛起才能赢得国际社会的最终认可。

从发展从全球治理来看，传统国际秩序主导性力量的西方国家纷纷深陷社会分裂危机，逆全球化、保守主义抬头，当前国际治理问题上的“金德尔伯格陷阱”。在美国根本性调整对华政策，西方动摇其一贯对华立场会使得中国对外关系面临前所未有的压力时，恰恰需要中国进一步肩负一个世界负责任大国的政治道义。在全球气候、全球反恐、全球人道主义危机等共识性领域，进一步发挥建设性作用；在全球治理问题上，与世界各国一道积极探索适合国情民意的现代化道路，贡献出中国方案让世界各国自主选择、自主借鉴，让“中国威胁论”的谣言不攻自破。

参考文献

1. 中文文献

[1]陶文钊．美国思想库与冷战后美国对华政策[M]．中国社会科学出版社，2014.

[2]王莉丽．旋转门，美国思想库研究[M]．国家行政学院出版社，2010.

[3]袁鹏傅梦孜中国现代国际关系研究所．美国思想库及其对华倾向[M]．时事出版社，2003.

[4]李俊久．美国特朗普政府对华贸易冲突的权力逻辑[J]．东北亚论坛，2019 年第 2 期，总第 142 期.

[5]中国现代国际关系研究院课题组．中期选举后特朗普政府内外政策走向[J]．现代国际关系，2018(12).

[6]周琪．特朗普政府的贸易政策及其实施[J]．当代世界，2018，No. 438(05)：23-26.

[7]吴心伯．特朗普执政与美国对华政策的新阶段[J]．国际问题研究，2018，No. 185(03)：84-97+129.

[8]徐坚．美国对华政策调整与中美关系的三大风险[J]．国际问题研究，2018，No. 186(04)：5-22+131.

[9]周密．美日欧联手对华施压背后的逻辑[J]．世界知识，2018，No. 1724(09)：12.

[10]赵穗生，黄晓婷，刘明．从“错位的共识”到竞争对手：美国对华政策 40 年[J]．人民论坛·学术前沿，2018(23)．
[11]龚云．美国遏制中国的战略图谋．人民论坛，2018 年 08 月．
[12]谢贵平．印太战略对中国的威胁及其应对思考[J]．人民论坛·学术前沿，2018 年 8 月．
[13]刘杉．2017 年以来西方当代中国研究面临的新困境[J]．国外社会科学，2018，No. 328(04)：5-13．
[14]朱启超，龙坤．试论后九一一时代美国国家安全战略的调整——基于对特朗普政府《美国国家安全战略》报告的分析[J]．美国研究，2018，v. 32；No. 135(03)：9+80-100．
[15]苏庆义，丁艳明．美国对华“301 调查”：历史与当下[J]．中国外汇，2018，No. 350(08)：78-79．
[16]薛力．美国对华战略：从两面下注到全面防范[J]．世界知识，2018，No. 1728(13)：75．
[17]吕虹，孙西辉．“结构性矛盾”与“特朗普主义”——特朗普政府“印太战略”的双重动因[J]．世界经济与政治论坛，2018．
[18]韩庆娜，孙振凯．十九大后美国智库视角下的中国[J]．对外传播，2018. 04．
[19]韩强．十九大与党的对外话语体系建设[J]．北京联合大学学报(人文社会科学版)，2018 年 02 期．
[20]张力、刘长宇．十九大后国际涉华舆论发展形势分析[J]．对外传播，2018 年 04 期
[21]丁奎淞．美国对华安全战略的新变化[J]．国际研究参考，2018．
[22]李梁．美国“知华派”学者兰普顿及其早期中国问题研究[J]．国际论坛，2018，v. 20；No. 117(03)：39-43+81．
[23]杨力，王璐．关于美国智库中美贸易关系研究的分析[J]．国际观察，2018(3)．
[24]郑永年，张弛．特朗普政府《美国国家安全战略报告》对华影响及对策[J]．当代世界，2018．
[25]黄永富．美国最新《国家安全战略》对华政策简析[J]．中国发

展观察，2018.
[26]苏庆义，丁艳明．美国对华“301 调查”：历史与当下[J]. 中国外汇，2018，No. 350(08)：78-79.
[27]郑永年．美国拿什么对中国发动冷战？．凤凰网国际智库，2018. https：//mp. weixin. qq. com/s？src = 11&timestamp = 1553332923&ver = 1502&signature = W3gCILMeVhX5g7ux4-FcnF6A6xsRO-WL1TYk8gRufbgsyHv12Pr * O-xSNebzNIERk * HTaK-WXi3xiRvjDus * dCOntZCYbMMO2OFRER9vuPNZpCRmfaR4 Xb-BGQ0F4NafkE&new = 1
[28]郑永年．美国为什么要和中国进行“新冷战”．昆仑策研究院，2018. https：//mp. weixin. qq. com/s？src = 11&timestamp = 1553333026&ver = 1502&signature = 56E * EnVtHoFgLM4HcXFM1ivUSfttzTESnINGtMVAbLuZv83ITvamEaLkqOBtXvYCqgBJLXyF03vgNNsmvhfIUtBZfLfCeXszUgbRHOALkBg2mILejWF-dYKIWAVWLTiI&new = 1
[29]达巍．美国对华战略逻辑的演进与“特朗普冲击”[J]. 世界经济与政治，2017(05)：23-39+157-158.
[30]王缉思．特朗普的对外政策与中美关系[J]. 当代美国评论，2017(01)：7-17+128.
[31]王缉思，袁鹏，赵明昊．超越分歧走向双赢———中美智库研究报告(中方)，2017 年 5 月 22 日，第 2 页.
[32]周琪，赵海．特朗普上任之初内外政策推行受挫及其原因[J]. 国际经济评论，2017(03)：60-79.
[33]吴心伯．特朗普执政与中美关系走向[J]. 国际问题研究，2017(2).
[34]达巍. 中美关系：减少短期脆弱 塑造长期稳定[J]. 当代世界，2017(12)：27-31.
[35]达巍．美国对华战略逻辑的演进与“特朗普冲击”[J]. 世界经济与政治，2017(05)：23-39+157-158.
[36]梅冠群．中美关系进入新赛段[J]. 中国经济报告，2017(12)：105-107.

[37]周兰君，楚树龙．特朗普政府内政外交政策趋向[J]．国际经济评论，2017(01)：8+120-130.
[38]刘杉，胡丹菲，孙欢．从海外中国经济教材现状看当代中国研究的困境[J]．国外社会科学，2017(04)：18-24.
[39]孙钦梅．近五年国外关于中国经济发展模式的研究动向分析[J]．国外社会科学，2017(06)：55-64.
[40]阮建平，方旭峰．冷战结束以来美国学界对华研究的数据分析——以《外交事务》《国际安全》和《政治学季刊》为例[J]．国际论坛，2017(04)：26-32+82.
[41]曾绍毓．美国与盟国的对华政策分歧趋于扩大[J]．国际政治科学，2017(03)：181-183.
[42]胡潇文．西方智库理论研究现状评析，学术论坛，2017 年第 2 期.
[43]宋静．奥巴马政府对外决策与中美关系中的智库因素[J]．智库理论与实践，2017(1).
[44]张大卫，王镭．以交流增进了解以"和声"引发共鸣．光明日报，2017 年 11 月 23 日，15 版．http：//epaper. gmw. cn/gmrb/html/2017-11/23/nw. D110000gmrb_20171123_1-15. htm？div=-1.
[45]刘杉．2015 年以来西方当代中国研究的两个热点——"中国崩溃论"和对华政策反思[J]．国外社会科学，2016(3)：72-81.
[46]韦磊．新世纪以来美国当代中国研究的新态势[J]．当代中国史研究，2016(2)：104-113.
[47]外交学院"美国知华派"课题组．美国十位"知华派"专家评点[J]．决策与信息，2015(7)：55-61.
[48]刘杉．2014 年西方当代中国研究热点回顾[J]．国外社会科学，2015(2)：132-148.
[49]王莉丽．论美国智库舆论影响力的形成机制[J]．理论参考，2015(1)：37-38.
[50]王海明．中美智库比较分析：独立性、"旋转门"与发展环境[J]．广州公共管理评论，2015.
[51]赵可金．美国智库运作机制及其对中国智库的借鉴[J]．当代

世界，2014(5)：31-35.
[52]王文．中美智库比较：差距？差异？[J].对外传播，2014(11)：37-38.
[53]何自力．超越西方市场经济体制的局限性[J].红旗文稿，2014(13)：17-20.
[54]夏春海，王力．中美智库的外部环境因素对比研究[J].前沿，2013(1)：7-9.
[55]仇华飞．美国智库对当代中国外交战略和中美关系的研究[J].国外社会科学，2013(4)：85-94.
[56]仇华飞．美国智库与当前中国问题研究[J].国外社会科学，2012(4)：108-115.
[57]环球时报."北京共识"为发展中国家提供新发展模式.2009年09月23日.http：//news.ifeng.com/history/special/zhongguojingyan/200909/0923_8129_1361590_1.shtml
[58]钱皓．布鲁金斯学会与克林顿政府对华接触政策[J].国际观察，2006(3)：41-48.

2. 外文文献

(1)外文书目：

[1][美]沈大伟(David Shambaugh)(著)，吕增奎等(译).中国共产党：收缩与调适[M].中央编译出版社，2011.
[2]Bell D A. The China Model：Political Meritocracy and the Limits of Democracy. Princeton University Press，2015.
[3]Christopher J. Rastrick. Think Tanks in the US and EU：The Role of Policy Institutes in Washington and Brussels. Routledge，2017.
[4]Francis Fukuyama. The End of History and the Last Man. New York：Free Press，1992.
[5]Francis Fukuyama. State-Building：Governance and World Order in the 21st Century. Cornell University Press，2004.
[6]Fei-Ling Wang. The China Order：Centralia，World Empire，and the Nature of Chinese Power. State University of New York Press，2017.

[7] Graham Allison. Destined for War: Can America and China Escape Thucydides's Trap? Houghton Mifflin Harcourt, May 30, 2017.
[8] Henry Kissinger. On China. Penguin Press, 2011.
[9] John K. Fairbank. The Cambridge History of China. Cambridge University Press, 1983.
[10] James Loxton. Life after Dictatorship: Authoritarian Successor Parties Worldwide. Cambridge University Press, 2018.
[11] Kori Schake. Safe Passage: The Transition from British to American Hegemony. Harvard University Press, November 2017
[12] Lieberthal K. Governing China: from revolution through reform. W. W. Norton & Company, 1995.
[13] Michael Pillsbury. The Hundred-Year Marathon: China's Secret Strategy to Replace America as the Global Superpower. Henry Holt and Co, 2015.
[14] Peter Navarro. Death by China: Confronting the Dragon-A Global Call to Action. Pearson FT Press, 2011.
[15] Philip A. Kuhn. Soul Stealers: The Chinese Sorcery Scare of 1768. Harvard University Press, 1990.
[16] Ray Huang. 1587, A Year of No Significance: The Ming Dynasty in Decline. Yale University Press, 1982.
[17] Samuel P. Huntington. Political Order in Changing Societies. Yale University Press, 2006. Wilkinson. the history of imperial china. Harvard university press, 1975.

(2)政府文件:

[1] FAIR TRADE WITH CHINA ENFORCEMENT ACT. MAY, 2018. https: //www. rubio. senate. gov/public/_ cache/files/ef9a4 b4ed8f1-42c1-9518-f19dd655e2e2/CC3DCF9CF36386C313DDEF0F2BCDFDCA. one-pager-rubio-fair-trade-with-china-enforcement-act. pdf
[2] THE WHITE HOUSE. National Security Strategy of the United States of America, 2017. http: //bill-of-rights. angelfire. com/index-con-

cordance/trump/national-security-strategy-2017. html
[3]THE WHITE HOUSE. National Security Strategy of the United States of America: Sharpening the American Military's Competitive Edge, 2018. https://dod. defense. gov/Portals/1/Documents/pubs/2018-National-Defense-Strategy-Summary. pdf
[4] National Defense Authorization Act for Fiscal Year 2019. Aug, 2018. https://www. congress. gov/bill/115th-congress/house-bill/5515/text.

（3）研究报告：

[1] CEPII. The Great Shift: Macroeconomic projections for the world economy at the 2050 horizon. February, 2012.（法国国际经济研究所）http://www. cepii. fr/CEPII/fr/bdd_modele/presentation. asp?id=11
[2] Caroline Freund, Dario Sidhu. Global Competition and the Rise of China. Peterson Institute for International Economics, February, 2017.（彼得森国际经济研究所）https://piie. com/system/files/documents/wp17-3. pdf
[3] CFR Workshop. Managing Global Disorder: Prospects for U. S. -China Cooperation. May 23, 2018.（外交关系协会）https://www. cfr. org/report/us-southeast-asia-relationship-responding-chinas-rise
[4] Carroll Doherty, Jocelyn Kiley, Bridget Johnson. The Public, the Political System and American Democracy: Pew Research Center, April, 2018.（皮尤研究中心）https://blog. awesomescreenshot. com/2017/11/29/four-new-annotation-types-as-premium-features/
[5] Cheng Li, John L. Thornton. China's new top government leaders. Brookings, March 18, 2018.（布鲁金斯学会）https://www. brookings. edu/wp-content/uploads/2018/03/china_20180318_new_top_government_leaders_profiles. pdf
[6] Cheng Li. The U. S. -China relationship: Trading blows. Brookings,

May，2018.（布鲁金斯学会）https：//www. brookings. edu/on-the-record/the-u-s-china-relationship-trading-blows/

[7] Center for Strategic and International Studies. ZTE，the Telecom Wars，and Cyber Spies. AUGUST 2018.（国际战略研究中心）https：//csis-prod. s3. amazonaws. com/s3fpublic/publication/180802 _ Chinese _ Cybersecurity. pdf? EqyEvuhZiedaLDFDQ. 7pG4W1IGb8bUGF

[8] Charles W. Freeman. On the Souring of Sino-American Relations. 2018. https：//chasfreeman. net/on-the-souring-of-sino-american-relations/

[9] CFR Workshop. The U. S. -Southeast Asia Relationship：Responding to China's Rise. Council on Foreign Relations，April 18，2018.（外交关系协会）https：//www. cfr. org/report/managing-global-disorder-prospects-us-china-cooperation

[10] Christopher Walker & Jessica Ludwig. From "Soft Power" to "Sharp Power"：Rising Authoritarian Influence in the Democratic World，" Sharp Power：Rising Authoritarian Influence. National Endowment for Democracy，December 2017.（美国民主基金会）http：//www. pressreleasepoint. com/sharp-power-rising-authoritarian-influence-new-forum-report

[11] Christopher Layne. The US-Chinese power shift and the end of the Pax Americana. International Affairs，5 January 2018，Volume 94，Number 1，Chatham House.（英国皇家国际事务研究所）https：//www. chathamhouse. org/publication/ia/us-chinese-power-shift-and-end-pax-americana

[12] Davis Florick. China's National Century of Humiliation：Context for Today's Tensions. Human Security Centre，September，2016.（美国人类安全中心）http：//www. hscentre. org/asia-and-pacific/chinas-national-century-humiliation-context-todays-tensions/

[13] Dem Digest. Are we on the brink of a post-democratic era? NATIONAL ENDOWMENT FOR DEMOCRACY，August，2018.（美国民主基金会）https：//www. demdigest. org/on-the-brink-of-a-

post-democratic-era-is-democracy-crashing-and-burning/

[14] David Dollar. PRINCIPLES FOR MANAGING U. S. -CHINA COMPETITION. Brookings, April, 2018.（布鲁金斯学会）https：//www. cfr. org/report/managing-global-disorder-prospects-us-china-cooperation

[15] DOROTHY MANEVICH. People in less democratic countries are more likely to say China and Russia respect personal freedoms. MARCH, 2018.（皮尤研究中心）https：//www. pewresearch. org/fact-tank/2018/03/12/people-in-less-democratic-countries-are-more-likely-to-say-china-and-russia-respect-personal-freedoms/

[16] Elsa B. Kania. Beyond Cold War：Paradigms for U. S. -China Strategic Competition. The Center for a New American Security, MAY 22, 2018.（新美国安全中心）https：//www. cnas. org/publications/commentary/beyond-cold-war-paradigms-for-u-s-china-strate gic-competition

[17] Ely Ratner. Exposing China's Actions in the South China Sea. Council on Foreign Relations, April, 2018.（外交关系协会）https：//www. cfr. org/report/exposing-chinas-actions-south-china-sea

[18] Edwin Feulner. President Donald Trump and the New International Order. The Heritage Foundation, 2018.（传统基金会）https：//www. heritage. org/asia/report/president-donald-trump-and-the-new-international-order

[19] Graham T. Allison, Jude Blanchette, Oriana Skylar Mastro, Kori Schake. China and theWest：Is Conflict Ahead? Cato, March 2018.（卡托基金会）https：//www. cato-unbound. org/print-issue/2331

[20] Joseph S. Nye, Jr, Shanthi Kalathil. DEMOCRACIES SHOULD FIGHT SHARP POWER WITH SOFT POWER. Pacific Council, 2018.（大西洋事务理事会）https：//www. pacificcouncil. org/activites/summer-teleconference-series

[21] James Pethokoukis. Will the US-China digital cold war hit Apple?

American Enterprise Institute, April 17, 2018.（美国企业研究所） http：//www. aei. org/publication/will-the-us-china-digital-cold-war-hit-apple

[22] Kenneth G. Lieberthal, Robert Kagan, David Dollar, Ryan Hass, Cheng Li, Mira Rapp-Hooper, Bruce Jones, Jonathan Stromseth. Avoiding war：Containment, competition, and cooperation in U. S. -China relations. Brookings, November 2017.（布鲁金斯学会） https：//www. brookings. edu/wp-content/uploads/2017/11/fp_20171121_china_interview. pdf

[23] Minxin Pei, David Shambaugh. Democratizing China：Insights from Theory and History. National Endowment for Democracy, April 28, 2016（美国民主基金会） https：//www. ned. org/events/democratizing-china-insights-from-theory-and-history/

[24] MARGARET VICE. In global popularity contest, U. S. and China-not Russia-vie for first. Pew Research, AUGUST 23, 2017.（皮尤研究中心）https：//www. pewresearch. org/fact-tank/2017/08/23/in-global-popularity-contest-u-s-and-china-not-russia-vie-for-first/

[25] Minxin Pei. China's Upcoming Party Congress：What to Watch. CHINA US Focus, Jul, 2017.（中美聚焦）https：//www. chinausfocus. com/political-social-development/chinas-upcoming-party-congress-what-to-watch

[26] Michael Pillsbury. Michael Pillsbury Testifies before U. S House Intelligence Committee. Hudson Institute, July 19th, 2018.（哈德逊研究所）https：//www. hudson. org/research/14460-michael-pillsbury-testifies-before-u-s-house-intelligence-committee

[27] Michael J. Mazarr, Timothy R. Heath, Astrid Stuth Cevallos. China and the International Order. Rand, 2018.（兰德公司）https：//www. rand. org/pubs/research_reports/RR2423. html

[28] National Endowment for Democracy. "SHARP POWER：RISING AUTHORITARIAN INFLUENCE"：NEW FORUM REPORT.

Dec, 2017.（美国民主基金会）https：//link. jianshu. com/？ t=https% 3A% 2F% 2Fwww. ned. org% 2Fsharp-power-rising-authoritarian-influence-forum-report%2F

[29] Niall Ferguson, Graham Allison. Destined for War: Can America and China Escape Thucydides's Trap? The Freeman Spogli Institute for International Studies of Stanford University, June 7, 2017.（斯坦福大学国际事务学院）https：//fsi. stanford. edu/events/destined-war-can-america-and-china-escape-thucydides-trap National Committee on United States-China Relations. Two-Way Street: 2018Update US-China Direct Investment Trends. APRIL, 2018.（中美关系全国委员会）https：//www. ncuscr. org/sites/default/files/page_attachments/Two-Way-Street-2018_Full-Report. pdf

[30] Orville Schell, Susan L. Shirk. US POLICY TOWARD CHINA: RECOMMENDATIONS FOR A NEW ADMINISTRATION. The Center on US-China Relations, February 2017.（中美关系研究中心）https：//asiasociety. org/center-us-china-relations/us-policy-toward-china-recommendations-new-administration

[31] Oriana Skylar Mastro. Testimony: Cooperation and competition with China: The need for new approaches. American Enterprise Institute, September 5, 2018.（美国企业研究所）http：//www. aei. org/wp-content/uploads/2018/09/Mastro _ 090518-testimony-REVISED. pdf

[32] Pew Research Center. Americans have grown more negative toward China over the past decade. 2017.（皮尤研究中心）http：//www. pewresearch. org/fact-tank/2017/02/10/americans-have-grown-more-negative-toward-china-over-past-decade/

[33] Pew Research Center. As Trade Tensions Rise, Fewer Americans See China Favorably. August, 2018.（皮尤研究中心）http：//assets. pewresearch. org/wp-content/uploads/sites/2/2018/08/28101349/Pew-Research-Center _ U. S. -Views-of-China _ Report _ 2018-08-28. pdf

[34] Peter Harrell, Elizabeth Rosenberg, Edoardo Saravalle. China's Use of Coercive Economic Measures. New American Security, June, 2018.（新美国安全中心）https：//www. cnas. org/publications/reports/chinas-use-of-coercive-economic-measures

[35] Robert Z. Lawrence. How the United States Should Confront China Without Threatening the Global Trading System. Peterson Institute for International Economics, August, 2018. https：//piie. com/publications/policy-briefs/how-united-states-should-confront-china-without-threatening-global（彼得森国际经济研究所）

[36] Robert Daly, J. Stapleton Roy, Anne-Marie Brady. A Decade of U. S. -China Relations：From Engagement to Rivalry. Woodrow Wilson International Center for Scholars, 2018（伍德罗威尔逊国际学者中心）https：//www. wilsoncenter. org/event/decade-us-china-relations-engagement-to-rivalry

[37] Richard Wike, Kat Devlin. As Trade Tensions Rise, Fewer Americans See China Favorably. Pew Research Center, AUGUST 28, 2018.（皮尤研究中心）https：//www. pewglobal. org/2018/08/28/as-trade-tensions-rise-fewer-americans-see-china-favorably/

[38] Ryan Hass. Principles for managing U. S. -China competition. Brookings, August, 2018.（布鲁金斯学会）https：//www. brookings. edu/research/principles-for-managing-u-s-china-competition/? utm_source = feedblitz&utm_medium = FeedBlitzRss&utm_campaign = FeedBlitzRss&utm_content = Principles+for+managing+U. S. -China+competition

[39] Sutter, Robert, Limaye, Satu P. America's 2016 Election Debate on Asia Policy and Asian Reactions. East-West Center, 2016.（东西方研究中心）https：//www. eastwestcenter. org/system/tdf/private/ewcwasiareacts-lowres_0. pdf? file = 1&type = node&id = 35809

[40] Stiftung Wissenschaft und Politik. No End of History：A Chinese Alternative Concept of International Order? SWP, January, 2016.（德国国际事务研究所（SWP））https：//www. ssoar. info/

ssoar/handle/document/46113#

[41] Susan L. Shirk, Minxin Pei, Michael J, Abramowitz, Sarah Repucci. Journal of Democracy April 2018 Issue: China in Xi's New Era. National Endowment for Democracy, June, 2018.(美国民主基金会)https://www.ned.org/journal-of-democracy-april-2018-issue-china-in-xis-new-era/

[42] Seth Cropsey, Harry Halem. Clash of Civilizations—or Clash Within Civilizations? Hudson Institute, August 31st, 2018.(哈德逊研究所)https://www.hudson.org/research/14534-clash-of-civilizations-or-clash-within-civilizations

[43] Sean Golden. A "China Model" for the "New Era". Barcelona Centre for International Affairs, 10/2017 No503.(巴塞罗那国际事务研究所)https://www.cidob.org/en/publications/publication_series/opinion/asia/a_china_model_for_the_new_era

[44] Thomas H. Henriksen. Rogue-Patron Linkages in an Emerging World Order. Hoover, Monday, April 30, 2001.(胡佛研究所)https://www.hoover.org/research/rogue-patron-linkages-emerging-world-order

[45] The Woodrow Wilson International Center for Scholars. The Month in U.S.-China Relations. October, 2017.(伍德罗威尔逊国际学者中心)https://www.wilsoncenter.org/article/the-month-us-china-relations-zhong-mei-guan-xi-yi-ge-yue-october-2017

[46] The Council on Foreign Relations. Is "Made in China 2025" a threat to Global Trade? August 2, 2018.(外交关系协会)https://www.cfr.org/backgrounder/made-china-2025-threat-global-trade

[47] Tunku Varadarajan. Will China Impose A New World Order? Hoover, via Wall Street Journal, Friday, February 9, 2018.(胡佛研究所)https://www.hoover.org/research/will-china-impose-new-world-order

[48] US-CHINA BUSINESS COUNCIL. China's 2017 Communist Party

Leadership Structure & Transition. JUNE 2017.(美国中美贸易总商会)https://www.uschina.org/reports/chinas-2017-communist-party-leadership-structure-transition

[49]Woodrow Wilson International Center for Scholars. A Preliminary Study of PRC Political Influence and Interference Activities in American Higher Education. Sep 6, 2018.(伍德罗威尔逊国际学者中心)https://www.wilsoncenter.org/publication/preliminary-study-prc-political-influence-and-interference-activities-american-higher.

(4)期刊报纸:

[1]戴安娜·斯通.政策分析机构的三大神话:回收箱、垃圾桶还是智库?[J].公共管理(PUBLIC ADMINISTRATION),2007年第85卷第2期,第259-278页.

[2]乔纳森·波拉克.美国正掀起对华政策大辩论 转变对华战略的时候?[N].环球时报,2015年08月26日.http://news.163.com/15/0826/07/B1U6KJ6S00014JB6_all.html

[3][美]德鲁·福斯特,孙沛东(译).美国总统大选结束一周,哈佛大学校长发表了一封公开信.澎湃新闻,2016年11月16日.https://www.thepaper.cn/newsDetail_forward_1562026

[4]王飞凌.对话王飞凌:中国的崛起给世界带来一个重大的选择.美国之声(VOA),2017.https://www.voachinese.com/a/interview-with-wang-feiling-20171018/4076639.html

[5]菲利普·陆克,乔纳森·波拉克.美国与欧盟应对中国崛起中的不同利益与政策协调[J].国际关系研究,2017(3):115.

[6][美]欧伦斯.美中关系全国委员会会长欧伦斯:美支持中国的群体进入沉默,中美需要重建信任.2018中国发展高层论坛研讨会,转载于中国经济时报,2018.https://baijiahao.baidu.com/s?id=1611826989550227719&wfr=spider&for=pc

[7][英]肖恩·唐南.特朗普的贸易代表团能与中国谈成什么?金融时报,2018年5月2日华盛顿报道.

[8]Alice Miller. How to Read Xi Jinping's 19th Party Congress Political

Report. China Leadership Monitor, No. 53, 2018.

[9] Ali Wyne. Book Review: Safe Passage: The Transition from British to American Hegemony. Rand, March, 2018. https://www.rand.org/blog/2018/03/book-review-safe-passage-the-transition-from-british.html

[10] Ali Wyne. The Greater Danger of U.S.-China Trade Tensions. Rand, May 9, 2018. https://www.rand.org/blog/2018/05/the-greater-danger-of-us-china-trade-tensions.html

[11] Bonnie S. Glaser, Matthew P. Funaiole. Xi Jinping's 19th Party Congress Speech Heralds Greater Assertiveness in Chinese Foreign Policy, October 26, 2017. https://www.csis.org/analysis/xi-jinpings-19th-party-congress-speech-heralds-greater-assertiveness-chinese-foreign-policy

[12] Bernard Lagan. Steve Bannon tells Sydney Morning Herald of Chinese domination danger. the Times, July 10 2018. https://www.thetimes.co.uk/article/steve-bannon-tells-sydney-morning-herald-of-chinese-domination-danger-9vmlzb8nr

[13] Benjamin Haas. Steve Bannon compares China to 1930s Germany and says US must confront Beijing. the Guardian, 2018.

[14] Brian Schwartz. Former Trump advisor Steve Bannon: "We are at war with China". CNBC, 18 July 2018. https://www.cnbc.com/2018/07/18/former-trump-advisor-steve-bannon-were-at-war-with-china.html

[15] Brad W. Setser. U.S.-China Trade War: How We Got Here. July 9, 2018. https://www.cfr.org/blog/us-china-trade-war-how-we-got-here

[16] Christopher Walker, Jessica Ludwig. The Meaning of Sharp Power. foreignaffairs, 2017. http://www.foreignaffairs.com/node/1121385

[17] Ely Ratner. The China Reckoning. Foreign Affairs, 2018. https://www.foreignaffairs.com/articles/united-states/2018-02-13/china-reckoning

[18] Francis Fukuyama. Against Identity Politics: The New Tribalism and the Crisis of Democracy. Foreign Affairs, September/October, 2018. https://www.foreignaffairs.com/articles/americas/2018-08-14/against-identity-politics? cid=int-fls&pgtype=hpg

[19] Heather Long. Think what you want about Steve Bannon, but he's got a good point on China. Washingtonpost, August 17, 2017. https://www.washingtonpost.com/news/wonk/wp/2017/08/17/think-what-you-want-about-steve-bannon-but-hes-got-a-good-point-on-china/? utm_term=.56c44efd922f

[20] HENRY A. KISSINGER. Opening Statement before The Senate Armed Services Committee. January 25, 2018. https://www.henryakissinger.com/speeches/opening-statement-by-dr-henry-a-kissinger-before-the-senate-armed-services-committee/

[21] Judith Shapiro. America`s Collision Course With China. the New York Times, June 15, 2017.

[22] Miles Maochun Yu. Understanding China's Strategic Culture Through Its South China Sea Gambit. May 9, 2016. https://www.hoover.org/research/understanding-chinas-strategic-culture-through-its-south-china-sea-gambit

[23] Nathan, Andrew J. Authoritarian Resurgence: China's challenge. Journal of Democracy, Volume 26, Number 1, January 2015. http://dspace.jgu.edu.in:8080/jspui/bitstream/10739/187/1/NPHR8%20Nathan%20JOD2.pdf

[24] Nathan, Andrew J. Authoritarian Advance: Responding to China's Growing Political Influence in Europe. Foreign Affairs, 2018. https://www.questia.com/magazine/1P4-2035227110/authoritarian-advance-responding-to-china-s-growing

[25] Niall Ferguson. An ancient trap awaits China and US. Boston Globe, May 07, 2018. https://www.bostonglobe.com/opinion/2018/05/07/ancient-trap-awaits-china-and/wvuYixfXZFKoy00QdggxeJ/story.html

[26] RACHELLE PETERSON NATIONAL ASSOCIATION OF SCHOLARS. Outsourced To China Confucius Institutes and Soft Power in American Higher Education. APRIL, 2017. https://www.nas.org/articles/outsourced_to_china_confucius_institutes_and_soft_power_in_american_higher

[27] Stepan, Matthia. Hardening the party line-The 19th CCP Congress will boost strongman politics and narrow China's developmental options. MERICS China Monitor, 2017. https://www.researchgate.net/publication/319143303_Hardening_the_party_line_The_19th_CCP_Congress_will_boost_strongman_politics_and_narrow_China's_developmental_options

[28] Simon Denyer. In reversal, Cambridge University Press restores articles after China censorship row. The Wall Street Journal. Aug, 2017.（文章后转载于伍德罗威尔逊国际研究中心）https://www.washingtonpost.com/news/worldviews/wp/2017/08/21/cambridge-university-press-faces-backlash-after-bowing-to-china-censorship-pressure/?utm_term=.671781a67c20

[29] The Economics. The Thucydides Trap: Will America and China go to war? Jul 6th, 2017. https://www.economist.com/books-and-arts/2017/07/06/will-america-and-china-go-to-war

[30] Thorsten Benner, Kristin Shi-Kupfer. How To Fight China's Sharp Power. China file, August 20, 2018. http://www.chinafile.com/conversation/how-fight-chinas-sharp-power

[31] The Economics. How the West got China wrong. Mar, 2018. https://www.economist.com/leaders/2018/03/01/how-the-west-got-china-wrong

[32] The ECONOMIST. China has a vastly ambitious plan to connect the world. 2018. https://www.economist.com/briefing/2018/07/26/china-has-a-vastly-ambitious-plan-to-connect-the-world?fsrc=scn/tw/te/rfd/pe

[33] Timothy R. Heath. Without Reform and Cooperation with China,

the International System Cannot Hold. Rand, June, 2018. https://www.rand.org/blog/2018/06/without-reform-and-cooperation-with-china-the-international.htm

[34] Tom O' Connor. "Only 'War' Could Stop China From Controlling South China Sea, U. S. Military Commander Says". News Week, April, 2018. https://www.newsweek.com/us-military-commander-only-war-could-stop-china-controlling-south-sea-895666

基于 ESI 的社会科学研究前沿分析

刘 霞 马浩琴 张耀蕾
张 宁 杨红梅 方小利
武汉大学图书馆

篇首语：论文基于 2019 年 ESI 研究前沿数据，综合考虑涉及高被引论文的数量、出版年、被引量及学科分布等特征，遴选出全球 79 个社科研究前沿，按照教育部的学科体系进行学科前沿的计量分析及重点热点主题的多维度解读；同时对“中国”研究的相关前沿展开专题分析。研究表明，政治学、工商管理、社会学、公共管理是研究前沿数较多的学科；学科交叉是当前社会科学研究前沿的特征之一；不同的热点主题，在研究力量、学科交叉、年度发文和国际合作方面呈现出不同的特点；在全球的社会科学研究中，中国的研究力量逐步凸显，“中国”研究逐步成为全球热点。

基本科学指标数据库(Essential Science Indicators，ESI)是基于 SCIE 和 SSCI 收录文献而建立的计量分析数据库。该数据库通过聚类分析方法测度高被引论文之间的共被引关系而形成高被引论文的聚类，再通过对聚类中论文题目的主要关键词进行分析，最后形成相应的研究前沿(Research Front)。① 这种研究前沿的形成提供了一

① 科睿唯安. Essential Science Indicators[EB/OL]. [2019-04-30]. Cas. whu. edu. cn/authserver/login? service = http% 3A% 2F% 2Fehall. whu. edu. cn% 2Flogin% 3Fservice%3Dhttp%3A%2F%2Fehall. whu. edu. cn%2Fnew%2Findex. html.

个独特的视角去揭示不同研究者尤其是不同背景或学科领域的研究者因探究科学问题产生的关联性。但ESI研究前沿多达几万个，为了聚焦热点和新兴前沿，科睿唯安2013年首次发布了研究前沿白皮书，之后和中科院合作，连续发布《研究前沿》年度分析报告。《2018年研究前沿》①从ESI的10143个研究前沿中遴选出10个大学科领域排名最前的100个热点前沿和38个新兴前沿。其中社会科学仅有一个学科领域——“经济学、心理学及其他社会科学”，且10个热点前沿中40%集中于心理学领域，其他则分布在社会学和经济管理学领域，不能完全反映当前社会科学各学科的发展进展。

为了更为细致地揭示各学科的发展前沿，已有多位学者基于ESI研究前沿开展特定学科的前沿分析，②③④⑤ 但尚未涉及社会科学；亦有社科学者利用ESI和Web of Science开展研究进展分析，⑥⑦⑧ 但主要针对特定学科领域的高被引论文和热点论文。本

---

① 科睿唯安中国科学院．2018研究前沿[EB/OL]．[2019-04-30]．http://www.cas.cn/zkyzs/2018/10/173/gzjz/201810/W020181030297309165736.pdf?tdsourcetag=s_pcqq_aiomsg.

② 姚艳玲．2017年国际人工智能领域研究前沿的分析与研究[J]．计算机科学，2018，45(09)：1-10.

③ 王小梅，邓启平，李国鹏，等．ESI研究前沿的科学图谱及在纳米领域的应用[J]．图书情报工作．2017，61(12)：106-112.

④ 张俊．基于ESI Research Fronts对学科前沿的计量分析——以化学学科为例[J]．江苏科技信息．2018，35(09)：35-38.

⑤ 边文越，王海名，邢颖，等．基于ESI研究前沿的纳米领域研究分析[J]．中国科学院院刊．2017，32(10)：1150-1158.

⑥ 李斌等．2017年ESI经济学与商学学科热点分析[M]．海外人文社会科学发展年度报告2018，武汉大学中国高校哲学社会科学发展与评价研究中心，武汉：武汉大学出版社，2018：103-188.

⑦ 吴青等．全球教育研究的新热点和趋势——基于2015—2017年ESI高被引论文的文献研究[M]．海外人文社会科学发展年度报告2018，武汉大学中国高校哲学社会科学发展与评价研究中心，武汉：武汉大学出版社，2018：344-387.

⑧ 张志将．基于2015—2017年社会科学总论健康领域“ESI热点和高被引论文”的分析报告[M]．海外人文社会科学发展年度报告2018，武汉大学中国高校哲学社会科学发展与评价研究中心，武汉：武汉大学出版社，2018：632-667.

文将以涉及社会科学总论、经济学与商学两大学科的ESI研究前沿为基础，一方面参照教育部的学科体系，通过相关指标遴选出社会科学各相关学科的研究前沿，并对重点热点前沿进行解读；另一方面鉴于“中国”已经成为了部分研究前沿的关键词，本文也将对涉及“中国”的相关社科研究前沿展开专题分析。

1　研究方法与总体概况

1.1　数据来源与研究方法

ESI研究前沿是由聚类分析得到的关于特定主题的一组高被引论文，其表征为经过聚类后自动抽取的一组关键词。研究前沿的学科归类取决于其高被引论文的学科属性，一个研究前沿据此最多可归属为两个ESI学科。根据2019年3月的检索结果，ESI研究前沿共计76260个，其中归属于社会科学总论、经济学与商学两个学科的有1200个。

为遴选出与社会科学相关度高、影响力大或者较为活跃的研究前沿，本研究基本思路包括以下三个步骤。

一是社科相关研究前沿的筛选。综合考虑研究前沿高被引论文的平均出版年、高被引论文数及被引量、高被引论文中社科刊源论文占比等数据，部分还参考了高被引论文的标题和作者所属院系，最终遴选出78个社科研究前沿。

二是研究前沿的学科映射。对遴选出来的78个研究前沿，根据其聚类形成的关键词、参考高被引论文的标题甚至是作者所属院系，按照教育部的学科门类和一级学科，进行研究前沿的学科归类。

三是针对各学科领域的研究前沿，研读其高被引论文的主题，进一步聚类形成较为集中的研究方向，并从中遴选出涉及前沿多、高被引论文数多的研究热点和重点，从高被引论文的年代分布、期刊分布、作者及国别分布、国际合作情况等多个角度进行解读。其中，国别和机构分析仅针对第一作者。

所有社科相关研究前沿中，与“中国”相关的ESI研究前沿共计 39 个，因此不做筛选，直接进行第二和第三步研究。

1.2 总体概况

ESI 社会科学总论、经济学与商学两个学科的研究前沿有 1200 个。就前沿所涉及的高被引论文数而言，最少的 2 篇，最多的 48 篇，多数前沿(85 个)的高被引论文数介于 10～20 篇之间；各前沿高被引论文的平均出版年分布于 2013—2018 年之间，其中 2014 年的前沿数最多(340 个)。具体分布详见表 1。

表 1　社科相关研究前沿高被引论文数量及平均出版年分布

高被引论文量 / 前沿数 / 平均出版年	不同高被引论文量的前沿数量									小计
	<5	5～9	10～14	15～19	20～24	25～29	30～34	35～40	>40	
2018	45	7	0	1	0	0	0	0	0	53
2017	110	19	0	2	0	0	0	0	0	131
2016	174	26	10	6	2	2	0	0	0	220
2015	172	75	28	10	12	8	0	3	4	312
2014	235	72	12	10	5	3	2	0	1	340
2013	119	18	5	1	0	0	1	0	0	144
小计	855	217	55	30	19	13	3	3	5	1200

遴选出来的 78 个社科研究前沿，其教育部学科分布见表 2。无论是研究前沿数还是高被引论文数，除教育学偏少占比不到 7% 外，经济学、法学、管理学三个学科门类分布相对均匀。但一级学科的分布差别较大，除不便划归一级学科的经济学前沿外，政治学、工商管理、社会学、公共管理的研究前沿均较多；也有少数一级学科没有相关研究前沿，包括法学门类中的民族学、马克思主义

理论，管理学门类中的管理科学与工程、农林经济管理。

表 2　　　　ESI 社科研究前沿的教育部学科分布

学科门类	一级学科	研究前沿数	高被引论文数
经济学	理论经济学 应用经济学	27(34.6%)	369(35.7%)
法学	法学	4	65
	政治学	12	112
	社会学	7	61
	公安学	1	40
	小计	24(30.8%)	278(26.9%)
教育学	教育学	1	11
	心理学	3	55
	小计	5(5.1%)	66(6.4%)
管理学	工商管理	12	200
	公共管理	7	75
	图书情报与档案管理	4	46
	小计	23(29.5%)	321(31.0%)
总　计		78	1034

统计各研究前沿高被引论文的 ESI 学科，78 个社科研究前沿，分别有 18 个(23.1%)和 8 个(10.3%)仅涉及社会科学总论、经济学和商学中的一个学科；有 12 个前沿(15.2%)同时涉及以上两个社会科学学科；另有 41 个前沿(52.6%)则同时涉及社会科学和自然科学多个学科领域。可见，学科交叉尤其是社会科学和自然科学

的交叉是当前社会科学研究前沿的一个特点。

2　经济学研究前沿分析

2.1　概述

“经济学”相关研究前沿共计 27 个 369 篇高被引论文，其篇均被引 48.86 次，平均出版年为 2016 年 1 月。美国、中国和英国的高被引论文总数占比超过 50%，是最主要的贡献国(表 3)。

表 3　**“经济学”研究前沿发文排名前 10 的国家**

排名	国家	高被引论文数	篇均被引频次	单篇最大被引频次	高被引论文占比
1	美国	85	61.25	333	23.04%
2	中国	69	37.86	148	18.70%
3	英国	42	35.05	96	11.38%
4	荷兰	19	76.63	255	5.15%
5	德国	17	46.71	163	4.61%
6	意大利	14	23.71	68	3.79%
7	新加坡	13	69.31	150	3.52%
8	加拿大	11	77.91	242	2.98%
8	澳大利亚	11	57.09	268	2.98%
10	瑞士	10	37.20	81	2.71%
10	挪威	10	43.60	116	2.71%

从发文机构来看(表 4)，发文 4 篇(含)以上有 17 所机构，均为大学，其中包括了湖南大学、中南大学等四所中国高校。

表 4　　"经济学"相关研究前沿高被引论文的 TOP 机构分布

排名	机构	国家	高被引论文数	占比
1	新加坡国立大学	新加坡	13	3.52%
2	湖南大学	中国	7	1.90%
2	中南大学	中国	7	1.90%
4	乌得勒支大学	荷兰	5	1.36%
4	苏塞克斯大学	英国	5	1.36%
4	格罗宁根大学	荷兰	5	1.36%
4	北京理工大学	中国	5	1.36%
4	奥胡斯大学	丹麦	5	1.36%
9	宾夕法尼亚大学	美国	4	1.08%
9	北卡罗来纳大学	美国	4	1.08%
9	芝加哥大学	美国	4	1.08%
9	加利福尼亚大学伯克利分校	美国	4	1.08%
9	伦敦玛丽女王大学	英国	4	1.08%
9	挪威科技大学	挪威	4	1.08%
9	南京航空航天大学	中国	4	1.08%
9	林雪平大学	瑞典	4	1.08%
9	哈佛大学	美国	4	1.08%

从主题来看，经济学相关 27 个研究前沿，又可根据其高被引论文的关键词聚类为 13 个研究主题(表 5)。其中有关碳排放研究、金融研究、共享经济研究和信息经济研究是学者关注的热点，下文将重点解读。13 个研究主题中，我国学者在以下领域未有相关高影响力成果：可持续发展研究、宏观经济研究、税收效应、经济政策研究、区域经济研究、全球价值链等。

2.2　重点热点主题——碳排放研究

该主题由 3 个相关的 ESI 研究前沿聚合而成，共 64 篇高被引论文，主要研究碳排放权交易机制、二氧化碳排放的投入产出分析、不可再生能源消耗、能源生产等。

图 1 为该组论文出现频次大于 2(含)的关键词，出现频次最高的前 3 个关键词为 CO2 EMISSIONS(19 次)、ENERGY(15 次)、CHINA(12 次)。

表 5　“经济学”研究前沿主题分布

序号	研究主题	前沿热点词	研究前沿数	高被引论文数	论文数	总被引频次	篇均被引频次	平均出版年
					中国作者/外国作者			
1	碳排放研究	二氧化碳排放；投入产出分析；不可再生能源消耗；能源生产；碳排放权交易机制探索	3	64	44/20	3391	169.55	2015.7
2	金融研究	比特币市场；金融全球化动态阈值；中国金融机构；股权众筹；线上众筹市场；资产定价模型	5	59	7/52	2747	52.83	2016.2
3	共享经济	共享经济；共享单车；共享住宿租赁；共享的社会经济路径	3	54	2/52	2975	57.21	2015.9
4	信息经济研究	大数据分析体系；大数据分析；大数据消费者分析；工业 4.0；未来趋势	2	51	6/45	2391	53.13	2016.2
5	能源正义及可持续性转型研究	构建能源正义；历史能源转型；可持续性转型；电价预测；概率电力负荷预测	3	31	0/31	1408	45.42	2016.4
6	企业经济研究	企业的伦理价值观；行为经济学；劳动力市场的分类；不同性别间的工资差距	2	22	1/21	1068	50.86	2015.7

续表

序号	研究主题	前沿热点词	研究前沿数	高被引论文数	论文数	总被引频次	篇均被引频次	平均出版年
					中国作者/外国作者			
7	全球价值链	全球多区域投入产出数据库；全球价值链；全球供给链	1	21	0/21	1723	82.05	2015.6
8	宏观经济研究	现代宏观经济学问题；宏观经济模型；“股票—流量—基金”生态宏观经济模型	1	15	0/15	171	11.40	2017.5
9	可持续发展研究	可持续发展目标；层次聚类分析法；可持续工业生态学	2	13	0/13	287	22.08	2016.8
10	石油期货市场和股市波动性研究	石油期货市场；波动预测；股票市场；隐含波动率指数	2	13	9/4	293	73.25	2016.8
11	经济政策研究	政策的不确定性；衡量不确定性	1	12	0/12	990	82.50	2015.3
12	税收效应	伯克利消费税；费城加糖饮料税收政策制定流程	1	7	0/7	422	60.29	2016.3
13	区域经济研究	区域产业变革；区域多元化；新路径发展	1	7	0/7	164	23.43	2016.7

图 1 “碳排放研究”关键词云图

64 篇高被引论文，总被引 3391 次，篇均被引 169. 55 次；平均出版年为 2015 年 7 月，论文的年度分布相对均匀(图 2)，表明该主题受到持续关注。

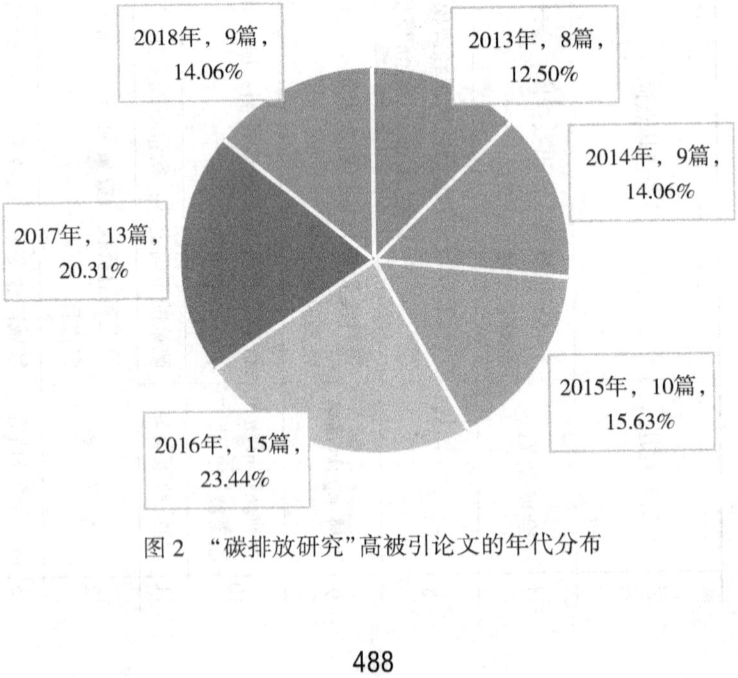

图 2 “碳排放研究”高被引论文的年代分布

新加坡国立大学能源研究所的苏斌关于贸易隐含碳排放的投入产出分析研究发表了8篇高被引论文,①②③④⑤⑥⑦⑧ 是发文最多的第一作者；马里兰大学冯奎双对中国省域间碳排放的转移测度进行了研究，发现中国高度发达的沿海省份将许多低附加值、高碳密集型产品生产外包给中国中部和西部欠发达的省份；该文针对跨省碳泄漏现象的研究对政府制定有效和公平的气候政策具有一定的参考价值;⑨ 该文被198篇文献引用，成为该研究主题中被引频次最高的论文。

64篇高被引论文发表在18种期刊上，其中7种期刊发文2篇以上(表6)。*Energy Policy* 和 *Applied Energy* 是最主要的来源期刊，

---

① Su B, Ang B W. Multiplicative structural decomposition analysis of aggregate embodied energy and emission intensities[J]. ENERGY ECONOMICS. 2017, 65: 137-147.

② Su B, Ang B W. Multi-region comparisons of emission performance: The structural decomposition analysis approach[J]. ECOLOGICAL INDICATORS. 2016, 67: 78-87.

③ Su B, Ang B W. Multiplicative decomposition of aggregate carbon intensity change using input-output analysis[J]. APPLIED ENERGY. 2015, 154: 13-20.

④ Su B, Ang B W. Input-output analysis of CO2 emissions embodied in trade: A multi-region model for China[J]. APPLIED ENERGY. 2014, 114(SI): 377-384.

⑤ Su B, Ang B W. Input-output analysis of CO2 emissions embodied in trade: Competitive versus non-competitive imports[J]. ENERGY POLICY. 2013, 56: 83-87.

⑥ Su B, Ang B W, Li Y Z. Input-output and structural decomposition analysis of Singapore's carbon emissions[J]. ENERGY POLICY. 2017, 105: 484-492.

⑦ Su B, Ang B W, Low M. Input-output analysis of CO2 emissions embodied in trade and the driving forces: Processing and normal exports[J]. ECOLOGICAL ECONOMICS. 2013, 88: 119-125.

⑧ Su B, Thomson E. China's carbon emissions embodied in (normal and processing) exports and their driving forces, 2006-2012[J]. ENERGY ECONOMICS. 2016, 59: 414-422.

⑨ Feng K S, Davis S J, Sun L X, et al. Outsourcing CO2 within China[J]. PROCEEDINGS OF THE NATIONAL ACADEMY OF SCIENCES OF THE UNITED STATES OF AMERICA. 2013, 110(28): 11654-11659.

发文占比达 46.88%；从来源期刊的学科属性来看，涉及工程（25 篇）、社会科学总论（18 篇）、经济学与商学（14 篇）、环境科学与生态学（4 篇）、地球科学（1 篇）及多学科研究（2 篇），反映出该主题与工程、环境等学科的强交叉性。

表 6　“碳排放研究”高被引论文的 TOP 来源期刊

排名	期刊名称	高被引论文数	占比	所属 ESI 学科
1	Energy Policy	16	25.00%	社会科学总论
2	Applied Energy	14	21.88%	工程科学
3	Renewable & Sustainable Energy Reviews	6	9.38%	工程科学
3	Energy Economics	6	9.38%	经济学与商学
5	Ecological Economics	5	7.81%	经济学与商学
6	Journal of Cleaner Production	4	6.25%	工程科学
7	Ecological Indicators	2	3.13%	环境科学与生态学

表 7 为高被引论文的产出国家和 TOP 机构。从第一作者来看，国外共有 6 个国家 7 个机构发表了 20 篇论文，其余 44 篇论文均来自中国，占论文总数的 68.75%，表明这也是国内研究的热点。从发文机构来看，除新加坡国立大学发文最多外，其余 6 个 TOP 机构均为中国高校。

所有的高被引论文中，有 18 篇国际合作论文，占比 28.13%。其中中国与日本合作 6 篇，与美国合作 5 篇，与英国合作 3 篇，与澳大利亚合作 2 篇，与荷兰、新加坡、黑山共和国、巴基斯坦各合作 1 篇。

表7　“碳排放研究”高被引论文的产出国家和TOP机构

排名	国家	高被引论文数	占比	排名	机构	国家	高被引论文数	占比
1	中国	44	68.75%	1	新加坡国立大学	新加坡	13	20.31%
2	新加坡	13	20.31%	2	北京理工大学	中国	5	7.81%
3	日本	3	4.69%	3	南京航空航天大学	中国	4	6.25%
4	西班牙	1	1.56%	3	中南大学	中国	4	6.25%
4	美国	1	1.56%	5	湖南大学	中国	3	4.69%
4	荷兰	1	1.56%	5	中国石油大学	中国	3	4.69%
4	澳大利亚	1	1.56%	5	中国矿业大学	中国	3	4.69%

2.3　重点热点主题——金融研究

该主题由5个相关的ESI研究前沿聚合而成，共有59篇高被引论文，主要研究金融全球化、比特币市场、中国金融机构、资产定价模型、股权众筹等。

图3为该组论文出现频次大于3(含)的关键词，出现频次最高的3个关键词为PERFORMANCE(11次)、MARKETS(11次)、INFORMATION(8次)。

图3　“金融研究”关键词云图

59篇高被引论文，总被引2747次，篇均被引46.56次；平均出版年为 2016 年 2 月，图 4 为论文的年代分布，呈逐年上升趋势，是近年的研究热点。

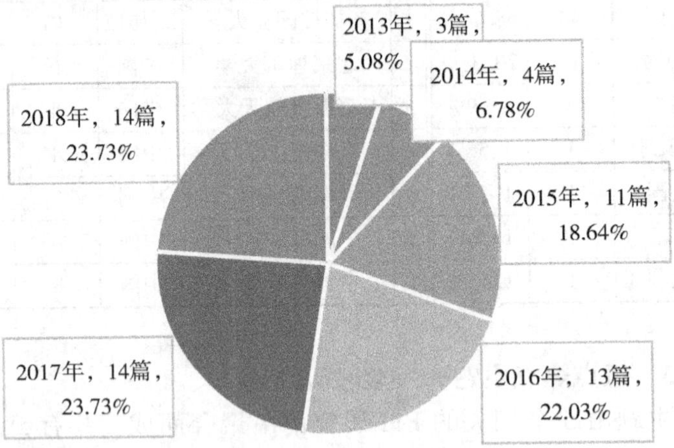

图 4 “金融研究”高被引论文的年代分布

湖南大学工商管理学院王纲金就金融机构的系统性风险和世界股票市场的相关结构与演化方面发表了 4 篇高被引论文，①②③④是发文最多的第一作者；美国芝加哥大学 Eugene F. Fama 和达特茅斯学院 Kenneth R. French 提出了包含市场收益率、规模、价值、盈利能力和投资等因素的五因子资产定价模型，研究发现这个模型优

① Wang G J，Jiang Z Q，Lin M，et al. Interconnectedness and systemic risk of China's financial institutions[J]. EMERGING MARKETS REVIEW. 2018，35：1-18.

② Wang G J，Xie C，Chen S. Multiscale correlation networks analysis of the US stock market：a wavelet analysis[J]. JOURNAL OF ECONOMIC INTERACTION AND COORDINATION. 2017，12(3)：561-594.

③ Wang G J，Xie C，He K J，et al. Extreme risk spillover network：application to financial institutions[J]. QUANTITATIVE FINANCE. 2017，17(9)：1417-1433.

④ Wang G J，Xie C，Stanley H E. Correlation Structure and Evolution of World Stock Markets：Evidence from Pearson and Partial Correlation-Based Networks[J]. COMPUTATIONAL ECONOMICS. 2018，51(3)：607-635.

于之前的 Fama-French 三因子模型(市场收益率、规模、价值)，但是也存在不足，对于规模小的股票，若其投资大但盈利能力低，模型并不能很好地估计出其低水平的平均回报;① 该文被 271 篇文献引用，成为该研究主题中被引频次最高的论文。

59 篇高被引论文发表在 28 种期刊上，其中载 2 篇以上的期刊 10 种，详见表 8。期刊《Entrepreneurship Theory and Practice》和《Review of Financial Studies》是最主要的来源期刊，共载文 8 篇和 6 篇，占论文总数的 23.73%；从来源期刊的属性看，涉及经济学与商学(53 篇)、社会科学总论(4 篇)、物理学(2 篇)，学科属性强。

表 8　“金融研究”高被引论文的 TOP 来源期刊

排名	期刊名称	高被引论文数	占比	所属 ESI 学科
1	Entrepreneurship Theory And Practice	8	13.56%	经济学与商学
2	Review of Financial Studies	6	10.17%	经济学与商学
3	Economics Letters	5	8.47%	经济学与商学
4	Journal of Business Venturing	4	6.78%	经济学与商学
4	Journal of Financial Economics	4	6.78%	经济学与商学
4	Management Science	4	6.78%	经济学与商学
7	Finance Research Letters	3	5.08%	经济学与商学
7	Small Business Economics	3	5.08%	经济学与商学
9	Economic Modelling	2	3.39%	经济学与商学
9	Pacific-Basin Finance Journal	2	3.39%	经济学与商学

① Fama E F, French K R. A five-factor asset pricing model[J]. JOURNAL OF FINANCIAL ECONOMICS. 2015, 116(1): 1-22.

表 9 为高被引论文的产出国家和 TOP 机构。从第一作者来看，国外共有 16 个国家 41 个机构发表了 52 篇高被引论文，其中美国最多 23 篇；中国发文贡献第二，其中湖南大学表现突出，发文最多达 4 篇。所有的高被引论文中，有 26 篇国际合作论文，占比 44.07%。其中中国与美国合作 6 篇。

表 9　“金融研究”高被引论文的产出国家和 TOP 机构

排名	国家	高被引论文数	占比	排名	机构	国家	高被引论文数	占比
1	美国	23	38.98%	1	湖南大学	中国	4	6.78%
2	中国	7	11.86%	2	芝加哥大学	美国	3	5.08%
3	意大利	5	8.47%	2	宾夕法尼亚大学	美国	3	5.08%
4	英国	4	6.78%	4	都柏林大学学院	爱尔兰	2	3.39%
5	德国	3	5.08%	4	特里尔大学	德国	2	3.39%
5	爱尔兰	3	5.08%	4	明尼苏达大学	美国	2	3.39%
7	西班牙	2	3.39%	4	罗切斯特大学	美国	2	3.39%
7	比利时	2	3.39%	4	亚利桑那大学	美国	2	3.39%
7	澳大利亚	2	3.39%	4	贝加莫大学	意大利	2	3.39%
				4	米兰理工大学	意大利	2	3.39%

2.4　重点热点主题——共享经济研究

该主题由 3 个相关的 ESI 研究前沿聚合而成，共有 54 篇高被引论文，主要研究共享经济、共享的社会经济路径、共享单车、共享的住宿租赁等。

图 5 为该组论文出现频次大于 2(含)的关键词，出现频次最高的前 4 个关键词为 CONSUMPTION(11 次)、CLIMATE-CHANGE RESEARCH(7 次)、SYSTEMS(6 次)、IMPACT(6 次)。

图 5 “共享经济研究”关键词云图

54 篇高被引论文，总被引 2975 次，篇均被引 55.09 次；平均出版年为 2015 年 9 月，图 6 反映出论文的年代分布，2016—2017 年为爆发式增长阶段，2018 年则数量锐减。

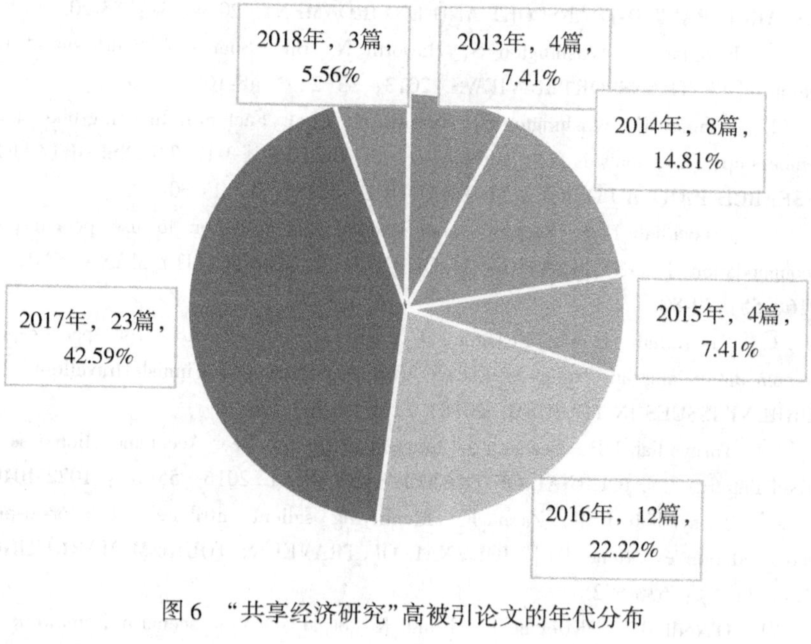

图 6 “共享经济研究”高被引论文的年代分布

荷兰乌得勒支大学 Elliot Fishman 就共享单车的好处和对汽车业发展方面的研究发表了 4 篇高被引论文,①②③④ 美国华盛顿州立大学温哥华分校 Iis P. Tussyadiah 就共享经济显着增长对旅游业的影响发表了 4 篇高被引论文,⑤⑥⑦⑧ 两位都是该主题发文最多的作者。美国国家大气研究中心 Brian C. O'Neill 通过构建一套共享的社会经济途径的概念框架，开发和制定了适应新的气候变化研究的综合方案;⑨ 该文被 333 篇文献引用，成为该研究主题中被引频次最高的论文。

54 篇高被引论文发表在 30 种期刊上，其中载文 2 篇以上的有 11 种期刊(表 10)。《Global Environmental Change》是最主要的来源

① Fishman E. Bikeshare：A Review of Recent Literature[J]. TRANSPORT REVIEWS. 2016，36(1SI)：92-113.

② Fishman E，Washington S，Haworth N. Bike share's impact on car use：Evidence from the United States，Great Britain，and Australia[J]. TRANSPORTATION RESEARCH PART D-TRANSPORT AND ENVIRONMENT. 2014，31：13-20.

③ Fishman E，Washington S，Haworth N. Bike Share：A Synthesis of the Literature[J]. TRANSPORT REVIEWS. 2013，33(2)：148-165.

④ Fishman E，Washington S，Haworth N，et al. Factors influencing bike share membership：An analysis of Melbourne and Brisbane [J]. TRANSPORTATION RESEARCH PART A-POLICY AND PRACTICE. 2015，71：17-30.

⑤ Tussyadiah I P. Factors of satisfaction and intention to use peer-to-peer accommodation[J]. INTERNATIONAL JOURNAL OF HOSPITALITY MANAGEMENT. 2016，55：70-80.

⑥ Tussyadiah I P，Pesonen J. Drivers and barriers of peer-to-peer accommodation stay-an exploratory study with American and Finnish travellers[J]. CURRENT ISSUES IN TOURISM. 2018，21(6)：703-720.

⑦ Tussyadiah I P，Pesonen J. Impacts of Peer-to-Peer Accommodation Use on Travel Patterns[J]. JOURNAL OF TRAVEL RESEARCH. 2016，55(8)：1022-1040.

⑧ Tussyadiah I P，Zach F. Identifying salient attributes of peer-to-peer accommodation experience[J]. JOURNAL OF TRAVEL & TOURISM MARKETING. 2017，34(5)：636-652.

⑨ O'Neill B C，Kriegler E，Riahi K，et al. A new scenario framework for climate change research：the concept of shared socioeconomic pathways[J]. CLIMATIC CHANGE. 2014，122(3SI)：387-400.

期刊，共载文 10 篇，占论文总数的 18.52%；从来源期刊的属性看，涉及社会科学总论(42 篇)、经济学与商学(6 篇)、环境科学与生态学(2 篇)、工程(1 篇)、地球科学(2 篇)及数学(1 篇)，反映出该主题在学科分布上的集中与分散的特点。

表 10　　"共享经济研究"高被引论文的 TOP 来源期刊

排名	期刊名称	高被引论文数	占比	所属 ESI 学科
1	Global Environmental Change	10	18.52%	社会科学总论
2	Transportation Research Part A-Policy and Practice	3	5.56%	社会科学总论
2	Tourism Management	3	5.56%	社会科学总论
2	Journal of Transport Geography	3	5.56%	社会科学总论
2	International Journal of Hospitality Management	3	5.56%	社会科学总论
2	Current Issues in Tourism	3	5.56%	社会科学总论
7	Transport Reviews	2	3.70%	社会科学总论
7	Technological Forecasting and Social Change	2	3.70%	社会科学总论
7	Journal of Travel Research	2	3.70%	社会科学总论
7	Journal of Business Research	2	3.70%	经济学与商学
7	Climatic Change	2	3.70%	地球科学

表 11 为高被引论文的产出国家和 TOP 机构。从第一作者来看，国外共有 8 个国家 42 个机构发表了 52 篇高被引论文，其中美国 13 篇，贡献最多，中国仅发文两篇，位居末位，作者分别来自哈尔滨理工大学和香港理工大学。高被引论文中，有 25 篇国际合

作论文，占比 46.3%。其中中国与美国合作 3 篇，与印度合作 1 篇，与西班牙合作 1 篇。

表 11　“共享经济研究”高被引论文的产出国家和 TOP 机构

排名	国家	高被引论文数	占比	排名	机构	国家	高被引论文数	占比
1	美国	13	24.07%	1	乌得勒支大学	荷兰	4	7.41%
2	加拿大	7	12.96%	2	华盛顿州立大学	美国	4	7.41%
2	荷兰	7	12.96%	3	约克大学	英国	2	3.70%
4	德国	5	9.26%	3	波茨坦气候影响研究所	德国	2	3.70%
5	英国	4	7.41%	3	国家大气研究中心	美国	2	3.70%
5	奥地利	4	7.41%	3	麦吉尔大学	加拿大	2	3.70%
7	法国	3	5.56%					
8	中国	2	3.70%					
8	澳大利亚	2	3.70%					

2.5　重点热点主题——信息经济研究

该主题由 2 个相关的 ESI 研究前沿聚合而成，共有 51 篇高被引论文，主要研究大数据分析体系、大数据消费者分析、工业 4.0、中国制造 2025、信息系统、电子商务等。

图 7 为该组论文出现频次大于 2(含)的关键词，出现频次最高的前 3 个关键词为 COMPETITIVE ADVANTAGE(11 次)、SYSTEMS(10 次)、PERFORMANCE(9 次)。

51 篇高被引论文，总被引 2391 次，篇均被引 53.13 次；平均出版年为 2016 年 2 月，各年度论文分布不均，2017 年有爆发式增长，如图 8 所示。

图 7　“信息经济研究”关键词云图

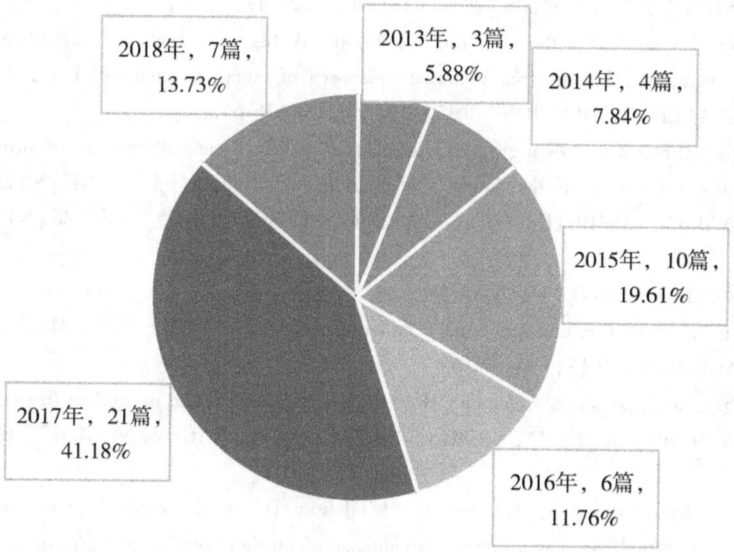

图 8　“信息经济研究”高被引论文的年代分布

西北工业大学张映锋教授就制造业物联网的实时信息捕获与集成框架、大数据研究方面发表了3篇论文,①②③ 芬兰汉肯经济学院 Christian Kowalkowski 教授就服务增长战略、服务产品、退出服务产品的策略方面发表了3篇论文,④⑤⑥ 两位教授都是该主题发文最多的作者。加拿大瑞尔森大学 Gandomi Amir 对大数据概念进行了综合描述，提出大数据可以在文本、语音等非结构化数据中获取知识，大数据之“大”不仅指数据规模，还包括数据的复杂性或互联性的规模;⑦ 该文被230篇文献引用，成为该热点主题中被引频次最高的论文。

51篇高被引论文发表在21种期刊上，其中载文超过2篇的期刊8种，详见表12。从来源期刊的学科属性来看，涉及经济学与

---

① Zhang Y F, Qian C, Lv J X, et al. Agent and Cyber-Physical System Based Self-Organizing and Self-Adaptive Intelligent Shopfloor[J]. IEEE TRANSACTIONS ON INDUSTRIAL INFORMATICS. 2017, 13(2): 737-747.

② Zhang Y F, Ren S, Liu Y, et al. A big data analytics architecture for cleaner manufacturing and maintenance processes of complex products[J]. JOURNAL OF CLEANER PRODUCTION. 2017, 142(SI2): 626-641.

③ Zhang Y F, Zhang G, Wang J Q, et al. Real-time information capturing and integration framework of the internet of manufacturing things[J]. INTERNATIONAL JOURNAL OF COMPUTER INTEGRATED MANUFACTURING. 2015, 28(8): 811-822.

④ Kowalkowski C, Gebauer H, Kamp B, et al. Servitization and deservitization: Overview, concepts, and definitions[J]. INDUSTRIAL MARKETING MANAGEMENT. 2017, 60: 4-10.

⑤ Kowalkowski C, Gebauer H, Oliva R. Service growth in product firms: Past, present, and future[J]. INDUSTRIAL MARKETING MANAGEMENT. 2017, 60: 82-88.

⑥ Kowalkowski C, Windahl C, Kindstrom D, et al. What service transition? Rethinking established assumptions about manufacturers' service-led growth strategies[J]. INDUSTRIAL MARKETING MANAGEMENT. 2015, 45: 59-69.

⑦ Gandomi A, Haider M. Beyond the hype: Big data concepts, methods, and analytics[J]. INTERNATIONAL JOURNAL OF INFORMATION MANAGEMENT. 2015, 35(2): 137-144.

商学(25篇)、工程(18篇)、社会科学总论(6篇)、环境科学与生态学(1篇)及计算机学科(1篇)，反映出该热点主题较强的学科交叉性。

表12　"信息经济研究"高被引论文的TOP来源期刊

排名	期刊名称	高被引论文数	占比	所属ESI学科
1	Industrial Marketing Management	8	15.69%	经济学与商学
2	International Journal of Production Economics	7	13.73%	工程科学
3	Journal of Business Research	6	11.76%	经济学与商学
4	International Journal of Production Research	5	9.80%	工程科学
4	International Journal of Operations & Production Management	5	9.80%	经济学与商学
6	Technological Forecasting and Social Change	3	5.88%	社会科学总论
7	Journal of Cleaner Production	2	3.92%	工程科学
7	International Journal of Information Management	2	3.92%	社会科学总论

表13为高被引论文的TOP产出国家和机构。从第一作者来看，国外共有15个国家37个机构发表了45篇高被引论文，其中美国发文最多达11篇；中国位居第三，主要来自西北工业大学和香港大学。所有论文中，25篇(49.02%)为国际合作论文。其中中国与英国合作5篇，与美国、法国、澳大利亚和印度各合作2篇，与南非、芬兰、瑞典各合作1篇。

表13　"信息经济研究"高被引论文的TOP产出国家和机构

排名	国家	高被引论文数	占比	排名	机构	国家	高被引论文数	占比
1	美国	11	21.57%	1	林雪平大学	瑞典	4	7.84%
2	英国	10	19.61%	2	西北工业大学	中国	3	5.88%

续表

排名	国家	高被引论文数	占比	排名	机构	国家	高被引论文数	占比
3	中国	6	11.76%	3	香港大学	中国	2	3.92%
4	瑞典	4	7.84%	3	剑桥大学	英国	2	3.92%
4	法国	4	7.84%	3	奥多明尼昂大学	美国	2	3.92%
4	德国	4	7.84%	3	埃尔朗根-纽伦堡大学	德国	2	3.92%
7	芬兰	3	5.88%	3	伦敦布鲁内尔大学	英国	2	3.92%
				3	阿斯顿大学	英国	2	3.92%

3 法学研究前沿分析

法学门类下的四个一级学科均有相关研究前沿。但考虑到公安学仅有一个针对警察的研究前沿，因此，本节对此不做展开研究。

3.1 法学

3.1.1 概述

“法学”相关的研究前沿共计 4 个 65 篇高被引论文，总被引频次 3890 次，篇均被引 60 次，平均出版年为 2015 年。4 个研究前沿可以聚类为 2 个研究主题，涉及医疗法律和行政法律。详见表 14。

表 14 “法学”研究前沿主题分布

序号	研究主题	研究前沿数	高被引论文数	总被引频次	平均出版年
1	医疗法案/医疗大麻法律研究	3	44	2984	2015
2	行政与法律	1	21	906	2015

65 篇论文全部来自北美，其中 62 篇来自美国，占 95.38%；3 篇来自加拿大，占 4.62%。论文的主要产出机构中(表 15)，有 7

所高校和 2 个研究机构，其中美国哈佛大学和哥伦比亚大学的高被引论文占比超过 30%。

表 15　**"法学"相关研究前沿高被引论文的 TOP 机构分布**

排名	机构	国家	高被引论文数	占比
1	哈佛大学	美国	12	18.46%
2	哥伦比亚大学	美国	9	13.85%
3	加州大学系统	美国	5	7.69%
4	佐治亚大学	美国	4	6.15%
5	兰德公司	美国	3	4.62%
6	密西根大学	美国	2	3.08%
6	芝加哥大学	美国	2	3.08%
6	乔治亚州立大学	美国	2	3.08%
6	国家药物滥用研究所	美国	2	3.08%

3.1.2　重点热点主题——医疗法案/医疗大麻法律研究

该主题由 3 个相关的 ESI 研究前沿聚合而成，共有 44 篇高被引论文，主要研究《平价医疗法案》条款、实施和补助计划等问题，以及医用大麻法对于大麻吸食，大麻成瘾和处方药的使用的影响等。图 9 为该主题中出现频次大于 2(含)的关键词，出现频次最高的四个词为：UNITED-STATES（11 次），REFORM（10 次），COVERAGE(8 次)和 ACCESS(8 次)。

44 篇高被引论文，总被引 2984 次，篇均被引 67.82 次；平均出版年为 2015 年，研究高峰出现在 2015—2017 年间，2018 年出现锐减(图 10)。

美国哈佛大学的 Benjamin D. Sommers 持续多年研究《平价医疗法案》对年轻人及低收入人群在医疗保健、健康保险及身体健康等

图 9 “医疗法案/医疗大麻法律研究”关键词云图

多方面的影响，共发表了 6 篇高被引论文。①②③④⑤⑥ 依旧是哈佛大学的 Katherine Baicker 研究扩大医疗补助对社会人群的健康影

① Sommers B D, Blendon R J, Orav E J. Both The 'Private Option' And Traditional Medicaid Expansions Improved Access To Care For Low-Income Adults[J]. HEALTH AFFAIRS. 2016, 35(1): 96-105.

② Sommers B D, Blendon R J, Orav E J, et al. Changes in Utilization and Health Among Low-Income Adults After Medicaid Expansion or Expanded Private Insurance[J]. JAMA INTERNAL MEDICINE. 2016, 176(10): 1501-1509.

③ Sommers B D, Buchmueller T, Decker S L, et al. The Affordable Care Act Has Led To Significant Gains In Health Insurance And Access To Care For Young Adults [J]. HEALTH AFFAIRS. 2013, 32(1): 165-174.

④ Sommers B D, Gunja M Z, Finegold K, et al. Changes in Self-reported Insurance Coverage, Access to Care, and Health Under the Affordable Care Act[J]. JAMA-JOURNAL OF THE AMERICAN MEDICAL ASSOCIATION. 2015, 314(4): 366-374.

⑤ Sommers B D, Kenney G M, Epstein A M. New Evidence On The Affordable Care Act: Coverage Impacts of Early Medicaid Expansions[J]. HEALTH AFFAIRS. 2014, 33(1): 78-87.

⑥ Sommers B D, Maylone B, Blendon R J, et al. Three-Year Impacts of The Affordable Care Act: Improved Medical Care And Health Among Low-Income Adults [J]. HEALTH AFFAIRS. 2017, 36(6): 1119-1128.

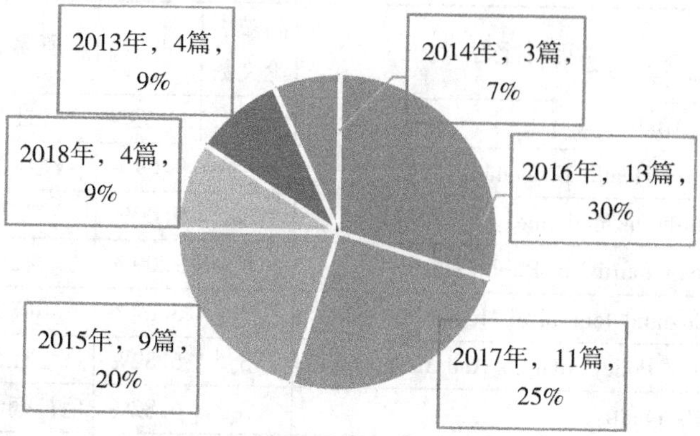

图 10 “医疗法案/医疗大麻法律研究”高被引论文的年代分布

响，通过申请到医疗补助和未申请到医疗补助的人群对照实验，在最初的 2 年中，医疗补助覆盖率对身体检查健康结果方面没有显著改善，但它确实增加了医疗保健服务的使用，提高了糖尿病的检测和管理率，降低了抑郁症的发生率，并减轻了财政压力；① 该文被 359 篇文献引用，是该主题被引频次最高的论文。

44 篇高被引论文发表在 18 种期刊上，其中载文 2 篇以上的期刊有 9 种，详见表 16。从来源期刊的学科属性来看，涉及社会科学总论(20 篇)、临床医学(9 篇)、精神病学与心理学(8 篇)、经济学与商学(5 篇)、药理学与毒理学(1 篇)、多学科研究(1 篇)，可见该热点主题的学科交叉性。

从第一作者来看，44 篇高被引论文，美国 41 篇，占比 93.18%；加拿大 3 篇，占比 6.82%。发文超过 2 篇的 Top 机构全部来自美国，包括 6 所高校和 2 个研究机构(均在表 15 之列)，其中哈佛大学最高 6 篇，占比 13.64%。

① Baicker K, Taubman S L, Allen H L, et al. The Oregon Experiment-Effects of Medicaid on Clinical Outcomes[J]. NEW ENGLAND JOURNAL OF MEDICINE. 2013, 368(18): 1713-1722.

表 16　“医疗法案/医疗大麻法律研究”高被引论文的 TOP 来源期刊

排名	期刊名称	高被引论文数	占比	所属 ESI 学科
1	Health Affairs	10	22.73%	社会科学
2	Journal of Health Economics	4	9.09%	经济学与商学
2	Jama Internal Medicine	4	9.09%	临床医学
2	American Journal of Public Health	4	9.09%	社会科学
5	New England Journal of Medicine	3	6.82%	临床医学
5	Journal of Policy Analysis And Management	3	6.82%	社会科学
5	Jama Psychiatry	3	6.82%	精神病学与心理学
8	Lancet Psychiatry	2	4.55%	精神病学与心理学
8	American Journal of Psychiatry	2	4.55%	精神病学与心理学

3.1.3　重点热点主题——行政与法律研究

该热点主题仅包括 1 个 ESI 研究前沿共计 21 篇高被引论文，主要研究行政、行政法的职责及法律解释等。图 11 为该主题中出现频次大于 2(含)的核心关键词，其中出现频次最高的分别为：POLICY(8 次)，ADMINISTRATIVE-LAW(6 次)，STATE(5 次)、RULEMAKING(5)、POWERS(5)、CHEVRON(5 次)。

图 11　“行政与法律研究”关键词云

21 篇高被引论文，总被引 906 次，篇均被引 43. 14 次；平均出版年为 2015 年，论文的年度分布较为均匀，如图 12 所示。

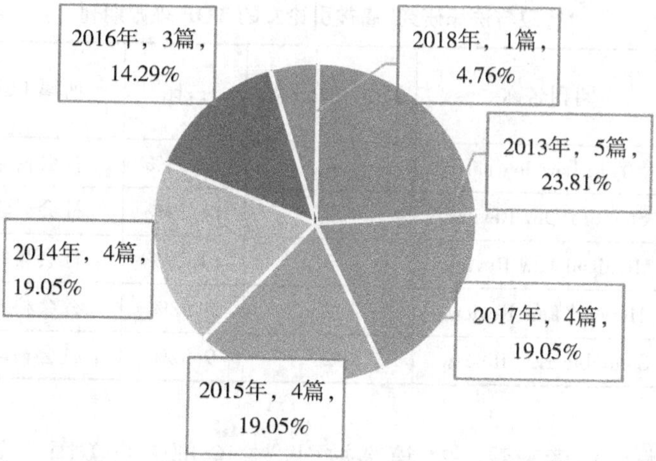

图 12 “行政与法律研究”高被引论文的年代分布

美国哥伦比亚大学法学院的 Gillian E. Metzger 发表了 2 篇高被引论文，研究宪法规定的监督职责和内部行政法。①② 耶鲁大学的 Abbe R. Gluck 用实证方法研究行政法在起草建立和解释执行中的问题，研究结果表明立法背景资料是除文本之外最重要的起草和解释工具，能履行立法程序之外的司法责任，推进实现宪法价值观或法律一致性；③ 该文被 115 篇文献引用，是该主题中被引频次最高的论文。

---

① Metzger G E. The Constitutional Duty To Supervise [J]. YALE LAW JOURNAL. 2015, 124(6): 1836-1933.

② Metzger G E, Stack K M. INTERNAL ADMINISTRATIVE LAW [J]. MICHIGAN LAW REVIEW. 2017, 115(8): 1239-1308.

③ Gluck A R, Bressman L S. STATUTORY INTERPRETATION FROM THE INSIDE-AN EMPIRICAL STUDY OF CONGRESSIONAL DRAFTING, DELEGATION, AND THE CANONS: PART I[J]. STANFORD LAW REVIEW. 2013, 65(5): 901-1025.

21 篇高被引论文发表在 12 种期刊上，均为法律期刊，其中载文 2 篇以上的有五种，详见表 17。

表 17　“行政与法律研究”高被引论文的 TOP 来源期刊

排名	期刊名称	高被引论文数	占比	所属 ESI 学科
1	Yale Law Journal	4	19.05%	社会科学总论
2	Stanford Law Review	3	14.29%	社会科学总论
2	Michigan Law Review	3	14.29%	社会科学总论
4	Harvard Law Review	2	9.52%	社会科学总论
4	Columbia Law Review	2	9.52%	社会科学总论

从第一作者来看，21 篇高被引论文全部来自美国。发文两篇以上的机构为哈佛大学(5)、哥伦比亚大学(3)、加州大学系统(3)和芝加哥大学(2)，详见表 18。

表 18　“行政与法律研究”高被引论文的 TOP 产出国家和机构

排名	机构	国家	高被引论文数	占比
1	哈佛大学	美国	5	23.81%
2	哥伦比亚法学院	美国	3	14.29%
2	加州大学系统	美国	3	14.29%
4	芝加哥大学	美国	2	9.52%

3.2　政治学

3.2.1　概述

“政治学”相关的研究前沿共计 12 个 112 篇高被引论文，总被引频次 2387 次，篇均被引 21 次，平均出版年为 2016 年。12 个研究前沿可以聚类为 6 个研究主题，涉及政治理论、科索沃等国际外交、移民、军事、有争议的全球环境和腐败问题。详见表 19。

表19　“政治学”研究前沿主题分布

序号	研究主题	前沿热点词	研究前沿数	高被引论文数	总被引频次	平均出版年
1	政治理论问题：民主与民粹	多层次民主；评估民主代表制；多层级系统；民主；联邦的不团结；民粹主义政党；估量民粹主义态度	2	52	1895	2015
2	科索沃、美国外交与国际政治研究	科索沃武装势力；科索沃；地方政治阻力；美国外交政策；霍华德 J；外交政策智囊团；美国政策；世界性的社会认同	3	22	195	2017
3	移民研究	非洲跨国家庭；子女移民；移民；涵盖全球三大区域的评估；美国移民政策；新移民；反移民态度；群体间态度	2	10	51	2018
4	军事与安全政策研究	战争持续时间；长期战争；军国主义；冷战；安全政策；边防政策；英国议会	3	13	120	2017
5	有争议的全球环境问题	气候智能型农业；全球环境正义运动；全球政治经济学；存在争议的崛起；存在争议的景观	1	6	73	2017
6	腐败问题	基层官僚腐败；势力集团腐败；腐败现象	1	9	53	2018

112篇论文来自21个国家，其中发文超过2篇的有10个国家，

美国最多 38 篇，占 33. 93%，中国发文 2 篇；论文的主要产出机构有 84 所之多，发文平均，发文 3 篇、2 篇和 1 篇的机构分别有 10 所，8 所和 66 所。部分 TOP 国家和机构信息详见表 20。

表 20 “政治学”相关研究前沿高被引论文的 TOP 国家和机构

排名	国家	高被引论文数	占比	排名	机构	国家	高被引论文数	占比
1	美国	38	33. 93%	1	苏黎世大学	瑞士	3	2. 68%
2	英国	16	14. 29%	1	苏塞克斯大学	英国	3	2. 68%
3	荷兰	12	10. 71%	1	肯特大学	英国	3	2. 68%
4	瑞士	9	8. 04%	1	格罗宁根大学	荷兰	3	2. 68%
4	德国	9	8. 04%	1	佐治亚大学	美国	3	2. 68%
6	加拿大	5	4. 46%	1	加州大学洛杉矶分校	美国	3	2. 68%
7	意大利	3	2. 68%	1	伯恩大学	瑞士	3	2. 68%
7	挪威	3	2. 68%	1	阿姆斯特丹大学	荷兰	3	2. 68%
9	中国	2	1. 79%	1	伦敦玛丽女王大学	英国	3	2. 68%
9	比利时	2	1. 79%	1	欧洲大学研究所	意大利	3	2. 68%

3. 2. 2 重点热点主题——政治理论问题：民主与民粹

该主题由 2 个 ESI 研究前沿聚合而成，共有 52 篇高被引论文，主要研究多层次或多层级民主以及有民粹主义态度的政党，评估政党的民粹主义态度及其所获得的支持等。图 13 为该组论文出现频次大于2(含)的关键词，有 4 个词均出现了 8 次：POLITICS、INTEGRATION、EUROSCEPTICISM、DISCOURSE。

图 13 “政治理论问题：民主与民粹”关键词云图

52 篇高被引论文，总被引 1895 次，篇均被引 36.44 次；平均出版年为 2015 年，各年度分布相对均匀，如图 14 所示。

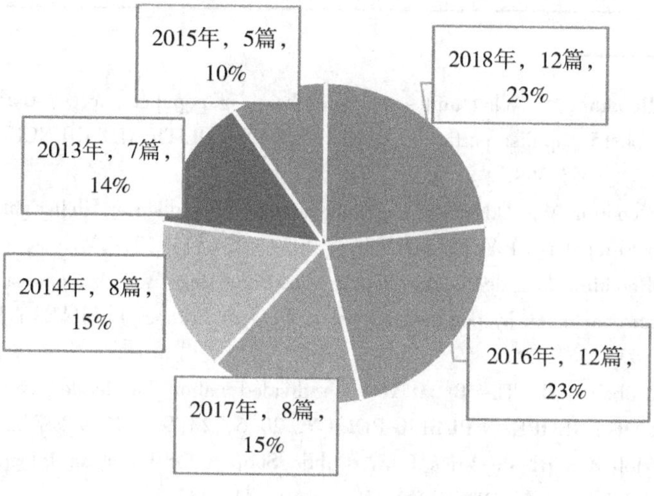

图 14 “政治理论问题：民主与民粹”高被引论文的年代分布

荷兰阿姆斯特丹大学的 Matthijs Rooduijn 持续多年研究西欧的民粹主义及民粹主义态度的政党民众支持情况，共发表了 3 篇高被引论文。①②③ 英国伦敦政治经济学院的 Sara B. Hobolt 密切关注英国脱欧进展以及英国脱欧后各种政党的崛起，也发表了 3 篇高被引论文。④⑤⑥ 美国斯坦福大学的 Adam Bonica 提出一种方法，利用州和联邦选举中超过 1 亿份捐款记录的数据衡量候选人和投票者的意识形态；⑦ 该文被 94 篇文献引用，是该主题中被引频次最高的论文。

52 篇高被引论文发表在 27 种期刊上，其中 26 种归属于社会学科总论，1 种属于经济学与商学。载文 2 篇以上的有 8 种期刊，详见表 21。

表 21 **"政治理论问题：民主与民粹"高被引论文的 TOP 来源期刊**

排名	期刊名称	高被引论文数	占比
1	West European Politics	10	19.23%
2	Journal of European Public Policy	5	9.62%
2	Information Communication & Society	5	9.62%

① Rooduijn M. What unites the voter bases of populist parties? Comparing the electorates of 15 populist parties[J]. EUROPEAN POLITICAL SCIENCE REVIEW. 2018, 10(3): 351-368.

② Rooduijn M, Akkerman T. Flank attacks: Populism and left-right radicalism in Western Europe[J]. PARTY POLITICS. 2017, 23(3): 193-204.

③ Rooduijn M, de Lange S L, van der Brug W. A populist Zeitgeist? Programmatic contagion by populist parties in Western Europe[J]. PARTY POLITICS. 2014, 20(4): 563-575.

④ Hobolt S B. The Brexit vote: a divided nation, a divided continent[J]. JOURNAL OF EUROPEAN PUBLIC POLICY. 2016, 23(9): 1259-1277.

⑤ Hobolt S B, de Vries C E. Public Support for European Integration[M]. PALO ALTO: ANNUAL REVIEWS, 2016: 19, 413-432.

⑥ Hobolt S B, Tilley J. Fleeing the centre: the rise of challenger parties in the aftermath of the euro crisis[J]. WEST EUROPEAN POLITICS. 2016, 39(5): 971-991.

⑦ Bonica A. Mapping the Ideological Marketplace[J]. AMERICAN JOURNAL OF POLITICAL SCIENCE. 2014, 58(2): 367-386.

续表

排名	期刊名称	高被引论文数	占比
4	European Journal of Political Research	4	7.69%
5	Party Politics	3	5.77%
6	New Media & Society	2	3.85%
6	Journal of European Integration	2	3.85%
6	American Journal of Political Science	2	3.85%

从第一作者来看，52 篇高被引论文，美国、瑞士、英国、德国为主要产出国，发文占比 82.7%。机构发文量则较为平均，详见表 22。

表 22 “政治理论问题：民主与民粹”高被引论文的 TOP 产出国家和机构

排名	国家	高被引论文数	占比	排名	机构	国家	高被引论文数	占比
1	美国	13	25.00%	1	苏黎世大学	瑞士	3	5.77%
2	荷兰	9	17.31%	1	格罗宁根大学	荷兰	3	5.77%
3	瑞士	8	15.38%	1	伯恩大学	瑞士	3	5.77%
4	英国	7	13.46%	1	阿姆斯特丹大学	荷兰	3	5.77%
5	德国	6	11.54%	2	奥斯陆大学	挪威	2	3.85%
6	意大利	2	3.85%	2	肯特大学	英国	2	3.85%
6	挪威	2	3.85%	2	佐治亚大学	美国	2	3.85%
6	比利时	2	3.85%	2	斯坦福大学	美国	2	3.85%
				2	伦敦政治经济学院	英国	2	3.85%
				2	欧洲大学学院	意大利	2	3.85%
				2	苏黎世联邦理工学院	瑞士	2	3.85%

3.2.3 重点热点主题——科索沃、美国外交与国际政治研究

该热点主题由 3 个相关的 ESI 研究前沿聚合而成，共有 22 篇高被引论文，主要研究科索沃问题、美国外交政策及世界性的战略和承诺问题等。图 15 为该主题论文的所有关键词，较为分散，频次最高的为出现 3 次的 PSYCHOLOGY（3 次），SERBIA、POLITICS、LAW、DECISION-MAKING 和 CONFLICT 则各 2 次。

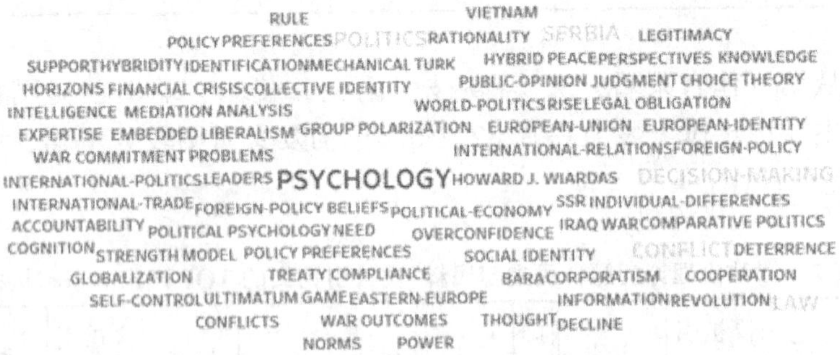

图 15 “科索沃、美国外交与国际政治研究”关键词云图

22 篇高被引论文，总被引 195 次，篇均被引 8.86 次；均为 2017 和 2018 发表，其中 2018 年发文 16 篇，说明这是当前最热的研究主题。

瑞士日内瓦国际关系及发展学院的 Sungmin Rho 研究发现，选民的经济无知造成他们不了解经济政策的后果，从而导致选民在贸易政策的选择上没有反映出经济的自身利益；通过进一步的实验研究发现，如果采取措施使选民更多的了解贸易的分配效应，他们就会产生更加明显的反应，而且自利的反应比利他的反应更加强烈。① 该文被 17 篇文献引用，是该热点主题中被引频次最高的论文。

① Rho S, Tomz M. Why Don't Trade Preferences Reflect Economic Self-Interest? [J]. INTERNATIONAL ORGANIZATION. 2017, 711: S85-S108.

22篇高被引论文发表在三种期刊上，较为集中，它们分别是：Outheast European And Black Sea Studies（8篇）、Polity（8篇）和international Organization(6篇)。

从第一作者所属国家和机构来看，则比较分散。主要来源国为美国、英国、希腊、土耳其和加拿大等，其中美国12篇，占比54.55%。而作者机构则非常分散，来自欧美国家的22所大学和科研机构。

3.3 社会学

3.3.1 概述

社会学相关研究前沿共计7个61篇高被引论文(其中综述4篇)，主要涉及社会媒体、社会阶层、性别相关问题(包括性别差异、领袖性别、性别偏见等)、社会角色、智能手机及社交媒体等主题(表23)。

表23 “社会学”研究前沿分布

序号	研究前沿	前沿热点词	高被引论文数 Article/Review	总被引频次	平均出版年
1	智能手机及社交媒体的过度使用原因及影响研究	智能手机；社交媒体；使用严重程度；成瘾症状	20/1	1136	2016
2	性别偏见与性别差异对男女性择业及学术地位的影响研究	性别偏见习惯；性别差异；性别分布；性别的引用差距；性别	11/0	818	2015
3	人类在社会启发下的合作及决策研究	社会的启发；直觉合作；人类合作；社会角色	9/1	779	2015

续表

序号	研究主题	前沿热点词	高被引论文数 Article/Review	总被引频次	平均出版年
4	基于影像的组织研究	参与式影像研究；影像研究；组织研究；组织研究；基于影像的研究	5/2	124	2017
5	基于数据的社会媒体研究	社会媒体研究；社会媒体分析；电子政府采纳(UMEGA)；数据收集；数据准备	4/0	66	2017
6	领导学研究	离经叛道的集团领袖；女性领袖；道德情感引发激烈反应；优与劣	4/0	24	2018
7	社会阶层研究	社会阶层；社会富裕阶层；社会阶层；冷漠(有能力)；减少社会阶层的不平等	4/0	53	2017

61 篇论文总被引 3000 次，篇均被引 49.2 次，平均出版年为 2016。图 16 为论文的年代分布，可以看出，出版时间越近，高被引论文数量反而越多，表明近年来人们越来越关注社会学主题相关的研究领域。

从国别和作者机构分布来看，社会学高被引论文共涉及 20 个国家和 49 个机构。其中，论文篇数 2 篇以上(含)的国家和机构如表 24 所示。美国最多发文 22 篇，占比 36.07%，中国发文 2 篇，贡献 3.28%；从发文机构来看，发文 2 篇以上的 8 所机构均为国外机构，最多的为美国耶鲁大学，发文 5 篇，占比 8.20%。可见，不

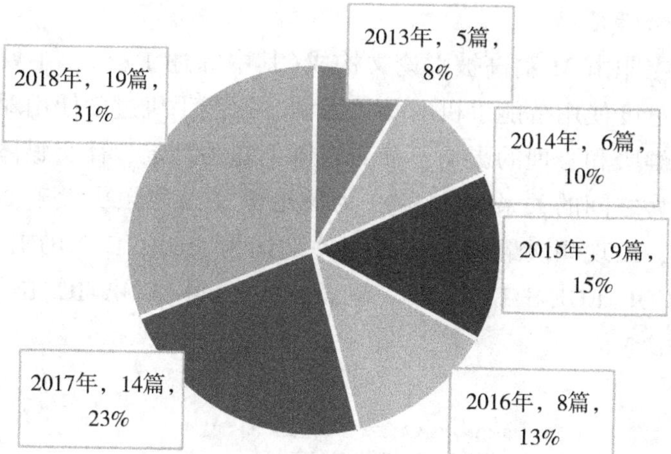

图 16　社会学研究前沿高被引论文的年代分布

论是国家层面还是机构层面，美国都是社会学研究前沿的最大贡献者。

表 24　　社会学研究前沿高被引论文的 TOP 产出国家和机构

排名	国家	高被引论文数	占比	排名	机构	国家	高被引论文数	占比
1	美国	22	36. 07%	1	耶鲁大学	美国	5	8. 20%
2	英国	10	16. 39%	2	托莱多大学	美国	3	4. 92%
3	德国	5	8. 20%	3	提契诺大学	瑞士	2	3. 28%
4	瑞士	4	6. 56%	4	米兰比可卡大学	意大利	2	3. 28%
5	荷兰	2	3. 28%	4	雷蒙鲁尔大学	西班牙	2	3. 28%
5	挪威	2	3. 28%	4	康奈尔大学	美国	2	3. 28%
5	西班牙	2	3. 28%	4	宾夕法尼亚大学	美国	2	3. 28%
5	中国	2	3. 28%	4	卑尔根大学	挪威	2	3. 28%

3.3.2 重点热点主题——智能手机及社交媒体的过度使用原因及影响研究

该主题由 21 篇高被引论文构成(其中综述 1 篇)，主要研究导致人们过度使用智能手机的相关因素、智能手机过度使用对人们的学习、健康和心理的影响，社交媒体上瘾的判定、社交媒体上瘾与精神疾病之间的关系等。图 17 为该组论文出现频次大于 2(含)的关键词，出现频次最高的前 3 个关键词为 MOBILE PHONE USE(8 次)、COLLEGE-STUDENTS (8 次)、PROBLEMATIC INTERNET USE(6 次)。

图 17 “能手机及社交媒体的过度使用原因及影响研究”关键词云图

该主题高被引论文的总被引频次为 1136 次，篇均被引 54.1 次；平均出版年为 2015 年。论文的发表年度相对均匀(图 18)，2017 年为最高峰，说明随着智能电子设备技术的不断进步以及互联网技术的日益强大，各种与人们的生活、学习和健康相关的问题不断凸显，该主题成为持续研究的热点。

21 篇高被引论文中，除了挪威卑尔根大学的 Cecilie Schou Andreassen 和美国托莱多大学的 Jon D Elhai 各有 2 篇论文外，其余作者各一篇。Cecilie 主要研究社交媒体上瘾与自恋、自尊之间

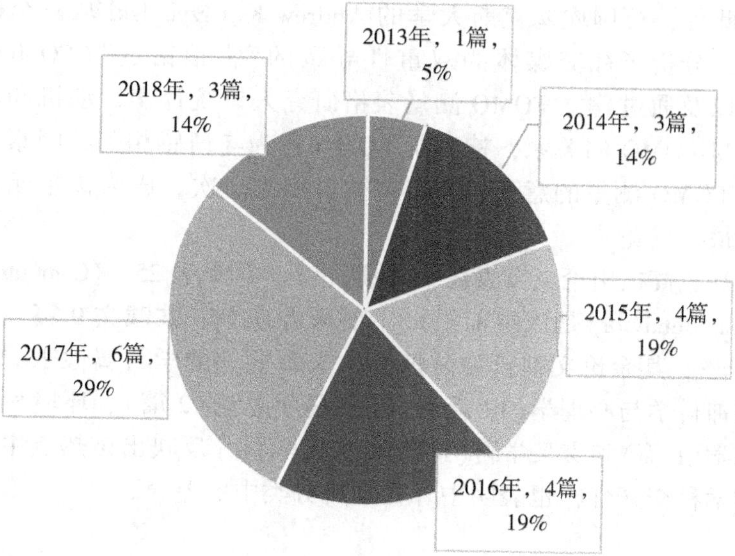

图18 “智能手机及社交媒体的过度使用原因及影响研究”高被引论文的年代分布

的关系，① 技术成瘾和社交媒体上瘾与精神疾病之间的关系；② Jon 主要研究精神病与智能手机使用问题之间的关系，③ 智能手机使用与健康之间关系的机制。④

① Andreassen C S, Pallesen S, Griffiths M D. The relationship between addictive use of social media, narcissism, and self-esteem: Findings from a large national survey[J]. ADDICTIVE BEHAVIORS. 2017, 64: 287-293.

② Andreassen C S, Billieux J, Griffiths M D, et al. The Relationship Between Addictive Use of Social Media and Video Games and Symptoms of Psychiatric Disorders: A Large-Scale Cross-Sectional Study[J]. PSYCHOLOGY OF ADDICTIVE BEHAVIORS. 2016, 30(2): 252-262.

③ Elhai J D, Levine J C, Dvorak R D, et al. Non-social features of smartphone use are most related to depression, anxiety and problematic smartphone use[J]. COMPUTERS IN HUMAN BEHAVIOR. 2017, 69: 75-82.

④ Elhai J D, Levine J C, Dvorak R D, et al. Fear of missing out, need for touch, anxiety and depression are related to problematic smartphone use[J]. COMPUTERS IN HUMAN BEHAVIOR. 2016, 63: 509-516.

此外，英国埃塞克斯大学的 Andrew K. Przybylski 从三个研究出发，分析了社交媒体的双重性导致的“害怕错过”(FOMO)概念，以及通过建立 FOMO 测量表格研究人口统计学、动机和幸福因素与 FOMO 的关系，检验了 FOMO 行为与情感相关的因素，讨论了 FOMO 测量的意义；① 该文被引用 137 次，成为该主题被引频次最高的论文。

21 篇高被引论文发表在 12 种期刊上，详见表 25。《Computers in Human Behavior》是该组前沿最主要来源期刊，共载文 9 篇，占比 42.86%，其余论文则较为分散。从来源期刊的学科属性来看，涉及精神科学与心理学(17 篇)、社会科学总论(2 篇)、环境科学与生态学(1 篇)和交叉学科(1 篇)4 个大学科，反映出该热点主题较强的学科交叉性，也表明中外在学科分类中的差异。

表 25 “智能手机及社交媒体的过度使用原因及影响研究”高被引论文的来源期刊分布

排名	期刊名称	高被引论文数	占比	所属 ESI 学科
1	Computers in Human Behavior	9	42.86%	精神科学与心理学
2	Addictive Behaviors	2	9.52%	精神科学与心理学
3	Social Science Computer Review	1	4.76%	社会科学总论
3	Plos One	1	4.76%	交叉学科
3	International Journal of Environmental Research And Public Health	1	4.76%	环境科学与生态学
3	Journal of Adolescence	1	4.76%	精神科学与心理学
3	Addiction Research & Theory	1	4.76%	社会科学总论
3	Journal of Behavioral Addictions	1	4.76%	精神科学与心理学

① Przybylski A K, Murayama K, Dehaan C R, et al. Motivational, emotional, and behavioral correlates of fear of missing out[J]. COMPUTERS IN HUMAN BEHAVIOR. 2013, 29(4): 1841-1848.

续表

排名	期刊名称	高被引论文数	占比	所属 ESI 学科
3	Journal of Youth And Adolescence	1	4.76%	精神科学与心理学
3	Psychology of Addictive Behaviors	1	4.76%	精神科学与心理学
3	Journal of Psychiatric Research	1	4.76%	精神科学与心理学
3	Psychiatry Research	1	4.76%	精神科学与心理学

表 26 为产出两篇(含)以上的国家和机构。5 篇来自美国，占论文总数的 23.81%，其中托莱多大学 3 篇；中国有 2 篇高被引论文，占比 9.52%。所有的高被引论文中，11 篇(52.38%)为国际合作论文，其中，美国与中国合作 3 篇，与西班牙、挪威、英国、比利时合作各 1 篇；德国与西班牙和瑞士合作各 1 篇；英国同时与卢森堡和瑞士合作 1 篇；挪威、比利时、英国、匈牙利、意大利五国合作 1 篇。体现出较高的国际合作率。

表 26　“智能手机及社交媒体的过度使用原因及影响研究”高被引论文的 TOP 产出国家和机构

排名	国家	高被引论文数	占比	排名	机构	国家	高被引论文数	占比
1	美国	5	23.81%	1	托莱多大学	美国	3	14.29%
2	英国	3	14.29%	2	雷蒙鲁尔大学	西班牙	2	9.52%
3	挪威	2	9.52%	2	卑尔根大学	挪威	2	9.52%
3	西班牙	2	9.52%					
3	中国	2	9.52%					

3.3.3　重点热点主题——性别偏见与性别差异对男女性择业及学术地位的影响研究

该组研究前沿由 11 篇高被引论文构成，主要研究性别偏见对男女性择业的影响、造成男女性对数据密集型领域选择的差异的因素、数据密集型领域的雇佣者对女性应聘人员的选择的差异性、种族和性别歧视在组织外部和内部的演变过程、男女性在学术上的表现力和学术行为的差异、学术界的性别不平等、对女性学术表现力持有的普遍观点等。图 19 为该组论文的关键词，出现频次最高的前 3 个关键词为 WOMEN（6 次）、SCIENCE（5 次）、GAP（3 次）。

图 19 “性别偏见与性别差异对男女性择业及学术地位的影响研究”关键词云图

11 篇高被引论文的总被引频次为 818 次，篇均被引 74.4 次；平均出版年为 2015 年，具体年代分布如图 20 所示。2013—2018 年间，论文数呈波动性变化，2015 年最多达 4 篇，占总数的 37%。

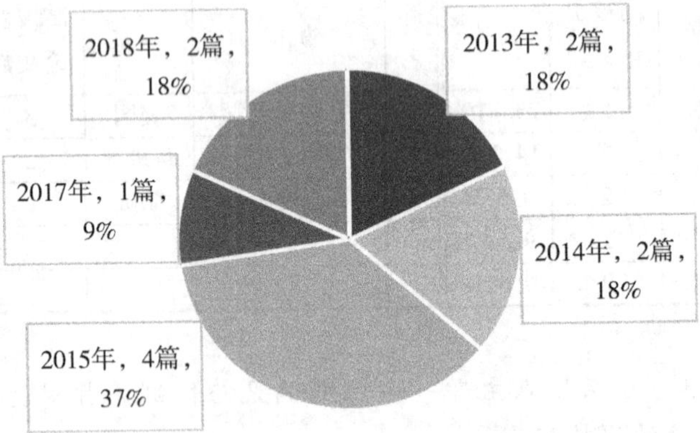

图 20 “性别偏见与性别差异对男女性择业及学术地位的影响研究”高被引论文的年代分布

美国康奈尔大学的 Stephen J. Ceci 通过比较数据密集型领域中女性和男性与非数据密集型领域(该领域中，女性数量多于甚至超过男性数量的)中女性和男性的生活轨迹，分析造成男女性对于数据密集型领域选择的差异的原因;① 该文被引用 149 次，成为该热点主题中被引频次最高的研究论文。美国普林斯顿大学的 Sarah-Jane Leslie 探讨了导致女性被学术界认为代表性不足的偏见：人们认为女性不具备原始的、天生的才能;② 该文被引用 145 次，被引次数排名第 2。

11 篇高被引论文发表在 8 种期刊上，分布较为分散，详见表 27。其中综合性期刊《Proceedings of the National Academy of Sciences of the United States of America》载文 3 篇，为最主要来源期刊。从来源期刊的学科属性来看，涉及多学科研究(6 篇)、精神科学与心理学(2 篇)、社会科学总论(2 篇)和临床医学(1 篇)，反映出该热点主题较强的学科交叉性；而在 PNAS、SCIENCE 等国际顶尖期刊上的多篇发文则进一步反映出该热点主题的受关注程度。

表 27 “性别偏见与性别差异对男女性择业及学术地位的影响研究”高被引论文的来源期刊分布

排名	期刊名称	高被引论文数	占比	所属 ESI 学科
1	Proceedings of the National Academy of Sciences of the United States of America	3	27.27%	多学科研究
2	Plos One	2	18.18%	多学科研究

① Leslie S J, Cimpian A, Meyer M, et al. Expectations of brilliance underlie gender distributions across academic disciplines [J]. SCIENCE. 2015, 347(6219): 262-265.

② Ceci S J, Ginther D K, Kahn S, et al. Women in Academic Science: A Changing Landscape [J]. PSYCHOLOGICAL SCIENCE IN THE PUBLIC INTEREST. 2014, 15(3): 75-141.

续表

排名	期刊名称	高被引论文数	占比	所属 ESI 学科
3	Ps-political Science & Politics	1	9.09%	社会科学总论
3	Journal of Applied Psychology	1	9.09%	精神病学和心理学
3	Psychological Science in the Public Interest	1	9.09%	精神病学和心理学
3	Science	1	9.09%	多学科研究
3	International Organization	1	9.09%	社会科学总论
3	Academic Medicine	1	9.09%	临床医学

11 篇高被引论文来源于 2 个国家，其中美国有 10 篇，德国 1 篇。说明美国对于性别偏见与差异的研究位于世界前列。从机构方面来看，除了美国康奈尔大学和宾夕法尼亚大学各有 2 篇高被引论文外，其余机构均只有 1 篇。所有的高被引论文中，无国际合作论文，说明目前该领域国际合作强度低。

3.3.4 重点热点主题——人类在社会启发下的合作及决策研究

该主题由 10 篇高被引论文构成(其中综述 1 篇)，主要研究反应时间与决策的关系、人类在社会条件下的合作心理及其影响、合作分析模型等。图 21 为该组论文的关键词，出现频次排名前两位的关键词为 PROSOCIALITY(4 次)、DECISION-MAKING(4 次)、ULTIMATUM GAM(3 次)、COOPERATION(3 次)、COGNITIVE LOAD(3 次)。

该主题高被引论文的总被引频次为 779 次，篇均被引 77.9 次；平均出版年为 2015 年。论文的发表年度相对均匀(图 22)，2016 年为最高峰，占该热点主题相关领域的高被引论文数的 40%。

10 篇高被引论文中，除了耶鲁大学的 David G. Rand 发表了 4 篇高被引论文外，其余作者各一篇。David 主要研究直接互惠、间接互惠、空间选择、多级选择和同类选择五种机制对人们选择人际合作的影响[26]，直觉和深思熟虑在合作中的作用[27]，无私行为中

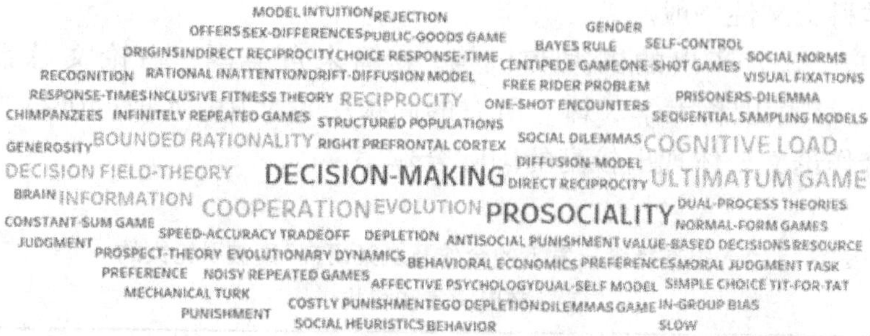

图21 “人类在社会启发下的合作及决策研究”关键词云图

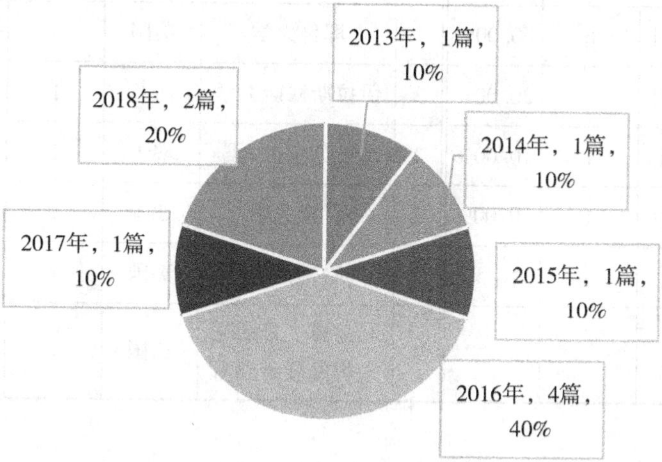

图22 “人类在社会启发下的合作及决策研究”高被引论文的年代分布

性别和直觉的影响[28]，直觉、反应时间对合作的影响[29]。此外，在这四篇论文中，David G. Rand2013年在期刊《Trends in Cognitive Sciences》上发表的“Human cooperation”为该组主题中被引频次最高的论文(303次)[26]。

10篇高被引论文发表在9种期刊上，除《Nature Communications》载文2篇外(占比20%)，其余期刊各载文1篇，非常分散。从来源期刊的学科属性来看，涉及精神科学与心理学(5篇)、多学科研究(3 篇)、和经济学与商学(2 篇)3 个 ESI 学科，反映出该热点主题学科交叉性一般。

表 28 为产出的国家和机构。6 篇来自美国，占论文总数的 60%，其中耶鲁大学 3 篇。所有的高被引论文中，4 篇(40%)为国际合作论文，体现出较高的国际合作率。

表 28 “人类在社会启发下的合作及决策研究”高被引论文的产出国家和机构

排名	国家	高被引论文数	占比	排名	机构	国家	高被引论文数	占比
1	美国	6	60.00%	1	耶鲁大学	美国	5	50.00%
2	德国	2	20.00%	2	伊拉斯穆斯大学	荷兰	1	10.00%
3	瑞士	1	10.00%	2	瑞士苏黎世大学	瑞士	1	10.00%
3	荷兰	1	10.00%	2	科隆大学	德国	1	10.00%
				2	哈佛大学	美国	1	10.00%
				2	马克思·普朗克人类发展研究所	德国	1	10.00%

4　教育学研究前沿分析

4.1　教育学

教育学相关研究前沿仅 1 个：ANCHORING GAMIFICATION；GAMIFICATION MOTIVATES；GAMIFICATION；CHALLENGING GAMES HELP STUDENTS LEARN；SERIOUS GAMES，由 11 篇高被引论文(其中综述 2 篇)组成，主要涉及在教学领域中引入游戏的作用和效果、教学领域中的游戏设计、针对不同使用群体的游戏设计、游戏的引入对服务营销产生的影响等。图 23 为该组论文的关键词，出现频次较高的关键词为 PERFORMANCE（3 次）、STUDENTS（2 次）、SOCIAL VIRTUAL WORLDS（2 次）、PURCHASING BEHAVIOR（2 次）、INTRINSIC MOTIVATION（2 次）、GAMES（2 次）、EXTRINSIC REWARDS（2 次）、BEHAVIOR（2 次）。

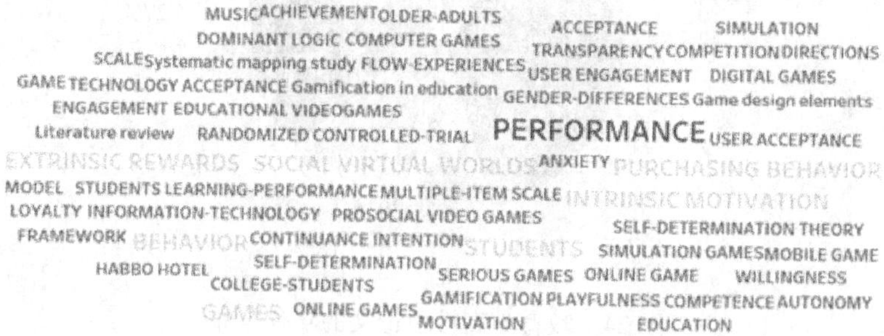

图 23　教育学关键词云图

11 篇论文总被引 519 次，篇均被引 47.2 次，平均出版年为 2015。图 24 为高被引论文的年代分布，因论文总量较少，2014、2018 无相关论文，研究相对比较分散。

11 篇高被引论文中，除芬兰坦佩雷大学的 Juho Hamari 发文 4 篇以外，其余作者都只有 1 篇。Juho 主要研究了人们使用游戏的原因和游戏用于非享乐的活动中的实现方式、① 游戏学习环境中的学生的三种游戏使用程度（流畅、参与和沉浸）对他们学习的影响、② 免费增值服务（免费游戏）的质量对人们购买额外优质服务内容的

① Hamari J, Keronen L. Why do people play games? A meta-analysis [J]. INTERNATIONAL JOURNAL OF INFORMATION MANAGEMENT. 2017, 37(3): 125-141.

② Hamari J, Shernoff D J, Rowe E, et al. Challenging games help students learn: An empirical study on engagement, flow and immersion in game-based learning [J]. COMPUTERS IN HUMAN BEHAVIOR. 2016, 54: 170-179.

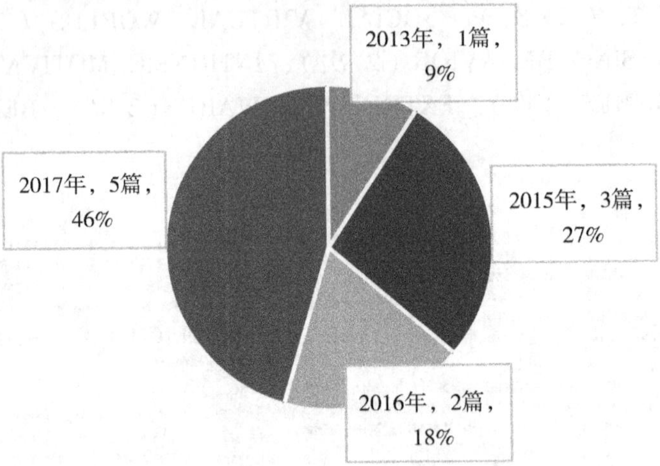

图 24　教育学高被引论文的年代分布

意愿的影响、① 游戏化对非游戏化服务改善程度(用户参与度、服务盈利能力、目标承诺、各种行为的整体效果)。②

11 篇高被引论文中，西班牙阿尔卡拉大学的 Adrian Dominguez 通过在一个著名的电子平台中设计并构建游戏化插件，验证游戏化在网络教育中的作用和对学生学习表现的影响;③ 该文被引用了 135 次，为该热点主题中被引次数最高的热点论文。

11 篇高被引论文发表在 6 种期刊上(表 29)，较为分散；从来

① Hamari J, Hanner N, Koivisto J. Service quality explains why people use freemium services but not if they go premium: An empirical study in free-to-play games [J]. INTERNATIONAL JOURNAL OF INFORMATION MANAGEMENT. 2017, 37 (1A): 1449-1459.

② Hamari J. Do badges increase user activity? A field experiment on the effects of gamification[J]. COMPUTERS IN HUMAN BEHAVIOR. 2017, 71: 469-478.

③ Dominguez A, Saenz-De-Navarrete J, De-Marcos L, et al. Gamifying learning experiences: Practical implications and outcomes [J]. COMPUTERS & EDUCATION. 2013, 63: 380-392.

源期刊的学科属性来看，涉及精神科学与心理学(4 篇)、计算机学科(3 篇)、社会科学总论(3 篇)、经济学与商学(1 篇)4 个学科，学科交叉性强。

表 29　　教育学主题相关的高被引论文的来源期刊分布

排名	期刊名称	高被引论文数	占比	所属 ESI 学科
1	Computers & Education	3	27.27%	计算机学科
1	Computers in Human Behavior	3	27.27%	精神科学与心理学
2	International Journal of Information Management	2	18.18%	社会科学总论
3	International Journal of Human-computer Studies	1	9.09%	精神科学与心理学
3	Educational Technology & Society	1	9.09%	社会科学总论
3	Electronic Markets	1	9.09%	经济学与商学

表 30 为教育学主题相关研究前沿高被引论文的国别和机构分布。11 篇高被引论文来源于 6 个国家，芬兰位居第一位(5 篇)，该国的坦佩雷大学发表 3 篇，是贡献最多的机构。所有的高被引论文中，有 4 篇国际合作论文(占比 36.36%)，合作强度不高。

表 30　教育学主题相关研究前沿高被引论文的国别和机构分布

排名	国家	核心论文数	占比	排名	机构	国家	高被引论文数	占比
1	芬兰	5	45.45%	1	坦佩雷大学	芬兰	3	27.27%
2	美国	2	18.18%	2	温斯顿萨勒姆州立大学	美国	1	9.09%
3	英国	1	9.09%	2	阿尔卡拉大学	西班牙	1	9.09%
3	加拿大	1	9.09%	2	多伦多大学	加拿大	1	9.09%

续表

排名	国家	核心论文数	占比	排名	机构	国家	高被引论文数	占比
3	德国	1	9.09%	2	坦佩雷理工大学	芬兰	1	9.09%
3	西班牙	1	9.09%	2	俄亥俄州立大学	美国	1	9.09%
				2	西苏格兰大学	英国	1	9.09%
				2	汉肯经济学院	芬兰	1	9.09%
				2	慕尼黑大学	德国	1	9.09%

4.2 心理学

4.2.1 概述

心理学相关研究前沿共计 3 个 55 篇高被引论文（其中综述 9 篇），主要涉及心理干预（包括自我肯定干预、精确干预、学术思维干预、社会学心理干预、理论干预等）及其效果、企业或公司高层管理人员中的男女性比例及其对公司绩效和决策的影响、两种人格（六合人格、黑暗三格）的组成因素中各因素之间的关系及具有这两种人格的人的细微特点和心理、两种人格的测试、自恋相关研究（自恋的特点、组成因素、自恋的性别区别、自恋与自尊的区别、自恋对企业高层人员及企业绩效的影响）、双语与执行控制能力和认知能力的联系、双语与儿童能力的关系、双语与大脑神经的联系等。

表 31 **心理学研究前沿分布**

序号	研究前沿	前沿热点词	高被引论文数（Article/Review）	总被引频次	平均出版年
1	心理学干预及其效果的研究	社会心理干预；自我肯定影响学业成绩；明智的心理干预；心理干预；遏制性别差距	16/5	1426	2015

续表

序号	研究前沿	前沿热点词	高被引论文数(Article/Review)	总被引频次	平均出版年
2	特殊人格的特点及影响分析	短暂的黑暗三性格(SD3)；黑暗三性格；自恋；黑暗三性格组成部分；黑暗人格特质	17/2	1253	2015
3	双语能力对认知的影响研究	双语的执行控制优势；双语能力更改执行控制；语言控制；双语优势；频繁的语言切换降低了切换成本	13/2	1233	2015

55篇论文总被引3912次，篇均被引71.1次，平均出版年为2015。图25为论文年代分布，各年度相关高论文数量分布相对均匀，略有下降趋势，尤其是2018年。

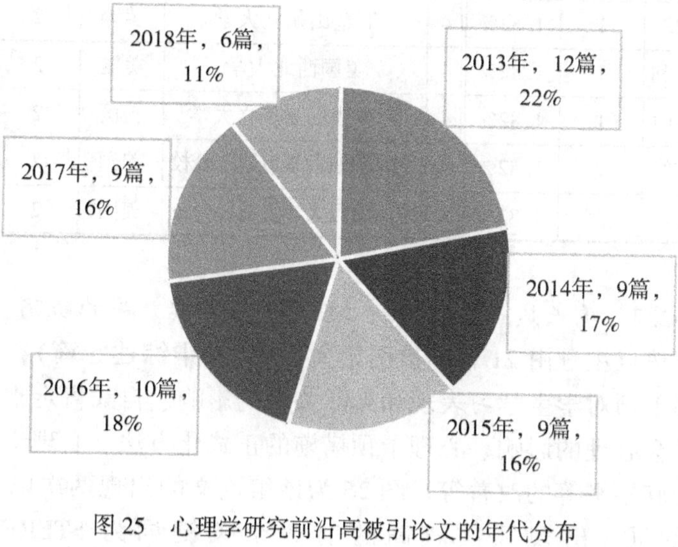

图25 心理学研究前沿高被引论文的年代分布

从国别和作者机构分布来看，社会学高被引论文共涉及10个国家和 41 个机构。有 4 个国家和 9 个机构发表了 2 篇(含)以上高被引论文(表 2)。美国发文最多，有 35 篇，占比 63.64%，分属于 15 个机构，其中有 9 个机构发文 2 篇以上，说明美国学者对该领域的关注度较高；就机构发文来看，加拿大的约克大学发文 5 篇，占比 9.09%，显示出该校在心理学较强的研究实力。

表 32　**心理学研究前沿高被引论文的国别和 TOP 机构分布**

排名	国家	高被引论文数	占比	排名	机构	国家	高被引论文数	占比
1	美国	35	63.64%	1	约克大学	加拿大	5	9.09%
2	加拿大	9	16.36%	2	德克萨斯大学埃尔帕索分校	美国	3	5.45%
3	英国	3	5.45%	2	斯坦福大学	美国	3	5.45%
4	荷兰	2	3.64%	4	普渡大学	美国	2	3.64%
5	西班牙	1	1.82%	4	佐治亚大学	美国	2	3.64%
5	新加坡	1	1.82%	4	旧金山州立大学	美国	2	3.64%
5	意大利	1	1.82%	4	美国西北大学	美国	2	3.64%
5	比利时	1	1.82%	4	宾夕法尼亚州立大学	美国	2	3.64%
5	芬兰	1	1.82%	4	德克萨斯大学奥斯汀分校	美国	2	3.64%
5	德国	1	1.82%	4	威斯康星大学麦迪逊分校	美国	2	3.64%

4.2.2　重点热点主题——心理学干预及其效果的研究

该热点主题由 21 篇高被引论文构成(其中综述 5 篇)，主要研究心理干预对学生学习表现和人际关系的影响、自我肯定干预对健康和社会心理的影响、心理干预措施的正式化方法、心理干预对性别和种族不平等的改善等。图 26 为该组论文的出现两次以上(含)的关键词，出现频次较高的前 3 个关键词为 STEREOTYPE THREAT(8 次)、ACHIEVEMENT GAP(5 次)、ACADEMIC-PERFORMANCE(5 次)。

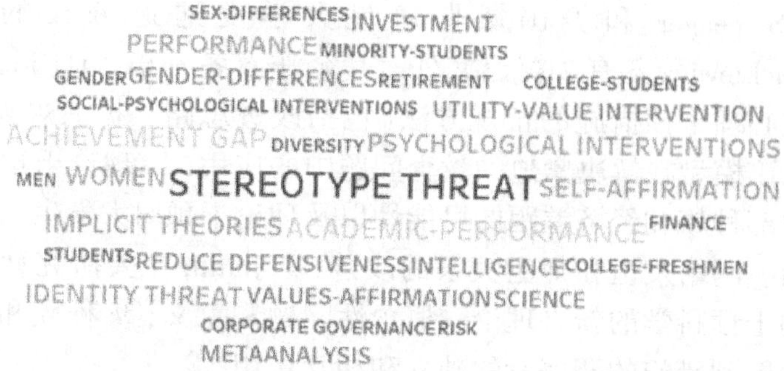

图 26 “心理学干预及其效果的研究”关键词云图

该主题高被引论文的总被引频次为 1253 次，篇均被引 65.9 次；平均出版年为 2015 年。论文数量的年代分布波动性比较大(图 27)，2016 年最多(6 篇)，2018 年最少(1 篇)。

图 27 “心理干预及其效果的研究”高被引论文的年代分布

21 篇高被引论文中，除了美国德克萨斯大学奥斯汀分校的 David S. Yeager 和美国威斯康星大学麦迪逊分校的 Judith M. Harackiewicz 各有 2 篇论文外，其余作者各一篇。David 主要研究制定心理干预措施的正规方法(包括改进思路、扩大规模)和模型以及该模型在解决紧迫的教育问题中的应用,① 理论干预对减少大学内部种族和经济差距的可能性以及理论干预对大学生的整体大学体验、网络友谊和师生关系的改善;② Judith 主要研究针对高等教育的干预科学的新兴理论、概念性问题和意义,③ 种族和社会阶层作为干预措施的调停者的独立和相互作用。④

21 篇高被引论文中，有 5 篇综述，均出自美国。斯坦福大学的 Geoffrey L. Cohen 总结了自我肯定干预与其他学科的联系，并从社会心理学角度理解自我肯定干预的经验;⑤ 该文被引用了 185 次，成为该主题被引频次最高的论文。里士满大学的 Jeni L. Burnette 以自我控制理论为基础，建立了一个研究内隐理论与自

---

① Yeager D S, Romero C, Paunesku D, et al. Using Design Thinking to Improve Psychological Interventions: The Case of the Growth Mindset During the Transition to High School[J]. JOURNAL OF EDUCATIONAL PSYCHOLOGY. 2016, 108(3): 374-391.

② Yeager D S, Walton G M, Brady S T, et al. Teaching a lay theory before college narrows achievement gaps at scale[J]. PROCEEDINGS OF THE NATIONAL ACADEMY OF SCIENCES OF THE UNITED STATES OF AMERICA. 2016, 113(24): E3341-E3348.

③ Harackiewicz J M, Priniski S J. Improving Student Outcomes in Higher Education: The Science of Targeted Intervention [M]. PALO ALTO: ANNUAL REVIEWS, 2018: 69, 409-435.

④ Harackiewicz J M, Canning E A, Tibbetts Y, et al. Closing Achievement Gaps With a Utility-Value Intervention: Disentangling Race and Social Class [J]. JOURNAL OF PERSONALITY AND SOCIAL PSYCHOLOGY. 2016, 111(5): 745-765.

⑤ Cohen G L, Sherman D K. The Psychology of Change: Self-Affirmation and Social Psychological Intervention[M]. PALO ALTO: ANNUAL REVIEWS, 2014: 65, 333-371.

我调节关系的理论框架。① 其余三篇综述文献，两篇主要研究心理干预在教育中的应用和成效，②③ 第三篇主要研究目标选择与社会角色之间的关系以及人们选择参与理工科领域的各种动机。④

21 篇高被引论文发表在 17 种期刊上，除了表 33 所列四种期刊上各有 2 篇论文外，其余期刊都仅刊载 1 篇相关论文。从期刊所属的 ESI 学科来看，这 17 种期刊涉及精神科学与心理学(10 篇)、经济学与商学(4 篇)、社会科学总论(2 篇)及多学科研究(1 篇)，精神科学与心理学占比 47.62%，体现该热点主题具有较强的学科交叉性。

表 33 **“心理干预及其效果的研究”高被引论文的 TOP 来源期刊**

排名	期刊名称	高被引论文数	占比	所属 ESI 学科
1	Journal of Personality and Social Psychology	2	9.52%	精神科学与心理学
1	Journal of Educational Psychology	2	9.52%	精神科学与心理学
1	Journal of Corporate Finance	2	9.52%	经济学与商学
1	Journal of Financial Economics	2	9.52%	经济学与商学

① Burnette J L, O'Boyle E H, Vanepps E M, et al. Mind-Sets Matter: A Meta-Analytic Review of Implicit Theories and Self-Regulation[J]. PSYCHOLOGICAL BULLETIN. 2013, 139(3): 655-701.

② Lazowski R A, Hulleman C S. Motivation Interventions in Education: A Meta-Analytic Review[J]. REVIEW OF EDUCATIONAL RESEARCH. 2016, 86(2): 602-640.

③ Harackiewicz J M, Priniski S J. Improving Student Outcomes in Higher Education: The Science of TargetedIntervention [M]. PALO ALTO: ANNUAL REVIEWS, 2018: 69, 409-435.

④ Diekman A B, Steinberg M, Brown E R, et al. A Goal Congruity Model of Role Entry, Engagement, and Exit: Understanding Communal Goal Processes in STEM Gender Gaps[J]. PERSONALITY AND SOCIAL PSYCHOLOGY REVIEW. 2017, 21(2): 142-175.

表 34 为该主题论文的国家和 TOP 机构(发文两篇以上机构)。19 篇来自美国,占论文总数的 90.48%%,仅 3 篇(占比 14.29%)为国际合作论文,国际合作率不高。

表 34 “心理干预及其效果的研究”高被引论文的产出国家和 TOP 机构

排名	国家	高被引论文数	占比	排名	机构	国家	高被引论文数	占比
1	美国	19	90.48%	1	斯坦福大学	美国	3	14.29%
2	新加坡	1	4.76%	2	德克萨斯大学奥斯汀分校	美国	2	9.52%
2	英国	1	4.76%	2	西北大学	美国	2	9.52%

4.2.3 重点热点主题——特殊人格的特点及影响分析

该主题由 19 篇高被引论文构成(其中综述 2 篇),主要研究黑暗三格的组成要素、人格特点和人格测试方法、自恋的特点、自恋人格的组成因素及其对企业的影响等。图 28 为该组论文的关键词,出现频次较高的前 5 个关键词为 5-FACTOR MODEL(7 次)、PERSONALITY-INVENTORY(5 次)、MACHIAVELLIANISM(5 次)、DARK TRIAD(5 次)、BIG 5(5 次)。

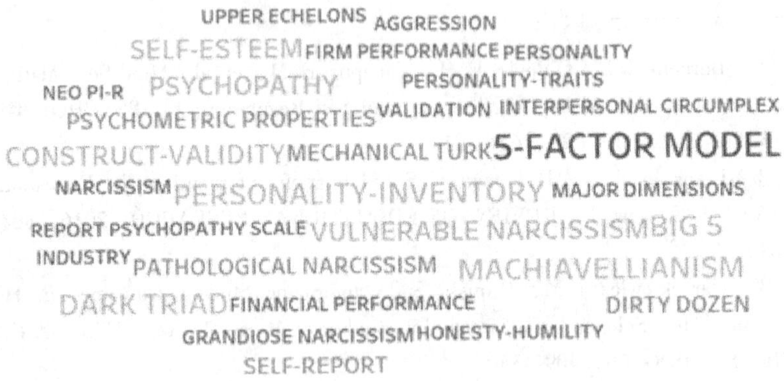

图 28 “特殊人格的特点及影响分析”关键词云图

该主题高被引论文的总被引频次为 1426 次,篇均被引 67.9

次；平均出版年为2015年，各年度论文相对均匀(图29)，体现了该研究领域的相对稳定性。

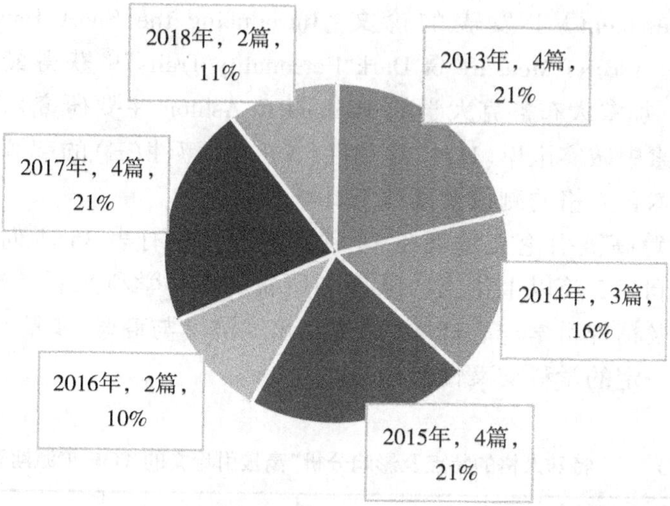

图29 “特殊人格的特点及影响分析”高被引论文的年代分布

19篇高被引论文中，除了美国的Emily Grijalva和Daniel N. Jones各有2篇论文外，其余作者各一篇。Emily主要研究自恋的性别差距大小、自恋性别差距随测量参数的变化和自恋差距的时间稳定性,① 自恋与领导能力之间的关系、旁观者和领导自身的观点对领导效能等级的影响;② Daniel主要研究具有黑暗三格组成要素

① Grijalva E, Newman D A, Tay L, et al. Gender Differences in Narcissism: A Meta-Analytic Review[J]. PSYCHOLOGICAL BULLETIN. 2015, 141(2): 261-310.

② Grijalva E, Harms P D, Newman D A, et al. NARCISSISM AND LEADERSHIP: A META-ANALYTIC REVIEW OF LINEAR AND NONLINEAR RELATIONSHIPS[J]. PERSONNEL PSYCHOLOGY. 2015, 68(1): 1-47.

的人格的人在人际交往中的表现和动机，① 黑暗三格人格的测试方法。②

Daniel 来自美国德克萨斯大学埃尔帕索分校，其 2014 年在期刊《Assessment》上发表的论文“Introducing the Short Dark Triad (SD3): A Brief Measure of Dark Personality Traits”③获得最高被引 201 次，加拿大布鲁克大学的 Michael C. Ashton 主要研究六合人格组合要素中诚实谦卑(H)、随和性(A)、情感性(E)的起源和具体内容、六合人格的测量要素和工具等。④

19 篇高被引论文发表在 14 种期刊上，仅有表 35 所列四种期刊上各刊载 2 篇以上论文。从期刊所属的 ESI 学科来看，这 14 种期刊涉及精神科学与心理学(15 篇)和经济学与商学(4 篇)两个学科，有一定的学科交叉性。

表 35　“特殊人格的特点及影响分析”高被引论文的 TOP 来源期刊

排名	期刊名称	高被引论文数	占比	所属 ESI 学科
1	Strategic Management Journal	3	15.79%	经济学与商学
2	Personality And Social Psychology Review	2	10.53%	精神科学与心理学
2	European Journal of Personality	2	10.53%	精神科学与心理学
2	Journal of Personality And Social Psychology	2	10.53%	精神科学与心理学

① Jones D N, Paulhus D L. Duplicity Among the Dark Triad: Three Faces of Deceit[J]. JOURNAL OF PERSONALITY AND SOCIAL PSYCHOLOGY. 2017, 113(2): 329-342.

② Jones D N, Paulhus D L. Introducing the Short Dark Triad (SD3): A Brief Measure of Dark Personality Traits[J]. ASSESSMENT. 2014, 21(1): 28-41.

③ Jones D N, Paulhus D L. Introducing the Short Dark Triad(SD3): A Brief Measure of Dark Personality Traits[J]. ASSESSMENT. 2014, 21(1): 28-41.

④ Ashton M C, Lee K, de Vries R E. The HEXACO Honesty-Humility, Agreeableness, and Emotionality Factors A Review of Research and Theory [J]. PERSONALITY AND SOCIAL PSYCHOLOGY REVIEW. 2014, 18(2): 139-152.

表 36 为该主题论文的国家和 TOP 机构(发文两篇以上机构)。12 篇来自美国，占论文总数的 63.16%，其中佐治亚大学和德克萨斯大学埃尔帕索分校各 2 篇。所有的高被引论文中，6 篇(占比 31.58%)为国际合作论文，国际合作率偏低。

表 36 “特殊人格的特点及影响分析”高被引论文的 TOP 产出国家和机构

排名	国家	高被引论文数	占比	排名	机构	国家	高被引论文数	占比
1	美国	12	63.16%	1	佐治亚大学	美国	2	10.53%
2	加拿大	4	21.05%	1	德克萨斯大学埃尔帕索分校	美国	2	10.53%
3	荷兰	2	10.53%					
4	德国	1	5.26%					

5 管理学研究前沿分析

5.1 工商管理

5.1.1 概述

工商管理研究前沿共计 12 个 200 篇高被引论文(其中综述 25 篇)，其篇均被引 58.08 次，平均出版年为 2015 年 5 月。其中中国作者贡献 27 篇高被引论文，占比 13.5%。7 个研究前沿涉及消费者行为研究、供应链分析、企业的创新发展、企业的可持续发展、市场营销等 7 个研究主题，详见表 37。

表 38 为高被引论文的 TOP 产出国和机构。25 个论文产出国，美国共有 44 篇，占比 22%；中国排第 2 位，有 27 篇，占 13.5%。论文机构分布相对分散，发文 3 篇以上的机构 13 个，包括中国的香港理工大学和天津大学。

表 37　　　　工商管理研究前沿主题分布

序号	研究主题	前沿热点词	高被引论文数	论文数中国作者/外国作者	总被引频次	平均出版年
1	消费行为研究	在线消费者评论；消费者体验；消费者参与行为；消费者绿色购买行为；食物浪费行为	96	12/84	5776	2015.5
2	"限额与交易"机制下的供应链分析	绿色供应链；供应链协调；供应链分析；供给链管理；可持续管理	25	14/11	1510	2015.2
3	创业生态系统、学术参与与商业化研究	企业创新；数字创新管理；创新生态系统；企业生态系统；重组创新管理研究	25	0/25	1501	2015.2
4	企业可持续发展与企业社会责任	企业可持续发展报告；企业责任报告；开明企业报告；企业社会责任披露	18	1/17	957	2015.1
5	知识管理对企业创新的影响	知识管理系统；知识管理能力；企业创新；数字创新管理；创新生态系统；企业生态系统；重组创新管理研究	16	0/16	432	2016.5
6	可持续供应链的管理模型、网络设计与绩效指标分析	可持续的供给链管理；第二代生物柴油供给链网络；供给链管理	14	0/14	1249	2015.3
7	市场营销中的运营管理与绩效评估	首席营销官事务；市场应用；市场营销；绩效评估结果；运营管理研究	6	0/6	190	2016.2

表 38　工商管理研究前沿高被引论文的 TOP 国家和机构分布

排名	国家	高被引论文数	占比	排名	机构	国家	高被引论文数	占比
1	美国	44	22. 00%	1	世宗大学	韩国	6	3. 00%
2	中国	27	13. 50%	2	帝国理工学院	英国	5	2. 50%
3	英国	24	12. 00%	3	香港理工大学	中国	4	2. 00%
4	意大利	13	6. 50%	3	卡塞尔大学	德国	4	2. 00%
5	加拿大	10	5. 00%	3	达特茅斯学院	美国	4	2. 00%
6	西班牙	9	4. 50%	3	中山大学	中国	4	2. 00%
7	澳大利亚	8	4. 00%	7	瑞尔森大学	加拿大	3	1. 50%
8	德国	7	3. 50%	7	穆尔西亚大学	西班牙	3	1. 50%
9	韩国	6	3. 00%	7	宾夕法尼亚大学	美国	3	1. 50%
9	法国	6	3. 00%	7	西苏格兰大学	英国	3	1. 50%
11	丹麦	5	2. 50%	7	亚利桑那州立大学	美国	3	1. 50%
11	新西兰	5	2. 50%	7	夏威夷大学马诺阿分校	美国	3	1. 50%
11	印度	5	2. 50%	7	天津大学	中国	3	1. 50%
11	荷兰	5	2. 50%					

5. 1. 2　重点热点主题——消费行为研究

该主题由 6 个相关的 ESI 研究前沿聚合而成，共有 96 篇高被引论文(其中综述 15 篇)，主要研究消费者品牌参与行为、食物浪费行为、绿色消费行为，网络评论对消费者行为的影响，消费者满意度分析，服务生态系统的主导逻辑、制度、创新，游客的体验与行为意向，零售物流渠道，消费性食品垃圾等。图 30 为该组论文出现频次大于 4(含)的关键词，出现频次较高的前 3 个关键词为 WORD-OF-MOUTH(25 次)、MANAGEMENT(14 次)、INFORMATION(14 次)。

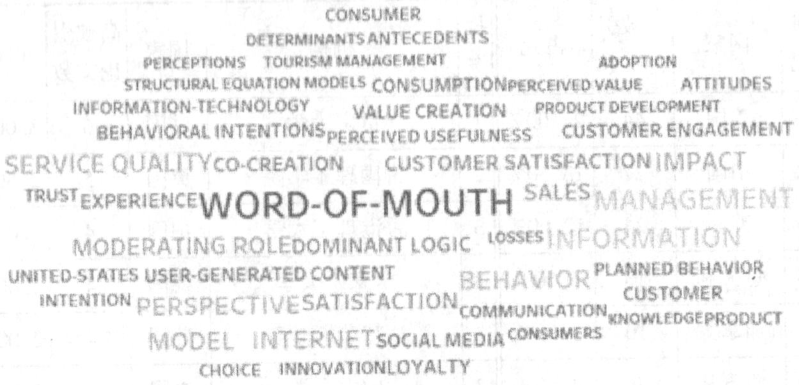

图 30 “消费行为研究”关键词云图

96 篇高被引论文，总被引 5776 次，篇均被引 60. 17 次；平均出版年为 2015 年，具体年代分布如图 31 所示，可见 2015—2017 年为研究高峰期。

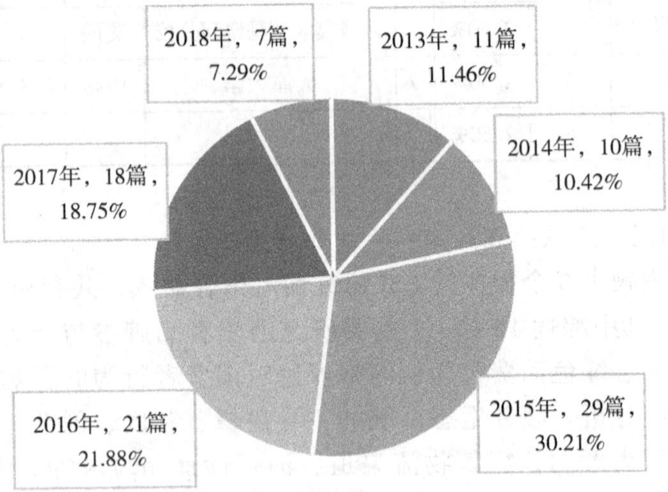

图 31 “消费行为研究”高被引论文的年代分布

中山大学的吴宏哲就旅客体验品质、体验价值、体验满意度与行为意向研究发表了 4 篇高被引论文(其中综述 2 篇),①②③④ 是发文最多的第一作者；新西兰奥克兰大学的 Roderick J. Brodie 在文献综述的基础上，采用网络图形学方法来探讨在线品牌社区环境下消费者参与的性质和范围，研究揭示出消费者参与具有复杂多维性和动态性，随着时间的推移，消费者参与可能以不同程度的强度出现，从而反映出不同的参与状态；此外，消费者参与过程包括一系列子过程，反映消费者在在线品牌社区中的互动体验，以及社区参与者之间的价值共同创造;⑤ 该文被 316 篇文献引用，成为该主题中被引频次最高的论文。

96 篇高被引论文发表在 36 种期刊上，其中载文 3 篇(含)以上的期刊详见表 39。从来源期刊的 ESI 学科属性来看，该热点主题涉及经济学与商学(45 篇)、社会科学总论(37 篇)、工程科学(9 篇)、农业科学(3 篇)、环境科学(1 篇)、神经科学(1 篇)六个学科，反映出该热点主题较强的学科交叉性。

---

① Wu H C, Cheng C C. What Drives Experiential Loyalty Toward Smart Restaurants? The Case Study of KFC in Beijing[J]. JOURNAL OF HOSPITALITY MARKETING & MANAGEMENT. 2018, 27(2): 151-177.

② Wu H C, Cheng C C, Ai C H. A study of experiential quality, experiential value, trust, corporate reputation, experiential satisfaction and behavioral intentions for cruise tourists: The case of Hong Kong[J]. TOURISM MANAGEMENT. 2018, 66: 200-220.

③ Wu H C, Li M Y, Li T. A Study of Experiential Quality, Experiential Value, Experiential Satisfaction, Theme Park Image, and Revisit Intention[J]. JOURNAL OF HOSPITALITY & TOURISM RESEARCH. 2018, 42(1): 26-73.

④ Wu H C, Li T. A Study of Experiential Quality, Perceived Value, Heritage Image, Experiential Satisfaction, and Behavioral Intentions for Heritage Tourists[J]. JOURNAL OF HOSPITALITY & TOURISM RESEARCH. 2017, 41(8): 904-944.

⑤ Brodie R J, Ilic A, Juric B, et al. Consumer engagement in a virtual brand community: An exploratory analysis[J]. Journal of Business Research. 2013, 66(1): 105-114.

表 39　“消费行为研究”高被引论文的 TOP 来源期刊

排名	期刊名称	高被引论文数	占比	所属 ESI 学科
1	Tourism Management	14	14.58%	社会科学总论
2	International Journal of Hospitality Management	9	9.38%	社会科学总论
3	Journal of Business Research	7	7.29%	经济学与商学
4	Journal of Cleaner Production	6	6.25%	工程科学
5	Journal of The Academy of Marketing Science	5	5.21%	经济学与商学
5	Journal of Retailing	5	5.21%	经济学与商学
7	Journal of Service Research	4	4.17%	经济学与商学
8	Journal of Travel Research	3	3.13%	社会科学总论
8	Journal of Hospitality & Tourism Research	3	3.13%	社会科学总论
8	Waste Management	3	3.13%	工程科学
8	Management Science	3	3.13%	经济学与商学
8	Journal of Retailing and Consumer Services	3	3.13%	经济学与商学
8	Food Quality And Preference	3	3.13%	农业科学

表 40 为高被引论文的 TOP 产出国家和机构。国外共有 20 个国家发表了 84 篇高被引论文，其中美国最多达 27 篇，占 28.13%；中国发文 12 篇，排名第二，主要贡献机构为中山大学(3 篇)和香港理工大学(2 篇)。国际合作方面，有 13 篇(13.5%)国际合作论文。其中中国与英国、韩国各合作 1 篇。

表 40　“消费行为研究”高被引论文的 TOP 产出国家和机构

排名	国家	高被引论文数	占比	排名	机构	国家	高被引论文数	占比
1	美国	27	28.13%	1	世宗大学	韩国	6	6.25%
2	中国	12	12.50%	2	中山大学	中国	3	3.13%
3	韩国	6	6.25%	2	夏威夷大学马诺阿分校	美国	3	3.13%

续表

排名	国家	高被引论文数	占比	排名	机构	国家	高被引论文数	占比
3	意大利	6	6.25%					
3	英国	6	6.25%					
6	澳大利亚	4	4.17%					
6	丹麦	4	4.17%					

5.1.3 重点热点主题——"限额与交易"机制下的供应链分析

该主题共有25篇高被引论文，主要研究在"限额与交易"机制下供应链管理模型、供应链与碳排放的博弈分析、供应链与减排激励的协调、供应链与绿色技术的协调、供应链中的渠道协调、供应链中的生产和定价策略、消费者环境意识与消费需求等。图32为该组论文出现频次大于2(含)的关键词，出现频次较高的前4个关键词为PERFORMANCE(8次)、MANAGEMENT(7次)、CONTRACTS(5次)、COMPETITION(5次)。

图32 "'限额与交易'机制下的供应链分析"关键词云图

25篇高被引论文，总被引1510次，篇均被引60.4次；平均出版年为2015年，各年度分布不均(图33)，2013年和2016年为研究高峰。

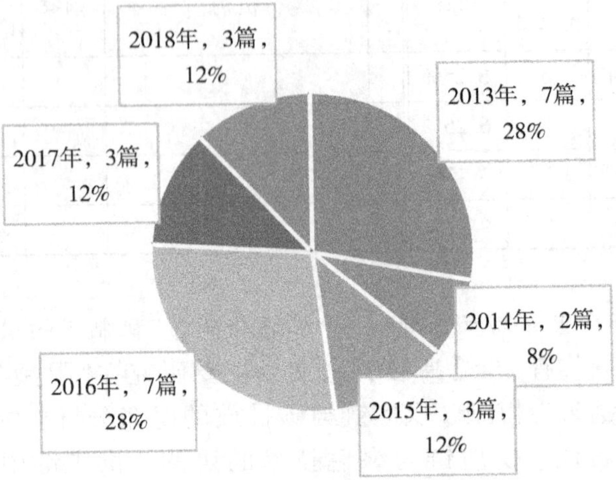

图 33 “‘限额与交易’机制下的供应链分析”高被引论文的年代分布

中国科学技术大学杜少甫和徐小平分别就“限额与交易”机制中供应链的博弈分析①与生产优化问题、②“限额与交易”机制下供应链与绿色技术的协调③以及生产和定价问题④各发表 2 篇论文；新加坡科技设计大学的 Saif Benjaafar 通过将碳排放参数与各种决策

① Du S, Ma F, Fu Z, et al. Game-theoretic analysis for an emission-dependent supply chain in a 'cap-and-trade' system[J]. ANNALS OF OPERATIONS RESEARCH. 2015, 228(1): 135-149.

② Du S F, Hu L, Song M L. Production optimization considering environmental performance and preference in the cap-and-trade system[J]. JOURNAL OF CLEANER PRODUCTION. 2016, 112(2): 1600-1607.

③ Xu X P, He P, Xu H, et al. Supply chain coordination with green technology under cap-and-trade regulation [J]. INTERNATIONAL JOURNAL OF PRODUCTION ECONOMICS. 2017, 183(SIB): 433-442.

④ Xu X P, Zhang W, He P, et al. Production and pricing problems in make-to-order supply chain with cap-and-trade regulation [J]. OMEGA-INTERNATIONAL JOURNAL OF MANAGEMENT SCIENCE. 2017, 66(SIB): 248-257.

变量关联起来对传统模型进行修改，以研究监管排放控制政策以及同一供应链内企业合作对其成本和碳排放的影响，研究表明，企业只需进行业务调整并与供应链的其他成员合作，就可有效地减少其碳排放量而无需显著增加其成本；研究还发现，排放管制的存在可以显著增加供应链协作的价值；① 该文被 249 篇文献引用，成为该主题被引频次最高的论文。

25 篇高被引论文发表在 11 种期刊上，其中载文 2 篇(含)以上的期刊详见表 41。从来源期刊的 ESI 学科属性来看，该主题涉及工程科学(21 篇)、经济学与商学(4 篇)两个学科，工程领域论文占比反而最大。

表 41　“‘限额与交易’机制下的供应链分析”高被引论文的 TOP 来源期刊

排名	期刊名称	高被引论文数	占比	所属 ESI 学科
1	Journal of Cleaner Production	7	28%	工程科学
2	International Journal of Production Economics	4	16%	工程科学
3	European Journal of Operational Research	3	12%	工程科学
4	Annals of Operations Research	2	8%	工程科学
4	Management Science	2	8%	经济学与商学
4	Omega-International Journal of Management Science	2	8%	经济学与商学

表 42 为高被引论文的产出国家和机构。从第一作者来看，14 篇论文来自中国，占比 56%。其中天津大学(3)、香港理工大学(2)、中国科学技术大学(2)是主要贡献机构。国外分别有来自美国、加拿大等 7 个国家 11 个机构发表了 11 篇高被引论文。所有论

① Benjaafar S, Li Y, Daskin M. Carbon Footprint and the Management of Supply Chains: Insights From Simple Models[J]. IEEE Transactions on Automation Science and Engineering. 2013, 10(1): 99-116.

文中，5 篇(20%)为国际合作论文。其中中国与美国合作 1 篇，与新加坡合作 1 篇。

表 42 “‘限额与交易’机制下的供应链分析”高被引论文的 TOP 产出国家和机构

排名	国家	高被引论文数	占比	排名	机构	国家	高被引论文数	占比
1	中国	14	56%	1	天津大学	中国	3	12%
2	美国	4	16%	2	香港理工大学	中国	2	8%
3	加拿大	2	8%	2	中国科学技术大学	中国	2	8%

5.1.4 重点热点主题——创业生态系统、学术参与与商业化研究

该主题共有 25 篇高被引论文(其中综述 2 篇)，主要研究创业生态系统的区域政策、国家体系、关系组织、过程论，社会创业的制度，数字化创新管理在企业中的应用，大学研究协作与学术创业、创业型大学活动、学术参与与商业化研究等。图 34 为该组论文出现频次大于 2(含)的关键词，出现频次最高的前 3 个关键词为 INNOVATION(7 次)、INDUSTRY(7 次)、NETWORKS(6 次)。

图 34 “创业生态系统、学术参与与商业化研究”关键词云图

25篇高被引论文，总被引1501次，篇均被引60.04次；平均出版年为2015年，论文的年度分布较为均匀(图35)。

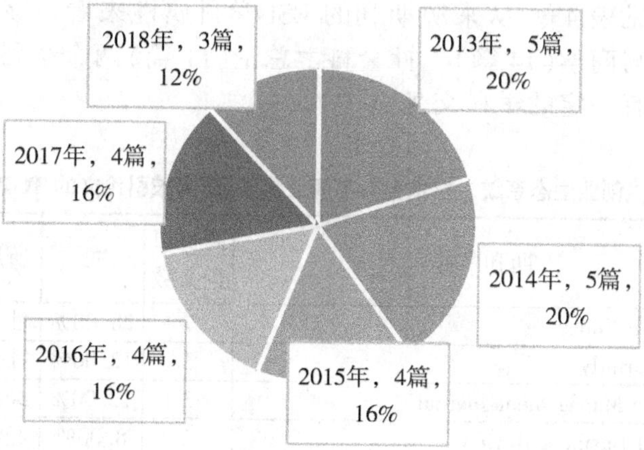

图35 “创业生态系统、学术参与与商业化研究”高被引论文的年代分布

英国伦敦大学帝国理工学院的Annabelle Gawer就技术平台的管理研究①以及产业平台与生态系统创新②发表了2篇论文；英国爱丁堡大学的Ben Spigel就创业生态系统的关系组织③和过程论④发表了2篇论文；英国伦敦大学帝国理工学院的Markus Perkmann系统回顾了学术参与相关文献，确定了个人、组织和机构的学术参与的前因和后果，并与商业化的前因和后果进行比较，明确了学术参与不同于商业化，因为它与传统的学术研究活动密切

① Gawer A. Bridging differing perspectives on technological platforms: Toward an integrative framework[J]. RESEARCH POLICY. 2014, 43(7): 1239-1249.

② Gawer A, Cusumano M A. Industry Platforms and Ecosystem Innovation[J]. JOURNAL OF PRODUCT INNOVATION MANAGEMENT. 2014, 31(3): 417-433.

③ Spigel B. The Relational Organization of Entrepreneurial Ecosystems[J]. ENTREPRENEURSHIP THEORY AND PRACTICE. 2017, 41(1): 49-72.

④ Spigel B, Harrison R. Toward a process theory of entrepreneurial ecosystems[J]. STRATEGIC ENTREPRENEURSHIP JOURNAL. 2018, 12(1): 151-168.

相关，是学术界为其研究议程寻求支持资源的方式;① 该文被 269 篇文献引用，成为该主题被引频次最高的论文。

25 篇高被引论文发表在 13 种期刊上，其中载文 2 篇以上的 5 种期刊详见表 43。从来源期刊的 ESI 学科属性来看，该主题仅涉及经济学与商学(14 篇)、社会科学总论(11 篇)两个学科，在社会科学领域有一定的学科交叉。

表 43 “创业生态系统、学术参与与商业化研究”高被引论文的 TOP 来源期刊

排名	期刊名称	高被引论文数	占比	所属 ESI 学科
1	Research Policy	7	28.00%	社会科学总论
2	Mis Quarterly	3	12.00%	社会科学总论
2	Strategic Management Journal	3	12.00%	经济学与商学
4	Harvard Business Review	2	8.00%	经济学与商学
4	Journal of Business Venturing	2	8.00%	经济学与商学

表 44 为高被引论文的 TOP 产出国家和机构。从第一作者来看，25 篇论文均来自国外，其中英国 10 篇，占论文总数的 40%；美国 9 篇，排第 2；其他 5 个国家各有 1 篇。主要产出机构中，伦敦大学帝国理工学院发文最多，有 5 篇，占 20%；英国的爱丁堡大学和美国的达特茅斯学院各发文 2 篇。

表 44 “创业生态系统、学术参与与商业化研究”高被引论文的 TOP 产出国家和机构

排名	国家	高被引论文数	占比	排名	机构	国家	高被引论文数	占比
1	英国	10	40.00%	1	帝国理工学院	英国	5	20.00%
2	美国	9	36.00%	2	爱丁堡大学	英国	2	8.00%
				2	达特茅斯学院	美国	2	8.00%

① Perkmann M, Tartari V, Mckelvey M, et al. Academic engagement and commercialisation: A review of the literature on university-industry relations [J]. Research Policy. 2013, 42(2): 423-442.

5.2 公共管理

5.2.1 概述

公共管理研究前沿共计7个75篇高被引论文(其中综述5篇)，其篇均被引53.48次，平均出版年为2015年8月。其中中国作者仅贡献1篇高被引论文，占比1.3%。7个研究前沿主要涉及城市研究、气候治理、全球土地热潮等主题，详见表45。

表45 公共管理研究前沿分布

序号	研究前沿	前沿热点词	高被引论文数	论文数 中国作者/外国作者	总被引频次	平均出版年
1	智慧城市的倡议、政策、环境和框架研究	智能可持续城市；智能城市倡议；建造智能城市；智能城市	15	0/15	842	2015.2
2	偏最小二乘路径模型的评价、讨论、改进及应用	偏最小二乘结构方程建模	14	1/13	1479	2015.9
3	城市研究的理论、方法与城市发展议程	城市理论地方化；全球城市化；城市政治生态地方化；全球城市发展议程	14	0/14	768	2015.1
4	关于页岩气和水力压裂的公众看法	页岩气水力破碎(水力压裂)；公共认知；页岩气政策	14	0/14	554	2015.8

续表

序号	研究主题	前沿热点词	高被引论文数	论文数中国作者/外国作者	总被引频次	平均出版年
5	非国家气候行动和跨国气候治理研究	跨国气候治理倡议；跨国气候治理；非国家气候行动；气候治理；有效减缓气候变化	7	0/7	175	2016.3
6	城市形态发展变化研究	城市发展；(变化的)城市形态；城区扩展；后工业化城市；长期城市化	7	0/7	124	2017.3
7	全球土地热潮的可持续研究	全球土地热；全球水资源掠夺综合症；大规模农业投资；生计脆弱性；攫取公地	4	0/4	69	2017

表46为高被引论文的TOP国家和机构分布。16个论文产出国，美国共有22篇，占比29.33%；英国排第2位，14篇，占18.67%；意大利和荷兰各有8篇论文。主要产出机构中，美国加州大学系统的论文最多，发文5篇，占6.67%；其次是荷兰特文特大学，发文4篇，占5.33%。

表46 **公共管理研究前沿高被引论文的TOP国家和机构分布**

排名	国家	高被引论文数	占比	排名	机构	国家	高被引论文数	占比
1	美国	22	29.33%	1	加州大学系统	美国	5	6.67%
2	英国	14	18.67%	2	特文特大学	荷兰	4	5.33%
3	意大利	8	10.67%	3	德国发展研究所	德国	2	2.67%

续表

排名	国家	高被引论文数	占比	排名	机构	国家	高被引论文数	占比
3	荷兰	8	10.67%	3	格罗宁根大学	荷兰	2	2.67%
5	德国	5	6.67%	3	乔治梅森大学	美国	2	2.67%
6	希腊	3	4.00%	3	哈佛大学	美国	2	2.67%
6	加拿大	3	4.00%	3	俄勒冈州立大学	美国	2	2.67%
8	瑞士	2	2.67%	3	亚里士多德大学	希腊	2	2.67%
8	南非	2	2.67%	3	都灵理工大学	意大利	2	2.67%
8	芬兰	2	2.67%	3	罗马大学	意大利	2	2.67%
				3	图西亚大学	意大利	2	2.67%
				3	卡迪夫大学	英国	2	2.67%
				3	伦敦大学学院	英国	2	2.67%
				3	牛津大学	英国	2	2.67%
				3	谢菲尔德大学	英国	2	2.67%

5.2.2 重点热点主题——智慧城市的倡议、政策、环境和框架研究

该主题共有15篇高被引论文(其中综述1篇)，总被引842次，篇均被引56.13次；平均出版年为2015年，但实际仅分布在2014(5篇)、2015(6篇)和2017(4篇)三个年度。该组论文主要研究智慧城市的意义、倡议、定义、环境、政策、框架，智慧城市与可持续发展城市的区别，智慧城市创新的局限等。图36为该组论文的关键词，出现频次最高的前6个关键词为CITIES(6次)、CITY(5次)、URBAN(3次)、INDICATORS(3次)、GOVERNANCE(3次)、FRAMEWORK(3次)。

图 36 “智慧城市的倡议、政策、环境和框架研究”关键词云图

希腊亚里士多德大学的 Margarita Angelidou 就智慧城市的政策、概念、解决方案、① 发展战略规划②发表了 2 篇期刊论文；意大利都灵理工大学的 Paolo Neirotti 对智慧城市的概念提供了全面的理解，还通过一项实证研究探讨了智慧倡议的扩散，结果表明，智慧城市的演化模式高度依赖于其局部背景因素，特别是，经济发展和城市结构变量可能会影响城市的数字路径、影响智慧城市战略的地理位置、人口密度及其相关的拥堵问题，这可能是决定智慧城市实施路线的重要组成部分；③ 该文被 172 篇文献引用，成为该热点主题中被引频次最高的论文。

15 篇高被引论文发表在 7 种期刊上，其中四种期刊载文 11 篇，详见表 47。从来源期刊的 ESI 学科属性来看，该热点主题涉及社会科学总论（11 篇）、经济学与商学（3 篇）、工程科学（1 篇）三个学科，有一定的学科交叉性。

① Angelidou M. Smart city policies: A spatial approach[J]. CITIES. 2014, 411(SI): S3-S11.

② Angelidou M. Smart cities: A conjuncture of four forces[J]. CITIES. 2015, 47: 95-106.

③ Neirotti P, De Marco A, Cagliano A C, et al. Current trends in Smart City initiatives: Some stylised facts[J]. Cities. 2014, 38: 25-36.

表47 “智慧城市的倡议、政策、环境和框架研究”高被引论文的TOP来源期刊

排名	期刊名称	高被引论文数	占比	所属ESI学科
1	Cities	5	33.33%	社会科学总论
2	Cambridge Journal of Regions Economy And Society	3	20.00%	经济学与商学
3	Technological Forecasting And Social Change	2	13.33%	社会科学总论
4	Urban Studies	2	13.33%	社会科学总论

15篇高被引论文来自国外10个国家，其中希腊和意大利发文最多，各发文3篇，占论文总数的40%，英国发文2篇，排名第三。主要产出机构中，希腊亚里士多德大学和意大利都灵理工大学各发文2篇，其他机构则均只发文一篇。

5.2.3 重点热点主题——城市研究的理论、方法与城市发展议程

该主题共有14篇高被引论文(其中综述1篇)，主要研究当代全球城市状况、城市理论、城市化进程、城市政治生态学、城市比较研究策略、周边城市化、全球城市主义、全球城市发展议程等。图37为该组论文的关键词，出现频次最高的前6个关键词为WORLD(6次)、CITIES(6次)、CITY(5次)、URBANIZATION(4次)、QUESTION(4次)、GEOGRAPHIES(4次)。

14篇高被引论文，总被引768次，篇均被引54.86次；平均出版年为2015年，从论文年度分布来看(图38)，2013—2016年研究论文逐年增多，但2017年锐减为1篇，2018年则无高被引论文。

英国伦敦大学学院的Jennifer Robinson就比较城市主义①和城

① Robinson J. Comparative Urbanism: New Geographies and Cultures of Theorizing the Urban[J]. INTERNATIONAL JOURNAL OF URBAN AND REGIONAL RESEARCH. 2016, 40(1): 187-199.

图 37 “城市研究的理论、方法与城市发展议程”关键词云图

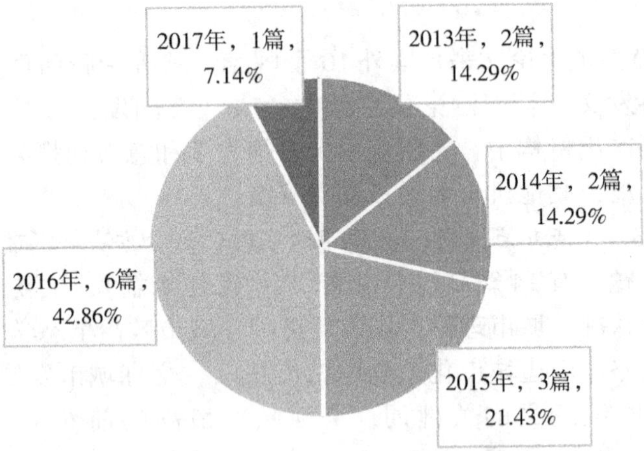

图 38 “城市研究的理论、方法与城市发展议程”高被引论文的年代分布

市比较研究策略①发表了 2 篇论文。美国哈佛大学的 Neil Brenner 就城市研究理论的概念、框架，②“城市时代”理论、当代全球城市

① ［104］Robinson J. Thinking cities through elsewhere：Comparative tactics for a more global urban studies［J］. PROGRESS IN HUMAN GEOGRAPHY. 2016，40（1）：3-29.

② Brenner N. Theses on Urbanization［J］. PUBLIC CULTURE. 2013，25（1）：85-114.

状况①发表了2篇论文；其中2014年发表的研究论文被131篇文献引用，获最高被引。该文对"城市时代"理论进行了批评，认为它是一个错误的基础，是经验性的不合理和理论上的不连贯，其主要方法论和理论难题在二十一世纪早期的城市时代话语中仍然基本上没有解决。②

14篇高被引论文发表在9种期刊上，均为社会科学总论来源期刊，可见该主题研究的学科集中性。9种期刊，除了《International Journal of Urban And Regional Research》载文6篇(占比42.86%)外，其他来源期刊均仅载文1篇。从第一作者来看，14篇高被引论文来自国外4个国家(表48)，其中美国8篇，占论文总数的57.14%，其中加州大学系统发文最多达5篇，占35.71%；可见美国在该领域的研究实力。

表48 "城市研究的理论、方法与城市发展议程"高被引论文的产出国家和TOP机构

排名	国家	高被引论文数	占比	排名	机构	国家	高被引论文数	占比
1	美国	8	57.14%	1	加州大学系统	美国	5	35.71%
2	英国	3	21.43%	2	哈佛大学	美国	2	14.29%
3	南非	2	14.29%	2	伦敦大学学院	英国	2	14.29%
4	加拿大	1	7.14%					

5.3 图书情报与档案管理

5.3.1 概述

图书情报与档案管理相关研究前沿共计4个46篇高被引论文

① Brenner N, Schmid C. The 'Urban Age' in Question [J]. International Journal of Urban and Regional Research. 2014, 38(3): 731-755.

② Brenner N, Schmid C. The 'Urban Age' in Question [J]. International Journal of Urban and Regional Research. 2014, 38(3): 731-755.

(其中综述 5 篇)，其篇均被引 38.78 次，平均出版年为 2016 年 1 月。其中中国作者贡献 9 篇论文，占比 19.57%。4 个研究前沿涉及 Altmetrics 指标研究、模糊研究的文献计量分析、多准则决策方法研究、用户体验研究等主题，详见表 49。

表 49　图书情报与档案管理研究前沿分布

序号	研究主题	前沿热点词	高被引论文数	论文数中国作者/外国作者	总被引频次	平均出版年
1	Altmetrics 与社交媒体研究	参考文献鉴别；读者替代计量；替代计量分析；替代计量关联；替代计量工作	29	0/29	1423	2015.5
2	模糊研究的文献计量分析	模糊研究；聚合算子研究；文献计量分析；医学大数据研究；模糊系统(1994—2015)	7	3/4	201	2016.9
3	多准则决策方法研究	语言多准则决策法；犹豫语言直觉模糊集；基于多准则群决策方法；多准则决策模型；犹豫模糊集	6	6/0	100	2018
4	用户体验研究	健康体验模型；健康信息服务；用户体验	4	0/4	60	2017.3

表 50 为高被引论文的 TOP 国家和机构分布。14 个论文产出国，英国共有 14 篇，占比 30.43%；中国排第 2 位，有 9 篇，占 19.57%；韩国、加拿大也有较多的贡献。主要产出机构中，英国胡弗汉顿大学的高被引论文数最多，11 篇，占 23.91%；中国有中南大学(6 篇)和浙江财经大学(2)贡献较多。

表 50　图书情报与档案管理研究前沿高被引论文的 TOP 国家和机构分布

排名	国家	高被引论文数	占比	排名	机构	国家	高被引论文数	占比
1	英国	14	30. 43%	1	胡弗汉顿大学	英国	11	23. 91%
2	中国	9	19. 57%	2	中南大学	中国	6	13. 04%
3	韩国	4	8. 70%	3	中央大学	韩国	4	8. 70%
3	加拿大	4	8. 70%	3	蒙特利尔大学	加拿大	4	8. 70%
5	德国	2	4. 35%	5	莱顿大学	荷兰	2	4. 35%
5	荷兰	2	4. 35%	5	浙江财经大学	中国	2	4. 35%
5	美国	2	4. 35%					
5	瑞士	2	4. 35%					
5	西班牙	2	4. 35%					

5. 3. 2　重点热点主题——Altmetrics 与社交媒体研究

该主题共有 29 篇高被引论文(其中综述 2 篇)，主要研究 Altmetrics 的有用性、与引文的关系、发展情况、研究评估、学术应用、面临的挑战，社交媒体的指标数据和学术影响等。图 39 为该组论文出现频次大于 2(含)的关键词，出现频次最高的前 4 个关键词为 IMPACT(10 次)、METRICS(9 次)、WEB(8 次)、SCIENCE(8 次)。

图 39　“Altmetrics 与社交媒体研究”关键词云图

29 篇高被引论文，总被引 1423 次，篇均被引 49.07 次；平均出版年为 2015 年，从论文的年度分布可以看出(图 40)，该主题 2014—2017 年为研究高峰期，每年均有较为稳定的高被引论文，但 2018 年则显著减少。

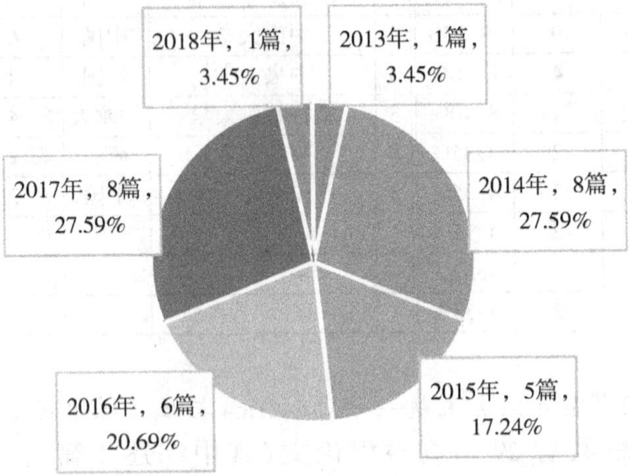

图 40 “Altmetrics 与社交媒体研究”高被引论文的年代分布

英国胡弗汉顿大学的 Mike Thelwall 就 Altmetrics 的覆盖率和有用性、社交网站 ResearchGate 的学术影响、①② 替代指标与被引频次的相关性、③ 替代指标的公式④发表了 5 篇期刊论文，是发文最

① Thelwall M, Kousha K. ResearchGate articles: Age, discipline, audience size, and impact [J]. JOURNAL OF THE ASSOCIATION FOR INFORMATION SCIENCE AND TECHNOLOGY. 2017, 68(2): 468-479.

② Thelwall M, Kousha K. ResearchGate: Disseminating, Communicating, and Measuring Scholarship? [J]. JOURNAL OF THE ASSOCIATION FOR INFORMATION SCIENCE AND TECHNOLOGY. 2015, 66(5): 876-889.

③ Thelwall M, Wilson P. Mendeley Readership Altmetrics for Medical Articles: An Analysis of 45 Fields[J]. JOURNAL OF THE ASSOCIATION FOR INFORMATION SCIENCE AND TECHNOLOGY. 2016, 67(8): 1962-1972.

④ Thelwall M. Three practical field normalised alternative indicator formulae for research evaluation[J]. JOURNAL OF INFORMETRICS. 2017, 11(1): 128-151.

多的第一作者；其中 2013 年发表的研究论文被 235 篇文献引用，为最高被引论文。该文研究了 11 个社交媒体的 Altmetrics 与引文的相关性，结果表明，对于其中的四个社交媒体来说，并没有足够的证据显示 Altmetrics 与引文之间存在较强的相关性；研究还发现，除了 Twitter 之外，所有 Altmetrics 的覆盖率似乎都很低。文章认为出版商和科学计量学家在使用 Altmetrics 对文章排序时应考虑时间的影响，同时对 Altmetrics 是否足够普遍以至于可以在实践中使用提出质疑。①

29 篇高被引论文集中发表在 4 种期刊上，详见表 51。期刊《Journal of the Association for Information Science and Technology》是最主要的来源期刊，共载文 13 篇，占论文总数的 44.83%；从来源期刊的 ESI 学科属性来看，除《Plos One》为多学科领域期刊外，其他期刊均为该学科领域专业期刊。

表 51 **"Altmetrics 与社交媒体研究"高被引论文的 TOP 来源期刊**

排名	期刊名称	高被引论文数	占比	所属 ESI 学科
1	Journal of The Association For Information Science And Technology	13	44.83%	社会科学总论
2	Scientometrics	11	37.93%	社会科学总论
3	Journal of Informetrics	3	10.34%	社会科学总论
4	Plos One	2	6.90%	多学科研究

表 52 为高被引论文的 TOP 产出国家和机构。从第一作者来看，29 篇高被引论文来自国外 10 个国家，其中英国 13 篇，占 44.83%；加拿大有 6 篇。主要产出机构中，英国胡弗汉顿大学发文最多，有 11 篇，占 37.93%；加拿大蒙特利尔大学有 4 篇，占 13.79%。

① Thelwall M, Haustein S, Larivière V, et al. Do altmetrics work? Twitter and ten other social web services[J]. PloS one. 2013, 8(5): e64841.

表 52　“Altmetrics 研究”高被引论文的 TOP 产出国家和机构

排名	国家	高被引论文数	占比	排名	机构	国家	高被引论文数	占比
1	英国	13	44.83%	1	胡弗汉顿大学	英国	11	37.93%
2	加拿大	4	13.79%	2	蒙特利尔大学	加拿大	4	13.79%
3	德国	2	6.90%	2	莱顿大学	荷兰	2	6.90%
3	荷兰	2	6.90%					
3	美国	2	6.90%					
3	瑞士	2	6.90%					

6　“中国”相关研究前沿分析

6.1　概述

1200 个社会科学研究前沿中，与“中国”相关的研究前沿共计 39 个 166 篇高被引论文，其篇均被引 52 次，平均出版年为 2015 年 4 月。按照 ESI 学科分类，39 个前沿中有 24 个完全归属于社科领域，其余 15 个研究前沿(90 篇论文)则均涉及其他学科领域。166 篇高被引论文的学科分布如表 53 所示。按照 ESI 学科，有 76.5% 的论文属于社会科学领域；而按照教育部学科门类，则只有 35.2% 的论文属于社科领域。表明国内外的学科体系还是存在较大差异的。

表 53　“中国”相关研究前沿高被引论文学科分布

ESI 学科	论文数	教育部学科门类	论文数
社会科学总论	96	工学	106
工程科学	31	经济学	57
经济学与商学	27	理学	33
环境科学与生态学	4	法学	14

续表

ESI 学科	论文数	教育部学科门类	论文数
植物学与动物学	5	医学	6
临床医学	2	管理学	9
地球科学	1	农学	4
		文学	1
总计	166		230

注：论文教育部学科门类分布数据采集自 InCites，存在一篇论文对应多个学科门类现象。

表 54 为高被引论文的国家和机构分布。12 个论文产出国，中国共有 119 篇，占比 71.69%；美国排第 2 位，21 篇，占 12.65%；加拿大和英国也有较多的贡献。高被引论文的主要产出机构中，中国科学院、江西财经大学和北京大学的高被引论文数最多，国外机构中不列颠哥伦比亚大学和加州大学系统表现突出，各发文 6 篇。

表 54 "中国"相关研究前沿高被引论文的国别和 TOP 机构分布

排名	国家	高被引论文数	占比	排名	机构	国家	高被引论文数	占比
1	中国	119	71.69%	1	中国科学院	中国	14	8.43%
2	美国	21	12.65%	2	江西财经大学	中国	12	7.23%
3	加拿大	8	4.82%	3	北京大学	中国	7	4.22%
4	英国	6	3.61%	4	不列颠哥伦比亚大学	加拿大	6	3.61%
5	韩国	3	1.81%	4	湖南大学	中国	6	3.61%
6	澳大利亚	2	1.20%	4	加州大学系统	美国	6	3.61%
6	日本	2	1.20%	4	厦门大学	中国	6	3.61%
8	比利时	1	0.60%	4	中国石油大学	中国	6	3.61%
8	丹麦	1	0.60%	9	北京理工大学	中国	5	3.01%

续表

排名	国家	高被引论文数	占比	排名	机构	国家	高被引论文数	占比
8	德国	1	0. 60%	9	南京航空航天大学	中国	5	3. 01%
8	法国	1	0. 60%	9	浙江大学	中国	5	3. 01%
8	荷兰	1	0. 60%	12	北京师范大学	中国	4	2. 41%
				12	清华大学	中国	4	2. 41%
				12	香港大学	中国	4	2. 41%

从研究主题的分布来看，39 个研究前沿可以聚类为 14 个研究主题，涉及中国社会生活、经济、政治、历史等诸多方面。详见表 55。

6.2 重点热点主题——中国碳排放交易机制、经济效能及环境研究

该主题由 12 个相关的 ESI 研究前沿聚合而成，共有 46 篇高被引论文，主要研究中国碳排放权交易机制探索，各地区碳排放分配方案，通过碳排放量检测各行业经济发展状况以及评估地区经济效能，农业规模的变化及化肥替代对碳排放的影响，城市交通产生的温室排放、城市公园对环境污染的影响等。图 41 为该组论文出现频次大于 2(含)的关键词，出现频次最高的前 3 个关键词为 ENERGY(10 次)、ECONOMIC-GROWTH(9 次)、CO2 EMISSIONS(9 次)。

图 41 “中国碳排放交易机制、经济效能及环境研究”关键词云图

表 55　　“中国”相关研究主题分布

序号	研究主题	前沿热点词	研究前沿数	高被引论文数	论文数中国作者/外国作者	总被引频次	平均出版年
1	中国碳排放交易机制、经济效能及环境研究	道路交通污染物排放环境效率分析；城市热岛效应；碳排放评估；碳排放权交易机制；北京碳排放许可价格；二氧化碳排放；碳强度	12	46	40/6	2042	2015.5
2	中国能源效率、能源消费以及能源价格研究	中国的煤炭消费；居民能源需求；交通能源消费；能源有关的碳排放；能源与水的关系；中国区域工业能源效率；工业用水政策三条红线	6	38	34/4	2424	2015
3	中国特色城镇化研究及城市扩张问题研究	城市扩张；城市生态学；城市绿地；城镇化政策；大都市圈；中国公共场所	7	26	19/7	840	2016.3
4	处于转型期的中国农村土地研究	农业部门；土地管理；土地利用转型；土地使用权；休耕地；农村居住土地整理；中国农村定居地；生态用地变化；中国农村发展	3	14	14/0	621	2015.7
5	中国健康问题、营养调查及养老问题研究	代谢综合征；高血压意识；患病率；卫生系统强化；2010 年全国吸烟调查；养老追踪；营养调查；居民健康损失；健康共同利益	3	6	4/2	631	2014.3

续表

序号	研究主题	前沿热点词	研究前沿数	高被引论文数	论文数中国作者/外国作者	总被引频次	平均出版年
6	中国政治制度研究	政府监督；战略审查	1	11	2/9	690	2015.5
7	中国海洋渔业研究	全球海洋渔业捕获量；全球海洋渔业废弃物；海洋渔业；中国远洋渔业；世界渔业	1	6	0/6	437	2015.7
8	中国对美国制造业的冲击研究	美国就业大滑坡；美国制造业就业；进口竞争；中国冲击；中国综合症	1	5	0/5	510	2015.4
9	中国金融机构研究	中国金融机构	1	4	4/0	64	2017.5
10	“一带一路”倡议及中国海外投资研究	“一带一路”倡议；中国海外直接投资	1	4	3/1	112	2016.5
11	中国高铁研究	高铁投资；高铁网络；中国	1	3	1/2	54	2016.7
12	中国企业社会责任研究	中国金融机构；金融机构；企业社会责任报告；企业社会责任报告；政治嵌入；制度复杂性；多种多样的资本主义；中国特色；中国风格；资本主义	1	3	0/3	156	2016

续表

序号	研究主题	前沿热点词	研究前沿数	高被引论文数	论文数中国作者/外国作者	总被引频次	平均出版年
13	中国资本主义研究	多种多样的资本主义；中国特色；中国风格；资本主义；多标量结构	1	2	0/2	99	2014.5
14	中国古人类学研究及晚更新世考古研究	古人类牙齿；晚更新世古人类头盖骨；晚更新世早期遗址	1	2	2/0	70	2016

46 篇高被引论文，总被引 2042 次，篇均被引 44.39 次；平均出版年为 2015 年，各年度均有论文，但分布不均(图 42)，其中 2016 年为研究高峰，相关高被引论文 17 篇。

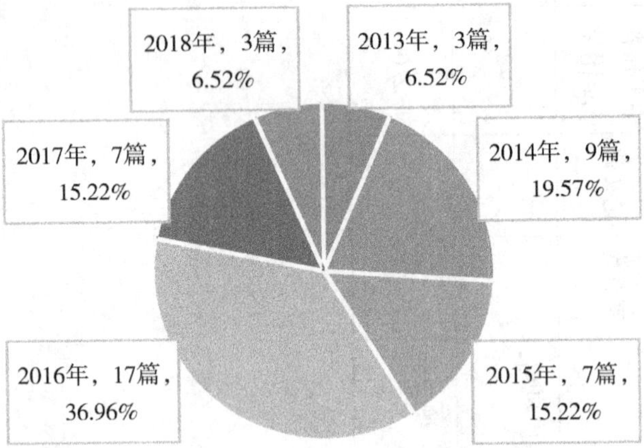

图 42 “中国碳排放交易机制、经济效能及环境研究”高被引论文的年代分布

江西财经大学徐斌就中国钢铁行业的碳排放现状及数据模型发表了 3 篇高被引论文，①②③ 是发文最多的第一作者；中国科学技术大学的崔连标研究了 2020 年中国碳排放交易的成本节约效应，首先建立了省际排放交易模型，然后设计了三种政策方案，研究中发现碳排放交易对不同省份的影响不同，这些研究结果对促进我国

① Xu B, Lin B Q. Assessing CO2 emissions in China's iron and steel industry: A dynamic vector autoregression model[J]. APPLIED ENERGY. 2016, 161: 375-386.

② Xu B, Lin B Q. Regional differences in the CO2 emissions of China's iron and steel industry: Regional heterogeneity[J]. ENERGY POLICY. 2016, 88: 422-434.

③ Xu B, Lin B Q. How industrialization and urbanization process impacts on CO2 emissions in China: Evidence from nonparametric additive regression models[J]. ENERGY ECONOMICS. 2015, 48: 188-202.

碳排放交易的发展具有一定的参考价值;① 该文被125篇文献引用，成为该热点主题中被引频次最高的高被引论文。

46篇高被引论文发表在15种期刊上，其中8种期刊载文量超过2篇(含)，详见表56。期刊《Energy Policy》是最主要的来源期刊，共载文17篇，占论文总数的36.96%；从来源期刊的ESI学科属性来看，该热点主题涉及社会科学总论(24篇)、工程科学(15篇)、经济学与商学(5篇)、环境科学与生态学(1篇)、多学科研究(1篇)五个学科，反映出该热点主题较强的学科交叉性。

表56 “中国碳排放交易机制、经济效能及环境研究”高被引论文的TOP来源期刊

排名	期刊名称	高被引论文数	占比	所属ESI学科
1	Energy Policy	17	36.96%	社会科学总论
2	Applied Energy	9	19.57%	工程科学
3	Energy Economics	3	6.52%	经济学与商学
4	Transportation Research Part D-Transport And Environment	2	4.35%	工程科学
4	Renewable & Sustainable Energy Reviews	2	4.35%	工程科学
4	Landscape And Urban Planning	2	4.35%	经济学与商学
4	Journal of Cleaner Production	2	4.35%	社会科学总论
4	Ecological Economics	2	4.35%	社会科学总论

表57为高被引论文的TOP产出国家和机构。从第一作者来看，40篇高被引论文来自中国，占论文总数的86.96%；发文2篇以上的9个机构中，中国有8个。国外共有5个国家5个机构发表

① Cui L, Fan Y, Zhu L, et al. How will the emissions trading scheme save cost for achieving China's 2020 carbon intensity reduction target? [J]. Applied Energy. 2014, 136: 1043-1052.

了6篇高被引论文，其中日本2篇，占4.35%；英国、荷兰、韩国和丹麦各有1篇。所有高被引论文中，有14篇(30.43%)为国际合作论文。其中中国与美国合作8篇，与日本合作5篇，与澳大利亚和英国各合作1篇。

表57　“中国碳排放交易机制、经济效能及环境研究”高被引论文的TOP产出国家和机构

排名	国家	高被引论文数	占比	排名	机构	国家	高被引论文数	占比
1	中国	40	86.96%	1	江西财经大学	中国	4	8.70%
2	日本	2	4.35%	2	中国科学技术大学	中国	3	6.52%
3	英国	1	2.17%	2	厦门大学	中国	3	6.52%
3	荷兰	1	2.17%	2	南京航空航天大学	中国	3	6.52%
3	韩国	1	2.17%	5	中国农业大学	中国	2	4.35%
3	丹麦	1	2.17%	5	中国科学院	中国	2	4.35%
				5	西北农林科技大学	中国	2	4.35%
				5	湖南大学	中国	2	4.35%
				5	国立环境研究所	日本	2	4.35%

6.3　重点热点主题——中国能源效率、能源消费以及能源价格研究

该主题由6个相关的ESI研究前沿聚合而成，共有38篇高被引论文(其中综述6篇)，主要研究中国区域能源和碳排放效率以及节能减排潜力、中国碳排放的能源政策、中韩化石燃料发电厂二氧化碳排放动态变化的比较研究、我国能源效率的实证分析、节能政策对中国制造业绿色生产力的影响、中国区域工业能效与碳减排成本等。图43为该组论文出现频次大于3(含)的关键词，出现频次最高的前3个关键词为DATA ENVELOPMENT ANALYSIS(14次)、UNDESIRABLE OUTPUTS (13次)、ELECTRICITY-GENERATION

（8 次）。

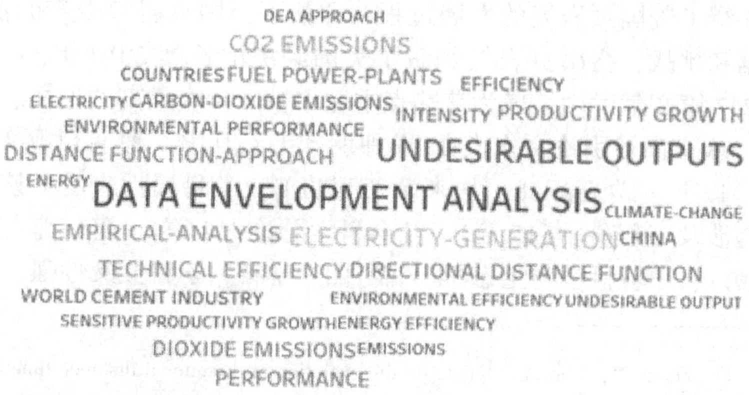

图 43 “中国能源效率、能源消费以及能源价格研究”关键词云图

38 篇高被引论文，总被引 2424 次，篇均被引 63. 79 次；平均出版年为 2015 年，各年度均有论文，但分布不均(图 44)，其中 2015 年最多有 10 篇，2018 年则减为 2 篇。

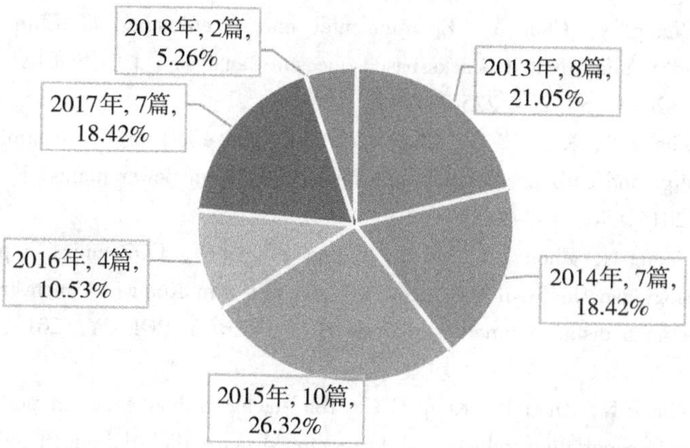

图 44 “中国能源效率、能源消费以及能源价格研究”高被引论文的年代分布

江西财经大学张宁围绕中韩化石燃料发电厂二氧化碳排放和中

国运输业碳排放绩效研究贡献了 7 篇高被引论文,①②③④⑤⑥⑦ 是发文最多的第一作者；中国科学院新疆生态与地理研究所的王强全面介绍了美国页岩气的发展过程，评估了美国页岩气生产的演变，证据和挑战，指出页岩气刺激了美国经济增长到 2010 年;⑧ 该文被 247 篇文献引用，成为该热点主题中被引频次最高的论文。

38 篇高被引论文发表在 13 种期刊上，其中 6 种期刊载文 2 篇(含)以上，详见表 58。从来源期刊的 ESI 学科属性来看，该热点主题涉及工程科学(15 篇)、社会科学总论(14 篇)、经济学与商学(8 篇)、环境科学与生态学(1 篇)四个学科，学科交叉性强。

---

① Zhang N, Choi Y. A note on the evolution of directional distance function and its development in energy and environmental studies 1997-2013[J]. RENEWABLE & SUSTAINABLE ENERGY REVIEWS. 2014, 33: 50-59.

② Zhang N, Choi Y. Total-factor carbon emission performance of fossil fuel power plants in China: A metafrontier non-radial Malmquist index analysis [J]. ENERGY ECONOMICS. 2013, 40: 549-559.

③ Zhang N, Choi Y. A comparative study of dynamic changes in CO2 emission performance of fossil fuel power plants in China and Korea[J]. ENERGY POLICY. 2013, 62: 324-332.

④ Zhang N, Choi Y. Environmental energy efficiency of China's regional economies: A non-oriented slacks-based measure analysis [J]. SOCIAL SCIENCE JOURNAL. 2013, 50(2): 225-234.

⑤ Zhang N, Kong F B, Choi Y, et al. The effect of size-control policy on unified energy and carbon efficiency for Chinese fossil fuel power plants[J]. ENERGY POLICY. 2014, 70: 193-200.

⑥ Zhang N, Zhou P, Choi Y. Energy efficiency, CO2 emission performance and technology gaps in fossil fuel electricity generation in Korea: A meta-frontier non-radial directional distance function analysis[J]. ENERGY POLICY. 2013, 56: 653-662.

⑦ Zhang N, Zhou P, Kung C C. Total-factor carbon emission performance of the Chinese transportation industry: A bootstrapped non-radial Malmquist index analysis [J]. RENEWABLE & SUSTAINABLE ENERGY REVIEWS. 2015, 41: 584-593.

⑧ Wang Q, Chen X, Jha A N, et al. Natural gas from shale formation-The evolution, evidences and challenges of shale gas revolution in United States [J]. Renewable and Sustainable Energy Reviews. 2014, 30: 1-28.

表 58 “中国能源效率、能源消费以及能源价格研究”高被引论文的 TOP 来源期刊

排名	期刊名称	高被引论文数	占比	所属 ESI 学科
1	Energy Policy	11	28.95%	社会科学总论
2	Energy Economics	7	18.42%	经济学与商学
3	Renewable & Sustainable Energy Reviews	5	13.16%	工程科学
4	Applied Energy	4	10.53%	工程科学
5	Energy Sources Part B-Economics Planning and Policy	2	5.26%	工程科学
5	Energy	2	5.26%	工程科学

表 59 为高被引论文产出的国家和 TOP 机构。从第一作者来看，34 篇高被引论文来自中国，占论文总数的 89.47%。其中主要贡献机构为中国石油大学(6 篇)、江西财经大学(5 篇)、北京理工大学(4 篇)和厦门大学(3 篇)。国外共有韩国、英国 2 个国家的 3 所高校发表了 4 篇高被引论文。所有高被引论文中，有 13 篇(34.2%)为国际合作论文，其中中国与韩国合作 6 篇，与美国合作 4 篇，与英国、澳大利亚和新加坡各合作 1 篇。

表 59 “中国能源效率、能源消费以及能源价格研究”高被引论文的 TOP 产出国家和机构

排名	国家	高被引论文数	占比	排名	机构	国家	高被引论文数	占比
1	中国	34	89.47%	1	中国石油大学	中国	6	15.79%
2	韩国	2	5.26%	2	江西财经大学	中国	5	13.16%
3	英国	2	5.26%	3	北京理工大学	中国	4	10.53%
				4	厦门大学	中国	3	7.89%

6.4 重点热点主题——中国特色城镇化研究及城市扩张问题研究

该主题由 7 个相关的 ESI 研究前沿聚合而成，共有 26 篇高被引论文(其中综述 1 篇)，主要研究中国城市化可持续发展的历史、现状、面临的挑战和前进的方向，中国土地利用转型、生态土地变化、城市土地扩张的影响因素和发展动态，中国城市公园的景观建设、通道评估、公园生活等。图 45 为该组论文出现频次大于 2(含)的关键词，出现频次最高的前 6 个关键词为 CITIES(8 次)、URBANIZATION(6 次)、GROWTH(6 次)、DYNAMICS(6 次)、CITY(6 次)。

图 45 “中国特色城镇化研究及城市扩张问题研究”关键词云图

26 篇高被引论文，总被引 840 次，篇均被引 32.3 次；平均出版年为 2016 年，具体年代分布如图 46 所示，2016 年起研究论文明显增多。

香港大学刘行健围绕中国多中心城市发展贡献了 3 篇高被引论文，①②③ 是发文最多的第一作者；美国亚利桑那州立大学的邬建

---

① Liu X J, Derudder B, Wang M S. Polycentric urban development in China: A multi-scale analysis[J]. ENVIRONMENT AND PLANNING B-URBAN ANALYTICS AND CITY SCIENCE. 2018, 45(5): 953-972.

② Liu X J, Derudder B, Wu K. Measuring Polycentric Urban Development in China: An Intercity Transportation Network Perspective[J]. REGIONAL STUDIES. 2016, 50(8): 1302-1315.

③ Liu X J, Wang M S. How polycentric is urban China and why? A case study of 318 cities[J]. LANDSCAPE AND URBAN PLANNING. 2016, 151: 10-20.

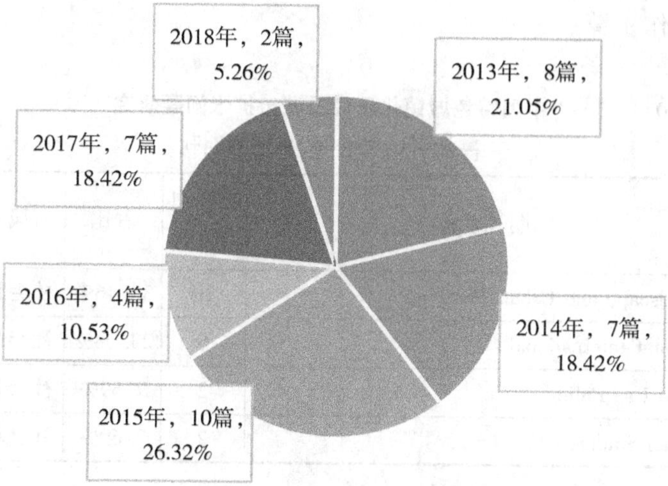

图 46 “中国特色城镇化研究及城市扩张问题研究”高被引论文的年代分布

国回顾了城市生态学的不同定义和观点，讨论了城市生态的主要进展和关键问题，提出城市生态学必须将可持续性纳入其科学核心并作为其最终目标；① 该文被147篇文献引用，成为该主题被引频次最高的论文。

26篇高被引论文发表在10种期刊上，其中载文2篇(含)以上的期刊有4种，详见表60。从来源期刊的ESI学科属性来看，该热点主题涉及社会科学总论(24篇)、工程科学(1篇)、环境科学与生态学(1篇)三个学科，有少量的学科交叉。

表61为高被引论文的产出国家和TOP机构。从第一作者来看，19篇高被引论文来自中国，占论文总数的73.08%；其中北京大学、江西财经大学、香港大学、浙江大学各有3篇高被引论文。国外共有3个国家6所高校发表了7篇高被引论文，其中美国5篇，占19.23%。所有高被引论文中，11篇(42.31%)为国际合作

① Wu J. Urban ecology and sustainability: The state-of-the-science and future directions[J]. LANDSCAPE AND URBAN PLANNING. 2014, 125(SI): 209-221.

论文。其中中国与美国合作 8 篇，与比利时合作 2 篇，与英国和日本各合作 1 篇。

表 60　“中国特色城镇化研究及城市扩张问题研究”高被引论文的 TOP 来源期刊

排名	期刊名称	高被引论文数	占比	所属 ESI 学科
1	Landscape and Urban Planning	10	38.46%	社会科学总论
2	Habitat International	6	23.08%	社会科学总论
3	Land Use Policy	2	7.69%	社会科学总论
3	Urban Studies	2	7.69%	社会科学总论

表 61　“中国特色城镇化研究及城市扩张问题研究”高被引论文的 TOP 产出国家和机构

排名	国家	高被引论文数	占比	排名	机构	国家	高被引论文数	占比
1	中国	19	73.08%	1	北京大学	中国	3	11.54%
2	美国	5	19.23%	1	江西财经大学	中国	3	11.54%
3	澳大利亚	1	3.85%	1	香港大学	中国	3	11.54%
3	比利时	1	3.85%	1	浙江大学	中国	3	11.54%
				5	北京师范大学	中国	2	7.69%
				5	犹他大学	美国	2	7.69%
				5	中国科学院	中国	2	7.69%

7 总　结

本文基于 ESI 社会科学相关研究前沿数据，遴选出 79 个社科研究前沿，在此基础上按照教育部的学科体系，对各一级学科研究前沿的进行整体概述，并针对各学科的重点热点前沿，从高被引论文的主题及关键词分布、论文年代及来源期刊分布、作者国别和机构分布、以及 TOP 作者/论文分析等多角度进行解读，客观揭示出当前社会科学各学科领域的研究热点和趋势。

整体而言，经济学、法学、管理学三个学科门类的研究前沿数和高被引论文数分布相对均匀；但一级学科的前沿分布差异较大，政治学、工商管理、社会学、公共管理是产生研究前沿较多的一级学科。从 ESI 学科分布来看，78 个社科研究前沿中，有 53 个(67.9%)涉及多个学科领域，其中 52.6%还涉及自然科学的一个乃至多个学科领域。因此，学科交叉性是当前社会科学研究前沿的一个特点。

从研究力量来看，美国占绝对优势，在 7 个一级学科中为前沿论文的最大贡献者：经济学(23.04%)、法学(95.38%)、政治学(33.93%)、社会学(36.07%)、心理学(63.64%)、工商管理(22.00%)、公共管理(29.33%)；英国次之，在图书情报与档案管理学科位居第一，在其他多数学科中排名前三；中国在经济学(18.70%)、工商管理(13.5%)、图书情报与档案管理(19.57%)三个学科贡献第二，对社会学、政治学、公共管理领域的研究前沿也有所贡献。

具体到一级学科下 20 个重点解读的热点前沿，则因为学科和主题的差异性，呈现出不同的特点：

(1)在研究力量方面，美国同样优势明显，14 个热点前沿贡献第一，3 个热点前沿贡献第二。中国学者仅涉及了碳排放研究、供应链分析、金融研究、智能手机研究、消费行为研究、信息经济研究、共享经济研究 7 个热点前沿，但其中 6 个领域是主要贡献者，尤其是“碳排放研究”和“‘限额与交易’机制下的供应链分析”，贡献比例高达 68.75%和 56%。

(2)在学科交叉方面，各热点主题差异性较大。从期刊的 ESI 学科归属来看，有的仅限于本学科领域，如“城市研究的理论、方法与城市发展议程”，有的分散涉及多达 6 个学科，例如“碳排放研究”，也有的虽涉及多个学科，但主要集中在特定学科领域，如

"共享经济研究"。

(3) 在年度发文方面，20 个热点前沿，平均出版年全部为 2015 年之后，但呈现不同的分布特点，由此可大致推断该前沿所处的研究阶段。例如有些热点近五年论文分布均匀，受到持续关注，如"金融研究"、"行政与法律研究"；有的热点受社会政治影响波动较大，如"共享经济研究"2016—2017 年爆发式增长，"科索沃、美国外交与国际政治研究"2017 年后才有高被引论文，"Altmetrics 与社交媒体研究"在 2014—2017 年持续高峰后 2018 年论文数量锐减。

(4) 在国际合作方面，从无合作到密切合作不等。以美国等西方国家为主要贡献者的热点前沿，如"行政与法律研究""医疗法案/医疗大麻法律研究"等国际合作度相对较低，而"智能手机及社交媒体的过渡使用原因及影响研究"、"信息经济研究"等全球性的主题合作论文占比达到甚至超过了 50%。

在全球的社会科学研究中，中国的研究力量逐步凸显。而作为世界第二大经济体，中国也已经成为重要的研究对象。1200 个社科研究热点中，39 个涉及中国，是出现频次最高的国家。39 个前沿涉及中国社会生活、经济、政治、历史等诸多方面。从中国农村土地的转型，到城市的扩张；从一带一路、海外投资、金融机构，到中国的高铁乃至中美制造业之争；从中国的碳排放机制、能源消费以及环境治理，到中国企业的社会责任，甚至中国经济制度；此外，中国的营养健康和养老问题，考古学研究也有涉猎。这些涉及"中国"的研究前沿，71.69%为中国作者的成果，说明中国学者正在逐步走向世界，中国的研究开始成为全球的研究热点；同时，亦有来自 11 个国家的学者贡献了 47 篇高被引论文，进一步表明中国发展和中国问题得到全球学界越来越多的关注。

国际数据主权研究进展

冉从敬　王冰洁　何梦婷　张　沫　黄海瑛
武汉大学信息资源研究中心

篇首语：网络空间作为大国之间进行政治经济博弈的新战场，其网络数据主权已成为各主权国家不容忽视的一大权力之一。本文通过法条解读、案例分析、文献调研等研究方法，对欧盟、美国、英国、新加坡、澳大利亚、日本等国家及地区从20世纪末至今的相关数据主权及网络安全战略进行了调研，通过分析归纳不同主权国家之间数据主权战略的异同及内在联系，从宏观层面的顶层设计、中微观层面的管辖治理，以及域外层面的国际协作等方面对我国构建数据主权战略体系提出了相关借鉴对策。

主权是国家概念的核心。传统的国家主权概念，总是与地理空间因素相关联。信息科技的不断发展下，网络空间无处不在、无所不及、无人不用，数据资源成为重要的战略资源，网络空间生态与综合国力格局发生深刻变化，网络空间的国际冲突和安全危机成为国家主权安全的巨大隐患。这一背景下，主权概念开始与地理要素脱离，数据主权成为新的概念分支并占据主权体系版图核心，对国家的日常运行和长远发展产生重要影响，越来越成为综合国力竞争的核心要素。

为了争夺数据主导权，各国之间的数据主权博弈日益加剧，发达国家相继推出数据主权政策并制定相关发展战略。《爱国者法案》(USA PATRIOT Act)增强了美国联邦政府搜集和分析全球民众私人数据信息的权力。欧盟委员会则提出改革数据保护法规，试图对所有在欧盟境内的云服务提供者和社交网络产生直接影响。德国总理默克尔表示，欧洲互联网公司应当将相关数据的流动情况告知欧洲，如果与美国情报部门分享数据，首先必须经过欧洲人的同意认可；德国本国公民数据的行为必须遵守德国的法律。欧盟议会高票通过《欧盟个人数据保护条例》，促进形成欧盟数字统一市场。

网络空间成为大国间进行政治、经济、外交、安全博弈的新空间和新战场，将国家间的博弈维度从海、陆、空、太空进一步扩展到第五维度。美国、英国和澳大利亚公开宣称国际人道主义法适用网络战争，为可能出现的网络战争做好法律准备。美国明确提出将战略威慑作为未来重点，声称保留使用所有必要手段的权力，对网络空间的敌对行为做出反应。俄罗斯、英国、法国、德国等国家也都将网络攻击列为国家安全的主要威胁之一。在相继发布《网络空间国际战略》《网络空间行动战略》后，奥巴马签署《美国网络行动政策》，明确从网络中心战扩展到网络空间作战行动等。

基于数据主权、网络主权和网络空间治理的多重诉求，本研究报告第一章《面向网络主权安全的国际网络空间治理》以国际视角展开，纵观联合国框架下的整体治理架构；第二章《欧盟网络主权安全治理概述及其数据可携权分析》站在洲际联盟层面，进一步分析网络主权及数据主权战略并以“数据可携权”为例展开剖析数据权利；第三章《美国数据主权战略》、第四章《英国数据主权战略》、第五章《新加坡数据主权战略》、第六章《澳大利亚数据主权战略》、第七章《日本数据主权战略》则立于国家层面，结合各国出台的主要法案及其行动计划分析其数据主权战略；最后结语部分在综合国际数据主权研究进展的基础上，提出对于我国数据主权治理的借鉴。

第 1 章　面向网络主权安全的国际网络空间治理

网络主权是一国独立自主地进行网络空间活动、处理网络空间事务、平等享有网络空间资源、参与网络空间国际治理以及对网络攻击进行自卫的权力。网络安全则主要指网络环境安全稳定、有利于国家整体发展、国家安全不受网络活动威胁等。二者之间相辅相成，网络主权是网络安全的基础，是国家制定网络法规、国际法规范的基础，也是政府间国际组织主导网络安全国际治理的基础；网络安全则是网络主权的保障，是维护网络主权完整的前提，也是有效行使网络主权的现实基础和巩固网络主权国际法地位的保障。

随着网络空间和信息通信技术的发展，21 世纪的网络恐怖主义、网络战争等新兴的安全威胁日益加剧，网络空间的脆弱性日益凸显，保护网络空间安全正在成为各国政府的重要事项之一，各国在已有法律的基础上，纷纷发布相关战略规划以保障国家的网络主权安全，下表所示统计汇总了近十年部分国家及组织的网络安全战略。

表 1　近十年部分国家及国际组织网络安全战略汇总表

国家/组织	战略名称	发布时间
新加坡	《国家网络安全总体规划(2008—2012)》	2008 年 4 月
	《国家网络安全总体规划(2013—2018)》	2013 年 7 月
英国	《网络安全战略》	2009 年 6 月
	《网络安全战略》	2011 年 11 月
	《英国国家网络安全战略(2016—2021)》	2016 年 11 月
日本	《日本保护国民信息安全战略(2010—2013)》	2010 年 5 月
	《保护国家信息安全战略》	2013 年 6 月
	《网络安全战略》	2015 年 8 月
美国	《网络空间可信身份标志国家战略》	2011 年 4 月
	《网络空间国际战略》	2011 年 5 月
	《网络空间行动战略》	2011 年 7 月
	《数字政府战略》	2012 年 6 月
	《网络空间战略》	2015 年 4 月
	《网络安全战略》	2018 年 5 月

续表

国家/组织	战略名称	发布时间
法国	《信息系统防御与安全战略》	2011 年 2 月
	《法国国家数字安全战略》	2017 年 12 月
德国	《网络安全战略》	2011 年 2 月
	《网络安全战略》	2016 年 11 月
澳大利亚	《网络安全战略》	2011 年 12 月
	《网络安全战略》	2016 年 4 月
韩国	《国家网络安全总体规划》	2011 年 8 月
瑞士	《瑞士防范网络威胁国家战略》	2012 年 6 月
欧盟	《欧盟网络安全战略：公开、安全、可靠的网络空间》	2013 年 2 月

纵观各国网络安全战略，(1)就网络威胁而言，主要可归为网络犯罪(犯罪分子实施)、网络窃密(国家间谍机构或有组织犯罪团伙实施)、网络恐怖主义(恐怖分子实施)和网络战(国家支持)；(2)就战略目标而言，总体来看是在推动数字经济发展的同时确保国家关键信息系统的安全，打造本国在网络空间安全领域的领先地位，各国又因国情不同而有所差异；(3)就战略重点而言，各国关注点主要集中在重要信息通信系统防护、政策法规等制度完善、公私营领域合作及国际合作、相关网络安全人才培养等方面。

随着网络恐怖主义兴起、网络攻击越加频繁、国家网络战冲突日益显著，无国界的网络空间使得国家网络信息安全威胁成为全球性难题，各类国际性组织也将网络安全作为开展多边合作的重要议题。就联合国层面而言，其中主管信息通信技术事务的国际电信联盟(International Telecommunications Union，ITU)、① 以全球网络安全作为主要议题的会议“信息社会世界峰会(World Summit of

① International Telecommunications Union. About International Telecommunication Union (ITU) [EB/OL]. https://www.itu.int/en/Pages/default.aspx，2018-12-09.

Information Society, WSIS)、① 联合国信息安全政府专家组(The United Nations Group of Governmental Experts on Information Security, GGE)、② 联合国网络犯罪问题政府专家组(GGE on Cybercrime),③ 均加强了成员国之间有关网络安全的战略合作，并通过设立相关机构、发起相关会议、推进相关规则制订等方式，共同致力于网络空间的全球治理。

联合国是一个致力于解决和平与安全、恐怖主义和人道主义等问题的国际组织，其下安全理事会、经济及社会理事会等机构是主持各国政府间协商并达成协议的有效平台。国际电信联盟 ITU 及其举办的信息社会世界峰会 WSIS、联合国信息安全政府专家组 GGE、联合国网络犯罪问题政府专家组，是网络空间治理的核心机构和重要会议平台。

1.1 国际电信联盟(ITU)

国际电信联盟 ITU 作为联合国层面开展网络空间信息安全治理的主要平台，先后制定了《国际电信规则 ITR》《全球网络安全议程 GCA》《ITU 国家网络安全战略指南》等，用以网络空间治理和指导各国政府应对网络安全问题。2007 年 ITU 启动了“全球网络安全议程”，通过政府间、企业间和民间的多方合作，有力打击各种网络犯罪活动；2008 年 ITU 与国际网络反恐多边合作组织推动网络安全领域治理，提出了建立在法律、技术与程序、组织结构、能力建设和国际合作五个领域之上的《全球战略报告》；2013 年起 ITU 进一步在全球范围内推行“全球网络安全议程”，为成员国提供《全球

---

① World Summit on the Information Society. Home [EB/OL]. http://www.itu.int/net/wsis/index.html, 2018-12-09.

② UNODA. Developments in the field of information and telecommunications in the context of international security [EB/OL]. https://www.un.org/disarmament/topics/informationsecurity/, 2018-12-09.

③ United Nations Office on Drugs and Crime. Open-ended Intergovernmental Expert Group Meeting on Cybercrime [EB/OL]. http://www.unodc.org/unodc/en/cybercrime/egm-on-cybercrime.html, 2018-12-09.

网络安全指数》《互联网安全威胁报告》等重要数据、标准及指南,① 用以保护成员国的信息安全。

1.2 信息社会世界峰会(WSIS)

信息社会世界峰会 WSIS 是一个旨在创建多利益攸关方平台、解决信息和通信技术等问题的两阶段联合国峰会。2003 年的第一阶段会议通过了《日内瓦原则宣言》和《日内瓦行动计划》，成立了分别负责消除数字鸿沟基金会事宜和负责互联网安全管理事宜的两个工作组；2005 年的第二阶段会议通过了《突尼斯承诺》和《突尼斯信息社会议程》，提出未来关于建设信息社会的基本原则和方针，成为后续 WSIS 行动的重要文件。② 2011 年的 WSIS 论坛上 ITU 与联合国毒品和犯罪办事处 UNODC 签署了一项谅解备忘录，致力于为 ITU 和联合国成员国减轻网络犯罪带来的风险；2015 年后 WSIS 继续推广 WSIS+10 审查成果和 2030 年可持续发展议程，协调 ICT 促进和加速实现可持续发展目标；2018 年 WSIS 论坛提出“伙伴关系机遇”论题，致力于全球网络空间治理中的可持续发展和多方合作关系的构建。

1.3 联合国信息安全政府专家组(GGE)

联合国信息安全政府专家组 GGE 旨在通过分析网络空间中潜在的安全隐患，协商国家间关于网络安全规则的分歧并研究应对及合作措施。③ 从 2004 年至今已组过多次专家组会议，并形成了具有重大意义的三份报告。2010 年报告聚焦网络安全威胁，剖析了引发重大安全事故的原因为通信技术相关的国际准则缺乏共识，表明政府专家组各成员国有为网络领域建立规范的意图；2013 年报

① International Telecommunications Union. About International Telecommunication Union (ITU) [EB/OL]. https://www.itu.int/en/Pages/default.aspx，2018-12-09.

② World Summit on the Information Society. Home [EB/OL]. http://www.itu.int/net/wsis/index.html，2018-12-09.

③ UNODA. Developments in the field of information and telecommunications in the context of international security [EB/OL]. https://www.un.org/disarmament/topics/informationsecurity/，2018-12-09.

告中包括中美俄在内的15个成员国同意“国家主权和源自主权的国际规范、原则适用于国家信息通信技术ICT活动，国家在其领土内对ICT基础设施实施管辖”；2015年报告再次确认了各国在使用信息通信技术时，须遵从“主权平等”、“以和平手段解决争端”和“不干涉其他国家内政”等国际法原则，并一致确认国家在网络空间具有主权和管辖权。2017年会议研究信息安全领域的威胁及措施，包括“规范、规则和国家负责任行为原则”等，① 但美国与其他国家就“国际法如何适用于各国使用信息通信技术”产生严重分歧，暂未形成共识结果报告。

1.4 联合国网络犯罪问题政府专家组(GGE on Cybercrime)

联合国网络犯罪问题政府专家组是旨在交流有关国家立法、提出新的国家和国际法律或其他对于网络犯罪的应对方式的一个联合国预防犯罪与刑事司法委员会的下属平台。② 2011年专家组第一届会议审查通过了一系列专题和研究方法，包括连通性和网络犯罪、立法和框架、刑事定罪、执法和调查、电子证据和刑事司法、国际合作等主题，并授权专家组秘书处联合毒品和犯罪问题办编撰《网络犯罪问题综合研究报告》。③ 2017年专家组会议以研究报告草案为基础讨论网络犯罪的实质问题，通过了18~21年工作计划，并在促进打击网络犯罪国际合作、电子证据共享等方面达成共识。

---

① CCDCOE. 2015 UN GGE Report：Major Players Recommending Norms of Behaviour，Highlighting Aspects of International Law[EB/OL]. https：//ccdcoe. org/2015-un-gge-report-major-players-recommending-norms-behaviour-highlighting-aspects-international-1-0. html，2018-12-09.

② The Diplomat. UN GGE on Cybersecurity：The End of an Era?[EB/OL]. https：//thediplomat. com/2017/07/un-gge-on-cybersecurity-have-china-and-russia-just-made-cyberspace-less-safe/，2018-12-09.

③ United Nations Office on Drugs and Crime. Open-ended Intergovernmental Expert Group Meeting on Cybercrime[EB/OL]. http：//www. unodc. org/unodc/en/cybercrime/egm-on-cybercrime. html，2018-12-09.

第 2 章　欧盟网络主权安全治理概述及其数据可携权分析

区别于联合国框架的网络空间治理，区域性政府合作主要是由具有相同或相似战略目标的主权国家发起而缔约的合作联盟。其代表性机构及成果主要包括欧盟 EU 及其达成的《网络犯罪公约》、北大西洋公约组织 NATO 及其出台的《塔林手册》、经济合作与发展组织 OECD 及其文件《OECD 信息系统和网络安全准则：发展安全文化》，以及亚太经合组织、上海合作组织、亚太电信组织、八国集团、二十国集团等多边合作组织及其出台的重要文件等。下文中将在对欧盟网络主权安全治理进行概述的基础上，聚焦于数据可携权重点分析。

2.1　欧盟网络主权安全治理概述

对于网络空间的治理，欧盟的欧洲网络和信息安全管理局、欧洲打击网络犯罪中心等机构承担了主要责任，并从 1992 年起相继出台《信息安全框架协议》(1992)、《欧盟互联网治理契约》(2011)、《战略欧洲倡议》(2012)、《网络空间安全战略》(2013)等系列文件，搭建起欧盟对于网络安全管理的法律框架及基础规范。

欧盟的网络空间治理重点主要体现在以下几个方面：一是保障网络基础设施，2009 年发布的重大信息网络基础设施保护战略，涵盖了准备和预防、检测和响应、减灾和灾后恢复的全程保障体系；二是保护公民个人数据，代表性文件如 1981 年《关于隐私和个人资料的跨国境流动的保护指引》、已被取代的 1995 年《个人数据保护指令》以及于 2016 年通过的《通用数据保护条例 GDPR》，逐步实现了针对跨境数据流动的规制，建立起了涵盖网络用户个人数据保护的监管机构等；三是打击网络犯罪，2001 年发起的《网络犯罪公约》，界定了非法访问、非法拦截、数据干扰、系统干扰、设备滥用、与计算机有关的伪造、与计算机有关的欺诈、与儿童色情制品有关的犯罪以及与版权和邻接权有关的犯罪等罪行,① 建立起适应网络犯罪的法律体系，截至 2018 年 12 月《网络犯罪公约》已有 62 个缔约国。②

2.2 欧盟数据主权战略建设

欧盟是全球互联网普及度最高的地区，对数据主权的立法起步较早。欧盟的数据安全战略始于 20 世纪 90 年代，此阶段主要是围绕信息产业发展，重视个人层面的数据隐私和保护；随后以“9·11”事件为主要节点，意识到数据资源对国家安全的重要性，开始转向战略升级阶段，开始“一手抓技术、一手抓安全”，重视整个欧盟层面的数据安全保障；步入 2010 年后，以爱沙尼亚网络攻击事件、“棱镜门”等事件为主要催化剂，逐步强化了其针对数据主权的关注和认知，数据主权战略趋向稳定，战略体系已经基本成型，相关立法则更加显示出更为独立、主动的姿态，当前已经形成了相对完备的数据主权战略体系(如下表 2 所示)。

2.2.1 战略内容

欧盟数据主权战略体系主要由以下三个核心模块组成：(1)在网络监管和网络犯罪方面的法制建设。自 20 世纪九十年代以来，欧盟陆续发布了《关于信息安全决议》《关于计算机犯罪的协定》《关于打击信息系统犯罪的框架决议》等一批网络和信息安全法律文件，对网络犯罪行为实施打击；(2)制定整体网络安全战略和安全发展计划。欧盟自 1999 年以来，不断发布如《欧洲 2020 战略》《欧洲网络安全战略》等发展规划，将数据主权治理至于发展的核心领域；(3)匹配多层战略体系，设立多层次的战略机构。既有负责整个共同体安全事务的欧洲网络与信息安全局(The European Union Agency for Network and Information Security，ENISA)、EC3(The

① Wikipedia. Convention on Cybercrime[EB/OL]. https://en.wikipedia.org/wiki/Convention_ on_Cybercrime，2018-12-10.

② Council of Europe. T-CY News. Ghana accedes to the Budapest Convention on Cybercrime[EB/OL]. https://www.coe.int/en/web/cybercrime/-/ghana-accedes-to-the-budapest-convention-on-cybercrime，2018-12-10.

表 2　　欧盟数据主权立法实践

阶段	时间	治理实践	战略内涵
发展起步阶段（1993—2000 年）	1993	《德罗尔白皮书》（Growth, Competitiveness, Employment: The Challenges and Ways Forward into the 21st Century）	首次将信息产业发展全面纳入国家宏观战略之中，重视保护数据及隐私
	1995	《个人数据保护指令》（Data Protection Directive）	
战略升级阶段（2001—2009 年）	2001	《网络信息安全提案》（Network and Information Security: Proposal for A European Policy Approach）	首次提到了网络信息安全的重要性
	2002	《打击信息系统犯罪的框架决议的决议》	首次明确规定对典型的网络犯罪行为实施打击
	2004	创建欧洲网络和信息安全局（ENISA）	负责保障欧盟网络安全水平，并促进成员间的信息交换
	2006	《确保信息社会安全的战略》（A Strategy for a Secure Information Society—Digital Partnership and Empowerment）	要求营造全民参与的网络安全意识
	2009	《关键信息基础设施保护》（Critical Information Infrastructure Protecttion, CIIP）	开始从成员国和共同体两个层面同步制定，瞄准提升欧盟整体抗风险能力，向着“一手抓技术、一手抓安全”转变

续表

阶段	时间	治理实践	战略内涵
战略稳定阶段（2010年至今）	2010	《欧洲2020战略》及"欧洲数字议程"（A Digital Agenda for Europe，DAE）	
	2013	《联盟网络安全战略：公开、可靠和安全的网络空间》（Cybersecurity Strategy of the European Union：An Open，Safe and Secure Cyberspace）	网络安全领域的首份正式战略文件，主要关注网络犯罪与关键基础设施
	2015	《地平线2020》（Horizon 2020）及"云安"（SafeCloud）项目	重点投入信息安全领域，网络安全技术成为优先重点课题
	2018	《通用数据保护条例》（General Data Protection Regulation，GDPR）	替代《数据保护指令》，加强对公民个人资料的控制，任何收集、传输、保留或处理涉及欧盟所有成员国内的个人信息的机构组织均受该条例的约束

European Cybercrime Center）、计算机应急响应小组（Computer Emergency Response Team-EU，CERT-EU）等核心机构，也有具体处理细节工作的如反网络钓鱼小组（The Anti-Phishing Working Group，APWG）、欧洲数据保护监督机关（The European Data Protection Supervisor，EDPS）、欧盟隐私监管机构数据保护工作组（The Article 29 Working Party）等分支机构，支撑国家数据主权战略实施。

2.2.2 战略特点

欧盟由于其本身所具有的联盟特性，其数据主权战略既有整个联盟层面的，也兼顾了各成员国，使得其数据主权战略体现出鲜明的强制性与指导性、一般性原则与特殊性立法相结合的特点。首先，针对各成员国，欧盟要求各成员国在不违背欧盟数据保护规范的前提下，可制定适用于本国的数据保护法及其实施方式。欧盟的数据指令大多采用最低标准指令的方式，限定了各成员国国内数据保护法的最低标准，赋予了成员国在立法和司法上的一定自由度。同时，设置对未完指令的成员国的惩罚机制，由欧盟委员会负责监督，欧盟法院负责制裁。这种共同体指导、成员国具体实施的模式从而保证了欧盟法律的最大认可度，使得欧盟及其成员国已经形成了较为完备的数据主权战略体系。

2.3 欧盟 GDPR 数据可携权分析

1995 年欧盟《个人数据保护指令》(Directive on the Protection of Individuals with Regard to the Processing of Personal Data and on the Free Movement of such Data)的颁布，规定了欧盟个人数据保护的最低标准，为欧盟确立了全面的数据保护体系。但是网络社会的发展、欧盟成员国立法规范的进步以及全球贸易的深入，使得《指令》无法应对新的风险和威胁，欧盟需要具有更高行政效力和更为全面的法律规范的出台。

2011 年，欧洲数据保护监督组织(EDPS)在欧盟委员会沟通会议中，提出了加强欧盟个人数据保护统一性的想法。半年后，欧盟委员会提议，应当从加强个人数据权利保护、建立统一欧盟数据市场、强化数据保护机构职能及合作等方面对《指令》进行修订。2016 年 4 月欧洲议会通过《通用数据保护条例》(General Data Protection Regulation，下文简称 GDPR)，2018 年 5 月 25 日正式施行，同日废除《指令》的使用。相较于 1995 年的《指令》，GDPR 从加强数据主体的权利保护、确定相关主体的责任制度、建立完善的监管体系等多个方面确立了完善的数据保护体系。GDPR 对于欧盟个人数据保护具有里程碑的意义，是迄今为止发达国家通过的最严厉的一部保护个人数据隐私的法律，为全球个人数据保护树立了新的标杆。① GDPR 对数据主体权利的保护格外重视，引入了多项新

① 何治乐，黄道丽．欧盟《一般数据保护条例》的出台背景及影响[J]．信息安全与通信保密，2014(10)：72-75.

型权利，数据可携权就是其中的一项重要权利。在 2012 年欧洲委员会颁布的《数据保护指令草案》(the Draft of the Data Protection Regulation，DPR)中，“数据可携权”第一次被提出，此举也标志着数据可携权正式进入欧盟立法进程。作为一项新型数据权利，数据可携权的基本理念在于“个人能够将其个人数据和资料从一个信息服务者处无障碍地转移至另一个信息服务者处”。① 数据可携权的提出，对于欧盟数字经济的发展、加强个人数据控制力具有重要意义。

2.3.1 GDPR 数据可携权立法演进

受到欧洲民主传统的影响，欧洲的民众对于个人数据的保护有着较高的需求。德国率先于 1977 年制定了《联邦数据保护法》(Federal Data Protection Act)。随后，法国、荷兰、瑞典、比利时等欧共体国家也相继出台了个人数据保护的专门法律。② 随着国际贸易的日益频繁，个人数据开始在国家间流通，欧洲各国不同的个人数据保护法律对欧共体的贸易往来和经济发展造成了阻碍，统一各成员国个人数据保护法的需求日益突显。1981 年，欧洲议会通过了《保护自动化处理个人数据公约》(Convention for the Protection of Individuals with regard to the Automatic Processing of Personal Data)，这是世界上首部有约束力的有关个人数据保护的国际公约。③ 但该公约并未发挥欧洲议会预想中的作用，直到 20 世纪九十年代中期，欧共体内部各国的个人数据保护法依然处于分散的状态。

1993 年 11 月，《马斯特里赫特条约》(Maastricht Treaty)生效，欧盟正式成立。欧盟的成立加快了欧盟个人数据保护法的统一进

① 张哲．探微与启示：欧盟个人数据保护法上的数据可携权研究[J]. 广西政法管理干部学院学报，2016，31(6)：43-48.

② 刘敏敏．欧盟《个人数据保护指令》的改革及启示[D]. 西南政法大学，2014.

③ Christopher Kuner：《欧盟的隐私和数据保护》，温珍奎译，载周汉华主编：《个人信息保护前沿问题研究》，北京：法律出版社 2006 年 10 月版，第 28 页.

程。1990 年，欧共体委员会发布个人数据保护指令的框架草案，经过一系列的讨论和审定后，1995 年《个人数据保护指令》(95/46/EC) 正式生效。《指令》中第 12 条对访问权进行了规定，要求欧盟成员国应保证每名数据主体拥有从管理者处获得数据信息的权利，包括数据处理、数据确认等方面。访问权与数据可携权有着非常密切的关系，访问权是数据可携权诞生的前提性权利。

2002 年欧洲的《通用服务条例》(Universal Service Directive, Directive 2002/22/EC)①的第三十条对"号码可携带性"进行了规定，要求各成员国应确保所有公共电话服务和移动服务的用户可以独立于提供服务的企业保留其号码。2002 年的《框架指令》(Framework Directive, Directive 2002/21/EC)②则对可移植性有了更为明确的规定，其中应用程序接口系统的互操作性被认为对交互式内容的可移植性有用。根据第 29 条工作组的条款，数据可移植性被视为数据控制者的所应用的附加保护权利，可以赋予数据主体权利。同时，该条款鼓励个人信息的可移植性，指出允许数据可移植性可以使企业和数据主体能够最大限度地利用平衡和透明的方式进行数据处理。③ 它还可以帮助减少不公平或歧视性做法，并降低将不准确的数据用于决策目的的风险，这将有利于企业和数据主体的共赢。该条款对数据可移植性进行了较为明确的定义，突出了个人数据可移植性的巨大潜力，为《通用数据保护条例》引入数据可携权奠定了法律基础。

随着个人数据保护权利法律地位的提升，《指令》无法再适应

① 《通用服务条例》[EB/OL]. https://eur-lex.europa.eu/legal-content/EN/TXT/PDF/? uri = CELEX: 32002L0022&qid = 1550862252312&from = EN. 2002-04-07/2019-02-22.

② 《框架指令》[EB/OL]. https://eur-lex.europa.eu/legal-content/EN/TXT/PDF/? uri = CELEX: 32002L0021&qid = 1550862252312&from = EN. 2002-04-07/2019-02-22.

③ Paul D H, Vagelis P, Gianclaudio M, et al. The Right to Data Portability in the GDPR: Toward User-centric Interoperability of Digital Services[J]. Computer Law & Security Review, 2017, 34(2): 193-203.

时代的需求，制定新的数据保护法律迫在眉睫，《通用数据保护条例》的修订被提升日程。“数据可携权”首次提出于 2012 年欧洲委员会颁布的《数据保护指令草案》，该草案的第 18 条对“数据可携权”进行了详细的定义，规定数据主体拥有获得个人数据副本并传输给另一个数据控制者的权利，以电子或其他通用的形式为传输方式。数据可携权的提出，是对数据主体权利的丰富和完善。2014 年 3 月，欧洲议会采取了欧洲委员会出的草案，并将《数据保护指令草案》的 18 条与 15 条的信息获取权合并，将数据可携权作为数据存取权的一个部分，这是数据可携权正式进入欧盟立法进程中的过渡阶段。

2016 年 3 月经由欧洲议会一致通过，数据可携权作为一项独立条款在《通用数据保护条例》中的第 20 条出现。GDPR 作为全新的数据保护规则，具有划时代的意义。其整体立法架构、原则、权利与责任体系都实现了较大的革新与升级，GDPR 增加了较多互联网时代的新型法律术语(如数据主体、个人数据、数据处理、数据控制者、数据加工者等)，在条例适用与执行力度上都更加严格，并为欧盟成员国在制定具体国内规则的时候留有变动空间。2018 年 5 月 25 日《通用数据保护条例》在欧盟各国全面实施，数据可携权的合法独立权利地位得到完全确立。

2.3.2 GDPR 数据可携权内容解读

欧盟 GDPR 中的第 20 条，对数据可携权进行了详细的规定。以下为具体规定：

1. 当存在如下情形时，数据主体有权获得其提供给控制者的相关个人数据，且其获得个人数据应当是经过整理的、普遍使用的和机器可读的，数据主体有权无障碍地将此类数据从其提供给的控制者那里传输给另一个控制者：

(a)处理是建立在第 6 条(1)(a)点或 9 条(2)(a)点所规定的同意，或者 6 条(1)所规定的合同的基础上的；

(b)处理是通过自动化方式的。

2. 在行使第 1 段所规定的携带权时，如果技术可行，数据主体应当有权将个人数据直接从一个控制者传输到另一个控制者。

3. 行使第1段所规定的权利，不能影响第17条的规定。对于控制者为了公共利益，或者为了行使其被授权的官方权威而进行的必要处理，这种权利不适用。

4. 第1段所规定的权利不能对他人的权利或自由产生负面影响。①

从上述规定可以看到，数据可携权的内容主要包括两个方面——副本获取权（Right to Obtain a Copy）和数据转移权（Right to Data Transfer）。下面将从这两个方面对数据可携权进行具体分析。

（1）副本获取权。

根据GDPR第20条第1款，副本获取权指的是数据主体有权从数据控制者处获得以电子和结构化格式处理的数据副本，并能够进一步使用的权利。在这方面，行业的发展较为迅速。以Facebook、Google等公司为代表的一部分数据控制者已经提供了个人数据的下载入口，用户可以据此获取相关的个人数据副本。②

需要注意的是，副本获取权并非全无限制。首先，GDPR对数据传输格式进行了规定。条款规定获得数据副本的条件是通过电子手段以结构化和常用的格式处理过的数据。当数据控制者不通过电子手段和规定格式进行个人数据处理时，数据主体将无权获得个人数据的副本。目前大多数个人数据都是以电子方式处理的，但是处理数据的格式不同，然而条款并未赋予数据主体决定数据控制者将以何种格式处理个人数据的权利，也未要求数据控制者向数据主体通知处理格式。由于目前行业内传输格式多样，尚未形成统一的行业标准。欧盟的这一要求有鼓励行业出台通用格式标准的用意，但也可能会激励数据控制者不要使用标准和常用格式，以逃脱移交副本的义务，从而避免将数据主体迁移到另一个服务提供商，并节省

① 《通用数据保护条例》[EB/OL]. https://eur-lex.europa.eu/legal-content/EN/TXT/PDF/?uri=CELEX:32016R0679&qid=1550862106178&from=EN. 2016-04-27/2019-02-22.

② 张哲. 欧盟个人数据保护法上的数据可携权研究[D]. 西南政法大学，2017.

提供数据副本的成本。对于这一问题，笔者认为有两个解决方案，一个是给数据控制者施加新的义务，要求数据控制者根据数据主体要求的格式进行数据传输；另一个是强制使用格式清单，要求数据控制者根据格式清单中的格式进行传输。但是就目前而言，这两种方案都存在问题。前者会大大提升数据控制者进行数据传输的成本，而强制使用格式清单将抑制开发和推广新格式的进展。

除了数据格式外，GDPR 对数据源也从两方面进行了限制。一方面是用于传输的数据应是个人数据，涉及第三方的数据将不在权利范围内。另一方面是基于数据主体的同意或以合同的形式得到数据主体的认可方可请求获取数据副本。该限制有利于隐私权的保护，但在某些情况下也可能出现问题。例如，对于企业而言，收集并保存员工保险和社会安全数据是履行法定义务所必须实施的行为。若企业以自动化方式收集员工数据，假设有甲乙两名员工，如果员工甲的社保数据是保险公司提供的，员工乙的数据是其个人提供的。在这种情况下，根据 GDPR 第 20 条的规定，员工甲无法获取个人数据副本，而员工乙可以获取个人数据副本。但是，法人数据和法人控制的内部员工数据具有特殊性，根据 GDPR 序言第 48 条规定，当控制者是作为集团企业的组成部分或者附属机构时，其在基于内部管理目的在企业集团内部开展个人数据传输(包括处理客户或雇员的个人数据)可以被认为具有合法利益。因此在这种情况下，员工甲乙都不一定能够获取个人数据副本。由于 GDPR 对数据可携权没有详细的具体规范，对于此类特殊情况的处理尚没有明确说明。

副本获取权在一定程度上保证了数据主体对自身信息的控制和决定，是信息自决权的保障。数据主体有权获得一份副本，然而副本的移交并不代表数据的删除。因此，数据主体仅部分控制他的个人数据，只能对数据副本进行处理。如果有删除的需求，则属于 GDPR 第 17 条被遗忘权的内容范围。

(2)副本转移权。

GDPR 第 20 条第 2 款对副本转移权进行了规定。数据主体有权将这些个人数据以电子和结构化格式由一个数据控制者传输到其他数据控制者，数据控制者无权阻拦。例如欧盟的 Facebook 用户可以向 Facebook 提出申请，将其主动提供的个人数据，包括聊天记录、照片、视频、个人动态等转移至其他社交应用中。

副本转移权与副本获取权类似，都存在传输格式的问题。不同的是，副本转移权的还会涉及第三方的隐私问题。GDPR 第 20 条第 4 款规定，数据主体在行使权利时不能对他人的权利或自由产生负面影响。基于此，当数据主体要求传输的数据涉及第三方隐私权时，数据控制者应拒绝此类请求。但在实践中，又会出现问题。例如当数据主体要求传输发布在 Facebook 上的一张多人照时，这是否构成了对其他数据主体的数据权利的侵犯？又比如当一名用户将其在 Facebook 上的个人数据转移至 Google+时，如何判断该用户在 Facebook 上的数据不涉及第三方隐私权？又如何对涉及第三方和未涉及第三方的数据进行筛选？Facebook 是否应当拒绝此类请求？这种信息自决权方面的冲突当如何解决，具体的操作应是怎样的流程，GDPR 没有给出具体的解决方案。

由上述分析可以看出副本转移权的设计目的是促进数据的自由流通和市场的有序竞争，用户数据转移的成本大大降低，在一定程度上可以改善大型企业的数据垄断现象。但随着数据的财产属性日益凸显，数据的重要性愈发得到企业的关注，在尚未完善的副本转移权条款下，企业很有可能利用现有法律的漏洞，提高数据主体进行副本转移的成本，限制数据主题进行副本转移。“等到数据主体的转移成本太高的时候，他或她将不可能使用数据转移权了”。①

2.3.3 GDPR 数据可携权影响分析

相较于 1995 年的《指令》，GDPR 的适用范围明显增大，设立在欧盟境内且涉及个人信息处理的组织的，无论其处理行为是否发生在欧盟内都在 GDPR 的适用范围内。GDPR 第 3 条规定组织在地理空间上不属于欧盟但涉及个人信息处理的两种适用情况：向欧盟境内数据主体提供有偿或无偿的商品或服务；监控欧盟境内数据主

① Eva Fialov. Data Portability and Informational Self determination[J]. Masaryk University Journal of Law and Technology，2014，(8).

体的行为。可以说，GDPR 将欧盟个人数据保护法律的生效范围从地理空间扩展到以人为主体的范畴，具有域外效力。① 因此，数据可携权的影响范围也不仅限于欧盟，只要其个人信息处理的业务涉及欧盟，都会受到数据可携权的管辖。其影响主要体现在“加强数据主体权利”和“促进行业数据传输标准的建立”的两方面有利影响，以及“损害有价值的专有信息或知识产权”、“造成隐私和数据安全风险”和“提高企业合规成本”等多方面的不利影响。

(1)加强数据主体权利。

GDPR 赋予了数据可携权一种类似于所有权的属性，数据主体既可以拥有个人数据也可以将其自由传输。在法律上这是一项极大的创新，是对数据主体权利的加强。数据可携权采取的应用模式是由数据主体提出申请、数据控制者响应的模式，在这种模式的影响下，也有利于数据主体数据权利意识的提升。

同时，从市场层面来看，数据可携权允许用户进行个人信息的复制和传递，从而可以自由选择最适合其需求的服务，不再因数据存储的“沉没成本”而被动选择。同时，也可以保护消费者的合法权益，避免服务提供商设置个人数据传输障碍阻碍消费者进行自由选择。

(2)促进行业数据传输标准的建立。

目前，国内外尚未形成统一的数据传输格式，企业间数据流通较少，数据传递不畅。数据可携权的提出，对数据格式进行了严格的要求。不仅仅是要求通过电子手段以结构化和常用的格式对数据进行处理，更重要的是数据控制者间的数据传播。这对于行业间通用的数据传输格式和行业数据规范的建立提出了要求。虽然在前文分析，数据控制者可以以传输格式为理由逃避数据传输的义务，但这一点取决于欧盟监管委员会的执法尺度。根据 GDPR 第 83 条规定，违反数据可携权将处以 2000 万欧元或者企业上一年度全球营收的 4%罚款，以较高者准。不仅如此，GDPR 也给与了数据主体

① 桂畅旎．欧盟《通用数据保护法案》的影响与对策[J]．中国信息安全，2017(7)．

上诉和申请司法救济的权利。GDPR 第 77、78 条、79 条和 82 条规定，对于不服监管机构的决定或是监管机构不作为，数据主体有权向监管机构提出投诉，拥有针对数据控制者、数据处理者和监管机构的有效司法补救权，还拥有向数据控制者和处理者要求因其违反 GDPR 造成的损失的赔偿的权利。在如此严苛的罚金和监管政策下，如果欧盟监管委员会对于数据传输标准加以重视，数据行业的领军企业推动行业数据传输标准的建立并非遥不可及。

(3)损害有价值的专有信息或知识产权。

如果需要转移的个人数据包含有价值的专有信息和知识产权，这可能会阻碍公司或服务提供商首先创建专有信息，影响知识产权保护。数据控制者在对数据主体的数据进行收集加工后，为其赋予了财产属性。如果数据控制者将数据传输给其他数据控制者使用，无疑是对其利益的损害，破坏市场的有序竞争和知识产权的保护。True Fit 的案例说明了这一点，True Fit 是一项在线数字服务，帮助像 House of Fraser 这样的在线服装零售商的用户为他们的购物者找到合适的衣服尺寸。True Fit 服务要求购物者分享各种个人数据，如身高、体重、体型、喜欢的服装品牌和服装尺码等信息。用户与 True Fit 共享此信息，然后 True Fit 与在线零售商共享。① 如果根据数据可携权规定要求 True Fit 将此数据传输给其他零售商，则其业务优势将不复存在，丧失企业的核心竞争力。

GDPR 第 63 条规定，如果第 15 条规定的一般权利对其他人的权利和自由产生不利影响，包括商业秘密和知识产权，则可以加以限制。由于数据可携权的权利可以被视为访问权的扩展，则第 63 条中提到的限制应该适用于数据可携权请求。换句话说，当公司面对数据可携权请求时，如果数据可携权对商业秘密和知识产权产生不利影响，公司应该能够从数据集中删除有价值的数据对该项权利进行限制。

但是，GDPR 中有关数据可携权限制的第 68 条以及 GDPR 第

① turefit 官网．[EB/OL]．https：//www. truefit. com/Home. 2010-08-15/2019-02-22.

20 条都没有明确表明，如果对商业秘密和知识产权产生不利影响，数据可携带性的权利就会受到限制。因此，GDPR 的监管机构需要进一步说明数据可携权在影响专有信息和知识产权时是否受到限制。如果不对数据可携权加以限制，像 True Fit 这样的公司可能会停止根据个人数据创建有价值的服务，这显然会对竞争和创新解决方案产生抑制作用。

(4)造成隐私和数据安全风险。

当数据从一个数据控制者传输到另一个数据控制器时会容易出现数据安全问题。如果在没有经过严格认证的基础上，数据控制者向不应获得数据权限的人提供了访问权限，数据可能会被利用于违法行为或对数据主体带来麻烦。例如利用信息进行诈骗、销售人员进行销售骚扰、调查人员进行数据调用或是数据被用来进行某些暴力行为。而且，GDPR 中提出的可互操作解决方案可能会加剧安全问题，虽然不被视为导致安全漏洞的主要原因，但互操作性往往被视为增加安全漏洞机会数量的因素之一，以及此类漏洞还可能导致其他漏洞的产生。特别是对于投资数据安全资源有限的中小型企业而言，这是一个重要的问题。

(5)提高企业合规成本。

强制数据控制者传输个人数据可能会耗费不成比例的成本和资源。GDPR 第 20 条要求数据副本的提供和传输应采用电子化、结构化的数据格式。如 Swire 和 Lagos 所指出的，许多中小型公司没有足够的资源来完全理解 GDPR，遵守它并采用规范格式将数据移交给另一家提供商。①

委员会和其他欧盟机构均未提出遵守数据可携带性请求的成本数据。根据 Christensen 等人的一项研究，GDPR 改革将使欧洲中小企业的年度 IT 成本增加约 3000 至 7200 欧元，具体取决于中小企

---

① Swire P P , Lagos Y. Why the Right to Data Portability Likely Reduces Consumer Welfare: Antitrust and Privacy Critique [J]. Social Science Electronic Publishing, 2012(2): 335.

业的行业领域，该数额相当于企业年度平均 IT 预算的 16% 至 40%，① 目前尚不清楚该预算将用于响应数据可携权请求的百分比。虽然这些 IT 成本对大公司来说可能并不算高，但这一要求可能会给中小型公司带来负担。必须指出的是，由于 GDPR 严格的监管和高额的罚款，中小型企业不应轻视遵守 GDPR。根据 GDPR 第 83 条第 5 款，不遵守 GDPR 中数据可携权规定的数据控制者将承担高达 2000 万欧元的行政罚款，或者承诺高达全球年度总额的 4% 前一年的营业额，以较高者为准。

第 3 章　美国数据主权战略

数据主权和网络安全作为非传统安全领域的核心内容和体现国家主权的重要标志，在整体国家安全战略中起着举足轻重的作用。一旦网络安全出现问题，与网络技术高度融合渗透的政治安全、国土安全、军事安全、经济安全和社会安全等方面都将会发生系统性重大风险。当下网络空间正在重塑着国家安全边界、非传统安全威胁改变着国家安全形态，各国政府间也都形成了各自的国家网络主权战略和数据主权战略。

3.1　美国数据主权战略概述

在社会全方位依托于网络的背景下，数据已然成为社会生产与生活的基本要素。美国自 20 世纪八十年代就开始关注数据主权安全及其战略，作为全球最早开始建设数据主权战略的国家，至今已形成 130 余部相关法案制度，形成了涵盖互联网宏观整体规范及微观具体规定等各方面的完备数据主权战略体系，并以“数据主权”为核心推进着网络安全战略建设。

信息技术和互联网的发展冲击了传统的主权观念，随着信息流动加速和网络安全风险的不断凸显，国家治理、国家安全及公民个

① Laurits R Christensen, Andrea Colciago, Federico Etro, Greg Rafaert. The Impact of the Data Protection Regulation in the EU [J]. European Financial Review, 2013(2).

人数据保护面临的严峻挑战要求必须要在网络空间"再主权化"。各主权国家对数据资源的价值与意义已经形成共识，新一轮的大国竞争，焦点已经转向了通过大数据资源增强对世界局势的影响力和主导权，国家间围绕数据所有和利用的博弈愈演愈烈，各国的数据主权治理实践也越来越凸显出其重要性。

3.2 美国网络主权安全治理模式

美国政府在网络安全政策上不断完善，特朗普政府出台的各种网络安全政策表现出更显著的主权安全意识。从各项网络安全战略的出台到各种形式的网络扩张计划，美国已经在网络任务部队、网络军事政策和网络行动计划等方面表现出了强有力的网络军事化战略。

表 3 美国网络安全相关战略及规划表

发布年份	译文名	源文名
2008	国家网络安全综合计划	The Comprehensive National Cybersecurity Initiative
2009	开放政府指令	Open Government Directive
2011	网络空间国际战略	International Strategy for Cyberspace
2011	国防部网络空间行动战略	Department of Defense Strategy for Operating in Cyberspace
2011	网络空间可信身份国家战略	National Strategy for Trusted Identities in Cyberspace
2011	联邦政府云战略	Federal Cloud Computing Strategy
2011	开放政府伙伴关系：美国国家行动计划	The Open Government Partnership: National Actional Plan for the United States of America
2011	可信价值网络空间：联邦网络安全研究与开发项目战略规划	Trustworthy Cyberspace: Strategic Plan for the Federal Cybersecurity Research and Development Program

续表

发布年份	译文名	源文名
2012	信息共享和安全保障国家战略	National Strategy for Information Sharing and Safeguarding
2012	数字政府战略	Digital Government: Building a 21st Century Platform to Better Serve the American People
2012	大数据研究和开发计划	Big Data Research and Development Initiative
2015	网络和信息技术研发项目(2016 财年)	The Networking and Information Technology Research and Development Program(FY2016)
2015	国防部网络战略	The DoD Cyber Strategy
2018	网络安全战略	Cybersecurity Strategy

美国已形成了较为完善的网络空间战略体系，其中包括《美国国家网络安全综合计划》(The Comprehensive National Cybersecurity Initiative，2008)、《网络空间国际战略》(International Strategy for Cyberspace，2011)、《网络空间行动战略》(Strategy for Operating in Cyberspace，2011)、《网络空间可信身份国家战略》(National Strategy for Trusted Identities in Cyberspace，2011)、《联邦政府云战略》(Federal Cloud Computing Strategy，2011)、《信息共享和安全保障国家战略》(National Strategy for Information Sharing and Safeguarding，2012)、《国防部网络战略》(The DoD Cyber Strategy，2015)和《网络安全战略》(Cybersecurity Strategy，2018)等。这些战略各有侧重，其中又以《网络空间国际战略》《网络空间行动战略》和《网络安全战略》最具代表性。美国政府当局在网络空间治理中，将组建网络任务部队、强化网络军事政策、开展各种网络行动计划等，作为其强化国家网络主权的重要战略部署。

3.2.1 组建网络任务部队

从 2014 年美国国防部发布《防务评估报告》(Quadrennial

Defense Review 2014)，宣称到2019年建设133支网络任务部队,① 到2017年美国总统特朗普声明将网络司令部(U.S. Cyber Command)从战略司令部中独立成为第10个美军最高级别的司令部并直接向国防部长汇报,② 美国的国家主权意识正在逐步加强，其网络部队也从防御为主转变为进攻为主。

(1)美国国防信息系统局DISA，作为吸纳了空军商业通信管理局、白宫信号局(白宫通信局)，国防部损毁评估中心(联合参谋部支援中心)的国防企业计算中心，承担着配合国防部为军队提供可靠通信网络的职能。③ 在网络安全方面通过卫城系统进行网络整体态势感知、通过风险表盘持续监控和评级，并提供任务保障决策系统和联合事故管理系统支持。

(2)美国战略司令部和网络司令部，作为美军战略部队的统一作战指挥司令部，主要负责网络信息作战、情报监视和侦察，以及分析和定位,④ 对口军种包括陆军空间与导弹防御司令部、空军航天司令部、海军舰队司令部等。独立后的美国网络司令部，负责组织并实施各类网络空间作战行动，并进行有重点的网络防御和网络进攻，是美国备战网络战争、争夺“制网权”所迈出的重要一步。

(3)全球网络作战特遣部队JTF-GNO，作为美军网络作战的最高指挥机构，与网络战联合职能司令部组成发挥网络战职能的两个重点系统。主要任务是指导全球信息栅格的运作和防御，并支持美

---

① The U.S. Department of Defense. Quadrennial Defense Review 2014[EB/OL]. http://archive.defense.gov/pubs/2014_Quadrennial_Defense_Review.pdf, 2018-12-12.

② The White House. Statement by president Donald J. trump on the elevation of cyber command [EB/OL]. https://www.whitehouse.gov/briefings-statements/statement-president-donald-j-trump-elevation-cyber-command/, 2018-12-12.

③ INSIDE DEFENSE. DISA Strategic Plan [EB/OL]. https://insidedefense.com/insider/disa-strategic-plan, 2018-12-12.

④ U.S. Strategic Command. About [EB/OL]. http://www.stratcom.mil/About/, 2018-12-12.

国国防部范围内的作战、情报和事务性任务。① 此外还有陆军网络作战部队及其维持的独立全球网络作战与安全中心、海军网络作战部队及其舰队网络作战中心、空军网络作战部队及其网络集成中心等，均服务于国防部网络司令部下的网络空间安全防御。

3.2.2 强化网络军事政策

美国军方从国防部文件到陆军战地手册、海军文件、空军文件，再到军法官参考文件，均是其军事思想的体现。(1)就国防部层面而言，国防部参谋长联席会发布的《军事行动的法律支持》规定战略司令部的军法参谋提供的建议应特别关注网络空间等领域的国际法和行动法，② 其后的《网络空间行动国家军事战略》《网络空间行动战略》《国防部网络空间政策报告》等，提出了"主动网络空间防御"、"集体自卫和集体威慑"等概念，将武力行为的思想表露在网络空间甚至延伸至现实世界。(2)就陆海空等军中战地文件及手册而言，陆军的《信息行动：原则、策略、技巧和程序》《网络行动》③等文件，宣称将用网络手段回应网络威胁，一旦发生网络威胁应尽快清除并降低损失；海军的《海军原则出版物：海战》，④ 提出全球公有领域不属于任何国家的海洋、太空和网络空间部分，指出保持足够的控制是极为迫切的事项；空军的《网络空间行动》，⑤ 明确承认国际法、国内法和武装冲突法及交战规则构成评估作战行

---

① Wikipedia. Joint Task Force-Global Network Operations[EB/OL]. https：//en. wikipedia. org/wiki/Joint_Task_Force-Global_Network_Operations，2018-12-12.

② Joint Chiefs of Staff. Legal Support to Military Operations [EB/OL]. www. dtic. mil/doctrine/new_pubs/jp1_04. pdf，2018-12-12.

③ Department of the Army. FM 3-13 Information Operations：Doctrine，Tactics，Techniques，and Procedures [EB/OL]. http：//www. dtic. mil/docs/citations/ADA605932，2018-12-12.

④ Department of the Navy. Naval Doctrine Publication 1 Naval Warfare[EB/OL]. http：//iwar. org. uk/military/resources/aspc/pubs/ndp1. pdf，2018-12-12.

⑤ Official United States Air Force Website. America's Air Force：Defenders of air，space and cyberspace [EB/OL]. https：//www. afspc. af. mil/News/Commentaries/Display/Article/ 1427600/ americas-air-force-defenders-of-air-space-and-cyberspace/，2018-12-12.

动的法律框架，应将网络空间相关行为主体告知决策者和政策制定者。以上军方文件，均在探讨网络攻击与使用武力关系的基础上，逐渐宣示其国家主权。

美国政府从克林顿政府时期到小布什政府时期，从奥巴马政府时期再到特朗普政府时期，日益凸显国家网络主权安全的意识扩张。克林顿签发的《打击恐怖主义》《保护关键基础设施》《新世纪国家安全战略》多次提及网络威胁概念，奠定了美国网络空间政策的基调；小布什通过签发《信息时代关键基础设施保护》《保障网络空间安全国家战略》等文件，对美国网络空间政策进行了扩充；奥巴马出台的《2011 年网络空间国际战略》等，① 则对一些长期模糊的态度进行了明显突破，公开宣布了美国的网络威慑战略；特朗普发布的最新《2018 年国家网络策略》②则将网络安全议题纳入高政治军事范畴，表明美国政府未来应对来自外部的网络攻击及间谍活动时将采取更强硬的手段。

3.2.3 开展网络行动计划

在开展网络计划方面，美国政府对内治理与对外交际双管齐下。一方面注重国内公民的隐私保护，另一方面强调以国家为主体的网络主权甚至于网络霸权。

对内而言，美国政府致力于公民个人数据保护与网络空间数据治理。2012 年发起跨部门大数据应用试点项目“海王星”（Neptune）与“地狱犬”（Cerberus），③ 对各领域数据制定共同数据属性，形成了一套对数据全生命周期进行监控的分类规则。这两个试点项目涉

① The White House. Launching the U. S. International Strategy for Cyberspace [EB/OL]. https://obamawhitehouse. archives. gov/blog/2011/05/16/launching-us-international-strategy-cyberspace，2018-12-13.

② The White House. National Cyber Strategy of the United States of America [EB/OL]. https:// www. whitehouse. gov/wp-content/uploads/2018/09/National-Cyber-Strategy. pdf，2018-12-13.

③ Department of Homeland Security. Privacy Impact Assessment for the Neptune Pilot [EB/OL]. http://www. dhs. gov/sites/default/files/publications/privacy-pia-dhs-wide-neptune-09252013. pdf，2018-12-13.

及姓名、出生日期和公民身份等核心身份信息，是美国进行数据治理和网络主权保护的典型案例。2014 年美国国防部高级研究计划局 DARPA 推出 Memex(记忆延伸)计划,① 致力于开发提升在线搜索能力的软件，改进军队、政府和商业组织等查找公开可用信息的能力，助力国防部打击人口贩运的关键任务。

对外而言，美国政府高度警惕网络威胁，并将进攻性战略作为网络安全战略的主要基调。2017 年 1 月，特朗普上台后便做出了美墨边境筑墙、签署“禁穆令”、宣布退出《跨太平洋伙伴关系协定》TPP 等多条行政决定。

3.3　美国 CLOUD 法案分析

在美国庞大的数据主权战略及网络主权安全战略体系中，CLOUD 法案以其产生背景、立法目的、形成模式具有突出的代表意义。

3.3.1　美国 CLOUD 法案立法背景

2013 年 12 月，微软以用户的邮件内容数据存储于爱尔兰的微软数据服务器上为由，拒绝向美国政府披露用于协助毒品案件调查的相关数据。微软与政府双方围绕这一问题进行了多次上诉，但始终无法获得确定性判决，双方分歧愈演愈烈，案件持续到 2018 年 2 月都尚未有定论。这一背景下，美国国会于 2018 年 3 月紧急通过了 CLOUD 法案，对此案提出了针对性的新解决方案：“无论通信、记录或其他信息是否存储在美国境内，只要上述通信内容、记录或其他信息为该服务提供者所拥有、监护或控制，服务提供者均应当按照本法所规定的义务要求，保存、备份、披露通信内容、记录或其他信息”。② CLOUD 法案明确了美国执法机构从境外网络运营商调取数据的权力，同时也设置了外国政府从美国调取数据的机制，即必须依赖双边协议来合法访问相关数据，对执法部门的数据

---

① DARPA. Memex (Domain-Specific Search) [EB/OL]. https://www.darpa.mil/program/memex, 2018-12-13.

② 何治乐，黄道丽. 欧盟《一般数据保护条例》的出台背景及影响[J]. 信息安全与通信保密，2014(10)：72-75.

跨境访问与使用提供了解决方案。

CLOUD 法案对美国此前的系列数据主权法案作出了针对性的补充修正，紧急回应“微软公司诉合众国案”（Microsoft Corp. v. United States）一案中暴露出的跨境数据流通中的主权风险问题。基于 CLOUD 法案，“微软公司诉合众国案”的争端核心已不存在，最高法院驳回此案，政府根据新法发布新的搜查令，而微软也依据该法向 FBI 提交其内容数据。

3.3.2 美国 CLOUD 法案立法目标

“微软公司诉合众国案”持续长达 4 年半，案件不但引发美国国内互联网行业、学术界、司法界等领域的强烈关注，而且由于其涉及境外国家，此案也产生了巨大的国际影响。总的来说，CLOUD 法案围绕美国数据主权核心利益，主要力图达成如下 3 个层次的核心目标。

（1）解决数据主权新问题，完善现有战略体系。

美国紧急推出 CLOUD 法案的直接目的是为了修改 1986 年生效的《存储通信法案》（Stored Communications Act，SCA）。《存储通信法案》没有明确美国政府搜查令能否要求通信服务商提交其存储在境外的数据。在此关键问题上的模糊，直接导致“微软公司诉合众国案”中长达 4 年的法律争议。CLOUD 法案面向美国在跨境访问数据中出现的新问题，解决了在执法所需的数据恰好存储在国外和外国执法机构需要访问存储在本国的数据这两个数据流动场景中的关键主权问题，提出了解决方案。CLOUD 法案的出台，直接解决了微软一案的核心争端，同时面向新问题，修改了现有战略体系中关于跨境数据获取和利用的漏洞，进一步完善了现有战略体系。

（2）保障对本国数据的域外控制能力，扩张数据主权效力范畴。

“微软公司诉合众国案”一案否决了美国数据搜查令的域外效力，充分暴露出了美国现有跨境执法协助机制难以满足跨境调取数据执法需求的现实问题。CLOUD 法案之前，美国执法部门一般依靠条约、协定、警方间的合作这三种途径访问存储于其他国家存储的数据。但现有途径和法律支撑覆盖范围小、行政程序复杂，同时处理成本高，并不能满足现有跨境调取数据的执法需求。美国急需制定新的法案来弥补当前的法律弊端，加快数据调取进程，满足美国跨境调取数据的执法需求，从而保障美国对于本国数据的域外控制能力。CLOUD 法案重新确认了美国对本国数据在境外的控制能力和所有主权，同时，依靠这一法案，美国在其企业、机构的助力下，实际扩张了其数据主权的效力范畴，长臂管辖至各主权国家的境内范畴，美国的数据主权得到进一步强化。

(3)对抗境外数据本地化浪潮，争夺国际数据资源。

新一轮互联网浪潮下，数据成为社会发展的基础性战略资源，新一轮大国竞争实质上已演变为围绕数据占有和利用的博弈。数据博弈中，为应对来自美国的严重威胁，以欧盟、俄罗斯为代表的主权国家，均在其数据战略中强调本地化存储和域外管辖权，针对美国设置多项政策防范其监控和数据垄断。各国通过强制数据本地化存储、强制反加密制度等加强对本国数据的控制权，并通过通过单方面主张域外管辖权获取境外数据，一定程度上阻止了数据跨境流动，打破了美国对数据控制的优势和支配地位，削弱了美国在全球数据争夺中的优势。美国急需相应的法案对抗全球数据本地化浪潮，制约他国对其的法律规制，从而获取更多的数据资源，保障其全球大数据竞争中的优势地位。

3.3.3 美国 CLOUD 法案内容解读

美国 CLOUD 法案有针对性地改革了美国的数据主权战略体系，共分为 101，102，103，104，105，106 六条。除了用于解释名称的第 101 条、用于解释实施规则的第 106 条，其主体内容实质包括 102 至 105 的四个条文。本文将对这四条核心内容进行深入解读，从而全方位把握 CLOUD 法案的核心内涵。

(1)102 条解读：立法原因及考虑因素。

第 102 节，明确指出 CLOUD 法案的考虑因素主要为：一是及时获取通信服务提供商持有的电子数据是政府保护公共安全和打击包括恐怖主义在内的重大犯罪的关键；二是因无法获取境外储存的数据，政府打击重大犯罪的努力受到阻碍，而监管、控制或拥有这些数据的通信服务提供者本身受到美国法律的管辖；三是为了打击重大犯罪，他国政府也越来越多地要求获取美国通信服务提供者电子数据；四是当他国政府要求通信服务提供者提供美国法律可能禁止披露的数据时，通信服务提供者面临着潜在的法律义务冲突；五是按照美国法典第 18 卷第 121 章(通称为《存储通信法》)的规定，美国要求披露他国法律禁止通信服务提供者披露的电子数据时，同样可能会造成类似的相互冲突的法律义务；六是美国与相关外国政府对法治和保护隐私作出相同承诺和达成国际协定中，包含了解决潜在冲突法律义务的机制。

从 102 条的规定可以明晰 CLOUD 法案的主要考量因素。当前美国互联网企业在提供网络产品和服务方面优势地位明显，因此存在许多国家向美国申请调取数据而不得的情况，同时当前美国的数据获取申请处理速度无法满足国际数据获取的需求。另一方面，美国向其他国家调取数据也需通过双边司法协助途径，而不直接面向企业。因此，如何在这个时代里，充分利用数据来减少犯罪，打击恐怖主义，推动全球数据协作，这是美国法案中提到的立法的考量目标。

(2)103 条解读：美国信息记录的保存规则。

CLOUD 法案明确采用“数据控制者标准”，明确：“无论通信、记录或其他信息是否存储在美国境内，服务提供者均应当按照本章所规定的义务要求保存、备份、披露通信内容、记录或其他信息，只要上述通信内容、记录或其他信息为该服务提供者所拥有、监管或控制。”同时，CLOUD 法案也提供“抗辩”渠道，规定当服务提供者可在以下情形下提出“撤销或修正法律流程的动议”：一是对象不是“美国人”(the United States Persons)且不在美国居住；二是披露内容将为服务提供者带来违反“适格外国政府”(qualifying foreign governments)法律的实质性风险。同时，对于“抗辩”的处理，CLOUD 法案设置了严格的“礼让分析”(comity analysis)规则，明确“动议”处理的三种核心情形和七个核心考虑要点。考虑到技术边界的不确定性，CLOUD 法案进一步添加主体锚点(必须为电子通信服务和提供商或远程计算服务提供商这两类科技公司)与行为锚点(拥有、保管、或控制数据)，进一步强化 CLOUD 法案的实施稳定性。

CLOUD 法案改变了《存储通信法案》(SCA)的模糊规定，明确地采取了“数据控制者标准”，将数据主权从物理层边界延伸到技术上的“控制边界”。同时，考虑到技术边界的不确定性，CLOUD 法案进一步添加以下主体和行为因素作为锚点，一旦被认定，则尽管数据存储在美国境外，执法机关亦可通过相应的法律程序要求获得相应的数据信息。

(3)105 条解读：外国政府获取存储于美国境内数据的规则。

CLOUD 法案允许“适格外国政府”(qualifying foreign governments)在与美国政府签订行政协定后，直接向美国境内的组织发出调取数据的命令。CLOUD 法案主要通过对“适格外国政府”的资格认定和“发布命令”的严格限制，明确了外国政府对存储在美国境内数据的获取规则。在对“适格外国政府”的认定上，基于“外国政府的国内立法，包括对其国内法的执行，是否提供了对隐私和公民权利足够的保护”这一核心准绳，要求外国政府必须符合如下核心因素：一是在网络犯罪和电子证据方面，拥有充分的实质性、程序性法律，加入了《布达佩斯网络犯罪公约》或其国内法与该公约相关内容吻合；二是遵守国际人权义务或展现出对国际人权的尊重；三是展现出对全球信息自由流动和维护互联网开放、分布式、互联本质的决心和承诺。同时，对于发布的命令内容，设置了如不得有意地针对“美国人”或位于美国境内的个人、不得在美国政府或其他第三国政府的要求下发出命令应与预防、侦破、调查、起诉严重犯罪(包括恐怖主义)相关等细致且严格的限制，同时要求外国政府应提供互相访问数据的权利、同意美国政府定期开展的审核，并且美国政府保留停止外国政府的某项具体命令的权利。

CLOUD 法案在对明确美国获取存储于境外的数据的权利同时，也充分考虑到了国际社会的平衡，设置了国外符合资格的政府对其境内数据的获取规则。但通过对第 105 条法案内容的解读，可以明显看到，外国政府资格认定和获取行为都有严格的限制，同时强制要求承认美国数据自由思想和开放数据权利给美国政府，实际是反向进一步强化了美国数据霸权优势，进一步拓宽了其数据主权在其境外的效力和实施范畴。

第 4 章 英国数据主权战略

英国政府于 2010 上线政府数据网站 Data. gov. uk，同美国的 Data. gov 平台功能类似，但主要侧重于大数据信息挖掘和获取能力的提升，以此作为基础，在 2012 年发布了新的政府数字化战略，具体由英国商业创新技能部牵头，成立数据战略委员会，通过大数据开放为政府、私人部门、第三方组织和个体提供相关服务，吸纳更多技术力量和资金支持协助拓宽数据来源，以推动就业和新兴产业发展，实现大数据驱动的社会经济增长。2013 年英国政府加大了对大数据领域研究的资金支持，提出总额 1. 89 亿英镑的资助计划，包括直接投资 1000 万英镑建立“开放数据研究所”等，下文将对以“数据主权”推动的“网络安全”进行概述并分析其国家网络安全保障战略体系。

4.1 英国网络安全概述

表 4　　英国网络安全主要立法及战略

发布年份	立法/战略名称	立法目的/战略概要
1990 年	《计算机滥用法》	弥补法律体系在涉及黑客攻击方面的漏洞
1996 年	《分级、检举和责任：网络安全协议》	明确网络服务提供商和网络内容提供商的分工
2000 年	《通信监控权法》	赋予国务大臣相关监控权和强行公开权
2000 年	《隐私和电子通信条例》	限制垃圾邮件滥用，降低垃圾邮件对普通网络用户的安全威胁
2006 年	《警察与审判法》	对计算机滥用法进行修正
2008 年	《监听现代化计划》	监控并保存英国网络上的所有通信数据
2009 年	《网络安全战略》	整合网络安全力量，追求网络安全领域的优势地位

续表

发布年份	立法/战略名称	立法目的/战略概要
2011 年	《网络安全战略》	网络驱动经济增长和加强社会稳定、变化中的网络威胁、2015 年网络安全愿景、行动计划
2016 年	《英国国家网络安全战略(2016—2021)》	未来英国的安全和繁荣建立在数字安全之上，成立国家网络安全中心(NCSC)

英国政府于 2010 年起相继发布《国家安全战略：不确定时代的强大英国》《战略防御与安全评估：保护不确定时代的英国安全》和《2016—2021 年国家网络安全战略》并启动国家网络安全计划，旨在通过构建安全的网络空间，以促进国家的经济繁荣和社会稳定。①

4.2 英国网络安全保障战略体系

4.2.1 组建新的网络安全机构

近年来，英国政府根据国家网络安全战略的设计和部署，先后组建了多个新的职能机构，负责国家网络安全战略、国家网络安全计划等方面的管理和协调工作。一是网络安全和信息保障办公室(Office of Cyber Security and Information Assurance，OCSIA)。② 为英国内阁办公室的内设机构，前身为 2009 年 9 月根据首个国家网络安全战略成立的网络安全办公室(UK Office of Cyber Security，OCS)，成立之初主要负责政府各部门网络安全计划的协调工作，2010 年改组为 OCSIA，职责包括协调国家网络安全和信息保障方面的跨政府工作，管理国家网络安全计划和国家网络安全战略的实施，以及为内阁部长和国家安全委员会提供网络安全方面的决策支

① The National Archives. New Legislation[EB/OL]. http：//www. legislation. gov. uk/，2018-12-15.

② Gov. UK. Cyber and Government Security Directorate [EB/OL]. https：//www. gov. uk/government/groups/office-of-cyber-security-and-information-assurance，2018-11-22.

持等。二是网络安全行动中心(UK Cyber Security Operations Centre, CSOC)。① 根据首个国家网络安全战略成立的实体机构，于2010年3月正式运营，隶属于政府通信总部(GCHQ)，负责协调政府和民间机构主要计算机系统的安全保护工作。三是国家网络安全中心(National Cyber Security Centre, NCSC)。② 根据2016年版国家网络安全战略于2017年2月正式成立和运作，隶属于GCHQ。NCSC由网络评估中心(Centre for Cyber Assessment, CCA)、英国计算机应急响应小组(Computer Emergency Response Team UK, CERTUK)及GCHQ的信息安全小组(Communications Electronics Security Group, CESG)等3个网络安全组织合并而成，其主要职责包括为公私部门提供应对网络安全威胁的建议和指导、牵头响应网络安全事件等。此外，英国政府在新组建的国家打击犯罪局(NCA)下设了国家打击网络犯罪组(NCCU)用以加强打击网络犯罪的执法能力。

4.2.2 *启动多项网络安全计划*

在国家网络安全战略(NCSS)的指导下，英国政府近年来启动了多项网络安全计划，主要包括：一是国家网络安全计划(National Chlamydia Screening Program, NCSP)。③ 该计划是英国政府2010年战略防御与安全评估的成果之一，它的制定旨在支持NCSS的实施，以防护英国免受网络安全威胁。NCSP计划周期为5年，由代表内阁办公室的OCSIA管理和协调，受内阁大臣的监督。其中，第一个计划周期为2011—2016年，与2011年版NCSS同时启动，最初计划是4年投资6.5亿英镑(约8.3亿美元)，后英国政府于2013年又决定追加2.1亿英镑(约2.7亿美元)的投资，并将计划

① National Cyber Security Centre. Security operations centre (SOC) buyers guide [EB/OL]. https://www.ncsc.gov.uk/guidance/security-operations-centre-soc-buyers-guide, 2018-11-22.

② National Cyber Security Centre. About Us [EB/OL]. https://www.ncsc.gov.uk/about-us, 2018-11-22.

③ Public Health England. National Chlamydia Screening Programme (NCSP) [EB/OL]. https://www.gov.uk/government/collections/national-chlamydia-screening-programme-ncsp, 2018-11-22.

周期由 4 年上调为 5 年。第二个计划周期为 2016—2021 年，与 2016 年版 NCSS 同时启动，计划投资 19 亿英镑(约 24 亿美元)。在 NCSP 的支持下，英国 NCSS 取得了重大阶段成果，显著改善了英国网络安全状况。二是网络安全信息共享合作计划。英国政府于 2013 年 3 月启动网络安全信息共享合作伙伴关系(CISP)，并通过 NCSP 资助了 CISP。CISP 由国家安全局(即军情五处)、GCHQ、NCA 和行业相关人员组成的"融合小组(Fusion Cell)"负责运行，其为政府、企业和组织提供了一个共享网络安全信息的可信平台，使他们可获得网络威胁早期预警和解决方案等免费服务，从而提高网络安全防护能力。因 CISP 的价值获得认可，CISP 的成员数量逐年增长，截至 2017 年 12 月已吸纳 4000 多家企业、组织和机构。三是主动网络防御计划。主动网络防御(ACD)计划是英国政府 2016 年版 NCSS 批准施行的一项行动计划，包含多项重要举措，旨在使各部门、组织和个人更安全的使用网络安全基础设施、产品和服务。2017 年 6 月，NCSC 又提出 ACD 计划的四项细化措施，以改善公共部门的基本网络安全并使企业受益，具体包括：设置域名服务器过滤功能，阻止政府办公网络访问恶意网站；构建 DMARC 协议下的邮件检查服务，阻止恶意电子邮件收取；构建 Web Check 服务，帮助公共部门与组织发现网站漏洞并提供解决方案；与私营企业合作，帮助政府部门和企业删除互联网不良信息。

4.2.3 大力培育网络安全人才

为确保优秀网络安全专业人才的持续供应，满足国家网络安全运行的技能需求，英国政府重视采取措施大力加强人才的培训和教育，主要包括：一是将人才培育纳入国家网络安全战略。为凸显重视并鼓励人才培育，英国政府将人才培育作为重点写入了国家网络安全战略(NCSS)，其中 2011 年版 NCSS 提出要加强网络安全教育和技能培训，建立网络安全专业人才队伍，满足政企提高网络安全能力所需的技能和专业知识；2016 年版 NCSS 再次提出要大力培养和持续提供优秀的本土网络安全人才，解决网络安全专家与青少年人才短缺问题，满足公私部门的网络安全技能需求。二是加强青少年网络人才培育。英国政府推出多项针对青少年的教育培训项目或计划，用以储备国家网络安全建设发展所需的网络安全专业人才。例如启动网络校园项目，面向 14 岁至 18 岁的青少年开设为期 5 年的网络安全课程，用以提升这些青少年的网络安全意识和技能；施行“Cyber First”①计划，邀请 11 岁至 17 岁的青少年参加网络安全挑战赛、国家数学竞赛等各类竞赛，从中挖掘高潜力人才用以培养“下一代网络安全专家”。三是重视挖掘和培养女性网络人才。除青少年外，英国政府还重视发掘和培养网络安全领域的女性群体，用以充实网络安全人才队伍。例如，NCSC 强调会率先采用“网络行为准则”，确保网络安全职业女性受到尊重并获得平等对待；NCSC 于 2017 年 3 月举办了“Cyber First Girls”比赛，发掘 13 岁至 15 岁女性中的优秀网络技能人员；NCSC 还在 2017 年 CYBERUK 会议上，宣布了多项鼓励女性从事网络安全职业的支持性政策，包括为具有 STEM 学位的女性毕业生提供第一份职位、为重返网络技术职业生涯的女性提供指导和赞助等。

第 5 章　新加坡数据主权战略

从 1980 年代开始，新加坡政府在信息化方面先后提出了“国家电脑化计划”、“国家 IT 计划”、“智慧国 2015”等项目计划，2014 年新加坡政府公布“智慧国 2025 计划”，努力将新加坡打造成智慧国家，2018 年初又提出“信息通信媒体计划”（Infocomm Media 2025）。②

聚焦大国战略互信，推广“数据主权”这一核心概念，建设和完善国家网络安全战略体系，实践跨境数据流动管理新模式，促进兼顾有效使用和有序管辖的数据自由流动，是新加坡应对挑战和改善其网络安全环境的关键所在。下文将分别对其国家主权保护典型

① National Cyber Security Centre. New Talent［EB/OL］. https：//www.ncsc.gov.uk/new-talent，2018-11-22.

② Singapore Government Technology. Infocomm Media 2025［EB/OL］. https：//www.tech.gov.sg/，2018-11-22.

案例以及不同历史时期的网络安全战略进行分析。

5.1 新加坡国家主权保护典型案例

5.1.1 风险评估和地平线扫描计划

2004 年，新加坡政府在国家安全协调中心启动了风险评估和地平线扫描计划（Risk Assessment and Horizons Scanning Program, RAHS），① 通过设立 RAHS 实验中心以提供政策制定的新技术工具，并配套建设了大数据基础设施系统升级来增强和维护该实验中心，为应对包括恐怖袭击、传染病和金融危机在内的国家威胁而做好防御工作。

5.1.2 智慧国计划

为把新加坡打造成为“智慧国”，政府将构建“智慧国平台”，建设覆盖全岛数据收集、连接和分析的基础设施与操作系统，根据所获数据预测公民需求，提供更好的公共服务。预先根据交通情况预测塞车路段、利用电眼来观察环境的清洁、使用无人驾驶车辆提供短程载送服务等。智慧国理念的核心可以用三个 C 来概括：连接（Connect）、收集（Collect）和理解（Comprehend）。② 第一个阶段以“连接”和“收集”为核心，“连接”的目标是提供一个安全、高速、经济且具有扩展性的全国通讯基础设施，“收集”则是指通过遍布全国的传感器网络获取更理想的实时数据，并对重要的传感器数据进行匿名化保护、管理以及适当进行分享，“理解”的含义则是通过收集来的数据（尤其是实时数据）建立面向公众的有效共享机制，通过对数据进行分析，以更好地预测民众的需求、提供更好的服务。

5.2 新加坡网络安全战略

5.2.1 战略萌芽期（2005—2008 年）

2005 年，信息通信发展局（Info-communication Development

---

① Singapore Government. Risk Assessment and Horizon Scanning [EB/OL]. https://dsta.gov.sg/docs/default-source/dsta-about/risk-assessment-and-horizon-scanning-experimentation-centre.pdf?sfvrsn=2, 2018-11-22.

② 人民日报．新加坡推出“智慧国家 2025”智能城市计划 [EB/OL]. http://www.xinhuanet.com/world/2014-08/19/c_126887419_2.htm, 2018-11-22.

Authority，IDA)制定了新加坡第一个信息通信安全规划(Info-comm Security Master Plan，ISMP 2005—2007)，① 该计划以国家能力建设、技术研发和国家基础设施建设为基石，通过公共部门、私营部门和个人这三根支柱来共筑国家信息通信安全，其优先事项是在政府公共部门建立基本的技术能力，以减轻和应对网络威胁。2008年IDA制定了第二份信息通信安全规划(ISMP 2008—2012)，② 该规划以加固国家信息通信基础设施及服务、提升信息通信技术安全能力要求、塑造稳定的信息通信技术生态系统和增进国际合作为抓手，努力形成具有高度适应性、可用性的国家信息通信技术基础设施和服务，并且通过个人、公共部门和私营部门的共同努力，将新加坡打造成一个"安全的和可信任的中心"(Secure and Trusted Hub)。

5.2.2　战略生长期(2009—2014年)

2009年，新加坡在内务部之下建立了新加坡资讯通信技术安全局(Singapore Infocomm Technology Security Authority，SITSA)，以应对网络攻击和网络间谍。③ SITSA作为一个国家专业部门，其职责包括预防和保护新加坡关键信息基础设施免受网络威胁。2013年IDA制定了第三份信息通信规划，称之为"国家网络安全总蓝图"(National Cyber Security Master-plan，NCSM 2018)，④ 该计划着重推动公私伙伴关系和国际合作(尤其是与东盟的合作)，使得新

① See Infocomm Media Development Authority. Infocomm Security Masterplan [EB/OL]. https：//www.imda.gov.sg/industry-development/infrastructure/infocomm-security/infocomm-security-masterplan，2018-11-22.

② See Infocomm Media Development Authority. Infocomm Security Masterplan [EB/OL]. https：//www.imda.gov.sg/industry-development/infrastructure/infocomm-security/infocomm-security-masterplan-2，2018-11-22.

③ Sumner Lemon (IDG News Service). Singapore to form national cyber-security agency[EB/OL]. https：//www.cso.com.au/article/320481/singapore_form_national_cyber-security_agency/，2018-11-22.

④ Cybersecurity Capacity Portal. Singapore's National Cybersecurity Masterplan 2018[EB/OL]. https：//www.sbs.ox.ac.uk/cybersecurity-capacity/content/singapores-national-cybersecurity-masterplan-2018，2018-11-22.

加坡到 2018 年能够成为一个“可信任的和健康的信息中心”(Trusted and Robust Secure Infocomm Hub)，并且形成一个安全的、有弹性的信息环境以及有活力的网络安全生态系统。同年新加坡政府实施了“全国网络安全研发计划”(Nation Cybersecurity R&D, NCR)，采取“整体政府”策略，推动政府机构、学术界、研究所和私人企业之间的合作，提高网络基础设施的可信性和网络安全研发能力，强调安全性、可靠性、应变能力和可用性，现在 NCR 由国家研究基金会和网络安全局共同管理。2014 年 SITSA 成立国家网络安全中心(National Cyber Security, NCSC)，保持网络防范态势，联系网络安全相关部门，协调各自的领导机构提供国家层面的应对大规模、跨行业的网络安全事件。

5.2.3 战略成熟期(2015 年至今)

2015 年，在新加坡总理公署之下成立新加坡网络安全局(Cyber Security Agency of Singapore, CSA)，① 因此新加坡关于网络安全的所有机构如新加坡计算机应急响应小组(Singapore Computer Emergency Response Team, Sing CERT)、IDA 等在内的国家网络安全规划和发展功能都统一到这个机构之下。CSA 负责统筹各政府部门的网络安全事宜，制定和执行网络安全法规、政策和实践，发展可提早探测以及抵御网络威胁的能力，协调政府、工业界、学术界、企业界、民众以及国际合作，并负责监督能源、银行及金融、政府、医药、水源、资讯通信、陆路交通、海事、民航、保安和媒体这 11 个关键领域的网络安全。同时，2015 年新加坡内政部设立的网络罪案指挥中心(Cybercrime Command)成为了新加坡警察部队犯罪调查部门的一个单位，该中心同位于新加坡的国际刑警组织全球创新总部(The Interpol Global Complex for Innovation, IGCI))合作打击网络犯罪。2016 年，内政部发布国家网络犯罪行动计划

① Government of Singapore. Our Organisation [EB/OL]. https://www.csa.gov.sg/about-us/our-organisation, 2018-11-22.

(National Cybercrime Action, NCAP),① 阐明打击网络犯罪的四个优先方向：加强在公众当中的网络安全教育；发展打击网络犯罪的能力；加快制定与网络犯罪相关的法律；构筑本地与国际合作伙伴关系。2016 年 10 月 10 日，新加坡最终发布《新加坡网络安全战略》,② 在制度设计上形成“个人—私营部门—公共部门—国际合作”四位一体的网络安全合作态势，从此新加坡的网络安全战略体系基本成型。

第 6 章　澳大利亚数据主权战略

澳大利亚政府信息管理办公室于 2013 年 8 月发布了《公共服务大数据战略》，其中提出了大数据战略的 6 条原则：数据属于国有资产；隐私保护机制设计；数据完整性与处理程序透明；技术、资源与数据处理能力共享；与工业界和学术界合作；加强数据开放。从中可以看出，澳大利亚大数据战略中重视公众隐私保护，鼓励政府与其他领域社会主体合作以提供更好的公共服务和政策指导，从而获取公众对政府占有和管理大数据的信任。

在全球网络空间中，数据成为至关重要的资源和资产，也成为制定网络管理、管控的法规、标准、技术手段等治理的重点，网络安全也成为当下网络治理最重要的议题之一。下文将分析澳大利亚保障国家网络主权安全的案例实践，并对其政府数据主权治理模式进行归纳。

6.1　保障国家网络主权安全的案例实践

6.1.1　强化政府职能，加强组织领导

澳政府认为，强有力的组织领导对实现国家网络安全战略目标

① SG Cyber Security. National Cybercrime Action Plan to step up fight against online crime [EB/OL]. https://www.sgcybersecurity.com/securityarticle/security article/national-cybercrime-action-plan-to-step-up-fight-against-online-crime, 2018-11-22.

② Cyber Security Agency of Singapore. Singapore's Cybersecurity Strategy[EB/OL]. https://www.csa.gov.sg/~/media/csa/documents/publications/singaporecybersecuritystr ategy.pdf, 2018-11-22.

至关重要。近年来，澳政府主要通过新设职能机构、明确角色与责任、简化管理结构等措施，加强对网络安全事务的组织领导。一是新设职能机构促进公私及国内外合作。澳政府依 2009 年《战略》于 2010 年 1 月成立了两个相互支持的新机构，即澳大利亚计算机应急响应小组(CERT Australia)①和网络安全运行中心(CSOC)。② 其中，CERT Australia 为澳政府内的协调机构，主要职责包括促进公私部门合作，向企业、行业等提供网络安全信息与建议；以及开展与其他国家 CERT 组织的合作等。CSOC 负责为澳政府提供全方位网络态势感知，并协调政府机构和业界共同应对网络威胁。2014 年 11 月，澳政府以 CSOC 为基础扩展建立了澳大利亚网络安全中心(Australian Cyber Security Centre，ACSC)。③ 澳政府还依据 2016 年《战略》于 2017 年至 2018 年先后在布里斯班、墨尔本、悉尼、珀斯启用了联合网络安全中心(JCSC)，④ 用以促进政府与业界、学界等之间的信息共享和安全合作。二是明确网络安全管理三大支柱的角色与责任。澳政府依 2016 年《战略》确立了网络安全管理三大相互协调的战略支柱，即总理内阁部、ACSC 和网络大使。其中，总理内阁部为制定国家网络安全政策的决策核心，对政府网络安全政策及《战略》的实施进行综合监督。ACSC 以国家网络安全优先事项为指导，持续整合政府网络安全运营能力，并利用其网络专业知识为各组织提供支持。国防部特别是澳大利亚信号局(ASD)在抵御恶意网络活动中发挥了极其重要的作用，将继续领导 ACSC 的运作。网络大使(由外交贸易部任命)接受网络安全特别顾问指导并

---

① Australia Government. CERT Australia [EB/OL]. https://www.cert.gov.au/, 2018-11-22.

② Allie Coyne. Govt plans year-end launch for cyber security centre [EB/OL]. http://www.itnews.com.au/news/govt-plans-year-end-launch-for-cyber-security-centre-387114, 2018-11-22.

③ Australia Government. Australian Cyber Security Centre [EB/OL]. https://cyber.gov.au/, 2018-11-22.

④ Cyber Security Centre. News Letter [EB/OL]. https://www.cert.gov.au/sites/g/files/net3281/f/march-april-2018-jcsc-newsletter.pdf, 2018-11-22.

与之密切合作，负责国际网络事务。三是简化政府网络安全管理结构。为满足政府网络安全管理机构“简单而一致”的需求，澳政府根据2016年《战略》专门任命了一位部长协助总理处理网络安全事务，负责带领政府与企业领导人合作，实施网络安全计划；在总理内阁部新设网络安全特别顾问，负责领导网络安全战略和政策的制定，为各机构提供明确的目标和重点，并监督各机构执行，确保国家政府与地方政府、私营部门、非政府组织、研究机构和国际伙伴有效合作；于2018年7月将CERT Australia和数字化转型局(DTA)的网络安全人力整合并入ACSC，并将扩大后的ACSC正式成为ASD的一部分。

6.1.2 持续资金投入，保障安全建设

愈演愈烈的黑客攻击和网络诈骗让澳政府意识到网络安全对国家安全和经济的巨大影响，澳政府决心持续加强资金投入用于保障网络安全整治与建设。其中，2008年5月，澳政府承诺在未来4年内拨款1.258亿美元，开展全方位的网络安全措施。2015年12月，澳政府发布重要科技政策文件“国家创新和科学议程(NISA)，①”承诺将在未来4年内投资11亿澳元(约8亿美元)，用于鼓励创新和企业家精神，提升学校科学、数学和计算机的水平，其中包括：投资3000万澳元(约合2185万美元)建立一个以行业为主导的网络安全增长中心，为澳大利亚的网络安全部门创造商机，并改善澳大利亚企业的网络安全；以及投资3600万澳元(约合2500万美元)用于实施《创新全球化战略》，鼓励科研创新和促进国际合作等。2016年4月，澳政府决定在未来4年投资2.3亿澳元(约合1.8亿美元)，用以提高澳大利亚的网络安全能力。这项投资是对澳大利亚《2016年国防白皮书》网络安全投资的重要补充。2017年3月，澳国防工业部宣布成立7.3亿美元的“下一代技术基

① Department of Industry, Innovation and Science. Boosting innovation and science [EB/OL]. https://www.industry.gov.au/strategies-for-the-future/boosting-innovation-and-science, 2018-11-22.

金”(NGTF),用于资助国防部门与工业界、学术界等合作,推动网络安全、量子技术等先进技术的创新发展,促进国防军对先进技术的掌握。

6.1.3 积极国际合作,实现对话交流

澳政府通过加入国际互联网公约、倡导网络政策对话、积极开展区域合作等,构建全球性、区域性的伙伴关系,增强抵御恶意网络活动的能力,并扩大在国际网络空间的影响力。一是加入国际互联网公约及组织。澳大利亚于 2013 年签署欧洲委员会《网络犯罪公约》,使澳执法机构能够快速从世界各地合作机构获得有关网络犯罪的通信数据,帮助澳加强打击伪造、欺诈、儿童色情、侵犯版权和知识产权等犯罪行为;2015 年加入“自由在线联盟”(Freedom Online Coalition),通过与 20 多个联盟成员国建立合作伙伴关系,促进建立自由的互联网。二是倡导网络政策对话。澳大利亚致力通过网络政策对话,进一步加强与其他国家的网络安全合作,维护本国的网络安全利益。其中,澳自 2012 年以来与新西兰持续开展的网络政策对话,旨在促进公开、自由、安全的互联网的建立;2014 年至 2015 年间与中国、印度、日本和韩国等举行网络政策多方会谈,就网络安全相关议题进行意见交换。三是积极开展区域合作。澳联邦警察署与印太地区各警察机构共同致力于应对网络犯罪问题、开展培训合作、制定提升网络能力的倡议。例如,网络安全帕斯菲卡倡议就是一个太平洋各岛国警察长与澳联邦警察署的合作项目。此外,澳政府还与国际伙伴合作,侦察和防范恐怖分子利用互联网实施极端恐怖主义活动。

6.1.4 加强人才培育,持续智力供应

澳大利亚同许多国家一样面临着网络安全人才短缺的问题,并且人才供应不足的情况正日益加剧。澳政府在 2016 年《战略》提出“网络智能国家”主题的目的就是要加强网络安全人才的培育,为《战略》目标的实现持续提供智力支持。近年来澳政府采取的培育措施包括:一是建立网络安全卓越学术中心加强高技能人才培育。澳政府自 2017 年 2 月启动网络安全卓越学术中心(Academic Centres of Cyber Security Excellence，ACCSE）项目，① 承诺将在4年内提供190万澳元（约合138万美元）帮助高校建立ACCSE，用于鼓励更多学生开展网络安全研究和加强学生的网络安全高级技能培训，以满足澳商业和政府对网络安全技术人才的数质量需求。ACCSE项目作为2016年《战略》的一部分，得到了澳国防部、教育和培训部、信息产业协会等的大力支持，目前已获得ACCSE资质认证和政府投资的两所大学为墨尔本大学（UM）和埃迪斯科文大学（ECU）。二是扩大国家网络安全挑战赛规模加强人才发掘。澳大利亚网络安全挑战赛（Cy SCA）是由澳政府、商界和学术界联合举办的黑客竞赛，也是澳唯一的国家网络安全竞赛，致力于发现下一代网络安全专业人才。首次挑战赛在2012年举行，开放澳全日制的大学本科生和职业技术学院（TAFE）学生组队参加，此后每年举办一次。为利于持续向国家输送人才，该项挑战赛在2016年《战略》发布后还扩大了规模，将参赛人员范围从高校学生扩大到了已经参加工作的从业人员。三是公私领域合作培养人才。澳大利亚网络安全研究院（ACSRI）是澳大利亚首个由政府机构、私营部门和研究界联合开办的战略研究和教育机构，主要负责为政府关注的网络安全问题提供支持，协调各方力量建立覆盖全国的网络威胁响应机制，并推动高技能网络安全专业人员的培养工作。

6.2 政府数据主权治理模式归纳

在各种实践的探索中，澳大利亚政府已形成了以网络防御为中心、重点突出提升全民网络安全意识、重视经济繁荣发展的整体治理模式。

6.2.1 以网络防御为核心的治理战略

纵观澳大利亚近年发布的两版网络安全战略，构建强大的网络防御能力、保障国家免受网络攻击始终是该国网络安全战略的核心。不管是2009年《战略》还是2016年《战略》，澳政府都将提升

① Department of Education and Training. Academic Centres of Cyber Security Excellence（ACCSE）［EB/OL］. https：//www. education. gov. au/academic-centres-cyber-security-excellence-accse，2018-11-22.

监测发现、阻止和打击恶意网络活动的能力列为行动重点，用以保障政府、企业、关键基础设施和其他关系国家利益的网络与系统的安全。一方面，强调通过投入使用网络防御新技术、完善复杂网络威胁应对方案等，增加网络攻击者成功入侵所需的努力并降低网络攻击事件的影响。另一方面，强调通过提高网络安全标准、加强网络风险评估管理、合作打击网络犯罪等，减少有针对性的网络入侵攻击。与英国网络安全战略奉行积极防御与战略威慑相比，澳大利亚的再版网络安全战略中并没有提及进攻性网络能力的发展建设，突显战略核心系以网络防御为主。

6.2.2　突出提升全民网络安全意识

澳政府认为，支持国家网络安全战略所有行动成功的关键是解决澳大利亚公民对网络安全风险相对缺乏的认知。因此，澳政府重视全民网络安全意识的建立与提升，强调全民、全企共同应对网络安全威胁。澳政府在 2009 年《战略》中，就明确将“让澳大利亚所有公民都意识到网络风险，确保其计算机安全，并采取行动确保其身份信息、隐私和网上金融的安全”列为战略首要目标；在 2016 年《战略》中，则将提高澳大利亚公民网络安全意识纳为“网络智能国家”这一行动主题的优先执行事项。在提升全民网络安全意识的过程中，澳政府与企业、研究界和社区团体等密切协作，开展了一系列网络安全意识宣传活动，特别是国家网络安全意识周时间固定、长期开展，取得了持续的、良好的社会宣传效果。

6.2.3　重视推动经济繁荣发展

澳政府认为，网络安全不仅是国家安全问题，也是经济安全问题；澳大利亚未来繁荣的关键是强大而充满活力的“在线经济”，因此澳大利亚积极的网络安全行动除了要改善国家网络安全之外，还要推动和实现澳大利亚经济的发展和繁荣。在 2009 年《战略》中，澳政府明确网络安全战略的目的是维护一个安全、可靠和复原能力强的电子运营环境，从而促进澳大利亚的国家安全并从数字经济中最大限度地获取收益。在 2016 年《战略》中，澳政府明确将企业通过网络安全创新不断发展繁荣列为“发展与创新”这一行动主题的目标，提出要通过促进澳网络安全产品和服务的开发和出口，在澳大利亚创建一个充满活力的网络安全行业，为国家带来可观的经济利益。

第7章　日本数据主权战略

2010年5月，日本发达信息通信网络社会推进战略本部发布了以实现国民本位的电子政府、加强地区间的互助关系等为目标的《信息通信技术新战略》，在其基础上，总务省于2012年7月发布"活跃ICT日本"新综合战略，侧重于以技术革新发展大数据战略，进而实现国民本位的电子政府、加强地区间的互助关系。在应用当中，日本的大数据战略已经发挥了重要作用，ICT技术与大数据信息能力的结合为协助解决抗灾救灾和核电事故等公共问题贡献明显，实现社会公共价值促生。

7.1　日本数据主权概述

随着全球各国开放政府数据计划的推进，国际整体形式已由"权威治理"向"数据治理"转变。日本同样积极谋划利用大数据改造国家治理体系，对冲经济下行风险。日本的数据主权战略及网络主权安全战略体系重点，如下表摘录所示。

表5　**日本相关网络信息安全战略体系重点摘录**

年份	立法战略	目的/意义
2001年	《高度信息通信网络社会形成基本法》	作为日本通信网络技术发展的基本法，奠定了日本网络技术发展的基本格局，为日本网络安全战略的形成铺垫法律基础
2001年	《e-Japan战略重点计划》	基于《IT国家基本战略》形成，重点为企业的信息安全保密政策
2003年	《信息安全总体战略》	将信息安全提升至国家安全层面，提出三大基本的推进战略：强化内阁功能、强化公共政策、建设事故前提型社会系统

续表

年份	立法战略	目的/意义
2005 年	《关键基础设施信息安全措施行动计划》	将信息安全的保护深化到关键基础设施之上，实现了从全面信息安全保护到关键基础设施安全保护的过渡
2010 年	《保护国民的信息安全战略》	信息安全政策从 IT 战略中独立出来，成为日本政府一项关键而独立的国家战略
2013 年	《网络安全战略》	意味着网络安全战略从信息安全战略之中独立出来，并提出网络空间发展的三项主张
2013 年	《国际网络安全战略网络安全合作计划》	代表着日本政府主动推出网络安全领域内的国家合作与协助
2014 年	《网络安全基本法》	以法律条文的形式将网络安全战略理念、规划、责任和相关措施等事项明确规定下来
2015 年	《网络安全战略》	重新评估日本网络安全面临的形势，提出了新的日本网络安全战略的目标、原则、措施，确定了日本网络安全的体制和未来方向

安倍指出："网络安全是日本国家安全的重大课题，是日本国家安全的一个重要支柱，日本必须要进一步加强能力建设，以便能够妥善处理每一种情报，包括跨越国界的高级网络攻击。"①为此，日本在网络安全战略的实施中，重点突出国家能力建设，不断加强物联网社会安全能力、关键基础设施保障能力和网络攻防等三方面能力。

7.2 日本网络主权安全战略

7.2.1 物联网社会安全能力建设

在 2015 版《网络安全战略》中，日本对物联网有了最新认知：

① 内阁办公室公共关系办公室．安倍出席网络安全战略本部第 2 次会议的讲话［EB/OL］．http：//www.kantei.go.jp/jp/97_abe/actions/201505/25cyber_security.html，2018-11-23.

"未来现实空间中的人和物都将超越物理的限制，通过网络空间自由进行信息交换，进入信息融合社会，这将不断创造出革新服务，产生的价值会呈几何倍数增长①"，同时"随着信息融合社会的到来，恶意网络活动的影响将扩大到所有事物、服务，网络袭击给现实空间带来的威胁也将更加严重②"。因此，"在获得物联网的新型服务时，能否保证安全品质至关重要③"。日本认为打造有"安全品质"的物联网社会，关键在于对物联网社会中两大根本支柱"人"和"物"的安全控制上，只有从控制"人"的安全和控制"物"的安全两方面同时入手，才可以从根本上实现物联网安全。

（1）推行"个人号码"制度来控制"人"。2015 年 9 月，日本国会正式通过《个人号码法》修正案，要求日本从 2016 年 1 月 1 日起正式实施"个人号码"制度。表面上，日本的"个人号码"制度是为降低行政运行成本、完善社会信用体系、提升社会管理水平、方便国民生产生活。实质上，"个人号码"制度的施行也是构建物联网社会和加强物联网社会安全的重要基础之一。一方面，现实社会中的人可以通过"个人号码"加入到物联网社会，在虚拟社会中有可识别的标识，完成现实社会与虚拟社会的融合统一；另一方面，这也成为国家在物联网社会中有效控制"人"的安全的关键手段，人以数字为代表被"物"化于物联网中，其一举一动乃至生命全周期都处于国家的监督管理之下，不但可以作为物联网的一部分加以保护，更可以通过物联网来进行管理。

（2）推出物联网安全制度和标准来控制"物"。首先，建立物联网安全制度和标准领导体系。2016 年 10 月 31 日，日本在网络安全战略本部的研究开发战略专门调查会新设了加强物联网安全能力建

① 内阁网络安全中心 NISC. サイバーセキュリティ戦略[EB/OL]. http://www.nisc.go.jp/active/kihon/pdf/cs-senryaku-kakugikettei.pdf，2018-11-23.

② 内阁网络安全中心 NISC. サイバーセキュリティ戦略[EB/OL]. http://www.nisc.go.jp/active/kihon/pdf/cs-senryaku-kakugikettei.pdf，2018-11-23.

③ 内阁网络安全中心 NISC. サイバーセキュリティ戦略[EB/OL]. http://www.nisc.go.jp/active/kihon/pdf/cs-senryaku-kakugikettei.pdf，2018-11-23.

设工作组，负责物联网安全建设。为确保其权威性，该组与日本工业标准调查会国际标准化委员会(ISO/IEC)国内委员会合作联合制定物联网安全制度和标准，并形成管理体系。其次，发布物联网安全指导方针。2016 年末，在网络安全战略本部的综合协调下，日本总务省和经产省联合发布《物联网安全指针(1.0 版)》，首次对2015 年版《网络安全战略》中建立安全物联网的战略设想进行具体规划，共提出五大指针：一是认清物联网的根本属性来制定基本方针的宗旨；二是充分认知物联网的风险；三是安全与设计同步规划；四是必备物联网安全措施；五是加强日常维护保持安全状态并共享安全信息。

7.2.2 加强关键基础设施保障能力

将关键基础设施看作国家重要战略资产，从国家安全角度保护其信息系统不受网络攻击，是日本网络安全战略的最重要任务之一。日本的关键基础设施保障能力建设的重点是形成系列保障措施政策和宗旨、建立关键基础设施保障核心机构、健全关键基础设施相关网络安全的标准和认证体系。

(1)形成系列保障措施政策和宗旨。日本 2015 版《网络安全战略》进一步对关键基础设施保障进行了战略规划，提出“民间力量不能仅依靠政府，而政府也不能将问题全权交由民间力量解决①”；要在官民合作的基础上为关键基础设施保障提供“持续性服务”，对相关威胁和事故要“早发现、早处理”。一是对关键基础设施的保障要更加具体详细，并根据网络环境的变化“及时更新安全标准”；二是要不断扩大关键基础设施的范围，并根据实际情况进行分组分级；三是构建信息收集、分析、共享的双向平台，并加强隐私保护；四是建立关键基础设施保障监督体制和符合国际标准的第三方认证体系。

(2)建立关键基础设施保障核心机构。2015 年 2 月，日本网络

---

① 内阁网络安全中心 NISC. サイバーセキュリティ戦略[EB/OL]. http://www.nisc.go.jp/active/kihon/pdf/cs-senryaku-kakugikettei.pdf, 2018-11-23.

安全战略本部设立了关键基础设施专门调查会，负责关键基础设施保障工作，是日本在关键基础设施保障领域的最高领导和决策机构。其成员全部是由日本首相直接任命的各关键基础设施领域的专家。同时，在内阁网络安全中心下设立了关键基础设施保障组，负责关键基础设施保障政策的具体推行。

(3)建立关键基础设施相关网络安全标准和认证体系。日本不断完善工业互联网信息安全认证体系。一是在日本经产省的扶持下，操作系统安全中心(CSSC)与ISA安全兼容协会(ISA Security Compliance Institute)合作，对所有涉及日本国内关键基础设施的信息系统、网络和相关设备程序执行"EDSA认证(ISA安全兼容协会：安全嵌入式设备安全保障认证)"；2014年开启自主安全认证"CSSC认证"，并与ISA安全兼容协会签署相互认证协议。二是逐步推出CSMS(操作系统安全管理体系)认证制度，从2013年起以国际信息安全管理体系(ISMS)和标准(ISO27001)为参照，开始设计制定操作系统安全管理体系认证标准，2014年起开始在操作系统安全中心成员单位内部开始试行，2015年起在全日本的关键基础设施相关企业推广。力图将日本标准与国际接轨的同时，影响相关国际标准的制定和使用。

7.2.3 加强网络安全攻防能力

日本认为"网络安全"概念本身就带有攻防两方面的含义，"在安全保障的语境下，安全(セキュリティ/Security)不仅仅是防卫，还包含攻击的意义。因此网络安全(Cyber Security)也从本意的于己有利的应用，而附加开发(exploitation)的意义，变化为'探究和利用漏洞'。"①日本从建立攻防组织力量、建设攻防系统和基地、开展攻防演习三个方面加强网络安全攻防能力建设。

(1)建立网络安全攻防组织力量。日本的网络安全攻防组织力量呈现一种分布式结构，包括"军、警、政、企"四个体系的网络

① 21世纪政策研究所．サイバーセキュリティの実態と防衛[EB/OL]. http://www.21ppi.org/pdf/thesis/130611.pdf，2018-11-23.

攻防力量。“军”有网络防卫队，“24 小时监视防卫省和自卫队的网络，并应对随时可能发生的网络攻击，同时统管(防卫省和自卫队)网络安全情报的搜集、分析和调研等工作①”。“警”有“网络警察”,② 包括：技术(警察厅信息通信局信息技术解析课)、刑事(警察厅生活安全部网络犯罪调查课)、情报安全(警察厅警备部网络攻击特别搜查队)等三支网络安全攻防力量。“政”有政府机构网络安全跨部门监视和应急协调小组(GSOC，Government Security Operation Coordination Team)和网络安全紧急救援队(CYMAT，Cyber Incident Mobile Assistance Team)两种力量。“企”有两类组织，一类是日本军、警、政等国家机构的外围网络安全组织，受这些国家机构领导和经费支持，如防卫省的网络防卫合作委员会(CDC：Cyber Defense Council)、③ 警察厅的一般财团法人、日本网络犯罪对策中心(JC3)、经产省的独立行政法人情报处理推进机构(IPA)等；另一类是众多的民间组织和企业，如一般社团法人、日本计算机应急响应协调中心(JPCERT/CC：Japan Computer Emergency Response Team Coordination Center)等。

(2)建立网络安全保护网和培训基地。为实现对网络安全的动态感知、预警和实时监控，日防卫省在其国内互联网和国际互联网连接点以及涉军网络系统内部建立了网络防卫分析系统、网络情报搜集系统和网络监控系统，日警察厅在国内互联网中安装了网络监控系统，日网络安全中心在政府内部网络上安装了网络监控系统。同时，日本政府已建成两个大型网络安全培训基地：一个是日本总务省的信息通信研究机构(NICT)设立的北陆 Star BED 技术中心，

---

① 防卫省．サイバー防衛隊の新編について[EB/OL]. http://www.mod.go.jp/j/press/news/2014/03/25d.html，2018-11-23.

② 日本警察厅．平成 11 年 警察白書[EB/OL]. https://www.npa.go.jp/hakusyo/h11/h11index03.html，2018-11-23.

③ 日本防卫省．サイバーディフェンス連携協議会(CDC)の設置・取組について[EB/OL]. http://www.mod.go.jp/j/approach/others/security/ cyber_defense_council.pdf，2018-11-23.

另一个是日本经产省设立的控制系统安全中心。

(3)开展网络安全攻防演习。日本网络安全攻防演习主要由内阁网络安全中心、总务省、经产省、防卫厅和警察厅主办。其演习规模不断扩大，根据《"创造世界第一安全的日本"进展报告》,① 2013年至2015年底，仅日本政府机构就举办网络攻防演习23次，有超过100家单位及700多名网络安全人员参加；2014年全年，日本警察厅共开展警民网络安全交流4523次、召开警民网络安全研讨会266次、举办警民网络安全演习214次；至2015年底，日本警察厅已与6957家高科技企业建立网络安全共同防线。同时，为提高网络安全攻防演习的质量和水平，日本将网络安全攻防演习外包给专业技术公司，2016年7月，情报通信研究机构与日本电气(NEC)签订委托合同，约定2016年后者将承担30次演习任务。②

第8章　中国的数据主权选择

8.1　我国数据主权战略立法实践

我国对网络安全的认知较早，最早在1996年的《中国公用计算机互联网国际联网管理办法》中就提到要加强对网络管理。但对于将网络安全上升到国家安全层次，将数据安全与国家主权结合起来的认知则发展较晚，在2010年后才开始有所论及，并直到2015年《国家安全法》才第一次在法律上明确使用了"网络空间主权"的概念，明确提出要"维护国家网络空间主权、安全和发展利益"。回顾我国的数据主权治理历程，我国当前尚未有统一的数据主权法律，主要通过各项数据保护、网络安全法律进行分散立法(如表6

---

① 内阁秘书处内阁公共关系办公室.〈世界-安全な日本創造戦略〉フォローアップ(H27.12.8 時点)[EB/OL]. http://www.kantei.go.jp/ jp/singi/hanzai/pdf/sankou_h2712_2.pdf, 2018-11-23.

② 日本电气株式会社(NEC). NEC、国立研究開発法人 情報通信研究機構の「地方公共団体を対象とした実践的サイバー防御演習(CYDER)」を支援[EB/OL]. http://jpn.nec.com/press/201607/20160719_03.html, 2018-11-23.

所示）。

表 6　　　　我国数据主权战略立法实践

时间	治理实践	战略内涵
1996	《中国公用计算机互联网国际联网管理办法》	目的为加强对中国公用计算机互联网国际联网的管理，促进国际信息交流的健康发展。
1997	《计算机信息网络系统安全保密管理暂行规定》	主要为保护计算机信息系统处理的国家秘密安全。
2000	《互联网电子公告服务管理规定》	要求电子公告服务提供者开展服务活动，应当遵守法律、法规。
2002	《中国互联网行业自律公约》	主要为了规范从业者行为，依法促进和保障互联网行业健康发展。
2006	《信息安全等级保护管理方法》	为规范信息安全等级保护管理，提高信息安全保障能力和水平，维护国家安全、社会稳定和公共利益而制定的办法。
2010	《中国互联网状况》白皮书	明确“中华人民共和国境内的互联网属于中国主权管辖范围，中国互联网主权应受到尊重和维护”。
2015	《国家安全法》	第一次在法律上明确使用了“网络空间主权”的概念，要求“维护国家网络空间主权、安全和发展利益”。
2016	《国家网络安全战略》	明确而完整地对我国数据主权原则进行完整的阐述。
2017	《网络安全法》	我国首部关于网络安全基础性、大纲性的法律，意味着我国网络和信息安全保护法律体系发展到一个新阶段。

这其中，以 2017 年 6 月 1 日正式实施的《网络安全法》最为核心。这是我国首部关于网络安全基础性、大纲性的法律，代表我国网络和信息安全保护法律体系发展到一个新阶段。《网络安全法》对于网络安全保护呈现出全面性、针对性、协调性的特征，对于信息主权保护方面，更是突破性地将明确了“网络空间主权原则”，建立了关键信息基础设施安全保护制度，确立了关键信息基础设施重要数据跨境传输的规则。这也是我国第一次向世界以国家法律的形式宣示空间治理目标，也明确表达了我国的网络空间治理诉求。

以《网络安全法》为核心，本文将我国的数据主权战略制度与美国对比，可以发现我国的数据主权战略建设具有如下核心特点：

8.1.1 “网络主权”为核心战略原则，发展为核心战略诉求

与美国的“网络自由”口号不同，我国始终坚定坚持“网络主权”战略原则，要求国际社会应该在相互尊重、相互信任的基础上，推动互联网全球治理体系变革，共同构建和平、安全、开放、合作的网络空间。以“网络主权”为核心原则，我国在各项数据主权立法和战略规划中都明确表达了对维护本国数据主权、尊重他国数据主权的坚定立场。

同时，我国当前在国际网络主权竞争中处于弱势地位，我国的网络空间治理诉求并不是争夺国际数据主权霸权，而是立足自身，积极发展关键基础设施，保障本国数据主权安全。《网络安全法》中用近三分之一的篇幅规范了网络运行安全，尤其是对关涉国家安全和人民生活重要财产的关键信息基础设施运行安全的保障。

8.1.2 战略体系呈防御性特征，体系框架呈多级扩散

与美国主要对外扩张、积极进攻的数据主权战略体系对比起来，我国的数据主权主要采取的是防御性战略内容，核心内容主要围绕维护国家网络和信息安全的基础建设层面。这与我国当前所处的国际数据主权争夺地位密切相关。我国为代表的网络技术发展中国家，在网络主权的博弈中，首要目标始终是保障本国数据主权安全，同时不断增强本国数据实力，不断增加本国数据资产。

同时，我国的数据主权整体框架呈现多级扩散态势。与美国等国家兼具法案、行政规章、行业标准、组织宣言等多方面层次内容

的战略体系框架不同，我国主要采用法律、行政法规、部门规章三个效力层级进行战略体系建设，具体内容主要偏向计算机系统安全和网络保护措施方面，从而呈现出金字塔形的多级扩散的发展态势。

8.1.3 各细分领域战略内容为主，政府主导下的严格控制建设模式

我国在《网络安全法》之前，主要是通过对网络安全所涉及的相关领域进行规范和治理，缺少如欧盟一样的整体宏观层面的指导性战略。即使是在《网络安全法》中，法条也是通过列举公共通信和信息服务行业、能源行业、交通行业、水利行业、金融行业等细分行业的行业为标准，再结合网络安全等级保护制度，从而形成规范基础设施安全的判断标准。这也反应出了当前我国在愈加复杂的数据主权治理环境下所面临的整体治理困境，也进一步体现出了我国急需相应的整体性、框架性、指导性的上层政策，支撑我国相关主体在国际上的主权争夺实践。

同时，我国在战略制定、建设和实施上采用政府主导下的严格控制模式，战略推行主要依靠国家权力机关，日常监管主要依靠政府部门间的协同管理，战略推行主要依靠国家权力机关，且各个部门之间各自独立，合作较少。

由此可见，我国以“网络主权”为主要原则，以发展为核心诉求，以国家权力机关为主要建设和实施主体，建设了独具特色的防御为主、细分为主的自上而下多级数据主权战略体系。这一体系选择与我国当前的在国际数据主权竞争中所处的地位相符，也与我国的根本利益相匹配，能够推动我国的数据主权战略的全面实施和不断推进。但同时，这一主权战略的模式选择也暴露出其缺乏顶层设计、缺乏国际国内合作等问题，亟待进一步调整以适应新技术背景下我国的数据主权的新发展需求。

8.2 我国数据主权战略体系构建

基于对美国、英国、新加坡、澳大利亚、日本等国数据主权战略体系以及网络主权安全战略体系的深入剖析以及对我国数据主权战略体系的思考，笔者对我国数据主权战略发展提出如下针对性

建议。

8.2.1　宏观层面强化指导，加强数据主权的顶层设计

数据的流动性、可复制性等特性使其不能完全适用于传统国际法的主权原则。目前，国际上对数据主权理论还未形成统一认识，形成了以数据位置、数据主体国籍、数据控制者国籍等多项标准为管辖权划分依据的理论。美国意图以自身利益为尺度建立美国主导的制度框架，而我国在这一领域研究和战略设计还不成体系，需要加强前瞻性研究，建立数据主权理论基础和框架，在此基础上制定完整系统的战略规划，加强数据主权保护的顶层设计。从网络政治战视角，不难看出，美国近期出台 CLOUD 法案，允许美政府跨境调取数据，正是在为对他国实施网络政治战奠定法律基础。网络政治战对政党选举有效，对稳定社会有效，对干涉他国政治、颠覆他国政权同样有效，这一全新的现代政治战样式将会给全球政治安全带来更多不确定。

8.2.2　跟进具体治理方略，考量数据主权的各种管辖模式

数据主权的划界也可以参照国家管辖权相关理论。第一，根据国籍管辖权，也就是属人管辖权，国家对其本国公民产生的数据具有管辖权。由于虚拟的网络空间不能一一对应到现实的物理空间，但是网络空间的操作都是现实生活的折射，产生数据最基本的个体就是人。并且该数据的产生受到该国政治、经济、法律、文化、社会等方方面面的影响，与该国密不可分。国家基于国籍，对拥有其国籍的公民产生的数据具有管辖权，保障该数据不被窃取、监控和未经允许的复制。

第二，根据领域管辖权，也就是属地管辖权，国家对存在于其领域内的数据具有信息主权。信息的表达和传播需要一定的表现形式和载体，即信息基础设施。从信息的产生、传送、收集、存储、分析都需要信息基础设施。一般来说，信息基础设施都归属于国家或者大型科技企业、跨国公司，如果不对这些私主体加以管控，他们凭借科技优势随意处置其掌握的信息来进行牟利，后果不堪设想。国家享有在其物理领域内信息的信息主权，也就是对其领域内信息基础设施上的信息具有管辖权。

第三，根据保护性管辖权，国家对损害其公民重大利益或者是国家的行为具有管辖权。当行为人的行为严重侵犯其公民信息利益和国家信息主权时，国家具有管辖权，这也是结果主义原则的运用。网络空间的无边界性对传统的国家领土疆域的物理边界性是有巨大冲击的，尤其是在现今高度依赖互联网的大数据时代，不需要任何的飞机、坦克，也不需要准备任何的粮草，不法之徒只要发现了一个网络漏洞，就可以冲破国家的“领网”边界，达到网络攻击的目的。这时就无法依据属人管辖和属地管辖行使国家的管辖权，但可以依据效果原则和结果主义原则，根据实害结果发生地来主张行使管辖权。

8.2.3 促进数据跨境安全流动，优化国际数据交流平台

21 世纪的国际秩序与国际法，最重要的是国家间的彼此合作和人类共同利益为基础。人类共同利益至上，应该成为构建 21 世纪国际法与国际秩序的主旨。网络空间的特殊性更需要国家间的合作。

在整个网络空间发生的具有国际性的问题，一个国家单独为战是徒劳的。国际社会对于网络空间因多重管辖权和多国法律并存以及其自身独特性所带来的问题，倾向于通过国际合作的方式加以解决。如果不同国家各自为战，采取不同的管辖权标准，势必造成不同主权国家之间的冲突和矛盾。虽然各国在信息技术发展程度上不均衡，但是都会共同的面对网络空间的黑客攻击、恐怖主义、网络间谍的问题，所以各个国家要在互相尊重信息主权的基础上，广泛开展信息领域的合作，以达到维护本国信息主权的目的。开展信息领域的合作需要有相应的载体，也就是各国能够就信息主权问题发声、交换意见的平台，包括有关的国际组织、国际会议及其他的国际机制。国际交流平台是学习网络领域先进技术和先进管理经验的载体，也是最有可能促使网络空间国际行为准则形成的场所。信息强国为推行信息霸权主义，先在其集团内部达到统一意见，然后试图在以信息强国主导的国际性平台上将其网络空间的理念推行到信息弱国。处于技术劣势的信息弱国要选择有利于自己表达观点、进行磋商的平台，抵御信息强国单方面的“国际准则”。平台的产生

应是服务于国家信息主权的，而不是信息强国的工具。在国际组织在介入成员国信息主权维护时，要特别注意“辅助原则”的运用。即国际组织或者国际法的介入，能够使成员国，或者是成员国之间更好的解决信息主权问题，且不损害其国内法的规定。

推动制定维护信息主权的国际规范、条约网络空间的国际性和复杂性，使任何一个国家都不能“独善其身”。必须在相互尊重信息主权的基础上，本着维护国家安全、加强合作、打击网络空间犯罪、打击侵犯信息主权、消除技术差距而导致的信息歧视的目的，积极进行磋商，在管辖权、信息共享权等方面制定明确的国际规范和条约。可以充分利用条约的不同形式，涵盖范围的差异，在世界范围内建立起能够包括大多数国家的“条约网”。在条约具体内容的设定上可参考相关国际公约和条约的表述，又要注意把握信息主权这个新生事物的特性。同时在条约中应明确规定各个国家的权利和责任，对违反条约的行为有相应的处罚和规制。

8.2.4 协作治理网络空间，加强国际数据管辖的平等司法合作

自改革开放以来，我国的司法合作无论是从体系上、数量上、范围上都取得了较大的进步，但是其主要局限于一些传统犯罪领域，无法对现今的大数据背景下的信息犯罪做出积极有效的回应。面对信息犯罪跨国性的特点，在主权国家间势必会存在管辖权冲突的问题，如何对信息犯罪做出有效规制并维护好国家的信息主权是国际司法合作重点解决的问题。第一，司法合作的范围要随着时代的变化做出相应的调整。改变以往司法协助只存在于传统的犯罪领域的局面，与各国一起制定能够涵盖信息犯罪等新型犯罪领域的具体规范。第二，司法合作的程度要加深。2001 年欧洲理事会的 26 个欧盟成员国以及美国、加拿大、日本和南非等 30 个国家的政府官员在布达佩斯所共同签署的《网络犯罪公约》是世界上第一个打击网络犯罪的公约，其中对于国家合作有着明确的规定。我国应借鉴其做法，在信息网络领域加深与其他国家的司法合作。

日本学界2017年度中国古代文学研究动态考察

尚永亮　蒋旅佳

武汉大学文学院

篇首语：本报告以日本学界2017年度唐宋文学研究为关注对象，通过“作品解读”“文学观念研究”“作家生平考辨”“影响接受与日中文学比较研究”“版本文献与书籍史、学术史研究”“地方书写与诗迹考察”“元典译注与读书交流活动”“学术论著双向译介”等方面的追踪考察，向国内学界介绍相关情况。在这一年内，日本学者产出较丰赡的研究成果，研究视角和方式多样，并形成若干特点：其唐宋文学研究多基于日本本位，学术视野由中国、日本扩大到整个东亚；注重文献资料的发掘整理与考辨，特别留意新材料和新方法的使用，于文本细读中见微知著；学者之间合作交流密切，形成集团协作化、主题探讨式、持续高效型的研究模式。当然，部分日本学者研究选题琐碎重复，偏于技术化而缺少深广文化情怀等现象，也值得反思。

尽管日本学人普遍认为日本的中国古典文学研究正日渐边缘化①，然而这丝毫没有影响其在世界汉学研究领域的优势地位。本研究报告以2017年度为时间节点，考察日本学界的中国古代文学

① ［日］内山精也：《庙堂与江湖——宋代诗学的空间》，复旦大学出版社2017年版，第306页。

研究概况，并借助异域研究和他者视野，结合相关领域日本学人的研究传统，采用文学史分期的模式，向国内学者介绍本年度日本学界的研究动向。在介绍相关研究成果时，力求横向关注日本学界区别于中国学界的新动向，同时纵向辨析这种新动向赖以形成的学术传统，以期为学界提供必要的参考。

一、先秦两汉魏晋南北朝文学研究

基于对多年来日本学界中国古代文学研究成果的考察，大体而言，日本学者的中国古代文学研究往往涵括“典籍译介”、“文献学”、“比较研究”、“作品分析”等方面的内容。下文分述如下：

（一）出土简帛与文献考辨

1. 简帛出土文献

近年来，清华简、北大简、安大简、上博简等新出土文献受到学界关注，日本学者汤浅邦弘、草野友子、竹田健二、石井真美子、椛岛雅弘等学者于此领域用力尤勤，由此产生一系列研究成果，成为学界的热点问题。

有关银雀山汉墓竹简的研究，《学林》第 64、65 号连载石井真美子、村田进、山内贵《〈银雀山汉墓竹简（二）〉译注（五）》与石井真美子、村田进《〈银雀山汉墓竹简（二）〉译注（六）》两篇译注。石井真美子另有《银雀山汉墓竹简〈地典〉译注补》（中国艺文研究会 7 月 22 日合评会·研究会）一文发表。椛岛雅弘《银雀山汉墓竹简〈雄牝城〉篇与中国古代的攻城守城思想》（《中国研究集刊》第 63 号）、《论银雀山汉简〈天地八风五行客主五音之居〉八风占的理论及其变迁》（中国出土文献研究会第 65 回研究会）则在简帛释读基础上研究具体篇目的思想观念。

2017 年，“中国出土文献研究会”围绕清华简、北大简、安大简的相关问题举办两次讨论会。其中第 65 回研究会，汤浅邦弘、中村未来、竹田健二分别发表《论清华大学竹简〈管仲〉》《论北大汉简〈儒家说丛〉》与《清华简〈越公其事〉释读》；第 66 回研究会以“竹简学的现状与展望”为主题，草野友子、福田哲之分别作了题为《论安徽大学藏战国竹简》与《论清华大学藏战国竹简(一~七)的字迹分类》的研究报告。汤浅邦弘、竹田健二、草野友子参与“中国简帛学国际论坛 2017 · 新出土战国秦汉简牍研讨会”(武汉大学, 10 月 10 日—11 日), 提交《时令说的展开——北大汉简〈阴阳家言〉与银雀山汉简“阴阳时令、占候之类”》(汤浅邦弘)、《北大汉简〈《周驯〉所引〈诗〉之思想史研究》(草野友子)诸文, 并就竹简学的现状与展望等学术议题, 与参会各国学者交流探讨。此外, 工藤卓司《北京大学藏西汉竹书〈赵正书〉“秦”之叙述》(《中国研究集刊》第 63 号)一文, 将关注目标转向北大简《赵正书》中有关“秦”的记述。汤浅邦弘编著的《清华简研究》(汲古书院 2017 年版)是日本第一本以“清华简”为题名的研究论集。该论集第一部分以“清华简是什么”为主题, 对清华简从发现到分册出版以来的基本状况予以论述, 并结合文字、书法来尝试字迹分类。第二部分“清华简的具体分析”收录九篇论文, 围绕《殷高宗问于三寿》《程寤》《尹诰》《耆夜》《汤在诰门》《祭公之顾命》《周公之琴舞》《命训》等篇目, 从不同角度分析了清华简的文献价值及思想特质。第三部分为“清华简研究的展开”, 对竹简所记载的古文字、竹简划线、墨线等进行了考察。

本年度, 椛岛雅弘继续关注学术界最新出土文献的研究成果, 撰写《新出土资料关系文献提要(十五)》(《中国研究集刊》第 63 号), 为本领域研究指引方向。值得关注的是, 《亚细亚游学》第 213 号开辟“出土资料所见新世界”, 收录金平《竹简的制作与使用——长沙走马楼三国吴简的整理作业所见》(石原辽平译)、安部聪一郎《从走马楼吴简所见三国吴的乡村治理机制》、鹫尾祐子《吴简吏民簿与家族、女性》三篇论文, 向日本学界介绍长沙走马楼三国吴简的相关研究成果。东方出版中心 2017 年 1 月出版汤浅邦弘《竹简学——中国古代思想的探究》(白雨田译)中文版, 该书收录了汤浅教授近十年来竹简研究的重要成果, 围绕战国至秦汉时期的思想问题进行探索, 其中关于楚王故事的研究具有开创性意义。

2. 典籍阅读与译介

本年度, 国学院大学“中国学会汉代文学研究会”每周举行《汉纪》研读活动(宫内克浩先生组织)。川合康三先生于京都大学中国文学会第 32 回例会发表以《文选》为中心的主题演讲。典籍译注方面，中岛长文校、伊藤令子补正的《鲁迅〈古小说钩沉〉校本》(京都大学文学研究科中国语学文学研究室，2017 年)出版发行。中岛氏曾将此项工作的部分成果发表于《神户外大论丛》，这次推出的《校本》更为完备。毋庸置疑，此书将会成为今后古小说研究必备的参考资料之一。此外，小田健太《〈文选集注〉江淹〈杂体诗〉译注(九)·杂体诗序(《筑波中国文化论丛》第 36 号)、小川恒男《六朝乐府》(《出塞》二首、《入塞》二首、《折杨柳》八首译注，《中国中世文学研究》第 69 号)、兴膳宏《〈金楼子〉译注(九)》(《中国文学报》第八十九册)等，均属译介方面的最新成果；山下真史、村田秀明《〈李陵·司马迁〉注解(四)》(中央大学文学部《纪要：言语·文学·文化》第 119 号)、道家春代《风俗通义》《怪神篇》与《祀典篇》译注稿(《名古屋大学中国语学文学论集》第 30 辑)，则就两汉几部重要典籍进行译注，为日本学界的汉代风俗文化研究提供了文献参考。

3. 版本研究与文献考辨

“中国中世文学会”9 月 20 日大会，陈翀《广岛大学所藏的和刻本文选考》就广岛大学所藏和刻本《文选》的版本形态展开介绍，刘志伟《广岛大学所藏和刻本文选的文献价值》则专注于挖掘这些和刻本《文选》的文献价值。

本年度先秦两汉魏晋南北朝时期文献考辨研究成果，以尹青青《山海经》研究为代表。尹青青《论〈山海经〉〈海外经〉〈大荒经〉的关系》(中央大学《大学院研究年报·文学研究科篇》第 47 号)通过考察，发现《大荒经》《海内经》不像《海外经》诸篇内容那样具备较强的体裁一致性，根据刘歆等人的跋文记载，提出《大荒经》成立时期稍晚于《海外经》，并在此假定下，就《海外经》和《大荒经》中同一故事传说的差异进行分析。结果表明《大荒经》同类故事传说是在《海外经》基础上整理而成，而与《海外经》相关度较低的故事传说，其文本差异很大。此种推测，虽然尚未得到决定性的辅助资料佐证，但却为接下来考证《山海经》文本关系的复杂性，提供了思路。另一文《〈山海经〉中所见的帝俊故事——以与黄帝故事的比较为中心》(中央大学人文科学研究所《人文研纪要》第 88 号)将《山海经》所见帝俊说话与黄帝说话进行比较，认为帝俊说话具有独立性，且强调神格，而黄帝说话一定程度上吸收了帝俊说话的内容。

栗山雅央《从〈幽通赋〉诸注释看后汉初期的赋创作》(六朝学术学会 6 月 17 日大会)通过考察《幽通赋》中各种注释，以期进一步揭示班固赋作情况。在这里，注释不仅仅只用于阅读、理解作品，其本身蕴含的各种信息，也可帮助人们了解作者创作的倾向，以及积累知识的过程与方法。与此相类的研究，还有高西成介《论志怪小说与〈世说新语〉刘孝标注》(中国中世文学会平成 29 年度研究大会)等文。

(二)文本解读与文学观念

矢田博士《“努力加餐饭”考》(《中国诗文论丛》第三十六集)探讨了古诗十九首中《行行重行行》诗“努力加餐饭”的解读，在明确其离别情感表达的基础上，综合清末以前文献所见阐释、江户明治时期日本解释以及近现代注释书所见解释，认为此句具有“安慰自己”与“犒劳对方”两种解读；并通过“努力”“加餐饭”以及与之相关的“强饭”、“强餐”等汉代通用的例子，引出朱自清的观点，即“努力加餐饭”是汉代通用的安慰他人的话语，从而论定尾句原本指的就是安慰对方的话语。佐竹保子围绕《登江中孤屿》中“旷”，从中日各选本中选取十个例子，概括出两种基本解释：一是空间层面的“广”意，二是时间层面的“长”意。在此基础上，根据五经中“旷”之空虚、缺乏不足之意，提出第三种解释，即当“荒废”“疏忽”解，意为在江南游览已倦，而江北则息游已久。这样，首联呈现出四处对立：过剩/稀少，倦怠/憧憬，过去/未来，事实/愿望。这种解说，将诗意向纵深掘进，也许更符合《登江中孤屿》的创作意图(《“江北旷周旋”的“旷”——解读谢灵运〈登江中孤屿〉》，《东北大学中国语学文学论集》第 21/22 合并号)。与此相类，同氏另一篇文章围绕唐代写本《登江中孤屿》出现的“乱流趋正绝”与“乱流趋孤屿”之异文展开讨论，指出“乱流趋孤屿”与下句“孤屿媚中川”形成顶真，这种句法，谢灵运诗运用甚少。将两句放置于整首诗的语境，结合清代诗论家的考证成果，得出“乱流趋正绝”更为可靠的结论(《“乱流趋正绝”与“乱流趋孤屿”——解读谢灵运〈登江中孤屿〉》，《集刊东洋学》117 号)。

狩野雄《谷与兰——论陆机〈赠潘尼诗〉》(日本中国学会 2017 年度《研究集录》)从诗歌主题角度解读文本，发现尾句“静犹幽谷，动若挥兰”在句意层面与前面诗句存在断裂，进而推测，尾句中“谷”与“兰”是用来称赞潘尼人品的。这与后世用“空谷幽兰”来象征隐士，两者之间是否存在关联，值得进一步思考。在他看来，注释虽是体味古人作品的门径之一，却不可拘泥于此，要真正了解诗的内涵，需要读者抱着敬畏的姿态与注释展开对话。西川ゆみ《庾信北朝期作品中华北、长安表达的独自性》(《日本中国学会报》第六十九集)通过对比，探究庾信北朝时期所作诗歌中有关华北、长安主题内容表现手法的独特性，认为作者常将长安与边境叠合在一起，对“拟咏怀”中的故事内容重新加工，形成典故，建立起符合庾信心境的意义重组。区别于南朝时期庾诗对于长安与洛阳繁华景象的憧憬，此时庾信诗中的长安，更多的与一种惭愧、烦闷等负面情绪相关联。佐藤大志《送别的礼物——魏晋南北朝诗中的送别赠答》(《中国中世文学研究》第 70 号)从赠别“礼物”的角度解读魏晋南北朝的送别诗，将临别赠送礼物为两类，一类是以财物为主的有形礼物，另一类则是包含美好祝福的话语。从历时性角度看，后汉末和三国时期，良言金句用于赠答诗，其中多包含送别行为的吟咏描述；到了西晋，除了赠送财物，言语表达逐渐成了次好的礼物；而在刘宋时期，语言表达已成了比财物价值更高的东西。由此，可以探讨这一时期士人对诗歌功用的认知以及价值观念的变迁。

对汉魏南北朝时期赋作文本的解读与赏析，也值得关注。林香奈《愁和赋——以曹植为中心》(《京都府立大学学术报告·人文》第 69 号)指出曹植赋作中“愁”的引入和表达，进一步增强了赋作的抒情性，从中可以见出曹植的心理历程。如在《九愁赋》这篇类似自叙性的赋中，作者自比屈原，倾诉忠言见黜的愁情，而他最终的坚持与执着，也可体现曹植的人格操守和自我价值认定，对后世产生了重要影响。釜谷武志《为自己作赋——以班固〈幽通赋〉为中心》(《中国文学报》第八十九册)结合东汉以来文学作品中逐渐增强的抒情化倾向，指出班固《幽通赋》以“致命遂志”为目的，通过阐释人间的吉凶祸福，表明自己的处世态度和生命体验。

高桥康浩《傅玄〈晋鼓吹曲〉与西晋正统论》(《早稻田大学综合人文科学研究中心研究志》第5期)分章节解读《晋鼓吹曲》：第一部(1~13曲)回顾司马懿、司马师、司马昭的建国过程，称赞司马炎的魏晋革命，以谶纬思想支撑建国与即位的正统性。第二部(14~18曲)，运用谶纬思想与儒教之“理”来称赞西晋与武帝的统治。第三部(19~22曲)歌颂尧、舜、禹、伯益、吕尚等远古时期的圣人和贤者，鼓吹君臣融和善政。《晋鼓吹曲》与魏、吴鼓吹曲虽结构内容不同，但从谶纬思想寻求即位的正统性这一点来看，各篇意旨是一致的。小林春树《〈汉书·王莽传〉的述作目的》(《东洋研究》203号)基于《汉书》的文本解读和众多文献史料的阐释，结合《王莽传》的赞语，通过展现闰位帝王王莽的灭亡过程以及光武帝刘秀继位的正统性，来说明王莽是如何通过符命来隐瞒真相，美化篡位的非正当性。

在学会会议方面，本年度木村真理子完成《王延寿研究》的学位论文撰写，并于东北中国学会二月例会上公开发表。该氏同时参加东北中国学会第66回大会和六朝学术学会第35回研究例会，分别发表《论王延寿〈鲁灵光殿赋〉中的跃动和停滞》《论王延寿〈鲁灵光殿赋〉中的雕刻描写》论文，就《鲁灵光殿赋》相关问题与参会学者展开讨论。此外，宫内克浩《论后汉冯衍〈显志赋〉》(国学院大学中国学会第60回大会)、上原尉畅《马融〈长笛赋〉论再考》(东山之会12月16日会)、南部英彦《班固〈典引〉〈两都赋〉中的天人论之特色》(阪神中哲谈话会第402回例会)等，就《显志赋》《长笛赋》《两都赋》等作品解读发表意见。赋体作品之外，有关诗歌作品研读的会议论文也有不少。董子华于本年度御茶水女子大学中国文学会(7月1日例会)发表《论六朝文学中的“山”——以游仙诗为中心》一文，围绕游仙诗，考察六朝文学中“山”的书写表达。村越充朗先后发表主题为《论阮瑀诗》(筑波中国学会11月17日会)、《论阮籍〈咏怀诗〉中的“木槿”》(筑波中国学会12月14日)等文；刘雅婧《谢朓诗研究——论六朝诗中的“竹”》(中国中世文学会6月15日会)将视线聚焦谢朓诗歌中“竹”的书写。牧角悦子《为了达意的虚构——以〈文选〉卷四十五所载设论三篇为考察对象》(六朝学术学会6月17日)则从三篇设论“答宾戏”的文本出发，探讨其所具有的特殊言论空间及其意义，指出虚构化自问自答模式，虽表面上有“自慰”、“自嘲”的意味，却成功地实现了反论性强的自我主张表达。

(三)影响接受与比较研究

汤城吉信《〈后汉书〉儒林传与〈史记〉儒林传——直言的系谱》(《人文学论集》第35辑)比较考察了《后汉书》与《史记》收录儒家传记的体例及其承接关系，认为有别于《史记·儒林传》对无直言进谏者的委婉批判，《后汉书》则直接展示了直言进谏儒士的言行。作者借鉴了日本江户时代井履轩的观点，指出后汉没有真正的儒者，他们对政治少有实质性的贡献，只是沉溺于文章之中；只是到了后汉末期，有气骨的儒者才开始出现，他们的直言进谏会振奋人心，但也未必能救世。在他看来，只有在政治上做出贡献的儒生才具有存在的价值。

刘雅婧于12月7日召开的“中国中世文学会”发表《谢朓诗研究——谢朓咏物诗与沈约咏物诗的比较》一文，通过比较谢朓与沈约咏物诗的特点，对谢朓此类诗歌作了新的考察；佐伯雅宣《何逊诗中所见黄昏风景——与江淹诗作比较》(中国四国地区中国学会第63回大会)则选择黄昏书写这一视角，对何逊与江淹诗歌的表现特点及其异同作了论析。此类研究，立足诗歌文本解读，围绕特定情景，展开对比分析，揭示不同作者、作品的同中之异与异中之同，将相关论题作了深入推进。

(四)综合研究

创作主题和观念研究方面，长谷川慎《马上琵琶考》(《中国学志》第32卷)系统梳理了文学作品中“王昭君”、“和亲”、“琵琶”“马上”诸要素之间的关系，别具胜解。从文学史看，六朝时期虽未有将琵琶和王昭君结合起来的作品，却有表现和亲降嫁的诗歌，如《乐府诗集》“相和歌辞”收录石崇《王昭君辞》；唐代，以文成公主、金城公主和亲降嫁为主题的创作盛行一时，李峤、崔湜、张说、苏颋、韦元旦、徐坚、崔日用等十七人创作金城公主应制诗；杜甫《咏怀古迹》“千载琵琶作胡语，分明怨恨曲中论”将王昭君和琵琶结合起来，用琵琶来讲述王昭君的境遇。“凉州词”流行后，马上弹奏琵琶形象才得以固定；因而，此一过程中，琵琶的使用对和亲公主降嫁的境遇必然产生大的影响。当然，对于民间和宫廷乐器的定位，还有很多细节需要进一步考察，但作者提出问题，却具有开启思维的作用。此外，沈凡玉《宫廷场域与汉魏六朝才媛的文学活动》(中国中世文学会 9 月 20 日会) 一文重在探讨汉魏六朝才媛的文学活动与空间场域之间的关系；大村和人《南朝齐梁“率尔”诗考》(六朝学术学会第 35 回研究例会)、佐藤大志《论六朝期的诗歌观念——“诗”与“歌”之间》(六朝学术学会) 则将关注目光投向六朝诗歌类型和诗歌观念，分别就彼时“率尔”之作的创作契机、生成过程、艺术特色，以及“诗”和“歌”的形式特点、诗人认知等，展开考察，均不无新意。

文史综合研究方面，渡边义浩以《后汉书》为例，论述史书的文学性特点(《“史”的文学性——范晔的〈后汉书〉》，六朝学术学会第 35 回研究例会)；他的另一篇文章，则重在讨论《后汉纪》史评中有关国家正统性与贵族典范这两个问题，并由此论述了东晋时期史评的贵族价值基准(《东晋史评的隆盛与袁宏〈后汉纪〉》，《中国文化：研究与教育：汉文学会会报》第 75 号)。

此外，佐藤利行、刘金鹏将研究视角转向王羲之的书信作品，通过分析王羲之各种书信之间的关连，结合《晋书》《三国志》《世说新语》《真诰》等文献史料，从“服食养生”“目前的娱乐”“孙子的夭折”等方面，尝试分析王羲之人物形象(《从书翰看王羲之形象——以逸民生活为中心》，《广岛大学大学院文学研究科论集》第 77 卷)。书信因由王羲之亲自书写，内容更接近王羲之的真实思想，故以书信介入人物形象研究，可以说是一种有益的尝试。屋敷信晴发表于中国中世文学会平成 29 年度研究大会的《六朝、唐代医术小说研究序说》提出六朝与唐代的医术小说的概念，并就此问题进行相关研究序说，也开辟了一个相对新颖的学术领域。

本年度，福井佳夫《六朝文评价研究》与门胁广文《洞窟中的田园——两个〈桃花源记〉》两本专著出版，值得关注。福井佳夫自 20 世纪 90 年代开始一直沉潜于于六朝文学研究，最先译注解说《六朝丽指》(汲古书院 1990 年)，接下来陆续出版《六朝美文学序说》(汲古书院 1998 年)、《六朝的游戏文学》(汲古书院 2007 年)、《六朝文体论》(汲古书院 2014 年)等研究著作。本年度，汲古书院发行的《六朝文评价研究》，首次将文学作品的评价标准数值化，尝试从文章技艺层面(声律、对偶、四六、典故、练字等)重新审视评价六朝文，同时综合考虑作品创作时代、文体类别以及主题内容的差异等要素，尽力保证评价基础的客观性和多样性。著作正文部分围绕曹丕《典论·论文》、陆机《文赋》、沈约《宋书·谢灵运传论》、刘勰《文心雕龙·序志》、裴子野《雕虫论》、锺嵘《诗品序》、萧统《文选序》、萧纲《与湘东王书》、徐陵《玉台新咏序》、李谔《上隋高帝革文华书》等历代备受关注的文章展开分析，将文章技术性评价与历史评价加以对比，发现后者倾向于直观的判断，与前者客观性的评价标准形成互补关系。这种评价一致性背后的原因探讨，对今后的文学研究颇有助益。门胁广文《洞窟中的田园——两个〈桃花源记〉》(研文出版)在先行研究的思考中，追求作品的阐释深度。第一部"洞窟中的田园"第二章将《桃花源记》与陶渊明田园诗及其他洞窟传说的比较，见出陶渊明桃源记文的独特性，并由此呈现出"世俗"与"超俗"两个世界；第二部"作为故事的《桃花源记》"通过对比"去洞窟者"与"住洞窟者"各自视野中桃花源的差异，揭示出两种《桃花源记》的特点。可以说，这些研究，在一定程度上深化了人们对《桃花源记》的阅读和理解。

二、唐宋文学研究

(一)白居易及其创作

毋庸置疑，白居易可算作日本文坛最具影响力的中国诗人。日本白居易研究历史悠久，自成体系。1993-1999 年，日本勉诚社每年出版一册《白居易研究讲座》，连续出版七卷；进入新世纪，"白居易研究会"创办《白居易研究年报》，收录白居易研究的最新成果，同时特别留意中国、韩国等国白居易研究的最新动态。日本学界每年产出的与白居易相关的研究成果已远超中国①，是一个充满活力的研究领域②。2017 年度，日本学界最令人瞩目的，仍属白居易研究。

本年度《白居易研究年报》延续自第十一号(2011 年)以来的传统，以"特集"方式揭载日本学界白居易研究最新成果，同时放眼世界，关注其他国家研究动态。《白居易研究年报》第十七号的主题是"书迹与绘画"。陈チュウ通过书写底本，考释逸诗，揭示了尊圆亲王书白氏诗卷的文献价值(《尊圆亲王书白氏诗卷的文献价值——围绕书写底本诸问题及逸诗〈看棋赠人〉的相关考释》)；小林宏光以鸟窠禅师为关注对象，将白居易问答图在日本的接受情形予以考察和梳理(《鸟窠白乐天问答图与白乐天像的去向》)；泉纪子从诗、画关联角度探讨日本平安时代白诗对《伊势物语》的影响，由此介入和歌的交流与创造研究(《白居易诗与〈伊势物语〉(绘画)——诗、画与和歌的交流和创造》)；池泽一郎把视线投射到被称作诗书画三绝的田能村竹，通过对其作品的解析，展示了白居易的影响因子(《田能村竹与白居易——近世日本文人之诗书画三绝》)。为了扩大研究范围，日本学人还翻译了三篇外国学者的论文，以突出"书迹与绘画"主题。如查屏球的《从西域之佛到东土之隐士——宋代维摩诘图题诗之变迁》(渡部雄之译)、衣若芬的《无学祖元赞〈白乐天像〉之文图学的研究》(森冈ゆかり译)、文艳蓉的《白乐天诗文书迹拓本之古记录》(钱心怡译)诸文，虽研究对象不同，但都基于诗、书、画这一主线，剖析细密，各具胜解。

《白居易研究年报》第十八号特集的主题是"饮酒与喝茶"。下定雅弘以《关于〈白氏文集〉中的"茶"和"酒"的研究》为题，围绕

① 隽雪艳、[日]高松寿夫编：《白居易与日本古代文学》，北京大学出版社 2012 年版，第 9 页。

② [日]静永健著，刘维治译：《白居易写讽喻诗的前前后后》，中华书局 2007 年版，第 263 页。

《白氏文集》中有关“茶”与“酒”的内容展开论说，将陶醉与觉醒、非日常性的饮酒与日常性的喝茶，构成一组对比的关系，启人思维。与此相关，本集所收其他论文也都饶有趣味，如埋田重夫的《关于白居易的饮茶诗》、石塚修的《白乐天与茶掛》、高桥忠彦的《“一瓯茶”与“七碗茶”——中国茶文化中白居易的重要性》、北山圆正的《白居易与平安时代的茶诗》诸文，或立足文本分析，或联系特定时代，或借助文化史视野，从不同角度详论了白居易与茶的关联及其特点。此外，山田和大在白居易茶诗之外，进一步将研究视野延伸到韦应物身上，探究韦诗之茶主题表现与吏隐意识的关联(《关于韦应物诗中的茶——茶的表现与吏隐意识的关联》)；太田亨则注目中世禅林文学，对其中与茶相关的重要典故作了一一梳理，展示出茶文化在日本的面相(《日本中世禅林文学中与茶相关的典故表现》)。关于“饮酒”主题，该集收录了诸田龙美《重读〈醉吟先生传〉——尝试从对话考察》、新间一美《浅谈〈源氏物语〉须磨卷中白诗与道真诗的接受——以“琴诗酒”与“雪月花”为例》、下定雅弘《浦上玉堂对白居易的敬慕——围绕琴和酒》、本间洋一《白居易的饮酒诗与平安朝汉诗》诸文，分别对白文名篇《醉吟先生传》、“琴诗酒”与“雪月花”两组勾连白诗和菅原道真诗的物象、江户时期浦上玉堂以“琴”与“酒”为纽带建立的与白居易的关联、平安朝汉诗对白居易饮酒诗的受容诸端，展开考察，多具新意和情趣。而金文京的《白居易的酒与茶诗——从山人文学角度出发》一文，则打通酒与茶的关联，将白居易相关诗作置于山人文学的视野加以审视，探究其价值与影响，也是一篇可以一读的佳作。

“书迹与绘画”“饮酒与喝茶”专题论文之外，《白居易研究年报》还刊载了两篇别一主题的论文。其中张砚君《白乐天文殊化身说的生成与发展》(第十七号)一文，着力考辨平安时代末期白居易为文殊菩萨化身传说的生成与发展；李现《菅原道真齐物观的形成——从〈北溟章〉观察白居易诗的影响》(第十八号)一文，则通过菅原道真《北溟章》，考辨其齐物观的生成及与所受白诗的影响。这种选题，因为有新的角度，所以较能启迪读者的思维。

本年度其他学术刊物也有相当数量的研究成果。高桥良行《白居易饮酒诗对"一杯"的偏爱》(《中国诗文论丛》第三十六集)一文，将白居易饮酒诗与之前以及同时代诗歌进行比较，从诗语角度，发现白居易在独酌、朝酒、斋戒、赠友、离别、再会等场合，均表现出对"一杯"的偏爱。对白居易来说，诗酒琴友虽必不可少，但浅酌适饮才是品酒。他从"一杯"中找到饮酒的愉悦和身心的幸福，也会给读者带来一种幸福感的认同。土谷彰男《白居易青年时期的精英意识——就"惭愧的表述"与韦应物进行比较》(《中国文学研究》第四十三期)，则通过对比，发现韦应物任苏州刺史期间，文学作品中惭愧之情倾向于辩白惭愧的正当性，白居易则表露出对任命者所怀的愧疚感，并将这种自发的、具有实质性的个人意识内化于惭愧之情当中，由此促成《新乐府》五十首的诞生。此外，东北大学中国文学谈话会第二回至第三回，工藤龙太朗分别发表《白居易与科举》(5 月 23 日)、《白居易诗文中的科举》(10 月 31 日)二文，对白居易诗文与科举的关系加以梳理和论述。富嘉吟《论〈白氏文公年谱〉所收"旧谱"》(中国艺文研究会 10 月 15 日会)则立足文献考辨，就白氏"旧谱"情形予以论说。

本年度白居易作品的译注，有泽崎久和《晁迥〈法藏碎金录〉所收白居易相关资料译注稿(一)》(《白居易研究年报》第十七号)、《晁迥〈法藏碎金录〉所收白居易相关资料译注稿(二)》(《白居易研究年报》第十八号)、《晁迥〈法藏碎金录〉所收白居易相关资料译注稿(三)》(《白居易研究年报》第十九号)诸文。这是一个持续的工程，相关成果会持续更新。此外，《白居易研究年报》第十八号还载有金泽典子《〈白氏长庆集卷第二十二〉翻刻・附诸本校异》一文。

2017 年度的白居易研究，还注重以书评方式追踪介绍相关新著。工藤龙太朗重点推荐了下定雅弘的新著《白居易与柳宗元——乱世中的人生赞歌》(岩波书店，2015 年版)，对著者将白、柳二人所作对比考察及由此揭示的人生遭际、生命结局等不同情形，予以中肯评述(《浅谈下定雅弘氏〈白居易与柳宗元——乱世中的人生赞歌〉》，东北大学中国文学谈话会)。大渕贵之则追踪中国学界白居易研究的最新成果，从新材料与新方法的角度，肯定了文艳蓉《白居易生平与创作实证研究》一书的学术成就(《文艳蓉著〈白居易生

平与创作实证研究〉：日中两国的新资料与研究手法的活用》，《白居易研究年报》第十八号）

伴随着相关资料的译注推广，研究视野的逐渐拓展和新方法的引进，白居易研究呈现出不断推进深化的趋势。与此同时，日本学人也时时回过头来，对相关研究进行反思总结，综述评论，以期为新的研究提供参考。本年度的《白居易研究年报》第十七号、十八号分别收录下定雅弘、中木爱合著、分著的《战后日本的白居易研究(白居易·白氏文集的相关研究)》(2015、2016)、《关于日本文学所受白居易影响的研究》(2015、2016)诸文，即是这类回顾、总结、反思的文章。高松寿夫曾就白居易在东亚地域的影响指出，白居易研究“是一个可以从时空两方面纵横无尽展开的、具有深远意义的课题。”①就当下日本学界的白居易研究而言，此语反映了白居易在异域所受重视程度，也展示了白居易思想意识、文学创作所具有的深广内涵。

(二)名篇、名句、关键字词与主题内容

围绕名篇、名句、关键字词，深入解读文本，是从事古典文学研究者的基本出发点，日本学者在这方面表现尤为突出。日本中国学会2017年度《研究集录》收录远藤星希《李贺〈金铜仙人辞汉歌〉“天若有情天亦老”之意味》与甲斐雄一《连作诗之精度——陆游〈庵中晨起书触目〉四首分析》二文，即采用精读的方式对李贺、陆游诗歌文本进行译注并对诗歌主题内容加以详细解析；大桥贤一《“浮”字——杜甫〈登岳阳楼〉“乾坤日夜浮”之解释》(中唐文学会平成29年度大会)通过考辨“浮”字的运用，对《登岳阳楼》诗“乾坤日夜浮”的内涵予以深入阐释；后藤秋正《论杜甫诗中的“凫”》(《中国文化：研究与教育：汉文学会会报》第75号)将笔触延伸至杜甫全部诗歌，以探究“凫”的呈现表达。同类研究还有铃木政光《温庭筠〈商山早行〉的景物表现——以“鸡”“凫雁”为中心》(东北中国学会第66回大会)、大山岩根《司空图诗作中的“狂”——以

① ［日］高松寿夫、隽雪艳编：《日本古代文学与白居易——王朝文学的生成与东亚文化交流·序言》，勉诚出版2010年版。

〈狂题十八首〉为中心》(东北中国学会第66回大会)、东圣悟《论韩愈〈短灯檠歌〉》(东山之会6月17日)等。此外，种村由季子《郭震〈宝剑篇〉与武则天的嵩山封禅》(九州大学中国文学会第296回中国文艺座谈会)一文，借助《唐诗纪事》以及后世唐诗评点诸家论说，以文史互证的方式探讨《宝剑篇》创作动机、主题呈现与武则天嵩山封禅的密切关系；《宋之问〈明河篇〉与初唐的公主们》(中唐文学会平成29年度大会)则延续前文的研究方法，探讨宋之问《明河篇》与初唐公主之间的关联，均能由小及大，见微知著。

单篇文本之外，围绕某一作家主题类别展开分析的论文亦有很多。保苅佳昭《苏轼词中农村风景描写考论》(《综合文化研究》第22卷第3号)以内容呈现与修辞艺术为中心，通过解读苏轼任徐州知事期间所作五首《浣溪沙》，阐明苏词农村风景的描写特点。此类研究，中国学界已有学者关注，但是在日本却尚未有见。此外，田中京重点关注盛唐边塞诗歌中望乡主题的表达(《论盛唐边塞诗中的望乡诗》，中国艺文研究会1月29日)；黄夕子专意于元稹伤悼诗研究(《元稹伤悼诗的研究》，中国中世文学会6月15日)；黑田真美子则利用2007年发现的韦应物和妻子墓志这一新资料，围绕韦应物怀念亡妻所作诗，指出诗人通过对过往时空的凝视，融合萧条“清景”与寂寞“幽情”营造出衰败之美，从而实现了“景情融合”(《韦应物诗论——以悼亡诗为中心》，汲古书院2017年版)。川口喜治本年度连续发表两篇《浅谈李颀的士人描写诗》(《山口县立大学学术情报第十号)，对李颀诗歌中的士人描写予以细读；他的另一篇文章《士人描写诗论的可能性——以李颀的士人描写诗为中心》(东山之会7月29日)，则通过李颀诗中士人形象的描写，探究士人形象诗论的可能性。

大井さき本年度发表《论庆历后期的梅尧臣诗》与《论梅尧臣的联句》(《中国中世文学研究》第69、70号)两篇论文，前者以时间为界限，聚焦庆历后期梅尧臣诗歌创作的特点与变化，指出梅尧臣此期有意改变以往诗歌的吟咏对象和吟咏方式，导致诗歌风格的转变；后文通过考辨联句的创作系年，以及诗歌形式(诗题、诗歌体式、韵脚、参与人数等)结构方面的特点，将诗人之间的吟咏互动、人际关系的变化与诗歌风格变迁联系起来，将其文本与与韩愈、孟郊联句对比分析，揭示了梅诗注重日常生活细微之物的创作特点。同氏另一会议论文《梅尧臣的日常咏——以梅尧臣与谢景初诗作为中心》(中国中世文学会5月11日会)，沿着谢景初曾搜集梅尧臣诗并编次成集这一线索，考察了谢、梅等人的唱和之作及其日常吟咏情形。这三篇文章选题相近，都关注到梅尧臣诗歌日常吟咏对象的变化，由此可见研究者一定时期内对研究主题的专注度与研究成果的关联度。同样的倾向在其他学者那里也有呈现，如蒙显鹏于九州中国学会第65回大会发表《黄庭坚与竹》一文后，将研究范围进一步拓展，将《北宋诗中的墨竹》(九州大学中国文学会第293回中国文艺座谈会)纳入视野，形成前后相关、层层推进的研究态势。

(三)文学观念与创作批评

松原朗《杜甫的贵族意识》(《中国诗文论丛》第三十六集)通过文本的解读，认为受继祖母门阀观念影响，杜甫对襄阳杜氏的族系发展尤其关注，显示出强烈的门阀意识。叶山恭江《论唐代传奇〈莺莺传〉中的反复表达方式——以如何读取人物的思想为中心》(《中唐文学会》平成29年度大会)一文，重点考察元稹《莺莺传》中反复这一表现手法，并由此论述了此一手法与人物思想表达之间的关联。

渡部雄之关注的是宋初文风，他的两篇文章通过对《重刊绛守居园池记序》的解读，展示了北宋初期古文家反对“怪奇”表达，推崇“平易”文风的审美倾向(《宋初古文家的“平易”志向——以孙冲〈重刊绛守居园池记序〉为线索》，中国中世文学会2月9日例会；《宋初平易派古文家与“怪奇”古文——以孙冲〈重刊绛守居园池记序〉为中心》，中国中世文学会5月11日例会)。他的《无理念的“怪奇”——论排斥太学体的理由》(《中国中世文学研究》第70号)一文，则侧重考察中唐至北宋初期的怪异潮流，认为太学体之“怪异”没有任何理念依据，也不具备任何积极意义，甚至连作者自身都不认同；欧阳修对太学体的排斥，恰好可以表明只有作者抱着强烈的问题意识和坚定的理念进行创作，其作品才能闪闪发光。

声韵格律是诗词研究的要项，需要很强的专业能力，日本不少学者在这方面术有专攻。丸井宪本年度发表《杜诗“双声叠韵对”新考——应用〈文选〉的理由》(《中国诗文论丛》第三十六集)、《论清代周春对杜诗叠韵词的判断标准——参考慧琳音》(《中国文学研究》第四十三期)二文，对杜诗双声叠韵对的使用情况进行考察。早在清代，音韵学者周春即在《杜诗双声叠韵谱括略》中，将杜诗对句中双声、叠韵的例子按精确度划分为三个等级，其中归入“叠韵正格”的例子中存在韵母不全一致的情况。丸井宪依据初唐《王仁昫刊谬补缺切韵》完本及中唐慧琳《一切经音义》，对此类韵母不一致的例子重作验证，结果显示王氏体系下“叠韵正格”比重仅有五成，慧琳体系则上升了三成，由此见出周春的判断标准近八成较为妥当。村越贵代美《论黄庭坚诗词的用韵》(《风絮》第十四号)、橘千早《对苏轼词的形式初步的考察——以慢词〈哨偏〉〈水调歌头〉〈满庭芳〉为线索》(《风絮》第十四号)二文，或从用韵角度，或以慢词为中心，分别考察了黄庭坚、苏轼的相关作品，有新意，有深度。

宇佐美文理《杜甫诗歌中的视觉问题》(《日本中国学会报》第六十九集)聚焦于杜甫诗的风景呈现方式，认为创作主体捕捉风景并将其呈现在诗歌中，与自然原生的风景产生差异，并在艺术性的表达中获得了新的意义。三好桃子《论李贺诗中的“寒冷”表现》(《东北大学中国语学文学论集》第 21/22 合并号)指出：李贺诗的特征之一，即感觉用语中的寒冷表现，借助“冷”“寒”等字词，将触觉自由运用，由此引起人们对相关形象的联想，将复杂的内容转变为读者可以亲身体验的内容。铃木政光《唐诗中的情景表现的变迁——从盛唐到晚唐》(《东北大学中国语学文学论集》第 21/22 合并号)则纵向分析了从孟浩然、王维、李白、杜甫到柳宗元、李贺，杜牧、李商隐、温庭筠等人诗作，指出盛唐诗中已趋成熟的情景描写，在中晚唐诗人诗作中差异明显，因各自创作水平差异而呈现出不同姿态。

小田健太《李贺诗中的“花作骨”的批评效果及其渊源》(《筑波中国文化论丛》第 36 号)将“花作骨”概括为“A 作 B”这一短语，指出"花作骨"其实是"华·实"和"风·骨"两种评论用语的交织组合，产生兼具诗歌评论和人格赞美的批评效果，即陈其相所言，"诗人把比喻同奇特的想象、精巧的构思、创新的语言、巧妙地化合在一起、构成一种全新的意境"，这恰是李贺诗歌的独特之处。伊崎孝幸《试论韩愈〈送孟东野序〉——以"不平"概念的分析为中心》(《中国文学报》第八十九册)通过研读《送孟东野序》原文的创作语境，结合韩愈的思想，从后世多样化"不平"概念阐释中寻求其最初的要旨内涵；他的另一篇文章《论司空图文学论的历史定位：从滋味论到"格"论、"体"论》(《名古屋大学中国语学文学论集》第 30 辑)，则从传统的司空图滋味论中发掘隐藏其中的"格"论、"体"论等文学批评内涵，并将其放置于中国古代文论史中，彰显了司空图文学理论的历史定位。

此外，剑持翔伍《论唐代论书诗中的书体观》(《中国文化学会》6 月 24 日大会)、西山猛《敦煌变文中的"东西"诸相》(九州大学中国文学会第 292 回中国文艺座谈会)、高井龙《〈伍子胥变文(拟)〉写本研究》(《学林》第 65 号)、许培俊《从史传中摆脱——柳宗元"传"的研究》(中国中世文学会 12 月 14 日)等文，分别围绕唐代的论书诗、变文、传记文等文体样式展开讨论，一方面考察其文体特点，一方面探究其中流露的文学观念。

(四)作家生平与创作活动

作家生平及基础文献考证方面，本年度也涌现出一批文章。泽田优子的《唐代女流诗人鱼玄机的人物形象》(九州大学中国文学会第 293 回中国文艺座谈会)、熊海英的《宋自逊的家世、生平与交游、创作考论》(日本宋代文学学会第四回大会)、陈燕的《宋代的女性诗人与佛教——以朱淑真为例》(《亚细亚遊学》第 207 号)、陈翀的《萧该事迹及其〈文选音〉小考》(《中国中世文学研究》第 69 号)等，分别就鱼玄机、宋自逊、朱淑真、萧该等人之家世、事迹、交游、创作等进行考察，并在前人基础上有所推进。

将作家生平、身世遭际与创作活动挂钩，附以广阔的社会背景，以深化对人和文的多元认知，是古代文学研究中常见的方法。荒川悠《论刘禹锡左迁至连州前的诗作态度的变化》(筑波中国学会

5 月 18 日例会）与《论晚年刘禹锡的自我意识》（筑波中国学会 7 月 13 日例会）两篇文章，分别从发展变化的角度，对刘禹锡贬谪连州时的创作态度、刘禹锡晚年的自我意识进行探讨，有一定新意。浅见洋二《言论统治下的文学艺术家：立足于苏轼的创作活动》（《大阪大学大学院文学研究科纪要》第 57 卷），从知识分子言论与国家权力对立冲突时文人该如何“避言”着眼，结合苏轼的创作活动，对北宋中后期以诗为中心的文学题材的制作、接受、流通及解释方式展开考察。在他看来，苏轼有意识地在公众场合抑制以诗歌为首的言论发表，但私下里却反复地与友人互赠书简及诗歌，形成了私密的文本圈域，带来了文学文本形态的多样化。又因文本接受过程中，由于各种原因可能会被曲解附会，甚至成为罗织罪名的依据，苏轼不得不利用“廋词”来避谤，这可以看作对儒家“避言”策略的继承，形成了中国古代文学文本独特的私密性特点。该文论述详密，多具胜解，值得重视。

此类研究，还有孙亚秋《李白诗中的长安——以天宝初年为中心》（九州大学中国文学会第 291 回中国文艺座谈会）、樋口泰裕《论夔州期的杜甫诗作》（中国文化学会 6 月 24 日）、田中京《论高适蓟北地区的边塞诗的特征是如何形成的》（中国艺文研究会 10 月 15 日）等，既是论诗，也兼论人，其中多有相关事迹的考述，兹不一一细述。

（五）影响、接受与日中文学比较

影响与接受，是日本学者历来重视的研究角度。本年度此类研究数量不少。尾崎勤《南朝及唐陶渊明接受评价》（《名古屋大学中国语学文学论集》第 30 辑）、上ノ原怜那《李白诗中的鲍照》（九州大学中国文学会第 295 回中国文艺座谈会）二文，分别梳理了南朝至唐期间对陶渊明的接受评价，以及鲍照诗歌之于李白的接受影响。加固理一郎《李商隐诗歌所受杜甫诗的影响——以〈曲江〉诗中的“伤春”为中心》（《中国文化：研究与教育：汉文学会会报》第 75 号），通过“伤春”这一主题，将李商隐诗受杜甫诗歌影响的脉络作了清理。曹明升《宋词是如何成为经典的——以梅溪词在雍正乾隆词坛的接受为例》（中国艺文研究会 11 月 25 日），将眼光扩展到由宋到清之一长时段，通过梳理清代词坛对史达祖词的接受，来探究宋词经典化之路。

上述论文着眼于中国境内作家作品的影响接受，下列数稿则以日本文学为本位，探究其对中国文学的受容。吕天雯《大江匡衡〈早夏观瀑布泉〉考——以李白诗歌接受为中心》(《早稻田大学大学院教育学研究科纪要·别册》25号—1)，通过大江匡衡一首瀑布诗的解读，比较中国和日本文学中“瀑布”表现方法的异同，并由此联及大江匡衡《述怀古调诗一百韵》与李白《长干行》的关系、李白诗文在平安时期以后其他文人作品中被接受和翻案的现象。赵蕊蕊《论柏木如亭和中国诗学——以〈诗本草〉为中心》(《中国研究集刊》果号(总六十三号))选择经典文本，对江户后期柏木如亭对中国诗学的受容作了探讨，由此突出了《诗本草》在江户后期诗坛发展中的重要地位。葛继勇《古代日本对魏征〈時务策〉的受容与变容——以〈魏征时务策〉木简为线索》(《日本汉文学研究》第12号)指出：在日本，魏征《时务策》最初作为教科书被贡举考试所采用，藤原道长、师通等人把《时务策》当作政治参考书使用，空海、藤原敦光等人更关注策文典故丰富、词藻华丽的特点，把它视作“文章范本”的工具书。从“政治参考书”到“教科书(贡举考试的参考书)”，再到文章创作典范的“工具书”，古代日本对魏征《时务策》的受容与变容由此可见。黄小珠《论幕府末期·明治时期的唐宋古文——以藤森弘庵〈东坡策〉为中心》(日本宋代文学学会第四回大会)则以藤森弘庵《东坡策》为考察对象，探寻幕府末期、明治时期日本文坛对唐宋古文的接受，由此展示了古文在近世日本的发展态势。

(六)文献、版本与书籍史、学术史

在文献注释与辑佚方面，王连旺《苏诗赵次公佚注》(筑波中国学会6月8日)围绕专书展开考察，肯定了日本学者仓田淳之助和小川环树所辑《苏诗佚注》保存赵次公注的学术价值。甲斐雄一《宋代诗注的特征》(九州大学中国文学会第296回中国文艺座谈会)则就宋代诗注进行讨论，揭示了其主要特征。佘筠珺《静嘉堂文库本〈新编通用启劄截江网〉中所见宋词》(《风絮》第十四号)从静嘉堂文库本《新编通用启劄截江纲》所见宋词入手，从中辑录一百四十首词作，以补《全宋词》之阙。

版本研究方面，户崎哲彦以郑定刊《重校添注音辨唐柳先生文集》为对象，详考柳集刊行及其在中国大陆、台湾地区以及日本各个藏本的形态状貌，再比较现存修补本与原刻本特征，指出魏本在蜀中辑注本上添加闽中诸注以谋求充实，而郑本在以魏本为底本的《音辨唐柳先生文集》中重新校对添注，使得校、注合一(《南宋郑定刊〈重校添注音辩唐柳先生集〉考(上)》，《岛大言语文化》第 42 号)。村越贵代美在其《阅读〈山谷诗集注〉》(《庆应义塾大学日吉纪要：言语・文化・通讯》48 号)基础上，继续爬梳天理大学附属图书馆藏《豫章先生文集》三十卷《外集》十四卷(存文集卷 2 至十四，卷十七至卷 19，外集，卷一至卷六)之版本形态，考辨黄庭坚作品的编纂成集与版本流传，并按历史朝代顺序为之绘制详细图谱，厘清黄诗创作时间与场所，并以地图的方式加以呈现(《阅读〈山谷诗集注〉(2)》，《庆应义塾大学日吉纪要：言语・文化・通讯》第 49 号)。

此外，西尾和子《太平广记研究》(汲古书院)第四章《南宋两浙地区〈太平广记〉》最见文献考证功力。陈翀《宋人所见〈夷坚志〉引文考——以前四志为中心》(《中国中世文学研究》第 70 号)、潘超《〈夷坚志〉后十志的传承——论上海图书馆黄丕烈校抄本〈夷坚志〉》(日本宋代文学学会第四回大会)二文，专注于《夷坚志》引文文献与版本流传，用力亦勤。施金晓《〈夷坚志〉中关于科举理想的故事》(广岛大学中国文学研究室研究会第 200 回)搜集《夷坚志》中有关科举之梦的文献材料，为后续研究奠定了基础。

在文献承传、书籍生成研究方面，本年度仍有几篇值得关注的文章。植木久行在考辨《庐山记》生成过程与内容构成(《北宋陈舜俞撰〈庐山记〉的诞生与构成》，《中国诗文论丛》第三十六集)之后，又发表《北宋陈舜俞撰〈庐山记〉五卷独创性及其价值——包括香炉峰瀑布和醉石诗迹之研究》(东北中国学会第 66 回大会)一文，就书籍文献价值予以阐发。这其中，庐山香炉峰瀑布和醉石诗迹研究是一个相对较新的学术领域，下文将有专题论述。孟夏《〈新编醉翁谈录〉的成立背景》（中国中世文学会 7 月 13 日例会）与《论〈新编醉翁谈录〉的描写特征》（《中国中世文学研究》第 69 号）二文，分别就《新编醉翁谈录》之生成及其特点展开考察，由内而外，由背景而描写，叙述较为全面系统。

东英寿近年来持续关注欧阳修文集的成书过程，由此产生一系列研究成果。《欧阳修〈近体乐府〉之成立及其传承——又一种〈近体乐府〉》（《风絮》第十四号）关注《近体乐府》的成书、传承以及版本问题；《周必大和朱熹关于范仲淹神道碑铭的争论——以欧阳修新发现书简为焦点》（《日本中国学会报》第六十九集）以新见欧阳修书简为中心，围绕范仲淹神道碑铭，对周必大与朱熹的论争展开考察。关于宋人文集的编写与传承问题，日本宋代文学学会本年度举办了“编撰与传承——以宋人文集为中心”的学术论坛，除前述潘超《〈夷坚志〉后十志的传承》外，东英寿《论南宋本〈欧阳文忠公集〉中所见“续添”》一文，以“续添”为线索，考述《欧阳文忠公集》的成书过程；浅见洋二《苏轼文集的编纂与尺牍》，在考察苏轼文集编纂过程的基础上，探讨苏轼尺牍中表现出来的隐秘心理和情感空间；从公与私的对立着眼，对苏轼的文学创作进行新的解读，并将其置于整个中国古代文学传统中予以审视。此外，任雅芳《李白古乐府的创作与文集编纂考述》（中国中世文学会平成 29 年度研究大会）、陆颖瑶《论中晚唐时期李贺诗之读者和编者》（国学院大学中国学会第 60 回大会）、任雅芳《唐代书籍研究史序说——唐人正集·小集·卷子概念考》（《中国中世文学研究》第 69 号）诸文，分别考辨李白、李贺文集生成编纂情况，并针对唐代各类文集、抄物复杂斑驳的留存面貌，考察正集、小集、卷子的不同编纂特点、流传方式，希求尽可能贴近唐人观念，以此作为唐代书籍史研究的出发点。

种村和史长期专注于诗经解释学史的研究，通过比较分析历代学者的《诗经》阐释活动，探讨古典中国文学观、道德观的变迁史。2017 年度，他在日本宋代文学学会发表《宋代诗经学中诗篇内容的多层面把握之发展及诗序的意义》一文，同时，新著《诗经解释学的继承与变容——以北宋诗经学中心》由研文出版发行面世。该书从微观视点和宏观比较两个方面展开，在厘清宋代诗经解释学之学问特征的同时，考察其对前代诗经学的继承与变容，以及对后代诗经学产生的影响。研究内容围绕着“历代诗经学的概观”“北宋诗经学的创世和展开”“解释的修辞学”“儒教伦理和解释”“宋代诗经学对清朝诗经学的影响”五部分展开，认为宋代诗经学形成期的北宋学者发挥了巨大作用，他们继承借鉴《毛诗正义》的同时，基于独自的理念，构筑成了新的诗经学。

（七）地方书写与诗迹考察

“诗迹”作为重要的文学空间术语，很早就被学界提及①。与单纯的“名胜”和“古迹”不同，“诗迹”是以诗歌为主体的概念，且被历代诗人反复吟咏，广泛流传，其本身具有丰富的诗情印象，且在不断积累之中呈现新的变奏。②

追溯历史，松尾幸忠是日本学界较早关注中国古代文学中“诗迹”问题的学者之一。从 20 世纪八十年代末开始，他就陆续发表《杜牧与黄州赤壁——关于其诗迹化的探讨》(《中国诗文论丛》第八集，1989 年)、《潇湘考》(《中国诗文论丛》第十四集，1995 年)、《论皮日休〈馆娃宫怀古〉的〈香径〉——〈诗迹〉解释的视点》(《中国诗文论丛》第十五集 1996 年)、《关于严子陵钓台的诗迹化的探讨——谢灵运 · 李白 · 刘长卿》(《中国诗文论丛》第十六集 1997 年)等文，分别联系谢灵运、李白、刘长卿、杜牧、皮日休等人的诗歌作品，考察黄州赤壁、馆娃宫香径、严子陵钓台的“诗迹化”过程。与此同时，又于《试论中国诗迹的形成——与日本的“歌枕”比较》(《日本中国学会报》第五十一号 1999 年)文中系统总结中国诗迹的动态发展，借助与日本“歌枕”的比较，确立了其本身的自足性。与之相关，植木久行早期虽未明确使用“诗迹”概念，但已关注到诗歌文学空间问题，其《香炉峰与庐山的瀑布——围绕两个香炉峰的存在》(《中国诗文论丛》第三集)与《唐都青龙寺诗初探》

① 松尾幸忠、李寅生：《从“诗迹”看皮日休〈馆娃宫怀古〉中的“香径”一词》，《钦州师范高等专科学校学报》1998 年第 4 期。

② 植木久行编：《中国诗迹事典——汉诗的歌枕》，研文出版，2015 年版。

（此文收录于《道教与宗教文化》1987年版）诸文，分别就诗歌中香炉峰和青龙寺的题咏展开考察，为后续研究奠定了基础。嗣后，他相继申请了“通过诗迹（歌枕）研究之中国文学史论再构筑——关于诗迹的概念、功能、形成研究（2005—2007年）”“中国文学研究中新的可能性——诗迹渊源、江南研究之构筑（2010—2013年）”两个项目，先后发表《池州的两个诗迹——齐山与杏花村》（《中国诗文论丛》第二十五集）、《南宋地方志所见诗迹考》（《中国文学研究》第三十二期）等文，研究视野已从名家名作的分析考察，进入地方志等文献史料的爬梳整理，希望通过诗迹之概念功能和形成过程的研讨，重建中国文学史论。2013年度，其《论武夷山的诗迹化——以北宋初期为中心》（《中国诗文论丛》第三十二集）、《福建省的诗迹——文献中所见的武夷山》（《岐阜大学地域科学部研究报告》第三十三号）等文聚焦于江南福建地区，以文献考证梳理武夷山诗迹化的过程，在诗迹渊源、江南研究之构筑等方面打开一条中国文学研究的新的通道。2015年，植木久行编著《中国诗迹事典——汉诗的歌枕》（研文出版）发行，在中国古典诗歌中选择了365个代表性诗迹，于文本赏析的同时加以解说。正文之外，附有“诗迹概说”（植木久行撰）“诗人小传”（丸井宪撰）以及“诗迹参考地图”“年表”“作者别诗题索引/诗迹关连综合索引”等副文本，为后续研究提供了丰富的研究资料。

到了2017年度，松尾幸忠发表《作为诗迹的汴河》（《中国诗文论丛》第三十六集），通过文本细读，发掘诗歌中汴河主题的多个面向，其中羁旅送别主题最为突出。随着汴河的开凿运行，诗坛兴起一批咏史怀古之作，在反思隋王朝衰亡的原因中寄寓明确批判意识。白居易新乐府《隋堤柳》将汴河旁的送别之柳看做亡国树，达到警示后世为政者的劝诫目的。中晚唐时期，围绕隋堤柳——杨柳——杨氏隋王朝怀古与隋炀帝的行迹，汴河怀古诗批判意味日趋增强。许浑《汴河亭》、罗隐《汴河》、罗邺《汴河》、许棠《汴河十二韵》等晚唐诗作都在汴河书写的冷静思考中显得意味深长。此文系“中国江南地方志之文学资料分析——史的遗迹与诗迹的侧面（2015—2017年）”研究成果的一部分，预计此后松尾氏会有更多新的研究成果面世。前述植木久行本年度所撰《北宋陈舜俞撰〈庐山记〉五卷独创性及其价值——包括香炉峰瀑布和醉石诗迹研究》一文特别提及庐山香炉峰瀑布和醉石诗迹研究，也可见出此类研究的最新动态。同类研究还有中唐文学会平成29年度大会上石硕提交发言的《敬亭山的印象——谢朓与李白》，以谢朓与李白诗中的敬亭山表达，探究敬亭山的"诗迹"演变。

与日本学界的"诗迹"研究相呼应，国内也有相关研究出现。刘勤《杜甫的陇右"诗迹"研究》(暨南大学2018年硕士学位论文)从"诗迹"视角介入杜甫陇右诗研究，挖掘杜甫陇右山水纪行诗的"诗迹化"过程，分析"诗迹化"的山水与杜诗在文化史上的贡献；杨恂骅《论经典诗迹映衬下的白苏互动——以白居易、苏轼之苏杭名篇为中心(《地域文化研究》2018年第5期)关注白居易、苏轼相关作品对西湖山水、钱塘江潮以及灵隐寺的描述，将唐宋苏杭"诗迹"互相映衬，成为构建西湖叙事文化空间的重要推手。可以预见，随着文学地理学、文学空间书写等相关领域的发展，中国古代文学"诗迹"研究将是一个新的学术生长点。

(八)元典译注与读书交流活动

唐宋文学经典文本的研读，是日本学界长期以来前后相传、坚持不懈的活动。国学院大学中国学会赤井益久、川合康三组织"唐代文学研究会"成员每周二进行唐诗品读赏析，石本道明组织"宋代文学研究会"成员每周四研读《苏轼全集校注》收录的尺牍作品，已成常规。由爱甲弘志组织、设于京都女子大学的"东山之会"，自本年度2月18日至12月16日完成《长江集》卷三《送觉兴上人归中条山兼谒河中李司空》至《送路》等诗的译注工作。早稻田大学内山精也组织"江湖派研究会"成员开展"戴复古五律读书会"，每月研读戴复古诗歌作品，训读成果刊发在多种学术刊物上。

本年度内，"日本词曲学会"围绕《唐宋名家词选》的译注，组织成员于立命馆大学文学部中国文学专攻共同研究室开展8次译注成果交流会，并于日本大学商学部和爱知大学名古屋校区分别举行了6次和2次译注检讨会，修订的译注稿拟在《风絮》上向学界呈示。《风絮》别册刊载《龙榆生编选〈唐宋名家词选〉北宋编(一)》即是《唐宋名家词选》译注工作的初步成果之一。在唐宋段经典文本译注中，最受学界关注的要属冈村繁《白氏文集》(明治书院，新释汉文大系)与川合康三、绿川英树、好川聪编《韩愈诗译注》第2册(研文出版)的发行。其他译注成果，尚有赤井益久等人合作《〈河东记〉译注稿(四)》、佐野诚子《陆杲〈系观世音应验记〉译注稿(二)》(二文均载《名古屋大学中国语学文学论集》第30辑)、冯芒《白行简〈望夫化为石赋〉注解》(《外国语学研究》第18号)、高西成介《〈太平广记〉译注(稿)——卷四百“宝”部金上(下)》(《高知县立大学纪要》第66卷)、岩本真利绘等人合作完成的《〈朱子语类〉卷一四~一八译注(九)》(《京都府立大学学术报告·人文》第69号)、本间次彦《〈朱子语类〉卷六十三〈中庸·二〉译注(一)》(《明治大学教养论集》通卷529号)及《〈朱子语类〉卷六十三〈中庸·二〉译注(二)》(《明治大学教养论集》通卷531号)等，由此可见此期译注活动之繁盛。

针对当下唐宋文学研究中新材料的发现与运用，日本学界也常邀中国学者造访交流。“中国中世文学会”平成29年度大会特邀西北大学李浩，做了《新见唐代碑志的价值与意义：以两方回纥志、李百药志等为重点的讨论》的主题报告。“中国柳宗元研究会”翟满桂、蔡自新、吕国康一行受邀前往日本查访柳宗元集版本情况，并在东山之会(3月25日)与日本学者展开学术交流。三位中国学者分别以《“历代柳宗元研究文献整理及数据库建设”选题与构想》《〈永州八记〉千年觅——柳宗元山水文章的现代追求》《日本学者对柳宗元研究的拓展与掘进——以清水茂、下定雅弘、户崎哲彦为例》为题，在会上发言，既向日本学界展示了中国柳宗元研究的若干动态，也对日本学者的相关研究做了详细考察和高度肯定。

(九)学术论著双向译介

日本学界特别关注海外研究动态，经常翻译介绍其他国家学者相关成果，以推动本土研究的进展。本年度，由爱甲弘志、中木爱、谷口高志翻译尚永亮专著《贬谪文化和贬谪文学——以中唐元和期五大诗人贬谪及其创作为中心》，由勉诚出版发行。译者希望通过此书，进一步深入讨论“贬谪文学”概念的有效性及相关问题。

与此同时，日本学界的相关成果也通过译介，纷纷登陆中国。种村和史的《宋代〈诗经〉学的继承与演变》(李栋译，《日本宋学研究六人集(第二辑)》，上海古籍出版社 2017 年版)以《诗经》学为中心，讨论宋代学者对汉唐学者的超越与继承，从细微中发掘宋代《诗经》学研究的时代精神与特点。全书计十四章，分别论述欧阳修《诗本义》、王安石《诗经新义》、苏辙《诗集传》以及程颐《诗经》阐释学的特色及其在《诗经》学史中的位置；其中对《诗经》解释学史上的历史主义、假设观念、国家归属意识之变迁等问题，都有精彩论析。

复旦大学出版社 2017 年度策划出版《日本汉学家"近世"中国研究丛书》，收录内山精也《庙堂与江湖——宋代诗学的空间》(朱刚、张淘、刘静、益西拉姆译，慈波校译)与浅见洋二《文本的密码——社会语境中的宋代文学》(李贵、赵蕊蕊等译，李贵校译)二书，值得特别重视。

内山精也从硕士开始即研究苏轼诗文，并以苏轼为中心，观照北宋中后期士大夫诗学，多有创新。他十多年前在大陆出版的《传媒与真相——苏轼及其周围士大夫的文学》(王水照主编《日本宋学研究六人集》丛书之一，上海古籍出版社 2005 年版)一书，已对苏轼、王安石、黄庭坚等人的文学创作、文学活动及其与政治、传媒间的微妙关系，做了深入考察，而这部《庙堂与江湖——宋代诗学的空间》，则将视野扩展至南宋，所关注对象的身份阶层，也从士大夫转向布衣之士。全书共分为四个部分：第一部分"宋代庙堂诗学"又分三章，重点考察苏轼等北宋士大夫诗学及其变化；第二部分"诗人与江湖"、第三部分"诗人自觉的演变"和第四部分"何为诗之'近世'涵括八章，主要收录江湖诗人研究的最新成果。在"诗人与江湖"中，作者通过考察《诗经》到北宋与南宋歌咏淮河诗歌主题的变化，不仅进一步印证了吉川幸次郎提出的宋代诗歌"叙述性""与生活的密切性""连带感""伦理性""平静之获得"等个性特征，更见出南北宋相关诗作因历史剧变而产生的意识形态差异。"诗人自觉的演变"将切入点聚焦在诗集编纂层面，认为初唐至北宋末处于写本与刻本的媒体变革前后，尚未出现诗人生前刊行别集的例子；到了南宋中期，部分诗人自编诗集开始于生前刊行；而至南宋后期，不仅士大夫与出版商关系密切，非士大夫阶层的布衣诗人也积极刊梓自撰集，诗人、编者与书肆的密切合作，以职业编辑陈起刊刻《江湖小集》为典型个案，向着现代的方向迈出了一大步。第四部分明确确认“近世”的本质为“世俗化(通俗化)”，并以此考察古今体诗歌领域的“近世”现象。南宋时期，创作主体阶层的通俗化现象已经发生，民间诗人和女性诗人涌现，非士大夫读者层在南宋也已存在，而到了江湖派时代，古今体诗在士大夫文化圈的外围获得了新的独立的创作场所，古今体诗通俗化导致“近世”萌芽得以清晰的存在。江湖派诗人置身于宋末元初“文言的通俗化”与“白话(官话)的高雅化”的文学语言环境中，如何在元代被进一步接受？作者通过他的思考，呈现出宋代诗歌史是由多种身份阶层诗人群体构成的复杂面貌，同时向学界证明江湖诗人研究的意义和价值①。

浅见洋二兼治唐宋，著述亦夥。其早年出版的《距离与想象——中国诗学的唐宋转型》(王水照主编《日本宋学研究六人集》丛书之一，上海古籍出版社2005年版)即以多元视角，论述了唐宋诗学的不同特点及其与绘画、媒体的关联。这本《文本的密码——社会语境中的宋代文学》则在此基础上，进一步考察了宋代文学赖以产生的复杂关系，认为文学文本不能独立于社会关系网络而孤立存在，相反，文本的生产、传播、接受等须依托于各种各样的社会语境。基于此，作者以三编十四章的结构，试图从宋代文学赖以依存的社会语境中，解开“文本的密码”。第一编“权力控制下的文学创作”，从“避言”的策略探讨当文人与国家统治权力发生冲突时，他们采取怎样的形式来发表言论、进行创作；第二编“从‘公’文学到‘私’文学”，以陆游、杨万里诗中儿童与童年书写、“陆游诗中歌咏的农村”、“刘克庄与故乡田园”、“杨万里与‘诗债’”、“苏轼与杨万里诗中山水的拟人化”为关注点，在与第一编的对比分析

① ［日］内山精也著，朱刚、张淘、刘静、益西拉姆译，慈波校译：《庙堂与江湖——宋代诗学的空间》，复旦大学出版社2017年版，第306-308页。

中，见出“私”文学的特点；第三编“文本生成论”，指出同一文体在传播范围中也有“公”“私”差别，结合具体文集的编纂情性，具体分析了文学文本在从“私”转向“公”的生成过程中的各种样态，由此探讨宋代的文本生成论。

内山精也和浅见洋二都是中年学者，也渐次成为日本宋代文学研究的领军人物，二书集合了两位学者最新的研究成果，从中既可看出其研究思路的异同，也一定程度地昭示了其未来发展方向。

三、元明清文学研究

(一)典籍译注

本年度元明清文学有众多的译介成果，通俗文学与传统诗文并重。

“元诗研究会”成员继续研读戴表元诗作，译注成果《戴表元诗译注(十二)》刊载于《琉球大学言语文化论丛》第14号。“日本词曲学会”组织学人研读《四库全书总目》“词曲类”提要，在关注总目学术价值的同时，将各种词集提要加以译注，并围绕译注问题，于立命馆大学文学部中国文学专攻共同研究室举办了为期两天(6月17日、18日)的讨论会，最终成果《词籍“提要”译注稿(七)》刊发于《风絮》第十四号。同类成果，还有重野宏一的《〈四库全书总目提要〉〈毛诗指说〉译注》(《筑波中国文化论丛》第36号)。

井波律子译《水浒传》(讲谈社学术文库)与二阶堂善弘监译《全译〈封神演义〉》(勉诚出版)发行面世。川上阳介2016年开始从事《译解笑林广记》的注释工作，将一噱道人(远山荷塘)道光九年(1829)刻本《译解笑林广记》进行全译和注释，同年度发表《〈译解笑林广记〉全注释(一)》(《富山县立大学纪要》第26卷)，本年度完成《〈译解笑林广记〉全注释(二)》(《富山县立大学纪要》第27卷)。与此同时，广岛大学“中国文学研究室研究会”开展两次主题为《西游记》翻译问题的发表会，道下京有《〈通俗西遊记〉〈绘本西遊记〉的翻译、改译》(第203回大会)与《〈西游记〉的翻译、改译——〈通俗西游记〉〈绘本西游记〉的特征》(第204回大会)二文发表。此外，尚有鹤原胜《清莫友芝〈唐写本说文解字木部笺异〉的译注》(广岛大学中国文学研究室研究会第 204 回) 等译注成果面世。

日本学界的中华典籍译注工作，一方面为日本读者接受中国文化提供了一个便利的通道，另一方面，也便于我们了解日本学者的最新关注动向，从中获得不同元典的有价值的新发现。

(二) 文献学研究

书籍版本考辨方面，本年度《水浒传》《西游记》的版本形态与流传接受问题，颇受关注。宫本阳佳《论〈水浒传〉讲义录的继承》(《京都府立大学学术报告·人文》第 69 号) 考察了十五部《水浒传》讲义录的文本形态，在异同比对中探讨诸本讲义录形成过程与继承关系，每本讲义录都融入作者或藏书者基于外部资料信息之上的自我理解阐释；文本内容之外，藏书印记也可见出讲义录从江户后期到昭和年间，辗转多位汉学家之手的收藏经历，为厘清近世中期以后《水浒传》研究状况提供了重要的文献参考。他如中原理惠《论〈水浒全书〉郁郁堂本》(《中国古典小说研究》第 20 号)、孙琳净《〈新编水浒画传〉"校定原本"诸本的研究——以与〈水浒传〉诸版本的关系为中心》(《和汉语文研究》第 15 号)、小松谦《〈水浒传〉本文的研究——以文学侧面为中心》(《京都府立大学学术报告·人文》第 69 号)、《〈水浒传〉本文的研究——以"表记"为中心》(《和汉语文研究》第 15 号) 等文，分别就《水浒传》的郁郁堂本、"新编画传校定原本、本文、表记及小说中韵文、字面之变容等方面，展开了多角度的考察。

在书籍版本研究中，本年度也有若干新的发现。上原究一在系统梳理《李卓吾先生批评西游记》各个版本信息之后，发现日本宫内厅书陵部藏《传奇四十种》中《杨东来先生批评西游记》与《李卓吾先生批评西游记》颇多相像；无独有偶，通过版本比对，同书收录的《一笠菴批评玉簪记》与《李卓吾先生批评玉簪记》各项版本信息都可对应得上，由此作者推测《杨东来先生批评西游记》及《一笠菴批评玉簪记》极有可能因避天启五年禁书令，削夺李卓吾姓名而改他名，后被《传奇四十种》保存至今，由此形成另一个版本的《李卓吾先生批评西游记》(《另一个〈李卓吾先生批评西游记〉——围绕〈传奇四十种〉所收〈杨东来先生批评西游记〉及〈一笠菴批评玉簪记〉的书名改刻》,《日本中国学会报》第六十九集)。樊可人在介绍《西厢记》版本价值时,指出远山荷塘《谚解校注古本西厢记》大概是目前所知中国以外地区唯一《西厢记》文本。文章详细列出各版本及序跋情况,通过其中文字异同对比推测版本来源,分析作者的编纂动机及成书经过(《远山荷塘〈谚解校注古本西厢记〉的成书经过》,《日本中国学会报》第六十九集)。福满正博于此前考察元刊杂剧《汗杉记》的基础上,进一步对该剧第三折进行文本细节比对,以此区分明抄本与元曲选本的对应状况,彰显各自的文献特点(《元刊杂剧〈汗杉记〉在何处?——并论明抄本和元曲选本的特征(2)》,《明治大学人文科学研究所纪要》第 81 册)。此外,岩崎华奈子的《论国立公文书馆、哈佛燕京图书馆、私国立图书馆所藏的〈封神演义〉版本》(九州大学中国文学会)、黄冬柏在九州大学"中国文学会"发表的《内阁文库藏〈重刻元本题评音释西厢记〉考》等文,也都不无新意。

杂剧小说版本考证之外,元明清时期各种诗文选本的版本流传情况,日本学者也相当关注。如所熟知,明人李攀龙编纂的《唐诗选》在日本江户时代备受瞩目。然而,因传入日本的原版《唐诗选》入手困难,故当时曾被制作成多个版本,尤以江户的出版商小林新兵卫所经营的商号嵩山房所出版之《唐诗选》最多。针对此一情况,松浦章发表《江户时代唐船带来的〈唐诗选〉及其再版本》(《或问》第 31 号)一文,选择日本宽延二年(1749)出版的以崇祯元年《唐诗选》为基础而作成的和刻本为研究对象,详细考察了该书宝历至宽政年间的出版发行情况,在明辨源流方面做了一件颇有助益的工作。

日本学者的文献辑补与阐释研究也同样值得关注。以伍子胥故事为例:元杂剧李寿卿《说专诸伍员吹萧》有"子胥年少时曾赴临潼斗宝会,力举千斤之鼎,保得十七国公子无事回还"之记载,明杂剧邱睿《举鼎记》继续沿用。《新东周列国志》描写子胥"有扛鼎拔山之勇,经文纬武之才",《六部春秋·左传春秋》也有伍子胥保楚平王赴临潼斗宝，立举千斤鼎情节的设置，而这些述说又明显受到《旧志》及元杂剧的影响。对此，田村彩子溯其源，考其流，通过梳理故事演变，尽力还原伍子胥举鼎的典型情节(《伍子胥举鼎的物语》，《和汉语文研究》第15号)。中野清近年将关注对象转移到《子不语》等古典小说上，2016年出版《中国怪异故事的研究——文言小说的世界》(研文出版)一书，收录有关袁枚志怪小说集《子不语》的系列研究成果，对“鬼求代说话”“僵尸说话”等模式均有研究。本年度，他发表《〈子不语〉中的妒鬼故事补遗》(《中国诗文论丛》第三十六集)，从“妒鬼”角度对《子不语》中文献进一步加以梳理和补遗。松尾肇子继续向日本学界介绍清代词人、词评家叶申芗《本事词》中有关北宋部分的词作本事，并在叶申芗叙说的基础上，发掘《本事词》类似小说的叙事特征(《诗余物语北宋篇(6)——清叶申芗〈本事词〉》，东海学园《言语・文学・文化》第16号)。他如王连旺《论〈燕辽游记〉所收柯劭忞、胡玉缙、杨钟羲的资料》(筑波中国学会12月15日会)、萩原正树《论〈诗苑〉所收王国维诗词十首》(《学林》第64号)、大塚秀高《增补中国通俗小说书目》(《中国古典小说研究》第20号)等，也都就所研究对象从文献方面作出辑佚和考论。

种村和史长期专注于诗经解释学史的研究，其博士学位论文最后一章主要研究宋代诗经学对清朝诗经学的影响。本年度，他围绕清代学者戴震的诗经学研究，先后发表《同情和关怀的辞藻——戴震〈毛诗补传〉中所见严粲诗经学的影响》(《日本宋代文学学会报》第三集)、《不能抛弃的遗产——戴震〈毛郑诗考正〉中宋代诗经学的引用之意义》(庆应义塾大学日吉纪要《中国研究》第10号)两篇论文，对戴震诗经学的特点、承前启后的功用特别是对宋代诗经学方法论的吸纳，予以辨析论述，将问题向纵深引进。萩原正树的专著《有关〈词谱〉及森川竹磎的研究》(朋友书店2017年版)第一部分详分“国内所藏稀见《诗余图谱》三种考”“论《词律》的四声说”“论杜文澜《词律校勘记》”“论《钦定词谱》订误一僻调”“《历代诗余》与《钦定词谱》”“《钦定词谱》词体考”“论《钦定词谱》的〈花草粹编〉引用”“《钦定词谱》内府刻本二种的异同”等目，对明清时期具有代表性的“词谱”进行了详细考证，同时附有“国内所见词谱异同表”以供学界检索使用。

（三）作品主题分析与文学思想研究

王竹《〈红楼梦〉中的“无用之用”——以第二十二回所引〈庄子〉列御寇篇及人间世篇为中心》（《人间文化研究》第 7 号）围绕“无用之用”，考察了曹雪芹笔下人物与庄子的关联，认为曹氏深受庄子影响，用“无用之用”塑造了宝玉的人物形象，并以之设定出场人物的命运，展开小说情节。而且这种“无用之用”，在第 22 回引用《庄子》《列御寇》篇及《人世间》篇时体现得更加明显。在《红楼梦》里，自始自终充溢着“无用之用”的价值观，脂砚斋所评“皆不能跳出庄叟言外”，盖此之谓也。澀井君也《海圃主人〈续红楼梦〉中梅花与大观园的构想——从才子佳人到“金玉姻缘”》（《中国文学研究》第四十三期）注意到海圃主人颠覆前人续作之悲剧色彩，在创作男女主人公的“金玉良缘”时，借鉴了才子佳人小说中强调婚姻与科举的因素。他认为：《续红楼梦》在主要人物描写中，通过梅花表现姻缘，以大观园呈现贾家复兴的构想，在清代《红楼梦》众多续书中，颇具特色。

福田素子《〈看钱奴买冤家债主〉的“冤家债主”的意味》（《中国：社会与文化》第 32 号）认为“冤家债主”施加的危害，可以通过供奉以及忏悔等宗教仪式来镇压消除。人世财产根据本人以及祖先的善恶行迹进行分配，而“冤家债主”在其中承担财产转移的任务。作者通过梳理自六朝以来“讨债鬼”故事的变容，认为《看钱奴买冤家债主》之“冤家债主”，是基于与劝善书不同的价值观念而诞生的。笠见弥生《被包容的“私通”——以凌濛初〈二拍〉为中心》（《日本中国学会报》第六十九集）从女性私通而未受处罚的描写入手，探讨私通在凌濛初作品中被容许的原因。文章分析了小说的男性视角，即妻子的私通主要是男性的过错，男性有看守和管理妻子的责任。作者以凌濛初笔下姚滴珠与莫大姐为中心，并与冯梦龙《古今小说》中王三巧儿的故事对比，认为《二拍》中对女性私通的包容，是探究凌蒙初价值观的重要体现。此外，上原德子《论〈杜十娘怒沉百宝箱〉的翻案——从“杜十娘”到 Miss Tu》（《中国古典小说研究》第 20 号）与《从翻案作品分析看〈杜十娘〉》（《宫崎大学教育学部纪要 · 人文科学》第 88 号），从别一角度对经典作品《杜十娘怒沉百宝箱》进行再解读。大西纪衣《论〈白蛇传〉青青形象的变迁》（广岛大学中国文学研究室研究会第 203 回）与《论〈白蛇传〉青青人物形象——以蛇女与人之间的异类婚姻故事为中心》（广岛大学中国文学研究室研究会第 204 回），详细探讨了《白蛇传》中青蛇这一形象。材木谷敦《论李渔〈闲情偶寄〉所收三篇〈行乐之法〉》（中央大学文学部《纪要：言语 · 文学 · 文化》第 119 号）择取十篇“行乐之法”中的三篇《贵人行乐之法》《富人行乐之法》《贫贱行乐之法》展开细读，从其各自行乐方式中，看到了作为特殊理念的乐趣，即享受生命所给的境遇，指出在构思上与阳明学关系密切。

此外，铃木敏雄发表《论清彭孙贻的拟作诗〈和摩诘辋川庄诗〉——以〈竹里馆〉〈鹿柴〉为例》（《中国中世文学研究》第 70 号）一文，以《竹里馆》《鹿柴》为例，通过比较彭孙贻拟作诗与王维原诗，考察其在诗歌境界、主题背景以及表达方式等方面的相似度，借以探讨《和摩诘辋川庄诗》十二首的独特艺术成就和创作意义，认为彭的拟作传达出一种强烈的想要寻求田园生活的意趣和愿景。他如金平侑子《〈水浒传〉的入回诗》（广岛大学中国文学研究室研究会第 200 回会）、郑沛文《浅论柳如是的诗》（广岛大学中国文学研究室研究会第 203 回），分别对《水浒传》的入回诗、柳如是诗加以审视，后者还提出了自己的设想和计划。

（四）文集形态与文学观念

福永美佳《从元杂剧文本的改变看明代文人的妓女观》（《尚絅语文》第六号）一文，对比臧懋循《元曲选》与古文家本、顾曲斋本、孟称舜本等元杂剧选本中同一杂剧文本的异同，来论述妓女形象的改变，并考察了其背后所反映的明代文人妓女观。广泽裕介《〈全相平话〉与插图解说技艺》（《日本中国学会报》第六十九集）主要论述内阁文库所藏《全相平话》版本中图像与文字的关系。文章从书籍形态考察、图像特征与鉴赏方法、文字的阴刻表示与图像说明文三个方面展开，解读图像和文本诸要素的基本信息，分析它们之间的相互关系，认为《全相平话》是一种集文字、说话人的声音、绘卷和现场表演等内容为一体的综合性文本。千贺由佳《白话小说中的僧侣与法术——以〈警世通言〉卷二十八〈白娘子永镇雷峰塔〉和〈平妖传〉为中心》(东京大学《中国语中国文学研究室纪要》第二十号),围绕《白娘子》和《平妖传》,对小说中僧侣和法术的关系进行了详细的考察,指出《警世通言》收录的上述作品在沿袭道士与法术的典型模式时,出现了很多僧侣与法术的情节描写,小说中处处显示出佛教比道教更受优待,由此见出明末小说创作过程中佛教的隆盛。

元明清时期的诗文曲词选本研究也有若干成果。藤田优子关注到上海图书馆所藏吴承恩编纂《花草新编》的选本形态和文献价值,将研究视角聚焦于《花草新编》分调编次的体例,对自吴承恩至陈耀文的词选史变化作了详细考察(《〈花草新编〉中所见分调编次词选集的意义》,《和汉语文研究》第 15 号)。市濑信子将目光转向乾隆十一年闰三月三日杭州知府鄂敏主持的西湖修禊诗会,通过与会者诗文集以及地方文献的记载,对主持人、参与者以及修禊诗会结集《西湖修禊诗》进行了全面考察,力求重现这场文化盛会的原貌,揭示其价值所在(《从诗会的记录论〈西湖修禊诗〉》,中国中世文学会平成 29 年度研究大会)。田口一郎以“后七子”之一谢榛为例,发现《列朝诗集小传》文字记载与事实相龃龉,其诗人评价有明显的偏向,这种评价,甚至一定程度上影响到了“七子”概念的改变(《从谢榛小传看〈列朝诗集〉的性格》)。与此相类,松村昂《李卓吾在〈小传〉中的定位》、野村鲇子《从〈小传〉依据资料来看〈列朝诗集〉的特征》、和泉ひとみ《浅谈〈列朝诗集小传〉中李东阳、汤显祖的评价》诸文,也聚焦于《列朝诗集小传》对李贽、李东阳、汤显祖等人的不同评价,并从资料来源探讨《列朝诗集》的编撰特点(以上四文均载于日本中国学会 2017 年度《研究集录》)。

(五)影响接受与比较研究

在接受史研究方面,小田健太发表《黄景仁与唐诗——以李贺的受容为中心》(《日本中国学会报》第六十九集)一文,就黄景仁作品与李贺在内的唐代诗人的关联作了考察,在聚焦于具体言语措辞的同时,重点探讨了黄景仁对李贺诗表达方式的受容。文章指出,黄诗虽受到李贺《秋来》诸诗的影响，但并未停留在相似性的模仿层面，而是通过对峙性的受容，生成不只限于模仿层面的独特的表达方式。顾春芳《重新考订李攀龙〈唐诗选〉的意义》(《人文学论集》第 35 辑)围绕服部南郭为重新考订李攀龙《唐诗选》所作《附言》展开讨论，从接受学角度着眼，对明代宗唐诗学作了新的认知。陈竺慧《野村篁园的“雅词”与清代词坛——以咏物词为线索》(《早稻田大学大学院文学研究科纪要》第 62 册)在对野村篁园存录词作考察中，发现其咏物词多为次韵南宋之作，体现出尚雅一路。作为幕府官儒的词人，野村篁园的“雅词”创作与同时代的清代词坛风尚颇相一致。樊可人《从明清乐看江户时代〈西厢记〉故事的受容》(《中国中世文学研究》第 69 号)以《西厢记》为中心，重点考察相关曲子的共同点，以及这些曲子在江户时代的受容情况。结果显示，除了《唐话纂要》中“张君”曲之外，其他曲目都有张生和崔莺莺幽会的情景、内容。明清乐经由长崎唐人公馆的唐通事和丸山的娼妓得以在日本普及，而《西厢记》在以唐通事为代表的知识阶层中流传颇为广泛；远山荷塘著有《西厢记》讲义，大田南亩诗作使用《西厢记》典故，《文鲜花》等曲子描写了菊池五山和田能村竹田等人在诗文中阅读《西厢记》的情景；至于庶民阶层，亦非常欢迎有关《西厢记》故事的艳本，如《秘戏艳说筑紫琴》序文引用了明张楷《浦东崔张珠玉诗集》所收《莺生云雨会》，溪斋英泉编辑的《枕文库二编·下之卷》与《浦东崔张珠玉诗集》都有与《莺羞暂不行》曲子相同的文字记载，《浦东崔张珠玉诗集》亦被多次引用。由此，足见《西厢记》故事作为与男女情事相关的物语形象已经深入人心。

比较文学方面，尾山真麻将太宰治《竹青》与《聊斋志异》从三个方面加以比较，其中鱼容回到故乡的结局是太宰治的个人创造。区别于原著，从主人公鱼容身上可以看到对重返故乡的执著。太宰治很多作品都描写语言当中的“谎言”，但《竹青》突破这一写作惯例，借鱼容作为妻子的内心刻画来展现人物性格变化，其中的语言表达是发自内心的(《太宰治〈竹青〉论——与〈聊斋志异〉相比较》，明治大学《文学研究论集》第 47 号)。杨爽在就《小野篁》和《聊斋志异》比较的同时，对以具备日本、中国和西方三方面教养而自负的依田学海创作的《小野篁》这部小说中的独特创意进行了探讨。依田学海发表于欧美型小说杂志《新著百种》的《小野篁》虽然使用古文体创作，但作品在艺术性、出场人物的心理描写以及人物会话等方面，具备新小说的特点。这是一部继承了日本古典文学传统，又吸收了近代要素的过渡期的作品，依田学海为实现"近代文学"的转向做出了独到的努力(《依田学海与〈聊斋志异〉——以〈小野篁〉与〈莲花公主〉比较为中心》，《日本汉文学研究》第十二号)。

(六)综合考察

钟东《论道教文化与唐明皇游月宫故事》(九州大学大学院人文科学研究院《文学研究》百十四辑)将唐明皇游月宫的故事，纳入道教文化视野来审视，试图从探讨诸传闻之间的关系入手，对此一有着道教色彩的故事作整体考察。他指出唐明皇游月宫的传说正是他追求神仙、慕求无为、无心于政治的仙话式表达，也是道教文化影响明皇贵妃故事的集中体现。唐明皇的步虚、游月，奠定了帝妃故事的类型，在看似荒诞无稽的故事中，隐藏着一种为人们所遗忘的文化意识，让我们得以窥见明皇与贵妃传说故事的实质，以及其中贯注着的一个富于象征性、包蕴性的母题。

山下一夫《清朝宫廷演剧〈混元盒〉的成立与上演》(《艺文研究》第 112 号)指出《混元盒》兼具节戏和大戏的功能，几乎每年的重要节日，比如端午节清朝宫廷都会上演。近年来随着相关文献资料的挖掘，昆弋腔宫廷剧的历史定位得以重新审视。《混元盒》的版本体系与演出情况探讨，对于清朝宫廷演剧研究是一个较好的示例。玉置奈保子《〈飞龙全传〉与武术描写——白话小说与武艺书的交点》(《日本中国学会报》第六十九集)以清代白话小说《飞龙全传》为对象，主要运用文本细读的方式，从招式描写分析以好汉、英雄为中心的白话小说，着重探讨白话文艺、武艺书、白话小说间的关系。

复旦大学出版社 2017 年度策划出版《日本汉学家"近世"中国研究丛书》，收录太田辰夫《〈西游记〉研究》(王言译)和大木康《冯梦龙〈山歌〉研究》两部专著。太田辰夫《〈西游记〉研究》从中世小说著作权的不明确这一首要特征出发，围绕西游故事的发生和流传，以及各种戏曲小说文本中有关西游故事的记载，进行了详细的文献考辨，试图呈现《西游记》小说文本的产生、流变，以至于最终确定文本形态的发展过程。其中“《玄奘三藏渡天由来缘起》与《西游记》的一个古本”“《唐三藏出身全传》(杨本)考”“《唐三藏西游传》(朱本)考”“世德堂本《西游记》(世本)考”“鲁府本《西游记》与《西游释厄传》”“明刊本《西游记》考”等章节，为学界《西游记》研究奉献诸多新的文献史料和版本信息。大木康《冯梦龙〈山歌〉研究》立足于冯梦龙《山歌》收录苏州民歌和桐城歌文本，把整体的宏观视野与微观的条分缕析结合起来展开研究。前五章分别就卷一至卷六所收四句山歌，卷七至卷九所收中、长篇山歌以及卷十“桐城时兴歌”进行文本细读，围绕冯梦龙辑录山歌的主题内容与作者身份，山歌所反映的女性形象的差异以及不同山歌的艺术技巧和表现手法等问题展开探讨，最后从编纂体例的角度论述冯梦龙山歌作品编次方式和意图，论定冯梦龙在山歌辑录和研究上的贡献。

四、余　论

上文参照文学史的分期，划分“先秦两汉魏晋南北朝”、“唐宋”、“元明清”三个时段，概述了本年度日本学界中国古代文学的研究动向。这样近乎机械地划分，虽在行文上便于撰文者清晰地呈现此一时期各个方面的研究成果，但那些因研究对象跨越具体时段，或研究内容不限于某一具体领域的成果，则无法在上文中一一论及，缘此之故，下面再对几个重要的研究成果稍予论说。

武田雅哉《中国飞翔文学志》(人文书院，2017年版)对源于上古尧舜的神话传说、汉魏六朝的怪谈、唐宋传奇与笔记，以及明清小说戏曲、清末报纸杂志，甚至20世纪中叶流传的都市传说等有关神仙、风筝、降落伞、飞车、气球、飞船、UFO等“飞翔”的记载，作了系统爬梳，以此呈现虚实混杂的中国飞翔文学发展历程。诚如副标题“有关飞天的十五个夜话”所示，本书采用“夜话”的方式分专题撰写。如第九夜中“空洞彼岸”，作者通过对比唐李贺《梦天》、清阮元《望远镜中望月歌》与陈澧《东塾先生遗诗·拟月中人望地球歌》等作品中的"视觉飞翔行为"，来研究中国文人对"月球"认知的变化，陈澧与李贺诗作都有站在月宫眺望地球与人世的书写，但两诗所传达的观念认知却有明显的差异，由此可以探讨人的认知水平和想象力之间的关系，这是极富启发性的思考。此外，《中国飞翔文学志》搜集有丰富的古今东西方文献，尤其是图像资料，值得学界关注。

由中国文学研究专家竹田晃和大木康等 138 名中国研究专家共同编辑的《中国文化事典》(丸善出版)于本年度面世。该书从历史、地理、思想、言语、文学、美术、艺能、生活八个部分解读"中国文化"的精髓，其中，"文学""美术""艺能"等部分涉及中国古代文学内容较多。如"文学"事典围绕《诗经》《楚辞》、陶渊明、谢灵运、宫体诗、诗论、清代的诗与文、李白、杜甫、柳宗元、白居易、韩愈、李贺、李商隐、诗语的印象、传到日本的汉诗、传入欧洲的汉诗、汉诗创作、北宋的诗、苏轼、南宋的诗、陆游、宋代词、姜夔、古乐府、六朝志怪(1)之冥界官僚体制、六朝志怪(2)之佛教影响、《世说新语》、唐代传奇志演义、《水浒传》《金瓶梅》、"三言二拍"、隋唐演义与杨家将演义、金圣叹的文艺批评、清代的诗与诗论、《聊斋志异》《红楼梦》、清末小说等，逐一展开介绍；"艺能"事典对民间歌谣、苏州弹词、广东木鱼书、中国演剧的历史、元杂剧、元代戏曲、南戏与传奇、明代戏曲、昆剧的诞生等内容，也作了分门别类的解说，大致建构起中国古代文学最基本的知识体系。作为工具书，《中国文化事典》在记述行文上颇下功夫，易于普通读者阅读理解，同时，卷末还附以翔实的"参考图书"，方便读者查阅。

综观上文所述，日本学界 2017 年度中国古代文学研究成果内容丰赡，研究视角和方式多样，整体上呈现以下特点：

从研究人员构成看，中国籍学者所占比重不小。这是因为，一方面，日本知名高校成为众多中国学生从事古代文学研究的首选，因攻读硕士、博士学位，很多留学生参与中国学研究专业读书会、学术例会，发表研究论文，这从《日本中国学会通讯》平成 29 年"国内学会消息"一览表即可看出。如广岛大学"中国文学研究室研究会”本年度共举办七次大会，其中有六次都是学位论文的构想与发表会，主要参与人都是中国籍学生。该研究会通过讨论会的方式，促成留学生将既有的学术背景与日本的研究传统融通在一起，因“留学”而导致的知识的流通、变生与敷衍，形成新的关注视角。另一方面，日本研究机构积极引进中国学者担当外国教师，其中不少学者赴日前已在相关领域颇有建树，赴日后借助丰富馆藏文献和相对优越的研究环境，持续深化研究，在日本学术刊物发表成果。如中山大学钟东教授，本年度以九州大学招聘外国人教师的身份发表论文。再一种情况，日本学术刊物围绕具体的研究主题，刊发或译发中国学者文章，以供学界了解研究动态，学习借鉴。2016 年 12 月 10-11 日，四川大学古籍整理研究所与大阪大学共同举办“儒学——蜀学与文献学”国际学术研讨会，《中国研究集刊》第 63 号以特集形式刊载这次会议的部分论文，收录舒大刚《“蜀学”和“儒学”——“蜀学”历史及其儒学的贡献》、尹波《巴蜀文化的一柱丰碑 宋代文化的一座宝库——〈宋会要集稿〉再考》、王小红《从历史地理学角度来看蜀学的包容性》诸文(白井顺翻译)。又如，2017 年度《白居易研究年报》第十七号刊发查屏球《从西域之佛到东土之隐士——宋代维摩诘图题诗之变迁》(渡部雄之译)与文艳蓉《白乐天诗文书迹拓本之古记录》(钱心怡译)两篇文稿。若同时将中国学者与本土学者的文章成果综合比较阅读，既可见出同类主题中国学者的研究动向、研究视角与观点内容，也便于双方交流对话，共同推进相关研究的深化发展。

从研究立足点看，日本古代文学研究多基于日本本位，将日本作家作品、创作方式、文学观念等方面与中国相比较，探讨日本文学的变容。从上文中不同时段中日文学比较研究成果的介绍，即可见出此一倾向。不过，话说回来，虽然日本学者所持立场是自我本位的，但其研究却反映了中国文学跨境传播产生的后续影响①。这

① 汪超、尚永亮《日本学者研究中国古代文学的他者视野——以 2015 年度中国古代文学研究为中心的考察》，《新疆大学学报(哲学·人文社会科学版)》2017 年第 4 期，第 131 页。

种情形，在《亚细亚游学》系列专号《人·物·知识的往来——丝绸之路的文化学》(208 号)收录的文章篇名即可看出，如后藤昭雄《论小野篁的〈轮台咏〉》、河野贵美子《敦煌出土〈新集文词九经抄〉与古代日本的金言成句集》、藤冈穰《曹仲达样式的继承——镰仓时代佛像所见宋风源流》、高阳《〈大唐西域记〉和金泽文库保管的〈西域传堪文〉》、近本谦介《玄奘三藏的记忆——日本中世佛教东渐的构想》等，都是在与中国文学与文化的对比分析中，探究日本本土文学文化的特质。近些年，基于"汉文""汉诗""汉籍""训读"等概念、现象的研究积累，日本中国文学研究更将学术视野由中国、日本扩大到整个东亚。如《亚细亚游学》207 号《东亚的女性与佛教、文学》即刊载陈燕《宋代的女性诗人和佛教——以朱淑真为例》、金钟德《朝鲜宫廷女流文学的宗教思想》、金英顺《朝鲜時代的女性与佛教——以比丘尼礼顺的佛法修行为中心》、川口健一《越南的女性与佛教》诸文；同刊 210 号《历史中的异装》则刊发矢田尚子《唐代宫女〈男装〉再考》、中山文《异性装扮的女主人公——花木兰和祝英台》、浮叶正亲《韩国男巫的异性装扮及其历史背景》三篇文章。《亚细亚游学》是普及型的学术杂志，近期专号刊录的系列文章，已然将中国、韩国、日本、越南等文学与文化研究，放置于"东亚汉文学"的格局中予以整体考察。这种倾向，也影响到日本的中国古代文学研究。

从研究文献看，日本学者依托国内丰富的古籍珍藏展开研究，特别注重古籍版本传播与形态差异的考辨工作。比如，本年度有关《水浒传》的版本流传问题，即有前揭宫本阳佳《论〈水浒传〉讲义录的继承》、中原理惠《论〈水浒全书〉郁郁堂本》、孙琳净《〈新编水浒画传〉"校定原本"诸本的研究——以与〈水浒传〉诸版本的关系为中心》等文；此外，小松谦《〈水浒传〉本文的研究——以文学侧面为中心》与《〈水浒传〉本文的研究——以"表记"为中心》在爬梳《水浒传》版本系统的基础上，或以"表记"为中心，或围绕小说中韵文和字面的变容展开考察，形成了多元的研究格局。

古籍版本形态考辨之外，本年度日本学者围绕清华简、北大简、安大简、上博简、走马楼三国吴简等新出土文献，从多个角度展开讨论，同时积极参与国际研讨会，交流学术成果。此外，东英寿近年来持续关注欧阳修文集的成书过程，《周必大和朱熹关于范仲淹神道碑铭的争论——以欧阳修新发现书简为焦点》一文，即特别注重新发现书简文献的使用；大渕贵之《文艳蓉著〈白居易生平与创作实证研究〉：日中两国的新资料与研究手法的活用》，则对文氏此书新材料使用的学术价值给予高度重视。王连旺《苏诗赵次公佚注》，也充分肯定了日本学者仓田淳之助和小川环树所辑《苏诗佚注》保存赵次公注的学术价值。

日本学者建立在“训读”基础上的古籍元典的阅读阐释以及译注研究，给古代文学研究带来不一样的关注视角。经典文本的训读和译注工作，基本上以读书会的形式展开，成员定期围绕译注工作进程与译注成果展开讨论交流，最终结集出版。上文所述各个时期的原典译介工作，都可见出这种倾向。整个研究过程中，仔细、精密地解读文本至关重要。“日本中国学会”2017年度《研究集录》所载狩野雄《谷与兰——论陆机〈赠潘尼诗〉》、远藤星希《李贺〈金铜仙人辞汉歌〉之诗句“天若有情天亦老”之意味》、甲斐雄一《连作诗之精度——陆游〈菴中晨起书触目〉四首分析》三文，即通过“精读”六朝、唐、宋诗作，回应了浅见洋二于导论中提出的有关中国古代诗歌“精读”方式和目标的思考。同类文章，还有佐竹保子《“江北旷周旋”的“旷”——解读谢灵运〈登江中孤屿〉》和《“乱流趋正绝”与“乱流趋孤屿”——解读谢灵运〈登江中孤屿〉》、大橋贤一《“浮”字——围绕杜甫〈登岳阳楼〉“乾坤日夜浮”的解释》等。作品阅读的本意在于靠近文本，深入、细致地品读欣赏，“精读”的过程需要读者抱着敬畏的姿态与各种版本和相关注释展开对话，吸收前人的考证成果，追求语法句意层面的“正确性”。这其中暗含着把作品注释、文本阐释和文学创作结合起来加以观照的一种新方向①。

从研究成果的呈现方式和研究工作的开展模式看，日本学界更注重学者之间的持续合作和交流，团队合作意识强。研究成员们围

① [日]浅见洋二：《中国古典诗精读的探求・序言》，日本中国学会2017年度《研究集录》。

绕具体典籍的译注工作，分工明确，密切合作，数年时间沉潜其中，“无望其速成，无诱于势利”，阶段性地陆续向学界汇报最新成果。本年度各刊物载录的典籍译注文稿，大多数都是该项工作阶段性成果的部分展示。《白居易研究年报》本年度组织学者围绕“书迹与绘画”和“饮酒与喝茶”两个主题展开研究，学者从不同视角切入，提交的论文从多个侧面丰富主题论述，共同推进白居易研究深入发展。事实上，一定时期内集合学界优势力量，围绕某一主题多角度、全方位地展开研究，进行对话讨论，再以“特集”或“专号”形式集中向学界展示成果，在日本学界已形成一种集团协作化、主题探讨式、持续高效型的研究模式；它一方面保证了研究成果的质量，一方面也因研究模式具有可复制性、可操作化特点，便于在日本古代文学研究领域推广运用。这种团队化协作的科研模式同样见于松尾幸忠、植木久行等人的“诗迹”研究。这两位学者以科研项目为中心，相互合作，综合运用文学与地理学的相关知识，从地方志中查找文献资料，将文本解读与实地勘探，文学赏析与文化考察相结合，展开跨学科研究，已取得成功。当然，这类研究模式并非日本学人的专利，中国学界一些高校或研究机构此前、当下也有实施，倘若适当借鉴异域经验，在责任心、持久性、合作密切度等方面再予提升，可能会呈现出另一番景象。

以上是我们对 2017 年度日本古代文学研究成果及学术动态的匆匆巡礼和一点浅见。总的说来，日本学者从事古代文学研究，具有文化同源、视野异样的优势，借助丰富的馆藏文献与自成体系的研究传统，日本学人向学界贡献了不少新观点和新方法，有助于拓展中国古代文学的研究畛域；而其研究中过分琐碎、狭小、偏于技术化而缺少深广文化情怀等现象，也值得我们反思①。因能力有限，偏漏之处，不可避免，恳请海内外学者批评指正。文后附录 2017 年度日本各学术刊物、各学会团体会议相关论文目录，以供参考。

---

① 尚永亮、汪超《唐宋文学研究的异域景观——日本 2015 年度相关成果与动向之考察》，《中国文学研究》(辑刊) 2017 年第 2 期，第 119 页。

附录一

2017 年度日本学术刊物相关论文

《中国诗文论丛》第三十六集

矢田博士《“努力加餐饭”考》

松原朗《杜甫的贵族意识》

丸井宪《杜诗“双声叠韵对”新考——应用《文选》的理由》

松尾幸忠《作为诗迹的汴河》

植木久行《北宋陈舜俞撰〈庐山记〉的诞生与构成》

中野清《〈子不语〉中的妒鬼故事补遗》

《中国文学研究》第四十三期

土谷彰男《白居易青年时期的精英意识——就“惭愧的表述”与韦应物进行比较》

澀井君也《海圃主人〈续红楼梦〉中梅花与大观园的构想——从才子佳人到“金玉姻缘”》

《早稻田大学院教育学研究科纪要》别册 25 号—1

吕天雯《大江匡衡〈早夏观瀑布泉〉考——以李白诗歌接受为考》

《早稻田大学综合人文科学研究中心研究志》第 5 期

高桥康浩《傅玄〈晋鼓吹曲〉与西晋正统论》

東海学园《言語・文学・文化》第 16 号

松尾肇子《诗余故事北宋篇(6)——清・叶申芗〈本事词〉》

《和汉语文研究》第 15 号

藤田优子《〈花草新编〉中所见分调编次词选集的意义》

孙琳净《〈新编水浒画传〉“校定原本”诸本的研究——以与〈水浒传〉诸版本的关系为中心》

村山慎太郎《七言律诗形成考》

《早稻田大学大学院文学研究科纪要》第 62 册

陳竺慧《野村篁园的“雅词”与清代词坛——以咏物词为线索》

名古屋大学《中国语学中国文学论集》第 30 辑

尾崎勤《南朝及唐朝陶渊明诗人的评价》

《筑波中国文化论丛》第 36 号

小田健太《李贺诗中的“花作骨”的批评效果及其渊源》

小田健太《〈文选集注〉江掩“杂体诗”译注(九) 杂体诗序》

重野宏一《〈四库全书总目录提要〉“毛诗指说”译注》

《东北大学中国语学文学论集》第 21/22 合并号

佐竹保子《“江北旷周旋”的“旷”——谢灵运“登江中孤屿”诗的读音》

铃木政光《唐诗中情景表达方式的变迁——盛唐至晚唐》

三好桃子《李贺诗中的寒冷表达方式》

《名古屋大学中国语学文学论集》第 30 辑

赤井益久·冈田充博·泽崎久和《〈河東记〉译注稿(四)》

佐野诚子《陆杲〈系观世音应验记〉译注稿(二)》

道家春代《应劭〈风俗通义〉怪神篇译注稿(上)》

道家春代《应劭〈风俗通义〉祀典篇译注稿(下)》

佐野诚子《论〈义楚六帖〉所引〈汉武洞冥记〉》

伊崎孝幸《论司空图的文学论历史地位——从滋味论到“格”论、“体”论》

尾崎勤《南朝与唐代对陶渊明作为诗人的评价》

福井佳夫《论宇文护母子的书简文》

《中国——社会和文化》第 32 号

福田素子《〈看钱奴买冤家债主〉的“冤家债主”的意味》

《日本汉文学研究》第 12 号

葛继勇《古代日本中魏征〈时务策〉的受容与变容——以〈魏征时务策〉木简为线索》

杨爽《依田学海与〈聊斋志异〉——〈小野篁〉与〈莲花公主〉的比较研究为中心》

《或问》第 31 号

松浦章《江戸時代唐船泊来〈唐诗选〉及其再版本》

《集刊东洋学》117 号

佐竹保子《〈乱流趋正绝〉与〈乱流趋孤屿〉——读谢灵运“登江中孤屿”诗》

《中国古典小说研究》第 20 号

中原理惠《论〈水浒全书〉郁郁堂本》

上原德子《论〈杜十娘怒沉百宝箱〉的翻案——从“杜十娘”到 Miss Tu》

大塚秀高《增补中国通俗小说书目(改订试行版)》

雁木诚《大桥由治〈搜神记〉研究——兼论〈搜神记〉研究的历史变迁》

柴崎公美子《明代文学思想与文学文献学术研讨会》

中原理惠《第 14 届中国古代小说、戏曲文献暨数字化国际研讨会》

孙逊《近三十年中国古典小说研究新视阈举隅》

黄霖《一路春风，满树花开——近三十年来中国(大陆)古代小说研究掠影》

大塚秀高《中国古典小说研究 30 年之回顾与展望——以个人的研究状况介绍为中心》

《中国研究集刊》第 63 号特集：儒学、蜀学与文献学

舒大刚(白井顺译)《“蜀学”和“儒学”：“蜀学”历史及其儒学的贡献》

尹波(白井顺译)《巴蜀文化的一柱丰碑 宋代文化的一座宝库——〈宋会要集稿〉再考》

王小红(白井顺译)《从历史地理学角度看蜀学的包容性》

张尚英(汤城吉信译)《二十世纪中国的〈左传〉文献整理与成果》

中村未来《战国时期的子产形象》

赵蕊蕊《柏木如亭与中国诗学——以〈诗本草〉为中心》

金原泰介《〈左氏会笺〉校勘的特色及其位置——以与〈左传注疏校勘记〉比较为中心》

工藤卓司《北京大学藏西汉竹书〈赵正书〉“秦”叙述》

椛岛雅弘《银雀山汉墓竹简〈雄牝城〉篇与中国古代的攻城、守城思想》

椛岛雅弘《新出土资料相关文献提要(十五)》

《人文学论集》第 35 辑

顾春芳《重新考订李攀龙〈唐诗选〉的意义》

汤城吉信《〈后汉书〉儒林传与〈史记〉儒林传——直言的系谱》

《大阪大学大学院文学研究科纪要》第 57 卷

浅见洋二《言论统治下的文学艺术家：立足于苏轼的创作活动》

《综合文化研究》第 22 卷第 3 号

保苅佳昭《论苏轼的农村风景词》

九州大学大学院人文科学研究院《文学研究》第百十四辑

钟东《论道教文化与唐明皇游月宫故事》

九州大学大学院《地球社会综合科学研究》第 6 号

潘超《论明钞本〈夷坚志〉与通行本的文字异同》

《广岛大学大学院文学研究科论集》第 77 卷

佐藤利行、刘金鹏《从书翰看王羲之形象——以逸民生活为中心》

《国际关系研究(日本大学)》第 37 卷 2 号

雨宫久美《桃之文化的表象——从日中比较的视点谈起》

《中国文学报》第八十九册

釜谷武志《为自己作赋——以班固〈幽通赋〉为中心》

伊崎孝幸《论韩愈〈送孟东野序〉——以“不平”概念的分析为中心》

兴膳宏《金楼子译注(九)》

《京都府立大学学术报告·人文》第 69 号

小松谦《从文学侧面看〈水浒传〉本文的研究》

林香奈《愁与赋——以曹植为中心》

宫本阳佳《论〈水浒传〉讲义录的继承》

岩本真利绘·宇佐美文理·小笠智章·中纯夫·福谷彬·廖明飞《〈朱子语类〉卷一四~一八译注(九)》

《和汉比较文学》第五十九号

李国宁《林鶱峰与司马温公——以〈独乐园记〉的受容为中心》

《中国学志》第32卷

長谷川慎《“马上”琵琶考》

《东京大学中国语中国文学研究室纪要》第20号

千贺由佳《白话小说中的僧侣和法术——以〈警世通言〉卷二十八“白娘子永镇雷峰塔”及〈平妖传〉为中心》

《外国语学研究》第18号

冯芒《白行简〈望夫化为石赋〉注解》

《国语与国文学》第九十四卷第十号

石田千寻《古事记的歌与中国诗文——鲸·隼·花莲》

《尚絅语文》第六号

福永美佳《从元杂剧文本的改变看明代文人的妓女观》

《岛大言语文化》第42号

户崎哲彦《南宋郑定刊〈重校添注音辩唐柳先生集〉考(上)》

《岛大言语文化》第43号

户崎哲彦《石本为何不可靠——唐代墓志的等级、尺寸以及“唐令式”》

《立命馆白川静纪念东洋文字文化研究所纪要》第十号

鲁耀汉(金子祐树译)《论白川静的“兴”研究与〈杜诗虞注〉的“兴”说》

《中国中世文学研究》第69号

陈翀《萧该事迹及其〈文选音〉小考》

任雅芳《唐代书籍研究史序说——唐人正集·小集·卷子概念考》

孟夏《论〈新编醉翁谈录〉的描写特征》

大井さき《论庆历后期的梅尧臣诗》

樊可人《从明清乐看江户时代的〈西厢记〉故事之接受》

小川恒男《六朝乐府译注(二十一)——〈出塞〉二首、〈入塞〉二首、〈折杨柳〉一首》

《中国中世文学研究》第 70 号

佐藤大志《送别的礼物——魏晋南北朝诗中的送别赠答》

渡部雄之《无理念的“怪奇”——论排斥太学体的理由》

大井さき《论梅尧臣的联句》

铃木敏雄《作为拟作诗的清彭孙贻〈和摩诘辋川庄诗〉——以〈竹里馆〉〈鹿柴〉为例》

樊可人《论〈西厢记〉和八股文——以〈唐六如先生才子文〉为中心》

陈翀《宋人所见〈夷坚志〉引文考——以前四志为中心》

小川恒男《六朝乐府译注(二十二)——〈折杨柳〉七首》

《中国文化：研究与教育：汉文学会会报》第 75 号

渡边义浩《东晋史评的隆盛与袁宏〈后汉纪〉》

后藤秋正《论杜甫诗中的“凫”》

加固理一郎《李商隐诗歌受杜甫诗的影响——以〈曲江〉诗中的“伤春”为中心》

《人间文化研究》第 7 号

王竹《〈红楼梦〉中的“无用之用”——以第二十二回所引〈庄子〉列御寇篇及人间世篇为中心》

《高知县立大学纪要》第 66 卷

高西成介《〈太平广记〉译注(稿)——卷四百〈宝〉部金上(下)》

《富山县立大学纪要》第 27 卷

川上阳介《〈译解笑林广记〉全注释(二)》

《庆应义塾大学日吉纪要：言语·文化·交流》第 49 号

村越贵代美《阅读〈山谷诗集注〉(2)》

《艺文研究》第 112 号

山下一夫《清朝宫廷演剧〈混元盒〉的成立与上演》

《庆应义塾大学日吉纪要：中国研究》第 10 号

种村和史《不能抛弃的遗产——戴震〈毛郑诗考正〉中宋代诗经学的引用之意义》

村越贵代美《谈西太一宫——北宋官僚文人的生活与文学》

中央大学《大学院研究年报·文学研究科篇》第 47 号

尹青青《〈山海经〉海外经与大荒经的关系》

中央大学人文科学研究所《人文研纪要》第 86 号

彭浩《传统文化中的“风流”之美——以魏晋南北朝時代与室町桃山時代为中心》

中央大学人文科学研究所《人文研纪要》第 88 号

尹青青《〈山海经〉中所见的帝俊故事——以与黄帝故事的比较为中心》

中央大学文学部《纪要要：言語·文学·文化》第 119 号

山下真史·村田秀明《〈李陵·司马迁〉注解(四)》

材木谷敦《论李渔〈闲情偶寄〉所收〈行乐之法〉三篇》

《东洋研究》第 205 号

福井重雅《〈盐铁论〉与〈穀梁传〉》

《东洋研究》204 号

渡边义浩《干宝的〈晋纪〉与〈佐传体〉》

《东洋研究》203 号

小林春树《〈汉书〉〈王莽传〉的述作目的》

明治大学《文学研究论集》第 47 号

尾山真麻《太宰治“竹青论”——与〈聊斋志异〉比较》

明治大学教养论集通卷 529 号

本间次彦《〈朱子语类〉卷六十三〈中庸·二〉译注(一)》

明治大学教养论集通卷 531 号

本间次彦《〈朱子语类〉卷六十三〈中庸·二〉译注(二)》

《明治大学人文科学研究所纪要》第 80 册

福满正博《中国安徽省池州市的诗赞系假面演剧，论贵池本〈薛仁贵征东转〉——薛仁贵故事的变迁之研究（2）》

《明治大学人文科学研究所纪要》第 81 册

福满正博《元刊本杂剧〈汗杉记〉在何处——兼论明抄本与元曲选本之性格（2）》

《琉球大学言语文化论丛》第 14 号

元诗研究会《戴表元诗译注(十二)》

《国语与国文学》第 94 卷第十号

石田千寻《古事记的歌与中国诗文——鲸·隼·花莲》

《日本中国学会报》第六十九集

藤田卫《〈易纬〉爻辰说之考察》

永田知之《诗序与书简之间——通过比较唐代以前的赠答诗和古代日本文学》

宇贺神秀《陶渊明的读书轨迹——以〈集圣贤群辅录〉为中心》

西川ゆみ《庾信北朝期作品中的华北、长安表达的独自性》

宇佐美文理《杜甫诗中的视觉问题》

梶田祥嗣《黄裳的周礼思想——以王安石〈周礼义〉的继承为中心》

东英寿《周必大和朱熹关于范仲淹神道碑铭的争论——以欧阳修新发现书简为焦点》

广泽裕介《〈全相平话〉与绘画艺能》

上原究一《又一种〈李卓吾先生批评西游记〉——论〈传奇四十种〉所收〈杨东来先生批评西游记〉以及〈一笠菴批评玉簪记〉书名改刻》

笠見弥生《被包容的"私通"——以凌濛初〈二拍〉为中心》

玉置奈保子《〈飞龙全传〉与武术描写——白话小说与武艺书的交点》

本間次彦《"种"为何？——王廷相·朱子·戴震》

尾崎顺一郎《程瑶田作为经学者的评价及其手法》

小田健太《黄景仁与唐诗——以李贺的接受为中心》

樊可人《远山荷塘〈谚解校注古本西厢记〉的成立过程》

稻森雅子《孙楷第的中国小说数目编纂与日中学术交流》

日本中国学会『研究集录』2017 年度

野村鮎子·田口一郎·和泉ひとみ·松村昂《诗人的传记与批评如何形成？——以〈列朝诗集小传〉为例》

狩野雄《谷与兰——论陆机〈赠潘尼诗〉》

远藤星希《李贺〈金铜仙人辞汉歌〉之诗句"天若有情天亦老"之意味》

甲斐雄一《连作诗之精度——通过陆游〈菴中晨起书触目〉四首分析》

《风絮》别册

龙榆生编选《唐宋名家词选》北宋编(一)

《风絮》第十四号

东英寿《欧阳修〈近体乐府〉之成立及其传承——又一种〈近体乐府〉》

村越贵代美《论黄庭坚诗词的用韵》

余筠珺《静嘉堂文库本〈新编通用启劄截江网〉中所见宋词——〈全宋词〉辑补一百四十首》

小岛明子《王国维词中的"人间"(二)——从作为渊源的诗作与天之表象、及"茗华"的关系谈起》

日本词曲学会编《词籍〈提要〉译注稿(七)》

橘千早《对苏轼词的形式的初步考察——以慢词〈哨徧〉〈水调歌头〉〈满庭芳〉为线索》

《六朝学術学会報》第十八集

【论文】

柳川顺子《五言咏史诗的生成过程》

西川ゆみ《六朝诗歌中"陇"的吟咏方式》

大村和人《南朝梁"内人"诗的主题与视点》

【演讲记录】

石井仁《六朝时代的都督府及其僚佐》

【书评】

浅见洋二《渡边义浩著〈〈古典中国〉中的文学和儒教〉》

《学林》第65号

今场正美《江淹〈效阮公诗〉的制作与左迁后的心境》

高井龙《〈伍子胥变文(拟)〉写本研究》

石井真美子、村田进《〈银雀山汉墓竹简竹〔二〕〉译注(六)》

《学林》第64号

芳村弘道《论台湾中央研究院傅斯年图书馆所藏稿本〈钱注杜诗〉——李爽氏〈"钱牧斋杜注写本"考〉补遗》

萩原正树《论〈诗苑〉所收王国诗词十首》

石井真美子、村田进、山内贵《〈银雀山汉墓竹简竹〔二〕〉译注(五)》

《九州中国学会报》第五十五卷

李祥《林希逸的〈离骚〉与〈杨雄〉评》

《白居易研究年报》第 17 号特集：书迹与绘画

查屏球(渡部雄之译)《从西域之佛到东土之隐士——宋代维摩诘图题诗之变迁》

小林宏光《鸟窠白乐天问答图与白乐天像的去向》

衣若芬(森岡ゆかり译)《无学元祖赞〈白乐天像〉之文图学的研究》

泉纪子《白居易诗与伊势物语(绘画)——诗与画与和歌的交流和创造》

池泽一郎《田能村竹与白居易——近世日本文人之诗书画三绝》

陈チュウ《尊圆亲王书白氏诗卷的文献价值——围绕书写底本的诸问题及逸诗〈看棋赠人〉的相关考释》

文艳蓉著(钱心怡 译)《白乐天诗文书迹拓本之古记录》

张砚君《白乐天文殊化身说的生成与发展》

下定雅弘、中木爱《战后日本的白居易研究(白居易、白氏文集的相关研究)——2015 年》

下定雅弘、中木爱《关于日本文学受白居易影响的研究 2015 年度》

《白居易研究年报》第 18 号特集：饮酒与喝茶

高桥忠彦《“一瓯茶”与“七碗茶”——中国茶文化中白居易的重要性》

诸田龙美《重读〈醉吟先生传〉——尝试从对话考察》

新间一美《论源氏物语须磨卷中白诗与道真诗的接受——“琴诗酒”与“雪月花”》

本间洋一《白居易的饮酒诗与平安朝汉诗》

埋田重夫《论白居易的饮茶诗》

北山圆正《白居易与平安时代的茶诗》

山田和大《论韦应物诗中的茶——茶的表现与吏隐意识的关联》

太田亨《日本中世禅林文学中与茶相关的典故表现》

石塚修《白乐天与茶挂》

下定雅弘《浦上玉堂对白居易的敬慕——围绕琴和酒》

金文京《白居易的酒与茶诗——从山人文学的角度出发》

下定雅弘《关于〈白氏文集〉中的"茶"和"酒"的研究》

李现《菅原道真的齐物观的形成 ——从〈北溟章〉中所见白居易诗的影响》

大渕贵之《文艳蓉著〈白居易生平与创作实证研究〉(上海古籍出版社 2016 年 11 月)日中两国的新資料与研究手法的活用》

《立命馆白川静记念东洋文字文化研究所纪要》第十号

鲁耀翰(金子祐树译)《白川先生的"兴"研究与〈杜律虞注〉的"兴"研究》

《宫崎大学教育学部纪要·人文科学》第 88 号

上原德子《从翻案作品分析看〈杜十娘〉》

《亚细亚游学》第 213 号

金平(石原辽平译)《竹简的制作与使用——长沙走马楼三国吴简的整理作业所见》

安部聪一郎《从走马楼吴简所见三国吴的乡村治理机制》

鹫尾祐子《吴简吏民簿与家族、女性》

《日本宋代文学学会报》第三集

种村和史《同情和关怀的辞藻——戴震〈毛诗补传〉中所见严粲诗经学的影响》

《亚细亚游学》208 号

后藤昭雄《论小野篁的〈轮台咏〉》

藤冈穣《曹仲达样式的继承——镰仓时代的佛像所见宋风的源流》

高阳《〈大唐西域记〉和金泽文库保管的〈西域传堪文〉》

近本谦介《玄奘三藏的记忆——日本中世的佛教东渐的构想》

《亚细亚游学》207 号

陈燕《宋代的女性诗人和佛教——以朱淑真为例》

中山文《异性装扮的女主人公——花木兰和祝英台》

附录二

2017 年度日本学术会议相关论文①

北海道中国哲学会 7 月 7 日例会

关雅泉《论林鶖峰〈论语集注私考〉》

东北中国学会第 66 回大会

大山岩根《论司空图诗作中的“狂”——以〈狂题十八首〉为中心》

植木久行《论北宋陈舜俞撰〈庐山记〉五卷的独创性及其价值——包括香炉峰瀑布和醉石的诗迹研究》

佐藤信弥《作为始祖传说的〈太公望〉》

木村真理子《论王延寿〈鲁灵光殿赋〉中的跃动和停滞》

鈴木政光《论温庭筠〈商山早行〉的景物描写——以“鸡”“凫雁”为中心》

笹浩树《论明代诗的新生面——以杨慎的古乐府为中心》

东北中国学会 2 月 23 日例会

三好桃子《论李贺的寒冷表达方式》

木村真理子《王延寿研究》

三浦秀一《围绕舜的“忧喜”解释的展开及其思想史意味》

东北大学中国文学谈话会

○第 1 回中国文学谈话会

工藤龙太朗《论下定雅弘氏〈白居易和柳宗元——乱世中的生命赞歌〉》

○第 2 回中国文学谈话会

工藤龙太朗《白居易和科举》

○第 3 回中国文学谈话会

工藤龙太朗《白居易诗文中的科举》

---

① 该表以《日本中国学会通讯》二零一八年第一号(通卷第三十三号)中所载的平成 29 年“国内学会消息”为主要参考。

筑波中国学会

○5 月 18 日例会

荒川悠《论刘禹锡左迁至连州前的诗作态度的变化》

○6 月 8 日

王连旺《论苏诗赵次公佚注》

○7 月 13 日

荒川悠《论晚年刘禹锡的自我意识》

○11 月 17 日

村越充朗《论阮瑀诗》

○12 月 14 日

村越充朗《论阮籍〈咏怀诗〉中的“木槿”》

○12 月 15 日

王连旺《论〈燕辽游记〉所收柯劭忞·胡玉缙·杨钟羲的资料》

中国文化学会

○6 月 24 日大会

剑持翔伍《论唐代论书诗中的书体观》

樋口泰裕《论夔州期的杜甫诗作》

加固理一郎《论杜甫诗对李商隐诗歌创作的影响》

○3 月 11 日例会

谷口匡《论杜甫和“说”》

六朝学术学会

○3 月 17 日研究例会

郑月超《论郊庙歌辞》

沈凡玉《论宫廷场域与汉魏六朝才媛的文学活动》

○12 月 2 日研究例会

木村真理子《论王延寿〈鲁灵光殿赋〉中的雕刻描写》

大村和人《南朝齐梁“率尔”诗考》

渡边义浩《论“史”的文学性——范晔〈后汉书〉》

○6 月 17 日大会

长谷川隆一《论徐干的贤人论——以〈名实论〉为媒介》

山崎蓝《论汤僧济〈咏渫井得金钗〉的问题点》

栗山雅央《从〈幽通赋〉诸注释看后汉初期的赋创作》

稀代麻也子《对体系的憧憬——以沈约的希求为中心》

佐藤大志《论六朝时期的诗歌认知——“诗”和“歌”之间》

牧角悦子《论为了达意的虚构——以〈文选〉卷四十五所载设论三篇为中心》

下定雅弘《论杜甫诗中的陶渊明形象》

大上正美《论谢灵运和庐陵王刘义真》

御茶水女子大学中国文学会2017年度7月1日例会

董子华《论六朝文学中的“山”——以游仙诗为中心》

国学院大学中国学会

○第213回例会

早田ひかり《论楚辞中的“歌”——“诵”和“倡(唱)”》

○第60回大会

陆颖瑶《论中晚唐时期李贺诗之读者和编者》

宫内克浩《论后汉冯衍〈显志赋〉》

日本宋代文学学会第四回大会

黄小珠《论幕府末期、明治时期的唐宋古文——以藤森弘庵〈东坡策〉为中心》

坂井多穗子《论南宋中兴期的苏轼——陆游和范成大的场合》

熊海英《宋自逊的家世、生平与交游、创作考论》

三野丰浩《从当今看陈衍的〈宋诗精华录〉——值该书出版80年之际》

种村和史《宋代诗经学中诗篇内容的多层面把握之发展及诗序的意义》

潘超《〈夷坚志〉后十志的传承——论上海图书馆黄丕烈校抄本〈夷坚志〉》

东英寿《论南宋本〈欧阳文忠公集〉中所见“续添”》

浅见洋二《论苏诗文集的编纂和尺牍》

中唐文学会2017年10月6日

石硕《论敬亭山之印象——从谢朓到李白》

种村由季子《论宋之问〈明河篇〉与初唐公主们》

大桥贤一《“浮”——杜甫〈登岳阳楼〉诗中“乾坤日夜浮”的解释》

叶山恭江《论唐代传奇〈莺莺传〉中的反复表达方式——以如何读取人物的思想为中心》

京都大学中国文学会

○第 32 回例会

萧振豪《论六言诗的韵律——以日中诗话为中心》

蔡毅《〈诗界革命〉再考——黄遵宪、梁启超与明治汉诗的关系》

川合康三《论〈文选〉》

○2 月 14 日

黄诗琦《高桥和巳与〈文心雕龙〉研究》

赵侦宇《公安三袁、周作人关系论再探》

张伯伟《新材料、新问题、新方法——谈东亚汉文学研究》

曹虹《中国辞赋与东亚汉文学》

郑墡谟《高丽朴寅亮的北宋使行与“小中华”意识》

中国艺文研究会

○1 月 29 日合评会与研究会

田中京《论盛唐的边塞诗中的望乡诗》

金菊园《论刘弘毅与〈少微通鉴〉》

○3 月 26 日合评会与研究会

村田进《汉简〈反淫〉中所见道家思想》

今场正美《论江淹的〈效阮公诗〉》

广泽裕介《关于明代白话小说〈苏知县罗衫再合〉的关联作品》

○7 月 22 日合评会与研究会

石井真美子《银雀山汉墓竹简〈地典〉译注补》

宫本纱代《〈列仙传〉与〈神仙传〉中的仙人像》

○10 月 15 日研究会

田中京《高适在蓟北之地的边塞诗的特征是如何形成的》

富嘉吟《论〈白氏文公年谱〉所收的〈旧谱〉》

萩原正树《论〈和晏叔原小山乐府〉》

东山之会

○3 月 25 日

翟满桂《二〇一六国家人文社会科学基金项目〈历代柳宗元研究文献整理及数据库建设〉选题与构思》

蔡自新《〈永州八记〉千年觅——柳宗元山水文章的现代追求》

吕国康《日本学者对柳宗元研究的拓展与掘进——以清水茂、下定雅弘、户崎哲彦为例》

翟满桂、蔡自新、吕国康《柳宗元与永州山水相关图片和解说》

○4 月 22 日

爱甲弘志《月性与汉诗》

○6 月 17 日

东圣悟《论韩愈的〈短灯檠歌〉》

○7 月 29 日

川口喜治《士人描写诗论的可能性——以李颀的士人描写诗为中心》

○9 月 30 日

松尾肇子《论〈诗学大成抄〉》

○11 月 25 日

曹明升《宋词是如何成为经典的——以梅溪词在雍正、乾隆词坛的接受为例》

○12 月 16 日

上原尉畅《马融〈长笛赋〉论再考》

阪神中哲谈话会

○第 402 回例会

南部英彦《班固〈典引〉〈两都赋〉中的天人论之特色》

中国出土文献研究会

○第 65 回研究会

椛岛雅弘《论银雀山汉简〈天地八风五行客主五音之居〉八风占的理论及其变迁》

汤浅邦弘《论清华大学竹简〈管仲〉》

汤浅邦弘《时令说的展开》

中村未来《论北大汉简〈儒家说丛〉》

竹田健二《清华简〈越公其事〉释读》

○第 66 回研究会

草野友子《论安徽大学藏战国竹简》

福田哲之《论清华大学藏战国竹简(一~七)的字迹分类》

○10 月 10 日~11 日会

汤浅邦弘《时令说的展开——北大汉简〈阴阳家言〉与银雀山汉简“阴阳时令、占候之类”》

草野友子《北大汉简〈周驯〉所引〈诗〉的思想史研究》

中国中世文学会

○10 月 28 日研究大会

高西成介《论志怪小说与〈世说新语〉刘孝标注》

屋敷信晴《六朝与唐代医术小说研究序说》

任雅芳《李白古乐府的创作与文集编纂考述》

市瀬信子《〈西湖修禊诗〉——从诗会记录的观点谈起》

李浩《新见唐代碑志的价值与意义：以两方回纥志、李百药志等为重点的讨论》

○2 月 9 日例会

渡部雄之《宋初古文家对“平易”的志向——以孙冲〈重刊绛守居园池记序〉为线索》

○5 月 11 日

大井さき《梅尧臣的日常咏——以梅尧臣与谢景初的诗作为中心》

渡部雄之《宋初平易派古文家与“怪奇”的古文——以孙冲《重刊绛守居园池记序》为中心》

○6 月 15 日

钱心怡《女功与汉诗——论〈红兰小集〉的编纂背景》

刘雅婧《谢朓诗研究——论六朝诗中的“竹”》

高桥武《雪岭永瑾〈杜诗抄〉之研究——以歌行诗为中心》

黄夕子《元稹伤悼诗之研究》

○7 月 13 日

孟夏《〈新编醉翁谈录〉的成立背景》

樊可人《论远山荷塘的〈嫦娥清韵〉》

○9 月 20 日

陈翀《广岛大学所藏和刻本文选》

刘志伟《广岛大学所藏和刻本文选的文献价值》

姜建设《论海外所藏贵重古典文献影印出版的必要性》

刘迪《魏文成皇帝嫔耿氏墓志铭考论》

李小白《张衡都城赋之文学地理研究》

○12 月 7 日

刘雅婧《谢朓诗研究——谢朓与沈约的咏物诗之比较》

陈云鹏《论〈栋亭集〉与〈红楼梦〉的诗词——以“菊”诗为中心》

○12 月 14 日

许培俊《脱胎于史传——柳宗元的传类写作》

施金晓《〈新编分类夷坚志〉研究》

高桥《〈杜诗抄〉歌行诗的五山注——以〈心华臆断〉为中心》

广岛大学中国文学研究室研究会

○第 200 回

藤田早纪《论何逊诗》

金平侑子《〈水浒传〉的入回诗》

施金晓《〈夷坚志〉中关于科举理想的故事》

○第 201 回

大井さき《梅尧臣的日常咏——以梅尧臣与谢景初的诗作为中心》

○第 202 回

钱心怡《女功和汉诗——论〈红兰小集〉的编纂背景》

刘雅婧《谢朓诗研究——论六朝诗中的“竹”》

黄夕子《元稹伤悼诗的研究》

高桥武《雪岭永瑾〈杜诗抄〉的研究——以歌行诗为中心》

○第 203 回

施金晓《〈夷坚志〉中关于科举理想的故事》

大西纪衣《〈白蛇传〉中青青形象之变迁》

郑沛文《论柳如是的诗》

道下京《论〈通俗西游记〉〈绘本西游记〉的翻译和改译》

○第 204 回

大西纪衣《论〈白蛇传〉中青春形象之变迁——以蛇女和人类的异类婚姻故事为中心》

道下京《论〈西游记〉的翻译和改译——〈通俗西游记〉与〈绘本西游记〉的特征》

○第 205 回

刘雅婧《谢朓诗研究——谢朓的咏物诗和沈约的咏物诗的比较》

陈云鹏《论〈栋亭集〉和〈红楼梦〉的诗词——以“菊”诗为中心》

高桥武《论〈杜诗抄〉歌行诗的五山注——以〈心华臆断〉为中心》

许培俊《脱胎于史传——柳宗元的传类写作》

施金晓《〈新编分类夷坚志〉研究》

鹤原胜《清莫友芝〈唐写本说文解字木部笺异〉的译注》

中国四国地区中国学会

佐伯雅宣《何逊诗中所见黄昏风景——以跟江淹诗的比较为中心》

大井さき《梅尧臣的日常咏——以梅尧臣与谢景初的诗作为中心》

渡部雄之《宋初平易派古文家与“怪奇”的古文——以孙冲《重刊绛守居园池记序》为中心》

九州中国学会

○第 65 回大会

谷口高志《中晚唐文人的嗜好意识》

钟东《知音妙赏——论吴人对洪升〈长生殿传奇〉评点之意义》

张文朝《〈论语征〉所见荻生徂徕的诗经观》

蒙显鹏《黄庭坚与竹》

九州大学中国文学会

○第 291 回中国文艺座谈会

孙亚秋《李白诗中的长安——以天宝初年为中心》

○第 292 回中国文艺座談会

西山猛《敦煌变文中的“东西”诸相》

黄冬柏《内阁文库藏〈重刻元本题评音释西厢记〉考》

雁木诚《论〈搜神记〉中的方士故事》

○第 293 回中国文艺座谈会

泽田优子《唐代女流诗人鱼玄机的人物形象》

岸本美幸《市河宽斋与中国唐宋诗人》

蒙显鹏《北宋诗中的墨竹》

○第 294 回中国文艺座谈会

ウィリアム・マッダ《青龙寺的创造空间》

静永健《中国所见日本古旧汉籍——以〈集注文选〉〈白氏文集〉为例》

○第 295 回中国文艺座谈会

王源《论陶渊明的农事诗》

上ノ原怜那《李白诗中的鲍照》

蒙显鹏《论黄庭坚的墨竹创作论》

岩崎华奈子《论国立公文书馆、哈佛燕京图书馆、法国国立图书馆所藏〈封神演义〉版本》

○第 296 回中国文艺座谈会

钟村由季子《郭震〈宝剑篇〉与武则天的嵩山封禅》

甲斐雄一《论宋代诗注的特征》

稻森雅子《九州大学文学部所藏〈中国小说戏曲版画集〉》

海外信息检索前沿追踪
——语音搜索研究的理论与实践

吴　丹　黄椰曼*

武汉大学信息管理学院

篇首语：语音搜索作为未来的主流搜索方式之一，是人机交互的新形态。本文关注国际视野的语音搜索研究，使用文献调研法，梳理自语音搜索出现的理论与实践基础，聚焦2000年以来的研究及应用上的飞速发展，从跨学科、跨领域的视角出发，总结近年来语音搜索的研究进展。最终指出语音搜索在用户、系统、交互、情境四要素方面具有鲜明的独特性，具有极高的研究价值。尽管目前的研究比较全面，但在垂直领域的应用仍待探索，多样化、细分化的研究主题结合科学的研究方法是语音搜索研究的未来趋势。

1 引　　言

信息搜索的含义范围非常广，主要指人们通过各种手段查找信息的过程。在文字诞生之前，通过声音交流获取信息是人类最主要、也是最原始的信息搜索方式。作为人类沟通的最自然形式，语音搜索即以声音为媒介进行信息查找是人类原始本能对于信息搜索

---

* 吴丹(1978年6月生)，女，武汉大学信息管理学院，教授。研究方向为信息检索、人机交互、数字图书馆。黄椰曼(1997年6月生)，女，武汉大学信息管理学院，在读硕士研究生，研究方向：用户信息行为。

的最高要求，也将是下一代人机交互革命的大趋势。计算机是社会行动者(Computer As Social Actors，CASA)范式表明，人-人与人-计算机的交互具有相似特征①。近百年以前人类就设想通过语音识别技术实现人与其他物体的交互。在20世纪计算机发展和信息通信技术快速进步的刺激下，人们越来越迫切地希望机器有朝一日能够用声音与人类自然对话。随着当下深度学习在语音识别技术中取得巨大成就和Google Home、Siri等语音交互产品走入千家万户，“说话即可搜索”这一愿望走向可能。

语音搜索(Voice Search) 以语音形式搜索信息在互联网之前就存在，源于40年前通过拨号查找本地信息或联系方式的电话应答服务②。后来随着Google Voice Search的产生及推广后，该词逐渐成为受到广泛认可的特定术语。Wang等人在2008年将语音搜索(Voice Search)定义为“语音对话系统(Spoken Dialogue System，SDSs)中通过语音查询式为用户提供他们所请求的信息结果的技术③”。然而谷歌语音搜索本身并非为语音对话系统，且定义中将语音搜索作为技术看待，有失偏颇。按照从属关系，语音搜索遵循信息检索一贯的定义即“从大规模非结构化数据(通常是文本)的集合(通常保存在计算机上)中找出满足用户信息需求的资料(通常是文档)的过程④”。随着当下搜索平台多样化和用户参与程度不断提升，结合当下实际语音搜索产品，本文以为语音搜索即基于语音的信息检索，应定义为“用户通过语音输入查询式的方式，利用搜索

① Sundar S S，Nass C. Source orientation in human-computer interaction：Programmer，networker，or independent social actor[J]. Communication research，2000，27(6)：683-703.

② Schalkwyk J，Beeferman D，Beaufays F，et al. “Your Word is my Command”：google search by voice：A case study [M]//Advances in speech recognition. Springer，Boston，MA，2010：61-90.

③ Wang Y Y，Yu D，Ju Y C，et al. An introduction to voice search[J]. IEEE Signal Processing Magazine，2008，25(3)：28-38.

④ Manning C，Raghavan P，Schütze H. Introduction to information retrieval [M]. 北京：人民邮电出版社，2010.

引擎等信息检索工具搜索相关信息，以达到满足内在信息需求与信息需要的过程”更为恰当。用户在语音搜索过程中以语音查询式(Voice Query)的形式表达自身的信息需求，在智能个人助手(Intelligent Personal Assistants)等语音搜索系统的语音用户界面(Voice User Interface)上产生交互行为。智能个人助手等语音搜索系统首先通过自动语音识别技术(Automatic Speech Recognition)将语音查询式转换为文本，然后通过检索匹配机制，返回相应结果呈现给用户，从而完成信息检索过程，满足用户信息需求。

目前语音搜索已经成为继文本搜索之后的人类第二大常用搜索形式①，甚至有可能成为未来的主流搜索方式②。据 ComScore 称，2020 年前 50%的搜索将以语音搜索的形式进行③。与文本搜索相比，语音搜索的输入特征决定了其拥有诸多优势。首先，语音搜索以声音为媒介。①声音作为一种富媒体，在查询时能够传达更多信息。除了文本内容外，用户在进行语音搜索时表现出的音调高低、音量大小、重音强调等声音特征作为查询输入的一部分，反映着说话人的情感、意图和态度，并对语音搜索结果产生一定影响。②声音比文本的输入速度更快。在一分钟内，人类通过键盘打字只能输入 40 字左右，而作为人类最自然的交互方式——语音则可以达到 175 字④之高。从这个角度来说，语音搜索比文本搜索更简单、方便、快捷。其次，语音输入的方式不需要额外的双手和视觉注意

① RIVERGROUP. VOICE SEARCH AND INNOVATION TRENDS OF 2018 [EB/OL]. [2018-03-21]. https://www.therivergroup.co.uk/what-we-think/voice-search-trends-2018/.

② Netimperative. Voice takes off: 42% of Brits "using voice search daily" [EB/OL]. [2017-06-28]. http://www.netimperative.com/2017/06/voice-takes-off-42-brits-using-voice-search-daily/.

③ Christi Olson, search evangelist. Just say it: The future of search is voice and personal digital assistants [EB/OL]. [2019-01-26]. https://www.campaignlive.co.uk/article/just-say-it-future-search-voice-personal-digital-assistants/1392459.

④ Invoca. The Rise of Voice: What the Increase in Conversation, Voice Assistants and AI Means for Business [R/OL]. [2018-12-29]. https://go.invoca.com/rs/769-GSC-394/images/The-Rise-Of_Voice_Invoca-REPORT.pdf.

力。①不仅降低了用户的输入时间成本和精力成本，而且打破了传统文本搜索的门槛，使得残障人士、信息素养低的人群如老年人、儿童等也能够轻松进行网络搜索；②同时语音搜索比文本搜索适用的任务和场景范围更广泛、安全性更高。用户可以在任何时间、任何地点、任何情境、任何类型活动上使用语音搜索，如驾驶时、做饭时、锻炼时，并且不用中断手头任务，保证多任务处理的连续性。再次，语音搜索以拟人化的自然语言进行回应，在满足用户的孤独感和社交需求方面具有强大的潜力①。在用户感知中，文本搜索框仅仅是机器，而语音搜索的代理声音则会被人们赋予身份和角色，对用户心理和行为产生显著影响。

随着语音搜索大规模应用成为现实图景，对语音搜索理论和实践进行梳理和研究，显得尤为必要。从理论上看，语音搜索实际上涉及信息检索、语音学、语音信号处理、人机交互、认知科学、人工智能等多个研究领域。随着近年来智能语音交互产品的大规模普及，在实际应用下语音搜索中多学科特征愈发明显。虽然多学科融合促使语音搜索研究视角更加全面，但是同时也导致领域内文献庞杂、术语不一。而且语音搜索研究立足于语音识别技术的成熟，于20世纪初才逐渐萌芽，可知目前在应用领域和用户角度方面相关研究颇为稀少，对语音搜索理论与实践进行梳理回顾的文献更是几乎没有。从用户角度出发对当前语音搜索研究的理论与实践进行综述，不仅能够统一多学科术语使用，明确当前实际研究进展，进一步促进交叉学科研究发展，而且能够完善用户视角下的语音搜索研究成果，为后续研究提供理论基础和方向指导，推动语音搜索研究领域的学术交流和科研进步。从实践上看，语音搜索作为未来的主要搜索入口之一，是人们喜闻乐见的人机交互应用，具有诸多传统搜索方式不可比拟的优点。当前人工智能时代下，语音搜索产品正在逐步提升智能化程度，飞速更新换代，而用户对于语音搜索的信

① Begany G M, Sa N, Yuan X. Factors affecting user perception of a spoken language vs. textual search interface: a content analysis [J]. Interacting with Computers, 2015, 28(2): 170-180.

息需求也趋于多样化和多变化。语音搜索作为一种新颖的交互模式对新时代背景下用户信息获取与认知方式均会产生巨大影响。时代发展和历史洪流推动着语音搜索研究的回顾与展望。另一方面，语音搜索中仍然存在许多难以解决、亟待探索的问题。用户对于语音识别准确度、语义理解程度等问题抱有比当前感知效果更高的期许①，频繁使用者的覆盖范围有待进一步扩大。目前大部分人知晓语音搜索，但其中频繁使用者却仅占 28%②③。对语音搜索研究的理论与实践进行梳理，不仅能够满足用户多层次的信息需求，提升用户产品使用效率，增加生活便利程度，而且能够促使产品生产者了解用户行为偏好和产品感知现状，从而针对性改善与优化产品，提升市场满意度。

虽然语音搜索目前仅发展了 20 年，但其涉及工业界、学术界又兼多学科属性，其时间较短而内容广泛。本文从应用角度出发对语音搜索研究的理论与实践进行总结，尽量全面、客观、清晰地揭示出语音搜索发展至今的学术研究成果与实践发展现状。有别于传统的系统视角，本文着眼于用户视角下的语音搜索过程，关注用户在使用语音搜索产品以满足自身信息需求全过程中的交互行为及其影响因素，而不去探究组成语音搜索系统的技术发展。整篇文章的写作结构如下：第 1 部分即引言，介绍了语音搜索产生的背景、定义、优点，以及本文的研究意义、研究内容、研究范围；第 2 部分即历史发展，阐述了语音搜索的技术基础即语音识别技术的发展与现状，指出音频信息检索、语音对话系统等语音搜索发展的先行研究，并对语音搜索实践领域的主流——智能个人助手及其发展情况

① 艾媒咨询. 艾媒报告丨2018 上半年中国移动搜索市场监测报告[EB/OL]. [2018-12-02]. http://www.iimedia.cn/61979.html.

② SlideShare. OMD Dive Search[EB/OL]. [2017-12-13]. https://www.slideshare.net/omdchina/omd-dive-search-83977527.

③ Hou W, Chen X. Application of Logistic Regression Analysis of Smartphone Speech Interaction Usage in China: A Questionnaire-Based Study of 622 Adults[C]//International Conference on Human-Computer Interaction. Springer, Cham, 2018: 133-151.

进行了说明；第3部分即文献综述，从用户、系统、交互、情境四大方面对学术成果进行回顾总结，明确语音搜索研究现状和不足；第4部分即讨论与总结，概括总结整篇文章内容，并对语音搜索未来的研究和开发方向提出建议或展望。

2 从技术到应用，语音搜索产品趋于成熟

自然、简单是人机交互领域永恒的追求。通过计算机最终实现人与机器之间自由语音交流从而达到近似人与人之间信息交换效果是近百年来人类的美好期望与真切愿望。从图形用户界面(GUIs)到自然用户界面(NUIs)，人们操作的自然性和人性化程度大大提升。这种简单快捷的方式有效提升了人的工作效率。人们从几百年前便开始探索语音交互，但作为语音交互形式之一的语音搜索则是在多种电子载体出现和语音识别臻于完善之后才逐渐被人们重视，直到最近几年才蓬勃发展起来。如何实现语音搜索？在探索语音搜索过程中出现过哪些相关研究？语音搜索是如何走向大众实用领域的？未来语音搜索会持续繁荣吗？这些都是语音搜索发展过程中必然要考虑的问题。本部分对语音搜索的实践发展过程进行梳理，从自动语音识别、语音文档搜索、语音对话系统、智能个人助手四个方面来解析语音搜索的历史与现在。

2.1 自动语音识别是语音搜索的技术前提

自动语音识别(Automatic Speech Recognition 或 Voice Recognition)技术是计算机数据采集输入和自动控制的一种辅助手段，指用计算机对人类语言进行分析辨识，并转换成相应的文字或代码的过程①，其根本目的是研究出一种具有听觉功能的机器，从而听取人类语音、理解人类意图并做出相应反应。狭义的语音识别技术指将人类自然语言转换为计算机可理解文本或指令的技术，而广义的语音识别技术除狭义含义外还包括说话人识别技术和语种识

① 吴宝康，冯子直主编．档案学词典[M]．上海：上海辞书出版社，1994：444-445.

别技术①。本文中自动语音识别技术均指狭义含义。

相比于语音信号处理技术，语音识别技术发展较晚，源于1952年贝尔实验室的Davis等人所研制的特定说话人孤立数字识别系统Audrey。纵观语音识别技术的发展历史，可以将其划分为5个阶段②：第一代（1950—1960）、第二代（1960—1970）、第三代（1980）、第三代晚期（1990—2000）和第四代（21世纪至今）。尽管人工智能技术在20世纪七十年代就已被引入语音识别领域，但其直到新世纪以来才逐渐发挥其巨大功效。自从2006年微软Hinton等人将逐层贪婪无监督与训练深度网络应用到语音识别系统中取得单词错误率降低30%的突破性进展③后，深度学习理论在语音识别领域研究逐渐热门，语音识别效果不断提升。目前国内外知名机构都应用深度神经网络（Deep Neural Network，DNN）和反馈神经网络（Recurrent Neural Network，RNN）进行建模，以取代传统模型算法，提升语音识别准确度。2016年11月，国内的搜狗、科大讯飞、百度三家公司接连宣布其语音识别准确率的已达到97%④，为优化其旗下语音搜索产品的用户体验奠定了技术基础。然而当前用户对语音识别准确度仍不满意⑤。未来语音识别应进一步缩小机器识别准确率和人工识别准确率的差距、采用更庞大的语音语料库、训练更强健的声音模型和语音模型，在提升识别效果的同时更加注重用户体验和用户满意度。

---

① 王智国．嵌入式人机语音交互系统关键技术研究［D］．合肥：中国科学技术大学，2014.

② Chen F，Jokinen K．Speech technology：Theory and applications［M］．Springer，2010.

③ Hinton G E，Osindero S，Teh Y W．A fast learning algorithm for deep belief nets［J］．Neural computation，2006，18（7）：1527-1554.

④ 中国互联网络信息中心．2016年中国网民搜索行为调查报告［R/OL］．［2018-12-02］．http：//www.cnnic.cn/hlwfzyj/hlwxzbg/ssbg/201801/P020180109484661983457.pdf.

⑤ 艾媒咨询．艾媒报告｜2018上半年中国移动搜索市场监测报告［EB/OL］．［2018-12-02］．http：//www.iimedia.cn/61979.html.

语音识别技术是语音搜索的前提条件和技术基础。语音识别技术将人类自然语音转换为计算机可读指令内容，以启动语音搜索。在语音搜索过程中，语音识别技术也存在于语音搜索系统中，以保证语音识别功能和搜索匹配机制的正常运行。语音识别准确度能够直接影响整体语音搜索系统的检索效果。在投身于具体应用时，语音识别技术通过需要与其他相关技术，如语音合成技术、信息检索技术、自然语言处理技术、口语翻译技术等相结合，以解决人机语音交互的实际问题。语音识别技术与信息检索技术结合后先后产生了语音文档检索、语音对话系统、语音搜索等新型应用。

2.2 语音文档检索为语音搜索提供先行研究

音频信息检索是通过音频特征分析，利用某种相似性测度查找用户感兴趣的音频信息内容，包括语音文档检索、说话人检索和音乐检索三大内容①。音频信息检索与语音搜索两者均是语音识别技术与信息检索技术结合的产物，但是在方式上差别较大。音频信息检索的侧重点在于检索结果是音频信息，输入方式可为声音形式或文本形式，而本文中的语音搜索则关注基于语音的信息检索，输入方式必须为声音。音频信息检索于 20 世纪末才开始受到关注，其中语音文档检索与语音搜索有极大相似之处，其相关研究可为语音搜索研究提供一定借鉴。

语音文档检索(Speech Document Retrieval)是根据用户输入的查询请求，在语音资源中搜索和返回与之相关联的语音片段或语音文档的处理过程。与早先的音频信息检索常用方式相同，语音文档检索起初的做法是先对音频内容进行文本标注，然后对标注内容建立索引进行基于文本的信息检索。后来随着语音识别技术的发展，用户通常采用语音形式转换为文本内容，借助语音识别技术建立索引，在检索时通过索引来查找相关信息的方法，或是直接采用文本形式输入用户查询请求，面向广播新闻、语音邮件、会议记录等语

① 韩纪庆，郑铁然，郑贵滨．音频信息检索理论与技术[M]．北京：科学出版社，2011.

音资源，完成检索任务。

语音文档检索研究始于 20 世纪九十年代，在文本检索会议(TREC)引入该专题对其性能进行公开评测后才得到广泛关注。从时间上来看，语音文档检索起着承前启后的作用，既是对趋于成熟的语音识别技术的第一次面向真实环境的实际应用，也是为语音搜索研究打下研究基础，在 21 世纪初对语音查询式的相关研究就沿用了语音文档检索研究的相关术语，称为语音查询式处理(Spoken Query Processing，SQP)，并随机选取 TREC 会议中评测主题作为搜索任务的语音搜索相关研究①。

尽管语音文档检索已经非常接近语音搜索，但其在输入输出形式方面仍然存在差异。在输入方式方面，语音文档检索具有语音输入转换文本和文本输入两种方式，而语音搜索则以语音输入为主，部分产品会以文本输入形式作为语音输入的辅助方式，甚至部分产品仅有语音一种输入形式。在输出方式方面，语音文档检索的检索内容仅仅为语音资源，而语音搜索的检索内容则更为多样，包括文本、网页、多媒体资源等各种信息资源。另外，语音文档检索基本是单向输入/输出，在检索过程中用户与计算机的交互作用是依靠用户单向决定的，而在语音搜索过程中，用户与硬件设备或软件代理之间更多是一种双向交互关系，代理会主动询问用户是否继续提供相关信息，更接近人与人之间的自然对话。

2.3 语音对话系统是语音搜索的重要组成部分

随着语音识别技术不断发展，21 世纪初基于语音的人机交流行业逐渐成熟，各色各样的语音对话系统持续涌现。语音对话系统(Spoken Dialogue System)作为人类与计算机之间最自然的交流方式，已成为一种日益重要的人机界面②。从 1994 年以来，语音对

---

① Crestani F. Spoken query processing for interactive information retrieval[J]. Data & Knowledge Engineering，2002，41(1)：105-124.

② Wolfgang Minker，Gary Geunbae Lee，Satoshi Nakamura，et al. Spoken dialogue systems technology and design[M]. Springer，2010.

话系统从单一的信息查询功能发展到交易执行、问题解决、用户护理、技术支持等多种应用，支持的交互轮次(Interactive Turns)数量持续增加，不断强调用户体验和界面设计，促使其对话模式从单向到双向、自然语言交流、有限混合主动性(Limited Mixed Initiative)不断转变①。在当下移动设备和智能技术发展促使语音对话系统日益嵌入到个人设备中，作为对话代理(Conversational Agents)这一新形式而存在。它内置的自动语音识别器将用户语音转换为文本，并通过文本生成或语音生成的机制向用户传递信息，控制与用户的交互②。这种对话代理与用户之间的交互行为突破了传统语音对话系统设定的结构化查询式输入，朝着更接近人类交流对话的方向迅速发展，促使对话式搜索的提出。

当下对话式搜索(Conversational Search)已成为重要的新兴研究方向。其在第二次 IR 战略研讨会、CHIIR 2018 等多个会议上均被提及并引起广泛讨论。然而目前对话式搜索尚未形成明确定义。对话的词语含义指两个或多人之间的谈话、接触、谈判等行为或过程。这种人类之间交流方式推广到人机交互领域后不仅交流媒介从声音拓展到声音、文字甚至多媒体信息，而且机器的加入也使得对话主体的数量、类型与位置等发生一定变化，促使对话式搜索领域的研究内容更加丰富、搜索形式更加多样。从整体来说，学者们基本上将对话式搜索界定为信息搜寻行为而非对话交流语境③，并尝试定义对话式搜索系统。Filip 等人指出对话式搜索系统是“一种允许在用户和代理之间进行混合活动的信息检索系统，其

---

① Chen F, Jokinen K. Speech technology: Theory and applications [M]. Springer, 2010.

② Luger E, Sellen A. Like having a really bad PA: the gulf between user expectation and experience of conversational agents[C]//Proceedings of the 2016 CHI Conference on Human Factors in Computing Systems. ACM, 2016: 5286-5297.

③ Trippas J R, Spina D, Cavedon L, et al. Informing the design of spoken conversational search: Perspective paper[C]//Proceedings of the 2018 Conference on Human Information Interaction&Retrieval. ACM, 2018: 32-41.

中代理反应是根据当前会话中的用户需求、用户长期或短期先验知识的模型做出的"①。在搜索对话中，用户通过一个或多个查询式检索相关信息以解决任务，达到预期目标②。简单来讲，对话式搜索强调对话主体之间的多轮、持续互动，是一种更为主动的信息检索系统。

语音对话系统与语音搜索系统有共通之处，甚至可以说后期的部分语音对话系统也可称为语音搜索系统。早期的语音对话系统更多处理一些结构化的查询式输入，致力于解决一些具体任务如航班信息查询等，然而随着技术发展和功能完善，语音对话系统可以处理复杂多样的信息需求和更为灵活的查询式输入时就成为了语音搜索系统。对话代理(Conversational Agents)既是一种语音对话系统③，也是学者们对智能语音助手(一种语音搜索系统)的别称④。用户对对话系统语音识别错误的反应与语音搜索中的查询式重构模式非常相似⑤。人们在研究语音搜索时也往往会借鉴语音对话系统的相关结论。对话式搜索功能不仅是当下语音对话系统重点发展方

---

① Radlinski F, Craswell N. A theoretical framework for conversational search [C]//Proceedings of the 2017 Conference on Conference Human Information Interaction and Retrieval. ACM, 2017: 117-126.

② Kiseleva J, Williams K, Hassan Awadallah A, et al. Predicting user satisfaction with intelligent assistants[C]//Proceedings of the 39th International ACM SIGIR conference on Research and Development in Information Retrieval. ACM, 2016: 45-54.

③ Luger E, Sellen A. Like having a really bad PA: the gulf between user expectation and experience of conversational agents[C]//Proceedings of the 2016 CHI Conference on Human Factors in Computing Systems. ACM, 2016: 5286-5297.

④ Cowan B R, Pantidi N, Coyle D, et al. What can I help you with?: infrequent users' experiences of intelligent personal assistants[C]//Proceedings of the 19th International Conference on Human-Computer Interaction with Mobile Devices and Services. ACM, 2017: 43.

⑤ Jeng W, He D, Jiang J. Users' perceived difficulties and corresponding reformulation strategies in voice search[C]//The 7th Annual Symposium on Human-Computer Interaction and Information Retrieval. University of Pittsburgh, 2013.

向，也将是未来语音搜索系统的必备功能之一。

2.4 智能个人助手的普及促使语音搜索大众化

语音搜索起源于20世纪80年代的人工电话应答热线，如美国411热线、中国的12580热线等①。在此基础上，谷歌公司开发了内含语音识别和网络搜索功能的自动语音应答系统800-GOOG-411，以帮助用户查找本地商业、拨打服务热线。这是人机交互模式下语音搜索的雏形。随后多模态语音应用的面世进一步推动了语音搜索的发展。谷歌公司于2008年推出包含语音搜索功能的Google Mobile APP，将搜索范围拓宽到整个互联网信息，标志着语音搜索的正式诞生②。随后其进一步推出了Google Voice Search，将语音搜索功能跨设备集成到搜索引擎中。2011年以来Siri的普及促使原本的语音搜索应用向多种功能集成的智能个人助手升级。

智能个人助手(Intelligent Personal Assistants)是近些年随着语音识别技术进步和移动设备普及后兴起的一种应用程序，集合了语音识别、语言理解、对话管理、语言生成、语音合成等技术为一体，能够根据用户的查询式或信息需求做出自然语言应答、搜索结果罗列、智能推荐等回应③。它也被称为智能助手(Intelligent Assistants)、虚拟个人助手(Virtual Personal Assistants)、语音助手(Voice-Enabled Assistants)、语音个人助手(Voice Activated Personal Assistants)、社会意识机器人助手(Social-Aware Robot Assistants)、对话代理(Conversational Agents)等，包含三个层次：

---

① Yuan K, Hou W, Zhao Y. Human factor research of voice search on mobile internet[C]//2008 9th International Conference on Computer-Aided Industrial Design and Conceptual Design. IEEE, 2008: 1-6.

② Schalkwyk J, Beeferman D, Beaufays F, et al. "Your Word is my Command": google search by voice: A case study [M]//Advances in speech recognition. Springer, Boston, MA, 2010: 61-90.

③ Cowan B R, Pantidi N, Coyle D, et al. What can I help you with?: infrequent users' experiences of intelligent personal assistants[C]//Proceedings of the 19th International Conference on Human-Computer Interaction with Mobile Devices and Services. ACM, 2017: 43.

- 设备/载体：智能家居（音箱、电视、照明）、智能手机、汽车、个人电脑、平板电脑、头戴式设备（耳机）、可穿戴设备（智能手表）等。
- 系统/平台：苹果系统、安卓系统、谷歌系统、微软系统、Amazon Echo、车载系统等。
- 产品/代理：Siri、Alexa、Cortana、Google Now、Google Assistant、Google Voice Search 等。

2011 年苹果率先在 iPhone 4s 手机中推出 Siri，宣告了智能个人助手时代的到来。尽管当时 Siri 的性能并不能很好地满足用户多样化需求，目前也受到功能强大的其他语音助手产品的冲击，但至今作为先行者的 Siri 仍然在智能手机的智能个人助手市场中保持着领先地位①。然而智能个人助手起初并未在智能手机上形成燎原之势，直到亚马逊于 2014 年面向家庭用户推出了装载语音助手代理 Alexa 的智能家居 Echo，各家公司才开始大力进军智能个人助手领域。谷歌较早地意识到智能音箱行业的发展潜力，并于 2016 年推出 Google Home，试图与 Amazon Alexa 一争高下。2017 年数据显示亚马逊（71.9%）和谷歌（18.4%）已占据大部分市场②。与此同时，微软也凭借这自身的系统装载优势，在全球范围内的个人电脑上大力推广 Cortana。国内各大互联网公司也纷纷推出了自己的智能个人助手产品，如百度语音助手、京东 DingDong、小米小爱同学、华为 HiAssistant 等。在过去四年里，智能个人助手迅速普及，经过开端的智能手机、中期的智能音箱，最终又促进了智能手机等在内多种设备的繁荣。截止 2018 年装载着各种各样智能个人助手的设备已达 10 亿台，在美国 53.3%的家庭拥有 1 个智能音箱设备。由此，智能个人助手进入第二发展阶段。第一阶段仅仅是向用户通过

① Connie Hwong. Verto Index: Assistant Apps [EB/OL]. [2017-07-27]. https://www.vertoanalytics.com/verto-index-personal-assistant-apps/.

② Voice.ai. Smart Speaker Consumer Adoption Report [R/OL]. [2018-03]. https://voicebot.ai/wp-content/uploads/2018/03/smart_speaker_consumer_adoption_report_2018.pdf.

语音处理任务的观念，而在第二阶段，智能个人助手将作为一种普遍的交互模式存在，集成更丰富的功能，应用于跨设备和多情境，设备数量进一步增加，用户使用更加频繁①。根据 Voicebot. ai 的统计，目前用户对装载智能个人助手的各种设备的使用情况中，智能音箱处于完全主导地位(93. 3%)，智能手机(65. 8%)和车载系统为第二梯队(50. 1%)。此外头戴式设备、笔记本电脑、电视机、可穿戴设备等也占据不小的比例，分别为 27. 5%、11. 4%、7. 4%、7. 3%。在 2018 年末，小米就宣布小米旗下的智能手机和小爱音箱将支持小爱同学和微软小冰双唤醒②。谷歌和亚马逊也分别在 CES 2019 展会上表示 Google Assistant 和 Alexa 已与 1000+各品牌达成合作，现可支持 10000+智能家居设备③，仍在不断开发与完善智能个人助手功能中。Ovum 预测，Siri 式的智能个人助手将会越来越受到欢迎，到 2021 年人工智能助手的数量将会超过目前的世界人口④。可以预见 2019 年将是智能个人助手的测试年，智能个人助手将持续走热，相关产品和相关研究方兴未艾。用户情境将取代声音成为智能个人助手用户采用的关键，设备普及率进一步提高。

智能个人助手作为一种语音搜索系统，与语音对话系统和传统搜索系统既继承又发展。在语音对话系统的基础上，智能个人助手进一步拓展了语音交互应用范围，并在用户与系统交互的真实场景中大规模部署。在用户意图理解、交互场景保持、双方互动程度等

---

① Voice. ai. Voice Assistant Consumer Adoption Report[R/OL]. [2018-11]. https://voicebot. ai/wp-content/uploads/2018/11/voice-assistant-consumer-adoption-report-2018-voicebot. pdf.

② 王金旺.【小米 AIoT 开发者大会】雷军宣布小爱同学激活破亿，和宜家开启战略合作[EB/OL]. [2018-11-28]. https://www. leiphone. com/news/201811/g69ogcE4GArlimUv. html.

③ AI 锐见. 语音助手市场来势汹汹，亚马逊 Alexa 2019 将会如何应对? [EB/OL]. [2019-01-22]. https://www. jiqizhixin. com/articles/2019-01-22-2.

④ Ronan De Renesse. Virtual digital assistants to overtake world population by 2021 [EB/OL]. [2017-05-17]. https://ovum. informa. com/resources/product-content/virtual-digital-assistants-to-overtake-world-population-by-2021.

方面，智能个人助手都比语音对话系统有着显著优势。此外，作为一种多模态会话系统，智能个人助手的语音搜索功能涉及自动语音识别、用户意图理解、基于对话交互、复杂信息需求等方面，远比传统搜索更加复杂①。

纵观历史，当今智能个人助手中的语音搜索功能是语音识别技术产生以来的最新形态。从语音识别技术的诞生、语音文档检索的发展和语音对话系统的建立，人机交互领域中的语音搜索不断借鉴相关方向成果，始终朝着人类交流的原始状态努力，已实现了概念、技术到商业产品、功能应用的跨越，成为不可阻挡的历史潮流。目前互联网巨头们都在积极进驻语音交互市场，陆续在智能家居、智能车载、智能医疗、可穿戴设备等诸多细分市场寻求突破。尽管各领域的先行公司仍处于市场垄断地位（如亚马逊在智能音箱领域、谷歌在语音搜索引擎领域、苹果在智能手机领域），但随着其他厂商进入和市场大规模开发下，语音搜索现有市场将进一步发生变化。尽管语音搜索和智能个人助手已趋于成熟，但功能完善、技术进步、用户范围扩大、产品忠诚度培养、垂直领域和细分场景应用等问题将在第二阶段持续存在。作为智能个人助手功能之一的语音搜索非但在输入模式上与传统搜索相区分，还需考虑集成环境下与其他功能的连接与分离，以及这种集成为语音搜索过程中用户、系统、交互、情境等各方面带来的深刻影响。未来语音搜索产品推陈出新需要建立在当前理论与实践的发展基础之上。

3 从理论到实践，语音搜索研究全面开展

从语音搜索的历史发展可知，语音搜索已从起步阶段进入高速发展时期，相关研究与工业产品层出不穷。为了更好的发展，我们不禁要问：当前语音搜索研究覆盖哪些领域？用户的语音搜索行为

① Kiseleva J, Williams K, Jiang J, et al. Understanding user satisfaction with intelligent assistants [C]//Proceedings of the 2016 ACM on Conference on Human Information Interaction and Retrieval. ACM, 2016: 121-130.

表现出什么特点？未来语音搜索的研究切入点和发展方向是什么？基于这些问题，本部分将从信息检索过程的用户、系统、交互、情境四大要素出发，致力于对现有语音搜索相关文献、报告、实践进行综述，明确语音搜索理论与实践的现状与未来。

3.1 用户语音搜索频率与意愿持续增强

自从 Siri 风靡全球以来，许多以语音交互为对象或拥有相关产品的商业机构就针对语音搜索和智能个人助手的使用情况展开市场调查。早在 2014 年，谷歌就发布报告称 41%的成年人每天使用语音搜索和手机对话①。2016 年 iPhone 用户中使用过 Siri 的用户已达 98%，而安卓用户也仅 4%的用户未使用过 OK Google②。作为语音搜索产品的发源地，美国 2017 年第一季度的数据显示，在谷歌之后，苹果 Siri 已被大多数受访者作为"优先使用的搜索引擎"，超过必应和雅虎③。随着智能个人助手在全球范围内的进一步扩张，其他国家的语音搜索报告也相继推出。同期英国用户中有 42%每天使用谷歌搜索的语音指令④。西班牙、日本、德国、中国、澳大利亚、新加坡等国家的智能个人助手的拥有情况也已形成一定规模⑤。进入 2018 年以后，美国智能音箱月度活跃用户和智能手机月度使用者分别达 0.46 亿和 0.9 亿。智能音箱使用者数量已占全

① Scott Huffman. OMG! Mobile voice survey reveals teens love to talk[EB/OL]. [2014-10-14]. https://www.blog.google/products/search/omg-mobile-voice-survey-reveals-teens/.

② Carolina Milanesi. Voice Assistant Anyone? Yes please, but not in public! [EB/OL]. [2016-06-03]. https://creativestrategies.com/voice-assistant-anyone-yes-please-but-not-in-public/.

③ Greg Sterling. Siri is Google's nearest mobile search competitor[EB/OL]. [2017-04-06]. https://searchengineland.com/survey-siri-googles-nearest-mobile-search-competitor-272640.

④ Netimperative. Voice takes off: 42% of Brits "using voice search daily"[EB/OL]. [2017-06-28]. http://www.netimperative.com/2017/06/voice-takes-off-42-brits-using-voice-search-daily/.

⑤ J. Walter Thompson Intelligence. Speak Easy: Global Edition[R/OL]. [2017-06]. https://www.jwtintelligence.com/trend-reports/speak-easy-global-edition/.

国成年人的 18%，同时智能手机上智能个人助手用户中月活跃用户比例达 3/5①。而在用户数量庞大的中国，语音搜索的市场潜力也初见端倪。截止 2018 年上半年中国有 58%的用户使用过语音搜索②，在手机端语音搜索在所有搜索方式比例中占 31. 3%③。而在 OMD 的报告中则称 85%的中国人知道语音搜索或图片搜索，且 69%的用户尝试过语音搜索或图片搜索④。从更具体的使用年限来看，2018 年中国用户中使用一年以上仅占据 27. 6%，使用期限为半年到一年为 25. 1%，三个月到半年的为 25. 6%，三个月以下的用户占 21. 8%⑤，使用群体以新用户和中短期用户为主。尽管以上商业机构的报告可能受到市场导向和盈利宣传影响，所展示的语音搜索和智能个人助手用户使用数据有所夸大甚至相互矛盾，但可以肯定的是它仍然在一定程度上揭示了各年度用户语音搜索产品的整体使用情况，进一步验证了语音搜索当前的繁荣景象和乐观的发展前景。

3. 1. 1　高频语音搜索的群体划分不断细化

搜索引擎和手机自带的智能个人助手是用户重要的语音搜索入口。这也许能够解释为何当前语音搜索的使用者数量极多，智能个人助手等语音搜索产品的用户粘性却说法不一。用户对搜索引擎和智能手机具有较高的使用频率，但在各调查中关于语音搜索功能和

---

① Voice. ai. Voice Assistant Consumer Adoption Report [R/OL]. [2018-11]. https：//voicebot. ai/wp-content/uploads/2018/11/voice-assistant-consumer-adoption-report-2018-voicebot. pdf.

② 艾媒咨询．艾媒报告 ∣ 2018 上半年中国移动搜索市场监测报告[EB/OL]. [2018-12-02]. http：//www. iimedia. cn/61979. html.

③ 中国互联网络信息中心．2016 年中国网民搜索行为调查报告[R/OL]. [2018-12-02]. http：//www. cnnic. cn/hlwfzyj/hlwxzbg/ssbg/201801/P020180109484661983457. pdf.

④ SlideShare. OMD Dive Search [EB/OL]. [2017-12-13]. https：//www. slideshare. net/omdchina/omd-dive-search-83977527.

⑤ 艾瑞咨询．中国智能语音助手企业案例研究报告[EB/OL]. [2018-04]. http：//pg. jrj. com. cn/acc/Res/CN _ RES/INDUS/2018/7/30/679c3581-8955-4a35-a95f-efadda463b1e. pdf.

语音搜索产品的使用频率选项纷繁，答案多样。有些用户虽然“听说过但从未使用过”语音搜索，而有些用户甚至“从未听说过”语音搜索。同时快速忙碌的生活节奏和碎片化的信息处理方式使得部分用户的语音搜索行为也呈现出不规律的特点，包括“几乎没有，但曾经尝试过”、“偶尔想起会使用”、“在特定场景有使用习惯”、“每月一次或更少”等情况。在一天内用户使用语音搜索的时间段也证实了这一点：用户在早饭时 6 点到 7 点左右和午饭后 12 点到下午 1 点中使用率均有明显增长，并在下班后 5 点到 6 点左右出现最高峰①。而规律使用者的使用频率与其他信息检索行为类似，因而调查者使用“至少每月一次”、“至少每周一次”、“至少每天一次”、“每天 1-2 次”、“每天 3-5 次”、“6 次以上”选项来描述。根据使用频率不同所划分的用户群体在行为和感知方面均会具有一定差异，包括频繁使用者与不频繁使用者②③，规律使用者与不规律使用者，从未听过组、听说过但未使用组、尝试后放弃组、仍然使用组④，超级使用者、探索者、中度使用者与轻度使用者等。

各国各地域的经济水平和文化程度影响着用户的语音搜索行为，因而国家和地域也成为用户群体的首要属性。当前智能个人助

---

① Bentley F, Luvogt C, Silverman M, et al. Understanding the Long-Term Use of Smart Speaker Assistants [J]. Proceedings of the ACM on Interactive, Mobile, Wearable and Ubiquitous Technologies, 2018, 2(3): 91.

② Cowan B R, Pantidi N, Coyle D, et al. What can I help you with?: infrequent users' experiences of intelligent personal assistants[C]//Proceedings of the 19th International Conference on Human-Computer Interaction with Mobile Devices and Services. ACM, 2017: 43.

③ Dubiel M, Halvey M, Azzopardi L. A Survey Investigating Usage of Virtual Personal Assistants[J]. arXiv preprint arXiv: 1807.04606, 2018.

④ Hou W, Chen X. Application of Logistic Regression Analysis of Smartphone Speech Interaction Usage in China: A Questionnaire-Based Study of 622 Adults[C]// International Conference on Human-Computer Interaction. Springer, Cham, 2018: 133-151.

手在亚太地区普及率最高①。作为发源国家的美国和拥有庞大消费潜力的中国，其用户语音搜索产品使用随国家地域不同而呈现出不同的特点。Hou 等人通过问卷对 622 个成年中国人进行调查发现，持续中国使用语音交互的用户比例不足 29.74%②。而艾瑞咨询却称 2018 年中国超七成用户每星期使用语音搜索 3 次以上，其中 33.3%的用户每天都会使用智能语音助手，且用户主要分布于东部的一线城市(41.4%)和二线城市(35%)③。相比而言研究文献比商业报告更加严谨科学，但 Hou 等人的调查中也未将用户进一步区分，因而将来仍然有必要进行更加广泛、细致、科学的中国用户语音搜索行为调查。而美国的智能个人助手的使用情况比中国更加普遍。据 HigherVisibility 称，美国不同使用频率(至少每天一次、至少每周一次、至少每月一次、从不)的语音搜索用户占比均在 20%左右，且各地域分布也十分平均，为 70%左右④。两国不同的用户使用情况受到教育水平、产品投放时间等方面的影响，而地域分布的不同则反过来佐证了经济水平与智能个人助手普及率呈正相关。从全球范围来看，无论是美洲、西欧、澳洲、东亚和东南亚，现今均呈现出用户覆盖面广，但高频使用人群数量不足的景象。其用户人群中从未使用过且今后也没有使用意愿的人仅占比 8%，使用频

---

① Felim McGrath. 1 in 3 Gen Z in North America Using Voice Command on Mobile[EB/OL]. [2017-09-22]. https://blog.globalwebindex.com/chart-of-the-day/1-in-3-gen-z-north-america-using-voice-command-on-mobile/.

② Hou W, Chen X. Application of Logistic Regression Analysis of Smartphone Speech Interaction Usage in China: A Questionnaire-Based Study of 622 Adults[C]// International Conference on Human-Computer Interaction. Springer, Cham, 2018: 133-151.

③ Spina D, Trippas J R, Cavedon L, et al. Extracting audio summaries to support effective spoken document search[J]. Journal of the Association for Information Science and Technology, 2017, 68(9): 2101-2115.

④ Adam Heitzman. HOW POPULAR IS VOICE SEARCH? [EB/OL]. [2019-01-01]. https://www.highervisibility.com/blog/how-popular-is-voice-search/.

率为曾经或偶尔使用一两次与至少每月使用一次的比例相近①。可见，尽管地域导致具体使用情况有所差异，但整体上各国市场仍有较大发展潜力，使用频率有待进一步提升。

除国家地域等外部环境因素外，用户人口统计特征的使用情况分布也成为行为人群划分的依据。性别分布的数据显示，在语音搜索领域男性总是占据主导地位，不管是在美国的智能音箱市场(57.8%)②还是在中国的智能个人助手市场(61.7%)③。从年龄来看，J. Walter Thompson Intelligence 发现 9 个国家 50%以上的智能个人助手用户处于 18 岁与 54 岁之间。2017 年智能手机中的语音搜索功能在北美和亚太地区的千禧一代(21~34 岁)和 Z 世代中(16~20 岁)最高达 30%左右，在欧洲、拉美、中东及非洲等地较低，但也超过 15%④。就中国来说，“80 后”的语音搜索使用频率较“70 后”和“90 后”都高⑤，与 GWI 结果一致。尽管 WTI 调查中关于中国用户年龄分布的结论(35~54 岁)与艾瑞咨询统计结果(26~35 岁)⑥有偏差，但仍说明中青年是全世界智能个人助手使用的主力。同时

① J. Walter Thompson Intelligence. Speak Easy: Global Edition[R/OL]. [2017-06]. https://www.jwtintelligence.com/trend-reports/speak-easy-global-edition/.

② Voice.ai. Smart Speaker Consumer Adoption Report[R/OL]. [2018-03]. https://voicebot.ai/wp-content/uploads/2018/03/smart_speaker_consumer_adoption_report_2018.pdf.

③ 艾瑞咨询. 中国智能语音助手企业案例研究报告[EB/OL]. [2018-04]. http://pg.jrj.com.cn/acc/Res/CN_RES/INDUS/2018/7/30/679c3581-8955-4a35-a95f-efadda463b1e.pdf.

④ Felim McGrath. 1 in 3 Gen Z in North America Using Voice Command on Mobile[EB/OL]. [2017-09-22]. https://blog.globalwebindex.com/chart-of-the-day/1-in-3-gen-z-north-america-using-voice-command-on-mobile/.

⑤ SlideShare. OMD Dive Search [EB/OL]. [2017-12-13]. https://www.slideshare.net/omdchina/omd-dive-search-83977527.

⑥ 艾瑞咨询. 中国智能语音助手企业案例研究报告[EB/OL]. [2018-04]. http://pg.jrj.com.cn/acc/Res/CN_RES/INDUS/2018/7/30/679c3581-8955-4a35-a95f-efadda463b1e.pdf.

老年人和小孩在智能个人助手使用方面具有较大潜力①-②。在发达国家或高速发展国家中，中高收入人群占据了语音搜索的大多数(50%左右及以上)，而在泰国等发展中国家中，经济水平较低的用户数量则相当庞大，占据49%③。

另一方面，作为语音搜索的客体，设备、系统、产品等客观因素的差异也是区分智能个人助手用户人群重要要素。设备直接决定了用户语音搜索产品的功能、形态与使用方式，影响着智能个人助手的使用频率高低。在美国，同样是日常生活用品的智能手机和汽车两者的智能个人助手实际使用频率相近。对后起之秀的智能音箱来说，目前从未使用过的用户比以上两者比例略高(3.2%)就不足为奇了。然而令人惊讶的是，智能音箱的尝试后放弃比例与两者差距竟达20.8%。同时在不同设备上的高频使用次数，尤其是日活跃用户中存在12.7%每天使用6次以上④，与其他两者相距甚远(21.2%)⑤。这充分表明尽管智能音箱的使用范围不如智能手机和汽车助手，但其用户依赖程度非常高。然而智能手机上的系统选择有时候直接决定了助手产品，这一点则与智能音箱相反。在IOS系统中76.7%的用户会选择尝试Siri，而安卓系统用户则更多尝试Google Assistant，占比42.7%。事实上，产品或代理的选择才是用

---

① Lovato S, Piper A M. Siri, is this you?: Understanding young children's interactions with voice input systems [C]//Proceedings of the 14th International Conference on Interaction Design and Children. ACM, 2015: 335-338.

② Ziman R, Walsh G. Factors Affecting Seniors' Perceptions of Voice-enabled User Interfaces[C]//Extended Abstracts of the 2018 CHI Conference on Human Factors in Computing Systems. ACM, 2018: LBW591.

③ J. Walter Thompson Intelligence. Speak Easy: Global Edition[R/OL]. [2017-06]. https://www.jwtintelligence.com/trend-reports/speak-easy-global-edition/.

④ Voice.ai. Smart Speaker Consumer Adoption Report[R/OL]. [2018-03]. https://voicebot.ai/wp-content/uploads/2018/03/smart_speaker_consumer_adoption_report_2018.pdf.

⑤ Voice.ai. Voice Assistant Consumer Adoption Report[R/OL]. [2018-11]. https://voicebot.ai/wp-content/uploads/2018/11/voice-assistant-consumer-adoption-report-2018-voicebot.pdf.

户人群划分的关键。当前市场主流产品均拥有自己的用户群。在日活跃用户中，Alexa 占据首位（37.1%），其后依次是 Google Now（23.5%）、Siri（21.0%）、Cortana（15.8%）。Alexa 用户活跃度最高一定程度上说明了各智能个人助手的使用情况是人们对设备、系统、产品综合考虑的结果。这说明用户使用智能个人助手的原因是多方面多元化的。

3.1.2 用户对语音搜索产品抱有丰富期望

为了更加明确用户使用智能个人助手或语音搜索产品的原因，本文首先定性总结了各调查报告中的用户原因①②③④⑤⑥，然后对其数据进行 Min-Max 标准化以消除不同取值方式对结果的影响，使不同调查报告中的数据能够形成参考，最后求合并项的平均值以对比不同使用原因在用户决策中的分量。尽管这种方式存在诸如低估指标水平、易受极值影响、受样本离差影响等问题，但是由于本文仅仅是对不同结果进行比较，各数值不具有实际意义，因此这种方法是可行的。从结果可知，用户使用智能个人助手最重要也最直接的原因在于其声音输入。相对于传统触屏和打字方式，语音搜索更简单的操作方式、更方便的使用方法和更快速的输入速度都使其受到用户的青睐。用户心理状态更加强了这种优势。当用户惰性被触

---

① 艾媒咨询．艾媒报告丨2018 上半年中国移动搜索市场监测报告[EB/OL]. [2018-12-02]. http://www.iimedia.cn/61979.html.

② SlideShare. OMD Dive Search [EB/OL]. [2017-12-13]. https://www.slideshare.net/omdchina/omd-dive-search-83977527.

③ Voice.ai. Voice Assistant Consumer Adoption Report[R/OL]. [2018-11]. https://voicebot.ai/wp-content/uploads/2018/11/voice-assistant-consumer-adoption-report-2018-voicebot.pdf.

④ J. Walter Thompson Intelligence. Speak Easy: Global Edition [R/OL]. [2017-06]. https://www.jwtintelligence.com/trend-reports/speak-easy-global-edition/.

⑤ 艾瑞咨询．中国智能语音助手企业案例研究报告[EB/OL]. [2018-04]. http://pg.jrj.com.cn/acc/Res/CN_RES/INDUS/2018/7/30/679c3581-8955-4a35-a95f-efadda463b1e.pdf.

⑥ Adam Heitzman. HOW POPULAR IS VOICE SEARCH? [EB/OL]. [2019-01-01]. https://www.highervisibility.com/blog/how-popular-is-voice-search/.

发时，语音搜索的便利性就被进一步放大。用户在考虑是否使用智能个人助手时不仅会受到自身有趣感知、对新事物的好奇心理以及实用性追求的影响，亦会受到从众心理的影响。使用语音搜索的大众潮流和外部环境中对智能个人助手的大肆宣扬在无形中攥取了用户注意力。另外，作为语音搜索过程的客体，设备、系统、产品也是促使智能个人助手使用行为发生的重要原因。作为主要使用设备的智能手机在理解用户程度、功能丰富程度和与第三方产品连接上有显著优势。它会自动频繁提示用户去使用智能个人助手从而将优势变现。在用户眼中系统性能是位列第三的关键要素。语音识别正确性、语义识别准确度、人机交互界面美观度与舒适度、输入操作方便度、输入反应速度和结果加载速度等不仅是用户选择智能个人助手的考虑因素，更是饱含着用户的未来期待。小部分用户特别提到在进行语音搜索时，检索结果的质量和丰富程度也在很大程度上影响他们继续使用的意愿。对于成型的产品来说，用户更多考虑他们的附加价值或消耗程度，如客户端占用内存空间、流量消耗程度、是否有附加的运营商服务、社会知名度、来自应用商店或朋友的评价等。最后一个因素场景因素与声音输入因素的关系非常密切：当用户无法打字或看智能个人助手的装载设备时他们会倾向于使用语音搜索。其细分场景包括驾驶场景、做饭场景、走路场景、在狂奔或紧急状态、在外面打字不方便时、双手很满或很脏时、由于太懒太累太忙不想打字时、对拼写不确定或字符太长导致无法输入时。总体而言，声音(71.35%)>场景(54.9%)>系统(52.97%)>设备(50%)>产品(46.55%)>用户(34.59%)>检索结果(3.93%)。声音是语音搜索的天然优势毫无疑问位列第一，声音的便利性也间接决定了用户偏好在无法打字、触屏和看到相关设备的场景下使用智能个人助手。在使用原因的博弈中，客体因素比主体因素发挥了更大的影响作用。其中检索结果的决策考量百分比偏低，这可能是因为大部分用户是在说明智能个人助手的使用原因，并没有仔细考虑语音搜索过程。智能个人助手的非使用者关于不使用原因的阐述是未来产品完善和市场开发的重要依据。非使用原因呈现出多样化的特点，涉及用户、系统、使用、场景四大方面。用户对智能个人助手的无意识、了解匮乏、逆反心理、懒惰心态等用户心理状态是阻碍用户使用智能个人助手的重要原因之一。此外，用户对传统键盘和触屏输入方式的喜欢和习惯也在一定程度上阻碍了用户接触新事物。从系统方面来说，大部分用户对系统效用的感知较差，认为其无法解决自身复杂信息需求，在功能和回复方面也令人不太满意。在不使用者看来，智能个人助手系统在语音/语义识别性能、代理发音自然程度、检索性能方面都没有达到他们的使用要求，与第三方应用程序、平台和系统的集成问题也未得到解决。用户使用智能个人助手过程中认为整体舒适度较差，在触发方式和使用努力程度方面有困难。对于部分用户来说语音搜索过于容易被误操作后触发，而另一部分用户则感觉触发方式过于复杂，难以想到。为了拥有较好的用户体验，他们必须以缓慢又清晰的速度进行声音输入，这对用户来说是学习代价过高。智能个人助手服务需要更丰富用户数据的特点促使用户在信任、数据隐私、透明度及拥有权等方面的忧虑更为深重。声音输入对于用户来说是一把双刃剑，很大程度上制约着用户在公众场合的使用。

结合用户的使用原因和不使用原因可知，用户期待智能个人助手未来能够在识别技术、回复质量、功能数量、用户界面和使用服务方面有更大的突破。提升语音识别准确度、语义识别准确度、回答响应速度、结果丰富程度、功能丰富程度和拟人程度，优化用户界面，并制作一份完备的用户指南和数据安全保证是智能个人助手升级的必由之路。

3.1.3 智能个人助手的用户感知异质性明显

使用智能个人助手或语音搜索服务会影响用户感知状态。许多从未使用过智能个人助手的用户在使用语音服务后却对其有效性留下深刻印象①。75%的消费者都表示使用移动语音搜索提升了个体

① Kiseleva J, Williams K, Jiang J, et al. Understanding user satisfaction with intelligent assistants [C]//Proceedings of the 2016 ACM on Conference on Human Information Interaction and Retrieval. ACM, 2016: 121-130.

的人均搜索次数①。用户对智能个人助手的感知有用性和易用性提升是对用户使用语音搜索系统积极态度和意图的有力解释之一②。用户对系统的熟悉程度、系统的易用性、系统的速度、信任度、舒适度、趣味性、新颖性都是影响用户对语音系统感知的因素③，尤其是可学性、易用性、易理解性和帮助性是老年人感知系统的关键点④。尽管智能个人助手给部分非使用者带来翻天覆地的变化，但就用户体验来说，不同用户对智能个人助手的感知则可能差之千里。用户对语音搜索的直观感受普遍反映出非常容易使用、搜索速度快。但在声音对话和代理拟人性方面，与智能个人助手使用语音对话在部分用户看来很酷、很有趣、很自然，但其他用户却只能感受到不舒服、尴尬至极⑤。这其中有一部分是所处环境造成的：用户觉得自己在公共场合使用语音交互会干扰他人或吸引大众目光⑥，另一部分则是由用户对声音来源感知不同决定的。与用户对话的声音是来自于机器本身还是机器中的某种实体影响着用户对语

① Netimperative. Voice takes off：42% of Brits "using voice search daily"[EB/OL]. [2017-06-28]. http：//www.netimperative.com/2017/06/voice-takes-off-42-brits-using-voice-search-daily/.

② Zhou L，Mohammed A S，Zhang D. Mobile personal information management agent：Supporting natural language interface and application integration[J]. Information Processing & Management，2012，48(1)：23-31.

③ Begany G M，Sa N，Yuan X. Factors affecting user perception of a spoken language vs. textual search interface：a content analysis [J]. Interacting with Computers，2015，28(2)：170-180.

④ Ziman R，Walsh G. Factors Affecting Seniors' Perceptions of Voice-enabled User Interfaces[C]//Extended Abstracts of the 2018 CHI Conference on Human Factors in Computing Systems. ACM，2018：LBW591.

⑤ Crestani F，Du H. Written versus spoken queries：A qualitative and quantitative comparative analysis[J]. Journal of the American Society for Information Science and Technology，2006，57(7)：881-890.

⑥ Hou W，Chen X. Application of Logistic Regression Analysis of Smartphone Speech Interaction Usage in China：A Questionnaire-Based Study of 622 Adults[C]//International Conference on Human-Computer Interaction. Springer，Cham，2018：133-151.

音交互的感知态度①。当用户感觉自己与机器在交互时传统与人交流的对话习惯会下意识使其产生排斥心理，而以“语音关键词(Spoken Keywords)”的形式进行输入。而当他们意识到自己是与机器中的拟人代理通话时则可以以更加自然、口语化的方式与智能个人助手进行对话②。整体而言，针对当前的智能个人助手用户更倾向于认为他们在与技术互动，尽管用户心中这种技术的具象存在软件、硬件、机器人或数据库等多种可能③。用户对智能个人助手的智能化程度感知的影响因素不仅包括客观方面的语音识别质量、系统交流能力、错误检测与处理能力等，而且也涉及系统反应机智多样化、对用户的个性化称呼、情感语调等主观特征④。

3.2 语音搜索系统智能化程度进一步提升

结合3.1部分的用户使用原因、不使用原因与使用期望来看，作为用户行为的载体，在语音搜索过程发生之前，系统性能和产品服务是用户选择智能个人助手的重要考虑因素之一，而在语音搜索过程中，系统性能也会对用户感知及行为造成直接影响。基本的语音搜索系统包含人机交互界面、语音识别技术、输入输出性能、代理拟人度和对话性等组成部分。

3.2.1 语音用户界面优化是系统智能化前提

用户交互界面，或者更准确地说，输入方式更新是用户对语音搜索系统有别于传统搜索系统的最直观感受。当前用户有所使用的输入方式繁多，存在文字、图片、声音、二维码等主要输入方式，

① Guzman A L. Voices in and of the machine: Source orientation toward mobile virtual assistants[J]. Computers in Human Behavior, 2019, 90: 343-350.

② Crestani F, Du H. Written versus spoken queries: A qualitative and quantitative comparative analysis[J]. Journal of the American Society for Information Science and Technology, 2006, 57(7): 881-890.

③ Guzman A L. Voices in and of the machine: Source orientation toward mobile virtual assistants[J]. Computers in Human Behavior, 2019, 90: 343-350.

④ Jeong J, Shin D H. It's not What It Speaks, but It's How It Speaks: A Study into Smartphone Voice-User Interfaces (VUI)[C]//International Conference on Human-Computer Interaction. Springer, Cham, 2015: 284-291.

也包括眼动或视觉、手指触屏、鼠标点击等辅助交互模式。在语音交互界面(Voice User Interface)中，最先出现的是客户热线的实体电话拨号界面①。随后智能手机和相关应用的开发促使数字拨号键盘出现，人们逐渐注意到语音交互界面研究。2009 年时，在拨号输入界面与语音输入界面的对比中，语音输入尚处于下风。使用手机数字键盘导航语音用户界面明显比当时仍为孤立词语音输入的用户交互界面任务完成率更高，且用户感知困难度更低。除了语音识别质量低之外，当时语音输入界面比拨号输入界面让用户感觉不熟悉、不舒服占据了大部分原因②，这与当前用户对智能个人助手的感知也是一致的。语音搜索的推广促使研究者更多将目光转向搜索引擎中文本输入界面与语音输入界面两者对比。事实证明在不同交互界面中用户输入情况受到不同类型任务的影响③，并在查询式构成等方面存在较大差异④。用户在不同界面中所输入的信息类型受制于社会情境⑤-⑥，并在查询式长度、语义特征、句法结构、与自然语言的相近程度方面有所区别。媒介不同不仅会直接影响用户对

① Yuan K, Hou W, Zhao Y. Human factor research of voice search on mobile internet[C]//2008 9th International Conference on Computer-Aided Industrial Design and Conceptual Design. IEEE, 2008: 1-6.

② Patel N, Agarwal S, Rajput N, et al. A comparative study of speech and dialed input voice interfaces in rural India[C]//Proceedings of the SIGCHI Conference on Human Factors in Computing Systems. ACM, 2009: 51-54.

③ Yuan X J, Sa N. User query behaviour in different task types in a spoken language vs. textual interface: a Wizard of Oz experiment[J]. Information Research, 2017, 22(1).

④ Guy I. The Characteristics of Voice Search: Comparing Spoken with Typed-in Mobile Web Search Queries[J]. ACM Transactions on Information Systems (TOIS), 2018, 36(3): 30.

⑤ Begany G M, Sa N, Yuan X. Factors affecting user perception of a spoken language vs. textual search interface: a content analysis [J]. Interacting with Computers, 2015, 28(2): 170-180.

⑥ Easwara Moorthy A, Vu K P L. Privacy concerns for use of voice activated personal assistant in the public space[J]. International Journal of Human-Computer Interaction, 2015, 31(4): 307-335.

自身信息需求的感知、查询式文本特征和信息检索策略①，而且影响用户对交互界面的感知与评价。对于文本输入和语音输入，用户在对二者的帮助性、易学性、易用性、难易度和满意度方面看法不一。然而用户普遍对文本模式满意度更高，认为其使用更加简单，但在与语音界面交互时容易拥有更重的心理负担和更复杂的认知负担②。就其原因，部分是因为文本输入通常使用人们熟悉的键盘打字，并以鼠标点击输入。语音模式与文本模式的结合的确能够明显提升输出效果和用户满意度③。除了这种视觉辅助外，语音交互偶尔还以手指触屏作为辅助。部分用户甚至认为没有屏幕是其不考虑使用智能个人助手的主要原因④。在用户搜索意图改变或语音识别错误过大时甚至会在语音输入模式与文本输入模式之间跳转⑤。相较而言，语音交互界面的确拥有简单方便、新颖有趣、自然可用、应用广泛等优点⑥，并朝着对话用户界面（Conversational User Interface）发展，但将来仍将进一步与其他输入方式如视觉注意力追踪、移动触控交互、文本输入等模式相结合，以弥补不足，提升

① Arguello J, Choi B, Capra R. Factors Influencing Users' Information Requests: Medium, Target, and Extra-Topical Dimension[J]. ACM Transactions on Information Systems (TOIS), 2018, 36(4): 41.

② Le Bigot L, Jamet E, Rouet J F. Searching information with a natural language dialogue system: a comparison of spoken vs. written modalities[J]. Applied ergonomics, 2004, 35(6): 557-564.

③ Cox A L, Cairns P A, Walton A, et al. Tlk or txt? Using voice input for SMS composition[J]. Personal and Ubiquitous Computing, 2008, 12(8): 567-588.

④ Voice. ai. Voice Assistant Consumer Adoption Report[R/OL]. [2018-11]. https://voicebot. ai/wp-content/uploads/2018/11/voice-assistant-consumer-adoption-report-2018-voicebot. pdf.

⑤ Shokouhi M, Jones R, Ozertem U, et al. Mobile query reformulations[C]//Proceedings of the 37th international ACM SIGIR conference on Research & development in information retrieval. ACM, 2014: 1011-1014.

⑥ Jeong J, Shin D H. It's not What It Speaks, but It's How It Speaks: A Study into Smartphone Voice-User Interfaces (VUI)[C]//International Conference on Human-Computer Interaction. Springer, Cham, 2015: 284-291.

可用性。

3.2.2 语音识别技术影响语音搜索系统使用

作为语音交互产品发展的技术基础，语音识别技术是关乎用户持续使用语音搜索的关键因素①②。尽管当前语音识别技术进步飞速，部分产品识别准确率基本接近100%③，但用户仍然对语音识别准确度不甚满意。在所有用户期望项中，语音识别准确度以67.8%位列第一④。不频繁使用的用户指出，目前的语音识别水平严重制约了他们的使用意愿⑤。在语音搜索系统中主要发生的语音识别错误有两种类型，即缺失与错误。缺失指系统将用户输入的声音转换为文本形式后，文本结果中遗漏了某些在语音形式中存在的词；错误指语音识别文本中存在某些语音查询式中原本没有的词。缺失有时候是语音识别技术本身的无法识别，但有时候却是受系统本身故障和用户输入中断的干扰。错误一般是将声音形式中的某个词识别成另一个词，或是将背景噪音、用户呼吸声等非相关声音作为语音查询式进行处理了。在语音查询式范围内，查询式长度、特定词语类型与语音识别错误有显著相关。Jiang 等人指出拥有语音识别错误的查询式比正确识别查询式的长度更长。按常理而言，查询式越长既存在出现更多错误的可能，但拥有更丰富的语境也有利

---

① Schalkwyk J, Beeferman D, Beaufays F, et al. "Your Word is my Command": google search by voice: A case study [M]//Advances in speech recognition. Springer, Boston, MA, 2010: 61-90.

② Kiseleva J, Williams K, Jiang J, et al. Understanding user satisfaction with intelligent assistants [C]//Proceedings of the 2016 ACM on Conference on Human Information Interaction and Retrieval. ACM, 2016: 121-130.

③ 中国互联网络信息中心. 2016 年中国网民搜索行为调查报告[R/OL]. [2018-12-02]. http://www.cnnic.cn/hlwfzyj/hlwxzbg/ssbg/201801/P020180109484661983457.pdf.

④ 艾瑞咨询. 中国智能语音助手企业案例研究报告[EB/OL]. [2018-04]. http://pg.jrj.com.cn/acc/Res/CN_RES/INDUS/2018/7/30/679c3581-8955-4a35-a95f-efadda463b1e.pdf.

⑤ Dubiel M, Halvey M, Azzopardi L. A Survey Investigating Usage of Virtual Personal Assistants[J]. arXiv preprint arXiv: 1807.04606, 2018.

于正确识别。因此查询式长度与语音识别错误发生的因果性有待进一步考察。此外，在错误率最高的20个单词中，首字母缩略词、命名实体和非英语单词占了一半，也表明着特定词语类型与语音识别错误正相关①。语音识别错误通过改变查询式内容和查询结果两方面，促使整体搜索过程变得更加困难和低效。过高的语音识别错误会直接导致检索失败，从而引发查询式重构行为、付出努力增加和消极情绪产生等一系列后果。在遇见语音识别错误时用户常常产生失望、愤怒、可笑等情绪和说不清的挫败感，但在程度上比打字错误要轻一些②。为了避免语音识别错误对检索结果的干扰，用户会使用不同的文本或语音查询式重构模式反过来对语音识别错误进行校正③。另外，部分学者则通过众包平台采用人工识别的方法消除影响④。

3.2.3 用户意图理解与系统结果反馈相互关联

除了语音识别错误和系统中断两类语音输入错误外，对用户意图的理解也是系统处理用户输入的重要部分之一。Mukherjee 等人在词性标注和多种特征辅助的基础上提出一个适用于移动设备语音

---

① Jiang J, Jeng W, He D. How do users respond to voice input errors?: lexical and phonetic query reformulation in voice search [C]//Proceedings of the 36th international ACM SIGIR conference on Research and development in information retrieval. ACM, 2013: 143-152.

② Jeng W, He D, Jiang J. Users' perceived difficulties and corresponding reformulation strategies in voice search [C]//The 7th Annual Symposium on Human-Computer Interaction and Information Retrieval. University of Pittsburgh, 2013.

③ Jiang J, Jeng W, He D. How do users respond to voice input errors?: lexical and phonetic query reformulation in voice search [C]//Proceedings of the 36th international ACM SIGIR conference on Research and development in information retrieval. ACM, 2013: 143-152.

④ Spina D, Trippas J R, Cavedon L, et al. Extracting audio summaries to support effective spoken document search [J]. Journal of the Association for Information Science and Technology, 2017, 68(9): 2101-2115.

查询式的多阶段分类器，将用户意图分为 30 个类别①。大多数学者均是根据现有查询式数据建立用户意图分类器以便对后续用户输入进行分类，提升系统回复准确性。在智能电视使用场景下，观看频道、节目、事件是用户的主要意图，占据 66%②。Shokouhi 沿用 Huang 等人的分类器对查询式重构也进行 12 大类划分③。明确、细致的用户意图分类技术在一定程度上能够直接提升系统的输出性能，有效影响用户使用智能个人助手的体验④。在用户心目中，系统回复输入速度是智能个人助手最重要的质量之一⑤。语音交互系统给予用户的反馈迟缓会导致用户满意度下降。除此之外，搜索加载速度过于缓慢也会引起受访者的焦虑情绪，只有 21%的受访者能冷静处理⑥。

3.2.4 语音搜索系统愈发强调积极主动与对话性

当前大多语音搜索系统缺乏阐明用户意图所需的会话主动性，

---

① Mukherjee S, Verma A, Church K W. Intent classification of voice queries on mobile devices[C]//Proceedings of the 22nd International Conference on World Wide Web. ACM, 2013: 149-150.

② Rao J, Türe F, Lin J. What Do Viewers Say to Their TVs?: An Analysis of Voice Queries to Entertainment Systems[C]//SIGIR. 2018: 1213-1216.

③ Shokouhi M, Jones R, Ozertem U, et al. Mobile query reformulations[C]//Proceedings of the 37th international ACM SIGIR conference on Research & development in information retrieval. ACM, 2014: 1011-1014.

④ Jiang J, Hassan Awadallah A, Jones R, et al. Automatic online evaluation of intelligent assistants[C]//Proceedings of the 24th International Conference on World Wide Web. International World Wide Web Conferences Steering Committee, 2015: 506-516.

⑤ Voice. ai. Voice Assistant Consumer Adoption Report[R/OL]. [2018-11]. https: //voicebot. ai/wp-content/uploads/2018/11/voice-assistant-consumer-adoption-report-2018-voicebot. pdf.

⑥ Netimperative. Voice takes off: 42% of Brits "using voice search daily"[EB/OL]. [2017-06-28]. http: //www. netimperative. com/2017/06/voice-takes-off-42-brits-using-voice-search-daily/.

使其可用性较差①。对话性作为语音搜索系统重要特性之一，早在2008年时即电话应答服务阶段已被Yuan等人注意到。他们针对移动网络中语音搜索服务的用户因素进行探索，通过设计任务进行电话热线调查实验的方式挖掘用户的语言习惯和模式，从而提出了包含分面限定和细节询问两个维度及用户状态转移模型、系统状态转移模型、用户体验层次模型三个模型在内的语音搜索人机自动交互方案②。近几年关于对话式搜索的理论逐渐成熟，相关理论框架③、搜索模型④和系统构建方案相继提出。学界对对话式搜索的研究方向不一，主要有四个方面：一是通过研究人与人之间的交流方式推广到人机交互领域。这是最早的研究方向，涉及声学领域较多。二是通过设计实验使参与者以语音交流的方式进行协同检索。其将语音作为一种合作和信息传达的方式，强调人与人之间的合作检索效果⑤。三是在受控环境下使参与者自由交流，语音搜索系统会被参与者声音自动激活并检索，从而促进双方交流体验更佳。四为人机交互模式，参与者与机器或机器人双方以文字或语音形式进行交流与对话，强调这种对话形式下人与机器的交互效果。而人机交互领域的对话式搜索研究的共通性在于系统的五大属性：一是用户表露(User Revealment)，即系统能够帮助用户表达其真实信息需

---

① Dubiel M. Towards Human-Like Conversational Search Systems [C]//Proceedings of the 2018 Conference on Human Information Interaction&Retrieval. ACM, 2018：348-350.

② Yuan K, Hou W, Zhao Y. Human factor research of voice search on mobile internet[C]//2008 9th International Conference on Computer-Aided Industrial Design and Conceptual Design. IEEE, 2008：1-6.

③ Radlinski F, Craswell N. A theoretical framework for conversational search [C]//Proceedings of the 2017 Conference on Conference Human Information Interaction and Retrieval. ACM, 2017：117-126.

④ Trippas J R, Spina D, Cavedon L, et al. Informing the design of spoken conversational search：Perspective paper[C]//Proceedings of the 2018 Conference on Human Information Interaction&Retrieval. ACM, 2018：32-41.

⑤ Avula S, Chadwick G, Arguello J, et al. Searchbots：User engagement with chatbots during collaborative search[C]//Proceedings of the 2018 Conference on Human Information Interaction&Retrieval. ACM, 2018：52-61.

求或长期偏好。二是系统表露(System Revealment)，即系统向用户展示它的功能和语料库，构建用户对其的使用期望。三是混合主动性(Mixed Initiative)，即系统和用户都可以在适当的时候采取主动。四是搜索记忆(Memory)，即用户可以引用过去的表达。五是组检索(Set Retrieval)，即系统可以推理出一组补充词条的可用性。在系统层面，尽管具体的干扰类型对用户感知和参与程度并没有显著影响①，但动态的搜索机器人在对话式搜索过程中的确能够加强用户的协同体验。积极主动的语音搜索系统(Proactive Search Systems)通过影响会话主题结构的方式增强对话本身，进而减少用户对显式搜索的需求，影响用户主观体验②。在用户层面，信息搜寻对话中的风格和序列不同会导致对话式搜索的用户体验受影响。风格有很多形式，以 11 种不同声音特征呈现出；序列则指用户查询式的句法、词汇、发音、韵律、重音等方面的排列组合情况。Thomas 指出对话风格上的差异会影响序列差异，从而导致用户表现出更加有礼貌或有进取心，甚至付出更多的努力③。

3.2.5 代理拟人化是智能个人助手未来发展方向

智能个人助手拟人化(Personification)是在对话性基础上发展而来的。拟人化指非人类主体所表现出来的类似人的属性、特征或精神状态。虽然目前用户在与智能助手交互时还无法达到与人对话的感知效果④，但大部分用户挺满意现在的语音搜索系统拟

① Avula S, Chadwick G, Arguello J, et al. Searchbots: User engagement with chatbots during collaborative search[C]//Proceedings of the 2018 Conference on Human Information Interaction&Retrieval. ACM, 2018: 52-61.

② Andolina S, Orso V, Schneider H, et al. Investigating Proactive Search Support in Conversations[C]//Proceedings of the 2018 Designing Interactive Systems Conference. ACM, 2018: 1295-1307.

③ Thomas P, Czerwinski M, McDuff D, et al. Style and Alignment in Information-Seeking Conversation[C]//Proceedings of the 2018 Conference on Human Information Interaction&Retrieval. ACM, 2018: 42-51.

④ Guzman A L. Voices in and of the machine: Source orientation toward mobile virtual assistants[J]. Computers in Human Behavior, 2019, 90: 343-350.

人化程度①，并期望智能个人助手能够理解用户意图②。即使清楚自己在与设备或者程序交互，用户仍然会对智能助手说“谢谢”等非命令式用语，甚至责备智能助手或向其表达爱意。Turk 观察到用户在与智能音箱交互时与宠物或朋友交互非常相似，与 Alexa 的具体交互命令包括“请”、“谢谢”甚至“我爱你”等③。超过一半的人会使用拟人化名称如 Alexa 来指代设备④。这种拟人化交互行为可以分为有意识和无意识两个方面。Nass 等人认为这是一种“过度学习的社会行为”，即在相应对话情境下人类对交流者话语的无意识反应。而有意识行为则是一种更高层次的社会拟人倾向，即用户将技术视为人类对待，从而有目的地观察人类对于社会关系的渴望。部分用户则抱有不同的目的，希望通过有意识的拟人交互行为对 Alexa 的智能程度进行测试，进而强调其低效和限制⑤。在拟人化研究中，有时候与个性化结合来观察用户行为。Yarosh 等人使用 Wizard Of Oz 方法设定了“非拟人化非个性化”、“拟人化非个性化”以及“拟人化及个性化”三种语音搜索系统，最后发现尽管儿童确实更喜欢拟人化的用户界面，但名字和年龄信息个性化对选择偏好

① Dubiel M. Towards Human-Like Conversational Search Systems [C]// Proceedings of the 2018 Conference on Human Information Interaction&Retrieval. ACM, 2018: 348-350.

② Kiseleva J, Williams K, Jiang J, et al. Understanding user satisfaction with intelligent assistants [C]//Proceedings of the 2016 ACM on Conference on Human Information Interaction and Retrieval. ACM, 2016: 121-130.

③ Lopatovska I, Williams H. Personification of the Amazon Alexa: BFF or a Mindless Companion [C]//Proceedings of the 2018 Conference on Human Information Interaction&Retrieval. ACM, 2018: 265-268.

④ Purington A, Taft J G, Sannon S, et al. Alexa is my new BFF: social roles, user satisfaction, and personification of the amazon echo [C]//Proceedings of the 2017 CHI Conference Extended Abstracts on Human Factors in Computing Systems. ACM, 2017: 2853-2859.

⑤ Lopatovska I, Williams H. Personification of the Amazon Alexa: BFF or a Mindless Companion [C]//Proceedings of the 2018 Conference on Human Information Interaction&Retrieval. ACM, 2018: 265-268.

没有任何影响①。未来智能个人助手应在保留过往交互记录同时更加主动，以明确用户需求、提升个性化程度。另外，代理声音特征作为拟人化研究的一部分在 CASA 研究中已经讨论较多了。人们会在人机交互过程中自动地、无意识地应用社会规范和法则，从而对计算机做出与对待人类一样的反应。系统对用户的个性化称呼、代理声音的情感语调、性别与礼貌性等主观因素都会影响用户对系统拟人程度的感知。在对用户拟人性感知进行解释时，Epley 发现人类将物体拟人化时存在三种动机，即通过行为或想法投射来理解情境、通过预测情境中其他主体行为来减少不确定感、建立社会联系②。这种技术人格化一定程度上满足了人类对社会关系的渴望。在当下环境中，可以明显发现三种动机中的社交越来越被强调，拟人化程度与互动社交性显著相关③。相关研究参与者谈到其在与语音系统对话过程中会"赋予它一个身份"，这个系统因而变成了一个她想与之交谈的虚拟角色，而非一台单纯的使用机器④。就未来发展而言，作为智能个人助手的主要属性之一，它固然会提升用户对其的依赖度和忠诚度，但开发者也要时刻警惕其不符合用户预期或变得过于拟人而引起人类挫败感。

3.3 交互研究是语音搜索发展的核心驱动力

近年来，结合了面向系统和面向用户两者优势的交互式信息检索已成为 IR 领域的新兴研究主题。语音搜索中的交互性作为一种

---

① Yarosh S，Thompson S，Watson K，et al. Children asking questions：speech interface reformulations and personification preferences［C］//Proceedings of the 17th ACM Conference on Interaction Design and Children. ACM，2018：300-312.

② Epley N，Waytz A，Cacioppo J T. On seeing human：a three-factor theory of anthropomorphism［J］. Psychological review，2007，114(4)：864.

③ Purington A，Taft J G，Sannon S，et al. Alexa is my new BFF：social roles，user satisfaction，and personification of the amazon echo［C］//Proceedings of the 2017 CHI Conference Extended Abstracts on Human Factors in Computing Systems. ACM，2017：2853-2859.

④ Begany G M，Sa N，Yuan X. Factors affecting user perception of a spoken language vs. textual search interface：a content analysis［J］. Interacting with Computers，2015，28(2)：170-180.

更加自然、更加多样化的智能交互技术是本领域的关键问题①。在语音搜索过程中，用户通过查询式表达自身信息需求，通过检索系统的匹配机制，与所返回的检索结果进行点击、选择、浏览等信息加工与处理。

3.3.1 语音查询式研究广泛化且新颖化

3.3.1.1 文本特征研究相对成熟

用户查询式是信息检索过程中用户内在需求的直接表达，不仅体现了用户对搜索主题的多样化要求，而且间接反映出使用场景、点击行为、检索效果等外在方面。语音查询式被用户赋予丰富文本特征的同时也具备传统查询式所不具备的声音特征，在语音搜索研究中占据重要地位。

早在2003年语音识别技术的准确度刚刚进入可供应用的门槛时Heather Du 等人就关注到语音输入查询式的特殊性并进行了一系列研究。尽管当时不可避免地存在较大语音识别错误，但他指出经典信息检索技术对于40%左右的字错误率(Word Error Rate，WER)仍然具有较好的鲁棒性②。基于此，后续研究在语音识别错误上有两种态度，包括无视语音识别错误而专注查询式文本的特征研究③④⑤、

① 刘萍，李斐雯，杨宇．国外交互式信息检索研究进展[J]．情报理论与实践，2017，40(5)：132-138.

② Crestani F. Effects of word recognition errors in spoken query processing[C]//Proceedings IEEE Advances in Digital Libraries 2000. IEEE，2000：39-47.

③ Guy I. The Characteristics of Voice Search：Comparing Spoken with Typed-in Mobile Web Search Queries[J]. ACM Transactions on Information Systems (TOIS)，2018，36(3)：30.

④ Du H，Crestani F. Spoken versus written queries for mobile information access [C]//Workshop on Mobile and Ubiquitous Information Access. Springer，Berlin，Heidelberg，2003：67-78.

⑤ Guy I. Searching by talking：Analysis of voice queries on mobile web search [C]//Proceedings of the 39th International ACM SIGIR conference on Research and Development in Information Retrieval. ACM，2016：35-44.

重视语音识别错误对查询式特征的影响研究①。随着语音识别技术的提升，为了更好地减轻语音识别错误的影响，学者试图通过分析谷歌②③④、雅虎⑤、微软⑥⑦等各搜索巨头的商业搜索引擎日志探究语音查询式各项文本特征，包括查询式长度、形成时长、查询式句法、查询式语义、会话特征等方面。

查询式长度是查询式文本最基本特征之一。在未经实证验证前提下，用户的直观感受是语音查询式比传统文本查询式长度更长，然而这一结果却拥有着不同的学术争议。在语音搜索兴起之初，Crestani 等人通过受控实验证明了语音查询式文本比文本查询式的

---

① Jiang J，Jeng W，He D. How do users respond to voice input errors?：lexical and phonetic query reformulation in voice search［C］//Proceedings of the 36th international ACM SIGIR conference on Research and development in information retrieval. ACM，2013：143-152.

② Schalkwyk J，Beeferman D，Beaufays F，et al. "Your Word is my Command"：google search by voice：A case study［M］//Advances in speech recognition. Springer，Boston，MA，2010：61-90.

③ Crestani F，Du H. Written versus spoken queries：A qualitative and quantitative comparative analysis［J］. Journal of the American Society for Information Science and Technology，2006，57(7)：881-890.

④ Jiang J，Jeng W，He D. How do users respond to voice input errors?：lexical and phonetic query reformulation in voice search［C］//Proceedings of the 36th international ACM SIGIR conference on Research and development in information retrieval. ACM，2013：143-152.

⑤ Yi J，Maghoul F. Mobile search pattern evolution：the trend and the impact of voice queries［C］//Proceedings of the 20th international conference companion on World wide web. ACM，2011：165-166.

⑥ Kiseleva J，Williams K，Hassan Awadallah A，et al. Predicting user satisfaction with intelligent assistants［C］//Proceedings of the 39th International ACM SIGIR conference on Research and Development in Information Retrieval. ACM，2016：45-54.

⑦ Jiang J，Hassan Awadallah A，Jones R，et al. Automatic online evaluation of intelligent assistants［C］//Proceedings of the 24th International Conference on World Wide Web. International World Wide Web Conferences Steering Committee，2015：506-516.

长度更长的结论。然而在不久后的一项谷歌日志分析研究中却发现，就查询式文本长度而言，语音查询式短于文本查询式。从当时语音搜索产品开发和研究方法来看，针对大规模谷歌用户使用数据分析的结果应当更加可信。然而之后多项研究与此发现相悖，指出长查询式比短查询式在基于语音的网络搜索中出现可能性更高①，以及 2011 年 Yi 等人也与 Crestani 看法一致。加之考虑到查询式长度与语音识别错误率的双向强影响，Jiang 等人认为未来研究中需要进一步确定语音搜索中的查询式特征才能解决该争论。近几年用户语音搜索使用量急剧增多及覆盖范围扩大促使部分学者再次分析雅虎、微软等会不同商业搜索引擎公司的用户日志数据以验证和完善以往研究结论，均发现语音命令的使用大大增加了查询式文本长②③。进一步，一些学者更加细致地探究不同条件下语音查询式文本长度与文本查询式长度的关系，指出在解释型任务和探索型任务两种情况下，用户在语音输入界面键入的查询式长度仍比文本输入界面更长④。语音查询式被普遍认为是冗长的(Verbose)⑤，4 个单词是语音查询式长度的中位数。5 个及以上单词的查询式在语音

① Kamvar M, Beeferman D. Say what? why users choose to speak their web queries[C]//INTERSPEECH, 2010: 1966-1969.

② Guy I. The Characteristics of Voice Search: Comparing Spoken with Typed-in Mobile Web Search Queries[J]. ACM Transactions on Information Systems (TOIS), 2018, 36(3): 30.

③ Guy I. Searching by talking: Analysis of voice queries on mobile web search [C]//Proceedings of the 39th International ACM SIGIR conference on Research and Development in Information Retrieval. ACM, 2016: 35-44.

④ Yuan X J, Sa N. User query behaviour in different task types in a spoken language vs. textual interface: a Wizard of Oz experiment[J]. Information Research, 2017, 22(1).

⑤ Gupta M, Bendersky M. Information retrieval with verbose queries [J]. Foundations and Trends ® in Information Retrieval, 2015, 9(3-4): 209-354.

查询式中占据四分之一的数量①，远比文本查询式中更加常见②。同时语音查询式单个词的字母数量也比文本查询式多③。从当前来看，整体上语音查询式文本长度比文本查询式长，但在不同研究背景下可能产生不同结论，在使用时应考虑会话、场景、任务等外在因素进行具体问题具体分析。

在不限制用户搜索时长的情况下，研究发现语音查询式比文本查询式的形成时长略短，但在统计学意义上并没有显著差别。这其中的原因可能是用户缺乏语音搜索经验，在语音搜索时认知负荷过重。当前大多数语音搜索产品不支持用户在语音识别后调整查询式，甚至部分系统未拥有屏幕，这使得用户在语音搜索时必须提前想好查询式且能够一口气无偏差输出。这增加了用户在进行语音搜索时的步骤，促使用户必须同时考虑构建查询式和保证绝对正确，从而导致用户心理负担过重④。在用户看来，在语音输入系统中编辑或部分删除查询式的功能是非常重要的⑤，这为他们在真正提交之前提供了修改查询式的机会。基于此，部分学者关注到语音识别

---

① Bentley F, Luvogt C, Silverman M, et al. Understanding the Long-Term Use of Smart Speaker Assistants [J]. Proceedings of the ACM on Interactive, Mobile, Wearable and Ubiquitous Technologies, 2018, 2(3): 91.

② Crestani F, Du H. Written versus spoken queries: A qualitative and quantitative comparative analysis [J]. Journal of the American Society for Information Science and Technology, 2006, 57(7): 881-890.

③ Guy I. The Characteristics of Voice Search: Comparing Spoken with Typed-in Mobile Web Search Queries [J]. ACM Transactions on Information Systems (TOIS), 2018, 36(3): 30.

④ Le Bigot L, Jamet E, Rouet J F. Searching information with a natural language dialogue system: a comparison of spoken vs. written modalities [J]. Applied ergonomics, 2004, 35(6): 557-564.

⑤ Begany G M, Sa N, Yuan X. Factors affecting user perception of a spoken language vs. textual search interface: a content analysis [J]. Interacting with Computers, 2015, 28(2): 170-180.

错误后用户的查询式微调和重构行为①，并进行了详尽的研究计划对其系统支持展开探究②。

查询式句法与语义既是查询式文本的基本特征，也受到查询式长度的显著影响。无论是否去掉停用词(Stopwords)，语音查询式均比文本查询式长，这促使用户在语音搜索时对话性和语义丰富性更强。尽管名词、形容词、动词在语音查询式及文本查询式中都频繁使用，但是对于相同长度的查询式来说前者相比后者包含的词性类型更加丰富，表明用户在语音搜索中拥有更加多样化的语言。由于名词能够携带较多的信息内容，其在两者中均是最多的。动词在语音查询式中占据第二位，在文本查询式中则是第三多的③。形容词在查询式中也比较常见，文本查询式(9.9%)和语音(9.6%)的比例相似。其他词性如介词、代词、限定词、副词等词性的语音/文本比率约为2倍，这可能是因为语音查询式文本更接近问题标题的缘故。无论是从词性分析还是语言模型对比结果来看，语音查询式都比文本查询式的自然语言相似度更强④。

分析语音查询式文本的语义特征可知，语音查询式在询问问题和寻求知识方面比较受欢迎，而在文本搜索中用户则更偏向于查询

① Jiang J, Jeng W, He D. How do users respond to voice input errors?: lexical and phonetic query reformulation in voice search [C]//Proceedings of the 36th international ACM SIGIR conference on Research and development in information retrieval. ACM, 2013: 143-152.

② Sa N. Improving Query Reformulation in Voice Search System [C]// Proceedings of the 2016 ACM on Conference on Human Information Interaction and Retrieval. ACM, 2016: 365-367.

③ Crestani F, Du H. Written versus spoken queries: A qualitative and quantitative comparative analysis [J]. Journal of the American Society for Information Science and Technology, 2006, 57(7): 881-890.

④ Yuan X J, Sa N. User query behaviour in different task types in a spoken language vs. textual interface: a Wizard of Oz experiment [J]. Information Research, 2017, 22(1).

新闻和商业信息。语音搜索中社会问答和引用参考极为常见①，以 wh-和 how 开头的查询式受到用户的热烈欢迎②。以 5W1H 开头的语音查询式数量是文本查询式的 2.67 倍，且是/否问题查询式的语音/文本比率也高达 2.55。此外，用户还喜欢通过语音输入生活化的查询式如地点、食品、购物及旅行相关。受到场景因素的影响，语音搜索使用者不太喜欢潜在的敏感话题，在成人主题、社交网络及健康等方面的查询式输入极少，而其出现频率却在文本查询式排行榜上处于领先地位。语音查询式最受欢迎的查询词是"YouTube"而非文本查询式最高的"Facebook"。其排行榜更多被零售品牌和"Hello"占据，这与智能音箱中用户语音购物的高频现象达成一致③。用户更多通过语音搜索实体零售商而非在线购物网站。高频唤起词相对的常见结束语有"Please"，"Thank you"等，从侧面反映出用户往往无意识赋予代理人格的拟人化行为。此外，双引号、撇号、逗号等标点符号在语音查询式中均不太常见，大多是由语音识别系统自动添加的，而非用户发音形成。URL 的常见模式在语音查询式中也不太常出现，这与标点符号出现频率与语音购物中在线网站出现频率均较低的结果间均有紧密的相关关系④。从长期来看，语音查询式的主题变化相对平稳，而文本查询式则呈现出迅速变化的特点，其中可能受到人们键入模式和打字速度的影响。查询式主题在个体用户间使用差异较大，但是整体而言在前三周同一用

① Guy I. The Characteristics of Voice Search: Comparing Spoken with Typed-in Mobile Web Search Queries[J]. ACM Transactions on Information Systems (TOIS), 2018, 36(3): 30.

② Schalkwyk J, Beeferman D, Beaufays F, et al. "Your Word is my Command": google search by voice: A case study [M]//Advances in speech recognition. Springer, Boston, MA, 2010: 61-90.

③ Bentley F, Luvogt C, Silverman M, et al. Understanding the Long-Term Use of Smart Speaker Assistants [J]. Proceedings of the ACM on Interactive, Mobile, Wearable and Ubiquitous Technologies, 2018, 2(3): 91.

④ Guy I. The Characteristics of Voice Search: Comparing Spoken with Typed-in Mobile Web Search Queries[J]. ACM Transactions on Information Systems (TOIS), 2018, 36(3): 30.

户的语音查询式主题已基本固定，随着时间推移，用户探索新主题的意愿下降，后续几乎不再产生新主题①。

会话是由单个用户连续发出的一系列查询。会话的划分时长各不相同，从 2 分钟到 45 分钟不等②③④⑤，但通常同一个会话中的所有查询都与同一主题相关。相对于单个查询式的主题分析，以会话为单位分析用户的语音查询式能够更好地理解用户的语音搜索意图与最终检索效果。语音查询式与文本查询式的会话长度非常相似，三分之二的搜索会话仅包含 1 个查询式。但两者仍然有差别：语音查询式的标准差更高，说明不同语音搜索会话的时长浮动较大。在单个会话中，语音模式下的用户与代理对话时长显著较高⑥，但用户在不同查询式之间的转换时间更加快速⑦。会话之间

① Bentley F, Luvogt C, Silverman M, et al. Understanding the Long-Term Use of Smart Speaker Assistants[J]. Proceedings of the ACM on Interactive, Mobile, Wearable and Ubiquitous Technologies, 2018, 2(3): 91.

② Shokouhi M, Jones R, Ozertem U, et al. Mobile query reformulations[C]//Proceedings of the 37th international ACM SIGIR conference on Research & development in information retrieval. ACM, 2014: 1011-1014.

③ Jiang J, Jeng W, He D. How do users respond to voice input errors?: lexical and phonetic query reformulation in voice search[C]//Proceedings of the 36th international ACM SIGIR conference on Research and development in information retrieval. ACM, 2013: 143-152.

④ Rao J, Türe F, Lin J. What Do Viewers Say to Their TVs?: An Analysis of Voice Queries to Entertainment Systems[C]//SIGIR. 2018: 1213-1216.

⑤ Guy I. Searching by talking: Analysis of voice queries on mobile web search[C]//Proceedings of the 39th International ACM SIGIR conference on Research and Development in Information Retrieval. ACM, 2016: 35-44.

⑥ Le Bigot L, Jamet E, Rouet J F. Searching information with a natural language dialogue system: a comparison of spoken vs. written modalities[J]. Applied ergonomics, 2004, 35(6): 557-564.

⑦ Hassan Awadallah A, Gurunath Kulkarni R, Ozertem U, et al. Characterizing and predicting voice query reformulation[C]//Proceedings of the 24th ACM International on Conference on Information and Knowledge Management. ACM, 2015: 543-552.

的空闲时间长度在语音搜索条件下更短，印证了语音搜索更加方便快速的先天优势。

当前在借鉴传统文本搜索研究的基础上，语音查询式文本特征的分析成为用户视角下语音搜索研究的先行者，已形成了较为详尽的研究成果。在研究主题上涉及查询式长度、形成时长、查询式句法、查询式语义、会话特征等方面，并涵盖了查询式文本的单独分析与基于会话的全面分析。在研究方法上采用了实验法、日志分析法、众包等方法，不断扩大数据量以提升研究结果适配度。同时语音识别技术的提升也为语音查询式文本特征的研究提供了极大的便利，进一步提升了研究结论精确度。其中关于语音查询式长度争议已基本解决，然而其对检索结果的影响还需要在未来研究中进一步验证。

3.3.1.2　声音特征具有研究潜力

声音特征是语音查询式不同于文本查询式的重要方面，也是语音搜索的关键属性。以发声者为划分标准，以用户为中心的语音搜索声音特征可分为说话人声音特征和代理声音特征。说话人声音特征研究是在说话人识别技术的基础上，通过对说话人语音信号的分析处理，指明其发音特征差异，进而分析其中包含的用户情绪和态度表达。代理声音特征研究则依赖于语音合成技术，更侧重用户感知及其对用户心理和行为的影响。

语音是语音信息的声学表现。语音信号从发出到被接收过程中要经过不同的器官和主体，因此具有生理属性、物理属性和社会属性三大方面。在语音搜索研究中学者通过区别语音物理属性，关注人对语音的知觉和行为反应，不涉及发声语音学。从声学语音学角度来说，语音具有时长、幅度、基频、频谱等基本物理量。人耳对不同强度、不同频率声音的听觉范围称为声域。人对声域内声音主要通过音色、音调、音高、音长等进行感知。音色(Timbre)又称音质，是一种声音区别于另一种声音的基本特征，由泛音决定。音高(Pitch)也名音调，主要取决于声波的频率高低，如高音、低音等说法。音强或响度(Loudness)即声音强弱，由振幅决定，其中响度描述人耳对声音的感知特性。音长(Duration)通过发音时间长短来判断，与说话速度紧密联系①。为了对用户声音特征进行进一步分析，在研究中往往需要把语音划分成音节，甚至更加细致即音素。元音和辅音是按照音质分析出来的语音要素，但音高、音强、音长在人类发音时也会对音质造成影响。声调、轻重音、长短音和语调就是非音质音素的主要形式，其中前三者均就单个词语而言。语调则是指句子层面高低、快慢、长短、强弱、断续的变化，包括句重音、停顿、句调三个方面②。句重音既可能是由于句中词性差异和语法结构，也可能是用户刻意强调着重点造成的，具有区分意义的作用。停顿是为了划分句子结构层次，使意思更加清楚明了。句调的两个基本类型是升调和降调，与上述两者结合在一定程度上可以反映出用户的多样情感。另外，从听觉语音学角度看，在不同场合下用户主观听觉能力受到多种音源影响，具有掩蔽效应、哈斯效应、鸡尾酒会效应和双耳效应等。掩蔽效应(Masking Effect)指一个较弱的声音(被掩蔽音)的听觉感受被另一个较强的声音(掩蔽音)所影响的现象。哈斯效应(Haas Effect)也称优先效应(Precedence Effect)在两个相等强度声源先后到达人耳情况下，两者相距时间在30ms以内时后者会被忽略，30ms至50ms时后者能被人耳辨认出，50ms以上延迟声在听觉上才能被识别为清晰的回声。鸡尾酒会效应(Cocktail Party Effect)即选择性关注(Selective Attention)反映出人们在集中注意力时往往忽略背景中的无关对话或噪音，而只选择听自己关注的声音。而人们依靠双耳间的强度差、时间差和音色差判断声音方位的效应则称为双耳效应(Binaural Effect)③。这些效应在智能个人助手使用的日常场景中经常发生，对于解释语音搜索在不同情境下尤其是对噪音处理时用户听力机理具有重要价值。

---

① 张毅．语音处理及人机交互技术[M]．北京：科学出版社，2016.

② 马学良．语言学概论[M]．北京：华中工学院出版社，1981.

③ 曾向阳．声信号处理基础[M]．西安：西北工业大学出版社，2015.

语音识别技术逐渐成熟的当下，语音情感识别研究是提升计算机智能化、实现人机自然交流、提升语音搜索效果的必要方面，已成为新一轮声音特征研究的热点问题。语音情感识别的首要问题是使用离散情感描述模型和连续情感模型去准确描述人类的情感。目前学界较多将情感分为高兴、愤怒、厌恶、恐惧、悲伤、惊奇六类情感①。其次在分析声音特征基础上，对语音情感特征进行特征提取、特征选择，进而进行语音情感建模、构建分类器，最终实现高效的语音情感识别系统。尽管语音情感识别的技术研究已经在计算机科学等相关领域发展了十几年，但目前仍存在语音情感库、情感特征提取与选择、语音情感建模等方面等难题。因此在当前的基于语音的情感反映方面，语音搜索研究仍以主观探测用户感受为主。

声音特征是用户在语音搜索过程中态度、感知、情绪等认知和心理状态的重要反映。在日常生活中，当用户情绪激动时其会表现出话语音调升高、音量变大、说话语速变快、语调发生变化等特征，可见声音的音调、音高、音长、语调等物理属性是反映用户情绪状态的主要观测量。Awadallah 等人将声音相似性、语音识别质量、发音特征三个方面作为测量声音特征标准，以速度、音量、音高作为衡量发音特征的指标②。不同的声音特征塑造者人们不同看法。代理不同音色会通过影响用户对信息的感知，进而导致用户评估和感知信息传递方式的态度变化。据已有研究，无论实际性别如

① Gomes J. Implementation of i-vector algorithm in speech emotion recognition by using two different classifiers：Gaussian mixture model and support vector machine[D]. Indianapolis：Purdue University，2016.

② Hassan Awadallah A，Gurunath Kulkarni R，Ozertem U，et al. Characterizing and predicting voice query reformulation[C]//Proceedings of the 24th ACM International on Conference on Information and Knowledge Management. ACM，2015：543-552.

何人们总认为男性化声音比女性化声音更理性且更具说服力①②。而在人机交互领域中用户也对计算机声音存在着类似的刻板印象③。智能个人助手代理声音性别、声音冷静或兴奋影响着用户对检索结果信息可靠性、真实性和娱乐性的评判结果④。这与用户要求更加智能的语音搜索系统相一致，即增强代理声音的对话性、拟人性和主动性。在语音搜索过程中用户行为与查询式声音特征相互作用。智能个人助手对用户所输入的声音识别无效或错误时会导致用户查询式重构，而反之用户又会采用重复、停顿、慢速、重音等方式减少音长、降低音高、加强音强来强调自身信息需求⑤以矫正语音输入错误⑥。

在语音搜索研究中可测的声音特征包括音色、音调、音高、音长、语调等五大方面。各指标数值在一定程度上反映出两大主体状态，包括用户心理、用户行为、系统状态等，同时这三者又会在过

① Reeves B, Nass C. The Media Equation: How People Treat Computers, Television, and New Media Like Real People and Places [M]. New York: CSLI Publications and Cambridge University Press, 1996.

② Ko S J, Judd C M, Blair I V. What the voice reveals: Within-and between-category stereotyping on the basis of voice [J]. Personality and Social Psychology Bulletin, 2006, 32(6): 806-819.

③ Niculescu A, Van Dijk B, Nijholt A, et al. The influence of voice pitch on the evaluation of a social robot receptionist[C]//2011 International Conference on User Science and Engineering (i-USEr). IEEE, 2011: 18-23.

④ Jeong J, Shin D H. It's not What It Speaks, but It's How It Speaks: A Study into Smartphone Voice-User Interfaces (VUI)[C]//International Conference on Human-Computer Interaction. Springer, Cham, 2015: 284-291.

⑤ Jeng W, He D, Jiang J. Users' perceived difficulties and corresponding reformulation strategies in voice search [C]//The 7th Annual Symposium on Human-Computer Interaction and Information Retrieval. University of Pittsburgh, 2013.

⑥ Jiang J, Jeng W, He D. How do users respond to voice input errors?: lexical and phonetic query reformulation in voice search [C]//Proceedings of the 36th international ACM SIGIR conference on Research and development in information retrieval. ACM, 2013: 143-152.

程中通过声音特征表现出来。当前语音搜索相关研究虽然已关注到声音特征的重要性，但从声学、语音学、语言学等领域系统指标研究仍十分稀少，且尚未结合计算机科学等领域对语音情感识别研究的结果。对信息检索过程中的声音特征具有较高研究价值，但还需结合人机交互、语音学、语音信号处理、音频语音检索、语音情感识别等方向深入探讨。

3.3.1.3 查询式重构产生新研究点

在一个搜索会话中，用户通常需要构建多个查询式以获得满意的检索结果，即查询式重构行为（Query Reformulation）。在语音搜索过程中，用户通常会在第一个查询式基础上进行一系列更改从而获得多个查询式及搜索结果，直至自身需求得到满足①。查询式重构是了解用户信息需求，帮助用户提升搜索结果准确度的重要手段，也是影响用户进行语音搜索的重要因素②。

语音搜索过程中查询式重构行为的发生具有用户和系统的双方面原因。从用户来看主要表现在用户对自身需求不明确，对分布在不同子领域信息结果进行探索性搜索两方面③。而语音识别错误、系统性能干扰、查询效果不佳三方面则是用户检索失败从而进行二

---

① Sa N. Improving Query Reformulation in Voice Search System [C]// Proceedings of the 2016 ACM on Conference on Human Information Interaction and Retrieval. ACM, 2016: 365-367.

② Begany G M, Sa N, Yuan X. Factors affecting user perception of a spoken language vs. textual search interface: a content analysis [J]. Interacting with Computers, 2015, 28(2): 170-180.

③ Jiang J, Jeng W, He D. How do users respond to voice input errors?: lexical and phonetic query reformulation in voice search [C]//Proceedings of the 36th international ACM SIGIR conference on Research and development in information retrieval. ACM, 2013: 143-152.

次检索的关键性系统原因①②③。在语音识别技术水平较低时，研究者往往认为语音识别错误是用户查询式重构行为发生的首要原因，拥有语音识别错误的查询式中69%的搜索结果与用户期望完全相悖。随着语音识别错误的增加，查询式重构的可能性显著增加。用户也认为是语音输入错误的存在促使语音搜索更具挑战性④，而语音识别错误占据语音输入错误的89%。然而随着社会节奏加快和文本搜索成熟，当今用户对语音搜索产品瑕疵的容忍度在不断下降。尽管当前语音识别技术已取得历史性进步，但其仍然未能良好满足用户对搜索体验的极高要求。当遇见语音输入错误时失望、愤怒等消极情绪经常伴随着用户，且致使用户付出努力增加。导致频繁单词识别错误的特定声音特征有连读、双元音、浊辅音三项。系统性能如系统中断等也是促使用户进行语音查询式重构的因素之一。系统中断指由于用户输入时间过长等一系列原因导致系统在用户实际完成语音输入之前自动完成查询式输入并执行检索机制的现象。用户搜索被系统自动打断可能会导致文本内容丢失和字词错误、降低搜索效果和影响用户搜索意愿。语音识别错误和和系中断等性能均属于语音识别错误，通过作用于内容和结果从而影响查询式重构行为。相比于输入端错误，语音搜索结果不理想可以说是用户进行查询式重构的更直接原因，如结果数量少、相关性低、用

---

① Yarosh S, Thompson S, Watson K, et al. Children asking questions: speech interface reformulations and personification preferences[C]//Proceedings of the 17th ACM Conference on Interaction Design and Children. ACM, 2018: 300-312.

② Hassan Awadallah A, Gurunath Kulkarni R, Ozertem U, et al. Characterizing and predicting voice query reformulation[C]//Proceedings of the 24th ACM International on Conference on Information and Knowledge Management. ACM, 2015: 543-552.

③ Levitan R, Elson D. Detecting retries of voice search queries[C]//Proceedings of the 52nd Annual Meeting of the Association for Computational Linguistics (Volume 2: Short Papers). 2014, 2: 230-235.

④ Jeng W, He D, Jiang J. Users' perceived difficulties and corresponding reformulation strategies in voice search[C]//The 7th Annual Symposium on Human-Computer Interaction and Information Retrieval. University of Pittsburgh, 2013.

户不喜等现象均有可能导致用户查询式重构行为。

一般查询式重构指查询式文本在字词句方面的更改。根据发生时间，其可以分为在提交之前修改查询式、基于前一个检索结果修改查询式两种情况①②③。前一种即查询式微调行为，后一种则是传统文本搜索研究中更普遍指代的查询式重构行为。根据重构内容，语音搜索过程中的查询式重构行为包括文本重构与声音重构两个方面。语音搜索有别于传统搜索的声音特征不仅促使其研究内容扩大，而且使其查询式重构行为还涉及不同输入方式(文本搜索、语音搜索、图像搜索、二维码搜索等)之间的转换及其引起的文本特征变化。

重构行为识别是研究用户在语音搜索中查询式重构行为的第一步。文本相似性、语义相似性、声音相似性三个特征是查询式相似性判断的重要指标，且语音识别质量和搜索结果质量等系统性能的关键特征和用户行为信号如输入类型、会话时间戳、点击行为等也成为判断是否发生重构行为的辅助标准④。Rivka Levitan 则以是否为同一搜索意图、第一个查询式是否转译正确、两次查询式是否指同一件事三个问题作为决策树的判断标准。在行为识别的基础上，研究者对多种类型的语音查询式重构行为进行了命名与区分。传统文本搜索中的查询式重构模式可以分为基于相邻查询式和基于搜索

---

① Begany G M, Sa N, Yuan X. Factors affecting user perception of a spoken language vs. textual search interface: a content analysis[J]. Interacting with Computers, 2015, 28(2): 170-180.

② Jiang J, Jeng W, He D. How do users respond to voice input errors?: lexical and phonetic query reformulation in voice search [C]//Proceedings of the 36th international ACM SIGIR conference on Research and development in information retrieval. ACM, 2013: 143-152.

③ Sa N. Improving Query Reformulation in Voice Search System[C]//Proceedings of the 2016 ACM on Conference on Human Information Interaction and Retrieval. ACM, 2016: 365-367.

④ Hassan Awadallah A, Gurunath Kulkarni R, Ozertem U, et al. Characterizing and predicting voice query reformulation[C]//Proceedings of the 24th ACM International on Conference on Information and Knowledge Management. ACM, 2015: 543-552.

会话两种。基于相邻查询式的重构模式包括重复模式、扩检模式、缩检模式、跨任务模式、平移模式、替换模式和改错模式，而基于搜索会话的重构模式则包含直线模式、斜线模式、折线模式、循环模式和混合模式①。在借鉴文本查询式研究的基础上，语音搜索拥有增加(Addition)、替换(Substitution)、删除(Removal)、重排(Reordering)等文本重构模式和部分强调(Partial Emphasis)、整体强调(Whole Emphasis)两种声音重构模式。具体来说，前者中替换和重排比增加和删除使用更多，而后者中部分强调被更频繁地使用。相同查询式和精炼查询式在文本查询式和语音查询式中数量相近，但在文本查询式中精炼查询式占据主要地位，而语音查询式中则相同查询式更胜②，这也说明了声音重构模式以强调为主。很多用户针对语音输入错误的第一反应是是重复或提升发音质量，然而事实证明这种效果并不理想③。从整体来看，在字词缺失情况下替换、删除、重排、部分强调是用户使用的主要重构模式，其中替代和重排效果最好，而部分强调则稍显逊色④，可见尽管在语音搜索中文本重构模式仍然重于语音重构模式。

在实际重构过程中，用户可能会同时利用传统搜索中的文本重构模式和语音搜索中特有的声音重构模式进行排列组合，从而形成不同重构策略以处理多样化搜索结果。进一步来说，为了解决语音识别结果中的高频错误词语，用户针对不同词语类型发展出相应处

① 吴丹，董晶．移动图书馆用户查询式构造行为分析[J]．图书情报工作，2016，60(18)：6-13.

② Guy I. The Characteristics of Voice Search：Comparing Spoken with Typed-in Mobile Web Search Queries[J]. ACM Transactions on Information Systems (TOIS)，2018，36(3)：30.

③ Jeng W，He D，Jiang J. Users' perceived difficulties and corresponding reformulation strategies in voice search[C]//The 7th Annual Symposium on Human-Computer Interaction and Information Retrieval. University of Pittsburgh，2013.

④ Jiang J，Jeng W，He D. How do users respond to voice input errors?：lexical and phonetic query reformulation in voice search[C]//Proceedings of the 36th international ACM SIGIR conference on Research and development in information retrieval. ACM，2013：143-152.

理策略。面对首字母缩略词和语境缺失，用户的校正策略包括使用全名、添加额外关键词和改变词性。用户有时会使用相同语调或者加入停顿、慢速、重音等方法重复查询式的手段来解决连读、双元音、清/浊辅音无效等情况。此外，用户对于非英语单词、命名实体和“我不认为……”等其他单词的处理方式是尝试不同发音、逐字拼写和描述同义词或相关词来避免错误识别。Yarosh 发现儿童的语音查询式还包含三种特殊重构行为，即偏离方向、陈述场景、扩展代词，侧面强调了语音搜索的对话性、拟人性及场景因素的突出作用。偏离方向(Off-Course)指用户在第二次检索时询问一个与主题相关且系统有能力回答的问题，但并没有得到更精确的答案；陈述场景(Stating Context)包括在问题前加入场景描述(不一定相关)、在问题前或后加入场景描述以缩小范围；扩展代词(Expanding Pronouns in Questions)指将原有问题中的代词拓展成带有精确名词的描述。尽管从概念上来说，这三种特殊模式是增加与替换两种基础模式的结合①，但其从侧面证明了不同模式不一定互斥，也可能会同时或交替发生。尽管输入方式内部重构行为占据绝大部分②，但语音搜索条件下对语音输入错误强烈不满的用户容易倾向于使用其他输入方式。当前多模态输入界面已成为受欢迎的错误校正方式③，极有可能在未来智能个人助手中普及。Halverson 等人早期研究就指出在达到一定的螺旋深度之前用户不会轻易切换输入法④。

---

① Yarosh S, Thompson S, Watson K, et al. Children asking questions: speech interface reformulations and personification preferences [C]//Proceedings of the 17th ACM Conference on Interaction Design and Children. ACM, 2018: 300-312.

② Shokouhi M, Jones R, Ozertem U, et al. Mobile query reformulations[C]//Proceedings of the 37th international ACM SIGIR conference on Research & development in information retrieval. ACM, 2014: 1011-1014.

③ Sa N. Improving Query Reformulation in Voice Search System [C]//Proceedings of the 2016 ACM on Conference on Human Information Interaction and Retrieval. ACM, 2016: 365-367.

④ Halverson C A, Horn D B, Karat C M, et al. The beauty of errors: Patterns of error correction in desktop speech systems[C]//INTERACT. 1999: 133-140.

当下具体实践也证明用户并非拥有很高的转换意愿除非其搜索意图改变或语音识别错误过大。在单次搜索过程中语音搜索转向文本搜索的概率(2.9%)与文本搜索转向语音搜索的概率(1.5%)均非常低，尽管前者比后者略高①。

搜索引擎对用户的语音查询式重构非常敏感，但重构后的查询式与搜索结果质量之间仍存在显著鸿沟②。一方面语音搜索中的查询式重构确实能够促进整体检索结果质量，但是具体效果取决于语音输入错误发生的时间，即重构前或重构后发生。在查询式一识别完整情况下，如果语音输入错误发生在第二个查询式上则查询式重构的作用非常有限，甚至可能妨碍相关结果获取。而一旦语音输入错误发生在重构前的原有查询式中，那么查询式重构可以有效校正其中的缺失文本。同时重构后再次发生语音识别错误，重构仍然可以校正原有查询式的部分错误，但值得警惕的是在校正同时在查询式二中可能会产生新错误③。

查询式重构行为一直是信息检索行为领域的重要研究内容，包括重构原因、重构模式识别、用户重构策略与重构效果等方面。语音搜索条件下查询式重构行为研究产生了声音特征、不同方式之间转化及不同重构模式排列组合的新对象与新内容，同时用户交互弃用行为、无屏幕系统等条件也为查询式重构行为的判断提出了新问题和新思考，值得研究者在未来进一步探讨与发现。

3.3.2 检索结果呈现方式与评估指标多样化

信息检索结果是用户语音搜索的最终目的。语音搜索系统的检索结果呈现出多样化的特点，包括字符回应、设备控制、搜索引擎

---

① Shokouhi M, Jones R, Ozertem U, et al. Mobile query reformulations[C]//Proceedings of the 37th international ACM SIGIR conference on Research & development in information retrieval. ACM, 2014: 1011-1014.

② Narang A, Bedathur S. Mind your language: Effects of spoken query formulation on retrieval effectiveness[J]. arXiv preprint arXiv: 1312.4036, 2013.

③ Jiang J, Jeng W, He D. How do users respond to voice input errors?: lexical and phonetic query reformulation in voice search [C]//Proceedings of the 36th international ACM SIGIR conference on Research and development in information retrieval. ACM, 2013: 143-152.

结果页面(Search Engine Results Page，SERP)、语音播报等形态。智能个人助手在呈现检索结果时通常以语音应答的方式给予用户回应，检索结果是文字回复。而部分时候用户意图通过语音方式唤醒或使用特定功能，则相应系统回复为启动、打开、设置对应 APP。相较于传统文本搜索系统，语音搜索结果中网络搜索比例较低①，但 SERP 中提供直接答案的检索结果内容如触发卡片、图像影音等内容却受到用户青睐②。快速结果形式的触发可能性排序依次是地图、图像、影音、新闻、拼写③，这也暗含了用户对检索结果的交互偏好。尽管这三种形态可以在语音搜索结果中独立存在，但事实上智能个人助手更多以“语音播报+”的复合方式呈现检索结果。用户在点击检索后，代理首先进行语音回应，再为用户执行匹配与呈现。在语音播报过程中，用户与代理对话也成为检索结果的表现形式之一，而代理声音特征则是其中组成部分。正是由于语音搜索结果的复杂性，使其在效率提升道路上比文本更加困难。以前电话应答服务下的检索效果较差，存在难以满足用户的要求、检索结果太多、所需的信息太少、语音搜索服务过于复杂等问题④。即便当前语音识别技术已有明显提升，但语音搜索的效率仍待进一步考察。

评估是网络搜索应用的中心组件，有助于在理解系统现状的基础上明确未来提升方向。针对 SERP 形式的语音搜索结果来说，当前仍有争议的是关于查询式长度与检索效果关系现今仍然存在不同

---

① Experts Exchange. Battle of the Virtual Assistants[EB/OL]. [2018-12-15]. https://pages.experts-exchange.com/virtualassistants.html.

② Guy I. The Characteristics of Voice Search: Comparing Spoken with Typed-in Mobile Web Search Queries[J]. ACM Transactions on Information Systems (TOIS), 2018, 36(3): 30.

③ Kamvar M, Beeferman D. Say What? Why users choose to speak their web queries[C]. conference of the international speech communication association, 2010: 1966-1969.

④ Yuan K, Hou W, Zhao Y. Human factor research of voice search on mobile internet[C]//2008 9th International Conference on Computer-Aided Industrial Design and Conceptual Design. IEEE, 2008: 1-6.

看法。Crestani 在对词性分析时通过主观判断得出名词数量可能有利于检索结果的提升，但在后期检索模型效果对比中又用实验结果否定了该说法，指出查询式长度对检索效果并没有明显影响①。由于当时语音识别错误过大的原因，已有结论并未能完全证明语音查询式长度与丰富性对信息检索效果的影响。语音查询式长度与语音识别错误呈现正相关，但同时又在语音识别错误与检索结果两者关系中起调节作用②。为了进一步说明查询式长度与检索结果关系应当借鉴文本搜索研究成果，即提升查询式长度会以一个逐渐递减形式不断减少可检索性偏差从而提升检索效果③，并在此基础上结合语音搜索特点深入研究。因此，了解检索结果评估体系并实行精准评估不仅是探讨语音搜索效果影响因素的前提要求，也是语音搜索引擎优化(SEO)的重要基石。作为语音搜索系统的主要类型，智能个人助手的丰富结果呈现形式促使研究者们通过定性定量方法从文本与声音两方面出发，并全面考虑系统和用户主客体以提升语音搜索结果评估的有效性。

就系统方面而言，语音搜索效果评估往往借鉴传统文本检索的评估手段，考察可检索性与相关性。查全率、查准率及 P/R 曲线仍是评估语音搜索结果质量的基本指标。除此之外，相关性评估指标还包括 MRR、MAP、P@ n、TBG 等。而工业界更多对成熟产品进行测评，根据功能分类对系统使用自然性和正确度进行测评，发现 Siri、Cortana、Alexa、Google Assistant 四大产品在购物、旅游娱

① Crestani F, Du H. Written versus spoken queries: A qualitative and quantitative comparative analysis[J]. Journal of the American Society for Information Science and Technology, 2006, 57(7): 881-890.

② Jiang J, Jeng W, He D. How do users respond to voice input errors?: lexical and phonetic query reformulation in voice search[C]//Proceedings of the 36th international ACM SIGIR conference on Research and development in information retrieval. ACM, 2013: 143-152.

③ Wilkie C, Azzopardi L. Query length, retrievability bias and performance[C]//Proceedings of the 24th ACM International on Conference on Information and Knowledge Management. ACM, 2015: 1787-1790.

乐、效率管理、琐事查阅等方面性能差异较大①。针对语音搜索功能来说，几乎每年均有商业报告对市面上各大产品进行性能测评，主要通过问卷调查、电话调查、询问实验等形式让用户或测评人员自身对语音搜索各项内容进行打分，包括问题回复率/数量、问题正确/错误率、系统追问次数、回复答案中 SERP 形式比例等项目。Boyd 等人聚焦戒烟信息的语音搜索产品对比，测量谷歌桌面端搜索、谷歌助手及 Siri 返回第一个搜索结果的可信度，结果表明 Siri 在提供戒烟建议方面表现最差②。由于随着时间的增长语音识别技术和搜索产品都在不断完善，并且各公司和各学者的研究方法并不相同，因此各测评结果相差较大。整体而言，Siri、Cortana、Alexa、Google Assistant、Google Home 等智能个人助手在检索结果质量方面仍然有较大的提升空间。

用户后续处理行为对相关检索结果的客观数值和主观指标都会产生影响。研究者使用点击率(Click-through Rate，CTR)、查询式的平均点击次数两个参数对用户点击行为进行测量，从而得出平均倒数排名(Mean reciprocal rank，MRR)以评估系统检索性能。从主观来说，在语音搜索会话中用户发生两次以上点击行为的数量远比文本搜索稀少③的结论间接反映出用户对检索结果的感知与反馈。2010 年 Schalkwyk 就指出用户很少在需要丰富交互的网站上使用语音搜索，如游戏和社交网络④，且更倾向于关注与设备互动较少的

① López G，Quesada L，Guerrero L A. Alexa vs. Siri vs. Cortana vs. Google Assistant：a comparison of speech-based natural user interfaces [C]//International Conference on Applied Human Factors and Ergonomics. Springer，Cham，2017：241-250.

② Boyd M，Wilson N. Just ask Siri? A pilot study comparing smartphone digital assistants and laptop Google searches for smoking cessation advice[J]. PloS one，2018，13(3)：e0194811.

③ Guy I. The Characteristics of Voice Search：Comparing Spoken with Typed-in Mobile Web Search Queries[J]. ACM Transactions on Information Systems (TOIS)，2018，36(3)：30.

④ Schalkwyk J，Beeferman D，Beaufays F，et al. "Your Word is my Command"：google search by voice：A case study [M]//Advances in speech recognition. Springer，Boston，MA，2010：61-90.

主题，这充分表明用户对语音搜索过程中交互的不喜欢或有意避免。相比于文本搜索，语音查询式触发的不频繁卡片更多，对SERP上的有机搜索结果点击量低，说明用户满意的检索结果大多是直接给出精确答案，不需要用户参与进一步交互①。在这种情况下用户的信息需求可直接通过SERP所呈现的检索结果得到满足，并不会发生点击行为②。作为用户交互信号缺失情况下的用户后续信息处理行为，交互弃用或良好放弃(Good Abandonment)由此进入考量用户评估检索结果行为的研究范围。由于交互弃用现象难以通过日志数据辨别，学者们引入眼动特征、鼠标悬浮、页面滑动、文本复制、查询式本身语言学特征、前后查询式特征、用户交互行为的发生序列等数据作为评价标准③④⑤⑥。Kiseleva等人则通过会话长度和答案位置两个方面对语音搜索中的交互弃用现象进行识别，指出在发生交互弃用时用户对检索结果的满意度更高，即不要求交

---

① Guy I. The Characteristics of Voice Search：Comparing Spoken with Typed-in Mobile Web Search Queries[J]. ACM Transactions on Information Systems (TOIS), 2018, 36(3)：30.

② Li J, Huffman S, Tokuda A. Good abandonment in mobile and PC internet search[C]//Proceedings of the 32nd international ACM SIGIR conference on Research and development in information retrieval. ACM, 2009：43-50.

③ Chuklin A, Serdyukov P. Potential good abandonment prediction [C]//Proceedings of the 21st International Conference on World Wide Web. ACM, 2012：485-486.

④ Koumpouri A, Simaki V. Queries without clicks：Evaluating retrieval effectiveness based on user feedback[C]//Proceedings of the 35th international ACM SIGIR conference on Research and development in information retrieval. ACM, 2012：1133-1134.

⑤ Diriye A, White R, Buscher G, et al. Leaving so soon?：understanding and predicting web search abandonment rationales [C]//Proceedings of the 21st ACM international conference on Information and knowledge management. ACM, 2012：1025-1034.

⑥ Arkhipova O, Grauer L. Evaluating mobile web search performance by taking good abandonment into account[C]//Proceedings of the 37th international ACM SIGIR conference on Research & development in information retrieval. ACM, 2014：1043-1046.

互的直接答案或图片比要求交互的传统 SERP 更受用户欢迎①。这种结果与多重交互情况中过高的努力程度和时间成本是分不开的。用户通常希望能够在 SERP 上直接找到答案而不付出额外努力，否则用户满意度会直线降低②。较少操作步骤使用户在交互弃用现象中所花费的努力程度比期望值更低，且发生会话的时长更短，避免了失望情绪，用户满意度随之提升③。结合用户对屏幕的需求，用户在语音搜索中交互弃用行为的发生是悖论，然而细究其理正是反映了用户需求的多样化和用户要求的提升。整体而言用户满意度与活跃的交互行为之间呈现出明显的负相关④。由于交互弃用现象的存在，未来语音搜索研究中将需要进一步结合多种交互信号(点击、触屏、滑动)和查询式特征(声音特征、文本特征)对检索结果进行评估或预测。用户行为成为一种隐性的复杂化评估手段。

尽管用户主观感知的评判结果受到很多因素影响⑤导致最终结果差异较大甚至被认为不完全可靠，但对于强调交互的当今语音搜索产品而言，其成功与否恰恰取决于是否能够满足每个用户的特定信息需求。用户感知、认知、情绪、偏好等主观特征是用户对检索

① Kiseleva J, Williams K, Jiang J, et al. Understanding user satisfaction with intelligent assistants [C]//Proceedings of the 2016 ACM on Conference on Human Information Interaction and Retrieval. ACM, 2016: 121-130.

② Kiseleva J, Williams K, Hassan Awadallah A, et al. Predicting user satisfaction with intelligent assistants [C]//Proceedings of the 39th International ACM SIGIR conference on Research and Development in Information Retrieval. ACM, 2016: 45-54.

③ Kelly D. When Effort Exceeds Expectations: A Theory of Search Task Difficulty (keynote) [J/OL]. ECIR Supporting Complex Search Task Workshop, 2015.

④ Kiseleva J, Williams K, Hassan Awadallah A, et al. Predicting user satisfaction with intelligent assistants [C]//Proceedings of the 39th International ACM SIGIR conference on Research and Development in Information Retrieval. ACM, 2016: 45-54.

⑤ Tombros T, Crestani F. Users' perception of relevance of spoken documents [J]. Journal of the American Society for Information Science, 2000, 51(10): 929-939.

结果效率最直接的反馈，也是检索系统用户体验的重要考虑因素。可信度、真实性、愉悦性是用户感知语音交互质量的三个方面①。相比于文本搜索，用户在语音搜索中的认知更加复杂，心理负担更重②。在整个过程中，由于受到语音输入错误、过长搜索对话③和输入环境变更，尽管最终的语音搜索结果仍然相关，但部分用户不可避免地产生消极情绪④。此外，用户满意度是评估用户搜索经历的主要指标之一⑤，通常可以通过问卷调查⑥、访谈⑦、用户自报告等显性反馈和点击、查询式长度、加载页面等待时间等隐性表征来反映。用户满意度不仅可以评估语音识别功能、意图分类功能及

---

① Jeong J, Shin D H. It's not What It Speaks, but It's How It Speaks: A Study into Smartphone Voice-User Interfaces (VUI) [C]//International Conference on Human-Computer Interaction. Springer, Cham, 2015: 284-291.

② Le Bigot L, Jamet E, Rouet J F. Searching information with a natural language dialogue system: a comparison of spoken vs. written modalities [J]. Applied ergonomics, 2004, 35(6): 557-564.

③ Kiseleva J, Williams K, Jiang J, et al. Understanding user satisfaction with intelligent assistants [C]//Proceedings of the 2016 ACM on Conference on Human Information Interaction and Retrieval. ACM, 2016: 121-130.

④ Jeng W, He D, Jiang J. Users' perceived difficulties and corresponding reformulation strategies in voice search [C]//The 7th Annual Symposium on Human-Computer Interaction and Information Retrieval. University of Pittsburgh, 2013.

⑤ Kiseleva J, Williams K, Hassan Awadallah A, et al. Predicting user satisfaction with intelligent assistants [C]//Proceedings of the 39th International ACM SIGIR conference on Research and Development in Information Retrieval. ACM, 2016: 45-54.

⑥ Cowan B R, Pantidi N, Coyle D, et al. What can I help you with?: infrequent users' experiences of intelligent personal assistants [C]//Proceedings of the 19th International Conference on Human-Computer Interaction with Mobile Devices and Services. ACM, 2017: 43.

⑦ Guzman A L. Voices in and of the machine: Source orientation toward mobile virtual assistants [J]. Computers in Human Behavior, 2019, 90: 343-350.

智能个人助手本身①，而且反映出用户对检索结果及整个检索过程的态度。整体上来看，相较于文本搜索，用户对语音搜索的满意度更低②。在语音搜索中，用户满意度受到用户、系统、任务和环境的多重影响，包括语音识别质量③④、系统反馈速度⑤、系统错误、用户努力程度等，并能够通过点击特征、需求特征、回应特征、声音特征进行预测。Kiseleva 指出用户语音搜索的满意度与用户为此付出的努力程度息息相关。用户使用越少的查询式达到搜索目标，用户对于语音搜索结果的满意度越高。而语音输入错误和用户输入方式的转化也在一定程度上加大了用户语音搜索过程中时间成本和精力成本。一旦发生查询式重构，用户满意度会直线下降。

对语音输入形式下检索结果的评估借鉴了信息检索领域的相关研究，是语音搜索研究不可或缺的部分。智能个人助手等语音搜索系统结果形式的丰富性致使语音搜索结果评估更为复杂和多样。综合来说，系统指标、用户行为和用户感知是当前语音搜索相关研究中的三大评估方面。长期以来计算机科学仅仅从系统等客观方面对

---

① Jiang J, Hassan Awadallah A, Jones R, et al. Automatic online evaluation of intelligent assistants[C]//Proceedings of the 24th International Conference on World Wide Web. International World Wide Web Conferences Steering Committee, 2015: 506-516.

② Le Bigot L, Jamet E, Rouet J F. Searching information with a natural language dialogue system: a comparison of spoken vs. written modalities[J]. Applied ergonomics, 2004, 35(6): 557-564.

③ Kiseleva J, Williams K, Jiang J, et al. Understanding user satisfaction with intelligent assistants[C]//Proceedings of the 2016 ACM on Conference on Human Information Interaction and Retrieval. ACM, 2016: 121-130.

④ Jiang J, Hassan Awadallah A, Jones R, et al. Automatic online evaluation of intelligent assistants[C]//Proceedings of the 24th International Conference on World Wide Web. International World Wide Web Conferences Steering Committee, 2015: 506-516.

⑤ Hou W, Chen X. Application of Logistic Regression Analysis of Smartphone Speech Interaction Usage in China: A Questionnaire-Based Study of 622 Adults[C]//International Conference on Human-Computer Interaction. Springer, Cham, 2018: 133-151.

语音搜索过程进行评估，相关指标已十分成熟。而以用户为中心的语音搜索评估研究直到近几年才开始呈蓬勃发展之势，使得相关研究集中于用户满意度研究，未来还需结合多种任务和情境，并在广度和深度上进一步拓展。

3.4 情境化成为语音搜索的长期趋势

情境是用户信息行为发生的外在因素，并对用户信息行为产生深远影响。同任务一样，情境具有多种划分标准和研究维度，且与任务密不可分。在某种意义上来说任务就是情境本身或是作为情境的一部分存在。在不同情境下用户所执行的任务会发生相应变化，特定情境决定了用户倾向于完成特定任务。在任务完成度方面，设备控制情境与信息搜寻情境两者与其相关度也不同。设备控制情境也即设备控制任务条件下用户往往具有高完成度，而信息搜寻情境下则相关度低。情境在语音搜索中不仅指传统意义上的背景、环境、任务，还隐含着用户与语音搜索系统能否达成搜索含义共通的意味。一旦人机交互过程中智能个人助手无法理解用户意图或回复偏离对话轨道则表明本次会话的语音搜索情境失效。在实际语音搜索过程中智能个人助手常常由于过长会话而导致情境保持失败，最终致使用户失望。相比于文本搜索，情境在语音搜索中占据着必不可少的地位。在搜索对话中情境是保持对话的最关键要素①。可见保证情境的一致性和连贯性是用户完成语音搜索任务的基础条件②。

3.4.1 日常信息搜寻情境在语音搜索中占据主导

占据语音搜索系统最大比例的智能个人助手最初开发的目的正是为了协助人们管理工作和生活，因此当前用户最常使用语音搜索

---

① Kiseleva J, Williams K, Hassan Awadallah A, et al. Predicting user satisfaction with intelligent assistants[C]//Proceedings of the 39th International ACM SIGIR conference on Research and Development in Information Retrieval. ACM, 2016: 45-54.

② Kiseleva J, Williams K, Jiang J, et al. Understanding user satisfaction with intelligent assistants[C]//Proceedings of the 2016 ACM on Conference on Human Information Interaction and Retrieval. ACM, 2016: 121-130.

过程发生在日常生活信息搜寻(ELIS)情境中。从时间上来看，用户使用语音搜索的时间分布与日常生活节奏相匹配，并在不同时间段使用不同主题的查询式满足自身特定信息需求。语音查询式在一天内使用时间呈现出三个高峰期，即早上6点到7点、中午12点到下午1点、下午5点到6点①，可以发现这三个时间段均是用户工作间隙的碎片化时间。一天内以下午时刻峰值最大，应当是由于用户下班后大量使用车载语音系统以及进入一天最长休憩时间所导致的，这与文本查询式的日分布有明显区别。语音搜索在早上8点到晚上8点的白天时间更频繁发生，而文本查询式则在傍晚、夜晚及凌晨出现比例更高②。不同于日分布，语音查询式与文本查询式在一周内的使用时间分布上相似程度高。尽管相比于周内，用户的周末语音搜索使用形成一个小高峰，但周内周末的使用情况均较为平稳。在一周内，周一是使用量最少的一天，这与用户更喜欢私人场合使用语音搜索的场景使用偏好紧密相连③。

另外，用户语音搜索的地理位置分布也可以从语音查询式文本分析得出。尽管只有18.1%的文本内容包含了地理位置信息，但其中大部分语音查询式文本中的国家信息均与设备所属国家信息一致④，在语音查询式文本中用户搜索活动中的邮政编码与其实时位

---

① Bentley F, Luvogt C, Silverman M, et al. Understanding the Long-Term Use of Smart Speaker Assistants[J]. Proceedings of the ACM on Interactive, Mobile, Wearable and Ubiquitous Technologies, 2018, 2(3): 91.

② Guy I. The Characteristics of Voice Search: Comparing Spoken with Typed-in Mobile Web Search Queries[J]. ACM Transactions on Information Systems (TOIS), 2018, 36(3): 30.

③ Dubiel M, Halvey M, Azzopardi L. A Survey Investigating Usage of Virtual Personal Assistants[J]. arXiv preprint arXiv: 1807.04606, 2018.

④ Feng J. Location-aware query parsing for mobile voice search[C]//2011 IEEE International Conference on Acoustics, Speech and Signal Processing (ICASSP). IEEE, 2011: 5728-5731.

置邮政编码相似度高达61.7%①。所有查询式中65.3%明显包含州名，49.4%包含州名和国家名，24.3%仅包含城市名，剩下10.4%的查询式则包含一些地标建筑。除了这四大类之外，用户的地理位置还可进一步细分为社区、街道、地址、地标、邮政编码等②。相比于桌面端和Pad端，移动用户的搜索地点更加丰富多样，甚至可能在离家很远的地方发出查询式③。然而对查询式中用户地理位置分析结果更进一步佐证了用户对使用语音搜索隐私保护的担忧并非空穴来风，一旦泄露，搜索者人身可能会遭到诈骗、抢劫等不法侵害。

地点场合是影响用户使用语音搜索的重要因素之一④。公众场合和私人场合是语音搜索情境研究中最常被提及的两种状态。大部分用户指出他们会在公众场合或户外场景避免使用语音搜索⑤⑥，主要是由于存在社交尴尬。在公众场合使用语音搜索不仅会让用户感觉尴尬，而且可能会触犯社会文化规范。比如在爱尔兰，在公众场合打电话是一种不合乎公民行为守则的，甚至可能会受到旁观者

---

① Guy I. The Characteristics of Voice Search: Comparing Spoken with Typed-in Mobile Web Search Queries[J]. ACM Transactions on Information Systems (TOIS), 2018, 36(3): 30.

② Feng J. Location-aware query parsing for mobile voice search[C]//2011 IEEE International Conference on Acoustics, Speech and Signal Processing (ICASSP). IEEE, 2011: 5728-5731.

③ Guy I. The Characteristics of Voice Search: Comparing Spoken with Typed-in Mobile Web Search Queries[J]. ACM Transactions on Information Systems (TOIS), 2018, 36(3): 30.

④ Efthymiou C, Halvey M. Evaluating the social acceptability of voice based smartwatch search [C]//Asia Information Retrieval Symposium. Springer, Cham, 2016: 267-278.

⑤ Begany G M, Sa N, Yuan X. Factors affecting user perception of a spoken language vs. textual search interface: a content analysis [J]. Interacting with Computers, 2015, 28(2): 170-180.

⑥ Jeng W, He D, Jiang J. Users' perceived difficulties and corresponding reformulation strategies in voice search[C]//The 7th Annual Symposium on Human-Computer Interaction and Information Retrieval. University of Pittsburgh, 2013.

的批评①。口头说话这种外放方式也使用户在公众场合使用语音搜索时着重考虑隐私问题，从而减少使用频率。成人对于询问公众场合中摆放的公共智能个人助手也比较谨慎，而孩子们则相对没有禁忌。印度贫民窟公众场合环境下智能个人助手收到的查询式包括基本事实问题、特定情境信息、特定领域查询式、哲学或设备相关问题②，基本涵盖了所有可能。但相比之下，在家里、独自一人、与家人、伴侣或朋友在一起时等私人场合中用户使用语音搜索的意愿的确要大得多③④。在日常生活中，用户使用语音搜索的地点及对应的一般情境基本上属于私密且低噪音范畴，以及文字输入不便条件，包括在车库或车上的驾驶情境、工作情境、锻炼身体或活动情境、街上或户外走路情境、在家休息或无聊情境、客厅做家务情境、看电视情境、在厨房做饭情境、浴室洗澡情境、在床上情境、私人场合和公众场合。这也在一定程度上说明大部分用户的首选搜索入口仍然是文本键入。另外其他用户使用语音搜索的特定情境还包括娱乐情境、旅行情境、金融情境、健康情境、购物情境等等。

3.4.2　多种任务类型对语音搜索的影响有待探究

用户指定担任的工作或责任即为任务。在信息检索过程中，搜索任务既可以是背景，又在一定程度上是用户信息搜索行为的动力和目标。对任务进行分类是研究任务对用户信息行为影响的前提条件。传统方法将任务分为工作任务（Work Tasks）和信息任务

---

① Cowan B R, Pantidi N, Coyle D, et al. What can I help you with?: infrequent users' experiences of intelligent personal assistants [C]//Proceedings of the 19th International Conference on Human-Computer Interaction with Mobile Devices and Services. ACM, 2017: 43.

② Robinson S, Pearson J, Ahire S, et al. Revisiting "Hole in the Wall" Computing: Private Smart Speakers and Public Slum Settings [C]//Proceedings of the 2018 CHI Conference on Human Factors in Computing Systems. ACM, 2018: 498.

③ Dubiel M, Halvey M, Azzopardi L. A Survey Investigating Usage of Virtual Personal Assistants [J]. arXiv preprint arXiv: 1807.04606, 2018.

④ Easwara Moorthy A, Vu K P L. Privacy concerns for use of voice activated personal assistant in the public space [J]. International Journal of Human-Computer Interaction, 2015, 31(4): 307-335.

(Information-Related Tasks)两大类。工作任务包括群组任务和个人任务，指人们日常生活中几乎每天都需要完成的任务。而信息任务则是从信息科学角度定义的，指信息搜索任务和信息交互任务两者。当前较为主流的分类方法还有分面分类法，相比而言更加细致、全面、系统。它将搜索任务分为通用切面和普遍属性，并在此基础上继续分成任务切面(Facets)、子切面(Sub-facts)、值(Values)三层，且可以进行组配。通用切面包括任务来源、任务行为者、时间、成果、过程、目标。普遍属性则分为任务客观特征与用户任务感知两大方面①。在不同领域下任务分面分类法被实证检验，并拓展成更为丰富、明确、更具适应性的理论模型。作为当前语音搜索过程的主要载体，智能个人助手与谷歌语音搜索系统等传统搜索引擎最大的不同正是在于任务。智能个人助手拥有大量不同形式的功能，促使用户既可以执行基于语音的信息检索与交互任务，也致力于完成大量个人日常工作任务，以及在无任务情况下对话闲聊或漫游体验。在具体使用过程中用户甚至将语音搜索任务与其他不同类型任务相互组合或跳转，导致评估任务对用户语音搜索过程的影响更加复杂化。这不仅需要研究者在实际操作中设置不同环境以对应工作任务与搜索任务，同时也要求制定针对性的评判标准和进行大量人工判断，付出较高的执行与评估成本。另外，内含深度学习机制和个性化推荐算法的智能个人助手在长期使用后可能会执行个性化任务②，这也是当前受控实验环境下暂时难以达到的。

将不同类型功能相分离是在智能个人助手平台上研究语音搜索任务的第一步。系统角度下智能个人助手的功能即为用户任务。绝大多数研究直接将工作任务和信息任务混为一谈，而从主题角度将

① Li Y, Belkin N J. A faceted approach to conceptualizing tasks in information seeking[J]. Information Processing & Management, 2008, 44(6): 1822-1837.

② Jiang J, Hassan Awadallah A, Jones R, et al. Automatic online evaluation of intelligent assistants[C]//Proceedings of the 24th International Conference on World Wide Web. International World Wide Web Conferences Steering Committee, 2015: 506-516.

智能个人助手功能作为整体进行划分与调查。智能个人助手功能可分为购物、旅游娱乐、工作效率、日常琐事四种①，具体还包括询问股票价格、执行算术、在电视上播放视频、询问天气预报、控制电灯等家具、记录购物清单、播放音乐等等②③。而且用户在特定场景下用户还会执行对应任务。比如日常生活场景下的打电话、发短信、导航、查阅天气、网络搜索、设置闹钟与提醒事项等，而在旅游场景、金融场景、健康护理场景等情况下往往倾向于完成景点介绍、询问金融产品、联系医院或医生等等任务④。另外主题划分还可以与使用频率相结合，将主题角度下的语音功能分为高频使用、分散频率使用和不频繁使用等情况⑤⑥。然而正如前文所说，从信息科学的角度看，智能个人助手功能丰富性在一定程度上加大了语音搜索研究的困难度和复杂度。从评估和过程角度将搜索功能及其他不同类型功能相分离的方式对于语音搜索研究更有利。目前只有少数研究意识到这一点，将用户在智能个人助手上所能执行的

---

① López G，Quesada L，Guerrero L A. Alexa vs. Siri vs. Cortana vs. Google Assistant：a comparison of speech-based natural user interfaces [C]//International Conference on Applied Human Factors and Ergonomics. Springer，Cham，2017：241-250.

② Bentley F，Luvogt C，Silverman M，et al. Understanding the Long-Term Use of Smart Speaker Assistants [J]. Proceedings of the ACM on Interactive，Mobile，Wearable and Ubiquitous Technologies，2018，2(3)：91.

③ Dubiel M，Halvey M，Azzopardi L. A Survey Investigating Usage of Virtual Personal Assistants[J]. arXiv preprint arXiv：1807. 04606，2018.

④ Invoca. The Rise of Voice：What the Increase in Conversation，Voice Assistants and AI Means for Business [R/OL]. [2018-12-29]. https：//go. invoca. com/rs/769-GSC-394/images/The-Rise-Of_Voice_Invoca-REPORT. pdf.

⑤ Hou W，Chen X. Application of Logistic Regression Analysis of Smartphone Speech Interaction Usage in China：A Questionnaire-Based Study of 622 Adults[C]//International Conference on Human-Computer Interaction. Springer，Cham，2018：133-151.

⑥ Lopatovska I，Williams H. Personification of the Amazon Alexa：BFF or a Mindless Companion[C]//Proceedings of the 2018 Conference on Human Information Interaction&Retrieval. ACM，2018：265-268.

具体任务划分为设备控制、闲聊玩笑、网络搜索三类①，另外结构化搜索对话或对话在不同研究中归于网络搜索或单独成类②③。

任务时间、过程、目标等通用切面和任务复杂性、困难度等普遍属性都在不同层面影响用户语音搜索过程。在过去、当下、未来三种时间性任务条件下，用户输入的查询式词性构成不同，所采用的信息需求表达策略差异较大④。从过程角度，智能个人助手所执行任务包含一次性任务和多次任务。有些用户在同样任务条件下通过一次搜索即可完成，但有些却需要多次反复，即任务过程切面影响用户信息检索行为。数量和质量是"任务—目标"切面的两大组成部分。单任务和多任务的任务数量特征在搜索对话中表现为单任务搜索和多任务搜索⑤。需要完成多任务的用户往往更容易与系统发生多次交互行为⑥。而事实性、解释性、探索性任务三者的区别更在于开放性，即用户最终得到的语音搜索结果质量是否为具体或抽象。其中探索性任务结合了事实性任务和解释性任务的特性，对

---

① Jiang J, Hassan Awadallah A, Jones R, et al. Automatic online evaluation of intelligent assistants[C]//Proceedings of the 24th International Conference on World Wide Web. International World Wide Web Conferences Steering Committee, 2015: 506-516.

② Kiseleva J, Williams K, Jiang J, et al. Understanding user satisfaction with intelligent assistants[C]//Proceedings of the 2016 ACM on Conference on Human Information Interaction and Retrieval. ACM, 2016: 121-130.

③ Mukherjee S, Verma A, Church K W. Intent classification of voice queries on mobile devices[C]//Proceedings of the 22nd International Conference on World Wide Web. ACM, 2013: 149-150.

④ Arguello J, Choi B, Capra R. Factors Influencing Users' Information Requests: Medium, Target, and Extra-Topical Dimension[J]. ACM Transactions on Information Systems (TOIS), 2018, 36(4): 41.

⑤ Kiseleva J, Williams K, Hassan Awadallah A, et al. Predicting user satisfaction with intelligent assistants[C]//Proceedings of the 39th International ACM SIGIR conference on Research and Development in Information Retrieval. ACM, 2016: 45-54.

⑥ Heinroth T, Minker W. Introducing spoken dialogue systems into Intelligent Environments[M]. New York: Springer Science & Business Media, 2013.

用户来说复杂性和困难度更高。为了全面测量用户对系统的感知，研究者使用这三种任务结合不同主题进行语音输入系统与文本输入系统的对比实验①②，但在语音查询式特征分析方面，三者对查询式数量和词性构造产生显著影响。语音搜索过程中事实性任务条件下用户发起的查询式数量相对较少且短。在解释性任务和探索性任务中用户经常使用停用词，而指示词出现少之又少③。在任务普遍属性中，复杂性(Complexity)是涉及客观特征和主观感知的关键要素，驱动着搜索对话的发生④。用户与智能助手的结构化搜索对话相比于传统搜索要更加复杂、富场景化和基于任务⑤。子任务数量、分面数量和开放性是任务复杂程度的主要方面⑥⑦，而任务困难度是基于搜索任务与搜索者属性或搜索情境属性之间的交互作

① Begany G M, Sa N, Yuan X. Factors affecting user perception of a spoken language vs. textual search interface: a content analysis [J]. Interacting with Computers, 2015, 28(2): 170-180.

② Ziman R, Walsh G. Factors Affecting Seniors' Perceptions of Voice-enabled User Interfaces[C]//Extended Abstracts of the 2018 CHI Conference on Human Factors in Computing Systems. ACM, 2018: LBW591.

③ Yuan X J, Sa N. User query behaviour in different task types in a spoken language vs. textual interface: a Wizard of Oz experiment[J]. Information Research, 2017, 22(1).

④ Radlinski F, Craswell N. A theoretical framework for conversational search [C]//Proceedings of the 2017 Conference on Conference Human Information Interaction and Retrieval. ACM, 2017: 117-126.

⑤ Kiseleva J, Williams K, Jiang J, et al. Understanding user satisfaction with intelligent assistants [C]//Proceedings of the 2016 ACM on Conference on Human Information Interaction and Retrieval. ACM, 2016: 121-130.

⑥ Connie Hwong. Verto Index: Assistant Apps [EB/OL]. [2017-07-27]. https://www.vertoanalytics.com/verto-index-personal-assistant-apps/.

⑦ Wildemuth B, Freund L, G. Toms E. Untangling search task complexity and difficulty in the context of interactive information retrieval studies [J]. Journal of Documentation, 2014, 70(6): 1118-1140.

用，对用户与系统的语音对话风格具有显著影响①，有时也被视为任务复杂性的一部分。用户对任务的认知程度是对复杂度的主观衡量。从记忆、理解到分析，用户所处理信息的复杂度不断提升②。在不同复杂程度任务下用户的系统选择行为和信息检索行为都会产生变化。用户在简单任务时更倾向于使用语音搜索系统，而复杂任务条件下则转向文本搜索系统寻求帮助③④。具体而言，在复杂信息需求和探索性任务条件下用户点击行为更常见⑤，在完成复杂的多回合任务时用户需要花费大量努力，满意度更低。

总而言之，情境在语音搜索中包括对话情境、日常搜寻情境、任务三种类型，相比于文本搜索更加重要且复杂。对话情境作为对话式语音搜索特有的情境类型，在当前研究中较为新颖，讨论深度仍显不够。就作为环境的情境而言，对语音搜索情境研究致力于日常生活情境的时间地点分析，对于其他维度的情境研究远远不足，如不同社会角色、文化背景、压力情境等等。随着智能个人助手的深度学习和推荐机制完善，用户将来的语音搜索情境更加多样化且

① Thomas P, Czerwinski M, McDuff D, et al. Style and Alignment in Information-Seeking Conversation[C]//Proceedings of the 2018 Conference on Human Information Interaction&Retrieval. ACM, 2018: 42-51.

② Jiang J, Jeng W, He D. How do users respond to voice input errors?: lexical and phonetic query reformulation in voice search[C]//Proceedings of the 36th international ACM SIGIR conference on Research and development in information retrieval. ACM, 2013: 143-152.

③ Begany G M, Sa N, Yuan X. Factors affecting user perception of a spoken language vs. textual search interface: a content analysis[J]. Interacting with Computers, 2015, 28(2): 170-180.

④ Kiseleva J, Williams K, Hassan Awadallah A, et al. Predicting user satisfaction with intelligent assistants[C]//Proceedings of the 39th International ACM SIGIR conference on Research and Development in Information Retrieval. ACM, 2016: 45-54.

⑤ Guy I. The Characteristics of Voice Search: Comparing Spoken with Typed-in Mobile Web Search Queries[J]. ACM Transactions on Information Systems (TOIS), 2018, 36(3): 30.

个性化。未来语音搜索情境研究中针对特定情境进行精细化研究，结合多种情境及情境转化，以及个性化情境生成及影响用户行为极有可能成为重点研究问题。

任务作为情境的一部分，是用户信息行为的重要作用因素，却在语音搜索研究中关注度不高。智能个人助手的丰富功能在加大了研究难度的同时也为任务相关的语音搜索研究带来了新的研究点。目前对于智能个人助手功能本身的主题分类较多，从结果角度将搜索等功能相分离的研究相对稀少，然而这是语音搜索性能优化和用户体验升级的基础步骤。同时，已有的单切面或单属性任务还有待深入解析，如“任务—时间”切面下的频率、长度、阶段，复杂性中的重要性、紧急性、困难度、用户先验知识等都尚未见诸文章。由于任务划分标准多样，在实际研究过程中研究者对任务数量、任务困难度、任务复杂性以及开放性程度等等混为一谈，在任务设置的理论基础需进一步加强。在此基础上，多面任务及其对语音搜索行为的作用和影响也是一个较好研究话题。分面分类任务理论模型不仅应当应用于当下流行的语音搜索行为，而且有必要根据语音搜索的特点进行相应拓展和完善。

4 研究总结与未来展望

尽管语音识别技术与语音交互产品早已在人类的设想之中且付诸实践，然而直到大数据时代和人工智能的发展才真正为其提供了蓬勃发展的土壤。大数据时代的带来为语音搜索提供了丰富的语料支撑，而基于深度学习的人工智能为语音搜索提供了智能化的载体与系统。基于语音的信息检索将是下一代信息检索的主要发展方向之一。这正是本文写作的主要出发点和实际落脚点。由此可见，本文的主要研究贡献在于：①将目光投注于语音搜索这一新兴且重要的信息检索方式，并以用户角度出发论述其历史与现状，是摆脱传统技术视角束缚的有益尝试。②对语音搜索的各方面进行跨学科整合，并从理论与实践两个角度梳理语音搜索研究的发展与未来，是对语音搜索与其研究现状的多维度解析，坚实了未来产品开发与学术研究的理论基础，一定程度上促进语音搜索的长足发展和持续繁荣。

4.1　纵向总结

在信息科学视域下，本文以用户角度为基点，对近年来海外语音搜索理论成果与实践情况进行历史梳理、产品概述与研究总结。语音搜索是一个跨越学科界限、拥有多种学科视角的研究对象。因此，整篇文章首先对语音搜索的历史发展、理论基础、技术前提与产品发展等方面进行梳理，介绍自动语音识别技术、语音文档检索、语音对话系统、智能个人助手等相关概念，指出这些研究与语音搜索之间的内容区别与历史联系，并阐明了当前语音搜索在工业界的开发与使用情况。其次，从用户、系统、交互、情境四大方面出发对当前语音搜索的理论与实践情况进行总结。用户是相关研究中的关键要素，本文主要对语音搜索在全球范围内的用户使用概况、使用频率、使用群体、使用原因与用户感知展开叙述。在系统方面则侧重于对语音搜索系统组件进行解析，即人机交互界面、语音识别技术、输入输出性能、代理拟人度和对话性等发展情况。语音搜索的交互方面包括查询式和检索结果两个方面。查询式不仅包括查询式文本特征，还涉及查询式声音特征及两者在查询式重构方面的表现；检索结果在各大方面均有所体现，在交互中主要表现为结果表现形式，系统客观评估指标、用户客观行为反映、用户主观感知评估四方面。任务和情境都属于语音搜索的外部环境因素，在大多数研究中均有涉及的，也将是未来语音搜索研究的重点关注方向。

综合以上内容，本文发现近年来海外语音搜索理论与实践呈现出方兴未艾之势。在工业界，语音搜索产品开发已逐渐成熟，由欧美国家为中心向全球市场辐射，正大规模进入百姓日常生活中。在该阶段，理论层面已出现以语音交互产品与调查为核心业务的公司，定期探测、调查与总结世界范围内语音交互实践现状，；实践上，各公司仍正朝着进一步提升语音识别准确度、完善语音搜索产品功能、结合用户需求持续开发新产品、在全球范围内扩张市场、提升用户粘性和忠诚度方面不断努力。在学术界，语音搜索相关研究呈现出欣欣向荣态势，在信息检索、人机交互、用户行为等领域的成果数量正快速增长，大部分相关研究集中于近五年，研究热度与研究潜力较大。结合理论和实践后，语音搜索研究已形成一定数量的研究成果，在用户、系统、交互、情境等方面均有相应文献。在整体上说覆盖范围较广，但在细分方向方面研究仍有所缺失，且相较于文本搜索领域来看数量仍显不足。

综上，语音搜索在用户、系统、交互、情境方面存在区分于传统搜索的独特性，总结如表 1 所示：

表 1　**语音搜索的独特性**

方面	独　特　项
用户	用户人群广泛，无门槛，往年龄两端发展 用户对其社交性感知，能够为用户派遣孤独与苦闷
系统	主动性、对话性、拟人性更强 语音交互界面，甚至是无屏幕的交互界面 不断收集个人数据以提供个性化服务
查询式	查询式长度更长，具有丰富的词性特征，更接近自然语言 音色、音高、音强、音长、语调等声音特征识别 用户听觉感知的四大效应 查询式输入时一次性输入无法更改的特点 查询式在声音特征上反映出的重构识别与重构策略
检索结果	特有的语音播报形式 无需交互的检索结果 声音特征反映出来的用户主观评估结果 用户对检索结果的交互弃用行为
情境	代理需与用户保持长久的对话情境 释放双手或释放视力的特定情境 适合同时且连续的多任务处理 智能个人助手中不同任务的转换

4.2 横向总结

除了前文所述历史性和四要素角度，语音搜索相关文献在横向切面也呈现出一些值得关注的特征，包括数据来源、研究主题、研究方法等，并具有独特性。

作为一项实践性和时效性极强的研究课题，语音搜索理论与实践研究与工业界产品开发是息息相关的。在某种程度上，工业界产品开发与推广是学术界对其研究的现实基础。因而在针对语音搜索开展研究时，必须动态跟踪语音搜索产品的发展与进化，对市场上相关商业报告进行密切关注，甚至大量使用其调查数据与研究结论，才能够从整体上明确、清晰、全面、有效地把握目前发展现状，为后期研究工作的开展打下基础。相对于学术文献来说，商业报告具有发布更加及时、数据来源稳定、调查范围广、用户数据量大等特点，尤其在综述用户对语音搜索的使用现状、原因等方面时可用性很高。但其也存在分析深度不够、研究手段不严谨、内容不完全、措辞比较随便等问题，在使用时首先需要对其进行语言转换、数据对照等数据预处理步骤，然后才能与学术文献结合对待。

当前相关研究在用户、系统、交互、情境等方面所涉主题范围均十分广泛。语音搜索所使用的声音输入方式降低了传统搜索门槛，促使其用户群体大大拓展。无论是男性、女性，还是儿童、青年、中年、老年，目前都在大量使用语音搜索，尤其是儿童和老人两个极端群体在未来甚至可能超越青年群体而成为主流群体。青年不仅拥有丰富文本搜索经验，而且对新事物的接受度高，是语音搜索当下的首要使用人群。反之，正由于此，对于尚未习惯传统搜索的老人和儿童来说，简单快捷的输入优势和数字原住民的先天身份在一定程度上使他们语音搜索的前景更加明朗。另外，大学生是在语音搜索实验中出现最多的社会角色。而从使用频率的角度来看，部分学者在探究非语音搜索用户的使用门槛方面已获得一定成果。截止 2016 年，不频繁使用用户与频繁使用用户比例达 7：3，具有多方面的拒绝原因。事实上，普通用户比领域专家对语音搜索的态度更加乐观①。

在系统方面，相关研究在桌面端、Pad 端、移动端均有所开展。语音搜索的鼻祖即谷歌语音搜索最初正是应用于移动端设备，其正符合智能个人助手个人事务管理特性的适用场景。这与当前商业报告结果相印证，智能个人助手在智能手机(65.8%)上的使用比例远远超过桌面端(11.4%)②。同时 Pad 端和智能手表所具有的移动特性也受到研究者青睐，可预见智能个人助手使用跨设备特性显著。语音搜索作为新兴搜索方式，也经常用来与传统文本搜索进行对比。两者之间在输入方式与用户界面上具有较大差异，前者是键盘加鼠标且为单一搜索框，而后者则是语音加触屏且可能无屏幕的交互界面。为借鉴人人交互机制，研究者有时也使用 Wizard of Oz 系统与原型系统从而进行对比用户实验，甚至会面向不同年龄段的用户开发不同程度的系统以控制拟人性变量。

信息检索是语音搜索研究的基础，因此查询式研究在语音搜索已相对成熟，所涉研究主题较为全面。语音查询式中的文本特征、声音特征与查询式重构又分别包含多方面内容。文本特征的主要特征项有查询式长度、形成时长、查询式句法、查询式语义、会话特征五方面。查询式句法即查询式中名词、介词、形容词等词性分布情况；语义则在查询式主题角度体现，间或涉及问句方式、标题符号及特殊用语的使用；会话特征有会话时长、同一会话中不同查询式时间间隔、会话中查询式数量三方面。声音特征研究仍可以从音色、音调、音高、音长四方面以及句层次的语调。当前各类变声工具的火热促使代理音色不仅分为男性或女性，也可以是不同变声工具使用后的各类有趣声音；音调更多体现在尖锐、低沉等方面，往往与音色相结合，从而影响用户感知；音高即响度，其强弱直接通

① Moore R K, Li H, Liao S, et al. Progress and Prospects for Spoken Language Technology: What Ordinary People Think[C]. conference of the international speech communication association, 2016: 3007-3011.

② Voice. ai. Voice Assistant Consumer Adoption Report[R/OL]. [2018-11]. https://voicebot. ai/wp-content/uploads/2018/11/voice-assistant-consumer-adoption-report-2018-voicebot. pdf.

过音量判断；音长测量可以从说话语速、说话时长两方面入手；另外研究者在分析语调时可以通过识别句中重音、停顿、声调升降等特征，并结合用户主观听觉感知来得出更加真实的结果。此外，用户行为、行为时间与地理位置等方面也可从查询式文本中得出，但其分别反映出检索结果处理和用户使用场景。语音查询式重构研究主要侧重于在测量重构特征、重构行为识别、探究重构原因和用户重构策略等方向，前两者主要从客观方面衡量，后二者则聚焦于用户主观方面，几乎已涵盖了查询式重构所有领域。重构特征包括文本特征、声音特征、以及外在辅助特征如时间戳和用户信号，重构行为识别在重构特征基础上进行文本相似性和声音相似性判断，而用户重构原因和重构策略是在前二者所形成的重构模式基础上做出的，促使四大方向形成一个有机体。

任务和情境对用户使用语音搜索的内在动机和外在环境有着双重影响。任务研究主要借鉴用户行为领域对任务进行分面分类划分，包括通用切面与普遍属性，并在两者之下进一步分割子切面或子特征。目前语音搜索研究中已存在对任务时间、任务数量、开放性、复杂性与困难性等通用切面或普遍属性的探讨。在当前智能个人助手的复杂功能条件下，语音搜索研究的任务设置可以从系统功能出发或作用于用户。在系统功能作为用户任务的情况下尤其要注意对搜索功能与其他类型功能相分离。在情境方面，语音搜索主要发生在人们日常生活搜寻情境中，可以从时间、地点和功能进行划分。依据地点识别情境中，公众场合和私人场合被讨论较多。尽管从常识和经验来看人们基本更偏向私人场合使用，这似乎是一个先验知识，但由于公众场合相比私人场合在人们生活场景中出现的频率更高，学者们似乎是想要通过探究使用门槛来扩大语音搜索使用范围。部分网络调查中也依据智能个人助手功能进行情境划分，这与任务设置相重合，即用户使用特定功能所使用的特定情境作为个性化服务的前提也成为语音搜索将来的研究点之一。低噪音环境与文本输入不便条件是语音搜索中的特殊情境，与当下用户对私密场合的使用偏好、忙碌并碎片化的生活状态直接联系。相对比文本搜索，语音搜索中还涉及代理与用户互动中保持的对话情境，即在双方的本次对话中必须达成意图一致性，属于小范围搜索情境。

语音搜索研究吸收了信息检索领域和人机交互领域的研究方法，主要使用了定性定量相结合的日志分析法、用户实验法、Wizard Of Oz 实验法、众包收集法，定性的问卷调查法、田野调查法、访谈法、焦点小组访谈法等。对语音搜索大规模日志数据分析初始起就被研究者持续使用，包括谷歌、微软、雅虎等不同品牌及不同终端的商业搜索引擎用户日志分析。为了更好地研究某类变量，研究者往往在受控的实验环境下为用户设置任务从而进行数据收集和行为探究。Wizard Of Oz 实验法即绿野仙踪法，是人机交互领域常用的评估和原型方法。在用户与计算机交互时由研究者模拟计算机程序对用户输入做出反应，以获得用户反馈。这种方法是对真实交互环境的模拟，同时也有助于研究者根据用户实际情况调整系统功能和回应。由于智能个人助手的使用情境大多发生在日常生活中，在受控试验环境下难以捕捉到，而采用众包平台收集用户各类型数据的方法则相比之下更加贴近真实情况，且数据量更庞大。在探究用户主观感受方面则视情况选用合适的定性方法，深入调查与分析用户对语音搜索使用的相关感知、情绪、原因、期望等。

4.3 发展趋势

尽管当前语音搜索发展前景被普遍看好，但是实际中仍然有一些关键问题有待进一步讨论。智能个人助手等语音搜索产品在欧美等起源国家使用已经较为普遍，但在中国的普及与使用程度仍十分有限。在该领域有必要实时跟踪国际上语音搜索理论与实践发展，并在用户等四大要素和研究方法方面不断完善与探讨。

用户是语音搜索过程的主体，也是研究出发点和关键因素。目前研究以大学生和大学毕业生等青年群体为主，然而在将来边缘化群体、特殊群体和非英语母语使用者也将成为语音搜索研究的重点用户之一。因此在选取用户群体时扩大研究对象范围，针对不同类型用户开展个性化服务、提供个性化建议，优化其用户体验，是当前用户人口统计特征与语音搜索相关的研究方向之一。与之相关的，部分学者研究中已指出不频繁用户使用语音搜索的障碍所在，那么其从不频繁用户到频繁用户的转换契机、转换原因及其转换后续行为的探索可作为课题进行探索。对于新手用户来说，一份简单明了、清晰全面甚至可视化用户指南是具有强烈需求的，但目前仍缺乏足够的数据支撑与相应研究，如不同形式用户指南在用户语音搜索使用过程中的实际影响究竟如何。从语音搜索影响因素的用户角度出发，用户的认知风格、性格特质、先验知识等在搜索过程中的作用，以及不同用户信号如眼动、触屏、滑动、点击等肢体语言与声音特征结合的影响也是有待考察的问题。除此之外，隐私问题是用户在数字环境下的永恒考虑因素。通过实证研究探测用户对于语音搜索过程中隐私保护程度与开放意愿尚处于缺乏状态。

未来的语音搜索系统仍然可以在以下方面进行完善。首先是语音搜索不必追求语音交互的纯洁性，而采用视觉反馈与语音交互相结合的方式更佳。声音不便于记忆的特性更加强调语音搜索系统的屏幕必要性。其次语音搜索系统应当提供查询式微调、查询式拓展和相关反馈技术，同时在当前基础上加强声音模型和语言模型，提升语音识别准确度。此外，还应当面向不同类型和不同信息需求的用户开发不同拟人化程度、更加个性化的语音搜索系统，鼓励用户主动参与，不断提升系统对话性能，为用户提供简单、自由、有趣的产品体验。由于当前用户对搜索方式的多样化需求以及智能个人助手在多终端的设备上都有分布，可以预见未来将会出现对智能家居、智能手机、电脑桌面端等跨设备语音搜索研究，多个智能个人助手之间的组合与装载研究和多模态语音搜索系统中输入模式的组合与转换研究。

在交互方面，现有研究已经比较详细、全面。将来查询式研究主要从声音特征入手，将语音学现有的特征更加系统地应用于语音搜索查询式研究中，并分析所反映的用户情感与行为特征。而检索结果则侧重于评估方面，包括使用新的计量方法、针对不同类型检索结果的专门化研究、构建多样化的评估指标体系及研究者角度与用户角度评估相结合的方向。

注重用户语音搜索与任务、情境的紧密联系是将来语音搜索发展主要趋势之一。当前的研究趋于将任务数量、困难度、复杂性等作为研究重点，而很少关注任务多维度和多特征在整体搜索过程中的作用。现有针对任务复杂度的研究中对其判定标准也不甚相同，包括数量、困难度、认知程度等。在将来，明确不同类型任务优缺点，将任务作为整合变量，关注其多维特征是极其必要的。尤其是智能个人助手复杂任务条件下，还需额外探究用户在工作任务与信息任务之间的关系、组合与转换模式等，不能剥离语音控制与闲聊对话等其他类型任务而单一看待语音搜索。除任务外，精细化、个性化、针对性的特定情境如娱乐情境、购物情境、旅行情境、社交情境等也将随着智能个人助手功能完善而发展处相应信息需求与行为模式，值得研究者深思。其中情境的社交性与社会性对用户的私人场合偏好到底会产生什么影响，是否与用户使用智能个人助手社交性动机冲突，这些都将成为思考点。另外由于智能个人助手所适用的广泛情境和高频使用，其在不同情境下的组合与转换对用户感知与行为的影响作用如何体现、具有何种特点等问题也应运而生。

除了研究主题外，当前语音搜索研究中的方法也存在局限。在定性方法中，学者们指出在访谈和问卷调查法等基础上可以进一步使用日记法，从而获取用户日常生活情境数据，抑或是采用民族学方法对用户进行长期跟踪，以取到第一手的真实资料，得到更加可信可靠、更具实践指导性的研究结论，还可以使用 Wizard of Oz 实验方法尽可能在人人交互环境下理解人机交互的语音搜索情况。在执行定量实验过程中，当前存在的主要问题有真实环境模拟、样本数量太少、数据量不够、用户类型单一、用户交互经历可能对实验过程产生影响、实验系统有待提升、任务类型与主题较少、用户对任务主题不熟悉从而难以形成查询式、任务设置不全面等。未来研究中研究者应当有意识避免现有问题，对参与者情况仔细筛选、所用系统严格把关、精心准备搜索任务、尽量贴近真实环境以取得更加有现实意义的研究结果。

毋庸置疑，语音搜索的理论与实践探索在现有研究基础上进一步拓展了信息检索领域和人机交互领域的研究内容，是在新时代下出现的新研究点，具有极高的理论价值和应用价值。尽管现在其已取得一定成就，但也随着产品完善与技术进步不断涌现出新问题、新趋势，可以说语音搜索的发展仍任重道远。

参考文献

[1] Adam Heitzman. HOW POPULAR IS VOICE SEARCH? [EB/OL]. [2019-01-01]. https://www.highervisibility.com/blog/how-popular-is-voice-search/.

[2] Andolina S, Orso V, Schneider H, et al. Investigating Proactive Search Support in Conversations[C]//Proceedings of the 2018 Designing Interactive Systems Conference. ACM, 2018: 1295-1307.

[3] Arguello J, Choi B, Capra R. Factors Influencing Users' Information Requests: Medium, Target, and Extra-Topical Dimension [J]. ACM Transactions on Information Systems (TOIS), 2018, 36(4): 41.

[4] Arkhipova O, Grauer L. Evaluating mobile web search performance by taking good abandonment into account[C]//Proceedings of the 37th international ACM SIGIR conference on Research & development in information retrieval. ACM,.

[5] Avula S, Chadwick G, Arguello J, et al. Searchbots: User engagement with chatbots during collaborative search [C]//Proceedings of the 2018 Conference on Human Information Interaction&Retrieval. ACM, 2018: 52-61.

[6] Begany G M, Sa N, Yuan X. Factors affecting user perception of a spoken language vs. textual search interface: a content analysis [J]. Interacting with Computers, 2015, 28(2): 170-180.

[7] Bentley F, Luvogt C, Silverman M, et al. Understanding the Long-Term Use of Smart Speaker Assistants[J]. Proceedings of the ACM on Interactive, Mobile, Wearable and Ubiquitous Technologies, 2018, 2(3): 91.

[8] Boyd M, Wilson N. Just ask Siri? A pilot study comparing smartphone digital assistants and laptop Google searches for smoking cessation advice[J]. PloS one, 2018, 13(3): e0194811.

[9] Carolina Milanesi. Voice Assistant Anyone? Yes please, but not in public! [EB/OL]. [2016-06-03]. https: //creativestrategies. com/voice-assistant-anyone-yes-please-but-not-in-public/.

[10] Chen F, Jokinen K. Speech technology: Theory and applications [M]. Springer, 2010.

[11] Christi Olson, search evangelist. Just say it: The future of search is voice and personal digital assistants [EB/OL]. [2019-01-26]. https: //www. campaignlive. co. uk/article/just-say-it-future-search-voice-personal-digital-assis.

[12] Chuklin A, Serdyukov P. Potential good abandonment prediction [C]//Proceedings of the 21st International Conference on World Wide Web. ACM, 2012: 485-486.

[13] Connie Hwong. Verto Index: Assistant Apps [EB/OL]. [2017-07-27]. https: //www. vertoanalytics. com/verto-index-personal-assistant-apps/.

[14] Cowan B R, Pantidi N, Coyle D, et al. What can I help you with?: infrequent users' experiences of intelligent personal assistants [C]//Proceedings of the 19th International Conference on Human-Computer Interaction with Mobile.

[15] Cox A L, Cairns P A, Walton A, et al. Tlk or txt? Using voice input for SMS composition [J]. Personal and Ubiquitous Computing, 2008, 12(8): 567-588.

[16] Crestani F, Du H. Written versus spoken queries: A qualitative and quantitative comparative analysis [J]. Journal of the American Society for Information Science and Technology, 2006, 57(7): 881-890.

[17] Crestani F. Effects of word recognition errors in spoken query processing [C]//Proceedings IEEE Advances in Digital Libraries 2000. IEEE, 2000: 39-47.

[18] Crestani F. Spoken query processing for interactive information retrieval [J]. Data & Knowledge Engineering, 2002, 41(1):

105-124.

[19]Diriye A, White R, Buscher G, et al. Leaving so soon?: understanding and predicting web search abandonment rationales[C]//Proceedings of the 21st ACM international conference on Information and knowledge management. ACM, 201.

[20]Du H, Crestani F. Spoken versus written queries for mobile information access[C]//Workshop on Mobile and Ubiquitous Information Access. Springer, Berlin, Heidelberg, 2003: 67-78.

[21]Dubiel M, Halvey M, Azzopardi L. A Survey Investigating Usage of Virtual Personal Assistants[J]. arXiv preprint arXiv: 1807.04606, 2018.

[22]Dubiel M. Towards Human-Like Conversational Search Systems [C]//Proceedings of the 2018 Conference on Human Information Interaction&Retrieval. ACM, 2018: 348-350.

[23]Easwara Moorthy A, Vu K P L. Privacy concerns for use of voice activated personal assistant in the public space[J]. International Journal of Human-Computer Interaction, 2015, 31(4): 307-335.

[24]Efthymiou C, Halvey M. Evaluating the social acceptability of voice based smartwatch search[C]//Asia Information Retrieval Symposium. Springer, Cham, 2016: 267-278.

[25]Epley N, Waytz A, Cacioppo J T. On seeing human: a three-factor theory of anthropomorphism[J]. Psychological review, 2007, 114(4): 864.

[26]Experts Exchange. Battle of the Virtual Assistants[EB/OL]. [2018-12-15]. https://pages.experts-exchange.com/virtualassistants.html.

[27]Felim McGrath. 1 in 3 Gen Z in North America Using Voice Command on Mobile[EB/OL]. [2017-09-22]. https://blog.globalwebindex.com/chart-of-the-day/1-in-3-gen-z-north-america-using-voice-command-on-mobile/.

[28]Feng J. Location-aware query parsing for mobile voice search

[C]//2011 IEEE International Conference on Acoustics, Speech and Signal Processing (ICASSP). IEEE, 2011: 5728-5731.

[29] Gomes J. Implementation of i-vector algorithm in speech emotion recognition by using two different classifiers: Gaussian mixture model and support vector machine[D]. Indianapolis: Purdue University, 2016.

[30] Greg Sterling. Siri is Google's nearest mobile search competitor [EB/OL]. [2017-04-06]. https://searchengineland.com/survey-siri-googles-nearest-mobile-search-competitor-272640.

[31] Gupta M, Bendersky M. Information retrieval with verbose queries [J]. Foundations and Trends ® in Information Retrieval, 2015, 9 (3-4): 209-354.

[32] Guy I. Searching by talking: Analysis of voice queries on mobile web search[C]//Proceedings of the 39th International ACM SIGIR conference on Research and Development in Information Retrieval. ACM, 2016: 35-44.

[33] Guy I. The Characteristics of Voice Search: Comparing Spoken with Typed-in Mobile Web Search Queries[J]. ACM Transactions on Information Systems (TOIS), 2018, 36(3): 30.

[34] Guzman A L. Voices in and of the machine: Source orientation toward mobile virtual assistants[J]. Computers in Human Behavior, 2019, 90: 343-350.

[35] Halverson C A, Horn D B, Karat C M, et al. The beauty of errors: Patterns of error correction in desktop speech systems[C]// INTERACT. 1999: 133-140.

[36] Hassan Awadallah A, Gurunath Kulkarni R, Ozertem U, et al. Characterizing and predicting voice query reformulation[C]//Proceedings of the 24th ACM International on Conference on Information and Knowledge Management. ACM, 201.

[37] Heinroth T, Minker W. Introducing spoken dialogue systems into Intelligent Environments[M]. New York: Springer Science & Bus-

iness Media, 2013.

[38] Hinton G E, Osindero S, Teh Y W. A fast learning algorithm for deep belief nets [J]. Neural computation, 2006, 18 (7): 1527-1554.

[39] Hou W, Chen X. Application of Logistic Regression Analysis of Smartphone Speech Interaction Usage in China: A Questionnaire-Based Study of 622 Adults [C]//International Conference on Human-Computer Interaction. Springer, Cham.

[40] Invoca. The Rise of Voice: What the Increase in Conversation, Voice Assistants and AI Means for Business [R/OL]. [2018-12-29]. https://go.invoca.com/rs/769-GSC-394/images/The-Rise-Of_ Voice_ Invoca-REPORT.pdf.

[41] J. Walter Thompson Intelligence. Speak Easy: Global Edition [R/OL]. [2017-06]. https://www.jwtintelligence.com/trend-reports/speak-easy-global-edition/.

[42] Jeng W, He D, Jiang J. Users' perceived difficulties and corresponding reformulation strategies in voice search [C]//The 7th Annual Symposium on Human-Computer Interaction and Information Retrieval. University of Pittsburgh.

[43] Jeong J, Shin D H. It's not What It Speaks, but It's How It Speaks: A Study into Smartphone Voice-User Interfaces (VUI) [C]//International Conference on Human-Computer Interaction. Springer, Cham, 2015: 284-291.

[44] Jiang J, Hassan Awadallah A, Jones R, et al. Automatic online evaluation of intelligent assistants [C]//Proceedings of the 24th International Conference on World Wide Web. International World Wide Web Conferences Steering Co.

[45] Jiang J, Jeng W, He D. How do users respond to voice input errors?: lexical and phonetic query reformulation in voice search [C]//Proceedings of the 36th international ACM SIGIR conference on Research and development in infor.

[46] Kamvar M, Beeferman D. Say What? Why users choose to speak their web queries[C]. conference of the international speech communication association, 2010: 1966-1969.

[47] Kamvar M, Beeferman D. Say what? why users choose to speak their web queries[C]//INTERSPEECH, 2010: 1966-1969.

[48] Kelly D. When Effort Exceeds Expectations: A Theory of Search Task Difficulty (keynote) [J/OL]. ECIR Supporting Complex Search Task Workshop, 2015.

[49] Kiseleva J, Williams K, Hassan Awadallah A, et al. Predicting user satisfaction with intelligent assistants[C]//Proceedings of the 39th International ACM SIGIR conference on Research and Development in Information Retrieval.

[50] Kiseleva J, Williams K, Jiang J, et al. Understanding user satisfaction with intelligent assistants[C]//Proceedings of the 2016 ACM on Conference on Human Information Interaction and Retrieval. ACM, 2016: 121-130.

[51] Ko S J, Judd C M, Blair I V. What the voice reveals: Within- and between-category stereotyping on the basis of voice[J]. Personality and Social Psychology Bulletin, 2006, 32(6): 806-819.

[52] Koumpouri A, Simaki V. Queries without clicks: Evaluating retrieval effectiveness based on user feedback[C]//Proceedings of the 35th international ACM SIGIR conference on Research and development in information retrieval. AC.

[53] Le Bigot L, Jamet E, Rouet J F. Searching information with a natural language dialogue system: a comparison of spoken vs. written modalities[J]. Applied ergonomics, 2004, 35(6): 557-564.

[54] Levitan R, Elson D. Detecting retries of voice search queries [C]//Proceedings of the 52nd Annual Meeting of the Association for Computational Linguistics (Volume 2: Short Papers). 2014, 2: 230-235.

[55] Li J, Huffman S, Tokuda A. Good abandonment in mobile and PC

internet search[C]//Proceedings of the 32nd international ACM SIGIR conference on Research and development in information retrieval. ACM, 2009: 43-50.

[56] Li Y, Belkin N J. A faceted approach to conceptualizing tasks in information seeking[J]. Information Processing & Management, 2008, 44(6): 1822-1837.

[57] Lopatovska I, Williams H. Personification of the Amazon Alexa: BFF or a Mindless Companion[C]//Proceedings of the 2018 Conference on Human Information Interaction&Retrieval. ACM, 2018: 265-268.

[58] López G, Quesada L, Guerrero L A. Alexa vs. Siri vs. Cortana vs. Google Assistant: a comparison of speech-based natural user interfaces [C]//International Conference on Applied Human Factors and Ergonomics. Springer, Cham, 2.

[59] Lovato S, Piper A M. Siri, is this you?: Understanding young children's interactions with voice input systems[C]//Proceedings of the 14th International Conference on Interaction Design and Children. ACM, 2015: 335-338.

[60] Luger E, Sellen A. Like having a really bad PA: the gulf between user expectation and experience of conversational agents[C]//Proceedings of the 2016 CHI Conference on Human Factors in Computing Systems. ACM, 2016: 5286-5297.

[61] Manning C, Raghavan P, Schütze H. Introduction to information retrieval[M]. 北京：人民邮电出版社，2010.

[62] Moore R K, Li H, Liao S, et al. Progress and Prospects for Spoken Language Technology: What Ordinary People Think[C]. conference of the international speech communication association, 2016: 3007-3011.

[63] Mukherjee S, Verma A, Church K W. Intent classification of voice queries on mobile devices[C]//Proceedings of the 22nd International Conference on World Wide Web. ACM, 2013:

149-150.

[64] Narang A, Bedathur S. Mind your language: Effects of spoken query formulation on retrieval effectiveness[J]. arXiv preprint arXiv: 1312.4036, 2013.

[65] Netimperative. Voice takes off: 42% of Brits "using voice search daily" [EB/OL]. [2017-06-28]. http://www.netimperative.com/2017/06/voice-takes-off-42-brits-using-voice-search-daily/.

[66] Niculescu A, Van Dijk B, Nijholt A, et al. The influence of voice pitch on the evaluation of a social robot receptionist[C]//2011 International Conference on User Science and Engineering (i-USEr). IEEE, 2011: 18-23.

[67] Patel N, Agarwal S, Rajput N, et al. A comparative study of speech and dialed input voice interfaces in rural India[C]//Proceedings of the SIGCHI Conference on Human Factors in Computing Systems. ACM, 2009: 51-54.

[68] Purington A, Taft J G, Sannon S, et al. Alexa is my new BFF: social roles, user satisfaction, and personification of the amazon echo[C]//Proceedings of the 2017 CHI Conference Extended Abstracts on Human Factors in Computing.

[69] Radlinski F, Craswell N. A theoretical framework for conversational search[C]//Proceedings of the 2017 Conference on Conference Human Information Interaction and Retrieval. ACM, 2017: 117-126.

[70] Rao J, Türe F, Lin J. What Do Viewers Say to Their TVs?: An Analysis of Voice Queries to Entertainment Systems[C]//SIGIR. 2018: 1213-1216.

[71] Reeves B, Nass C. The Media Equation: How People Treat Computers, Television, and New Media Like Real People and Places [M]. New York: CSLI Publications and Cambridge University Press, 1996.

[72] RIVERGROUP. VOICE SEARCH AND INNOVATION TRENDS

OF 2018 [EB/OL]. [2018-03-21]. https: //www. theriverg-roup. co. uk/what-we-think/voice-search-trends-2018/.

[73] Robinson S, Pearson J, Ahire S, et al. Revisiting "Hole in the Wall" Computing: Private Smart Speakers and Public Slum Settings[C]//Proceedings of the 2018 CHI Conference on Human Factors in Computing Systems. ACM, 2018: 4.

[74] Ronan De Renesse. Virtual digital assistants to overtake world population by 2021 [EB/OL]. [2017-05-17]. https: //ovum. informa. com/resources/product-content/virtual-digital-assistants-to-overtake-world-population-by-2021.

[75] Sa N. Improving Query Reformulation in Voice Search System [C]//Proceedings of the 2016 ACM on Conference on Human Information Interaction and Retrieval. ACM, 2016: 365-367.

[76] Schalkwyk J, Beeferman D, Beaufays F, et al. "Your Word is my Command": google search by voice: A case study[M]//Advances in speech recognition. Springer, Boston, MA, 2010: 61-90.

[77] Scott Huffman. OMG! Mobile voice survey reveals teens love to talk [EB/OL]. [2014-10-14]. https: //www. blog. google/products/search/omg-mobile-voice-survey-reveals-teens/.

[78] Shokouhi M, Jones R, Ozertem U, et al. Mobile query reformulations[C]//Proceedings of the 37th international ACM SIGIR conference on Research & development in information retrieval. ACM, 2014: 1011-1014.

[79] Slide Share. OMD Dive Search[EB/OL]. [2017-12-13]. https: //www. slideshare. net/omdchina/omd-dive-search-83977527.

[80] Spina D, Trippas J R, Cavedon L, et al. Extracting audio summaries to support effective spoken document search[J]. Journal of the Association for Information Science and Technology, 2017, 68 (9): 2101-2115.

[81] Sundar S S, Nass C. Source orientation in human-computer inter-

action: Programmer, networker, or independent social actor[J]. Communication research, 2000, 27(6): 683-703.

[82] Thomas P, Czerwinski M, McDuff D, et al. Style and Alignment in Information-Seeking Conversation[C]//Proceedings of the 2018 Conference on Human Information Interaction&Retrieval. ACM, 2018: 42-51.

[83] Tombros T, Crestani F. Users' perception of relevance of spoken documents[J]. Journal of the American Society for Information Science, 2000, 51(10): 929-939.

[84] Trippas J R, Spina D, Cavedon L, et al. Informing the design of spoken conversational search: Perspective paper[C]//Proceedings of the 2018 Conference on Human Information Interaction& Retrieval. ACM, 2018: 32-41.

[85] Voice. ai. Smart Speaker Consumer Adoption Report[R/OL]. [2018-03]. https://voicebot. ai/wp-content/uploads/2018/03/smart_speaker_consumer_adoption_report_2018. pdf.

[86] Voice. ai. Voice Assistant Consumer Adoption Report[R/OL]. [2018-11]. https://voicebot. ai/wp-content/uploads/2018/11/voice-assistant-consumer-adoption-report-2018-voicebot. pdf.

[87] Wang Y Y, Yu D, Ju Y C, et al. An introduction to voice search [J]. IEEE Signal Processing Magazine, 2008, 25(3): 28-38.

[88] Wildemuth B, Freund L, G. Toms E. Untangling search task complexity and difficulty in the context of interactive information retrieval studies[J]. Journal of Documentation, 2014, 70(6): 1118-1140.

[89] Wilkie C, Azzopardi L. Query length, retrievability bias and performance[C]//Proceedings of the 24th ACM International on Conference on Information and Knowledge Management. ACM, 2015: 1787-1790.

[90] Wolfgang Minker, Gary Geunbae Lee, Satoshi Nakamura, et al. Spoken dialogue systems technology and design[M]. Springer,

2010.

[91] Yarosh S, Thompson S, Watson K, et al. Children asking questions: speech interface reformulations and personification preferences[C]//Proceedings of the 17th ACM Conference on Interaction Design and Children. ACM, 2018: 300.

[92] Yi J, Maghoul F. Mobile search pattern evolution: the trend and the impact of voice queries[C]//Proceedings of the 20th international conference companion on World wide web. ACM, 2011: 165-166.

[93] Yuan K, Hou W, Zhao Y. Human factor research of voice search on mobile internet [C]//2008 9th International Conference on Computer-Aided Industrial Design and Conceptual Design. IEEE, 2008: 1-6.

[94] Yuan X J, Sa N. User query behaviour in different task types in a spoken language vs. textual interface: a Wizard of Oz experiment [J]. Information Research, 2017, 22(1).

[95] Zhou L, Mohammed A S, Zhang D. Mobile personal information management agent: Supporting natural language interface and application integration[J]. Information Processing & Management, 2012, 48(1): 23-31.

[96] Ziman R, Walsh G. Factors Affecting Seniors' Perceptions of Voice-enabled User Interfaces [C]//Extended Abstracts of the 2018 CHI Conference on Human Factors in Computing Systems. ACM, 2018: LBW591.

[97] AI锐见. 语音助手市场来势汹汹，亚马逊 Alexa 2019 将会如何应对？[EB/OL]. [2019-01-22]. https://www.jiqizhixin.com/articles/2019-01-22-2.

[98] 艾媒咨询. 艾媒报告 | 2018上半年中国移动搜索市场监测报告[EB/OL]. [2018-12-02]. http://www.iimedia.cn/61979.html.

[99] 艾瑞咨询. 中国智能语音助手企业案例研究报告[EB/OL].

[2018-04]. http://pg. jrj. com. cn/acc/Res/CN_RES/INDUS/2018/7/30/679c3581-8955-4a35-a95f-efadda463b1e. pdf.
[100]曾向阳. 声信号处理基础[M]. 西安: 西北工业大学出版社, 2015.
[101]韩纪庆, 郑铁然, 郑贵滨. 音频信息检索理论与技术[M]. 北京: 科学出版社, 2011.
[102]刘萍, 李斐雯, 杨宇. 国外交互式信息检索研究进展[J]. 情报理论与实践, 2017, 40(5): 132-138.
[103]马学良. 语言学概论[M]. 北京: 华中工学院出版社, 1981.
[104]王金旺.【小米 AIoT 开发者大会】雷军宣布小爱同学激活破亿, 和宜家开启战略合作[EB/OL]. [2018-11-28]. https://www. leiphone. com/news/201811/g69ogcE4GArlimUv. html.
[105]王智国. 嵌入式人机语音交互系统关键技术研究[D]. 合肥: 中国科学技术大学, 2014.
[106]吴宝康, 冯子直主编. 档案学词典[M]. 上海: 上海辞书出版社, 1994: 444-445.
[107]吴丹, 董晶. 移动图书馆用户查询式构造行为分析[J]. 图书情报工作, 2016, 60(18): 6-13.
[108]张毅. 语音处理及人机交互技术[M]. 北京: 科学出版社, 2016.
[109]中国互联网络信息中心. 2016 年中国网民搜索行为调查报告[R/OL]. [2018-12-02]. http://www. cnnic. cn/hlwfzyj/hlwxzbg/ssbg/201801/P020180109484661983457. pdf.

2018年美国广告研究进展述评

姚　曦　邓　云　谢海盟*

武汉大学新闻与传播学院

篇首语：美国是世界第一大广告强国，在广告研究方面也较早地形成了其学术规范与研究体系，对全球广告学术研究具有一定的引领效应。本文选取美国最具影响力的四种英文广告期刊——《广告学刊》、《广告研究》、《国际广告学刊》、《互动广告学刊》以及WOS、EBSCO数据库于2018年发表的美国广告相关文献，对美国广告研究前沿进行系统、全面的追踪，采用内容分析的方法，从研究主题、研究视角、研究方法等层面对其进行分析总结，得到以下研究结论：研究视角趋于微观和具体；研究方法延续了美国实证范式的传统；研究对象转向了儿童与千禧一代，关注青少年肥胖问题，关注企业责任诉求带来的消费者福祉，广告的信息披露和环保意识等问题；研究者身份方面，呈现出业界化倾向，由此研究更为关注广告的"意义"；研究主题依然注重广告的传播效果，增加了对数字时代品牌传播的全面关注，总体表现为技术驱动和整合化

* 姚曦，1964年5月，男，武汉大学新闻与传播学院教授，博士生导师，武汉大学媒体发展中心研究员，研究方向为广告与媒介经济，品牌传播，公共关系。邓云，1990年7月，女，武汉大学新闻与传播学院博士研究生，研究方向为广告与媒介经济。谢海盟，1995年2月，女，武汉大学新闻与传播学院硕士研究生，研究方向为媒介经营与管理。

趋势。

美国广告的发展源于近代报纸广告，自1704年第一份刊登广告的报纸《波士顿新闻通讯》创刊至今已有几百年的历史，在这期间一直是全球广告的中心。美国广告代理协会（American Association of Advertising Agencies）的成立，促成了美国广告代理公司走出国门，这些成员公司也被称为4A公司，时至今日4A标准已成为广告业界对广告公司的普遍标准。

实践的发展需要理论的指导，同时也给理论提供了源源不断的案例，广告实业发展的繁荣引起了学界的关注。美国广告的研究最早始于心理学和经济学领域，由美国明尼苏达大学的哈洽·盖尔（Harlow Gale）于1900年所著的《广告心理学》一般被认为是最早对广告予以学理性关注的著作，由此广告开始进入研究视野。1901年，美国西北大学心理学家瓦尔特·狄尔·斯科特（Walter Dill Scott）在芝加哥的一次集会上，首次提出了要把现代广告活动和广告工作的实践发展成为科学。① 1903年，他编著了《广告学原理》一书，第一次把广告当做一种学术理论来探讨，包括在其后的《广告心理学》和《广告心理学的理论和实务》中，都有对广告学理性的深度思考，瓦尔特·狄尔·斯科特也被称为“广告心理学之父”。经济学家的介入扩充了广告的研究范畴，尤其是对广告的经济属性和社会属性进行了探寻，如：1903年，美国经济学家席克斯（Hicks）出版《广告学大纲》，1915年，乔治·弗兰奇（George French）出版《广告：一个社会与经济问题》。经济学和社会学是当时美国发展较为成熟的主流学科，有独立且完善的学科体系和学术范式，其实证分析的传统对美国广告研究的影响根深蒂固。随后，美国广告研究基金会（ARF）成立，为系统的广告研究提供了资金的支持，尤其是在二十世纪六七十年代创办了《广告研究》和《广告学刊》这两本在世界广告研究领域都有影响力的期刊，很大

---

① 陈培爱．20世纪中国广告学理论的发展[J]．厦门大学学报（哲学社会科学版），1999（04）：8-14.

程度上也巩固了美国广告学界在全球广告研究领域中的霸主地位，并在后续的发展过程中逐步确立了美国广告研究的学术规范。

美国的广告教育与广告研究几乎同时起步，一般认为广告作为一门独立的课程第一次走进大学，始于经济学教授约瑟夫·约翰逊（Joseph F. Johnson）。1905年，纽约大学商学院正式设置“广告学”课程，并邀请业界人士担任该门课程的讲师。1913年，密苏里大学新闻学院开设广告专业，标志着广告以专业的身份正式进入美国高等教育体系。① 由于广告学从一开始既带有经济学属性，也与新闻传播紧密联系，在学科设置过程中，往往被放置在商学院或新闻院，这种跨学科的专业设置，严重阻碍了广告学的独立发展。此后很长一段时间内，关于广告学的学科归属问题，美国广告学界都存在争议，直到1959年，美国广告学会（American Academy of Advertising）在对美国广告教育相关问题进行调研的基础上，明确了广告归属于传播学学科范畴。美国广告学科性质和地位的确立，在给广告业界源源不断输送人才的同时，也为广告研究的体系化和规范化发展奠定了基础。

和美国广告学的发展路径不同，广告学并不属于中国本土学科，而是经过20世纪初至20世纪40年代、20世纪80年代至今的两次集中译介，中国学者引入了以美国为主导的西方广告学，② 初期以全盘接收欧美广告学的知识体系为主，但对于广告研究的路径和方法却关注甚少，往往运用中国社会学科的研究思路观察欧美广告的研究议题以求形成中国广告的研究模式。此外，中国的广告学更加偏向于新闻传播学的学科范畴，而美国广告无论从研究方法还是研究视角，都更贴近于经济学，因此中国广告研究在其后较长时间内仅仅只是对欧美广告的效仿，却并未形成高效且精细的研究范

① 曾琼．美欧广告学的演进：基于学科制度的视角［J］．现代传播（中国传媒大学学报），2017，39(02)：128-131+138.

② 颜景毅．中国广告学的学科逻辑与原创进路［J］．新闻大学，2016(03)：125-132+152.

式，在实证研究和思辨能力方面，也未能实现超越。① 但不得不承认的是，由于中国广告学很大一部分程度上是源自于美国的广告知识体系，在知识内涵和外延上均存在较多的相似之处。

中国广告业在经历了三十多年的粗放型高速增长后，面临着通过集约化转型由量增转为质好的新阶段，与此同时全球广告迎来了数字化时代。中国的广告学尚未从前科学阶段演进到常规科学阶段就面临着传统广告产业的颠覆，传统的知识体系已无法满足数字广告时代的发展要求，在双重转型的压力下，亟需建构适应中国媒体环境和市场环境的数字广告知识体系及发展模式。另一方面，全球数字化时代还处于初期，中国与美国的数字广告研究在发展的时间差和发展程度上相差较小，聚焦于美国广告学术的前沿，是中国广告学界扩展研究视野以及迎接新发展机遇的必然选择。同时，数字研究是对传统广告研究的继承与提升，中国数字广告知识体系的重构也无法完全脱离传统的广告研究框架，借鉴美国模式和美国经验，既契合了中国广告研究发展的历史轨迹，也丰富了中国广告研究的内容体系。

本文在对 2018 年美国广告研究相关文献进行人工筛选和分析的基础上，结合近几年的广告研究发展趋势，按照研究方法、研究对象、研究主题等进行归类，得到五大研究领域。然后以发展和问题的逻辑，对内容进行了较为详细的分析和述评。最后对美国广告研究的特点和不足进行归纳总结，意图通过观察美国广告研究的学术范式和最新进展，对数字环境下的中国广告研究形成启发。

一、样本介绍及内容梳理

本文以《广告学刊》(Journal of Advertising)、《广告研究》(Journal of Advertising Research)、《国际广告学刊》(International Journal of Advertising)和《互动广告学刊》(Journal of Interactive

① 张金海，陈玥．未曾超越的超越：中国广告研究的整体回顾——基于期刊论文的实证分析[J]．现代传播(中国传媒大学学报)，2012，34(11)：97-100.

Advertising)四本期刊中 2018 年发表的论文为主要样本，再通过分别键入关键词“advertising”、“advertisement”和“Brand Communication”对 WOS、EBSCO 两个数据库 2018 年的美国广告 SSCI 文献进行了检索。在此基础上，后期对所有文献(共 260 篇)进行人为筛选和聚类分析，剔除掉与广告、品牌关联度小的论文，或者不属于美国广告学术界研究范畴的议题，以及重复性的论文，得到有效文献 145 篇。

(一)《广告学刊》

《广告学刊》(Journal of Advertising)是由美国广告学会(American Academy of Advertising)主办，Taylor&Francis 集团旗下劳特利奇(Routledge)出版商于 1972 年开始发行的 A 类广告学研究季刊，这本期刊严格遵循传统的学术理论研究模式，编审团队也来自于学术研究领域，研究内容偏向于关注广告理论及其与实践的关系。根据 Thomson 发布的 2017 年版 SCI 收录的管理学/商学期刊中的营销学期刊(包括服务营销与管理、消费者行为、广告、零售等)显示，《广告学刊》的 SCI 影响因子为 2. 896，在商业类期刊中的排名为 64，传播类期刊中排名 13。

2018 年《广告学刊》共刊载 20 篇论文，其中包括一篇广告特刊简介。通过对关键词和摘要进行分析，发现关于消费者数字参与的论文有 5 篇，占该期刊约四分之一的版面，其次是消费者福祉和传统广告效果影响因素的探讨，在研究方法层面，延续数理模型和统计分析的习惯，研究内容偏理论，研究过程较严谨。

(二)《广告研究》

《广告研究》(Journal of Advertising Research)由美国广告研究基金会(Advertising Research Foundation)于 1960 年创办，该机构在已有的广告行业期刊《广告时代》与《广告周刊》之外，另行创办了《广告研究》，目的在于为市场营销领域的专业人士提供广告传播与营销方面的研究。由于天然具备业界属性，因此《广告研究学刊》自创刊起便提倡学界与业界的对话，撰稿人绝大部分为业界人士或有过业界经验的学者。根据汤森路透 2017 年的数据显示，《广告学刊》的 SCI 影响因子为 2. 034，在商业类期刊中的排名为 110，传播类期刊中排名 17，具有一定的学术影响力。

《广告研究学刊》在 2018 年共刊载 48 篇学术报告，其主题包括有名人代言，付费媒体和数字媒体的协同效应对品牌营销战略的影响，零售营销，广告公司管理决策和公司价值研究，数字归因及其建模，消费者神经科学和眼球追踪，数据规避和隐私，赞助对品牌形象和公司市值的影响，广告效果的测量以及广告语境研究等，其中关于名人代言和零售营销的相关研究在数量上要多于其他主题，且分布较为集中，其他主题分布较为分散，虽然也有对广告理论的思考，但总体上偏实务。

（三）《国际广告学刊》

《国际广告学刊》（International Journal of Advertising）是广告协会（Advertising Association）创办的双月刊，现任主编为美国维拉诺瓦大学的 Charles R ·Taylor，其出版商同样为劳特利奇（Routledge）。与《广告学刊》和《广告研究学刊》不同，《国际广告学刊》是一本全球性的刊物，无论是其编辑审查团队，还是收录的论文，都呈现出国际化的特点。从研究议题来看，涉及了营销传播的各个方面。通过汤森路透 2017 年期刊 SCI 影响因子数据显示，《国际广告学刊》影响因子为 2.451，在商业类期刊中的排名为 87，传播类期刊中排名 15。

2018 年《国际广告学刊》收录的论文有 35 篇，在人工剔除掉非目标文献后（主题为非美国广告的研究及作者不属于美国广告业界或学界，两者需同时具备），得到论文 30 篇。这 30 篇论文的研究议题涵盖了消费者数字参与、数字技术、儿童信息披露、青少年肥胖、媒介代际差异、广告的诉求、广告伦理和广告体验等，其中消费者数字参与相关论文为 9 篇，几乎占到了文献总量的三分之一。此外，对消费者福祉和企业社会责任诉求相关主题也较为关注，查尔斯在特刊中专门提到了这两个议题，事实上，这两个议题可以理解为广告能为消费者带来的社会效益。总体来说，《国际广告学刊》的研究主题较为全面，更具全球性视野，也能整合学界与业界的研究视角，在注重理论的同时并聚焦和解决业界存在的实际问题。

（四）《互动广告学刊》

《互动广告学刊》(Journal of Interactive Advertising) 同样是由劳特利奇 (Routledge) 出版商从 2000 年开始发行的广告学术半年刊，在研究方法上倾向于使用建模法和实验法。

由于是半年刊，《互动广告学刊》在 2018 年刊载的论文数量较少，研究的主题包括消费者同行传播、数字技术下的移动广告，影响力营销，数字游戏中的品牌传播策略，移动广告的位置优化，广告定制对广告曝光和态度的影响，电子口碑，YouTube 在线流媒体视频广告。根据研究的具体内容和研究的视角，其中消费者同行传播、影响力营销和电子口碑都可以归为消费者数字参与大类，而移动广告的位置优化，数字游戏中的品牌传播策略以及广告定制则可视为品牌的精准化传播范畴。《互动广告学刊》在研究中偏实务，对理论的探讨较少，关注的焦点在广告诉求和消费者关系，以及数字广告。

（五）数据库

这四本期刊所收录的论文主题不一，研究方法和关注焦点也各有侧重，但总体来说，这些文献涉及了广告研究的方方面面，也代表着最新的学术研究动向。考虑到研究的全面客观，而这四本期刊收录的 2018 年美国广告相关文献数量也较少，因此，在这四本期刊的文献基础上，本文还对 WOS 和 EBSC 数据库进行了相关搜索，通过分别设置关键词“advertising”、“advertisement”和“Brand communication”，检索到文献 152 篇。由于这 152 篇文献来自不同的期刊，量多且内容较为繁杂，通过人工筛选去除掉重复性论文及“双非”期刊(非美国期刊且非国际期刊)，再提取关联度(主题为非美国广告的研究及作者不属于美国广告业界或学界，两者同时具备则属于无关联度类别；广告或品牌传播不作为研究主题或研究关键，为关联度小)，并结合 SSCI 收录情况，得到数据库样本量 37 篇论文，加上上述四本期刊的文献，共有样本总量 145 篇文献。

从研究主题及视角层面对这 145 篇文献进行梳理分类，可以分为消费者数字参与、企业的社会责任诉求(其中包括消费者福祉)、数字化技术下的品牌传播、零售营销以及传统媒体广告的效果诉求等类别，其中消费者数字参与是美国广告学界关注的重点，研究成果的数量也最多。

二、消费者数字参与

在收集到的文献资料中，涉及消费者数字参与的论文有 26 篇，约占文献总数的五分之一，其中涵盖的主题包括消费者数字参与的界定、消费者的社交身份对其他消费者参与的影响、不同社交媒体平台对消费者数字参与的影响、消费者数字参与的协同效应以及消费者数字参与的经济价值等，展现出对消费者数字参与研究的逻辑性。

在美国广告研究领域，消费者参与其实并不陌生，美国学者们很早就意识到消费者参与的重要性，强调用品牌互动关系来解释消费者参与。数字技术带来了广告业的蓬勃发展，同时也在逐渐改变广告业界，其中传播关系的变革是最为根本的变化。与传统的消费者参与不同，消费者数字参与体现的不仅是传播关系的改变，也是数字时代下广告概念和生存方式的变化，广告实务的发展需要广告理论的指导，为此，美国广告学者们对消费者数字参与极为重视。

(一)数字参与的概念界定

新兴数字媒介极大的降低了消费者参与营销传播的“门槛”，传统的“传者”与“受者”之间的界限已逐渐模糊，消费者不仅作为广告或品牌的受传者，也主动且广泛的参与到传播的各个环节。虽然消费者的数字化参与已经成为一个热门词汇，但如何定义它，在美国广告研究领域却鲜有共识，其原因可能是具体的参与取决于其发生和分析的环境。一些研究人员认为消费者参与是一种心理激励状态，而非实际购买行为。另一种观点则认为消费者参与不是一种心理状态，而是消费者在与品牌(以及与其他消费者有关的品牌)互动时表现出来的明显行为。由于消费者的数字参与是消费者参与的数字化时代现象，在此基础上消费者数字参与的定义更为复杂。美国广告学术界在 2018 年尝试着对数字广告参与进行了定义，虽然研究角度和重心不一，但都趋向于突出消费者的主体地位。

Tae Hyun Baek 和 Chan Yun Yoo（2018）①根据品牌应用程序的使用数量以及人们对它的积极评价，即口碑（如“个性化”、“速度”和“乐趣”）来定义参与度，因而，参与包括行为（使用、购买等）和态度（对属性的评估）。但这两种测量方法都显得过于笼统，着重在评判行为参与的前因，而对参与的行为延伸却讨论较少，比如继续使用该应用程序并将其推荐给他人，以及口头报告有继续忠于该品牌的意图。同时，针对其他学者将参与的实践定义为“可用性”，② 他们又提出具体的衡量标准，即对再次购买该品牌的意愿进行检索，而这种方法是以消费者评价为中心的整体衡量。

在承认 Tae Hyun Baek 和 Chan Yun Yoo（2018）消费者参与界定的基础上，Gavilane、Flatten 和 Brettel（2018）③提出了参与度的概念，他们发现参与是按照从低到高的层次结构来定义的，即随机购买、积极筛选、认知和情感加工、推荐（最高层次）。而消费者参与的强度很大程度上又依赖于语境条件，如媒体类型（移动社交网络）、情景变量（广告元素）和涉及的主体（品牌社区）。在研究中，他们关注的中心是数字环境中消费者参与广告的可操作性，同时也确定了社交网络广告在消费者参与中的地位，既作为品牌互动的先决条件，又会带来积极的广告效果。

而 Seo、Li、Choi 和 Yoon（2018）④的研究又是对 Gavilane 等（2018）参与度概念的发展，他们探究了数字广告的叙事属性与参

① Tae Hyun Baek, Chan Yun Yoo & Sukki Yoon. Augment yourself through virtual mirror: the impact of self-viewing and narcissism on consumer responses [J]. International Journal of Advertising, 2018, 37(3): 421-439.

② Hoehle, Hartmut, Viswanath Venkatesh. Mobile Application Usability: Conceptualization and Instrument Development [J]. MIS Quarterly, 2015, 39 (2): 435-472.

③ José Manuel Gavilanes, Tessa Christina Flatten, Malte Brettel. Content Strategies for Digital Consumer Engagement in Social Networks: Why Advertising Is an Antecedent of Engagement [J]. Journal of Advertising, 2018, 47(1): 4-23.

④ Yuri Seo, Xiaozhu Li, Yung Kyun Choi, Sukki Yoon. Narrative Transportation and Paratextual Features of Social Media in Viral Advertising [J]. Journal of Advertising, 2018, 47(1): 83-95.

与度相关，从有吸引力的数字广告叙事方式到消费者在社交媒体中进行的分享行为，都离不开发送方、接收方和广告信息效果的组合。叙事创造了参与，表现为通过移情处理产生对叙事现实的心理模拟，以达到对广告角色的认同。理论上来看，叙事造成的参与将导致更多的广告分享，但具体还取决于与分享对象的关系。

与一些学者认为参与包括行为和态度的观点不同，Pentina、Guilloux 和 Micu(2018)①将参与定义为消费者在社交媒体平台上表达的对品牌相关行为的认知和情感态度。通过分析消费者在社交媒体中的品牌相关参与行为(不包括实际购买与使用)，认识到参与心理和行为成分的重要性，并对消费者在社交媒体平台的互动强度和范围进行了分类，认为消费者数字参与的前因需要通过参与的动机来表达，而最终的理想情况是共同构筑品牌的发展潜力。Pentina 等(2018)的研究和 Seo 等(2018)的观点存在相似之处，都是强调社交媒体平台中的消费者参与。

Yoon 等学者(2018)对 Tae Hyun Baek(2018)的研究进行了补充，在将参与定义为行为的基础上，增加了对消费者参与行为后续延伸的测量，认为消费者在线评论品牌信息的行为是对品牌方的肯定，而这种类型的参与会对后续的购买决策产生直接影响。Voorvel 等学者(2018)②从社交媒体的使用功能出发，认为参与是一种在质量和数量上都有所不同的多维度心理体验，而非直接的产品购买。在实际操作过程中，他们将消费者的数字参与体验与不同社交媒体平台上的广告评价联系起来，发现不同数字平台提供的消费者参与体验存在差异，而社交媒体的心理体验维度是媒体平台广告体验的先行因素。

上述学者从不同视角对消费者的数字参与进行了讨论，我们发

① Iryna Pentina, V_eronique Guilloux, Anca Cristina Micu. Exploring Social Media Engagement Behaviors in the Context of Luxury Brands [J]. Journal of Advertising, 2018, 47(1): 55-69.

② Hilde A. M. Voorveld, Guda van Noort, Daniël G. Muntinga, Fred Bronner. Engagement with Social Media and Social Media Advertising: The Differentiating Role of Platform Type[J]. Journal of Advertising, 2018, 47(1): 38-54.

现几乎所有的研究都认同参与会造成认知、态度和社交媒体行为的改变，其中广告是数字消费者参与的前因。此外，数字参与的确定内涵因社交媒体平台而不同，而品牌信息中的参与强度则与数字环境或平台中的参与度密切相关，反之亦然。

(二)消费者数字参与的影响因素

全球信息革命的爆发意味着数字时代的来临，尼葛洛庞帝在《数字化生存》中宣称“计算不再只和计算机有关，它关系到我们的生存”。尼葛洛庞帝关注的是人类在数字时代生存方式的变化。数字技术之所以对人类社会产生空前的影响，原因在于其改变的不仅是生存方式，还带来了生存和沟通交流观念上的变化，数字化参与则是在此基础上，利用数字媒体技术与品牌及其他消费者进行互动，以实现品牌价值。

1. 社交身份

消费者之间的关系与消费者参与度以及消费者参与行为的发生密切相关，也就是说，消费者对品牌、产品、广告的认可度会辐射到消费者关系网中，从而对其他消费者的参与产生直接影响。消费者在社交媒体平台上对品牌相关信息的评论行为是消费者数字参与的体现，即网络口碑。

网络口碑涉及消费者之间交换市场信息的行为，而网络口碑发生的渠道包括广泛意义上的各类媒体。数字媒体的交互性使消费者能够方便地提供和寻找关于产品体验的信息，从而影响消费者的购买意愿和消费决策，一般认为网络口碑是在没有商业利益的消费者群体中生成和传播的，因此比广告商生成的信息源更为可靠，对消费者的数字参与具有更大的影响。Friestad 和 wright(1994)①认为网络口碑不太可能触发说服知识(即由说服尝试引起的偏差)，相反，它更像是其他消费者的真实体验。因此对于品牌商来说，理解消费者之间是如何处理口碑传播以及随后的数字参与行为是至关重

① Friestad, M., P. Wright. The Persuasion Knowledge Model—How People Cope with Persuasion Attempts[J]. Journal of Consumer Research, 1994, 21 (1): 1-31.

要的。

网络口碑的影响因素较为复杂，Yaeri Kim 等(2018)①认为社交身份能够影响消费者对 Facebook 等平台的网络口碑判断和行为意图。根据社会认同理论，一个人的身份包括个人身份(即基于自我特征的身份)和社会身份(即与群体成员相关的身份)，两者都能用来维持自我价值。在社交网站上，个体能够通过公开展示自己的社会关系和群体成员身份来发展自己的社会身份和建立完整的意识，当消息来源(即社交好友)与消费者分享社交身份时，消费者更愿意接收其分享的信息。

社交身份对虚拟社区中消费者参与的影响，除了体现在社交好友之间，也体现在具有影响力层级的群体之中。Twitter 最近的数据显示，近 40%的被调查用户曾因为社交媒体影响者的推文而购买某物。社交媒体影响者一般是通过原创内容而成为“网红”的“普通人”，具有某一领域的专业知识，因此能影响到其他消费者对产品或品牌的看法。Talavera(2015)②发现在消费者看来，社交影响者产生的内容通常比广告商产生的广告信息更真实，更能带来认知或情感的变化。但 Chen Lou，Shupei Yuan 否定了这种观点，他们通过社交媒体影响者价值模型得出，关注者和影响者之间的相似性会影响到他们对这一品牌的关注和认知，而影响者的专业知识与追随者的品牌认知和情感变化不存在必然的联系。③

影响者的社交身份能够对网络口碑产生积极影响，很大程度上

① Yaeri Kim，Yookyung Park，Youseok Lee，Kiwan Park. Do we always adopt Facebook friends' eWOM postings? The role of social identity and threat[J]. International Journal of Advertising，2018，37(1)：86-104.

② Talavera，Misha. 2015. 10 reasons why influencer marketing is the next big thing. Adweek，July 14，http：//www. adweek. com/digital/10-reasons-why-influencer-marketing-is-the- next-big-thing.

③ Chen Lou，Shupei Yuan. Influencer Marketing：How Message Value and Credibility Affect Consumer Trust of Branded Content on Social Media[J]. Journal of Interactive Advertising，2018.

是基于信任。Yusfi Ardiansyah（2018）①认为信任在社交广告的同伴信息沟通交流中起着关键作用，能够通过调解隐私担忧和感知隐私控制来促进同龄人交流。不仅如此，在消费者对等的信息互换过程中，信任对于信息的交换和集成以及判断价值至关重要。在Jameson L(2018)等学者②看来，人际关系对广告推荐接受度的影响最大，而品牌关系和评论则推动了再分享。这里的人际关系是在朋友之间的多次积极互惠交流而导致的对交换伙伴的信任、内在价值和情感依恋。因信任而产生无形的承诺，从而减少交流中的不确定性，并保持参与的利益。

2. 社交媒体平台

消费者数字参与的渠道是社交媒体平台，通过社交媒体平台，表达对品牌或产品的认知、喜好以及在群体内进行推荐分享。因此，一般情况下，消费者数字参与被认为是社交媒体参与。

在 Calder，Isaac，and Malthouse（2016）的观点基础上，Voorveld等学者(2018)认为参与表现在各种体验中，尤其是社交媒体参与体验。社交参与体验被定义为人们在特定时刻使用特定媒体时所经历的情感、直觉体验或感知，这些体验可以是多维的，比如满足寻找有用信息的需求，填补空白，与他人分享。同样的，社交参与平台作为一个总括性的术语，也是多维的，学术界的研究并不能准确地弥合各个社交媒体平台的差异。每个数字平台都能为用户提供一种独特的体验，这种体验会延伸到该平台的广告中，也就是说平台决定了消费者如何评估广告，如何与品牌产生互动。Voorveld等（2018)的观点无疑强调了社交媒体平台的重要性，甚

① Yusfi Ardiansyah，Paul Harrigan，Geoffrey N. Soutar，Timothy M. Daly. Antecedents to Consumer Peer Communication through Social Advertising：A Self-Disclosure Theory Perspective[J]. Journal of Interactive Advertising，2018，18(1)：55-71.

② Jameson L. Hayes，Yan Shan，Karen Whitehill King. The interconnected role of strength of brand and interpersonal relationships and user comment valence on brand video sharing behavior[J]. International Journal of Advertising，2018，37(1)：142-164.

至超过了用户本身的参与动机。

YuriSeo 等学者(2018)①认为社交媒体环境的特征会影响到消费者与他人分享广告相关信息的意愿，但并非是唯一因素。消费者参与分享和推荐与个人特质、意图相关，当他们在决定是否发送分享信息时，往往会先考虑他们的个人关系(例如：朋友或者陌生人)，以及共享的信息是否可能得到接收者的重视以及反馈。Angeliki 等学者(2018)②通过对互联网一代的在线研究，检验了利他主义、亲缘关系和自我提升这三种动机在激发社交媒体分享行为中的作用。个人希望通过分享信息的行为向他人表达自己的情感，将幽默有趣的信息传递给他人，以此来满足虚拟社区社交需求，那么一旦信息不具备强烈的吸引力和可传播力，消费者的参与就会失去动力，因此，Yu Hui Fang 等（2018）③指出社交媒体上的用户在体验到由广告带来的积极情绪时，会主动在社交媒体上进行分享与传递，这与消费者传递动机以及信息情感体验有关，而并非完全在于社交媒体本身。

品牌通过在社交媒体平台上发布具有审美和娱乐价值的内容来吸引用户，而社交媒体内容形式的丰富性可以减少广告营销造成的侵入感，引发积极的情感反应，并在消费者记忆中形成与品牌相关的联想。一般认为品牌在社交媒体上的审美价值感知水平越高，消

---

① Yuri Seo, Xiaozhu Li, Yung Kyun Choi, Sukki Yoon. Narrative Transportation and Paratextual Features of Social Media in Viral Advertising[J]. Journal of Advertising, 2018, 47(1): 83-95.

② Angeliki Nikolinakou, Karen Whitehill King. Viral Video Ads: Examining Motivation Triggers to Sharing[J]. Journal of Current Issues & Research in Advertising, 2018, 39(2): 120-139.

③ Yu-Hui Fang, Kwei Tang, Chia-Ying Li, Chia-Chi Wu. On electronic word-of-mouth diffusion in social networks: curiosity and influence[J]. International Journal of Advertising, 2018, 37(3): 360-384.

费者对品牌的正面情感诉求就越高，Aqsa Bashir 等学者(2018)①强调，社交媒体平台在这个过程中，对消费者的高参与度起着十分重要的作用，并帮助形成来自于消费者的品牌承诺，但根源仍然在于品牌信息的吸引力。

另一方面，与品牌相关的用户生成内容(UGC)是消费者社交媒体参与的新体现，Mikyoung Kim 等学者(2018)②利用说服知识模型，探讨了内容赞助如何与内容类型相互作用，以影响消费者对品牌相关 UGC 的反应(操纵意图、品牌态度和点击 URL 意图的推论)。由于感知的客观性和可信性，来自同行的信息对消费者的感知和行为影响大于由市场产生的信息，正如信息经济学所表明的，当信息源不具备可操纵性时，消费者会更加信任信息，即使有些内容背后存在广告商的赞助。而信息的内容价值(如：有趣或情感满足)则能鼓励资源转发和传递行为，当自愿转发和用户信任都达成的条件下，消费者的数字参与也就能在社交媒体平台顺利实现，在这里，社交媒体平台只是参与的渠道，与 Voorveld 等学者(2018)的观点也存在区别。

(三)消费者数字参与产生的影响

通过对已有数字参与相关文献进行分析总结，我们发现研究聚焦于数字参与的影响因素，即如何激发数字参与行为和提高其在群体内的传播力度，这种研究视角往往较为单向，而对于数字参与所带来的后续行为和影响则关注比较少，目前主要从数字参与在品牌传播过程中的协同效应以及其所带来的公司经济效益两个方面进行研究和阐述。

---

① Aqsa Bashir, Jing (Taylor) Wen, Eunice Kim, Jon D. Morris. The Role of Consumer Affect on Visual Social Networking Sites: How Consumers Build Brand Relationships[J]. Journal of Current Issues & Research in Advertising, 2018, 39(2): 178-191.

② Mikyoung Kim, Doori Song. When brand-related UGC induces effectiveness on social media: the role of content sponsorship and content type[J]. International Journal of Advertising, 2018, 37(1): 105-124.

1. 数字参与的协同效应

随着消费者和品牌交流、关系维护方式的变化，品牌成为一种意义创造，当消费者和其他品牌利益相关者产生品牌联想和体验时，他们会通过社交媒体平台分享这种意义创造。Shepherd, Chartrand 和 Fitzsimons(2015)①认为消费者对品牌意义以及品牌关系的解读过程，不可避免地会导致新的联想的出现，从而构成了品牌意义的共创框架。Voyer、Kastanakis 和 Rhode(2017)②采用了一种互惠的品牌身份共同创造观点，根据这种观点，品牌和利益相关者相互构成和不断完善彼此的社交身份，其中重点强调了社会、文化和情境语境对消费者品牌意义谈判的重要性。在这些研究的基础上，我们可以用品牌利益相关者的概念囊括品牌意义共创的相关群体，正是这些群体不断的对品牌意义进行磨合和谈判，最终形成一个围绕品牌而存在的意义范畴。为了进一步论证消费者与品牌之间的共建关系，Iryna Pentina 等学者(2018)③通过具体的消费者行为参与，如动机的复杂性、使用的数字媒体以及创意投入的程度，发现参与强度与消费者共创品牌意义及价值之间存在极强的关联。

2. 数字参与的经济效益

就其本质而言，消费者在社交媒体上的评价可以看成是个人的公开行为，能够影响他人的态度和看法。人们倾向于与他们先前对公司或品牌的外部观察保持一致行为来不断强化自我概念和自我认同，但在这种自我认同的过程中，他们不仅观察自己的行为，也渴

① Shepherd, Steven, Tanya L. Chartrand, Gavan J. Fitzsimons. When Brands Reflect Our Ideal World: The Values and Brand Preferences of Consumers Who Support versus Reject Society's Dominant Ideology[J]. Journal of Consumer Research, 2015, 42(1): 76-92.

② Voyer, Benjamin G, Minas N. Kastanakis, Ann Kristin Rhode. Co-Creating Stakeholder and Brand Identities: A Cross-Cultural Consumer Perspective[J]. Journal of Business Research, 2017, 70: 399-410.

③ Iryna Pentina, Veronique Guilloux, Anca Cristina Micu. Exploring Social Media Engagement Behaviors in the Context of Luxury Brands [J]. Journal of Advertising, 2018, 47(1): 55-69.

望从他人那里获得接受感和归属感，因此，往往在不断强化一致的过程中被他人的态度或行为影响，而产生购买行为，并最终影响公司收益。Gunwoo Yoon 等学者(2018)①收集了标准普尔 500 指数的公司在 5 年内的收入信息，这些信息与针对这些公司 Facebook 上的 2400 多万条用户评论相匹配，通过采用计量经济学的数据分析方法进行研究论证，评估结果表明，消费者社交网站评论会对公司收益产生影响，同时数字参与度(一家公司在 Facebook 上收到的评论总数)对收益有显著的正向影响，但评论效价对收益的影响则比较小。

三、传统传播模式下的广告效果影响因素

如何让广告变得更加有效，是美国广告学术界和业界一直都在积极探寻的问题。尤其当数字传播时代来临，媒体渠道增多，消费者在做出购买选择之前都要面对大量的信息，有限的注意力资源和海量的信息供给导致了注意力资源稀缺现象。另一方面，消费者的媒介素养愈加成熟，对广告信息较为敏感且容易识别，对于重复曝光且创意不足的广告更容易产生回避心理。

其实美国广告研究界一直以来对广告效果都非常关注，形成了以广告效果为研究出发点，实证分析为研究手段，视角微观的研究传统。2018 年美国广告研究领域继续将广告效果的研究放在一个重要的位置，无论是传统媒体广告还是数字广告，上述消费者数字参与强调的是消费者在品牌传播过程中自动参与价值创造，并达到理想的传播效果。而在这一部分，主要讨论的传统传播模式下的广告效果研究，虽然数字技术带来了传受关系的变化，但目前用户参与传播主要借助的是社交媒体平台及网络社区，由于用户之间缺乏组织性和传播的专业性，媒体或广告代理公司在传播过程中仍然处

① Gunwoo Yoon, Cong Li, Yi (Grace) Ji, Michael North, Cheng Hong, Jiangmeng Liu. Attracting Comments: Digital Engagement Metrics on Facebook and Financial Performance[J]. Journal of Advertising, 2018, 47(1): 24-37.

于主导地位，通过采用广告的说服模式，影响到直接与其接触的消费者，并将刺激转化为购买行为，而非关注消费者的再传播与再创造。此外，媒体与消费者的直接接触产生的效果也是实现第二次传播和影响他人购买的前提。基于数字化技术发展还不够成熟以及传播关系的变革也不够完全这一事实，延续以往的研究思路来讨论广告传播的效果，体现了美国广告学界的成熟和保守，在关注数字技术带来变革的同时也保持以往的研究取向和研究传统。

(一)外部环境因素

1. 人口密度

外部环境因素对广告效果的影响在美国广告研究领域已有过不少相关的研究和探讨，并非是最近几年才出现的研究现象。Thomas-Smith 和 Barnett(2010)①认为在一个特定的空间中，人类密度会影响到消费者对广告的关注度，以 Mehta(2013)②为代表的学者通过研究发现人类密度会对态度和行为意图产生负面影响。然而这些广告研究并没有直接测量该地区的人口密度，大部分是通过对数据进行定性分析研究而得出的判断，事实上研究界也较少关注人口密度对注意力本身的影响。

为了开拓学术界的相关研究领域，并改变从业者对高流量领域广告的认识，Rick T. Wilson 和 Taewon Suh 等学者(2018)③将人的密度作为信息处理的前提，量化人口密度对基于位置的广告注意力的影响，通过在大型购物中心走廊内的广告亭安装人脸识别技术，以统计经过该亭的人数，这种方式还可以得到实际参与广告的人数，即捕捉到购物者第一次看广告亭广告的时间(定向注意力)以

① Thomas-Smith C, G Barnett. 2010. Seeing is believing: Viewing engagement in place-based media. In Your audience = media consumer + generator, ed. D. S. Fellows. Amsterdam: ESOMAR.

② Mehta, R. Understanding perceived retail crowding: A critical review and research agenda[J]. Journal of Retailing and Consumer Services, 2013, 20: 642-649.

③ Rick T. Wilson, Taewon Suh. Advertising to the masses: the effects of crowding on the attention to place-based advertising[J]. International Journal of Advertising, 2018, 37(3): 402-420.

及他们在广告中停留的时间(注意力容量)。在此基础上，结合消费者信息处理机制，发现在基于场所的广告环境中，人的密度对购物者的视觉空间有着最直接的影响，人的密度增长会加强广告效果，但中间存在一个临界点，一旦超过了临界点，广告效果的质量会下降。另外，不同的文化对个人空间有不同的标准，如：人口较少的国家对拥挤的容忍度更高。

2. 封闭空间

随着传统媒体市场日渐分散和式微，营销人员转而通过非传统媒体来传达广告信息，以此加强广告效果。与典型的非传统媒体(如互联网媒体)相比，电影算是一种出现较早的媒体形式，但随着美国电影院广告收入的增长，也获得了广告商较多的关注。在广告学术领域，以往的研究通常侧重于测试电影广告在品牌回忆和态度方面的有效性。尽管这类研究可能回答了广告商是否应该向媒体投入资金的问题，但它没有阐明要如何管理这类广告，以提高其有效性。

Ewing, Du Plessis, and Foster①(2001)发现，在电影和电视上播放的广告的回忆分数都高于只在电视上播放的广告。也有学者对电影广告持不同态度，Philips and Noble(2007)②通过对美国电影观众的32次深度访谈发现，这种环境让一些消费者感到失望，因为他们觉得广告限制了他们与同伴交谈的自由。但对于电影广告产生的效果，Philips是认可的，在他们看来，剧场环境中屏幕图像的亮度与剧院的黑暗形成了对比，观众的注意力会不自觉的聚焦到屏幕上，然而随着移动互联网的发展，电影广告的强制力度削弱。

① Ewing, M. T., E. Du Plessis, C. Foster. Cinema advertising re-considered. Journal of Advertising Research 41, 2001, no. 1: 78-85.

② Phillips, J., S. M. Noble. Simply captivating: understanding consumers' attitudes toward the cinema as an advertising medium. Journal of Advertising 36, 2007, no. 1: 81-94.

Yuan Sheng（2018）①针对电影广告效果研究的不足，采用实地实验的方式，探究具体的环境（沟通环境、信息环境、嗅觉环境）因素对电影广告产生影响的路径和过程。其研究是基于环境因素可以被认为地操纵，尤其是电影这种封闭空间的广告形式，因此，从学术角度看这种操纵可以产生较强外部效度。

（二）广告内部元素

广告效果的一个衡量标准是其吸引受众注意力的能力，而通过广告所处的环境将目标消费者"捆绑"在广告能够影响的范围之内，带有一定的强制性，即使能够提高广告到达率，但最终能否转化为消费者的产品购买行为或产生重复购买，则还在一定程度上取决于广告的内容效果。

1. 广告中的名人代言

Friedman（1979）②认为名人代言可以通过吸引消费者的注意力、提高品牌知名度的方式为一个品牌带来许多回报，如名人可以帮助重新塑造公司形象，也可以重新给品牌定位，将新的正面形象传递到品牌上，从而提升品牌的销量，带来品牌利益。但随着名人代言的发展步入成熟，消费者媒介素养提升，仅凭名人因素无法做到完全改变品牌形象或重塑公司形象。目前广告行业对名人代言持续关注的一个原因是，名人的信息来源可以帮助消费者处理广告信息，而优化消息的可处理性在吸引和保持消费者注意力的过程中尤为重要。

消费者在接收广告信息后，会对信息进行内化处理，在确保信息的可信度之后，才会进入到下一步处理程序。信源可信度模型是名人说服特质中关于可信度的一个重要概念，它可以帮助解释或预

① Sheng Yuan. An investigation of the influence of cinema environment on advertising effectiveness. International Journal of Advertising 37, 2018, no. 4: 591-608.

② Friedman, H. H., L. Friedman. Endorser Effectiveness by Product Type [J]. Journal of Advertising Research 19, 1979, October/November: 63-71.

测消息的有效性，Priester 和 Petty(2003)①指出当消费者认为名人拥有知识，并能够提供所代言产品的准确信息时，他/她在消费者心中的形象就与高度的专业知识产生了紧密联系。另一方面，Priester 和 Petty 认为可信度是观众对名人提供准确信息的信心程度，当消费者认为代言的名人本身就是值得信赖的，他们便会把这份信任迁移到名人所代言的品牌。学者们已经建立了从感知专业知识到可信赖的联系，一般来说更高的专业知识对于消费者来说，意味着更强的可信度。Stephen w. wang (2018)②认为名人代言虽然能够吸引消费者注意力，但名人资源并不一定有助于传递信息和产生积极的品牌态度，在影响消费者态度和购买行为中，名人的诚信特质要胜过吸引力和专业知识。Jasmina ilicic (2018)③从心理学的面部表情展示研究中，发现当名人形象遭遇负面危机时，露出 Duchenne 微笑(即真诚的微笑)，就会抵消由于负面形象造成的信任度下降和消费者支持率下降，从品牌商的角度出发，仔细执行广告可以抵消与名人的负面联系，也意味着可以避免过早抛弃和更换名人代言。因为影响消费者支持和购买行为最为重要的因素就是名人的可信度，而可信度理论中又以名人真诚的特质为基础。

权力距离信念(即 PDB)的文化维度是影响消费者对名人代言产生反应行为的另一因素，是指一种文化中人们对权力差距的期望和接受程度。在高 PDB 文化中，权威是社会的基本事实，这些文化中的消费者接受不平等，服从权威，也更倾向于听取权威人士建

① Priester, J, R., R. E. Petty. The Influence of Spokesperson Trustworthiness on Message Elaboration, Attitude Strength, and Advertising Effectiveness[J]. Journal of Consumer Psychology, 2003, 13: 408-421.

② Stephen W. Wang, Angeline Close Scheinbaum. Enhancing Brand Credibility via Celebrity Endorsement Trustworthiness Trumps Attractiveness and Expertise [J]. Journal of Advertising Research, 2018, (3): 16-31.

③ JasminAa ilicic, Alicia Kulczynski, Stacey M. Baxter. How a Smile Can Make a Difference: Enhancing the Persuasive Appeal of Celebrity Endorsers: Boosting Consumer Perceptions of Celebrity genuineness Through the Use of a "Duchenne Smile" in Advertis[J]. Journal of Advertising Research, 2018, (3): 51-64.

议，包括名人的意见。由于高 PDB 文化对名人的重视程度很高，消费者可能会倾向于将对名人的信仰内化，而这种内化就是对名人的认可和支持。相比之下，低 PDB 文化中的消费者不会自动将权威或信誉赋予给名人，他们更倾向于寻找事实或运用推理来做出决定，而不是把名人视为他们应该听从的权威，也不会认为名人比非名人代言更可信。Karen Page Winterich 等学者(2018)①在承认 PDB 的文化差异取向和权力期望对名人代言的影响基础上，通过使用适度的中介分析，并对中介的测量误差和内生性进行了修正(来源专业知识和可信度)，发现对于低 PDB 文化地区的名人代言来说，名人的客观因素可能更为关键，而在一些高 PDB 的环境下，名人元素就意味着更高的可信度、更强的专业知识和更高的吸引力。

由此可见，名人代言影响消费者品牌态度和产品购买行为的原因主要在其可信度，名人的真诚和专业知识能加强消费者信任度，其中最为重要的是名人的真诚特质；对于高 PDB 的地区来说，名人的权威和知名度几乎等同于消费者可信度，但低 PDB 文化的名人代言并不能直接影响消费者的信任，需要结合其他元素进行综合考虑。

2. 广告的体验视角

近年来，嗅觉线索在广告中的使用有所增加，并在各种产品类别中传播，然而气味线索对消费者的影响尚不完全清楚。即使从认知层面来看，从业人员认为气味可以增强沟通的有效性，但嗅觉广告的使用面临着各种障碍，包括技术困难和高成本。

气味能对消费者行为产生积极影响，如增强购买意愿和增加商品消费，这在市场营销和广告研究中已经得到了充分的论证。然而，如果基于某种因素不能使用真实的气味，广告商利用嗅觉产生

① Karen Page Winterich, Manish Gangwar, Rajdeep Grewal. When Celebrities Count: Power Distance Beliefs and Celebrity Endorsements[J]. Journal of Marketing, 2018, 82 (3): 70-86.

刺激的能力就会受到限制。Stevenson 和 Case(2005)①在他们的论文中将嗅觉意象定义为“在没有适当刺激的情况下体验嗅觉的能力”。Carrasco 和 Ridout(1993)②在比较感知气味和想象气味时发现两者之间具有相似性，这说明了嗅觉意象的存在和功效。嗅觉可以通过视觉意象让大脑皮层感觉到，比视觉和听觉刺激更难控制，Meng-Hsien(Jenny)Lin 等学者(2018)③通过行为和神经科学实验发现，使用嗅觉意象相关图像可以通过心理模拟来激发嗅觉体验，但触发嗅觉体验造成的具体广告评估，则取决于个人的嗅觉敏感性。从另一个角度来说，嗅觉刺激的触发是大脑皮层、视觉刺激和嗅觉记忆共同作用的结果，在这里我们可以引入一个概念——视觉隐喻。研究人员一致认为，并置隐喻和替代隐喻是视觉结构中非常流行但类型相反的隐喻，一般在嗅觉意象中更可能涉及的是替代隐喻，所有替代隐喻的共同特征是唤起显性的视觉图式，即物理入侵者。Chun-Tuan Chang 等学者(2018)④从消费者体验角度出发，通过采用态度和意图测量的知觉评分作为广告效果的指标，评估不同隐喻类型在广告中的相对影响，发现产品类型、消费者性别差异和认知能力对隐喻的作用发挥会产生潜在影响。

另一方面，Bone 和 Ellen(1999)⑤提出，气味本身对顾客的行

① Stevenson, Richard J., Trevor I. Case. Olfactory Imagery: A Review[J]. Psychonomic Bulletin and Review, 2005, 12 (2): 244-264.

② Carrasco, Marisa, Joseph B. Ridout. Olfactory Perception and Olfactory Imagery: A Multidimensional Analysis[J]. Journal of Experimental Psychology: Human Perception and Performance, 1993, 19 (2): 287-301.

③ Meng-Hsien (Jenny) Lin, Samantha N. N. Cross, Russell N. Laczniak, Terry L. Childers. The Sniffing Effect: Olfactory Sensitivity and Olfactory Imagery in Advertising[J]. Journal of Advertising, 2018, 47(2): 97-111.

④ Chun-Tuan Chang, Yuan-Ciao Wu, Yu-Kang Lee, Xing-Yu Chu. Right metaphor, right place: choosing a visual metaphor based on product type and consumer differences[J]. International Journal of Advertising, 2018, 37(2): 309-336.

⑤ Bone, Paula F., Pam S. Ellen. The Generation and Consequences of Communication-Evoked Imagery[J]. Journal of Consumer Research, 1992, 19 (6): 93-104.

为没有影响，只有配合情感的支持才能发挥效用，Yaniv Gvili(2018)的研究在支持 Bone 观点的基础上，认为可以通过在广告中加入嗅觉元素来调动消费者参与，但不恰当的气味选择可能会抑制消费者反应，或引发消极情绪。

从消费者体验的角度研究广告的效果，并不是最近几年才在学术界和业界兴起，目前较多的文献是从消费者的嗅觉体验出发，探讨气味在吸引消费者方面的功能作用，而其他感知体验可以通过对嗅觉意象的研究进行了解。同时在实际产生作用的过程中，并不是只有气味一种感官元素在起作用，也不一定需要真的气味产生嗅觉刺激，具体如何运用还需要对目标市场进行分析，这是 2018 年对消费者广告体验研究的一个进步。

3. 广告的内容元素

广告的内容元素往往在吸引消费者注意力过程中起着主要作用，尤其对于一些耐受品来说，广告内容的功能性诉求是消费者决定购买和形成良好品牌印象的关键。而对于非耐受品，广告内容引起消费者情绪变化，进而在一定程度上决定着他们的购买选择。从整体上来看，对广告内容元素的关注在学术研究领域并不陌生，但研究的切入点较为分散。

弗洛伊德认为禁忌会产生一种情感上的矛盾性格，因为除了它强迫人们顺从外，还会产生一种无意识的不服从其规范的欲望。广告对待禁忌是不同的，在有争议的广告中，其典型特征是越界、特殊性和模糊性。一般来说，禁忌元素在广告中体现为性和暴力，广告中的性一般被广泛定义为在视觉或语言上包含性的相关信息。性能够吸引注意力和唤起积极的广告印象，然而，Bushman(2018)认为这些看似积极的影响其实是以牺牲广告和品牌记忆性能为代价的。其他研究发现，在广告中包含性诉求将会导致更低的广告支持率和品牌召回率。由于研究发现不一，一些学者试图通过文献进行述评性评论来解决这些问题(如：Reichert 2002)，但还是少有系统的定量分析研究。John G 等学者(2018)的研究填补了这部分空白，在荟萃分析的基础上，研究发现广告中的性元素使用要结合广告的具体目标，比如，提高广告或产品的知名度，还是提高品牌知名度或巩固品牌地位，并非所有的性元素广告都会造成不好的广告效果或者更低的口碑。此外，适度的性吸引力比强烈的性吸引力更有效，男性比女性更喜欢带有性吸引力的广告，只有男性模特的性感广告才会产生更多的负面态度和更低购买意愿。另一方面，Loannis G 等学者(2018)①以建构层面理论和心理距离概念为依据，研究禁忌广告对消费者反应的影响，发现心理距离与消费者行为反应成反比，同时反应强度还与禁忌类型、消费者性别存在较强的联系。Loannis G 和 John G 的研究都对广告的类型与消费者的性别因素作了区分，在性元素影响消费者反应方面，都强调了适度原则。

虽然跨种族意象的影响还没有在广告文献中讨论过，但有一些关于广告中的种族暗示的研究，主要的理论观点如独特性和社会认同理论已经被用来解释消费者对广告中的种族形象的反应。目前的研究特别关注广告中黑白混血夫妇的形象，因为现有的研究表明，这一群体很可能引发最负面的态度和看法。在广告中的种族问题研究中，一个普遍的主题是人们都倾向于与具有相似特征的人产生联系并认同他们，因此与白人消费相比，非白人消费者对带有种族暗示的广告反应更积极。Whittler (1989)②的研究发现白人和黑人消费者在使用同一种族的演员时，对广告的认同感更高，这种效应在种族认同感更强的消费者身上被放大。同样的，白人对黑人元素的广告不太喜欢，购买该产品的可能性也较低。Subodh Bhat (2018)③在此基础上，通过调查消费者如何看待跨种族伴侣在广告中的使用，发现尽管美国家庭的多样性日益增加，消费者还是更喜欢播放同性婚姻的广告，而不是跨种族婚姻的广告。同样广告中的

---

① Ioannis G. Theodorakis, Grigorios Painesis. The Impact of Psychological Distance and Construal Level on Consumers' Responses to Taboos in Advertising[J]. Journal of Advertising, 2018, 47(2): 161-181.

② Whittler, Tommy E. Viewers Processing of Actor's Race and Message Claims in Advertising Stimuli[J]. Psychology and Marketing, 1989, 6 (Winter): 287-309.

③ Subodh Bhat, Susan Myers, Marla Royne. Interracial Couples in Ads: Do Consumers' Gender and Racial Differences Affect Their Reactions? [J]. Journal of Current Issues & Research in Advertising, 2018, 39(2): 160-177.

同性恋元素和异性恋元素对消费者的影响也是不一样的，Glenna L. Read 等学者(2018)①通过对消费者生理和自我报告的测试，发现在内隐态度上，异性恋消费者对同性恋群体广告的反应并非普遍负面，一些异性恋消费者可能喜欢看到广告中出现少数性取向者的形象，这取决于不同消费者的心理态度。由此可见，广告中的跨种族婚姻元素和同性恋元素对不同消费者产生的影响也不一样，在一定程度上态度与自身相似性相关联，但并非是所有的消费者都会根据自身相似性对广告产生偏好，广告商在采用性别和种族元素之前要对目标市场进行充分的调查，不能一概而论。

当消费者看到广告时，它不是孤立存在的，而是在一个“语境”中，“语境”指的是嵌入广告的媒体空间，这种语境能够影响消费者对广告的感知和反应。目前大多数的研究从理论上论证了这一点，即消费者往往将语境当成理解广告内容和情感不可或缺的一部分。但这些研究并没有充分解释广告发生的环境是如何影响消费者对广告信息的感知，如：带来更好的品牌回忆或者产生更多的购买和重复购买行为。Horst Stipp(2018)②在研究中提到了情境广告对齐的概念，即“内容——广告一致性”或“节目——广告匹配”，试图从触发上下文效果解释广告语境影响消费者感知和情绪的过程。在不断变化的媒体和营销环境中，语境效应与广告形式、品牌特征、广告目的以及消费者的行为态度相互作用，产生更强的广告传播效果。在大多数情况下，语境效应比广告所处的外部环境更加重要。

广告通过说服、吸引和刺激消费者对产品或品牌做出反应，在这个过程中往往用到名人、消费者体验和广告内容上的刺激元素，此前的广告效果研究通常强调的是其中一个元素的运用，且夸大广

① Glenna L. Read, Irene I. van Driel, Robert F. Potter. Same-Sex Couples in Advertisements: An Investigation of the Role of Implicit Attitudes on Cognitive Processing and Evaluation[J]. Journal of Advertising, 2018, 47(2): 182-197.

② Horst Stipp. How Context Can Make Advertising More Effective[J]. Journal of Advertising Research, 2018, (6): 138-145.

告单个元素对消费者的影响能力，同时，消费者被当成失去个性的整体，在具体态度上和群体其他成员无差别。但随着消费者媒介素养的提高以及社会传播环境的复杂程度加深，相关的研究也有所推进，表现为对消费者进行更细化的区分，对消费者个体差异也更为关注，强调通过整合的元素影响广告传播的效果，研究视角更为开阔，从社会文化、个人心理、外部环境等不同方面重新审视广告的效果。

四、广告的社会责任诉求

《国际广告学刊》2018 年的两篇特刊中，主编查尔斯强调了企业社会责任诉求和消费者福祉，并认为企业对社会责任的承担在一定程度上能提高广告的传播效果，而消费者本身还会影响到整个社会环境和经济环境，因此呼吁这一主题的投稿。此外，目前的传播环境较为复杂，种种因素造成了消费者对广告的不信任和回避现象，企业对社会责任的主动承担能在一定程度上缓和这种关系。在对文献进行主题分类的过程中，本文发现广告的社会责任诉求相关研究论文有 14 篇，所占比例也较大，具体议题包括了健康传播、环保、储蓄、信息披露等。

（一）健康传播

媒体传播对健康方面的作用主要在于宣传健康观念，倡导健康生活方式，引导对健康食品的消费，以及呼吁慈善捐赠，其中，也会涉及对具体病例的分析，如：《利用社交媒体传播阿尔茨海默氏症预防与治疗教育：阿尔茨海默氏症的初步研究》。

2018 年健康传播方面，研究者们更为关注广告、家庭等元素对儿童健康饮食的影响，同时，对广告内视觉形象和广告外环境因素能进行综合考量，更为系统的分析复杂多变的传播环境。儿童肥胖是一个迅速增长的问题，据世界卫生组织等机构在英国医学期刊《柳叶刀》上发表的报告（2017），全球肥胖儿童和青少年人数在过去 40 年中增加了 10 倍，已成为全球性的健康危机。儿童肥胖与儿童不良的饮食习惯有关，研究者们认为一些外部因素可能会影响到儿童的行为，其中包括父母因素和社会文化因素，以及广告传播的作用。Kelly 等(2010)①发现在全球范围内，专门针对儿童的广告产品中，食品排在第二位，但大部分的食品广告播放的都是营养相对缺乏，但热量、脂肪、糖类较高的产品。因此，食品广告与儿童的不良饮食习惯存在极强的关联。Hongsik J. Cheon 等(2018)②重点关注家庭沟通和周围环境对儿童(6—11 岁)肥胖的影响，强调了通过家庭沟通和广告消费改变行为和习惯的重要性，这与以往围绕单个因素(广告、家庭和社会文化)不同。此外 Hongsik J. Cheon 等(2018)的研究采用纵向设计来观察儿童肥胖的时间变化，在研究过程中，着重强调的是儿童所处的环境因素，但没有对广告的影响因素进行细化分析。

事实上，广告中的形象元素也会影响儿童对食品的选择，尤其是儿童所喜欢的卡通和动画角色。卡通和奇幻元素在感知和感性两个层面上吸引着孩子，De Droog 等(2010)③发现由于儿童有限的认知能力，他们往往只关注单一的、显著的维度。在情感层面，儿童很容易与自己喜欢的角色建立友谊，而这种关系通常会驱动他们对与之相关的产品的偏好。I. Suzanne Suggs(2018)通过实验和定性的方法，发现对于健康食品来说，卡通元素可能会对相关产品的实际消费产生反作用，幻想元素的使用可以促进健康食品的营销，尤其在增强儿童注意力方面，但在具体使用过程中，应该鼓励使用混合视觉化元素以最大限度的传达健康食品消费观念。

对弱势群体的健康关注是这一年健康传播的一个研究趋势，其

---

① Kelly, B., J. C. G. Halford, E. J. Boyl, K. Chapman et al. Television Food Advertising to Children: A Global Perspective[J]. American Journal of Public Health, 2010, 100(9): 1730-1736.

② Hongsik J. Cheon, Jay R. Fraser, Trang Kieu Nguyen. Family-based treatment for obesity in tweens: a three-year longitudinal follow-up study [J]. International Journal of Advertising, 2018, 37(4): 548-567.

③ De Droog, S. M., P. M. Valkenburg, M. Buijzen. Using Brand Characters to Promote Young Children's Liking of and Purchase Requests for Fruit[J]. Journal of Health Communication, 2010, 16(1): 79-89.

中还会涉及传播学与心理学的交叉学科知识。Joseph Safdieha (2018)①在研究中使用针对性的 Facebook 广告，招募 AlzU. org 用户，这些用户通过在相关广告中学习有关阿尔茨海默氏症的知识，以更好的预防和治疗该病症，这种学习方式引起了较高的参与率和回复率。Joseph Safdieha(2018)的研究偏向于心理学研究领域，广告在健康宣传过程中更多的是一个媒介渠道和载体，吸引受众和传播健康知识。

健康传播除了传播健康观念和健康知识以外，另一个极为重要的作用是呼吁和影响慈善捐赠。Meng-Hua Hsieh 和 Ozge Yucel-Aybat(2018)②通过三项研究发现固定心态的消费者更倾向于捐赠不可控或较少可控的病症，相反可控性并不会影响具有成长心态的消费者。在不可控的情况下，具有成长心态的消费者更容易被他人利益诉求(关注捐赠如何让他人感觉更好)说服捐赠；在更可控的情况下，他们更容易被自我利益诉求(关注捐赠如何让自己感觉更好)说服。同时，无论慈善广告使用怎样的利益框架，固定心态的消费者对可控健康原因捐赠均较少。Meng-Hua Hsieh 和 Ozge Yucel-Aybat(2018)的研究发现对慈善机构制定不同的利益诉求框架，也具有指导意义。

(二)社会集体意识

广告向社会所有群体传达一致的生活方式，这种生活方式符合社会主流价值观，对整个社会的健康稳定发展有促进作用。

近年来，环境问题已成为全球关注的焦点问题，然而消费者的绿色消费态度和行为仍然存在差距，为此建立绿色营销，传达绿色消费理念至关重要。一般认为广告能够有效地突出产品属性，吸引

① Richard S. Isaacson, Alon Seifan, Candace L. Haddox, et al. Using social media to disseminate education about Alzheimer's prevention & treatment: a pilot study on Alzheimer's Universe (www. AlzU. org)[J]. Journal of Communication in healthcare, 2018, 11(2): 106-113.

② Meng-Hua Hsieh, Ozge Yucel-Aybat. Persuasive Charity Appeals for Less and More Controllable Health Causes: The Roles of Implicit Mindsets and Benefit Frames [J]. Journal of Advertising, 2018, 47(2): 112-126.

消费者兴趣，因此在了解消费者需求的基础上，将绿色消费理念融入到广告中诉求中，帮助消费者树立生态保护价值观，以此形成一致认可的绿色消费观念和消费方式。Meng-Dar Shieh 等(2018)①以台湾非预期受众为研究对象，通过发放问卷调查，发现绿色广告设计在说服和沟通消费者改变持续行为方面具有一定的效果，同时消费者本身的环境态度又会对绿色广告设计以及购买行为产生积极影响。

另一方面，目前美国面临低储蓄率和人口老龄化的问题。根据美国经济分析局 2017 年的数据，美国个人储蓄升至 5.5%，为 2012 年以来最高，但整个美国社会对个人储蓄现状的担忧仍然很高，31%的美国工薪阶层没有退休储蓄(美联储 2016)，此外，退休后收入的最大来源是社会保障。然而，据一些学者预测，未来政府将减少养老支出，低储蓄率将影响到美国人民在失业、退休以及遭遇健康危机时的生活。虽然学术界普遍认为鼓励储蓄对公民的福利至关重要，但目前关于这一方面的研究却极少，通常将消费者视为固定不变的个体，没有将个人倾向纳入考虑范畴，同时参与程度多用人口统计学为变量，形式不够灵活。为了从集体角度更灵活的观察消费者储蓄行为的影响因素，Hye Jin Yoon 和 Carrie La Ferle (2018)②通过研究测试了框架效应，以配合讯息导向，发现将集体主义水平与取向相匹配，会影响框架对结果测量的影响，但集体主义中的个体差异对结果的影响要大于族群中的成员关系。低和高集体主义个人的损失框架，前者以自我为导向，后者以家庭为导向，当两者信息不匹配时，增益框架更有效。

随着一些社会性问题的凸显，广告的传播、吸引和说服功能被

① Meng-Dar Shieh, Chien-Nan Chen, Ming-Chyuan Lin. Discussion of Correlations between Green Advertising Design and Purchase Intention based on Consumers' Environmental Attitude [J]. Foundation Environmental Protection & Research-FEPR, 2018, 27(106): 1153-1159.

② Hye Jin Yoon, Carrie La Ferle. Saving Behavior Messaging: Gain/Loss Framing, Self/Family Orientations, and Individual Differences in Collectivism [J]. Journal of Advertising, 2018, 47(2): 146-160.

运用到消费者主流价值观和主流生活方式的塑造中，广告学界也越来越关注广告对社会集体价值观念和生活方式的影响作用，在这些研究中，关注的对象一般是整个社会群体，而不是某一类型的消费者，较为常用的研究思路为框架效应。

(三)广告的信息披露

信息披露一般与消费者说服以及信息可信度之间存在关联，能够促进广告的传播效果。但我们将信息披露归到广告的社会责任诉求这一部分，原因在于信息披露出现在儿童广告和政治广告研究中的频率较高，而这两类广告研究主题的信息披露不仅仅能够起到增强信息可信度和信息说服力的作用，也能帮助目标群体更好的识别广告信息，强化商业意识和政治意识。

面对越来越隐蔽的广告形式，消费者在无法识别的情况下，很难激活自身的广告素养。也就是说，面对广告新的商业意图和技术，消费者往往在不知情的情况下被说服，因此，为了消解无意识可能带来的欺骗，需要对广告信息进行披露。目前关于广告信息披露的研究中大多数以成年人为研究对象，Boerman 等(2014)①研究发现，广告披露可以提高广告认知，但由于披露在内容、可见性和可读性方面存在缺陷，成年人很难识别和理解现有的广告披露。Auty 和 Lewis (2004)②认为儿童作为未来主要的消费群体，在认知上不够成熟，也缺乏广告识别经验，因此更容易被说服。Steff De Jans 等(2018)③通过眼球追踪法对儿童信息披露注意力进行研究观

---

① Boerman, Sophie C., Eva A. van Reijmersdal, Peter C. Neijens. Effects of Sponsorship Disclosure Timing on the Processing of Sponsored Content: A Study on the Effectiveness of European Disclosure Regulations[J]. Psychology & Marketing, 2014, 31(3): 214-224.

② Auty S., C. Lewis. Exploring Children's Choice: The Reminder Effect of Product Placement[J]. Psychology & Marketing, 2004, 21(9): 697-713.

③ Steffi De Jans, Ini Vanwesenbeeck, Veroline Cauberghe, Liselot Hudders, Esther Rozendaal, Eva A. van Reijmersdal. The Development and Testing of a Child-inspired Advertising Disclosure to Alert Children to Digital and Embedded Advertising [J]. Journal of Advertising, 2018, 47: 255-269.

察发现，信息的位置、采用的颜色和语言均对儿童信息披露产生影响，而儿童信息披露对其广告认知的形成尤为重要。Pieter De Pauw 等(2018)①强调了预警线索特征在有效揭示品牌植入中的重要性，儿童通过警示线索对广告做出适应性的反应，从而免受广告隐藏的说服企图。潜藏的广告说服能够影响成年人的购买决策，而媒体素养和广告认知尚未成熟的儿童在面对潜伏的广告说服信息时，更难以识别并做出有利于自己的决定，为此，广告的信息披露对儿童来说极为重要，以往关于这方面的研究也较少。利用眼球追踪法考察儿童信息披露过程中的影响因素和重要线索，是 2018 年广告社会效益中的一个较为受关注的议题，也弥补了以往缺乏儿童关注的研究空白。

信息披露在政治广告领域也同样适用，并发挥着正确的政治宣传作用，维护了公众的利益。1996 年马克尔基金会(Markle Foundation)的一项调查发现，“减少负面竞选活动”是第二受欢迎的政治改革，尽管如此，负面竞选仍在持续。参议院约翰·麦凯恩和拉斯·法因戈尔德在 2002 年的两党竞选改革法案中加入了“支持你的广告”(即 SBYA)条款，也就是说，联邦政府的候选人现在必须要说出自己的名字，表明支持他们的广告，这样，候选人在选举广告中就会避免与负面的政治广告有联系。Minah H. Jung 和 Clayton R. Critcher(2018)②指出，当候选人被要求明确地站在他们的广告背后时，这实际上会提高公众对信息的态度和感知可信度，从而减少对负面广告的依赖，有利于选举环境的透明度，并维护公

① Pieter De Pauw, Liselot Hudders, Verolien Cauberghe. Disclosing brand placement to young children[J]. International Journal of Advertising, 2018, 37(4): 508-525.

② Minah H. Jung, Clayton R. Critcher. How Encouraging Niceness Can Incentivize Nastiness: An Unintended Consequence of Advertising Reform[J]. Journal of Marketing Research, 2018, (2): 147-161.

众利益。Young Mie Kim 等学者(2018)①认为现行政治广告法规中缺乏(或限制)信息披露要求，同时竞选团体在政治选举中越来越多的采用社交媒体平台的原生广告形式，尽可能的隐藏或模糊真实身份，对公众的政治权益造成了侵害，因此，提出应该加强数字广告中的政治信息披露，以促进政治运动的透明度。Young Mie Kim 等的研究是在政治广告信息披露基础上的数字化发展和延伸，尤其针对数字环境下政治选举利用原生广告传递强倾向性和模糊性的选举信息提出了解决思路。随着政治选举方式的多样化发展，公众处于传播中的劣势地位，为此，美国广告研究界对这一领域多有关注，尤其近年来数字化技术的发展，研究也转向数字广告领域，其中尤为关注广告的信息披露，在数字媒体平台则表现为原生广告的形式。

广告的社会效益是与生俱来的，尤其广告具有强吸引力和强传播力，对于整个社会的观念引导和公众利益都有极大的促进作用。以往的广告研究对健康传播、环保、储蓄和政治选举方面也多有关注，但研究对象多为成年人，且缺乏一定主观能动性，形象和个性较为固化，同时也多集中在传统媒体领域，少有对数字媒体平台的发现。2018 年，在广告的健康传播方面，增加了对儿童的关注；在环保和储蓄方面，研究方式和研究对象更为灵活，人口统计学特征并不是唯一标准；在政治选举方面，对数字媒体平台的政治信息披露着重关注，强调了政治选举的透明度。另一方面，加强了与心理学研究领域的结合，更为关注受众心理变量和个人倾向性，聚焦整体，同时也考虑到个体的差异性。

---

① Young Mie Kim, Jordan Hsu, David Neiman, Colin Kou, Levi Bankston, Soo Yun Kim, Richard Heinrich, Robyn Baragwanath, Garvesh Raskutti. The Stealth Media? Groups and Targets behind Divisive Issue Campaigns on Facebook[J]. Political Communication, 2018, 35(4): 515-541.

五、数字时代下的品牌传播

随着传播技术的发展，提高品牌信息传播的效率成为可能。一方面，品牌主能够通过数字技术聚焦目标消费人群，进行有针对性的信息传播，提高传播的效率。另一方面，从广告从业人员与学者的整合化沟通，到广告和公关的结合，以及跨平台多媒体的整合传播，形成全方位的整合传播思维体系，为品牌的整合化传播带来了新的思考。由于品牌传播在很大程度上是品牌信息的传播，表现为广告传播的形式，因此，我们在对文献进行分析归纳的过程中，并没有严格区分广告传播与品牌信息传播。2018 年，美国广告研究集中呈现出对数字化技术影响品牌传播效果的关注，主要表现为传播的精准化、定制化，传播过程和思维的整合化，尤其强调了泛整合化概念，同时指出了数字化时代下的广告公司发展以创意驱动为发展动力和核心。在研究者层面，出现了大量的广告业界人士，体现了广告学界和业界的整合；在研究方法层面，多结合实验分析法，从消费者传播效果的物理反应测量入手，观察消费者的品牌内隐态度，研究的结果化导向明显。

(一)精准化传播及其技术导向

品牌识别是品牌传播产生效应的初始阶段，而消费者通过品牌标志实现品牌识别和产生品牌认知。品牌标识似乎无处不在，许多公司花费大量的时间和金钱来开发他们的品牌标志，并将产品/服务与简单的视觉资产联系起来，意图建立更强的品牌价值。现有的品牌标志设计研究大多集中在品牌标志如何具有更高层次的视觉和语义特征(如意义复杂性)层面，尽管这些研究取得了一定的进展，但很少关注品牌标志的视觉复杂性引起人们对品牌标志偏好差异的原因。Zong yuan wang 等(2018)①通过调查人们对随机生成的视觉

① Zongyuan Wang, Brittany R. L. Duff, Russell B. Clayton. Establishing a Factor Model for Aesthetic Preference for Visual Complexity of Brand Logo[J]. Journal of Current Issues & Research in Advertising, 2018, 39(1): 83-100.

模式的视觉复杂性的偏好，以及消费者包装产品的品牌标识，建立了品牌标志审美偏好的因素模型，使得品牌标志的视觉形象能契合目标消费者的审美偏好，为接下来的品牌认知和品牌忠诚度的形成奠定了基础。

品牌信息的传递很大程度上通过广告这一形式完成，传统的互联网展示类广告往往投入大，效果却不甚理想。交互式数字广告形式的出现使得广告越来越多地成为一种量化的实践，“完全可量化”点击成为衡量数字广告效果的常用关键绩效指标。在搜索引擎时代，点击对数字广告的最终效果至关重要，然而在广告效果体系中，优化点击的意义却不大，因为点击与性能指标(如广告转化)不具备必然的相关性。Nam Young Kim(2018)①认为通过使用实时定制功能减少强制性展示广告的负面影响，延缓重复广告的损耗效应，从而改善用户广告入侵感知，促进对强制性广告点击率的转化，提高传播效果。Nam Young Kim(2018)的研究主要强调的是用户的态度和看法，对数字技术的运用提及较少。《你的目标定得太多了吗？有效的品牌营销策略》一文中着重提到了数据对程序化购买的影响。随着数字技术的演变，基于受众的程序化购买平台出现，营销人员可以更精准的针对目标消费人员进行传播，即利用更有针对性的数据，通过更复杂的跨平台传播行为，实现品牌信息传播的高效率和精准化。Ginger Rosenkransa 和 Keli Myersb(2018)②在研究中提到了“预测分析”的概念，并探讨了如何在移动广告中运用预测分析技术，从而在正确的时间和正确的地点为用户提供定制的品牌信息。预测分析是人工智能的一种形式，包括了数据科学和统计学的知识构架，可以用来进行前瞻性分析，预测未来可能发生的事件。程序化购买和预测分析的出现，是数字技术发展的结

① Nam Young Kim. The Effect of Ad Customization and Ad Variation on Internet Users' Perceptions of Forced Multiple Advertising Exposures and Attitudes[J]. Journal of Interactive Advertising, 2018, 18(1): 15-27.

② Ginger Rosenkrans, Keli Myers. Optimizing Location-Based Mobile Advertising Using Predictive Analytics[J]. Journal of Interactive Advertising, 2018, 18(1): 43-54.

果，而数字技术的运用使得基于定制化和精准化的品牌信息传播成为可能。

品牌的精准化传播一方面可以依靠技术的更新迭代，实现目标消费者的精准匹配，另一方面，在依靠技术实现精准化传播的基础上，更加关注消费者个体特征，而不是传统的人口统计学分类。随着 AR(增强现实)和 VR(虚拟现实)技术的出现，品牌传播更为强调消费者体验。AR 技术是一种数字技术，它将计算机生成的信息(如图像和声音)强加于用户的真实视图上，与虚拟现实(VR)存在本质的区别。Huang 和 Liao(2015)①认为计算机生成的部分增强了 AR 用户的物理环境，而计算机生成的环境则替代了 VR 用户的物理环境。由于 AR 明显的、个性化的优点，市场营销人员和研究学者们对这类应用表现出极大的兴趣，但目前学术界关于 AR 应用影响消费者行为和数字营销有效性的实证研究仍然较少，只有 Huang 和 Liao(2015)，Yim 和 Chu(2013)等少数学者确定了 AR 环境下可能影响消费者决策过程的潜在因素。Tae Hyun Baek 等(2018)在对 AR 自我观看进行实证研究的基础上，结合自我感知理论和消费者潜在的心理机制，发现品牌产品与消费者"自恋"的契合是产生购买行为的关键。

(二)整合化的趋势

品牌主通过媒体平台向消费者传递品牌相关信息，消费者主动或被动接受信息，同时对品牌形成认知和记忆，产生购买行为和形成品牌忠诚度。在数字化时代下，品牌信息传播的平台也发生了变化，过去 10 年里，互联网广告支出在全球范围内迅速增长，其中最为常见的是互联网展示广告。然而 Teixeira(2014)认为展示广告的流行和种类的增加导致消费者对在线广告的关注和参与度下降，并广泛采用广告拦截工具来避免广告侵扰。作为对广告拦截行为的回应，互联网媒体公司继续开发绕过广告拦截器和消费者回避的技

① Huang, T.-L., S. Liao. A model of acceptance of augmented-reality interactive technology: The moderating role of cognitive innovativeness [J]. Electronic Commerce Research, 2015, 15(2): 269-295.

术，设计新的广告格式和更有效的放置选项。但对于消费者来说，依然能够进行人为回避，形成高点击率和低记忆率以及低认知率，因此如何放置互联网广告，并产生相应的效果，是品牌传播过程中的一个大问题。Sangruo Huang 和 Jisu Huh(2018)①提出了冗余广告的概念，冗余广告曝光策略是一种广告投放策略，即在网页上协调多个标准的广告单元，同时投放同一品牌的广告，以此传递同一的信息。与传统的单次放置相比(即只有一个广告放置在页面上)和重复曝光(即在多个平台投放同一则广告)，冗余广告能带来更好的传播效果。Sangruo Huang 和 Jisu Huh(2018)的研究是在视觉冗余效应的心理学研究基础上，观察消费者处理编码和冗余广告信息的过程，这种心理冗余增益有利于目标消费群体形成统一的品牌关注和品牌形象。为了充分利用社交媒体平台资源，增加品牌信息曝光率，同时减少用户回避，Rob Jayson(2018)考察了付费媒体和自有媒体之间的协同作用，通过分析14个产品和服务类别中的838个品牌，得出付费媒体和自有媒体组合产生的效应更加能够促进品牌的销售。Rob Jayson(2018)的研究拓展了舒尔茨整合营销传播的适用范畴，增加了数字化媒体平台的整合传播内容。

大约30年前，舒尔茨开始写关于整合营销传播的文章，到现在为止，整合营销传播理论已不断完善，在学术界和实业界都取得了一些成绩。但数据采集和管理、人工智能和神经科学等应用方面的进步，以及其他大量新兴因素的出现，颠覆了许多历史悠久的广告理念，广告实践的发展与广告理念之间存在脱节现象。事实上，学界与业界的观点一直存在着鸿沟，从业人员主要关注广告的"意义"，即广告"如何运作"的经济观点，学者们更专注于理解或学习广告的"为什么"，倾向于用心理学观点解读广告。学界与业界不断各自独立发展，并将他们的研究和发现提炼成更加微小和有限

① Sangruo Huang, Jisu Huh. Redundancy Gain Effects in Incidental Exposure to Multiple Ads on the Internet[J]. Journal of Current Issues & Research in Advertising, 2018, 39(1): 67-82.

的元素，缺乏整体的概念，在数字化时代来临之后，这种现象更为严重。舒尔茨在《重新定位我们的沟通目标》一文中提到，鉴于新技术、过程、概念等的出现，需要从战略、管理和全球层面开始真正理解“广告”，更多地关注系统、整体流程和结果，采用整体化思维培养人才，真正实现实践和理论的整合。舒尔茨的整合化思维丰富了整合营销传播的内涵，对于数字化时代下的品牌传播和广告公司的人才培养提供了新的思路。Courtney Carpenter Childers 等(2018)①在舒尔茨传统的整合营销思维基础上，通过对纽约传统广告公司从业人员的进行定性研究，提出了数字战略集成的概念，其核心是“大创意”。整合化的思维还体现在广告与公关的协作效应，广告与公关的区别之一，在于广告仅限于付费传播，公关还包括危机和问题管理等专门领域，随着社交媒体的发展，这两个行业都在不断拓展自己的服务范畴，传统的界限越来越模糊。Marlene S. Neill 等(2018)②在继承 Moriarty 等(2015)的观点上，认为随着广告与公关界限的模糊，应该利用整合化的思维方式进行跨领域的协作，并探讨了协作效应是如何反过来影响综合传播的目标和机构的生存。

品牌传播的整合化趋势不仅局限在具体元素的整合，如：平台和信息的整合，也有对不同领域、不同行业之间的整合化趋势的思考，强调利用整合化的思维模式和整体性概念看待数字时代下的品牌与广告，呼吁从微观而具体的“块”状认识中解脱出来，形成完整而系统的理论与实践知识结构，弥合由于技术发展导致的业界与学界之间的鸿沟。

---

① Courtney Carpenter Childers, Eric Haley, Sally McMillan. Achieving Strategic Digital Integration: Views From Experienced New York City Advertising Agency Professionals[J]. Journal of Current Issues & Research in Advertising, 2018, 39(3): 244-265.

② Marlene S. Neill, Erin Schauster. Playing Nice in the Sandbox: Is Collaboration Among Advertising and Public Relations Agencies the Same as Integration? [J]. Journal of Current Issues & Research in Advertising, 2018, 39(2): 140-159.

（三）基于消费者物理反应的效果测量

从消费者神经科学和眼动追踪来观察品牌的传播效果，是最近的研究趋势，能更为客观而直接的测量到消费者面对品牌信息传播时的真实反应。

作为一种研究工具，眼球追踪主要用于衡量视觉注意力，定位消费者具体的广告信息关注区域。虽然自20世纪80年代末以来，广告研究领域就已经关注并集中讨论过眼球追踪技术，但这些研究大多聚焦于视觉领域的大布局元素（如：图片、标题、导航区域），而通常眼球追踪捕捉的是分散在不同广告元素中的视觉焦点。Rayner（2001）①认为当消费者希望购买时，他们会花更多的时间在广告的文字上，此外品牌名称比文字或图片获得消费者更多关注。大多数广告眼动追踪研究是以考察消费者在广告的主要组成部分中所采用的视觉路径为目的，主要集中在广告的物理设计，以及消费群体对每个元素的具体关注程度，缺乏广告元素内的视觉注意力研究，但广告元素中细微的变化往往也会影响消费者的行为反应。Robert Meeds 和 Olan Farnall（2018）②强调利用眼球追踪技术，聚焦于更为微观的层面来观察消费者的反应，并充分结合文字、图像和声音，将广告中最重要和最具吸引力的部分进行整合，融入到消费者的行为态度。Sophie（2018）③在研究中使用客观（眼球追踪）和陈述性测量相结合的方法，发现了广告中代言人的眼神暗示对注

---

① Rayner，Keith，Barbara R. Foorman，Charles A. Perfetti，David Pesetsky，et al. How Psychological Science Informs the Teaching of Reading[J]. Psychological Science in the Public Interest，2001，2（2）：31-74.

② Robert Meeds，Olan Farnall. Comparing Visual Attention Allocated to Thematic，Attribute and Benefit Sentences in Advertising Copy Blocks：An Eye Tracking Approach[J]. Journal of Current Issues & Research in Advertising，2018，39（2）：101-119.

③ Safaa Adil，Sophie lacoste-Badie，Olivier Drouiers. Face Presence and gaze Direction In Print Advertisements how they Influence Consumer Responses— An Eye-tracking Study[J]. Journal of Advertising Research，2018，（12）：433-455.

意力、记忆、评价(对广告和品牌的态度)和购买意图的影响，认为在广告内部元素中，人脸和眼神等元素的使用能带来更好的品牌传播效果。与 Robert Meeds 等稍有不同的是，Sophie 的研究更多的聚焦于广告中人的元素对消费者注意力的影响，采用的研究方法也更为综合，但关注广告内部元素，并且结合外部其他元素共同加强品牌传播效果的主张是一致的。从 20 世纪七十年代眼球追踪技术现代研究开始，对消费者广告关注的研究越来越具体化和微观化，由技术改善而不断完善的眼动追踪研究，也呈现出精准化趋势。

另一方面，与眼动追踪相比，消费者神经系统科学研究更为复杂，能够测量消费者的内隐反应，即下意识的、自动的反应。但通常情况下脑电图研究会辅以眼球追踪技术，眼球追踪提供了重要的信息，包括参与者注视屏幕内的具体位置及时长，这些数据可以用来确定人们在做出选择时注意力集中的区域，在此基础上，研究人员可以测量消费者实时的内隐心态。在品牌传播研究中，消费者脑神经科学往往用来确定广告投放和投放机制对消费者神经生理反应的影响，Clark 等(2018)①认为参与者在不同广告投放和投放策略中，他们的神经生理反应，包括眼球注视模式、心率变异性、皮肤电导水平、参与和回避行为都会被准确捕捉，这些神经生理反应能够更客观和真实的反映消费者在接收品牌信息后的心理状态。Clark 等的研究是在广告回避技术和行为越来越普遍的大环境下，为了使广告投放更有针对性从而产生较好的传播效果，也代表了消费者研究的科学性走向。

---

① Kmberly Rose Clark, Kenneth Raj Leslie, Manuel Garcia Garcia, Matthew L. Tullman. Engaged and Reduce Video-Ad blocking best Practices for Video-Ad Placement and Delivery based on Consumer Neuroscience Measures [J]. Journal of Advertising Research, 2018, (9): 311-325.

(四)广告公司的创意驱动

在过去的 25 年里，媒体环境发生了巨大的变化，大众传播媒介逐渐让位于具有交互性和碎片化特性的数字媒介。专门的数字代理机构兴起，解决了传统代理机构难以解决的问题，并因此得到迅速扩张，而传统代理机构对此做出了回应，借助数字化技术侵入数字代理机构的地盘。同样，数字广告公司希望与客户建立更大、更广泛的关系，因此转向传统媒体广告领域，几乎所有机构都意识到数字化时代的来临，并希望能在这个过程中迅速抢占更多的地盘。最后往往是数字广告公司与传统媒体广告公司形成整合，共同拓展发展空间，在整合的过程中，媒体渠道的扩张带来消费者注意力资源的稀缺，为了适应这种变化，Kasey Windels 和 Mark Stuhlfaut (2018)①提出广告公司要从生产活动方面的框架技术转向创意过程，在确保战略性整合的同时，提高机构的速度和效率。Courtney Carpenter Childers 等(2018)②则在研究公司的数字战略集成中，提到了“大创意”的概念，认为在当前多元化的媒体环境下，基于良好的战略洞见的“大创意”是维系活动中所有消费者触点的粘合剂，是未来广告业的核心，而“大创意”的出发点来自于品牌故事和消费者兴趣点。

既然创意在广告公司业务中处于核心地位，那么关于创意的形成则是广告公司业务的另一个研究焦点。广告就像一个创意工厂，消费者和品牌的信息通过代理公司这扇门进入，而完成的广告则通过另一扇门出来，从而将原始的外部信息转化为创造性的成果。为了研究机构如何将消费者和品牌的外部知识转化为有吸引力且形式

---

① Kasey Windels, Mark Stuhlfaut. New Advertising Agency Roles in the Ever Expanding Media Landscape[J]. Journal of Current Issues & Research in Advertising, 2018, 39(3): 226-243.

② Courtney Carpenter Childers, Eric Haley, Sally McMillan. Achieving Strategic Digital Integration: Views From Experienced New York City Advertising Agency Professionals[J]. Journal of Current Issues & Research in Advertising, 2018, 39(3): 244-265.

完整的广告，Verbeke 等(2008)①提出了公司吸收能力的概念，认为广告公司可以吸收关键信息，并将其生产为具有创意的广告。John Parker 等(2018)②则强调了洞察力在广告公司创意过程中的重要性，其中洞察力包括消费者洞察和客户洞察，消费者洞察有助于品牌信息满足消费者动机，而客户洞察能够给广告公司带来经济效益。

学术界对广告公司的研究，也倾向于整合化的思维方式，尤其是传统广告代理机构和数字代理机构的整合趋势，而维系这种整合的是所有平台下消费者的兴趣触点，由此研究者们提出了“创意驱动”的广告公司发展思路，其中消费者洞察起着十分重要的作用。

六、零售营销

电子商务以其独特的优势和个性化的购物体验赢得消费者，一些研究者在研究过程中发现发现电子商务模式下质量和价格的双重优势对传统零售造成了巨大的冲击。但与线上购物相比，消费者能够在实体购物中获得更多直观的感官享受，而这种感官体验又会对重复购买产生影响。因此 Lucas(1999)③认为假如购物者经历了一个不满意的体验，产生的负面影响会威胁到未来的销售。

关于零售营销方面的研究，在美国广告学界并不陌生，零售作为广告效果转化的最后一步，也是最为关键的一环，实实在在的影响着品牌主的收入。在线购物给零售营销带来了冲击，但始终无法

① Verbeke, Willem, Philip Hans Franses, Arthur le Blanc, Nienke van Ruiten. Finding the Keys to Creativity in Ad Agencies: Using Climate, Dispersion, and Size to Examine Award Performance[J]. Journal of Advertising, 2008, 37 (4): 121-30.

② John Parker, Lawrence Ang, Scott Koslow. The Creative Search for an Insight in Account Planning: An Absorptive Capacity Approach[J]. Journal of Advertising, 2018, 47: 237-254.

③ Lucas J. The Critical Shopping Experience [J]. Marketing Management Spring, 1999, 8(1): 60-62.

取而代之，因此造成目前共存的局面。数字技术逐渐在塑造数字化的生存模式，在线购物作为数字技术发展的产物，也会成为数字生存中的一部分，但现阶段仍然属于探索时期，对于美国广告学者来说，保持零售营销的地位，维持购物方式的多样性，是目前数字化发展现实的必然选择。2018 年美国广告学术界对零售营销的关注主要集中在消费者购物体验和消费者购买的个体诉求两个方面，从消费者的习惯、心理、和需求等角度进行讨论，研究的视角更为微观。

（一）消费者购物体验

消费者购物体验关注的是消费者的感官体验和情感刺激，以此引起感官享受和情感共鸣，从而转化为直接的购买。感官体验是指通过听觉、视觉、味觉、触觉和嗅觉的感官为消费者带来直接体验。例如香水的嗅觉体验、酸奶的味觉体验和音箱的听觉体验等。在感官体验营销环节中，线下零售店的环境、服务至关重要，多种感官刺激可以提升消费者的购物意愿。情感体验主要包括消费者外在情绪与内心情感，需要销售人员与管理者设计出与消费者可以产生情感关联的体验营销方式，以及避免消费者产生负面的情感体验进而影响到产品的销售。2018 年美国广告学术界对购物体验的探讨仍然以感官体验和情感体验为主，不同的是从更为微观的角度，观察消费者情绪对产品购买的影响，强调了外形对比产生的情感刺激对消费者购买的重要性。

人体模型能够在视觉上展示出服装的美感，因此在零售营销中较为流行。Adam Ellsworth 等（2018）通过对女性人体模特在零售环境中所造成的影响进行调查，发现这种无生命的人体模型对低自尊的消费者造成了自我威胁，反过来又影响到这些消费者的产品评价。消费者将人体模型视为当下的审美标准，但这样的观念会让自信度较低的消费者产生抵触心理，不利于对产品的客观评价。

营销人员的服务也会直接影响到消费者在店内的情感体验，销售人员针对不同的消费群体，提供专业且热情的服务，给消费者带来良好的消费体验，同时产生积极的情感联系，而这种情感联系通常对品牌的忠诚度至关重要。除了服务态度，营销人员的外形也是影响产品销售的重要因素，但以往的研究更加关注外貌出众的女性营销人员对男性顾客的消费影响。Tobias Otterbring 等学者(2018)①首次研究了男性营销人员的外形条件对男性顾客购买行为的影响。研究发现，外形良好的男性营销人员和模特更能够刺激男性消费者的购买行为，因为缺乏外形优势的男性顾客在与男性营销人员的自我感官比较之下，会产生一种同性竞争的情感，促使他们通过购买更多价格昂贵的产品来彰显自己的社会地位，这也是一种满足自尊的情感需求。

(二)消费者购买诉求

消费者之间存在明显的个体差异，兴趣、思想和经济能力的不同会对消费态度和行为产生影响。由于肥胖率的不断提升，美国广告学者们着重关注消费者在食品购买行为中存在的问题，尤其是健康食品购买过程中的影响因素。

给食品贴上营养标签，目的在于人为的影响消费者饮食习惯，以抑制肥胖率的上升。但曾有研究表明，食品包装中的营养标签所显示的信息并不能有效的引导消费者的健康购买。由此商家引入了简化的营养标签，即在营养标签上，显示卡路里、糖、脂肪等的数量信息，同时增加了成年人每日所需摄取营养的百分比信息。然而少有研究关注这类营养标签在实际营销过程中的有效性，Ossama 等(2018)②学者通过研究发现包装前营养标签能促进消费者的健康购买，在引入包装前营养标签后，消费者对价格的敏感度降低，反过来又会激励食品生产商和零售商自觉提供食品包装前营养标签，有利于促进消费者健康消费以及增加食品行业利润。

---

① Tobias Otterbring, Christine Rineler, Nancy J. SiriaNNI, Anders Gustafsson. The Abercrombie & Fitch Effect: The Impact of Physical Dominance on Male Customers' Status-Signaling Consumption [J]. Journal of Marketing Research, 2018, (2): 69-79.

② Ossama Elshiewy, Yasemin Boztug. When Back of Pack Meets Front of Pack: How Salient and Simplified Nutrition Labels Affect Food Sales in Supermarkets [J]. Journal of Public Policy & Marketing, 2018, 37 (1): 55-67.

另一方面，以往的研究大多集中在单一食品的评价上，Abhijit Guha等(2018)①提供了健康食品消费研究的另一种可能，他们通过多种食物的卡路里比较，发现食品摆放的位置与消费者卡路里关注的信息差之间存在联系。以往的研究更为强调饮食控制相关的消费目标，如，Howlett等(2012)和Visschers等(2010)学者们认为消费者的购买目标在很大程度上造成他们更喜欢低热量食品。在此基础上，Abhijit Guha等(2018)增加了口味目标这一因素，并结合消费者选择与两种目标进行对比分析，发现卡路里值差距越大，节食型购物者越倾向于选择低卡路里食物，而味觉型消费者则会购买高卡路里值的食品。Raghunathan等(2006)②的研究给我们提供了答案，基于"不健康=美味"的直觉，味觉型消费者会认为不健康的食品能更好地满足他们的消费目标。Abhijit Guha等(2018)的研究最终指向了消费者购买选择与食品摆放位置之间的关联。

零售营销的出现要早于现代广告，在现代广告出现以前承担着促进购买的功能，属于泛广告范畴。随着数字技术的发展，在线购物给零售行业造成了巨大的冲击，但实体购物带来的消费体验在现阶段是在线购物无法替代的。2018年美国广告学界对零售营销的关注仍然在消费者体验和购买诉求方面，但研究视野更为开阔，角度更为新颖，内容偏于实务，在研究方法上多采用定量分析，力求研究的严格规范和结果的精准。

七、研究结论与启示

按照美国广告发展的总体逻辑，本文通过对145篇文献进行详细的归纳分析，发现2018年美国广告研究在延续近几年研究趋势

① Abhijit Guha, Abhijit Biswas, Dhruv Grewal, Sandeep Bhowmick, Jens Nordfa lt. An Empirical Analysis of the Joint Effects of Shoppers' Goals and Attribute Display on Shoppers' Evaluations[J]. Journal of Marketing, 2018, 82 (3): 142-156.

② Raghunathan, Rajagopal, Rebecca Walker Naylor, Wayne Hoyer. The Unhealthy = Tasty Intuition and Its Effects on Taste Inferences, Enjoyment, and Choice of Food Products[J]. Journal of Marketing, 2006, 70 (4): 170-184.

的基础上，呈现出以下五个方面的进展与问题：

研究视角方面，趋于微观化和具体化，且多为营销实务的研究，包括零售营销，重点关注消费者个体认知、情感差异及广告(营销)内部元素对传播效果和产品购买的影响。缺乏数字广告产业发展模式的深入研究，以及对于数字化技术给广告产业带来颠覆性变化的整体性思考和新的理论体系建构。对全球广告市场和消费文化的关注也较少，缺乏研究的整体视野和横向比较。

研究方法方面，延续了美国广告研究实证范式的传统，采用社会学、经济学和心理学的研究方法，具体表现为较多考虑定量、数理建模、统计分析和实验法，能够从更客观的角度观察消费者在受到传播刺激时的物理反应，以便后续的精准化传播，但对于非实证研究的方法运用较少，现象背后的深层原因挖掘不够。这一方面是欧美学派学术风格本身较为严谨，力求论文结果的高可信度。但另一方面造成学术科研创新力不足，缺乏理论层面的突破。

研究对象方面，将目光转向了儿童与千禧一代，关注企业责任诉求带来的消费者福祉，广告的信息披露，青少年肥胖和环保意识等问题，但对于数字化时代下的消费者隐私侵犯等广告伦理现象缺乏研究，目前在我们的文献中仅有两篇谈到了数据隐私。

研究者身份方面，呈现出业界化倾向，尤其在《广告研究期刊》中，定期撰稿人几乎都有业界工作经历，由此研究更为关注广告的"意义"，呈现出结果化导向。

研究主题方面，依然注重广告的传播效果，在传统媒体广告领域以消费者说服为主，研究视点更为细化。同时由于数字技术的发展，增加了对消费者数字参与的关注，重新审视数字时代消费者与品牌之间的关系，强调了消费者在品牌传播和价值创造中的主体地位。此外，对于数字时代的品牌传播有了新的思考，针对品牌传播的精准化和整合化趋势，提出了广告研究的整合化思维模式，其中广告公司的发展由技术驱动转为对创意驱动的关注。最后，为企业的社会责任诉求增加了新内容，如对少年儿童食品健康的研究，捐赠者个人心态与慈善捐助之间的关系研究等。在研究主题方面，总体表现为技术驱动和整合化趋势。

美国学者对广告的研究一直以来都有着实证化和精细化的学术传统，发表成果诸多，研究体系也较为成熟，跨学科、多国家和跨机构之间的合作增强了其研究的国际视野和可操作性。相比较而言，中国学者的关注与研究完全不同于美国广告的研究模式，而是趋向于对广告本身的思考，包括数字化时代下广告概念的重新定义和广告生存形态、运作形态、产业形态等的重新思考，并在此基础上试图建构新的广告发展模式。此外，中国广告研究倾向于用抽象的思辨方式对宏观的主题进行阐释性研究，如广告的变迁、逻辑和影响机制，虽然能够挖掘现象背后的本质，但难免与广告业界重视效果的理念存在脱节，研究方法也不够规范。与美国广告研究界，学界、业界人士合作研究探索不同，国内广告研究的学者缺乏业界实践经验，对广告发展实践的最前沿不够了解，因此希望能建构普适性的传播模式，对广告现象进行解读，并以此指导实践的发展。美国广告研究的市场化导向，学者们更为关注广告的传播效果，通过对消费者行为反应进行实证分析，意图发现触发消费者态度转变和行为发生的真实原因，因此研究偏向于精细化和实证化。中美两国的广告研究存在着取向性的区别，两种研究方向也没有优劣之分，无论从哪个角度来看，结合两种研究倾向是有利无弊的选择，从整体化的视角观察广告的发展趋势和发展本质，用微观的效果导向整合学界和业界的鸿沟，用定量和定性结合的方法在增强研究客观性的同时也促进了深层原因的挖掘。另一方面，美国广告研究对社会责任诉求的全面关注也有益于增进消费者与广告主之间的关系，消解广告抵触和回避现象，目前我国对消费者福祉方面的研究仅限于公益广告范畴，关注的主题也较少，因此对广告社会效益的关注能够拓展国内广告研究的视野。但值得注意的是，对美国广告学术范式和研究主题的借鉴，并非直接进行复制和照搬，毕竟中国广告研究处于中国独特的学术语境、媒体环境和市场环境之下，与美国广告研究的大环境存在极大的差异，中国广告学者也只有在充分了解美国广告研究的体系和进展的基础上，进行合理的借鉴与运用，形成广告发展的中国模式，这也是本研究综述之意旨。

参考文献

[1] Algesheimer, Ren_e, Utpal M. Dholakia, Andreas Herrmann. The Social Influence of Brand Community: Evidence from European Car Clubs[J]. Journal of Marketing, 2005, 69 (3): 19-34.

[2] Kumar, V., Lerzan Aksoy, Bas Donkers, Rajkumar Venkatesan, Thorsten Wiesel, Sebastian Tillmanns. Undervalued or Overvalued Custom- ers: Capturing Total Customer Engagement Value[J]. Journal of Service Research, 2010, 13 (3): 297-310.

[3] Tae Hyun Baek, Chan Yun Yoo & Sukki Yoon. Augment yourself through virtual mirror: the impact of self-viewing and narcissism on consumer responses [J]. International Journal of Advertising, 2018, 37(3): 421-439.

[4] Hoehle, Hartmut, Viswanath Venkatesh. Mobile Application Usability: Conceptualization and Instrument Development [J]. MIS Quarterly, 2015, 39 (2): 435-472.

[5] José Manuel Gavilanes, Tessa Christina Flatten, Malte Brettel. Content Strategies for Digital Consumer Engagement in Social Networks: Why Advertising Is an Antecedent of Engagement[J]. Journal of Advertising, 2018, 47(1): 4-23.

[6] Yuri Seo, Xiaozhu Li, Yung Kyun Choi, Sukki Yoon. Narrative Transportation and Paratextual Features of Social Media in Viral Advertising[J]. Journal of Advertising, 2018, 47(1): 83-95.

[7] Iryna Pentina, V_eronique Guilloux, Anca Cristina Micu. Exploring Social Media Engagement Behaviors in the Context of Luxury Brands[J]. Journal of Advertising, 2018, 47(1). 55-69.

[8] Hilde A. M. Voorveld, Guda van Noort, Daniël G. Muntinga, Fred Bronner. Engagement with Social Media and Social Media Advertising: The Differentiating Role of Platform Type[J]. Journal of Advertising, 2018, 47(1): 38-54.

[9] Friestad, M. , P. Wright. The Persuasion Knowledge Model—How People Cope with Persuasion Attempts[J]. Journal of Consumer Research, 1994, 21 (1): 1-31.

[10] Yaeri Kim, Yookyung Park, Youseok Lee, Kiwan Park. Do we always adopt Facebook friends' eWOM postings? The role of social identity and threat[J]. International Journal of Advertising, 2018, 37(1): 86-104.

[11] Karp, Katie. 2016. New research: The value of influencer on Twitter. Twitter, May 10, https://blog.twitter.com/2016/new-research-the-value-of-influencers-on-twitter

[12] Talavera, Misha. 2015. 10 reasons why influencer marketing is the next big thing. Adweek, July 14, http://www.adweek.com/digital/10-reasons-why-influencer-marketing-is-the-next-big-thing

[13] Chen Lou, Shupei Yuan. Influencer Marketing: How Message Value and Credibility Affect Consumer Trust of Branded Content on Social Media[J]. Journal of Interactive Advertising, 2018.

[14] Yusfi Ardiansyah, Paul Harrigan, Geoffrey N. Soutar, Timothy M. Daly. Antecedents to Consumer Peer Communication through Social Advertising: A Self-Disclosure Theory Perspective [J]. Journal of Interactive Advertising, 2018, 18(1): 55-71.

[15] Jameson L. Hayes, Yan Shan, KarenWhitehill King. The interconnected role of strength of brand and interpersonal relationships and user comment valence on brand video sharing behavior[J]. International Journal of Advertising, 2018, 37(1): 142-164.

[16] Calder, Bobby J. , Mathew S. Isaac, Edward C. Malthouse. How to Capture Consumer Experiences: A Context-Specific Approach to Measuring Engagement Predicting Consumer Behavior across Qualitatively DifferentExperiences[J]. Journal of Advertising Research, 2016, 56 (1): 39-52.

[17] Angeliki Nikolinakou, Karen Whitehill King. Viral Video Ads: Examining Motivation Triggers to Sharing[J]. Journal of Current Is-

sues & Research in Advertising, 2018, 39(2): 120-139.

[18] Yu-Hui Fang, Kwei Tang, Chia-Ying Li, Chia-Chi Wu. On electronic word-of-mouth diffusion in social networks: curiosity and influence[J]. International Journal of Advertising, 2018, 37(3): 360-384.

[19] Aqsa Bashir, Jing (Taylor) Wen, Eunice Kim, Jon D. Morris. The Role of Consumer Affect on Visual Social Networking Sites: How Consumers Build Brand Relationships[J]. Journal of Current Issues & Research in Advertising, 2018, 39(2): 178-191.

[20] Mikyoung Kim, Doori Song. When brand-related UGC induces effectiveness on social media: the role of content sponsorship and content type[J]. International Journal of Advertising, 2018, 37(1): 105-124.

[21] Shepherd, Steven, Tanya L. Chartrand, Gavan J. Fitzsimons. When Brands Reflect Our Ideal World: The Values and Brand Preferences of Consumers Who Support versus Reject Society's Dominant Ideology[J]. Journal of Consumer Research, 2015, 42(1): 76-92.

[22] Voyer, Benjamin G., Minas N. Kastanakis, Ann Kristin Rhode. Co-Creating Stakeholder and Brand Identities: A Cross-Cultural Consumer Perspective[J]. Journal of Business Research, 2017, 70: 399-410.

[23] Iryna Pentina, Veronique Guilloux, Anca Cristina Micu. Exploring Social Media Engagement Behaviors in the Context of Luxury Brands[J]. Journal of Advertising, 2018, 47(1): 55-69.

[24] Gunwoo Yoon, Cong Li, Yi (Grace) Ji, Michael North, Cheng Hong and Jiangmeng Liu. Attracting Comments: Digital Engagement Metrics on Facebook and Financial Performance[J]. Journal of Advertising, 2018, 47(1): 24-37.

[25] Thomas-Smith, C. G. Barnett. 2010. Seeingis believing: Viewing engagement in place-based media. In Your audience = media con-

sumer + generator, ed. D. S. Fellows. Amsterdam: ESOMAR.

[26] Mehta, R. Understanding perceived retail crowding: A critical review and research agenda[J]. Journal of Retailing and Consumer Services, 2013, 20: 642-649.

[27] Rick T. Wilson, Taewon Suh. Advertising to the masses: the effects of crowding on the attention to place-based advertising[J]. International Journal of Advertising, 2018, 37(3): 402-420.

[28] Noble, G., A. Pomering, L. Johnson. 2011. Pro-Environmental Advertising: The Moderating Role of Gender and Appeal [J]. AMA Marketing & Public Policy Academic Conference Proceedings: 101-109.

[29] Friedman, H. H., L. Friedman. Endorser Effectiveness by ProductType[J]. Journal of Adver- tising Research 19, 1979, October/November: 63-71.

[30] Carrillat, F. A., D'Astous, A., Charette Couture, M. P. How Corporate Sponsors Can Optimize the Impact of Their Message Content. Mastering the Message: Improving the Processability and Effectiveness of Sponsorship Activation [J]. Journal of Advertising Research, 2015, 55(3): 255-269.

[31] Priester, J, R., R. E. Petty. The Influence of Spokesperson Trustworthiness on Message Elaboration, Attitude Strength, and Advertising Effectiveness [J]. Journal of Consumer Psychology, 2003, 13: 408-421.

[32] Erdem, t., J. Swait. Brand Credibility, Brand Consideration and Choice [J]. Journal of Consumer Research, 2004, 31 (1): 191-199.

[33] Stephen W. Wang, Angeline Close Scheinbaum. Enhancing Brand Credibility via Celebrity Endorsement Trustworthiness Trumps Attractiveness and Expertise [J]. Journal of Advertising Research, 2018, (3): 16-31.

[34] Jasmin Aailicic, Alicia Kulczynski, Stacey M. Baxter. How a

Smile Can Make a Difference: Enhancing the Persuasive Appeal of Celebrity Endorsers: Boosting Consumer Perceptions of Celebrity genuineness Through the Use of a "Duchenne Smile" in Advertis [J]. Journal of Advertising Research, 2018, (3): 51-64.

[35] Oyserman, Daphna. High Power, Low Power, and Equality: Culture Beyond Individualism and Collectivism[J]. Journal of Consumer Psychology, 2006, 16 (4): 352-356.

[36] Gudykunst, William B., Yuko Matsumoto, Stella Ting-Toomey, Tsukasa Nishida, Kwangsu Kim, and Sam Heyman. The Influence of Cultural Individualism-Collectivism, Self Construals, and Individual Values on Communication Styles Across Cultures[J]. Human Communication Research, 1996, 22 (4): 510-543.

[37] Hofstede, Geert. 1991. Cultures and Organizations: Software of the Mind. London: McGraw-Hill[J].

[38] Karen Page Winterich, Manish Gangwar, Rajdeep Grewal. When Celebrities Count: Power Distance Beliefs and Celebrity Endorsements[J]. Journal of Marketing Vol, 2018, 82 (3): 70-86.

[39] Stevenson, Richard J., Trevor I. Case. Olfactory Imagery: A Review[J]. Psychonomic Bulletin and Review, 2005, 12 (2): 244-264.

[40] Carrasco, Marisa, Joseph B. Ridout. Olfactory Perception and Olfactory Imagery: A Multidimensional Analysis[J]. Journal of Experimental Psychology: Human Perception and Performance, 1993, 19 (2): 287-301.

[41] Meng-Hsien (Jenny) Lin, Samantha N. N. Cross, Russell N. Laczniak, Terry L. Childers. The Sniffing Effect: Olfactory Sensitivity and Olfactory Imagery in Advertising[J]. Journal of Advertising, 2018, 47(2): 97-111.

[42] Gkiouzepas, L., M. K. Hogg. Articulating a new framework for visual rhetoric in advertising: A structural, conceptual and pragmatic investigation [J]. Journal of Advertising, 2011, 40 (1):

103-120.

[43] Chun-Tuan Chang, Yuan-Ciao Wu, Yu-Kang Lee & Xing-Yu Chu. Right metaphor, right place: choosing a visual metaphor based on product type and consumer differences[J]. International Journal of Advertising, 2018, 37(2): 309-336.

[44] Bone, Paula F., Pam S. Ellen. The Generation and Consequences of Communication-Evoked Imagery[J]. Journal of Consumer Research, 1992, 19 (6): 93-104.

[45] Reichert, T., S. E. Heckler, S. Jackson. The effects of sexual social marketing appeals on cognitive processing and persuasion [J]. Journal of Advertising, 2001, 30(1): 13-27.

[46] Reichert, T. Sex in advertising research: A review of content, effects, and functions of sexual information in consumer advertising [J]. Annual Review of Sex Research, 2002, 13(1): 241-73.

[47] Ioannis G. Theodorakis, Grigorios Painesis. The Impact of Psychological Distance and Construal Level on Consumers' Responses to Taboos in Advertising[J]. Journal of Advertising, 2018, 47 (2): 161-181.

[48] Whittler, Tommy E. Viewers Processing of Actor's Race and Message Claims in Advertising Stimuli[J]. Psychology and Marketing, 1989, 6 (Winter): 287-309.

[49] Whittler, Tommy E., Joan DiMeo. Viewers' Reactions to Racial Cues in Advertising Stimuli[J]. Journal of Advertising Research, 1991, 31 (6): 37-46.

[50] Forehand, Mark R., Rohit Deshpande, Americus Reed II. Identity Salience and the Influence of Differential Activation of the Social Self-Schema on Advertising Response[J]. Journal of Applied Psychology, 2002, 87 (6): 1086-1099.

[51] Subodh Bhat, Susan Myers, Marla Royne. Interracial Couples in Ads: Do Consumers' Gender and Racial Differences Affect Their Reactions? [J]. Journal of Current Issues & Research in Advertis-

ing, 2018, 39(2): 160-177.

[52]Glenna L. Read, Irene I. vanDriel, Robert F. Potter. Same-Sex Couples in Advertisements: An Investigation of the Role of Implicit Attitudes on Cognitive Processing and Evaluation[J]. Journal of Advertising, 2018, 47(2): 182-197.

[53]Horst Stipp. How Context Can Make Advertising More Effective [J]. Journal of Advertising Research, 2018. (6): 138-145.

[54]Anzman, S. L., B. Y. Rollins, L. L. Birch. Parental influence on children's early eating environments and obesity risk: Implications for prevention[J]. International Journal of Obesity, 2010, 34(7): 1116-24.

[55]Kral, T. V., E. M. Rauh. Eating behaviors of children in the context of their family environment[J]. Physiology & Behavior, 2010, 100(5): 567-573.

[56]Hongsik J. Cheon, Jay R. Fraser, Trang Kieu Nguyen. Family-based treatment for obesity in tweens: a three-year longitudinal follow-up study[J]. International Journal of Advertising, 2018, 37 (4): 548-567.

[57]Rozin, P. 1996. The socio-cultural context of eating and food choice. In Food choice, acceptance and consumption, eds[J]. Herbert L. Meiselman and Halliday MacFie, 83-104.

[58]Powell, L. M., G. Szczypka, F. J. Chaloupka. Adolescent exposure to food advertising on television[J]. American Journal of Preventive Medicine, 2007, 33(4): S251-6.

[59]Maria lagomarsino, l. Suzanne Suggs. Choosing Imagery in Advertising healthy Food to Children Are Cartoons the Most Effective Visual Strategy? [J]. Journal of Advertising Research, 2018, (12): 487-498.

[60]Kelly, B., J. C. G. Halford, E. J. Boyl, K. Chapman et al. Television Food Advertising to Children: A Global Perspective[J]. American Journal of Public Health, 2010, 100(9): 1730-1736.

[61] Castonguay, J., D. Kunkel, P. Wright, C. Duff. Healthy Characters? An Investigation of Marketing Practices in Children's Food Advertising[J]. Journal of Nutrition Education and Behavior, 2013, 45(6): 571-577.

[62] DeDroog, S. M., P. M. Valkenburg, M. Buijzen. Using Brand Characters to Promote Young Children's Liking of and Purchase Requests for Fruit[J]. Journal of Health Communication, 2010, 16(1): 79-89.

[63] Richard S. Isaacson, Alon Seifan, Candace L. Haddox, Monica Mureb, Aneela Rahman, Olivia Scheyer, Katherine Hackett, Emily Caesar, et al. Using social media to disseminate education about Alzheimer's prevention & treatment: a pilot study on Alzheimer's Universe (www. AlzU. org)[J]. Journal of Communication in healthcare, 2018, 11(2): 106-113.

[64] Meng-Hua Hsieh, Ozge Yucel-Aybat. Persuasive Charity Appeals for Less and More Controllable Health Causes: The Roles of Implicit Mindsets and Benefit Frames[J]. Journal of Advertising, 2018, 47(2): 112-126.

[65] Meng-Dar Shieh, Chien-Nan Chen, Ming-Chyuan Lin. Discussion of Correlations between Green Advertising Design and Purchase Intention based on Consumers' Environmental Attitude [J]. Foundation Environmental Protection & Research-FEPR, 2018, 27(106): 1153-1159.

[66] Nutting, Rex. 2016. The Typical American Couple has Only $5,000 Saved for Retirement [J]. Market Watch, available at http://www. marketwatch. com/story/the-typical-american-couple-has-only-5000-saved-for-retirement-2016-04-28 (accessed December 29, 2016).

[67] Wiener, Josh, Tabitha Doescher. A Framework for Promoting Retirement Savings [J]. Journal of Consumer Affairs, 2008, 42(2): 137-164.

[68] Yoon, Hye Jin, Carrie La Ferle, Steven M. Edwards. A Normative Approach to Motivating Savings Behavior: The Moderating Effects of Attention to Social Comparison Information[J]. International Journal of Advertising, 2016, 35 (5): 799-822.

[69] Hye Jin Yoon, Carrie La Ferle. Saving Behavior Messaging: Gain/Loss Framing, Self/Family Orientations, and Individual Differences in Collectivism[J]. Journal of Advertising, 2018, 47 (2): 146-160.

[70] Boerman, Sophie C., Eva A. van Reijmersdal, Peter C. Neijens. Effects of Sponsorship Disclosure Timing on the Processing of Sponsored Content: A Study on the Effectiveness of European Disclosure Regulations [J]. Psychology & Marketing, 2014, 31 (3): 214-224.

[71] Auty, S., C. Lewis. Exploring Children's Choice: The Reminder Effect of Product Placement[J]. Psychology & Marketing, 2004, 21(9): 697-713.

[72] Steffi De Jans, Ini Vanwesenbeeck, Veroline Cauberghe, Liselot Hudders, Esther Rozendaal, Eva A. van Reijmersdal. The Development and Testing of a Child-inspired Advertising Disclosure to Alert Children to Digital and Embedded Advertising[J]. Journal of Advertising, 2018, 47: 255-269.

[73] Pieter De Pauw, Liselot Hudders, Verolien Cauberghe. Disclosing brand placement to young children[J]. International Journal of Advertising, 2018, 37(4): 508-525.

[74] Minah H. Jung, Clayton R. Critcher. How Encouraging Niceness Can Incentivize Nastiness: An Unintended Consequence of Advertising Reform[J]. Journal of Marketing Research, 2018, (2): 147-161.

[75] Young Mie Kim, Jordan Hsu, David Neiman, Colin Kou, et al. The Stealth Media? Groups and Targets behind Divisive Issue Campaigns on Facebook[J]. Political Communication, 2018, 35(4):

515-541.

[76]Nam Young Kim. The Effect of Ad Customization and Ad Variation on Internet Users' Perceptions of Forced Multiple Advertising Exposures andAttitudes[J]. Journal of Interactive Advertising, 2018, 18(1): 15-27.

[77] Ginger Rosenkrans, Keli Myers. Optimizing Location-Based Mobile Advertising Using Predictive Analytics[J]. Journal of Interactive Advertising, 2018, 18(1): 43-54.

[78]Huang, T.-L., S. Liao. A model of acceptance of augmented-reality interactive technology: The moderating role of cognitive innovativeness[J]. Electronic Commerce Research, 2015, 15(2): 269-295.

[79]Yim, M. Y., S.-C. Chu. 2013. Extending the technology acceptance model: The case of augmented reality-based advertising. In Proceedings of the 2013 conference of the American[J]. Academy of Advertising, ed. K. M. Lancendorfer, 21. Albuquerque, NM: American Academy of Advertising.

[80] Phillips, J., S. M. Noble. Simply captivating: understanding consumers' attitudes toward the cinema as an advertising medium. Journal of Advertising 36, 2007, no.1: 81-94.

[81]Teixeira, T. S. 2014. The Rising Cost of Consumer Attention: Why You Should Care, and What You Can Do about It[J]. Working paper, Harvard Business School. Accessed October 3, 2016. http: //www.hbs.edu/faculty/Publication%20Files/14-055_2ef21e7e-7529-4864-b0f0-c64e4169e17f.pdf.

[82]Sangruo Huang, Jisu Huh. Redundancy Gain Effects in Incidental Exposure to Multiple Ads on the Internet[J]. Journal of Current Issues & Research in Advertising, 2018, 39(1): 67-82.

[83]Courtney Carpenter Childers, Eric Haley, Sally McMillan. Achieving Strategic Digital Integration: Views From Experienced New York City Advertising Agency Professionals[J]. Journal of Current

Issues & Research in Advertising, 2018, 39(3): 244-265.

[84] Broom, Glen M., Bey-Ling Sha. 2013. Cutlip & Center's Effective Public Relations [J]. (11th edition). Upper Saddle River, NJ: Pearson Education.

[85] Marlene S. Neill, Erin Schauster. Playing Nice in the Sandbox: Is Collaboration Among Advertising and Public Relations Agencies the Same as Integration? [J]. Journal of Current Issues & Research in Advertising, 2018, 39(2): 140-159.

[86] Rayner, Keith, Barbara R. Foorman, Charles A. Perfetti, David Pesetsky, Mark S. Seidenberg. How Psychological Science Informs the Teaching of Reading[J]. Psychological Science in the Public Interest, 2001, 2 (2): 31-74.

[87] Robert Meeds, Olan Farnall. Comparing Visual Attention Allocated to Thematic, Attribute and Benefit Sentences in Advertising Copy Blocks: An Eye Tracking Approach[J]. Journal of Current Issues & Research in Advertising, 2018, 39 (2): 101-119.

[88] Safaa Adil, Sophie lacoste-Badie, Olivier Drouiers. Face Presence and gaze Direction In Print Advertisements how they Influence Consumer Responses—An Eye-tracking Study [J]. Journal of Advertising Research, 2018, (12): 433-455.

[89] Kmberly Rose Clark, Kenneth Raj Leslie, Manuel Garcia Garcia, Matthew L. Tullman. Engaged and Reduce Video-Ad blocking best Practices for Video-Ad Placement and Delivery based on Consumer Neuroscience Measures [J]. Journal of Advertising Research, 2018, (9): 311-325.

[90] Kasey Windels, Mark Stuhlfaut. New Advertising Agency Roles in the Ever Expanding Media Landscape[J]. Journal of Current Issues & Research in Advertising, 2018, 39(3): 226-243.

[91] John Parker, Lawrence Ang, Scott Koslow. The Creative Search for an Insight in Account Planning: An Absorptive Capacity Ap-

proach[J]. Journal of Advertising, 2018, 47: 237-254.

[92]Verbeke, Willem, Philip Hans Franses, Arthur le Blanc, Nienke van Ruiten. Finding the Keys to Creativity in Ad Agencies: Using Climate, Dispersion, and Size to Examine Award Performance [J]. Journal of Advertising, 2008, 37 (4): 121-130.

[93]Gian M. Fulgoni. Are You Targeting Too Much? Effective Marketing Strategies for Brands[J]. Journal of Advertising Research, 2018, (3): 8-11.

[94]Lucas, J. The Critical ShoppingExperience[J]. Marketing Management Spring, 1999, 8(1): 60-62.

[95]Jennifer J. Argo Darren W. Dahl. Standards of Beauty: The Impact of Mannequins in the Retail Context [J]. Journal of Consumer Research, 2018, (44): 974-990.

[96]Tobias Otterbring, Christine Rineler, Nancy J. SiriaNNI, Anders Gustafsson. The Abercrombie & Fitch Effect: The Impact of Physical Dominance on Male Customers' Status-Signaling Consumption [J]. Journal of Marketing Research, 2018, (2): 69-79.

[97]Ossama Elshiewy, Yasemin Boztug. When Back of Pack Meets Front of Pack: How Salient and Simplified Nutrition Labels Affect Food Sales in Supermarkets[J]. Journal of Public Policy & Marketing, 2018, 37 (1): 55-67.

[98]Abhijit Guha, Abhijit Biswas, Dhruv Grewal, Sandeep Bhowmick, Jens Nordfa lt. An Empirical Analysis of the Joint Effects of Shoppers' Goals and Attribute Display on Shoppers' Evaluations[J]. Journal of Marketing, 2018, 82 (3): 142-156.

[99]Howlett, Elizabeth, Scot Burton, Andrea Heintz Tangari, My Bui. Hold the Salt! Effects of Sodium Information Provision, Sodium Content, and Hypertension on Perceived Cardiovascular Disease Risk and Purchase Intentions[J]. Journal of Public Policy & Marketing, 2012, 31 (1): 4-18.

[100]Visschers, Vivianne, Rebecca Hess, Michael Siegrist. Health

Motivation and Product Design Determine Consumers' Visual Attention to Nutrition Information on Food Products [J]. Public Health Nutrition, 2010, 13 (7): 1099-1106.

[101] Raghunathan, Rajagopal, Rebecca Walker Naylor, Wayne Hoyer. The Unhealthy = Tasty Intuition and Its Effects on Taste Inferences, Enjoyment, and Choice of Food Products [J]. Journal of Marketing, 2006, 70 (4): 170-184.

[102] Sheng Yuan. An investigation of the influence of cinema environment on advertising effectiveness[J]. International Journal of Advertising, 2018, 37(4): 591-608.

[103] Yaniv Gvili, Shalom Levy, Moty Zwilling. The sweet smell of advertising: the essence of matching scents with other ad cues [J]. International Journal of Advertising, 2018, 37 (4): 568-590.

[104] Ioannis G. Theodorakis, Grigorios Painesis. The Impact of Psychological Distance and Construal Level on Consumers' Responses to Taboos in Advertising[J]. Journal of Advertising, 2018, 47 (2): 161-181.

[105] John G. Wirtz, Johnny V. Sparks, Thais M. Zimbres. The effect of exposure to sexual appeals in advertisements on memory, attitude, and purchase intention: a meta-analytic review[J]. International Journal of Advertising, 2018, 37(2): 168-198.

[106] Subodh Bhat, Susan Myers, Marla Royne. Interracial Couples in Ads: Do Consumers' Gender and Racial Differences Affect Their Reactions? [J]. Journal of Current Issues & Research in Advertising, 2018, 39(2): 160-177.

[107] Zongyuan Wang, Brittany R. L. Duff, Russell B. Clayton. Establishing a Factor Model for Aesthetic Preference for Visual Complexity of Brand Logo[J]. Journal of Current Issues & Research in Advertising, 2018, 39(1): 83-100.

[108] Ewing, M. T., E. Du Plessis, C. Foster. Cinema advertising

re-considered. Journal of Advertising Research 41，2001，no. 1：78-85.
[109]陈培爱. 20 世纪中国广告学理论的发展[J]. 厦门大学学报(哲学社会科学版)，1999(04)：8-14.
[110]曾琼. 美欧广告学的演进：基于学科制度的视角[J]. 现代传播(中国传媒大学学报)，2017，39(02)：128-131+138.
[111]颜景毅. 中国广告学的学科逻辑与原创进路[J]. 新闻大学，2016(03)：125-132+152.
[112]张金海，陈玥. 未曾超越的超越：中国广告研究的整体回顾——基于期刊论文的实证分析[J]. 现代传播(中国传媒大学学报)，2012，34(11)：97-100.
[113]曲韵，祝帅. 2015 年全球广告研究的学术趋势及其反思——基于中美广告类期刊论文主题与研究方法的比较[J]. 广告大观(理论版)，2016(8)：84-94.
[114]朱盈臻，祝帅. 2017 年西方互联网广告研究的学术趋势及其反思[J]. 广告大观(理论版)，2018(6)：72-80.

西方考古学研究中关于复杂适应性系统理论及其评议

张昌平　席　乐

武汉大学历史学院

篇首语：本文主要介绍了西方生态学和人类学研究复杂适应性系统经常应用的一个的理论——Panarchy 理论。此理论的特点如下：耦合了人与自然两个系统；整个系统是一个适应性循环的过程；系统受到潜能、关联性和弹性三个变量影响；一个循环结束，会在自组织的作用下，进行下一个循环；不同层次循环之间会有多种潜在的联系。这个理论为考古学研究中的历时性崩溃提供了新的视角，诸如美国西南部的 Anasazi 文化。这个理论在国内还少见应用，中国东南沿海的良渚文化无疑会是应用此理论的一个典型案例。

一、引　言

系统论是把研究的对象看作一个整体的系统来看待，并从系统的整体和组成系统各个要素等视角来研究系统的特点的一门科学。系统论作为一门科学最早是由生物学家提出的，其中的复杂适应性系统则是系统论衍生出的一个分支。许多研究系统论的学者都提出过复杂适应性系统的理论，其中的 panarchy 理论是在西方考古学研究中应用的比较广泛的理论，本文主要介绍 panarchy 理论的一些基本原理及其在考古学研究的应用。

二、panarchy 理论介绍

理论的提出，有利于我们对于经济、生态、机构系统的理解。一般来说，新的政策在最初是成功的，但经过长期的发展，它们会使系统的能动性逐渐的僵化和短见，经济系统变得如奴隶般的依赖，生态系统变得更加脆弱，公共管理系统失去了大众的信任。①这个理念是复杂适应性系统核心观点，也是 Panarchy 理论的核心理念。Panarchy 理论最早是由 C. S. Holling 提出的，主要是应用在生物学领域。②

对于怎么认识自然曾经有四个不同的认识：自然是平的(nature flat)，人类可以自由的改变自然，自然也不会影响人类社会；自然是平衡的(nature balance)，人类过度开发自然，自然就会有负反馈，自然就会回归到原始状态；自然是反常的(nature anarchic)，与自然是平衡的区别在于，自然一直是正反馈的，而没有负反馈；自然是弹性的(nature resilience)，人类不管怎么折腾自然，自然都是有弹性的。③ 以上的认识，过于机械看待自然系统，正如"挑战者"号航天飞机，一个密封圈失效会导致整个航天飞机爆炸，但是大部分系统都不会这么机械的，一片森林并不会因为缺少一个树而毁灭，一个国家不会因为一次政策失误而灭亡。复杂适

① C. S. Rolling, Lance H. Gunderson, and Donald Ludwig. 2002. In Quest of Theory of Adaptive Change: Panarchy: Understanding Transformations in Human and Natural Systems, edited by Lance H. Gunderson and C. S. Holling, pp. 3-22. Island Press, Washington, Covelo, London.

② C. S. Holling. 1986. Resilience of ecosystems: Local surprise and global change: Sustainable Development of the Biosphere, edited by W. C. Clark and R. E. Munn, pp. 292-317. Cambridge: Cambridge University Press.

③ C. S. Rolling, Lance H. Gunderson, and Donald Ludwig. 2002. In Quest of Theory of Adaptive Change: Panarchy: Understanding Transformations in Human and Natural Systems, edited by Lance H. Gunderson and C. S. Holling, pp. 3-22. Island Press, Washington, Covelo, London.

应性系统则强调自然是演化(nature evloving)，系统里面的多个因素或地区交互作用(local interaction)，固有的因素与新生的因素交互作用，推动系统持续的运行①，比如生态系统既不是持续和逐渐有序发展的，也不是持续无序发展，不可逆的或缓慢发展的特性是共存的②。

Panarchy 理论是一个分级的结构，在这个理论中自然系统(比如：森林、草原、湖泊、水和海洋)、人类系统(比如政府组织、聚落和文化)和人与自然的系统(如控制自然资源使用的能动性)的组合中，在无止境的成长、汇集、重建和更新的适应性循环中相互关联③。等级结构是一个探索式的模型，其为对复杂适应性系统的动态理解提供了一个基本单元的元素，比如等级结构可以从细胞到生态系统，再到社会，最后到文化④。

Panarchy 理论的核心是适应性循环(见图一)，这通常被用阿拉伯数字“8”来表示，这个循环可以分为四个阶段：开发(exploitation)阶段(也就是 r 阶段)，这个阶段是一个在分布区域快速扩张的阶段；保守(conservation)阶段(也就是 k 阶段)，这是一个缓慢汇集和储存资源的阶段；释放(release)阶段(也就是 Ω 阶

---

① C. S. Rolling, Lance H. Gunderson, and Donald Ludwig. 2002. In Quest of Theory of Adaptive Change: Panarchy: Understanding Transformations in Human and Natural Systems, edited by Lance H. Gunderson and C. S. Holling, pp. 3-22. Island Press, Washington, Covelo, London.

② C. S. Rolling, and Lance H. Gunderson. 2002. Resilience and Adaptive Cycles: Panarchy: Understanding transformations in Human and Natural Systems, edited by Lance H. Gunderson and C. S. Holling, pp. 25-62. Island Press, Washington, Covelo, London.

③ C. S. Holling. 2001. Understanding the Complexity of Economic, Ecological, and Social Systems. Ecosystems (2001) 4: 390-405.

④ Simon HA. 1974. The organization of complex systems. In: HH Pattee, editor. Hierarchy theory: the challenge of complex systems. New York: Braziller. pp. 3-27.

段），这个概念是从经济学中借用的①，这个阶段生态脆弱性达到极点，在外部因素的影响下，突然释放的阶段；重组（reorganization）阶段（也就是 α 阶段），资源在这个阶段被重组，从而进入新的系统，为新的系统带来许多机会②，这个阶段也是 Panarchy 理论与传统的等级系统的重要区别之一，他就像动力系统的发动机。循环的四个阶段分别代表着系统得的出现、成长和成熟、死亡和更新。

生态系统的四个关键特点为 panarchy 理论提供了基础的猜想：变化既不是间断的也不是无秩序的；在所有形式下，型式和过程是不可调和的和间断的；生态系统在恒定的条件下，没有一个单一的平等性，也就是说不同情况下有多种的平等性；为构造日常的独立的成批量的产出和变化的环境，会采取一些极端的政策和管理对系统进行更正，但这也导致系统的刚性不断增加，从而失去了弹性——也就是说系统在面对困境时，会被突然终止，而在这之前，系统可以应付这些困境。

如果把这个循环分为两个部分，系统的前环（从 r 到 k 阶段）和系统的后环（从 Ω 到 α 阶段）。前环部分系统最大化集聚和转化资源，它的特点系统发展是进步的、缓慢而长期的和可预期的。后环时，系统最大化发明和重组，系统本质上是倒退的、短暂而快速的和高度不确定性。系统的轨迹在前环和后环之间是交替进行的。

适应性循环系统有两个对立面；一方面，系统是成长和稳定的，另一方面，系统是变化和多样性的。这两个对立面使复杂适应性系统产生了四个阶段③：

---

① C. S. Rolling, and Lance H. Gunderson. 2002. Resilience and Adaptive Cycles: Panarchy: Understanding transformations in Human and Natural Systems, edited by Lance H. Gunderson and C. S. Holling, pp. 25-62. Island Press, Washington, Covelo, London.

② Charles L. Redman. 2005. Resilience Theory in Archaeology. American Anthropologist, Vol. 107, No. 1: 70-77.

③ C. S. Holling. 2001. Understanding the Complexity of Economic, Ecological, and Social Systems. Ecosystems (2001) 4: 390-405.

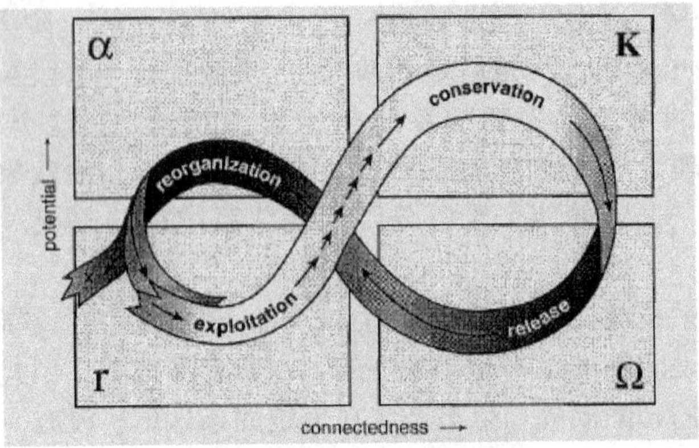

图 1　panarchy 理论系统循环示意图，摘自 C. S. Rolling

一、从 r 到 k 阶段，系统的潜能(也就是生态系统结构中的生产率、人们间的关系、变异和发明，可以用财富来表示)在结合中快速升值，系统效率也变高，但是另一面，系统的固化程度也随着增长。这是一个发展的和胜者扩张成长，集聚资源的阶段。

二、从 k 到 Ω 阶段，当潜能增长时，缓慢的变化逐渐暴露一个由增长而出现的弱点——弹性的下降，这些弱点会成为一个威胁比如火灾、病虫害爆发、竞争者或反对者出现。这时系统会出现一个偶然性待发生的事件。这时候一个扰动就能触发汇集的潜能被释放，这时候系统轨迹就会从前环运行到后环。这个阶段强调了在变动因素中的不稳定的正反馈①。

三、从 Ω 到 α 阶段，当不确定因素占据主导时，潜能也是巨大的，控制相对较弱，这时候创新的不断产生。系统为了新的汇集资源而进行一个重组，这个阶段系统关联性较低，系统允许之前被

① C. S. Rolling, and Lance H. Gunderson. 2002. Resilience and Adaptive Cycles: Panarchy: Understanding transformations in Human and Natural Systems, edited by Lance H. Gunderson and C. S. Holling, pp. 25-62. Island Press, Washington, Covelo, London.

孤立或限制的创新偶然性的组合，这样新的机会变成核心。不像一个模式在其顶峰时仍被追随，通过实质时期的崩溃之前的下降或衰退，适应性循环理论认为许多社会在 Ω 阶段时，崩溃快速到来和在 k 阶段系统的潜力不可预测的达到顶峰。

四、以上的改革能经得住考验的，其中的会有一些错误，但是在紧接的成长过程，其余部分会存活下来和适应这个系统。这个过程从 r 到 k 阶段，也是一个新的复杂适应性循环过程，这也暗示了不是所有的适应性循环都是一样的。

Panarchy 理论的一个重要特点是关注系统运行的可持续性。国际自然保护联盟定义可持续性，既不是一个区域也不是一个物种的可持续性，是在内外部因素的相互依赖和相互作用下的可持续性。这里的内部因素可能是社会、政治、生态或经济等因素，外部因素包括国外债务、结构性贫穷、世界环境问题和社会、政治、经济的冲突①。人与自然的生存系统复杂性的产生，不是从大量的相互作用要素随机组合中产生的，而是从控制过程中的少量要素中产生的。Panarchy 理论认为对一个系统运行最重要的三个要素（见图二）分别是：潜能（potential）、关联性（connectedness）和弹性（resilience）。潜能，在系统内对于生态、社会、经济变化用一些方法测定未来范围的潜能，这个特点被认为是作为系统健康运行的特征。关联性，也就是测定内在控制变量和进程的关联性的水平，这个测量值反映了内在联系的加强——也就是内在控制的等级，它协调和管理内部进程和外部联系，也反映了动态水平或控制的僵化，关联性随着时间而增加，但在它的影响下，最终过度相关和僵化的增加，这样导致偶然性崩溃随之发生。弹性，对于不可期望或不可预期的打击等弱点的测定，这个特点也被认为是系统的弱点的反面特征，是一个复杂适应性系统被干扰的情况下，用先前的经验或采取新的策略保持对系统得持续作用和控制的能力。弹性是从适应性

① C. S. Holling. 2001. Understanding the Complexity of Economic, Ecological, and Social Systems. Ecosystems (2001) 4: 390-405.

容量中获取的，系统的弹性对于人与自然之间的可持续关系至关重要①。三者之间的关系是相对的，在 r 阶段，系统的潜能和关联性都在增加，系统的弹性也是最大的阶段，系统高的弹性允许这些新的尝试，因为这时系统发生错误产生的代价是低的。到了 k 阶段就会出现一个临界点，前两个要素都达到最大，这个时候系统弹性下降到最低程度，系统面临崩溃边缘，正如一个社会越繁荣、联系越紧密，结构反而越脆弱。

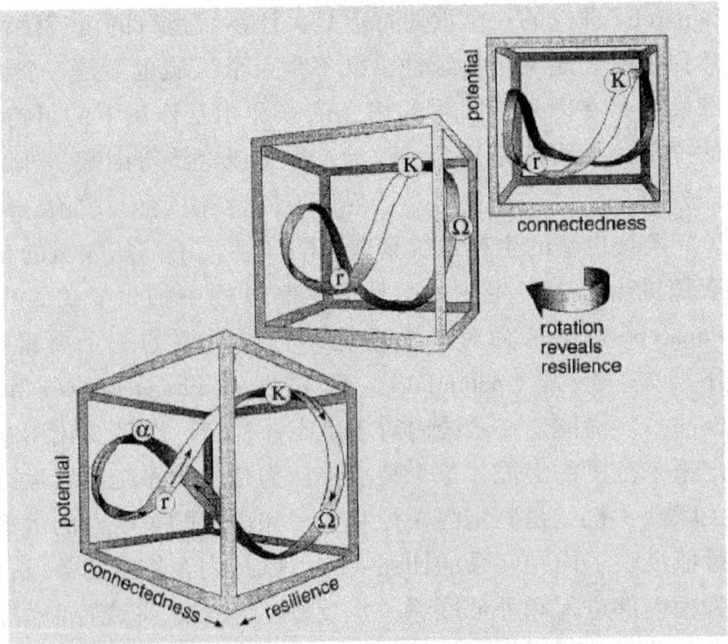

图 2　panarchy 理论系统三要素的关系，摘自 C. S. Rolling

① C. S. Rolling, and Lance H. Gunderson. 2002. Resilience and Adaptive Cycles: Panarchy: Understanding transformations in Human and Natural Systems, edited by Lance H. Gunderson and C. S. Holling, pp. 25-62. Island Press, Washington, Covelo, London.

自组织(self-organization)①是panarchy理论系统循环可以进行到下一个循环的重要特点。自组织是一个概念，这个概念描述复杂适应性系统的发展特征，在这个概念里，典型的、多重的结果可能依赖于历史的偶然性②。上文所说的系统内部的固有特征与新生的特征的交互作用就是自组织的一个过程。一个社会会有一个从上到下(top-down)的过程和一个从下到上(bottom-up)的过程，这两个过程也是交互作用的。其中的，从下到上的过程就是自组织的一个表现形式，过去常常过度强调从上到下的过程，比如帝国的扩张或王权的加强，但是下层的自组织也会影响到上层的制度建设。Panarchy理论中的生态系统的自组织会通过生物和生理的变化的互动作用来体现，人类系统的自组织通过人类之间的互动作用来体现③。系统从Ω到α阶段是一个快速的自组织阶段，当新的重组能进行不可预期的尝试时，这将导致下一个循环的变革。

以上的一些特点是Panarchy理论一个循环中的一些特点，但是在人类和生态系统的耦合作用下，系统运行不可能只有一个层次的循环，故而，Panarchy理论也提出层次之间的联系，在一个层次的某个阶段和另一个层次的某阶段会有多种潜在的联系(见图三)。Panarchy理论在一个层次进入他的创造性毁灭(creative destruction)的Ω阶段时④，这个崩溃触发了串联着另一个大而缓慢的层次，一旦导火索出现，就会影响着串联的大而慢的层次，特别是如果大

① C. S. Holling, Lance H. Gunderson, and Garry D. Peterson. 2001. Sustainability and Panarchy: Panarchy: Understanding Transformations in Human and Natural Systems, edited by Lance H. Gunderson and C. S. Holling, pp. 63-102. Island Press, Washington, Covelo, London.

② C. S. Holling. 2001. Understanding the Complexity of Economic, Ecological, and Social Systems. Ecosystems (2001) 4: 390-405.

③ C. S. Holling, Lance H. Gunderson, and Garry D. Peterson. 2001. Sustainability and Panarchy: Panarchy: Understanding Transformations in Human and Natural Systems, edited by Lance H. Gunderson and C. S. Holling, pp. 63-102. Island Press, Washington, Covelo, London.

④ C. S. Holling. 2001. Understanding the Complexity of Economic, Ecological, and Social Systems. Ecosystems (2001) 4: 390-405.

而缓慢的层次依然能够集聚缺点和刚性时，这就是不同的层次之间反抗(revolt)联系。当一个层次出现危机或大的灾难的导火索，另一个更大更慢的层次的 k 阶段可能对其的机会、限制和循环的更新产生一个深远的影响①，这便是不同层次之间的回忆(remember)联系。这个特点，说明一些行为在一个循环的一个阶段是合适的，在另一个循环中可能是不合适的，这会帮助我们理解在哪里该采取什么行动。

Robert 的杰出的贡献是重构了美索不达米亚社会的情况，加上之后他的一些后续研究，让他认识到人类社会从旧石器时代开始就存在的两个趋势；一是，在等级的差异化和社会复杂化完全的增长，也就是 panarchy 理论是超越时间的增加，如果一个层次的潜能被汇集到足够的量，它能跨越阈值，建立另一个大而慢的层次。二是，快速非持续的转变的发生，相对稳定的、长时段的被解释，总之，适应性循环在不同层次在 panarchy 理论中变得匹配弱点，相同时段因此，学者提出了串联 panarchy 的崩溃。社会的变化的这些模式是慢的冬天太的，对于社会组织，和机构时常不能应对这些慢的或许多变化对于他们来说是不可见，或许他们太复杂和争议性太大，而没有一个行为能被允许。如果一个适应性循环的崩溃是因为潜能和多样性已经被根除，通过滥用或由一个外部的力量，一个无创造性(贫穷)的处境能产生，随着低的关联性、低的潜能、低的弹性，因而创造一个无创造性(贫穷)的处境②。

总之，panarchy 理论描述了一个健康的社会生态系统，这个系统能创造和积累经验，并从创造中得益。当系统发生干扰时，如何创造机会保持系统安全运行。

---

① C. S. Holling, Lance H. Gunderson, and Garry D. Peterson. 2001. Sustainability and Panarchy: Panarchy: Understanding Transformations in Human and Natural Systems, edited by Lance H. Gunderson and C. S. Holling, pp. 63-102. Island Press, Washington, Covelo, London.

② Charles L. Redman. 2005. Resilience Theory in Archaeology. American Anthropologist, Vol. 107, No. 1: 70-77.

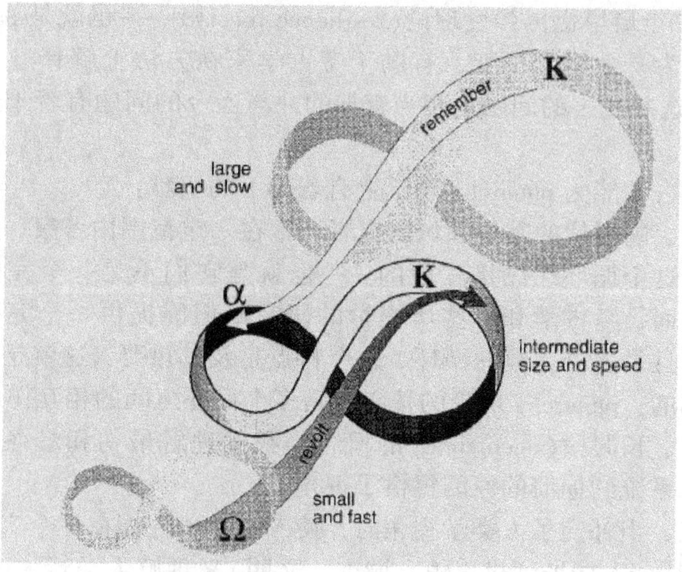

图 3　panarchy 理论循环之间的关系，摘自 C. S. Rolling

三、panarchy 理论应用

这个理论是生物学家提出，最早的应用也是在生物学领域。在当今全球化过程飞速发展的阶段，panarchy 理论为人类和生态系统的可持续发展提供三个解决方式：预防(precautionary)，新技术和行为方式的应用能减少化石能源的增长和减少我们排放有害物质；适应(adaptation)，气候的变化在一定程度上是不可避免的，所以要加强生态和经济系统的适应能力；反馈(reactive)，因为不可避免的环境变化和极端事件的发生，导致生态经济系统有崩溃的可能性，所以需要制定一些政策来应对环境变化和极端事件①。

① Marco A. Janssen. 2001. A Future of Surprises: Panarchy: Understanding Transformations in Human and Natural Systems, edited by Lance H. Gunderson and C. S. Holling, pp. 241-260. Island Press, Washington, Covelo, London.

这个理论介绍到考古学研究中要稍晚些，由 Charles. L. Redman 于 2005 年最早提出弹性理论(resilience theory)——也就是 panarchy 理论作为一个概念框架，有助于考古学家在方法上解释过去的问题①。这些过去的问题是相当有趣的并与当今的问题有着千丝万缕的联系。

考古学能为 panarchy 理论上有着如下的贡献：

一、同时代的其他领域研究者通常在一定范围内考察一个历史循环，这个循环往往是片段的——也就是它们不是一个完整的循环。然而，考古学和一些历史学的研究不但能提供一个完整的循环，而且是多个完整的循环。这个特点是及其重要，这就是我们之前说到的，panarchy 理论的核心就是多个循环之间的相互作用。

二、长时段(deep time)的概念为我们理解最初和最终的社会和生态系统的崩溃的原因提供了视角。

三、当补充了人类学视角时，使考古学研究能在一个广域组织规模(从个人居址到村、镇、城市、文明) 来理解人类行为的动力、社会的动力和生态系统。以上这些特点要求考古学家必须采用新的视角进行考古学研究。

四、考古学的记录让我们认可一些必然会出现或很大可能会出现的特点。这些特点是在社会复杂化的背景下产生的，主要包括以下几个方面：社会分层、知识专业化、生态简化等。以上这些特点要求考古学家必须采用新的视角进行考古学研究。

panarchy 理论特别强调稳定性、变化和必然性，它为理解变革提供一个框架。这些社会和环境的变革一般认为是脱节性的变化、有秩序的变化和有特点的变化，也就是说这些变化是被特定的动力、条件和机会所限制。作者关注于 panarchy 理论而不是其他理论，很大程度的原因是它的许多追随者——考古学家现在焦虑的面对考古的概念和数据，考古学家将 panarchy 理论应用在考古学研究

① Charles L. Redman. 2005. Resilience Theory in Archaeology. American Anthropologist, Vol. 107, No. 1: 70-77.

中，可以检验他们的的观点①。panarchy 理论增加了两个附加的特点，使我们增加对系统的动能的理解。一是，变化最终是不可避免的和重复的，尽管重复的循环是不会沿着一样的轨迹或是在类似的系统中。二是，这些适应性循环出现了跨越规模的现象但不是持续性的。这个理论是在变化和稳定之间、可预测和不可预测之间合理的互动。

之前研究历史性崩溃，主要关注于温度和环境的变化的能动性，很少关注多因素的整合。检验不同层次的细节，通过以下的这些案例，来找出更重要的、互动变化，来评估在时间尺度上，社会对于生态系统的开发和利用情况，以及整个系统的崩溃和重组的过程。当然 每个社会的系统运行情况是不尽相同的，诸如，埃及旧王朝时期，环境的恶化触发了国内战争，这个状况触发了经济、生计、政治和社会力量的串联，然后导致埃及旧王朝跨入了一个系统运行不稳定的门槛，进入了接下来一连串的衰退的火车上。而伊斯兰时期的美索不达米亚社会的衰落则与水资源的管理息息相关，当美索不达米亚被征服后，sasanid 系统(美索不达米亚社会的一套水资源的管理系统)被新的统治者弃用，新的水坝路线，选择了不同于之前的，但是更传统的路线，这导致了蓄水量只能到达之前的一半，这最终触发了一连串的连锁反应，导致伊斯兰时期的美索不达米亚的崩溃。Karl W. Butzer 通过分析埃及旧王朝、新王朝、伊斯兰时期的美索不达米亚等社会的崩溃，认为研究历史性崩溃要考虑以下因素：动态的输入、导火索和互动，年代框架，环境的弹性，政治的弹性和文化的弹性等因素。并认为历史性崩溃可能由以下原因造成：组织失败、经济网络的消亡、内战、入侵、环境恶化、人口变动和意识的变化②。社会崩溃在一个大的社会或空间规模上是一个转变。以下的一些因素随着系统的运行进行了重组并产生了一

① Charles L. Redman. 2005. Resilience Theory in Archaeology. American Anthropologist, Vol. 107, No. 1: 70-77.

② Karl W. Butzer. 2012. Collapse, environment, and society. Proceedings of the National Academy of Sciences of the United States of America 109(10): 3632-3639.

个长时段的影响：环境的变化与弹性、人口统计的情况与聚落规模、经济的模式、政治或社会的结构和意识或文化记忆。而且历史性崩溃的案例研究也为我们提供了一个测试的场景，就是古代遇到社会崩溃的情况是怎么处理危机来避免崩溃的，及能为现在社会的健康稳定的运行提供什么建议。这个转变能代表部分或全部的考古学进程，一些迅速的转变或灾难常在历史进化进程留下线索①。

接着，我们介绍一些应用 panarchy 理论研究的具体案例。美国西南部查科峡谷在公元 600 到公元 1150—1200 年，是 Anasazi 文化的中心。它的文明以巨大的木石建筑闻名，最高的建筑有 5~6 层，在 19 世纪八十年代芝加哥摩天大厦出现之前，这是北美最高的建筑。这个社会相对于中美洲地区的玛雅文化来说，不仅规模上小的多，人口数量与玛雅文化比起来也是相形见绌，而且 Anasazi 文化只有一些石构的建筑，这也没有玛雅文化的复杂。Anasazi 文化的社会衰落，用任何单一的原因解释都不太合理的，只有从人文环境影响与温度变化的交互作用，环境与人口的问题超越战争的影响，这个不能自给自足的社会强烈依赖于进出口，Anasazi 文化的社会在达到人口和权力的顶峰时，自然而然的走向了不可逆转的崩溃。

古气候研究发现查科峡谷的每年干湿的情况有着很大的变化，所以树木年轮法在这个区域是相当有效的一种测年方式和研究气候变化的方式，宽的年轮代表着当年的气候比较湿润，窄的年轮代表着当年的气候比较干旱。由于古代气候相对干脆弱，不适合农业生产，所以这个区域的农业也不是本地起源的，而且这个区域缺少可驯化的野生植物和动物，这些都是从墨西哥地区引进来的。火鸡的起源就相对复杂些，一些学者认为是两地共同起源，一些学者认为是一个地区影响另一个地区。由于以上的一些情况，Anasazi 文化

① Karl W. Butzer and G. H. Endfield. 2012. Critical perspectives on historical collapse. Proceedings of the National Academy of Sciences of the United States of America 109(10): 3628-3631.

的人们只是把农业作为附属活动，主要还是以采集狩猎为主，这种情况直到公元1年才产生变化，之后随着人口的扩张，农业活动才分布在整个美国西南地区。

但是，农业的出现，加之本地生态环境比较脆弱，所以Anasazi文化人们对于不同海拔和区域有着不同策略的水管理方式。Anasazi文化人们对于水的利用策略主要有以下三种方式：依赖于高地的水、依赖于地下水和依赖于收集的水，但是，由于人类的影响和环境的变化，最终导致了这三个策略都面临着严重的危机。Anasazi文化人们利用高地水会有一个难以解决的问题，高地比低地要寒冷，特别是气候低的年份，农作物可能不能生产或者产量较低。灌溉面临的问题则是：由于每年干湿情况变化较大，暴雨、洪水会冲垮大堤或水道。更保守的策略是利用泉水，在地下水丰富的地区发展农业生产，这个也会带来一些问题，比如：一些湿润的年份，一些边缘地区也会适合种植，这会导致人口增长，之后这个地区干旱年份来临，作物就会欠收，人口就面临着饥荒。轮荒耕种的方式在这个区域也不能实行，这个方式只适合低密度人口的区域，明显的是，Anasazi文化人口密度不满足这个条件。

Anasazi文化独立发明了石头建筑，当时的人们能建造一层到五到六层的房屋，最大建筑群有五百多间房屋，但是现在此地环境接近蒙古草原的，古代人们能用木头建造房屋，暗示了这个区域是有森林覆盖的，说明了古今环境的巨大变化。Chaco地区的人们就会利用他们附近三座山中的两座山上的森林，而且是轮流使用。在湿润的年份，意味着更多的雨，这会产生更多的食物，更多的人口，更多的建筑。大多数考古学家估测过这里人口，他们根据房屋的遗存估计当时这一区域的人口要少于5000人。Chaco地区的社会逐渐发展成为一个小型的帝国，社会分为：富有的精英，消耗着大量的奢侈品；贫穷的农民生产食物。考古学家还从建筑遗存发现，大房子是用在宗教仪式上的，这也暗示了社会的分化。一些学者对当时的垃圾和人骨进行分析，发现首领比贫民的饮食结构要好。由于人们对于生态的破坏，诸如建筑木石建筑砍伐当地森林，导致气候恶化，直到现在查科峡谷几乎没有树木，环境的恶化最终引发了生存危机，Chaco 地区在公元 1150 到 1200 年间被人们放弃①。

在 panarchy 理论的指导下，Michelle Hegmon 使用三个指标来进行研究 Anasazi 文化的社会，分别是：组合的等级、社会权力分类的等级和技术的等级。他们依靠对陶器风格、家户组织和建筑风格的分析，认为文化依赖和社会分层是刚性结构，会给系统带来困境，并导致变革。能动性的基本刺激是一个发展人造社会环境的方法，通过这个方法，我们能更好地理解刚性。

一些考古学家研究发现，玉米是受到温度变化比较大的作物又是当地主要作物。在 Anasazi 文化盛行的五百年多年中，曾出现两次比较的大降温(9 世纪中叶到 10 世纪中叶和 13 世纪)，导致玉米产量下降。除了玉米之外，当时人们为了补充蛋白质来源，会进行大规模的狩猎，这对于动物种群影响较大，反过来，动物种群的变化又会影响人口，比如说鹿的数量减少，导致人口规模稍有下降，直到火鸡被驯化(11 世纪中叶)，人口规模才再次出现上升渠道，并大量增加②。Anasazi 文化遗址使用的寿命依赖于景观的条件、景观数量、景观的家户数量和位置的因素决定的，而且农业的生产潜力、水资源、高蛋白的本地动物对家户的定居选择有着相当大的影响。考古学家认为在生计和定居的能动性上会有一个积极的反馈，以前的观点认为干旱或社会变化是影响人口迁移的主要因素，现在则会强调低频率的温度蒸发情况和高频率野生蛋白质的减少的事件导致了人们开始依赖于饲养家禽的策略，这个策略刺激了人口的增长，密集型农业(主要是玉米生产)的产生，最终导致了玉米在这个社会中有着重要的地位。一些学者研究发现，公元 600—

① Jared M. Diamond. 2005. The ancient ones: the Anasazi and their neighbors: Collapse: how societies choose to fail or succeed. Viking, New York. pp. 136-156.

② Bocinsky, R. Kyle and Timothy A. Kohler. 2016. Complexity, Rigidity, and Resilience in the Ancient Puebloan Southwest. In Viewing the future in the past: historical ecology applications to environmental issues, edited by T. Foster, L. M. Paciulli and D. J. Goldstein, pp. 86-105. The University of South Carolina Press, Columbia, South Carolina.

900年，移民在一些区域出现，一两个家户会形成村庄，当时，鹿类是主要的肉食来源，也能见到火鸡，但最初主要利用火鸡的羽毛或在仪式上利用火鸡。公元900—1060，在公元9世纪的后期至公元10世纪的中期，区域的人口开始减少(可能是受到第一次降温事件的影响)，大的村庄消失了，肉食来源从鹿类转向了兔类，低效率的农业生产不能满足火鸡的饲养条件。公元1060—1250年，随着人口的增加，开始出现社群，人们开始在玉米的高产地饲养火鸡，因为饲养火鸡活动消耗的卡路里比打猎要低。而且这一时期，其他野生蛋白质来源包括火鸡也被人们消耗的差不多了。这一时期，等级社会开始出现，这个情况可以在公共和私人的建筑上看的出来。公元1250—1280年，暴力和高死亡率导致了人口的减少，这个时期，社群或因为玉米收成的减少而放弃了饲养火鸡的策略，人们又开始狩猎鹿类和火鸡。人们因高产的农业而改变了生计方式，从打猎变成饲养火鸡，“火鸡—人—农业”这个循环需要玉米生产率来支持，随着玉米低产出的时期出现，人口随之受到影响，大规模的饥荒来临，这个时期冲突加剧。

第一次降温事件和动物种群减少等因素，虽然导致人口规模稍有下降，但因为人口规模较小，整个系统还有一定的弹性，所以社会没有出现崩溃。第二次降温事件，当时的人们已经形成“火鸡—人—农业”这种生计模式，玉米产量下降导致了火鸡的食物不足，又导致人口出现饥荒，战争随之出现，加之对于当地生态的破坏，系统的刚性已经达到顶峰，Anasazi文化直接消亡了。人们生活在一个脆弱和困难的环境中，会采取一些有着立杆见影的效果的策略，而放弃对整个人类—自然系统可持续发展长期有效但见效缓慢的策略①。

接下来我们讲谈谈东南亚的地区的一个考古学研究的案例。吴哥国家主要位于当今的柬埔寨地区，这个国家存在了好几个世纪，其中从公元802年到1327年时吴哥古典历史时期。吴哥的扩张和

① Jared M. Diamond. 2005. The ancient ones：the Anasazi and their neighbors：Collapse：how societies choose to fail or succeed. Viking，New York. pp. 136-156.

整合要归功于 Jayavarman 二世，他在位期间，建了一个疆域辽阔，政治稳定的国家，不过在他去世之后，他的继任者时常为了争夺王位而发动政变，其后国家一直动荡不安，有的继任者会面临着寻求国家独立或是面对着周边国家竞争等重大问题。直到他其中的一个儿子 Indravarman 一世成为统治者后，把首都迁到了吴哥地区，并在那里建造了大规模的建筑，特别是一个巨大的方形蓄水池。这个蓄水池的蓄水量特别大，可以蓄水超过 750 万立方米。30 年后 Jayavarman 四世把首都迁到 kohker，这个地方在吴哥东北 50 英里。他在位期间，建造了一座有影响的佛寺和一些蓄水设施。直至他死后，他的继任者把首都又迁回了吴哥。最为知名的吴哥王是 Suryavarman 二世，他的主要功绩就是建造了吴哥窟。吴哥窟占地 21 公顷，建立在一座人工湖上。Jayavarman 七世在位期间，不仅打败了强大的邻国，而且建立了吴哥城，帝国的版图也不断扩大。Jayavarman 七世是个虔诚的佛教徒，他的佛国思想影响了很多地区。

吴哥帝国有一些自己的特点。国家没有世袭的精英阶层，所以当时的国家是通过一些不同阶层的管理骨干来管理国家的。这个国家一直处在一个动乱的状态，虽然国家一度在东南亚地区处于霸主地位，但是国家内部经常发生政变和内斗，特别是一些大的王室家族之间。考古学家认为吴哥衰落的标志为：人口减少和城市被放弃。一些学者认为公元 1431 年，泰王洗劫了吴哥，之后吴哥就被彻底放弃了。一些学者认为公元 1327 年，最后一篇梵文的文本被发现，之后就缺乏文本记录了，而文字系统是当时国家控制的，只有少数精英可以掌握，所以文本缺乏，暗示了精英阶层已经离开吴哥了。

吴哥衰落的特点是短时间迅速的衰落，其衰落的原因有许多方面要考虑的：政治、社会、纪念碑建造、书写文字的使用、人口水平和聚落模式都是要重点考虑的因素。吴哥的财富依赖于水稻的生产，所以水管理和人口因素加上水稻生产等因素是理解吴哥衰落的关键。吴哥旁边的 Tonle Sap 湖每年都会泛滥，这个情况就和尼罗河一样能为农业生产提供肥沃的土壤。吴哥国家当时的水管理系统是叫做 Baray 系统，主要是利用水坝、蓄水池等一些水利设施灌溉土地的管理系统。这个系统使吴哥的农业生产的效率保持一个比较高的标准，能够让作物保持一年三到四熟。但是当时一个中国的士人叫周大观的到达这个区域，并且留下了游记。周大观的游记中记载了 Baray 系统，但是没有记载这个系统与灌溉或者农业生产有关，而且在他的游记中记载了一年三熟到四熟的地方也不只一个地方。

还有一些考古学家认为 Baray 系统反而会妨碍水流向稻田，Baray 系统里的水没有营养，因为这里的水是酸性的，而且缺乏有机质，一些考古学家建立的人口模型也是有问题的，或许当时的条件支撑不了那么多的人口。还有一些考古学家认为长达数十年的干旱和严重的台风是造成吴哥衰落的主要的原因。他们的依据是通过树木年轮、石笋和历史数据建立了十四到十五世纪的气候数据。但是，问题是这一区域的其他文明在这一时期依然存在，而且呈现的兴兴向荣的趋势。有些学者认为吴哥的政府机构、农业生产措施过于死板，以至于不能应对变化，而同一时期本地的其他王国有着不同的自然和人文环境，能够应对一些突发的危机。帝王社会一般都会内部斗争，就像会有潜在的军事入侵和军事叛变一样。周边的国家会利用水道进入吴哥城，洗劫城市、毁坏木石建筑、抢劫珍宝、杀掉国王，这是由于吴哥国家扩张和反扩张造成的。而且这一区域深受印度教和佛教的影响，两支宗教力量之间的冲突时常发生，也给国家带来不稳定因素。吴哥国家的后期木材成为塑像和建筑的主要材料，国际贸易对国家经济影响也越来越重要①。

综上，吴哥国家发展的过程中本身就存在一定不稳定因素，但是在这个系统的 r 到 K 阶段，由于整个复杂适应性系统有着强大的弹性，虽然国家一直处在不稳定的状态，但是整个趋势还是向前发展的。到了吴哥国家后期，由于国内的政变、军事斗争、国外的入侵、国家经济越来越依赖国际贸易、对外扩张消耗大量的人力物

① Guy D. Middleton. 2017. Understanding collapse: ancient history and modern myths. Cambridge University, New York, pp. 299-316.

力、对生态的破坏、农业生产依赖于湖水泛滥，这些原因共同作用，吴哥国家迅速衰落下去，整个系统进入了一个新的循环。考古发现吴哥被放弃的，国家没有最终垮台，这一地区的社会复杂化仍在继续，暗示了上一个复杂适应性循环的终结，新的循环的开始。

四、对国内的启示

国内虽然还没有利用此理论进行研究的例子，但国内有许多考古学材料可以套用此理论进行研究，试举两例。良渚文化主要分布于浙北苏南的太湖流域为中心，南限迄于浙南，并远及赣南、粤北；北跨长江直达苏北；西起皖东；东到海滨。同时它还与大汶口文化、典型龙山文化以及江西、广东地区的新石器文化，有着千丝万缕的联系。良渚文化是继承崧泽文化而发展壮大的，但其去向还不明确，至少与其后继者的马桥文化缺乏明确的继承关系①。是新石器晚期的一支考古学文化，盛行约为公元前 3200-前 2200 年②。

良渚文化发现众多高等级的大墓和丰富的玉器③。诸如福泉山墓地可分为三段，其中第三段墓葬年代最晚，共有十一座墓葬，其中残墓四座，随葬器吧不全。其他七座墓葬，或以玉钺、玉琮随葬，或以玉钺随葬，或仅以石钺随葬，总体上可分为三类。一类墓葬三座，这类墓葬有如下一些特点：一是随葬器物最为丰富，二是随葬的玉器多于随葬的陶器，三墓随葬的陶器分别为 2、13 和 8 件，而随葬的玉器别分别是 107、99 和 117 件，陶器数量占玉器数量的百分比分别是 1. 9%、13%和 6. 8%。三是不用工具随葬。四是这类墓葬除以石钺随葬外，还同时用玉钺与玉琮随葬，是这类墓

① 安志敏．良渚文化及其文明诸因素的剖析［C］. 良渚文化研究——纪念良渚文化发现六十周年国际学术讨论会文集．北京：科学出版社，1999：12-16.

② 张忠培．良渚文化墓地与其表述的文明社会［J］. 考古学报，2012(04)：401-422.

③ 刘恒武．良渚文化综合研究［M］. 科学出版社，2008.

葬的最显著特点。这四个特点表明这三座墓主人生前均是既掌神权又握军权的人物。二类墓葬也是三座，这类墓葬的特点：一是随葬器物相当丰富，但相互之间又存在着较大的差别，三墓随葬器物的总数分别是171、95和17件；二是一般来说，玉器随葬的件数虽仍高于随葬陶器的数量，但随葬陶器数量占随葬玉器数量的百分比则大为提高；三是不用工具随葬；四是这类墓葬无玉琮随葬，却均以玉钺随葬，同时还有随葬了石钺的现象。综合这四个特点可以看出，这类墓葬的墓主人是拥有相当财富、具有较高社会地位和握着军权的显贵。三类墓葬只有一座，随葬器物的特点如下：一是随葬器物相当丰富；二是随葬器物也以玉器为主，陶器为辅；三是随葬了玉、石质钻头一类工具，表明这位墓主人是制作玉石器的匠人；四是附属于他的那位孩童以玉背梳随葬，间接地表明他的社会地位较高；五是随葬了八把石钺，则说明他是一位具有行使军事职能权力的战士。综合上述，可知墓主人是一位拥有丰富财富、占据较高社会地位的人物。第二段墓葬只有五座，其中一类两墓，通过分析这类墓葬的特点，可认为这类墓主人的身份当和第三段二类墓主人的身份基本相同，也是拥有相当财富、具有较高社会地位和握着军权的显贵。二类三墓，这类墓葬墓主人的随葬器物具有这样一些特点：一是随葬品种类与数量存在相当大的区别；二是一个墓葬随葬玉器的数量虽多于陶器，但其中的玉器以玉珠为主；三是两座墓葬以锛、砺石随葬，表明墓主人生前职业与锛、砺石这类工具相关；四是这三墓均以体现墓主人具有行使军事职能权力的石钺随葬。综上所述，可知这类墓葬的墓主人与第三段的三类墓葬相当，是占有财富存在相当差异，或许社会地位也有些区别的兵农合一的战士。第一段墓葬十四座，其中一类墓葬八座，这类墓葬随葬器物的特点，反应了这类墓葬的墓主人均是自有经济与一定的劳动领域相关的具有行使军事职能权力的兼职战士。二类墓葬六座，通过分析这类墓葬随葬器物的特点，可见，二类墓葬的墓主人当是自有经济的而不具有行使军事职能权力的社会成员。综上可知，福泉山墓地，第一段墓地的墓主人是有一定财富和有玉器装饰的自有经济人员，其中70%的人员是具有行使军事职能权力的兼职战士；第二段墓地的墓主人，除具备第一段墓地的那类具有行使军事职能权力的兼职战士之外，增加了掌握军权的显贵；第三段墓地的墓主人，除含第二段那两类墓主人之外，增加了既掌神权又控军权的神王显贵。三个阶段随葬器物的质量和数量也存在区别，第一段的十二座墓葬随葬器物以件计的总数是 182 件，均每座墓葬墓主人的随葬器物约为 15 件；第二段的五座墓葬随葬器物的总数为 157 件，墓均件数约为 31 件；第三段除四座残墓外，余下的七座墓葬的随葬器物共有 722 件，墓均为约为 103 件。可见，权势与财富成正比，随着权贵人物与时递增，财富也与时递增。这种情况还体现于共时的不同身份人员墓葬随葬器物的数量方面：第一段墓葬，无石钺随葬的墓葬，墓均随葬器物 10 件；以石钺随葬的墓葬，墓均约为 17 件。第二段墓葬，以石钺随葬的墓葬，墓均 27 件；而以玉钺随葬的墓葬，墓均则约为 35 件。第三段墓葬，以石钺随葬的墓葬仅一座，随葬器物是 72 件；用玉钺随葬的墓葬，墓均随葬器物约为 94 件；以玉钺、玉琮随葬的墓葬，墓均随葬器物的数量则约为 122 件。可见财富与权势也成正比。瑶山墓地，位于杭州市余杭区安溪镇的下溪湾村，墓地的年代和福泉山墓地二段相当，即处于良渚文化中期。这处墓地共有十三座墓葬，其中一座是遭盗掘后清理出来的，不做分析。瑶山十二座墓葬分为三类，一类墓葬四座，这类墓葬随葬器物的主要特点：一是随葬器物十分丰富，且以玉器为大宗，这四墓随葬石器和陶器的总量分别均不足随葬玉器总量的 1%，显然是以玉器彰显主人既富且贵；二是各墓均无一件工具随葬；三是均随葬玉琮、玉钺和石钺，玉琮多达 3 件，少则 1 件，平均为 2 件。可知这类墓葬的墓主人，当是既掌军权又控神权的最高权贵，即掌控政权的神王。二类墓葬二座，随葬器物的主要特点：一是随葬品相当丰富，数量虽远不及一类墓葬，但仍以玉器为大宗。二是两墓均不随葬工具。三是用石质器物随葬，代替了本当是玉质的器物。四是两墓均不以玉琮随葬，仅使用一件玉钺和一件石钺随葬。综上可知，这类墓葬的墓主人是只掌握军权的相当富裕和处于尊位的权贵。三类墓葬六座，这类墓葬的随葬器物所显示的墓主人身份：一是均不以玉琮、玉钺和石钺随葬，表明墓主人身份与神权、军权和具有行使军事职能权力的战士无关；二是除两墓各随葬一件玉纺轮外，其他四墓均无工具随葬，随葬的纺轮用玉制，不用石、陶、骨制，目的是显示墓主人的华贵身份；三是其中的五墓随葬玉器的数量不仅远少于一类墓葬，也少于二类墓葬，墓均约为41件。可见，三类墓葬的主人都是当时社会的显贵。良渚文化早、中、晚三期墓地的级别、数量、等次或雷同，或相同。福泉山墓地所表述的三个阶段的社会关系与社会结构的演变，和良渚文化早、中、晚三期的社会形态的变化没有关联，其所讲述的仅是共居于福泉山墓地这一人们共同体的兴衰史。良渚文化墓地所以能区分为六个级别，根本在于墓地墓主人身份的区别。从财富和权势来看，可将良渚文化的居民自下而上划分为如下四大等级。其一，可编为第四等级者，是那些葬于良渚文化第六级别墓地的良渚文化社会的居民。这一等级的居民，基本上均从事农业劳动，处于社会下层，生活贫困，社会地位低，不能行使军事职能，死后无石钺随葬，但仍有自己的墓地、自己的家族、自己的居室和自营的经济。其二，可编入第三等级者，是生前具有行使军事职能权力的兼职战士，死后以石钺随葬的那些居民。这个等级居民的基本职业或为农业，或为手工业。手工业中的能工巧匠，兼职战士中的智勇双全而立有战功者，或兼具这两者的居民，均有较大的活动空间，向上可发展为这社会的显贵。这个等级人员的构成相当复杂。从他们死后所处的墓地来看，他们是第五、第四级别墓地的墓主，在这两个级别墓地所表述的社会单位中占据着头人的位置；同时，这第三等级者，也是第三、第二级别墓地中的墓主人，虽然在这两个级别墓地所体现的人群中仅居于次要或辅助的位置。从这些情况来看，第三等级的这一群体，在良渚文化社会的竞争中，当是造成良渚文化社会发展不平衡性和流动性的一支活跃人群。其三，可编入第二等级者，是生前掌握军权，死后以玉钺随葬的那些居民。第二等级者，在第三级别墓地所表述的人群单位中居于领袖位置，掌控着这单位的军权，同时，虽也挤入了第二、第一级别墓地，但仅居于辅佐的位置。其四，可编入第一等级者是生前既掌握神权又控制军权，死后既以玉钺又以玉琮随葬的人物，即掌控政权的神王，他们只见于第二、第一级别墓地，是良渚文化社会君临天下的最高统治者①。良渚文化大墓各墓地所出随葬品的种类、纹样及组合均有较大的一致性，只有等级、数量、好坏之差别，而无性质的差别。良渚文化大墓墓地墓葬的数量多为十多座，这种小墓地的社会组织规模显然要小，似为人们通常认为的家族墓地。与良渚众多的小墓相比，良诸大墓墓地显要，随葬丰厚，显然应是当时社会中上层人物的墓葬，且各墓地多随葬象征权力的器物，应有领袖的地位。诸大墓墓地中多有成对下葬的墓葬，这是对偶异穴合葬的形式，正与其归葬的家族墓地形态相合。而于瑶山、反山墓地制度更是森严，其墓主男女各分两列，最早的墓葬居中，晚者依次向两边分别下葬，而且其中标志权力的器物似由男性掌握。良渚墓中、晚期间，良渚社会发生了较大的变动，良诸遗址群晚期规模不如中期大，但从其仍出刻符玉琮、璧来看，其地位似不减当年②。

良渚文化玉器系统以琮、璧、钺、冠状器和三叉器等为标志性器种，是中国新石器时代内涵最丰富、影响最深远的玉器系统之一。玉琮是良渚文化标志性的器物，玉琮出现于良渚文化早期，一般被认为是礼器。锥形器也是良渚文化早期的新出器种，数量不多。冠状器是良渚文化代表性玉器之一，冠状器不见于比良渚文化早期更早或者与同期的其他地区的史前文化，这种玉器起源于环太湖地区，一般认为是梳柄，并已经被最近的考古发现所证明。龙首牌饰是出现于良渚文化早期的一种特殊玉器，是良渚文化的独特器种。良渚文化早期琮、冠状器、锥形器和龙首牌饰等良渚文化的典型器种以及良渚文化特有的兽面纹，在这个时期已经开始出现，尽管数量尚少，所占比例很小，但是它说明在良渚文化早期环太湖地区独自的玉器文化系统已经开始萌芽③。综观所述，良渚文化礼仪

① 张忠培．良渚文化墓地与其表述的文明社会［J］．考古学报，2012(04)：401-422.

② 张弛．良渚文化大墓试析［J］．考古学研究，1997：57-67.

③ 刘恒武．论良渚文化玉器系统的萌芽［J］．考古与文物，2008(01)：29-34.

用玉的文化特征有如下几点：具有图腾崇拜和祖先崇拜双重观念的宗教色彩；巫术色彩浓重，说明良渚文化时期的宗教主要是以巫术的形式表现的；王权、神权难分难解，神权具有强烈的权威性，而王权则带有浓郁的宗教意味；具有瑞玉、礼玉的多重性。如璧、琮、钺，璧有对天的膜拜及对权贵的敬仰，并同时用于敛葬，是这几种功能的综合体现，琮是祖先崇拜的产物，也是敛葬用玉，表现了祖先神灵对死者的护，钺代表了宗教的神权，同时也是有军事首领意味的王权的象征①。良渚的玉器使用方式又以玉敛葬方式最为常见。张陵山 4 号墓随葬的玉器二十多件，放置在墓主的头、胸部，有璧、珠、穿孔斧、镯、锥形饰、坠饰和佩饰，质料多为透闪石、阳起石，属软玉一类。墓中还出土用阳起石的边角料制成的玉蝉，阴线刻划出蝉的头、身和翅，形象古朴生动，尾部穿三孔，似为佩饰。草鞋山遗址 198 号墓，中间一组的随葬品较多，南部有玉璧一件、玉琮二件，还有玉锡、玉管和玉珠；中部有小玉琮、穿孔玉斧和石斧各一件以及一些玉珠。第二组位于第一组的北边，有玉璧、玉琮各一件，玉锥形饰六件。第三组位于第一组的南边，有玉镯一件、玉珠十一颗。寺墩墓地 8 号墓随葬的部分玉璧、玉珠、石斧上有火烧痕迹，说明埋葬时举行过某种用火的敛葬仪式。随葬有陶制生活用具、玉石制生产工具、玉制装饰品、玉制璧琮，共计一百二十余件，而以五十六件玉制璧琮最具特色。二十四件玉璧出土时分置头前脚后各十余件，一部分压在头脚之下。制作最精的两件放在胸腹之上，放在腹部的一件最大。三十二件玉琮中，一件镯式玉琮置于头部右上方，三十一件方柱体玉琮除一件置于头部正上方外，其余都围绕人骨架四周②。良渚文化早期玉器随葬墓大多属于厚葬墓，根据统计，将近 70%的玉器随葬墓的随葬品数目在 10 件以上，将近 1/4 的玉器随葬墓的随葬品总数在 40 件以上，各遗址良渚文化早期墓葬中随葬品数量最多者基本上都是玉器随葬墓。而

---

① 刘小菁．良渚文化礼仪用玉的文化特征[J]．华夏考古，2002(03)：50-56.

② 汪遵国．良渚文化“玉敛葬”述略[J]．文物，1984(02)：23-36.

且，10件以下随葬品的玉器随葬墓也大多位于高地或人工土台①。上述几处良诸文化墓葬中随葬的饰有精致刻纹的轮制陶器和多种类别的玉器，制作时都需耗费大量的劳动。玉制璧、琮还包含更多的意义。良诸墓葬中的璧、琮应该就是祭祀用的礼器。墓主占有这些礼器，说明生前掌握祭祀天地的权力，即掌握原始宗教的祭祀权②。良渚文化社会是被玉器表述出来的社会，是否能以玉器随葬，随葬玉器的数量和类型表现着人们是贫还是富，是无权者还是有权者，掌握着何等权力和处于什么样的社会地位，如实地以玉器表述出被撕裂为六个级别的墓地和区分出四大等级的人群③。

良渚文化还发现了大规模的聚落，其中良渚地区，主要包括杭州市区钱塘江以北部分和湖州市区及德清、长兴两县，面积约4500平方公里。第一期的遗址有十处，其中一级聚落，甲类——瑶山、反山。二级聚落，吴家埠。三级聚落，后头山。四级聚落，毗山、庙前、邱城。五级聚落，钵衣山。等级不明的聚落，邱城、上口山。第二期的遗址有八处，其中一级聚落，甲类——瑶山、反山。二级聚落，吴家埠。三级聚落，后头山、钵衣山。四级聚落，上口山、水田畈、庙前。第三期的遗址有七处，其中一级聚落，甲类——横山、汇观山、反山。二级聚落，庙前。三级聚落，无发现。四级聚落，无发现。五级聚落，后头山。第四期的遗址有四处，其中一级聚落，甲类——汇观山。二级聚落，辉山。三至五级聚落均无发现。等级不明的聚落：庙前、邱城。余杭区东部的遗址有一定数量，且呈一定的聚群状态，其中横山、玉架山、茅山三个一级聚落基本上位于这些遗址的中心，因此，这一带的遗址应该构成一个较独立的聚落群，称为横山聚落群。在德清和余杭之间也有

---

① 刘恒武．论良渚文化玉器系统的萌芽[J]．考古与文物，2008(01)：29-34.

② 汪遵国．良渚文化"玉敛葬"述略[J]．文物，1984(02)：23-36.

③ 张忠培．良渚文化墓地与其表述的文明社会[J]．考古学报，2012(04)：401-422.

不少遗址，其中新安桥为一级聚落，二级聚落则有金家墩，而桐乡西部的一些遗址也离它们很近，称为新安桥聚落群。在德清县和南浔区之间，也有不少遗址，其中东林乡为一级聚落，其周围有塔地、辉山两个二级聚落和更多的等级不明的遗址，称为东林聚落群。加上众所周知的良渚聚落群，可以划分出横山聚落群、良诸聚落群、新安桥聚落群和东林聚落群四个比较明确的聚落群。良渚遗址群中的遗址主要分为三大群。其位于中间的一群大体在良渚古城内或其周围很近的地方，它们中很多建在土台之上，但其中最重要的还属古城之中面积最大的莫角山遗址，面积约 30 万平方米，可能为宫殿、宗庙一类建筑。而莫角山东部的马金口、龙里、小马山、石安畈等遗址实为一体，共同位于一个面积约 15 万平方米的土台上，可能是一个独立的高等级建筑。墓地的数量不少，其中很多为高台墓地，如文家山、仲家山、反山、石前圩，而有些则未发现高台，如公家山、卞家山、和尚斗、后杨村。墓地中最重要的当属反山，它是目前城内唯一一处明确的贵族墓地，是良诸早期规格最高的一级墓地。良渚遗址群虽然在整个良诸文化时期不乏高等级墓葬，尤其是一期晚段至二期更是达到了鼎盛阶段，但良渚文化晚期却有衰弱的趋向，晚期不再有宫殿式基址，也不再有顶级贵族墓地，玉器连同大型祭坛一并衰微了。嘉兴地区，桐乡南部和海宁西部的遗址总体来说应为一个大的聚落群，以大园里一带为中心，外围还有店街塘、佘墩庙两个一级聚落和管城、落晚和白墙里等二级聚落及更多的低级聚落，为荷叶地聚落群。桐乡东南和相邻的嘉兴、海宁、海盐地区有一片聚群遗址，其中普安桥和姚家山为两个一级聚落，周围有金家浜、周家浜、仙坛庙、大坟墩、小兜里等八个二级聚落，称为普安桥聚落群。嘉兴东南的聚落部分呈聚集状，一级聚落——曹庄位于其中央，目前这里发现的二级聚落大坟和高坟墩都在北部且相距较近，不过东南有很多面积较大的遗址，划为曹庄聚落群。平湖东南的聚落也有一定数量，以乙类一级聚落戴墓墩为中心，东北部有窑墩、庄桥坟、平邱墩、横沼村四个二级聚落，还有图泽、马厩庙、朱皇庙、王坟遗址，划为戴墓墩聚落群。嘉兴地区北部的遗址，只发现双桥一个一级聚落，但其遗址规格非常之高，另外离它较近的应家港遗址面积 12 万平方米，可能是一个高等级聚落，称为双桥聚落群。苏沪地区，北部从阳澄湖南岸到淀山湖北岸一带遗址分布较密，大体以阳澄湖——淀山湖一线为界，北部的遗址可进一步分为东西两个小区。其中东侧的小区中，北部的聚落集中于阳澄湖的东南，草鞋山和绰墩遗址为目前发现的两个一级聚落，称为草鞋山聚落群。中部的聚落聚集在少卿山周围，张陵山、赵陵山、少卿山为高级聚落，称之为张陵山聚落群。南部的聚落多分布于现在青浦区周围，福泉山为其中的一级聚落，称为福泉山聚落群。总之，中东部的三个聚落群应代表三个较固定的群体，而一、二级聚落群则只有福泉山在整个良渚文化时期稳定发展，良诸文化早期可能受其他政体影响较大，甚至附属于其他政体，但良渚晚期则显得较强大。湖北地区，主要包括现在苏州市的常熟市、张家港市、常州市区、无锡市区和江阴市，共发现良渚文化遗址 57 处。遗址分布较其他地区分散，其中东南部的常熟一带有一定数量的遗址，并有邱承墩、嘉菱荡、罗墩、黄土山、三条桥五个高等级聚落。常州市区和江阴市西部有一定数量的遗址，有高城墩和寺墩两个一级聚落，推测周围应有更多的遗址，归为寺墩聚落群。常州市区东南有几个遗址，其中位于中部的青墩为一级聚落，为青墩聚落群。根据上述分析，良诸文化每个层次的社会集团内部也有相当的分化。从聚落内部的情况看，一级到五级墓地，每个级别墓地中的墓葬都有差别，各个级别的墓葬数量呈金字塔状分布，说明一个家族内除了个别的人担任酋长、巫师等重要职务外，多数人还是低等贵族或普通劳动者。良渚文化不同等级聚落中的家族社会地位和控制力是不同的，四、五级聚落中的家族应该是最基层的人民，而一至三级聚落中的家族则拥有一定的地位和控制力。不同聚落小群之间和不同聚落群之间的差距，代表了更大范围上的分化尽管良渚文化社会的分化已经非常严重，从另一个方面看，血缘关系仍是一种非常重要的社会纽带。良诸文化聚落的稳定性，一级墓地的出现，体现了社会分化过程中家族层次上的区别。高等级聚落的聚群现象，在良渚聚落群、横山聚落群中这种现象体现的比较明显，即数量较多的一、二级聚落都聚集在聚落群中心的小区域内①。良渚遗址群所具备以下特征：占地大约 50 平方千米，目前已确认的良渚文化各时期遗址约 135 处，不少是人工堆筑的高土台遗址。可以推知，良渚遗址群曾是一个众多人口的地域集团的生息空间；大型人工构筑物，莫角山遗址是一处面积约 3 万平方米的大型夯土台基，在该遗址还发现了很多柱穴、红烧土，各种迹象证明它是一处拥有非常复杂的结构和功能的复合型设施，这个规模工程的完成，需要有劳动力动员、管理、组织能力加以支持，还需要大量剩余产品的统一征调加以保证；特殊礼制设施与埋葬设施，反山、瑶山、汇观山等祭坛和玉器大墓合一的高台墓地，与普通的中小型墓葬形成鲜明对照，这反映出阶层分化的加剧和财富差距；玉器、石器制作遗址，良渚遗址群内发现塘山玉器制作遗址和钵衣山石器制作遗址，玉琮、三叉形器、兽面牌饰等玉器应该出自专业生产者之手，玉器作坊的发现证明了遗址群内手工业集团的存在；良渚遗址群与外界的贸易活动也是可以肯定的，玉料、食盐等物品必须通过跨区域的交换来获得。聚落级差是聚落发展不均衡的结果，部分聚落在规模尺度和复杂程度上相对于其他聚落的超越，导致聚落级差的发生，大型聚落的出现和城市的萌芽是聚落级差扩大化的体现。聚落级差的扩大，必然导致资源分配体系的变动和聚落关系的紧张，进而引发聚落间的对抗、联盟，若干聚落的兼并与统合往往催生超大型聚落。聚落级差扩大化过程至良渚文化中期达到高峰，级差现象本身一直延续至良渚文化晚期。良渚遗址群显示了聚落级差扩大化以及社会复杂化的最高程度，已经是一个处在萌芽状态的城市②。良渚遗址美人地、扁担山以及里山 1 的发掘，显示长条状土垄遗址都是良诸文化晚期居住的场所。人工堆筑的居址，并经过较长时间的扩建，良诸文化土台遗址一般都为居址和墓葬复合型，美人地、扁担山等可能和卞家山等遗址一样，是墓葬和居址的复合型遗址。这些长条垄状遗址相互连接形成若干

① 郭明建．良渚文化宏观聚落研究[J]．考古学报，2014(01)：1-32.

② 刘恒武，王力军．良渚文化的聚落级差及城市萌芽[J]．东南文化，2007(03)：12-16.

个几何框体，显示出一种以莫角山土台为中心、围绕城墙紧密分布的特点，与一般良渚基层聚落散点状分布的特征明显不同，是与良渚古城密切相关的建筑结构。从莫角山、城墙到外围框体，堆筑高度由内，而外逐步降低，显示出一种等级差别，这些外框就是良渚古城的外郭。由若干长垄状土墩构成的独立区块组成，各区块并不相互接续构成如里圈城墙一样标准的框状。而堆筑垄状土墩作为居址和墓地，与本地沼泽的环境因素密切相关。城内的莫角山宫殿区边缘也同样堆积很厚的良诸文化晚期阶段的生活废弃物。良诸古城的系统结构在良猪文化晚期阶段进一步发展，形成了以莫角山为中心，向外依次为城墙、外郭、外围水利设施完备的城市格局①。良渚文化中，不论是早期的良渚遗址群还是晚期的寺墩，其规格之高都是建立在对玉器资源的控制之上的，如此，它们才可能对其周围的政体有较大影响②。

近些年来又发现先进的水利系统，塘山水坝群，位于良诸文化遗址群北部，塘山可分成三段，西段由毛元岭到西施坞—横堂山的南北向高垄为止，呈弧形分布，为单层坝结构。中段从横堂山开始，东到翁家头，此段为南北双层坝体结构，北坝和南坝保持同步转折，形成类似渠道的结构。东段为单坝结构，在北侧石岭村和大遮山之间的位置，在河中段的塘山北侧还钻探到一定范围的沉积相淤土堆积，说明是蓄水区。岗公岭水坝群，位于遗址群西北侧，发现岗公岭、老虎岭、周家贩、秋坞、石坞、蜜蜂弄六条坝体。以上六条水坝又可分成东、西两组。东部岗公岭、老虎岭和周家贩三坝封堵了岗公岭西侧主山谷和前山东侧支谷的来水，秋坞、石坞和蜜蜂弄三坝属于西部一组。六坝皆位于山谷谷口位置，为高坝系统。鲤鱼山水坝群，位于瓶窑镇西北，发现狮子山、鲤鱼山、官山、梧桐弄四条坝体。四条水坝连接断续的小山，通过栲佬山、南山与塘山连接，形成低坝系统。良诸古城水利系统可能兼有防洪、运输、

① 王宁远，刘斌，闫凯凯，陈明辉．杭州市良渚古城外郭的探查与美人地和扁担山的发掘[J]．考古，2015(01)：14-29+2.

② 郭明建．良渚文化宏观聚落研究[J]．考古学报，2014(01)：1-32.

用水、灌溉等诸方面的功能。从防洪角度看，天目山系，夏季极易形成山洪，对地处下游平原的良诸文化遗址群形成直接的冲击。通过水利系统的高、低两级水坝，可以将大量的来水储积在山谷和低地内，解除了洪水的直接威胁。在运输方面也应具有重要作用。天目山系可以为遗址群提供丰富的石料、木材，水运是一种最经济便捷的运输方式。在外围兴建水利防洪设施，使整个遗址群能趋利避害，兼得山泽之利，使区域经济得到极大发展，最终促进了良渚古城这些文明因素出现①。

故而，一直是讨论中国文明起源的热点文化之一。良渚文化社会，神权最高，军权居次，但军权却是社会统治的基础。因此，良渚文化社会政权的性质是神王国家，称之为政教合一的国家②。对于良渚文化的衰落，有着不同的认识。良渚“古国”是神权、军权、王权相结合，但神权高于一切，是造成国家走向消亡的根本原因。因掌握神权的巫师，无所节制地将社会财富大量用于非生产性的宗教祭祀上。掌握神权的巫师，不是靠自己的军事才能和行政才能管理国家，而是靠向神致祭、同神对话秉承神的意志和个人想象来实现领导③。良渚文化向外扩展后，很快便衰落了，北进失利可能是导致良诸文化衰落和消亡的一个主要原因。因每一次较大规模争战中失败的一方，不仅人力、财力遭到更大损耗，而且极易导致内部的分化或解体，加上水患则彻底结束了良清文化复兴的可能性④。或许上述原因都有一定的道理，如果能引入 panarchy 理论，讨论良渚文化社会如何在怎么从 r 到 k 阶段，或许对于我们理解良渚文化的消亡会有所帮助。

二里岗文化作为中国青铜时代的一支考古学文化，似乎也能应

① 王宁远，刘斌．杭州市良渚古城外围水利系统的考古调查[J]．考古，2015(01)：3-13.

② 张忠培．良渚文化墓地与其表述的文明社会[J]．考古学报，2012(04)：401-422.

③ 李伯谦．中国古代文明演进的两种模式——红山、良渚、仰韶大墓随葬玉器观察随想[J]．文物，2009(03)：47-56.

④ 朔知．良渚文化的初步分析[J]．考古学报，2000(04)：421-450.

用此理论进行研究。二里岗文化最初发源于郑州地区。二里岗文化下层时期，它的陶器传统以鹿台岗类型的炊器、继承了二里头文化的部分器类、吸收改造了周边考古学文化的器物，并新创了一批器类为代表，形成了二里岗文化的器物群。它的青铜器制造技术则是继承了二里头文化的铸铜传统，在器物风格上都属于罗越 I 式的风格，铜爵等三足器铸造技术也是延续二里头文化的技术传统，新的器类出现的不多，暗示了这一阶段还是二里岗文化铸铜技术的初创阶段。建筑的传统大体也是延续二里头文化的夯筑传统，只是二里岗文化的城址方向都会偏向东北。

二里岗文化下层已经完成对二里头文化的取代，并向外扩张。向南到达盘龙城，建造了盘龙城的夯土城，向北取代了东下冯文化，沿途建造了垣曲商城和东下冯商城，最后，向西到达了西安地区的老牛坡遗址。上述地区二里岗文化分为东下冯类型、盘龙城类型、北村类型，郑洛地区被认为是二里岗类型。首先说明了二里岗文化本身在不同区域有着不同的差异，其差异性可能在二里头文化时期已经存在，其次二里岗文化在扩张过程中并没有完全消灭土著文化，反而是与地方土著很好的融合了。

二里岗文化时期，在郑州出现了郑州商城，郑州商城可以分为内城、外城，内城面积为 290 万平方米，外城调查发掘一部分至今还没复原完整，但是面积很大。郑州商城东北有大片的夯土基址，暗示了这里可能是宫殿区。在紫荆山路和南关外分别发现了铸铜作坊，铸铜的遗物有陶范、铜渣、坩埚等，其中陶范以工具范为主，结合历年来郑州周边墓葬和窖藏出土的青铜器，我们相信在郑州商城存在生产容器的作坊。在铭工路发现一处制陶作坊，出土有烧流的陶器和制陶工具，但是发现的陶器多属于泥质的盆类，暗示了这是一处以泥质盆为主要产品的作坊，郑州商城内存在着专业的陶器生产分工，不同器类由不同作坊生产。向阳回民食品厂、杜岭等铜器窖藏的出土暗示了二里岗文化的人群存在着隆重的宗教活动①。

① 河南省文物考古研究所．郑州商城——1953-1985 年考古发掘报告[M]．文物出版社，2001.

偃师商城位于郑州西部的偃师市，距离二里头遗址也相当近，在二里岗时期出现了一座夯土城。不同于郑州商城在二里头文化时期，存在丰富的二里头文化，甚至有二里头文化夯土城的可能，偃师商城基本是在一片空白地带建造的夯土城。偃师商城由宫城、小城和大城组成，总面积达190万平方米。偃师商城的手工业作坊迹象不是很清楚，宫城内有大量的夯土基址，有一处被认为是府库遗存①。

盘龙城位于武汉市，盘龙城的发展可分为三个阶段。第一阶段是盘龙城作为城市的形成时期，聚落在王家嘴及后来的南城垣一带开始形成，分布在王家嘴岗地南部，李家嘴发现的灰坑，杨家嘴发现的随葬陶器的墓葬都直接反映了聚落的扩展。这一时期的盘龙城可能是中原朝控制长江中游地区的重要据点。第二阶段是盘龙城作为中心城市的繁盛时期，在其后宫殿区的位置开始兴建大型夯土建筑，暗示聚落的进一步分化与蜕变以及权力中心的形成。稍晚宫殿区、城垣、高等级贵族墓地逐渐形成，尤其是李家嘴墓葬规模之大、随葬品数量之多和品质之高不仅在盘龙城的各发展阶段！而且在二里冈文化时期城市中都是绝无仅有的现象。可说明这一阶段二里岗文化的影响在长江中游地区达到顶峰！第三阶段是盘龙城作为中心城市的衰落时期。这一阶段盘龙城的重要变化是原有的宫殿区被废弃，杨家湾已成了新的城市核心，以杨家湾岗地及东西两侧的杨家嘴和楼子湾最为丰富，说明杨家湾岗地在这一时期人口密度较大，但原有的聚落点不断被废弃②。

盘龙城城市发展阶段就可以作为一个复杂适应性循环，从盘龙城作为聚落的开始，到最终被废弃，我们可以考察盘龙城当时的人们怎么集聚资源，增加关联性，系统的刚性什么时候到达最大阶段，最后怎么衰落了。盘龙城的聚落发展作为了一个大循环，当时

---

① 中国社会科学院考古研究所．偃师商城(第一卷)[M]．科学出版社，2013.

② 张昌平，孙卓．盘龙城聚落布局研究[J]．考古学报，2017(04)：439-460.

人们怎么通过自组织的形式推动的城市的发展。当然郑州和偃师分别作为同一层次的循环，加上其他的一些大型的聚落，他们之间的互动关系。整个二里岗文化区域又可以作为一个更大层次的循环，可以考察的大的循环与盘龙城、郑州、偃师等中等循环的回忆联系。盘龙城内部诸如王家嘴作为聚落从兴起到衰落可以作为小的循环，也可以把盘龙城的制陶、铸铜等生产活动作为一个循环，可以探寻这些小的循环与盘龙城聚落这个中等循环之间的反抗关系。最终可以考察二里岗文化的人们怎么应对系统的不同发展阶段，采取了什么措施保持系统的弹性，最终由于什么哪些措施的失误造成整个循环崩溃。

五、结　　语

复杂适应性系统认为自然是多种因素交互自用的结果，其中 Panarchy 理论把自然系统、人类系统和人与自然的系统耦合在一起。此理论的核心是适应性循环，这个循环可以分为四个阶段，其中 α 阶段是其重要特点，构建了新的循环产生的动因。Panarchy 理论，把一个循环分为前环和后环，系统的轨迹会在两者是交替进行的，因此又可以分为轨迹运行的四个阶段。在一个循环中，Panarchy 理论认为潜能、关联性和弹性是影响循环进程的重要因素，而自组织则是，一个循环结束，下一次循环的开始的关键因素。但系统不可能只有一个循环，故而，Panarchy 理论也提出不同层次循环之间会有多种潜在的联系。这个理论为考古学研究中的历时性崩溃提供了新的视角，诸如美国西南部的 Anasazi 文化和中国东南沿海的良渚文化。

英国经典作家研究近期动态一瞥
——以菲尔丁、康拉德和哈代为例

朱宾忠　周小川　黄　靖
武汉大学外国语言文学学院

篇首语：本文选取英语世界2016—2019年关于亨利·菲尔丁、托马斯·哈代和约瑟夫·康拉德三位小说家的研究成果，进行梳理和分析。就菲尔丁而言，在比较研究、主题思想、艺术形式及特色研究方面拓展较多，而关于其小说理论、小说改编、小说教学等方面的研究相对薄弱。哈代研究方面，心智、认知与情感、人类与非人类及共同体研究成为近年新趋势，情感研究和动物研究几成显学。康拉德研究方面，小说本体研究、客体研究、主题思想研究均有相当深入的开拓，无政府主义和殖民主义研究渐成热门话题。

自文艺复兴以来，英国文学在欧陆文化及文学思想的影响下，欣欣向荣，大师辈出，经典作家数以百计，经典作品难以胜数。要对英国经典作家在一段时间内的前沿研究动态进行较为周全的描述，几乎是一个不可能完成的任务。好在“管中窥豹，可见一斑”。笔者拟选取极具代表性的三位经典作家，就英美学界过去三年内(2016-2018)关于他们的研究做一些样本式的统计分析和观察与思考，以期获得对英国经典作家研究的一般性认识。由于亨利·菲尔丁(1707—1754)是英国文学史上最重要的作家之一，有小说界的莎士比亚之称，其作品内容广博，意蕴丰富，具有敏锐的洞察力和深刻的批判精神，具有极高的艺术价值和思想价值，因此，他成为首选。紧随其后的维多利亚时代文学传统杰出代表的托马斯·哈代。最后是有“英国现代主义小说的先驱”之称的约瑟夫·康拉德。文章将分三个部分展开，由朱宾忠、黄靖、周小川分别撰写菲尔丁研究、哈代研究和康拉德研究。以下就三位作家的研究状况进行介绍和描述。

一、菲尔丁研究

过去三年来(2016 至今)，菲尔丁研究保持着相当的热度。根据笔者在 Project Muse 和 Jstor 数据库里检索的结果统计，涉及他的研究成果共有 42 项，其中专著 4 本，论文 38 篇(其中期刊论文 25 篇，论文集论文或者专著中的专章论文 13 篇)。以下分三个部分进行讨论：研究者现状、研究对象与话题、重要著述观点述评。

(一)研究者现状

就菲尔丁研究者而言，前辈大牌学者近年来总体上逐渐淡出前沿阵地，有的辞世，有的不再有新作发表。供职于美国密歇根大学英文系的谢里丹·贝克(Sheridan Baker)教授于 2000 年辞世，其身后最后一篇论文为《菲尔丁：小说的喜剧现实》(“Fielding: The Comic Reality of Fiction.”)，刊登于 2014 年由哈罗德·布鲁姆(Harold Bloom)编辑出版的论文集《十八世纪英国小说》(The Eighteenth-Century English Novel)。最富盛名的菲尔丁研究专家，弗吉尼亚大学英文系资深教授马丁·巴特斯廷(Martin C Battestin)于 2015 年辞世，其最晚近的涉菲尔丁研究成果是整理、编辑并于 2008 年出版的菲尔丁部分作品，题为《菲尔丁——〈前往里斯本记行〉、〈莎米拉〉及其他零星作品》(Henry Fielding—‘The Journal of a Voyage to Lisbon’, ‘Shamela’, and Occasional Writings, Clarendon Press)。供职于马里兰州美国海军学院的南希·梅斯教授(Nancy A. Mace)自 2012 年以来再无涉菲尔丁研究成果面世，其最晚近的作品是刊登于 2012 年春秋合刊的 *The Scriblerian & the Kit-Cat* 上的一篇关于新版《阿米莉亚》的书评。供职于美国约翰·霍普金斯大学英文系的罗纳德·保尔森教授，是著名的霍加斯研究专家，在菲尔丁的研究方面也颇多力作。他于 1959 年开始发表研究菲尔丁的文章，几十年来没有中断过。2000 年出版的《菲尔丁评传》(The Life of Henry Fielding: A Critical Biography)是他涉菲尔丁研究最晚近的一部作品。供职于宾夕法尼亚大学英文系的约翰·芮歇蒂(John Richetti)最晚近的涉菲尔丁研究成果为 2002 年发表于《英语和日耳曼语文学杂志》(The Journal of English and Germanic Philology)上的小论文《工作中的亨利·菲尔丁：治安官、商人、作家》("Henry Fielding at Work: Magistrate, Businessman, Writer.")，此后再无成果面世。供职于耶鲁大学英文系的吉尔·坎贝尔(Jill Campbell)教授最近一篇涉菲尔丁研究的论文为《菲尔丁风格论》，刊载于詹妮弗·普雷斯顿·威尔逊和伊丽莎白·克拉夫特主编的《亨利·菲尔丁小说的教学方法论》(Approaches to Teaching the Novels of Henry Fielding)。

但有几位资深的菲尔丁研究学者，虽然年事已高，还在继续发表作品，持续发挥影响。他们是菲尔丁研究的核心领军人物。供职于英国伦敦大学的唐尼教授(Downie, J. A.)，作为英国十七、十八世纪文学研究专家，主要聚焦在斯威夫特和笛福的研究上，他关于菲尔丁研究的成果虽然不多，但却比较厚重，其于 2009 年出版的《亨利·菲尔丁的政治传记》(A Political Biography of Henry Fielding)，主要研究了菲尔丁的政论性写作，他作为一个辉格党成员所承载的该党意识形态，及其作品中蕴含的政治倾向和政治思想。Scott Black 于 2013 年在 The Scriblerian & the Kit-Cats 秋季刊上发表了关于这本书的一篇书评，称赞该书的"论述非常有用并且清晰，也许是迄今为止最为透彻的解读，极有可能成为一种定义性的论断。"唐尼教授在 2017 年出版的《牛津英国小说史第一卷：从印刷肇始到 1750 年间的英国散文体小说》上刊登了比较研究专论《克莱丽莎与汤姆·琼斯》("Clarissa and Tom Jones.")。供职于耶鲁大学的克劳德·朱利安·罗森教授(Claude Julien Rawson)是英国十八世纪研究专家，是权威的《剑桥文学批评史》(The Cambridge History of Literary Criticism)的总主编，学界影响巨大。从 1967 年开始发表菲尔丁研究的论文，四十余年来关于菲尔丁的著述有 20 余项，其中有 6 部专著，分别是《对小说家、剧作家、记者、地方法官亨利·菲尔丁的双重纪念日致敬》(Henry Fielding: Novelist, Playwright, Journalist, Magistrate: A Double Anniversary Tribute)、《亨利·菲尔丁和奥古斯都式重压下的理想》(Henry Fielding and the Augustan Ideal under Stress.)、《亨利·菲尔丁：批评选集》(Henry Fielding: A Critical Anthology)、《亨利·菲尔丁和奥古斯都式重压下的理想："大自然死亡之舞"和其他研究》(Henry Fielding and the Augustan Ideal under Stress: "Nature's Dance of Death" and Other Studies)以及传记《亨利·菲尔丁》(Henry Fielding)。他于 2016 年发表了两篇书评，分别评介了 Anne F. Widmayer 所著的《戏剧与小说：从比恩到菲尔丁》("Theatre and the Novel from Behn to Fielding")和 Henry Power 所著的《史诗到小说的演进：亨利·菲尔丁、斯克里布利式的讽刺及对古典文学的消费》("Epic into Novel: Henry Fielding, Scriblerian Satire, and the Consumption of Classical Literature.")

当前菲尔丁研究的主力军是一批"散兵游勇,"——一批或者是新入行的青年学者，或者是并非长期专门从事菲尔丁研究，只是偶尔有涉及菲尔丁的零星研究成果发表的中年学者，如特伦斯·鲍尔斯(Terence N Bowers)、多萝西·伯克(Dorothee Birke)、安德鲁·布里克(Andrew Benjamin Bricker)、大卫·戴蒙德(David Diamond)等人。这批人当中资历较深、成果较为突出的有：在美国犹他大学英文系任教的斯科特·布莱克(Scott Black)教授，其近期涉菲尔丁研究成果为刊载于 2016 年春秋合刊的 The Scriblerian & the Kit-Cats 上的就《史诗向小说的演变：亨利·菲尔丁、及古典文学的消费》一书所撰写的书评以及刊载于唐尼教授主编的《牛津十八世纪小说手册》上的论文《亨利·菲尔丁与传奇文学之演变》；在纽约斯凯德莫学院担任英语教授的瑞吉娜·简恩斯(Regina Janes)，于 2018 年在克罗·尼古拉主编的论文集《小说之路：十八世纪文学文化新论》上发表了论文《开端：文类之发明抑或菲尔丁使之成为一种习惯?》("Incipience: Inventing Genres; Or, Henry Fielding Makes It a

Habit." pp. 108-130 IN：Crowe，Nicholas J.（ed. and introd.）The Ways of Fiction：New Essays on the Literary Cultures of the Eighteenth Century. Newcastle upon Tyne，England：Cambridge Scholars Publishing；2018.）；在佛罗里达大学担任英文教授的罗杰·麦欧利（Roger Maioli）于2016年出版了专著《经验主义与早期小说理论：从菲尔丁到奥斯汀》（Empiricism and the Early Theory of the Novel：Fielding to Austen（Palgrave Studies in the Enlightenment，Romanticism and Cultures of Print）（Hardcover），Palgrave Macmillan，2016）。

（二）研究对象与研究话题

罗伯特·休漠曾于2010年说："直到20世纪80年代，几乎所有的菲尔丁研究者都是小说研究专家，他们倾向于要么忽视，要么轻视他的剧作。"①这种情况现在有所改观，但是改变不大。就研究对象而言，近期主要的研究还是聚焦于菲尔丁的小说。关于《汤姆·琼斯》《约瑟夫·安德鲁斯》《阿米莉亚》《大伟人江奈生传》和游记《前往里斯本纪行》等单部作品均有一定数量的研究成果，而以研究《汤姆·琼斯》的成果最多，有5篇之多；针对其戏剧、政论、法律论文的研究，成果较少，范围较窄，主要研究其政治司法实践以及他所起到的社会作用和政治作用；关于他的生活史史料整理与研究只有一篇论文。在单个作品的研究之外，更多的是就多部小说进行的综合研究或者比较研究，在所统计到的42项成果中，这类研究成果有25项，占比达到59%，这显示综合性或者对比性研究正成为大趋势。就研究话题而言，主要有以下几类：

（1）比较研究

以对比研究的方法和视角，研究关于菲尔丁的一系列问题，既涉及小说，也涉及戏剧和其他作品。这种研究，虽然也一样研究主题思想和艺术手段，但彰显的是不同作家与作品之间的对比，因

① Hume，Robert D. "Fielding at 300：Elusive，Confusing，Misappropriated or（Perhaps）Obvious?" *Modern Philology*：*Critical and Historical Studies in Literature*，*Medieval Through Contemporary*，vol. 108，no. 2，Nov. 2010，pp. 224-262.

此，似乎应该单独作为一类来看待。在比较研究方面，有如下这些话题：菲尔丁与萨拉·菲尔丁(Sarah Fielding)和夏洛特·伦诺克斯(Charlotte Lennox)小说中的标题设置问题①，菲尔丁的剧作《大拇指汤姆》与约翰·盖伊的剧作《阿基里斯》中的戏仿手法②、斯威夫特与菲尔丁创作中对于英国内战的描写与指涉③、亨利·菲尔丁、威廉·戈德温和艾米莉·勃朗特的作品中的宗教信仰问题④，以及菲尔丁某部作品(如《汤姆·琼斯》)与其他作家的某部作品整体性的对比研究⑤。

(2)小说研究

在小说研究方面，话题可以分为五个类型，一为主题思想研究，主要涉及菲尔丁哲学思想⑥、宗教思想⑦、审美与伦理观念⑧、

---

① Birke, Dorothee. "Direction and Diversion: Chapter Titles in Three Mid-Century English Novels by Sarah Fielding, Henry Fielding, and Charlotte Lennox." *Scriblerian & the Kit-Cats*, Vol. 48/49 Issue 2/1, Spring-Autumn 2016.

② Ski, Przemyslaw. "The Mocking Theatre; Parody in John Gay's *Achilles* and Henry Fielding's Tom Thumb." *The Scriblerian and the Kit-Cats*, Spring/Autumn 2016.

③ Tiusanen, Jukka. "The Cultural Memory of Faction: Civil War in Swift and Fielding." *Literature and Cultural Memory*, edited by Mihaela Irimia et al., Brill, 2017, pp. 173-187.

④ Stuchiner, Judith. Scriptural "Truth" and the English Novel: Henry Fielding, William Godwin, and Emily Bronte. Fordham University, 2017.

⑤ Downie, J. A. "Clarissa and Tom Jones." The Oxford History of the Novel in English: Volume 1: Prose Fiction in English from the Origins of Print to 1750, edited by Thomas Keymer, Oxford UP, 2017, pp. 563-578.

⑥ Bricker, Andrew Benjamin. "Fielding after Mandeville: Virtue. Self-Interest. and the Foundation of 'Good Nature'." *Eighteenth-Century Fiction* (ECF), 2017 Fall.

⑦ Diamond, David. "Secular Fielding." *ELH*. vol. 85. no. 3. 2018. pp. 691-714. Stuchiner, Judith. "Fielding's Latitudinarian Doubt: Faith 'versus' Works in Joseph Andrews". *Studies in Philology*, Vol. 114. No. 4. Fall 2017.

⑧ Knight, Bill. "Fielding's Wild: Sovereign Spectacle and the Beastly Sublime." *Eighteenth Century*: *Theory and Interpretation*, 2018 Spring.

他对自然科学的态度①、《汤姆·琼斯》中公众场合的暴力与男性气概之间的关系问题②、《汤姆·琼斯》中主人公的自信问题③等；二为艺术形式与特色研究，主要涉及小说的史诗性④、小说与史诗的关系⑤、《汤姆·琼斯》中人物塑造的类型化与个性化问题⑥、《约瑟夫·安德鲁斯》中的审美判断与小说形式问题⑦、菲尔丁的创作与传奇文学的关系⑧、菲尔丁的小说风格问题⑨、《汤姆·琼斯》中

---

① Risling, Matthew. "Ants. polyps. and Hanover Rats: Henry Fielding and popular science." *Philological Quarterly*, Wntr. 2016. Vol. 95 Issue 1.

② Bowers, Terence N.. "Fielding's Odyssey: The Man of Honor. the New Man, and the Problem of Violence in Tom Jones." *Studies in Philology* (SP), 2018 Fall.

③ Sunardi Sunardi; Darman Sitepu; Zulfan Sahri. "Self-Confidence in Henry Fielding's Novel Tom Jones". *Language Literacy: Journal of Linguistics. Literature. and Language Teaching*, Vol 1. Iss 1 (2017).

④ Mace, Nancy A. "Refashioning the Epic for Eighteenth-Century Consumers in Henry Fielding's Novels." Eighteenth-Century Life, 2018 Jan; 42 (1): 121-123.

⑤ Rawson, Claude. "Epic into Novel: Henry Fielding, Scriblerian Satire, and the Consumption of Classical Literature." *Eighteenth Century Fiction*, vol. 28, no. 3, Spring 2016, pp. 603-607.

⑥ Urda, Kathleen E. "Escaping Type: Nonreferential Character and the Narrative Work of Henry Fielding's Tom Jones." *Philological Quarterly*, no. 2, 2017, p. 219.

⑦ Soni, Vivasvan. "Judging. Inevitably: Aesthetic Judgment and Novelistic Form in Fielding's Joseph Andrews." pp. 201-223 IN Brodsky, Claudia (ed. and introd.); LaBrada. Eloy (ed.); *Inventing Agency: Essays on the Literary and Philosophical Production of the Modern Subject*. London, England; Bloomsbury Academic, 2017.

⑧ Black, Scott. "Henry Fielding and the Progress of Romance." *The Oxford Handbook of the Eighteenth-Century Novel*, edited by J. A. Downie, Oxford UP, 2016, pp. 237-251.

⑨ Bock, Mary Stewart. *Aspects of style in the novels of Henry Fielding*(博士论文), University of Cape Town, 2016.

表现形式与历史真实的关系①。三为小说理论研究②，主要从小说的演进历程中研究菲尔丁的小说，概括出菲尔丁的小说理论。四为小说的改编问题，如《汤姆·琼斯》的戏剧改编③；五为菲尔丁小说的教学方法论问题”④。这个话题意味着菲尔丁小说已经在大学的文学教学中成为一个普遍现象，并且构成一定程度的挑战，所以需要专门探讨如何就其小说进行教学。

(3)戏剧研究

戏剧研究主要是主题思想研究，如《女丈夫》中性别与经济生活的关系⑤、《大拇指汤姆》(Tom Thumb)中的喜剧性与社会历史真实性的关系⑥。

(4)其他作品及生活史研究

这些话题一般涉及菲尔丁的政论类、法律类写作，或者他的个人生活和社会活动经历。主要话题包括：菲尔丁对其他作家的批

---

① Richetti, John. "Formalism and Historicity Reconciled in Henry Fielding's Tom Jones." pp79-97 IN Liisa Steinby, Aino Mäkikalli (eds.), *Narrative Concepts in the Study of Eighteenth-Century Literature*, Amsterdam University Press, 2017.

② Maioli, Roger. "Empiricism and Henry Fielding's Theory of Fiction." *Scriblerian & the Kit-Cats*, Spring-Autumn 2016. Vol. 48/49 Issue 2/1. —*Empiricism and the Early Theory of the Novel*: *Fielding to Austen*, Palgrave Macmillan, Cham, 2016.

③ Eli, Løfaldli. "Staging Henry Fielding: The Author-Narrator in Tom Jones On Screen." *Authorship*, Vol 6. Iss 1 (2017); Ghent University.

④ Raynie, Stephen. "Approaches to Teaching the Novels of Henry Fielding." *New Perspectives on the Eighteenth Century*, Spring 2017. Vol. 14 Issue 1.

⑤ Nicolazzo, Sarah. "Henry Fielding's *The Female Husband* and the Sexuality of Vagrancy." *Scriblerian & the Kit-Cats*, Spring 2017. Vol. 49 Issue 2.

⑥ Penskaya EN. Fielding's Farces: Travestying the Historiosophical Discourse. In: Küpper J, Mosch J, Penskaya E, editors. *History and Drama*: *The Pan-European Tradition* [Internet]. Berlin, Germany: de Gruyter; 2019 [cited 2019 Apr 29]. pp. 101-11.

评①、菲尔丁的司法实践与相关新闻报道的特点及倾向、社会和政治作用②、涉菲尔丁史料研究。其中《追寻菲尔丁的脚步——一封失踪的来自莱德的信件》③是一篇很新颖也很有趣的研究。在这篇论文里，作者介绍说菲尔丁在最后一部作品《前往里斯本纪行》中描写了在英国的怀特岛上莱德这个地方有一个小客栈，客栈的老板和老板娘分别叫做 Jephtha 和 Ann Francis，俩人待客非常恶劣。作品出版后，在菲尔丁离开那里大约八个月后，有人专门去这个店里考察，要看看他们是不是真像菲尔丁所描写的那样。调查结束后，他们写了一封信用假名发表，说那对夫妻并非那么不堪，菲尔丁是在污蔑人，足见人品不堪。论文作者找到了这封信，经过研究，认为这是菲尔丁的老对手的侄儿 James Leake 写的，为的是帮他叔叔出气，所以罔顾事实，故意与菲尔丁唱反调，这合理地解释了那封信为什么对已经死去的菲尔丁抱有如此深重的恶意。但是作者指出，这封信除了史料价值外，还同时还具有一定的美学价值—可以帮助我们认识菲尔丁是如何把现实生活中的店老板塑造成为作品中的艺术形象的，因为他作品中有众多形象各异的店老板。

概而言之，菲尔丁的研究话题主要聚焦在三个方面：比较研究、主题思想研究和艺术形式与特色研究。这三个方面的选题大多是在原有选题上横向拓展，例如亨利·菲尔丁、威廉·戈德温和艾米莉·勃朗特的作品中的宗教信仰问题研究；或者纵向上的不断深入和细化，例如关于菲尔丁的宗教观念研究，文章深入地研究了他

① Engetsu, Yuko “Is the World a Masquerade or a Theatrical Stage?: A Study of Henry Fielding's Criticism of John James Heidegger.” *Scriblerian & the Kit-Cats*, Vol. 50 Issue 2, Spring 2018.

② Lemmings, David. “Henry Fielding and English Crime and Justice Reportage. 1748-52: Narratives of Panic. Authority. and Emotion”. *Huntington Library Quarterly*. Volume 80. Number 1. Spring 2017 .

③ Ribble, Frederickg. “In the Footsteps of Henry Fielding: A ‘Lost’ Letter from Ryde.” *Scriblerian & the Kit-Cats*, Spring-Autumn 2016. Vol. 48/49 Issue 2/1.

对不同教派的态度以及各种宗教理念在其作品中的反映①。研究者的探索路径越来越宽，运用的理论越来越多，采用的视角越来越新，例如《汤姆·琼斯》中公众场合的暴力与男性气概之间的关系问题、《汤姆·琼斯》中主人公的自信问题等。这些话题为菲尔丁研究开拓了新的空间，可以沿着这个思路去研究这部小说中其他人物，或者菲尔丁的其他小说和戏剧。值得注意的是，就既有话题而言，鲜见不同研究者就同一个具体话题展开研究与探讨，提出诘难与反驳，这意味在研究者之间缺乏足够的对话性。

相对而言，小说理论研究、小说改编问题、小说的教学方法论方面的选题较少，研究也比较薄弱。菲尔丁小说理论研究是一个老话题，学界对其小说理论已经有一些基本共识，如果只从小说作品出发来研究菲尔丁的小说理论，在缺乏新的方法论的前提下，恐怕难以有所突破。但小说改编问题和小说的教学方法论是非常新的领域，可供选择的话题很多，而现有的话题涉及的问题都很特别，角度很新颖，极具启发性，有可能成为菲尔丁研究成果新的增长点。

三、重要论著观点述评

在文体研究方面，玛丽·斯图尔特·博克的《菲尔丁小说风格面面观》②是一部分析细致，极有见地的研究专著。该成果本来是作者于 1990 年完成的博士论文，迟至 2016 年才出版。作者运用韩礼德（M. A. K. Halliday）的功能主义文体学、雅克布逊（Roman Jakobson）的语言的诗歌功能理论以及巴赫金（Mikhail Bakhtin）对话与复调理论，以艾迪生（Addison）和斯威夫特（Swift）的创作为参照，研究了菲尔丁《约瑟夫·安德鲁斯》和《汤姆·琼斯》两部小说

---

① Stuchiner, Judith. "Fielding's Latitudinarian Doubt: Faith 'versus' Works in Joseph Andrews". *Studies in Philology*, Vol. 114. No. 4. Fall 2017.

② Bock, Mary Stewart, *Aspects of style in the novels of Henry Fielding*. University of Cape Town, 2016.

中的文体特征、美学和修辞效果及风格流变。作者指出在这两部作品中可以看到菲尔丁从前者“无处不在的自我反讽与文体模式的相互影响”的风格向后者“更自信、更严肃的作者声音”的风格的逐渐转变。作者对菲尔丁的风格做出了许多精当的观察和概括，指出菲尔丁的理论关注和叙事风格的发展有助于将他置于18世纪小说的语言与本质的大讨论中来看待。作者发现，菲尔丁的文体实践、他的讽刺模式、以及他在小说序章中对理论问题的讨论证明了他对语言和叙事等问题的持续关注；就句子架构的方式而言，菲尔丁倾向于将句子的并列部分写成音节和韵律数量大致相同的单位，并注意使句法平行与语义平行相匹配，这使得他的散文看起来比斯威夫特的更典雅；他倾向于给修饰语、插入语以及评价性的分句披上一层意义的伪装，使语义关系看起来更富有歧义，其句子结构和句子平衡的特征表明菲尔丁是遵守传统的文体礼仪原则的，他的语言既符合当代惯例，又具有明显的个人特质；菲尔丁的段落是通过具有对比性和反向期待式的联想关系句展开的，而这些对比与对照似乎彼此嵌入并彼此生发；就叙事风格而论，菲尔丁强调心理过程，他自己的心理过程以及读者阅读过程中的心理活动过程，他反复提醒读者用自己的意识去过滤文中所讲述的事实，所表达的个人观察。他大量的使用被动语态，以避免叙事者主体意识的过度张扬，以寻求在叙事者与读者之间构成一种对话，使他可以对读者的意见加以推测并予以回答。菲尔丁的后期散文语气更严肃，但除了对行动和事件进行“平淡叙事”之外，他的古典文学素养所造就的审美意识使他倾向于使用响亮度更高的对仗句和更为华美的文体，以切合他对人物思想和动机的表现、对读者情感的调动和对道德共鸣的激发；他小说语言的当代性，风格的多样性和文体意识的开放性使他对小说这一新兴文类做出了自己的贡献。

在小说理论方面，罗杰·麦欧利的专著《经验主义与早期小说理论：从菲尔丁到奥斯汀》①可作为一个杰出代表。作者研究了经

① Maioli, Roger, *Empiricism and the Early Theory of the Novel: Fielding to Austen*, University of Florida Gainesville USA, Palgrave Macmillan, Cham, 2016.

验主义对文学的挑战，以及它对十八世纪小说理论的影响。罗杰·麦欧利认为，一般而言，从培根到休谟的英国经验主义有一种观念，即不认为以想象力为特征的文学可以成为可靠的知识来源的观念，但从亨利·菲尔丁到简·奥斯丁的小说理论家们，都认识到了经验主义的这种观念以及它对文学构成的挑战并拒绝认同和屈服。麦欧利追溯了作家们在对小说的反思中如何试图在经验世界和想象产物之间建立理论联系，从而在经验主义盛行的时代为文学提供富有时代性的辩护。作者认为，经验主义对文学的挑战及其引发的反应标志着长期以来关于文学与知识辩论的一个转变，是经验科学与文学人文学科之间持续冲突的又一个回合。

在主题思想研究方面，德怀特·科德(Dwight Codr)的《风险规避与审慎节约》①一书以全新的视角，探讨了笛福的小说《鲁宾逊漂流记》和菲尔丁的《汤姆·琼斯》中的经济问题和十七世纪、十八世纪晚期英国的宗教，经济，伦理和文学的复杂交叉点。科德认为在两部作品中，作者都鼓励追求经济利益并承担经济活动所带来的风险和不确定性的，都反对谋取"有保障"的高额利润，因为根据早期现代反高利贷文学传统和新教伦理，经济交易只有在其结果不确定时才被视为道德的。科德进一步揭示，18 世纪围绕高利贷话语的核心伦理不仅具有文化上的传导性，而且可以用来作为一个更好地理解 18 世纪文学主要作品的透镜。特伦斯独辟蹊径地找到了一个主题研究新的切入点。他在《菲尔丁的：〈汤姆琼斯〉中的君子、新人与暴力问题》②探讨了公共暴力与以荣誉为基础的男性气概之间的联系。他认为亨利·菲尔丁作为欧洲当时最大的都市伦敦负责处理犯罪问题的地方法官，敏锐地意识到了暴力及其破坏性对十八世纪英国生活无所不在的影响，而这种暴力大部分源于以男性荣誉

① Codr, Dwight. Risk Aversion and the Economization of Prudence: Fielding, Gambling, Gifts, Raving at Usurers: Anti-Finance and the Ethics of Uncertainty in England, 1690-1750, Charlottesville: University of Virginia Press, 2016.

② Bowers, Terence N, "Fielding's Odyssey: The Man of Honor, the New Man, and the Problem of Violence in Tom Jones", *Studies in Philology* (SP) 2018 Fall; 115 (4).

为中心的冲突，于是在作品中塑造了汤姆·琼斯这样一个新型男性气质的典范来。汤姆孔武有力，与人打斗几乎战无不胜，但是除非为了捍卫正义或者维护自身安全，从来不主动惹事，不像传统上的欧洲骑士，被荣誉准则所束缚，为了“男性荣誉”动辄诉诸武力，对公民社会造成威胁。菲尔丁将汤姆塑造成一个不那么容易被暴力冲动所驱动，更能适应后荣誉社会的现代奥德修斯，一个西方文明传统下理想的新人，而这种对新型男性范式的建构及对传统荣誉文化的批判昭示了他对英国社会的期待。莱特在《菲尔丁的王尔德：庄严的场面和兽性的崇高》①以德里达在《野兽与君主》系列讲稿中的思想为指导研究了亨利·菲尔丁1743年出版的讽刺小说《乔纳森·王尔德》，考察君主、罪犯与野兽在作品中的结合方式，指出这三者的结合与互相吸引成为现代衰落的致命症状，使人们以悲观的态度来看待崇高。论文认为《乔纳森·王尔德》是对现代社会伦理与审美价值的衰落所给予的毫不留情的讽刺性评价，宣告了文化转型时期审美价值观的转变。瑞斯林则就一个崭新的话题进行了探索。他在《蚂蚁、水螅虫和汉诺威老鼠：亨利·菲尔丁与大众科学》②一文中就菲尔丁对十八世纪逐渐“热”起来的实验科学的态度进行了详细地考察。他介绍说，一般认为，十七、十八世纪的文学家们对实验科学都不以为然，认为实验科学是反宗教的，对社会秩序构成威胁，因而在作品中加以讽刺、挖苦，甚至对从事实验科学研究的学者进行污名化描写，表现出一种“反科学”的态度，其中最突出的是斯威夫特，而菲尔丁也是同道中人。以此为出发点，他考察了菲尔丁文学作品《约瑟夫·安德鲁斯》和《汤姆·琼斯》中涉及实验科学的文字，以及他的一些谈及实验科学的文章，例如他的《汉诺威老鼠博物志：一次尝试》（“An Attempt towards a natural

① Knight, Bill, "Fielding's Wild: Sovereign Spectacle and the Beastly Sublime", *Eighteenth Century: Theory and Interpretation*, 2018 Spring; 59 (1).

② Risling, Matthew, "Ants, polyps, and Hanover Rats: Henry Fielding and popular science", *Philological Quarterly*. Wntr, 2016, Vol. 95 Issue; University of Iowa.

history of the Hanover rat")。通过详细论证和对比，作者得出结论说，菲尔丁与阿芙拉·比恩(Aphra Behn)、斯威夫特(Jonathan Swift)、塞缪尔·约翰逊(Samuel Johnson)等人不同，他其实对实验科学并不反感，作品中对实验科学的调侃是温和的，善意的，他对当时科学界的热门研究话题"水螅虫"的调侃也只是幽默的逗趣而已。他本人其实科学知识也很丰富，他对实验科学家们固然有批评，但只是批评其中一些人的实验没有产生有用的知识，而不是批评他们所从事的学术活动的内在价值，菲尔丁甚至认为，即使有些研究是"轻飘飘的"，也让人寄托性情，是一种无可厚非的知性乐趣。论文作者最后指出，虽然我们应该承认菲尔丁对实验科学的态度是同情的，但是也不要把他看成实验科学的积极拥护者和推进者，他虽然没有谴责皇家科学院试图垄断知识，但是对他们的愚蠢也是加以指斥的。他是一个趣味保守的人文知识分子，他的态度方面的两重性反映了当时主流社会对科学态度的矛盾情绪。

菲尔丁作品思想研究的一个重要方面是他的宗教思想。戴蒙德在《世俗的菲尔丁》①一文中以《汤姆·琼斯》和《阿米莉亚》为对象，研究了两部作品中的人物塑造以及人物所代表的宗教思想的灵活性。文章认为，在这些人物身上单一的正统宗教的约束力很弱。在菲尔丁看来，宗教与很多东西相关，其中很多必须根据变化的情况予以优先考虑，不断予以重新调整，而不可以拘泥于单一的正统的宗教规范和理念。菲尔丁笔下人物的复杂性包含了他们在宗教思想的世俗性，而菲尔丁小说世俗化的倾向也一直在形塑着小说的历史。就宗教思想这个话题，朱迪丝·斯塔齐纳(Judith Stuchiner)进行了更为深入的研究。她在其博士论文《圣经的真理与英国小说》②中采用跨学科的方法研究了菲尔丁的《约瑟夫·安德鲁斯》、威廉·葛德文的《凯勒·威廉姆斯历险记》和艾米莉·勃朗特的《呼啸山庄》这三部小说中的宗教问题。作者认为这些小说接受了同时代

① Diamond, David, "Secular Fielding", *ELH*, 2018 Fall; 85 (3).

② Stuchiner, Judith. "Scriptural 'Truth' and the English Novel: Henry Fielding, William Godwin, and Emily Bronte", Columbia University PhD Dissertation.

的布道、宗教小册子、新闻报道和圣经经文的影响，接受了其中的思想观念，因而不仅是小说，也是社会宗教和历史文本。作者提出：许多在讲坛上无法辩论的有争议的宗教问题，如信仰与理性，信仰与善行，圣经的权威，或圣经的真理性等问题，往往在小说中得到了更为自由、充分、更具建设性地处理。作为一种新的文类，在教会的权威性正在走下坡路的时代，小说特别适合探讨那些容易撕裂英国圣公会教会会众的一些宗教问题，如圣经是"真理"吗？它是完全正确还是仅部分正确？人们如何通过信仰或理性来获取圣经的"真理"？如何以权威或民主的方式传达这些"真理"？如何看待圣经中记载的某些奇迹事件(例如复活)？小说在一定程度上使同时代宗教文学的道德表述复杂化和世俗化，因此可以说早期的英国小说是十八世纪英国从宗教世界向世俗世界过渡的重要一环。

二、哈代研究

哈代等经典作家一直是各种文学阐释进路的试金石，哈代提出的独特问题和研究者历时累积的批评谱系，为新的研究方法提供了赖以参照自身特色的难得背景。人、物相互遭际的种种"关系"(relationship)作为哈代文学书写的核心①，在西方文学研究的风潮变换中不断被重新阐释。如何理解哈代作品中人与人、人与物、人与自然之间疏远的"距离"(distance)②，和结构上的"不统一"

① Irwin, Michael. "Hardy and Romantic Love." *A Companion to Thomas Hardy*, edited by Keith Wilson, Wiley-Blackwell Publication, 2009, p. 195.

② Miller, J. Hillis. *Thomas Hardy: Distance and Desire*. The Belknap Press of Harvard University Press, 1970.

(disunity)①、诗学意义上的"中断"(interruption)②等文体特征，一直广为讨论。本文以近三年美国③哈代研究对这一现象的最新思考为线索，梳理最新研究成果，并归纳分析三个总体趋向和研究脉络：首先，文学与维多利亚时期心智科学、情动理论(affect theory)的交叉研究等范式和理论话语推进了哈代作品意识和心理世界阐释的纵深发展，研究者不断以新的概念范畴重构理性叙述之外的情动世界。其次，"关系"的外延不断扩展，人和自然这一哈代研究经典话题，在动物研究、生态批评和物质文化研究等新兴研究范式和理论背景中发掘出新的意涵，揭示哈代对于人类和非人类概念的解构与建构。第三，以米勒为代表的研究者，通过乡村经验、历史考据等手段试图理解哈代的共同体想象和思想。

(一)意识世界研究的持续推进

有关情感心理学、意识和不同性别的主体性的理论，哈代一直兴趣浓厚，这一知识语境和哈代创作的关系是哈代研究的重要议题④。近年来，维多利亚文学研究对于心智(mind)、认知(cognition)和情感(affect，emotion，feeling)的关注为理解哈代叙事上的停顿和视角变换等特征和哈代的悲观主义这一传统论题带来了新视角。

从心智(mind)及认知(cognition)角度展开的哈代研究关注其文学话语和科学话语之间的互文性。这一进路与哈代研究有着先天的

① Hughes, John. "*Ecstatic Sound*": *Music and Individuality in the Work of Thomas Hardy*. Ashgate, 2001, p. 1.

② Prentiss, Norman. "The Poetics of Interruption in Hardy's Poetry and Short Stories." *Victorian Poetry*, Vol. 31, no. 1, 1993, p. 41.

③ 本文对于美国的界定并非简单依据国籍，举凡在美国从事教学、科研活动，或者在美国重要刊物、学术出版社发表学术作品都纳入本研究的考量范围。另外重要美国籍学者发表于非美国期刊的研究成果也一并纳入考量。

④ See Radford, Andrew. "Thomas Hardy's Brains Psychology, Neurology, and Hardy's Imagination." *Victorian Studies*, vol. 59, no. 1, 2016, p. 157. 后文出自同一著作的引文，将随文标出作者和引文出处页码，不再另注。

亲缘，哈代始终对于心理学、认知科学等兴趣浓厚，在其小说创作的“神经学转向”（the neurological turn”）①时期，尤其痴迷于有关认知、情感和神经系统紊乱的科学讨论。然而，这种紧密关系过去没有得到足够的挖掘。Andrew Radford②2016年在美国期刊《维多利亚研究》（Victorian Studies）发表书评，比较详细地评论了Suzanne Keen的专著《托马斯·哈代的大脑：心理学、神经学和哈代的想象》（Thomas Hardy's Brains：Psychology，Neurology，and Hardy's Imagination，2014），他认为Geoffrey Thurley，Christopher Lane，Robert Langbaum，和J. Hillis Miller等老一辈学者用弗洛伊德或者荣格的理论阐释哈代，理论适用性上有可议之处，而Suzanne Keen借助哈代熟知的维多利亚时期认知和心理科学材料，揭示威塞克斯系列小说对于心理问题的关注和表达这些关注的隐喻（trope）如何与当时的科学话语产生共振更具备范式上的切合性（Radford 157）。在他看来，本书“方法论上的优势在于既对文学理论中有关文化批评和人类认知的争论有所贡献，又立足于精确的历史细节准确地解读哈代的叙事策略”（Radford 158）。但Radford也指出哈代对于科学除了借鉴与认同之外还有更为丰富的面向，这一点为Keen所忽视（Radford 158）。也就是说，文学研究的历史范式除了确认文学话语和历史话语的相同，更应该发掘文学与历史之间的文学性的间隙。Radford对该书优点和不足的评论一定程度上反映了当前美国学术界对于哈代乃至维多利亚文学研究的期待。同时注重历史、理论与形式的潜在的立场与颇有影响的美国维多利亚文学研究团体“面向21世纪的维多利亚文学研究”（V21）的倡议不谋而合。其宣

① Keen，Suzanne. *Thomas Hardy's Brains*：*Psychology*，*Neurology*，*and Hardy's Imagination*. Ohio State University Press，2014. p. 3.

② Andrew Radford，英国格拉斯哥大学批评研究学院（School of Critical Studies）的英国文学讲师（Lecturer（English Literature））。详见：https：//www.gla.ac.uk/schools/critical/staff/andrewradford/#/publications，bookreviews，editedbooks，books，researchinterests。

言"Manifesto of the V21 Collective"呼吁改变维多利亚时期的文学研究的"实证的历史主义"倾向，因为实证的历史范式将维多利亚研究限制为一小部分专家的专门学问。维多利亚时期相关研究应当融合理论、形式和数字时代的研究工具，迎接跨学科对话，从而具备更为广阔的学科辐射力①。

Benjamin Morgan② 出版的专著《外在的心智：维多利亚时期的科学和文学中的唯物主义美学》(The Outward Mind: Materialist Aesthetics in Victorian Science and Literature，2017)就是这样一部融历史、理论、形式分析为一炉的作品。③ Morgan 借鉴维多利亚时期心智科学(the science of mind)材料，讨论了《还乡》和维多利亚时期科学话语的关系。Morgan 发现哈代"常使用来自科学的术语来理解审美经验"④，哈代呈现"敏锐的知觉摹仿"(qtd. in Morgan，*Outward* 118)的叙事技巧，如"使用强烈的感觉瞬间来中断叙事进程"(Morgan，*Outward* 119)等与科学界表述"微小审美反应"(the minimal aesthetic response)(Morgan，*Outward* 118)的话语有相通之处。当时基于神经科学的审美经验模型认为审美经验"植根于神经系统和感官，并可以分散在身体的细小组成部分和艺术作品中"(Morgan，*Outward* 117)。由此，Morgan 从历史材料和文本的形式

---

① See "Manifesto of the V21 Collective." V21 Collective, http://v21collective.org/manifesto-of-the-v21-collective-ten-theses/. Accessed 2 Mar. 2019.

② Benjamin Morgan，芝加哥大学英语语言文学系副教授，研究兴趣为：批评理论，新、旧历史主义、维多利亚文学，文学批评史、科学史、学科史、文学与哲学、文学与艺术、非虚构散文。详见：https://english.uchicago.edu/faculty/benjamin-morgan。

③ V21 专门为此书举办了书面形式的图书论坛(COLLATIONS: BOOK FORUM)，汇集了包括下文将要介绍的 Elisha Cohn 等人的评论和相互讨论。详见：http://v21collective.org/collations-book-forum-benjamin-morgans-outward-mind-materialist-aesthetics-victorian-science-literature/。

④ Morgan, Benjamin. *The Outward Mind: Materialist Aesthetics in Victorian Science and Literature*. The University of Chicago Press，2017，p. 118. 后文出自同一著作的引文，将随文标出作者和引文出处页码，不再另注。

分析出发，试图论证哈代描述的审美经验是“身体的审美经验”(embodied aesthetic experience)(Morgan，*Outward* 123)。在这些审美经验中“哈代得以审视如何放弃这样的一些心智或者灵魂的特性，尽管他们从性质上将人类和动物及物质区分开，反而能够获得不同于决定论的哲学立场”(Morgan，*Outward* 120)。

对于意识的身体和物质基础的关注透露出 Morgan 在理论上的情动(affect)视角。由 Rachel Ablow 担任主编的英国期刊《维多利亚文学和文化》(Victorian Literature and Culture)在 2018 年三、四期合刊中，梳理了近年来维多利亚文学和文化研究的关键词。Elisha Cohn 的关键词论文《情动》(Affect)将《外在的心智：维多利亚时期的科学和文学中的唯物主义美学》和《维多利亚时期的疼痛》视为文学情动研究的代表。所谓“情动”(affect)是一个描述实体之间相互影响的概念，其理论渊源复杂，哲学上涉及德勒兹对于斯宾诺莎的阐释，心理学上涉及 Silvan Tomkins 的阐发，篇幅所限，无法展开。根据 Cohn 的梳理，就其在文学批评，特别是维多利亚文学研究中的应用来说，“批评家使用这一术语标示一种标准的观察自我和社会的程序所无法了解的细微的主体性(a minimal subjectivity)。情动无法察觉并且是非人格化的(fugitive and impersonal)，人们认为情动状态从个体向外输出时无法化约为他们能够意识到的概念或者情绪(emotion)。① 情动既不是主动的的，也不是被动的，他们妨碍个体形成自我意志的主体的统一视界(unitory vision of the self-willing subject)，相反，情动指向一种微妙的过程，经由这个过程，

① 对于 affect 和 emotion 是否有区别，意见并不统一。Brian Massumi 认为需要区分，详见：Massumi，Brian. “The Autonomy of Affect.” *Cultural Critique*, vol. 31，no. 31 The Politics of Systems and Environments，Part II，1995，pp. 83-109. Ruth Leys 则认为不需要区分，详见：Leys，Ruth. “The Turn to Affect：A Critique.” *Critical Inquiry*，vol. 37，No. 3，2011，pp. 434-472.

自我变为吸收外界刺激的'亲密公共领域'"。①

情动这一概念着力揭示非理性、非主体的过程。因此在文学研究中带来一种超越主体-客体的视角，解释基于理性的因果逻辑无法描述的过程。就批评史来说，"情感转向"的重要理论来源德勒兹对哈代的评价不断被后继者发挥，John Hughes、William A. Cohen 等纷纷调用德勒兹的理论话语重构哈代作品的情感逻辑。②他认为哈代笔下的人物"不是人物或者主体，他们是强度的感知的集合"③，对于从情动或者感觉（sensation）角度解读哈代的批评者来说，这是必引的经典论断。

情动的非人格化的视角也给审视哈代与决定论这一老话题带来了新角度。一般认为物质主义的决定论导致了哈代作品的悲观主义，但是 Elisha Cohn 和 Rachel Ablow 则认为哈代描绘决定论的世界意在发出情动召唤，进而提醒读者注意其伦理后果。Elisha Cohn④ 揭示了哈代作品中决定论、主体性和伦理之间的复杂动态。她的专著《停顿的生活：维多利亚小说中停顿的进程》（Still Life: Suspended Development in the Victorian Novel，2016）以哈代从小说到

---

① Cohn，Elisha. "Affect." *Victorian Literature and Culture*，vol. 46，no. 3/4，2018，p. 563.

② 详见：Cohen，William A. "Faciality and Sensation in Hardy's *The Return of the Native*." *PMLA*，vol. 121，no. 2，2006，pp. 437-52. Hughes，John. *The Expression of Things：Themes in Thomas Hardy's Fiction and Poetry*. Sussex Academic Press，2018. ——. "*Ecstatic Sound*"：*Music and Individuality in the Work of Thomas Hardy*. Ashgate，2001. 该书 2016 由 Routledge 出版社出版电子版。——. *Lines of Flight：Reading Deleuze with Hardy，Gissing，Conrad，Woolf*. Sheffield Academic Press，1997. 因为 John Hughes 是英国人，且著作都在英国出版，故其 2018 年新作不纳入综述范围.

③ Deleuze，Gilles，and Claire Parnet. *Dialogues*. Athlone，1987，p. 39-40.

④ Elisha Cohn，康奈尔大学英文系副教授，研究兴趣为括维多利亚文学，特别着重于小说和美学理论，主要关注十九世纪英国文学和文化、文学和科学、小说史和小说理论、抒情诗。详见：https：//english. cornell. edu/elisha-cohn。

诗歌全部作品为对象，着眼于叙事中的抒情停顿，并将《苔丝》视为哈代“伦理转向”(ethical turn)关键点。Cohn 认为哈代面对将物质视为意识基础的讨论，倾向于物质主义的“本体论的一元论”，又担忧凭借“物质”不能想象“有边界的、个人意识的经验”①。他的文学回应分为两个阶段，早期依赖“具有强大情动能量的”(an affectively potent way，156)的“抒情美学”，试图将“感知的身体、环境和意识描绘为连续体”(Cohn，*Still* 156)，但这是一种“非社会性的抒情主义”(Cohn *Still* 183)。后期的《苔丝》呈现代表决定论的情节和抒情的冲突时，“更清晰地引入了伦理要求来对抗(抒情的)情动风格……最终将抒情纳入了一种更为狭窄，同时呼唤道德行为的意识视角”(Cohn，*Still* 160)。这一过程中，是受难的动物使得人物具有了行使同情等道德观念的“能动性”(agency)，形成“社会性的伦理学”(Cohn，*Still* 183)。

虽然也承认人类与自然界存在物质上的同一性，但 Rachel Ablow② 在这种同一性的伦理后果上和 Cohn 看法迥异。《维多利亚

① Cohn，Elisha. *Still Life*：*Suspended Development in the Victorian Novel*. Oxford University Press，2016. p. 155. 后文出自同一著作的引文，将随文标出作者和引文出处页码，不再另注。

② Rachel Ablow，纽约大学水牛城分校(SUNY，Buffalo)英语系教授，系主任。致力于研究维多利亚文学和文化，小说史，性别与性属，情感、感觉和经验的历史。详见：http：//www.buffalo.edu/cas/english/faculty/faculty_directory/rachel-ablow.html。在一篇综述维多利亚文学与情感研究的文章中，她指出维多利亚时期小说中的的情感研究试图回答“研究哪些情感，这些情感与产生这些情感的文化的关系，以及这类情感的政治或者意识形态内涵的准确本质”。根据 Ablow 的归纳，相关的研究可以粗略划分为三类：一，探讨“文本如何反映、再生产、或者介入情感的生产过程，”二，探究“作家如何调用情感服务于个人的、政治的、或者职业的目的，”三，“小说如何规训或者质询读者。”详见：Ablow，Rachel. “Victorian Feeling and the Victorian Novel.” *Literature Compass*，vol. 4，no. 1，2007，p. 299.

时期的疼痛》(*Victorian Pain*, 2017)①第五章《受伤的树，遗弃的鞋》以《林居人》为例，指出哈代笔下的"苦难(suffering)不加分别的徘徊于意识或者情动的处所(site)之间"②。Ablow 认为这种叙述疼痛的方式不同于人道主义，也不同于悲观主义的叙述，其目的在于"拒绝读者选择"来"将读者卷入……一系列结构上不可能，充满了伦理诉求和充满情动力量的选择"(Rachel 121)。进而提醒我们关注一系列问题："容纳(inhabit)疼痛的主体是什么样的，她自己和他人之间保持着何种关系，以及她遭受疼痛的经验(experience of suffering)带来了何种伦理和情动后果"(Rachel 121)。随后通过继续分析《德伯家的苔丝》和《远离尘嚣》中感受或者不能感受他人疼痛，特别是苔丝和 Gabriel Oak 想到他人遭受疼痛，又由他人的疼痛想到自己的情动过程，试图论证哈代不是要读者"将疼痛想象为其他值得同情的人、动物、树木或生命形式(life-form)所遭受之物，而是形成这样一种思考方式，这种思考方式将我们体验为正在受苦的宇宙之一部分"(Rachel 134)。万物一体的视角至少具有"减少伤害的潜能"(Rachel 134)。不同于 Cohn 认为主体必须首先将自

① 《维多利亚时期的疼痛》以疼痛(pain)为窗口揭示维多利亚时期对于个人和社会的想象。根据 Ablow 的梳理，Elaine Scarry 和维特根斯坦对疼痛的讨论分别代表了两种看待疼痛的方式，前者将疼痛视为不能跨越个体知识边界的个体经验，后者将疼痛视为跨越自我与他者界限的契机。由此 Ablow 将想象他人的疼痛和个人与社会这个思想史上的大问题对接。凭借两种疼痛观念所建立的参照系，该书分析了维多利亚时期如何经由疼痛的话语想象个体和社会。出版以来颇受关注，多种重要期刊刊发了书评，详见 Schaffer, Talia. "Victorian Pain." *Nineteenth-Century Literature*, vol. 72, no. 4, 2018, pp. 539-542. Allison, Kiera. "Victorian Pain." *Journal of British Studies*, vol. 57, no. 3, 2018, pp. 634-636. Galvan, Jill. "Victorian Pain." *Nineteenth-Century Contexts*, vol. 40, no. 2, 2018, pp. 211-213. Samalin, Zachary. "Victorian Pain." *Victorian Studies*, no. 3, 2018, p. 468-470. Patrick, April. Victorian Pain by Rachel Ablow (Review). *Victorian Periodicals Review*, no. 3, 2018, pp. 570-572. Davies, Jeremy. "Victorian Pain." *Victorians Institute Journal*, vol. 45, 2017, pp. 204-207.

② Rachel, Ablow. *Victorian Pain.* Princeton University Press, 2017, p. 120. 后文出自同一著作的引文，将随文标出作者和引文出处页码，不再另注。

己和被同情之物加以区分才能施以同情，Ablow 认为“个人能够将自己和所有可以设想的他者置于一种联系中来看待，或者说‘作为一个物质框架的成员’比行动本身更为重要”(Rachel 134)，是统一的视角才能带来响应的伦理效果。虽然两人对于产生同情的条件看法迥然相异，但是却不约而通地将哈代对人和非人物质同一性设想视为某种情动的、伦理的召唤。

在上述讨论中还可以发现，情动研究不仅带来了审视人性的新角度，还重新重新唤起了对于哈代作品文学形式的研究热情。三部作品都着眼于哈代作品中人物与人物之间，文本与读者之间的情动作用。尤其关注情动这一概念所揭示的自我和非我之间不可化约的“微小的主观过程，”进而提炼出相应的情动范畴“pain”和“suspension”和“embodied aesthetic response”。不过值得注意的是情动的文学再现毕竟不是情动本身，因而对于情动状态的分析其实是分析表现情动的文学形式。哈代作品捉摸不定的视角转换(Cohn, *Still* 166；Rachel 119-120)以及叙事进程的停顿(Cohn, *Still* 153-179；Morgan, *Outward* 119)是 Ablow 等人展开讨论的形式基础。不过形式在他们和其他哈代研究者眼中，已经不是封闭的，他们或者将文学形式视为阅读过程的一环，剖析阅读过程中的伦理召唤或者认知过程，如 Ablow 认为哈代以捉摸不定的视角把读者卷入“一系列伦理、情动或者主体性的挑战”(Rachel 121)，而 Elaine Auyoung① 则运用跨学科范式，揭示哈代作品如何结束等认知过程②；或者关注文学形式和其他话语的互文性，如 Morgan 聚焦哈代如何将“(心智科学所讨论的)微小的审美反应作为其自然主义描述的形式原则”(Morgan, *Outward* 118)；也关注形式与身体的关

① Elaine Auyoung 美国明尼苏达大学 McKnight Land-Grant 教授，英文系副教授，认知科学中心成员。学术专长为十九世纪英国文学和文化、世界史和小说理论、阅读心理学。详见：https://cla.umn.edu/about/directory/profile/eauyoung。

② Auyoung, Elaine. “Phantoms and Fictional Persons: Hardy’s Phenomenology of Loss.” *Victorian Studies*, vol. 59, no. 3, 2017, pp. 399-409.

联，展现哈代小说中再现经验的策略①和诗歌中身体性的(somatic)"自我记忆句法"②。总而言之情动研究中的形式，是一种情动的召唤，是多维的互文性，是具有内在生命的身体性。正是对于形式的这些新看法，使得阅读(小说中的阅读和读者对文本的阅读)成为哈代和维多利亚文学研究的一个新的热点。

(二)非人类书写的重新评估

着眼于情动，实质上是着眼于人和其他实体相互影响的过程进行的分析，因而是对人类主体性这一中心的消解，而这与另一股同样消解中心哈代研究潮流——人类和非人类研究——可谓遥相呼应。对非人类(nonhuman)世界的书写和想象一直是哈代研究的重要话题。过去的研究或者从修辞③和叙事④等文学形式的角度将哈代的拟人描写视为内部的形式特征；或者聚焦进化论对哈代的影响。⑤ 近三年来，受到动物研究、生态批评、后人类主义和物质文化研究等理论话语和批评范式的影响，美国学界正重新评估哈代对于人类和非人类的文学想象，其研究触角已经指向哈代与动物、哈

---

① Pane, G. L. "The Unreal Path to a Real Place Six Strategies of Representation in the Novels of Thomas Hardy." *Style*, vol. 51, no. 1, 2017, pp. 52-75.

② Nickerson, A. J. "'How Do You Call to Me, Call to Me': Hardy'self-Remembering Syntax." *Victorian Poetry*, vol. 54, no. 1, 2016, pp. 1-17.

③ 详见 Miller, J. Hillis. "Prosopopoeia in Hardy and Stevens." *Alternative Hardy*, edited by Lance St. John Butler, Palgrave Macmillan, 1989, pp. 110-127.

④ 详见 Nishimura, Satoshi. "Hardy on Prosopopoeia." *English: Journal of the English Association*, vol. 66, no. 252, 2017, pp. 27-39.

——. "Personification and Narrative: The Blurred Boundaries of the Inanimate in Hardy and Woolf." *Narrative*, vol. 23, no. 1, 2015, pp. 27-39.

——. "Thomas Hardy's The Voice of the Thorn: Its Significance as a Prosopopoeial Poem." *The Explicator*, vol. 75, no. 3, 2017, pp. 150-152.

——. "Thomas Hardy and the Language of the Inanimate." *Studies in English Literature*, 1500-1900, vol. 43, no. 4, 2003, pp. 897-912.

⑤ 这方面的研究以 Gillian Beer 和 George Levine 等为代表，他们揭示了"哈代和达尔文在自然观上的重叠"(West 5).

代与人类世(anthropocene)、哈代与物质文化等方方面面。特别是动物研究方兴未艾，跃升为哈代作品非人类研究的重点。

动物研究是哈代研究一个蕴藏丰富的学术生长点。哈代与动物有着不解之缘，作品中动物描写为数甚众。现实中也曾参与动物保护活动①。哈代曾从伦理角度理解进化论的意义："进化论的发现，揭示了所有有机生物都是一家，将利他主义的中心从人类转移到了全体有意识的世界"②。致力于研究进化观念和文学的 George Levine 也曾指出达尔文对哈代的影响不仅仅体现在斗争的观念，"应该从伦理上，将目光转移到整个自然界的范围、转移到有机界与无机界，关注哈代和达尔文如何在所有一切中发现潜在的叙述"(qtd. in Kreilkamp, *Minor* 110)。这一视角曾长期受到忽视，出版了第一部哈代动物研究专著的 Anna West 就曾感叹"尽管哈代作品中充斥着大量动物生命，但是目前几乎没有引起学术界的注意"③ D. T. Spitzer-Hanks 也遗憾地表示"各种具体的动物和动物的观念是哈代诗歌中极其重要却又没有得到深入研究的领域"④。不过在动物研究(animal studies)的推动下，情况正在改观。维多利亚文学中的动物研究着眼于"维多利亚时期的人们如何定义和概念化'动物'"⑤。更大的理论背景在于理论界对人类中心主义的持续解构，不断暴露人性和动物性等概念的生成谱系和建构性的本质。在此影

① Kreilkamp, Ivan. *Minor Creatures: Persons, Animals, and the Victorian Novel*. The University of Chicago Press, 2018, p. 109. 后文出自同一著作的引文，将随文标出作者和引文出处页码，不再另注。

② Hardy, Thomas. *The Life and Work of Thomas Hardy*. Edited by Michael Millgate, Macmillan, 1984, p. 373.

③ West, Anna. *Thomas Hardy and Animals*. Cambridge University Press, 2017, p. 4. 后文出自同一著作的引文，将随文标出作者和引文出处页码，不再另注。

④ Spitzer-Hanks, D. T. "Hardy's Deep Discordance." *English Studies*, vol. 98, no. 8, 2017, p. 932.

⑤ Kreilkamp, Ivan. "Animal." *Victorian Literature and Culture*, vol. 46, no. 3/4, 2018, p. 570. 后文出自同一著作的引文，将随文标出作者和引文出处页码，不再另注。

响下，哈代作品的动物研究的核心问题意识在于哈代如何以文学解构和建构动物性和人性。

在动物研究者看来，哈代以其动物书写质疑了传统话语体系对动物和人类的建构，模糊了人类与动物的界限。Ivan Kreilkamp① 专著《次要生物：人物、动物和维多利亚时期的小说》(Minor Creatures: Persons, Animals, and the Victorian Novel, 2018)的第五章试图论证"动物生活和动物性与人类生活的深刻勾连"(Kreilkamp, *Minor* 110)。Anna Wes)②在第一本专论哈代与动物的专著《托马斯·哈代和动物》(Thomas Hardy and Animals, 2017)中，Anna West 不但以动物研究、后人类主义和"生物话语"(West 6)为理论背景揭示哈代通过描绘人和动物相遇的瞬间，模糊与重构两者界限，也刻画了哈代如何介入同时期关于动物的各种讨论。她发现哈代对于"creature"这个词汇的概念建构"质疑了人类和动物、男性和女性，甚至有感知的实体和无感知的实体之间的清晰界限"(West 12)。哈代对人和动物边界的质询和重构，主要集中在动物是否是"道德行为主体"(moral agent)或者是否具有"道德意识"(moral sense)(West 46-84)、"语言"和"抽象概念的思维能力"、"表达情绪的能力"、"身体的脆弱性和对痛苦的体验"等几个方面。其中，动物的理性和道德上的"能动性"(agency)引发了大量讨论。同样关注哈代作品中 creature 书写方式的 Elisha Cohn 进一步区分了两种描写动物的话语模式，"生成模式"和"生物模式"，前者人物与自然界融为一体，后者人在与受难的动物相遇时而获得能动性(agency)(Cohn, *Life* 163)。Kreilkamp 发现十九世纪晚期以来，人们对"动物意指"(animal signification)的关注背后是对动物理性"能动性"的思考。哈代等作家在各自书写中，把动物道路、痕迹或者标记视为可释读

① Ivan Kreilkamp 是维多利亚文学研究重镇印第安纳大学(Indiana University)英文系副教授，详见其大学主页：https://english.indiana.edu/about/faculty/kreilkamp-ivan.html 和个人主页：https://ivankreilkamp.com/和社交媒体：https://twitter.com/IvanKreilkamp。

② 根据《托马斯·哈代与动物》扉页的介绍，Anna West 于英国圣安德鲁斯大学获得博士学位，目前在美国密歇根州底特律授课。

符号的书写，并以这一叙述模式介入了有关动物能动性的讨论。(Kreilkamp, *Minor* 135)。

除了呈现哈代对于传统的人类和非人类等级的解构，研究者们还试图呈现哈代如何在总体上把握人类-非人类关系。D. T Spitzer-Hanks 认为将人性置于动物性之上的话语传统实质上是对两者的伤害，而哈代的动物诗学迫使读者重估这一话语传统(Spitzer-Hanks 931)。Spitzer-Hanks 认为哈代试图通过诗歌中的动物展现过去与现在、人与动物之间的"深层不协调"(deep discordence)，设想一种"后达尔文时代的后人类主义"(Spitzer-Hanks 931)。Anna Feuerstein 指出了哈代动物描写的政治内涵。她认为《还乡》中人与动物的遭遇提供了一种"动物向人类的注意力发出声索的知觉模式，而人类也意识到这一声索中的动物视角对于人类主宰的拒绝"①。由此哈代对于动物的再现"将人类中心的政治范畴扩展到人类之外，促使我们更关注动物再现的政治内涵"。② Elizabeth Carolyn Miller 发现哈代的《绿林荫下》"运用树来广泛思考人与自然环境的联系"③，Miller 认为这是"试图采用树木的尺度(scale)和视角来更准确的再现自然世界"④的"生态现实主义"(ecological realism)。John Heaney 发表于美国十九世纪文学研究顶级刊物《十九世纪文学》(Nineteenth Century Literature)上的论文反思了哈代与环境的研究过度依赖达尔文与斯宾塞的进化论框架这一问题。Heaney 认为有关进化(evolution)的观点不惟达尔文、斯宾塞所独有，并指出"叔本华的

---

① Feuerstein, Anna. "Seeing Animals on Egdon Heath: The Democratic Impulse of Thomas Hardy's *The Return of the Native*." 19: *Interdisciplinary Studies in the Long Nineteenth Century*, no. 26, 2018, p. 18.

② Feuerstein, Anna. "Seeing Animals on Egdon Heath: The Democratic Impulse of Thomas Hardy's *The Return of the Native*." 19: Interdisciplinary Studies in the Long Nineteenth Century, no. 26, 2018, p. 18.

③ Miller, Elizabeth Carolyn. "Dendrography and Ecological Realism." *Victorian Studies*, vol. 58, no. 4, 2016, p. 696.

④ Miller, Elizabeth Carolyn. "Dendrography and Ecological Realism." *Victorian Studies*, vol. 58, no. 4, 2016, p. 711.

形而上学也许影响了哈代在《林中人》中对进化主题的处理”①。他发现《林居人》借植物生命来思考进化主题，“借鉴了叔本华现象学手法的内在诗性本质/自然(nature)，也就是将人类身体作为‘隐喻’来理解整个物质宇宙的手法，哈代强调了人性植根于自然环境，和与非人类世界相互渗透，甚至相互等同的程度”(Heaney 544)。Benjamin Morgan 以地质学“人类世”(Anthropocene)研究的重要概念“尺度”(scale)来诠释哈代作品中超越人类的视角。其论文《作为形式的尺度：托马斯·哈代的岩石和恒星》(Scale as Form: Thomas Hardy's Rocks and Stars)讨论了地理时间尺度(Geological Time Scale)与哈代作品的关系。Morgan 认为“尺度”(scale)对于人类世的重要意义是其“划定一种新的衡量人类能动性(human agency)，同时也促使我们根据这一扩大了的地质年代重新定位自身的历史意识”，因为人类世的核心关切在于“如何协调或者跨越不同的尺度。”“尺度”与文学的关系在于“形式”(form)概念是十九世纪英文知识界借以理解谈论地球自然衍生的种种地质“尺度”的概念。由此，形式成为文学和地质的接榫点，使得“作为阅读媒介、意象和叙事的批评手段的”形式具备理解“尺度跳跃和断裂”(scalar leaps and disjuncture)的潜能。从这一角度出发，Morgan 认为哈代在《一双湛蓝的眼镜》和《塔上恋人》通过叙事时长和视角的转换来表达人类尺度的价值与超乎人类的非人类尺度世界之间的断裂(disjuncture)。不过 Morgan 并不认为美学的形式能够协调人类和非人类的刻度(scale)，他认为哈代介入关于刻度的讨论的重要性更在于这一介入本身就是无法转换刻度的症候②。另外 Ruth M. McAdams 则发现《司号长》(The Trumpet Major)中的物质文化与历史观念的复杂关系，她认为哈代对于服装看似混乱的描绘“表现了

---

① Heaney, John. “Arthur Schopenhauer, Evolution, and Ecology in Thomas Hardy's *The Woodlanders*.” *Nineteenth-Century Literature*, vol. 71, no. 4, 2017, p. 516.

② See Morgan, Benjamin. “Scale as Form: Thomas Hardy's Rocks and Stars.” *Anthropocene Reading: Literary History in Geologic Times*, The Pennsylvania State University Press, 2017, pp. 132-149.

历史时间的错综复杂和多维性”①。

（三）共同体的文学想象

从上述讨论可以看出，观察哈代作品对于主体性和人类中心主义的超越是情动研究或者人类-非人类视角的问题意识所在。这种思考进路的另一样貌是近年来对哈代共同体想象的阐释和考证。哈代与共同体研究的最大推手无疑是美国哈代研究专家米勒（J. Hillis Miller）②。其近年论著如《共同体的焚毁：奥斯维辛之前和之后的小说》（The Conflagration of Community：Fiction Before and After Auschwitz，2011），《小说中的共同体》（Communities in Fiction，2014）中着重论述文学对共同体的想象。米勒2014年的专著《小说中的共同体》的第三章《〈还乡〉中的个人和共同体》（Individual and Community in The Return of the Native）讨论了《还乡》中个人是否能够融入共同体，《还乡》中共同体的类型等问题，并根据《还乡》中的人物彼此隔绝认为《还乡》中的共同体濒临解体。2018年米勒新论文《不同的乡村经验：佛吉尼亚和威塞克斯的乡村共同体》（Varieties of Rural Experience：Country Communities in Virginia and Wessex）继续这一话题，但是聚焦《绿林荫下》，从哈代对童年乡村经验的再现切入共同体问题。米勒借助有关共同体的理论，根据成员相互了解与否，区分了成员彼此了解的“有机共同体”和成员之间彼此隔绝的“非共同体”。米勒的问题意识在于《绿林荫下》中的Mellstock是否是共同体，如果是，是何种共同体。是或者不是

---

① McAdams，Ruth M. “Clothing Napoleonic History in *Vanity Fair* and *The Trumpet Major*.” *Victorian Studies*，vol. 60，no. 1，2018，p. 10.

② 米勒现为加州大学尔湾分校比较文学杰出研究教授（Distinguished Research Professor，Comparative Literature）和英文杰出研究教授（Distinguished Research Professor，English），研究领域为：维多利亚文学、近代英国和美国文学、比较文学、文学理论。详见：https：//www.faculty.uci.edu/scripts/UCIFacultyProfiles/english/faculty/profile.cfm?ID=2786。Julian Wolfreys称他为20世纪北美最重要的文学批评家，详见：http：//www.oxfordbibliographies.com/view/document/obo-9780190221911/obo-9780190221911-0026.xml。

Gemeinschaft(有机共同体的一种类型)与乡村经验有何种关系①。米勒以细致的叙事分析发现 Mellstock 的个体彼此无法了解，因而“Mellstock……不是毫无疑问的有机共同体，相反，它代表了南希(Jean-Luc Nancy)所谓的‘失效的共同体。’南希细致地解释了这种共同体，认为它拒绝恋人之间的融合，而代之以彼此无法完全相互了解的独体(singularity)之间的那种永恒分离”(Miller，“Varieties” 46)。米勒关注的是哈代的乡村共同体经验，哈代本人的共同体经验并不仅仅包括乡村，Mark Ford 另辟蹊径，其《托马斯·哈代：半个伦敦人》(Thomas Hardy：Half a Londener，2016)则尝试将城市的共同体经验置于哈代文学创作的核心。此外，论文集《托马斯哈代的短篇小说：新的视角》(Thomas Hardy's Short Stories：New Perspectives，2016)第三部分同样聚焦哈代短篇小说中的“幽默”、“爱情”、“欺骗”等“共同体关系”(community relationships)。

美国期刊基本都设置书评栏目以促进学术交流和争鸣。三年来，一些非美国学者更为历史地考察共同体的建构，也得到了美国学界的关注。近年来从信息系统角度切入现代性的研究方兴未艾，《维多利亚研究》(Victorian Studies)的述评栏目评论了英国班戈大学 Karin Koehler② 的专著《托马斯·哈代和通讯：书信，电报和邮政系统》(Thomas Hardy and Victorian Communication：Letters，Telegrams and Postal Systems，2016)，认为该书揭示了维多利亚时期传统社区(communities)面对新型邮政系统的焦虑。Koehler 从通讯系统对哈代小说的解读着重探讨了“以邮政系统为代表的全国性网

① See Miller，J. Hillis. “Varieties of Rural Experience：Country Communities in Virginia and Wessex.” *Victoriographies*，vol. 8，no. 1，2018，p. 30.

② Karin Koehler 现为英国班戈大学(Bangor University)语言、文学和语言学学院十九世纪文学讲师，研究领域为维多利亚文学和文化，书信、媒体和通讯技术，哈代的生平与作品。详见：https：//www. bangor. ac. uk/languages-literatures-and-linguistics/staff/karin-koehler/en#publications。

络所带来的文学侵蚀作用"①。Ruth Livesey② 的专著《书写公共马车的国度：十九世纪英国小说中移动的地方性》(Writing the Stage Coach Nation: Locality on the Move in Nineteenth-Century British Literature, 2016)则讨论以马为动力的公共运输系统如何构建起英国的"想象的共同体,"并将通过对司格特、狄更斯、勃朗特和哈代等人作品的分析，试图论证不列颠的建构就是一个地方性与全国性，具体与抽象，边缘与中心不断博弈的过程③。Kim Salmons④ 的《托马斯·哈代小说中的食物：生产与消费》(Food in the Novels of Thomas Hardy: Production and Consumption, 2017)关注哈代小说中描绘的食物如何串联起纷繁的社会网络。虽然肯定了该书考证扎实，但 Irena Yamboliev⑤ 评价该书时遗憾其对哈代作品的分析重历史考据、轻文本分析，因而算不上"文学的食物研究"(a literary

---

① Worth, Aaron. "Thomas Hardy and Victorian Communication Letters, Telegrams and Postal Systems. (Book Review)." *Victorian Studies*, vol. 60, no. 3, p. 471.

② Ruth Livesey，伦敦大学皇家霍洛威学院(Royal Holloway, University of London)英文系十九世纪文学和思想教授，研究领域文十九世纪文学。详见：https://pure.royalholloway.ac.uk/portal/en/persons/ruth-livesey (86148086-75dd-4575-aca9-9e5342debb4c).html。

③ See Daly, Nicholas. "Writing the Stage Coach Nation Locality on the Move in Nineteenth-Century British Literature." *Victorian Studies*, vol. 59, no. 4, pp. 675-77.

④ Kim Salmons 任教于圣玛丽大学(St Mary's University)，详见其学校主页：https://www.stmarys.ac.uk/staff-directory/kim-salmons # research 和社交媒体：https://twitter.com/kimsalmons。

⑤ Irena Yamboliev 现为斯坦福大学写作与修辞项目成员(Fellow, Program in Writing and Rhetoric, Stanford University)，详见：https://cap.stanford.edu/profiles/viewCV? facultyId=27803&name=Irena_Yamboliev。她的研究领域为：十九世纪和二十世纪早期英国视觉和文学文化，装饰和装饰的修辞与历史，跨文化色彩理论(光学、化学、艺术、文学、音乐)，美学，酷儿理论，生态批评，数位人文与数据驱动的文学研究，科学史，文学颓废。详见：https://profiles.stanford.edu/irena-yamboliev? tab=research-and-scholarship。

food studies)①。在她看来，食物的文学研究应当“追求历史档案和那些使得哈代的文本成为文学艺术的叙事特征之间的平衡”(Irena 473)。

结语

心智、认知与情感，人类与非人类和共同体是近三年美国哈代研究的三个趋势。其中情感研究和动物研究都已是当代西方显学，情动和动物视角都具有跨学科的辐射力。这些趋势合力展现了哈代对于既有话语中心和边缘的转移和扩大。当然也必须指出，所谓划分只是为了凸显各自特色，具体操作中许多批评者会同时运用多种路数。

心智、认知和情感角度开展的哈代研究试图通过心智、各种认知过程和 affect，emotion，feeling 等范畴描述历史，文本和读者之间的丰富互动，并回答哈代作品展现了何种认知过程，如何与读者展开认知互动，哈代作品对心智的刻画与科学话语的关系。Rachel Ablow、Elisha Cohn②，Benjamin Morgan、Suzanne Keen 和 Elaine Auyoung 都是个中代表。从人类-非人类角度开展的哈代研究揭示哈代如何想象人类及人性和非人类世界，进而观察哈代如何超越二元对立的视角重新思考人性和动物性、物质性等的关系。其中动物研究虽然曾经受到忽视，但正吸引越来越多的研究目光。Anna West，Ivan Kreilkamp，Benjamin Morgan，Elisha Cohn③ 等都是值得关注的研究者。哈代与共同体的研究致力于展现哈代作品如何想象共同体，与历来分析共同体的理论相互映照，判断哈代描绘的共同体的性质，或者运用历史材料，历史性地重建哈代描绘

① Irena，Yamboliev. “Food in the Novels of Thomas Hardy：Production and Consumption.（Book Review）.” *Victorian Studies*, vol. 60，no. 3，p. 474.

② 根据其主页介绍，Elisha Cohn 目前正进行一项名为 The Victorian Brain：Neuroscience and Narrative 的书籍写作计划。详见：http：//people. as. cornell. edu/sites/people/files/CV_Cohn_09262017_0. pdf。

③ 根据其主页介绍，Elisha Cohn 目前正在写作一本名为 Animal Lives，Novel Forms 的专著，详见：http：//people. as. cornell. edu/sites/people/files/CV_Cohn_09262017_0. pdf。

的共同体。另外哈代本人的共同体经验，特别是城市经验对哈代创作的影响都是值得继续探讨的话题。米勒、Mark Ford 等都值得细读。

上述研究视角某种程度上继续了哈代研究中的经典话题之一：哈代作品中的关系。尤其着意于边界的消解与重构(自我与世界之间、人类与非人类之间、共同体成员之间、中心与边缘)，因而呈现出 V21 在其宣言中所呼吁的从现实出发(presentism)的研究态度。这些研究表明，哈代的文本，或者以情动召唤的方式，或者以重新思考人性的方式，或者以共同体见证的方式，持续地呼唤着"转移的……利他主义中心"。

三、康拉德研究

从总体来看，2016 年至 2018 年，英美学界的主要研究趋势依然承袭了以往康拉德研究的主要思路和途径，倾向于传记和作品研究。其中大量发表在英国康拉德学刊 *Conradian* 和美国学刊 *Conradiana* 上，除见诸英国康拉德学刊的文章有 44 篇之多外(其中作者传记、信札书籍、访谈、思想和史料文献研究 21 篇，小说批评、评述和介绍有 23 篇)，其他 35 篇均散见于英美排名靠前的 18 种人文学刊和专业期刊上。① 在 39 篇涉及作品研究的文章中涉及研究课题繁多，但基本上可分为叙事与历史关系探讨、人物人格及身份建构分析、交叉学科以及跨学科研究和读解范式探索、政治观和文化塑性等几个方面。根据主题相关性，本文将这些课题合并成三大类：一、小说本体研究(历史、叙事和人物)；二、小说客体

① 除英美康拉德学刊 Conradian 和 Conradiana 以外一共 18 本文学、人文和其他跨学科杂志：ELH，English Language and Literature，English (The Journal of the English Association)，Journal of Modern Literature，Language and Literature，Literature and Medicine，Massachusetts Review (a quarterly of literature，the arts，and public affairs)，Modernism or Modernity，Pennsylvania Literary Journal，Philosophy and Literature，Poetics Today，Review of English Studies，Studies in the Novel，Style，Textual Practice，The Cambridge Quarterly，The Hudson Review，Women's Studies.

研究（源于跨学科体系的自然隐喻和基于语言符号的语言艺术）；三、小说主题研究（政治观和文化塑性）。

（一）小说本体研究

就小说本体研究而言，首先针对的康拉德短篇小说的历史叙事。发表于英国康拉德学刊 Conradian 上的两篇文章：阿姆斯特丹大学吉恩·M·摩尔的《短篇小说〈决斗〉的历史和传奇》就是从康拉德短篇小说《决斗》中的历史原型与虚构讨论入手，讨论了康拉德故事的真实性；① 伦敦特威克南圣玛丽大学高级研究员 J·H·斯塔普在《康拉德造访布莱克船长：讲述〈大海之镜〉中的记忆》一文中从康拉德传记史料中有关其与现实布莱克家族来往的轶事展开对康拉德小说《大海之镜》中布莱克船长原型的探讨，介绍和分析了康拉德小说中所体现的带有印象主义特点的半自传式回忆色彩。② 这两篇文章在康拉德历史观研究方面既沿袭了传统的作家作品研究模式也突破性地将单纯传记研究与具体文本读解结合起来，避免了各表一枝的泛泛而论；既凸显了文本在作家历史观研究方面的核心作用，也引起学界对作家传记研究在经典重读方面学术价值的重视。后者无疑对国内康拉德研究提供了思考空间，而两者的结合也相应起到了抛砖引玉的作用。

康拉德历史记述的特殊之处首先表现为第一人称复数的运用和叙述视角的多样性。波尔多·蒙特里涅大学雷米·阿拉伯-富恩特斯的《“想想我们……我们……我们！”：康拉德小说中的第一人称复数幽灵论》就通过对第一人称复数在其小说中的具体运用形成对小说中这一叙事视角的全面研究，认为康拉德对集体叙事的具体运用及其所产生的含混使得归属观念及其表达变得难以理解。③ 而在这方面约翰内斯堡大学丽贝卡·法塞尔特的关注点却不尽相同，在

① Gene M. Moore. History and Legend in “The Duel”. Conradian, Journal of the Joseph Conrad Society, 2016, Volume 41, Issue 2, p. 28.

② J. H. Stape. Conrad’s Visit to Captain Blake: Narrating Memory in The Mirror of the Sea. Conradian, 2016, Volume 41, Issue 1, p. 130.

③ Remy Arab-Fuentes. “Think of Us… of Us… of Us!”: The First-Person Plural Hauntology in Conrad’s fiction. Conradian, 2016, Volume 41, Issue 2, p. 47.

其《(后)殖民的 we 叙事和“回笔”范式：约瑟夫·康拉德〈“水仙号”上的黑水手〉和，恩古吉·瓦·提安哥〈一粒小麦〉》一文中，法塞尔特将康拉德小说《“水仙号”上的黑水手》中第一称复数集体声音书写与回应过时的“写回”范式进行对比，认为前者而非后者才是该小说最近后殖民研究的关注点。① 罗马天主教大学弗朗西斯卡·马斯特拉契《关于〈故事〉中的自我指称和互文性的几点注记》就从叙事学的角度分析了小说《故事》中无名叙述者叙述视角在第三人称万能叙事和有限视角以及第一人称视角之间的转换。② 西里西亚大学亚瑟·米德拉在《再评〈故事〉》援引维维恩·朗德尔(Vivienne Rundle)的研究重点关注小说故事中的含混，认为故事讲述的不确定性能够发挥对话和行为性作用。③ 美国加利福尼亚伯克利市传记作家、文学、艺术和电影评论家杰弗里·迈耶斯在《〈白鲸〉对〈黑暗的心〉的重大影响》一文中认为：虽然康拉德对麦尔维尔在文学审美方面持否定态度，但他在《黑暗的心》中却保留了《白鲸》的主要元素：故事中幸存者的第一人称叙事。④ 从叙事角度看，康拉德是引领现代主义文学的开拓者之一且贡献斐然，这四篇文章从逻辑上来说将康拉德第一人称叙事风格进行了系统归纳：首先是第一人称复数的突破本体认知限制的魔幻表现力和现代主义多元叙事在历史表征中不可替代的作用；其次是灵活的自我指称视角转换造就的意义含混和元叙事技巧对后现代叙事的启迪；最后是第一人称叙事风格在浪漫主义文学基础上的批判和继承。四篇文章形成对康拉德第一人称叙事风格创新的一般性学术认知，但就系统研究而

---

① Rebecca Fasselt. (Post) Colonial We-Narratives and the “Writing Back” Paradigm: Joseph Conrad's The Nigger of the“Narcissus” and Ngũ gĩ wa Thiong'o's A Grain of Wheat. Poetics Today, 2016-03, Volume 37, Issue 1, pp. 155-179.

② Francesca Mastracci. Some Notes on Self-Referentiality and Intertextuality in “The Tale”. Conradian, 2018, Volume 43, Issue 1, p. 67.

③ Jacek Mydla. A Reappraisal of “The Tale”. Conradian, 2018, Volume 43, Issue 1, p. 72.

④ Jeffrey Meyers. The Fateful Impact Moby-Dick and Heart of Darkness. Style, 2018, Volume 52, Issue 3, p. 212.

言所选文本仍存在一定局限，在康拉德叙事总体研究方面就有些管窥蠡测了。

其次，说到康拉德的历史叙事，在众多的相关研究中，人物以及人物身份及其建构研究占据了相当比例。关西·加库因大学马沙诺伊·伊托《〈“水仙花”中的黑水手〉中的现代人群和重写叙事》①、利兹大学埃米莉·埃尼斯在《康拉德笔下掠影：〈继承者〉与〈黑水手〉的真实性与身份》②、美国加州圣玛丽学院费利西亚·马丁内斯在《人是钢铁还是浮云？-康拉德对人格矛盾的贡献》③和多明格斯山加州州立大学安德里亚·怀特《〈漫游者〉：一个不太可能的爱国者》④这四篇文章完成对康拉德叙事中历史真实性、现实文本(比如摄影)和虚构文本之间形成读解裂缝的人物身份研究。其中探讨的核心内容是康拉德在这种欲盖弥彰的叙事方式中所体现的形成复杂人格矛盾和表征各种人格怪癖的历史语境，以及其在文学人格对现实人格和身份建构方面的文本意义，并且强调叙事在解决人物关系历史性矛盾方面的决定性作用。这种将小说人物放置在小说的现实与虚构历史语境中审视的人物分析模式淡化了基于主体性研究的自我和个体心理分析，更加注重对人物所处历史环境对历史主体客体化作用的认识论关注。而法国里昂第二大学克劳德·美松纳特的《“努力不去看那些不存在的东西”：〈漫步者〉中的创伤与救赎》⑤、让·莫林-里昂大学凯瑟琳·德莱萨勒·南茜的《〈“野人”号：愤怒

① Masanori Ito. The Modern Crowd and the Palimpsest Narrative in The Nigger of the ‘Narcissus”. Conradian Journal of the Joseph Conrad Society, 2017, Volume 42, Issue 1, p. 1.

② Emily Ennis. Conrad Writing Photography: Authenticity and Identity in The Inheritors and “The Black Mate”. Conradian, 2016, Volume 41, Issue 1, p. 32.

③ Felicia Martinez. Are Persons like Steel or a Cloud?: Conrad's Contributions to the Contradictions of Personhood. Conradian Journal of the Joseph Conrad Society, 2017, Volume 42, Issue 1, p. 18.

④ Andrea White. The Rover: An Unlikely Patriot. Conradian Journal of the Joseph Conrad Society, 2017, Volume 42, Issue 2, p. 18.

⑤ Claude Maisonnat. “Trying not to see something that was not there”: Trauma and Redemption in The Rover. Conradian, 2017, Volume 42, Issue 1, p. 64.

的故事〉中难以理解的女人》①、韩国岭南大学季慧容的《与蒙面东方的罗曼斯：〈她〉中的阿伊莎与〈吉姆爷〉中的“东方新娘”》②和斯蒂芬妮·J·布朗的《康拉德〈密探〉中女性公民身份、独立和许可权》③这四篇文章将人物分析关注点更为具体地切入到女性人物心理方面，并将女性问题引向政治和意识形态，进而回归到康拉德被压抑的政治理想和其自身为之困惑的公民身份及其建构问题上。相对于以往对康拉德人物片面基于精神病理学的主体性研究而言，这种研究相对客观地还原了康拉德人物的客观历史意义，但却相应弱化了对主体的个体创伤心理分析。因此，在认识论基础上，运用新历史主义的读解范式或可将康拉德历史和虚构人物的主客体两方面结合起来进行针对创伤人格的更为系统的人物研究。

（二）小说客体研究

康拉德以其广博的实践知识和人生阅历在其历史叙事之外加入了较为艰涩的自然科学元素，这其中首当其冲的就是气象学。佐治亚海岸学院戴维·穆里在其《“被吞没的全部”：康拉德〈绳端〉里的船只》一文中重点讨论了康拉德作品中让读者感到困惑的航海术语。④ 剑桥大学布伦丹·卡瓦纳盖的《“风暴天气”：台风气象学与麦克沃尔的视点》从气象学的角度在以往批评研究基础上对中篇小

① Catherine Delesalle-Nancey. Inscrutable Women in “The Brute: An Indignant Tale”. Conradian Journal of the Joseph Conrad Society, 2017, Volume 42, Issue 1, p. 52.

② Hye Ryoung Kil. Romance with the Veiled East: Ayesha in She and the “Eastern Bride” in Lord Jim. English Language and Literature DOI: 10. 15794/jell. 2017. 63. 2. 008 Vol. 63 No. 2 (2017) 317-37.

③ Stephanie J. Brown. Female Citizenship, Independence, and Consent in Conrad's The Secret Agent. Women's Studies, 2016-01-02, Volume 45, Issue 1, p. 39.

④ David Mulry. “Swallowed whole”: The Ships of Conrad's “The End of the Tether”. Conradian Journal of the Joseph Conrad Society, 2017, Volume 42, Issue 2, p. 1.

说《台风》进行了现象学分析。① 麻省理工学院安娜·琼斯·艾布拉姆森的《约瑟夫·康拉德的空气现代主义：无所不在的雾、叙事框架和情感契合》认为文学氛围的建构并不仅仅是由内容或视觉效果层面上的天气和天气变化所决定的，而是通过操纵叙事结构来创造一种沉浸式封套之感。② 北德克萨斯大学约翰·G·彼得斯通过《约瑟夫·康拉德与空间认识论》一文从归纳解释学角度读解康拉德的物质空间观念。③ 这三篇文章结合气象学和空气情感隐喻在理解康拉德小说中人与自然、空间和心理在现代主义主客体交互作用背景下的生态关系方面形成了一种新的研究趋势。而这其中彼得斯所提之空间认识论给康拉德小说生态观研究提供了全新的理论视角。其次，康拉德研究中始终存在着一个无法回避的科学问题：康拉德文学与医学之间的关系。一直以来，基于医学的康拉德研究更多的是建立在康拉德传记研究的基础之上，缺乏系统和专业的医学理论观照，约翰·霍普金斯大学洛伦佐·塞尔维吉的《“欢欣鼓舞的健康”：约瑟夫·康拉德与热带医学》④和驻约翰·霍普金斯大学的瑞士国家自然科学基金访问学者尼得什·劳顿的《康拉德的神经塑性》⑤这两篇文章有效地将医学、环境和生理等自然科学与社会文化符号学结合起来对康拉德进行跨学科研究，这无疑是对文学文本读解范式和作家研究的一种全新的理论探索和实践。

相对于自然知识的科学体系而言，康拉德特殊的语言构成与他

① Brendan Kavanagh. “Dirty weather”: Typhoon's M eteorology and Mac Whirr's Point of View. Conradian, 2016, Volume 41, Issue 1, p. 1.

② Anna Jones Abramson. Joseph Conrad's Atmospheric Modernism: Enveloping Fog, Narrative Frames, and Affective Attunement. Studies in the Novel, 2018, Volume 50, Issue 3, pp. 336-358.

③ John G. Peters. Joseph Conrad and the Epistemology of Space. Philosophy and Literature, Volume 40, Number 1, April 2016, pp. 98-123.

④ Lorenzo Servitje. “Triumphant Health”: Joseph Conrad and Tropical Medicine. Literature and Medicine, Volume 34, Number 1, Spring 2016, pp. 132-157.

⑤ Nidesh Lawtoo. Conrad's Neuroplasticity. Modernism or Modernity, 2016, Volume 23, Issue 4, p. 771.

的民族身份一样也一直是学界关注的热点，针对康拉德式极具张力的复杂语言体系和有意识的语义修辞创新，（波兰）瓦尔米亚和马祖里大学艾娃·库贾夫斯卡利兹的《康拉德在早期马洛叙事中的语言艺术：对比的功效》①和巴黎帕特里克·杜尔沁的《〈阿尔梅耶的愚蠢〉中的符号密度》②这两篇文章就从康拉德的元语言意识、语音学和符号学等多方面来研究其语言艺术，足见其独特的学术价值。而香港中文大学伊夫林·T·Y·陈的《反讽的结尾：基耶加德和康拉德的拉祖莫夫》③、克莱尔·威尔金森的《康拉德〈诺斯托罗莫〉的空洞中心：一种新的经济批评方法》④、布里斯托大学奥利弗·内托的《"我害怕无聊，但不知道如何避免它"：康拉德的无聊修辞》⑤和英国诺森比亚大学人文系凯瑟琳·伊泽贝尔·巴克斯特《康拉德〈艾米·福斯特〉中"无意义演讲"和失聪：再论小说中的创伤和不可言说》⑥这四篇文章则成功地勾勒出康拉德语言艺术的精髓：创造性的反讽、无聊和空洞修辞以及因之产生的文本之不可言说性。因此，对康拉德创伤书写的系统研究反过来或可成为一种拓宽和发展创伤理论范式的重要突破口。因为不可言说的符号包络的多元文化和哲学思维造成了文本的不可解读性，康拉德的语言艺术中体现了一种文化多元的交融和哲思。美国阿巴拉契亚州立大学威

① Ewa Kujawska-Lis. Conrad's Mastery of Language in Early Marlow Narratives: The Functions and Effects of Comparisons. Conradian, 2016, Volume 41, Issue 1, p. 20.

② Patrick Tourchon. Semiotic Density in Almayer's Folly. Conradian, 2016, Volume 41, Issue 1, p. 53.

③ Evelyn T. Y Chan. The Ends of Irony: Kierkegaard and Conrad's Razumov. Conradiana, 2018, Volume 47, Issue 2, p. 79.

④ Claire Wilkinson. The Empty Centre of Conrad's Nostromo: A New Economic Approach. The Cambridge Quarterly, 2018, Volume 47, Issue 3, pp. 201-221.

⑤ Oliver Neto. "I am afraid of being tedious but don't know how to avoid it": Conrad's Rhetoric of Boredom. Conradiana, 2018, Volume 47, Issue 2, p. 95.

⑥ Katherine Isobel Baxter. 'Senseless speech' and Inaudibility in Conrad's 'Amy Foster': Rethinking Trauma and the Unspeakable in Fiction. Textual Practice, 2016 Vol. 30, No. 5, pp. 879-895.

廉·阿特金森《〈萨沃伊〉杂志上的〈这些白痴〉：颓废与凯尔特之缘》①和约瑟夫·坎宁安《无根据的方法：伽达默尔解释学和〈黑暗的心〉》②这两篇文章构筑的文化与阐释学研究将康拉德研究从传统的解释学范式对流畅文本的依赖中解放出来，利用文本本身所蕴含之哲学思维的张力客观评价这种不可解读性。

（三）小说主题研究

康拉德脍炙人口的中篇小说《黑暗的心》不断成为批评界政治和意识形态读解的文本，而这其中尤以尼日利亚著名小说家、诗人和评论家，被誉为“非洲现代文学之父”的钦努阿·阿契贝的观点最为突出也最具争议性。阿契贝最近在《马萨诸塞评论》撰文题为《非洲的形象：康拉德〈黑暗的心〉中的种族主义》，文章认为康拉德小说《黑暗的心》相比其所知其他作品能更好地展现他一贯所说的西方欲求。③ 而理查德·兰金·罗素的《康拉德〈黑暗的心〉中但丁的贝拉奎亚：马洛通往拒绝种族主义之路》则从互文性的角度探讨了康拉德《黑暗的心》中叙述者马洛对自己与刚果矿区附近土人之间关系的认知。④ 在康拉德政治观中最具争议的地方就是其对种族主义的矛盾态度。有趣的是，阿契贝曾就《黑暗的心》批评康拉德是个典型的种族主义者，而他最近基于此文本的研究似乎在这场曾经因自己执见而引起的论战中当起了调和者，认为这个被自己判定为种族主义者的作家事实上给自己的反种族主义思想注入了价值斐然的关于文明与反文明关系的政治思考。这也引领了针对康拉德

---

① William Atkinson. “The Idiots" in The Savoy: Decadence and the Celtic Fringe. Conradiana, 2018, Volume 47, Issue 2, p. 113.

② Joseph Cunningham. Unsound Method: Gadamer's Hermeneutics and Heart of Darkness. Language & Literature, 2017-01-01, Volume 53, Issue 1, p. 33.

③ Chinua Achebe. An Image of Africa: Racism in Conrad's Heart of Darkness. Massachusetts Review a quarterly of literature, the arts, and public affairs, 2016, Volume 57, Issue 1, p. 14.

④ Richard Rankin Russell. Dante's Belacqua in Conrad's Heart of Darkness: Marlow's Journey Toward Rejecting Racism. Conradiana, 2018, Volume 47, Issue 2, p. 133.

有关种族主义政治观评判的新一轮学术争鸣。

无政府主义和殖民主义也是康拉德小说研究无法回避的话题，伦敦特威克南圣玛丽大学高级研究员 J·H·斯塔普的《康拉德的〈无政府主义者〉：诺曼雪莉注脚》是对康拉德学者诺曼·雪莉的《康拉德的东方世界》和《康拉德的西方世界》这两部专著的评述文章。① 爱荷华州立大学詹妮弗·A·贾内切克的《原始声音的恐怖：〈黑暗的心〉中的原始语言和帝国主义》指出语言输出在殖民过程中凸显了极其重要的作用。② 罗格斯大学艾弗拉姆·阿尔珀特《启蒙帝国-论〈黑暗的心〉的佛教启蒙与政治》则认为小说《黑暗的心》通过比较东西方启蒙运动与殖民主义之间复杂的关系展现了佛教与欧洲启蒙运动两者在看待世界时所产生的广域批评视角。③ 马克·A·多尔蒂的《潮流的力量，人类的冲动：康拉德〈黑暗的心〉马克思主义和文化唯物主义读解》认为康拉德《黑暗的心》中展现了有关环境和人道主义权力滥用的挑动性视角。④ 南佛罗里达大学亨特·霍金斯的《〈诺斯特罗莫〉与新殖民主义》以相对开放的视角聚焦了康拉德对于法农新殖民主义理论的前瞻性呼应。⑤ 中国香港大学道格拉斯·克尔《康拉德和移民：表现盛情的戏剧》把康拉德小说《艾米·福斯特》这个故事看作是对移民和移民接纳的研究（当今世界

---

① J. H. Stape. Conrad's "An Anarchist": Footnotes to Norman Sherry. Conradian, 2016, Volume 41, Issue 1, p. 127.

② Jennifer A. Janechek. The Horror of the Primal Sound: Proto-telephony and Imperialism in "Heart of Darkness". Conradian, 2016, Volume 41, Issue 2, p. 8.

③ Avram Alpert. Empires of Enlightenment: On Illumination and the Politics of Buddhism in Heart of Darkness. Journal of Modern Literature, 2017, Volume 40, Issue 2, p. 1.

④ Mark A. Doherty. The Power of Tides, The Impulses of Mankind: A Marxist and Cultural Materialist View of Conrad's Heart of Darkness. Pennsylvania Literary Journal, 2017, Volume 9, Issue 2, p. 70.

⑤ Hunt Hawkins. Nostromo and Neo-Colonialism. Conradian, 2018, Volume 43, Issue 1, p. 1.

许多热点地区问题)。① 北德克萨斯大学亚当·米汉的《约瑟夫·康拉德〈诺斯托罗莫〉中意识形态的幽灵》认为尽管以前的批评家主要集中考虑小说《诺斯托罗莫》中幽灵意象的美学和象征维度,康拉德对幽灵意象的投入却要比人们认识的深刻得多。② 英国利兹大学杰英文系杰伊·托马斯·帕克的《"他是我们的一员":罗蒂自由民族中心主义和康拉德〈吉姆爷〉中的讽刺叙事声音》使得康拉德世纪之交写成的小说《吉姆爷》(1900年)与当代美国自由主义哲学家理查德·罗蒂的作品产生了某种意义上的对话。③ 这七篇文章基本涵盖了康拉德政治观所涉问题的主要方面:无政府、资本、帝国和殖民主义,从宏观文化批评出发立足文本中涉及语言、宗教、经济形态、文化思想和意识形态诸方面对康拉德基本政治观进行了阐释,同时也从康拉德政治观中理想政治形态与当代世界政治、经济思想和文化格局存续发展的融合度方面肯定了其特殊的学术价值,为康拉德政治观研究打开了新通道。

英美学刊近三年康拉德研究根据主题相关性合并成三大类。应该说,在这些文章中既有相对前沿的具有挑战性的问鼎之作,比如自然隐喻和语言艺术方面的跨学科研究,也不乏基于传统范式以及针对经典学术问题的夯实补漏之文,比如历史和政治观方面基于人文学科范畴(哲学、历史、文化和意识形态等)的读解。从所选研究文本来看,绝大多数集中在康拉德中短篇小说上面。为数不多的文章将历来较少纳入理论视野的中长篇小说作为研读对象,引人注目的是康拉德经典中篇小说《黑暗的心》依然是引发论战的焦点,其在经典重读方面的学术价值不言而喻。政治长篇小说《诺斯托罗莫》和《密探》依然是探索康拉德政治观的理想文本,但相对来说读

① Douglas Kerr. Conrad and the Immigrant: the Drama of Hospitality. Review of English Studies, 2016, Volume 67, Issue 279, pp. 334-348.

② Adam Meehan. Specters of Ideology in Joseph Conrad's Nostromo. Studies in the Novel, 2018, Volume 50, Issue 3, pp. 359-377.

③ Jay Thomas Parker. 'He was one of us': Rortyian liberal ethnocentrism and ironic narrative voice in Joseph Conrad's Lord Jim. Textual Practice, 2017 Vol. 31, No. pp. 4, 823-838.

解范式有待进一步突破。这其中政治小说《在西方的注视下》却遭受冷遇，即使是涉及人物人格和身份建构的论述也没有以之为研究文本，这说明该小说相关论证已趋饱和，有待进一步拓宽理论视野和读解空间。总体来看，英美学刊康拉德研究步入了文本小众化和理论范式边缘化的模式，跨学科、读解范式创新和主题意蕴互文研究或成为未来康拉德研究的重点和发展趋势。

附录

(一)近三年菲尔丁研究成果一览表

——论文(含书评)

1. Birke, Dorothee. “Direction and Diversion: Chapter Titles in Three Mid-Century English Novels by Sarah Fielding, Henry Fielding, and Charlotte Lennox.” *Scriblerian & the Kit-Cats*, Vol. 48/49 Issue 2/1, Spring-Autumn 2016.

2. Black, Scott. “Epic into Novel: Henry Fielding, Scriblerian Satire, and the Consumption of Classical Literature.” *Scriblerian & the Kit-Cats*, Spring-Autumn 2016, Vol. 48/49 Issue 2/1, p130-132, 3p.

3. Bowers, TerenceN.. “Fielding's Odyssey: The Man of Honor. the New Man, and the Problem of Violence in Tom Jones.” *Studies in Philology* (SP), 2018 Fall.

4. Bricker, Andrew Benjamin. “Fielding after Mandeville: Virtue. Self-Interest. and the Foundation of ‘Good Nature’.” *Eighteenth-Century Fiction* (ECF), 2017 Fall.

5. Diamond, David. “Secular Fielding.” *ELH*. vol. 85. no. 3. 2018. pp. 691-714.

6. Engetsu, Yuko “Is the World a Masquerade or a Theatrical Stage?: A Study of Henry Fielding's Criticism of John James Heidegger.” *Scriblerian & the Kit-Cats*, Vol. 50 Issue 2, Spring 2018.

7. Eli, Løfaldli. “Staging Henry Fielding: The Author-Narrator in Tom Jones On Screen.” *Authorship*, Vol. 6. Iss 1 (2017); Ghent University.

8. Janes, Regina. " Henry Fielding Straddles a Moving Theme. " *Scriblerian & the Kit-Cats*. Spring-Autumn 2016, Vol. 48/49 Issue 2/1.

9. Knight, Bill. " Fielding's Wild: Sovereign Spectacle and the Beastly Sublime. "*Eighteenth Century*: *Theory and Interpretation*, 2018 Spring.

10. Lemmings, David. " Henry Fielding and English Crime and Justice Reportage. 1748-52: Narratives of Panic. Authority. and Emotion" . *Huntington Library Quarterly*. Volume 80. Number 1. Spring 2017.

11. Lipski, Jakub. "Bodily Spectacle and the 'Curse' of Traveling in Henry Fielding's Journal of a Voyage to Lisbon". *Scriblerian & the Kit-Cats*. Spring-Autumn 2016, Vol. 48/49 Issue 2/1

12. Mace, Nancy A. " Refashioning the Epic for Eighteenth-Century Consumers in Henry Fielding's Novels. " *Eighteenth-Century Life*, 2018 Jan; 42 (1): 121-123.

13. Maioli, Roger. " Empiricism and Henry Fielding's Theory of Fiction. " *Scriblerian & the Kit-Cats*, Spring-Autumn 2016. Vol. 48/49 Issue 2/1.

14. Nicolazzo, Sarah. "Henry Fielding's The Female Husband and the Sexuality of Vagrancy. " *Scriblerian & the Kit-Cats*, Spring 2017. Vol. 49 Issue 2.

15. O'Connell, Lisa. " Mum Budget: Henry Fielding and the Articulations of Audibility. " *Republics of Letters*, 11/16/2017. Vol. 5 Issue 2.

16. Rawson, Claude. " Theatre and the Novel from Behn to Fielding. " *Restoration & 18th Century Theatre Research*, vol. 31, no. 1, Summer 2016, p. 125.

17. Rawson, Claude. "Epic into Novel: Henry Fielding, Scriblerian Satire, and the Consumption of Classical Literature. " *Eighteenth Century Fiction*, vol. 28, no. 3, Spring 2016, pp. 603-607.

18. Raynie, Stephen. " Approaches to Teaching the Novels of

Henry Fielding." *New Perspectives on the Eighteenth Century*, Spring 2017. Vol. 14 Issue 1

19. Ribble, Frederickg. "In the Footsteps of Henry Fielding: A 'Lost' Letter from Ryde." *Scriblerian & the Kit-Cats*, Spring-Autumn 2016. Vol. 48/49 Issue 2/1.

20. Regan, Shaun. "Epic into Novel: Henry Fielding, Scriblerian Satire, and the Consumption of Classical Literature." *Journal for Eighteenth-Century Studies*, Sep. 2017. Vol. 40 Issue 3. pp. 466-467. 2p.

21. Risling, Matthew. "Ants. polyps. and Hanover Rats: Henry Fielding and popular science." *Philological Quarterly*, Wntr. 2016. Vol. 95 Issue 1.

22. Ski, Przemyslaw. "The Mocking Theatre; Parody in John Gay's Achilles and Henry Fielding's Tom Thumb." *The Scriblerian and the Kit-Cats*, Spring/Autumn 2016. (Book Review)

23. Stuchiner, Judith. "Fielding's Latitudinarian Doubt: Faith 'versus' Works in Joseph Andrews". *Studies in Philology*, Vol. 114. No. 4. Fall 2017.

24. Sunardi Sunardi; Darman Sitepu; Zulfan Sahri. "Self-Confidence in Henry Fielding's Novel Tom Jones". *Language Literacy: Journal of Linguistics. Literature. and Language Teaching*, Vol 1. Iss 1 (2017).

25. Urda, Kathleen E. "Escaping type: Nonreferential character and the narrative work of Henry Fielding's Tom Jones." *Philological Quarterly*, Spring. 2017. Vol. 96 Issue 2. pp. 219-20.

——著作中的专章或论文集论文

1. Black, Scott. "Henry Fielding and the Progress of Romance." pp. 237-251 InDownie, J. A. (ed. and prologue) *The Oxford Handbook of the Eighteenth-Century Novel*, Oxford, England: Oxford UP, 2016.

2. Codr, Dwight. "Risk Aversion and the Economization of Prudence, Fielding, Gambling, Gifts." *Raving at Usurers: Anti-*

Finance and the Ethics of Uncertainty in England, 1690-1750, Charlottesville: University of Virginia Press, 2016.

3. Downie, J. A. "Clarissa and Tom Jones." *The Oxford History of the Novel in English*: *Volume* 1: *Prose Fiction in English from the Origins of Print to* 1750, edited by Thomas Keymer, Oxford UP, 2017, pp. 563-578.

4. Fludernik, Monika. "Perspective and Focalization in Eighteenth-Century Descriptions." pp. 99-119 IN Liisa Steinby, Aino Mäkikalli (eds), *Narrative Concepts in the Study of Eighteenth-Century Literature*, Amsterdam University Press, 2017.

5. Janes, Regina. "Incipience: Inventing Genres; Or. Henry Fielding Makes It a Habit." pp. 108-130 IN Crowe, Nicholas J. (ed. and introd.) *The Ways of Fiction*: *New Essays on the Literary Cultures of the Eighteenth Century*, Newcastle upon Tyne, England: Cambridge Scholars Publishing, 2018.

6. McKeon, Michael. "The Eighteenth-Century Challenge to Narrative Theory." pp. 39-77 IN Liisa Steinby, Aino Mäkikalli (eds.), *Narrative Concepts in the Study of Eighteenth-Century Literature*, Amsterdam University Press, 2017.

7. Penskaya, Elena N.. "Fielding's Farces: Travestying the Historiosophical Discourse." pp. 101-111 IN Joachim Küpper, Jan Mosch, Elena Penskaya (eds.), *History and Drama*: *The Pan-European Tradition*, De Gruyter, 2019.

8. Ramsey, Richard N., and Robert M. Otten. "Henry Fielding." *Critical Survey of Drama*, 3rd Edition, Nov. 2017, p. 1603.

9. Richetti, John. "Formalism and Historicity Reconciled in Henry Fielding's Tom Jones." pp. 79-97 IN Liisa Steinby, Aino Mäkikalli (eds.), *Narrative Concepts in the Study of Eighteenth-Century Literature*, Amsterdam University Press, 2017.

10. Soni, Vivasvan. "Judging. Inevitably: Aesthetic Judgment and Novelistic Form in Fielding's Joseph Andrews." pp. 201-223 IN

Brodsky, Claudia (ed. and introd.); LaBrada. Eloy (ed.); *Inventing Agency: Essays on the Literary and Philosophical Production of the Modern Subject*. London, England; Bloomsbury Academic, 2017.

11. Tierney-Hynes, Rebecca. "Epic into Novel: Henry Fielding, Scriblerian Satire, and the Consumption of Classical Literature." IN *Studies in the Novel*, Volume 48. Number 1, Johns Hopkins University Press, Spring 2016.

12. Tiusanen, Jukka. "The Cultural Memory of Faction: Civil War in Swift and Fielding." Literature and Cultural Memory, edited by Mihaela Irimia et al., Brill, 2017, pp. 173-187.

13. Trzyna, Thomas. " Henry Fielding and the Problem of Forgiveness." IN *Karl Popper and Literary Theory: Critical Rationalism as a Philosophy of Literature*. 22: 80-100; Leiden: Brill Nijhoff, 2017.

——专著

1. Bock, Mary Stewart. *Aspects of style in the novels of Henry Fielding*(博士论文), University of Cape Town, 2016.

2. Maioli, Roger. *Empiricism and the Early Theory of the Novel: Fielding to Austen*, Palgrave Macmillan, Cham, 2016.

3. Miller, Henry Knight. *Essays on Fielding Miscellanies*. Princeton University Press, 2017.

4. Stuchiner, Judith. *Scriptural "Truth" and the English Novel: Henry Fielding, William Godwin, and Emily Bronte.* (博士论文) Fordham University, 2017.

(二)近三年哈代研究成果一览表

——论文(含书评)

1. Auyoung, Elaine. "Phantoms and Fictional Persons: Hardy's Phenomenology of Loss." *Victorian Studies*, Vol. 59, No. 3, 2017, pp. 399-409.

2. Burney, Ian. " Still Life: Suspended Development in the Victorian Novel by Elisha Cohn (review)." *Victorian Studies*, Vol. 60,

No. 2, 2018, pp. 342-344.

3. Daly, Nicholas. "Writing the Stage Coach Nation Locality on the Move in Nineteenth-Century British Literature." *Victorian Studies*, Vol. 59, No. 4, pp. 675-677.

4. Feuerstein, Anna. "Seeing Animals on Egdon Heath: The Democratic Impulse of Thomas Hardy's *The Return of the Native*." 19: *Interdisciplinary Studies in the Long Nineteenth Century*, Vol. 26, 2018, p. 19.

5. Irena, Yamboliev. "Food in the Novels of Thomas Hardy Production and Consumption. (Book review)." *Victorian Studies*, Vol. 60, No. 3, 2018, pp. 472-74.

6. Miller, J. Hillis. "Varieties of Rural Experience: Country Communities in Virginia and Wessex." *Victoriographies*, Vol. 8, No. 1, 2018, pp. 6-48.

7. Nickerson, A. J. "'How Do You Call to Me, Call to Me': Hardy's Self-Remembering Syntax." *Victorian Poetry*, Vol. 54, No. 1, 2016, pp. 1-17

8. Radford, Andrew. "Thomas Hardy's Brains Psychology, Neurology, and Hardy's Imagination." *Victorian Studies*, Vol. 59, No. 1, 2016, pp. 157-59.

9. Spitzer-Hanks, D. T. "Hardy's Deep Discordance." *English Studies*, Vol. 98, No. 8, 2017, pp. 931-50.

10. Worth, Aaron. "Thomas Hardy and Victorian Communication Letters, Telegrams and Postal Systems. (Book Review)." *Victorian Studies*, Vol. 60, No. 3, pp. 470-72.

——著作中的专章或论文集论文

1. Ablow, Rachel. "Wounded Trees, Abandoned Boots." *Victorian Pain*, Princeton University Press, 2017.

2. Cohn, Elisha. "From Novel to Poem: Thomas Hardy's Ethical Turn." *Still Life: Suspended Development in the Victorian Novel*. Oxford

University Press, 2016.

3. Kreilkamp, Ivan. "Using and Pitying Animals in Thomas Hardy." *Minor Creatures: Persons, Animals, and the Victorian Novel.* The University of Chicago Press, 2018.

4. Kreilkamp, Ivan. "Tracking Animal Agency in Conan Doyle and Hardy." *Minor Creatures: Persons, Animals, and the Victorian Novel.* The University of Chicago Press, 2018.

5. Morgan, Benjamin. "Response: The Scale of Affect in Physiological Aesthetics." *The Outward Mind: Materialist Aesthetics in Victorian Science and Literature.* The University of Chicago Press, 2017.

6. Morgan, Benjamin. "Scale as Form: Thomas Hardy's Rocks and Stars." *Anthropocene Reading: Literary History in Geologic Times*, edited by Tobias Menely and Jesse Oak Taylorm, The Pennsylvania State University Press, 2017, pp. 132-49.

7. Rosenberg, Aaron. "'Infinitesimal Lives: Thomas Hardy's Scale Effects." *Ecological Form: System and Aesthetics in the Age of Empire*, edited by Nathan K. Hensley and Philip Steer, Fordham University Press, New York, 2018, p. 182.

8. Roth, Christine. "The Zoocentric Ecology of Hardy's Poetic Consciousness." *Victorian Writers and the Environment: Ecocritical Perspectives*, edited by Laurence W. Mazzeno and Ronald D. Morrison, Routledge, 2017, pp. 79-97.

——专著

1. Brownson, Siobhan Craft, and Juliette Berning Schaefer, eds. *Thomas Hardy's Short Stories: New Perspectives.* Routledge, 2017.

2. Ford, Mark. *Thomas Hardy: Half a Londoner.* The Belknap Press of Harvard University Press, 2016.

3. West, Anna. *Thomas Hardy and Animals.* Cambridge University Press, 2017.

(三)近三年康拉德研究成果一览表

——论文(含书评)

1. Achebe, Chinua. "An Image of Africa: Racism in Conrad's *Heart of Darkness*". *Massachusetts Review a quarterly of literature, the arts, and public affairs*, 2016, Volume 57, Issue 1, p. 14

2. Arab-Fuentes, Remy. "'Think of Us... of Us... of Us!': The First-Person Plural Hauntology in Conrad's fiction". *Conradian*, 2016, Volume 41, Issue 2, p. 47

3. Abramson, Anna Jones. "Joseph Conrad's Atmospheric Modernism: Enveloping Fog, Narrative Frames, and Affective Attunement". *Studies in the Novel*, 2018, Volume 50, Issue 3, pp. 336-358

4. Alpert, Avram. "Empires of Enlightenment: On Illumination and the Politics of Buddhism in *Heart of Darkness*". *Journal of Modern Literature*, 2017, Volume 40, Issue 2, p. 1

5. Atkinson, William. "'The Idiots' in The Savoy: Decadence and the Celtic Fringe". *Conradiana*, 2018, Volume 47, Issue 2, p. 113

6. Baxter, Katherine Isobel. "Senseless speech" and Inaudibility in Conrad's *Amy Foster*: Rethinking Trauma and the Unspeakable in Fiction". *Textual Practice*, 2016 Volume. 30, NO. 5, p. 879-895

7. Brown, Stephanie J.. "Female Citizenship, Independence, and Consent in Conrad's *The Secret Agent*". *Women's Studies*, 2016-01-02, Volume 45, Issue 1, p. 39

8. Chan, Evelyn T. Y. "The Ends of Irony: Kierkegaard and Conrad's Razumov". *Conradiana*, 2018, Volume 47, Issue 2, p. 79

9. Cunningham, Joseph. "Unsound Method: Gadamer's Hermeneutics and *Heart of Darkness*". *Language & Literature*, 2017-01-01, Volume 53, Issue 1, p. 33

10. Delesalle-Nancey, Catherine. "Inscrutable Women in *The Brute: An Indignant Tale*". *Conradian*, 2017, Volume 42, Issue 1, p. 52

11. Doherty, Mark A.. "The Power of Tides, The Impulses of Mankind: A Marxist and Cultural Materialist View of Conrad's *Heart of Darkness*". *Pennsylvania Literary Journal*, 2017, Volume 9, Issue 2, p. 70

12. Ennis, Emily. "Conrad Writing Photography: Authenticity and Identity in *The Inheritors* and *The Black Mate*". *Conradian*, 2016, Volume 41, Issue 1, p. 32

13. Fasselt, Rebecca. "(Post) Colonial We-Narratives and the 'Writing Back' Paradigm: Joseph Conrad's *The Nigger of the "Narcissus"* and Ngũ gĩ wa Thiong'o's *A Grain of Wheat*". *Poetics Today*, 2016-03, Volume 37, Issue 1, pp. 155-179

14. Hawkins, Hunt. "Nostromo and Neo-Colonialism". *Conradian*, 2018, Volume 43, Issue 1, p. 1

15. Ito, Masanori. "The Modern Crowd and the Palimpsest Narrative in *The Nigger of the 'Narcissus'*". *Conradian*, 2017, Volume 42, Issue 1, p. 1

16. Janechek, Jennifer A.. "The Horror of the Primal Sound: Proto-telephony and Imperialism in *Heart of Darkness*". *Conradian*, 2016, Volume 41, Issue 2, p. 8

17. Kavanagh, Brendan. "'Dirty weather: Typhoon's Meteorology and Mac Whirr's Point of View". *Conradian*, 2016, Volume 41, Issue 1, p. 1

18. Kerr, Douglas. "Conrad and the Immigrant: the Drama of Hospitality". *Review of English Studies*, 2016, Volume 67, Issue 279, pp. 334-348

19. Kil, Hye Ryoung. "Romance with the Veiled East: Ayesha in She and the 'Eastern Bride' in *Lord Jim*". *English Language and Literature* DOI: 10. 15794/jell. 2017. 63. 2. 008 Vol. 63 No. 2 (2017) 317-37

20. Kujawska-Lis, Ewa. "Conrad's Mastery of Language in Early

Marlow Narratives: The Functions and Effects of Comparisons". *Conradian*, 2016, Volume 41, Issue 1, p. 20

21. Lawtoo, Nidesh. "Conrad's Neuroplasticity". *Modernism or Modernity*, 2016, Volume 23, Issue 4, p. 771

22. Maisonnat, Claude. "'Trying not to see something that was not there': Trauma and Redemption in *The Rover*". *Conradian*, 2017, Volume 42, Issue 1, p. 64

23. Martinez, Felicia. "Are Persons like Steel or a Cloud?: Conrad's Contributions to the Contradictions of Personhood". *Conradian*, 2017, Volume 42, Issue 1, p. 18

24. Mastracci, Francesca. "Some Notes on Self-Referentiality and Intertextuality in *The Tale*(review)". *Conradian*, 2018, Volume 43, Issue 1, p. 67

25. Meehan, Adam. "Specters of Ideology in Joseph Conrad's *Nostromo*". *Studies in the Novel*, 2018, Volume 50, Issue 3, pp. 359-377

26. Meyers, Jeffrey. "The Fateful Impact *Moby-Dick* and *Heart of Darkness*". *Style*, 2018, Volume 52, Issue 3, p. 212

27. Moore, Gene M.. "History and Legend in *The Duel*". *Conradian*, 2016, Volume 41, Issue 2, p. 28

28. Mulry, David. "'Swallowed whole': The Ships of Conrad's *The End of the Tether*". *Conradian*, 2017, Volume 42, Issue 2, p. 1

29. Mydla, Jacek. "A Reappraisal of *The Tale*". *Conradian*, 2018, Volume 43, Issue 1, p. 72

30. Neto, Oliver. "'I am afraid of being tedious but don't know how to avoid it': Conrad's Rhetoric of Boredom. *Conradiana*, 2018, Volume 47, Issue 2, p. 95

31. Parker, Jay Thomas. "'He was one of us': Rortyian liberal ethnocentrism and ironic narrative voice in Joseph Conrad's *Lord Jim*". *Textual Practice*, 2017 Volume. 31. pp. 4, 823-838

32. Peters, John G.. "Joseph Conrad and the Epistemology of Space". *Philosophy and Literature*, Volume 40, Number 1, April 2016, pp. 98-123

33. Russell, Richard Rankin. "Dante's Belacqua in Conrad's *Heart of Darkness*: Marlow's Journey Toward Rejecting Racism". *Conradiana*, 2018, Volume 47, Issue 2, p. 133

34. Servitje, Lorenzo. "'Triumphant Health': Joseph Conrad and Tropical Medicine". *Literature and Medicine*, Volume 34, Number 1, Spring 2016, pp. 132-157

35. Stape, J. H.. "Conrad's *An Anarchist*: Footnotes to Norman Sherry (review)". *Conradian*, 2016, Volume 41, Issue 1, p. 127

36. Stape, J. H.. "Conrad's Visit to Captain Blake: Narrating Memory in *The Mirror of the Sea*". *Conradian*, 2016, Volume 41, Issue 1, p. 130

37. Tourchon, Patrick. "Semiotic Density in *Almayer's Folly*". *Conradian*, 2016, Volume 41, Issue 1, p. 53

38. Wilkinson, Claire. "The Empty Centre of Conrad's *Nostromo*": A New Economic Approach. *The Cambridge Quarterly*, 2018, Volume 47, Issue 3, pp. 201-221

39. White, Andrea. "*The Rover*: An Unlikely Patriot". *Conradian*, 2017, Volume 42, Issue 2, p. 18

劳动生产率、劳动收入份额及其经济增长效应：理论研究与跨国实证

邹　薇　袁飞兰*
武汉大学经济与管理学院

篇首语：本文系统地评述关于劳动生产率、劳动收入份额及其对经济增长的影响的研究成果。本文简要梳理了该领域研究的演进，着重考察最近二十多年间，世界各国经济学者开展的理论和实证研究。本文阐述了收入分配变化影响经济增长的两个经典理论模型，即总需求效应模型和凯恩斯增长模型，综合分析了各国劳动收入份额变化影响经济增长的总需求效应、总供给(生产率)效应和总效应，比较了利润驱动型与工资驱动型经济增长的路径。这些研究对于我们认识我国劳动收入份额变化的原因，及其与我国经济增长模式转变的内在关联，具有重要借鉴意义。

一、引　　言

在经济增长的进程中，技术进步和劳动生产率提高是推动经济增长的重要驱动因素，劳动收入份额及其动态变化在很大程度上反

* 邹薇，武汉大学经济与管理学院教授、博士生导师；袁飞兰，武汉大学经济与管理学院经济学博士，湖北工业大学讲师。

映着劳动者分享经济增长成果的状况。古典经济学家就对要素收入、特别是劳动收入份额有大量研究。然而，在20世纪中叶，由于“劳动收入份额的稳定性”的假说，学术界对要素收入份额的研究一度沉寂。20世纪80年代中期以来，研究者发现欧洲国家的劳动收入份额实际上并不稳定，而是呈现有趋势性的变化，与此同时，内生增长理论的兴起也为研究要素收入分配提供了相关理论基础，要素收入分配研究重新获得了重视。许多研究表明，从世界各国来看，劳动收入在国民收入中的份额在各国差异很大；从历史进程来看，劳动收入在国民收入中的份额的变化并不是单向的或稳定的，相反地，劳动收入份额在不同时期会出现较大波动；从影响机制来看，劳动收入份额的变化与经济周期、经济增长的内生驱动因素等都存在密切关系。因此，关于劳动投入、人力资本积累、劳动收入份额的理论和实证研究，成为经济增长理论、宏观经济学、劳动经济学等领域的重要内容。

最近十多年间，关于劳动收入份额的研究再次引起各国学者的广泛关注和争论，涌现了一大批研究成果。之所以如此，原因在于：其一，2008年“金融海啸”以来欧洲国家经济复苏缓慢，劳动收入上升滞缓，许多学者提出要重新研究一系列看似长期存在、却研究不够深入的问题，包括经济增长究竟是“工资拉动型”还是“利润拉动型”；劳动收入份额的变化与劳动生产率的关系究竟是如何传导的；劳动收入份额对宏观经济总需求、进而对经济增长的影响机制和路径究竟是怎样的，等等。其二，以往的研究发现，在经济周期中，劳动就业和劳动收入呈现出周期性的变化，反过来看，劳动收入份额变动与短期经济波动、中长期经济周期存在怎样的关联性，此前对这个问题的研究却非常不足。然而这个问题的研究恰恰有助于认识经济周期的根源，并找到熨平短期经济波动、走出经济低迷的关键点。其三，随着自动化、高端制造水平的提高和人工智能技术的广泛应用，制造业、以致一些现代服务业面临着巨大冲击，在这种情况下，技术进步和劳动生产率提升的路径发生了显著变化，这究竟会对劳动收入份额的变化带来怎样的影响，近几年来成为各国学者热列讨论的问题。

历经改革开放40年的快速发展，中国在2010年超越日本成为仅次于美国的世界第二大经济体，中国对全球经济增长的贡献度超过30%。当前，中国的经济发展面临着促进结构转型、提高劳动收入和扩大内需，提高国际竞争力和建立开放型经济新体系等重要战略问题，因此，本文系统地梳理研究经济增长、经济波动和劳动收入份额等问题，对于我们更好地研究中国长期经济增长和高质量发展问题，也具有现实意义。

就中国的经济增长而言，在中国经济总体上高速发展的同时，中国经济增长模式呈现出明显的阶段性变化。在改革开放初期，消费在GDP中占比达60%左右，对GDP增长的贡献份额基本在65%以上，但是，由于消费增速跟不上GDP增速，消费在GDP中占比越来越低，自2007年起下降到45%以下，对GDP增长的贡献份额则自2001年起下降到50%以下。在改革开放红利的推动下，出口出现了连续三十余年的大幅度攀升，其增速远高于GDP增速，出口在GDP中占比越来越高，对GDP增长的贡献份额也越来越大，尤其在2002至2007年间，其贡献份额达到20%-30%。投资在中国经济增长中一直占据重要地位，投资增速基本居于消费与出口之间，在GDP中占比在2009年之前处于33%-39%之间，从2009年起上升到40%左右。自2008年起，投资对GDP增长的贡献份额大多数年份在40%以上①。可见，自1978年以来，中国经济增长模式经历了“国内消费型”——“消费-投资主导型”——“投资-出口主导型”——“投资主导型”的阶段性转变，劳动收入份额在这个转变路径中的作用值得深入分析。

就中国的经济波动而言，改革开放以来的重要事件或政策带来的各种冲击，也造成了中国宏观经济运行方面相当幅度的短期波动，GDP增长率在不同时段内存在显著差别。比如，根据《中国统计年鉴》的数据，1984年、1985年GDP增长率分别高达15.2%、13.4%，1989年、1990年GDP增长率分别低至4.2%、3.9%；1992年、1993

① 这里的“消费”、“投资”、“出口”分别指消费的国内成分、投资的国内成分、出口的国内成分。根据《中国统计年鉴》计算得到。

年 GDP 增长率均达 14%左右，1998、1999 年 GDP 增长率出现低谷，均低至 7.7%左右；2006 年、2007 年 GDP 增长率再攀高峰，分别高达 12.7%、14.2%，2008 年金融危机后，经济增速逐渐向中高速过渡，2015—2017 年 GDP 增长率处在 6.7%~6.9%。同样地，本文综述关于劳动生产率和劳动收入份额的变化对经济波动的影响的理论和实证研究，有助于实现更加稳健和高质量的发展。

就中国劳动收入份额的变化而言，我们发现自 1978 年以来，中国劳动收入份额也经历了较大幅度的变动，尤其是，自 20 世纪 90 年代初开始，劳动收入份额呈现出明显的下降趋势。按照要素法，改革开放后，中国劳动收入份额首先步入一个较快速的上升期，从 1978 年的 56.95%上升到 1984 年的 60.86%，之后逐年缓幅下降至 1989 年的 59.41%，在经过 1990 年至 1998 年间先降后升的大幅度波动期后，从 1999 年起连续 9 年间一路下降（除 2005 年略有回升），从 1998 年的 59.27%降至 2007 年的 52.33%，此后，劳动收入份额又开始有所上升，但回升幅度不大，至 2015 年回升至 56.26%。根据 GDP 法得到的中国劳动收入份额亦具有相似的变化趋势①。因此，本文对于各国实证数据的比较和相关模型研究，将有助于我们认识我国劳动收入份额的变化背后的原因，劳动收入份额变化与我国经济增长模式转变的内在关联。

本文余下部分的安排如下：第二节是要素收入分配研究在经济学中的演进历程；第三节综述劳动生产率、劳动收入份额与经济波动、经济周期的相关研究；第四节综述关于劳动生产率、拉动收入份额变化的经济增长效应的相关理论和实证研究；第五节综述收入分配变化的经济增长效应的两个经典的理论模型，即总需求效应模型和凯恩斯增长模型；第六节综述人工智能背景下的劳动收入份额问题。

---

① 本节数据是作者根据《中国统计年鉴》，分别采用要素法和 GDP 法进行计算得到的。

二、要素收入分配研究在经济学领域的演进

(一) 要素收入分配研究的起源与兴起

经济发展中有关劳动份额与资本份额之间的划分，属于国民收入初次分配问题。国民收入初次分配是指在创造它的物质生产领域进行的分配，直接与生产要素相联系，体现的是各种生产要素在参与生产过程中所获得的报酬(占比)情况，因此也称为要素收入分配或功能性收入分配。国民收入初次分配主要是由市场机制所形成，生产要素价格由市场供求关系决定。与之相对应，国民收入再分配是指在国民收入初次分配的基础上，政府通过税收杠杆和法律法规进行再次调节的过程。在经过政府再次调节后所最终形成的各类收入在国民(个人、家庭或住户)之间的分布状况被称为规模性收入分配或个人收入分配。“现代收入分配理论的巨大奥秘在于，为何所有人都认为有关工资份额与利润份额的划分是一个有趣的问题”(Blaug，1996)。

要素收入分配问题的研究起源于以亚当·斯密、大卫·李嘉图等的著作为代表的古典经济学。古典经济学家将收入在土地、劳动和资本之间的分配作为经济学的一个核心内容，并且认为这属于政治经济学问题，其中，权力、阶级关系在要素收入分配中起着重要作用。大卫·李嘉图说：“土地产品，即将劳动、机械与资本联合运用在地面上所取得的最终收获，将在土地所有者、耕种所需的资本的所有者以及进行耕种工作的劳动者这三大社会阶层之间进行分配，……确立其分配法则成为政治经济学中的核心问题”(Ricardo，1911)。

要素收入分配问题的研究兴起于 18 世纪末期。为了解释现实中的劳动收入和资本收入间比例关系，马克思主义、新古典主义以及后凯恩斯主义理论相继建立起各自的要素分配理论。收入分配理论仍然遵循着古典经济学的研究思路——从生产要素的角度研究收入分配，要素收入分配作为收入分配问题的聚焦点成为学者们的重要兴趣所在，在 18、19 世纪经济学研究领域占据主流地位，这种

兴趣一直持续到20世纪。20世纪60年代的经济学教科书中，"要素收入分配"具有突出地位，学术研究中也同样如此(Atkinson，2009)。正如Andrew Glyn在他的"经济学手册"中所指出，20世纪60年代中期的收入分配国际学术会议以要素收入份额作为主要议题，在会议的7个理论研究分论坛中，要素收入份额作为研究主题占据其中的6个，在6个经验研究分论坛中，要素收入份额作为研究主题也占据了5个(Marchal and Ducros，1968)。

(二)要素收入分配研究的沉寂

鲍利通过研究英国国民核算账户发现，该国劳动收入份额几十年间大体保持稳定，被称为"鲍利定律"(Kuznets，1955)。此后，要素收入份额的稳定性被列为经济发展中"卡尔多六大特征化事实"之一(Kaldor，1961)。与此同时，通过将边际主义分析工具("要素报酬由其边际生产力决定")与柯布-道格拉斯生产函数(CD函数)相结合，新古典主义理论对要素收入份额稳定性给予了完美解释。要素收入份额在现实经济中的稳定性表现以及新古典主义理论的有效解释，使得要素收入分配问题逐渐不被重视，以至于教科书都不怎么关注它们。宏观经济学课程方面书籍似乎都很乐意强调要素收入份额的相对稳定性，并且认为这可以由"柯布-道格拉斯"函数中生产要素收入与其边际产品价值相等的边际理论来完美解释(Atkinson，2009)。

劳动收入份额的稳定性以及新古典的边际主义解释，几乎完全打消了经济学家对要素收入分配的研究积极性。然而令人困惑的是，经济学家们发现虽然劳动收入份额几乎保持不变，但是收入不平等现象却一直存在，并且在有些国家、有些时期收入不平等现象还出现了恶化。因此，20世纪中期以后，经济学家的关注点由要素收入分配转向个人收入分配，即由研究不同要素间(劳动、资本)的分配问题转向研究不同个体间的收入分配问题。

(三)要素收入分配研究的复兴

20世纪80年代左右，研究者发现欧洲国家的劳动收入份额实际上并不稳定，而是有趋势的变化，1980年前呈现逐渐增加的趋势，1980年后则出现下降趋势。与此同时，内生增长理论也为研究要素收入分配提供了相关理论基础，要素收入分配研究重新获得了重视(Bertoli and Farina，2007)。随后，经验事实进一步表明，要素收入份额并非恒定不变，在20世纪中后期劳动收入份额几乎出现了全球性的下降。比如，Karabarbounis and Neiman(2014)指出，自1975年以来，劳动收入份额在世界上绝大多数国家出现了普遍性下降，并认为投资品相对价格的下降是劳动收入份额下降的重要诱因。Piketty and Zucman (2014)也指明劳动收入份额在过去40年间在世界范围内出现普遍性下降，但将其主要归因于资本—产出比的上升。

从理论上讲，要素收入份额的稳定性是建立在以下两个假设前提之上：一是生产函数为柯布-道格拉斯(CD)函数，即要素替代弹性等于1；二是(劳动力、产品)市场完全竞争，即要素收入与其边际产品价值相等。只有在这两个假设条件同时满足情况下，要素收入份额才具有稳定性。然而，在现实经济中，垄断行为与不完全竞争市场大量存在。当存在偏向性技术进步时，要素产出弹性也并非常数(Young，2004)。换言之，“要素收入份额的稳定性”只是一种理论假说，并不是必然的经济现实。

因此，进入21世纪后，在继续关注个人收入分配的同时，学术界重新开始重视要素收入分配问题，有关要素收入分配的研究再度成为热门的主题，涌现出了大量的相关文献。其研究专题主要包括：(1)劳动收入份额下降趋势及其原因探讨(Serres et al.，2001；Bentolila and Saint-Paul，2003；Harrison，2005；Acemoglu and Restrepo，2018)；(2)基于有效需求理论研究要素收入份额变动的经济增长效应(Bowles and Boyer，1995；Naastepad and Storm，2006；Onaran and Galanis，2012)；(3)当存在市场摩擦时要素收入份额在经济周期中的波动性(Gomme and Greenwood，1995；Choi and Ríos-Rull，2009；Enchuan and Pedro，2014)；(4)要素收入分配与个人收入不平等之间的相关性研究(Daudey and García-Peñalosa，2007；Atkinson，2009；Bengtsson and Waldenström，2016)。此外，要素收入分配也引起了国际经济组织的重点关注，比如国际货币基金组织(IMF，2007)，欧洲委员会（European

Commission，2007)，国际清算银行(Ellis and Smith，2007)。鉴于收入不平等问题的理论和实证研究，已经有较多的综述，本文重点关注的是主题(1)、(2)和(3)的相关理论和实证问题。

三、劳动收入份额与经济周期的理论研究

(一)劳动收入份额的稳定性假说

英国统计学家亚瑟·鲍利通过研究英国一战前一代人(1880—1913年)的要素收入分配，首次发现了"鲍利定律"，即劳动收入份额在国民生产总值增长中的比例基本保持稳定；并且这似乎不仅仅是短期现象，还是长期现象(Kuznets，1955)。通过对20世纪20-30年代英美两国劳动收入份额进行考察，凯恩斯(1939)发现，劳动收入在国民收入中所占比例具有稳定性，这一点与产出水平、经济周期均无关(Keynes，1939)。在后来的研究中，凯恩斯关于劳动收入份额稳定性的发现被不断印证。1953年，基于1870—1938年间英国资本积累、收入分配和生产效率的相关数据研究，伦敦经济学院的学者Phelps Brown and Weber发现，资本回报率、资本增长率以及国民收入在劳动和资本之间的分配比例等都具有相当稳定性(Phelps Brown and Weber，1953)。1961年，英国经济学家Kaldor在其论文《资本积累和经济增长》中指出，这些长期性的稳定关系不仅存在于英国，而且普遍存在于美国和其他工业化国家，并将其归纳为经济发展中的六个典型事实，即著名的"卡尔多特征化事实"(Kaldor，1961)。此后，劳动收入份额稳定性一度视为经济发展中一个典型化事实，同时也成为对其长期变动趋势的一个预测。

然而，20世纪60、70年代以来劳动收入份额在世界范围内发生了明显性变动，稳定性的预言失败。关于劳动收入份额所呈现出来的波动性特征，其中，部分学者探讨了劳动收入份额与经济发展水平之间的相关性，即宏观经济发展中劳动收入份额的波动规律研究，并得出"劳动收入份额随着长期经济增长呈现U形趋势"的研究结论(Maarek，2012)；另有一部分学者则重点关注了劳动收入

份额在短期经济波动(经济周期)中的表现特征，并基本得出“劳动收入份额具有逆周期性”的研究结论(Gomme and Greenwood，1995；Young，2004；Hansen and Prescott，2005)。

(二)劳动收入份额的周期性特征

要素收入份额的稳定性作为“卡尔多六大特征化事实”之一，从理论上来讲，是建立在以下两个假设前提之上：①生产函数为柯布-道格拉斯(CD)函数，即要素替代弹性等于1；②(劳动力、产品)市场完全竞争，即要素收入与其边际产品价值相等。如若放松这两个假设条件(之一)，要素收入份额则会出现波动性。Arpaia et al.(2009)、Driver and Muñoz-Bugarín (2010)研究了生产技术体现为常数替代弹性生产函数(CES)时劳动收入份额的波动性。Bentolila and Saint-Paul(2003)、Estrada and López-Salido(2005)分析了产品市场不完全竞争情形下(成本加成率不为常数时)，劳动收入份额的动态性。Choi and Ríos-Rull (2009)分别考察了要素替代弹性不等于1与劳动力市场存在摩擦性这两种情形下，劳动收入份额的波动状况。Raurich et al.(2012)则同时研究了生产函数为CES函数与产品市场不完全竞争的假设前提下，劳动收入份额的波动特征。国外学者们的研究表明，一旦放松完全竞争市场假设，劳动收入份额波动往往具有逆周期性。

具体而言，关于劳动收入份额具有怎样的周期性特征，学者们基于不同的研究视角和理论模型展开了大量研究，其中主要涉及以下几个方面：

(1)劳动力市场不完全竞争性。Gomme and Greenwood(1995)认为，在最优劳动合同中，企业家向工人提供保险以帮其抵御周期性风险。劳动收入中的保险部分，作为劳动边际产品与实际工资之间的楔子，具有逆周期性，因而使得劳动收入份额具有逆周期性。Boldrin and Horvath(1995)也认为工人不能通过自身储蓄实行“自我保险”，因而其风险厌恶程度相较于企业家更高。为此，在最优契约中，企业家会向工人提供保险条款，使得劳动收入份额与产出之间存在负相关关系。此外，劳动力市场存在的摩擦性与非竞争性工资的设定，也使得实际劳动报酬具有一定的刚性，从而在实际工资水平与劳动生产率之间打入了一个楔子，因此，劳动收入份额面对正向的生产率冲击会下降，即具有逆周期性。Claire A(2016)基于VAR模型发现，美国劳动收入份额面对正向生产率冲击会迅速下降，面对紧缩性货币政策会上升，面对正向的失业率冲击会逐渐下降，认为名义工资具有刚性而价格可以灵活调整的搜寻与匹配模型刚好可以解释以上三种特征事实。

(2)产品市场不完全竞争性。Hornstein(1993)发现，在规模报酬递增、一定数量的垄断竞争厂商存在与成本加成定价法的假设条件下，劳动收入份额的波动性能够解释其实际波动的50%，且与产出水平存在完全负相关关系。

(3)产能约束情形。Hansen and Prescott(2005)将产能约束情形引入RBC模型中。工厂通过雇佣劳动进行投入生产，可以运转的工厂总数目("长期产能")在经济周期中不能进行调整，因而，在经济波峰期会出现存在"产能约束"的情形。"长期产能"为总生产函数中除劳动、资本外的第三种投入要素(或称为第二类资本)，当存在"产能约束"时，作为稀缺要素会获取"租金"，因此，劳动收入份额相较于"产能闲置"时要低一些。其研究结果表明，若经济扩张期存在"产能约束"，劳动收入份额与产出之间的相关系数为-0.52。Cooley et al.（1995)则考察了"产能约束"一直存在的极端情形下，劳动收入份额的波动情况，考察结果为劳动收入份额具有逆周期性，其与产出之间的相关系数为-0.91。

(4)厂商的进入与退出问题。Ambler and Cardia(1998)假设当负向冲击发生导致利润为负时，厂商能够迅速退出市场，而当正向冲击发生导致利润为正时，新的厂商会滞后一期进入市场，新厂商的进入使得利润最终回归为零。在此假设下，劳动收入份额的波动体现为逆周期性。Enchuan and Pedro(2014)通过构建一个劳动力市场存在摩擦性与厂商存在进入成本的理论模型，对美国劳动收入份额与产出间负相关关系的特征事实作出了相应解释。

此外，Young(2004)试图从偏向性技术进步的角度来解释美国劳动收入份额所体现出来的逆周期性。他认为，当存在劳动(资本)偏向性技术进步时，劳动的产出弹性、生产率与其收入份额相较于资本会上升(下降)，同时在给定资本存量情况下，会导致产出的下降(上升)。因此，劳动收入份额具有逆周期性。

综上所述，关于劳动收入份额波动的周期性特征，尽管学者们所基于的研究视角和理论模型不同，但是都得出了劳动收入份额具有逆周期性的结论。

(三)劳动收入份额在经济周期中的影响效应

关于劳动收入份额波动在实际经济周期中的影响效应的研究相对较少。Ríos-Rull and Santaeulalia-Llopis(2010)首先利用美国经验数据的脉冲响应分析得出劳动收入份额面对生产率冲击时存在超调响应的结论，然后通过建立二元冲击(生产率冲击、劳动收入份额冲击)下的生产函数，考察了这两种冲击间的互动关系，并将其反馈到 RBC 模型中，以研究其在实际经济周期中的影响效应。

Ríos-Rull and Santaeulalia-Llopis(2010)通过考察美国 1954 至 2004 年间劳动收入份额与索洛剩余的时间序列数据(季度数据)，发现劳动收入份额面对生产率冲击时存在"超调响应"(如图 1 所示)。具体表现为：面对(正交化的)索洛剩余新息冲击，劳动收入份额会立即做出负向响应，相较均衡值下降 0.2%左右，接着处于较迅速地回升调整中，并且在 5 期后开始超过其长期均衡值，在 15 年后达到峰值(高出均衡值约 0.27%)，随后缓慢回落至长期均衡值。由于回升速度较回落速度快得多，脉冲响应图呈现为不对称的"驼峰"形状。

随后，Ríos-Rull and Santaeulalia-Llopis(2010)将"超调响应"引入实际经济周期(RBC)模型中。在其所构建模型中，代表性经济行为人的效用函数为 $u(c_t,\ 1-h_t)=(1-\alpha)\log c_t+\alpha\log(1-h_t)$，其中，$c_t$ 为(人均)消费水平，h_t 为(人均)工作时间。

因而，代表性经济行为人的期望效用函数最大化问题是：

$$\max E_0\sum_{t=0}^{\infty}\beta^t L_t u(c_t,\ 1-h_t) \tag{1}$$

其中，L_t 为总人口数。

二元冲击(生产率冲击、劳动收入份额冲击)下的生产函数为：

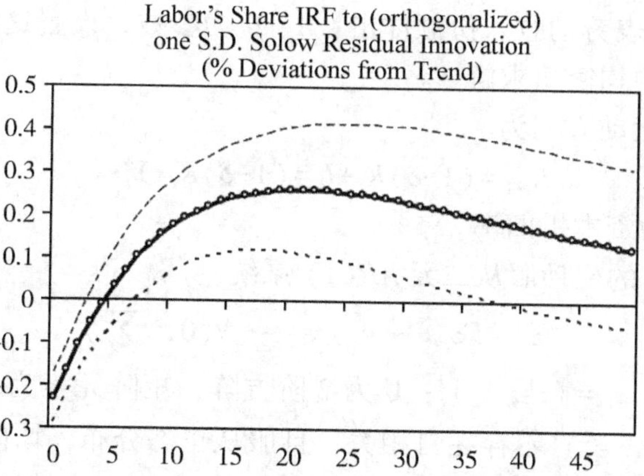

图 1　劳动收入份额对索洛剩余冲击的脉冲响应图(偏离长期趋势的百分比)

来源：Ríos-Rull，J. V.，Santaeulalia-Llopis，R.，2010，"Redistributive Shocks and Productivity Shocks". Journal of Monetary Economics.

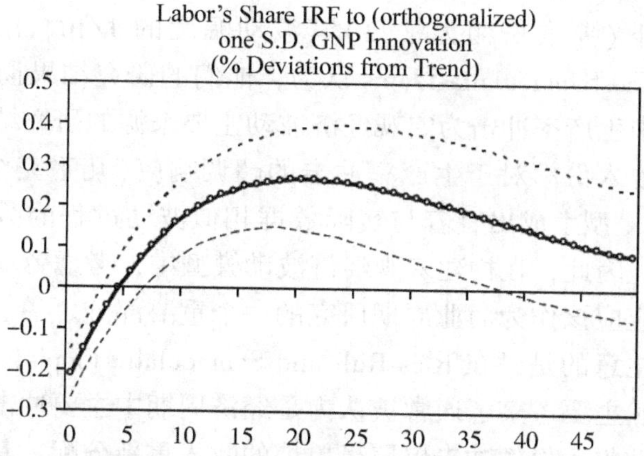

图 2　劳动收入份额对总产出冲击的脉冲响应图(偏离长期趋势的百分比)

来源：Ríos-Rull，J. V.，Santaeulalia-Llopis，R.，2010，"Redistributive Shocks and Productivity Shocks". Journal of Monetary Economics.

$$Y_t = e^{z_t^1} A K_t^{\theta - z_t^2} [(1+\lambda)^t (1+\eta)^t \mu h_t]^{1-\theta+z_t^2} \tag{2}$$

其中，η 为人口增长率，即 $L_t = (1+\eta)^t$；λ 为技术进步率(哈

罗德中性技术进步)；K 为资本存量；z_t^1 代表生产率冲击(索洛剩余)；z_t^2 代表劳动收入份额冲击；A、μ 为参数，设置这两个参数是为了后文中均衡值求解。

资本运动方程为：

$$K_{t+1}=(1-\delta)K_t+I_t=(1-\delta)K_t+Y_t-C_t \tag{3}$$

其中，δ 为资本折旧率。

z_t^1、z_t^2 的变动服从二元 $AR(1)$ 系统：

$$z_t=\Gamma z_{t-1}+\varepsilon_t,\ \varepsilon_t\sim N(0,\ \Sigma)$$

其中，$z_t=(z_t^1,\ z_t^2)'$；Γ 为 2 阶方阵，矩阵元素为 γ_{ij}；新息矩阵 $\varepsilon_t=(\varepsilon_t^1,\ \varepsilon_t^2)'$ 不存在自相关，且服从正态分布，均值为0，协方差矩阵为对称正定矩阵 Σ。

数值模拟结果显示，同时考虑生产率冲击、劳动收入份额冲击情况下，即考虑到劳动收入份额面对生产率冲击的超调响应，劳动时间、产出(经 HP 滤波法去趋势化)的波动幅度分别下降为标准 RBC 模型下(要素份额为常数)其波动幅度的 1/10、1/2。因此，Ríos-Rull and Santaeulalia-Llopis 认为，他们的研究结果彻底否定了以往研究中生产率冲击为宏观经济波动主要来源的研究结论，原因在于劳动收入份额对于生产率冲击的超调响应(几乎完全)消除了标准 RBC 模型生成出有着与实际数据相似波动过程的劳动时间数据的能力，因此，在构建宏观经济波动模型中，考虑劳动收入份额的超调响应应该作为商业周期研究的一个重要部分。

值得注意的是，在 Ríos-Rull and Santaeulalia-Llopis(2010)的研究中，仍然主要考察了通常被认为是经济周期中主要冲击的生产率冲击，劳动收入份额冲击仅属于单纯的收入重新分配，其对生产率影响效应为零，因此，Ríos-Rull and Santaeulalia-Llopis(2010)主要是通过将劳动收入份额可变性引入标准 RBC 模型，讨论了在考虑劳动收入份额面对生产率冲击的超调响应情况下，生产率冲击对于解释现实经济波动的作用性，并没有考察劳动收入份额的外生性变动给产出、投资、消费与劳动投入等宏观经济变量带来的冲击效应。

研究劳动收入份额波动在经济周期的影响效应，将有助于从经济周期的视角去理解中国劳动收入份额变动的背后成因，并探究劳动收入份额的变动对中国经济波动所产生的影响。但是，目前国内尚无文献对劳动收入份额波动在经济周期中的影响效应进行探讨。

四、要素收入份额变化的经济增长效应

（一）收入分配变化的总需求效应

Bhaduri and Marglin(1990)在有效需求理论基础上构建了一个研究劳动收入份额(利润份额)变动的总需求效应的经济增长模型，并根据劳动收入份额上升是带来“正向”还是“负向”的总需求增长效应，将总需求机制分别定义为“工资拉动型”和“利润拉动型”。

Bhaduri and Marglin(1990)指出，根据凯恩斯有效需求理论，GDP由消费、投资及净出口三部分构成，而收入分配变动对于这三部分的影响效应是不同的。由于利润收入的边际消费倾向通常低于工资收入的边际消费倾向(边际消费倾向递减)，因此，劳动收入份额下降会抑制消费，促进投资，并且一般来说，消费的减少量要大于投资的增加量，即会导致国内需求收缩。如果劳动收入份额下降是由于劳动成本下降，则会增强国际竞争力，使净出口上升，此时，国内外总需求可能上升，且外贸依存度越高，总需求上升的可能性越大。如果劳动收入份额下降会抑制总需求，从而降低GDP水平，则称此种总需求机制为“工资拉动型”；如果劳动收入份额下降会扩大总需求，从而提升GDP水平，则称此种总需求机制为“利润拉动型”(Bhaduri and Marglin，1990)。

研究各国的总需求机制无疑具有重大的理论和现实意义。从理论上讲，关于总需求机制的研究有助于更好地理解各国的经济结构与经济增长机制，从收入分配的角度理解经济增长背后的推动或阻碍因素，从而更全面地把握其经济发展的脉搏。从现实意义上讲，可以从关于总需求机制的研究中获得重要的政策启示。其政策含义在于，收入分配政策必需与经济结构(总需求机制)之间具有一致

性。如果总需求机制为“工资拉动型”(“利润拉动型”),则应该推行亲资本分配政策,从而形成以“工资拉动型”(“利润拉动”)为主要动力的增长过程。然而,如果在“利润拉动型”经济体中推行亲劳动分配政策,或者在“工资拉动型”经济体中推行亲资本分配政策,将导致经济停滞。在现实经济中,分配政策与经济机制之间不一致也有可能发展为不稳定的增长模式,因为经济增长需要不断地依靠外部刺激来实现。

鉴于其重要的理论和现实意义,基于 Bhaduri-Marglin 模型,关于收入分配变化的总需求效应(即总需求机制)的实证研究如雨后春笋般涌现。各国学者采用跨国数据,对美国和欧洲发达国家、中国等发展中国家展开了经验研究,我们把研究方法和主要结论在表 1 中列示出来。

表 1　**基于 Bhaduri-Marglin 模型的经验研究**

作者	研究对象	时间跨度	研究方法	主要结论
Bowles and Boyer (1995)	法国、德国、日本、英国、美国	1961—1987(储蓄) 1953—1987(投资) 1961—1987(净出口)	单方程估计	工资拉动型:英国、美国;利润拉动型:法国、德国、日本
Gordon(1995)	美国	1955—1988	单方程估计	利润拉动型
Stockhammer and Onaran(2004)	法国、英国、美国	1972—1997(法国) 1966—1997(美国) 1970—1997(英国)	VAR 估计	结果不显著
Onaran and Stockhammer (2005)	土耳其、韩国	1965—1997(土耳其) 1970—2000(韩国)	VAR 估计	工资拉动型:土耳其(短期)、韩国(长期)

续表

作者	研究对象	时间跨度	研究方法	主要结论
Naastepad and Storm（2006）	法国、德国、意大利、日本、荷兰、西班牙、英国、美国	1960—2000	单方程估计	工资拉动型：法国、德国、意大利、荷兰、西班牙、英国；利润拉动型：日本、美国
Ederer and Stockhammer（2007）	法国	1960—2004	单方程估计	利润拉动型
Hein and Vogel（2008）	奥地利、法国、德国、荷兰、英国、美国	1960—2005	单方程估计	工资拉动型：法国、德国、英国、美国；利润拉动型：奥地利、荷兰
Stockhammer and Ederer（2008）	奥地利	1960—2005	单方程估计	利润拉动型
Wang(2009)	中国	1993—2007	单方程估计	利润拉动型
Stockhammer, Hein and Grafl（2011）	德国	1970—2005	单方程估计	工资拉动型
Jetin and Kurt（2011）	泰国	1971—2009	单方程估计	利润拉动型

续表

作者	研究对象	时间跨度	研究方法	主要结论
Onaran and Galanis(2012)	G20 国家	1960—2007(发达国家) 1970—2007(发展中国家) 1978—2007(中国)	单方程估计	工资拉动型:德国、法国、意大利、英国、美国、日本、土耳其、韩国; 利润拉动型:加拿大、澳大利亚、阿根廷、墨西哥、中国、印度、南非
Yılmaz(2015)	土耳其	1987—2006	单方程估计	利润拉动型
Molero-Simarro (2015)	中国	1978—2007	单方程估计	利润拉动型

资料来源：作者整理。

通过表 1 中对国外学者关于各国总需求机制实证研究的梳理总结，可以得出以下结论：

(1)从研究时间点来看，国外学者关于总需求机制的实证研究主要集中于 21 世纪。进入 21 世纪后，学术界普遍意识到，要素收入份额稳定性假说与经验事实并不相符，因此，重新开始重视要素收入分配，有关要素收入分配的研究再度成为热门的主题。

(2)从研究对象来看，主要发达国家(美国、英国、法国、日本、德国等)与部分发展中大国(中国、印度等)成为国外学界关于总需求机制的重点研究对象。此外，学者们对荷兰、奥地利、土耳其等 OECD 国家的总需求机制也进行了一定的研究。

（3）从研究样本期来看，实证研究的样本期一般是以20世纪60、70年代为起点。与要素收入份额稳定性假说相背离，自20世纪60、70年代开始，劳动收入份额在世界范围内出现了普遍性下降。

（4）从研究方法来看，绝大多数研究采用单方程估计方法，少数研究采用VAR估计。其中，单方程回归方法是指，以劳动收入份额、总需求为主要解释变量，分别对消费函数、投资函数和净出口函数进行估计，随后再将由各个单方程估计出来的效应进行加总。向量自回归（VAR）估计是指，在整个商品市场实现均衡的基础上进行估计，考虑了各个变量之间的相互作用。两种估计方法各有其优劣势。VAR分析解决了系统中各变量的内生性问题，但难以确定各个单方程的影响效应，因而难以对劳动收入份额变动引起总需求变动过程中的具体经济关系给予明确解释。此外，关于总需求机制的研究主要为时间序列分析，在单方程回归方法时，多数学者遵循Pesaran et al.（2001）方法，首先采用误差修正模型（ECM）进行估计，然后对估计结果进行F检验，以确认变量间的长期均衡关系是否存在。如果长期均衡关系存在，则采用误差修正模型（ECM）估计结果；如果长期均衡关系不存在，再采用OLS估计法（平稳序列）或者一阶差分估计法（非平稳序列）。

（5）比较研究的结论，实证研究结果呈现多样化局面。“工资拉动型”和“利润拉动型”国家似乎占比各半，此外，对于同一个国家，其总需求机制在不同的研究中可能有着不同的结论，这可能与样本期、实证模型的具体设定以及估计方法间的差异有关。总体来看，在OECD国家中奥地利、荷兰等小型开放经济体，以及中国、印度等发展中国家，出现了“利润拉动型”的总需求机制，而对于德国、美国、英国等主要发达国家，大多数研究结果支持其总需求机制为“工资拉动型”。

（6）关于中国劳动收入份额变化的研究结论。Wang（2009）、Molero-Simarro（2015）和Onaran and Galanis（2012）基于Bhaduri-Marglin模型对中国总需求机制进行了实证研究。其中，Wang

(2009)采用 1993—2007 年间的省级面板数据进行了分析研究，Molero-Simarro(2015)和 Onaran and Galanis(2012)均采用 1978—2007 年间的时间序列数据进行了实证研究。Wang(2009)、Molero-Simarro(2015)和 Onaran and Galanis(2012)在估计方法上都采取了单方程回归方法，在研究结果上都得出中国总需求机制属于“利润拉动型”的一致结论。

为了进一步梳理关于世界范围内主要经济体总需求机制的实证研究结果，表 2 中进行了相关总结。

表 2　　主要经济体总需求机制的实证研究结果

	国内总需求		总需求	
	工资拉动型	利润拉动型	工资拉动型	利润拉动型
欧元区	SOE09，OG12		SOE09，OG12	
德国	BB95，NS07，HV08，SHG11，SS11，OG12		NS07，HV08，SHG11，OG12	BB95
法国	BB95，NS07，ES07，HV08，SS11，OG12		NS07，HV08，OG12	BB95，ES07
荷兰	NS07，SS11	HV08	NS07	HV08
奥地利	SE08，HV08，SS11			SE08，HV08
英国	BB95，NS07，HV08，OG12	SS11	BB95，NS07，HV08，OG12	
日本	BB95，OG12	NS07	OG12	BB95，NS07
美国	BB95，HV08，OSG12，OG12	NS07	BB95，HV08，OSG12，OG12	NS07，BFT06

续表

	国内总需求		总需求	
	工资拉动型	利润拉动型	工资拉动型	利润拉动型
中国	OG12	WP09，MS11		WP09，MS11，OG12

注：BB95：Bowles and Boyer 1995；BFT08：Barbosa-Filho and Taylor 2006；ES07：Ederer and Stockhammer 2007；HV08：Hein and Vogel 2008；NS07：Naastepad and Storm 2006；OSG12：Onaran et al. 2012；SO04：Stockhammer and Onaran 2004；SE08：Stockhammer and Ederer 2008；SHG11：Stockhammer et al. 2011；SOE09：Stockhammer et al. 2009；SS11：Stockhammer and Stehrer 2011；OG12：Onaran and Galanis（2012）；WP09：Wang（2009）；MS11：Molero-Simarro（2011）.

资料来源：Lavoie，M.，Stockhammer，E.，2012，“Wage-led growth：Concept，theories and policies”. Conditions of Work and Employment Working Papers.

从表 2 可以看出，对于表中所列国家（中国除外），国内需求机制基本表现为“工资拉动型”，除了荷兰、英国、日本和美国在个别学者的研究中表现为“利润拉动型”。在部分学者的研究中，国际贸易将一些国家的需求机制由“工资拉动型”（国内需求增长机制）转变为“利润拉动型”（总需求机制）。比如，在 Bowles and Boyer（1995）的研究结论中，德国、法国和日本的国内需求机制为“工资拉动型”，但总需求机制为“利润拉动型”。在 Onaran and Galanis（2012）的研究中，中国国内需求增长机制为“工资拉动型”；在 Wang（2009）、Molero-Simarro（2015）的研究中，中国国内需求增长机制均表现为“利润拉动型”。

（二）收入分配变化的总供给效应（生产率效应）

关于收入分配变化的生产率效应，主要体现在实际工资水平和总需求水平对劳动生产率的影响上。从总供给层面来讲，收入分配变化通过以下两种途径对劳动生产率产生影响：其一，劳动收入份额变动通过总需求效应影响总产出，进而通过“维多恩（Verdoorn）

效应”影响劳动生产率。根据维多恩效应，总产出增长会深化劳动分工，更有利于“干中学”作用的发挥，从而促进劳动生产率提高；并且总产出增长意味着新的资本投入(加速数原理)，而新资本通常较旧资本具有更高的生产率。其二，给定劳动生产率，劳动收入份额上升意味着实际工资水平的上升。根据引致性技术进步理论，这会促使厂商更多地投资于资本密集型的生产，以资本替代劳动来保持竞争力，这在新古典生产函数假设下，将会提高劳动生产率。此外，根据效率工资假说，实际工资水平提高，会提升工人的积极主动性，并改善工人的健康与营养状况(主要指发展中国家)，从而使工人对生产过程的贡献度提高。

关于实际工资水平对劳动生产率的影响，最早可追溯到马克思的《资本论》。马克思认为，实际工资上升会促使资本家努力开发以资本替代劳动的技术(引致性技术进步)，从而有助于劳动生产率的提升。这一观点后来被 Hicks(1932)重申。Webb(1912)正式指出从实际工资水平到劳动生产率间的正向因果关系，此后 Kennedy(1964)、Foley and Michl(1999)、Funk(2002)都就此观点作了规范化表述。Naastepad(2006)通过对荷兰的实证研究发现，实际工资每上涨 1 个百分点，劳动生产率将上升 0.52 个百分点。Storm and Naastepad(2009)和 Vergeer and Kleinknecht(2010)通过对 OECD 国家的研究，也认为更快速的实际工资增长会带来更快速的劳动生产率增长，其中，前者发现，劳动生产率相对于实际工资的弹性在 0.50 至 0.55 之间(1984—2004 年)；后者发现，劳动生产率相对于实际工资的弹性在 0.31 至 0.39 之间(1960—2004 年)。Hein and Tarassow(2010)以 6 个 OECD 国家为研究对象，分析了其在 1960—2007 年间收入分配与劳动生产率增长率之间的关系，发现劳动生产率相对于实际工资的弹性基本在 0.30 左右(除了奥地利高达 0.67)。然而，这些经验研究都面临着可能存在反向因果关系的问题，以及短期效应与长期效应之间的区别。Marquetti(2004)指出，通过格兰杰因果关系检验，实际工资增长是劳动生产率增长的格兰杰原因，但劳动生产率增长不是实际工资增长的格兰杰原因，即格兰杰因果关系是单向的。因此，这可能证明了研究实际工资增长对生产率增长的影响的合理性。Storm and Naastepad（2012）对这些实证研究进行了总结，指出作为一个合理的估计数值（对于发达经济体），实际工资每上涨 1 个百分点，劳动生产率将上升 0.38 个百分点左右。这表明实际工资上升将促使企业提高劳动生产率以维护其盈利能力。尽管有关研究结果比较少，但是应该可以合理地说，现有证据已表明实际工资增长对于劳动生产率增长具有长期的积极影响。而这点对经济政策的实施很重要，它表明过度的工资压制很可能导致生产率低下，工资导向型的增长战略才与供给层面的良性发展相一致。

关于总需求水平对劳动生产率的影响，体现为著名的"维多恩效应"，即总需求水平的提高会在增加新投资的同时，带来劳动生产率的提高（Verdoorn，1949；Kaldor，1966，1996；Boyer and Petit，1991；McCombie and Thirlwall，1994；McCombie et al.，2002）。Kaldor（1996）、Boyer and Petit（1991）认为，总生产过程具有规模报酬递增特征：市场的扩大有利于深化劳动分工，从而提高劳动生产率。Kaldor（1957）认为，不同时代的资本体现着不同的技术状态，新资本通常较旧资本具有更新的技术，因此，由总需求扩张引致的新投资在增加资本量的同时，还会提高劳动生产率。

Vergeer and Kleinknecht（2010）运用 19 个 OECD 国家 1960 至 2004 年间的面板数据，同时研究了实际工资增长、总需求增长对劳动生产率的影响效应。由于劳动生产率存在路径依赖，其过去增长状况可能会影响到未来的增长率，因此，劳动生产率的滞后项作为自变量被包含在回归方程中。此外，从理论上来讲，不仅工资增长率会影响劳动生产率增长率，其反向关系也可能成立，即劳动生产率增长率会影响工资增长率。为了解决自变量中包含因变量滞后项以及可能存在的反向因果关系带来的内生性问题，回归方程中采用工资增长率的滞后变量作为主要解释变量。回归方程为：

$$\hat{\lambda} = \alpha_i + \sum_k \beta_{1,k} \hat{w}_{t-k} + \sum_k \beta_{2,k} \hat{\lambda}_{t-k} + \beta_3 \hat{Q} + \beta_4' Z + \varepsilon \quad (4)$$

其中，$\hat{\lambda}$ 表示劳动生产率增长率，$\hat{w}_{t-k}$ 表示实际工资增长率，$\hat{Q}$ 表示总产出增长率（系数 β_3 表示维多恩效应），α_i 为国家固定效应，

Z 为控制变量，ε 为误差项。

经分析表明，当 $k=9$ 时，可以较好地解决回归方程中可能存在的内生性问题。回归结果表明，劳动生产率的长期实际工资弹性在 0.31 至 0.39 之间；劳动生产率的长期总产出弹性在 0.24 至 0.37 之间。

Hein and Tarassow(2010)也运用奥地利、法国、德国、荷兰、英国及美国 6 个国家 1960 至 2007 年间的面板数据，就实际工资增长、总需求增长对劳动生产率的影响效应进行了实证研究。其回归方程为：

$$\hat{y}=f(\hat{Y},\ \hat{w},\ sh\_m,\ GAP) \tag{5}$$

其中，$\hat{y}$ 为劳动生产率增长率，$\hat{Y}$ 为总产出增长率，sh_m 为制造业在 GDP 中占比，GAP 为研究对象与美国之间的劳动生产率差异。

在估计方法上，Hein and Tarassow 遵循 Pesaran et al(2001)方法，首先采用误差修正模型(ECM)进行估计，然后对估计结果进行 F 检验，以确认变量间的长期均衡关系是否存在。如果经 F 检验各变量间确实存在长期均衡关系，则采用误差修正模型(ECM)估计结果。如果经 F 检验发现长期均衡关系不存在时，再来检验各变量的单整阶数，以确定直接采用 OLS 估计法(平稳序列)，还是采用一阶差分估计法(非平稳序列)。根据上述估计方法，对于德国，采用以下误差修正模型(ECM)估计结果：

$$\begin{aligned} d[\log(y_t)] = {} & a_0c + a_1\log(y_{t-1}) + a_2\log(Y_{t-1}) + a_3\log(w_{t-1}) \\ & + a_4 sh\_m_{t-1} + a_5\log(GAP_{t-1}) + a_6\sum d[\log(y_{t-j})] \\ & + a_7\sum d[\log(Y_{t-i})] + a_8\sum d[\log(w_{t-i})] \\ & + a_9\sum d[sh\_m_{t-i}] + a_{10}\sum d[\log(GAP_{t-i})] \\ & + e_t,\quad i=1,\ 2,\ 3,\ j=1,\ 2 \end{aligned} \tag{6}$$

对于其他国家，则采用一阶差分法进行估计：

$$
\begin{aligned}
d[\log(y_t)] = b_0c &+ b_1\sum d[\log(y_{t-j})] + b_2\sum d[\log(Y_{t-i})] \\
&+ b_3\sum d[\log(w_{t-i})] + b_4\sum d[sh\_m_{t-i}] \\
&+ b_5\sum d[\log(GAP_{t-i})] + e_t, \\
&i = 0,\ 1,\ 2,\ 3,\ j = 1,\ 2
\end{aligned} \tag{7}
$$

实证研究结果显示：(1)就总产出增长对劳动生产率增长的影响(维多恩效应)来看，在法国表现得最强，其总产出1%的增长带来了劳动生产率0.54%的增长；德国和荷兰的研究结果与法国相似，维多恩系数分别为0.43%、0.45%；奥地利和英国的维多恩效应则相对弱一些，维多恩系数分别为0.33%、0.23%；美国的维多恩效应表现得最弱，劳动生产率的长期总产出弹性仅为0.11%。相对于其他学者的研究结果，Hein and Tarassow(2010)的研究中维多恩效应表现得相对较弱，作者认为主要原因在于回归方程中纳入了变量的滞后项，因此，其他学者的研究结果实际上为短期内的奥肯效应，而并非长期内的维多恩效应。(2)实际工资对劳动生产率的影响显著为正，其弹性系数与其他学者的研究结果相差不大。其中，在奥地利，实际工资每上升1%，劳动生产率提高了约0.67%；在其他国家，劳动生产率的实际工资弹性在0.25%至0.36%之间。

(三)收入分配变化的总效应

Naastepad(2006)首次将收入分配变化的总需求效应与总供给(劳动生产率)效应结合起来分析，构建了一个考察总需求、劳动生产率与实际工资水平之间的互动关系的经济增长模型，并运用荷兰1960—2000年数据进行了实证研究。

20世纪80年代初，以英美为首的西方国家相继开展了一系列“新自由主义(Neoliberalism)”改革，① 实际工资增长率被明显压

① 新自由主义(Neoliberalism)打着恢复古典自由主义传统的旗号，反对“凯恩斯主义”和“社会主义”，以哈耶克为代表，其准确的中文称呼应为“新古典自由主义”，以与凯恩斯一脉的“新自由主义(Newliberalism)”相区别，但国内亦已习惯地将其称为“新自由主义”，因此，本文为简洁起见，亦称之为“新自由主义”。本文中所出现的“新自由主义”均是指“新古典自由主义(Neoliberalism)”。

制，劳动收入份额普遍出现了显著、持续的下降。新自由主义思潮认为，实际工资压制是 OECD 国家宏观经济在长期内保持强劲增长的必要条件。这里暗含的假设前提是，根据 Bhaduri- Marglin 模型，OECD 国家的总需求机制主要为“利润拉动型”。然而，当绝大多数 OECD 国家实行了工资增长压制政策，使利润率回升到“黄金时代”水平后，其总体经济表现却不尽如人意。在 1980—2000 年期间，OECD 国家相较于 1960—1980 年期间具有更低的产出增长率、劳动生产率增长率，更低的投资率与更高的失业率。这一令人失望的经济表现提出了一个关键性问题：为什么在一个假定其总需求机制为“利润拉动型”的经济体中，工资向利润转移的收入重新分配，并没有使宏观经济得到持续良好的发展？

尤其是，在“新自由主义”改革中，荷兰成为 OECD 国家中通过工会、雇主协会和政府使工资压制政策在国家层面最坚定推行者。支持这一政策的假设为：①由于出口在 GDP 中占比高，荷兰总需求机制是“利润拉动型”；②收入分配变化对生产率并不产生影响。然而，自 1982 年开始实行的实际工资增长压制政策，所带来的结果却是令人失望的：1984—2000 年间的 GDP 增长率和生产率增长率均低于 1960—1980 年期间，GDP 增长呈现不连贯性，劳动生产率增长出现明显下滑，且下滑程度较 OECD 国家的平均水平更为严重。其唯一成功的地方在于就业率的大幅度提升(即失业率的削减)。

表 3　**荷兰宏观经济表现(1960—2000)：相对于 OECD 经济表现**

时期	$\hat{x}_r(1)$	$\hat{\lambda}_r(2)$	$\hat{l}_r(3)$	$\hat{w}_r(4)$	$\hat{v}_r(5)$	$\hat{\varepsilon}_r(6)$	$u_r(7)$
1960—1980	-0. 43	-0. 21	-0. 33	0. 48	2. 40	-1. 71	-0. 6
1960—1973	-0. 55	-0. 40	-0. 25	0. 71	1. 97	-0. 85	-1. 2
1973—1980	-0. 34	0. 25	-0. 54	0. 27	3. 07	-3. 05	0. 6

续表

时期	$\hat{x}_r(1)$	$\hat{\lambda}_r(2)$	$\hat{l}_r(3)$	$\hat{w}_r(4)$	$\hat{v}_r(5)$	$\hat{\varepsilon}_r(6)$	$u_r(7)$
1984—1996	-0.21	-0.55	0.99	-0.47	0.41	-0.32	-2.5
1996—2000	0.88	-0.66	2.06	-0.39	-0.93	1.20	-5.4

注：栏(1)~(6)：年均增长率；栏(7)：劳动力百分比。$\hat{x}_r$=(1995年市场价格下)荷兰实际GDP增长率-欧盟15国、美国和日本实际*GDP*加权平均增长率；$\hat{\lambda}_r$=荷兰劳动生产率增长率-欧盟15国、美国和日本劳动生产率加权平均增长率；$\hat{l}_r$=荷兰就业(工作时间)增长率-22个经合组织国家(工作时间)加权平均增长率；$\hat{w}_r$=荷兰实际工资增长率-欧盟15国、美国和日本实际工资加权平均增长率；$\hat{v}_r$=荷兰实际单位劳动成本增长率-欧盟15国、美国和日本实际单位劳动成本加权平均增长率；$\hat{\varepsilon}_r$=荷兰盾相对于欧盟15国、美国和日本加权平均汇率的贬值率；u_r=荷兰失业率(劳动力百分比)-欧盟15国平均失业率。

资料来源：Naastepad, C. W. M., 2006, "Technology, Demand and Distribution: A Cumulative Growth Model With An Application to the Dutch Productivity Growth Slowdown". Cambridge Journal of Economics.

针对荷兰工资压制政策后的糟糕表现，Naastepad(2006)之前的文献主要专注于供给层面因素的强调，然而并没能给荷兰"生产率危机"提供令人满意的解释，因此，关于其糟糕表现一直是个谜。Naastepad(2006)认为其答案可能藏在总需求、生产率与实际工资的互动中，于是通过融合Bhaduri and Marglin (1990)所阐述的总需求机制与卡尔多供给体系所强调的高需求、高工资对生产率的促进作用，构建了一个考察总需求、劳动生产率与实际工资水平之间的互动关系的经济增长模型。

Naastepad(2006)将此理论模型应用到荷兰(1960—2000)的实证研究中，成功解释了为何工资压制政策并没有给带来高需求增长与生产率提升。其研究结果表明，即使在"利润拉动型"总需求机制的经济体中，如果实际工资压制给生产率带来的负面效应足够大，以至于超过总需求增长对生产率的正向效应(维多恩效应)，那么，生产率增长会出现下滑，而生产率增长下滑缩小了(工资压制引起的)劳动收入份额原有下降幅度，从而削弱了其总需求增长效应。其最终结果为，产出方面并没有实现高增长，生产率增长率反而大幅度下降，因生产率增长率低于产出增长率，就业率得到大幅度提升。因而，GDP 增长体现为不断增强的劳动密集型增长方式，其“就业奇迹”只是“生产率增长危机”同一硬币的另一面。

在 Naastepad(2006)之后，Hein and Tarassow(2010)将收入分配变化的总需求效应与总供给(生产率)效应结合起来研究时，以产能利用率和利润份额为中间变量，构建了一个与 Naastepad(2006)模型不同的经济增长模型。但 Hein and Tarassow(2010)仅仅是构建了理论模型，并没有将其运用到实证研究中。

Hartwig(2013)基于 Naastepad(2006)模型，运用瑞士 1950—2010 年数据进行了实证研究。其研究结果表明，瑞士的总需求机制为“利润拉动型”；所选取模型较好地预测了自 1990 年左右实行工资压制政策后 GDP 增长的实际变化情况；工资压制政策将 1990 年后的 GDP 增长率提升了约 1 个百分点；或者说，如果没有工资压制政策，主要由全球经济放缓所导致的实际 GDP 增长率下降问题将会更加严重，GDP 平均增长率将会仅仅略高于 0.5%，而不是 1.5%；瑞士的生产率机制为工资引导型，即工资压制政策对 1990 年以后生产率增长产生了负面影响，只是这一影响效应相对较弱。

综上所述，关于劳动收入份额变化的总需求效应的实证研究已经比较丰富，尤其是，对于世界上主要发达国家(美国、英国、法国、日本、德国等)与部分发展中大国(中国、印度等)，国外学者运用不同的样本期或不同的估计方法考察了其总需求机制。然而，正如 Naastepad(2006)所指出，如果生产率效应足够强大，以至于在总产出增长方向上，生产率机制相较于总需求机制占据主导地位，那么，Bhaduri and Marglin(1990)模型仅从总需求角度得出的总产出增长机制(“工资拉动型”还是“利润拉动型”?)研究论断往往会失效。只有将总需求效应与生产率效应结合起来考察，才能更准确地评估劳动收入份额变动在经济发展中的实际效应。但是，目前关于这一领域的实证研究还很少。Naastepad(2006)基于所构建理论模型运用荷兰1960—2000年数据进行了实证研究；Hartwig(2013)基于Naastepad(2006)模型，运用瑞士1950—2010年数据进行了实证研究。就作者阅读所及，尚未出现其他相关实证研究文献。因此，关于此领域的实证研究尚需学术界的进一步探讨。

五、收入分配变化的经济增长效应相关经典模型

(一)收入分配变化的总需求效应模型

(1)模型框架。

Bhaduri and Marglin(1990)模型是基于有效需求理论，分别考察要素收入份额变化对消费、投资和净出口三大构成的影响效应，从而得出要素收入份额变化对总需求(总产出)产生的总体效应。本部分主要是对Bhaduri and Marglin(1990)模型进行简要阐释，阐释其内在逻辑机制，并重点讨论其政策含义。

根据有效需求理论，总需求Y是由最终消费支出(含居民消费与政府消费)C、投资支出I与出口E三部分加总后再减去进口M得到。根据凯恩斯消费函数，随着收入的增加，消费也会随之增加；同时，劳动收入的边际消费倾向大于资本收入。因此，消费支出C为总产出Y、劳动收入份额v的函数。根据加速数原理，总需求增加会导致对资本存量需求的增加从而引致投资；同时，利润份额π($\pi=1-v$)上升代表投资的预期收益率增加，同时能缓解融资约束，并降低融资成本，故投资支出I与利润份额π负相关。因此，投资支出I也为总产出Y、劳动收入份额v的函数。当厂商按照成本加成法定价时，由工资水平上升带来的劳动收入份额增加，会提高国内价格，使实际汇率下降，降低国际竞争力，从而会减少出口，增加进口。此外，一国进口量还受国内需求Y影响。因此，

出口 E 为劳动收入份额 v 的函数，进口 M 为总产出 Y、劳动收入份额 v 的函数。因而，总需求函数为：

$$Y=C(Y,\ v)+I(Y,\ v,\ z_I)+E(v,\ z_E)-M(Y,\ v,\ z_M) \qquad (8)$$

其中，z_I、z_E、z_M 均代表控制变量。

可以看出，本模型只包含产品市场。通常来讲，经济活动的变化也会导致收入分配的变化，因此，更完整的模型应该还包括收入分配是如何决定的。由于本模型主要是考察总需求效应，劳动收入份额 v 的变动被看作是外生性的。因此，经济增长通过降低失业率、提高劳动者的劳资谈判地位对收入分配所产生的影响被忽略了。此外，本模型主要在于分析要素收入分配变化的经济增长效应，因而财政政策的影响也被排除在分析范围之外。

两边同时对 v 求导，经整理得：

$$\frac{\mathrm{d}Y^*}{\mathrm{d}v}=\frac{h_2}{1-h_1} \qquad (9)$$

其中，$h_1=\left(\frac{\partial C}{\partial Y}+\frac{\partial I}{\partial Y}-\frac{\partial M}{\partial Y}\right),h_2=\left(\frac{\partial C}{\partial v}+\frac{\partial I}{\partial v}+\frac{\partial E}{\partial v}-\frac{\partial M}{\partial v}\right)$。$1/1-h_1$ 为标准的乘数，且系统的稳定性要求其为正。因此，分子的符号决定着全导数的符号。h_2 代表的是，给定总产出水平 Y，劳动收入份额 v 的变动所引起的消费 C、投资 I 与净出口 $NX(E-M)$ 变动的加总。由于假定 $\partial C/\partial v>0,\partial I/\partial v<0,NX/\partial v<0$，，因此，$h_2$ 的符号并不具有先验性，需要通过经验研究来进行确定。当 $h_2>0$ 时，劳动收入份额上升会扩张总需求，总需求机制为“工资拉动型”。当 $h_2<0$ 时，劳动收入份额上升会抑制总需求，总需求机制为“利润拉动型”。此外，$(\partial C/\partial v+\partial I/\partial v)$ 代表在一定的总产出水平 Y 下，劳动收入份额 v 变动的国内总需求效应。$(\partial C/\partial v+\partial I/\partial v)$ 的符号同样无法预先获知，需要通过经验研究来确定。由于净出口效应为负 $(NX/\partial v<0)$，当国内总需求机制为“利润拉动型”时，总需求机制也一定为“利润拉动型”；当国内总需求机制为“工资拉动型”时，如果净出口效应相对较大，总需求机制也可能转化为“利润拉动型”。关于总需求机制的定义，表 4 中进行了概括。

表 4　　总需求机制的定义

		对经济增长的总效应	
		扩张	收缩
要素收入分配变化	利润份额上升	利润拉动型	工资拉动型
	工资份额上升	工资拉动型	利润拉动型

资料来源：作者根据既有文献分析制作。

总需求机制到底是属于“利润拉动型”还是“工资拉动型”，并不是一个先验性问题，但是，可以通过所研究经济体的经济结构特性来判定其可能更倾向为哪一种总需求机制，或者说，总需求机制依赖于具体的经济结构，如表 5 所示。

表 5　　经济结构：工资拉动型和利润拉动型总需求机制

	总需求机制	
	工资拉动型	利润拉动型
经济结构	劳动收入的边际消费倾向相较资本收入大得多	劳动收入、资本收入的边际消费倾向相差不大
	投资支出对预期收益率不怎么敏感；加速系数比较小	投资支出对预期收益率比较敏感；加速系数比较大
	比较封闭的经济体；净出口的价格弹性较低；进口的收入弹性较低	开放度较高的经济体；净出口的价格弹性较大；进口的收入弹性较大

资料来源：Lavoie，M.，Stockhammer，E.，2012，“Wage-led growth：Concept，theories and policies”. Conditions of Work and Employment Working Paper.

(2)政策含义分析。

一国的总需求机制并不是政策选择的结果，而主要是由经济体制结构决定的。因此，在制定收入分配政策时，应该首先考虑总需求机制所属类型，政策的实施效果将取决于总需求机制所属类型，如表 6 所示。

表 6　　不同收入分配政策下的经济增长模式

		收入分配政策	
		亲资本(pro-capital)	亲劳动(pro-labour)
经济机制	利润拉动型	1 利润拉动型增长模式	2 停滞或不稳定型增长
	工资拉动型	3 停滞或不稳定型增长	4 工资拉动型增长模式

资料来源：Lavoie，M.，Stockhammer，E.，2012，“Wage-led growth：Concept，theories and policies”. Conditions of Work and Employment Working Papers.

从表 6 中可以看出，两种经济机制与两种收入分配政策总共形成了四种不同的组合，而不同的组合具有不同的经济增长表现。如果在“利润拉动型”经济体中推行亲资本分配政策，将形成以“利润拉动”为主要动力的增长过程。相反，如果在“工资拉动型”经济体中推行亲劳动分配政策，将形成以“工资拉动”为主要动力的增长过程。在这两种情形下，分配政策与经济结构之间具有一致性。然而，如果在“利润拉动型”经济体中推行亲劳动分配政策，或者在“工资拉动型”经济体中推行亲资本分配政策，将导致经济停滞。在现实经济中，分配政策与经济机制之间不一致也有可能发展为不稳定的增长模式，因为经济增长需要不断地依靠外部刺激来实现。

表 6 中单元格 1(“利润拉动型”机制下亲资本分配政策)对应的是“理论上的新自由主义”，通常被称为涓滴经济学(trickle-down economics)。有利于资本收入者、雇主以及高级雇员的分配政策被认为会改善宏观经济表现。在此情况下，普通工人最终将从工资削减和艰苦工作环境中获益，因为更高的利润率将诱致企业家和高管人员更努力地工作，从而进行更多的机器投资与生产能力投资。而

投资增加将以提高就业率与购买力的方式最终惠及普通工人。这种情形被称为“新自由主义”理论，它建立在一个涓滴过程的基础上，即增加利润导致更高速增长的良性循环，最终也有益于劳动者和穷人。“新自由主义”理论（涓滴经济学）所强调的“增加利润导致更高速增长的良性循环”，是建立在“利润拉动型”总需求机制的假设前提基础之上，因此说“‘利润拉动型’机制下亲劳动分配政策”对应着“理论上的新自由主义”。

表6中单元格4（“工资拉动型”机制下亲劳动分配政策）对应的是许多经济学家所认为的战后时期经济增长的关键性特征（Marglin and Schor，1990）。二战后，福利国家（发达经济体）的扩张造就了一个对工人与企业家都有利的黄金增长时期，实际工资的提高也带来了劳动生产率与利润的大幅度增长，直到被20世纪70年代的石油危机中断。

表6中单元格2（“利润拉动型”机制下亲劳动分配政策）所对应的情形是被新自由主义所宣称的“注定失败的社会改革”（Doomed social reforms），是指如果实行渐进式社会改革将会出现的情形，即在资本主义生产方式中，试图恢复更人道的经济发展模式只是徒劳的。在此情况下，企图提高工人报酬或工资份额必然会导致经济增长放缓，因而通常会被迅速放弃。

表6中单元格3（“工资拉动型”机制下亲资本分配政策）对应的是20世纪80年代初西方国家实行的“新自由主义”改革，即“实践中的新自由主义”。二十多年的亲资本再分配政策带来的是相对于黄金时代其经济业绩表现平平。并且，在“新自由主义”的改革中伴随的是对于一个臃肿的金融部门或外部需求的严重依赖，造成了经济和金融的不稳定。社会所追求的再分配政策与经济结构所决定的总需求机制之间的相悖性导致经济增长缓慢，因而，对外在驱动力的依赖—出口导向型增长或债务型增长—成为避免经济增长放缓的必然选择。“新自由主义”改革是“新自由主义思想”在经济实践中的表现结果。“新自由主义”认为，增加利润会导致更高速增长的良性循环，但是，只有总需求机制为“利润拉动型”时，才会达

到如期效果。而实际上，在"新自由主义"改革实行的时期内，总需求机制主要为"工资拉动型"，因此，带来的是经济增长对于外在驱动力的严重依赖。也就是说，"实践中的新自由主义"对应的是"'工资拉动型'机制下亲劳动分配政策"

根据以上讨论，对于不同的(经济机制与收入分配政策)组合所具体对应的经济思潮或实践表现，表 7 进行了总结。

表 7　不同组合下的实际增长战略

		收入分配政策或战略	
		亲资本(pro-capital)	亲劳动(pro-labour)
经济机制	利润拉动型	"理论上的新自由主义" 涓滴资本主义	"注定失败的社会改革"
	工资拉动型	"实践中的新自由主义"	社会凯恩斯主义 战后黄金时期

资料来源：Lavoie，M.，Stockhammer，E.，2012，"Wage-led growth：Concept，theories and policies". Conditions of Work and Employment Working Papers.

(3)全球总需求机制与新自由主义。

工资在经济运行中有着双重角色，它们既是生产的成本，也是需求的源泉。工资份额的增加对总需求存在若干影响，关于现实经济中需求机制是"工资拉动型"还是"利润拉动型"，这是一个持续不断的学术争论。从单个国家来讲，一国总需求机制可能为"利润拉动型"，可以通过降低劳动收入份额促进净出口，从而拉升总需求。但是，这是建立在他国不会也降低劳动收入份额的前提之下。如果各国同时降低劳动收入份额，那么净出口都不会变动，此时，国内需求效应即为总需求效应。根据现有经验证据，大多数经济体的国内需求机制很可能是"工资拉动型"，即降低劳动收入份额的国内需求效应一般为负。因此，若将多国看成一个整体，多国劳动收入份额同时下降，会导致整体 GDP 增速放缓，即，其整体的总需求机制为“工资拉动型”。也就是说，从较大的地理(或经济)区域来看，总需求机制更可能为“工资拉动型”。最新的实证研究表明，全球经济从整体上看其总需求机制为“工资拉动型”。实际上，一国单方面地通过降低劳动收入份额来扩大净出口，是一种“以邻为壑”的做法。

正如Blecker(1989)所指出，如果所有国家都实行竞争性的减薪政策(或工资限制)，将可能损害世界各地工人的利益：只要利润具有弹性(比如采用成本加成定价法)，就会牺牲实际工资，但同时只要竞争的收益彼此抵消，就业就不会增加。在这种情况下，多边工资削减很可能导致全球范围的需求和就业萧条。相反，如果所有国家工人都增加工资，只要国际竞争效应大致抵消，那么世界经济整体就有可能享受工资主导型增长，当然前提是企业能感受到足够的竞争压力，迫使他们降低成本加成率以应对加薪。

因此，与考察单个国家劳动收入份额变动所出现的状况相比，研究劳动收入份额变动会同时影响所有贸易伙伴时将会出现什么样的状况更为有趣，或者说研究全球工资份额变动的影响后果。在此情况下，即使单个国家总需求机制为“利润拉动型”，所有国家工资份额的同时上涨仍会给总需求带来正向效应，只要其国内需求机制为“工资拉动型”。

新自由主义认为放松产品市场、劳动力市场和金融市场的管制将会带来经济增长率的提高和社会福利的增加。新自由主义的假定条件是强“利润主导型”总需求机制，提高利润份额被认为能够带来经济利益，由此造成的收入不平等程度提高因而被接受。但是，新自由主义未能如愿以偿，过度管制(通常被认为)的战后时期经济增长率高于新自由主义阶段。因此，在新自由主义和全球化确实加剧了经济中不平等现象的同时，却没有带来相应的利益。

如果全球经济从整体上讲是“工资拉动型”(正如上文所讨论)，新自由主义的实施将会使经济运行进入怎样的发展轨道？根据上文分析，此种情况下，新自由主义对应着表 3-3 中单元格 3 的政策实施模式，即在“工资拉动型”经济结构中推行亲资本分配政策。这一战略选择或者会导致经济停滞，或者需要依靠外在驱动力来刺激经济增长。而后者正是新自由主义推行后的实际经济表现。提高利润率及利润份额并没有使宏观经济实现预想的稳定增长路径，在经济实践中新自由主义的推行或者依赖于金融泡沫和不断增长的债务(简称金融主导型或债务主导型增长)，或者依赖于重商主义所强调的出口盈余。而债务主导型和出口主导型增长模式正好是国际经济失衡不断加剧的重要推动力。对此，Hein and Mundt (2012)制定了一个更细致的分类，根据经验将增长模式划分为债务主导型、内需主导型、弱出口主导型、强出口主导型，具体如表 8 所示。

表 8　　新自由主义在实践中所形成的经济增长模式

债务主导型	内需主导型	弱出口主导型	强出口主导型
澳大利亚 墨西哥 英国 美国	法国 意大利 印度 南非 土耳其	阿根廷 巴西 加拿大 俄罗斯 沙特阿拉伯	中国 德国 印度尼西亚 日本 韩国

资料来源：Lavoie，M.，Stockhammer，E.，2012，“Wage-led growth：Concept，theories and policies”. Conditions of Work and Employment Working Papers.

以上分析对于经济政策制定具有重要意义，它表明了如果在“工资拉动型”总需求机制中推行新自由主义如何才能实现经济增长：必需依赖于外部需求的刺激，或者通过债务主导型增长或者通过出口主导型增长。而这两种增长模式，尽管对于某些国家在一定时期内是有效的，但最终都是不可持续的。债务主导型增长伴随着家庭和金融部门债务水平的不断提高，而出口主导型增长则要求这些国家的经常账户盈余处于较高水平(或不断上升)，这意味着其他国家的经常账户赤字就必需处于较高水平(或不断上升)。换句话说，新自由主义要求国际经济失衡不断加剧，这被普遍认为是造成金融危机的重要原因。因此，新自由主义在经济实践中产生了不稳定和不可持续的增长。同时，新自由主义还会提高收入不平等程度，加剧经济中不平等现象，因此，新自由主义(“降低劳动收入份额条件下的增长”)实际上是一种不平衡与不平等增长模式。

(4)工资主导型增长战略的研究。

出口主导型增长模式应用有限并会产生全球经济失衡问题，而债务主导型增长模式(消费主要由债务支撑)是不可持续的，因此，迫切需要一个替代新自由主义的战略选择。ILO(国际劳工组织)认为以工资为主导的增长战略是一个可行的选择，也是最有可能在国际协调下取得成功的战略。尽管“利润拉动型”总需求机制国家可以通过工资压制政策成功地推行“以邻为壑”政策，但是从全球范围来讲，这并不是可行的需求策略。如果所有国家都推行工资压制政策，只有更少的一部分国家(国内需求机制也为“利润拉动型”)仍然能够从亲资本分配政策中获益。相反，如果所有国家同时实行亲劳动分配政策，即使总需求机制为“利润拉动型”的国家也很可能会获得总需求的增长，因为它们的经济活动正被国外更快的增长所推动。这与所有国家都奉行出口导向战略的情况形成鲜明对比：显而易见，只有一部分国家能够取得成功，因为不可能所有国家同时成为净出口国。

因此，“降低劳动收入份额实现的增长”是一种不平衡与不平等增长机制，而与之相对比，提高劳动收入份额有利于形成稳定可持续的增长机制，国外学界(Stockhammer and Onaran，2012；Lavoie and Stockhammer，2012，2013)更为推崇后一种增长机制。因而，政策制定者需要意识到工资作为需要来源的重要作用。在操作层面上，它强调在处理工资和社会政策时需要国际协调，以防止工资的逐底竞争。

具体来讲，提高工资份额的分配政策包括提高最低工资标准或建立最低工资制度、加强社会保障体系建设、改进工会参与立法机制和扩宽集体谈判协议的范围。尽管所有这些政策似乎都有悖于正统的经济观点，因为在削减公共预算赤字的压力下，当前的经济政策似乎都在朝着相反的方向发展，比如，呼吁政府收缩政策，这将最有可能对中产阶级和穷人产生负面影响，并呼吁进行结构性改革，这是更灵活的劳动力市场和降低工资率的委婉提法。然而，Lavoie and Stockhammer(2013)认为，在经济危机时期和有效需求不足情况下，经济活动需要国家更多地参与，而不是更少。一个成功的经济复苏政策方案需要将持续的工资增长作为核心组成部分之一，只有当工资增长能跟得上生产率的增长，消费支出的增长才不依赖于债务水平的增加。

(二)收入分配变化的新凯恩斯增长模型

(1)模型框架与传导机制分析。

Naastepad(2006)通过融合 Bhaduri and Marglin (1990)所阐释的收入分配变化的总需求机制与卡尔多供给体系所强调的高需求、高工资对生产率的促进作用，构建了一个考察总需求、劳动生产率与实际工资水平之间的互动关系的经济增长模型，也即收入分配变化的新凯恩斯增长模型。

① 总需求机制。

根据有效需求理论，总产出由有效需求决定：

$$x=c+i+e-m \tag{10}$$

其中，c 为最终消费支出(含居民消费与政府消费)，i 为投资支出，e 为出口，m 为进口。所有变量均为以不变价格计算的实际值。

假设 W 为名义工资水平，Π 为名义资本价格，λ 为劳动生产率，k 为产出-资本比，则单位产品增加值，即其价格 P 为：

$$P = W\lambda^{-1} + \Pi k^{-1} \tag{11}$$

则劳动收入份额为 $v=(W/P)\lambda^{-1}$，即单位产品的实际劳动成本；

利润份额为：

$$\pi = \frac{\prod k^{-1}}{P} = 1 - \frac{W}{P}\lambda^{-1} = 1 - v \tag{12}$$

利润份额增长率(符号“^”代表变量的增长率)为：

$$\hat{\pi} = \frac{\Delta\pi}{\pi} = -\frac{v}{\pi}\frac{\Delta v}{v} = -\hat{\theta v} = -\theta(\hat{w} - \hat{\lambda}) \tag{13}$$

其中，$\theta = v/\pi = v/(1-v) > 0$。

消费函数为：

$$c = (1-\sigma_w)w\lambda^{-1}x + (1-\sigma_\pi)\pi x = [(1-\sigma_w)v + (1-\sigma_\pi)(1-v)]x;\ \sigma_\pi > \sigma_w \tag{14}$$

进口需求为总产出的线性函数：

$$m = \zeta x \tag{15}$$

其中，ζ 为平均进口倾向。

将式(14)、(15)代入式(10)，并经整理得：

$$x = \frac{i+e}{[1-(1-\sigma_w)v-(1-\sigma_\pi)(1-v)+\zeta]} = \mu^{-1}(i+e) \tag{16}$$

其中，$\mu^{-1} = 1/[1-(1-\sigma_w)v-(1-\sigma_\pi)(1-v)+\zeta]$ 为凯恩斯乘数($\mu^{-1}>1$)。对式(16)两边取全微分，再同时除以 x，可得由有效需求决定的总产出增长率表达式：

$$\hat{x} = -\hat{\mu} + \frac{\mu^{-1}i}{x}\hat{i} + \frac{\mu^{-1}e}{x}\hat{e} = -\hat{\mu} + \psi_i\hat{i} + \psi_e\hat{e} \tag{17}$$

ψ_i、ψ_e 分别为(经过乘数调整的)投资、出口在 GDP 中的占比。总产出增长率为投资增长率与出口增长率的加权平均值，权重为乘数。乘数是内生的，因为单位产出的实际劳动成本的任何变动都会直接影响分母 μ。由于 $\mu = [\sigma_\pi - v(\sigma_\pi - \sigma_w) + \zeta]$，有：

$$\hat{\mu} = -\frac{v}{\mu}(\sigma_\pi - \sigma_w)\hat{v} = -\xi(\sigma_\pi - \sigma_w)[\hat{w} - \hat{\lambda}] \tag{18}$$

其中，$\xi = v/\mu$。

由于投资与利润份额 π、总需求(总产出) x 均正相关，因此，假定投资函数为：

$$i=a_i b^{\phi_0}\pi^{\phi_1}x^{\phi_2} \quad \phi_0, \phi_1, \phi_2>0 \tag{19}$$

其中，a_i 为正常数，b 为影响投资决策的其他因素（其中主要为企业家的“动物精神”）。投资增长率为：

$$\hat{i}=\phi_0\hat{b}+\phi_1\hat{\pi}+\phi_2\hat{x} \tag{20}$$

其中，ϕ_1 为投资的利润份额弹性，ϕ_1 为投资的总需求（总产出）弹性。

假定出口 e 与相对单位劳动成本正相关，与国外需求 z 正相关，则有：

$$e=a_e z^{\varepsilon_0}\left(\frac{v}{v_f}\right)^{-\varepsilon_1} \tag{21}$$

其中，a_e 为正常数，v_f 为单位出口产品的实际劳动成本，ε_0 为出口的国外需求弹性，ε_1 为出口的实际劳动成本弹性。为简单起见又不失一般性，假定 $\varepsilon_0=1$、$v_f=1$，则有：

$$\hat{e}=\hat{z}-\varepsilon_1\hat{v} \tag{22}$$

因此，将式（3-6）（3-11）（3-13）（3-15）代入式（3-10），可得关于总需求机制的以下简化方程：

$$\hat{x}=\frac{[\psi_i\phi_0\hat{b}+\psi_e\hat{z}]}{[1-\psi_i\phi_2]}+\frac{[\xi(\sigma_\pi-\sigma_w)-\psi_e\varepsilon_1-\psi_i\phi_1\theta]}{[1-\psi_i\phi_2]}[\hat{w}-\hat{\lambda}] \tag{23}$$

式（23）表明，总需求（总产出）增长率主要取决于以下两个方面：

其一，最终需求中自主需求的增长率，主要由自主投资增长率 $\hat{b}$、国外需求增长率 $\hat{z}$ 决定。为使式（23）具有经济意义，自主需求增长对最终需求增长具有正向影响，故要求 $1-\psi_i\phi_2>0$。给定 $0<\psi_i<1$，“加速器弹性”的取值范围为 $0\leqslant\phi_2<(1/\psi_i)$。

其二，实际单位劳动成本增长率 $\hat{v}(=\hat{w}-\hat{\lambda})$。劳动成本上升对产出增长的影响在方向上是不明确的，这是由于，实际工资增长率超过劳动生产率增长率（$\hat{w}>\hat{\lambda}$）或者 $\hat{v}>0$ 对产出增长具有两种截然不同的效应。一方面，它会降低出口增长率（通过出口成本弹性 ε_1）与投资增长率（通过利润份额弹性 ϕ_1），从而拉低总产出增长率。

另一方面，它将会加大乘数，因为这意味着资本收入向工资收入的重新分配，从而减低总储蓄倾向(因为 $\sigma_w<\sigma_\pi$)。由于$(1-\psi_1\phi_2)>0$、$\xi=(v/\mu)$、$\psi_i=i/(\mu x)$ 和 $\psi_e=e/(\mu x)$，故而，当$(\sigma_\pi-\sigma_w)>\left(\frac{i}{\pi x}\right)\phi_1\theta+\left(\frac{e}{vx}\right)\varepsilon_1$ 时，有$(d\hat{x}/d\hat{v})>0$，此时，总需求机制为“工资拉动型”。当$(\sigma_\pi-\sigma_w)<\left(\frac{i}{\pi x}\right)\phi_1\theta+\left(\frac{e}{vx}\right)\varepsilon_1$ 时，有$(d\hat{x}/d\hat{v})<0$，此时，总需求机制为“利润拉动型”。

② 生产率机制。

假设 λ 为产出—劳动比(劳动生产率)，x 为实际总产出，$w=(W/P)$为实际工资水平(名义工资与价格总指数之比)，则生产率机制表达式如下：

$$\hat{\lambda}=\beta_0+\beta_1\hat{x}+\beta_2\hat{w};\quad \beta_0,\ \beta_2>0;\quad 0<\beta_1<1 \tag{24}$$

式(24)中包含：

(a)维多恩效应。系数 β_1 为维多恩系数，衡量的是总产出(由总需求所决定)增长对劳动生产率增长的影响效应。

(b)引致性技术进步假说。β_2 反映的是工资推动型技术进步的强度，衡量了劳动力成本上升诱使厂商加紧寻找和采用提高劳动生产率的技术的程度。

如果假设实际工资增长是外生的(并且是正的)，生产率机制可以由下文$(\hat{\lambda},\hat{x})$坐标图(图 3、图 4)中向上倾斜的曲线 *PR* 得以表示。由于维多恩效应衡量的是，在给定总需求(总产出)增长情况下经济体实现劳动生产率提升的能力，式(24)可以被解释为 Kaldor(1996)所认为的“劳动生产率提高的潜能是由企业家活力所决定的”，*PR* 曲线越平坦，表明经济体系中创业活力越高涨。

③ 总需求机制与生产率机制之间的互动。

总需求机制即式(23)指出了在给定外生的实际工资增长率情况下，劳动生产率增长趋势对于总需求增长的影响。

如果经济中总需求机制为“利润拉动型”，劳动生产率增长率

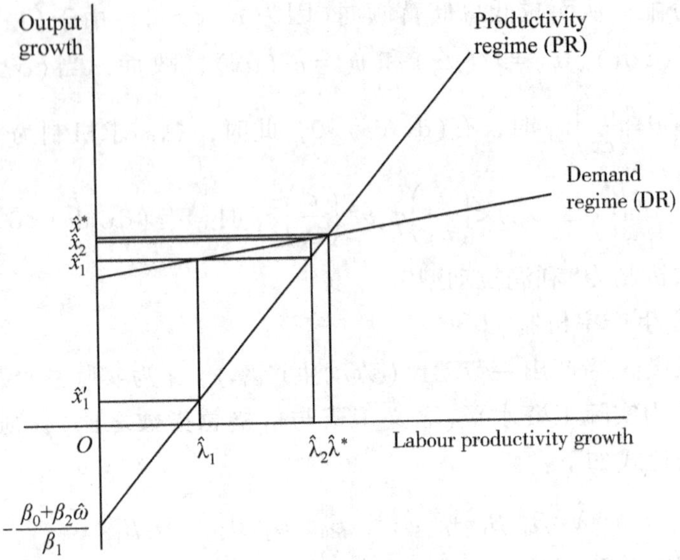

图 3　生产率增长(横轴)与产出增长(纵轴)关系：利润拉动型

资料来源：Naastepad，C. W. M.，2006，“Technology，Demand and Distribution：A Cumulative Growth Model with An Application to the Dutch Productivity Growth Slowdown”. Cambridge Journal of Economics.

提升将会拉高总需求(总产出)增长率，即如果$(\sigma_\pi-\sigma_w)<\left(\frac{i}{\pi x}\right)\phi_1\theta+\left(\frac{e}{vx}\right)\varepsilon_1$，则有$(\mathrm{d}\hat{x}/\mathrm{d}\hat{\lambda})>0$。如果劳动生产率增长率上升(实际工资增长率保持不变)，则单位劳动成本下降从而提高出口增长率，同时，利润份额得到提升从而促进投资增长。并且，通过促进出口与投资给总产出增长带来的正向效应将超过因提高了总体储蓄倾向使消费下降带来的负向效应。故而，“利润拉动型”总需求机制可以通过$(\hat{\lambda},\hat{x})$坐标图(图 3)中向上倾斜的曲线 DR 得以表示。曲线 DR 与 PR 的交点决定了均衡状态下劳动生产率增长率 $\hat{\lambda}^*$ 和总产出增长率 $\hat{x}^*$。

如果经济中总需求机制为“工资拉动型”，劳动生产率增长率

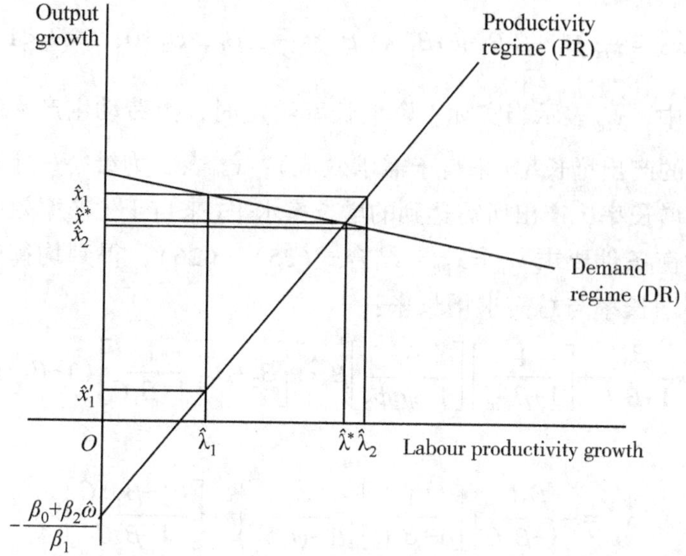

图4　生产率增长(横轴)与产出增长(纵轴)关系：工资拉动型

资料来源：Naastepad，C. W. M.，2006，“Technology，Demand and Distribution：A Cumulative Growth Model with An Application to the Dutch Productivity Growth Slowdown”. Cambridge Journal of Economics.

提升将会降低总需求（总产出）增长率，即如果（$\sigma_\pi - \sigma_w$）> $\left(\frac{i}{\pi x}\right)\phi_1\theta+\left(\frac{e}{vx}\right)\varepsilon_1$，则有($\mathrm{d}\hat{x}/\mathrm{d}\hat{\lambda}$)<0。如果劳动生产率增长率上升(实际工资增长率保持不变)，则由于总体储蓄倾向上升导致消费下降从而给总产出增长带来的负向效应将超过通过促进出口与投资带来的正向效应。故而，“工资拉动型”总需求机制可以通过($\hat{\lambda}$，$\hat{x}$)坐标图(图4)中向下倾斜的曲线 DR 得以表示。曲线 DR 与 PR 的交点决定了均衡状态下劳动生产率增长率 $\hat{\lambda}^*$ 和总产出增长率 $\hat{x}^*$。

式(23)和式(24)分别经整理可得：

$$\hat{x}_{DR}=\frac{\psi_i\phi_0\hat{b}+\psi_e\hat{z}}{1-\psi_i\phi_2}+C\hat{w}-C\hat{\lambda}；\ C=\frac{[\xi(\sigma_\pi-\sigma_w)-\psi_e\varepsilon_1-\psi_i\phi_1\theta]}{[1-\psi_i\phi_2]}\quad(25)$$

$$\hat{x}_{PR}=-\beta_0\beta_1^*-\beta_2\beta_1^*\hat{w}+\beta_1^*\hat{\lambda}\text{；}\beta_1^*=\frac{1}{\beta_1}\text{，}\beta_0\text{，}\beta_2>0\text{，}0<\beta_1<1 \quad (26)$$

其中，$\hat{x}_{DR}$表示当实际工资增长率给定时，由劳动生产率增长率所决定的产出增长率(来自于需求效应)；$\hat{x}_{PR}$表示为维持一定的劳动生产率增长率，产出所需达到的增长率水平(来自于生产率效应)。

均衡条件要求 $\hat{x}_{DR}=\hat{x}_{PR}$。结合式(25)、(26)，得到均衡时劳动生产率增长率与总需求增长率：

$$\hat{\lambda}^*=\frac{\beta_0}{1+\beta_1C}+\left[\frac{1}{1+\beta_1C}\right]\left[\frac{\psi_e}{1-\psi_i\phi_2}\right]\beta_1\hat{z}+\left[\beta_2+\beta_1\left[\frac{1}{1+\beta_1C}\right](1-\beta_2)C\right]\hat{w} \quad (27)$$

$$\hat{x}^*=-\frac{\beta_0C}{1+\beta_1C}+\left[\frac{1}{1+\beta_1C}\right]\left[\frac{\psi_e}{1-\psi_i\phi_2}\right]\hat{z}+\left[\frac{(1-\beta_2)C}{1+\beta_1C}\right]\hat{w} \quad (28)$$

因而，均衡状态下的劳动生产率增长率与总产出增长率取决于国外需求增长及实际工资增长。系统的稳定性条件为$[1/(1+\beta_1C)]>0$。

由式(28)有：

$$\frac{d\hat{x}^*}{d\hat{w}}=\left[\frac{1}{1+\beta_1C}\right](1-\beta_2)C=\left[\frac{(1-\beta_2)C}{1+\beta_1C}\right] \quad (29)$$

关于 $d\hat{x}^*/d\hat{w}$ 的符号，讨论如下：

其一，当总需求机制为“工资拉动型”($C>0$)时，如果 $0\leqslant\beta_2<1$，即劳动生产率增长的实际工资增长弹性(“引致性技术进步效应”)小于 1，则分子为正数。由于系统的稳定性条件为$[1/(1+\beta_1C)]>0$，因此，这时实际工资增长压制政策会降低总产出增长率，即总产出机制也为“工资拉动型”，这就与(劳动生产率被外生给定的)*Bhaduri and Marglin*(1990)模型研究结论相一致。然而，如果“引致性技术进步效应”够强够大，则 Bhaduri and Marglin(1990)模型研究结论便会失效，从而需要修正。当$\beta_2=1$时，$d\hat{x}^*/d\hat{w}=0$，此时，实际工资增长率的削减对总产出增长并无影响，这是由于劳动生产率增长率会出现同等幅度的下降，因而单位劳动成本并没有受到任何影响($\hat{v}=\hat{w}-\hat{\lambda}$)。当$\beta_2>1$时，$d\hat{x}^*/d\hat{w}<0$，因此，实际工资增长压制政策会提高总产出增长率，尽管总需求机制为“工资拉动型”。这是由于，当$\beta_2>1$时，实际工资增长率的下降将导致劳动生产率增长率出现更大幅度的下降，从而使得单位劳动成本实际上是上升了($\hat{v}=\hat{w}-\hat{\lambda}$)。简单来讲，如果$\beta_2>1$，在关于总产出增长方向上，生产率机制相较于总需求机制占据主导地位。

其二，当总需求机制为“利润拉动型”($C<0$)时，如果$0\leqslant\beta_2<1$，则分子为负数，这时实际工资增长压制政策会提高总产出增长率，即总产出机制也为“利润拉动型”，与(劳动生产率被外生给定的)*Bhaduri and Marglin*(1990)模型研究结论相一致。如果$\beta_2=1$时，$d\hat{x}^*/d\hat{w}=0$，此时，实际工资增长率的削减对总产出增长并无影响。如果$\beta_2>1$时，$d\hat{x}^*/d\hat{w}<0$，此时，实际工资增长压制政策会降低总产出增长率，尽管总需求机制为“利润拉动型”。简单来讲，如果$\beta_2>1$，在关于总产出增长方向上，总需求机制相较于生产率机制占据主导地位。

由式(27)有：

$$\frac{d\hat{\lambda}^*}{d\hat{w}}=\beta_2+\beta_1\frac{d\hat{x}^*}{d\hat{w}}=\left[\frac{\beta_2+\beta_1 C}{1+\beta_1 C}\right] \tag{30}$$

可以看出，实际工资增长率变动对劳动生产率增长有着直接和间接的影响。其中，直接效应等于β_2。由于$\beta_2\geqslant0$，因而直接效应不可能为负，即实际工资增长率下降会拉低劳动生产率增长率。间接效应为由总需求增长的长期变化所引起劳动生产率增长率的变化，等同于由实际工资增长率下降所导致的总需求增长率下降幅度与维多恩系数的乘积。由于维多恩系数β_1为正数，间接效应的符号取决于$d\hat{x}^*/d\hat{w}$的符号。当$d\hat{x}^*/d\hat{w}>0$时，间接效应为正，因此，实际工资增长率变动对劳动生产率增长的总效应为正，即$d\hat{\lambda}^*/d\hat{w}>0$。当$d\hat{x}^*/d\hat{w}<0$时，间接效应为负，则$d\hat{\lambda}^*/d\hat{w}$的符号不确定，可能为正也可能为负。

根据定义，长期就业率 $\hat{l}^* = \hat{x}^* - \hat{\lambda}^*$。实际工资增长率变动会同时影响到总产出增长率 $\hat{x}^*$ 和劳动生产率增长率 $\hat{\lambda}^*$，因而也会影响到长期就业率 $\hat{l}^*$，即

$$\frac{d\hat{l}^*}{d\hat{w}} = \frac{d\hat{x}^*}{d\hat{w}} - \frac{d\hat{\lambda}^*}{d\hat{w}} = (1-\beta_1)\frac{d\hat{x}^*}{d\hat{w}} - \beta_2 \tag{31}$$

实际工资增长率 $\hat{w}$ 下降将会对就业增长率产生三种效应：

(a)如果总需求机制为“工资拉动型”(利润拉动型)，实际工资增长率 $\hat{w}$ 下降将会拉低(提升)均衡状态下总产出增长率，因而降低(提高)就业增长率。

(b)实际工资增长率 $\hat{w}$ 下降将会通过 β_2(引致性技术进步)直接降低劳动生产率增长率，从而提升就业增长率。

(c)实际工资增长率 $\hat{w}$ 下降将会通过维多恩效应对劳动生产率增长率产生间接影响，从而影响就业增长率，其影响可正可负。

显然，实际工资增长率 $\hat{w}$ 下降对长期内就业增长率的净影响取决于这三种效应的对比情况。

从上述关于 Naastepad(2006)模型的阐释中可以看出，Naastepad(2006)通过融合 Bhaduri and Marglin(1990)所阐述的总需求机制与卡尔多供给体系所强调的高需求、高工资对生产率的促进作用，构建了一个可以深入细致地考察总需求、劳动生产率与实际工资水平之间的互动关系的经济增长模型，在理论上做出了突出贡献。然而，Naastepad(2006)在构建其理论分析框架时，存在以下两点不足。一方面，在部分单方程设定上遗漏了重要影响变量，忽略了名义汇率对进、出口的影响，劳动收入份额对进口的影响，以及服务业比重、后发优势对劳动生产率提升的影响。其中，进口方程中的劳动收入份额效应估计，直接影响劳动收入份额变动的产出、生产率效应估计；而名义汇率、服务业比重、后发优势等控制变量的效应估计，尽管只进入模型求解结果的截距项，不直接影响劳动收入份额变动的产出弹性、生产率弹性估计，但是，如果遗漏了这些变量，可能引起“遗漏变量偏差”(遗漏变量与解释变量相

关)，或影响 OLS 估计的精确度(遗漏变量与解释变量不相关)，从而影响实证结果的可靠性；另一方面，由于消费方程的特殊设置形式，总需求模型的最终求解结果在形式上较为复杂，导致在总效应构成上缺乏直观性，同时，以样本均值直接代替估计值的参数过多，将影响实证结果的可靠性。针对 Naastepad(2006)模型所存在的不足，本文将在第 5 章通过对 Naastepad(2006)模型的改进，构建一个相较于 Naastepad 模型在形式上更为简洁直观，同时在实证研究上更具可靠性的经济增长模型。

(2)模型总结。

以下通过图表重点总结在总需求机制与生产率机制的互动作用下，劳动收入份额上升给总产出、生产率带来的影响效应。

表 9　劳动收入份额上升的劳动生产率总效应

	直接效应(β_2)	间接效应(β_1)	总效应
工资拉动型	正向	正向	正向
利润拉动型	正向	负向	正向(直接效应大于间接效应)
			负向(间接效应大于直接效应)

资料来源：作者总结。

根据引致性技术进步，实际工资上升将会促进劳动生产率的提升，因此，劳动收入份额上升(给定劳动生产率情况提高实际工资水平)给劳动生产率带来直接的正向效应。

当总需求机制为“工资拉动型”，劳动收入份额上升会带来总需求的提升，从而通过维多恩效应进一步促进劳动生产率的提升，即劳动收入份额上升还会给劳动生产率带来间接的正向效应。因此，此种情况下，劳动收入份额上升给劳动生产率带来的总效应一定为正。

当总需求机制为“利润拉动型”，劳动收入份额上升会带来总需求的下降，从而通过维多恩效应降低劳动生产率增速，即劳动收入份额上升会给劳动生产率带来间接的负向效应。当直接效应大于间接效应时，劳动收入份额上升给劳动生产率带来的总效应为正；当间接效应大于直接效应时，劳动收入份额上升给劳动生产率带来的总效应为负。

表 10　　劳动收入份额上升的总需求(总产出)效应

<table>
<tr><th></th><th>直接效应(总需求机制)</th><th>间接效应(生产率机制)</th><th>总效应</th></tr>
<tr><td>工资拉动型</td><td>正向</td><td>负向</td><td>正向(削弱)
负向(转变)</td></tr>
<tr><td rowspan="2">利润拉动型</td><td rowspan="2">负向</td><td>正向(生产率正向)</td><td>正向(转变)
负向(削弱)</td></tr>
<tr><td>负向(生产率负向)</td><td>负向(增强)</td></tr>
</table>

资料来源：作者总结。

当总需求机制为“工资拉动型”，劳动收入份额上升会带来总需求的提升，即劳动收入份额上升给总需求带来直接的正向效应。如上所述，当总需求机制为“工资拉动型”时，劳动收入份额上升会带来劳动生产率的提升，这将拉低劳动收入份额原有上升幅度($\hat{v}=\hat{w}-\hat{\lambda}$)，因此，生产率机制会削弱原总需求(总产出)效应。甚至，当生产率机制足够强($\beta_2>1$)，劳动生产率提高幅度超过实际工资水平上升幅度，则劳动收入份额反而会出现下降，此时，总需求(总产出)会由最初的上升转变为最终的下降。但是，通常而言，劳动生产率的实际工资弹性小于1，因此，劳动收入份额上升会给总需求(总产出)带来正向效应。

当总需求机制为“利润拉动型”，劳动收入份额上升会带来总需求的下降，即劳动收入份额上升给总需求带来直接的负向效应。如上所述，当总需求机制为“利润拉动型”时，劳动收入份额上升既可能带来劳动生产率的提升也可能带来劳动生产率的下降。当劳动生产率提升时，将拉低劳动收入份额原有上升幅度($\hat{v}=\hat{w}-\hat{\lambda}$)，甚至使劳动收入份额出现下降，因此，原总需求效应或者被削弱或者被逆转。当劳动生产率下降时，将扩大劳动收入份额原有上升幅度($\hat{v}=\hat{w}-\hat{\lambda}$)，从而使原总需求效应被增强。通常而言，劳动生产率的实际工资弹性小于1，因此，劳动收入份额上升会给总需求(总产出)带来负向效应。

六、人工智能时代的要素收入份额研究

进入21世纪以来，数字技术、机器人技术和人工智能已经逐渐渗透到经济中的各个行业领域。除了在制造业中，自动化生产设备不断被引进与更新，在零售业、批发业和金融业等行业中，自助结账、高级存储系统、自动化客户服务和其他形式的自动化也已经扩散开来。随着机器对工人的可替代性越来越高，机器人和机器越来越多地接管原本由人工执行的任务，使得生产过程对劳动的依赖可能会不断减弱。这将产生劳动力冗余，甚至最终终止对工人的雇佣(Acemoglu and Restrepo，2018)。人工执行任务的加速自动化引起了人们的担忧，因为新技术的出现将使得出现人工冗余(Brynjolfsson and Mcafee，2014；Akst，2013；Autor，2015)。Graetz and Michaels(2015)提供了工业机器人导致低技能劳动力需求减少的证据。

自动化通过劳动需求效应对收入分配领域产生重要影响。自动化的特性意味着其更广泛的采用会降低工资率，因为自动化是在与生产要素-劳动进行直接竞争；同时，由自动化产生的收入被输送给了资本所有者，将可能导致劳动份额的下降和收入不平等的上升。工人们发现与机器的竞争越来越困难，他们的报酬将经历相对甚至绝对的下降(Martinez，2018)。自动化的扩散被认为是过去几十年来美国制造业就业率下降、总产出和生产率提升的一个基本驱动因素，在此期间，劳动报酬在产出中的份额也减少了。Autor et al(2003)认为，美国劳动力市场不平等的加剧反映了日常任务的自

动化和计算机化。Brynjolfsson and McAfee(2011)声称，技术进步(被理解为自动化)使人们更具创新性、生产力和更富有，但代价是增加失业率和社会(财富)不平等。早期定量证据来源于 Berman et al(1998)，他们指出，生产工人在工资单中所占份额下降的70%左右可以用研发和计算机化来解释。另外一个早期贡献是 Zeira (1998)，他首先观察到劳动替代型技术进步是一种长期现象，并构建了一个理论模型。模型假设，最终产品由一系列连续的任务所完成，执行任务所采用的两种技术中，人工技术只使用人工，自动化(或“工业”)技术只使用资本。随着新机器可用于任务生产，它们提高了工人的生产力和工资水平。企业通过在机器成本较低的任务中用机器(“工业”技术)取代工人(手工技术)来应对更高的工资。因此，任务自动化(更有效率)改变了 Cobb-Douglas 生产函数的总指数，其特征在于增加资本密集度和减少劳动份额。

最近几年来，关于自动化对要素收入份额的影响，成为收入分配领域新的研究热点及研究前沿。学者们主要基于生产过程中要素投入和技术变革两方面的相关假设，构建了关于自动化对就业和收入影响的理论模型，研究指出自动化会通过替代劳动降低劳动份额，甚至最终完全取代劳动，使劳动份额降为零；在部分学者研究中，自动化主要替代的是低技能工人，因此还会通过增加技能溢价提高收入不平等程度。少数学者通过数值模拟或者回归估计进行了实证分析，为自动化程度提高对就业和劳动份额影响提供了经验证据。

(一)研究中关于技术变迁的相关假设

学者们主要构建了基于任务的自动化模型(Acemoglu and Restrepo, 2018; Hemous and Olsen, 2016; Susskind, 2017; Martinez, 2018)。生产意味着完成一系列可以由劳动或资本执行的任务(Martinez, 2018)。每单位最终产品的生产需要完成某个区间内一系列连续性的任务[0; q]，这些任务可以由机器或人工执行。工人可以执行区间内的所有任务，机器能够执行的任务范围为[0; $\tilde{a}$]，其中，

$\tilde{a}<q$。因此，为了生产一单位最终产品，在使用一台类型为 $\tilde{a}$ 的机器后，人工必须完成剩下的任务[$\tilde{a}$; q]。$a=\tilde{a}/q$ 被定义为自动化程度，表示机器完成的任务在所有任务中的占比。自动化程度的提高意味着部分工人被机器取代，人工完成的任务在所有任务中占比下降。在(Prettner and Strulik，2017；Hemous and Olsen，2016；Acemoglu and Restrepo，2018)等学者的研究中，自动化替代的主要是低技能工人。Arntz et al.(2016)解释了低技能工人执行的任务通常比高技能工人执行的任务更容易自动化。Prettner and Strulik(2017)指出，至少在目前的技术状态下，高技能劳动力比低技能劳动力更难实现自动化。Frey and Osborne(2017)认为，一个职业的平均受教育程度与该职业自动化的概率高度负相关；当自动化主要替代的是低技能劳动力时，生产最终产品所需完成的任务区间[0; q]中，数值越大，表示任务越高级越有难度，需要更高技能的工人完成。

此外，在 Guimaraes and Gil(2019)的研究中，公司在两种技术之间进行选择：自动化技术和人工技术，因此，自动化程度的提高，意味着更多的企业选择了自动化技术。在 Prettner(2016)的研究中，自动化资本作为独立于劳动力、机器资本之外的第三种生产要素，自动化资本是劳动的完全替代品、机器资本的不完全替代品。自动化程度的提高，意味着自动化资本的增加。

另有一部分学者，在有关自动化的技术进步之外，同时引入另一种技术变革。Hemous and Olsen(2016)同时关注两种类型的创新：新产品的创造和现有任务的自动化。新产品的创造属于水平创新，会提高所有工人的工资水平；自动化程度的提高则具有双重作用，既提高经济的整体生产力，又允许对低技能工人的替代。Acemoglu and Restrepo(2018)认为，研究活动主要有两个方向：实现现有任务的自动化(即，任务执行从人工技术转向自动化技术)，从而允许企业用资本代替以前由劳动力完成的任务；创建人工具有比较优势的新任务(因此，新任务使用人工技术)，其中，新任务的创建还可能意味着允许用劳动生产率更高的新任务代替旧任务。

(二)关于自动化影响劳动收入份额的理论模型与数值模拟

在 Martinez(2018)、Guimaraes and Gil(2019)、Autor and Salomons(2018)、Dinlersoz and Wolf(2018)等学者研究中，没有对工人进行分类，自动化意味着对所有类型工人的替代。其中，Martinez(2018)、Guimaraes and Gil(2019)首先构建关于自动化的理论模型，然后基于所构建理论模型进行数值模拟；Autor and Salomons(2018)、Dinlersoz and Wolf(2018)分别采用行业层面、厂级层面的跨国微观数据对自动化的影响效应进行了回归估计。

(1)自动化导致劳动收入份额下降。Martinez(2018)在其构建的理论模型中，生产意味着完成一系列可以由劳动或资本执行的任务，自动化是技术进步的一种体现形式，意味着能够在完成生产任务时用资本替代工人。企业间具有不同的自动化程度：相对于其他企业，一些企业可以运用资本执行更大范围的生产任务。通过对不同自动化程度的公司进行加总，经济总产出可以表示为常替代弹性(CES)生产函数，资本和劳动总量作为要素投入，其中全要素生产率和劳动份额参数(α)由自动化技术在企业间的分布决定。通过均衡求解，Martinez 指出，这种总生产函数模型可以清晰地表明自动化对劳动份额的影响：如果经济中自动化程度最高的企业变得更加自动化，劳动份额就会降低；但是，如果自动化程度最低的公司变得更加自动化，劳动份额就会上升，并且，该总生产函数模型可以调和标准 CES 模型不能调和的关于美国生产和增长的三个重要实证结果：劳动份额下降、资本与劳动具有总互补性和资本偏向技术进步。

Martinez 通过结合从 IPUMS-USA 数据库中获得的当前人口调查(CPS)数据和来自美国职业信息网的任务数据，对生产过程中工人任务投入进行了度量。将模拟结果与来自 KLEMS 数据库的美国1972—2010年间劳动份额数据进行对比分析，发现自动化是1972—2010年间美国劳动份额下降的一个重要驱动因素，拟合模型能够解释制造业劳动份额下降的一半以上。不过，该模型中制造业自动化对劳动份额的影响无法拟合2000年后美国劳动份额明显的急剧性下降，Martinez认为，可能是离岸外包及其他国际竞争因素的影响效应在增强。

(2)自动化和劳动市场共同影响劳动收入份额。Guimaraes and Gil(2019)建立了一个研究自动化和劳动力市场制度对劳动份额影响的理论模型。模型中，公司在两种技术之间进行选择：自动化技术和人工技术，在这种情况下，劳动份额反映的是平均工资水平(相对于产出)和公司在两种技术之间的分布。模型的主要特征是，企业通过支付沉没成本Ω进入市场后，从关于生产率z的已知概率分布$G(z)$中抽取其生产率，在知道其生产率后，企业在自动化技术(仅使用资本)和人工技术(仅使用劳动)中进行选择。理论模型分析表明，机器生产率的提高会激励资源从人工技术到自动化技术的重新分配，从而出现劳动力被取代。然而，在模型的总体均衡中，开设公司的预期收益增大，企业和产出的数量就会显著增加，并超过劳动替代效应，最终增加了就业和工资。

Guimaraes and Gil通过采用美国1967—1987年和1987—2007年两个时段内的数据对理论模型分别进行了校准，数值模拟结果表明：自动化增强的冲击降低了劳动份额，但增加了就业和工资；由于自动化生产率的同时加速，美国的劳动份额仅在20世纪80年代后期开始(明显)下降。

(3)新技术进步使得机器取代工人。Autor and Salomons(2018)认为技术革新是用机器替代工人。劳动力在生产中被替代体现为(至少)两种形式：就业替代，即总就业下降；或劳动份额替代，即经济中劳动报酬在增加值中所占份额被侵蚀。但这种资本-劳动替代不必减少总劳动需求，因为它同时引发了四种效应：①本行业的直接效应；②跨行业的投入-产出效应；③行业间转移效应；④最终的需求效应。其中，后三种效应均属于间接效应。Autor and Salomons在进行实证研究时，使用了2008年版的EU KLEMS数据库(经合组织的行业层面跨国面板数据库)，并补充了2007年和2011年版本的数据，以提高数据覆盖率。主要分析样本包括欧盟的 19 个发达国家（不包括其东欧成员）和澳大利亚、加拿大、日本、韩国以及美国，涵盖的时间段为 1970—2007 年。Autor and Salomons 将行业全要素生产率（TFP）的变动作为自动化的衡量指标，对其引发的四种效应进行了量化分析。

研究发现：①在其发源行业，自动化取代了就业并降低了劳动份额（直接影响），其中，发源行业 TFP 每增加 1 个标准差（2.58 个百分点），本行业就业人数下降约 2 个百分点，即就业的 TFP 弹性约为 0.80；TFP 每增加 1 个标准差，在五年期内，该行业的劳动份额在总增加值中占比约下降 0.55 个百分点。②通过四种效应的加总效应（净效应）来看，在就业方面，这些本行业损失会通过关联行业的间接收益和总需求的增加得到弥补，而相比之下，本行业的劳动份额损失却不能在其他地方得到弥补。TFP 提高会对总就业产生正的净效应，每年使就业率提高 0.48 个百分点，整个 37 年间（1970—2007）总计约 18 个百分点（0.48×37 ＝ 17.8）；TFP 提高对劳动份额产生的净效应为负，每年使劳动份额下降 0.27 个百分点，整个 37 年间（1970—2007）总计约 10 个百分点（0.27×37 ＝ 9.9）。

Autor and Salomons 认为，其分析框架可以在很大程度上对就业在行业间的重新分配，以及过去 30 年来劳动份额的总体下降做出解释，不过，他指出，由于以行业全要素生产率的变动作为自动化的衡量指标，因此无法区分基于自动化的和非基于自动化的 TFP 增长所带来的不同影响。

（4）投入要素的价格在企业间的差别。Dinlersoz and Wolf（2018）认为，投入要素的价格在企业间可能会有所差别，这是因为投入要素的品质相互间可能存在差异，譬如，企业的资本存量包含自动化相关技术的程度不同。如果资本-劳动比率在行业内的差异是由相对投入价格差异决定的，那么，对标准的柯布-道格拉斯假设的偏离是必要的。因此，Dinlersoz and Wolf 在研究自动化与要素相对投入关系时，采用了技术选择内生化的 CES 生产函数，生产单位根据要素价格的变化调整投入指数中资本和劳动的相对权重。Dinlersoz and Wolf 运用美国人口调查局 1991 年制造业技术调查中的厂级数据进行了实证研究，其中，自动化程度是由通过调查问卷得到的企业技术指数来衡量，属于离散变量。

实证结果表明，规模越大、生产率越高的工厂往往更依赖于自动化，劳动份额越低，换言之，劳动份额较低的主要是大型、高度自动化和生产率高的工厂，从而为自动化、劳动和资本使用以及生产率在厂级层面的相互关系提供了微观证据。其研究结果与早期的生产率文献一起表明，自动化的应用可能是超级明星企业崛起的一种驱动机制。

（三）关于自动化替代低技能工人的理论研究和数值模拟

在 Susskind(2017)、Prettner and Strulik(2017)、Prettner(2016)等学者研究中，自动化对工人的替代具有选择性，（首先）替代的是低技能工人。其中，Susskind(2017)、Prettner and Strulik(2017)构建了理论模型进行均衡路径分析。Prettner(2016)将自动化引入到标准的 Solow 模型中，然后基于所构建理论模型进行了数值模拟。

(1)自动化替代低技能工人的理论模型。Susskind(2017)构建了一个基于任务的自动化模型，在该模型中，随着高级资本的发展，资本可以在高级任务中取代劳动力。而随着自动化渐进式入侵至所有工作任务，劳动力最终被完全消灭。劳动力最终被排斥的理由是，劳动力稀缺性的下降不会刺激使用劳动力的新任务或者与劳动力具有补充性的技术的内生创造。在静态模型中，能力不断增强的机器降低了相对工资和劳动份额，迫使劳动专门从事一系列不断减少的任务。在动态模型中，劳动以模型内在决定的速度被被驱逐出经济，被迫专门从事一系列不断减少的任务，工资稳步下降到零，劳动力完全被消灭，随之而来的是“技术性失业”。

(2)自动化影响经济增长和不平等的理论模型。Prettner and Strulik(2017)通过一个基于研发的世代交叠模型分析了自动化和教育对经济增长及不平等的影响，该模型包含两种类型的劳动力：与机器互补的高技能劳动力和替代机器的低技能劳动力。新技术与高技能工人具有互补性，而对低技能工人具有替代作用，因为(至少在目前的技术状态下)高技能劳动力比低技能劳动力更难实现自动化。自动化提高了高技能工人的生产率和收入，但会让低技能工人的生产率保持不变。

世代交叠模型中，个人存活两期。个人首先作为年轻人进入经济，并配备中学教育(高中或更低)。个人被赋予一个单位的时间，并决定是否花费特定长度的时间 η 进行学习，以获得大学学位或更高学位而拥有更高的技能，青年时期的剩余时间被贡献给劳动市场。他们退休后，作为老年人再存活一期。个人具有异质性，在从高等院校毕业的能力方面具有差异，由学习带来的负效用(或努力)表示。因此，社会分为高技能工人和低技能工人：高技能劳动力，用 $L_{H,t}$表示，与机器具有互补性，而低技能劳动力，用 $L_{L,t}$表示，可以被机器取代。总共有三种生产要素，即上述两种类型的劳动力和以机器及机器人形式存在的物质资本。低技能工人只能在最终产品部门工作，以完成也可由机器执行的任务。高技能工人作为最终产品部门的工人，负责完成难以自动化的任务，或者作为研发部门的工人开发新技术(工程师和科学家)。

模型的均衡求解表明，创新驱动的增长会导致自动化程度的提高、技能溢价的上升、大学毕业生占人口比例的增加、收入和财富不平等的增加以及劳动份额的下降。自动化带来的技能溢价的上升会促使越来越多的人选择接受高等教育。因此，Prettner and Strulik 认为，由于教育和技术是内生的，收入向低技能个人的重新分配实际上可能不会改善低技能工人的可支配收入。关于实际经济中，Prettner and Strulik 将受过高等教育的个人定义为高技能工人，指出他们的工资水平以及在劳动力中占比在整个 20 世纪持续增加，而那些没有受过高等教育的无法从创新和技术变革中获益的人，在与技术的竞争中成为失败方。

(3)在标准 Solow 模型中引入自动化。Prettner(2016)将自动化引入到标准的 Solow 模型中。经济体中，有三种生产要素：劳动力，以机器形式安装的物质资本，以及自动化资本。机器和自动化资本属于可以累积的生产要素，因投资而增加，因折旧而减少。劳动与机器相互间为不完全替代品，自动化是劳动的完全替代品，是机器的不完全替代品。在这种设定下，由于机器和自动化资本结合在一起，标准的柯布-道格拉斯生产函数中的实物资本回报率下降特征被克服，总实物资本存量的回报率保持不变。这意味着，尽管所有生产要素的边际收益都在减少，但总生产函数在可累积的生产要素上表现出恒定的收益率。理论研究表明：①即使在没有技术进步的情况下，也存在永久性增长的可能性；②关于被转移到自动化上的储蓄，存在一个特定的份额，可以实现经济长期增长率最大化；③自动化资本的增加会降低经济中的劳动份额。

Prettner 利用现有文献估计值和美国数据对模型中参数进行校准，并根据 Graetz and Michaels(2015)的研究，将 2007 年工业机器人占发达经济体总资本存量的比例估计为 2.25%，并且假设它在 20 世纪 70 年代初接近于零。模拟结果表明，近四十年间，劳动力份额下降约 5.5 个百分点。Prettner(2016)指出，在 Karabarbounis and Neiman(2014)研究中，从 20 世纪 70 年代初到 2010 年全球劳动力份额减少约 5 个百分点，因此，其研究结论大致与实际数据相一致。

(四)关于自动化引起的两种类型技术变革的研究

在 Hemous and Olsen(2016)、Acemoglu and Restrepo(2018)研究中，除了有关自动化的技术进步之外，同时还引入另一种技术变革。Hemous and Olsen (2016)同时关注两种类型的创新：水平创新和现有任务的自动化。Acemoglu and Restrepo(2018)认为，研究活动主要有两个方向：实现现有任务的自动化和创建人工具有比较优势的新任务。

Hemous and Olsen(2016)通过关注两种类型的创新：新产品的创造和现有任务的自动化，建立了一个理解技术变革与收入分配相互作用的分析框架。在其构建的内生增长模型中，新产品的引入为水平创新，通过扩大商品品种集合，增加所有技能层次的劳动需求，即同时增加对高技能和低技能工人的需求；自动化意味着允许用生产中的机器替换低技能工人，它以现有产品线的二次创新形式出现，会减少对低技能劳动力的需求，从而提升技能溢价，此外，低技能工人的高工资会激励自动化。

水平创新即商品品种的增加，会提高所有工人的工资水平。自动化程度的提高则具有双重作用，既提高经济的整体生产力，又允许对低技能工人的替代，从而对低技能工资的净效应是模糊的。不过，Hemous and Olsen 指明，对于正常情况下的水平创新和自动化创新过程，低技能工资的渐近增长率必须是正的，尽管严格低于高技能工资的渐近增长率。

通过对均衡路径的求解表明，经济发展遵循三个阶段：一是技能工资水平低，自动化程度低，收入不平等程度和劳动份额不变。第二，持续的水平向创新(新产品的创造)增加了低技能工资，从而刺激了自动化。自动化提升了技能溢价，降低了未来低技能工资的增长率(可能为负)，并降低了总的劳动份额。最后，自动化产品的份额趋于稳定，低技能工资的增长速度为正，但比高技能工资的增长速度要低些。Hemous and Olsen 指出，如果由稀缺要素(如劳动力)执行的任务可能实现自动化，但目前这样做无利可图，那么，在经济不断增长的情况下，该要素的报酬最终会上升到使自动化能增加盈利。一旦自动化被触发，经济将会从一个总生产函数转向另一个总生产函数，在其过渡阶段，要素报酬可能会下降，不过是暂时性的。

Acemoglu and Restrepo(2018)构建了一个围绕着技术选择和技术变革的模型，研究活动主要有两个方向：实现现有任务的自动化(即，任务执行从人工技术转向自动化技术)，从而允许企业用资本代替以前由劳动力完成的任务；创建人工具有比较优势的新任务(因此，新任务使用人工技术)，其中，新任务的创建还可能意味着允许用劳动生产率更高的新任务代替旧任务。Acemoglu and Restrepo 表示，第二次工业革命期间的技术和组织变革很好地说明了新任务的重要性，不仅涉及铁路取代驿站马车，汽船取代帆船，起重机取代手工码头工人，而且还涉及创造新的劳动密集型任务。这些任务为工程师、机械师、修理工、售票员、后台工作人员以及涉及新技术引进和运行的管理人员创造了工作岗位。现今，随着工业机器人、数字技术、计算机控制机器和人工智能取代劳动力，再次见证了新任务的出现，从编程人员到视听专家、执行助理、数据管理员和分析人员、会议计划者和和社会工作者。

在资本固定的、技术外生的静态模型中，自动化减少了就业和劳动份额，甚至可能降低工资，而新任务的创建则具有相反的效果。如果将资本积累和研究活动的方向(自动化还是新任务创建)进行内生化，则存在两种稳定的平衡增长路径，具体哪种平衡路径会实现取决于长期相对成本。如果资本的长期租赁率相对于工资来说非常低，那么就没有足够的激励来创建新的任务，因此，长期均衡意味着完全自动化(因此，劳动份额被降为零)，类似于 Leontief 的“马力均衡”。否则，长期均衡则涉及自动化和创建新任务并驾齐驱，即两种技术(人工技术与自动化技术)同步推进的平衡增长。这种情况的发生是因为自动化降低了使用人工技术生产的成本，从而在鼓励创建新任务的同时阻碍了进一步的自动化。

关于自动化和创建新任务并存的平衡增长路径，其稳定性意味着在创建新任务之前自动化扩散往往会引发自我纠正的力量，因此，劳动份额和就业稳定并有可能恢复到初始水平。是否为这种情况则取决于自动化先行的具体成因。如果这是由于一系列自动化技术的随机到来造成的，那么长期的均衡将使回到初始的就业水平和劳动份额。此外，如果是由于创新可能性边界的变化导致自动化激增(相对于新任务的创建，自动化更容易)，那么经济将趋向于一种新的平衡增长路径，即就业水平和劳动份额较初始水平更低的增长路径。在这两种情况下，快速自动化都不一定会导致劳动需求的消亡。

Acemoglu and Restrepo 还通过引入技能异质性对模型进行了扩展。假设技能工人在新任务中具有比较优势(被认为是一个自然的假设)，在该模式下，自动化直接剥夺了非熟练劳动的就业机会，增加了不平等程度，而新任务直接惠及技能工人，并在初期也增加了不平等程度，但从长远来看，新任务的标准化有助于低技能工人。因此，自动化和新任务的创建都会在短期内增加不平等，但在长期内新任务的标准化限制了不平等的增加。

参考文献

[1] Acemoglu D, Restrepo P. 2018. The Race betweenMan andMachine: Implications of Technology for Growth, Factor Shares, and Employment[J]. American Economic Review, 108(6): 1488-1542.

[2] Akst D. 2013. What Can We Learn from Past Anxiety over Automation? [J]. Wilson Quarterly (Summer).

[3] Ambler S, Cardia E. 1998. The Cyclical Behaviour of Wages and Profits under Imperfect Competition[J]. Canadian Journal of Economics, 31(1): 148-164.

[4] Arpaia A, Pérez E, Pichelmann K. 2009. Understanding Labour Income Share Dynamics in Europe [R]. European Economy-Economic Papers, No. 379.

[5] Atkinson A B. 2009. FactorShares: the Principal Problem of Political Economy? [J]. Oxford Review of Economic Policy, 25(1): 3-16.

[6] Autor D. 2015. Why Are There Still So Many Jobs? The History and Future of Workplace Automation[J]. Journal of Economic Perspectives, 29 (3): 3-30.

[7] Autor D, Levy F, Murnane R J. 2003. The Skill Content of Recent Technological Change: An Empirical Exploration [J]. Quarterly Journal of Economics, 118 (4): 1279-1333.

[8] Autor D, Salomons A. 2018. Is Automation Labor Share-Displacing? Productivity Growth, Employment, and the Labor Share [R]. Brookings Papers on Economic Activity, 1-63.

[9] Barbosa-Filho N, Taylor L. 2006. Distributive and Demand Cycles in the US Economy—A Structuralist Goodwin Model[J]. Metroeco-

nomica, 57 (3): 389-411.

[10] Bengtsson E, Daniel W. 2016. Capital Shares and Income Inequality: Evidence from the Long Run[R]. EHES Paper, No. 92.

[11] Bentolila S, Saint-Paul G. 2003. Explaining Movements in the Labor Share[J]. Berkeley Electronic Journals in Macroeconomics: Contributions to Macroeconomics, 3 (1): 1-33.

[12] BermanE, Bound J, Machin S. 1998. Implications of skill-biased technological change: international evidence[J]. Quarterly Journal of Economics, 113(4): 1245-1279.

[13] Bertoli S, Farina Francesco. 2007. The Functional Distribution of Income: A Review of the Theoretical Literature and of the Empirical Evidence around its Recent Pattern in European Countries[R]. DEPFID Working Papers, No. 5.

[14] Bhaduri A, Marglin S. 1990. Unemployment and the Real Wage: the Economic Basis for Contesting Political Ideologies[J]. Cambridge Journal of Economics, 14 (4): 375-93.

[15] Blaug M. 1996. Economic Theory inRetrospect[M]. 3rd edn. Cambridge: Cambridge University Press.

[16] Blecker R. 1989. International Competition, Income Distribution and Economic Growth[J]. Cambridge Journal of Economics, 13 (3): 395-412.

[17] Boldrin M, Horvath M. 1995. Labor Contracts and Business Cycles[J]. Journal of Political Economy, 103(5): 972-1004.

[18] Bowles S, Boyer R. 1995. Wages, Aggregate Demand, and Employment in An Open Economy: An Empirical Investigation[A]. G. Epstein and H. Gintis (eds). Macroeconomic Policy after the Conservative Era: Studies in Investment, Saving and Finance [C]. Cambridge: Cambridge University Press.

[19] Boyer R, Petit P. 1991. Kaldor's Growth Theories: Past, Present and Prospects for the Future[A]. Nell, E. J. and Semmler, W.

(eds). Nicholas Kaldor and Mainstream Economics: Confrontation or Convergence? [C]. New York: St Martin's Press.

[20] Brynjolfsson E, McAfee A. 2011. Race against the machine[M]. Digital Frontier, Lexington, MA.

[21] Brynjolfsson E, McAfee A. 2014. The Second Machine Age: Work, Progress, and Prosperity in a Time of Brilliant Technologies[M]. New York: W. W. Norton & Company.

[22] Choi S, Ríos-Rull J V. 2009. Understanding the Dynamics of Labor Share: the Role of Noncompetitive factor prices[J]. Annals of Economics and Statistics, (95-96): 251-277.

[23] Claire A R. 2016. Matching Labor's Share in A Search and Matching Model[J]. Empirical Economics, 50(4): 1229-1254.

[24] Cooley T F, Hansen G D, Prescott E C. 1995. Equilibrium Business Cycles with Idle Resources and Variable Capacity Utilization [J]. Economic Theory, 6(1): 35-49.

[25] Daudey E, Garcia-Penalosa C. 2007. The Personal and the Factor Distributions of Income in A Cross-section of Countries[J]. Journal of Development Studies, 43(5): 812-829.

[26] Dinlersoz E, Wolf Z. 2018. Automation, Labor Share, and Productivity: Plant-Level Evidence from U. S. Manufacturing [Z]. Manuscript, December 4.

[27] Driver C, Muñoz-Bugarín J. 2010. Capital Investment and Unemployment in Europe: Neutrality or Not? [J]. Journal of Macroeconomics, 32(1): 492-496.

[28] Ederer S, Stockhammer E. 2007. Wages and Aggregate Demand in France: An Empirical Investigation [A]. E. Hein and A. Truger (eds). Money, Distribution, and Economic Policy-Alternatives to Orthodox Macroeconomics [C]. Cheltenham: Edward Elgar.

[29] Ellis L, Smith K. 2007. The Global Upward Trend in the Profit

Share[R]. BIS Working Paper, No. 231.

[30] Enchuan S, Pedro S. 2014. Accounting for the Cyclical Dynamics of Income Shares[J]. Economic Inquiry, 52(2): 778-795.

[31] Estrada Á, López-Salido D. 2005. Sectoral Mark-ups Dynamics in Spain[R]. Documentos de Trabajo del Banco de España, No. 3.

[32] European Commission. 2007. The Labour Income Share in the EuropeanUnion[A]. Employment in Europe 2007[C].

[33] Foley D K, Michl T R. 1999. Growth and Distribution[M]. Cambridge: Harvard University Press.

[34] Frey C B, Osborne M A. 2017. The future of employment: how susceptible are jobs to computerisation? [J]. Technological Forecasting and Social Change, 114, 254-280.

[35] Funk P. 2002. Induced Innovation Revisited[J]. Economica, 69 (273): 155-171.

[36] Gomme P, Greenwood J. 1995. On the Cyclical Allocation of Risk [J]. Journal of Economic Dynamics and Control, 19 (1-2): 91-124.

[37] Gordon D. 1995. Growth, Distribution, and the Rules of the Game: Social Structuralist Macro Foundations for A Democratic Economic Policy[A]. Epstein, G. A., Gintis, H. M. (eds.). Macroeconomic Policy after the Conservative Era[C]. Cambridge: Cambridge University Press.

[38] Graetz G, Michaels G. 2015. Robots at Work[R]. CEPR Discussion Paper 10477.

[39] Guimaraes L, Gil P. 2019 Explaining the labor share: automation vs labor market institutions[R]. MPRA Paper No. 92062.

[40] Hansen G D, Prescott E C. 2005. Capacity Constraints, Asymmetries, and the Business Cycle[J]. Review of Economic Dynamics, 8(4): 850-865.

[41] HarrisonA E. 2005. Has Globalization Eroded Labor's Share? Some

Cross-Country Evidence[R]. MPRA Paper, No. 39649.

[42]Hartwig J. 2013. Distribution and Growth in Demand and Productivity in Switzerland (1950-2010)[J]. Applied Economics Letters, 20 (10): 938-944.

[43]Hein E, Mundt M. 2012. Financialisation and the Requirements and Potentials for Wage-Led Recovery—A Review Focussing on the G20[R]. Conditions of Work and Employment Working Papers, ILO, No. 37.

[44]Hein E, Tarassow A. 2010. Distribution, Aggregate Demand and Productivity Growth: Theory and Empirical Results for Six OECD Countries Based on A Post-Kaleckian Model [J]. Cambridge Journal of Economics, 34 (4): 727-754.

[45]Hein E, Vogel L. 2008. Distribution and Growth Reconsidered - Empirical Results for Six OECD Countries[J]. Cambridge Journal of Economics, 32 (3): 479-511.

[46]Hemous D, Olsen M. 2016. The Rise of the Machines: Automation, Horizontal Innovation and Income Inequality[R]. Working Paper.

[47]Hicks J. 1932. The Theory of Wages[M]. London: Macmillan.

[48]Hornstein A. 1993. Monopolistic Competition, Increasing Returns to Scale, and the Importance of Productivity Shocks[J]. Journal of Monetary Economics, 31(3): 299-316.

[49]IMF. 2007. The Globalization of Labor[A]. World Economic Outlook[C]. April Edition.

[50]Jetin B, Kurt O E. 2011. Functional Income Distribution and Growth in Thailand: Single Equation Estimations Based on Bhaduri/Marglin Model[R]. Paper presented at the Annual Conference of the Research Network Macroeconomics and Macroeconomic Policies, Berlin.

[51]Kaldor N. 1957. A Model of Economic Growth[J]. The Economic

Journal, 67 (268): 591-624.

[52] Kaldor N. 1961. Capital Accumulation and EconomicGrowth[A]. Lutz F A (ed.). The Theory of Capital[M]. London: Macmillan.

[53] Kaldor N. 1966. Causes of the Slow Rate of Growth of the United Kingdom: An Inaugural Lecture [M]. Cambridge: Cambridge University Press.

[54] Kaldor N. 1996. Causes of Growth and Stagnation in the World Economy (Raffaelle Mattioli Lectures) [M]. Cambridge: Cambridge University Press.

[55] Karabarbounis L, Neiman B. 2014. The Global Decline of the Labor Share[J]. Quarterly Journal of Economics, 129(1): 61-103.

[56] Kennedy C. 1964. Induced Bias in Innovation and the Theory of Distribution[J]. The Economic Journal, 74(295): 541-547.

[57] Keynes J M. 1939. Relative Movements of Real Wages and Output [J]. The Economic Journal, 49(193): 34-51.

[58] Kuznets S. 1955. Economic Growth and Income Inequality[J]. American Economic Review, 45(1): 1-28.

[59] Lavoie M, Stockhammer E. 2012. Wage-Led Growth: Concept, Theories and Policies[R]. Conditions of Work and Employment Working Papers, ILO, No. 41.

[60] Lavoie M, Stockhammer E. 2013. Wage-Led Growth: An Equitable Strategy for Economic Recovery[M]. New York: Palgrave Macmillan.

[61] Maarek P. 2012. LaborShare, Informal Sector and Development [R]. THEMA Working Papers, No. 34.

[62] Marchal J, Ducros B. 1968. The Distribution of National Income [M]. London: Macmillan.

[63] Marglin S A, Schor J B. 1990. The Golden Age of Capitalism: Reintepreting the Postwar Experience[M]. New York: M. E. Sharpe.

[64] Marquetti A. 2004. Do Rising Real Wages Increase the Rate of Labour-Saving Technical Change? Some Econometric Evidence[J]. Metroeconomica, 55 (4): 432-441.

[65] McCombie J S L, Pugno M, Soro B. 2002. Productivity Growth and Economic Performance: Essays on Verdoorn's Law[M]. London: Palgrave Macmillan.

[66] McCombie J S L, Thirlwall A P. 1994. Economic Growth and the Balance of Payments Constraint[M]. London: St Martin's Press.

[67] Molero-Simarro R. 2015. Functional Distribution of Income and Economic Growth in the Chinese Economy, 1978-2007[J]. International Review of Applied Economics, 29(4): 435-454.

[68] Naastepad C. W. M. 2006. Technology, Demand and Distribution: A Cumulative Growth Model With An Application to the Dutch Productivity Growth Slowdown[J]. Cambridge Journal of Economics, 30 (3): 403-434.

[69] Naastepad C W M, Storm S. 2006. OECD Demand Regimes (1960-2000)[J]. Journal of Post Keynesian Economics, 29(2): 211-246.

[70] Onaran Ö, Galanis Giorgos. 2012. Is Aggregate Demand Wage-Led or Profit-Led? National and Global Effects[R]. Conditions of Work and Employment Working Papers, ILO, No. 40.

[71] Onaran Ö, Stockhammer E. 2005. Two Different Export-Oriented Growth Strategies: Accumulation and Distribution in Turkey and in South Korea[J]. Emerging Markets Finance and Trade, 41(1): 65-89.

[72] Onaran Ö, Stockhammer E, Grafl L. 2012. The Finance-Dominated Growth Regime, Distribution, and Aggregate Demand in the US [J]. Cambridge Journal of Economics, 35 (4): 637-661.

[73] Pesaran M H, Shin Y, Smith R J. 2001. Bounds Testing Approaches to the Analysis of Level Relationships[J]. Journal of Applied

Econometrics, 16(3): 289-326.

[74] Phelps Brown E H, Weber B. 1953. Accumulation, Productivity and Distribution in the British Economy, 1870-1938[J]. The Economic Journal, 63(250): 263-288.

[75] Piketty T, Zucman G. 2014. Capital is Back: Wealth-Income Ratios in Rich Countries 1700-2010[J]. Quarterly Journal of Economics, 129 (3): 1255-1310.

[76] Prettner K. 2016. The implications of automation for economic growth and the labor share of income[R]. Working Paper 04/2016.

[77] Prettner K, Strulik H. 2017. The Lost RaceAgainst the Machine: Automation, Education, and Inequality in an R&D-Based Growth Model[R]. Discussion Papers, Number 329, November.

[78] Raurich X, Sala H, Sorolla V. 2012. Factor Shares, the Price Markup, and the Elasticity of Substitution between Capital and Labor[J]. Journal of Macroeconomics, 34(1): 181-198.

[79] Ricardo D. 1911. On the Principles of Political Economy and Taxation[M]. London: J. M. Dent.

[80] Ríos-Rull J V, Santaeulalia-Llopis R. 2010. Redistributive Shocks and Productivity Shocks[J]. Journal of Monetary Economics, 57 (8): 931-948.

[81] Serres A D, Scarpetta Stefano, Maisonneuve C D L. 2001. Falling Wage Shares in Europe and the United States: How Important is Aggregation Bias[J]. Empirica, 28(4): 375-400.

[82] Stockhammer E, Ederer S. 2008. Demand Effects of the Falling Wage Share in Austria[J]. Empirica, 35(5): 481-502.

[83] Stockhammer E, Hein E, Grafl L. 2011. Globalization and the Effects of Changes in Functional Income Distribution on Aggregate Demand in Germany[J]. International Review of Applied Economics, 25 (1): 1-23.

[84] Stockhammer E, Onaran Ö. 2004. Accumulation, Distribution

and Employment: A Structural VAR Approach to A Post-Keynesian Macro Model[J]. Structural Change and Economic Dynamics, 15 (4): 421-447.

[85] Stockhammer E, Onaran Ö. 2012. Wage-Led Growth: Theory, Evidence, Policy [R]. Political Economy Research Institute Working Paper, University of Massachusetts at Amherst, No. 300.

[86] Stockhammer E, Onaran Ö, Ederer S. 2009. Functional Income Distribution and Aggregate Demand in the Euro Area [J]. Cambridge Journal of Economics, 33 (1): 139-159.

[87] Stockhammer E, Stehrer R. 2011. Goodwin or Kalecki in Demand? Functional Income Distribution and Aggregate Demand in the Short Run[J]. Review of Radical Political Economics, 43 (4): 506-522.

[88] Storm S, Naastepad C W M. 2009. Labor Market Regulation and Productivity Growth: Evidence for Twenty OECD Countries (1984-2004)[J]. Industrial Relations, 48 (4): 629-54.

[89] Storm S, Naastepad C W M. 2012. Wage-Led or Profit-Led Supply: Wages, Productivity and Investment [R]. Conditions of Work and Employment Working Papers, ILO, No. 36.

[90] Susskind D. 2017. A Model of Technological Unemployment[R]. Working Paper 819, Oxford University.

[91] Verdoorn P J. 1949. Fattori che Regolano lo Sviluppo della Produttivita del Lavoro[J]. L'industria, No. 1: 3-10.

[92] Vergeer R, Kleinknecht A. 2010. The Impact of Labor Market Deregulation on Productivity: A Panel Data Analysis of 19 OECD Countries (1960-2004)[J]. Journal of Post Keynesian Economics, 33 (2): 371-408.

[93] Wang P. 2009. Three Essays on Monetary Policy and Economic Growth inChina[D]. Ottawa: University of Ottawa.

[94] Webb S. 1912. The Economic Theory of A Legal Minimum Wage

[J]. Journal of Political Economy, 20 (10): 973-998.

[95] Young A T. 2004. Labor's Share Fluctuations, Biased Technical Change, and the Business Cycle[J]. Review of Economic Dynamics, 7(4): 916-931.

[96] Yılmaz E. 2015. Wage or Profit-Led Growth? The Case of Turkey [J]. Journal of Economic issues, 49(3): 814-834.

[97] Zeira J. 1998. Workers, Machines and Economic Growth [J]. Quarterly Journal of Economics, 113: 1091-1113.

欧盟环境法的最新发展

——气候立法已经确认，但是仍然面临许多挑战

Marjan Peeters

胡斌 译

荷兰马斯特里赫特大学法学院 武汉大学环境法研究所

篇首语：本文关注的是欧盟地区环境法的最新发展，特别是在气候变化立法方面。以 2019 年 5 月欧盟议会选举的最新情况为背景，分析了欧盟在应对气候变化方面的最新动态，即朝向 2030 年的法律框架已经明确，但是 2050 年的气候变化目标尚待明确，围绕 2050 年目标所开展的政治辩论正在进行。本文采用的研究方法主要有文献资料法和对比分析法。本文的结论是，在 2050 年以前，欧洲有望成为第一个实现碳中和的大陆。

1　导论，欧盟 2019 年选举后的最新进展

欧盟是一个重要的环境法规的创造者，它制定了一大批环境立法，截止到目前，影响到了 28 个国家和将近五亿人口。欧盟作为一个主体，是一个国际法的积极创建者，欧盟内的主权国家授权欧盟负责实现共同的经济和社会发展目标，其中一个目标就是"环境质量的高水平保护和提升"。① 欧盟委员会在环境立法方面具有排

① 参见《欧盟条约》第 3 条第 3 款，同时参见《欧盟运作条约》第 191 条和第 192 条。《欧盟条约》第 1 条规定，欧盟成员国授权欧盟去实现他们共同的目标。

他性的权利，经过欧盟委员会提议，欧盟议会和欧盟理事会可以制定并通过环境立法。欧盟理事会包含了欧盟成员国的政治代表，通常是按照投票的简单多数来通过决议，但是，在某些情况下，例如涉及税收问题时，则必须达成一致意见才能通过决议。①

欧盟成立的基础是基于代议制民主这一理念，欧盟公民可以直接投票选举产生欧盟议会的成员。最近的选举发生在 2019 年 5 月 23 日至 26 日，在这次选举中，绿色政治家在议会的席位得以增加。但是，在欧盟各成员国中，对绿色政治家的支持力度也还是大相径庭的。② 绿色政党通常会提出环境保护优于其他目标的诉求。然而，根据欧盟法律的规定，欧盟的立法者们并没有法定义务来为环境提供尽可能的最优级保护，同时，根据欧盟的主要法律，欧盟在通过立法的时候，有时候还必须考虑到利益平衡的问题。③ 这一点也可以从《欧盟运作条约》第 191 条第 3 段的表述中看出来，它规定，在制定环境政策时，欧盟应当从实际出发，不仅应当充分考虑到“采取行动或者不采取行动所造成的可能收益和花费”，而且还应当考虑到“欧盟作为一个整体的经济和社会发展问题，以及欧盟各区域的平衡发展”。同时，《巴黎协定》第 4 条第 3 款明确指出，后续的国家自定贡献预案将会集中反映各国最高的减排可能。值得关注的是，减排义务在欧盟框架下的实施情况，因为欧盟的立法者们通过了一些环境立法，并依据《欧盟运作条约》第 193 条之规定，

---

① 欧盟理事会通常的立法程序，参见第 238 条之规定。它规定，在理事会中，一项决议想要获得通过，必须获取超过 55%的成员国代表支持，和超过 65%的欧盟人口支持。在某些特定情况下，少数票也具有否决权，后文将谈及这一问题。欧洲议会的通常投票程序是基于简单多数，参见《欧盟条约》第 231 条。关于那些需要全体一致同意才能通过的例外情况，参见《欧盟条约》第 192 条第 2 款。

② 参见 https：//www. election-results. eu/european-results/2019-2024/的欧盟议会选举结果，也可查到各成员国选票的分配情况。例如，在德国，绿党的席位得以增加，但是在保加利亚、塞浦路斯、斯洛文尼亚和波兰，绿党就没有赢得任何席位。

③ 法院明确指出，欧盟的立法者并没有提供最高可能环境保护的义务，参见案卷 C-341/95，Bettati 诉 Safety HiTech（1998 年 7 月 14 日），第 42 段，涉及欧盟理事会 1994 年 12 月 15 日发布的关于消耗臭氧层物质的第 3093/94 号规定。

为各成员国采取更严格的行动提供了可能性。

另外，《欧盟运作条约》第 11 条指出，欧盟应将环保要求融入到欧盟的政策和活动的确定及实施当中，特别是要着眼于提升可持续发展水平。“可持续发展”这一模糊的标准的具体含义很难清晰地表述，它可以包含社会和经济的内容，只有通过欧盟的决策者们在以后的具体决策过程中才会得以进一步的阐释。而且比这更根本的一个问题是，《欧盟条约》第 4 条第 2 款规定，欧盟应当尊重各成员国的国家主权，并特别强调了欧盟决策过程中所应实现的微妙平衡，一方面，赋予欧盟的价值(例如《欧盟基本权利宪章》中的相关规定)以生命和活力，另一方面，还要兼顾各个具体国家中有关本国文化的价值。

同时，有关环境问题的极端事态，特别是气候变化所造成的严重威胁，在欧洲的政治辩论中被广泛讨论，在国家层面也是这样。这也导致了许多具体的国家行动，例如 2019 年新选举产生的芬兰政府就公开表示，芬兰计划在 2035 年实现碳中和。① 芬兰将在 2019 年下半年开始担任欧盟理事会的轮值主席国，由一个对环境问题野心勃勃的国家来担任这样一个席位，也许会对理事会的决策产生影响。②

因为气候变化是欧洲议会 2019 年选举过程中讨论最热烈的问题之一，所以欧盟已经确保一项法律框架将会生效，它旨在实现 2030 年温室气体排放量相比 1990 年减少至少 40% 这一目标。然而，面向 2050 年的长期减排目标尚未确定。考虑到气候变化问题的严重性，以及世界上的发达地区(例如欧盟)的重要责任，它们有义务按照 2015 年《巴黎协定》来带头应对这样一个全球环境

① 参见欧盟动态网，“芬兰在成为欧盟主席国前夜主张碳中和”。然而，虽然针对将来的政策意图听起来雄心勃勃，但是依据《减排分担决议》的任务分配，芬兰当前在减排上的表现其实还远远不够。参见欧洲环境署 2018 年发布的《欧洲 2018 年的趋势与预测》研究报告。“追踪欧洲气候和能源目标的实现路径”，参见 https：//www.eea.europa.eu/publications/trends-and-projections-in-europe-2018-climate-and-energy 第 13 页。

② 更多信息参见 https：//www.consilium.europa.eu/en/council-eu/presidency-council-eu/。

问题。本文将讨论欧盟在应对气候变化所采取行动的最新动态（第二部分），并在第三部分展望了欧盟气候法的前景并对全文做出一个小结。

2 2030年的气候变化目标已经确定，但是2050年的气候变化目标尚未确定

2.1 朝向2030年的法律框架

当前，欧盟正在努力实现2020年的温室气体排放相比1990年减少20%这一目标，同时，欧盟已经着手更新其法律框架，目的是实现2030年的温室气体排放相比1990年减少40%。① 国内至少减排40%这一约束性目标被纳入《2030年全行业温室气体排放方案》，② 并且以法案的方式编入《欧盟及其成员国对〈巴黎协定〉的国家自定贡献预案》之中。③ 2020年减排目标（2020年的碳排放量相比1990年减少20%）和2030年减排目标的区别在于后者是通过国内减排来实现的。④ 欧盟在《巴黎协定》正式生效前不久批准通过了该协定，欧盟的决议是在2016年10月5日通过的，⑤ 而《巴黎协定》是2016年11月4日正式生效的。目前，所有的欧盟成员国

① 欧洲环境署（2018年）。该报告在其第8页指出，当前的预测表明，2020年的减排和新能源目标将如预料中那样有限度地得以实现。

② 更多的法律研究可以显示欧盟的不同管制办法及揭示这一目标涵盖的具体内容。

③ 环境理事会2015年3月6日会议批准通过，参见欧盟议会通过的欧盟2018/1999号条例序言7以及欧盟理事会2018年12月11日通过的《能源联盟的治理和气候行动条例》。

④ 欧盟及其成员国针对《巴黎协定》的国家自定贡献预案，在《联合国气候变化框架公约》谈判达成《巴黎协定》之前就已经提交，代表了欧盟及其成员国，这一预案包含了一项保证。更多探讨参见：Marjan Peeters，An EU Law Perspective on the Paris Agreement：Will the eu Consider Strengthening its Mitigation Effort?，Climate Law 6（2016）182-195。

⑤ 欧盟理事会代表欧盟于2016年10月5日通过的201.6/1841号决议，关于《联合国气候变化框架公约》下的《巴黎协定》。

都已经批准了《巴黎协定》。

为了实现欧盟的碳减排目标，欧盟碳排放交易机制和碳减排分担是两个重要支柱，另外还有氟化温室气体的管控。① 欧盟碳排放交易机制从 2003 年开始就已经以欧盟指令的形式得以建立，经过了多次修订，目前已经成为一个更和谐和强有力的机制。② 具体来讲，欧盟碳排放交易机制的目标更加宏大，它旨在降低温室气体的排放总量(即欧盟碳排放交易机制规定的总体可排放量)，在 2020 年以后，这一机制涵盖下的碳排放将以每年 2.2%的速度递减，这一机制又被称为市场稳定储备机制。当特定指标显示现有碳排放配额总量已经过剩时，这一机制将会自动减少配额总量。

《减排分担条例》是《减排分担决议》的升级版，《减排分担决议》的适用周期是 2013—2020 年，而《减排分担条例》的适用周期则是 2021—2030 年。③《减排分担条例》为欧盟的每个成员国都明文规定了各自的减排目标，并安排了灵活性机制(例如，各成员国之间可以交易排放权)以便顺利实现这些目标。为此欧盟还建立了一项评估机制，以五年为一个周期进行评估，这与《巴黎协定》所规定的评估周期一样。④ 第一次评估将会在 2027 年进行，将会对 2021—2025 的的实施情况进行评估。

除了明确规定了碳减排目标和相关的法律手段，欧盟还建立了以下这些目标：

---

① S关于减少温室气体排放的方法，参见欧盟委员会气候行动网站：https：//ec. europa. eu/clima/index_en.

② 欧盟碳排放交易机制指令的完整版本，参见 https：//eur-lex. europa. eu/eli/dir/2003/87。

③ 新的法规指的是：欧洲议会通过的欧盟 2018/842 号条例，以及欧盟理事会 2018 年 5 月 30 日关于成员国 2021—2030 年年度温室气体减排约束性目标，旨在为气候行动做贡献以满足《巴黎协定》下的承诺，并对欧盟 525/2013 号条例进行修订。它是欧洲议会第 406/2009 号决议的继承，也继承了欧盟理事会 2009 年 4 月 23 日关于各成员国进行减排分担以便实现欧盟到 2020 年的温室气体减排承诺。

④ 详见 http：//europa. eu/rapid/press-release_MEMO-16-2499_en。

1）将可再生能源在欧盟总能耗的占比在2030年之前提升至不少于32%，并将其设定为一个有约束力的集体目标；与朝向2020年的立法方法不同，这次欧盟的一揽子计划并没有针对每个成员国规定各自的可再生能源目标，而是制定了一部新的条例，即《能源联盟的治理和气候行动条例》，规定各成员国必须制定整体的国家能源与气候计划，第一个计划必须在2019年前完成。①

2）与欧盟委员会2007年制定的能源基准相比，到2030年将欧盟的整体能源效率提升至少32.5%以上。②

需要特别指出的是，与朝向2020年的立法方法不同，《能源联盟的治理和气候行动条例》采用了一种不同的方法。它制定了具体的、可执行的程序性要求，但是它并没有为欧盟成员国规定实质性的义务，因此从某种意义上来讲，它有点类似于软法。如果将这一条例与欧盟针对《巴黎协定》所采取的方法进行比较，就会发现，为了实施《巴黎协定》，欧盟规定各成员国有义务制定并提交国家自定贡献预案，但是相比较而言，条例的规定无疑更加具体。此外，《能源联盟的治理和气候行动条例》是可实施的，如果某欧盟成员国没有提交一份完整的国家能源与气候计划，那么欧盟委员会可以将该成员国告到法院，同时还可以对该国施加经济处罚。至于欧盟各成员国是否切实落实了国家能源与气候计划，目前看欧盟还没有切实的考评措施。

因为面向2030年的措施并没有为欧盟各成员国设定有约束力的新能源目标，这也就意味着针对欧盟各成员国可再生能源领域的管制措施开始软化，而是制定了一个欧盟整体目标（即截止到2030年可再生能源消费占比应达到32%以上）并以立法的形式确定下来。当针对可再生能源的管制逐步趋向软化时，针对温室气体减排的管制措施则是在很大程度上依然保持原样。这一措施是基于“硬法”法律机制，针对欧盟各成员国或者私人主体规定了有约束力的、可强制执行的义务。

① 这是由《能源联盟的治理和气候行动条例》（2018/1999号条例）规定的。

② 参见http：//europa.eu/rapid/press-release_MEMO-16-2499_en。

另外，欧盟还针对土地利用、土地利变化和森林制定了一项新的条例，规定了一套相当复杂的措施，其根本目的是为了避免在这一领域出现碳排放的净增长。①《土地利用、土地利变化和森林条例》为欧盟各成员国履行义务规定了相当的灵活性，例如，当成员国暂时无法履约《土地利用、土地利变化和森林条例》时，可以利用《减排分担条例》所规定的排放可能性来予以弥补。② 成员国还可以将自己剩余的排放指标转移给其他成员国。新的《减排分担条例》也规定了相应的灵活性机制，其目的是为了让欧盟的集体努力变得更有效率。此外，欧盟各成员国必须提交国家林业核算计划，第一项计划应当在 2018 年提交（涉及 2021—2025 年这一时间段）。

同时，还存在着其他一些相关法律，例如《碳捕获和储存指令》，③ 以及其他一些经过实质性修订的法律，例如 2018 年的《可再生能源指令》④和《能源效率指令》。⑤ 针对能源效率，规定了能源效率第一这一原则。⑥

尽管欧盟在气候变化和能源法领域已经制定了数量庞大的一揽

① 欧盟 2018/841 号条例-Inclusion of greenhouse gas emissions and removals from land use，land use change and forestry in the 2030 climate and energy framework，and amending Regulation（EU）No 525/2013 and Decision No 529/2013/EU。

② 欧盟委员会的解释参见 https：//ec. europa. eu/clima/policies/forests/lulucf_en。

③ 欧洲议会及欧盟理事会关于二氧化碳的地质储存的欧盟 2009/31 号指令。

④ 欧洲议会及欧盟理事会 2018 年 12 月 11 日通过的关于促进可再生能源使用的欧盟 2018/2001 号指令。

⑤ 欧洲议会及欧盟理事会 2018 年 12 月 11 日通过的修订 2012/27 号欧盟指令（关于能源效率）的欧盟 2018/2002 号指令。

⑥ 参见：《能源联盟的治理和气候行动条例》的序言 64：各成员国应当采取能源效率第一原则，即在进行计划、政策和投资决策之前，应当考虑到是否还有更具成本效益的，在技术、经济及环保上更合理的其他能源效率方案可以代替现有计划、政策和投资决策的一部分或全部，同时还是可以实现它们的预定目标。

子法律法规，一些个人和一个非政府组织还是将欧盟的立法者们告上了欧洲法院，他们的诉求是废除三项欧盟法规，理由是他们认为这些法规太缺乏雄心。与早期事关诉讼资格的案例如出一辙，欧盟普通法院一审判决不予受理诉求，原因是缺乏特定的和直接的利害关系。①

2.2 国家行动，包括对2020年碳减排目标的遵守

鉴于欧盟气候法的管制框架比较复杂，即使想要理解一部单行法律也是相当复杂的，例如《土地利用、土地利变化和森林条例》，这也就意味着想要确定某一欧盟成员国是否遵守其特有的欧盟义务同样是非常复杂的，更何况每个欧盟成员国的义务都是繁杂多样的。旨在帮助成员国履约的灵活性机制其实是有利有弊的，想要检查评估这一方法的有效性也会变得更加复杂。

只设定一个欧盟总体目标(例如到2030年至少减排40%)还是不够的，还需要具体的落实措施，并需要欧盟成员国采取重大举措来实现这样的目标。除此之外，有些成员国制定了一些法律以便作为欧盟目标的补充，特别是欧盟碳排放交易机制所规定的环境目标。例如，荷兰政府就提议制定一项新的法规，针对发电产生的二氧化碳排放规定一个最低价格，尽管发电导致的碳排放问题已经被欧盟碳排放交易机制所涵盖。② 这一法规其实规定的是一种碳税，它的目的是，当碳排放配额的价格降低到一个特定具体价位时，发电厂依然能够按照这样一个最低价格来支付。荷兰这样一种举措其实是代表了欧盟成员国为了建立一个更激进的刺激手段所采取的单边措施。这种单边措施仅适用于其本国领土的相关活动，目的是进一步减少二氧化碳排放造成的负面影响，与欧盟碳排放交易机制的刺激手段相辅相成。③ 这样一项国家碳税的价格被设定为相当之

① 欧盟普通法院2019年5月8日颁布的命令，案件T330/18，Armando Carvalho和其他申请人诉欧洲议会和欧盟理事会。

② 荷兰政府提交给荷兰议会的35 216号立法建议。

③ 荷兰政府提交给荷兰议会的35 216号立法建议第2.1段。

低，因此也不会威胁到国家的能源供应安全。①除了针对发电厂的这一特定税收，荷兰政府还考虑针对其他工业领域也制定一项类似于碳税的税收，同时针对航空业也制定一项碳税。这样一些税收都可以充当欧盟碳排放交易机制的补充手段。从法律角度来看，必须要确保国家税收和欧盟立法手段这两者的兼容性。《欧盟运作条约》第 193 条允许欧盟各成员国制定更加严格的措施，前提是这些措施必须符合条约的规定。这一项简短又简单的条款其实并不太容易理解，只有通过更多的案例实践才能阐释和明确一些模糊问题。例如，捷克曾经针对免费碳排放配额征税，后来被欧盟法院判定为违法。②

以上例子说明，一方面，在国家体制内，例如在荷兰，来自政治、社会上的压力，加上科学报告对气候变化问题严重性的表述，促使国家政府采取比欧盟规定更严格的行动。此外，一个环境非政府组织成功地赢得了一项针对荷兰国家政府的诉讼，法院发布命令要求荷兰政府增加其截止到 2020 年的碳减排量。③ 另一方面，针对发电产生的碳排放征收国家碳税，这种补充性措施的有效性还是值得商榷的，因为政府还是想要确保能源供应安全，因此就会导致碳税的价格会随时调整。④ 同时，从整体上来看，国家措施的合法性还必须要考虑到它与欧盟法律的兼容性，这不仅涉及欧盟气候法，还包括其他一些法律，例如国家补助法。⑤

简而言之，如果想要准确了解和评估欧盟 28 个成员国(或许马上就变成 27 个)的进展情况，欧盟各成员国的总体能源与气候计划

---

① 荷兰政府提交给荷兰议会的 35 216 号立法建议第 2.1 段。

② 参见案件 C-43/14，Ško- Energos. r. o. vOdvolacífinančníředitelství.

③ Urgenda 诉荷兰(海牙地区法院，2015 年 6 月 24 日)，参见 http://uitspraken.rechtspraak.nl/inziendocument? id=ECLI:NL:RBDHA:2015:7196；2018 年 10 月 9 日上诉到海牙地区法院，参见 http://uitspraken.rechtspraak.nl/inziendocument? id=ECLI:NL:GHDHA:2018:2610)；上诉到荷兰最高法院。

④ 荷兰政府提交给荷兰议会的 35 216 号立法建议第 2.1 段指出，原有的咨询机构曾经指出，拟推行的碳电力税并不会必然导致直接的二氧化碳减排。

⑤ 国家理事会作为政府立法建议的官方咨询机构就曾经提出过这些问题。

将会是非常重要的信息文件，特别是涉及能源效率和可再生能源的部分。在此背景下，各成员国也必须高度重视它们国家总体能源与气候计划中的能源短缺问题。各国的计划，事先必须广泛征求公众意见，应当在2020年提交。同时，如何遵守那些已通过的面向2020年的法规也应引起重点关注。欧洲环境署的报告指出，在2016年，共计有22个欧盟成员国实现了《减排分担决议》为它们设定的碳排放目标，但是，在2017年，只有18个成员国实现了预定目标。有10个成员国无法实现足够的碳减排，包括德国和芬兰。① 欧洲环境署指出，“《减排分担决议》所覆盖领域的碳减排相比欧盟碳排放交易机制所覆盖领域的碳减排而言，幅度要小一些”。② 因此，如果我们假设欧盟碳排放交易机制的履约情况表现良好，那么就可以判断欧盟碳排放交易机制是最佳的运行机制，它表明整个欧盟范围内的团结与和谐是可以发挥作用的。但是，无可讳言的是，履约问题其实是很难调查清楚的，想要证实违约的存在也是相当困难的。

同时，减排分担这一机制领域下的碳排放在2017年已经连续第三年增加了，特别是在建筑和交通领域的排放都有所增长。③ 根据欧洲环境署的观点，建筑领域排放量增加的原因部分是因为过去几年的连续寒冬，而交通领域排放量增加则是与欧盟的起源有着本质联系：人员和货物自由流动的内部市场。在一个跨境市场中，交通是一个关键的必需品，但是，当谈及气候变化问题时，如何使交通得到可持续发展是一个巨大的挑战。从本文作者已经获悉的信息来判断，减少交通和旅游并不是欧盟的一个政策目标。例如，在学生培养问题上，欧盟批准了相当多的刺激计划和方案，其目的就是鼓励学生在他们的学习生涯中去旅行。同时，根据欧洲环境署发布的数据，可再生能源只有很少一部分用于交通，到2020年可再生能源在总能耗中的占比要达到10%这一目标（2009年《可再生能源

① 欧洲环境署报告第10-11页。
② 欧洲环境署报告第12页。
③ 欧洲环境署报告第12页。

指令》所规定）有可能无法实现。①另外，当谈及何为可接受的生物燃料时，可再生能源在交通领域的使用也会引起巨大的争议。针对液体生物质能和生物燃料，欧盟已经制定了可持续性标准，但是这些标准是否足够充分，还存有争议。例如，针对那些用于发电的生物质能，曾经有人将欧盟立法者告上法庭，主张生物质能（特别是使用了木头时）的资格是非法的。②

2.3 针对 2050 年目标的政治辩论

年轻的一代（至少是其中的一部分人）越来越多地参与抗议那些导致气候变化的活动。例如，在德国，相关人士组织了多场激烈的抗议活动，目的是抵制 NordRheinWestfalen 地区的 Garzweiler 煤矿附近的褐煤开采。③这样一项活动不仅仅会造成气候变化问题，同时还会导致其他严重后果，例如会对一条当地的跨境河流（横跨德国和荷兰）造成污染。另外，村庄也会被摧毁，村民不得不领取经济补偿后移民搬迁，以便为褐煤开采让路。

正是因为有这样一些争斗的发生，朝向 2050 年，我们应该如何抉择和操作，这一议题已经引发了持续的辩论。应欧洲理事会的邀请，针对欧盟能在多大程度上为《巴黎协定》的承诺做出贡献，欧盟委员会制定了一份分析报告，这份报告包含了多个不同的方案，其中一个方案就是欧盟将于 2050 年实现温室气体净零排放，并在以后实现负排放，以及它们对全球和欧盟碳预算的意义。④同时，针对全球减排问题，欧盟立法者指出，虽然欧盟已经承诺到 2030 年要大幅度减少温室气体的排放量，但是气候变化毕竟还是一个全球问题。为了实现《巴黎协定》所设定的长远目标，欧盟及其成员国应当与它们的国际伙伴紧密合作，确保所有签约国都能积极主动地参与到这项工作中。⑤ 有人担心欧盟的这个声明可能隐含

① 欧洲环境署报告第 12 页。

② 参见 http：//eubiomasscase. org/。

③ 参见林堡新闻 2019 年 6 月 21 日的报道。

④ 2018/1999 号条例，《能源联盟的治理和气候行动条例》，序言 10。

⑤ 2018/1999 号条例，《能源联盟的治理和气候行动条例》，序言 11。

有另外一层含意，如果其他主要排放者没有承担足够的减排责任，欧盟则有可能也会放弃自己的激进减排路线，因此欧盟这一声明的真实意图还有待将来的进一步讨论和验证，它也会直接影响到全球碳排放的前景。另外，欧盟的声明针对欧盟是否愿意再次加入国际碳交易这一问题的表态还不够明晰，而《巴黎协定》第 6 条已经明确规定了碳交易。目前各缔约方正在协商针对第 6 条制定更多的规则，但是尚未有结果。因为欧盟已经承诺到 2030 年之前要实现至少 40%的欧盟内部减排目标，国际碳交易看起来似乎还用不上。但是，如果我们提高欧盟的减排目标，将其设定为在 2030 年之前实现至少 45%或 50%的减排目标，那么，国际碳交易的可行性就值得重新考虑了。同理，要到 2050 年之前实现碳中和，也不能排除欧盟可能采取抵消手段来实现减排，虽然欧盟声明并未提及这一点。

同时，依据欧盟法律的规定，欧盟各成员国在法律上有义务长远考虑。①《能源联盟的治理和气候行动条例》规定，各成员国应当至少着眼于 30 年来制定长期战略，以便完成各国在《联合国气候变化框架公约》和《巴黎协定》下的承诺，实现《巴黎协定》的减排目标，即把全球平均气温升幅控制在工业化前水平以上低于 2°C 之内，并努力将气温升幅限制在工业化前水平以上 1.5°C 之内，实现长期温室气体减排，并依据欧盟的目标来提升各领域的碳储存和碳吸收。条例要求欧盟各国的总体国家能源和气候计划与其长期发展战略之间应保持相互协调。② 欧盟有些国家已经宣示了它们在 2030 年后的减排目标，例如前文提到的芬兰，它的政治目标是在 2035 年之前实现碳中和，根据目前发布的信息来看，芬兰极有可能将此目标列入有约束力的法规之中。另外，还有一些其他国家将减排目标纳入本国的立法中，例如，英国在其《气候变化法案》中的做法。在欧盟成员国中，英国已经于 2008 年在其《气候变化法案》中规定了一个长期目标，这也让其在欧盟国家中显得独树一帜，现在仍然

① 《巴黎协定》也要求各缔约方要做长远打算，参见第 4 条第 19 款。

② 《能源联盟的治理和气候行动条例》序言 36。

作为欧盟的一员，英国首相特蕾莎梅在 2019 年 6 月 12 日宣布将制定一项修订条例以确保英国在 2050 年实现碳中和。然而，由欧洲各国领导人组成的欧洲理事会尚未就在 2050 年实现碳中和达成一致意见。在其 2019 年 6 月 20 日召开的总结会议中，会议的补充说明指出，绝大多数欧盟成员国必须在 2050 年之前实现气候中和。① 这里没有明确使用碳中和这一术语，在其正文中，也提到了与欧盟长期气候政策相关联的数个要素，即“要维持欧洲的竞争力、社会公平和公正，要考虑到各国的具体国情，并尊重各国自主决定能源组合的权力，同时，依赖那些业已达成一致意见的措施来实现 2030 年的减排目标”。②

然而，欧洲理事会没有立法权，目前看来，欧盟立法者很有可能采取一个更严格的决定，因为投票采取的是简单多数这种方式。但是，目前还不能确定，在下，针对其长期目标，欧盟及其成员国将会提交怎样一项承诺给《巴黎协定》这一框架。③

显而易见的是，想要实现碳中和这一目标，必然会带来一些新的问题，例如核能的取舍。与欧盟针对《巴黎协定》的态度相类似，在欧盟，这样的选择属于各个成员国的主权选择，虽然欧盟的法律也可适用，例如环境影响评价立法。目前，在欧盟法院，还有一个案例悬而未决，是关于一个核设施的延期使用问题。法官们需要考虑的是，这样一个老旧核能设施的延期使用是否需要进行一个环境影响评价。④这一问题涉及国际法，特别是《埃斯波公约》，欧盟作

① 欧洲理事会 2019 年 6 月 20 日关于气候变化的决议，参见 https://www.consilium.europa.eu/en/press/press-releases/2019/06/20/european-council-conclusions-20-june-2019/。

② 欧洲理事会 2019 年 6 月 20 日关于气候变化的决议，参见 https://www.consilium.europa.eu/en/press/press-releases/2019/06/20/european-council-conclusions-20-june-2019/。

③ 《巴黎协定》第 4 条第 19 款。

④ c-411/17 号案件，待定，参见 http://europeanlawblog.eu/2019/06/17/ag-opinion-on-case-c-411-17-eia-for-existing-installations-and-the-cjeus-struggle-with-international-law/#more-4628。

为一个整体及其所有成员国都是这一公约的缔约方。①

3 展望：欧盟气候法将如何发展

在2019年，欧盟将会迎来一个新的领导者，也会选举产出一个新的议会，一个新的欧盟委员会主席。上一个欧盟议会已经表明了其在欧盟到2030年减排目标的立场：它于2018年10月25日发布了不具有法律约束力的观点，即要求各国的自主贡献应当包含一项全行业的国内温室气体减排目标，即2030年的碳排放量相比1990年至少减少55%。②在被提名为欧盟委员会主席后，冯德莱恩在2019年7月16日发表的致辞中，承认有必要采取更多的应对气候变化的行动，她指出："我们面临的最大挑战是维护我们星球的健康。这是我们这个时代最大的责任和机遇。我希望在2050年以前，欧洲成为第一个实现碳中和的大陆。"③

为了实现这一目标，她宣布了几项措施以便到2030年可以将二氧化碳排放量减少至少50%(即便达不到55%)。其中一项措施就是要提升现有法规中所明文规定的欧盟减排目标，她将欧盟宏大的减排目标与国际视野相结合，特别关注国际协商，希望其他主要经济体在2021年之前能进一步提升它们的减排目标。冯德莱恩指出，欧盟愿意领导这样的协商，虽然这种领导地位只有其他各方予以尊重才会得以实现。在国际协商中，欧盟能够承诺多大程度的减

---

① 《跨境背景下的环境影响评价公约》，1991年通过，1997年9月10日生效，参见 http：//www.unece.org/environmental-policy/conventions/environmental-assessment/about-us/espoo-convention/enveiaeia/more.html。

② 欧洲议会，2018年10月25日，关于2018年联合国气候变化大会(波兰卡托维兹，缔约方第24次会议)的决议。参见 https：//oeil.secure.europarl.europa.eu/oeil/popups/printficheglobal.pdf? id=690200&l=en.

③ 冯德莱恩，欧盟委员会主席候选人，在欧洲议会全体会议上的开幕词，2019年7月16日于法国斯特拉斯堡。参见 file：//unimaas.nl/users/employees/marjan.peeters/Data/Downloads/Opening%20Statement%20Ursula%20von%20der%20Leyen.pdf。

排目标取决于欧盟内部的决策，也包括欧盟理事会的决策。此外，另一个值得关注的问题是，欧盟的减排目标是否会随着其他主要经济体公布和实现的减排目标而做出调整。欧盟在严格执行其减排计划之前，是否还要观察其他重要的第三方国家是否也在严格执行减排计划并将其作为自身执行的前提条件。①其实，欧盟以前的战略是，全球的减排成效大小是欧盟执行其减排计划的前提条件，欧盟曾明确表示，如果其他主要经济体愿意效仿，欧盟愿意在 2020 年之前实现 30%的减排。②冯德莱恩计划启动一项建议，即将 2050 年的减排目标写入欧洲气候法之中。在这一立法过程中，欧盟的态度将会变得清晰。关键的问题是，什么样的具体目标会被写入立法中，如何从法律上评估欧盟是否遵守了这一目标。欧盟即将提交给《巴黎协定》的下一个国家自定贡献报告是否也会包含这一目标，具体措辞又会是怎样呢？此外，欧盟如何将其更宏大的减排目标所带来的减排压力分配给各成员国及个体行动者？在涉及个人和企业的减排问题上，欧盟委员会新任主席的政治声明显示，在没有妥善应对欧盟边界外的活动之前，她并不想提升欧盟的减排目标，这样做的目的就是为了保护欧盟内部的经济活动者的运营。冯德莱恩指出，“碳排放必须有一个足以改变我们行为方式的价格。为了完成此项工作，确保我们的公司能够在一个公平竞争的环境中进行竞争，我将制定一项碳边境税收以避免碳泄漏”。

除了制定新的法规来调节温室气体排放者的行为，例如碳边境税就可以影响到第三方国家的行动者，此外，刺激并鼓励那些朝向低碳社会的投资也应当引起足够的重视。冯德莱恩宣布，建议建立

---

① 冯德莱恩指出，因为为了实现真正的影响，我们不仅在欧盟内部要确定宏大的减排目标，全世界还应当一起团结前行.

② 针对《京都议定书》的多哈修订案的第 1 条的脚注 7 也提及了这一有条件的承诺：作为 2012 年后的一项全球和全面协议的一部分，欧盟重申了其有条件的承诺，即 2020 年的排放量相比 1990 年减少 30%，前提是其他发达国家也承诺做出类似的减排，而且发展中国家依据自身的责任和能力也能做出足够的减排。目前，多哈修订案尚未生效。

一家气候银行，目的是增加投资，以便实现碳中和的终极目标。

在将来的十年，欧盟面临的一大挑战是，这位欧盟新任主席的政治主张(特别是那些需要制定新立法来实施的主张)能否顺利通过欧盟(包括欧盟理事会和欧洲议会)的决策程序。总而言之，当前欧盟气候法的特点是，不仅要实施已经获批的一大批气候立法，还必须由欧盟委员会启动新一轮的立法程序，通过修订已有法规来提升欧盟朝向2030年和2050年的碳减排目标。